# DISCLAIMER

The author and publisher are providing this book and its contents on an "as is" basis and make no representations or warranties of any kind with respect to this book or its contents. The author and publisher disclaim all such representations and warranties, including but not limited to warranties of merchantability. In addition, the author and publisher do not represent or warrant that the information accessible via this book is accurate, complete, or current.

Except as specifically stated in this book, neither the author nor publisher, nor any authors, contributors, or other representatives will be liable for damages arising out of or in connection with the use of this book. This is a comprehensive limitation of liability that applies to all damages of any kind, including (without limitation) compensatory; direct, indirect, or consequential damages; loss of data, income, or profit; loss of or damage to property; and claims of third parties.

Extra Graphic Material From: www.freepik.com
Thanks to: Alekksall, Starline, Pch.vector, Rawpixel.com,
Dgim-studio, Upklyak, Macrovector
& Freepik.com Designers

This Book Offers Free Bonus Puzzles

Available Here:

**BestActivityBooks.com/WSBONUS20**

# Ready, Set... Go!

Did you know there are around 7,000 different languages in the world? Words are precious.

We love languages and have been working hard to make the highest quality books for you. Our ingredients?

One part easy-to-read print, three parts entertainment, then we add some challenging words and a pinch of rare ones. We brew them with care to serve you lots of fun and an opportunity to solve the best puzzles.

-------

Your feedback is essential. You can be an active participant in the success of this book by leaving us a review. Tell us what you liked most in this edition!

Here is a short link which will take you to your Amazon orders review page.

## BestBooksActivity.com/Review50

Thanks for your fidelity and enjoy the Game!

Delta Classics Team

# Puzzle 1

だぎホテ所ぎ両親ひ愛ょん会レぽエ
側ニおプざセ暫ヌ進場まん権辞き社
ヌリラッしス与えられた重消室歩サ
構造金リフ本開登ろ化重通金防登エ
ニ弱トュィつ囚タ通ラニヲ無むソソ
登応ィきビヌ結ニぐンエク論ソモの
圧報せノビ話方精嶋ラヱ報て阪ト先
カひチエバラー化芸る多投進トんス
っなノ画テビリ画育コ加べじだラ
コニサりサドッ竜投因ヒむノ社ヒ
て芸つテあニバニ囚トセざ選論
も愛退向ま投ラずトざヌだニホ
砂契約論解解ま投因囚トょれ能

**魚の**
**与えられた**
**先の**
**竜が**
**バルコニー**
**のような**
**消防士の**
**リラックス**
**フィート**
**調理**
**契約**
**があり**
**かなり**
**バニー**
**構造**
**チューリップ**
**洗浄**
**ビタミン**
**圧力**
**両親**

# Puzzle 2

**女の子は、**
**冬の**
**慎重な**
**前に**
**かもしれない**
**大根**
**トライアル**
**買い**
**懸念**
**適用する**
**小麦粉**
**ウールの**
**クレードル**
**選ぶ**
**レポートは、**
**発言**
**ウェイク**
**コート**
**シネマ**
**スニフ**

ル圧解ぽ写合だん念重や暫所や然
ぼっ写合だん念重なのニ金選
はハっどょ粉懸慎重なの二金選
言ぼっじ麦権芸通女冬ふクツ社
は、所故小意退ヲルの多歩応て
発所退選ぶ意故囚金ぎ加二
ょ開多るソどク私ぽ子愛阪
発コすひ向もイハだむ、開多登
トコヱひソどイレは愛多だ
化開むウェ精画多室ツじテ京
意コヌまフト私方モだし無
狙適セ乏嶋論れ二場読ょ買
多進チ化ウェ精無方モ室コセントセスト
レポ用チ多進ょ多ウ精無方室私
ト多狙っ化意ょ発言ル
砂ぽ無コぎ圧るト多狙っ化意ょ
シネマートひ大向多進適レポート
クテッ根所ふセ乏チ多用コヱ
レー側しサ権結論れチ化すひど
ールで狙話論ぼスクぬむイハ
ドア読画妊まスク弱ぎレだむ
イラ暫読ソだ砂ぎクだストぽテ
ト前にしソだ退ぽクだスト買無
ぐ室かもしれない金ぎ京テ

# Puzzle 3

大丈夫ま読歩論スょどん忙トカニるし
能場解会ニ辞家ざメニ能ハニだ囚エむ少
きど故ぼ育摘エリ金方報登ふ故ろ安的側ょ
れ画能ヌ読重つ向ま写登論だ安意所主多
無だトぐ出化何摘芸む阪能不報が退調発
無トッふシコヌ嶋論ぽ写阪所ク選ニ見
プッふシんヌ合ヌ出辞囚ェ本お能ュ退全登ま
解方シンヒ愛論芸金ヌょんッ投選京安海した
本多出ぐヒニ愛論ヌ安重加京静退ニ調整の
多キぎヒニ覧読ヒトテ阪だし応でぎ進安海ニ
キャリアワーは性男リ進退権ぎ進調整ニ量

# Puzzle 4

再出室モキ辞攻愛スぐレっ午せスひモ
ノニトウシッ撃何カ愛社後場多通通す
愛出っリ例外結出席とがきガき無ニ
本賢明なプにサ進につ読権意向育精
応応本場サ沿にひ摘砂ハ弱向ホ妊投
だ社嶋せ愛ルて本ぎクォ弱き進
登合せ故かほれ摘ゃ故投ト選や無
応のゅ大弱ひ摘まヌ再弱阪無開
レバ検囚会側何場じれ権報写ぐ画カラぼ
つトッ物索が、やチじフラグメントピンオイラニお
動ニハカ選テ向ょフラグメントピンオイラぼお

# Puzzle 5

```
ひ 故 画 解 ぽ 暫 時 退 ょ セ ノ 能 も 辞 側 安 場
金 ラ 話 然 歩 ま 計 、 京 嶋 投 せ リ 側 ハ 写 し
登 話 加 ネ っ キ 適 金 海 モ 本 囚 阪 所 合 登 意 弱
ど 、 増 ふ ろ 切 な 夢 塗 料 然 無 写 弱 き ひ 進
、 増 よ 殖 り 百 農 化 つ な 礼 の ス プ ー ン 加 会 む ぼ
故 投 り し 良 ホ 狙 選 失 度 精 ク 無 ニ カ チ 写 ヒ
阪 ょ 私 乏 い 場 選 ざ ざ 話 じ ト 砂 妊 ベ ヌ ド 読
再 ゃ ド ラ グ ワ ー ズ 歩 ひ 進 む ト 加 乏 ド ま ま
ド ラ グ ワ ー ズ だ 歩 ク 弱 進 む ト 加 囚 報 ょ ソ
通 育 登 辞 だ 歩 所 金 能 方 ふ 論 キ リ 登 歩 だ ソ
ハ 圧 辞 れ 嶋 金 弱 能 想 像 何 応 再 場 ょ 芸 報 ょ ヱ
ま も 嶋 所 金 能 方 サ ふ 論 キ リ 一 っ カ ん ト 辞 ヲ
お 勧 め し ま す サ ふ 論 キ リ 場 ぐ 狙 一 っ カ ん ト 辞 ヲ 社
セ 彼 女 は 結 ぐ 場 ぐ 狙 一 っ カ ん ト 辞 ヲ 社
```

、キツネ
想像
キー
塗料
ドラグワーズ
増殖
スプーン
取っ
、適切な
到着
彼女は
精度
、より良い
失礼な
ブルーベル
農家
の夢の
本体
お勧めします
時計

# Puzzle 6

ゴム
バイソン
キリンの
、すべての
フィルム
閉じ込める
緩やかな
ブック
ヘッド
理由
学生
反映
キッチン
置く
困ら
軽自動車
心の
土地の
絹のような
可能な

```
何 ょ ひ 摘 ヒ む 理 緩 報 キ ツ 読 困 土 地 の ヱ
軽 自 動 車 バ 選 由 や し ひ リ ラ 多 ら ふ 故 摘 や で
ル 化 摘 で イ 多 ろ か 側 応 可 ン ソ る の 閉 圧 読 れ
ル ク 阪 カ モ ょ ソ な 能 可 能 ざ 無 の じ 応 反 映 化
ざ 社 ホ 砂 ひ 応 ク 置 本 ド 覧 ド 覧 ん 込 意 金 ニ
嶋 ぼ し 摘 本 ヘ ン く 話 選 ふ ハ ど め キ ト ス
ノ 画 だ 登 せ ッ 読 囚 圧 精 二 も る ッ ベ 方 然
私 意 ひ 話 圧 ブ 通 サ 選 ム 加 育 で チ 妊 ホ
し 画 画 圧 退 読 ゅ ゴ 囚 権 ま エ ン 力 学
合 ノ 多 コ 狙 登 ク 無 く ど ム の リ 辞 生
加 社 れ 百 だ っ 育 レ 投 ニ ひ モ ぼ ソ
ニ 乏 権 妊 ラ 歩 ベ ヌ ょ フ 多 ヒ ど カ ひ
ラ 合 す べ て の 阪 絹 の う な 愛 阪 モ で せ
、 権 ろ 何 通 嶋 ハ コ 応 ま 歩 報 モ ヒ る
```

# Puzzle 7

芸 お 圧 何 む れ ぎ リ ラ 選 ろ 向 ヌ む ト
話 し ま し た い 金 登 れ ハ や ヒ 何 解 ま
論 育 代 替 安 精 弱 権 ひ レ ー ク ホ ひ れ
こ れ ざ 四 海 暫 退 意 狙 ぼ ド 覧 再 サ じ
っ 砂 半 の 期 ツ ヒ レ ヒ モ だ ふ 投 摘 ニ
ど っ や 社 長 子 本 を 砂 海 ツ ヒ 芸 能 開
社 長 の 本 を 砂 海 ツ ヒ 芸 能 地 理 報 精
う ち ふ 辛 嶋 れ む レ 愛 芸 地 然 社 妊 む
ス 辛 合 い ひ っ 弱 む レ モ ぼ む れ せ ぐ
投 唐 キ ャ い ひ っ 弱 レ 愛 然 社 ぐ 解 き
、 じ 辛 な 合 だ 社 ヌ ト モ ぼ で 囚 ぐ る
カ ナ 少 ひ ソ 囚 場 ハ 焼 ぼ く で 囚 ぐ 月
デ ョ 応 く 場 ツ 安 圧 出 安 コ 嶋 ト ク じ
ナ リ ア ヌ れ 囚 摘 能 話 乏 エ ス 通 場 金
ム じ 少 合 ひ だ 論 場 ハ 焼 モ せ ト も 合

唐辛子を
コストの
安い
男の
社長の
屋外で
ムカデ
羊の
少ない
月の
クレイジー
ブレーク
カナリア
、キャベツ
四半期の
焼く
話しました
代替
地理
うち

---

# Puzzle 8

ク 意 結 つ ヌ 論 向 囚 ス 方 金 て 精 再 ひ ゅ 阪 場
ア は 方 百 読 ヒ 応 ヱ おも も ぎ 、まろ 画 ょ ノ 本 ト
カ ど 、 は クィ ひ テ ス ド ぎ 応 ス だ 正 場 ノ 会 育
ウ ク 所 阪 進 解 育 ッ リ 応 だ 多 方 本 出 百 む
ン 合 ツ 化 ろ る 重 ぐ 町 っ 楕 形 百 れ キ ン
ト ひ ひ 京 ゃ ス 空 私 ら 室 ぎ 円 の 妊 ノ ノ 多
を く ノ の ト 意 登 愛 砂 砂 ツ 形 会 育 テ で
話 ま ふ ヒ ノ 出 デ 砂 育 れ 辞 の 速 キ ル だ
然 ぎ 選 側 ッ ル ー 妊 嶋 狙 意 高 権 ノ 社 会
愛 妊 し 側 セ テ 投 嶋 合 ト 速 登 ら 阪 ホ 百
ド 百 無 解 側 然 多 私 私 ト 安 や ぎ テ れ 阪
防 ま 応 ト 故 辞 化 私 ベ 写 安 通 ル 妊
止 ゅ 囚 ク ざ 登 登 ル 読 合 応 サ
加 加 投 辞 テ 登 ビ 辞 所 ん 通
コ ツ ま も 出 加 二 辞 読 所 安 合

は、
も、
チキン
アカウントを
データの
ドッグ
トライ
のヒット
からの
町の
ビール
楕円形の
正方形の
ホテル
、パスの
防止
つららの
スティックは、
空腹の
高速な

# Puzzle 9

ぼ 意 じ 出 摘 チ 安 ぼ カ 場 側 囚 モ ざ ホ ロ し
論 摘 る ヌ ざ 版 き レ を ス マ ォ じ フ パ カ 精
モ る ホ 側 本 て 重 王 マ 選 サ 場 ハ 海 レ ぼ 考
石 は つ 通 解 再 投 会 カ 子 一 ー イ ビ イ で え
精 で 画 京 レ 京 囚 ヱ ワ 応 精 ン 向 論 ノ 無 ま
応 加 ソ 室 ひ 出 結 ス 登 樹 圧 歩 コ だ ぼ ジ す
セ エ 阪 海 な 芸 ハ 送 輸 皮 合 暫 ン い 能 論 ヒ
芸 会 だ 歩 登 セ ど 歩 樹 育 カ シ ト ぎ 解 歩 論
読 ヌ し ぐ 的 ル ゲ 合 皮 コ ン モ ム だ ひ ぎ 加
権 会 側 つ 理 し 摘 カ ブ ン 予 ト ル よ 圧 だ 読
応 ヱ 育 物 京 論 ヱ ブ 阪 ト 報 ス ケ ぎ 権 ひ 向
セ テ 病 気 阪 摘 室 阪 ト ケ 想 だ も 何 応 も リ
ス モ 合 ま 退 ヌ 化 ヱ ブ ス ひ う 応 ニ 多 リ ニ
れ や 砂 ふ ぐ む 育 テ 百 ケ 圧 る ひ ヌ ス ハ ス
ざ ふ せ 覧 ト 出 百 金 ひ 再 ス ハ ょ 応 多 ヌ ス

**単語リスト**

考えます
いるようだ
トカゲ
樹皮
王子
病気の
出版
ステートメント
の物理的な
イレーサー
ローカル
カスタム
パフォーマンスを
ビジョン
石は
ワーム
予想
輸送
スケルトン
カブトムシ

# Puzzle 10

**単語リスト**

明確化
また
土曜日に
経験の
一緒に
販売
罰する
フルーツ
ホップ
反対
は決して
暴力
育て
忘れてしまった
食事
電話
要因が
事業
、必ず
シート

、 必 ず は 決 し て 忘 反 ょ 事 ひ 写 本 場 ス シ
モ 意 せ ツ ま ゅ ノ れ ひ 対 業 金 カ 能 レ 精 ー
チ 育 芸 ク リ 合 ヒ て 出 囚 っ 論 向 室 解 精 ト
カ 登 京 む ざ む ト 出 話 選 経 狙 ふ 方 ん ニ モ
覧 投 セ 再 場 嶋 チ し ヌ 再 験 出 く や 京 暴 カ
応 だ 合 ハ ヒ 解 ベ ま 育 経 論 開 社 電 話 砂
や 応 る 愛 読 砂 モ た 本 明 確 の や も 登 ぎ ツ
て 辞 登 販 売 チ 嶋 話 要 が 室 写 社 覧 て れ 室
ヒ 社 食 事 ラ ス 場 故 安 カ 工 化 私 ア 阪 つ ヒ
ホ ヌ 圧 で 方 ヒ 辞 ゅ 画 ふ テ 開 所 育 ぎ 再 土
ッ 側 室 方 意 摘 じ 場 登 因 ク 論 進 す れ 曜
プ モ 歩 意 砂 ニ ヒ 応 圧 報 百 乏 話 る つ 日
ざ コ ひ 砂 囚 じ ま 芸 側 金 社 投 ぎ も コ に
ま エ つ 画 能 嶋 阪 登 砂 く 場 向 所 も ー
た 出 画 能 嶋 阪 登 砂 く 場 向 所 も 緒

# Puzzle 11

| 苦 | 室 | 辞 | ハ | ラ | 乏 | 方 | 嶋 | 会 | ひ | れ | 壁 | く | ふ | だ | テ | 故 |
|---|---|---|---|---|---|---|---|---|---|---|---|---|---|---|---|---|
| ぐ | し | 応 | 私 | 読 | ひ | 較 | ぽ | 比 | 画 | 、 | モ | る | れ | せ | リ | や |
| ハ | ヱ | み | な | イ | お | っ | オ | 出 | を | 経 | 論 | 読 | 重 | 辞 | グ | 本 |
| ニ | ょ | や | ニ | の | ド | ウ | 育 | 所 | 資 | 済 | じ | き | ょ | 写 | テ | 会 |
| 赤 | ち | ゃ | ん | 熱 | 方 | ラ | の | ニ | 応 | 本 | し | ま | ヱ | 囚 | て | 囚 |
| 育 | て | 無 | ス | す | 解 | チ | 阪 | だ | 本 | 砂 | 何 | 退 | 通 | 写 | レ | 育 |
| 加 | 社 | 場 | む | る | 室 | 室 | 機 | ひ | テ | ン | 何 | ェ | ラ | 安 | 場 | 加 |
| れ | や | テ | レ | 権 | 圧 | 能 | 室 | だ | ト | ァ | ン | テ | ッ | レ | 本 | ニ |
| キ | 加 | 嶋 | 圧 | ス | ニ | ク | ィ | 通 | 砂 | 漠 | の | ッ | ケ | ポ | ニ | 向 |
| ャ | 報 | 囚 | ソ | ク | ょ | レ | 室 | 嶋 | 通 | 登 | 歩 | ト | ポ | 故 | ろ | っ |
| ロ | 幸 | 応 | る | ま | お | 嶋 | 会 | 応 | ひ | 歩 | レ | 然 | 辞 | 嶋 | 出 | 加 |
| ッ | せ | ス | ク | 然 | 暫 | 歩 | 応 | ひ | ホ | 会 | 化 | ト | や | 安 | ま | 向 |
| ト | む | 愛 | 金 | ふ | ヌ | 方 | テ | じ | て | 方 | レ | ポ | 選 | ニ | ろ | っ |
| 然 | じ | 育 | 芸 | 辞 | 多 | 愛 | 所 | 然 | じ | 安 | ざ | ヌ | エ | 選 | ょ | |
| ヒ | ニ | 故 | 多 | ノ | ベ | チ | 然 | じ | 安 | ざ | ヌ | エ | | | | |

キャロット
砂漠の
おなじみ
アンティーク
ポケット
テント
ラウンド
機能
ピッグ
苦しみ
資本
ライオンの
トラック
赤ちゃんの
壁画を
幸せ
、経済
、比較
夏の
熱くする

# Puzzle 12

ステップ
参加する
中程度の
間違っ
が可能な
レクリエーション
状況
英語
同意し
ゴースト
ナビゲート
運ば
サンドイッチ
してくださいは、
ギュッ
クレス
クロウ
塗る
噴水
ドリンク

| ょ | 摘 | レ | 圧 | 話 | 百 | ス | ゴ | ホ | サ | 私 | 重 | 場 | 結 | む | ぎ | 場 |
|---|---|---|---|---|---|---|---|---|---|---|---|---|---|---|---|---|
| 海 | 育 | 画 | ク | ざ | お | テ | ク | レ | ス | ょ | 能 | ス | っ | ル | 何 | 運 |
| 中 | 程 | の | の | リ | 結 | ッ | ン | ン | ろ | 権 | ギ | ど | 何 | ニ | 参 | ば |
| セ | 度 | 百 | ハ | 何 | エ | ス | ト | リ | ぎ | 違 | ュ | チ | 阪 | 加 | 応 |
| ト | 愛 | ニ | カ | れ | 京 | プ | ー | ド | 暫 | っ | ッ | 応 | ぎ | す | 噴 |
| ナ | む | で | れ | 出 | 状 | 選 | シ | 乏 | 場 | ふ | イ | 場 | 応 | る | 水 |
| ビ | 弱 | ぼ | 場 | 海 | 況 | 解 | モ | 安 | 英 | ド | 所 | 塗 | だ |
| ゲ | で | し | く | 登 | ハ | 加 | は | 、 | 画 | 進 | ン | 然 | ベ |
| ー | し | て | ヱ | じ | コ | さ | サ | 京 | テ | 無 | サ | ん | ん |
| ょ | て | 登 | 海 | 海 | ま | い | 通 | 読 | だ | ッ | 阪 | ぼ | ク |
| ト | ひ | ひ | 囚 | き | ぎ | ハ | ぎ | 本 | ひ | ツ | 金 | 重 | 再 |
| 砂 | 弱 | ヱ | き | 化 | 故 | コ | 京 | 画 | だ | 海 | 選 | 愛 | ノ |
| が | 可 | 能 | な | 摘 | レ | 応 | 故 | 覧 | 私 | 話 | ん | ニ | ベ |
| 開 | 砂 | 精 | 意 | ょ | 故 | 囚 | 場 | 本 | し | リ | ざ | 歩 | 私 |
| 育 | 結 | ニ | ょ | 故 | 場 | ハ | ソ | ク | 弱 | ク | ん | 歩 |
| 京 | 本 | 報 | 意 | ソ | ハ | ぼ | 場 | ソ | 同 | 意 | 場 | |

# Puzzle 13

ニ 辞 安 ス 場 個 む 多 ぽ れ モ だ む ひ 安 育 拡
セ 弱 室 投 リ 人 ニ 権 れ れ ト ぽ ふ ふ 砂 張
で も な 意 は 愛 く 意 か か 下 ヌ 通 ぐ ざ 芸
化 摘 選 故 彼 権 ド 囚 し 写 降 金 ヱ ど ツ 覧 コ
解 ぎ 京 れ ら 波 ド る 写 加 側 ノ ニ 阪 ん 無
し ト 然 ヒ の だ く し 論 歯 ト ル 登 ク コ
ヒ 海 多 ゅ も ま 本 重 む 磨 報 何 嶋 ラ 選
野 開 菜 る た ど 読 合 写 き 整 投 会 カ ぼ
開 乏 を さ く 場 ぎ サ 粉 ひ 然 砂 ソ て エ
乏 ど チ む 再 だ っ 歩 百 ん 覧 ソ む 正 再
む む レ の 結 ー ニ 乏 妊 妊 す 出 ソ の 合
場 当 者 は 能 し コ ン 運 ひ ソ 解 選 確 阪
社 通 重 っ せ ピ ョ 動 眠 退 む べ 多 な
恐 怖 の ト ー レ コ チ い 通 エ 故 金 暫 ニ

下降
もの
個人は
コンピュータ
かかし
拡張
恐怖の
すべての
波の
歯磨き粉
野菜を
彼らの
チョコレートの
眠い
当事者は
整理
運動
でもない
たくさんの
正確な

# Puzzle 14

の友人の
、市民
成功
パンの
男が
ありがたいことに
ワールド
民俗
アクティブな
範囲内
貢献
、したがって
フェンスを
山猫
返信
彼の
彼ら
昨日
不可視の
サイズ

フ ェ ン ス を て 阪 側 百 結 ろ ホ 狙 意 向 能 室
応 範 囲 内 ベ ヱ 再 金 昨 ゅ サ 、 リ 側 ゅ 登 ワ
ス 写 乏 ひ ょ ド れ も 日 ノ ス し 摘 出 ざ 摘 ー
愛 室 ツ ト き 能 せ ラ の の 摘 た の じ て ひ ル
然 乏 し ヒ ニ 意 圧 ゃ 友 人 れ が 視 会 サ ひ ド
あ り が た カ 再 こ ン 彼 ホ の っ 可 ニ イ 投 市
彼 方 ト 嶋 い こ と 写 会 話 再 不 き 向 ズ カ 民
ニ ら 成 ト き と ハ ハ 乏 合 退 き ま 男 、 で 報
狙 投 功 妊 れ だ 嶋 精 狙 ふ 山 ヒ ヌ が ど 読
っ 再 何 ソ ク 嶋 進 圧 故 せ 退 だ 出 囚 選
レ 登 報 ク チ 進 嶋 ニ る 返 読 海 室 狙 俗 が 狙
多 せ ア 再 ア 覧 進 ブ 弱 応 室 登 俗 ク セ ざ
ざ ひ 京 ア ィ っ 嶋 モ 百 読 貢 だ 民 暫 ル っ
ふ ぼ ひ ク ブ 然 重 覧 意 応 権 ニ 応 ル 通
せ 社 お ハ 登 嶋 歩 登 場 献 解

# Puzzle 15

```
参 チ は さ み い も つ れ 良 タ 私 ぎ ス ろ 本 レ
加 照 合 暫 応 暫 い 暫 タ 私 ノ 結 弱 応
リ 意 し つ 読 ん 本 解 を 京 無 室 愛 ノ
テ 囚 ぎ て 故 サ 合 し 京 フ 出 方 レ チ
結 じ ノ く 能 ン ぽ コ 故 ノ 押 摘 ほ 結
だ ハ ヱ だ ラ グ さ 画 重 ト 下 エ と ス
ち せ 海 エ ル ラ い れ 結 歩 室 ネ ん 圧
退 ゃ お 本 で ス れ 人 読 二 武 ル ど ド
愛 砂 ど ゅ 暫 い 合 は 育 加 器 ギ 海 ほ
れ サ こ レ 通 れ 通 故 ど 故 の ー も と
海 縫 製 で 暫 合 ス ぎ 話 場 育 愛 応 ん
も チ 画 も 多 ツ ツ れ ざ ヒ 覧 ろ コ ど
応 ま も 加 退 モ カ や 投 ソ 会 進 結 登
コ 砂 れ 退 歩 辞 む ム 摘 芸 出 海
結 所 進 妊 辞 結 ぎ コ 所 来 た ぎ 向 出 っ
```

チップ
もつれ
サングラス
知っていた
押下
いつでも
タッチをし
エネルギー
ほとんど
ちゃう
来た
名詞
人は
参照してください
縫製
武器の
はさみ
スタッフ
どこでも
良い

# Puzzle 16

```
育 弱 の 好 き な デ ス ク む 社 バ 道 ん 詳 ヱ 登
退 む い ク 然 多 愛 じ 重 合 速 ッ を 細 だ 権
リ 高 戦 だ 嶋 合 室 ト 速 む カ 場 選 は 絶 対
狙 貴 ル 通 登 だ サ 本 然 ひ グ 場 読 、 ス 投
タ な ル 乗 算 ゅ ひ 能 辞 海 育 レ 合 ス 囚 論
論 イ ア 合 暫 囚 き じ じ 狙 サ ホ ぽ ろ 進 じ
京 む ト ィ テ ま ア デ 進 話 精 ベ ゅ 再 暫
側 芸 エ ル ー テ ィ 重 精 投 妊 ラ 画 ひ 向
ト 画 海 ひ 社 二 だ 退 る 芸 多 ヌ 故 精 サ
セ ぼ 悪 ケ 読 覧 チ 合 退 社 ぐ ャ 解 セ で
ひ 選 い サ 覧 ぼ ィ 意 安 ぐ ラ 京 意 ラ ク
ス エ ニ フ 砂 ア 論 妊 ハ ぐ だ ぐ ラ ぐ
ひ テ 解 ろ 場 コ ッ 投 開 百 ク 京 選 金 投
ス ぼ 阪 る 場 所 ア 向 退 意 画 コ 会 圧 摘
側 読 悲 惨 さ を ぽ 向 退 会 ゅ 通 知 視 力
```

アイ
デスク
詳細は、
タイトル
ディテール
バッグ
アーティスト
悲惨さを
戦いの
フロント
高貴な
絶対
速い
道を
ケフィア
の好きな
悪い
通知
乗算
視力

# Puzzle 17

```
マ ブ 結 カ チ だ 登 何 ひ 安 進 ま ま ょ ん テ 芸
精 ー ラ 無 覧 と 育 通 く ぼ 加 砂 ざ で 登 ィ エ
ノ ビ カ ウ ー ニ 思 側 百 雄 鶏 の 場 ょ 話 ー カ
通 べ 加 ー ヒ モ う っ ソ ボ エ ド 通 囚 選 シ 向
カ 退 結 せ コ 化 ま 辞 ル コ 投 ま ノ ル ソ
セ ょ 維 持 ニ 応 投 安 砂 ル を 退 故 退 通 ニ ト
数 通 ク す 飛 砂 投 行 機 を 投 解 砂 出 ぼ ゃ ス 重
通 え ひ る あ の 光 応 ホ 嶋 通 む れ 場 つ だ 歩
場 ホ る 覚 え 沢 鉛 京 ス れ 権 芸 ぼ ス る ゅ ま
圧 叫 ん だ 話 ょ 方 筆 レ 多 む 重 多 ク 応 つ
応 応 ノ 話 再 報 話 レ 再 だ 金 ニ ス だ 加
方 ホ 通 応 て お 読 ヌ 室 何 報 嶋 く 投 結
本 砂 応 ま 化 ゃ ソ だ レ ふ 読 歩 嶋 弱
無 無 ま 阪 卜 ソ 故 金 だ レ エ 読 歩 投 結
覧 登 阪
```

まだ
クモ
叫んだ
野生
鉛筆
雄鶏の
ベビー
維持する
ボール
ティーポット
マーカー
光沢のある
ブラウン
カール
数える
覚え
ケトル
飛行機を
だと思う
シェル

# Puzzle 18

チェア
ヤギ
大型トラック
物語
スティール
ホーク
ボート
マイグレーション・マーク
比較
ヤード
の厚さの
幸せな
尊重
優しい
私達の
雪玉
カット
数々が
火傷を

```
せ 合 エ ぽ し 写 レ ぎ 優 し い ぐ お ヤ ハ ょ 圧
ド 乏 ク 向 テ 投 摘 解 尊 阪 砂 退 ツ ク し 権 ボ
結 出 狙 投 登 重 ツ 雪 む 重 火 傷 を ド れ 弱 ー
海 合 投 故 ろ テ 愛 サ 玉 阪 百 を カ マ ー ク ト
ヱ サ 百 暫 方 論 安 ぼ 幸 登 再 砂 登 ド 合 ッ 京
育 辞 進 出 出 れ 向 摘 せ 囚 重 ホ 加 選 社 ぼ 百
れ 囚 ニ ぼ し 芸 比 な ヤ 解 私 阪 む ッ 意 摘
ぼ べ 方 安 ふ ょ 較 し ギ 達 の 圧 ト 読 ざ
マ イ グ レ ー シ ョ ン ・ コ 室 画 物 さ 重
ぐ て 然 セ れ で ノ ソ ぽ だ ス 語 ぎ 合
登 歩 ル 意 妊 ぼ 話 加 ん ノ 物 私 ざ っ 京
出 ス テ ィ ー ル 何 阪 数 ラ 語 側 覧 チ 百
ラ ろ ホ 写 ぎ ソ く ー 々 場 報 故 や ェ ク
所 む ラ 重 安 百 く ク ス 写 百 ぐ ク モ ひ
ク む ひ 権 む 百 ス 安 が 室 辞 安
```

# Puzzle 19

しばしひざドぽ狙まろだだコ解エ狙
な選モ甘どスペチ弱ちゃ弱でーハヌを
ラクダい検ルクセセ故七ヌヌトひ
キ画ぼ愛査の妊セ画ゅ写でロンれ退社
開ウし所むしって重で通ニ族権私狙応
コチイんドハ無グざ登ー家暫のひく
不安定なっ海辞ンまで族べで親報ど
く狙ゃぎま海場ニホ百暫再接の私再
むス意労をっホゼツ登権の続私狙百
トカ金室ひヒリレベ覧ノ摘出室だ百
ひホ弱本覧社暫ート故ょひ狙登クテ
ま砂下ヒの真ぼ登ベ妊育写権故ろ乏
るお阪べ画実覧出レ社安摘百安ひれ
育側トれむリひサト登故ルクろ化ホ
おもん何覧ひ京サモ覧ト退故妊社ろ化ホ

なし
ゼリー
しばしば
コートを
検査の
甘い
労働を
ヘロン
家族
接続
仕事を
七の
の親の
ラクダ
真実
キウイ
スペルチェック
のトレーニング
不安定な

# Puzzle 20

できるよう
驚かせました
訪問
十年を
カラスの
テディ
コーチの
分析
に空
座って
アームを
突風
する非難
考える
スケートを
可能
つらら
怒ら
腐っ
、インテリジェントな

まだテ訪問ノ突き嶋カ向権して
話インテリジェントな愛投ト何室リテー側コ育じもだ金砂圧化弱愛金レ
無座ってトてをムーア精腐っ安写合
、イン投ィくっ愛れ然考える開でに金れ退辞
座投ト何室会可ょろもニ圧権加非難論っ
って無ょろサふ圧権怒ん会らだ妊歩っ応を
リテーセケス驚分析エヌレ然海ひ社の
ムーア側コニ写れ分ぐセモららジ弱化弱
精然多砂ひふ場ど金砂圧読むれせ
腐ヌ摘クふだっら砂化弱愛京私場ど
っま百京私読むきだ通嶋芸ゅラカ
安圧百京ヌ然ぼぎ読む芸本再ひ社の
写ハ会進しれ話再私コじに空読退

# Puzzle 21

```
ス 加 出 ス ペ ル の 長 成 が 嶋 家 れ ド 側 ツ テ
暫 ト ン メ ー モ 破 壊 す る 結 賃 ニ 故 重 し ニ
安 ル ロ ヒ テ 精 側 お ド め の 初 最 む し ラ
何 べ モ べ 開 カ 意 再 ひ 認 化 出 ひ ざ 摘 慎 ル
金 ミ ズ ネ リ ガ ト 暫 弱 何 応 摘 狙 ま 海 歩 リ
室 重 ど ヌ テ ー 能 加 ぐ ニ 写 圧 解 育 重 に チ
セ 意 愛 テ 向 じ ぐ ニ ろ ト 場 説 歩 重 に ク
ょ 失 壮 大 ト 辞 砂 何 て 圧 海 ぎ 応 ニ 何 歩
意 解 わ 保 証 権 ニ カ メ 海 ぎ 応 ざ 阪 社 ど ホ
コ や っ れ エ く だ ぼ 砂 ゅ 応 ひ ス ょ 結 ゃ エ
だ ン 写 海 た 登 も 場 所 ひ 応 ん 社 だ 投 故 ド
出 る パ ノ 京 化 ス ト 多 ー ノ 社 ゃ 話 解 ぐ ド
京 ろ 会 ク ッ ブ ト ひ 写 向 多 ニ ま ふ 権 ク ヒ
沸 阪 サ ノ ト ひ 写 向 ゃ 話 解 ぐ ド ロ ヌ ろ
騰 モ ス モ ク 感 の 多 ニ ま ふ 権 ク ひ ヌ ろ ノ
```

ストロベリー
カメ
壮大
慎重に
認める
モーメント
保証
解説
スペルの
ベルト
トガリネズミ
家賃の
ノートブック
失われた
破壊する
沸騰
最初の
が成長の
感の
コンパクト

# Puzzle 22

を介して
人間
レッスン
コンパニオン
検索
第三
カンガルー
含ま
スポンジ
投票
バスケットボールの
庭の
ターンを
カラス
一目
暖炉の
睡眠
食べる
コール
ニンジン

```
意 カ 方 ひ 一 本 っ ん ゅ ろ 所 ヱ 精 投 っ ニ 通
ざ 芸 せ 退 目 ろ ま 退 っ ノ 加 合 場 ん ホ
ク バ せ 進 選 室 し ク 嶋 ゅ エ 人 間 モ ン ジ ン 本
れ モ ス ン オ ニ パ コ ノ 室 ど 含 ト ド 合 カ
投 論 ニ ケ 写 所 場 退 ー 二 京 む し 検 砂 ラ
票 食 ス や ッ 無 ヌ 出 ル 室 百 介 索 室 ス
ノ べ ヌ 場 合 ト む 進 ド 開 べ タ を む リ
せ る 方 二 加 登 ボ 応 ス 加 所 画 ー 歩 ル 庭
芸 ル ゃ 京 圧 ク 圧 ツ 京 海 し ン 本 ど の
第 京 っ 本 育 社 や ー 重 の ガ ン 睡 重 炉
れ 三 モ 妊 べ 妊 で 圧 歩 精 ン カ 眠 阪 暫 の
べ で ヌ ぽ ろ 権 っ 歩 の 権 ャ ス レ ろ 百 く 暖
ま 退 意 安 金 登 ま 精 お ゃ ジ 再 然 ひ 化
き 権 ニ 何 選 精 芸 ス ン ジ ひ 歩 囚 乏
ざ ヌ コ れ 選 阪 カ ニ ス 合 ソ ク ヌ ヌ ぎ
```

# Puzzle 23

ル退ラ場ヌ行エの常通何多ょ場れざ辞
ーろッ写リ場為のふカ狙ぐひ起納トソ
ル通京ュヌっ嶋開解権認無識選屋ブズ
せ京乏をだ辞精おドル安ハプツルだ囚ー
画ょだょてぎ百百ト化権ハグンチ然画ポ
囚私ぼれカチ百店場話京砂ンリプ結ろだ
ヒクっ通摘のニ圧投会ひ論むプ方ざクだ
囚嶋つ京登やニ登方論バプ辞ろすひゼ私
砂ェ金れや海ふ必登方がバースト摘ぼ応
エ能応だ海チもつリ権百影セ投海辞のる育
会場摘金じ応ひ投ぐニ方ニ話つ場育画解る
　　　　　　　　　　　　　　　　　おヌハざ円形

## Word list

影響
捧げる
のカップル
円形
認識
バーストを
権限
ブロー
起動
行為の
納屋
通常の
の影が
ポーズ
店の
、投資
スプリング
必要があります
ルール
ラッシュを

# Puzzle 24

## Word list

個人
のオファー
本当に
バレンタイン
起こります
ストーブ
思い出さ
候補
今日の
ネイティブ
選択は
の耳が
積極的な
の商用
裁判所
顧客
見え
遠征
経済を
大学の

## Grid

むスス愛今まじト所精ネ思本つ応室乏選ぼ
無ッつ日ェんるイ精登イ当い当に解方論択はカ
ヱとる学どざ覧登テ補ィだ出故せ阪開でだッひの
るモっ覧大ヌてク何ブ摘意さにヒ弱的読ぎ商
トせ起多二見え候だ登京然積極なルヌ安用
モょニりっ選投合摘意京ぎバ私ど精ホひ登
せホだ開おま顧客個人ひのハレ何ソ安ェ写
ょヱど方妊方登側す人ニょソ耳がじイ京っ
ホ何方登通経登写私所んニ重愛ひ京ぐ
ヱスト摘ぼスゅひニサも権ノ読辞ム京砂方
ノ権場ー安能ブのオファーチ囚向遠征登京

# Puzzle 25

意ん投だ芸ん停止まド劇ヌ跳だス読結
ソ方化ぎリホ選クき辞ろ安的んウ応で
ト育モ本多くアイヌどて化ぎ芸海べてれ
スん辞ま阪重ヌ多化化ぎ退ぎじ計ぎリ退歩
ん購入重トぼスぎ退解テコ開囚私選ぼ子れ
通読通弱ニヲ自安化のアラスートメルッモ退
愛ん方弱自剛再写るースト越えょ読ニャ退れ
保社て身剛性再写多摘合ーズトメディア育
持要つが芸摘だ多摘退合力読ニゃモソれま
じ求ドだ方だ摘退合力読ニゃ然ホモソ

読応てリっモ退れ子れれぽモ
スウェーデン人の菓お菓ょ重ニどふ
だんだべ登ハ靴おヌ登ふ能単
ヌ安ろおや芸砂私ましせ意ソ京エて
劇的おや弱乏芸進囚ヌま売り選手クょ
まド辞ハ合じ海進開能退読クアア
止まクき百精削除を合計ぎべ
停選きアイもぐ退え化のぎ化

## 言葉リスト

保持
要求
売り手
停止
自身が
アラート
アイリス
簡単な
削除を
メディア
購入
劇的
靴を
お菓子を
スウェーデン人の
を越え
合計
ストッキング
跳んだ
剛性の

# Puzzle 26

愛を妹っで圧能スでチ進ょむっ
応ド開読本ニせれズ覧解ツ無砂狙
ヌルド何ニ百どしゃンク妊加くヌホ
所ビだ妊退場だやバンク権向囚ひラ
応でお歩結じべれソ無やむひ
ニょぐくスょ多ラぐ結愛んだ弱登
に危険な京本ょ暫ヌまトじ重再モ
意複無ひ隠す図意嶋むスル話ヒ開登
辞私重無ひ隠育育嶋ひモや選ニ百スル
で死画場乏ベハ画応応ひふむ選スト暫
必場やニリノ砂故中心故ひ・ビジク
シャツ無てリむろし愛社意ク
育レッ愛ぎおヒだ輝き重ドレイ・リク
教ツっ無もレ会ざ量ホ合屈読狙解も
警察や無場ょコ重方れ退向開セ乏解

## 言葉リスト

必死
妹を
に危険な
重複
重量
・ビジネス
警察
フラット
うまく
バンズ
ビルドを
隠す
意図する
輝き
の入り口
教育
退屈
中心
シャツ
ドレイク

# Puzzle 27

にト小読温度計曇オだけ化嶋冗もぽサ砂
精も麦北極育多らーけでっ使談レエいべ会
読ヌかか登権らせるディ阪用権故じにたラ論
応や加私写もニ進ず方シ社解愛話ざまょ登
海ひ側愛砂摘らゅ進社ョフ場ふ写ぎっ所写
ルレ京まニら進読ンドクむひクロひ選狙ど
側れせわっぐず本フぎ、ロぼ覧向能本狙精
ょべむ出れバイオレットをべ囚何合はむレ
ぽカ芸バイオレット能なをベ育アナグマ室だ
、再利用可能なをひ育スプチ側ぐぼ確製開
ベカソお嶋結ツひだスチル百論ろ立品だ
再圧加方側ぽだぐ論スを合通のを
京弱乏じ能開投だぐ論スを合立開
く何ま結投だぐ論合ぽ通立だ

使用
確立
いった
オーディション
、再利用可能なを
冗談
プルを
北極
温度計
フクロウ
だけで
曇らせる
アナグマ
ヘラジカ
輸出
製品の
小麦
ゲートは、
バイオレット
にもかかわらず、

# Puzzle 28

ウエスト
インターセプトを
寝室の
暖かい
鳥の
示しています
宗教的な
アドバイスを
夕食
フェンス
電を
溝が
子供たちは
サポート
砂の
ガンダー
事件
映画
聞いて
機能は、

乏イろぎラひト方砂合れ重ツ金し百無リル
海ンチ写っ圧っ育登海ヌど安登ホだエま投
ノチ退然ダーベ育百何辞歩辞室リ投コ応
育し能圧登重投育解セ砂チ投場ル場
でまをじガぼタ論意ノノ事ニャや
通選ストリレプ場ムヌて件がヌ子
ウエイュ映画囚開応てフ溝た供側
安エバリ場阪場寝電だ私選機ぎだも暫
ヌ意イ写愛鳥の砂もヌ辞能たヌ場ツ
ゃゃドぐ室の砂ぎサ応権はだコ囚ひ
安ゅアトか写出しょツヌよ方も登モ
京暖トまいて開示重ポヌだ、無応む
側ぐすまい暫開レ乏重ひハヌセ然ク

# Puzzle 29

ヱつぎふ暫論安結水向べ歩セにクソ読ひ摘場
再ゃルソ故だし多泳クおくょ従で読ひま場け
ニソ場覧通セラ再応ラレ向サっラひまつけざ
故然ま暫重ヒ阪私社テロ方セて見じ登ブ社開
きハど通何セ合ま圧ーをュ新し安結ンド然サ
おコメ砂結ラ海乏サラセ私カニブトスイラ写
ヱ辞ッ開側む方ニ暫選のニスブ権安ラる々妊
会辞ドセー多ク読能辞個々退摘ハ論々写重ヌ
権再ージタ歩愛読解嶋辞む、すでにうれノク
スドー私ピもン覧ひむ辞能だニラ意声の囚ヌ
取らジ場私画ピンリっもクひじホ再の囚
治場私歩進暫コクリっもへだでコ所再妊ヌ
世明日覧私製造登
をク覧やぎつ製造へ
話ヌ

カー
製造
に従って
取ら
見つけ
ピンク
うなり声の
スライド
水泳
グローブ
ボローを
時々
メッセージ
、個々の
明日
新しい
ブレンド
治世を
、すでに
ヘリコプター

# Puzzle 30

笑った
に向けて
クロック
ドングリ
証拠
ショットが
拡張する
ネット
貸します
キュウリを
ベース
ホット
ファミリー
万人の
聞く
シングル
軌道
ケアの
コイン
正確に

や芸写にっ場ノベ出画リス場解金っ話場ヌ
写ろぐま向囚ひクハお側コ通重がソ重化モ
ドゅ投嶋海けホット笑ショミ金で百の加せむ
つテ登をだてロッ方退ファ合ミ側のせ金れ
ドングリ然狙ルや画応スたイ阪人アクスむ故じ
ホ然出ウ然化愛っ阪進聞人じべチネだひ化ト
ニヌュ化重退場通まくくびスまトひ精何
登サ愛キ京権解まス摘阪拡登ぼモ暫弱
論ぎし狙ハレ故しンお意セツきだ退囚ひ
無方レ阪百解グク本辞コ社何精ひれ
正んしエレ意権ルツ選証拠育応やカ何
確結砂何論クゃムニ弱論ぎ投ぼや
に軌道二む結ルむ弱

# Puzzle 31

```
の 出 ん 投 ベ ク 私 カ ラ ょ だ ぐ ぐ く 開 れ ゼ
階 解 ノ 開 金 抱 妊 ラ き ひ ソ 結 ヌ 場 ロ 辞 弱
段 む 方 意 結 き め 海 ょ ソ 合 ヌ っ 愛 弱 だ 意
が 者 植 入 サ ま つ 論 囚 画 く 病 ン 然 ク ハ バ れ
然 ぐ 然 ょ も ょ 妊 金 開 化 せ テ ズ ペ ス バ 場 ま
ク 狙 ス ハ の 再 囚 中 ニ 本 百 シ れ ン タ ス れ お
ト 本 レ ニ ぐ 側 日 辞 多 ヌ 能 ー カ ス エ ン
マ 育 場 ひ 摘 曜 摘 ナ で ル ト ッ ウ タ
ト 読 報 ぎ ツ 火 ヌ セ 囚 登 ボ ニ ゃ ソ
ヱ ニ む テ ぼ ヌ 報 痛 ア 会 故 っ 読 ソ
登 れ 金 故 然 加 開 ひ ノ ま 権 ふ ま
歩 乏 ノ 側 会 し 私 れ ツ リ ー ク 進 豊 お
ド 妊 モ 圧 嶋 加 れ ノ ツ リ レ 通 権 ま か
ス 読 だ サ 嶋 私 会 テ モ レ 通 権 ヱ て 育 豊 な
```

## Word list

抱きしめ
ゼロ
入植者が
アリーナ
の階段が
トマト
公式
プレート
ロの
ウエスタン
の中で
痛み
スペース
カーテン
豊かな
病皿
リーク
バスケットボール
火曜日の
シーズン

# Puzzle 32

## Word list

のガイドラインは、
悲しい
まま
変数
ツリー
示唆して
みなさん
尋ね
提供
ロケット
子猫
靴の
約束
実行に
支援
遅い
ネクタイ
非常に
メインが
ミッション

```
じ だ ヱ だ の 靴 ぎ 支 話 開 て 妊 ミ 退 ソ 合 読
ネ ク タ イ 私 ガ 通 援 出 安 ん ッ ゃ 重 退 ゃ ひ 所
る 砂 ニ 重 妊 解 イ コ 示 ノ ょ シ ク 報 登 ク コ ひ
ゃ 開 多 権 子 海 ッ ド ラ し 百 ョ 読 ぎ 故 ひ ロ 尋
ホ だ 供 登 暫 猫 ド ラ て ド イ ン せ 会 応 ケ ト ね
提 供 メ 阪 暫 精 ラ 方 ぎ レ ン 歩 非 ッ ト や 進
じ 化 イ 乏 写 登 ル じ 退 ぽ お は ツ 常 ほ ハ っ
通 エ ン て 京 レ つ ま む ん ヌ ッ ひ に リ だ
む が 海 何 く 出 辞 ふ ぐ ま 約 チ る 愛
ツ 悲 重 多 方 京 ノ 圧 狙 ス ぎ ま 束 ラ 無
所 し 変 数 実 に 囚 辞 然 ろ ク む チ ス 出
登 い 遅 ゅ 室 故 化 ょ さ く ス ラ 愛 登
ニ 遅 テ ま 解 場 み な ん ヱ 所 コ ス 愛
応 し も ま く 愛 エ 登 ー 画 ょ コ 能 ぽ ス
方 二 重 ま エ 登 ぽ ソ
```

# Puzzle 33

```
論 歩 ツ 場 ぽ 京 ド で 最 側 方 つ ク ろ ぼ つ 読 ぎ ま
出 ひ ま 報 能 減 ヌ ざ 終 所 病 ま も 意 重 テ た ニ も
リ ス 金 乏 ハ ら ア れ 的 病 子 暫 ニ 愛 入 砂 ぎ も 多
で 金 場 ボ 金 す ャ ま に チ 羊 ニ 化 意 登 化 だ ぼ ぼ
権 チ 場 ト 場 原 セ ち は 社 育 注 囚 レ 弱 ト ま ヒ ま
ざ ニ ヒ 原 因 保 ン ブ き デ ス 医 ト ク ふ 話 ヒ レ ヌ
も ァ ヱ 因 シ リ ス リ 故 育 応 療 を ふ ま 応 レ 会 し
を ン ー シ 保 ュ ブ 室 愛 応 弱 歩 精 話 無 場 私 ホ 私
ぎ 向 る 加 ひ ょ ス 出 ク 妊 じ カ 故 精 意 動 ホ ト の
加 ホ 辞 解 ひ 開 ヒ 本 故 社 ぽ 安 権 精 化 自 ト
場 ヌ ス 退 っ ス ヌ 社 無 話 安 権 論 ホ む 登
会 エ セ 合 ふ ヒ ふ 本 会 し 会 育 能 能 ツ 登
ゃ 効 コ 場 精 ヌ ふ 社 し 論 能 能 ツ 登 自 分
登 く 果 の 権 ふ 多 場 育 場 登 能 能 ツ 登
熱 心 な 誰 っ 多 社 場 登 能 能 ツ 登 自 分 の
```

自動
ソリューションを
効果の
デスクを
保ちます
注ぐ
減らす
原因
アセンブリ
ボトル
医療
子羊
熱心な
気に入った
リスク
自分の
病院
最終的には
誰の
シール

# Puzzle 34

野心
バルーン
巻き戻し
競争
ノイズ
バッジ
謝罪
足が
独立性を
ブドウ
マネー
愚かな
仕上げ
余裕が
アヒル
生まれ
ボックス
の伝統的な
細かい
スイカ

```
芸 仕 き サ ま 通 ぐ エ 愛 テ 愛 の 足 余 暫 る 向
む 上 れ 辞 再 精 囚 ゅ 報 芸 出 伝 重 が る レ 社
巻 げ 読 ょ モ 話 登 ボ ル 圧 だ 統 何 ょ 裕 が ス
再 き 愛 私 テ ノ っ ッ セ る 阪 的 重 ニ 金 重 ニ
弱 れ 戻 謝 罪 て お ク ス 競 お 競 な 愚 細 百 加
砂 写 会 し 写 し ヒ 独 進 争 争 か ど か ニ ホ
マ 化 き 生 ま ぎ 圧 立 き で 何 ス れ い 嶋 だ 向
ネ 辞 京 選 応 場 再 性 嶋 百 ド 狙 百 バ っ ク
ー ホ ラ ざ 圧 登 芸 を 登 方 本 ウ お バ ッ ひ
私 て 合 ン 再 や 合 工 故 百 ト 側 開 イ ジ ベ
写 チ 読 ー 狙 向 ざ 方 化 方 っ 権 ズ 画
論 ア ひ バ ャ 京 ょ 通 通 退 エ 退 ス 選 写
ソ ノ べ ヒ ど 加 京 社 弱 通 イ 野 精 イ 育
ぽ れ ひ ル か 加 能 だ 辞 投 心 再 ど 報
百 で ベ カ 加 能 だ 辞 心 再 ぐ ゅ
```

# Puzzle 35

ド　お　能　金　も　き　だ　ス　出　ふ　出　受　結　写　だ　覧　狙　の　前　以　応　ど
ヒ　合　怠　て　む　ぎ　チ　ノ　安　ひ　妊　け　妊　ょ　芸　む　ト　前　以　に　応　会
ヌ　精　マ　重　ょ　方　く　ー　応　歩　愛　入　愛　理　ハ　狙　の　前　以　に　応　結
ひ　能　ネ　お　っ　ハ　ら　京　ふ　ふ　合　れ　ー　ヌ　ざ　意　前　以　サ　本　ヱ　や
鼓　舞　ギ　じ　狙　ラ　登　登　選　砂　原　ぎ　室　ク　意　際　サ　本　ソ　だ　や　や
せ　デ　イ　ニ　む　再　場　ょ　ス　だ　化　室　技　冷　実　本　ソ　だ　ょ　ん　や　権
語　ィ　チ　海　愛　読　エ　狙　狙　場　技　術　向　蔵　品　ソ　だ　ょ　ん　や　権　は
彙　ナ　ゴ　っ　開　つ　辞　ク　狙　で　投　き　す　庫　種　だ　ょ　ん　や　権　は　ソ
ニ　ー　の　ろ　何　コ　意　ク　帽　カ　芸　愛　お　る　ツ　ょ　ん　や　権　は　ソ　だ
応　リ　ょ　重　会　ツ　せ　場　子　ぼ　近　向　っ　コ　ヒ　ん　や　権　は　ソ　だ　ょ
意　ャ　ぽ　ぐ　室　報　だ　近　辞　じ　登　ス　ス　チ　加　や　権　は　ソ　だ　ょ　ん
芸　キ　ト　歩　狙　合　芸　登　子　写　帽　投　近　コ　辞　権　は　ソ　だ　ょ　ん　や
摘　乏　ひ　読　だ　ニ　ヒ　帽　子　加　出　登　い　加　劇　は　ソ　だ　ょ　ん　や　権
妊　や　育　ツ　会　ク　辞　子　辞　ざ　れ　場　場　辞　場　ソ　だ　ょ　ん　や　権　は
ぼ　ま　ッ　レ　側　サ　再　金　再　写　私　劇　出　私　劇　だ　ょ　ん　や　権　は　ソ
ぼ　ゃ　弱　ド　方　再　ぼ　辞　ざ　加　れ　場　加　劇　場　私　...

キャリー
語彙
草原
タマネギ
冷蔵庫
以前の
実際に
イチゴの
技術
理科の
近い
送ら
劇場は
スノーフレーク
品種
帽子
怠惰な
鼓舞
受け入れ
ディナー

# Puzzle 36

好む
保存
燃やしました
想定
立っていました
会話
ジャケット
いつか
過半数の
資格を
水分を
を失う
泳ぐ
病院の
計算機
バンワード
決めます
専門家の
回復が
スタイル

故　れ　計　ス　話　決　ぼ　ま　ヱ　芸　立　資　格　を　ク
む　故　算　タ　べ　め　レ　ひ　ニ　歩　っ　百　分　失　モ
て　や　機　イ　レ　ま　ニ　退　意　芸　て　水　妊　う　ハ
愛　ス　登　ル　ベ　す　選　だ　報　結　い　だ　辞　無　出
摘　ろ　然　化　ヌ　ニ　芸　合　故　故　ま　セ　安　乏　読
ぎ　ぐ　場　む　ふ　社　方　過　嶋　し　し　ヒ　多　芸　ス
燃　安　合　ふ　れ　向　い　半　海　た　ヌ　意　狙　ふ　会
や　砂　権　ル　再　圧　つ　数　過　想　ク　解　専　ふ　囚
し　き　能　ゅ　ヱ　結　か　の　半　定　ト　し　門　べ　故
ま　金　ろ　室　圧　開　ジ　む　数　弱　京　ヌ　結　退　登
し　合　ツ　報　画　写　ャ　ル　の　写　権　ク　れ　多　ヌ
た　応　退　読　嶋　ケ　育　好　ド　家　論　圧　が　バ　投
保　や　進　登　ソ　ッ　応　の　病　の　せ　育　化　ン　回
く　や　多　れ　泳　ト　退　病　圧　育　圧　ク　辞　多　海
ヌ　泳　ぐ　泳　ん　ソ　育　院　囚　ク　育　囚　せ　復　ま
ヱ　ヌ　...　囚　退　育　...　応　退　...　ニ

# Puzzle 37

```
む コ 場 も っ む ヒ 私 ん ヌ ス 乏 マ ょ ヌ 京 摘
覧 一 合 や 囚 意 コ 場 く ど 登 安 ニ の ー 経 路
ホ ナ 辞 通 ヱ 出 ニ 画 解 ま ぎ 釣 精 命 ヌ ジ ニ
タ ー ま っ シ 乏 画 論 再 ぎ れ 応 通 芸 一 を ト
ル 歯 ブ 砂 弱 画 論 登 お 阪 室 進 信 エ 命 ざ ゃ
ミ ス ノ で 権 お 再 社 愛 室 登 圧 写 圧 は や べ
出 京 レ ハ 嶋 話 精 愛 画 登 砂 エ 砂 待 期 エ お
れ 無 ソ 無 場 せ 百 合 く 画 き ょ 通 待 ろ 方 む
摘 む だ ニ じ サ ひ 会 ょ 室 何 し だ 人 し 現 側
ス ゅ 登 さ 無 精 室 何 せ エ ニ ヌ ヌ く 報 在 早
表 登 れ 狙 精 百 エ エ ニ 圧 セ ク リ し 狙 の い
コ 本 表 だ だ 妊 圧 せ ク ぎ ぐ じ ポ 京 の リ し
ニ ぎ 示 サ 読 金 ぎ 歩 リ や 狙 歩 ト 化 ト 覧 美
歩 で さ ふ 選 論 や 乏 ヌ ソ ぐ ト ぐ 退 ト ミ 然
ふ ょ 私 レ ハ し て 乏 ヌ ソ
```

ミス
ミル
現在の
公園
コーナー
マネージャ
ストリップ
表示される
命を
ホタル
停止して
ポット
早い
の経路
歯ブラシ
釣りは
通信
期待
人口
美しい

# Puzzle 38

```
ひ ツ 使 ス 阪 ん 場 ク ひ ラ れ ク 政 府 の ス 安 れ シ ン ク 読 何
せ 噴 一 イ ひ 歩 つ 投 ぼ き ク テ や の 解 然 ど 金 ャ 分 割 ぐ 通
も 火 砂 ル 捨 私 登 ぎ ト 意 投 愛 乏 圧 ふ ゅ ヒ ャ 分 割 権 ん ぎ
通 ト 糖 サ 選 の 場 狙 モ ス ク 、 加 ゅ ハ つ 金 分 割 ぐ 民 間 安
っ 社 暫 ま ミ ヒ ク セ 登 ャ す 急 摘 海 サ 海 サ 砂 化 チ ツ 安
だ 向 サ 写 ニ カ 阪 読 む ー そ 速 京 海 む 私 狙 化 ひ 砂 化
ぼ 外 テ を カ オ 砂 だ す ショー に 投 ホ す 狙 む 璧 サ 嶋 百
レ 選 弱 オ 自 識 別 果 ま ざ る リ 退 完 だ セ 狙 ル 側 百
百 辞 ニ 体 重 成 ス ヨ し ざ 権 ま 配 登 璧 セ ツ 側 安
ゃ 海 私 ハ せ ヒ も ぼ コ お し 布 ワ て ひ 化
ヌ コ 所 写 だ だ ぼ 能 愛 無 た す ぎ
ノ ニ て ひ ょ む ス 能 意 だ る 無 ャ
ふ ト お 登 む ぼ 精 選 愛 意 ク ヌ
本 お だ ス 精
```

スワン
砂糖
自体
ました
分割
成果
使い捨て
オオカミの
配布する
完璧
そらす
民間
政府の
識別する
、急速に
噴火
ツールの
外を
ショー
シンク

# Puzzle 39

愛歩ひ無贈れセノぽひぎ食組、テ出ヌ
合むだ通画りヌ社しす砂品み標向ん持
社話っキ物場チ砂てピー出ざ的平カっ
ま応ぎレゅ海っ会む囚だ入字な和てい
誤通の辞ャや囚輸側安所然権愛室本た
差与くだ育距離重室無囚場本報クき室
関キ・ゅ選海辞合ぼひヌコミット読ピ再
キヌ晴画室写しゃんひヌ狙話応ニル進
ャチれ室たひぽきベソ合ニ生囚トツ話
ッ多たひ摘登と投っサニ育砂息多読囚
チ出ぽ金で故だむにだ合砂所地だ生海
弱ざ開で圧トむだ砂合砂所ラ乏ぐ妊
ぼ意開圧ト合二育砂所ニ報
開で圧トむだ合砂

キャベツ
キャッチ
持っていた
ピル
太字
誤差
関与
、標準的な
センチピード
しようと
輸入
晴れた
生息地
組み合わせ
贈り物
平和
距離
食品
コミットメント
のソロ・

# Puzzle 40

狭い
ベル
チーム
ネイル
実行している
試行
防ぐ
ストリート
クッカー
ホッケー
議論の
トラブルの
フロート
探索
話して
イベント
ドライバー
ブラザー
話は
三角

ん重つし結精場ノス京所然論話ニブ砂エひ
海登登コ応囚狭トチ狙サチ加私ラザぐ
三ひ実応報ど方ェーくでホチ圧ラケもコ応一
角実行もクどんラ京リ議論のチーくザーきて投
本行し通の方ブラト論まイェ乏試ケもコ海囚
話て報精テラ化トま社無ひゃ弱行やラ重ト場
場い結てべ化カ合ンぎ何やチ選ろろっぽ
報る結写囚くコフトぽ探トつと弱囚
阪嶋は画結ド愛フロ向読索画むト弱くじ
クッろ話出権出ロノひ囚ひ室私れ然
場合ヌドラ防ぐトどレ論開つ化化
妊本カ出論退もひふ弱ろ
ベイネ退ー嶋向安私おんぎ
ル狙読サ権ひ乏報ベニニトおろ

# Puzzle 41

```
コ 話 ヌ 所 摘 乏 ス 画 加 能 ズ っ っ 会 会 ピ 選
ひ マ も ン 覧 小 な 登 パ る リ シ ふ む プ ア 読
能 ひ 結 ニ 解 ひ 登 阪 レ シ ス む カ ツ ノ ぎ 、
結 乏 金 解 ざ や や 方 っ ン ム 取 リ プ 然 、 応
陪 ぎ 登 金 金 百 、 、 モ 意 画 み ウ カ は ざ 手
審 辞 二 登 ニ ド 年 歩 ニ ト ス ふ サ 重 り に の
員 応 チ 辞 辞 ソ 出 れ 故 ラ ラ ひ フ ざ リ ト 故
を ニ 乏 方 方 れ ぎ ぎ 応 ク イ ブ ラ れ ぽ ス ざ
っ チ 金 ふ 精 国 覧 故 セ も ひ エ グ は れ だ で
ひ 乏 投 精 ド 民 登 応 更 能 本 ル コ む ス 能 カ
ろ 金 安 ニ 安 の 故 安 新 セ 側 フ 本 れ だ 乏 ぐ
向 応 コ 精 通 方 安 砂 ざ つ む ラ 所 ひ ヒ ひ ヒ
ス し 論 話 進 砂 チ 更 も 辞 コ グ 調 乏 乏 ト
ど 狙 ろ ヌ コ 砂 ル ざ っ 調 べ
金 何 ろ ヌ ヌ 開 ま 砂 通 っ つ 調 べ る ひ 乏
```

読み取りに
陪審員を
サル
手の
クラウド
ウサギは
計画
パースニップ
、年齢・
ピアノ
フラグ
マシン
小さな
シリーズ
マップは、
レモン
ドライブ
国民の
更新
調べる

# Puzzle 42

全員の
エンドウ
ナイフ
フィギュア
、グランド
子犬
ボルト
スイング
制限
歯科医は
シマウマ
たかっ
の近くに
ビーチの
しかしが
摩耗
ビールの
クマは、
キャンペーン
ステーション

```
無 る っ 愛 応 ル 海 圧 応 ホ 無 金 ヒ 画 ラ で ろ
合 論 解 選 方 ナ ャ レ 、 グ 場 ド 無 ツ 応 や 暫
芸 合 ヌ む ィ ど 加 ひ 無 ラ 本 ニ 再 開 進 百 で
ア ュ ギ イ で ハ 制 ぎ 退 場 阪 暫 医 京 は で 乏
ラ 論 ヱ フ 砂 ビ 限 ひ く 歯 科 ビ ル 能 の 弱
ク マ は カ も ツ 通 乏 エ 科 再 ー 重 マ 重 ス 選
ス は 、 ツ 投 嶋 ー チ ビ ベ ド ペ マ シ 選 側
イ ギ ざ セ 読 ひ 乏 レ の ン ペ 摩 シ テ の ど
ン 論 の 画 だ 権 読 ヌ 開 ャ ン 耗 ョ ま 近 然
グ は 何 砂 登 せ 私 私 キ も べ く 海
ホ 、 し し 因 百 ぎ や 進 加 圧 に 合
員 意 か ま 金 む 結 意 向 摩 エ 摘
側 写 っ 何 だ テ 金 ル 辞 然 暫
二 ヌ モ 能 ボ 辞 解 ス 進 ク
意 嶋 ゃ だ ょ ル 応 ト 画
室 子 犬 何 ょ だ ト
圧 ヌ
せ
子
```

# Puzzle 43

フィットコ必っラひ月コ報画リ報乏ベ
化合話所摘加要能ド面応無意百何愛で
まじモ圧くろ行ソイクリチ海切故のホまと加開百も
選退じて能社飛サコ合すのニ振きテ画摘っラレ育投ょ化ひんっ意怒画投

飛行
ソファ
月面
適切な
てしまった
するものと
守る
必要と
フィット
チェリー
従業員は
振る舞う
、小数点
サイクリング
ハンドル
主張
ので、
転送
激怒
スグリ

# Puzzle 44

必見
サウンド・
女性
買っ
卵の
バンを
オープナー
制御を
シンプルな
レモネード
アイデンティティ
オプション
謙虚な
週の
防衛
入力は
物質の
方法
人気の
ハタネズミ

# Puzzle 45

アフスクし応セざどリ海阪せ読ソくひ
てープンャシキょ通ンモ摘歩しカんま
育ハムサチだぼ注意多写金論無狙合加っょ阪
ぐ応金安ェだしリテラホ写嶋報ニラ本化隊卜
ス応精解ふ加写ィしグ暫読然任砂百る軍化
場加ぐ加しエ覧故命芸エ報投圧百写
ょ弱解ふ写ひ覧任に解砂ラチ花画が
場弱ぐクひのざ読室芸コ弱るょ故
挿ぼひ論写エ謎京問安多写ャク
入だ歩ヱ会特飛行室華無場ざ
し室魅カょ阪定く方画園でソ故
室ド歩辞応特応方重応ヒ無ク
方ぐコ出エ社重スフな動ソ故
然退、パートナーのだフな動覧ゃ
私、パートナーのだフな動覧

花が
の特定
謎の
、パートナーの
シャンプー
魅力
アームチェア
セキュリティ
ハーフ
動物園の
注意
挿入し
真の
の問題に
華麗な
リング
エルフ
軍隊
任命
飛行機の

# Puzzle 46

オフ
一定の
セル
を過ごした
教会の
第十
学ぶ
プラスチック
ポストの
日時計
時の
ことが多い
誰かの
の赤ちゃんの
委員会
キリン
何でも
暖炉
オコジョ
船を

を愛乏通ラトゅ登クつルこむむ権ひで
画過開ホ出モ開ドしハと金結再れ方社
ョ摘ご注ふせ芸読コ権が一圧開トエニ
ジ故阪し教会の時ひ愛結多定愛まじ多
コせ誰かセた日計会多い結定のじで
オニ暖のセ乏つプ応ステもモんでき砂
フ炉時室退ラ時ラスヒむ能ちゃ赤再
ニ安っ加でヌスチヲ覧リし百のヌろ
ヒコ話安室故どチッヌ室ぼしと退学海
論ト私妊百セろふヒコ合暫退べぶ歩
妊ひゃ読セ然チツ第むもめ結ソ応
ポスくト安妊画むコ選十加能ク囲方
応ひトのコ砂キリン加能ク圧船カ
辞ひト砂

# Puzzle 47

服はスツ育サょ報も作成考案写カ投出開
気現れつサンド合会結コ論話重ソ方動も百リ
ク候実会ひドキせ安ひ無るのジーペ登百ニ所
圧ノ再然方キッラ阪精無ツ御走カひ無芸開画ぼ
百せ場し方キャ何ラ選馳ノ走カスオムテニ向ょ
芸ょ囚暫登ッリ何進御馳走カヌホ投愛ム進だ
レ辞辞化精スト選何むホトマ側ぎ社権ヒ辞く
崩壊の登場ルま化社海ト本ぽ辺じ写圧辞ふ
お向社化ぎノ化む海世マぎ安ヒ無が
べ私選精写ルノひ社本ウス側辺せ無出欺
リ故結歩スひぐ室退紀にの安海選が欺
ぼ精化登ニェル開投単はクリップが出だ
お進阪何側ワゴン結嶋育ろ通ゅま金故解欺く
無ど重側写結ルチつっや通ゅま金故解欺く
おサヌ写っチつっや

**Word list**

サンドキャッスル
、マウスの
世紀には
御馳走
欺く
動き
単に
側辺
クリップが
気候
現実
結論の
崩壊の
服は
スカート
オウム
ワゴン
考案
ページの
作成

# Puzzle 48

砂ヒ会ぼだて場クっき争ドる
多ト化加意レコ場ぽも紛精争ドて登阪
スス嶋ニ市民の狙コノク狙覧能
応だ登るむ暫せひぽど何ょつ
多ぐ私応てもルフラカのテだ強打
ヒ方社を海側ノテ精ぼ写分子二本多海
れ方社範阪側デン精ぼ写分育金本多海
ふんぼで空気室権ウトサャキ写社登阪ひ
意ルヒ空再摘せカーウ囚ト乏精安権阪
本質的な加ドサシム能トび精ょ権チッ
ク育ヒ再摘カサッシソひドャイタコク
ウォ登むチ引用辞故ラド愛弱愛場べひた
本登むと言故ヌリ愛精後愛権おひ側
画む砂ろ精まる重セク無再側たときに
登ラだ覧通おハ方会ゅラ出
カだ芸ひホ加精サ私金意方愛意阪ヱ

**Word list**

ウォーク
分子の
市民の
サッカー
キャンディ
空気
テントウムシ
範囲を
トリック
紛争
画像
のカラフルな
本質的な
と言う
たときに
イタチ
ウッド
後に
強打
引用

# Puzzle 49

| ニ | ヱ | ド | 全 | 体 | に | コ | 個 | 選 | 金 | ギ | ん | む | 権 | ハ | ぎ | 百 | 京 | 側 |
|---|---|---|---|---|---|---|---|---|---|---|---|---|---|---|---|---|---|---|
| ・ | プ | ー | ス | 証 | 拠 | は | 人 | ク | 登 | フ | ど | れ | つ | ふ | 意 | 阪 | 投 | ハ |
| 意 | 狙 | ル | だ | 方 | れ | ぎ | 的 | ょ | 重 | ベ | ざ | つ | 登 | 意 | ん | 嶋 | 加 | 向 |
| ニ | 登 | 退 | こ | は | っ | に | 阪 | ぎ | 京 | リ | 観 | 故 | 本 | 加 | ス | リ | 通 |  |
| モ | 囚 | ク | と | 読 | 選 | レ | 向 | 摘 | 嶋 | ひ | 察 | し | も | ヱ | ぼ | ソ | 本 |  |
| ふ | レ | 私 | が | 前 | 所 | チ | ャ | 側 | ょ | ふ | し | く | ト | 結 | っ | 話 | 暫 |  |
| 芸 | 故 | 所 | で | 新 | だ | ン | ン | だ | 愛 | 話 | セ | だ | ヒ | 私 | 加 | ヌ | ツ |  |
| 退 | れ | 解 | き | 聞 | 祖 | ス | 応 | っ | ろ | 百 | 合 | ヒ | 精 | 側 | 歩 | ル |  |  |
| ベ | モ | シ | ョ | 祖 | 父 | ハ | ウ | サ | の | ゅ | ブ | 入 | ク | 解 | 退 | ヱ |  |  |
| ニ | 安 | 報 | ー | 父 | じ | ウ | サ | ギ | ょ | 京 | ラ | 場 | つ | 囚 | 話 |  |  |  |
| 応 | 報 | ト | 場 | て | 通 | ピ | ッ | ド | ょ | 入 | 安 | 覧 | 金 | し |  |  |  |  |
| ょ | 何 | セ | ク | じ | ぽ | ハ | ム | ス | タ | ー | 場 | 平 | 囚 | テ |  |  |  |  |
| セ | ク | シ | ョ | ン | の | 選 | ヱ | 弱 | ス | ノ | 安 | 均 | ル | ヱ |  |  |  |  |
| 弱 | ヱ | 重 | 乏 | ス | 私 | お | 出 | ぎ | 乏 | ざ | 通 | 意 | 話 |  |  |  |  |  |
| る | し | 重 | お | や | ド | る | 側 | カ | サ | 歩 | 室 |  |  |  |  |  |  |  |

クラブの
セクションの
ハムスター
証拠は
祖父
ウサギの
入場
チャンス
観察し
ドール
前方
全体に
ショート
平均
新聞
ギフト
ことができる
個人的に
スープ・
キューピッド

# Puzzle 50

アクティビティの
与える
割り当て
結果は
業界を
割り込み
警官
修理を
悲鳴
唯一の
マニュアル
安全が
裁判官
乗っ
プッシュ
、カリフラワー
コミュニティは
音楽
雨量
許し

| 、 | お | ヱ | ょ | ノ | 投 | ふ | 芸 | コ | コ | 歩 | 応 | ニ | み | 阪 | 開 | 話 | ぎ |
|---|---|---|---|---|---|---|---|---|---|---|---|---|---|---|---|---|---|
| ニ | カ | じ | だ | ク | 砂 | ニ | 室 | サ | ミ | 登 | 多 | 嶋 | 込 | ド | 話 | つ | 嶋 |
| 業 | レ | リ | 愛 | む | ひ | 登 | ル | ア | ュ | マ | マ | 本 | り | り | 暫 | 当 | ヱ |
| 警 | 界 | 投 | フ | む | 雨 | ょ | 何 | だ | ニ | レ | ィ | ん | 割 | 割 | り | り | て |
| 官 | 与 | を | む | ラ | 量 | や | の | ィ | テ | ビ | 多 | テ | ク | ア | 精 | 精 | ま |
| れ | え | 会 | ク | セ | ワ | 修 | ィ | を | ニ | 二 | 覧 | ベ | 妊 | 乗 | 音 | 音 | ぼ |
| 結 | る | ょ | っ | 室 | 室 | 理 | を | 再 | 阪 | は | る | ト | 報 | っ | ニ | ニ | 楽 |
| 果 | し | だ | 合 | 所 | 読 | 歩 | 再 | 出 | 化 | や | ぎ | 場 | ゅ | サ | 解 | サ | モ |
| は | 狙 | ニ | 話 | 私 | 歩 | ヒ | 金 | 悲 | 出 | る | む | 投 | 裁 | 官 | 判 | 官 | ろ |
| し | ニ | ク | 安 | 京 | 京 | 阪 | プ | 鳴 | 権 | ど | 私 | 解 | 本 | 室 | し | 室 | 退 |
| 唯 | 京 | の | 全 | 話 | 歩 | プ | ト | 所 | 本 | 向 | ぎ | ク | ヒ | 方 | 加 | 方 | 加 |
| ん | む | だ | が | ざ | プ | リ | リ | ニ | ニ | 室 | 海 | 本 | 報 | 育 | 重 | 育 | 重 |
| 通 | や | 写 | 許 | し | シ | シ | 場 | 狙 | ゃ | じ | 合 | 嶋 | ま | ニ | ま | 側 | ニ |
| 写 | ラ | 圧 | る | レ | ュ | だ | ュ | っ | 狙 | ま | ト | 側 | ぽ | ぐ | 場 | ラ | ラ |
| ニ | 百 | 結 | む | レ | ゃ | エ | エ | っ | ど | 意 | ト | 合 | チ | 化 | 登 |  |  |

# Puzzle 51

ニ ア 社 重 地 れ く や じ ハ 京 ま つ 品 ト た
ク で ド 力 球 だ 化 ざ も 場 再 れ 然 揃 ぼ い と 考
妊 画 ハ レ 出 じ ニ チ ま 育 場 読 ざ 読 え ふ と え
側 で リ マ イ ラ プ 結 所 結 ざ と 呼 ハ 応 す チ て
能 覧 一 囚 バ コ 興 故 画 せ 選 写 読 習 権 明 写 い
金 摘 サ ダ ン 開 会 リ 会 ハ 述 場 慣 証 写 ノ
っ 出 ぎ ヌ 写 会 社 や 編 ス 退 方 明 百 い サ
ヌ 進 応 圧 辞 モ の 記 雪 レ 解 側 安 向 ぼ ま
阪 再 再 れ モ パ 歩 編 を 圧 再 し 結 育 写 だ
ま 覧 チ 論 京 だ を 雪 だ じ ラ 解 私 ハ 砂 ヒ
然 報 結 社 文 然 だ く 意 ヌ ツ ニ ョ 京 愛 ひ
コ ン テ ン ツ の 化 能 場 ぼ ヱ ろ 砂 ニ や
側 社 王 冠 の 室 場 無 ぼ 社 ろ 退 退 コ リ 退
通 読 覧 写 化 私 ニ ぎ き 覧 れ 阪 退 コ 阪 リ

興奮
バン
記述する
たいと考えてい
品揃え
編を
雪の
地球を
プライマリ
パウダー
アドレス
論文の
王冠の
会社の
ハンマー
習慣
コンテンツ
証明する
重力
と呼ばれる

# Puzzle 52

リス
ものの
歌う
振る
ガチョウ
姉妹
タイガー
氷の
受信
夕焼けの
マイル
目の
経済
絶滅
強い
の連続した
背の高い
シェード
敬遠
好奇心旺盛

む ひ ま ル 何 ゅ 氷 出 加 ハ 室 室 向 ょ 歩 論
金 向 圧 ト ゃ 会 の 目 強 セ だ 話 ヱ 安 場 ひ 芸
多 ろ べ て ひ タ 室 き 方 せ 弱 ス 開 ト 方 ま カ
狙 ソ む テ っ ホ 焼 方 合 い 弱 ベ 振 結 る 阪 や
ゃ 狙 ひ ル 本 化 ふ 弱 け ハ て ラ ぼ 合 ソ や ひ
ド じ だ 砂 た し け ひ 連 リ 開 ハ 精 砂 向 コ 阪
ー 重 で 応 れ ク っ 合 じ ス 社 ろ 多 る コ 海
ェ ガ チ ョ ウ 能 加 ュ コ 本 ょ ぎ ど せ 育 然
シ ル イ マ 選 ル ゃ 退 ノ 姉 退 ル れ 加 絶
場 ひ で タ っ 開 テ む 場 妹 出 登 背 の ん 滅
何 好 然 リ 狙 レ 精 き 育 登 覧 る の 然 い ろ
受 奇 報 狙 歌 ク 然 愛 百 圧 無 も 精 権 セ ど
信 心 場 だ う べ ひ び 側 投 開 の 育 金 く っ
加 旺 む 然 セ 愛 狙 む 精 乏 海 意 の 遠 会
や 盛 り る ラ き ひ お 経 済 場 嶋 コ 圧 つ 意

# Puzzle 53

本読ぼ経験ハ深ト何ツテトプじ重社
賢くだニて化刻室ゅストロレ化ドじヌ
場化結で婚は所登ひ登パテ権ヌラぼ
ツニ海ひ安廃狙場セ圧京うが通画
き素ゼブラクモテ暫だょむ写海コ
歩能ぼしベハンだの側覧むひ覧
協力ノもべ妊レぐせレ覧ひゃニ
ど最利通幸結合意応故むせホ本
最ノしまだ皮プ論や方や社だ
利も通べ解膚ス加まだむ故開阪
点通幸解せまレ予測論社応や
画進結せまなレク予測社結向読
せルカ合なレク予測社結向読辞画
話海意応話ク測社結向読辞画ト育

きサヒ論レ砂ひもっく辞出ま重ト
じヌ通場てべぎくリヱエ論おノト
化ヌラぼろゃ何ぼぎセ安ノ重ト
結ィカぼ通画海コニッモクやト
妊権しが場写くホニッモク安やト
圧京ょむホひゃ本だチや阪応向
側覧ひ本社だ方や阪応結向読
妊せホだチ話む予ぼ結向読辞
覧レせチや故読方や結向読辞画
だぐ故む論む社応向読辞画ト
チや開社論予測社結向読辞画ト
方や阪応予測社結向読辞画ト育
む社応や画せ向読辞画ト育
予測社結向読辞画ト育

**単語リスト:**
キャンプ
ゼブラ
表面
素敵な
ドレス
賢く
協力します
利点
結婚は
深刻
だろう
プロパティが
追加し
最も幸せな
経験
馬の
スクラブ
皮膚
廃液
予測

# Puzzle 54

**単語リスト:**
部分の
、リンゴ
サイリング
態度
池の
くらい
貿易
プール
ベルで
深い
主要な
関係の
呼吸
叔父
単位を
ワイン
はいを
グレー
の素敵な
悲惨な

進砂どカ結ト出エろリ報側進阪加サヱリ
場っトエリカ解ざべ化ワインっ摘再嶋ヌ多
愛ヱリカ画然リっ安し狙ひセホン
所応ルハ育呼嶋係の分部覧暫砂読暫本
べループで無室化池本場妊画よ砂ぎニ砂
るふだ歩で単位を態度選まぐ砂暫
ふだノ写叔父私を深室選チヱき二登ま
海開化っ投一い合選ラスニぎ登ま
側加まま話だレじはも深室開るハ重らせい
むだノ砂だレイサ金進開ハ重らせ登
覧テまひグモンクイソ嶋スやくぼょ摘
加論どじ乏悲故嶋退無精私能ょ摘
ツ応ニる愛モ惨ソ嶋スや摘
どヱく金向暫愛故貿易何ど私精
合私ぼ化故暫囚要なノて貿易登合話ま
ス読べ愛故ソセ主要読論まスぼ加投

# Puzzle 55

基本お許容オサれひべヒ暫量ニ側ぽ動
選乏そん阪エオ報やひヒる無何の鼻物
圧ホら会ふニヤ向ひゅ芸行旅頭は
ぺだく方方クさくべノ精権意百ヌ進力
側ッニ方場メさラふプホ無写砂ょ応
ス意ト場のモ、げるレイ精話く再度
ニつスのリ実るコトふや縄場リ度
百クキて際囚エもラ結ダム会関お再
開っテか圧に話進結愛ベ狙機ランサハて然
く論愚論ツ芸室も結ヒ弱くでノ関覧無安側
重結場結ゅ読乏本愛ヒ精報ヌ金投育
ぽ報写写ニエぽく嶋何ぽ向然然側
コレ写場も合砂本ヌ百ひじ投れだ所
場砂場向乏砂ツ話画ぽ育側育
加レ通京乏ツ話画じぽ育側

おそらく
基本
許容
ペットの
投げ縄
百頭の
プレイ
機関
の鼻
ランダム
メモリ
テキスト
、実際に
旅行の
オオヤマネコ
再度、
量る
愚か者の
ささげる
動物は

# Puzzle 56

ます
学術的
パパ
看護師
フリージア
削り
空洞
現在
水曜日の
古代
フォロー
プレイヤー
すぐに
エキスパート
カテゴリ
ラジオ
測定
、最後の
高速道路の
ひょう

二意クャ金読ぎれノ摘芸パフリージア側ひ
高速道路の室読ラひチーパスキエ再乏ょ投的
っや側テ合方ラコ向圧ヤロだォ退測定ラう方的
論私ハサ削京ヌれププ百ォ精然ぎせハ金テ
狙通看で何出っ応画ょぼ故通学せ報論
弱ま護退せ囚ヌ暫ホ権応ニ通多開ひ摘意
ぐひ師進だセお登覧歩応故砂退ぎ学摘古
現在ハだにソ登摘ゅヌ故選空話術代
ますひすぐソリ阪ジ登会空ろ嶋報ニ
ま乏まニカテゴ摘ラぐ結ト会んひひ加ス方
、ベト画囚日狙てよ意結んさ嶋ヌ
ド最画水曜ぎ論話向暫ょ圧ヱ
つるひ後然の力育ますしテ狙ぎ嶋つ圧方
せヒつくク育ますしテ狙ぎ嶋つ圧

# Puzzle 57

```
手続きのオおし会辞イ暫海てまだキイ
私ぽ歩スベ資母さ狙ベぼ話無故報ツン
ぼヌソ愛イ源暫ん阪ン意圧ス圧ぎネデ
化ドーレグ摘砂チ読トも向登会何れッ
選京セざ多場無テをっ故囚むひせひク
故再ーカス重無れっヌ発生ふせエど弱
育覧ジラ傾斜つヌ砂場れし故セぎど弱
加むがも目的愛砂場ニ安本ひぐ開ひ権
おぼ群方ラ平的な合て然期圧加ス友人
写ぐれ解せ多べ出や無間通ぽ論人がエ
ふ乏何ぼ妊っヌ暫無私育臆ぼざ無解
登選ぼ囚化京解ソ暫も私通ヱ進本ざ解
ウォッチ囚化読ヱ所百出会ヲ応肖モど光応
結狙やだモ登レ方精暫精方ラん寿命光
然応だモ登レ方精暫精方ラん寿命光応
```

期間
ウォッチ
傾斜
臆病
ソーセージが
平和的な
お母さん
友人が
イベントを
資源
グレード
群れ
インデックス
オベイ
発生
手続きの
キツネ
肖像
寿命光
目的の

# Puzzle 58

スチール
関連付ける
正を
責任
ファーム
嵐の
栄養素
グレープ
グループ
採用
取引
専門の
エプロン
雇用
嬉しい
汚れを
自分を
事実
表現
ハリケーンが

```
ぎャド会能トっもトコモ場摘カ覧覧応
まっ辞ニ取本社権合本妊ドで意精ヱむ加
砂ハ歩関引ス百ニ方採ヌ退ホ写向も金
ハ選話連だ化エれだ用再ぽ百もるる素
責任でけ進進私ョ場退スチール養てぐ
サ故リ付る進ニクれ退方辞栄ヌだ無も
本ト嬉けるぼ合スもン事化芸がぐぼ百
汚れをししむまコっじ実妊弱ロン狙ぎ
コ写正ヒい私ひ無投阪弱プンりじゃ狙選
精所ル進進ひっ応合京ロープルハ写せ
暫登場芸専ェ圧阪ぎレグ開ニ金ラ
ス表ふもサ門加報囚ヌ所っ故でざ弱
場現ファームの自ラ選分覧圧社ょ
無ノ育阪側ひク分を嵐のカひセク
も百選ゃハ進し囚のカひセク
```

# Puzzle 59

ハ室リ登をノ妊捕クニ反ニ金ひぐ愛ラ
相互作用い奪捉ートニ応適側用育ヱチし
化まれ願ノ所ペひ芸レ圧辞権無室ふニひ
砂本ひ意で画向トひ阪離百育故権狙解辞ら
京登進だ開京バケ阪百ハ育ょ報乏愛ハっ百
コ応だルカ残ヒ離百セ離く所進室リ加つコ
読結京育話能辞多チ月ト化覧れヌ暫クコ応
会ぎ私砂砂ヒチ論社応結通応はろく辞位が
スチ暫、非常にム解クム愛は、摘向ぎ社妊
選科学者無工所所ぎぐ会解べ精読私参照愛
科学、非常にどヌ会ホ解クべ百れ照百合ツ
者無エ所所ぎぐ会解べ精百れ歩参ぎっ社妊

、非常に
スタンプ
残し
位置が
を奪う
反応は
捕捉
凝視
離れ
参照
優しく
相互作用
有名
通学
バスケット
科学者
満月は、
クーペ
願いを
適用

# Puzzle 60

トモ弱加ヌょし故ぎ加まケーキの然方
応ス画ぽテつた故ろひ覧ニ所筆ヱ進摘っ
むチトぎーレたニれトサ報囚ラぐ鉛阪ろ登
狙食だ通ョつレど故レサ会クココ摘画愛き進
朝どニ何リビ惑レ応サ応コア摘ぼ登百や解べ
ホ狙本結ョ結ょ星サの有ニ能芸百乏芸読乏応
何パ応だ無暫ぎ編ざ無弱所退ぼをやろ通っコ
パイナップル惑ぐ応でリ退イ芸辞や乏トニ進
ど狙やレ無集むがヌドリャ自ラ読然歩くぐ
じるチ嶋やレゴんひヌニ身イ報っおニ歩狙
意ひコ乏合ゴろ芸金歩異のザ金おどクチ
く乏会カ暫ショひ金テなサ私阪トひ狙
チヌで出セクンやンきるてトふ読チ
加故検現むどヌき意無阪育多だふ
叔母者どどヌ登だひルレク育ふ

が、
した
検出
朝食
惑星
自身の
ケーキの
テレビ
叔母者
出現
セクション
リアライズを
鉛筆の
パイナップル
編集
ココア
異なる
コヨーテが
の有害が
ゴール

# Puzzle 61

```
ニ ま ヌ ハ 弱 投 コ だ ノ 開 親 切 出 れ や 投 エ
登 嶋 ゃ 本 ク 透 明 暫 っ 覧 投 登 ぐ べ ひ 投 れ ヱ
進 ラ む 砂 だ 再 百 ト 開 阪 選 知 ふ 砂 辞 ぼ 安 場
場 会 ヌ だ 加 ぽ 退 論 れ 室 化 社 用 語 合 ヌ テ 無
写 方 ヱ あ 砂 オ ク サ チ 通 も ろ ひ の カ ヒ 本 開
芸 く 重 た り つ く 登 話 く 黄 弱 色 チ ホ テ
作 り を の 能 ぎ 愛 能 ホ ス テ イ ブ 出 私 進 重 投
意 っ 愛 京 彼 加 多 女 す の ょ ニ ー ル ー ド
ハ 巧 妙 な
達 成 し ま す
ま や き 話 何 所 砂 選 ド 応 ぎ ひ 合 多 社 む テ
登 読 カ ぽ 所 砂 選 ド 応 ぎ ひ 合 多 社 む
```

のり
用語集
天気
あたりの
却下
達成します
オブジェクトを
彼女の
結婚
巧妙な
つつく
黄色
ブリード
ニュース
透明
知恵
作りを
状況を
親切
ステイ

# Puzzle 62

父の
評価
ソーダ
データが
ヤギは、
快適
明らかにする
チェック
壊した
の下に
方向
絵筆
道徳的な
今や
真似
夜明けの
延期
食べて
余りが
シーン

```
所 ざ ヌ 弱 ク 圧 然 ホ 明 で 室 権 今 暫 余 開 き
ト 通 辞 ぽ 方 向 ひ ぼ ら か ぐ 報 や モ 延 囚 り 会
ヌ だ 能 ノ シ じ ん じ ト ぎ む ふ 期 が 室
ヤ ぼ 写 の 所 ダ ソ 囚 に す ま 社 サ 話 ひ
や ギ テ は 下 通 ン 暫 乏 ハ コ 出 愛 ー 囚 ゅ
無 ょ は に 画 食 べ て モ 歩 場 画 デ 話 サ
ヌ ソ 報 、 再 妊 壊 る 愛 登 暫 出 て ジ ト
し ノ サ リ し 側 京 化 百 チ 私 ヌ
ど ろ ソ 嶋 ト た ソ 出 っ ニ 摘 エ 然 ど ッ
ク 場 室 報 サ む 乏 場 覧 ッ 化 ッ 圧 っ せ
ぼ れ っ 登 コ 故 だ 応 摘 真 ヌ 海 ク べ ベ
れ 本 道 室 育 お で ニ ヌ 似 論 囚 乏
夜 明 っ 徳 私 ょ カ 圧 退 て 化 じ む 解 登 意
チ 話 け な 評 ノ 退 ク 写 サ 海 ん ヌ 父 快 摘
安 話 徳 的 価 私 故 コ ク レ 論 の 適 狙
絵 筆 け の 価 ノ 退 適 会 り
```

# Puzzle 63

だ投画ハス育て重ノ能ぎっ話ぽ精チソ
ヌく特定応阪クニの重愛し画遠写ハニ
嶋つ画故き社、ニジンつ金場鋭写リコテ
芸でる覧レ結ニ話画時や何ひょ弟セ本
暫モ退進意ピ画暫通せコだエリ所権社
く砂側ひまクレ故ふモ通ゅでュ外国方
っヌぼ室だ無権百おクト論コ暫写し視
ニ妊所ボだ再だ愛カラヌ社無写ノ重ホ
乏所座っータ百ラクヌトコ室阪てひ
向化無ドーセ愛囚ラひ狙ヌ辞暫安ょ
コま論ドをリッ狙クひだラ安だ愛会
延期をルざトラ画ひ乏乏コ京私重話
大せ声ざレ画ラひ狙だ退ハ私む場所
せ    ト レ 乏 く 乏 話 だ つ 退 ハ 私 む 場 所

トピック
ソース
外国
大声
延期を
時間の
テニス
特定
無視
、ニンジン
感謝し
座っく
遠く
弟を
リード
感動を
ボーダー
セーター
の重要な
鋭い

# Puzzle 64

花の
循環
火災
ネギ
自転車の
、山
成分
包む
憎しみを
週末は、
ダイビング
アクティブ
愛情の
手配
問う
調査の
パイロット
戦略は
達成
時間

ゃ乏おリダ場重然故レま然結パ化スむ
選嶋、だイ自転の車のひ然ハイ包意何
っ本ぎ山ビ転アス圧ブヒ火ニむヌ歩
テ退登れンク故圧だ写故合テッ百開
れコおソグ故ぎ京ス合ス芸ト乏ッ室ト
で  ぐお社どぎ育圧せんテ達百登乏む
方ク社まソ出手京話安成所問退芸
花のど暫つ配憎週私分時循う意
リ戦調ラ育べして意論間環もぎ狙
ノ略百意権セみ辞ヌ嶋退も社本
ス は査のエを辞だ囚化だ環通
二論百阪権育だ開愛ぽ応む向
進レ圧安京芸ャ京京情画論ぎ阪
ネギニベ論合ク芸方多ぐチコ重

# Puzzle 65

圧読もだじ作社ょソ吸きドサ重弱砂私
ぽ出ふ国のられこっ収じカラ海論写然
摘でト砂際社をれせ加たニカ意合ざど
ぐ写ぽチ所の権ラた無妊じや芸多再ぽ所
所海合選世葉を京じニチる応心京論せ
会権摘ツ会代開無やクトる配本乏七ホ
感謝を愛愛精再むハリホ圧ニざ論面百
意ふじしスぼ出登リクソニコざ七鳥私
論ニ退だレ社出金海合カホるだ面の愛
く育摘能じ圧安ぎ圧エワソおる鳥ヤテ
サベヌイむ歩ぽ砂ルルウ向送ホのジ覧
んょイリ会ひ進モレやソ登信スむやや
複化ルス圧コ話レル会信お埃レどどれ
叔は報金ぽク歩ルや化加ニっい圧加権京
父ま狙テ然る長いニ二話ぽ能圧や権お二

クリーン
ソート
ベイ
国際
心配
複雑
葉を
作られた
カワウソ
長い
黒い
吸収
埃っぽい
感謝を
スレッジ
送信
世代
これらの
叔父は、
七面鳥の

# Puzzle 66

研究
どこ
バス
ロバ
めったに
コーヒー
それぞれ
のボイド
トランク
タクシー
少なくとも
レスポンスの
ミラー
対象
実験
貧困を
せっけん
デイジー
明確な
依存

ょまバス室多ひス場ヌニゅ弱む側二実
乏れド金やニ妊加ニょ愛権くく加辞験
歩弱そどリ砂化何ヌ登だ再故ソ社
京意れや歩セ解暫権ソ投だソまホヌ狙
レ阪ス場チもおкоコ京ゅデ歩ホぽぽ
育無ポカ合れ社ざヒきイ室ヌレ
方本研ン無暫ドまバ少通画重狙狙
嶋ど究スの依ノろと明んデ能乏れれ
ヱれ画ひひ存せ暫クロけイ方重百
何コ通ラシ投トコ乏の通論金
登通ミサんクホだホの結ボ能会多
れ話ヌぎホだ応ホ対モ歩ツイ安

# Puzzle 67

乏無ぼざ嶋ぽ報歩ぼツぎ加覧サス愛
加修トぎ登ホ芸論結ルきヒマワリ故
ろ歩正画故スピ論まお画化ひ応じよ
狙しコ解多コェリお意エ登セっ私ホ
おハお中囚ルッ規をひチ嶋ルや界セ
海ょテ間クドテ制むヌ境側論金登登
崩壊コのチ王べゲひ下ひ辞ち辞金
多ゃサハソ室故ポ然ムヌど論方辞
ふ摘安しだ故意ルン通ゲがにモ多多
ド登加選せ投解室エムドヌ政故故
つ辞もレこ場化権摘完社へ登府開
重もレふのて能室ひ登にぎっホ妊
おヌ覧会乏ッニお完ん何ど論多ホ
っ会所レ本ニてて阪権ゃ通府登
ぽ所ヱ本話二お出通重り多ホ
阪ヌ覧覧話阪

ポンドが
より
修正
エクセリットル
境界
。この
ホールド
王室
チェーン
ピース
ベッド
規制を
階下
崩壊
政府
完全に
ランプ
ヒマワリ
中間の
ゲーム

# Puzzle 68

貧しい
雑誌の
勧誘を
感触
簡単
含め
バージョン
の足
推定
カウボーイ
展示を
布の
コンパクトな
明日は
サミットは、
関連
今夜は
相手
故郷
ウィグルの

ニるぎ写方嶋ぎ再何多レヌ摘ト簡単の
報ぎツニリふチ雑弱化ひ読阪然京権足
海海読写阪ぽ誌感触読故育本 むょ方
ニ多暫きてリ論の投エっヌひ所まサよ
コ育ヌゃクセ再登登ウや精本のスれ貧
れ明ャ応報ヒ本べ含ティ精でる関育し
カ日読ぎ社ひ選何テ含ヌベなトやい
、は卜ぎミサバイ室めヌひ通相ドノ
セ夜育ヌ暫多じー含パノ写故通手ニ
登今精結通百ボジノ布然連嶋
写会ぼま化ぐウカ通んにのれ合画
進ス通っ育るホどヌも弱通で
場狙砂育ルゅかざニ安化歩
勧誘を示展推ろ再選砂登社卜
ラ応阪化せ定合囚応海弱会つ

# Puzzle 69

```
チネむ再べるっ側安る結愛ドタチ摘安
ッギ禁止するて暫らだ応ド圧ョルふつ弱
読を出然ざ持退い選宣が、ヌクふ植ク
方悲阪む愛っ城ら安言言芸術のキ出登ひ
ノ劇だ退で選安サ室意注ド重暫投物
合的共おふむアむだ芸弱ラれ育登よ
おなっ投じまAむだアラひト摘ぐだス
応だ阪解緊登ニカぼ方妊だリ
どっる重急登ひぼ摘ュむ進摘ざト
ツ芸せ向読グロビタンイょるて
ノき再読登ーヌ囚ひイぺつ様故な
辞再応然社ノ社ふニく囚芸
ト応ヲ金ひ愛会ゃ社ぐ社ふ
権読サ読
```

キュウリ
植物
ネギを
注意深い
様々な
芸術
共通
不安定
アメリカの
タスクの
ペイント
禁止する
砂の城は、
緊急
宣言
悲劇的な
インタビュー
グロー
いらいら
持っているが、

# Puzzle 70

クラスの
用品の
状態
標準
与えました
必要な
さようなら
フィードの
女の子の
のウェット
教室
昨年
忘れ
複雑な
電車
レイヴン
クロス
、風の
ガチョウを
雪だるま

```
ヌ辞妊与えましたた本育然結きてハカ京報ガチョウを囚ンヌ標準
ざ育むヌっぽれ摘状態スス話れ阪テヌのウェッヴ側登ハ準辞
精砂摘芸じ教室だ囚ス囚ひ安どるヌの精だ囚登ハ複ゅ
嶋ソ写安意重スま精サひ芸何だカクレ応カの忘雑ら辞
ぎ解会結解私投無ひ登芸だカク育まれ車会のせら
通ヌ嶋ラ辞ホ二に方だ場雪育る電側風ヒて
場何まぎ昨室社セト登レド金砂、車金うな
フト京加安ゅトぼ重芸カよやッ登ツ
ィ阪二室エクしし用品や子の女ソ
ーむだ安ラクぽ精画の子二応二
ドのスクロス結狙加弱海乏結嶋二つ
く読ひ狙加弱海乏結
```

# Puzzle 71

セむ側ょ故画結所登覧べ何笑合加ぼ利
ト解退含ど海圧何愛海故どえ二権狙用
き意カ画ま然ト祖ノメニきる場おん可
ぐヌコのだ暫セ母モイ妊狙重っ然話能
場ょ弱つ後て母画ラモードだっぽ精ま
カだん退むろク摘画モ会おぎ出カカ
ブ阪ペーク嶋に無圧ヌ応無能妊論ケ
ト狙ふっ狙社人妊ヌモ私退多スソー
ム砂応出ヌ海二他だ覧加論投ヒス
シがくょ化カ育な圧進せむワ然京
がス退ぽヌふだツ重囚場のトだ方
スれ登画投つ所芸ひ合だ危険砂正精お無
登だぎコょし写の来将ぎ辞、二乏っ側何

笑える
なっ
祖母
ワニ
、正確な
将来の
重要な
泥だらけの
トーク
カブトムシが
ペニー
メイク
の後ろに
利用可能
危険な
他人に
市場の
ケース
含まれて
要因

# Puzzle 72

読み取り
の代わりに
ペン
櫛の
付随
タマネギは、
管理を
存在
ファーマー
質問を
関心
コミュニティは、
障害
誕生の
実証
スカーフ
シャワー
紫色の
膝を
マイナーの

膝付随ヌヌコヌ合シマ狙無お圧リニょ
だをツ育結ミしャイタネせャチだまレ
しも私だ砂ュ場ワナ再妊弱管室ヒ覧
っエも存在ニ権リー金の然ょ重理をカ辞
登ひ意応選ティ故ハ加京応レ百スを弱関
二合セヒ所は権金然コつ海嶋カフ何心
狙写ルハ社方、っリだ辞ひーマァじ報
報べトチぎひニサ報多ル社向妊害
れくハヌひド読質多ひ読選つ色の
く芸加ょ読サ意問をセ選しわ実く
愛スよ摘ト向京に誕無ヌ誕芸無トをで
ニれトひ秘金のッホ生てわ私紫暫画
ルひ誕無金ペみきク京生わェ代ィぎき二
ひ金セまクベ百ゃて私エぽ囚開社

# Puzzle 73

選思愛情再ヌで無っ方ふ場だテポく会
登ょいコチ全は愛な本育意ニレッしゅ
能品嶋やり体登乏き故き感のーべー退
結質報合ト独の立い感情室意芸ひろ覧
乏弱ぼ場ー読サ方向ディ重じト二応ハれ
機能をぼダもス再写レじ室意よ私結弱
ニ百会トー海再向化参方会論こ愛れ阪
リリほぽリ再向ふ場権加選育し安阪二
やオひむろホ弱べんまし論選育本摘京
読フむ度一辞開精べルき向て等弱妊や
進ィ精だ室写つ致おすまぎ読だ執方ソ
応スゃ愛写ろ一室致るまん読避回行ク
ラ室ま応でろ一写再多 き暫く話ス
室精進く多能エるす避回クや行話

## 単語リスト

方向ディレクター
たい
参加して
機能を
愛情
全体
執行
独立
回避する
オフィス
感情の
ポニー
思いやりの
ではない
品質
一度
等しい
リーダーの
ひよこ
一致する

# Puzzle 74

## 単語リスト

条約
リアライズ
その
鉱山
との間で
ハロー
外部
日曜日
敵の
チョコレート
開発
フォーカス
送っ
聞きます
政治
実行します
テストを
クジラ
溶融
読ん

歩嶋進京意ハ実私外部社ゅニ海コ場ヱ
るざス応きロ行チョコレートン安辞話金
リアライズーし妊覧モ方クジラエハツ
通ん安スぽきょ登狙とフ狙開ヒ開摘発
ふセすょンベまスクヌそ選社歩育
聞きまもコ二写写セ阪ー間重スル故
ひ鉱山し応加スぐレ育でルチリ
リサ話チ所場本ヌ圧登化融合
何室ヌト乏スれ暫テを化ヱ狙
通れやチ弱て加社約スト囚ク政ホ
ひ狙ざテ歩愛れ選日無溶モ
投ざス囚読覧故カ出社曜サ敵治
ょスニひざ合話京ヌ嶋弱社然私のの
ろチ嶋で囚れ京ヌ嶋弱解合然私

# Puzzle 75

登 話 緩 い 応 乏 博 結 婚 式 コ 話 ソ ヌ 精 ゅ 応
ミ ろ ょ 化 囚 つ 物 室 む だ 弱 再 ス お じ お じ
ハ 所 チ メ ガ ネ 館 の 解 ぽ 無 チ 愛 感 ふ 所 た
お 芸 ィ ジ ニ た め 登 合 無 金 ャ 進 出 砂 本 無
合 コ ニ カ め 登 合 金 れ 何 ャ 歩 応 ド レ ク 圧
つ ノ 結 ニ ル 嶋 権 応 嶋 レ ン ジ 愛 ヌ 論 ヌ 通
ナ ッ 略 摘 ひ な 弱 逮 捕 ジ 社 愛 出 し セ 登 ニ
登 狩 語 ひ 砂 じ 意 進 圧 声 芸 ド 権 ょ 砂 向 ベ
加 猟 ト 法 な 的 カ 合 合 ま じ 出 ヒ 結 百 場 能
ニ ク 育 も に は 拒 否 ぐ ま リ ヱ れ 何 論 覧 京
コ 辞 芸 っ 型 ノ ニ ツ テ ツ ホ 判 批 歩 会 報 重
辞 然 レ も ノ ツ 芸 応 所 応 ス 論 重 ぎ 開 育 モ
報 選 択 し 応 答 所 テ 応 む カ ス れ 重 ぎ ソ
報 覧 ド 辞 テ む カ ス れ 重 だ じ ぼ

ため
応答
声を出し
ミュージカル
ナット
拒否
狩猟
チャレンジ
緩い
選択し
ティーチ
メガネ
感じた
結婚式
略語
博物館の
批判を
逮捕
典型的な
法的には

# Puzzle 76

鍬を
まで
ものを
ささやかな
な性質を
ジャンプが
孤独な
バナナ
干しぶどう
先のとがった
レベルを
ターキー
カードの
バタフライ
アタック
誰かに
に自信
覆っ
臆病者
休憩

妊 お 室 ド 出 ソ 合 歩 き 然 話 チ 孤 お 京 ひ ド
私 て む も ゅ 鍬 を 加 無 方 ヱ ぎ 独 誰 臆 病 者
ツ で ツ 意 場 芸 の 会 金 で 退 な か 場 愛 っ
ぐ バ ニ 辞 選 テ も 阪 カ つ 通 ょ ド ソ に リ く
辞 ナ 出 精 ヒ 本 重 ベ ヌ カ キ タ 金 京 覆 ゃ だ
弱 ナ 先 の と が っ た だ ー フ チ ラ む 性 育
報 弱 ク カ ま で 解 ヌ 能 ド 画 ぎ イ 意 質 っ
ベ 砂 っ む 開 育 き 登 ホ の 解 コ 応 通 を ニ
本 無 海 ま ア タ ッ ク 方 場 多 ハ 妊 加 選 だ
ヌ 乏 海 信 休 ノ 海 ソ 画 ャ 側 暫 通 カ 無 砂
に 自 社 休 や か な ソ 干 私 合 ジ せ ク 通 向
カ さ さ や か な 通 れ も コ ひ ッ 方 再 レ ヒ
ま 育 通 ソ 選 二 チ 妊 ょ ト ぶ ど 二 ハ ま ツ
場 砂 選 ニ れ コ 妊 ラ 摘 乏 向 無 私 再 応 阪

# Puzzle 77

```
も ヌ 温 ラ ン プ の 必 ク し の て べ す の 病 気
応 じ 度 ト ッ 含 ま れ ず お 態 ざ 室 向 次 投 ふ
ろ ど 話 乏 嶋 社 ひ 能 ろ 投 ろ 状 ゅ 通 囚 進 ス
読 だ 多 で 辞 進 本 ス 然 ろ 海 然 レ キ 画 ク っ
ヌ 通 ひ 選 多 再 私 む 暫 加 風 テ 多 ル 覧 ベ ホ
セ ル ぎ 読 ヌ 場 私 読 れ 砂 呂 何 ラ の 利 テ ヌ
だ 精 覧 報 ヌ ニ る ふ ぎ 解 ひ サ ソ 粉 用 ハ オ
育 話 何 ょ 向 読 出 辞 意 画 嶋 く ざ き 可 せ プ
多 能 ぎ 圧 ノ ト 化 ラ ヒ 登 益 ぼ 歯 ん 能 向 シ
ぐ せ リ 多 ろ ラ ぎ れ ゅ 郵 ぼ だ ん 通 的 ヒ ョ
も 海 サ ャ ナ て 海 無 圧 便 応 も 京 二 配 ン ン
第 六 ホ 圧 リ 圧 囚 ソ 論 達 室 重 安 セ 支 ッ の
ス せ 向 ド オ ッ ふ ハ だ ク ざ ど 乏 ホ 重
何 る ル じ て ツ ふ 能 狙 退 ど 乏
```

含まれ
郵便配達
次の
利用可能な
第六
のすべての
ノート
シナリオ
利益
ランプの
のサイクルの
歯磨き粉の
状態の
オプションの
病気
温度
必ず
風呂
支配的な
スキル

# Puzzle 78

スロー
増加
カバ
バー
ヘビ
高度
会議
チューブ
ライラック
寛大
しわの
歩行
盗ん
行わ
ている
ロック
都市を
年次
生物学
新鮮

```
加 ふ 生 ふ 出 能 京 ホ ラ ろ 画 行 の 応 コ エ ト ニ 金 退 会 写
寛 大 物 ロ ッ く 阪 テ 出 モ 解 ト わ サ 会 ラ ト ラ ッ ろ 所 方 っ
ぼ 歩 学 ッ 所 ょ 金 海 場 ト 化 解 し 登 イ ラ 化 加 ク 報 で
ソ ク で 合 本 ニ 会 ま ぼ 砂 ヱ 無 し 投 ド だ 囚 ク 能 ん
ヌ 能 応 阪 ス 弱 チ ぽ ん だ 故 ぼ る 増 だ 年 ク ろ ぽ
で 然 お 無 ロ 能 カ ト 摘 化 狙 嶋 退 加 因 次 化 方 ヱ
新 る 写 無 育 ブ チ 高 バ ょ し へ 読 ト て 能 通
鮮 ゃ ぽ 私 て バ 加 度 ぐ ク ラ 室 無 い 投 ハ
モ チ 金 レ ヌ だ 応 画 ん 圧 報 投 れ る ぎ ト
リ 金 だ 報 ソ 登 覧 ぎ 何 カ 再 場 所 歩 歩
ぎ だ 弱 歩 ま 乏 愛 故 ル テ 通 退 行
辞 ど ぽ ぎ 二 都 セ 盗 ホ 乏 ぎ
多 ク 選 エ ゃ 市 ひ ニ 室 ぽ 歩
っ 乏 ぎ ノ 囚 狙 を 能 や っ ト 行
ス
```

# Puzzle 79

```
ホ 所 じ 辞 囚 れ ノ 場 写 べ 権 ニ エ ひ 百 と っ
だ く 囚 モ 読 ひ ダ ン ス の く チ サ ン 廊 下 思 ぽ
精 っ チ ぎ だ ふ 権 応 ろ ろ ワ ニ 出 む 嶋 い い
故 の 能 狙 ホ 再 所 乏 べ コ ニ 出 私 何 ふ 通 育
獲 得 狙 ヌ 物 投 重 れ っ ま モ 辞 ゃ 狙 通 ツ す 価
し テ 能 無 砂 ぼ 読 論 重 ろ 報 場 も ま リ 登 格 無
っ ソ 無 京 投 べ 囚 定 貴 芸 能 愛 阪 ざ 写 摘 を 写
る 阪 先 室 じ 退 重 法 の 進 室 ニ れ か ソ っ お 京
育 祖 摘 生 ド べ ス 合 写 論 迅 速 コ む フ ト 精 を
安 登 生 き ラ バ 写 つ 本 柔 軟 デ リ ケ ー ト な カ
弱 上 記 ド イ 進 特 ひ 育 、 安 本 重 側 応 結 登 ラ
だ 記 故 ひ 進 選 ろ 定 阪 ハ ぽ ょ 再 再 ゅ 会 セ 登
奪 故 う っ む ニ 海 ま ぽ 育 な 安 登 再 進 ゅ
る セ ラ ニ
じ
```

**Word list:**

祖先
奪う
かむ
価格
デリケートな
と思います
ソフトを
ワイヤー
柔軟な
、特定の
獲得
法定
貴重
生きて
廊下
ドライバ
の植物
ダンスの
迅速
上記

# Puzzle 80

**Word list:**

キャビン
タオル
ピザ
インチが
面積は
エージェント
成熟
博物館キノコ
壊れた
管理
痛い
環境
同一
危機
提出します
子供の
朝の
マスター
追求
種を

```
だ れ ヌ ク 向 読 然 ピ ヌ カ リ だ 痛 乏 成 ラ む
提 出 し す レ 意 本 ザ ノ 摘 故 い 子 熟 ぎ ょ カ
報 ぐ 安 っ 報 化 面 ヱ 京 重 ひ ス 供 の 通 せ テ
む ヌ タ オ 歩 っ 海 辞 積 ひ 読 む 精 ざ 応 朝 て 妊
結 マ オ ル ツ セ 応 は 何 ま 会 重 を ん 話 嶋 囚
社 ス ク 安 管 ヒ 合 応 し ゅ 出 百 ぼ 結 ニ て ぎ
れ タ 会 理 向 ひ ひ エ む 場 応 ん 退 ぎ カ
し ー 社 化 ゅ っ エ ス ひ ゃ 多 側 ト 百 進 精 ラ ろ
て 結 同 一 私 話 読 ひ ト れ 場 開 博 ぽ 安 ろ き
る し 結 て ホ も せ れ コ ノ 登 館 嶋 ゃ 摘 阪
狙 て 摘 育 私 コ 方 加 室 砂 ジ 愛 妊
む ゅ ヌ ヌ 話 環 読 場 加 ぎ ぼ れ ェ 育 ひ
ろ 摘 ざ く 応 境 せ イ 阪 室 追 ン 加 ノ
れ 辞 む 危 応 が ン 育 ぼ カ 進 室 求
ヌ ツ 機 チ チ 室 ひ 追
壊 ょ ソ 向 コ ぼ 進 再 求 妊
れ た 育 が カ サ 読
```

# Puzzle 81

合金所だひろ場むぎ論ぎ登ろぽ解加私
ぐ論曜画むぎ論圧ソろひぽ暫然しモ
社ソ登日側ざ、場ト登覧能狙退ぎ故画
ヌな登よのこカも砂再安多進ん砂ドひ然し
、ポトセ然トーカド両方のヒ第っ色ぎ解
ト嶋ニ金リであ意モク通所砂ろのべ生姜
る権こん何テあんぎ通所京権コースつ稼姜
ま場ぎ弱能社百にょ登ドスクモ能を師
砂ぎテ社側砂りも安暫歩圧辞応通看
しよ定二重しレ加圧コスべ化解ぐ護
二ぎヌ規は読不場論にも安暫歩写因芸ホ
ハ金ヌテ摘場安結べ水牛のるざヒひ安ベヒ
ぽ退砂テ摘結水牛のべて圧辞応安
弱退テ摘摘結水牛

ちょっと
あまりにも
金曜日の
水牛の
第四
突然
看護師を
カーペット
のレコードが
しよう
定規は
生姜を
両方の
不安
、このような
、ポテト
コース
話す
色の
稼ぐ

# Puzzle 82

スツール
ガソリン
シャワーが
情報
引き出し
影響する
可能性の高い
子の
の関係は、
、シカ
歓迎を
より多くの
熾烈なの
バッタの
遠い
定規の
ランチ
メンバーの
地域
明確に

ガソリン明確に情クどニゅ熾セ場やヌ
ドリき乏愛ラ報場だょ烈じホよス
モ辞投テ覧お歓地せな進ぎ結ハ解
ト可能テ性高迎域っの子ひクノルカ
歩多クのタをのよ規二海ぎジかャだ
私愛妊報ッバ関り暫私合、狙然だ加
て報ぎろチ係多定、ワクシ出ろ私
ましゃぎツはヌ登しーぎ然んラ進
精話然くーエじ場多ャソどん
場ヌろツ影響どくのぼ意
ト意会すンラど妊阪育故開ヱし
て化ベリ弱チるサるくろ登進
れ解べ写解ソ妊引サ嶋ニ金ニ
せ然合京メ出のき育し故芸ろス
きろ然合京む登ゃく然解芸金

# Puzzle 83

リ ぎ 存 通 育 冒 ぼ ヌ 故 嶋 多 故 化 ス ろ だ ヱ 画 リ
囚 ヒ 続 収 険 阪 芸 だ 場 議 不 思 に う 化 ノ ふ ひ 砂
困 思 っ 集 的 狙 ヌ ホ 登 は 写 ろ 社 向 圧 辞 室 ぽ 登
ホ む 難 覧 狙 私 ヌ カ 出 応 や 意 安 化 ニ 論 室 だ 狙
む コ な ぎ 私 会 出 で こ ま 再 然 近 愛 化 、 パ だ く
ゅ も ぽ レ 合 お ま た や リ ざ 権 の ス 復 セ ど ヒ
消 え レ ビ 所 む 動 リ ー ソ 然 圧 京 だ 論 リ レ ぽ カ
化 読 弱 結 精 動 詞 側 ソ ー ヌ 再 圧 ろ 合 読 し 歩 し
話 ト 登 話 ド 故 ぼ ー ツ スヌ 能 精 っ も 再 覧 意 再 ト カ
通 何 だ 場 写 側 加 レ ヱ ヌ 会 応 室 ニ 読 京 再 読 ス ル 京
何 せ 乏 応 登 退 る を ヒ 私 は 報 ヤ だ ト 通 京
化 故 報 感 妊 意 ヒ は 報 ヒ 囚 読 スル

**単語リスト：**

会議は
不思議に思う
、最近
リソース
パセリ
レビュー
消え
ボウル
存続
、最近の
動詞
、これまで
たまま
収集
困難な
思っ
輝きは、
冒険的
感を
復帰

---

# Puzzle 84

**単語リスト：**

信号
サービス
キス
多分
無料の
民主的な
別れの
趣味
一人で
は何も
エンドウ豆は
リスト
発揮
カモを
中央
上昇
旅行
クラッシュ
カバーが
語っ

信 号 ニ む ぎ 砂 ホ だ 弱 ぎょ ニ 通 レ 社 囚 れ
ひ 芸 ク 無 報 私 加 歩 ぐ 場 ひ ざ ホ 無 料 の れ 別
多 分 っ 京 嶋 暫 愛 ヒ 論 れ 故 ン 登 開 解 応
能 も べ 無 ひ む 応 無 お 重 ゃ 故 ド 圧 ま 暫 っ カ 結
乏 精 狙 ド 所 退 向 ま 化 ひ 愛 ク 圧 ろ ス 登
旅 行 上 弱 写 スソ ス 出 然 写 セ 豆 ちゃ 暫 ヌ ス
ぼ ゃ 昇 画 ょ ま 多 嶋 阪 愛 ト ぎ は 安 ふ 会 れ
発 写 セ 阪 社 ヌ 一 意 加 然 意 ぽ エ 本 れ 中 ル
揮 ニ 圧 ま 能 で 人 無 リ ぽ 民 育 安 写 央 ゅ
つ ょ ま ぼ が 何 も 妊 サ 応 民 主 退 本 百 サ
ヌ だ ソ ー バ ラ 加 会 愛 場 テ 登 加 的 結 サ
辞 リ ス ト 応 育 趣 味 側 論 ス ホ 場 無 な ホ
乏 意 ル ぐ 進 を 能 る 方 っ 登 圧 ー サ 砂 圧

# Puzzle 85

親再じむヌ囚ろまテ退ルヒせ論登方ス
愛っ解ニ応ふ意だヌ化私ヌふク百乏だリ
なふ気陽のポーズ昇進の論金む乏ルト権お加
る京本高最精っ向所場産室ろ愛多進ま
辞れワヌじヌ妊砂議加写登重じ国天化弱私
、プラじ加石精囚辞論マ読スぎリ進弱い重破摘ぼ
過弱フ投面炭議然圧然サ読合能妊承私多権京
去だリムぼ白退場嶋ーキジ無弱認だひ報
ひむカぼ暫投無サパターンキ無サぎモだむ
故ぽ妊砂摘チでレツや弱摘ハ砂京だむ
だせ愛画ぎょ向きツぎ無金だ砂ふ報だむ
む方開精トせ向歩や弱無摘金だ砂ふ報だ
方や愛画ぎょ向き
金開精トせ向き
致命的なざ京歩や弱無摘金だ砂ふ報だむ

、過去
キジ
陽気な
致命的な
のポーズ
カリフラワー
昇給の
天国の
議論
の生産
プラム
承認
マウス
最高の
面白い
のない
破壊
親愛なる
石炭
パターン

# Puzzle 86

着用し
膨大
許可
変位
記念
心臓
社会的
不適切な
ネック
バター
写真
犯罪
同様の
隣人
アクション
巨大
演奏
クリスマスの
ドロップ
コーム

開ふ心多んくべ社出クネクド犯同解
ひ京場臓社応ぽ狙っリじ隣人罪様方
テっだ巨会砂権リスヌ人通のス
ぎモ然大的スヌ着然多スんゅ開化
覧で場やハ記用ス出スゅ向論弱
出許ゅレュ念話し変ドド砂論ヱ
ヱ可社サ不論演百ニ狙ふヱバ故
む許ソ多適歩奏金画ラ会サタれ
リソラ然切ろ写だモ然カっー覧
て応阪ア育膨写ぎやおてカ百
じ通摘るビ大側百やゅ進ドロ
通だ化登シ芸通ムざ弱ヌッ
応ろドハ所結ョコざヌぎププ
社圧金安写化ン然芸再京
進じ海社ニだチ無くぼレコ通

# Puzzle 87

```
投 向 乏 る ぎ 車 ゃ 育 然 モ 多 室 モ 弱 く 開 ヱ 写 無 愛 て
京 ル れ 囚 側 ホ 両 も 応 会 ひ モ ニ ひ む ひ セ ソ ー ス ペ 狂 く
摘 安 無 ど ソ 選 投 囚 せ じ 何 リ ス ヱ 自 場 く 百
ヱ カ ス っ 金 何 紳 砂 意 ク ラ し 子 ヱ ろ や 子供 ふ っ 京 本 摘 ふ
陸 上 競 技 を き ミ ル ク ソ ブ じ 応 ひ じ ト 解決 読 ま す や 出 京 ふ っ 無
阪 私 お 安 て 雑 所 用 が ド 最 サ ニ ャ ョ ウ セ だ ゅ 妊 ト
辞 ス ょ 所 イ ン ス タ ン ト も 重 場 が イ 社 ざ ヒ
や モ ー 合 写 む 辞 ド 最 権 応 合 圧 登 囚 育 開
テ ル テ 登 暫 囚 応 応
```

**単語リスト:**
解決
自然
確かに
イーグル
子供
ヒョウ
いくつかの
インスタントが
ペース
紳士
モーテル
ミルク
車両
陸上競技を
雑用
ブロック
最悪
ブラック
サイト
アヒルの子

# Puzzle 88

**単語リスト:**
空は
若い
椅子
避難
ダブル
秘書
高級
エクスプレス
無意味な
少数
アトミック
軍事
薬物
持って
エンド
スケート
フリッパー
単語の
滅びるが、
待機

```
場 無 ひ 暫 阪 ス 待 愛 少 ソ ぽ 単 場 場 る ょ ラ 若 い ク リ 応 本 っ で 本 だ て
れ 意 滅 び が ヒ 機 、 数 高 語 所 ダ 本 お し ヌ ょ も カ ヌ 読 出 じ
嶋 味 結 報 芸 書 海 社 の 持 ブ 選 ヌ 選 ヌ 故 論 芸
加 な 登 一 ヱ ひ 会 ど っ ル じ っ テ 論 出 百 合 圧 百
ぎ 室 ド パ 書 金 ん 育 ぐ し て ょ て 暫 テ ノ 芸 せ
ア 向 ミ 室 ニ 無 モ 室 ゃ 育 投 軍 覧 何 百 結
ま ッ ぐ リ し 向 ひ 方 ク 乏 事 ぎ 方 暫 会 合
ひ ま ク ス き 本 京 阪 ヌ 覧 愛 暫 百 ノ せ
ょ ツ フ レ テ ニ 登 ぼ 合 何 ま 育 加 投
ェ ン 愛 難 プ き 本 ヒ る 応 子 ソ 金 本
会 避 阪 ス 写 く 重 ヌ 何 応 育 っ
薬 物 ド テ ッ 論 空 読 て 然 ソ 暫 ま る
ろ 選 写 ヌ ヱ は 椅 ゃ ひ 金 ク
歩 権 無 写 ェ れ 重 ひ 子 ヌ
だ ざ ひ ひ 百 読 ぎ て
応 重 ぎ
```

# Puzzle 89

```
ド サ ど ラ 読 狙 安 嶋 多 ド ン タ ス ク ッ ミ ニ
メ ジ ャ ー も 投 出 読 ろ ょ 狙 ポ 砂 ー 然 コ 安 ッ ヒ
ダ ン グ ル 合 だ 嶋 砂 れ む だ 摘 ー ひ 無 食 器 応 棚 精 ト
ぼ ニ る 阪 し 砂 く ド れ ド ソ き ド 育 ニ 出 弱 権 登 カ
側 ニ リ ニ 育 本 投 暫 会 ヌ ト ひ じ ゅ 会 意 画 化 歩 方
雨 の 育 当 富 乏 暫 ヒ の 出 然 合 応 何 ょ ざ お 故 方 ぼ
や お 当 本 方 応 ヒ 嶋 ノ 辞 ぎ 臭 干 ば 選 ん し 覧 話
テ イ ク 本 社 ひ っ 室 妊 ヨ コ ぎ い 向 加 報 無 嶋 ス
お 安 方 社 狙 ち ゃ る 囚 ろ も 安 ヱ 高 百 側 ド 進 だ
本 ば 社 で 進 べ ん れ 合 ふ ぼ ひ 応 ぎ も 所 進 ゅ
愛 つ あ 育 読 信 頼 性 化 歩
つ 進 向
育 読 進
計 信 頼 性 化
ヌ 算 化 歩 ラ 合 ふ ぼ ひ 応 ヱ ぎ も 所
```

メジャー
本当の
イカ
スタンド
テイク
計算
スクーター
ミックス
おばあちゃん
雨の
蜂の
干ばつ
スポーツは、
瞳の
食器棚
信頼性の
臭い
豊富な
高い
ダングル

# Puzzle 90

あること
アリ
記事は
カブ
ダーク
不規則な
綿を
流体
削除
ムーン
アプローチ
の可能な
傷ついた
消しゴムの
レース
コンドルの
環境の
乾燥
モンスター
となって

```
レ つ き セ 側 ふ 乏 ょ ぽ だ 加 ク や 摘 ゃ 権 モ
京 流 ニ つ 歩 報 重 私 や 精 だ ッ 開 多 カ 側 ン ス
エ 体 記 ぽ 辞 て ゅ って 京 ぎ 百 育 能 ド タ
弱 ひ 写 事 暫 っ く 暫 砂 乏 く 場 能 会 報 ー
囚 だ ヌ 通 は な 則 規 不 京 場 場 れ 論 ス 選
嶋 会 あ る こ と ス ダ 海 傷 通 本 摘 ろ ク カ
応 エ ノ く ひ ク ク ー レ 何 い た ひ ヒ ブ
故 向 く せ ア プ ク ょ 能 ニ 能 モ 精 で 京
カ も チ ソ ロ 私 し 可 室 ぽ 読 社 圧 摘
ヱ 読 ん 加 ー ヌ 環 の ア も ろ ろ だ べ
何 乾 開 側 チ 境 加 ム 再 セ ン 故 加
暫 燥 登 何 ス る ひ ゴ 綿 ょ ホ の 海
乏 方 ヌ せ 歩 加 で し 化 を ン 圧 て
も 重 写 や 重 退 消 ト 故 お 安 ょ エ 本 サ
削 除 重 写 や 重 退 消 ト 故 お 安 ょ エ
```

# Puzzle 91

読ぽはトクェジロプブラシ登ヌ
おル習つヌにだコきツノクょ狙能
洞窟練べニ金芸ャひた向落ちた
所で覧しサカニ乏解ヌど最ぐ精弱場
刑務もく処ざれ画教会せべ弱 リソざ
ぎも阪ょル再論川機会画教せべ弱
せ化阪ル再エくる登べせ隠れリソぎ
きょ圧再意砂出まクろ多再論化故まぎ
ヌ応弱意せ多ハクカ百意だふラ化育ぎ
暫ぐ弱圧砂多ハ室需要再意だ海ぐ
結ぼ再囚せ出まクろ百ふ開化意育
開ハ社ニせ後のそ百カ室おソラド化意
セ応ラま画重写力のそ結おひ囚ぼ弱意
読弱門だ画歩乏努だん結チセ囚ぼ弱ハ
れ応部応く嶋乏読ニるまむ百京ふ
応部応く嶋乏読ニるまむ百京ふぐや

最近
部門
プロジェクトは
機会
処理
ブラシ
落ちた
練習は
刑務所
努力の
川の
愛する
教会
理論
需要を
隠します
洞窟
その後、
サッカーに
ハンバーガー

# Puzzle 92

ぎむ合ょも辞コざ開ホれヌニ暫作
ヒ愛意阪妊ハ投結然しニ読ニ操作
ト育化つぐノ登おん砂暫い何然金操
ざも砂ぎやコ応ひ場弱合ニし妊登
目が話ぐめたコ権応ひ場合ニし妊
画阪応写セクア本然加笑ぎ緑報サ
通向ノセ本然加笑ひぼ選実行芸ぎ
だぎセれスノ本ドロップ登投阪方登
サトッれ能スノ一種摘金加投登砂
やをトッ社方海芸故圧社進合方投圧ニ
社を音発き退ちと室育ベまゅ社報でス
何料芸退チきトセ室登報無ス進加や
ぎ優料芸退辞ヌセしふわ損愛室出解ト
俳選だ本場機合囚トセ然ふわだ芸ソ
俳選だ登動れぼ読進加本海場安

動機の
犬の
スノードロップ
笑い
ふわふわ
、緑
発音を
アクセス
きちんと
損失
操作
実行
料理を
弱い
セットを
目が覚めた
一種
壁を
衝突
俳優

# Puzzle 93

解室金ホ行くん報登何チ蚊ニリひ砂テ
向ヌひ故論だ乏芸育連暫を金出本何登
重ニ速多愛百れ海想さを だ的陽気洗重
にやホ海クっ満ャせぎ由然地権洗濯に
室囚ツツル何たぎま白ロモ理社多ク室
歩レもボ論芸だすいビン退辞ニゅ多歩
愛クききざ画場海重京ラ合本ま故始愛
ニ百どだリヌエぐ京こで辞育狙始めニ
ニ暫だむぼニ意写っでひニ能画めるニ
クだ室てフラレやたムレタ意狙ゅ暫ク
スリップイ弱スータチス進だトニヱ ス
選ざハ育論狙合加意安クヱざ芸ふク化
スっヒ側側結意ク化チス進ヌニヱ
化ニニ合加意安クヱざ

スチーム
始める
勇敢な
フライ
蚊を
スリップ
白い
、ここで
陽気
洗濯
連想させます
行く
に迅速
レタス
ロビン
重い
満たす
的地理
理由を
ボリューム

# Puzzle 94

している
大規模な
戻り
変更
属し
パーティーは、
ビート
乗り心地を
ステートメントを
巨大な
多くの
星が
曇り
生産
靴下
怖がっ
二回
特別な
驚き
マップの

巨大なだ応戻だま曇ヒ合ヒ側ぎ側何
解京ひを地心り乗りステートメントをツだど
マッの二写チ向摘ステ登会ヒじホテ京まくンスるふホ論ソ
属ぼし私育じ投開ニ回側特加安じ嶋くスト重方テ
クしニ側怖が社きざ能話パるり模むヒ方結囚退
ょ応無側写圧化でヒざコ変お大なく画京
辞やコ場れ室辞能てれパジノ模規大写方嶋通
だコ無ふ応登スなセ話重リノ大場んざひろ囚
開だビール圧室だ所スルせッ更生産砂結テ
ビート再開登だ応金ール退靴下方嶋報
金嶋圧加海退じスっ退靴下加重
海通ルホ二海退じしている靴下き
ふ進加

# Puzzle 95

画同進妊応投因ょゅルテろコス精ク乏
オじる能場もれっノクのマツろまだニひ
嶋スパフ解チ金応テだサ撮狙基ーるだひ
登ンルジ写辞融開理解伴選然狙せぎ嶋基る
ニフィ京だ丁退く解だう選ひ撮狙芸金歩応精
論多ィンだ百血寧じ会砂ふ故再妊ラぎホ狙ょ
進室ニぐ液弱じな金暫スて報ミイ阪金クク狙
私せニャぎヌぎ登ノトト意ちブイラ化私論ソ
おっ再ぎ辞ぎ辞チ場意再人ムー進能投社ひ
加私トド何報覧芸狙ぎ再退友だジニぎれでざ
まんまテベ室弱狙ぎぽスで人化ュ進テー側ゅ
ル側選ヒニ阪ぎふ開場再人化ケテープ進ゅクざ

スケジュール
クリーム
のテーマ
サークル
丁寧な
パフィン
金融
テープ
基金
ピーマン
、まだ
理解して
同じ
友人
ミイラ
撮影
伴う
オレンジ
ブルーム
血液

# Puzzle 96

スペル
キャンドル
驚異的な
ドラム
現代
薄い
プレス
ホール
個別の
混乱
の異なる
剣テーブル
貴族の
怒っ
恐れ
本棚
単なる
満足
脅威
、十分な

の異なる歩ど満足ニコ本育ルまヌ然怒
っ多的単京クトニコだ棚二セぎ場合ょっ向
所ぎ異レなだ脅威ニルセプニてぎ弱ふでル歩
解じ驚っひ個プトれしぎ弱じ化のの
阪現代ひ狙海のレト合スませ通読族乏乏
ひ場報結能選ょ論合も向応せむまっ、ク
本チ会通読薄論辞向ド能だ狙十再
応サ通辞混テま二ニ画ニ本狙登分コ
能で辞むるブ愛セスる能歩なヌ
退れむ二し所妊通多ヌ無摘育摘権加
応画しゃれ砂然応恐摘出側て
通写場投せ海論恐選権登登セ場
登ど狙合能っ嶋選モ無進登ぎひ
ヌ暫精芸ょ退ひスドラム方無ぼ
重阪精ょ退ひス妊嶋ドラム方

# Puzzle 97

減ゃ故レぎ選だ有無ろヒて世と報加
少エれクはシチ多シんポな狙なドレ
通百れヱぎチノなトシルっっカ応海
でゃだ安ズトむ利ハトハ進まソスチ
し合能権ラ登便んッデ権でぎや応応
ホ文てベ妊報登故ハィのヒぼ阪ぎ何
だ摘見多ス登ソんトし京ぼ私安能ゅ
だ本を精報京話だンス画摘疲狙ぽホ
狙ょュ白明、優ひ登タ結て再まホ二
お金ー告急優れ登段ー応出場るん所
つ阪スまにれた段落ブヌ場狙む重ホ
サ覧安向どお愛落リクれ再狙く応海
れ話然権ヒふ意愛を添社狙る話海狙
出だハ囚合京添れ画ドだれむ場化所
ぼ砂だ芸育ハぐ付室話カ百話

ジュース
、優れた
を見て
を明るく
疲れ
便利な
段落
添付
ラズベリー
文字
スポーツの
エスケープは
減少
ショック
となっ
ディスターブを
急に
世界
有利な
告白を

# Puzzle 98

メールを
引っ張っ
クレヨン
バイクの
検査
自身は
奇妙な
患者
バック
先生の
ポテト
理解
もたらした
冷たい
カップケーキ
役割
そのもの
夜の
最良
ストア

方ぎで圧摘読砂ぼ登患無多ヒコ役所社
バックもたらクたヨひ本冷暫百割京室
社まおざ狙解リ側ン結たひ歩重報阪ク
ヌむ登意結ノ身れ場解ひ投い然理権報
引っ張っ自で身はモ金ゃ多を奇のド先ふ
ん張りぼ精阪ニクぎスセ百妙ストふ権
故もお百何意能京多ッ出ざア写リ登
向おテ応くラ妊カ進プギふ多っエェ
無安っ選ラ重圧結応ケバ芸ラだよ
てだも登妊圧覧本ー側イ役役む向だ
どニ室べ場の権結話ヌ育割割ジロ
ポテドベ検カもののぼエ権論のコト
むドサ場査レ所ぼエホ側じゃコト
ハま意スス妊化ろ砂

# Puzzle 99

ど 場 開 ス 故 望 カ ニ て ス 側 話 準 論 弱 も テ 退 読
金 社 通 ニ 遠 カ で 京 モ 加 ょ 進 備 狙 解 レ ひ 妊
ひ ホ 出 じ 鏡 で 私 ひ ぼ 愛 ぐ 結 加 重 だ ゅ れ カ 精
選 テ じ 同 と 会 フ ホ ぎ ン る つ 精 ク ょ エ ひ の 圧
本 ぼ 投 様 ざ ヒ 写 ス モ 話 の ル イ サ 女 性 写 然 乏
も カ カ の べ ざ ヌ ト ト 年 歩 ソ タ む 決 写 エ カ 私
ぎ ど ニ 構 ヌ 同 れ ラ ラ 応 は は 評 決 し 出 コ 精 ろ
結 ど 構 築 森 様 コ ス せ サ 、 故 入 め て 無 報 社 ゃ
ば ツ 退 ク 林 の ン ト ら 茶 再 入 力 る 占 芸 社 会 阪
権 ド 能 だ は 築 ト ラ か 色 故 エ ぽ ま エ 覧 故 百
再 ヌ ド 辞 開 ク ラ モ に の ょ チ ま き チ 会 読
報 ぼ 能 安 ヱ だ モ ら 行 ぐ 無 じ べ 歩 故
京 エ 向 権 砂 辞 ス 開 動 ょ 論 む 写 ド 社
も 暫 意 二 写 安 写 ノ を 写 嶋 せ だ 写 ニ も 読 故
ひ 育 会 妊 ス 写 嶋 せ だ 写

占める
コントラストは、
ドア
望遠鏡
評決
入力して
スタイルの
構築
結ば
明らかに
ホスト
茶色の
と同様の
フィクション
女性の
年の
森林は
準備
行動を
社会

# Puzzle 100

言語を
ズボン
塗料は
もらう
恩赦
内部
改革の
日の
一部の
の価値を
パワーの
人の
フェンシング
冷蔵庫の
クック
項目
シリーズは
フェレット
急いで
女王の

ク ク ゅ む 投 も フ ト フ 出 ぐ ゃ 囚 安 応
ッ コ お 故 本 ら ェ 項 ェ 百 だ 本 言 育 化 私
っ 蔵 庫 の 一 う レ 目 ン 出 サ ノ 語 語 私 を
冷 蔵 暫 部 日 恩 ッ 妊 シ 阪 る カ コ し を 値 価
話 暫 報 急 い 赦 ト 結 ン じ 愛 多 進 ぼ ざ の の
内 投 テ 覧 方 で 進 暫 ヒ 意 嶋 私 ぼ 方 値 会
部 進 報 エ チ 意 会 愛 ン 圧 投 選 多 モ を 女
写 室 だ 論 は だ ょ っ お グ 嶋 弱 百 ど 王
シ リ ー ズ ボ お 精 エ 場 育 通 読 覧 ひ の
リ だ ン カ 権 育 ぼ 応 ん 意 論 向 写 じ 革
ズ 所 ひ お 狙 ぼ 故 弱 出 ぽ 室 べ 改
ょ 然 囚 る テ 京 囚 結 選 ぼ つ く ハ
登 し 所 狙 京 チ ょ 写 狙 向 も む ざ 塗
ま サ 圧 方 る 合 チ 百 も 化 ー 料
画 だ 方 ニ 京 つ 合 せ 二 囚 加 の は
む ト ざ お 私 金 つ 海 ラ 暫 方 ざ
お レ お 私

# Puzzle 101

```
読 モ ニ だ 金 結 ひ ひ 摘 ナ 騎 穏 報 芸 無 合 覧
場 ス パ 狙 砂 全 果 論 か レ 士 や の 精 暫 フ ょ
ク 結 ン で 体 ひ ぽ わ ー は か 学 の ィ で る ま
ひ 囚 カ 囚 ヒ ル ふ い タ じ に 暫 選 ル ク ょ っ
安 ヌ 狙 超 の ヱ 侵 ー 結 登 意 画 ク ュ ひ ひ
ア モ ネ ツ 囚 高 層 芸 投 読 合 再 化 ホ 応 ニ 囚
ふ 阪 論 リ 芸 意 性 芸 読 ノ 狙 サ 私 ニ ャ チ
ひ 側 チ 解 精 だ 覧 ざ ク さ 暫 オ ホ ツ チ れ
ま 社 っ 重 ふ 何 登 ろ ツ 再 解 ド ー 戦 ひ だ も
ひ コ 能 再 乏 無 歩 せ 芸 百 カ 読 プ ン カ した 後
登 砂 ト 論 ゅ む 投 っ 覧 ひ き ン ク ょ 読 乏 合 摘 狙
合 ひ 圧 故 モ 無 ニ 側 化 ド 場 ニ 弱 乏 合 摘 狙 ニ
```

**単語リスト（Puzzle 101）**

- オープン
- ナレーター
- パン
- 侵略
- かわいい
- 騎士は
- 高さを
- 戦略
- 超高層
- 穏やかに
- 全体の
- フィル
- ボクシング
- ボード
- 結果
- した後
- センドを
- 危険性を
- アネモネ
- 学校の

# Puzzle 102

**単語リスト（Puzzle 102）**

- 不足
- ゴブリン
- 年間
- 野球
- 脂肪
- 必要
- 警告
- 息子の
- 糖は
- のいずれか
- 歴史
- なくなっ
- 敷く
- 喜ん
- 連絡先
- 目に見える
- レター
- グラフ
- 発見
- 怒っている

```
歩 ヒ 私 阪 ト 側 応 阪 能 合 投 ひ 選 芸 し 阪 怒 カ 場 論 論
ヒ 私 側 ト 出 狙 金 然 弱 つ ト ゃ 必 れ く っ て ス ん だ な
私 側 狙 出 然 二 写 出 目 に 見 要 室 サ て ん 方 ぐ ド く な
側 ー 二 然 れ ろ 多 然 れ ト え る 脂 糖 は い 阪 ノ 阪 な っ
狙 ろ ろ 多 摘 セ レ 多 年 発 む ょ 肪 場 ぽ る 応 カ カ っ ま
妊 じ セ 摘 リ 妊 ヌ 摘 間 覧 出 論 本 投 ソ 通 出 連 ひ ま ひ
ぼ セ 妊 リ く ぼ し リ 権 化 報 二 ト だ 社 解 れ 乏 投 投 先
じ 場 ぼ く ひ じ て く 嶋 れ ぐ 歩 弱 ホ ヒ 解 社 登 先 き き
ヌ 然 じ カ カ ヌ セ カ 側 べ 芸 ひ 投 警 ク 写 私 結 愛 だ だ
場 応 カ ヌ 登 画 敷 ヌ ソ 通 覧 辞 き 告 ひ 然 歩 サ 二 二 い
然 百 ヌ 登 百 故 か ず ゴ 話 開 ヱ 歴 ひ 阪 む 然 リ ヱ 京 京
応 乏 登 故 乏 お れ れ 弱 ブ 読 れ 史 阪 安 息 京 だ ト ト の
再 二 百 お 二 っ っ か 場 む リ 嶋 て 結 砂 子 方 っ の 野 再
京 ヱ お 二 化 ノ た い 加 リ カ や 応 ラ ろ の ト い 京 球 野
```

# Puzzle 103

ヱ 誕 に ハ イ ラ イ ト 再 く ど 方 化 加 多 ヒ 精
む 生 十 百 ま 満 加 多 ぎ 側 リ む 終 了 力 い 安
通 日 分 な 所 投 圧 報 だ べ も 砂 育 応 退 し 値
サ で な 暫 投 さ 権 だ ぽ モ 化 凍 チ 退 い お の
ブ ラ ウ ス ャ ド 多 ひ 場 通 リ れ 結 乏 ひ ド ハ
狙 ニ エ 登 海 ヌ 百 芸 摘 育 れ 重 無 登 ヌ 開 ッ
然 金 ぽ ス 合 ひ プ ニ 覧 む お ふ 重 だ ぎ ラ べ
何 ぽ コ 国 家 も ッ ト エ レ や 狙 重 登 ま で だ
暫 育 平 百 側 故 ク ロ ッ カ ス 向 ニ テ ク ょ 私
故 ぎ 摘 話 チ ぼ 私 解 も エ 社 精 ク ス ぐ お に
選 読 ひ ヱ 所 能 乏 て 愛 場 レ 海 岸 暫 お や 覧

平野
に十分な
クロッカス
トップ
トンボ
凍結
ベッドの
海岸
おいしい
カエル
何も
誕生日
ブラウス
つま先
満たさ
国家
値の
終了し
シット
ハイライト

# Puzzle 104

連邦
観察
日差し
な否定的な
ヘア
石鹸
意見の
吸血鬼
シナモン
欲求
開催
ハリネズミ
ヒキガエル
学生の
レジストを
ライブ
電気
リップ
どこか
遊び心

ヒ 日 妊 意 連 読 暫 シ 然 ツ 場 ラ ミ 開 催 愛 辞
キ 差 ニ ひ 邦 石 ナ な 否 ル イ ブ ズ 写 ど だ ゅ
ガ し や カ 室 鹸 モ 否 定 む コ ネ ノ リ こ ひ 退
エ っ 多 ヱ 退 ひ ン 定 的 加 海 愛 リ ッ 辞 こ 無
ル 投 覧 合 ド 化 ぐ 的 精 ス る ハ プ ニ ス ん か
退 芸 レ 結 京 遊 び な 化 応 ぽ 学 合 ラ 暫 重 摘
ぐ 報 芸 だ 所 だ 選 心 歩 ヌ 私 生 ヌ ん 多 写
っ レ ょ 応 写 ニ 写 暫 読 ク 投 阪 圧 ぽ 投 退 く
登 ジ エ 権 ひ 応 ク 乏 加 画 圧 私 ニ ょ て 百 砂
だ ス む く じ ぎ セ 乏 ぽ も 見 投 登 ん 故 方 合
ぎ ト 能 ク 安 進 ノ 退 意 嶋 の モ 出 二 ヒ ハ
欲 を 論 観 ホ る や ぎ 投 ソ ひ 何 セ 再 向 ニ
求 だ サ 察 電 摘 だ 進 嶋 通 ま 出 ヱ 故 ア
く 吸 ヌ 安 気 暫 登 ひ 場 ト 再 権 愛 て 応 登
芸 血 ヒ 投 ろ し 砂 登 ひ 権 ク 出 応 セ

# Puzzle 105

べ砂無所然説明狙安ひローブ愛重る乏
精ニ権ノゃニ然写嶋クノまぎ場私能ひ意
社故弱解の解ベノセひ通所妊狙っ故
つ応む権向シ合暫っムひスぼホ金然場っ
投て進合ッコ暫ノもろおテだク能風れ妊
狙合二暫くモむノモじひク多金論精れき
圧少年レ京ウト権カニ論と然能士防基本
投ひそりスゥ会レカ多歩スじ消開て本的な
ひどい権ぼトコヌ権多ヌろトジ妊消辞休日の
銀行応阪れル書圧私ンン歩込スや無故安権妊
チニぎ進ソん二摘で妊写スプレッド京故安妊
ょっコ条件安囚弱ニ摘でぐ無じつヌソトヌ妊権ざ応

そり
への
説明
レストラン
銀行
ノット
書き込み
休日の
と考えている
トウモロコシの
少年
スプレッド
消防士
一般な
ロープ
条件が
ひどい
基本的な
コレクト
風船

# Puzzle 106

帽子の
楽しま
サイ
秩序
デザイン
プログラムの
実用的な
家は
クールな
粒子
選択する
検討し
リピート
ライン
が存在
エッジ
幅広
、常に
ナツメグ
男性の

リどヌ解登報京ぎょ室ひゅ合報選ヌ嶋
ピひクス写精乏エひつリ話択論カ、常にや
ーカエ暫出楽エッだひき加ど芸ドる登暫じド
トラベ多ょ方しジまぎっ圧愛乏ぎ暫エ通じエ
ラ弱ド幅の粒多狙加ヒ社囚ヱひ金覧本阪話京
室然ク広化帽室クてぽ応エモ場応検阪砂画じ
べ砂チぎ報レ室ヒ方んヌ無二実砂意話
家はひ報ク方エヌチょ用ラ何
デザイン囚クニ方阪っ狙在的インれハ
ヌ加サベゅ故然報ログラムの男
覧ぎ退だろ秩序私選海愛ゅつヌホリ阪選れ
化おルナツメグ開私選開ヌホリ
弱セゅき報ハホ

# Puzzle 107

方ヌお準多っエ画投ろだにク社ダ解ま
まヌヌ備くっ画株ろしつク重ソジ論退
きヌ覧おぎのっの写をろでふせルひぎざ
場じ約ぎ側こ写をろぞ蹡精せぎコ向京
ど予ひでてチェッろどふセぼルトひょ方圧
開応ア約ひチェック退意多歩どやニぐ選
ソペゃへ退弱向応だセくテ故ロや百圧ラ
まゃひハ圧弱百組組テロス決阪しる
れ用ひワ弱有歩金織くまセや場定化通
食もせ金ヌ料っヌ化金完場海な辞ょ
ネ芸故ワーくでスや金完く重ク辞応
エ味深囚でス私だ結応っや完重安私
コ育故まや精ラ応阪ラ金安乏応
合育深カ人形投話向ヒ安乏私応ょ通

チェックが
のプロセスの
テロ
ペア
ヘン
について
多くのことを
ダイジェスト
興味深い
決定
準備ができて
組織
躊躇
有料
ネットワーク
人形
、完全な
食用
株式
予約

# Puzzle 108

楽しい
特に
ほぼ
ドクター
自由
調査派
立招待
医学
品の
ています
ミトン
精神
オートバイ
行い
の上級
叔母の
在庫
監視
スコア

解オ出トも会阪調弱金で医室弱んラち重ニ写登会ゃ
暫ータクド合力査ク結ス学妊会ひゃひむ私ヱ歩レ加ゃ弱結
ントミれ品所合チ特進向スきだざ歩も応開べ砂加ふ進ク
加バ品のレノ砂進所にコ弱ア私芸力安レべ砂由神社
場イ百ラホ自由トすまヌひろ招待ぽむやき育再精
狙故カきセっ読っ安ノ在だ私監きぎ本ざど
んコ会砂京ニぽホ化チ育庫コ視せ退
セ化砂テやモ通べべ愛暫コ応ょ狙能んど
何化選ゃ百解叔愛ラだ楽ヱ狙っ
圧っろノヒ無母じモ解しっ能ん
もろスヒヱニ百登京のい
登囚モぼ嶋応化立派京むリ級上解
会ょぼ妊お応チ派り京

# Puzzle 109

```
室 む だ セ て れ で 読 進 歩 報 然 だ 災 じ ク ぎ
楽 ま ん 話 覧 ト 再 ヘ 圧 ぎ ど 失 辞 害 ょ 登 権
し ハ 室 砂 ノ ヌ し ル 合 ト ろ 望 応 が ん ス 海
む 論 阪 ラ 安 音 リ ぎ レ ど せ 応 応 だ ス ま だ
ん っ 加 能 場 声 ろ 合 開 砂 ざ 、 報 ノ 写 だ ろ
側 然 南 狙 き 選 ぐ 選 ま ヌ 海 大 報 登 覧 ぽ れ
方 阪 部 無 ク 狙 ひ ャ ぎ ひ 、 人 ぐ リ 精 れ 読
二 側 再 阪 正 応 ニ も 選 マ 横 を 海 コ ん ひ
ゅ 意 ノ ホ 無 式 ノ 他 の 法 登 海 阪 選 意 退 弱
ひ 加 忠 ぼ ヱ ト に 合 ウ 合 に も 弱 精 室 合 権
結 ル 実 海 ま 芝 生 の ハ ゅ 振 加 だ 嶋 京 チ 権
暫 コ な 支 出 辞 室 コ ゅ セ り お ま 妊 私 カ 論
海 ヱ 然 エ 場 進 ょ ち 開 育 重 た ス キ ー カ ッ
く ょ ラ 暫 選 話 で む も ラ 重 た ス キ ー カ プ
```

楽しむ
マグ
忠実な
失望
法の
ノウハウの
海を
ヘルプ
災害が
支出
もちろんの
南部
芝生の
他の
音声
、大人を
カップ
正式に
横に振りました
スキー

# Puzzle 110

```
正 し い モ ッ ク き 妊 投 交 だ 応 重 ノ ッ ク 所
除 話 ル 重 無 圧 ぼ 合 渉 加 ニ ひ や リ ウ サ 有
い ル 砂 室 投 妊 ろ 阪 会 重 だ だ 写 弱 ニ 芸 者
き で れ 故 重 ろ ふ ス ょ ソ 本 ろ ろ 能 芸 応 の
れ ぎ ま お 能 ふ し 愛 せ 多 重 ひ 所 何 故 故 ま
い 海 室 め ろ し 愛 乏 育 ヱ 妊 る 覧 愛 長 囚 エ
を 開 始 で と 投 お 選 弱 緊 摘 エ リ エ さ さ 愛
だ カ 何 と カ テ 選 お グ 張 ス 妊 意 ゅ 沈 黙 私
ひ ヱ う ょ リ ャ 話 だ ン で ド ニ む 黙 ょ ヒ が
ぎ ク 愛 ん 囚 本 砂 キ だ カ ハ セ 観 ょ ヒ ニ を
も 愛 育 チ セ 出 辞 ー 登 ド 百 ソ 点 チ ハ ハ ゃ
ハ 重 応 化 じ ふ ろ ワ 室 ょ ニ 熱 だ 濃 説 得 阪
安 囚 ぽ 砂 ヌ 方 ゅ チ 育 ぐ 圧 帯 濃 説 辞 縮 芸
き 再 チ ふ ひ 故 覧 ツ ヒ 方 会 方 百 本 辞 縮 応
も 金 ニ 所 芸 ひ 嶋 精 方 ラ 百 会 本 得 場 く
```

きれいを
濃縮
でき
長さが
観点
熱帯
正しい
説得
ノック
カリブー
除い
開始
おめでとう
モック
緊張
ワーキング
ウサギ
所有者の
沈黙を
交渉

# Puzzle 111

退報ホぎセつ責ぎホ再卵摘アて阪ニ方
ニハっ覧ハ解任ぎ古に写安プまむツろ
暫戦争論サ精あ暫ノ論写能ロむ側てハ何
知識をヒじ弱る砂スリ京化ーぐニっ化
っまド符開歩応応写ぎむぼチしぞ写
っまヌ号れ月加阪じだ弱会をろてハト
んくヱ報ざ通通通サ場愛チ嶋ろー報海
レ育報画向曜クじ阪示し社出脚くる金
写ポータれ日能精て出、く登クぬ合海選
むヌ多安能精場退本や登るヌっょドも
ほうれクぎぎ退れやや登リ狙ニ乏フォーク
きもひス解側ラ条件多むト育ョコ
重話もポリシー登ぎ登ト見てぼリも
だ画ド写会愛登ぽ進サて登何む
加サれ問題登ト進サて登何も

示した
地域を
知識を
ポータブル
戦争
を通じて
符号
卵に
、脚
ハード
古い
フォーク
ほうれん草
アプローチを
月曜日
条件
見て
責任ある
問題
ポリシー

# Puzzle 112

いる
弁護士を
健康
チーズ
ギャロップ
ストリーム
能力は
休暇は
脅威を
簡素化
進捗状況を
撤回
の後に
自動車の
ハングが
達し
ダウンの
システム
、最終的な
作成し

簡素化京チ妊圧話加方健チーズ開妊権
進捗状況を開退ょお多結康摘ゅ場ギ登
社圧ヱ能力退モ室歩ヌお会報スロ権
方の車動スはチ私ダぼクひ安リだ
画後ホソ登自休能方ぼ弁護スドリるる囚
話に安所る化覧方加ヌや撤回ムれし加
金安化ぐ化故ひつだス護士開、私テ応
ぼ故故通チで摘脅ルホん応ふ報っ社再
故囚通ニッ選威をざ安最っ室画
囚画側達ドし成作側写いヌ狙何愛辞
画社化覧やチ芸室ラぐニト然ひすひ話
社サシステムホト精京私選論登化セま妊
むカだ退読加意弱選論登化セ意

# Puzzle 113

側育ん結だ精阪ぐしひ育再ク登くろク
話きふスだぽゃセソ、ょニ解リっツロ
本サぐ弱辞芸まヌ室さ然解ッきコしコ
ひ辞能のチ通砂論コらモだプ故ドのダ
何ょま暫電報コテ京ぽに場ひの類ホイ
ビッぎふ話ニ京リぽや場ヒ場登家チル
歩愛くぐまウ圧せ選んだ育化家能ゃ狙
意側歩論解ズニ選るや芸育ょ族画ぽス
権本タトだラせニだしレ何幸に会だし
京ヌフリなだぎーカ嶋文弱む無常辞ェ
摘圧進価高リま般化ハ運つ故応何曲ノ
ゅ進価レむ故ーカ的文圧弱通二辞ぎし
せス高レむ妊適般嶋化意コむ応愛然お
囚どレノ報適格的会画重つけろ線ェ
乏チノつ摘格ん重だ妊芸摘ろむす

幸運
クリップ
一般的な
タフな
高価な
見つけます
種類の
ビット
選んだ
の家族に
文化
の電話
ウズラ
クロコダイル
何か
通常、さらに
選挙
適格
曲線

# Puzzle 114

医師が
の買い
管理します
の信頼
カニ
分母の
魔女
陸上競技
ビュー
カタツムリ
傾向が
笑顔
申し訳ありません
使用は
有する
役員の
に失敗
シェア
外観リンゴ
誇り

の母分ひもセ傾向がチぐ管登っ弱砂報会だせ応報能は嶋海ニせベコ
役信ひ所ニ出ハ報愛囚セ多理ぎ向テコるすク用私ろまぼカ能
歩員頼の買いざ登乏方ャコスゅし場どノ顔ょ使私海
登クのもぎ辞読クニきスュ再シおノ女故り
海ろ摘砂狙読投ぐレだ側笑ェア通応魔ぎ
写ざ私育室方ひルせ育側歩ぎにせお何意ら
む工し訳応社登場化歩精話ェ失ぎ故ツ
申しエ誇りませ論ヌ辞何ひト医敗っムり
芸ヌ然砂私ゅレ通っ師がリ
愛ど摘ソ乏論レホヒ百開むニカ
然でクスリじだ囚海ビ化出カ
外観リンゴ多カひ社れニカタツムリ
陸上競技多カひ社

# Puzzle 115

辞 イ ょ 報 開 投 ド 本 れ 本 れ 読 摘 権 権 セ ツ
む イル 開 ま 圧 お ヒ 芸 き 、セ グ 多 辞 意 ド エ 社 然 投 サ
だ カ 進 ボ 育 ト ヘ ジ お 応 ニ で ふ 通 何 再 写 化 二 天 使
登 の 妻 阪 ざ ケ ッ おり 応 合 リ る ヒ 海 百 シ ス 緑 室 進
ふ っ 海 意 無 ツ ー ジ 大 じ ス 妊 乏 二 材 ー ケ 、 善 重
然 る 社 開 弱 合 の 最 暫 骨 多 ツ 出 料 写 セ ン だ ヌ 進 室
エ 社 頻 ぽ ハ 解 折 イ ふ 重 ド 改 レ ン 継 歩 だ
芸 ス 権 繁 に モ 乏 暫 向 ル む ラ 化 善 続 テ ま
進 イ 然 権 方 無 ざ 骨 折 重 ふ 写 金 継 ど 多 京 登
ヒ ラ ギ 百 だ 画 辞 解 室 ヌ ド れ 続 登 ま
む 応 チ チ ひ 表 す 阪 リ れ 化 圧 弱 二
砂 ヌ ク ひ れ 結 辞 テ クノロジー 妊 つ ま
写 ま 社 る 加 ソ れ 弱 妊 つ ま 化 圧 弱
登 選 二 ヱ ソ れ

## 単語リスト

- イルカの
- 妻の
- 天使
- 骨折
- テクノロジー
- 、グレー
- 緑、
- ヘッジ
- ボディ
- シーケンス
- 改善
- 最大の
- 継続
- 表す
- インチ
- ケージ
- 材料
- ヒイラギ
- 頻繁に
- リリース

# Puzzle 116

## 単語リスト

- 別の
- キャットキン
- バッチ
- 偉業の
- 定住
- タレント
- 教え
- 数の
- ペット
- 結合
- セキュリティを
- 洪水
- スプリングは
- 教授
- 最も
- の仮想
- に対して
- 、ブロッコリー
- 彼女
- 権限を

っ 安 開 だ ろ 話 て 然 所 ま 重 コ で 砂 ん べ
想 ぽ ま 報 も 室 会 再 ぎ サ 進 砂 れ れ や 投
嶋 仮 に 対 し 百 て 会 砂 れ 何 歩 辞
弱 別 の サ 選 リ 画 モ 狙 る スプ 出 で キャ
タ リ 数 バ モ 会 加 ぼ 安 結 リ 話 加 ット
レ 阪 ひ ッ モ せ だ 意 本 ン お 洪 合 キン
ン 室 百 チ ひ ヱ 摘 写 多 芸 グ 論 水 愛 開
ト や ド ょ 狙 何 進 側 結 ゅ は だ リ ょ 故
つ ソ ざ 覧 セ ホ 狙 圧 合 セ ぼ 無 ン 化
ひ ハ サ 囚 し ど じ も 彼 女 ー ふ 進 トヌ
定 ど ん 二 覧 話 っ 多 話 解 リ で 場 ラ 嶋
住 投 っ ひ 再 阪 安 嶋 無 ペ ブ ゅ 狙 ヌ
権 摘 画 芸 偉 ル の ノ 暫 ロ で や 圧 ひ
限 っ 海 業 キ セ き ぼ ひ 、 ふ 場 テ
を ィ テ リ ュ キ ぼ 摘 弱 ふ ひ

# Puzzle 117

乏 イ 京 ホ レ 無 阪 ラ 妊 ぽ 退 摘 覧 開 会 描 む
ト ラ っ 海 ヒ っ だ フ ょ ん 芸 摘 ぎ 本 ぎ く ざ
安 ク テ だ ニ だ 弱 ぽ ス ん ツ ィ ー ひ 何 り 意
ヱ 社 ハ コ 教 師 大 プ ロ ろ 写 マ 通 き 登 む テ
愛 ひ あ な た 大 学 コ 社 ろ 多 ー 何 ひ 愛 ヌ 進
ヌ ニ 砂 ソ れ 囚 院 芸 ゅ ざ モ ラ 摘 海 の ド 百
ニ ひ 能 ヒ ま も だ 無 ト イ ブ 安 方 論 ん 応 ぎ
ゅ 報 場 重 も ノ 愛 圧 ラ ブ ラ 圧 能 は ゃ テ む
ス 常 駐 を 何 ぎ て ト 場 リ 動 場 行 答 ち ヌ 選
来 常 駐 を 何 ぽ ト 簡 金 き 狙 育 カ 私 然 カ 力
っ る 進 め る て ぎ ド ェ ル べ 金 素 ソ つ 写 意 形 式
金 論 も て チ ヌ ぽ ト 金 メ 側 開 も つ ざ 所 乏
論 芸 合 阪 ェ イ 安 読 阪 精 化 写 意 側 開 も つ
も セ 阪 ぎ ス 安 ひ 解 精 側 開

## 単語リスト

ディプロマ
あなた
トラム
描く
大学院
フィールドの
の簡素化
チェイス
進める
常駐を
教師
おじいちゃんの
ライブラリ
来る
カメラ
行動
クライ
形式
動きの
答えは

ウィンドウの
動作
プロセス
具体的な
を超えて
喜んで
紹介
いっぱい
維持
デューティ
被害者
知ら
得て
アイデアは、
ガラス
最大
小麦粉の
ディスカッション
サーブ
スター

# Puzzle 118

リ ガ 進 室 精 能 会 ス 辞 を ぎ 会 権 ク ヌ ぎ ス
然 ラ 圧 登 む 嶋 ょ ス を ブ 超 加 私 読 然 社 開
ぼ ス ド の ぼ 何 ス タ や 登 化 チ 選 最 金 画
じ や 解 ウ ょ 解 ニ サ サ ざ え て 多 大 ニ 者 選
チ も ソ ン ぐ 紹 場 ツ ー 応 喜 ょ 覧 被 害 だ じ モ
具 ス 砂 ィ 紹 介 ヌ ム 話 愛 ん て ル だ さ ぎ 解 投
論 体 的 ウ な 故 ス ク ク ニ で き だ ト カ ホ ヒ
場 カ ど モ ト ス 摘 シ 妊 京 育 ニ 報 ロ ハ 動 得
ぎ セ 、 知 だ 維 ヌ ョ ぽ 読 小 ク プ ろ セ 作
、 ど ら じ ぎ ヌ ン ょ 側 麦 応 ノ る ゅ ラ ラ
は 知 で 能 応 ぐ 重 妊 弱 育 粉 加 覧 い 本 育 ハ ハ
ア ら じ テ 多 応 話 ヌ の 加 っ 化 所 セ セ ゅ
デ で ー 再 再 だ 無 ト ぱ エ ひ れ 芸 れ て
イ じ ュ 能 話 ぎ チ い っ ぱ 所 意 意 出 ひ
ト チ ー だ 囚 応 ぽ お い 本 エ 出
ア サ ティ む む ま ぎ 無 ト
デ イ 加 暫

# Puzzle 119

論京ニ囚ニ報開もク希望コ登き決定をん投海ノひ
だモぎ選会てむ兵妊有ぎノひざっ社再権エむ孤立セじ
歩狙は、論読をヌひ摘合ノふ歩私海世紀妊だおふ渡重や
叫く読所ヌゃ妊弱ノだ写室報で方愛権場せん退くだ話やだ
くサ阪ーを荒ひだらスタイセロ妊権場退ツだ論渡しますニ加
囚だ荒ヒトルポレ写野だラダイセサホ場開重り写退だドソやだ
だノ金で故精選ぎろタセロホ登論妊場覧重り写退だドソや加
ノク回レ注ろ論ヲんチク出だ重京愛もヌ話ひさ二だ
クスモひ歩ろ論登退京リ妊愛もヌ計登ろ読ぽひ加
ゅ弱ヌで金もチク出だ画何ホ愛ヌざ社ん集ろ
弱圧再金百セ画何ホ愛ヌざ社ん集ろ
圧室定義権加ベホま故サ社ん読ぽひ加

**Word list (Puzzle 119):**

セロリ
回避
やすさ
兵士
注が
成長を
渡します
世紀は
荒野
ライター
決定を
孤立
定義
叫びは、
ラダー
レポート
希望
サポートを
集計
有罪

# Puzzle 120

ぼ選進意ひウブ、公共金社ス外れヌお
ライラックッルむヌ場れス私観むま会
サや無ハ育ドーモ出ド結何ニリ愛むテ側
・クでクソ投っひ通お弱むンく結く
囚ビぎハ暫ふ登ヌ権だアリーナスカ圧選
再だ無ジ話ヌチる選登よリ戻ムラ場ざ
リ無囚ヒふスだ重話砂ヌぽし研どク
スベハ報ツー会ひ乏砂暫私究だ進向
ひキハ囚ルだ嶋れぼ結二合ひ競エ再
ろんルス旅の応ぼ結のヒでエル争投む
辞スレ乏行サぽヒ側むきル争むざ
べ何しの応ぽじ選ス巻来写ルじリ
喜本辞ぎ応、ヌ砂側意応選じょ
ん本てひう山所ラじ応ヌ進ヲ応通選お
でてひう山所ラじ応ヌド砂側応通お

**Word list (Puzzle 120):**

ブルー
、公共
・ビジネス
アリーナ
競争
巻き戻し
ツールの
ウッド
旅行の
、山
研究
干しぶどう
スキル
ライラック
より多くの
怒っている
でき
外観リンゴ
来る
喜んで

# Puzzle 121

辞 ぎ 権 ニ 摘 登 コ を ク 多 ア て ヌ 社 カ ホ 京 が や 何 投
乏 ま ひ 囚 報 ツ 超 お ニ 分 イ 教 の さ 故 耳 が ま る 場 ス
記 事 は 結 ヱ 権 え って 何 読 加 室 ア れ 何 の き ひ ぎ パ フ
っ 暫 登 や ぎ 阪 京 応 砂 応 向 デ ソ レ は 、 砂 合 ょ ィ ン
室 お 過 半 数 の き 登 百 歩 レ 選 レ 重 テ サ 砂 ふ だ し 能
ー ダ ラ チ ノ ヌ 動 く ド 進 力 阪 退 ク 画 っ ニ じ 無 ぐ 然
然 ン 数 々 が 登 論 ヌ 力 精 意 所 熱 私 っ じ 向 京 だ 加
嶋 グ ひ ニ レ 動 会 辞 安 意 金 安 帯 悲 故 ニ 京 ぐ 故 会
ヌ ル 本 ニ 金 論 辞 金 育 金 写 進 育 惨 受 ト 本 サ む 然
百 や ニ エ 準 登 室 ひ 場 百 精 場 安 な 信 コ サ ざ
圧 金 ヱ ン 読 育 会 安 む 圧 本 む 進 受 百 本 故 選
読 開 っ ド 本 所 場 で 安 精 写 ロ 場 信 精 サ お 択
嶋 出 乏 ウ ロ が 段 き ひ む てく 階 の 権 て コ 本 むざ
ょ ぎ カ 豆 場 階 の 育 の 権 て コ 本 ざ 故 会 然
退 読 社 は ウ 育 の 権 て く コ 本 むざ 会 然

クロウ
数々が
の耳が
の階段が
過半数の
受信
悲惨な
選択し
エンドウ豆は
多分
ダングル
記事は
パフィン
準備ができて
熱帯
動きの
教師
アイデアは、
を超えて
ラダー

# Puzzle 122

ウェイク
理由
ディテール
庭の
キャンペーン
トリック
バン
タイガー
経験
道徳的な
ペン
チョコレート
生きて
追求
感を
陽気な
確かに
戦略
日差し
沈黙を

京 レ ま 応 ょ ド ラ コ 囚 圧 っ タ イ ガ ー 阪 場
沈 黙 を う 多 ラ だ ん ュ 感 進 芸 チ 百 妊 だ つ ま
ツ っ 応 サ ニ れ 追 投 追 ヌ 京 ョ れ 画 ス 退 写 も
化 向 報 ェ れ く じ 求 や ヌ ヌ コ で ス な 的 道 も
し 社 で ぎ ま イ モ 進 っ を ト レ 陽 百 徳 由 ト
ひ 権 ょ 本 ペ ン 弱 妊 レ 画 セ ー 気 愛 道 モ ニ
き 無 で ひ ン ト 進 京 意 ヌ ル っ ど 気 重 ス
読 精 芸 暫 ト リ 京 場 投 開 応 ト ょ っ ろ ぼ 阪
投 ヌ ニ 妊 リ ッ 場 圧 精 生 き ろ ク 然 登 会 ひ
れ 通 京 き ッ ク 圧 所 海 ぎ て 阪 ざ 向 本 向 場
重 化 ド チ ク 何 日 し コ 私 乏 報 ル 庭 ヌ 故 ま
確 写 く 結 だ ゃ べ ソ 差 論 や ど 狙 ど ツ 退
る か に 再 ど さ ざ サ や デ ィ テ ー ル 庭 せ
キ ャ ン ペ ー ン 登 じ ト ぐ せ バ ン ツ

# Puzzle 123

ぽを二ルだリツ話狙ひむ室恐ヌ京
ま姜だコ出っど愛ゅ愛れの話ざる
金生チく向まま批民きだ無場ざだ
弱息退場妊収批集市む市むだハック
地然場妊ニは、覧ドテツ圧育投レ
コミュニティは合結だ育圧権圧妊圧
私育芸ハん通ぎざ結こ退せむの精の
結再開通ぎざン結ト退せむ多品応場
トスカビタミンヌどトソスせ精お応
ス妊ふざトソ読む精ヌ嶋の安場
京画場所読む精ヌ嶋場歩意安権再
だてゅろスルヌ投でリク安妊再ホ
ポツプ退論投ひでリク解読登
本覧フプクイラト場進解方合登ぽ
金しレベルをノくしん京愛所ぽ
しかしが室彼女ハ応答落ちた読登

ビタミン
トライ
フルーツ
恐怖の
、市民
ラクダ
生息地
しかしが
プール
どこ
コミュニティは、
ポニー
批判を
応答
レベルを
生姜を
収集
落ちた
品の
彼女

# Puzzle 124

スプーン
雄鶏の
野生
コンパニオン
輝き
警察
保ちます
陪審員を
警官
コヨーテ
のレコードが
ディスターブを
急いで
オープン
平野
監視
ほうれん草
曲線
見つけます
大学院

どべ社加トニゃお嶋ゃモサ乏ソ所
辞出故何ャお嶋ゃモサ乏ソ場所
育室投ろまだ退チ覧セてだや進
本囚覧再ヌ辞読重監視芸ニリょ
ふベ愛モ退ニ話むょ狙まべ話だ
選ベル阪進解てん故おゃふ投百だ
話故曲線故嶋重レ登応会れくぎ百投
解場方歩だ故登を話ぼくぎ開百
せスプーンやますもレ結登応ぼぽ
金見つけ加登ンヒスてド狙レベの開
クルれ乏加登ンヒスリスタブコレの
急いでニ大学お弱ラおディステ私を歩退
画妊場大ょせ弱察ディる解員を退輝
まツプーオ能官警会無コ審意弱側
コツ登ふ弱つじ育チベ陪再選

# Puzzle 125

投解や海しやし辞ニ京ヱ海場乏が男セ
本海所登歩て本場所覧セ意側囚可応き
何ぎソカ嶋歩くブササ故方辞ヌ能ま阪
むド応結レ覧だラ嶋故ひ開結なろ圧画
れ覧嶋ラ信さッル会まぽ合ほ写ヱ
もレノ送べっは奇妙側トラ高弱社圧ポ
合加お画歯カ自結身の精摘無トやヘス
合温クまて砂ラシ腹空そだ金室ぎット
結温度上昇投だ能故空てラ向に社登の
れリ計べ安ラ狙れだ多コ室ラ後多ヱ何
ぽだどざリ報チひ多れリお多ま登応
私化報チひ多れリお多ま登ヱっ何応

高速な
空腹の
してくださいは、
が可能な
男が
温度計
歯ブラシ
ポストの
自身の
送信
その
インチが
シャワーが
上昇
ブラック
奇妙な
シット
の後に
ヘッジ
、グレー

# Puzzle 126

ことができます
羊の
彼らの
接続
ストッキング
退屈
燃やしました
ショー
崩壊の
ハムスター
雨量
有名
作りを
知恵
ネギ
禁止する
法定
ライン
決定
責任ある

テトぐひ砂くドょで出カ金どグ作ま金
ルド決海報安む写ざ阪カ任どニぼりス場摘
ふ再定圧精向応雨責任せある芸キをだ能ソ
開知歩法重ドテ量精ギ方辞重ッむ意ひ妊
狙ゅ恵加話応すネ無再彼クハトスひ登読
精社精場論やしだ禁らラムラ私だ何
加登て燃しきょヌ止育のイ羊狙投るクじ
カ暫論退登でがぽ嶋重壊ンエつるた辞れ
応再投登重おとこ進化金崩モギにヒ育
ショーノ重安ニ嶋接辞能ラモ二読ぽ
ャ囚ょ室安くレ弱続摘ど歩有っ応方本
コ然ててスレモ側解だ暫報名方歩応海
ニ退屈ひれ側解だ暫二ど芸ざ応方

# Puzzle 127

能誕権権愛開ひ減あた愛じチ応ニ権論ひ決
砂生ふじ方む向少引囚向ょポ合レん弱めます
サ日ふ方妊べニ退っヒ政だーズレ京然す私
モぎるハ狙ュトッヒ市治むーサ阪安然私金
んょ何ト無ト妊張応愛むヌリ覧暖ヌリ登ト
私ニ権無歩海ヒ重まふ故分応炉ヌリ登ト自
金権歩故応重故嶋ふ所析ヱ意話社暫どキ身
ヱど故応十ホ重嶋れ写弱話登暫ヒャは意
レゅ報故年意通十おニソれ合 サャチ自然
ストラン合乏結英語通英故ソトをキリア論本
にトラン合乏チ故通結論英力入ヱ
弱サ摘け故てどしカ入ヱをキャリアセヱ意
摘ラ百チろで ヱ暫選暫チセヱ意きてひ本

## ワードリスト

キャリア
英語
分析
十年を
暖炉の
ポーズ
に向けて
決めます
悲鳴
市場の
政治
ソフトを
減少
自身は
引っ張っ
入力して
誕生日
レストラン
秩序
あなた

# Puzzle 128

読ニ合フ然せっけん挿ラル本写応る投
ょド愛ふェ合所応応入覧トヌ多私がヌ砂
投愛芸ォラ口無意式しジ本プ囚責っれス
写べ海ルコ海精一っかしャ百見任じスぽ
然向ルコ満足、ニン展ジ必を登報精リ乏
ク本っ出ギジンジん示レ化覧社精リア
ょ加出妊ャヌ論金しだ海メ登社エニ
摘応てひギ通辞くロエ金やホ何ラいメる
カ乏ひニ辞はラ利本ッペ所っつデ弱
子供た応トム金用ク通ペ芸投く応ィ向
狙室ち応辞ト可嶋べ室話解会スチ歩
写室進応金能然意乏真の化ひソ
側進囚デス囚辞辞可然ニざ砂応妊向ト
通も愛応投票なニざ芸ぐ応応ょっ画

## ワードリスト

投票
メディア
子供たちは
いつか
必見
真の
挿入し
フォロー
責任
、ニンジン
埃っぽい
せっけん
展示を
ジャンプが
利用可能な
満足
株式
ギャロップ
ボディ
ペット

# Puzzle 129

ド摘ソ進阪っヱし砂安室重クょせ論サ
じホ無だホラジオて故海結ハドー精だ
阪ヌニ京場ッ通ぎ意っ写ジースリリ選出
ボウルモ辞セ今だ登然話せワールドカ
し ハ 結 京 ま 囚 夜 お は 地 理 ひ 写 状 遠 征 方 リ
解 機 能 ド 室 登 ぼ え 狙 レ ひ 歩 選 況 無 社 や ク
く ま ら く ょ い 室 緑 ト 砂 狙 化 レ 歩 退 応 圧 ろ
や ノ レ 無 ひ 曇 ら 何 せ る 溝 論 愛 だ お 使 捨 進 ゃ
報 出 故 無 ひ 選 る 嵐 の 百 ざ 海 算 捨 て む ょ に ひ
囚 ク 開 重 暫 辞 ふ ヌ る 然 せ 解 む ょ 嶋 リ 囚 室 む

地理
状況
ワールド
乗算
幸せな
遠征
曇らせる
機能は、
溝が
使い捨て
リス
深い
くらい
ラジオ
嵐の
リード
今夜は
ボウル
ジュース
緑、

# Puzzle 130

ょ 解 育 サ 安 ラ ひ テ ク 選 芸 ヒ ハ 妊 育 多 セ
ニ 解 摘 だ 感 イ 何 ク れ 暫 辞 れ イ 安 チ 軌 道
で 購 入 っ 情 ブ そ ヌ ょ や 合 ろ ニ や 開 側 登
ニ ょ や ツ の に ぬ れ む 重 力 時 弱 開 ニ ス
削 権 つ デ 開 迅 モ 能 ぞ 今 日 の 々 れ テ ゅ メ
ひ 除 ス 選 ー 速 ニ ハ 選 ラ ウ ン ド 本 ロ ガ
く 干 ば モ 本 タ 話 百 京 カ 場 私 セ テ 読 ネ
れ 加 エ コ 報 育 ヒ の 会 レ 砂 妊 ル チ 選 も
い 場 出 サ 写 囚 進 ふ エ 話 解 妊 退 ぎ 方 れ
を ク 重 ミ 読 ヒ く 側 ス 側 結 妊 摘 通 ス だ
方 応 ざ ッ ト ト 方 ス ヌ 重 ト ぼ 能
愛 所 ひ ト は 弱 ク 化 ク ひ 投 画 ぼ る
ニ 愛 安 ノ 所 だ 妊 歩 ハ 重 写 ニ 弱
ヌ ド じ 応 、 る 室 室 ニ 金 報 し ト ま だ ヒ

データの
ラウンド
今日の
購入
時々
軌道
重力
それぞれ
サミットは、
感情の
メガネ
干ばつ
削除
に迅速
カエル
ライブ
テロ
ノック
きれいを
インチ

# Puzzle 131

進ひ所覧選化ゃぎ摘ゴ育砂っに沿って　然
コ乏投弱阪素こじ権ブ進百場京ぽ鼓　　ツ
本セぎ然ハ簡能何だリ育芸ヌ歩意を私　り
セクション　の金男材ン進通侵ま合摘　ル
ホぐ感会登ひリ進料精多成長スト狙　会　ス
ょ愛じるど京ネくで弱育与乏トエざ　く　摘
ヌむサチネ本ニふみら退室凝ん　　ル
むょサ百愛テぐ結向えたひ視覧　ん
ぐリっ摘私本ニふき室応嶋私何　場
き故カせテ方ぐ結退でろ室凝解ん
開解選退歩選囚結精やたひ弱海視　エも
テキストタ覧ホヌ精やれチ凝解んキ
まふひ臙覧ヌっ退やぎコーヒーリャ
嶋じ登病なヌ多っ退コーヒーリャキ
ヱだ再者囚

与えられた
に沿って
男の
鼓舞
キャリー
何でも
ことが多い
セクションの
テキスト
凝視
コーヒー
感じた
臆病者
侵略
ゴブリン
ハリネズミ
タフな
材料
の簡素化
成長を

# Puzzle 132

プッシュを
チョコレートの
彼の
スポンジ
ケアの
語彙
距離
、標準的な
レモン
地球を
たいと考えてい
タクシー
バス
タスクの
注意深い
状態の
突然
のいずれか
予約
の電話

きス予所、プ場ぼの乏ス歩タバ能然ニ無
だポ約状標ひ妊電芸画場のクスタ何れレッ社
結ン選態準ッシ話ノ暫ャトシカれるゅレトひ
ベジ社の的クヒ覧カ故やリーリ話ょ重退ルひ覧
カ歩阪重京レ進レをンモレコ写れふ報ませま
故っ場多なふ所ひ安たエコ突京辞セぽセハト
ケアのどい弱論考とモ方然話ちヌハト百
選彼安ぼず解考ヌ私辞本退妊砂
側の画故れゃ狙語彙辞くれ海愛れ
くヱ写報か進選圧っくひ京金くれ
報ふニぼ合権育ムト話ェ重まド
ニ選画会だ方何ド出意地重まド然開登
距離社芸話登注意深いょ球をテ開登
ょ所無摘ル側れざくつモを
狙無摘ル側れざ

**Grid:**

```
、 最 近 の 験 経 化 ふ し 痛 ソ 多 ホ お ゅ リ ツ
祖 先 登 話 愛 安 圧 ス シ ー く 顔 心 配 だ 着 歩 る
登 重 ノ 方 囚 ニ し ー し ノ れ ざ 登 第 多 結 空 む
再 辞 ろ ひ ふ 向 せ 会 ノ 加 ト 多 四 結 し ュ ゅ
阪 所 芸 ソ ダ 向 い 権 芸 ト 京 写 無 フィ ト 結
ま ひ 通 ダ ー だ 育 ろ 野 菜 を 砂 弱 ソ 芸 ャ ッ
室 画 せ や ー ヌ 権 育 セ ト ニ 登 べ ま モ ひ ト
摘 然 話 ノ ク 育 セ 向 ス コ ア セ ん ラ ど や 登
覧 場 お レ チ 向 ス 何 本 精 意 一 血 液 妊 芸 せ ク
ニ 人 形 囚 ぎ 砂 ク っ 覧 ノ バ 加 事 意 実 ホ ん ク
へ 重 本 エ 育 選 ス 結 む 愛 ひ つ む っ ふ 室 ク
重 ン ド エ 化 乏 結 む 愛 ノ ベ ひ っ ト ヌ 何 私 多
何 選 ゅ 乏 意 ょ 方 ク チ れ ト ヌ 何 私 ク コ 多
```

**Word list:**

シート
経験の
野菜を
バーストを
痛み
フィット
空気
事実
心配
等しい
祖先
第四
、最近の
着用し
ダーク
血液
人形
ヘン
スコア
笑顔

**Word list:**

調整
当事者は
テディ
輸出
新しい
ネット
暖炉
音楽
裁判官
関連付ける
マイナーの
リアライズ
バッタの
サイト
、ここで
文字
危険性を
トンボ
セキュリティを
小麦粉の

**Grid:**

```
百 リ ベ テ の タ ッ バ 新 し い 裁 れ 何 じ セ
何 ソ ア エ ー だ ヱ ン 重 海 阪 判 ク 阪 ま キ
ネ ア ト ラ ナ 京 所 モ 投 ぽ お 官 覧 意 ラ ュ
ッ ト イ ラ 京 ヒ コ 登 ラ 写 チ 妊 論 開 む リ
ト 輸 出 イ サ マ ズ ャ る ヌ 化 ク ヱ ィ デ ティ
レ 登 サ ヌ 投 っ 何 ツ 金 ぽ 退 ス リ ざ を
ひ ま 金 社 私 ろ サ 重 文 音 ふ 精 暫 登
写 砂 応 ぎ 阪 暖 炉 ト 海 字 楽 ょ ニ 阪 精
画 る 方 応 結 百 読 べ 本 ニ コ 意 愛 乏 だ
る っ 重 会 ル 通 べ し 応 結 ゃ で 麦 粉 お
ヱ 危 応 ヌ ラ 場 当 ヱ 調 写 私 意 ト 囚
カ 険 性 投 せ る 私 だ 事 整 ひ こ ン 合
育 性 を 関 連 付 け て 化 場 者 で ボ 結
ト 話 百 ホ ヌ 室 登 阪 出 サ ひ や 囚 だ
```

# Puzzle 135

困 だ 室 画 ラ 投 ぎ お ぎ じ 連 き で れ っ だ 投 げ
難 ま 私 温 ぐ 場 て ゃ ヒ 再 邦 ゅ フ 再 し ぎ 縄 コ
な こ 何 度 百 む カ ツ 退 精 加 ハ ー き わ て の 然
で ぎ 砂 ぐ ト ホ 向 応 摘 阪 ス ソ ス 登 の 通 先 社
で リ 百 る ひ ル 場 側 方 登 ホ レ ホ 歩 強 先 ょ 開
ヒ と 砂 ど 出 合 ノ ひ 砂 金 セ レ レ 方 乏 割 開 応
ほ 側 百 ぎ 進 能 ょ ざ 海 海 ニ ヲ ハ ひ 役 ノ 然 ツ
ツ ク バ 重 砂 だ と エ お モ ハ モ で 開 お 化 論 ル
ド ラ 重 要 も ニ テ ひ 精 ノ で 写 応 せ 安 退 最 歩
適 イ 要 な な テ ひ 社 っ タ じ 意 ぽ 応 然 然 終 最
ノ 重 セ 会 テ ス ウ ェ ー デ ン 人 結 開 登 場 的 的
の 連 続 し た 個 場 っ 権 ク ド 砂 意 結 砂 ク に に
度 圧 通 話 応 化 論 タ 権 ド ト ヒ ろ 囚 応 ヌ
程 何 モ 砂 育 個 々 ク ド じ ハ 砂 ろ 応 は
中 金 所 ま テ リ ヌ 金 の ド ハ 囚 応 ヌ

先の
適用する
中程度の
ほとんど
スウェーデン人の
、個々の
最終的には
強打
の連続した
投げ縄
感触
重要な
温度
しわの
ドライバ
困難な
役割
連邦
ドクター
フォーク

# Puzzle 136

壁画を
アクティブな
成功
チップ
ボローを
近い
品揃え
経済
貿易
依存
緊急
質問を
ナット
稼ぐ
、最近
信頼性の
患者
家は
ストリーム
レポート

、 ノ 側 再 ス ニ ひ 画 や 無 べ 読 セ 品 揃 え ひ
最 む 安 ナ ト 応 結 患 者 応 解 テ 歩 稼 権 ク ぐ
近 壁 画 ッ リ 話 ム ひ 家 て ソ 会 無 権 応 芸 嶋
金 方 ト ト ー べ 百 狙 安 コ ド ょ 開 進 辞 二 暫
ま 応 ふ 出 ス な っ 狙 ひ 百 場 ろ 登 エ 無 能 ル
ア だ ひ ひ べ 登 ニ セ ハ 報 ま 応 嶋 二 や 金 だ
ク ト に ア ス ト 信 会 狙 結 し 再 側 ぐ 嶋 報 ホ
テ っ 摘 テ び な 頼 私 暫 登 ニ 弱 会 本 暫 愛 論
ィ ル 意 ィ ン 登 性 室 レ ま 出 妊 貿 開 ル 再 ト
ブ 海 っ ブ 何 ト の お リ リ ア 場 易 ひ だ 場 能
ノ 育 べ ノ 解 テ カ る ポ 成 ト 応 出 っ ホ 愛
摘 二 画 緊 能 質 ー 権 功 や ヒ 芸 く 論 チ
ル ヌ じ 急 リ 問 覧 依 近 チ 登 出 せ 再 能
せ ハ ふ 緊 画 を せ 能 い ッ や ざ ス 場
っ 場 せ 急 じ ー ま 存 ど プ 近 重 チ
故 進 社 ふ ひ 覧 私 ど 出 退
進 読 ク ぼ れ 緊 ま 私 存 退

# Puzzle 137

年の会教長ノ然感ふ投るい方能だ単覧画
まハ画妊さド謝開べ合高のぎなる画加育
他の意囚のポテトだ報論ヒにっ囚ノ背ろヌ退てだ故解
、ヱ不合二百論成果開室ふ百ろふ百登ふ退ざまべく出何本ドト暫通ドドモ
不おまど退登海ドテニスど観精加ホ乏応ぽ
規ラき選縫製ざょス開ニヌ解せぽモ画場てひれれ
則ぎ選自由然囚本ま工ん加ホぽチひれれ
芸登自由然囚本投観精加ホ乏応ぽモ
長ノさがれ何にっソニ私金おふ私観察ヌぽサイノ動解っ権むヌ退むてチ
感謝をれ開ホっふ狙本ふ加私金おサノ向っ解せむ退てぽ
ふ開むるホぽ観ふ精観察ホ乏応ぽ画ひれ
投べるむ場べ私金おふ私背ろ百サイノ動もっ権むヌ開てヒくに砂チひれ
る合むる安ドふ百登ふ百サ動向っ解せむ退ぽモチ

**Puzzle 137 の手がかり:**
縫製
成果
のソロ・
教会の
背の高い
動物は
テニス
感謝を
ベイ
、ポテト
不安
不規則な
サッカーに
単なる
年の
観察
の上級
自由
他の
長さが

# Puzzle 138

**Puzzle 138 の手がかり:**
キャップ
、すべての
ブドウ
外を
制御を
結論の
関係の
父の
鋭い
演奏
アヒルの子
持って
イカ
ドラム
ポテト
女王の
クールな
芝生の
数の
回避

キ父外化社論持くドニ応話鋭ヌ選登
ャのをし百然芸っ育化数い選話京ふ
ッろ登関加愛おヌてっぎの王覧妊しド
プふレ係金のやイ室だ摘生覧報ドま
まひお応応所きヌ会でる芝て能ラ解ア
れカれ重意権ニニカてモひっ方ムのヒ
ぐハラ選狙報ぬベ安化ひ歩投解のル
カ弱選クなぽロ選選投ぎひのの子
やすハ多御る選選百化ふつづ安子
制演ラ阪意っホ安重ぎむベウすクの安ヌ
御奏ヌ御をセ登ト安出レ権社金リ選
をぽ弱意セれ読る摘ブル替ぎっセ
ろろ演制意を安テ解ひ閉 リ選論

貧 し い サ ス 意 開 感 圧 狙 ょ レ 写 で ヌ 加 ク
賢 く ひ ン ス ょ の 二 応 何 嶋 育 ひ オ ベ イ
場 く 向 ヱ イ や ざ 野 球 ラ シ 無 登 ニ 向
ヱ 読 化 ッ の 金 ま ー 寿 ョ 画 辞 だ せ れ
結 化 狙 リ 重 ハ 吸 京 命 ひ 辞 べ ろ 意 出
幸 動 ょ 利 じ 益 血 海 光 応 権 ろ 京 ク ヌ
せ 物 ク 再 何 能 鬼 ひ ぐ 退 ン だ ニ だ き
覧 、 て 故 お 会 加 暫 私 べ し っ 京 摘 側
側 芸 で 紳 ニ 向 き 私 ト 論 し 写 ホ ぎ ト
歩 応 紳 士 ソ 再 室 精 ニ ど 登 ぎ 会 ぎ 売
ど ツ 向 開 海 嶋 側 ト ど ベ ぽ 砂 販 ッ
何 重 開 登 絹 の よ う な レ レ ろ 重 一 海
ん ル 登 無 て っ 報 ま や し ろ ょ 場 種 弟
ま れ ょ っ ニ 登 ざ 弱 だ ょ 乏 投 権 ホ を
京 む 囚 ニ 登

動物、
絹のような
販売
幸せ
サンドイッチ
感の
見つけ
ステーション
賢く
寿命光
オベイ
弟を
貧しい
ペニー
利益
紳士
努力の
一種
野球
吸血鬼

バニー
例外
熱くする
知っていた
道を
振る舞う
群れ
科学者
した
ミラー
ロバ
鉱山
危機
地域
いくつかの
ステートメントを
ラズベリー
立派
マグ
ウズラ

っ ま 圧 つ ド 知 摘 ょ ウ ズ ラ 鉱 山 囚 ま く ノ
マ グ コ 社 覧 無 っ 場 ハ る 嶋 阪 乏 所 ひ つ ル
ク だ ノ 阪 ヒ ふ て 京 ひ 読 摘 ト ぎ 応 ふ
ス ノ テ ラ ズ ベ リ ー 京 ぬ い 写 場 砂 ベ で リ
じ テ 報 画 報 く ぎ ス 登 た 海 進 く 精 然
辞 重 ー く 所 合 バ じ 方 レ い 論 だ く セ
べ ハ 選 ト 多 場 ロ 能 じ 重 く 写 権 歩
会 選 ミ 室 メ ン 室 科 学 者 つ テ ひ る ヌ
ろ セ ょ 投 向 登 お 力 派 の ぎ 二 セ ス 化
ふ ひ 解 じ 能 熱 私 例 危 何 側 ハ 然
能 通 所 愛 っ 然 を 外 場 機 権 報 も 故
ニ だ 退 ゅ 弱 方 道 百 お 報 無 本 結
開 ヱ 育 ニ 舞 だ ま 振 で カ ス む 投 囚 海
ル 解 話 う 圧 百 地 域 所 辞 く 能 ヌ ノ ょ
ひ 何 ま 圧 ひ 能 ま 地 域 所 辞 る ヌ 囚 れ

# Puzzle 141

化 バ 多 安 ス ク 臆 芸 方 結 ド 砂 進 て つ ソ 所
テ 芸 ス ひ 応 怒 応 病 京 報 ラ 向 く し ミ て 登
愛 何 室 ケ 圧 ら 天 権 二 芸 イ 応 選 ま ュ 画 報
退 安 ド 報 ッ じ 気 意 ま 投 ブ 二 は っ ー ひ ん
ク 進 お セ ト が で カ ハ ス ク ら き 危 精 摘 る
ハ リ ゅ ト カ じ 再 加 ル カ ラ し ホ な 険 ろ 報
摘 で れ ン が 妊 権 囚 嶋 画 シ イ ン 会 所 超 て
、 ろ だ 能 二 再 登 通 ア ー ム 知 ン ス 無 高 が
こ 進 写 側 モ 権 囚 報 検 出 多 ス 金 能 阪
の じ ク 方 嶋 ア 故 知 登 応 回 タ 超 化 層
よ ク 愛 何 ル エ も 多 応 く 回 避 結 精 ハ
う 愛 多 二 ト ム ひ む チ ェ 合 す る 合 レ
な 多 結 安 サ ゅ な の リ 安 過 ぎ ん 妊
応 貧 困 ハ 育 ひ 天 愛 画 投 ア 室 出 ん ソ
貧 困 を ク ぎ ひ な 否 定 的 な

通知
怒ら
ドライブ
てしまった
アームチェア
コミュニティは
臆病
ハリケーンが
バスケット
検出
天気
貧困を
危険な
回避する
ミュージカル
、このような
天国の
インスタントが
超高層
な否定的な

# Puzzle 142

構造
社長の
スケルトン
ホップ
クレス
いつでも
壮大
ボトル
保存
命を
スイング
、小数点
ウサギの
クーペ
データが
のポーズ
処理
粒子
デザイン
ウィンドウの

解 意 故 覧 登 チ 保 方 何 精 社 ど 出 加 ぽ 開 ひ
歩 育 だ む ぽ 何 存 ス 数 何 ご ぽ 報 然 歩 百
ス ク や 嶋 向 解 精 イ 、 点 小 選 ぽ 論 ぽ 精 ツ
ケ 読 合 ツ 解 妊 方 ン 壮 能 モ ぼ ボ 安 レ
ル 京 テ 場 場 ま ひ グ 大 ノ ス ハ 加 ト 意 ル
ト 百 処 理 レ ツ 退 開 退 く ッ 化 二 無 場
ン ホ が 金 ヌ べ む 意 多 い 辞 登 ひ 海 チ
ぽ ペ 写 方 て っ じ ポ ズ せ ホ だ 弱 ャ
能 歩 ー タ 場 登 デ の ー 側 も 化 ふ ヱ
開 む デ ク レ ス ザ ウ ニ 構 れ ひ だ だ
粒 子 再 ト ぼ 報 イ ン ょ 造 し 選 阪
会 再 室 命 ウ だ ン ィ じ 長 の 精 開
二 側 を サ ギ 再 の ョ 社 摘 ひ だ リ
む べ 無 狙 ヌ 向 リ モ ド 向 社 や

解歩スケルトンぽ能開粒会二む

# Puzzle 143

状 多 ハ ど く 結 婚 は 権 社 ク 金 再 モ も ビ フ
態 つ 室 通 っ 結 閉 じ 込 め る リ ピ ー ト ッ ェ
砂 ヌ ト っ 結 選 つ 辞 ひ ま 再 金 弱 ケ キ ト レ
然 お 能 欺 勇 敢 な チ 暫 カ サ 覧 故 読 ッ を ッ
ぎ だ ゅ 結 く 刑 務 所 会 論 ラ 阪 再 ヒ つ 明 ト
愛 合 精 ひ リ ッ プ ひ ヌ 精 ん 二 乏 圧 ホ る 応
ヱ 精 ひ 会 モ 投 側 持 せ 登 愛 再 話 話 く 開 ぼ
で 画 れ 通 辞 投 室 っ ヒ モ 二 カ ぎ 権 ふ 選
報 ヱ 何 囚 弱 チ ノ て ト 登 精 開 威 ん
ヱ 論 狙 化 ふ ノ ゃ い 砂 私 話 再 ョ バ を 話 室
れ 辞 っ 覧 解 然 加 た 室 ド 開 側 ク の 友 選 っ
れ ヒ ョ 再 せ カ ひ 万 人 の 弱 海 人 能 応
ま や だ 投 ろ ひ っ 出 し 話 社 ス 二 日 話 選 っ
応 阪 ふ ざ コ 通 ク 本 モ ぽ 二 方 モ る 退 お 能 応

閉じ込める
の友人の
万人の
持っていた
ホッケー
バンを
欺く
結婚は
状態
コース
刑務所
スリップ
勇敢な
脅威
を明るく
フェレット
日の
リピート
スキー
ビット

# Puzzle 144

フィート
心の
アンティーク
ドリンク
労働を
ターンを
インターセプトを
入植者が
の近くに
花が
の素敵な
はいを
朝の
ハンバーガー
ハイライト
欲求
、常に
戦争
の信頼
最大の

歩 ニ ヌ ま 意 っ ひ フ 意 ぼ 退 応 辞 結 ふ 芸 ひ
や 登 な 敵 素 の ぽ 入 狙 で 投 狙 れ 権 や ゅ
ター ン を 狙 近 ド っ 植 ー ヌ ん る 話 ホ
通 ざ じ セ 読 く ま 報 者 ト 労 ぎ ニ 愛 開 場
方 チ 芸 ニ ド に ト だ ク 労 働 解 ツ ふ き ノ
場 育 だ ハ 退 常 だ る 応 だ を い ふ 登 ホ 二
弱 れ エ ト 能 、 出 育 ヌ 朝 は 歩 読 だ 再 合
覧 ク 覧 出 結 ょ や 投 の 芸 読 ラ 能 育
化 ィ ぎ ざ ク 化 無 選 ツ 欲 嶋 ふ 読
会 コ 室 最 通 ん 進 故 室 タ ハ 求 信 ラ れ
百 テ ま 論 大 進 ぽ 化 ー イ 論 頼 イ ク
ハ バー ガー の 阪 応 合 セ 嶋 の ソ 重
ク ア き だ ソ ヱ ド リ ン ク 登 然 戦 れ
意 カ ノ 読 側 ひ ド 開 き が ス を き 愛 争 の
無 だ 読 側 権 海 む 花 が き 愛 争 ゃ 登 育

# Puzzle 145

```
コ カ っ 明 ふ 退 グ れ ょ カ 加 百 社 ル ぼ 進 ス
ま 能 て 水 日 ス ル カ 帽 ト む れ レ ざ 能 本
向 開 ニ 分 ぽ は ー れ 子 ラ じ 妊 ク ル コ 画
っ ぎ 弱 を 育 ょ プ 場 ラ だ ふ 会 円 形 の っ
エ テ リ 何 登 論 ブ 摘 お 室 結 ハ ド 意 じ だ
も テ 妊 弱 モ ラ ク 登 め 私 安 理 し 妊 京 リ
カ 本 ゅ っ ッ ク カ 向 に と う チ ェ ぐ て ハ
弱 ぎ 狙 意 ク ス デ に 意 ド 権 電 車 応 ポ 論
で 読 必 ぐ 方 の ラ ぐ う チ 解 む ゃ 側 加 ハ
再 カ ひ 嶋 意 摘 狙 べ 加 ル ベ 論 し 選 ニ 安
出 ト 同 意 場 れ 精 ヌ ゅ 化 写 で 何 本 む 京
写 れ 権 精 ヌ ゅ 化 写 で 何 本 安 ニ む 向 京
```

楕円形の
同意し
必要があります
デスクを
帽子
水分を
プラスチック
スクラブ
ベルで
すぐに
グループ
あたりの
明日は
電車
女の子の
行く
理解して
モック
おめでとう
ポリシー

# Puzzle 146

レポートは、
間違っ
教育
バンズ
暖かい
公式
ソリューションを
ギフト
プッシュ
廃液
、実際に
朝食
獲得
会議は
メジャー
アリ
連想させます
のテーマ
キャンドル
言語を

```
安 狙 で ざ 読 む 教 解 加 百 セ 芸 合 ス れ ヱ 京
連 想 さ せ ま す 育 意 投 登 リ 室 選 獲 ぽ 投 社
社 再 ル 百 権 嶋 ヌ ニ 登 ニ 社 何 得 ル ま
出 ま ド リ 選 百 ニ リ 辞 側 辞 海 開 レ ヒ
無 リ ン ギ フ ト バ 能 ど ス 選 京 本 ょ 向
メ ジ ャ ー 間 愛 ン ズ 、 ソ ひ 無 ぽ べ カ
テ 嶋 キ だ ざ 違 本 ょ 実 リ 暫 然 ぎ ド ニ
公 ん 向 で セ 嶋 れ 報 て 際 ュ 方 ろ 結 投
て 式 廃 液 写 阪 っ モ 摘 に シ む 再 意 じ
歩 辞 ニ リ コ 歩 言 語 を も レ ニ 会 登 育
化 じ 再 愛 論 ヌ 写 カ 精 海 シ ポ 側 シ ふ
摘 ぽ 囚 ふ 登 ル 何 ラ く ョ チ 嶋 モ
朝 食 リ ど 阪 本 ニ せ っ ン プ 会 ニ 暖
も ゃ ド ぎ ヌ 妊 再 社 写 を ト 議 く か
う 百 投 投 進 何 く っ は 、 ん じ い
```

## Puzzle 147

男むじ、育再議れっき投開室し理場ソチクしだ応むク嶋リ画つし
性色ぽカぎラニ論暫クッ愛囚暫解ヒソのホク乏くリ画
は歩画リ社とぽ符ゅクぐ然夜明乏るてけニのホクサリ画
特なフ海然ぽっ号解結重しばおや精ニクスゅ乾故百画
ふ海圧ラ読無し読加ヒぐぼ向芸画だ応妊レホ圧ヌ然つし
登と囚レテコ京需暫論どヒ辞成分ニ応乾百
社様ク陽方ふ摘でレハス歩返信ぼハ圧会合画
百の気意黒ソ重き芸能然ニやる覧ル愛
二方だ黒評価ソノで解嶋進セ重然ニやる
向京ぐ向選金鳴進セ重然ニやる覧ル愛合
京ぐ向

男性は
のヒット
返信
しばしば
フクロウ
議論の
、カリフラワー
夜明けの
評価
成分
黒い
色の乾燥
需要を
陽気
特別な
理解
と同様の
クック
符号

## Puzzle 148

チューリップ
置く
月の
参加する
武器の
医療
効果の
細かい
資格を
エンドウ
アクティビティの
傾斜
願いを
。この
実証
一度
プラム
若い
急に
在庫

もーっ安お武器の海ょ狙つ嶋細リ参応
コ度向傾ま画サ果京摘愛だ退か百加ゃっニ阪カ
社覧加斜セ弱効能ヱじ解狙い加すむ弱解弱方テ
置くのク資格をいノ願私暫ぎ権愛べろむすテろスひ辞
。このヌ多故ホエ京だウ芸チク金ひ加精つ会っ安
っヌ退私京ンウ若ラ応結ニツ開圧解ひサ狙安
チぎニトク重退っ方囚ビ向テにのべ妊ひ結ゃ会芸ッ
狙ニトセ砂登まままサ砂進阪退ぎ社応ど乏育金し狙
安ド応医療登嶋進ま故ぎ会覧のざっ解写社在庫ラム
ど画ょ退証芸権んぽ愛側社在庫

男性は
返信
しばしば
フクロウ
議論の

# Puzzle 149

```
ク つ ク 京 ヒ 選 砂 れ だ 辞 で れ 本 査 検 ぽ 能
つ ロ 会 む っ 論 私 場 応 海 ニ つ 測 定 索 登 ろ
む ん ッ ヌ の 赤 ちゃ ノ 圧 愛 応 車 芸 自 が 意 き
だ 精 ろ カ ス 砂 ノ ス 目 の 精 投 妊 育 無 ク 愛
ひ 愛 再 ス 進 赤 ス に 安 圧 画 方 方 方 チ 投 乏
ル 通 プ レ カ ヱ カ え 見 故 進 読 開 登 ヌ せ 権
ろ ト レ 送 ヱ チ ー る サ 砂 砂 精 だ 許 コ 側 ヱ
再 む ー っ レ ぐ ト 私 レ 開 辞 弱 弱 容 合 安 故
ツ 開 転 能 私 れ 写 重 私 金 ツ シ れ 暴 会 カ 阪
カ 化 送 描 送 ま 登 テ 芸 登 れ 出 登 力 向 報 リ
ん リ 能 く ぐ れ 私 ヱ 圧 ヱ ブ 経 育 報 モ ろ ヒ
て 乗 催 ツ 私 町 テ テ ブ テ ツ 済 む ゅ ろ レ
覧 育 百 て し 結 の 登 ロ 登 コ 無 然 を ソ ゃ ノ
き だ ス っ ぽ だ テ 圧 ブ 圧 無 を 方 再 所
化 能 て 妊 合 砂 加 辞 社 所 一 意 室 お 囚 ょ
```

検索が
町の
暴力
ブロー
経済を
プレート
転送
の赤ちゃんの
スカート
乗っ
許容
測定
自転車の
送っ
ブラシ
検査
目に見える
クロッカス
開催
描く

# Puzzle 150

ムカデ
アームを
ベルト
円形
取ら
リング
削り
出現
葉を
様々な
会議
巨大
ブルーム
、まだ
現代
構築
スタイルの
示した
能力は
世紀は

```
ツ ト 構 れ じ だ ア 出 代 葉 ヌ 開 暫 ホ 多 ひ 辞
て 重 海 築 ぽ 応 ー 現 を 歩 化 リ ン グ ヌ 所
だ 重 進 ス じ エ ニ ー ル 本 ト ヒ 解 圧 砂
選 ニ 砂 モ 投 写 ム ル や で 選 愛 ヱ 阪 せ
ド 二 登 取 ら 画 を に 暫 や っ れ ひ 然 意 ベ
ヒ 応 円 私 エ ぎ ヱ サ ぎ き ス 、 二 ル
ぎ ひ 形 ぐ ド サ ひ 開 社 歩 京 ト
ツ も ゅ ニ 合 で 側 話 投 む ぼ モ
む れ じ ハ 芸 ソ 会 加 だ ぎ
通 会 社 ス タ 開 ヒ 然 読 歩 写 ヌ 安
ぎ 議 な タ イ 覧 ト も 然 安 レ カ 論
様 て イ ル 示 暫 権 加 ク れ 能 ニ
々 だ 写 ル の し ぼ 育 百 ざ 愛 セ
だ 写 ど る 重 せ せ ひ 応 会 ろ 論 ス
私 ヒ く 結 ゃ 巨 ろ ゅ ひ コ 暫 写 化 だ
```

# Puzzle 151

応洗ざーど家口発ニるエ安暫チ話話ス
っ濯語っテ賃ー音るれむ京むひ妊砂ル
コ開っテ応のカをっれカせせヌせ解応
ひふ覧だ重何ルチ精親れ権もリ重暫覧弱
読所暫重無おざ圧出っふょもれル重やや
セく意意報ざヱ出歩海べせコ切ぽひ百
サ安辞レ芸つチ暫暫ふステじる論多解乏
数ヒクべ何きホじべニじニ通っ多室リ
テえだ何社ホ話ストひだも出砂ぽ選ゅ
ヌ嶋だ登写阪きトーニだ嶋愛ヌれろぎ
ゅテヱだ、はきゲ報出っ通再砂論本摘
育ムテ覧多応報ビソ砂砂愛砂防暫忘金
ウーテ覧切意ソナゥ再摘砂ヱ止能れ想
ールムのな無社カビぼむヱ登化能サ像
じコウ辞投社エだナト登トニヒ場
ラ室ー開通っ暫ホひ摘二摘無ワむ

ウールの
精度
、適切な
想像
防止
ワーム
ローカル
ナビゲート
ステップ
数える
家賃の
一目
切れ
親
忘れ
輝きは、
語っ
コーム
発音を
洗濯
ホスト

# Puzzle 152

圧力
前に
、比較
小さな
サイクリング
敬遠
必要な
膝を
存在
参加して
条約
必ず
寛大
廊下
本当の
環境の
冷蔵庫の
魔女
表す
に対して

権ず必むろ狙だまクャニ報応場ひ阪
何ホ要私権サじん加ざ通私所スぎ
ノ京重もサ愛じ加本廊嶋でろっひ
ニざ海ひなぽ京加コ下エむ出前ニ
で狙嶋くさ私む合の然や登向能ホ
し所対小出環境のどべ退芸スホ話登
む本ぎ論トつ精狙選冷蔵嶋セ本っ
論然表報育所ニ方私庫エハ進くガ方
社魔す力圧狙結室結のンぽハり弱まグ
歩乏女加画存比較存側サひクっまク
ヒ多無参登在愛結存在ルイぽまク結っ
多ま室精しスっ育登在比クリ権覧チ
ルれどひ砂京育ぼ場敬較リンひ画ニ
ん育テ場ょ京敬遠辞側をニざ妊

摘 れ 投 マ し 論 テ 故 京 エ 話 ク 画 ダ ス の 方 ャ ク
ス ノ ッ や ひ や ど せ 本 ジ リ ン が お し 出 ひ 愛 投 然 チ ひ ト
権 し ト ノ 登 応 だ サ リ リ ン 喜 阪 ク ヌ 金 意 圧 ふ 合 通
ょ ド サ の チ 本 ひ し リ ょ じ 喜 ぼ ひ ト 加 妊 動 ふ 選 ま
画 登 写 フ だ リ 辞 タ イ ベ 京 合 ス ニ 破 狙 ろ 育 海 て ヌ
ル 砂 対 だ れ チ 乏 ょ 歩 阪 安 百 退 覧 草 崩 壊 ノ 精 コ て で
絶 対 な っ ょ ニ 嶋 室 べ 退 き 辞 何 ヱ 登 原 す ひ 圧 合 ひ
る と お ゃ 育 を 写 ネ ざ 所 項 会 京 弱 ひ る 選 ス レ む
圧 登 チ 然 船 退 摘 ッ 応 ク ェ 目 草 京 弱 通 っ 場 ピ ク く
合 計 ニ ノ 本 圧 場 退 応 き リ ざ 育 進 ま 登 砂 ド 京 嶋 男
能 本 権 き ク リ ざ 育 進 ま 登 砂 ド 京 嶋 性 の

愛 で 予 想 高 む だ ル ぼ 報 投 会 ハ ス 選 画 ひ
本 だ ク ラ 級 登 テ つ も 意 社 ト 側 乏 室 合 ふ
名 詞 議 海 だ だ ク も 重 育 海 ク 金 乏 コ 権 ニ
ぎ れ も 論 迅 速 ラ 重 辞 お ど コ ど 故 報 ろ 育
意 り せ 論 辞 ウ 辞 ツ ぽ ん 応 能 通 ゅ っ リ
第 六 金 再 ぼ ひ 重 で ぽ 方 能 痛 テ ぎ ぽ
乏 ぼ ク ニ ふ ノ 応 サ 妊 報 モ い 画 場 ま
レ 方 ゃ 無 ぐ 出 本 て 登 私 何 ざ カ 自 を
暫 無 る 向 ハ 論 ヌ 嶋 愛 コ ノ 白 ひ 動
金 京 化 進 ヱ ス 場 砂 応 投 意 お 結 ヌ 行
や 育 ャ 意 や ぐ サ 社 ス 開 く っ 弱 だ ふ
ゃ ひ 阪 ト 海 重 ょ て ト 芸 ツ だ く ち
フ フ ロ ー ト 運 ば オ フ ィ ス 別 の だ 重 弱 宣 言 解 ぷ れ や 育 向 読 き

# Puzzle 155

```
鉛 モ 安 ぐ 申 方 ぎ ニ の 部 一 巧 サ 金 添 小 解
セ 筆 権 っ や し 乏 阪 仮 向 ヒ 妙 ル 付 粉 乏 じ
写 意 の 視 不 訳 然 仮 想 テ 応 な 的 典 妊 な く
ざ ニ 故 加 可 弱 パ あ 進 辞 だ 投 加 話 阪 な ヒ
に 危 険 な 読 ワ 囚 り べ ブ 退 選 し だ 場 っ 逮
障 本 写 摘 る ベ ー ブ く 本 弱 狙 ク ぐ 報 だ 捕
妊 害 リ カ ヌ 愛 ル く 登 愛 せ ド モ 読 応 ど 海
摘 故 ホ 通 る ひ て る エ 報 つ モ 読 圧 報 ふ 場
れ 砂 社 ヱ ひ 意 報 ニ 愛 ル ん 却 写 下 だ ス 百
っ ま ま ぼ ゅ 摘 嶋 愛 意 エ エ ろ ノ エ き ぽ 開
モ 能 ス カ 狙 故 ろ 出 ニ ル っ コ 画 運 狙 精 ふ
だ 金 力 側 二 本 ひ 意 レ ス ス 弱 通 動 ど 話 ス
れ 再 辞 百 覧 セ レ ろ ク っ ま 百 弱 っ 百 乏 ぽ
ゃ 海 方 ひ む タ く 出 社 ー ど だ ゅ 百 摘 摘 精
摘 ゅ ど 海 ヌ む ー 話 再 海 応 レ 場 海 乏 話
```

小麦粉
ブルーベル
運動
不可視の
に危険な
サル
鉛筆の
巧妙な
却下
セーター
なっ
障害
典型的な
逮捕
レース
添付
パワーの
一部の
申し訳ありません
の仮想

---

# Puzzle 156

カスタム
エネルギー
剛性の
隠す
重複
拡張する
リスク
政府の
修理を
が、
循環
リーダーの
ハロー
ターキー
年次
メンバーの
笑い
疲れ
多くのことを
法の

```
力 論 ょ 阪 っ 社 し ク ニ ぐ じ じ 隠 ぽ レ ニ 京
ょ テ ざ ク ホ や 弱 ん ヒ 権 や ぼ す む 社 も 二
法 ひ 乏 本 弱 っ 場 ソ 圧 側 ヌ ん ム タ ス カ 覧
の 性 剛 修 ぎ セ 方 愛 や 登 ン ト ヱ ー ヌ ヌ ク
ー ふ 疲 理 笑 ホ ク ゅ エ 海 ト ェ ー ベ 囚 辞 ス
バ ょ れ を れ い ハ ろ ニ 政 囚 弱 キ む 化 二 リ
ン コ 所 と 砂 重 ど 場 ネ 府 だ の ー ふ ゅ 再 弱
メ 圧 砂 こ 意 報 応 合 ル っ 通 重 る や 故 権 出
芸 モ 意 の 乏 重 重 が テ 退 だ ラ 多 海 ホ ざ 会
百 ど ク く も 能 ヌ ー ラ ギ ヒ 通 ヌ 退 育 開 ぎ
ざ む っ 多 芸 話 複 ラ テ 、 す 多 化 圧 進 投 本
ひ 囚 精 ん 報 応 ラ ひ コ 話 る や 故 側 解 進 愛
囚 循 登 出 ヌ 所 ひ 拡 張 報 室 ヒ 退 加 ど 再 能
ょ 環 登 会 ラ 会 妊 モ 画 報 ゃ す 圧 権 セ 方 っ
ノ れ 応 囚 ぎ ス 登 む テ ひ ト や 育 ト ノ ソ 次
```

# Puzzle 157

最初の故多まオひヌ投ま摘進せ豊ノべま
まだ生ノクートト記長向妊精かょしり応ょ
報能登産登デ念いれ愛重話なしぼ管り
ヒ投向摘レィて慎にスだ重投せリ無場出
ど私話スシュ慎読応ドべ妊歩的ダ何のルし
暫嶋すペ写ンれるエぐ会報本ニコブィグ
ぽぎでー側ラまエ阪っ登狙無ク向ぼ
きぐべ圧セてレベホれ登むざ砂トにう
じサノ緩リ退土結ぎれせ社向砂ブス社
本嶋室い応曜ざ結ょせ社ニょ合ん化
画ゅカひ解日だ側もざ選場てうぼす
モせやリにチ社じべ選海出妊ぎ
プレイヤー再側もコ結出開まぎ社
せ重やハだ阪つしコ結コ海出

最初の
慎重に
オーディション
豊かな
スペース
本質的な
プレイヤー
長い
ランプ
ウィグルの
トーク
緩い
管理
話す
記念
ダブル
空は
レタス
生産

土曜日に

# Puzzle 158

詳細は、
デスク
不安定な
夕食
製造
仕上げ
現在の
関与
フラグ
飛行機の
学ぶ
世代
貴重
面積は
動詞
最高の
結ば
少年
正しい
文化

進ヒ解ヒデれノ辞世サま〓選方ドノト夕
じ弱ヌスス出んセ代多ツヌ場京側食
やでセでク結不安面ツむクク正ょだ
詳細は、チば最解ヒ積ふ辞だしい
辞ろ文ハょ高のカはチ製クだ会レ
クろ化芸っカベ現ニぼエクな然ま
加暫読圧チ向ヱ多コニフむ少だヌ権
通ろツ圧ょコ結飛ルフラき方年安育
室っチ画加つ海ひツグ圧京ノざ方
ス安リ読ひまもク貴本ぎ所
まチぎ会登加れニ関重私狙む
おチ会社仕然無辞投与二開暫ぎ狙
ぽ阪愛論上ヱ応辞与室多能辞やル
会っ論ぽ覧妊ヌソ会サふ
向安覧妊

# Puzzle 159

```
サ ヒ ヌ 愛 セ で 通 ょ 歯 意 圧 水 レ せ 歩 ツ 解
ニ ぐ ひ 多 で 化 ふ 出 磨 側 弱 牛 京 囚 セ キ 金
ろ 加 レ ヱ せ し 会 世 き 本 結 の 場 は キ ュ ふ
ぼ 完 エ ヌ 重 芸 世 界 粉 だ ょ 供 鳥 の リ リ や
だ 全 狙 エ 重 ノ 狙 乏 ヌ 金 解 子 権 レ ティ カ サ
何 に じ 読 お 話 ぐ ス 金 く ろ ヱ モ ク 女 エ 故
だ セ ま く 解 だ ょ ヌ ク ん 進 ス 通 リ 彼 ウ カ
豊 何 し 通 海 だ 百 通 多 て 愛 だ 信 エ 多 ボ 乏
ん 富 ぐ 退 然 ぼ 所 多 京 出 重 ヒ カ ー ツ シ 合
ん お な ざ 通 然 ニ 弱 囚 出 も ベ ト お ョ ち 狙
秘 書 ふ 的 選 退 摘 レ 農 嶋 や ン ヒ ゃ う 解
ク 顧 客 能 画 劇 ヲ 囚 家 で 私 す 退 妊 ど ヒ 百
ヌ ヌ ツ 報 リ ど 悲 ラ だ 私 乏 さ 画 や ヒ ソ ぎ
京 ダ イ ビ ン グ 向 金 解 狙 モ だ 向 登 や モ ニ
ダ イ ビ ン グ 向 金 解 狙 モ だ れ だ
```

農家
彼女は
レクリエーション
歯磨き粉
ちゃう
顧客
鳥の
通信
セキュリティ
ダイビング
完全に
カウボーイ
悲劇的な
子供の
水牛の
秘書
豊富な
世界
騎士は
やすさ

# Puzzle 160

```
お ざ ク て っ が た し 、 ヌ や 社 ク じ 通 約 場
摘 ば じ ひ 合 り し ゃ 覧 ひ ろ で ょ れ 束 化
ぎ ヒ あ ヌ や 場 つ ま 先 結 側 マ 応 ル サ ぎ
愛 ニ ち 安 再 ん ひ テ え 場 レ イ ク ま 向 コ
レ 話 ぼ だ 私 囚 サ 私 ど 乏 与 摘 安 芸 進 辞
ク 摘 べ ゃ 囚 ま 暫 だ 多 多 ひ む 再 嶋 能 し
き ト 故 権 ぐ ぼ 摘 ゅ ド テ レ ハ コ 写 合 レ
む だ 消 故 海 ク 多 ひ ニ 阪 チ 覧 覧 ま ろ 高
ヌ 進 防 っ ダ ろ モ は 私 紫 弱 登 だ ヌ 速
モ ク 士 嶋 せ ー 退 ニ の ス 色 や り 思 弱 道
だ 結 育 投 囚 海 応 ど 私 グ の ん ソ 口 リ 路
砂 ど 通 コ 辞 芸 砂 安 ウ リ い ぽ ひ の
ろ 話 百 ベ 退 キ ャ ン プ フ 戦 何 リ 週 方
ト ソ 包 む 画 ヒ お れ 摘 多 ま ト も や っ ぎ
ひ 投 解 ヒ お れ 摘 多 ま 無 報
```

、したがって
スタッフ
戦いの
ロの
約束
週の
パウダー
マイル
キャンプ
高速道路の
包む
のウェット
与えました
紫色の
思いやりの
おばあちゃん
つま先
何も
消防士
スプリングは

# Puzzle 161

| | | | | | | | | | | | | | | | | | | |
|---|---|---|---|---|---|---|---|---|---|---|---|---|---|---|---|---|---|---|
| ざ | ぎ | 付 | 育 | 重 | 開 | 阪 | ル | テ | モ | 阪 | ケ | ー | ジ | ま | だ | 精 | 権 | 出 |
| 側 | 会 | 随 | 画 | や | ソ | 妊 | ゃ | ボ | ょ | ヱ | ぐ | 愛 | だ | 阪 | だ | 話 | ぐ | だ |
| 再 | 故 | 化 | 選 | 再 | ぐ | 狙 | ボ | リ | る | 応 | ド | 加 | ま | の | 故 | 囚 | だ | ま |
| 報 | 凍 | 芸 | ク | 金 | れ | レ | ュ | ュ | 故 | コ | ス | 退 | の | 沸 | 雨 | の | む | 沸 |
| ソ | 画 | 結 | 権 | ゃ | 歩 | ろ | パ | コ | っ | ヒ | カ | ニ | カ | 騰 | 圧 | む | の | 騰 |
| グ | レ | ー | ド | チ | ま | パ | ー | 金 | 京 | だ | 登 | 何 | ル | に | 方 | チ | テ | 解 |
| 写 | も | だ | や | ェ | だ | ー | パ | れ | 覧 | 非 | 精 | ゅ | ら | れ | 室 | ク | 妊 | 摘 |
| ふ | べ | ろ | 向 | イ | だ | パ | ム | 再 | 暫 | 常 | 何 | る | ぎ | ぼ | ぎ | 妊 | 摘 | る |
| 出 | 進 | う | 側 | ル | ク | 囚 | ま | モ | 所 | に | 嶋 | れ | ぼ | 要 | だ | る | だ | だ |
| 席 | だ | 乏 | 重 | ス | 私 | 向 | セ | 所 | 退 | 何 | 登 | ぎ | 安 | 因 | 囚 | 芸 | 何 | ヒ |
| ん | 方 | む | 歩 | 私 | ぽ | 通 | ト | っ | 報 | 嶋 | 単 | 読 | ニ | 付 | 芸 | だ | ょ | だ |
| 室 | ヱ | 妊 | 私 | 投 | 向 | 傷 | ホ | ぎ | 位 | 昨 | 日 | 因 | 家 | 随 | る | だ | 何 | だ |
| 精 | ラ | 摘 | ホ | ん | 火 | を | ホ | 嶋 | を | 読 | 家 | 具 | ヒ | ょ | 何 | だ | | |
| ま | も | 育 | ん | で | ニ | も | ま | 単 | ス | | | | | | | | | |
| れ | 育 | ぐ | 選 | だ | フ | リ | ー | ジ | ア | | | | | | | | | |

**Word list:**
- 家具
- 出席
- 昨日
- 火傷を
- カラスの
- 沸騰
- 非常に
- だろう
- 単位を
- フリージア
- パパ
- グレード
- 要因
- 付随
- 雨の
- ボリューム
- 凍結
- ケージ
- イルカの
- チェイス

# Puzzle 162

**Word list:**
- おなじみ
- ティーポット
- 通常の
- 野心
- 病院の
- オウム
- 現実
- 単に
- 祖父
- ランダム
- キツネ
- スレッジ
- レスポンスの
- バー
- その後、
- 練習は
- ロビン
- 二回
- センドを
- 定義

| | | | | | | | | | | | | | | | | | | | |
|---|---|---|---|---|---|---|---|---|---|---|---|---|---|---|---|---|---|---|---|
| 精 | 方 | 狙 | バ | ヌ | く | 会 | 開 | キ | ツ | ネ | ス | お | ざ | 能 | ん | 読 | 無 | 化 | っ |
| で | 応 | 投 | ル | ー | 芸 | も | ん | ッ | ハ | 応 | レ | 写 | な | 安 | じ | 圧 | 定 | 阪 | ふ |
| リ | 結 | 能 | ま | 再 | 覧 | ゅ | 海 | 登 | 応 | レ | ッ | き | 加 | 乏 | み | む | 義 | レ | ス |
| 摘 | ざ | ぎ | セ | ン | ル | ラ | 室 | べ | 通 | 祖 | ジ | っ | ぽ | 故 | 開 | 意 | ラ | ス | ポ |
| 能 | 権 | ィ | 通 | ド | ビ | ロ | 現 | 実 | 安 | 父 | 化 | 暫 | 百 | 摘 | 囚 | 多 | ふ | ポ | ン |
| 歩 | ぽ | ー | 重 | を | 乏 | ょ | 場 | 愛 | 祖 | ニ | 画 | ス | だ | れ | 報 | れ | 化 | ン | ス |
| 権 | 摘 | ポ | や | 愛 | ク | 画 | む | ト | れ | ク | 回 | ニ | ぽ | 社 | ソ | 育 | 阪 | ス | の |
| 砂 | っ | ッ | だ | 登 | ぐ | ひ | ひ | れ | 無 | 単 | ト | 何 | 論 | 選 | レ | ぎ | レ | の | ト |
| 登 | 精 | ト | 所 | 選 | 然 | 歩 | ろ | ふ | ラ | に | 再 | ツ | 論 | 育 | 育 | 心 | ス | ト | |
| 摘 | も | ス | 選 | 砂 | 愛 | 通 | 登 | 嶋 | ン | ん | ろ | 所 | セ | 野 | 重 | 側 | ポ | | |
| だ | ソ | 何 | 砂 | ク | 後 | 常 | ニ | ダ | チ | き | 向 | 論 | ス | 側 | 再 | む | ン | | |
| 辞 | 練 | 習 | は | 、 | 開 | の | そ | ム | お | ひ | セ | 解 | 重 | | | | | | |
| 再 | 解 | リ | 開 | コ | セ | 院 | レ | ウ | 何 | セ | 向 | 再 | | | | | | | |
| 無 | っ | ヱ | ツ | ぼ | 報 | 病 | 室 | じ | ゃ | オ | 合 | 会 | | | | | | | |
| し | じ | ぼ | 故 | ヌ | コ | 加 | ろ | ろ | オ | ニ | | 会 | | | | | | | |

# Puzzle 163

```
安 選 応 圧 ど 摘 ぼ だ 含 お 覧 ゅ 話 サ く 前 精
ス 論 加 私 通 ニ だ め ト ろ じ い 結 レ で 方 ニ
ラ レ 百 や ハ ラ ぎ ふ ろ ふ 進 テ ち ん レ で ふ
セ 場 暫 囚 残 解 ふ 何 ふ 辞 可 ヱ 能 チ の ス 芸
ク 本 暫 や し 何 ト ゃ 辞 ま 可 ン チ 腐 ル 故 場
ろ 報 じ 残 だ か 弱 再 ヒ 能 ッ ピ し レ 重 ヒ だ
芸 話 だ ヌ 然 読 辞 思 い 多 ヒ 都 嶋 ス ろ ハ
方 レ 育 通 に ま 合 て つ 重 圧 市 重 ス 海 弱
座 って 通 ヒ 投 失 ぼ 応 い 出 開 都 を 結 リ キ 乏
百 化 ヒ 投 乏 や 無 ノ 休 さ 市 選 所 ド 砂 ニ っ
ぽ む ぐ 残 サ ニ ぼ イ ろ 出 会 択 日 の ソ 金 写
暫 能 再 狙 所 ク ろ チ ょ イ っ チ の ソ 精 百 室
も 開 重 で ょ 弱 登 リ テ ゴ の 会 ソ 会 金 き ひ
読 重 で ょ 弱 圧 れ ヒ ゴ ろ 熱 心 な 会 でも ない
だ ぎ 会 社 ク 圧 れ 熱 心 な
```

コート
キリンの
でもない
腐っ
可能
座って
スペルの
思い出さ
熱心な
イチゴの
センチピード
前方
残し
含め
都市を
休日の
選択する
何か
に失敗
おじいちゃんの

# Puzzle 164

、キャベツ
サングラス
私達の
積極的な
アラート
アセンブリ
ストリート
更新
、年齢・
、グランド
軍隊
手配
のボイド
クジラ
アトミック
ナツメグ
オートバイ
幸運
ライブラリ
トラム

```
ラ む ニ コ ま ホ 多 更 ク 芸 ・ 齢 年 、 辞 ハ む
イ で っ 登 ふ 暫 新 オ ト バ キ ス 解 で
ブ ツ ど チ 側 ク ス ラ サ ラ イ ゅ ト ぎ ツ ル
ラ ニ サ 私 育 ヒ ジ 囚 ン ヌ ス ベ リ 何 ル
リ 所 ン セ ア ぐ 幸 解 ア ヒ ダ ヒ ー 退 ひ
能 安 セ ト ぐ 場 運 ア チ ト ラ ア ト 軍 隊
芸 ベ 退 達 の 結 ひ だ ト ー ぎ ニ ょ サ
ぼ ブ 私 歩 ニ だ 話 モ む し 京 ホ せ 嶋
写 方 側 ん ゃ 出 ス 積 ャ な ッ 話 コ だ ハ
ハ 結 向 ぐ 弱 権 ス 極 で ク 選 ン 応
ト ス 故 乏 論 つ 権 場 的 で 百 お ド ふ
手 何 リ 投 ナ 弱 つ し 金 き む 芸 れ い 画
ラ 故 つ 多 本 応 メ 室 ま 私 写 開 く 読
ハ ト 配 安 ノ リ ト だ 応 狙 能 ヱ 京 ヌ
ト リ ゅ 出 応 選 せ も 解 歩 本 再 ホ エ ツ 海 出 や
```

# Puzzle 165

```
飛 ダ ウ ン の 圧 囚 ょ 誕 解 だ 支 コ ニ ざ ひ っ 場
行 っ ス 故 愛 テ 選 じ 生 ま だ 配 話 阪 ぼ 弱 出 結
機 意 退 摘 海 ニ れ も 暫 で の 的 は し れ 応 報
を で 化 砂 暫 リ ニ 意 意 ヒ 母 な ぼ ょ ろ 側 通 憎
意 ど 何 応 海 ニ 会 っ 会 ヌ 叔 し し ひ サ 通 し
解 ま 含 ボ 理 ス 理 京 に も か 投 わ ら リ 精 み
ド カ ま ク 無 会 論 つ ヒ か や 場 ろ ず 論 権 を
砂 糖 ろ シ ひ 理 京 何 ル や 場 登 ひ 本 精 や ド
投 ろ ニ ン ざ つ 解 権 解 ふ 登 場 べ 妊 論 ノ ン
せ 結 ノ グ ヌ ひ 何 出 会 ど お 会 再 読 権 ル ド
芸 育 阪 狙 ヌ 権 論 ゅ 論 い 合 し お 精 や ロ
有 料 汚 ヱ せ テ ゅ ベ ぽ く 読 画 能 ー ッ
べ 安 れ べ む れ 論 側 再 阪 海 だ く ル プ
海 エ を 遠 く 京 権 セ 側 海 出 話 摘 リ 然
ニ ニ サ ニ 室 意 阪 ヌ 重 出 ニ ゅ プ
```

飛行機を
スティール
含ま
スプリング
にもかかわらず、
ドングリ
砂糖
話は
汚れを
遠く
憎しみを
誕生の
支配的な
ドロップ
理論
ボクシング
ひどい
有料
叔母の
ダウンの

# Puzzle 166

参加者の
もの
雪玉
チェア
カンガルー
アドバイスを
ウエスト
三角
子犬
取引
トランク
一致する
アタック
ものを
の植物
と思います
スポーツは、
撮影
明らかに
失望

```
っ 三 角 化 摘 ぐ 意 ウ チ 会 加 ぐ 嶋 多 安 場 妊
モ 会 報 進 暫 無 ひ ぼ エ 読 阪 テ れ せ む 芸 ト 暫 ク
お だ 百 も ト 応 ホ ク 所 ド や 登 狙 ラ 本
再 精 れ せ に 通 囚 ス 選 方 ニ 応 場 ぎ ン ル
写 囚 ゃ れ 加 ぎ 愛 会 再 精 囚 合 ぎ ェ ク ぼ
む ニ 能 狙 阪 お て て 圧 チ を れ 私 犬
べ チ 投 ヱ 撮 べ 向 ハ 精 せ ソ の ク 乏 応
出 て 退 投 影 き 結 レ 嶋 投 も 安 ア 出
圧 覧 囚 ス 室 育 ヱ ぎ バ 参 ト ぼ 子 ス 失
だ の 植 砂 金 精 だ て イ 加 一 す ポ 望
投 取 話 物 て モ ニ ス 者 致 る ー 選
海 ら 引 と お 歩 嶋 参 の か ツ ト
セ チ 写 思 私 ク だ 会 画 明 百 合 は
エ ヒ 海 い 妊 登 モ や カ 覧 金 に 、
ど ま ぼ す ぎ 弱 だ 意 阪 雪 玉 ハ ん じ
```

# Puzzle 167

ラ 応 エ ょ ま ぎ れ 嶋 ノ も モ っ だ 加 登 ド て
ド ラ グ ワ ー ズ 登 ト ひ 阪 レ ろ む 育 せ ソ 社 金
摘 私 登 サ 安 じ ぼ チ ン ぎ 砂 私 金 れ む 多 ぎ
本 ま ふ だ ゃ 育 条 ン ぎ 出 承 金 れ ど や ヱ 、
チ っ ト ゃ き し 件 阪 せ つ 解 む 愛 ひ や ヱ 写
登 本 歩 知 ょ 阪 出 せ チ 解 叔 父 は 、 精 砂 所
登 簡 然 の す べ て の 圧 弱 ド 本 写 ヱ 権 お
室 も じ 室 ム ゴ 何 予 測 き 進 ハ 手 の ス ヌ 本
も じ ま 解 フ リ し 話 覧 だ カ 合 解 か ん ヌ 無
フ ェ ン ス 通 重 ぼ カ 合 解

ドラグワーズ
カナリア
簡単な
フェンス
手の
論文の
予測
おそらく
ます
シーン
叔父は、
複雑な
のすべての
承認
消しゴムの
アプローチ
ヒキガエル
意見の
条件
知ら

# Puzzle 168

があり
シネマ
慎重な
焼く
、パスの
輸送
罰する
ありがたいことに
どこでも
ネイティブ
従業員は
するものと
証拠は
栄養素
明確な
スロー
種を
的地理
医学
支出

輸 送 ス 報 サ 明 確 な 社 エ ヌ 社 だ 報 ゃ 嶋 ど
チ 、 摘 医 学 ハ 権 く ク セ 出 ひ サ 砂 狙 こ
種 パ 慎 リ 狙 写 支 出 加 ヌ れ 結 サ ニ ツ で
を ス 重 ノ ク ぽ ふ 弱 私 れ じ ま 芸 歩 ツ も
カ の な 囚 サ 写 む 妊 ヌ ゃ っ 的 無 向
加 解 べ ヒ 化 ろ つ チ 権 ラ 画 社 ろ ヒ
サ 応 ク 百 ヌ 重 ラ 故 ノ 話 写 ソ 退 地 れ
ク 焼 く 栄 方 写 本 乏 ぼ 側 ぎ 無 圧 っ
ぎ サ 権 養 囚 っ 弱 ラ 場 狙 嶋 然 私
室 海 権 素 通 京 証 あ 然 ょ 私 辞 応 で ざ
ど 百 京 ト 進 拠 ん だ り 画 海 マ ひ ブ
カ ふ 投 ラ 話 京 は 員 従 ネ し し
ぼ 進 っ く 再 ざ 罰 ぐ 再 シ 報 乏
ト 覧 リ 室 百 と す る お 進 社 す
カ 辞 ド 室 百 ス ロ ー る あ り が た い こ と に

# Puzzle 169

ヱ報辞覧ク出ニ削除を駐常ょ場だ声所
重むモ囚ニまれ加百くぐっリ社レを出き
クト向無くむに無さいド主要ゅド画室だひじ通エれ
参照して会写っ再チゃ応解示側話買て化
所む加国民池多グサて砂論部嶋登論覧買て
ふつらら池愛ヌプレて論門嶋ぼト愛しュ論
意し退ぎゃぽヌレグざ投登トデジュ場側ニキ本阪
狙辞進向しカトムべ多暫登トレンチヌ投告白
ト海弱摘おモ阪嶋ラロプざ多登トス合ヌ場し
話弱嶋っおひ弱所も多ざ投デイジーチヌ投告白をスく
ん会人でひひ摘化合デホツっ出本阪ヒれし
一会だおモ所阪嶋合通デジー告白をスく
解人サソヌ嶋投合化投デホッと出白をスくし
サスヌど選れ摘化通ツっ出力をスくし

**Word list**

契約  
キー  
参照してください  
つらら  
削除を  
示しています  
国民の  
買っ  
主要な  
池の  
デイジー  
ベッド  
ペイント  
声を出し  
歓迎を  
一人で  
部門  
告白を  
プログラムの  
常駐を

# Puzzle 170

ヌ乏化重ょべだぎょ育ノ代阪ラぽ場狙
芸で無開専重ゅま所読辞替ヌ安ド乏海ぐ
阪く果ぎ門たひのひ読辞解結社結ラぽひ
暫モ結報はひかっ家塗進ぼぼ結社応本ぎ
ラリ精圧レエ会私海話料愛ほお私摘場ょ
モ日確化ルクだ私モピ狙百お私犬何私だ
リ明やコ写込阪論テ京狙画金ヌ恩赦ろだと
ホ加書コ写込被害ニク育読結愛投ろ場思
加書き百害込報ろや害再投愛投何私規う失
書価込っコ格っ選合室ホベ合レ能私るゃ

**Word list**

塗料  
代替  
明確化  
だと思う  
まだ  
コイン  
専門家の  
を失う  
ピル  
たかっ  
日時計  
結果は  
価格  
定規は  
犬の  
恩赦  
なくなっ  
書き込み  
ほぼ  
被害者

# Puzzle 171

```
チ 芸 術 ひ ク シ 登 ま の レ 鍬 っ 所 や 愛 側 リ
モ て カ 社 ー 向 ひ 伝 を 電 コ 応 ぎ ハ 能 ん カ
ぎ ヌ 合 会 レ ざ ホ 開 統 阪 開 結 ま ひ 室 選 ん
も 嶋 ス ニ フ で テ 室 私 的 つ な お ま 合 摘 選
得 て ソ や ノ ー ヱ 投 能 重 な ど 論 ひ 芸 ニ ッ
報 通 ス 多 ー テ 画 ク 化 投 じ ひ 覧 れ 化 く ひ
圧 学 ル じ ひ 退 風 で 囚 ハ れ 変 位 コ 進 快 乏
故 生 じ ふ も 再 囚 船 無 意 然 カ ろ ホ ぐ 適 摘
し 辞 ふ ょ ホ 無 エ 意 阪 ド 海 ろ 権 ニ ハ ニ く
報 行 大 ホ 写 安 ス 然 ル 場 権 摘 辞 安 テ 側 適
向 大 ベ 声 然 育 無 カ 何 ハ ろ 登 退 を 編
画 登 ゃ 選 場 ぎ 精 開 化 権 っ 囚 摘 を
ヌ ざ 然 場 クツ 京 エト 写 意 加 ひ 辞 応 向 囚
ス ょ き ス 京 エ ト 権 故 っ ひ 辞 応 向 囚
```

## 171 ワードリスト
スニフ
学生
電を
の伝統的な
スノーフレーク
ミル
ハンドル
シャンプー
編を
快適
大声
ソース
芸術
ティーチ
鍬を
変位
社会
風船
行い
得て

# Puzzle 172

## 172 ワードリスト
竜が
屋外で
の親の
影響
ノイズ
魅力
時の
機関
座っ
特定
アクティブ
管理を
独立
オプションの
上記
キス
洞窟
セットを
ダイジェスト
知識を

```
て 圧 砂 む く 影 摘 能 金 や ど カ 阪 魅 上 京
ラ ト の の 妊 屋 響 し ド 然 ニ 独 力 力 ぼ 記
ト ス 親 ク ふ 外 セ ト を 座 立 を ょ 通 ラ
覧 ェ ど だ 出 機 で ソ ク 識 管 多 ぎ で コ
ヌ ジ ホ っ ア 関 芸 ク 知 理 通 ョ む の
ノ イ 何 ド キ む ソ 囚 本 オ ひ シ ニ 開
海 ダ ょ 洞 テ ス 時 圧 モ 場 ド ョ 室 ひ
能 ホ ど 窟 ア ィ レ の 歩 ふ 精 百 ン む れ
ぎ ど 金 ブ 愛 退 竜 応 ヒ ぼ ト む ク ス
ん 論 歩 本 応 向 が 暫 加 ト ん セ 育 京 ヱ
リ ト 囚 妊 愛 ト サ ろ 私 妊 阪 ト じ テ っ
ぽ ヌ ぎ 私 合 特 ド ス 画 私 本 精 だ 進 で
ぎ 無 ヱ ク ぎ 定 ス 歩 故 砂 方 摘 ろ ハ 狙
ニ ク 圧 辞 ニ 百 特 ツ れ ホ だ 京 ハ ド ゃ
し ル 辞 加 歩 歩 意 ス 報 だ 方 権 ド せ 辞
ド 弱 ぽ 出 育 サ 写 砂 安 ス ヒ 安 カ
```

# Puzzle 173

洗浄
不注意な
貢献
マイグレーション・
ヘロン
カー
原因
ボックス
範囲を
ことができる
会社の
深刻
ペットの
スタンプ
存続
心臓
スクーター
国家
帽子の
楽しむ

# Puzzle 174

可能な
夏の
ライオンの
覚え
ゼリー
捧げる
見え
小麦
輸入
証明する
現在
インデックス
方向
対象
ゲーム
休憩
バタフライ
バナナ
エージェント
エンド

# Puzzle 175

ニク他ツ嶋ド論て百芸何ニ画せしれ開
ケリょ人私妊能ひふぼ応テふセっ読
ーーカ合に妊海出て方故報ヌふ登みり取
スムれ確海狙意で編集再カバくッニジ歩
平和乏明まソ妊ハ開結方、故ソッ比ソート
しゅ何所画ニ乏読登然ニ風の出だょ摘論
つ退摘開ソドて海テひ狙の覧ふ摘較じト
ス退ふ出しヒ方先生のノ弱れてしまった阪
ソ引き出ざニ教んぎひ忘れてしまったも波
ょも安ャフ金授コリク品質妊スリホエべ
乏っスォ異なるつひお会ホ側場方ヒヌ波のぎ
応精チーカ圧ひお合加ぐべニ阪登金の愛能
阪権ソルス圧応暫場再ツソ意圧登愛ぎ
セソルス圧圧応暫場再ツソ意圧登愛能

忘れてしまった
波の
比較
バッジ
平和
読み取りに
スチール
異なる
編集
ソート
、風の
ケース
他人に
品質
フォーカス
明確に
引き出し
クリーム
先生の
教授

# Puzzle 176

右の
発言
についての
の夢の
反対
の好きな
キュウリを
新聞
コンテンツ
オオヤマネコ
ファーム
位置が
感謝し
柔軟な
復帰
親愛なる
テープ
アプローチを
弁護士を
シーケンス

おせ登っざ位狙チ画ツぎょホ精セまレ場だド登
っハ育おろ置無能つ通覧弱狙て金っ論選言コト親愛なる出
ょアぽ育京だ室ニしスまヌッ合論選故何の結ニ故き
ルっプ歩クチ論登感しょ百てツ発言ヤニ開出カ退ニヒ
ノ圧弁で無ムー歩乏新帰復オ辞乏マニぐ好カ退重
解弁護登フ然一ヌ聞砂オセ軟ヤせ私二開摘化
スク退士を右れチニ向をツテン結ぽウ無を向報摘
ゅ応テープ然のせ再論やざヌスキ反対会むノをょ向報化
テープ化合摘ひトきくく論や弱レヌ場登投何だるまヒ化
化芸リヲとクスレニ阪意ツ応場スベヌラひセ

# Puzzle 177

圧納新方ょ実然覧ぼキウサギはぎ乏ろ
ホ屋登鮮い行行ひゃ海ょしハソだヒ応
百能ま早囚ょ為ニ写私故覧投何乏だで
せ室無じ愛れの様ィ愛足合妊や読故ス
テふクだ会ス愛同カ合何方化やドひ土
情報テノ退登ふ覧ト然ふ精くチビレ地
京嶋ノー合無覧ヌつゅチれバヒだ然の
ウエスタン解っ場愛でコ百登側報ぼや
ゅササン登本意社故ま選会方ょませる
せ合読モ進だ何だぎぽ辞側だっ私応投
写所ぼトヌ食だッ加多ノ何金暫金チ
ツ結社ドリ通金海るラト精ド何側金
ラ社ぐ愛ハだぐ百権リ化テ百私
重解だ愛話だぐ権リ化テ金

土地の
納屋
行為の
だけで
ウエスタン
足が
早い
食品
ウサギは
キャンディ
採用
新鮮
情報
レビュー
同様の
モンスター
実行
チーズ
バッチ
形式

# Puzzle 178

は決して
苦しみ
人は
押下
クロック
スタイル
動き
世紀には
最も幸せな
グレー
エキスパート
自分を
彼女の
ガチョウを
祖母
に自信
終了し
、大人を
いる
ディプロマ

ょツ登終デ社テだじき読乏故選レれリ
ぎラ選了ィ自セセ報ヒ通ヌ応しゃ意加
権乏スしプ分でま愛き動き向てド意然
コ本ス工ロ祖ひ場トっ弱しドしょ読合
ゃ世もニマ母百ノ会阪育も再ラ読ホ
ぎ紀精何退摘ノキ嶋応向歩ホ自海場
嶋に圧乏っ無場ス最弱スや信場暫
場は本ク無ロをパ幸無タ何安せノ
いガチ通ッ結ろ、せ再イ彼応ラ弱
場海セ再でジ出大なル女押ノニ
テ加グレ歩多ホ人嶋辞押下じ
グ側ヱむ側だセ投故辞権む無つ
ヱ側だホ故応阪無っ権べ
まくひスス所出応阪

# Puzzle 179

っゅホき芸ざぐニに式正所変ひト登育
防ぐハ能モヒト空囚画囚画更っサ愛弱
ベ能砂の城別個登投臭本オニジノまを
スれ弱然はざノ子リ加せい場ソノトトヌ
リー然、子ニの論投女ひ場本ソ論ヌコ
るロふ通・だ妊もくひ歩本表ニ精出レ
安グ通論摘ざ読エぎほ読ホ面会愛むむ安
暫てホ論ホ摘てな重つ嶋ぽ会宗登セ論
本ホ通論摘会本歩分つ室教乏ドコ開
パイナップルぎ分十会ひ室多ぽ的な愛
解解ぽス愛無るん十読暫写じおなぽむ
圧育ん愛無叫びれせはまコホぼ安の
モ重七の叫セクれせは阪囚応セ定規る
応お妊セクれ多ぎェサ故ニむ出ド妊
百む無ん多ぎェサ故ニぎ出合セドニ

女の子は、
は、
七の
コートを
に空
宗教的な
防ぐ
スープ・
表面
パイナップル
オブジェクトを
グロー
砂の城は、
定規の
臭い
変更
、十分な
個別の
正式に
叫びは、

# Puzzle 180

忙しい
量の
からの
跳んだ
売り手
北極
注ぐ
マネー
表示される
態度
複雑
な性質を
膨大
川の
丁寧な
フィクション
かわいい
ています
陸上競技
頻繁に

頻丁寧なマむ嶋圧むんま選ぎ妊クニて
繁嶋会てネ報ょ金開ホエれ芸愛ぎょ画化
にに向精ーチ金暫ニ登投ざひて母会狙
室ざひ海ま所チせ阪選覧ぐ摘権愛複社
所トテお何妊売りろ手陸サ百ソ砂雑
乏海狙ひ化ひろ解私上ら写まラ百膨
表示さ化るしべ競ンだ写だ話大
合会れ場だ読ヌ合技サテだ安ゅ場
クチ進ょ合だ私おリひ安い工
ぼぼ私だ歩ヌ摘トひだ忙ッ意
側精話ヌ進じ側画せ本っぷょ
芸場川ぐ愛会画ヌかわ辞を
ざ然のじゃ狙選わいい愛
安重砂ぽニおン多いな写
嶋むかンぽ権ぎ暫極北度結弱

# Puzzle 181

芸 ク カ 妊 だ 投 む じ 嶋 側 ホ ぎ べ れ 室 テ リ
サ 故 ぼ テ め 金 て 暫 応 ト ぽ ょ も 場 進 故 ぎ
海 何 の 場 買 選 っ 摘 読 ひ ス コ 化 む 故 ぎ ト
ヒ ま 分 買 っ チ セ ひ 気 れ コ ニ 社 ニ 覧 や 開
ハ 京 自 ハ 狙 し ル ん 病 弱 加 無 故 ぎ ふ ス 写
ひ 側 エ 京 弱 育 ヒ を 所 病 ズ 方 乏 権 テ エ 覧
育 京 多 ク シ コ 選 な 戦 サ エ お 重 て ッ ニ ふ
愛 圧 ク 育 ま プ 故 ざ 通 イ は 歩 い テ コ テ ス
再 開 ま 海 登 ニ む べ ハ ど 空 側 操 だ ラ 海 ェ
趣 応 く 通 ク ッ レ 精 る 本 洞 ラ 作 む っ ラ ニ
だ 味 何 レ ク ツ ロ だ 暫 サ の ざ む ひ コ っ テ
再 何 の カ ッ ピ ニ 無 開 摘 王 私 だ 海 海
製 品 の ト ー ョ シ 視 社 室 冠 乏 意 退 読 写
ょ ふ 応 権 側 多 意 ひ っ だ 妊 精 ょ や

サイズ
視力
製品の
プルを
いった
自分の
クッカー
シンプルな
ショート
王冠の
空洞
トピック
戦略は
ため
病気
ロック
趣味
操作
重い
の買い

# Puzzle 182

育 向 撤 っ テ ノ 無 せ ま だ る リ 通 ぐ ソ ニ ぎ
暫 ニ 圧 回 歯 粉 の 加 む 報 ひ ぎ 場 退 進
能 ノ ょ ヌ 磨 む 馬 で ヒ 開 ク ひ 側 ラ じ む
退 ニ 摘 出 ヒ ウ 方 き セ 育 つ 覧 故 ド ゅ
ル 乏 摘 ヌ 故 ト 私 所 金 ヌ 解 惑 星 海 狙 ア
暫 チ 社 論 結 登 ヒ ょ テ リ ゲ 側 星 ヌ 向 く
論 ょ 投 場 選 だ 発 ま ン ノ カ 弱 レ 然 ハ 写
安 っ で ぶ う 砂 ち ま ッ 重 弱 料 理 を
カ カ 個 側 ド 愛 も ん 精 砂 ト 安 故 合 ひ
意 ゅ 人 ハ 配 布 す き 報 ぎ 百 き ぎ せ ル
精 ん は 無 暫 ぎ る き ェ 砂 ょ 覧 故 っ ニ ノ
登 室 ス 化 ぎ 暫 砂 無 主 チ 登 ひ 開 た 摘 れ
安 話 弱 入 む ソ く き 張 故 嶋 ま 室 ら 百 ま
ゅ せ 選 れ だ 然 然 つ む 海 権 百 ぎ 安 何 側

選ぶ
うち
カブトムシ
トカゲ
個人は
カーテン
まま
配布する
主張
入力は
馬の
惑星
歯磨き粉の
発揮
ヒョウ
弱い
料理を
ドア
ノット
撤回

# Puzzle 183

乏 精 権 て も ツ 愛 乏 読 も ホ て ニ し き 能 再
ざ 妊 退 無 奮 ト ひ 覧 海 条 ソ 室 辞 妊 方 ー て
ド 退 レ 選 エ っ で 結 リ 件 リ 激 合 能 嶋 メ 進
所 ド ざ 妊 場 雑 っ の 向 ス ー 側 怒 れ ア ン ド
解 む 育 き だ 誌 き の 解 リ ケ フ ィ ア 私 先 コ
ゃ 育 じ む ょ 読 ん ス コ ー ス ビ ッ 余 裕 が る
れ じ ク 安 辞 安 向 シ ェ ル 算 室 ッ ま が 会 覧
ゅ ク む 暫 辞 安 然 ヌ く ニ リ セ 愛 百 ぎ 私 進
手 続 き の 社 ヘ 暫 計 合 れ 意 通 話 ょ 圧 囚 解
ふ 合 方 ネ ル 開 で だ れ ま 海 は ざ 摘 能 百 所
き 応 海 意 テ 開 で だ 合 通 は ざ 摘 能 囚 私 進
応 市 意 登 ヘ む を ヱ ク ト
市 民 の プ ロ ジ ェ ク ト

**Words:**
- ケフィア
- シェル
- モーメント
- 余裕が
- 激怒
- 市民の
- 興奮
- 手続きの
- 雑誌の
- ネギを
- ノート
- サービス
- ミックス
- 計算
- あること
- プロジェクトは
- 連絡先
- 条件が
- ヘルプ
- リリース

# Puzzle 184

**Words:**
- 、経済
- の経路
- 停止して
- 話して
- オープナー
- エルフ
- 服は
- ブリード
- 花の
- 植物
- 狩猟
- スツール
- 別れの
- 、過去
- ペース
- パン
- 説得
- 健康
- 教え
- ガラス

意 ゅ ノ 芸 読 エ 出 ソ や セ 再 ぼ 方 狩 精 出 だ
の 経 路 健 ま ル ヱ 話 、 過 去 意 べ 猟 ひ ヒ ょ
れ 摘 圧 康 パ フ 通 ヌ し 退 や ハ 無 れ ク 摘 何
別 ソ 説 得 ン 室 金 教 解 て オ ド ナ ス 圧 安 百
ふ ニ 出 乏 ホ ク で え ブ し ー ぽ ー ニ 安 退 無
ゃ っ 妊 故 多 ル 開 停 リ て ブ れ ス ろ 圧 し 側
お や 進 ラ せ ド く 然 止 何 リ ふ ニ ひ 愛 圧 百
ゅ 能 応 る ク ド ガ せ も ー ラ 登 ろ し ニ 花 べ
れ 権 ス 出 登 む ラ コ 会 化 応 つ 海 の 重
し 何 ぼ 出 応 暫 コ 合 ス ク る 方 チ 開 安 側 っ
ん 育 ふ 何 化 安 加 ク ュ っ 向 じ ょ お 開
私 や ル ツ だ ヌ ひ ョ 精 妊 ド 進 安 ぎ 囚
服 は 故 ぼ 安 、 室 報 ま む 故 育 多 ニ ハ
安 ろ 狙 カ 済 ひ 開 ヒ 所 ニ ラ

# Puzzle 185

```
ふ む 金 ト じ 応 砂 精 私 ぎ 乏 ク 百 モ ス 場 む
ろ コ お ヒ 化 芸 京 ざ 化 私 ニ レ ト ヨ イ ホ 囚
チ ェ 場 ッ ー コ 場 や 調 報 め る ン ク ン 報 る
ホ 写 ス ク ぐ 解 狙 フ ホ ふ 生 ま 進 ノ 故 エ て
阪 ス フ ィ ト 場 ま お ニ 評 良 つ 権 少 せ ッ レ
き 調 理 ー ッ 歩 向 応 意 愛 決 登 重 読 ス ガ ヒ
リ 海 ニ ド ネ ル ィ 応 社 ぎ 登 エ ま 辞 選 室 ン
投 ツ の ド ル ー 囚 ド ん だ 選 能 重 私 方 コ リ
エ 選 一 囚 ぽ 方 脅 精 論 安 ト ぽ ハ ソ 方
っ 増 唯 加 結 セ を 威 応 京 登 安 ト 阪 論 暫 っ
る カ ビ ー チ の も 乏 ぎ ん 化 砂 お 何 百 ふ
読 登 ぽ も 乏 ぎ ん 化 砂 お 何 百 登 百 に せ
然 向 ヌ 話 ん 何 ぽ ハ る 登 向 ノ ル ニ せ 歩 ソ
```

調理
少ない
アカウントを
良い
ガンダー
生まれ
調べる
ビーチの
ハーフ
唯一の
ステイ
チェック
フィードの
増加
クレヨン
評決
ネットワーク
脅威を
進める
フィールドの

# Puzzle 186

ビール
コンパクト
バレンタイン
月面
女性
後に
のカラフルな
許し
強い
歌う
ものの
発生
優しく
セクション
巨大な
ストア
した後
石鹸
濃縮
デューティ

```
カ 暫 選 優 多 嶋 ス 加 ニ 百 だ 妊 所 側 ヌ 安
や ソ サ 読 し や 多 場 故 圧 登 ハ 場 嶋 ノ 歌
き 摘 狙 場 く 通 本 発 生 ど ば 場 論 多 投 う
だ 摘 囚 開 ハ 開 会 安 ゅ 合 る 石 進 妊 ざ
月 面 歩 応 場 故 エ 嶋 っ 然 鹸 カ ょ 圧
囚 辞 も ひ 安 退 ざ っ く 女 京 投 ひ 投
デ ュ モ ス 妊 ス ア む 濃 論 ん 応 む 進
出 歩 バ ー ョ ト 許 縮 加 ろ だ 権
の の ス 無 ン ア し ヒ 女 せ 故 阪 芸
カ 応 登 ン シ 嶋 ぼ 論 も リ 登 ノ
ラ 出 ベ チ ク 会 摘 加 解 出 た 方
フ チ 無 ベ セ パ ト 通 退 投 ホ し
ル ー ビ 強 ヌ 京 権 チ ク ヌ 社 も
な 大 巨 い ひ べ れ む 応 二 本 だ ソ 投
砂 ド ろ 精 弱 金 ひ 何 ひ 能 だ 写
```

# Puzzle 187

```
む ル 便 結 タ ま ど 再 っ 狙 ぐ 私 意 故 砂 少 ふ
芸 ニ 利 ク ッ ヌ 妊 っ 会 多 ヒ 重 せ 向 嶋 乏 再 数
海 岸 な 室 チ 釣 り は 京 海 応 や ど に 従 て 精 ク
ニ ぐ 百 能 を ま 京 重 セ モ れ 百 ノ ク っ し ヒ ぽ
ゴ ー ス ト し ひ 所 再 方 辞 む カ ギ リ ク 投 ス る
ま ニ 方 京 も ふ 解 ソ 再 所 サ ウ ヌ リ 方 む ド 圧 ひ
結 阪 ふ じ 向 も ソ 解 命 再 所 ン ー ル 出 せ ろ ド 側
覧 登 デ ィ ラ 任 命 弱 ル 何 の ン ド 登 砂 の 足 棚
登 さ ィ レ 略 語 始 ル 語 謎 で ・ 読 室 チ っ て 愛 画
サ ニ ク タ 開 始 め ニ 妊 ょ ラ ぼ 登 弱 選 読 や 重 砂
社 場 私 ー 解 る 妊 レ ふ ラ ぼ エ 無 応 権 歩 華 な ニ
向 話 ニ 室 意 レ ふ 出 ゃ 百 能 権 圧 麗 ひ む
```

ギュッ
ゴースト
タッチをし
に従って
バルーン
釣りは
任命
華麗な
謎の
の足
方向ディレクター
略語
シナリオ
少数
食器棚
始める
貴族の
便利な
海岸

# Puzzle 188

午後
ブレーク
王子
睡眠
の入り口
重量
技術
狭い
テントウムシ
ニュース
の下に
明らかにする
不思議に思う
信号
無意味な
している
学生の
が存在
検討し
カニ

```
で 安 ま 側 ヒ エ ヌ ど ぐ 午 場 ぽ く ヌ ソ 百 重
論 っ く 化 再 モ 解 ぎ エ 後 て ソ ぽ カ カ お 妊
ス 登 ぎ 場 検 れ 多 ヌ 狙 だ ク 愛 権 妊 ニ も や
せ 進 睡 場 討 写 ク 私 テ ト 報 権 登 シ っ 合 コ
ぐ ぎ ス 眠 し 結 ぽ 嶋 ン ど 会 ウ 読 然 ん ぎ
せ 会 ル 摘 論 ょ コ 重 ト や 投 会 愛 暫 砂 圧
会 意 話 れ の 入 り ス 無 べ 多 暫 通 し 摘 報 っ
安 方 レ っ 論 ひ セ 百 芸 何 報 ソ サ 暫 ヌ 安
ふ 場 ク ホ 会 生 の だ 本 通 ニ コ せ 無 意
ニ ュ ー ス 学 で ぎ し 芸 出 ょ エ が 存 在 読
サ 写 レ ブ 技 テ の 不 い く 権 サ 報 信 論 で 私
結 ぼ 量 結 術 の 下 思 狭 る す に 写 明 号 ぐ 選
重 量 れ 何 ひ 論 て れ 不 トツ ゃ 思 だ ま
ヱ 海 王 子 重 二 通 出 ホ ぽ 応 百 結 登 妊 安
```

# Puzzle 189

ょク権テぽき赤むま論じる進何摘重ひ
曇権限をくクちファミリー不て選ニカ
嶋り多何報囚せやもやを奪定金論精
ドレスん京人ひ阪ちをふ狙定妊加レ
リ阪ぼ室友囚がの化ろソく写員会出画
論御加室ひ囚おろ弱れ合員妊ひュ故愛海
御解馳能意重ニセだ退室きみ二進ヒ
解テ走ぽ重ニ写場応歩ナヱ弱もっに
テフサ育っク覧向じドニー摘ラむまつ進
フェスカ海せチま進利再、レだクラ私ネお
ェンスひろまム能可用ニょク応だラ論イ京
ンスをな能画ろニょク応だクラ論ざソ登

---

赤ちゃんの
フェンスを
はさみ
もつれ
、再利用可能なを
ファミリー
探索
ネイル
委員会
御馳走
ドレス
友人が
を奪う
不安定
避難
曇り
ナレーター
レター
もちろんの
権限を

---

# Puzzle 190

資本
すべての
、すでに
貸します
リーク
回復が
ジャケット
方法
分子の
観察し
雪の
ガチョウ
ゼブラ
プレイ
ヘビ
リスト
満たす
望遠鏡
脂肪
選んだ

---

圧辞きハ画百読登解ひだ観でゅぽょ社
脂ょプレイゃゅひ進ヌ乏察だュまし覧報所弱画
肪登金だ暫多ガチ会しドサろ論覧結本
セド室ま場ざョヌぎゃ何話ツ無リス室すひく弱
応多ょ私育投ル、回復がコ通乏ジすべて
コラ読故ヌざ室報囚室妊ぶんだき加てのや
セ望向方社ゼリーくしべ選退っ阪雪
っや遠出法ゼリ嶋ぐひ貸所育再ざ
る圧ふ鏡っブラお然ょ側権意愛投本室
つし安れぎスだ通ヒ満ヌ覧読砂
るりハ開弱ょ狙結分覧ざ歩芸
ひひ辞金資化れ応す子読私ひ能お
写投ぐニま本会乏ヘビだ多会登安砂歩

# Puzzle 191

少クラッシュ支多一乏孤問狙き芸ドサぎ
な育応開能意援応だ緒立海うべ方レヒー
くりし合写トざく送レ延気っひノーザノ
と参ませヱ解ざべ登らだ期にブや選圧旅ざ
も照無狙だ圧レ退るじ室入ラノ乏行砂一
れぎセコ話レホ社やだ愛むンス登砂再京
ラひ論つひ開ぎ私百やゅヌスべる再やニ
乏歩論意論エ圧エ権ょっ百ベトドや安し
て保でポッ再多サ百ったっトチツ安いよ
お持ざサト進応ト能レニ然ッニるい故う
ハ勧じヌ報安何金話エ脚重投で読と歩
ぽめひ重意場だ解テ話場精場乏結ノク
エむし下の人くだソ進話ニぎノ結ょ
ニひも海摘ゃす応能応テ無脚解投場二
クヌ権摘ぽ本ひじ、脚解場二

お勧めします
安い
一緒に
下の
保持
支援
気に入った
送ら
ポット
しようと
ブラザー
参照
延期
問う
少なくとも
クラッシュ
旅行
人の、脚
孤立

# Puzzle 192

唐辛子を
正確な
する非難
コール
店の
停止
正確に
トマト
識別する
謙虚な
サンドキャッスル
と呼ばれる
部分の
古代
拒否
遠い
パセリ
カリフラワー
俳優
驚異的な

ぎ育応多ニュふぽク嶋ニと呼ばれる嶋テリベ投ょッベト圧く登レ暫
歩阪暫ヱぼレど正唐子を部読っ画セ登再ホ狙向百ル圧く登レ暫
重テソぼ登ろふソ正確場ゃふ分砂パ画権ヌど向ツーワラフリカク
っ登ひっ嶋まヒ進確故な能停の通何阪れコッ合妊登き海ぎヌ
通スカ応登ぐだ愛囚に虚止謙阪ス向側俳解ま合妊登き海ぎヌ
や報加じのだ阪応砂謙ヱニ優ル重社だ圧ぐ海ぎヌ
せ愛ぽまひのホギ開何方二俳社意トぐ
登育化拒退ひホ砂何ャッス精応ト圧向本辞
方ひ遠否サンドト投キャッス精難意ト退辞ぎ
方加いむぎトベするす難応暫退辞ぎヌ
もぎるコ圧辞古嶋別すんト暫退辞
無開ぎぼツモ代開ホ別ぐ向本
歩京狙れく故識会暫退辞ぎ

# Puzzle 193

カ向ン囚を本何嶋育、合ま百タし無れ権向社ょ
ク弱チリ通まだルソ応頭イト重ひ読ょ読ひエ
トラッじて覧合モ結のカャの通読ひソ再
本ょキ金ホ読画ヌ砂クトる金ツリポヒ無進ひスヌ
ヒ当精にち安百っ食故化多ひーズモ無注応場
囚多応暫とソリおだしるひ解愛ワ海応囚ホひ
精リひぽ写覧ぎフ意期待妊ゼロソまヌ故ぽ
会解育化歩ノ重同ゆょじ砂能応然
ぐ育無ゅ専門室合べ進ヌス京本
化つ嶋の読ひや合べ辞然退能応写何然
歩む重ュ読応阪能ヌ合ふ退ヌス故合ぽ
報ニしラ阪応能ヌ合ふ辞然退ヌス故写何然

キッチン
トラック
タイトル
食べる
本当に
ゼロ
期待
注意
オフ
、マウスの
サッカー
百頭の
専門の
カワウソ
ちょっと
解決
同じ
スポーツの
シリーズは
を通じて

# Puzzle 194

緩やかな
尊重
物語
自身が
独立性を
トラブルの
、パートナーの
セル
エプロン
ピザ
は何も
パーティーは、
サークル
有利な
バック
フェンシング
内部
穏やかに
交渉
サーブ

ホじゅ歩レつはフハピ方セ重リょ摘し
会サ写ハノ何ェヌッ覧ザ退サトニじ重
ひ歩ひザ応もンバクロ物れ阪ヌ歩れじ
モ読カト通どシッロ語くふテだハれ
セ精ひ愛化ぐスンロベやみ報ぐな
ぎ方室選スで投グンき穏応応有退チ
や育ぬ何れふ登弱ョ権や投育利辞応乏
乏本じきチら弱ゃだ報ンか百通辞ニの
愛尊パぼラヌゼは場安育ニ圧辞室ル
重重ーぼティ摘自、安投き通弱辞サブ
意意ナトー身緩海ざっ育圧加ェラ
っ無京ーどがやくざろ話歩辞しト
海ぼノパ退投もかるテろ歩芸能
内部、退ふ辞スまま乏独立性をく

# Puzzle 195

画 開 始 加 シ 安 サ 画 像 歩 、 制 ぐ 抱 き し め
愛 ホ ホ く 阪 マ っ 愛 圧 非 故 限 合 芸 ま ざ 阪
れ ろ 結 も ツ ツ 阪 結 モ ろ 常 応 シ ぐ ざ っ く
ド 圧 報 ひ モ 阪 金 精 場 に ヒ 安 ン 京 れ む ん
だ 私 ひ 曜 画 結 開 多 覧 摘 私 再 ク む ヱ 読 っ
学 ト 権 る オ ホ 金 金 セ き 友 解 ッ ラ 登 重 開
チ 校 る の 本 動 妊 最 き 良 側 海 ス ト 百 重 開
砂 写 モ 園 や 私 金 セ 本 室 ヌ 型 大 お ド れ 乏 ク
場 モ れ れ ひ 愛 合 チ 重 ホ コ べ 方 ヌ 再 報 投
向 砂 コ 囚 読 海 さ 読 読 べ 重 意 ぐ だ 阪 何 クル
テ ハ ン グ が ひ 海 室 読 金 曜 金 べ 進 妊 育 ヌ
ざ ハ お 権 ひ 砂 能 る 海 の 日 ホ せ 解 砂 ヌ 写
美 百 ふ 私 ニ 話 も 社 ホ せ 所 覧 化 も カ 噴 火
し ひ 論 下 ぎ 論 も て 所 覧 化 も カ 噴 火 写 投
い 歩 む 降 ニ 論

たくさんの
下降
大型トラック
抱きしめ
美しい
シンク
噴火
シマウマ
制限
オプション
動物園の
画像
、非常に
金曜日の
友人
最良
学校の
開始
月曜日
ハングが

# Puzzle 196

砂漠の
できるよう
個人
遅い
完璧
シリーズ
防衛
与える
アドレス
お母さん
ココア
作られた
博物館の
提出します
不適切な
、優れた
準備
スプレッド
シェア
紹介

べ 出 解 通 だ ひ 応 暫 囚 ニ 、 お ぼ お 私 写
カ ヱ 愛 チ 報 登 コ や で レ 優 ト ひ 母 ノ で ま
通 ヱ 権 ま お ス 準 備 何 提 不 愛 さ ル れ お
完 っ っ 愛 画 囚 ア 開 乏 出 切 与 ん ろ ゅ て
ぽ 璧 愛 通 だ ヱ 進 ひ し な え 個 暫 ト ス
っ 妊 結 私 二 つ 写 何 囚 加 作 摘 ニ 人 重 阪
チ ス 囚 乏 し 所 京 ぽ す 砂 だ 阪 私 ひ 乏
ス ろ ろ 阪 何 画 登 セ ド シ て モ き ゅ 阪
砂 漠 の ア て 開 愛 ょ 狙 ェ 何 リ 安 る 弱
ヌ エ ぎ ド 重 二 防 読 シ お ー 妊 能 よ う
何 だ れ レ 出 衛 ど 論 サ ス プ 育 遅 ゅ 開
精 応 ん ス 報 社 ド だ 論 ア レ ヌ 砂 ぎ せ
登 ぎ 報 退 登 開 応 っ 育 ホ ッ れ 報 出 ツ
摘 退 京 開 リ サ 博 然 ソ の い ぐ
妊 ク 私 精 紹 介 サ 育 物 館 や ま 故

# Puzzle 197

通通加故摘ヤチ精場ゃ加退お一出育スざヱんぼ
愛開圧エむるるべ何べぎ圧ノ般異合なひ結お囚
会ど多登加応進ざ何おおの菓な京じサく論嶋
室話方も無しひ然ぼひぎ菓ヌ事出定ゅひ暫離論嶋
劇的ょひ登きゅ所場ょぎ子を乏住スひ安離ス育
ハ要チっ方能ルれ先何ひ囚れ選むゅひ安くれだ
ふ求ぎ登セまの言とふ応乏じ乏ひ乏開ざくむ論
砂芸歩ソ弱う通ふがっレ加ヌぎ乏じ会すぐ育スだ
弱選ソ弱多通達たじ海コぎぎコ通京む側意向嶋
多ろ愛子通達成しレヴヌトをイ結ぐ狙方向育
解ふ金の意因きすクをしリ話ヴスレ結リ話定住
然百要金何がまじ結レし結リ話ス狙方向育
カ登話室きすクをしリ話
愛登話室
向京

## Word list

要因が
食事
お菓子を
劇的
要求
会話
と言う
ワイン
、リンゴ
離れ
達成します
レイヴン
櫛の
先のとがった
子の
エクスプレス
の異なる
レジストを
一般な
定住

# Puzzle 198

## Word list

クレードル
クレイジー
機能
悲惨さを
シール
誰の
実際に
氷の
用語集
余りが
ボーダー
パイロット
マスター
熾烈なの
目が覚めた
糖は
リップ
忠実な
卵に
、最終的な

## Grid

社チ応チゃん権実ざぎセ私るサ解コボ
れだレだ阪だぎひ際だセセむニ本クダ
ニせ方モ精芸機ホに育れ向圧ータ
狙出せ加芸本能選卵れ登れ百スク
画ノトサ芸私化ひ乏解ま私おマ
目がめ氷画くツ歩まれ解ノニ
ハ余りが最的京なコど安重むざ解
、最終ルなし忠報む然ヌ
クレードル烈京む出悲だ妊れ
ニ写育ドゅ熾通ハ愛さ所読
ひ通退リヒ能コリレっ京は
用語集百ラまニ妊ロだの糖
シソぐ場辞進ぼまきサ糖
ール開ま向辞進ぼ囚安結ドは

# Puzzle 199

登しつ加故話ラ加リリ解画安両親しれっ
サ、ど会サ向阪百解ふセヌエヌ選て圧読
会はぐサ話通規無セ私化報何能多本権重選辞暫ヘ
応テトヌを通摘、キ写多京方会ラヌコぽ室進ア愛モヱ
然圧権育い育二写能ホーク阪るヌひ辞ソひ進私解
、さらに権ぽ安二進百ホレろんだスやホ達叔父精ス
誰ぎこど向進むハエ選出っちの本やせ京し執行
結伴きま会塗る芸読き致命的合昨年ひ圧場ぎ弱し
っスカ守方乏ドぐ選ぎひ圧場ぎ弱し執行ス私るヘ

両親
、キツネ
、塗る
ホーク
ゲートは、
守る
叔父
規制を
昨年
執行
たい
テストを
誰かに
致命的な
伴う
どこか
ヘア
のプロセスの
達し
、さらに

# Puzzle 200

論選ハクセチ側キ権精出セをマ登を私て画
所辞能カ社室加キャベコ圧ニシ進だ介室ピン室で退む本
じトむ砂百話ベス報応きドょ芸狙無や百故し写の選
向ぎ論応再妊ツれスク報京結故てエや母中ハ退話合ホ
ひ選写嶋ふし攻撃本加定ノ何故辞愛分で笑解精合話
再ふ愛画育ぽ暫だ画登阪どどブ故ロ再する解精った
より切トょ弱も本攻京スひ話加室記述愛摘検索まト
適のなソ解怒だふ写故阪登嶋ヱ検索た
の後ろに勧誘をむどろひべっ摘
音声切ょむ金工ど
分母の

攻撃
ピン
検索
を介して
笑った
の中で
品種
キャベツ
マシン
適切な
記述する
より
勧誘を
教室
の後ろに
、特定の
ブロック
怒っ
音声
分母の

# Puzzle 201

```
っんソど私ミヌニツぽ応画話まるょ再
マップは、イたヒレきとにド意ょ応側権だ
モセハト登っまふくどヌで投海ツ段社子猫
本金っふェ権つイメンイ投ヒ投精社落んど
お圧ふコバージョンイク歩向能て写お私ざ
百クバージュ検査します歩選無進百百レソ
クバ検ゅ管理投加結選無歩百て写ソチ百ょ
ゅ検査します投加結選無歩百嶋重ソヒ写画
管理します投加結選無進歩百嶋重量るひ写
投加結本っニむっ多量る写ょ画芸歩会ぎ故
チューブっニ本重量る写ひ写ちょ画芸歩会
砂ニむっ多量る写ょ画ょ画芸歩会ぎ故私卵
ぐょ多量る写ょ画芸歩会ぎ故私卵再登の
意ょ多量る写ょ画芸歩会ぎ故私卵再
```

買い
病気の
検査の
人間
子猫
ました
マップは、
卵の
たときに
量る
バージョン
メイク
関心
チューブ
ランチ
ミイラ
段落
電気
トウモロコシの
管理します

# Puzzle 202

後で
パフォーマンスを
寝室の
グローブ
ピンク
ホタル
ボルト
ページの
側辺
マニュアル
呼吸
表現
奪う
壊れた
車両
スタンド
動機の
ペア
スター
集計

```
パ場モ化ゃル覧ニニ向集れゃ加ざ海れ側場モ無
モフ化ソャアコ愛然計ニ車合ひ狙重歩
フラソフア覧愛圧応退リ車両会む退海多くゅ結合
ラォォトゥニマコツ向れリ故後だホ多奪う意る
場所だトーカマろッど妊リ登エまだ室海故ニスタン
寝応だルチトろきま妊スべまぐ辺故重スタンド
室多ボルチレ芸んますスをヒ嶋無も重妊ニド私
のボ登でジ話開ピゅホ呼加進多意辺故社ホ意
化だレきぎ進弱応テ吸権ドリ重再ヌベで
おペーでジの弱二論表 カ愛論エクだろ意
ペホヒ圧写リ機だスター現リ壊れクヌ砂意
ホーだ金リ動スタレぎリお然百だよドろふ
タルヒ圧金グローブぎレ権ょクお百ぎだょドろ
ルグローブペアヌれ権ょクお
```

# Puzzle 203

一 ひ 化 権 結 安 メ ス 京 し 論 ょ ろ 応 ラ ツ 百
し 般 芸 く 多 会 ッ テ ノ ノ だ 囚 ぼ じ 階 私 て
だ 通 的 故 ゅ セ ィ ッ で 応 ひ 会 じ 問 ク 下 社
圧 選 ト な ヌ 所 ー ク 室 読 っ 読 題 ホ む 圧 ん
京 ル 場 海 ド ベ ジ ク は れ ま ニ ル ラ 歩 セ 本
ニ 海 再 カ 何 意 能 は 乏 ま 会 能 ア き ひ ヌ 意
た ま ド 育 レ コ ソ 、 重 故 ホ 向 ツ 応 失 ざ レ
ホ す ホ 化 私 チ ソ ン ト 登 嶋 ホ ネ 本 わ 無 絵
彼 ら レ 化 金 金 ー ス 然 ツ る ふ モ 本 れ 出 筆
っ 減 ろ の 会 登 セ ー ブ リ カ 方 ネ 側 た や 登
金 能 む な べ ひ ー ジ 海 リ ス 遊 側 心 無 論 出
ホ じ む い 側 ひ ジ 長 成 ト 化 び 安 無 辞 ま お
話 ケ 場 の 長 成 が 注 海 ど じ 狙 ど は っ き ク
セ ト リ コ ホ ヒ 注 海 阪 ニ 論 論 、 ク つ お 出
愛 ル さ さ げ る 登 リ 退 権 読 読 芸 ニ 愛 何 出

スティックは、
彼ら
ケトル
が成長の
失われた
メッセージ
減らす
ささげる
ソーセージが
絵筆
階下
たまま
のない
コントラストは、
アネモネ
遊び心
カリブー
問題
一般的な
注が

# Puzzle 204

つららの
樹皮
キウイ
認める
ブレンド
想定
チェリー
キリン
目の
結婚
週末は、
境界
布の
スノードロップ
驚き
ホール
継続
テクノロジー
偉業の
維持

ス だ 出 ノ ん 摘 覧 カ 然 プ 狙 リ お 向 側 継 っ
権 方 ツ ノ ド 通 圧 乏 く ッ 嶋 合 室 ホ 続 驚 き
権 れ っ ラ 結 ひ テ ク ノ ジ ー セ リ 海 リ 場 応
狙 イ て ニ 進 話 圧 側 場 ド 選 リ 能 エ お ツ 結
イ ぎ 布 の テ 然 で む 多 一 覧 ェ く 金 ク じ 出
ウ 覧 の 話 ク ホ れ 維 ノ ノ 無 チ 週 覧 ろ ソ 結
キ ぎ コ 京 ぎ 方 ヱ 持 ょ ス ス 化 末 ろ ソ め ル
話 リ っ べ 応 く 開 会 ソ 写 し は め 論 る 投
安 ノ だ 退 ン レ 再 ど ぽ る ソ ひ 解 海 、 や ろ ひ
ノ 無 論 ド 京 出 登 想 社 写 目 く ぽ 応 む ひ
京 で 乏 ニ レ 偉 想 定 ノ 解 の ひ 化 読 応 ホ 妊
樹 ド 境 ン 業 せ 私 ザ カ 結 芸 の 婚 摘 一
何 皮 暫 開 界 ニ の 私 セ ソ 育 通 ぎ 出 育 ひ ぽ 弱
室 暫 開 然 覧 出 ぽ 通 ぎ 出 育 ひ ぽ 弱

# Puzzle 205

```
取 ル ヒ ア 必 エ ま 何 場 ど ょ 無 感 ょ 故
多 っ イ モ 死 行 愚 か 者 っ 場 応 動 じ 摘
本 方 ラ セ 隣 わ 重 考 の 退 辞 意 を 金 お
チ 選 ギ ス 人 む 歯 え 合 論 百 を ヲ 読 場
権 ぼ 能 ハ 登 ざ 科 る コ 化 圧 ド 向 然 ぎ
立 っ い シ ス し 医 劇 ト は 事 お ス ス 投
場 無 ノ 育 だ た は 摘 ゃ 室 然 き コ ホ 室
多 京 サ て ま ひ 私 む 場 覧 選 自 で ス 囚
然 ハ ー ソ し 通 社 で 、 阪 ツ 嶋 乏 ヒ 不
社 芸 ド 報 ふ も 再 る ひ 狙 ヱ だ 自 す 足
ひ 会 本 作 ツ 再 度 ひ ぼ カ コ 無 無 所 ト
場 ど 退 ラ 無 度 、 ぼ 芸 加 狙 登 何 だ ク
室 応 弱 ヒ 成 ニ 本 精 の 化 無 も 弱 お レ
ル 再 ニ 登 れ ド の 乏 精 登 何 場 通 登 だ
読 テ ャ 結 し コ 摘 ド モ 弱 も 囚 不 ニ
```

自主的な
取っ
仕事を
考える
必死
アヒル
劇場は
立っていました
そらす
歯科医は
愚か者の
再度、
感動を
行わ
無料の
隣人
不足
ハード
作成し
ヒイラギ

# Puzzle 206

ボート
シャツ
ビルドを
確立
ツリー
以前の
ドライバー
第十
気候
の鼻
達成
実行します
成熟
思っ
消え
カバーが
イーグル
愛する
オレンジ
選挙

```
だ 選 カ 百 加 実 ヒ オ レ ン ジ べ ふ ト ゅ 応 ド
阪 ヌ ぼ 向 ど 行 精 本 愛 本 思 ツ れ ー き ぼ 結
る ぼ 歩 ど 芸 し だ だ 側 思 愛 ニ ま ボ し べ 加
の 歩 前 芸 だ ま ゃ 妊 っ 熟 報 選 社 覧 故
鼻 前 開 以 む ま す 嶋 愛 チ ヌ だ や 意 狙
ょ 開 二 達 ニ つ ま 室 報 写 退 写 加 ろ ト
ん ニ 達 金 成 然 登 ノ ヌ 砂 芸 だ す っ
出 百 金 ス で ヌ 進 ツ 論 く 弱 愛 る 辞
阪 ニ ス ハ 然 ひ シ ホ 安 登 嶋 ノ 京 ど
イ 所 ハ バ 私 だ ャ チ 意 コ 登 愛 ろ 育
ー 通 バ 第 ひ が ツ ひ 愛 レ 場 エ 重 も
グ カ 第 十 だ 能 百 ビ を ス 狙 消 愛 狙
ル 選 十 能 育 ト ビ ル つ ド 狙 え す ク
金 挙 ト だ 報 ま 気 ド せ ラ バ も る 出
向 重 愛 ま 辞 ひ ク ヒ 安 サ ク エ 確 立 ど ヒ
```

# Puzzle 207

阪トやスょパ利コざブヱ論コモぽソエ
まし無場れン点リーる囚エプ目開覧京
ゃヒ応あょニ沢光調る砂解のっ辞むや
方ふ選ノニ辞ヤギ査開メぼリ進コ妊サ
つれ囚業界海コラ暫解ひ弱ら砂エじ乏報
れん摘界を向然報セ摘結暫ぐ故通る重く
摘お海能開場カ摘嶋弱だ泥多圧妊重写
おも応お写無地おいしいエ応レ乏ヒ写な
場て然せ薄地ろ砂、インテリジェント多スな場
進お写ヌろき域をル無ョ本応ラ向無リ
狛重論乏れコ側カ論ジ写摘論能ニ乏
ス囚圧れむだ合だビ写テヒひニ本ルリ
重合リソースてサれレヒひニ乏本

コストの
ビジョン
パンの
光沢のある
ヤギ
、インテリジェントな
ストーブ
業界を
習慣
利点
メモリ
目的の
の重要な
泥だらけの
リソース
薄い
おいしい
調査
地域を
クリップ

# Puzzle 208

出版
マーク
スケートを
トガリネズミ
ベース
ウォッチ
エクセリットル
笑える
博物館キノコ
昇給の
テイク
結果
全体の
グラフ
息子の
説明
ミトン
高価な
妻の
最大

ひ高価な安笑えるヱ阪ヌ読ス結開だ室ミ
ッ出ウハぎレカヌ応合囚果側読ど読トン
精版ォテ室しドセだ故ニ開弱どニしん然
応レッ京イくエ側で海フ狙だテし社話写
故ニチ進ノ合グらべ故ク京ひどき多ん
覧くサク何ょ結説ぼ意ラだ報ぼや社室話
結重安合明カ開ぼ再ひざ場多
スケートをスおチ応登だホき
セぐ育ぽ応ゅ精マリエ権場報ネざ重れ
結登側開全ぼ砂リベ砂応ズ投社ぼざ
ト意何むお退辞子ツス昇給のニ解最ク所
金っ然精囚応まぼ覧場む加ひ妊辞砂大れ
サ海結摘ん応ゅ砂の子息退妻のお
エクセリットル覧ひ妊最お
博物館キノコまニ大

# Puzzle 209

```
所 ぎ 辞 室 キ セ サ ひ 向 ろ だ 話 ま オ 蜂 通 ぐ
狙 ざ っ 応 読 ぎ 解 る じ 故 オ の 報 辞 り る ゃ
ド ふ 育 再 無 ヌ 乏 写 解 合 力 ミ 有 読 者 サ
方 側 ヌ る テ 登 芸 歩 し も 重 の ろ が 安 ょ ハ 弱
む も ソ ソ 砂 ど 側 狙 画 セ 社 エ シ 狙 ブ 読 カ ベ
愛 サ 意 室 進 重 報 多 災 ニ や コ 害 振 ざ ソ ン 退 金
ス 会 や の 精 産 論 っ だ サ ク 通 る ひ す ん カ 然
芸 い ら う も 意 向 読 応 ニ 重 弱 チ す ス カ バ
デ ィ も っ 産 読 夜 社 応 囚 重 場 響 だ ト 社 せ
ぽ ゃ ナ 選 時 計 論 の や ホ ッ メ ー ル を 退 ぼ 故
能 っ 報 レ 論 ヌ 弱 選 ゑ 分 摘 全 体 解 公 園 合 退 ゅ れ 画 歩
然 何 ど 登 重 ひ 阪 ぼ 割 能 体 公 園 合 退 ゅ れ 何 画 歩
```

時計
バイソン
ディナー
公園
オオカミの
分割
振る
いらいら
カブトムシが
全体
カバ
キャビン
影響する
の生産
蜂の
夜の
メールを
もらう
災害が
所有者の

# Puzzle 210

マーカー
うまく
フラット
使用
愚かな
怠惰な
スワン
クマは、
人気の
クリップが
平均
ひょう
雪だるま
クロス
溶融
ている
ミルク
流体
綿を
、ブロッコリー

```
ク ル ミ 流 平 均 溶 融 雪 綿 ク マ は 、 で モ っ
リ ル 報 ス 体 だ 側 だ を ダ 安 再 ぎ ク だ 登
ッ 応 ヌ ワ む れ 意 話 る ひ 場 ラ 登 マ ノ カ ー
プ ぼ サ ン ス 然 エ ま う 育 ノ 囚 エ 所 レ ょ ゅ
が 解 意 結 ト 場 ろ ス ぽ 場 百 っ 精 ニ 投 二 退
ひ ひ 進 ろ ん 化 読 再 ブ ノ ホ 投 ホ 側 レ 育 能
だ ょ 応 歩 写 リ 退 芸 ロ ニ ヌ 登 ひ や ホ れ ん
妊 う や て だ 人 ク ラ ッ コ ょ 再 や チ チ
っ 報 ソ い 気 っ ン ノ コ リ ニ テ 重 私 何
画 愛 室 る っ の 方 ク ロ ス 会 で リ 金 故
フ 狙 ド 覧 話 能 囚 報 百 化 だ や 狙 な
ラ 室 退 論 ん 通 囚 も ト 論 セ 投 向 意 か 百
ット 多 ひ 使 狙 れ っ 力 加 ヌ 乏 コ ひ
妊 本 合 用 ぎ 阪 画 ス 選 嶋 れ 応 ト ど
本 社 愛 ぼ
```

# Puzzle 211

```
合ふエ芸精日明む塗百嶋所芸だぼ読
海私重精故曜ひト料解風開写くゃさ
報ゅ解所安日育論は狙呂会画ひモさ
ぼ海進説っ然エし阪ぼむ辞方テ場や
っ場写弱てカストも開むせヌひテか
クつ弱ろ向ストれ退せれクモ進トな
覧ズでボ阪トロだせレだニ狙トモ的
洪砂ボま愛ルリて狙社使ひ報っ弱理
水側まン加カーつ話暫圧の冬ふ囚物の
ゅ覧解シッ会向リソ然ホくゃ海合て能
論だ金百ルミお結話弱然ク多っス京応
せサ百ルミお辞セ何南部写選加ひ摘京応
透明の阪所スお進だ精写っ重室加ひ摘京応
両方の阪所弱ニ画重ス選っ社加ひ摘京応
能報登京弱ニ画重ス選っ室加ひ摘京応
```

冬の
のほか
の物理的な
解説
ストロベリー
明日
ミッション
ミス
透明
めったに
日曜日
ささやかな
風呂
両方の
多くの
塗料は
ズボン
南部
天使
洪水

# Puzzle 212

到着
反映
のトレーニング
ネクタイ
コミットメント
誤差
ワゴン
入場
時間
共通
覆っ
高度
大規模な
値の
幅広
チェックが
特に
緊張
簡素化
答えは

```
幅本ヌ百本登ヒ故ニ退っヒ論入育っ嶋
広画じ出む場大ホ覧投反っ映場重場ませ
結通通退ざ規簡論乏向し芸合無出
カ京ニ多ぎ模素だ室意ドれ芸合リト応
解退重特京なドン何向因ド本開ッチ化
重ま京にだドめホ重海ーネクェチ話だ
ハ二ホ向権嶋到京ょ間誤差タ値ぎゅっ
応方然ど嶋本着ぼ再ソぎ海メト合レ
能圧室サ高社のまトトまン権然登
ひ共答え度投写進加ス弱ひひ
歩通会っ画ふ育チ化ぎミコ登
ょ通合っホニ砂摘だ砂弱読ょ
セ合っホニ摘応ざ
トセ場ざ安ろ
```

## Puzzle 213

っれ辞然スヒセ登エ社く読スクッラリ
加開写ルど退ニっヒノ嶋写砂まゅ読京多化せ
む論阪登ケホニ話金登歩金多実方ろまにろ育ひっ精金嶋投妊
テカょッンサだ化ひ登リ摘レクト利用京ぐ能荒野
ホ芸読ぐ化セルヒっでぼ百論利用京登せぎ能
お資源きカだ権弱嶋加京用嶋海山猫のナイフ
百大丈夫ヱ圧愛裁判所辞ゃ私せぎ能荒野むのナイフぽしざ

**単語リスト：**

リラックス
大丈夫
ポケット
山猫
フロント
裁判所
実行に
変数
悲しい
ナイフ
姉妹
資源
無視
利用可能
読ん
クリスマスの
コレクト
自動車の
荒野
兵士

## Puzzle 214

**単語リスト：**

家の
ガス
考えます
、必ず
また
噴水
なし
示唆して
病院
ハンマー
グレープ
七面鳥の
政府
結婚式
バター
スケジュール
満たさ
見て
サポートを
決定を

また化考七れやしグニ金論ニ満ハぼニ
解なっ意え面愛報レ示喚して会たしハ決ろ
ょしで場弱まコ鳥ひタバー政府覧モだ歩ふ写定社退
ひ安能だ私化海退のプむだ再ハさ囚噴水を二百
やんた方室百覧トガスチ嶋結式京ずぽ読スニ嶋
て通方海百能砂まぎ報海婚式歩ル進ザ見合芸開場
ひ進狙登京セ愛じ投所結話せ故結のべで故論登ひ

# Puzzle 215

やコ摘加テテかニト暫ススソ投京多摘
歩登加し応ヒ歩なツひ囚サトト場論故る
写権方弱すこひこひ起圧ひヱ側論く開ひ
好むてクニぼひゅだ起登通加ん応合きひ
室モ愛必ぼトとるだ加写無れ覧き応合まし
登合だコ要トひ開写金歩ぐきひ通う阪トせ
精だ方読登ひ期ふむ間成イろ暫せサ化写
タマネギは、むテ歩のやっ砂ざひー写
芸多再論加ヒエ歩価覧やっ砂だホヒ圧の
許可エでテ愛ぽひ値能覧だヌトスざ室サ画
画嶋登結きテ情写を環ヌトス囚イニ写
会骨方ニ砂開本の狙境権ト故スぼ論写
出折何どヌぐひ大も狙起動写権じ社海ぼひふニ
二チの関係は、セ場精ん権じ安ままふ
妊の関係は、セ場精ん権じ安まふ

かなり
イレーサー
起動
大学の
起こります
うなり声の
好む
必要と
作成
期間
愛情の
タマネギは、
環境
の関係は、
許可
きちんと
の価値を
エッジ
サイ
骨折

# Puzzle 216

維持する
コーチの
保証
事件
タマネギ
物質の
割り込み
平和的な
雇用
クリーン
チェーン
コンパクトな
、シカ
マウス
待機
ボード
発見
興味深い
招待
休暇は

覧ぐ退報でだ私サまぽリ京報だ場むだ
物質の何弱応暫チざ芸嶋ツニ多ト暫割り込みま
再論京阪テ私応ぼ狙投し選多歩能カソベカ加室リ
もむヒモ私囚化む何論ソハざ方ソベ海圧ノれで応報
なトク和平るソ歩芸側っれむ本海ノれで応報場
トク選開覧乏応芸ベ重テコ再投ぎじ登トャつ重場
クパリぐソ味興深待話退ヒノ然砂ヌぎれで重場
パンホーンョぐるぐチ加開退ベノ然エヌきで重
ンコむ暫待ヒ、維事件発話向コ場ヌ会登トつ辞
コギネっ精機シ持結弱暫ヒ向開読クトラ辞
ギネマウスス保ハぽるボ向だひクヌラ
休暇は証場画ふろせ雇用ヌャ

# Puzzle 217

安 シ ツ 開 歩 ニ ル も ま 報 化 歩 応 歩 の ひ 退
登 ナ 所 金 ひ モ 応 ぼ お 応 然 代 意 わ ぎ 覧 ク
ニ モ 妊 ス れ ル 圧 ぎ べ 加 だ 側 り に 結 狙
開 ゅ ニ 育 暫 海 意 能 コ べ 故 ス 合 わ ど 法 エ ゅ
開 選 ラ 暫 今 や 話 方 辞 カ 応 組 み 何 選 室 百 ト じ
で ふ 愛 然 歩 会 場 ぎ ニ フ ィ ぎ だ も 歩 覧 に ょ
ノ 二 開 金 ノ ぐ ざ コ 多 重 応 ニ だ 私 ラ ス へ の
民 俗 嶋 二 安 圧 と ぽ ホ 精 つ 歩 加 精 進 ア イ を じ
の 育 社 砂 や 無 ぽ 百 応 ま 加 側 無 セ 金 椅 海 ッ し
り 退 圧 重 ノ 無 コ 百 応 敵 の 妊 金 ク 子 の セ
ワ ニ 百 社 る 無 テ る で だ 多 お お 金 椅 子 然 じ
登 レ ツ き 覧 ヒ だん 再 所 通 出 来 た だ 解 然

**Word list**

トライアル
民俗
来た
カール
組み合わせ
フィギュア
皮膚
追加し
のり
今や
ワニ
の代わりに
敵の
法的には
椅子
となっ
シナモン
への
海を
ウサギ

# Puzzle 218

**Word list**

ライオン
賢明な
バッグ
カメ
バスケットボールの
ヘラジカ
証拠
のガイドラインは、
冷蔵庫
マネージャ
パースニップ
一定の
ゴール
、これまで
破壊
カブ
スチーム
戻り
システム
具体的な

ニ 芸 シ 解 ま ひ だ チ く 辞 画 む む ス ひ ド 側
ふ 登 や ス 話 登 リ 狙 マ 社 ノ 育 コ 愛 ま ひ ヒ
ホ ニ チ 戻 登 精 所 ネ ノ む っ 乏 多 ぽ っ ト ゃ
向 カ 重 り 精 室 コ ル ー ゴ 側 賢 明 な ラ ト ジ ノ
パ メ 重 て 進 開 ー や 砂 ジ 賢 加 無 室 ぎ ジ カ だ
ょ ー て ス ム モ チ ャ 化 ャ 無 ラ イ オ 能 精 カ カ ブ む
金 ん ス ニ ー ス も ガ イ ド ラ イ ン は 、 画 応 室 ま
応 ろ ふ て バ の 定 場 嶋 や て 登 妊 だ ニ っ 結
暫 私 妊 グ ッ バ だ 権 ど 所 ふ 愛 ソ 精 冷 読 向 読
っ 進 論 重 ヌ プ 愛 話 妊 解 ま 辞 ぎ 蔵 ぎ 進 進 画
ス 論 て 投 ぽ 登 ト ょ 狙 進 モ の 退 ヌ 加 ホ 出
お ま ふ バ ス ケ ッ ト ボ ー ル 重 の 無 せ 庫 読 破 社
無 し モ 登 ル 重 読 証 化 無 場 、 こ れ ま で 壊
だ ト 具 体 的 な 辞 拠 ラ 場

# Puzzle 219

圧実チ芸雑用っ場ろカルールスニルひ
読話用合ソじる蹲砂精ールドイペ退しま芸
然場芸的ざド京場孤乏カノホリット隠どや狙私
ん選ヱ軽な確室だ孤独なラー結ツじ退ど会合妊だ
ふ合場自確正、通登ぐれっじ場ブど加しょ室無応ま出
化ゃ合動車テ能高摘くリ室再ブック登ヒだ懸ス通ぷくや
クス囚辞芸トの能嶋囚本室能精解側論のオニ冒念歩むや業
ス拡張性ルヒ投通写向ふひまざセ向論険能ファー退阪ゃ事テ
可能再辞て意読然側登ホ向キャッチ好奇心旺盛再能的ヌ能安テ
合芸場ヒセ圧読ん側ホ向キャッチ好奇心旺盛安

**Puzzle 219 word list:**

- ホイール
- 懸念
- 軽自動車
- 事業
- 拡張
- ノートブック
- ルール
- のオファー
- キャッチ
- 好奇心旺盛
- 、正確な
- 孤独な
- しよう
- カーペット
- 可能性の高い
- 冒険的
- 雑用
- 隠します
- 実用的な
- 躊躇

# Puzzle 220

**Puzzle 220 word list:**

- バット
- ベビー
- 水泳
- 聞く
- 謝罪
- イベント
- 全員の
- オコジョ
- シェード
- 夕焼けの
- サイリング
- 正を
- の有害が
- ランプの
- かむ
- フリッパー
- 改革の
- ポータブル
- 適格
- 種類の

ノセまセん論セソで聞何っの海ぽでも
話報金安ツで加っ百く金ルれソ化チヌ
種セっん愛もヌヒざるクラひ化ハっ出
テ類ラ安ツ愛もヌヒ全る害ウ阪ひ退レ
金で類ョのプでハヌロスノ全がおト改つ多
愛投育登側狙オコジ狙ぽカおヌきク精革狙
投登サ育ぎ結ぐホ歩チやビ読ャ投嶋改ド
水泳芸ょタ権ぐ乏ツ意写室育ビ圧ビで精卜
読ょ応ざ焼ぎゅ結ス重てルセ投ニホ革の方ク
ぼ謝コ場のニ何ホ会サ写重フブタパンろき
謝罪正室阪室も摘乏バッ適リくんろドゥ
ニを報方ぎ弱ひ摘読狙テン適格精シェード
っ報ぎ弱ひ摘読狙イひ精シェードク

# Puzzle 221

ガ 社 加 ま 推 ト 金 リ 能 選 結 の 会 ル 私 圧
レ ラ カ っ 定 石 暫 ア 摘 加 の 向 乏 お ハ ニ
ぽ ソ リ 弱 報 炭 じ ラ ラ ん 結 場 お レ 金 再
応 故 ト 希 出 加 む イ チ 結 私 も ぼ ク ゃ 国
歩 覧 テ 二 望 合 サ ズ 加 読 で 何 ト 会 砂 際
ス も 再 く 犯 通 登 お を 読 画 金 登 も リ ざ
退 れ 阪 結 罪 登 弱 よ こ 相 化 ふ 嶋 か 安 ぼ
ゅ 合 何 圧 登 安 ざ ひ に ヒ ヌ レ セ や も モ
摘 ド い 囚 通 ど ど 弱 ぎ 互 ツ 用 ひ サ か ホ
ひ レ 海 く ソ 社 ー 然 二 暫 化 側 な 然 す カ
結 イ 育 ソ ダ 加 摘 読 通 報 退 愛 れ ー ひ リ
論 ク 妊 ー 加 化 二 社 スカ いっ 側 ぱ 開 い 狙 ゃ
い る よ ぎ っ 芸 弱 安 ト い ニ ん 覧 再 然
読 愛 う だ 登 百 何 二 画 像 が 話 ひ 側 論
る ぼ べ ハ ヌ 画 像 が 話 ひ 覧 論 再 狙 ゃ 然

かもしれない
画像が
も、
いるようだ
悪い
ドレイク
相互作用
リアライズを
ソーダ
国際
推定
ひよこ
のサイクルの
ガソリン
石炭
犯罪
食用
除い
いっぱい
希望

# Puzzle 222

消防士の
ホテル
正方形の
整理
アーティスト
アイ
提供
ベル
計画
看護師
捕捉
調査の
、緑
属し
金融
剣テーブル
、完全な
使用は
キャットキン
有罪

キ テ つ て 嶋 し 画 使 提 供 開 計 れ 愛 芸 ト ざ カ ベ
キャ 論 通 化 京 育 結 出 能 ヌ 画 応 写 報 ス っ ル リ
ッ 整 理 正 故 二 加 用 は だ 囚 せ ホ 場 ィ ょ べ
ト 場 応 方 ろ ふ む 何 開 報 妊 テ ア き
キ ん ト 形 出 っ 剣 ふ ス 無 再 ひ だ ー 消 ラ む 登
ン 愛 ぽ の ク 圧 社 圧 だ 然 向 ぎ ふ ム 防 レ ひ 弱
本 化 妊 ょ 狙 海 弱 登 ー も 精 ニ 士 だ よ 金
安 ノ 歩 る 本 精 登 社 ク 弱 ホ コ の 無 ょ
チ 覧 ヌ 有 然 属 ル 読 多 場 て 査 し 化 お
加 む ま モ 百 し 社 ル 弱 ひ 圧 調 っ 場 京
ど コ 摘 サ 京 海 な む 愛 ぼ ラ ぽ
ニ ア 愛 京 リ 出 全 読 海 ぼ 弱 お 弱
ラ イ 論 安 場 妊 完 圧 退 ざ 京 金
セ 捕 歩 狙 社 狙 、 覧 応 看 化 金
場 投 所 捕 側 合 サ ド 緑 写 ぼ 師
ゃ 圧 捉 無 ひ っ 写 ひ 看 護 師

# Puzzle 223

ツ方辞ク鉛筆ょト精お警退キや少しく
ニス側クライ結スきむ重室告おュモぽまれ阪
ニぎカ阪嶋の私加多開論側進やピッド報芸争
簡場理科ぼ画加愛社狙お解晴まれきソろ愛砂ヌ所
単個ひ外場側タレンチ京論ぐ重登権故じ砂弱し
写シ金的安加退ひ出テを看護応トじ加せ弱画社場
乏サじズるン百再芸狙囚妊蚊だ社改善ゅな観点むょ
歩再社歩所写ルざ投然ヒし然何困登らラ画むド
無社登ぽりざ育安論育ぽル何だら歩れ画むド

少し
大きな
困ら
鉛筆
クモ
シーズン
理科の
晴れた
紛争
キューピッド
個人的に
外国
簡単
看護師を
蚊を
警告
観点
改善
タレント
クライ

# Puzzle 224

突風
候補
みなさん
レモネード
を過ごした
チャンス
絶滅
プロパティが
時間の
シャワー
スカーフ
ファーマー
盗ん
面白い
最近
星が
プレス
に十分な
進捗状況を
傾向が

絶候話ひプレスス傾向がろニも退進ソ
滅補通意っ開ベヌコ然ィ暫芸投社ラ重
にク歩ひ突風安っ進おテ再セ愛ん辞ょ開
私十登分弱せ囚通ソぽパロ方圧るふ権ヌセ故
ス故分なヒニし多ソレ読ふ何私合室スト阪
室ソ開場みニ間写弱場報ヱレモ意ろひフ囚ド
ゅ場カスンぐ退をセ再所セふネ歩砂暫ク
暫スシャワー盗報本画セヌーマきトぽ画登
ヌエンチ多ぎまヒノぽ画ヒじ嶋意マド退摘ヌ応
ス意っ面星ヒ側意本化百側ドリ権囚ぽ
ひ私ま砂海白い最近安スカーフク登応だクヌ応
私っだ摘妊

# Puzzle 225

ヒ 意 ふ 辞 れ 協 安 か か し ょ ツ ノ ぎ 社 社
セ だ コ ラ し 力 全 覧 し ぬ も 場 食 妊 会 的
ノ ハ ラ の し に 会 つ む ス ひ 暫 重 ス て 育
話 ク ざ 辞 社 ビ 金 会 ス コ せ ぎ 覧 応 開 発
民 間 ひ 社 方 ー ナ バ ケ エ ぎ サ 算 ッ 嶋 機
病 圧 で 愛 重 ト ホ ス ッ て ト 報 の ボ 意 べ
皿 じ カ 嶋 私 リ 靴 ケ 然 ベ ャ 海 可 ー 乏 報
ひ さ う ほ 方 を ヲ ッ て ス カ ニ 能 権 ヌ 意
さ よ な ら コ ア 能 ト ろ ア 金 や な ひ ゅ 権
っ 砂 意 ま ヒ ク ひ エ 砂 ニ 所 ぽ て ッ ひ む
安 ひ 進 ぼ エ ひ ま ろ 登 や 海 サ ぽ て 阪 ら
所 安 ひ 社 乏 京 ろ 会 エ ぽ ニ っ 解 育 ぎ む
退 む 私 歩 弱 ょ 育 ひ ホ 化 本 無 さ や 乏
誰 か の ま 意 古 い ぎ エ 退 ホ 摘 も 無 阪 レ
ま 海 狙 何 ぐ 砂 向 テ 権 ヌ 摘 も 無 阪 べ

安全に
育て
かかし
靴を
バスケットボール
病皿
計算機
コーナー
民間
誰かの
協力します
食べて
さようなら
開発
社会的
の可能な
アクセス
ビート
ノウハウの
古い

# Puzzle 226

に静かで
チキン
範囲内
驚かせました
、投資
チーム
摩耗
プライマリ
ケーキの
これらの
ヒマワリ
チャレンジ
まで
次の
軍事
損失
理由を
ブラウス
楽しま
について

チ 狙 ホ ホ 話 ど 出 ム 結 結 応 然 て 会 理 由 を
無 意 百 レ ま に ー ソ の じ 重 に 精 も も ら 安
ぎ 進 通 室 べ つ セ チ キ こ れ ソ ヌ 読 ラ 室 社
ヌ 社 愛 合 ヒ い 覧 本 ー じ ら 場 ソ 報 何 弱 報 れ
応 ひ 摩 る 室 て て ジ ケ ど ヒ で ま や 方 圧 出
摘 ど 耗 チ チ レ ホ ェ ー 驚 マ か 損 楽 化 出 ど
ょ 応 ニ 能 故 ホ 化 く く ニ ワ 静 せ 選 た し 論
権 プ 芸 芸 し リ 側 化 る 軍 リ に ス 圧 だ 重 も
辞 百 ラ ラ れ ク ス 圧 然 暫 内 事 阪 出 何 摘 む
阪 ブ ウ レ む ス 論 私 海 次 摘 会 場 ふ 場 も む
レ 所 ト ろ く チ 、 ホ し 妊 の 社 場 報 つ 場
能 ト サ く ヌ 論 投 資 私 ょ 京 ぎ 向 チ チ も
重 サ ド ざ 砂 出 、 投 資 向 セ
ざ 再 砂

スルょせがまれる能棚だヱど
応選ひまるむ本カードの安
ソル方加来ぎだろエ京をひ
ェスケープはっツ加囚読出安
まャ登達所ぐ投しノ芸室再進ひ
側ぐお歩配乏方二側加楽せど開
登場ぐ登達所狙いし芸室再出安
ひお歩配愛乏百再進おス能てど
画ひ本郵便室や権会圧化ざト妊
れ開郵年電話べ室権ヌ占めるもひ
カル開本育ふょ会圧化めざトスツ
テヒオォタハェルぬ占重暫れ何
ンカヒウォルふェヌクぼもひ妊
トンカざ読きェ方ク出安基京退
ざヌ化役きっやむ方クノサんれきょ
で役ンのきむヱ向場退冗おき本
だニ報向ゃヱ向場退冗お本通

安全が
タウント
電話
テント
認識
冗談
ウォーク
安全が
基本
持っているが、
将来の
カードの
郵便配達
タオル
カモを
本棚
エスケープは
占める
年間
楽しい
役員の

真実
家族
のカップル
ヘリコプター
ショットが
ピアノ
イベントを
嬉しい
叔母者
ポンドが
読み取り
との間で
キジ
混乱
茶色の
高さを
必要
誇り
カメラ
プロセス

# Puzzle 229

然 チ 化 投 砂 多 お ス ビ ど 砂 ょ 愛 ょ ん 登 狙 画 弱 通 狙 海 リ ゃ や だ ょ
デ リ ケ ー ト な 的 主 民 ー の 多 情 や ん 場 ぐ 芸 選 お る し ニ だ よ
場 ル ラ チ ル っ 然 側 だ 、 通 芸 化 れ ツ じ 再 海 圧 向 を 自 ハ
覧 の 商 用 意 話 中 無 ゃ で 基 も 金 て お 金 テ 百 再 京 壁 然
場 精 百 金 話 し 再 ま 心 む ハ す 重 加 お 京 再 権 や 育 安 リ
ア 合 ツ 進 て 開 重 登 有 る コ カ 辞 覧 ざ や 向 壁 る 自 ク
場 靴 金 ぽ 加 お だ 意 コ ぼ 退 応 登 育 る 然 化 リ
能 下 む じ 嶋 歩 ぎ 通 登 状 況 を 壁 化 ひ っ モ
登 も ラ 再 応 ル 阪 コ 通 も 妊 れ 化 る ふ 自 狙
重 く サ 故 そ ひ ラ ハ 側 然 怖 が っ ク 投 安 モ
歩 故 社 ノ る ド ヌ カ ハ タ ネ ズ ミ で 社 精 無 レ 狙
つ ノ る そ の も の 乏 退 怖 が っ
石 は ド ヌ カ ハ タ ネ ズ ミ で 社 精 無 レ 狙 モ

話しました
石は
の商用
中心
砂の
ビールの
ので、
ハタネズミ
状況を
愛情
デリケートな
民主的な
アクション
自然
壁を
怖がっ
靴下
基金
そのもの
有する

---

のような
ドッグ
ステートメント
眠い
の厚さの
ニンジン
カラス
靴の
バンワード
、急速に
自体
スグリ
通学
ホールド
関連
を見て
カップケーキ
精神
医師が
渡します

---

# Puzzle 230

通 話 故 能 ニ ぽ ヌ 退 重 出 ス ら て 育 辞 百 ニ
辞 お お 然 退 ク 話 所 所 し テ ふ 精 神 つ 圧 ノ
海 じ 医 モ 弱 金 場 退 退 側 ー れ の 眠 や ソ ひ
ょ カ 師 京 室 所 狙 ニ 二 ト だ 厚 い や 阪
っ ッ が 権 通 学 カ ス メ 摘 さ て つ 嶋 阪
つ プ の ス 歩 再 ラ ぽ ン 重 の つ し ク ク
応 ケ 靴 う 自 ソ 権 ト 故 ニ 渡 場 ま す
ド ー ワ じ バ 体 囚 し 能 百 ジ ス 読 チ 場
モ キ 応 バ ジ 権 も し 退 会 進 グ リ 応 選 つ
ひ 本 関 ン 海 ヌ 妊 れ 権 弱 エ 歩 ト 読 ひ
べ ひ 連 ニ 登 方 を 狙 側 だ カ 開 通 応 安
会 し む 応 コ 画 見 摘 能 ぽ ホ ぎ 芸 コ ト
方 何 弱 ひ 育 て 、 安 ハ ひ ー ノ ど 芸 場
エ ふ き む ス 急 狙 速 に ル ぽ リ ド ど 多
応 ハ ノ 会 精 摘 意 精 無 私 開 ド ッ グ ヌ ぽ

# Puzzle 231

```
セ だ 報 キョ 再 加 スイカ 向 ょ ひ ぎ だ ょ て
ドール ヌ 芸 き ま カ 暫 金 所 ツ ノ ス 話
投 組織 意 再 育 砂 安 側 所 ス 本 ホ
っ 私 ろ じ ロ 暫 海 無 歩 コ ド 私 応 解 選
ふ 歩 ふわ 薬物 スッ 然 能 写 ソ ム ス 芸 ハ 択
ク 再 ヌ 発 ん じ トラ 火 弱 ド 妊 百 化 は
スト 愛 社 見 ろ も ニ 育 お 権 本 退 リ
四 って 妊 題 し スコ 能 曜 乏 弱 ひ カ 権 れ
砂 半 期 問 ま リドー 登 日 だ 単 百 せ 圧 く
百 場 の 会 ブ 何 の 砂 大 ざ 然 ざ
ゃ 権 べ だ 子 ソ 語 試 根 銀 側 写
摘 阪 故 応 精 羊 会 然 行 所 本 砂
ろ 京 進 場 ル 狙 で つ 弱 論 圧 画 っ
辞 方 登 泳ぐ いれ 無 方 然 登 摘 ゃ 方 ヌ
```

大根
発見しました
四半期の
キャロット
速い
ヤード
選択は
火曜日の
子羊
スイカ
泳ぐ
試行
の問題に
ドール
単語の
薬物
ふわふわ
ローブ
銀行
組織

# Puzzle 232

本体
失礼な
高貴な
意図する
バイオレット
満月は、
テレビ
延期を
ピース
修正
ではない
聞きます
中央
写真
高い
機会
バイクの
と考えている
そり
通常

```
で ぎ 中 と 高 ょ 化 バ バ 意 辞 ん ひ ふ ど む ん く 、 芸 セ ラ ま 開 で は な い れ
合 で 央 考 い ど 阪 イ イ る 退 弱 論 多 合 は 二 カ 画 結 だ ょ 読
ピ ぽ 意 え そ り 再 エ オ だ て ぐ ぎ 月 だ ヒ セ 覧 だ 話 だ
ー 会 覧 て 育 だ セ レ テ モ 然 の 満 ヒ 弱 能 化 本 所 話
ス 囚 出 い 聞 き ビ ッ ニ ク 出 安 む 然 芸 本 側 能
も ス 歩 る じ ざ す 合 だ ひ ス 室 能 だ 権 話 話
お 金 ょ レ す 化 京 ク ア ふ ヌ 進 覧 社 側 芸
ス 本 体 進 ょ 覧 図 延 ヌ 通 ト 重 れ 出 愛 話
だ 体 乏 高 貴 な 意 摘 ト 常 サ 権 画 画 だ
本 覧 側 ホ 写 真 能 礼 弱 ツ ど レ ニ 読
安 乏 選 っ 通 阪 嶋 権 百 ク 修 海 画 出 カ
で 愛 ぎ 論 意 退 ラ 意 私 ク 正 結 ぎ 愛
妊 じ 何 再 っ レ 加 機 会 サ 故 き
```

# Puzzle 233

歩 ざ じ 側 故 カ 応 む ト ス 育 側 カ で ろ ソ っ 加
海 だ 合 ト ャ タ ツ サ ス む 権 ろ 安 ク ト ヌ プ 安
故 ま 精 ろ 所 ツ ワ ト ー ノ ホ 通 ニ ヌ リ ぎ ッ ク
受 け 入 れ 話 ム リ 弱 芸 エ 合 ョ ト ス ト リ ッ プ
出 ス 弱 加 金 だ ニ 本 だ 再 ポ サ 画 論 狙 ニ ス 本
ヌ 暫 セ シ ぐ ア イ リ ス ろ ひ 方 話 敷 っ ぎ リ 妊
れ 退 つ を し 登 囚 ド せ ト 暫 社 論 ゅ く ラ ト 側
然 歩 芸 く っ 応 育 映 画 阪 社 歴 イ 報 ボ 京 セ
お 無 く ク 向 社 レ だ ド 史 っ タ ー れ
ト カ き エ 覧 尋 メ カ ニ ッ ク 通 ト せ し 砂 育 報
出 ぎ 側 進 囚 じ ね ふ 嶋 通 ソ で 歩 っ ひ ニ
し 私 側 進 囚 写 リ 考 側 安 砂 ぐ て 歩 っ ひ ニ 報
衝 突 登 能 反 応 は 選 案 ぼ 金 ぐ て 歩 っ ひ ニ
ツ 向 能 反 応 は 選 案 ぼ 金 ぐ て 歩 っ ひ ニ 報

メカニック
ブック
ボール
ラッシュを
アイリス
映画
サポート
尋ね
受け入れ
ストリップ
考案
反応は
衝突
ショック
女性の
敷く
歴史
ワーキング
カタツムリ
ライター

# Puzzle 234

バルコニー
増殖
フィルム
コンピュータ
カット
アナグマ
治世を
シングル
実行している
の特定
素敵な
、最後の
故郷
含まれ
パターン
子供
教会
恐れ
クロコダイル
ディスカッション

覧 し エ ぐ 子 芸 登 何 場 応 歩 方 読 京 ハ 写 ふ
砂 サ ハ ひ 供 退 ド べ 論 方 摘 む セ 囚 ニ も
応 ひ 金 結 ヌ ク 開 弱 方 狙 進 コ 話 ぼ ク 画
退 ス 安 サ で カ 教 ヌ お 安 向 読 コ 嶋 投 ラ 圧
選 だ ろ の 特 定 会 方 恐 実 行 し て い ホ る
セ ク 画 多 何 報 バ 室 嶋 狙 だ べ い 砂 報 能 せ
嶋 ロ て 因 方 ナ マ デ 素 向 ヱ ま 報 ル カ
エ コ ア ナ グ ハ ざ コ 、 敵 エ ノ ぐ 合 ニ
エ ダ ぎ ハ だ テ ニ ス 最 し 写 ツ 話 ひ テ 育
読 イ 増 殖 フ カ 圧 ー 後 芸 ピ に せ レ 乏 だ
ム ル ィ ソ っ る ヌ の 権 ュ 選 タ コ 無
金 グ て っ ょ は ふ ふ 含 ー ぼ せ 故 辞
ト ン っ だ ハ る し モ べ れ ゃ て ふ 郷 ま 投
合 安 つ 愛 ひ ヌ ベ れ ニ パ 所 コ く

# Puzzle 235

ん砂もの影が阪ヒてだ甘ぎる吸収カア
選ル退間ニ通出場何愛いろヌ進選ヌメ
室く中海本ひ育無方権横にスきで行リ
然百登るアイデンティティソ芸ヌ再ラカ
コ登むアイレマンっ辞き無選はモ開応の
進ピ権限っワームは結登合カだ
ピーマン権限っワーム開進くリ再モトだ
権限ぎレワーム結登進合応き投摘側ヒッ
ぎ歩重トリくカリきは狙ヌ辞読応ベス
歩っ結進合応きは狙方、読応側ヒ化第
重モトリくし愛投摘まド応進ひろ通
トド愛室側ク摘ままド応進側ヒ化きえ結
ド再室側ク摘まド応進側ヒ化きえだ
愛室側ク摘まど応進側ヒ化きえだ結

今後
ワームは
甘い
第三
の影が
権限
を越え
飛行
アイデンティティ
全体に
ヤギは、
火災
吸収
中間の
アメリカの
標準
ピーマン
横に振りました
カップ
結合

# Puzzle 236

、より良い
妹を
聞いて
人口
贈り物
学術的
適用
真似
壊した
キュウリ
クラスの
含まれて
ワイヤー
滅びるが、
スケート
乗り心地を
もたらした
フィル
基本的な
の家族に

重開合チセもス然キ学乏辞報愛テルの
壊ヒま出合まれてュ術話私だリ化だ族に
トしま乏もたらしウ的贈り物ざエリ結加
また故もた狙きしたエ本本ん出圧むロふ
能ニ育辞たソチ加結の妊合ワ暫っ
だ覧本真似然写開ルホ論用イ然通
ニお真聞暫多カをつルドで基トモ私ヌ
ょ良写心多地フ弱チし故退な登れノ
乗りよ心地ルをチ弱滅応会ぽ登れ側
ぽ、スが登るだエ滅故会進ルコドふ
妊会スっ出報るも故っ金愛退圧く会弱レ
歩弱スもれ金愛退圧くコ会解レ

# Puzzle 237

論所辞会ブメ安報む覧覧チ優解ス論あ
動妊応方どイぼ写だじ意しくひルだま
作相ぽ話く無辞ンレインタ育故冷ヌり
育加手化加ソヌ登ぼ何方話歩圧加ニド
出ト論故じ報何ぎ育話投ふきレト
辞ト多圧摘海育ュ多囚写ぎ権場狙狙
進多百当摘ホッ投芸砂レ写ざヌ結故ひ京
割り当てむ投側芸つ弱ざニ暫狙辞安き加
レヱ魚の瞳用愛砂ヲレひぎだべ結ヱ場
じ加リ叫だ品ぼ砂たっゅる覧権投カ安
結れ私無っサ退投結歩だ囚セど投解ひ
嶋ぽ無ん叫ルニ投結だ覧セ投芸故安京
どっクサ多てヌ応ヌ私登登部話解ひ安京

魚の
ブラウン
叫んだ
優しい
スライド
ホット
メインが
ソファ
割り当て
相手
インタビュー
用品の
外部
歩行
あまりにも
瞳の
傷ついた
スペル
冷たい
動作

# Puzzle 238

フラグメント
ヘッド
ゴム
訪問
レッスン
クラブの
水曜日の
黄色
実験
生物学
同一
最悪
陸上競技を
モーテル
コンドルの
ムーン
森林は
ベッドの
ビュー
最も

阪歩合囚陸ス会向画報暫ク意森出ヒ加
ホラ百ふ上狙所側応精応林はぎ水妊
ひ阪のドレ狙ハ所ドルののニ化お曜精
囚リゃ場スン技コツ場テっ囚然日結
化ぎ芸摘解訪をトーせ化狙歩の
読加まじ一覧問覧重モク結百黄覧ド
安向ハリム私ビ百物所阪合退ヌ
っノ私化結結だぎ圧阪でサき
砂き画再側応報砂まお投登社
通だ悪フ投ノヒ弱テ精ぽ本
ソカ最ド報投テもモだ嶋セ加
クヌっ海やチろ報同一実ハ
ラ応結ゴれまンソ愛京実験
ブのぐひムてヌチ海ハせ会トど

# Puzzle 239

まクお育自まセし重向チだ場投登ふ狙チ
精ド海何転室をッぼヒドィデ場金所しもし
ノ二開ノ車社トをコどえ室ふテ属気クにもお摘
百開合どスロ過半話どひえりラ気選応通かかお写
ぽまひスャレ半トどひ応因ブをセ応ふろらわ応に
まひも開辞もクントクぼノ歩無報結ぽどニ通きゃ
ひ報サぎ然クウ同意砂モ無報精結らずモ育通ざ
ヌ狙妊辞クサ論ひはもり多進ぽどニ、ニょ室
チ無砂てだぽギ歩出モやはもど話ーきゃ多ざ
私加二解海摘登摘愛化場やるりぐ専家応ぐ
ひ故規制妊摘や出画社ヒ通ぐ門評価育
金き応乏論化っサ場や画む歩評価応

過半数の
ディスターブを
テキスト
天気
同意し
評価
自転車の
本当の
にもかかわらず、
専門家の
セットを
ウサギは
教え
釣りは
規制を
教室
綿を
フロント
ウサギ
属し

# Puzzle 240

合べ画ホも金セ意ニカ所ハ読りっ選私
ノ二育ちリ摘でニ二重ヌる応せいざヱ
ひ登ど阪ひ狙摘二重社ス味深砂リ金ゃ
テ二ふ所もヌ結芸ソ合興開話百ヨユツ選
何場百ドのヱ囚因しる故育大発登遊コ砂
向暫砂テロ二ヱ意き動物側化学院暫加び心ス
海向ノで一投ゅ解然選重一緒にセ能心ク摘
ひぎ二ニりプお歩本ひ重よニチお再ハ投
ヌ貴無場故リュチど話開ニこ出り会ょモ
部重だ意一チャ歩チこレ場精ススェチ育
門だせ選論ヌレ所論場妊読のひェエ応
嶋圧妊で論何ンサくノ読暫れ覧レだクチ
セ然応何何私論ジ妊読
無砂ゅ側てっイトーラア暫覧
オートバイ私トラ

大学院
サイト
動物は
チューリップ
様々な
貴重
オートバイ
アラート
ドロップ
部門
選ぶ
カニ
もちろんの
一緒に
遊び心
興味深い
全員の
ひよこ
開発
チャレンジ

# Puzzle 241

| | | | | | | | | | | | | | | | |
|---|---|---|---|---|---|---|---|---|---|---|---|---|---|---|---|
| コ | コ | ぽ | 画 | きん | 報 | お | ナ | 安 | 狙 | チ | だ | ふ | ニょ | 摘 | 海 |
| ヌ | 通 | ひん | 妊 | き | 不 | 画 | ビ | れ | ス | 技 | 京 | だ | テ | ス | ト |
| セ | ハ | だ | 二 | 所 | 退 | 結 | ゲ | ヱ | で | 術 | 辞 | ゅ | ス | 狙 | ろ |
| 砂 | ニ | ッ | ト | ひ | 規 | 合 | ー | ト | き | ハ | だ | む | ク | ろ | っ |
| 真 | の | 応 | コ | 退 | 則 | 何 | ト | ラ | バ | 年 | 開 | や | 乏 | 精 | ク |
| 辞 | 後 | ノ | ラ | 画 | む | だ | 弱 | セ | 私 | 間 | 報 | ま | ろ | 化 | 阪 |
| 報 | 最 | ょ | 二 | き | な | 喜 | や | 室 | ぼ | 情 | 登 | ょ | カ | 出 | ヌ |
| 京 | 、 | 開 | 論 | ど | 妊 | しん | 天 | 何 | 覧 | ハ | ベ | 写 | く | 室 | ベ |
| ぎ | ホ | ん | 報 | 金 | ざ | 室 | 国 | 少 | 無 | ク | ひ | ぼ | 退 | 海 | セ |
| ソ | ど | ぎ | ヒ | 精 | れ | 天 | の | 数 | ぎ | り | た | お | 覧 | ラ | ニ |
| 方 | 退 | ド | 二 | 私 | ソ | 国 | ひ | 京 | 論 | の | お | ぼ | グ | ラ | ど |
| 見 | つ | け | ま | す | ペ | 加 | ま | 化 | ス | り | 化 | く | ャ | ロ | ギ |
| く | じ | 登 | ド | 布 | イ | 数 | 京 | プ | レ | 解 | 暫 | じ | ロ | ー | ェ |
| 解 | ノ | 覧 | ヌ | 配 | サ | 無 | 会 | ス | だ | じ | ょ | お | ー | 愛 | 所 |
| タ | ク | シ | ー | 所 | 砂 | 場 | 安 | ト | だ | 故 | れ | | | | |

見つけます
輝き
ギャロップ
真の
タクシー
不規則な
天国の
ハンバーガー
あたりの
ナビゲート
喜ん
ペイント
情報
グロー
配布する
少数
技術
サイ
年間
、最後の

# Puzzle 242

| | | | | | | | | | | | | | | | | | |
|---|---|---|---|---|---|---|---|---|---|---|---|---|---|---|---|---|---|
| ク | 選 | 何 | サ | 室 | ふ | 応 | サ | ス | な | 切 | 適 | 、 | 許 | 石 | 報 | 化 | じ |
| 重 | 所 | ヌ | 農 | ソ | 精 | 方 | ケ | ひ | レ | 嶋 | ニ | 容 | 私 | は | ひ | 何 | 意 |
| 読 | 辞 | 通 | 家 | 側 | 育 | 海 | ー | 海 | っ | 囚 | ン | 砂 | 狙 | ホ | 話 | 向 | 話 |
| リ | 通 | 登 | 権 | ヌ | ひ | 重 | 解 | 金 | 故 | コ | ジ | せ | 論 | 話 | 嶋 | 方 | 向 |
| ツ | 向 | 安 | ド | 摘 | ん | 写 | 金 | 登 | き | テ | ン | ざ | を | 然 | ぎ | 読 | 読 |
| 囚 | 投 | 二 | パ | ン | 社 | ヌ | 登 | 読 | 計 | ン | が | 批 | 重 | エ | チ | ク | ク |
| 選 | モ | 私 | 方 | ま | 読 | ぼ | 通 | 通 | 時 | が | 私 | 判 | エ | の | 登 | 手 | 手 |
| る | 囚 | 無 | 狙 | 投 | の | ハ | 応 | 応 | 日 | 私 | 歩 | て | ハ | ス | ド | 続 | 続 |
| ル | 写 | ぎ | 教 | 読 | 写 | 登 | 誕 | ひ | 選 | 段 | 方 | 他 | タ | ホ | 加 | き | き |
| 摘 | ヌ | ぎ | 会 | 場 | ま | ひ | 重 | ツ | サ | 歩 | ハ | 画 | リ | ー | ノ | の | の |
| テ | ぎ | 会 | し | 市 | ト | テ | 辞 | ツ | ポ | 方 | た | イ | コ | 登 | ト | ク | ク |
| き | 作 | し | 所 | 民 | ヌ | 出 | 報 | 応 | ー | ア | り | く | モ | む | ス | し | 通 |
| ス | ぎ | 方 | の | 市 | き | き | 場 | て | ズ | セ | 愛 | 無 | ス | 阪 | 囚 | く | |
| 意 | ま | 登 | 摘 | 民 | じ | 育 | 所 | む | れ | ー | 会 | 囚 | | | | | |
| 進 | お | ぼ | き | の | ぎ | リ | 進 | 権 | コ | し | て | | | | | | |
| ホ | て | ぐ | モ | 側 | 乏 | 通 | ゅ | て | 阪 | | | | | | | | |

の階段が
タイガー
批判を
誕生日
ポーズ
、ニンジン
他の
許容
、適切な
農家
日時計
手続きの
市民の
ホーク
作成し
パンの
石は
アイリス
教会
スケート

# Puzzle 243

芸セ権覧の精っく写室サ投加ぼ選精囚場ヱ
乏ロ加れ中意んズ権本る票ひま ヌ弱だ無退室加
ぎ加じ社でまモク海一論化くヌ結だぐ解阪ゅょ
無フ通ホれ本一登レポニの月必死結芸ト歩ャ囚多向セど
ィィ場金狙阪メインの死合退ぎ妊向自捧の下に
ッソ登力側嶋辞るるール辞金加報狙進読ゅカ
セょソ小麦化弱ひカプリ辞るろ報化狙百べ
退芸だ話粉曜日ひ妊金加ヌ報化写狙進トょべ
写て狙権麦曜るテリ辞通ひ愛本写狙進べ
写解権べカ砂プカ化向自進読
退進応リのッリひ本ベ
クじ結暫画ド辞る写じ
ロモ幸所開海開通愛進
ッひせ開重育ひ本ト
クニヌ話投薄ろサじ進
だ多辞写投薄いサじ

セロリ
自身の
投票
フィット
数の
幸せ
のポーズ
小麦粉
捧げる
クロック
モーメント
の下に
月曜日
防衛
クレイジー
の中で
必死
薄い
ハンマー
のカップル

# Puzzle 244

警官
入力して
くらい
軌道
ナット
自由
返信
緩い
先生の
は、
服は
ピザ
の後ろに
流体
必要と
懸念
剣テーブル
のような
キャロット
機会

リ投や入軌道多っ本リ向応妊ひぽひ
合は服力退ツだむ弱合まで開ト私ょ応
ピ、緩し精圧加ん写所ぎ会ソ多応ん二会
ザ砂いて返信ベ阪ひ応会ハ金んニ会ひ
や砂カらぼチ会ト通ひ安応ろ報れだも
まンドくきつハ読無安本登安金出だ選
ド登金開所読向社後開ク室ふ芸キ海
や暫ル剣れテ囚向のよエクょ京ャ精進
何登暫阪れ然故妊ラくフ警登故ロ私流
自愛るひ応妊何くナ加官む重ッ応体
由ニひヱ歩本ュッナ写写通育トふ然ょ
テまサ愛機トろ先生ろ懸ょ応ひ暫ス
っクぎ安応会レだニもとク報能阪ょ
ツ会加応会れだニもとク報能然ス

# Puzzle 245

エルフっ応ぎテサ話べ私ぎ通知モ
ノだ能力は退ひをハイライトスじ
百金室セ側ふふ砂いをハルス画モ
故、突然解報願再通テ特ぼニ開る
意はひふん報読読圧論おド暫意応暫故
しいハノトド方育ぼまツ権暫意らニ多合
優結スひむ話囚品トやき覧金開ひカ選
暫スラまし出ソひ応私画投覧嶋圧百無
時間のニひ愛資投私は重解圧ろせし
ドニモて多画、、カレだお出ろ無選
場料ざょモ百ざど重スお分ヱ
無社ぎ化ツ論ひ、嶋レビだスア
覧論化乏だろむどカレビだス分
無ハフライ選権話でゲートで社ざ自レサ

突然
通知
ハイライト
特別な
願いを
スカート
能力は
、まだ
フライ
レビュー
食品
自分を
エルフ
ゲートは、
キツネ
スティックは、
無料の
時間の
、投資
優しい

# Puzzle 246

ウッド
ラクダ
、市民
燃やしました
時々
、ここで
欺く
しばしば
高速道路の
積極的な
スティール
雪玉
叔父は、
セクション
送ら
メモリ
クリップが
キジ
横に振りました
インタビュー

スヱ積弱選妊ぎ退キジハ海ど囚意ハチインタ
化読極ょヌニぼホ退カノ所ままひ化ひ化金ビ
せ結的合ヌれクトっノ妊セぎ金囚投ュ
画、な京合ぐ応ぐょ側ドク投お読て
暫市スィーヌ愛高だ乏て進クくたよ報投欺
ざ民スだ私時写ぼきダン海っく然
場再圧重だ開ぼむドウ結ぎ再ぽ
っ暫ぎレてきぼ時ぎだ化リムたてン
れ社通解ルくヌ々送振ドウ雪応モ
ざで会きクトょらプ妊玉叔リ
向ばしレぐ歩歩セスクウ加父応
燃やくツ登結ゃ何しダクンは
会で摘ぐしホめ論でじ精エ妊、チ

# Puzzle 247

明まてどょだ側だでざ権ど意側ラつ加
やら出選故ク投てむぽ方ス画再ラれ能
んヌかて金セヌ超狙方会ト読ライひ狙
選エ方にコ登じ砂超高側、小数点ざ進
側ク読コす辞ニ弱側層報弱点安クボひ幅
感スフォ投るて恐だ室報私っおも室レき報
をプォ意きて海弱をじひつコ海ラムツ
故レーきく恐ハ弱つ越ろ出アプレム化ま
場スカく退れヌっテえひだローチ解百化嶋
ぽテスコ退まヌ会ヌテま越多ー向つサ
嶋きコ愛能狙ふぎエ会登室だ覧で登室ヌ
何ニド単狙権だぎ政精ぼ化芸る室む
安まス芸単意化登除世い紀に妊はハ
トっぎヌ語ヌ化応場歩側ふ囚夕食ひせっ
れ暫ひ応ざっ場歩側ふ囚夕食ひせっ

ライラック
感を
ボディ
超高層
、小数点
プラム
政府の
夕食
アプローチ
フォーカス
世紀には
している
明らかにする
エクスプレス
幅広
裁判所
除い
単語の
恐れ
を越え

# Puzzle 248

経験
トリック
ポニー
ワールド
彼の
人形
関連付ける
バニー
の友人の
スペース
顧客
従業員は
カー
最も幸せな
自分の
俳優
ディナー
賢明な
コーナー
カップ

意トだ従弱カ解ざゅの芸開ょ加コょやバ
トリックおス業ーナィデュ友スニスーニ論ぐ
覧コト所関員カはカの人砂でポーナクレ
辞圧っしだ連応ックプ写金やるンすせルな
れソじルけ合セ方やセ最る弱
だトく京加付ける京画多し彼二囚もふ応
賢明京コンむ育本化狙嶋写ぼ二
ヌ辞乏画登経験だ狙重重優だ然る
もな人形だ砂自本化チ顧育何進京るヌだ
る話クラ会然自分室再ノ客ニ論精応ニ
れポぽワールド能再ワセ報育写重登

# Puzzle 249

```
阪 水 安 ツ ヒ す も ん 正 し い ツ む 出 ま ろ 阪
ノ 泳 む ド ヌ ま 重 た サ イ ク リ ニ グ 覧 、 読
化 だ 室 着 読 し ょ 投 ら 嶋 リ ヌ 応 チ 画 優 む
海 お が 用 て り 登 ら デ シ ケ 応 し だ そ れ テ
ひ 阪 影 暫 示 投 向 謝 リ 投 ー シ た セ そ た 結
誕 多 故 ラ 嶋 お 会 感 ケ ス ト ャ ぐ リ リ り 婚
遠 む 然 む だ 退 摘 育 ー チ 投 ク 安 キ ャ ノ ス
征 じ 育 っ お 金 育 権 ス ク 金 多 む ス ょ 報 進
ル ひ 然 お 権 踊 結 場 ト な ク だ ぐ エ む 多 側
ひ 百 て 所 場 踊 躇 ょ な 多 だ や ク 場 ろ 愛 ガ
れ ヱ 百 ヱ ソ ニ ょ テ ひ 本 ツ 多 報 ろ ど ノ ラ
化 囚 ざ 何 や 歩 結 サ 京 応 応 ツ 本 話 ど 権 ス
再 し 社 海 圧 会 っ 辞 応 ニ ホ し 意 芸 し 愛 く
ふ ょ だ 鼻 ベ テ ゃ っ ひ 愛 進 エ も し ま
ひ 弱 精 し 進 ぼ 金 辞 弱 ま モ 退 百 も エ ま
```

遠征
着用し
サイクリング
シャウト
正しい
誕生の
含ま
示しています
感謝し
エキスパート
ガラス
、優れた
結婚
の鼻
躊躇
水泳
デリケートな
そり
の影が
もたらした

# Puzzle 250

機能を
オープン
責任
乗算
検査
剛性の
トラム
チェア
があり
防ぐ
膨大
注ぐ
撤回
雪の
穏やかに
パーティーは、
なし
トライアル
夕焼けの
通学

```
オ ー プ ン 画 撤 回 安 ま ノ 通 ょ く ひ 歩 コ パ
エ だ ひ ぼ 金 で ス 然 コ 意 ホ 登 コ 通 解 ー テ
ク ス 側 ひ ょ 乏 妊 能 ま 妊 狙 か 狙 合 社 ひ ィ
モ ヱ モ サ ノ 読 画 覧 穏 加 や 社 安 に く ー
安 く ニ ニ 暫 故 だ ひ 解 ど や 通 百 私 じ ぐ は
っ テ モ 無 く 多 然 嶋 ど サ 加 学 安 学 ぽ 、
ん が ャ ホ て き ラ ノ ュ 圧 出 雪 重 出 論 く
嶋 あ 解 ホ も 社 ク ラ サ 登 ツ の 側 き 検 合
ト り 応 圧 ホ 故 ヱ エ イ 重 セ 性 本 応 査 向
ラ 応 ド 故 社 ひ サ 歩 ア ニ ル 剛 海 乗 歩 選
ム 多 焼 ぐ 安 ク 機 通 ェ 私 方 算 注 方 っ 精
タ 焼 け ク の ヱ 能 ド ニ 私 二 ぐ 暫 ど 登 選
ま け 場 の ソ 機 膨 を ュ ど 私 読 場 で 多 読
ト だ 責 カ 進 リ 大 百 私 ど 防 芸 安 場 摘
会 任 二 ノ る 弱 精 登 二 ぐ 二 安 室 ぐ
場 ニ ノ エ な し 登 二 防 ぐ ど
```

# Puzzle 251

愛 は オ コ ジョ 愛 ひ 故 じ む 写 簡 前 解 解
情 い 論 エ ノ ひ む ニ ニ し 報 応 方 株 然
の を 再 チ ヒ む 暫 応 重 小 育 ぎ ト 側 ニ
態 側 っ ヌ 向 だ ニ 摘 さ れ れ レ レ ン 応
状 ス 化 ク 進 ぽ 出 応 権 な だ っ ャ ひ カ
だ ゅ だ ス だ む ニ 力 有 ざ 有 で バ ス ニ
話 無 ド だ それ じ ゃ 覧 合 芸 所 無 ャ 向 暫
金 意 ト 進 ぞ ゃ ツ サ ・ 加 ・ 洗 ゅ だ 結
無 味 辞 れ 知 ら ウ 応 で だ 故 浄 摘 多 ニ
ラ だ な れ ら コ サ ン ひ モ 阪 等 し 登
側 つ ル 向 百 応 ら 然 動 話 ハ ノ で 会 退
む 応 覧 し ま お だ き ひ ル 砂 登 海
嶋 ざ 方 ひ だ ざ 金 辞 報 ど ラ ラ 妊 い る
リ シーン や ゃ 金 場 育 砂 ぽ ひ 摘
権 チ 解 圧 通 応 報 会 じ む れ 応 ぽ っ

**単語リスト:**
有名
株式
それぞれ
状態の
バス
等しい
はいを
小さな
前方
知ら
シーン
洗浄
動き
サウンド・
無意味な
スター
愛情の
クリーン
オコジョ
簡単

# Puzzle 252

**単語リスト:**
何でも
マグ
フェレット
、常に
理解して
連想させます
急に
ターキー
シネマ
編集
オブジェクトを
トマト
アヒル
テイク
愚かな
、正確な
ポータブル
ノウハウの
プライマリ
傷ついた

ノ 出 妊 モ 理 だ ク 通 会 ぐ 開 写 場 登 ト 進 辞
ゥ 妊 ト 解 進 オ ブ ジェクト 写 を 京 側 ヌ 場 安
ハ ト 応 べ し オ ブ ジェ く か な フ 編 何 ツ で も
ウ マ 嶋 ニ て ポ ア く ふ な フェ つ 然 ぎ 然 結
の ト 無 シ る ク ー ヒ ル ブ レ い 重 ホ ヌ ぽ れ
ぐ ネ リ ひ エ 解 ひ タ ル ッ た 暫 方 ぽ 合
ょ マ 摘 ャ イ ド ラ エ 論 ブ 通 然 妊 芸 コ っ っ
ふ だ 通 マ 摘 連 プ 会 ト 重 結 読 ス 砂
ヒ く ろ ド 想 お ル 側 ル 通 所 だ 本 狙
ソ ス 圧 登 させ な 結 テ 通 化 能 ぽ 場 も
も ヌ ト テ ま て 確 ひ ぽ 所 登 金 っ ぎ 方
京 ふ や ひ す ホ 正 ゃ 辞 ヌ 出 覧 じ ヌ
ターキー 急 ク に 常 ， 出 合 コ 登 無 読 嶋
テイク 然 論 し 、 化 ざ 芸 ぎ 精
ツ 応 サ ハ ル ツ ざ 結 写 む 出 読

# Puzzle 253

妊 圧 つ 重 ツ っ 応 満 月 は 、 多 ぎ ょ や 発 辞
ゅ 室 愛 ス 狙 意 ヌ 嶋 意 レ ぽ ハ ぽ 解 見 ヌ ぐ
ょ ん 京 ヒ 歓 を 慎 重 な ぽ 囚 愛 し 然 心 し 所
室 重 ヒ 方 迎 私 卜 鳥 の お カ 室 カ な な た 二 故
投 レ 場 安 登 ふ ケ マ う だ ッ 然 心 ち ろ 熱 カ
ゃ サ む リ 暫 加 ワ チ ち ル ド な ろ 育 ざ ク ュ
報 だ 囚 ろ コ 能 ラ フ 多 ス ツ 重 ヌ ょ カ ヌ
乏 や ハ 登 応 写 ヒ リ ぎ レ 存 砂 れ ュ チ 多
暫 歩 海 金 販 所 ぐ カ っ プ 加 お チ ワ ク
ジ く 社 エ ぐ 再 私 、 囚 お ソ 結 再 ー 画
ャ く 場 二 囚 社 ラ く リ ソ シ ニ 砂 お 多
ケ ゃ も 二 ノ 法 本 歩 れ ベ 話 ャ 多 混
ッ ま っ 囚 ニ 定 所 芸 つ っ ヒ ニ 投 乱
ト ぎ 方 歩 卜 ゃ 出 私 摘 む だ ワ ー
フ ラ ッ ト カ 育 ひ 出 私 摘 ド れ 読 セ 出 混 乱

法定
販売
、カリフラワー
鳥の
熱心な
慎重な
歓迎を
屋外で
存続
うち
ジャケット
スケートを
マーク
フラット
プレス
シャワー
混乱
発見しました
満月は、
カット

# Puzzle 254

の簡素化
役割
暴力
セーター
常駐を
現在
ています
空洞
ネットワーク
もつれ
正確な
シリーズ
値の
うなり声の
実用的な
アーティスト
クライ
かかし
ので、
受け入れ

だ ぎ ズ れ 話 無 会 ゅ 投 だ 、 で の ト ョ ノ ハ
う セ リ セ 結 受 け 入 れ や 投 写 現 簡 歩 室 レ
な 暫 コ ー ん 入 ど セ つ 摘 現 在 の ょ 化 ょ
り 向 シ ター 再 セ っ 弱 弱 所 値 の レ ふ せ 暫 も
声 辞 モ 多 室 ニ 意 安 画 合 写 化 だ れ 愛 つ
の 権 リ 解 ル ハ 覧 安 側 つ い 論 ク ホ 辞 れ
空 登 コ 再 安 っ 弱 ふ ラ エ 開 ラ し 海 安
だ 洞 常 画 つ 多 役 登 て ひ ひ 解 イ か 京 暫
画 ろ 応 駐 を モ 割 育 ド モ 通 重 ろ ょ し 合
ア 実 用 選 ト カ 退 っ だ リ 進 合 か 摘 つ ひ
弱 セ ど 的 な 役 ス 育 せ や せ る つ 圧 芸 っ 通
お ど お だ る ヱ ト っ 阪 狙 も テ 阪 だ ハ 合
私 っ 再 再 ヱ 退 ょ 再 暴 ゃ ソ ん 囚 阪 歩 ぽ
ネ ット ワーク ょ ゅ 解 ぎ 力 ゃ ソ ん 妊 ひ
テ 多 進 本 画 ょ ゅ 解 ぎ 多 解 力 歩

# Puzzle 255

```
ー バ イ ラ ド 方 再 金 強 摘 登 ノ 場 進 安 ハ ょ
阪 ふ ン ワ ぐ せ ん い ビ ソ っ 故 ま ぼ 敬 遠
論 お デ ー 権 何 能 方 所 狙 ど ー モ 故 京 し
ド 金 ッ ム 選 ぎ 出 所 出 チ る モ 通 再 退 所
ヒ 重 ク ス ひ ド チ 圧 退 向 サ レ り ぽ 人 合 退 刑 再 務 所
場 化 ス ィ 結 れ フ 芸 話 暫 ん 画 面 白 再 嶋 合 歩 ル 務 所
結 れ 合 登 オ ト だ 報 ク ヌ じ ど 解 む 暫 サ 狙 だ 場 報 百 向 京 り
ト 合 登 ボ ー ル ょ 報 ク ら だ サ ろ 狙 サ 私 エ
百 ホ イ ー ル ニ ス ボ 重 を 声 退 ス ひ
本 や 狙 ス ど 応 然 ル る ひ 金 私 エ 場 向 論 ス 京 り
```

父の
刑務所
ワーム
敬遠
議論
オフィス
声を出し
貢献
インデックス
ビーチの
強い
誰の
人間
ボルト
が成長の
ドライバー
ホイール
面白い
妹を
用品の

# Puzzle 256

ロケット
となって
なっ
チェイス
ナツメグ
遠く
アタック
なくなっ
、大人を
アカウントを
は何も
動物園の
食事
ミイラ
感動を
となっ
の可能な
摩耗
ふわふわ
カタツムリ

```
側 解 コ 向 ろ ど ス し 、 能 せ る 然 場 ナ 方 芸
化 っ 権 っ 再 や せ 覧 大 ス と な っ て ツ 故 嶋
ア カ ウ ン ト を 加 合 人 ト 多 能 囲 む メ 進 だ
チ リ 社 読 進 チ れ モ は を 可 食 グ 歩 ぽ
ま 能 進 向 チ ェ れ み 何 遠 写 の 乏 室 ん 狙 ク
暫 歩 ん ラ イ エ ス 意 私 く 解 わ 精 ス 出 画
動 じ き エ ス 投 っ グ 、 も レ 論 摘 わ カ ぐ 狙
物 通 社 投 芸 社 能 で 登 海 本 登 精 ふ ド だ
園 育 多 摩 耗 べ で 重 モ ト も る 育 ふ 辞 出
の と ニ ん ろ 登 感 ニ 応 ニ せ ん 私 暫 ア
エ ニ な っ て 感 ロ ケ ッ ホ 覧 ハ ど タ
摘 カ タ ツ ム リ 動 金 ラ ニ ク ト き 通 故 し ッ
ぼ カ 覧 金 愛 を っ テ ニ ト 登 出 リ ク
ノ ク つ 加 ク ス ニ だ 再 金 ヒ チ ハ ト 出
```

```
ベ 社 お 辞 覧 芸 フ 方 室 場 室 側 投 辞 む ヱ 登
ド 多 ノ 退 軍 リ 砂 ひ ぐ 向 ん お 読 読 私 ひ ふ
ヌ 金 だ ト の ッ ヌ む ラ 動 物 、 相 読 摘 お 出
ー アメリカ ト 報 を 行 パ カ ヱ 弱 ド 権 地 の 特 定 写 結 用
ノ 砂 ソ 覧 歩 安 多 が 海 と ヒ ち の 理 や 百 ト 歩 し 辞 社 や
阪 ハ ろ だ 故 化 社 こ る 向 的 な ブ 進 っ し 辞 ス だ りゅ
ひ ょ つ 応 だ ヌ きょ 話 せ 向 平 和 的 応 っ ん 投 百 能
ょ ド ヌ きょ 育 狙 何 摘 っ 海 無 でょ 金 無 投 ソ 無 ソ
う 解 読 育 再 狙 歩 リ 登 摘 海 応 ん 金 れ し ー ノ
解 読 育 狙 せ 向 平 だ ホ 応 的 っ ブ 進 だ ス タ ン
育 読 再 狙 何 摘 っ 平 ホ 海 無 金 れ ー ノ ソ
ひ 京 ろ 何 摘 っ 海 無 でょ 無 投 ソ 無 リ ぐ リ
ノ 妊 乏 歩 リ 登 無 投 ソ 百 ぎゅ ひ く ヒ
然 だ ト れ 摘 でょ 無 ソ し ド ツ ぐ リ 社 阪 精
```

```
ぎ ニ 社 ソ ス 囚 合 ハ 美 しょ い コ 辞 方 ニ リ
報 辞 場 長 緩 や か な 行 無 開 ン ヌ 方 っ 本
土 曜 日 に の 謎 ド 加 為 投 圧 ト コ 法 き 退
場 ヒ ホ 芸 辞 故 向 エ の 合 ひ 出 ラ 話 百 金 選
せ ソ れ 所 写 無 ヱ つ ヒ れ テ 砂 ス 圧 写 サ 所
ひ 再 権 権 本 っ ど じ 所 ま 応 ハ ト 方 合 ニ 出
つ 場 だ 育 写 操 囚 故 辞 き は エ 、 じ 合 乏
会 ヌ ょ 嶋 だ れ 然 本 所 京 構 ょ 私 お せ
エ し 通 ヌ ヌ 妊 ク 報 再 語 砂 築 乏 重 て ょ
ぐ 百 何 ど だ ド 阪 進 彙 覧 囚 ぎ 本 ラ む
開 セ ス ノ 読 安 コ ミ ッ ト メ ン ト 向 叫 ホ だ き
合 応 ク 通 地 球 を ミ ッ 化 び ゅ 出 ス
ト 所 し 多 権 チ ス 向 ざ 室 は 圧 人
弱 唯 一 の オ プ シ ョ ン の 投 間 違 っ 通 、 重
砂 唯 一 の 投 無 百 乏 コ 嶋 ソ キ ャ ン ド ル
```

# Puzzle 259

投ヌ妊登おクイ辞辞経安っい京モむ何
退モ話どェクリーマ然済意くレソれ意
ェンジンがラョグナ応安ひまぎレぐ精
ヱひエきまックナアだ社金メの室ラだ
ホ社る尋ねボれア京報ネが痛話開ブ退
開くもゅボプ芸選ひネい覧が読スシ論
トむ蚊を写ロ重ェノィじすっじニ報能
報ホを話芸エ圧写ハがむ何室反映まじ
方二向チ報ヌせてる摘ろざ故安ぼじヌ
ソ芸結ヒニ狙ざせラ向ぐ登側合鉱スろ
メーを金海ェ本ざる計ざ写嶋ひ山エ精
観狙れヌ多投再時ラ無側愛つ応ニでサ
ぎ察意歩側お通無ヒ計登じ投能無ゃサ
ホ二れカ摘ぎ出ひ砂故合鉱れェやサス
雨のチひサふ私出合砂セくざ歩ニド歩

メガネ
経済
観察
いくつかの
鉱山
ブラシ
エンジンが
痛い
雨の
川の
クラッシュ
イーグル
ボート
メールを
時計
反映
蚊を
プロパティが
尋ね
アナグマ

# Puzzle 260

より多くの
保ちます
ボウル
野菜を
ドライブ
リピート
一目
家賃の
独立
早い
趣味
ヒョウ
植物
フィードの
曇り
フェンスを
リソース
安全が
状況を
相手

リぐのく多りよ保ド百ノ百リ野菜をじ
ふソド所っ化私ちライ海論菜くしコ応
場トィピリょまイる意ヌ方登て早い手
じまフス曇るふすブ金摘クど相や側ひ
化通じソりん砂ラし登会化趣む歩ヒエ
リ退社ざ愛だ投だひ再育応目てウ進フ
出京の安全がまヌぼ愛ぽ状一無ェ何ァ
家賃画るクやソっ育場方況むンおヌ応
ェて開向意ニ歩狙芸ぼクをスン解ぎ妊
暫阪工会無能植物育論レ加独解ェ会
京会ふ京ヌセ芸るだホド重立応辞ゅ
クる開京ノハサ狙進京ヌ所然ど育
能だ本場や進登囚ヌ所ど重

# Puzzle 261

芸 ろ 何 注 素 摘 ト 通 話 ノ モ パ 読 能 故 ヱ む 社
ハ ふ 金 か が ぼ リ 狙 応 な ル フ な カ の じ 退 化
退 会 じ チ 多 な 単 簡 く ー ー ォ き ー る だ 京 ぐ
で じ 重 向 メ ジ ャ ー む き セ ニ ー モ 選 ん む ノ
乏 、 圧 論 弱 っ た セ ニ モ ま テ マ 無 応 ス ク ノ
午 再 ス エ ょ 通 語 辞 故 拒 ハ ン ざ ひ だ 重 ニ テ
後 り 応 モ 向 語 だ 覧 ニ ハ チ ス 否 キ 狙 ノ 読
場 良 芸 所 ゅ の し 然 し ノ 七 重 ャ れ セ き 登 せ
や い 重 向 写 と べ 囚 チ つ 面 芸 ッ ス 重 キ 通 嶋
ろ 社 か で ぐ が モ 暫 読 ニ 鳥 の ト ひ リ れ 社 ぼ
に 静 砂 乏 妊 っ 冷 く の っ コ 金 キ 故 ィ 安
ヒ 加 多 教 っ ま 蔵 圧 方 読 ス 弱 ン 妊 ム 加
ざ 側 読 授 二 も 庫 多 じ 合 ク 通 テ
ざ 故 砂 何 海 歩 無 方 砂 論 囚 圧 む

メジャー
語っ
冷蔵庫の
セキュリティ
何か
簡単な
教授
いった
のカラフルな
午後
拒否
先のとがった
パフォーマンスを
注が
七面鳥の
キャットキン
に静かで
素敵な
、より良い
モーテル

# Puzzle 262

室 登 レ 囚 孤 お ヌ 覧 能 ふ 阪 場 テ 室 シ ぽ ト
ト れ き 結 独 ハ て 嶋 つ 読 チ ま 狙 ま ャ 本
ょ く 本 嶋 な 必 ヒ ぎ く ん ク 乏 圧 ワ ス 百
だ 話 ス ス ー ブ ト ム ン ニ ド 応 画
ハ 愛 ス レ 巻 ハ 能 ー ひ ロ 健 が ま
る ろ 何 ス よ き ン ル 妊 ク 康 社 ぎ
カ 登 う 世 は 戻 ド 写 愛 フ く 会 ぽ
登 て 世 紀 ル し ル ぎ 意 暫 ぼ 室 ス ろ ル
解 セ コ ツ ツ 話 ぎ 京 応 ひ ソ べ ニ
編 カ 弱 削 摘 安 む べ 洗 金 重 リ む 退
私 を 開 除 む 弱 く 濯 レ 応 だ 京 所
べ ノ 除 く 多 摘 安 選 お ぼ ひ 病 圧 じ
ラ イ オ ン の 弱 写 エ 意 辞 開 院 乏 っ
る ド 再 弱 ゃ 通 画 再 が っ 読 京 合 育
し む 摘 場 モ 意 ぐ コ ん で サ ス 京

巻き戻し
のレコードが
シャワーが
フクロウ
世紀は
洗濯
必要な
削除を
編を
ハンドル
ライオンの
ミックス
健康
同じ
できるよう
のない
ストーブ
病院
孤独な
ムーン

# Puzzle 263

読 覧 画 じょ 意 阪 結 ざ 狙 通 北 極 テソ 圧 ニ
側 応 暫 合 ヱ ぎっ ヒ ぎょ ケ っ じ 話 話 本 再
れ 弱 画 読 ぎ 選 出 ょ 何 れ モ まぎ 無
ソ ト 育 歩 ひ 通 飛 ヒ 投 登 利 何 加 サ
芸 場 コ 退 の 機 行 ア る ど 用 ょ サ シ ミ
百 サ ー ビ ス 手 リ し ヒ 投 退 可 選 ク ッ
ぼ 精 し 安 っ 実 行 て っ ぼ ア 決 ト ト
ト 砂 砂 ヌ だ き 能 ニ 芸 安 リ 多 育 は
ま 画 ク 二 十 ノ 妊 ド 乏 ル や 、
狙 ゃ 右 場 歩 年 を ニ エ や ソ ゅ ト 再
摘 っ の 権 愛 加 画 ド お ル ホ 通 レ 弱
、 最 近 エ せ ひ 壁 サ き ビ ぼ 能 チ 魚 ひ
ひ ニ 向 ラ 精 重 ニ く 多 エ ど ル ペ っ
百 多 話 解 方 で カ レ 側 重 テ 登 ス も
覧 せ る 愛 だ 再 摘 妊 退 ド 狙 結 無 覧 レ

**単語:**
- 十年を
- サミットは、
- 、最近
- 壁画を
- アリ
- スペルチェック
- 飛行機の
- ひどい
- 手の
- 右の
- 北極
- サービス
- ケフィア
- 評決
- シンク
- 櫛の
- ビルドを
- 利用可能
- 実行している
- 魚の

# Puzzle 264

**単語:**
- 感触
- ストリーム
- 行く
- 符号
- 白い
- 生産
- 竜が
- カーテン
- 連絡先
- 貴族の
- を奪う
- 謙虚な
- ワイン
- 誤差
- クリスマスの
- の有害が
- 調査の
- 傾向が
- ブラウス
- 生物学

話 画 ス ぎ 何 ホ 謙 だ ぐ で カ リ つ ぎ ん チ ヌ
ス ト 応 だ 投 セ 論 虚 ヱ 竜 一 産 ざ ょ 権 ゃ 阪
つ せ 故 応 囚 向 ゃ 応 な が テ 生 圧 ラ て く 弱
室 行 く 読 社 ヌ 無 報 会 辞 ン 物 コ 芸 チ 二
ハ 覧 ワ 貴 愛 金 応 室 ひ 加 本 権 の ヱ
論 ふ イ 族 応 ク ム ス 方 向 て 暫 ま む 有 故
べ 暫 ン の ス マ リ ス だ だ 画 再 カ が ま
合 エ 結 査 だ ゃ 向 白 ん ブ ラ ソ 写 ス
符 号 妊 調 京 芸 解 ス い 囚 結 ろ 故 囚 権
阪 セ 結 合 海 ク ょ チ 何 ヱ 報 ぬ 社 選 む
海 意 本 辞 誤 レ だ ド 二 応 故 れ 精 れ ハ
場 っ ど 側 差 多 本 連 先 傾 海 乏 感
で ヌ ク 覧 砂 向 砂 登 ぎ を 向 芸 触
ホ テ 金 写 ゃ ド せ 所 ヱ 奪 が ク 育 触
出 ニ ヱ 論 ド 向 う ク ヌ

# Puzzle 265

```
ト レ ド 通 お 妊 圧 ク 表 ト 能 ポ 写 精 ク カ ト
セ 画 金 場 し 阪 ロ ま 現 ほ ケ ハ ヒ 無 化 サ テ
能 ホ ま 歩 で ひ ッ コ ほ う 能 退 ッ 場 お ド 歩
社 ょ 緊 ヌ と だ カ も れ ん 側 さ 母 を だ 化 母
ル ク ニ 急 芸 砂 ス ヒ の 夜 草 の 場 ド ざ 二 室
コ リ ト 選 妊 砂 無 ラ ヒ 進 嶋 リ セ だ や 画 出
く ト 通 所 愛 登 囲 阪 シ ー ズ 嶋 っ コ ン ひ 狙
所 通 環 育 ス 嶋 定 京 社 百 リ っ パ リ ゅ お っ
モ チ 境 だ な リ 的 ソ ヒ 社 所 っ ソ 乏 私 応 百
画 妊 だ リ ソ 所 し ょ れ ヒ 百 加 権 ニ ょ 側 困
無 暫 退 ニ ウ サ ギ ひ べ ひ 話 セ 割 パ セ リ ま
れ 写 百 ひ べ ひ 話 る ヌ ふ 私 ま 加 ょ 困 難 な
ぎ き ヌ ス る ヌ ふ 私 ま 加 ょ 困 難 な お 愛 嶋
```

ほうれん草
コンパニオン
困難な
緊急
な否定的な
ウサギの
おめでとう
クロッカス
センドを
もの
からの
パセリ
お母さん
表現
夜の
分割
ポケット
家の
環境
シーズン

# Puzzle 266

研究
羊の
スウェーデン人の
船を
消防士
与えました
フリージア
アトミック
更新
シャンプー
スツール
ネイル
サークル
無視
実行に
かむ
候補
役員の
選択は
黄色

```
海 合 エ 妊 所 コ 論 ク れ じ ふ 向 だ ぎ 開 京 然
方 囲 ど 金 圧 の 羊 ぐ 精 ト ヌ 更 私 じ 結 ホ 圧
与 ニ 社 砂 ろ 人 ゅ サ 側 嶋 ぼ 新 意 ハ 進 結 重
話 え 応 じ じ ン っ ド 砂 意 ぼ む む ド ヌ 進 海
愛 ら ま ざ ニ デ ノ コ ホ 解 百 つ れ じ ネ ヌ ク
消 防 士 し 側 サ コ ル 黄 砂 覧 れ じ ハ イ ホ 愛
研 辞 側 候 た ー リ 室 色 京 ニ 百 じ 応 ル 安 故
究 る ク 補 向 ウ 百 っ 役 視 ノ 覧 れ 重 ク ハ レ
意 ぎ ソ 能 囲 ス べ 二 員 の チ ニ か 化 ろ 囲 ラ
解 ラ フ 室 ろ ク ル さ の 写 ラ ノ む 意 エ カ ゅ
投 む せ リ 安 ッ ミ ん 選 応 ょ チ に 安 ト ト れ
海 ル リ ぎ ー は ジ ト 乏 サ れ ラ 論 側 無 写 場
む エ 写 て 芸 ジ コ じ サ シ ャ ン プ ー だ を ニ
場 然 ぎ 私 コ 向 れ 方 ろ 二 お 暫 ヌ 能 ヱ 解 側
精 京 場 画 向 れ 方 ろ 二 お 暫 ヌ 能 ヱ 解 側 出
```

# Puzzle 267

進チせ報海進ノ辞金し目ハ何レ画ひ圧
ヒクじ結っまぎすまきでがとこ像砂応
応じま精む加投ク選精食側単せ育むを
登ろ合能べひトニケな便利位弱金再ハ
カゅて退ぎス海ケ開的なジ金く恩赦何
せぎ報画精む辞じ報主ラュ恩ょ出まざ
だク物本妊安てレ結安ヒサケきせまも
の物理的んむぽに重自信コトケひせ嶋
ぎヒ妊ヌ登カが緑、バタフライぐの結
乏ヌ登出ふス応、開圧能ツ結コ重ひの
リくふょテ写開場開ま然暫チト通ぎラひ
品ぼっ重イ応ぽ視加ラモれ応だ故精加
質っスも応ぽん視加ラ応チれざ場重ラ
写方スく化し側トニ狙モ安安ヌぎ精側
クるくど応無ニ狙モ安安ヌぎ狙重精側

ことができます
ケアの
が、
単位を
ウエスト
恩赦
バタフライ
品質
に自信
視力
ステイ
便利な
食べる
画像
目が覚めた
ケトル
自主的な
の物理的な
スケジュール
、緑

# Puzzle 268

干しぶどう
男が
ネギ
ジャンプが
祖先
ランプ
幸運
弱い
不思議に思う
ポット
安い
スプレッド
検索
キウイ
ハード
キューピッド
星が
基本
中心
ローブ

画場れ論不思議に思うどうぶし干ヌ
狙クヌ妊方カっ百イウキス選海登場ヌ
向ぎ応ハやぐむ所ヱュ所二意運
多ひ男が何投むどモレ本ぐひ
無場だテざ退ネギランプッセひるに
場本京や金芸がニだ意
退ド通故ひぽん安中心金索エぐ幸運
覧写ニヒヌ歩ラ重方ハード検星れ
向摘っ圧ろまヌ意社辞べカジど京きべ乏写
ギテスぎ摘向覧退ド無場多向狙ク画
い弱エ意っひ写加だひぎ男ぎュヌ場
ロ一海砂まひ通まやぎ応妊れ
開出ブ意ハ圧二基故投むハ方論
しひ退むェ退本ざどモレ化カ不
再弱トくきヌ京ネギ本っぐ思
ょ芸ゅむっぽ中やランピセひ議
ポット権チ辞安どプっひに
ょじ意意べハ方金芸思
コ権ぽエ室先覧ードエるう
選スセリっ精読ンざどぶ
愛プニ加んひ写ジ検星れ干
スレッぎるふ京多しぐ星運ヌ
むドガだ二しぐ写退幸
出社社京べるトヌ

# Puzzle 269

っぺゅニ百ひ弱ふぎ画ヌニ応ょ成分学
狙じだお無室退クヌ王室困権っ能応生
重コま私応弱もっコ多室所ら通意ニ話の
せ辞閉せ維持平野読体レくラ避まべ話開
解セ込加個機べハぎ本精ひカだきニ見然
開ふ乏乏人的妊べ話ニつブニ何の登もど
しぽめるサ化に確正む工ぐ、つ先学校のぽま
ぽスるまコス再ラ登写方ェ選ぎつま先のスス摘
ス権れサオイラヒス場つ狙側会退選論話弱砂弱ヒ
マシンぼチ多つ狙開側会退選論話弱ょ乏ルスっマ
権私むヌ

**Word list:**
王室
コミュニティは、
平野
必見
機能は、
回避する
閉じ込める
成分
つま先
学生の
正確に
学校の
マシン
維持
ライオン
個人的に
困ら
ヒマワリ
本体
クラブの

# Puzzle 270

**Word list:**
警察
レストラン
コーヒー
世代
キー
方向
気に入った
友人
シマウマ
遅い
より
公園
のトレーニング
エッジ
の関係は、
ガソリン
消防士の
損失
ピアノ
同一

解トょ報ぽヌで百だニらっ出ぐ妊再ゅ京
合ヌよりぽスく安リ阪安二意るぎ合じク場ジサし
読ょど方ぽレス乏ぎじ重嶋やエクむ阪芸っ無ク
話公園だ進応砂きシ暫テむドレ圧ルヌし歩っ
写ぎんまま故精加ょシマウ京ヌひレヌンし歩乏ぎ
ニ意チ狙側気に百ラ出ガンエ応世スひ解ノ乏ノ
友報ぽっ消むホ重も結結解ひ代ひ結ど
登人暫防む暫じ囲クょ安のハ応ソカひド暫解し
選芸士の囲た無結重同関警狙歩リ乏ろ
コ出読き愛応ぼ係はいコまーまぼ
愛べっトレーニング重解本遅ひコロし会
のドノ意安ラ百カ応解っ砂京話ーラ
ぽ意安ラ百カ応解っ砂京話ーラ

# Puzzle 271

```
場応故れ開サセ会砂能会モクも投スま
ラじチ解ニしカ利用可本能く圧ホリムラビ論論画や
ょ芸室定の多ホだ本ぎハクだ応選社べせ
要ま花出覧投チセろ砂通解らリ嶋じ親側ムざ投妊ト
ノひのルク科を摘ヌ通意もなテ京登金っ結切歩おだ
ト場るっ理修暫ざ再論もう伴くよテれさお証拠ぽセン
も退投ドル応ヌ再論伴テさお無だン応ぎ
退までグルカホ金嶋友人テ出無ぎセ登んれま
ヒょ百チだお開危人が然再ヌカ社選い投妊論
社で所合で嶋おだ場機権画力社む鋭いん
本狙ひ妊妊だスベ権画力むスニ応れま
ラホぎぽ
```

利用可能な
鋭い
危機
親切
修理を
クリーム
ケース
花の
友人が
要求
伴う
笑える
一定の
証拠
カーペット
ベビー
理科の
クモ
さようなら
ホールド

# Puzzle 272

```
歩結囚会ぎヌぼヌ百ぐヱサツひ私室ニも精
スだ妊ゅリ阪安私故思っエ開開ス応し育っだツれ
コ海滅む覧芸始セ歌うっ砂コ開れ多金じく隠だニ化辞
絶向ト出ぎ通ニモ投写ぎトホプれお息くれだすど登阪
話しでプ側暫ヌど論病家のヘ合ルプ子しんおま多チ
解写ュリ通登だ院族だドス面リ隠だ本カ能化ふ
摘合テトりスラ泥おら砂むスト暫面ンだす阪画
合電カをだくジさせ百所百トコ社っ重本ょま暫
退出バーッラおせ百むスキー見無見育チゃっ阪
カバゅ覧がきょ摘摘然進場ぎ結モし暫ん
弱選論圧画ぎセ砂場安進場ぎ結ひし暫っ
```

スキー
隠す
面積は
病院の
クジラ
電を
ヘルプ
歌う
開始
カバーが
思っ
泥だらけの
息子の
、シカ
絶滅
持っているが、
を見て
カラス
ストリップ
の家族に

# Puzzle 273

```
狙 カ 、 レ 金 ん 故 応 論 ん 通 エ 阪 何 ス チ や せ
ま 論 非 話 で 故 暫 レ 阪 ヒ 応 圧 開 所 圧 ノ 開 退
ひ き 常 ニ 意 所 レ ラ ぼ 開 境 場 催 ぎ ノ ト 然 ぎ
再 る に 利 ホ 無 方 チ っ れ 界 読 る ひ 暫 ト 辞 阪
重 場 ニ ハ ソ 百 金 チ ぎ グ セ 加 魔 再 然 然 じ 多
退 テ ハ ル ド 点 化 ャ れ ン 加 女 画 辞 然 ホ 加 コ
見 つ け ぐ ノ 化 摘 ン じ リ グ の 最 一 結 リ 能 ヌ
砂 進 き ぽ 合 ッ 権 じ イ ス 芸 コ 辞 バ 選 合 ぼ 、
場 投 方 カ 安 リ ク サ ホ 最 辞 バ 進 応 向 メ ル 実
エ 所 能 エ 投 だ ふ ヌ 海 海 リ ン 使 金 何 祖 多 際
圧 能 っ 加 報 ス ヌ 海 も ふ 画 ヌ 用 何 ク 母 何 に
含 め だ 阪 室 ひ べ も 然 く ル だ は ぐ 解 は ぐ 圧
し 解 の 伝 統 的 な 再 度 、 と 思 い ま す ひ 肖 像
育 結 阪 再 度 、 と 思 い ま す ひ 肖 像 何 っ
```

肖像
ノック
見つけ
スリップ
、実際に
開催
魔女
メンバーの
最高の
含め
と思います
の伝統的な
祖母
、非常に
境界
再度、
利点
サイリング
使用は
チャンス

# Puzzle 274

追求
のいずれか
セキュリティを
群れ
万人の
心の
リング
レース
医学
正式に
重量
脂肪
カリフラワー
氷の
全体
、完全な
最近
安全に
ピース
叫んだ

```
追 ソ ク ソ カ 何 だ 化 セ 通 場 ピ 万 っ 狙 べ ぎ
ト 求 方 然 リ 重 能 せ キ ト 加 ー 人 叫 最 近 コ ょ
モ く 意 能 フ 量 ラ 阪 ュ 応 ー ス ん 二 登 、 チ
る ろ じ む ラ 社 画 場 リ 乏 ヌ 合 の だ 嶋 登 写 完
囚 テ 多 阪 ワ 解 室 私 テ 読 京 せ 出 画 応 報 全 報
ぽ 砂 ホ ヌ ー 正 ヒ に ィ 開 報 き る 二 き ぎ な ぎ
登 再 ろ カ 話 芸 ャ 故 を 覧 の 心 二 阪 医 論 権 り
レ お レ 話 然 ざ 何 体 の に く 育 っ 学 っ 砂 だ
で 暫 ー 歩 読 出 方 る 安 全 報 む 方 ど 登 か 場 だ
れ ひ ス リ ト 無 ド 通 力 報 ゅ 安 所 ず だ ぐ ざ ヌ
ぎ ぼ 精 ン 投 乏 れ 氷 の き 解 合 れ き 論 れ 芸
ド ひ る グ ひ 囚 出 退 場 解 ゆ 覧 側 つ 重 ろ
ぎ 重 き ク 室 何 囚 辞 ト き 向 方 所 れ 重 論 ツ
脂 ゃ 砂 側 ヒ ぐ ニ コ ぐ 進 ぎ ヱ ソ で 側 コ
肪 解 報 側 ヒ ニ ク ぐ ぎ ソ 側
```

# Puzzle 275

```
、育サ無リ盗ん故需ニセ嶋囚ク社ゃょヌ
も個向選ア再場や要回登信ブュチセ通加
化せ重覧エラエ加通報をベヌまロリ何本
論ぎ々だのイ再通つで開投ベクスッやや圧
選ぼ所ラネ然辞れ辞ベ投ざ無辞合ラコト進
ソ金く愛ゃィ室ど無化や合ロも弱コじぎひ
金だ然モ開カニ解だラコト緑、向意画ひ向
だハれが辞ィぼ意緑ノ、圧投向場解嶋今ス
ハ辞向ざ阪まヌブテどリ然報やオ辞じおニ
辞完ろ応覧圧ラコリ然京やオオヤマネコだ退
完芸璧嶋ら向読お読能開開自体間育モざ能
芸話ツ重ょれチぎ阪きソ多能辞レターだ
話ツ権ょれチ
```

リスト:
- ショー
- 緑、
- 今日の
- リアライズ
- 、個々の
- 廃液
- 需要を
- 二回
- ネイティブ
- オオヤマネコ
- 信号
- レター
- ハングが
- 完璧
- ブロック
- チューブ
- 時間
- も、盗ん
- 自体

# Puzzle 276

リスト:
- ダングル
- リード
- の電話
- の連続した
- 持っていた
- カウボーイ
- 複雑な
- 機関
- 他人に
- 波の
- 個別の
- ため
- 検討し
- 委員会
- ファミリー
- 最良
- ピンク
- のり
- のサイクルの
- 有する

```
安妊妊ファミリー精方芸クむ覧然辞ん
意ゃツ育精ソ写りるだ話進での応っだきざ画歩
リまス所結ひノの側ルクイサ弱コチ辞最通良
ピ複雑な本覧波電再多チト選二登通報ぎ報
ン結んで結社トま委員会話精ひ解化き囚ど場
ク有れ解ヌ進私進進きゅトノ乏別選室登出能エ
すょ結ツ本登弱ハ育結場べ他に応た能多せ
る画故検ためダ弱セ化グ側暫安応連レ
出スノ重覧ひ機関リード他側何論所阪のむ向
ぎっ権重ヌクょぽニ場れチ所暫開写ヲテ安
ハカウボーイ投ん砂く化応重二のむリ
```

# Puzzle 277

```
出 ぎ ニ 方 ゅ だ 報 ホ 通 登 品 の ル ペ ス く
ニ 席 発 見 だ 囚 結 社 意 覧 子 し ン ラ 故 暫
何 し 無 ス ひ 囚 本 朝 も 会 し ェ ラ ッ 分 ん
歩 ひ セ セ ゃ ソ サ 食 育 朝 分 本 シ バ 京 ょ
合 然 通 加 ソ や せ 退 応 論 ヌ 京 ュ ヌ 開 を
社 せ む ド ろ ど 京 ひ 論 私 し ま 摘 海 進 報
ま 意 む ッ ぽ 向 重 論 場 意 ノ 進 安 セ 輸 写
進 無 カ 然 き だ で 画 ひ ぽ プ 海 嶋 ム 送 も
無 ょ 乏 百 、 室 合 報 囚 ブ ベ コ ラ リ も き
場 べ 側 は 室 ラ ひ 報 ー ル サ ー しゅ グ 再 レ
ぎ れ 暫 テ 権 ク ブ ル 進 カ 必 ラ 愛 精 安
合 ク し シ ト ど ル カ 投 セ 要 、 意 ソ
ゃ レ 出 ゃ マ 阪 圧 圧 何 ー ツ 加 海 重 愛 ホ
ま ク テ セ コ 然 カ エ 産 生 ド ラ 写 意 せ ソ
ニ ス ぐ 写 だ 画 ト 側 ろ ド 社 ょ の 重 愛
```

ブルー
品の
シット
バッタの
グループ
朝食
コーム
出席
スペルの、グランド
フェンス
輸送
分子の
リーク
マップは、
の生産
発見
カードの
必要
ラッシュを

# Puzzle 278

歯ブラシ
連邦
目に見える
数える
ローカル
ブルーベル
ボクシング
カナリア
ゼリー
に空
する非難
適切な
ガス
イレーサー
組み合わせ
のオファー
提供
大きな
スグリ
速い

```
ま リ ソ ゼ ア ル カ ー ロ イ ル 連 二 愛 む 再 弱
ホ も 海 ア リ ベ ニ ふ 安 レ 邦 れ ひ 暫 ょ 場
場 ニ 阪 リ ベ ナ エ 多 レ 一 場 論 工 ろ ボ
本 っ 写 チ ナ ー ひ だ だ 阪 覧 社 解 ク
て も 意 再 カ ル だ 暫 非 ヌ 開 本 暫 シ
ニ ざ ノ ぼ モ ブ す 難 ヌ 会 嶋 ひ 数 ン
歯 安 阪 摘 ふ る 何 空 見 ノ え べ グ
ブ じ 暫 お ス 本 提 目 に く え 金 る 重 ぽ
ラ 権 ん の ひ グ 百 供 し だ 画 大 ま や
シ ス オ 組 歩 リ 速 い ニ サ ガ っ な り
ぽ ざ 場 フ っ み ど 合 わ せ ク ス た 切 合
写 読 リ ァ ャ 海 リ 応 ょ 結 投 多 向 適 開
ぐ 再 ー 会 お ぎ だ ソ 再 重 覧 登 歩 会
ヌ 報 囚 ひ ょ ノ ぐ テ 応 解 だ 弱 つ だ
ハ 故 解 覧 レ 登 覧 方 再 加 向 ひ 覧 安 ス
```

# Puzzle 279

海重スス多ぎコ合ソふふだノろ所待クヌ報
だぐ応タどっコ読ヱひトひスろ機ヌろカゃカニアょざ
ろき方暫ンマコミサ権登海ぎ金ルカ育れリクざ安
クヌ進弱ーピ登洪権水ざ囚投ドぼベひク退ヒリ退
じ重ニぎュせ本サくて向嶋ざ解ぎもリ阪登やし側論開ッ
ルト嶋重力サ金融向暫側出話解ツ私重覧論乏じ
囚嶋出再ヌ摘むし精くどト狙標陽出ト乏側大のルーツゃ
ノ側ぎ社会ジむくど報れだ狙ヌ論本ょチ災級上本だ無っ
でスレッジ側達っ砂成嶋れお何ひっ写囚むツまだ本だ無
画方ひ会れ

---

# Puzzle 280

報投退弱ャっぽレざ多くのエお無
じぐどにジ業界をギュッ通チひノト
完全然一意覧ヱうをテレまで百投
ネ会場登思ト側覧出室ヒノ投
マやネ会進嶋ぼとテスト方だハがニリ
能にコむひどソだテ進ツ権回ヌ嶋リ
ホクあリーステ暫精ょむや復意ヌ
巧妙な一般ホースツ退妊砂るル社ガ解出
だ進たノゅモク狙砂れドチ百ヒ
絵筆ダひ権暫クんだ摘会くトウチ無
ルブダドまトお加ヌチドートピ投チ
カ解乏所きト画写加海チド百歩然約エンドウセ応無百ヒ
圧二き辞弱報能ヒ辞っ進重ラツ京ヲ何束セ応
劇場はだどヌ能出辞妊権狙ヲ
ま安どモ所ク嶋出場本ど妊

## Puzzle 279 word list

ツールの
重力
の上級
最大の
陽気
ベルト
スレッジ
まだ
スタンプ
ドアトカゲ
達成
ミトン
洪水
待機
海を金融
ピーマン
標準
火災

## Puzzle 280 word list

あなた
エンドウ
巧妙な
ダブル
完全に
約束
センチピード
だと思う
ギュッ
ガチョウ
回復が
一般な
テストを
絵筆
劇場は
業界を
多くの
カール
マネージャ
について

# Puzzle 281

退ん応る意む摘場トソリっ共ヱ最写も
せつ投然ど登読エサだ通向大通然育し
おべ私応化再読常通二論海然重再ょエで
ヱろエがだ類の頭画置狙本狙れきや向エ
開化室る育種歩百社おひ本彼もレッ方ホ
ソ読むび結嶋お高砂多ニ愛弱らソ重開選
フもラ滅百テ砂度カソニおパのソ室せひ
トやっ解だ報無本動阪ハパ登簡然応ぎゃ
をっせ出もひも砂百ヒ百ョ室素クルせ向
囲範メ妊位会会ニ作論セ登簡クル開が方
トッ方話置室でニコてニひ阪ぎ化ろ阪ぎ
テセーカがサゅレ金故百狙化っチが京る
ヌトジサゅん読きに何無方じぐハょ出京

彼らの
ソフトを
置く
前に
パパ
通常の
飛行機を
範囲を
、風の
位置が
百頭の
メッセージ
最大
簡素化
チェックが
高度
共通
種類の
滅びるが、
動作

# Puzzle 282

多分
応答
フォロー
購入
貿易
関係の
コミュニティは
モック
寛大
要因
快適
明確に
かわいい
ブリード
オープナー
サッカー
めったに
外国
ディスカッション
増殖

場ニ所コミュニティは多要ひひっせ所だ解
向チ貿易ぎむょトス向因ぎ海登精ニじ金意
ラむふ場囚ラだぐ出所れだ摘暫応クロ化囚
多能ニゃ外っつ育くぎ場ツ応ヒフロぐコ
写レざヱ国トぽ辞乏ヌむカ無登シスヒハ
摘重だざニぽ出サャおカッ登シスざぎ私も
意ふ退ニ金合育ヒ関係フ登増弱退ざスヒ覧
ブリード然ひぎ摘確ニ快ドヌ暫再私再ぎ意
っだナ辞トゅ明芸快適ヌ増暫応画ト意
方ふプぽっカ権か芸結ヌ歩ニ応ぎ
結京ーエ寛大わモ育進京ふ
ろれオ京論何購いぽめ所私
重応開っェだ入いソッハ私京
囚ク選ょ登再れ答チ結ニト
ラ狙話ひや再報応でチ結ふ

# Puzzle 283

チニ然社くを明るくだん投読ソ金ク然
投ひつク覧士紳え会適格ノルクマは、愛
加じ登出故側弁与京ヱ摘砂ぼひ妊でイふ
退嶋向ろ側弁海ニまコぼ摘百場セク狙妊ワニエ
サじジュース砂まコぼ摘ぎ本画セク狙何発会重人阪
ス登砂くだ登ぎおト場写モゅ再狙然権クノ嶋や
私読ゃニ摘登通精ぼ場お写クヨコ報然ヘアコ育会砂
読つヒ重るグレープ化れ慎権靴っ歩愛方ぎ故ドふ阪ラ合
摘狙ゃ論解スチじ弱応にヱ京読のも然砂応ひ再き
む何ド所育じ弱応話圧ヌニ本カむま太字

コヨーテ
ジュース
テロ
紳士
を明るく
太字
慎重に
弁護士を
発言
プレイ
与える
ヘア
いらいら
人気の
クマは、
グレープ
への
ワニ
適格
靴の

# Puzzle 284

ミラー
構造
帽子
ソリューションを
理解
乗っ
の赤ちゃんの
発音を
存在
秘書
クッカー
満たす
と言う
マスター
チェリー
気候
調査
シェード
組織
ベッドの

ル辞む退開れ調りむ育ヒ乗っ加帽ふひ
秘書権おどろ査組織摘ひ能カ合阪子きょ
故れ登ヌ室再ラニ話所嶋気通論京よせ
何ゅ加話と言う砂ゅコ二候ヱくエ愛ホ会ひ
愛愛出重意狙海愛砂せ安お場リもっクッカーラミ
歩話し登話やソスっ社安だすエトだテ構造
理阪セハサ百然サ発安圧を意側テのコ
解チェリー合ふベ音まテ報スぎろじ赤百テ
ヱ何退スタュ何ぐス再エ育ちゃツコ
ひぎヌせスーショエ砂ぽ解囚ん嶋ませ
能然愛存マシ何クベ弱精のる乏場
論場ぎ妊在ョン画ベッドヒ精
加愛ツひむをェ構造シェード場
ふん社れ暫私ツシェードツ
化妊

# Puzzle 285

```
ヘ ロ ー タ パ ぽ 論 応 ソ エ カ 選 ヌ 乾 嶋
育 通 再 ぎ 方 ド ホ ふ ズ ー チ ン 始 燥 能
百 然 解 ひ ど 彼 野 ら 心 ト ト ピ め ヌ ト
王 阪 行 わ ヒ 結 所 論 で 故 ュ だ ろ 応 故
冠 ぐ 故 囚 レ じ 重 向 室 結 ル で ヒ ー 通
の 話 囚 ド 弱 応 選 解 ん ル 登 結 嶋 加 出
ノ 狙 ド カ ヱ 弱 選 能 セ 登 ひ 嶋 社 ボ ル
る き だ 故 ま ひ 所 サ ん ヱ 暫 解 ル 特 ぐ
狙 だ 故 ヱ 開 ス 所 選 ぽ 参 照 安 乏 結 に
デ 故 ィ 開 ス プ ス カ フ ょ じ ト 乏 安 コ
ど ィ ス 間 ぽ 参 照 安 乏 ぎ ー 通 出 ざ ぽ
期 ス 間 合 じ る マ 側 ト 安 ノ 加 退 じ じ
ヱ 間 ぽ じ 参 照 安 乏 場 ニ 進 に コ ぽ じ
海 合 じ る マ ニ 加 無 ょ む 芸 場 ノ 加 退
進 ろ 然 じ 側 ト 安 ノ 登 ど 狙 場 意 狙 摘
```

曲線
ラジオ
ドライバ
乾燥
野心
ヘロン
ソート
チーズ
ディプロマ
王冠の
始める
参照
彼ら
行わ
特に
期間
バスケットボールの
スカーフ
パターン
コンピュータ

# Puzzle 286

旅行の
知恵
分析
感情の
、標準的な
チョコレートの
成功
絹のような
水分を
マップの
通信
可能
帽子の
読み取りに
月面
避難
セル
ドレイク
の商用
アイデンティティ

```
ろ ょ 重 場 絹 チ 妊 ベ ド 結 ハ 芸 避 チ む ア
感 情 の 二 本 の 暫 ぎ レ の 商 用 難 ョ 覧 砂 イ
セ ざ 精 開 リ プ よ 応 イ 圧 ぐ お る コ ス じ デ
場 ひ き や ざ ッ だ う ク ふ だ 選 チ レ 方 ま ン
だ 乏 京 分 マ 話 ひ な モ な 場 じ ー ど っ テ
ひ 成 ぎ ど せ 意 百 私 芸 結 き ラ ト 月 愛 ィ
故 功 セ ル カ 報 場 ぼ 退 愛 ぼ み の 面 論 解
ル 報 リ っ ま ホ 退 ス 進 京 海 帽 取 二 む 歩
歩 可 選 芸 ま ド ス だ ぽ ノ 重 子 り ぐ る 開
ル 能 応 だ ひ レ テ だ ぼ む む の に ぽ 京 画
だ 知 ひ ょ 弱 ど レ 水 狙 加 応 ひ て だ 二 ハ
応 何 恵 ひ 旅 行 ス 分 会 出 芸 レ ヱ 向 て
嶋 社 出 モ の 室 レ を ぎ ラ ヱ ひ ノ ソ 何
、 標 準 的 な ぎ つ れ お 重 通 ス 進 能
ラ 結 ヌ 二 しん ひ 室 き 重 弱 信 化 重 退
```

# Puzzle 287

意 私 ざ 私 出 今 通 反 動 エ チ ゅ 弱 ぎ 博 ヌ 室 ホ
準 備 が で き て や 無 応 機 乏 モ 権 方 物 歩 本 む
テ 権 ろ 結 方 サ 私 は の 狙 力 努 国 の も 段 画 く
も ス メ ハ 然 ソ ヌ 応 っ 進 暫 む ぎ 金 ド 落 一 し
ぽ 開 カ 通 選 ト ヌ ひ 退 応 む チ も 退 な す 度 故
っ 加 ニ 室 何 レ エ 何 勇 敢 ド な ぎ 愛 る 多 圧 度
で 百 ッ 覧 然 風 れ ぎ ど 親 テ ひ な ぎ 重 で 退 圧
チ ヌ ク 所 故 呂 っ ゃ ょ ぎ ひ る テ ひ 愛 ショート 側
ぽ 化 再 登 ク 暫 ト く ぎ の の き 百 の 重 百 ソ 画
く 能 愛 社 る コ 何 ス ょ テ き 応 コ ュ 側 も
囚 乏 能 バ 話 決 ぎ ょ ど 価 画 縫 応 モ
ホ ひ コ ニ 会 定 ひ 論 読 値 モ 製 圧 だ
嶋 方 ニ 登 テ 向 狙 愛 を 本 カ 何
ゅ ハ ー し 何 エ 狙 き ぼ 画 愛 だ 乏 歩

準備ができて
決定
縫製
努力の
勇敢な
一度
親愛なる
ショート
フィールドの
博物館の
段落
動機の
愛する
風呂
の価値を
今や
国際
反応は
メカニック
バルコニー

---

# Puzzle 288

(word list)

責任ある
リス
きれいを
チップ
ポテト
ホッケー
別の
本質的な
文化
腐っ
的地理
夏の
同様の
個人は
余りが
昇給の
資源
イベント
との間で
サポート

(grid)

ス 応 社 ざ る だ ぐ き ふ 合 覧 っ じ 応 私 重
む 室 狙 チ 合 然 れ 側 退 お 会 こ 私 コ と し
ど カ 話 再 進 何 い 辞 開 テ せ れ の ク 給 様
何 む だ っ ふ 辞 を 別 京 余 し ど 間 ぎ も 様
ざ 社 ょ ュ コ ど 阪 の 摘 り 責 ぎ で く る
ん も ま セ ニ で 結 向 ひ が 任 ポ あ 投 安
ぐ 本 る ヌ せ 砂 退 辞 ル 室 テ ク 登 阪 重
登 登 選 つ だ イ 狙 通 チ 無 カ 摘 ソ 金 腐
む ハ 質 き ク ベ 通 狙 加 チ ろ 側 も ぎ き
セ 応 的 チ ト ン プ 個 ぼ 側 ょ サ ぼ レ ハ
ル 弱 通 ト だ 開 狙 人 重 報 圧 ー 投 所 っ
ク だ れ セ 開 話 ぐ ゃ プ だ く 資 ド 結
辞 辞 的 地 話 的 ノ 夏 開 ひ 嶋 源 金 妊
選 ぐ ヌ 圧 だ 結 ぐ チ の 文 つ 育 ぼ レ

# Puzzle 289

```
ク ょ ゅ ろ フ 化 ゅ 論 側 カ だ 京 摘 覧 投 ざ 私
ろ 育 応 ヌ ィ 意 ぐ 意 と 考 重 記 て 画 る れ き
解 弱 私 ギ ニ ま 重 開 方 側 ニ 金 は ホ 重 本
弱 歩 何 ヌ ュ ト 重 故 愛 ょ 覧 然 権 ッ 増 加 ぽ
れ や ク 歩 ア れ 結 教 モ 乏 何 ラ ス 歩 識 を 側
暫 売 ツ ゃ れ 画 約 師 愛 ぽ 芸 ト ホ 知 識 会 論
ひ り ル 圧 だ ヒ 話 電 話 べ ハ ラ 血 液 暫 金 愛
ニ 手 ニ ゅ 摘 ハ ム ス タ ー 若 レ ス だ ノ ト っ
乏 砂 能 方 結 投 ハ ル ぐ い ざ チ 登 ド ン の
論 ぽ 向 権 ち じ サ 多 ヌ ゅ チ 権 ス ウ 先
開 じ 百 し 向 報 縄 暫 多 ラ 登 愛 く ス
加 権 ス リ 解 せ 海 百 ヌ ヌ べ 場 私 く
チ 説 愛 安 ヱ ト ス ろ 百 進 登 せ ょ ハ
コ ド 明 チ ぐ リ む で 加 ニ 百 ラ ハ 私
取 引 社 育 何 阪 て カ 再 金 安 ス 側 社
```

教師
記事は
ハムスター
ラウンド
血液
投げ縄
先の
若い
条約
レスポンスの
失望
取引
知識を
売り手
増加
説明
好む
フィギュア
電話
と考えている

# Puzzle 290

アリーナ
急いで
空腹の
輸出
のヒット
ウールの
撮影
苦しみ
サンドキャッスル
キリン
ている
ミッション
コンパクトな
コーチの
維持する
シナモン
キャッチ
犯罪
看護師を
カメラ

```
社 も て の チ コ れ じ だ 応 話 コ キ む 故 ド
ニ ス 妊 ヒ サ ン ド キ ャ ッ ス ル ン ヌ ャ ト で チ
嶋 場 ツ ッ 所 ド リ 精 て 苦 し み パ 向 だ ッ 通 芸
応 テ だ ト 辞 ョ 投 キ い 安 ひ カ 歩 歩 室 妊
多 多 だ つ 側 シ 登 ト る 側 ょ リ ト ふ 砂 ヒ 辞
応 社 結 所 お ミ き 再 進 す ス ん な せ モ チ
く 権 能 私 京 だ 百 室 急 持 報 レ 多 会 ヒ
る ヒ 応 再 ツ 百 海 京 い 維 側 チ 選 ク
ぽ 解 ヌ ツ 故 側 能 カ で 何 報 む ヱ て 結
く ゅ 砂 る 論 進 レ せ く 弱 看 ッ 私 ラ ノ
読 能 ツ 進 権 ン る 報 ふ 護 ウ カ し 金
だ 論 読 ゅ 私 ち 場 レ 師 ー 解 ひ ホ サ
精 撮 影 モ ぎ チ く む ス 輸 を ル 圧 精 応
ア リ ー ナ 応 芸 で シ 摘 二 ゃ 罪 退 ぎ 化 空 腹 の
合 無 て シ 摘 ニ ゃ 罪 退 ぎ 解 化 空 ベ
```

# Puzzle 291

だ 歩 じ 物 語 再 無 囚 然 ス 調 ティーポット 能 場 ょ 所
せ ル 方 薬 進 ニ ハ っ ぽ 京 百 開 ぐ 嶋 ぐ 論 ま ひ
ニ っ 砂 故 覧 権 意 ぽ 海 登 ド 進 故 然 側 妊 サ ヌ
ア ド レ ス 辞 だ 、 で 所 ぐ ぼ 辞 登 カ 摘 私 暫 読
し 読 ヒ ク っ き ト 話 特 定 通 海 ヱ 辞 ヌ 芸 社 向
ド 昨 る ノ 弱 ト 弱 定 の イ タ チ ン 報 ハ 再 弱 ニ
重 昨 日 育 ま 能 百 招 カ ベ 然 室 ン ス 乏 だ 写 能
故 方 圧 囚 摘 権 招 ど ヒ 圧 有 リ ニ ホ 写 て レ ラ
精 だ 社 場 や 再 意 ヒ 圧 無 利 な 側 少 礼 ム ド ッ
だ 激 応 砂 選 重 話 写 結 レ 圧 い な 加 百 ー チ ゅ
激 怒 む て 化 本 ぎ ト 合 画 話 サ 側 進 ブ ル ス 重
せ っ け ん ト 室 加 っ 会 ト 合 砂 圧 場 ク っ 辞 化 む ざ 側

**せっけん**
**ブルーム**
**イタチ**
**昨日**
**ティーポット**
**ストリート**
**スチール**
**激怒**
**少ない**
**調理**
**有利な**
**物語**
**アドレス**
**、特定の**
**ランチ**
**のほか**
**招待**
**薬物**
**子羊**
**失礼な**

# Puzzle 292

**減少**
**ほとんど**
**適用する**
**獲得**
**行動**
**プレイヤー**
**イルカの**
**ゴースト**
**古代**
**ちょっと**
**寝室の**
**愚か者の**
**オレンジ**
**カブトムシが**
**冬の**
**チェーン**
**バッグ**
**みなさん**
**タウント**
**ショック**

適 獲 育 ラ 応 冬 の む 囚 辞 応 加 ラ イ カ の
カ 用 得 だ だ む 百 こ て 狙 だ ニ ル ま 無 囚 ど
ひ 登 す 加 通 む か 暫 や 愛 ぽ ゅ カ ぼ 本 ど
リ 乏 べ る も 愚 嶋 砂 然 リ ノ に 登 場 ス 囚
だ 弱 だ 報 阪 ま ヌ 出 ヌ 愛 ふ セ 愛 方 チ 本
向 安 ス 乏 ヒ セ ろ 行 精 ざ 愛 ド 圧 報 モ ス
意 だ カ ブ ト 方 が 動 リ 精 古 グ 摘 京 金 ぎ
ほ カ 育 結 セ シ 妊 チ レ 私 弱 ッ 寝 室 バ 加
と 育 さ な み ち ろ リ ン 会 ひ ク 室 の 海
ん さ ー ヒ 室 愛 ド 場 辞 ス 歩 つ の ょ ベ 所
ど 出 ヤ 室 減 っ ノ 愛 報 精 海 サ 金 私 ソ る
出 ぼ イ 減 少 と 加 愛 合 側 登 覧 砂 阪 登 モ
ぼ オ ニ ぎ 意 場 精 所 歩 ツ く 砂 阪 ん 京 だ
オ レ ン ジ タ ウ ン ト チ プ ニ ぎ 意 場 精 論

## Puzzle 293

愛 読み 取り り セ れ 何 ヒ 進 弱 画 何 愛 く ソ ゅ セ
ド ヒ 明 は お 登 登 金 病 ソ ニ ぽ 妊
ヤ ー ド 日 っ ク 向 ひ 気 ハ れ 本 ヌ じゃ リ
故 郷 お だ ん 然 側 ぎ の 用 画 能 暫 じ レ
申し 訳 あ り ま せ ん 場 ヌ 育 二 ぽ 競 語 開 結 通 っ 登 狙 私
狙 変 摘 解 暫 通 ノ お な じ み 合 時 っ だ 意 テ 嶋 摘 の
囚 位 くぐ 話 側 ト ラ 柔 軟 な の 室 問 然 圧 応 ろ だ 辞
向 砂 会 展 示 を ま 投 サ ト 的 題 る 場 通 嶋 ん 何
だ セ ニ 重 ま む ふ 愛 電 ル ヌ 結 徳 進 多 ざ ハ ろ 摘
暫 海 登 開 安 妊 リ っ も ゅ 気 ス ラ 然 結 道 、 弱 加 海 京
ぽ 進 会 カ む 報 ヒ 阪 ん 画 摘 ラ ッ ク 覧 れ 重 話 安 多 向
で 百 で 加 報 ヌ ヲ リ ま 画 摘 ま ヲ ク し 故 写 ル 京 摘 モ

**単語リスト:**
- 競争
- 道徳的な
- 展示を
- 明日は
- 申し訳ありません
- おなじみ
- 変位
- 時の
- 柔軟な
- トピック
- プルを
- ノット
- 、パートナーの
- 用語集
- 電気
- 病気の
- 問題
- 読み取り
- ヤード
- 故郷

## Puzzle 294

**単語リスト:**
- アイデアは、
- 戦略
- 奇妙な
- 自身は
- 危険な
- 楕円形の
- 参加する
- 風船
- 魅力
- 土地の
- 馬の
- の経路
- と呼ばれる
- 唐辛子を
- 、最終的な
- クレードル
- 偉業の
- 変数
- 決定を
- 割り当て

芸 で ク カ 社 ス 投 ル 危 険 な 海 所 報 ホ 砂 で
カ 割 む レ と 呼 ば れ る 、 最 終 的 な 出 ニ ろ ぐ
ホ り 話 ニ せ ひ し 精 加 登 愛 ょ 意 ホ や 狙 ま ど
リ 無 当 化 つ ド 解 偉 無 戦 重 っ 合 金 す 馬 ベ
無 て だ き 側 ハ ル 業 然 略 参 報 ト 加 る の 話 登 写
ヌ 合 読 ぐ 通 歩 愛 の 故 奇 ド 加 チ 所 京 ホ ふ む ニ
コ ル の 然 レ 社 セ 形 妙 意 で ざ 変 芸 金 報 で
お 場 経 所 覧 結 円 な お 私 安 出 数 ひ 読 き ノ
精 重 路 合 開 金 楕 向 き ふ 圧 精 モ ま 弱 エ ヌ
所 能 ヲ 報 き ろ 本 意 無 圧 進 ぽ ヒ っ れ 私 ゃ
決 定 開 暫 無 ぎ 選 土 能 エ ゃ ツ ひ ふ
し 能 話 を 辛 再 乏 魅 地 芸 加 海 狙
能 ア イ デ ア は 、 唐 乏 っ 力 本 の 多
育 結 応 方 身 意 風 船 ハ ソ ょ 読 る
弱 辞 ヌ ル 自 育 ひ ひ 結 登 ル

# Puzzle 295

チル選ニ金解登ゃ再チ無ニむて登ボセ進エ
ョーむアリろ室ぽ狙再どのまカーーエ覧再
コルるーウンドウが金出合ヒヒひ加本意然ぐ
レ重応ムキ裕突風金出合ヒモヒき加本然ざれ
ートャクトリグン金だんの進っ海本妊然狙通やべ
ャ弱だ海選アィコスキの進っ海彼女のベ画辞向
ハノバ選ッ進進摘トワ失う女のハ応だしヱク
入力はッ報てノを誰きま歩れ会ュ能まざ画ノニ
セスニ得ビ出摘育き合ぽだ証拠は応囚通芸ス覧
テ・むぽジくネ進ス金結リハ応所通芸日曜日
阪妊何ツニれ進ス金結リハ会て囚所通ヱク

## 単語リスト

・ビジネス
チョコレート
のソロ・
アームチェア
ウィンドウの
キリンの
証拠は
を失う
得て
キャンディ
彼女の
入力は
余裕が
日曜日
ボード
ルール
バット
突風
誰かの
ワーキング

# Puzzle 296

## 単語リスト

確かに
、グレー
今夜は
レモン
寿命光
知っていた
入植者が
。この
定規は
方向ディレクター
カワウソ
子の
車両
選挙
全体の
ミス
緊張
希望
整理
ワイヤー

カだ通ぐむ乏海レ会セ圧。このワ選挙ぼん方選
むワ定規は夜今モぎ然辞登イぼ選知っていたツょ
コ能ウ嶋だスベンニ合嶋ひ室覧ーラ百どテヱど、
ひヒて故まソ多方向重登サ側進ルろ社乏権場ひク歩
合海ニゥク画選無車狙能もヌ登暫摘通乏芸ニだ加海ヒ
合ニゥ入両所狙重登ェ暫投レお加むタサー安理通
囚結暫植寿無意狙開ひ写ろ化嶋望場ーに整応
暫全体の緊選光社やぼ暫ゃ出能確かにチ応
ざ百圧張私モぎドゥ登砂ぎ社応まチ応通加海ヒ
所だ結妊カ報ニ登ぎ応まチ応通ヒて話

# Puzzle 297

```
ト人ノソ聞干ばつ禁ハ本つど圧方クセ
ルヒの無きま芸ル止写重登ヌ暫クレ覧
所芸れも話ニホす摘覧ヌれの愛レ何
ふ意狙意出んっ歩現ツリこだ海愛暫停ひコ
ク本妊通れリっど実リーだ計算機妊止
何開狙ひ場休チぐー写ぬおじ側登解乏論ハ決れ再
辞ゆラひょ覧二フろ妊結本室じょまじ
百画モ覧歩スヌフ頻化結応側登ふ解ヱョ
に、ポテトひヌ圧繁にト再投れで安まれ
愛向精ぎお画歩会スだ何ホ投れで本
ペどろ辞て弱論乏加ヌ方ソ弱再話ニク
側ま場二京加せふ然辞方ソの精ニ話じ
権暫京加ろ開ラ国民の精ニク然
スープ・ニろ然国民の精ニク話じ然
```

ペン
禁止する
に向けて
干ばつ
、ポテト
ボトル
現実
国民の
スニフ
休憩
スープ・
頻繁に
人の
停止
解決
、マウスの
ツリー
計算機
これらの
聞きます

# Puzzle 298

バン
最終的には
インスタントが
拡張する
不安定な
手配
焼く
見え
足が
定規の
エプロン
集計
側辺
博物館キノコ
使用
姉妹
サポートを
かなり
愛情
衝突

```
故ぎ無レサぽ足が側辺焼く能海重何ド
ベやぼ見ポニ応ゅ狙向囲選だ応応意能
登べ無見弱応砂何圧金暫読写読意愛
登ょ選ニー選愛姉解最終的ク京はクス退
ドラ嶋定用トを意きむエプ育妊ノ本ス合読
レ不使規愛結博館や育これ辞ひバ合ぼぎ
ス安定のっ物キャぽまトン手百ぎ砂
応定つ情阪ノイ社トカ配がぎ衝べ
ッなス嶋拡コン故圧社おく妊何突
応むド囚通張スタ圧合くりカ側故私コ
応ド本辞歩ぐ育何写側囚安サ精
嶋サ開摘権べムぬ重ヌ海応投室ぎヒ
加開結出応覧むニぐもだ能ス精ざ解ツ
場結選海向チ多芸ぼ多海だ精ヒ暫ツ
```

# Puzzle 299

| | | | | | | | | | | | | | | | | | |
|---|---|---|---|---|---|---|---|---|---|---|---|---|---|---|---|---|---|
| で | お | 然 | 覧 | の | 問 | 題 | に | 明 | 多 | 安 | ュ | ニ | 写 | 、 | 愛 | じ | エ |
| 暫 | ぼ | ょ | 大 | ヱ | 登 | 方 | 日 | 圧 | ュ | ー | や | 再 | む | ょ | カ | 出 | べ |
| ひ | ツ | ソ | 応 | ひ | パ | デ | ン | ュ | ス | ザ | 利 | 合 | 乏 | 出 | 可 | 囚 | 囚 |
| ぼ | ょ | ク | 話 | 室 | セ | 解 | 病 | ょ | イ | 妊 | 用 | ス | ド | 何 | ろ | ニ | ト |
| テ | ル | 摘 | ど | 論 | ニ | ひ | 気 | 贈 | り | 物 | 可 | エ | ぼ | 弱 | 読 | ニ |
| 結 | き | ヌ | まて | 合 | べ | お | ヌ | も | 暫 | 論 | ャ | 計 | な | セ | 登 | 結 |
| ぽ | 然 | 能 | 登 | テ | テ | 金 | 再 | 暫 | エ | 金 | ろ | を | 弱 | ヌ | セ |
| る | ネ | ど | 登 | っ | 再 | 本 | 育 | ト | イ | コ | ド | ル | 合 | 側 | つ | べ |
| 社 | ッ | ぐ | 方 | ん | 本 | ひ | ヌ | 暫 | ラ | イ | ド | ょ | ホ | 通 | ふ |
| 合 | ク | ぽ | 海 | 私 | 摘 | ニ | だ | 応 | ト | 芸 | カ | 金 | 嶋 | 妊 | 芸 | 加 |
| 本 | 明 | ら | に | 動 | 詞 | ふ | 再 | 話 | ク | れ | つ | 囚 | 室 | 芸 | 実 | つ |
| 愛 | 私 | ノ | 何 | ク | 幸 | ノ | 暫 | 海 | コ | 囚 | ひ | 砂 | 再 | 退 | 行 |
| ホ | 摘 | カ | イ | ス | せ | り | 暫 | 海 | ま | コ | 向 | 室 | 私 | 退 | お |
| 吸 | 収 | エ | 報 | ホ | な | れ | っ | 海 | 読 | 向 | ニ | 社 | 解 | 摘 | 退 |
| 海 | ソ | ル | ソ | 故 | だ | 引 | き | 出 | し | 報 | ニ | 社 | 解 | 摘 |  |

**Word list:**

パフィン
トライ
幸せな
カエル
デザイン
ネック
合計
動詞
明らかに
引き出し
実行
病気
ニュース
、再利用可能なを
明日
の問題に
スイカ
大根
吸収
贈り物

# Puzzle 300

**Word list (left):**

が可能な
ハリネズミ
テニス
怒ら
送っ
長い
条件
池の
新聞
の好きな
いる
重い
ガンダー
バレンタイン
自身が
クロス
来た
チキン
ヤギは、
メインが

| | | | | | | | | | | | | | | | | | |
|---|---|---|---|---|---|---|---|---|---|---|---|---|---|---|---|---|---|
| 解 | 場 | 重 | 登 | リ | 応 | 結 | ル | 画 | 所 | ヤ | は | 、 | せ | 方 | 金 |
| 開 | 嶋 | 方 | い | ヱ | せ | 妊 | 芸 | 海 | ヤ | レ | 愛 | ざ | サ | ま | れ |
| 京 | レ | ぼ | ざ | せ | せ | 場 | だ | 登 | レ | 向 | リ | 投 | ひ | チ | セ |
| 所 | べ | し | 長 | 京 | だ | 阪 | 囚 | ハ | 室 | 室 | コ | モ | 再 | ヌ | 来 |
| 囚 | ラ | ハ | 弱 | ハ | 進 | 乏 | ヱ | 場 | 育 | ふ | ネ | リ | ど | 池 | た |
| メ | ふ | ひ | 辞 | や | だ | だ | 本 | 愛 | ざ | 能 | ズ | ヌ | 写 | ゅ | の |
| イ | ベ | ト | 応 | カ | し | ま | だ | 再 | テ | 開 | ミ | ノ | 結 | 選 | や |
| ン | キ | チ | 妊 | ひ | 暫 | せ | 話 | ざ | 新 | ト | ニ | ス | 写 | 所 | だ |
| が | 自 | 送 | っ | 結 | 側 | き | ど | テ | 聞 | ガ | だ | べ | 通 | っ | 弱 |
| 通 | 身 | お | き | ホ | の | な | 暫 | 新 | 愛 | ン | 京 | カ | 場 | て | 向 |
| き | が | バ | 送 | の | 好 | タ | せ | 聞 | 暫 | ダ | む | つ | 安 | 精 | じ |
| 条 | レ | ン | っ | バ | き | イ | な | る | 能 | ー | 怒 | ク | 権 | つ | ふ |
| 件 | ン | タ | お | レ | な | ン | 報 | 阪 | な | 投 | ら | 権 | 報 | っ | 方 |
| 何 | 側 | 話 | き | ン | 出 | 百 | テ | 狙 | 暫 | 能 | 多 | ハ | 故 | た | ょ |
| 退 | っ | 所 | バ | タ | 嶋 | 狙 | ロ | 論 | 進 | カ | 向 | 応 | 芸 | 然 | 方 |
| 精 | 故 | ぼ | レ | 歩 | ク | 論 | ス | 進 | カ | ル |  | 多 | 能 |  |  |

```
数場百モックラスのモ然登おサル砂再
所々コ暫リツ論芸開出愛狙ぎゅもゃ通っよ
権ルが摘んポストの写投もルレでなっ応
リテホク狙応ー阪応登重視やひ地ゃード狙
レホじべ金選も不可進やブ舞るゃ狙ブラックだ多
ぎえベプセスや読リ選許許登通二地や狙ブ妊狙
覚のてむ妊ニ何乏ゃ報う舞圧二域振もヌ摘育
てむロセ然摘加登砂んっ砂圧圧を結るドッ出リ
ざ妊テ会覧愛ハろ故んヒ決レまド無モ投
ょニる摘本ろ故れっャ能投結レヒャ圧
チそ本ヱ開妊話二囚読育方ぎレリ
じスしれクレヨンっ囚読ょひぎ
ニ応む社ヌま社読クょ方投
れ応む社ヌま社読ょひぎ投
```

数々が
ブラック
ポストの
決めます
振る舞う
ホップ
不可視の
パウダー
するものと
覚え
グレー
クレヨン
ブレーク
のプロセスの
地域を
許可
ホテル
ではない
クラスの
瞳の

ラダー
悲惨な
レベルを
しかしが
陪審員を
使い捨て
キャップ
経済を
一部の
ことができる
モンスター
マネー
戦略は
巨大な
災害が
骨折
冷蔵庫
協力します
ヘリコプター
適用

```
ヘツツ乏退適冷蔵庫側ま報巨っキ妊多
るリざふ化用どふ画画摘側大登ャ芸場
まコ精二ぎっやり二だな覧ッ向モ
重リ投プハラ百災阪ノプ画ヒれ
でっだタタレ退辞場向こしひも
しセっ囚ニドー本レ狙合済まかお
ょ狙つくテヒ精故ベ再マすしし弱
結向だテょクニカ弱画ネで報話
戦報ていク出カぎ骨多ンだ弱だ
略し進て通っゅレ折解セ進だ金
はお報私嶋ー芸スタ退テ
ツくぽな何カ部ふのレ加ぽ
ヱ悲惨きべ側の所重一ぎ所
っ弱くエ側投だ所再む摘育
```

# Puzzle 303

```
ト ア ま モ 仕 結 じ サ ク で 投 る 妊 お 菓 子 を
ラ ン テ 私 祖 父 事 選 一 場 応 つ 応 権 海 リ だ ひ 百 権 ヨ ウ チ ガ 読
ッ ィ 重 登 ヌ 応 だ 通 ブ 加 つ ま 海 論 ぎ 権 場 シ
ク ィ テ 中 精 ま レ 一 愛 加 多 し 本 ク だ ひ 合 精 ス
チ ー ク も 報 程 再 ト ボ 摘 ひ 登 加 ヒ ひ 話 応 テ テ
育 ク ろ 度 選 私 弱 ょ つ 囚 場 ふ 能 ム
だ や ふ 妊 の 室 画 弱 ぽ お 解 ぐ 精 安 ざ じ ヌ サ
ノ バ ス ケ ッ ト ボ ー ル 像 無 テ が 進 応 し 阪 画 百 加
バ ひ ト 砂 ニ ク ハ イ 場 カ ス 進 じ じ 解 妊 ざ 結 カ 場
加 計 育 覆 っ サ 狙 ゴ ブ リ ン で だ 合 読 精 ト 登 テ 方
圧 ひ 画 れ や 能 圧 開 海 嶋 ま 読 ャ ッ ツ だ 弱 無 れ セ
て 狙 ヒ 能 金 圧 つ コ ベ 本 ょ ぶ ラ サ ヌ 社 然 セ
疲 登 ラ 金 つ コ ベ 本 ょ ぶ ラ サ ヌ 通
れ
```

ゴブリン
中程度の
ボローを
イカ
アンティーク
疲れ
学ぶ
祖父
ティーチ
ガチョウを
ハーフ
トラック
サーブ
お菓子を
仕事を
覆っ
システム
画像が
計画
バスケットボール

---

# Puzzle 304

キャリア
いつか
しわの
感謝を
ドラム
、すべての
暖かい
その後、
イチゴの
トランク
論文の
ファーム
ロック
まま
生まれ
勧誘を
シャツ
社会的
渡します
第三

```
進 ク 報 フ 社 ヱ 無 ぼ 芸 ん 勧 ニ だ 嶋 ニ 圧 テ モ き 歩 ヒ 重 ヌ モ
所 画 歩 ァ 会 ぐ 摘 嶋 エ 誘 っ ハ 合 向 カ き ヒ 精
お ま ー 的 ノ 出 ま 圧 ょ を 進 せ 通 ぐ エ に ょ っ チ
暖 か ム 応 エ 登 応 感 場 登 ス 愛 歩 ラ で つ
シ い ツ る ル そ の 後 、 謝 無 所 ル 側 文 む ノ 結 ホ
ャ ツ 方 レ 摘 方 わ 感 き も お 論 ひ の ヱ だ 出
、 す べ て の 摘 能 生 ツ し 渡 す エ 辞 チ む ア で 写
ニ ひ 画 だ ト ひ ヵ 進 テ 登 お エ む ノ リ
画 せ ラ ま 話 力 乏 れ ッ だ ス 海 砂 っ ア だ
て 報 ン ク 重 私 ぽ 側 も 第 愛 狙 ャ キ
場 無 チ ッ れ ま イ ぎ ド 三 の つ リ 場
権 退 芸 ロ ト ど 囚 ス ゴ ラ 所 れ エ
辞 阪 阪 チ 歩 論 イ 話 安 ム せ つ コ
ゅ い っ ょ む 開 ス む ヒ れ ま だ
覧 か 開 ぎ 読 進 コ ょ 安 っ
き 会 開 開 進
```

# Puzzle 305

ノ 辞 ふ カ エ 登 法 投 話 覧 所 テ 多 暫 権 リ ラ
ヒ 多 金 退 合 囚 的 ざ チ ク れ 写 れ 暫 妊 て お
だ 囚 進 解 通 に ト だ ク 京 然 意 試 行 芸 カ だ
ニ 育 退 ヌ ハ 写 は ガ ネ 海 応 図 選 い ハ れ 故
芸 ひ 退 ト ヌ リ ズ 弱 重 ひ 向 す 話 て 貧 止 む
つ だ ヒ ド や ネ ミ ソ 選 砂 ど る て 貧 向 狩 チ
ディ じ ド ノ コ 重 ひ ぎ 摘 コ ル 読 カ 囚 故 ハ ふ
テ 覧 摘 選 ド 選 本 再 むぽ 室 ル ぐ 進 百 歩 セ ソ
ー 恐 ぐ ハ 能 親 重 投 結 プ ド 方 応 ト ホ 写
ル 隣 人 登 何 辞 ゅ 登 場 大 ノ ル っ 写 レ ひ
成 熟 も 京 ノ 通 立 派 っ ょ 百 ピ ッ グ 聞 く 場 レ ひ 応 ま
ざ せ 雑 用 立 派 っ ょ 百 ピ ッ グ 聞 く 場 レ ひ 応 ま

**単語リスト:**
ディテール
恐怖の
悲鳴
貧しい
立派
ピッグ
大声
の親の
主張
プロジェクトは
停止して
隣人
成熟
トガリネズミ
法的には
雑用
聞く
話しました
試行
意図する

# Puzzle 306

**単語リスト:**
来る
深い
調整
マイル
有料
明確な
マイグレーション・
砂の城は、
丁寧な
忙しい
興奮
望遠鏡
継続
振る
天使
カブ
アクセス
医師が
高い
権限

ん ク ノ 進 解 天 使 ぐ 私 登 く む し 向 室 登 京
会 故 海 ざ 所 応 深 い 所 調 ス 出 ツ 来 ヌ ゅ 方
マ イ グ レ ー シ ョ ン ・ ド 整 ど 砂 る ど 場 ノ
ふ ヌ 能 暫 振 登 有 料 だ 育 京 ふ ぽ や 覧 カ
れ ソ 報 所 る 応 権 望 ツ べ 退 忙 ぐ カ だ ブ ひ
ろ 覧 興 奮 ひ 方 遠 登 チ 場 医 し 辞 ブ 場 ぎ っ
ょ 芸 側 て 妊 っ 鏡 投 継 マ 師 い 愛 ぎ 海 つ
歩 ニ 金 ゅ ア ヱ 論 せ 続 ク が 私 囚 辞 権
む 側 ま 通 セ サ 砂 ト 城 は 、 私 摘 ル 丁 乏 ラ 論
社 本 ぎ っ ス ク 何 の 多 多 ル 解 重 寧 チ ゅ
る モ れ 弱 権 ド 金 ょ 投 ぼ 応 然 セ 百 ホ 退 む
愛 ゃ 場 限 ド 化 で 能 乏 チ ヱ ト 結 し ぐ ろ
高 い む 結 ぼ 金 辞 重 だ ベ ニ ま ハ 話 囚 べ

# Puzzle 307

教会の栄ぎ意弱解結じ覧調べる通本トヒぼコ
ラゅ近養ひ登能キ故読京セゃ結所報社因ヌ芸何
む京向を成り弱サ百悲社だ砂選摘京海て理海や化論
京延期を成果弱クニフィ応故むハク然場登モブ投安選
だ摘む作っ妊ニ精フルド然くだふ再砂ツ能ロブ、狙ぽ
退百る赤っ歩スタッフホトつつ京側退ろ芸おぎ芸
百る赤っ歩ぼ辞おぎ京側退ろまス解クカくくん社ぼ通

つつく
作りを
、最近の
教会の
成果
実証
悲劇的な
キャンプ
スタッフ
理論
栄養素
原因
調べる
赤ちゃんの
店の
、ブロッコリー
スチーム
延期を
ブック
フィル

# Puzzle 308

挿入し
曇らせる
レポート
臆病
ポリシー
ブロー
進める
制限
抱きしめ
入場
ネクタイ
山猫
椅子
ヘラジカ
かもしれない
高さを
バイクの
テレビ
考案
含まれ

ド お 読 何 き せ 開 テ 写 ヱ エ 暫 む 合 め ま も 挿
向 の 意 チ く 報 選 ひ 臆 阪 選 べ 社 し き 入 場 狙 応 画
ネ ク タ イ じ せ む 暫 加 病 京 場 場 妊 化 所 ぎ ノ 所 ゅ
れ イ 金 ん ニ カ ヌ れ 化 く 報 ぐ 能 然 摘 テ ぎ 砂 で
ヘ バ 暫 カ ど ヌ ょ 通 精 や ま ノ 乏 ゅ 権 読 本 弱
無 ラ 制 限 本 ヌ 摘 精 室 ク る 化 リ エ 百 や ひ
で ト ジ 含 ひ だ つ 室 ホ 金 山 高 写 重 じ
金 場 歩 カ だ 考 通 ぎ 結 サ 然 猫 さ 意
会 ソ ぎ 制 ま 案 も か チ ぼ 歩 京 を 画
ブ ー い な れ ど チ テ レ ビ め 会
し 阪 進 場 応 ふ ま 椅 子 ぎ 重 ヒ ニ
金 て 出 何 応 れ ト 子 コ ら 摘
無 向 狙 ポ シ ト ポ ぎ せ
辞 育 京 百 ニ ざ レ 曇 る
乏 愛 意 多 ゅ 加 本 テ ヱ ゃ
ま 登 リ き べ 本

# Puzzle 309

```
安食べてド歩砂写リエひスペひヒ合
妊ゃ結辞通私ふ覧結辞ハプホや登写
きろぎバ口せカ能辞ヱリっジヱ覧も
化ひき海無ふ加登室ホンだ側応
ひぐクセでし通所だジグ十グ出ハニ
通再れし育ニ暫無ハント京版せ海
百応き向乏海無暫ぼ京百ス乏ん投ひ
き場選砂化る砂京っ写写ベ合しっ年囚
採せま化社ス権ヌテ出出ッじろのサ
大用裁阪場どひクヱ所所登ろゃ者意
規結判場じテムくイホホ向じ有年テ
模写官ノフ百ろじカリ場ぽれ所京
なやニぽスろムカイすぽ隠し
テ応論話暫つニ向投ヌ合ただ京
```

スポンジ
裁判官
年の
ベイ
ロバ
した
ターンを
電車
スプリング
ベッド
採用
ペース
第十
出版
所有者の
大規模な
バター
隠します
食べて
フィルム

# Puzzle 310

彼女
ビタミン
温度計
トンボ
クールな
一種
戦争
会議は
公式
円形
パワーの
に失敗
支出
一人で
鍬
結果
答えは
警告
通常
外部

```
百ま私金ヱド本に戦争向む弱圧覧せ砂
ろ囚乏登ラ弱失芸場話辞安写議囚は
れ通読嶋ツ進敗トリ場重応金会じど
場ぎヌ愛む選結ンボ写ぎ再多温支ふ
何ぎ読くど暫安鍬妊応多モ出て育ノ
外部重退ひ本や精選愛再ざ歩進計
れ弱退く結果ヌ暫形所方百は狙で人海
故権く画写通形ト向チ私一ょ
彼女論公式セル覧愛通ソク読進
ッハ重登ル読妊ビ選常カど側コせ
おパ室摘社妊セタ応私ど海じ
パワー京読側ふでクト私会だ室
コな一種読意ぎミ覧で開出
乏ニおの選社でヌでチ解百
```

# Puzzle 311

ド合読側辞下ス安報弱し、ざヒ弟をニ
ハど百画ま読サ嶋意て急覧選イや砂チ
ど割り解茶の歩室結じ結速迅に何応ツ
割弱辞込合結室囚を結海何妊お少年ギ
弱精陸み場ど技を語っラ乏結本ろ年だ
精ひ狙妊上競ニ論言ぎドきとほ砂意私開
ひ話向画狙圧社弱セ凝弱砂意本少ひ精
話コ芸解せ話クぽゃ視軽ろ動車トヒデ
コハソっ精ぽ圧弱ん弱話ツ意リ室ュー
ハぎウ話飛ル写能報変愛権ソ場じ故テ
ぎ囚エス行で重登だツ百在クせ海私ィ
囚所ヱタ向百む会弱変更ふれや嶋社場
所ト会ンで百登だ視百庫くん二きドド
化報側芸ぐ向愛百軽報変更在海乏社
弱ぼティぐ百会だ百庫ふ海んんニ嶋乏

に迅速
凝視
テディ
弟を
言語を
在庫
少年
ダイジェスト
ウエスタン
変更
デューティ
下の
ヒイラギ
割り込み
軽自動車
茶色の
、急速に
結合
飛行
陸上競技を

# Puzzle 312

芝生の
プッシュ
ギフト
示した
精度
話す
、年齢・
ヒキガエル
エンド
コートを
狭い
金曜日の
の異なる
卵の
想定
蜂の
好奇心旺盛
占める
の厚さの
銀行

想覧ト社プど阪ハ歩ひ故結ょラ圧暫
ホ定ニでッ結ゃチぽサ愛再狭重結ゃ
クク通辞コシ場ツろだ投るロク再ひ
ぼ通てコュ精応化っトラ嶋能登辞チ
も通だ室報何応ろレ報のヒ選室辞ひ
セルトで弱意ラュ出再蜂卵す場むひ
レサノ室多ッヒ覧意嶋占論ふ論チ
ひ権権ぽツキ弱っ何めるヲ乏退ぎ
好奇心旺盛登エ加場るヲ場画れ
のク生芝応ル京エ論ハ画投ハ銀
異通方登方コ開ン厚ょ退さ弱行
なぎひスふュ私曜所んハ弱室
るスむ嶋エトを読年金モん室歩
じ圧能方加サ登社示し無ぎ
ス方圧コお私く登齢・示したトぐ

# Puzzle 313

安側権ょ報テ報らん場チむ侵砂じ室
じリ写ひクれ意ん結むぎ略ぎまでき
だサ百噴ト報コ無加京論何芸論どじ自動車
重マ正水火傷ダ加京む再進ど再化ホひ部解
ド一ワ然てをイ選京安私れホュきノッソ
向カ画ゃミボニ町ざせニ京ェぺスワン登歩権ひ
ニニゃミニ登ろチじ合やッ室熾烈な故能べむ
ハタネ摘ニろ覧読ま応せんぺッ報狙のノ辞入写
カソ摘ろまぬ合せリ弱ポトな安社再京報
てょ登愛だヌ場画弱ニ報生息地海ハむ退辞ヌ
ニ妊ゃ欲求べテ覧報セチまヌ化し狙海社再京報
再結覧でふセチまヌ化し海意エ化し

でき
生息地
ペット
侵略
欲求
町の
迅速
火傷を
輸入
部分の
熾烈なの
スワン
マーカー
ズボン
自動車の
噴水
正を
ハタネズミ
バンワード
クロコダイル

# Puzzle 314

エンドウ豆は
スプーン
埃っぽい
痛み
ブドウ
ハリケーンが
粒子
議論の
資格を
代替
平和
フィクション
攻撃
改善
紛争
靴を
嬉しい
ドッグ
泳ぐ
学術的

話だぎ向ス囚ト囚ざだ学囚チ退ヱ乏暫所
開レ論故っ安嶋嶋重し嶋術ひ埃スリ百だき
嶋加意論ろ阪ググ妊攻ひトス然精き室嬉
フィ再重進ぐ圧故ッ京ドト攻っ的ぽいがしい
開ヌクェむ圧エト一ジ攻撃だンッハ所議議
画改善退ヌシる辞モるブ読ふ本ザ和論論
改善カ向暫向テ代芸ツンク化私権リ暫のの
画覧トス方方ェラ私紛争応弱本合二せ読通
愛トサやだ登応資格ト育つ狙本応むむ写
応弱ったラチ格ト投資紛争ぐ選ざラお会っ写
靴をっ投格トレ紛争応せトせラ応会っ読ス

# Puzzle 315

サ リ ハ 京 じ セ ソ ヘ レ る ド 場 認 減 囚 覧 百
ょ ン ト ラ ブ ル の ン ラ イ タ 故 ソ 解 め ら 辞 工
ろ 摘 グ 阪 ド ル ま 再 応 イ も ぐ 会 る 何 報 妊
出 安 ノ 重 ホ キ だ 執 ニ タ 応 妊 る き 何 所 チ
き カ 故 ス だ ざ 行 ー の ぎ 海 き 狙 何 故 ふ
サ ト の 画 妊 応 退 ャ 阪 社 ま ニ 方 社 チ 合
ビ ー ル 砂 ざ 話 然 ニ ソ 所 話 だ 室 ク 無
ラ お 選 登 合 エ 金 ホ 本 砂 リ 戻 安 ラ 会
ウ ェ イ ク 家 具 ト 場 ろ 場 通 ヌ り 通
ヌ セ レ ス 摘 ド 合 モ モ も 芸 重 ど モ
ト ト 弱 デ お 芸 モ む ひ 京 略 摘 レ 何
会 逮 捕 ク 進 観 察 し 場 場 語 ひ ニ 側 む
受 で 出 ク ぽ だ 所 ヱ ょ お 画 や せ 愛 何 ク
信 だ ぎ ベ 進 ル 狙 お 圧 場 ノ む 解 写 も ク

スキル
受信
ウェイク
ヘン
クラウド
逮捕
デスク
家具
サングラス
会社の
略語
観察し
トラブルの
執行
メイク
減らす
認める
戻り
ビールの
ライター

# Puzzle 316

感じた
スクラブ
笑い
スプリングは
ます
結果は
たかっ
宗教的な
説得
ヘビ
フェンシング
ページの
布の
妻の
カバ
透明
また
ウォーク
ニンジン
最も

所 妊 所 ホ 結 ニ 多 画 宗 教 的 な ま た 育 ト 海
ま 弱 所 も 果 社 所 開 サ 故 重 ヱ で 歩 ソ む る
進 開 ぐ ペ は 私 精 ま 育 ひ カ 嶋 カ っ レ ゃ 出
ス ひ 社 ー 写 ひ ょ す き バ 意 妊 側 る ソ 重
京 本 室 ジ 透 エ ん 読 覧 社 最 も ひ ル 本 に
ヘ 能 じ の 明 セ 無 砂 む 登 っ 権 砂 何 解 話 然
ビ お 乏 阪 妻 ク 私 く 会 権 嶋 じ ヌ ま 社
ホ 権 っ 摘 も 社 ひ ん 画 じ ゃ 何 く プ 妊 重
だ で っ 何 覧 画 辞 話 進 ュ ハ ニ ん リ 砂 も
レ む か 海 妊 お 摘 ニ ぽ ま 布 応 の ン 笑 モ
感 じ た れ セ 然 精 ゃ ふ 退 合 通 ジ グ っ
京 選 化 っ も 京 ク 歩 多 だ 室 チ ひ は じ
つ 囚 説 得 写 会 だ ソ エ じ 何 セ ン 登
妊 じ 辞 話 京 応 辞 ゃ お ブ ス 嶋 加
フ ェ ン シ ン グ 応 辞 お ラ ク ス

## Puzzle 317

ハ 砂 退 ソ 月 く 登 チ 、 砂 無 サ 開 る ど 囚 ぎ
ざ る 写 ハ の 二 方 ノ パ ま ょ ど や ぎ ぽ 暫 報
カ 覧 開 何 れ 本 嶋 サ ス ま 習 本 明 読 狙 化 縮
ヌ 出 ぎ 二 圧 登 二 一 加 じ 投 慣 無 確 出 濃 や
開 ホ 地 然 場 能 ょ ぎ チ ソ 無 覧 ぎ 進 合 囚 る
れ 退 域 ツ 百 カ せ ろ 話 無 乏 悲 退 芸 モ 守 写
妊 覧 妊 投 故 ャ ト 京 ま ヒ 報 社 無 故 し サ ネ 所 登
ょ 私 故 テ ノ 京 質 向 応 覧 に ロ ひ い レ 影 ー 圧 る
場 私 通 登 読 問 芸 ス 報 リ ふ ロ グ サ ビ 響 ド じ
通 通 意 弱 ろ を 重 覧 選 室 ょ お ニ ふ イ ダ 歩 選
管 理 弱 故 ぐ 二 る 二 せ 画 り ゃ 摘 暫 ソ む 金 登
理 し 囚 跳 歩 ニ 行 ひ 二 れ ボ ッ ク ス 退 報 話
ま す モ だ 運 ば ひ 二 れ ボ ッ ク ス 退 報 芸 本 じ

質問を
地域
月の
運ば
ダイビング
ロビン
、パスの
明確化
ソース
ボックス
跳んだ
濃縮
守る
管理します
習慣
影響する
悲しい
レモネード
チーム
歩行

## Puzzle 318

どこ
プール
経験の
小麦粉の
トーク
関与
何も
のウェット
週の
雑誌の
期待
ボーダー
昨年
週末は、
おいしい
見て
拡張
石炭
砂の
映画

ス 暫 ど こ ボ チ ぎ 週 て ヱ 期 ヱ ス ひ 化 応 だ
ハ ド も ク ー ト ラ の 安 応 ヌ 待 む お べ 場 ハ 話
会 く 拡 ク ダ 砂 の 験 権 本 合 ょ 覧 エ 登 向
小 テ 張 ト 一 ゃ 金 経 私 ド ゅ 加 開 摘 コ 選 ト
麦 コ 暫 能 阪 京 海 会 ノ き 室 ハ 意 だ ひ ッ
粉 ラ ヌ ダ 金 レ ひ む モ 安 投 ニ ぎ 二 応 ェ
の 圧 ぐ ヌ チ ま ぼ 安 画 見 ぎ 育 進 妊 ウ
ど 海 セ 意 乏 つ 場 育 年 て 通 週 ど き の
退 京 登 方 摘 囚 も 故 昨 応 っ き 映 末 会 ソ
ニ 多 囚 い し ソ ぐ 応 ヒ だ 故 画 は っ 画
社 覧 い 向 ゃ ス で 歩 ぎ サ 石 ぽ 百 、 ん
プ お 重 登 然 育 再 サ コ 炭 も ト 覧 開
ー 開 弱 暫 リ ベ ホ ハ 画 何 加 応 ホ っ
ル 化 砂 サ 関 解 方 ベ 炭 出 モ 退 ト
精 会 ハ レ ソ 与 て 出 モ

# Puzzle 319

重育ラト重っふくやおレッスン乏ル囚
出ル通トラ育ひ読でる阪砂妊意ニ通
だで育くき本妊多愛登進エ本熱帯通
じトエぽせヱ結ん場ふコ室れ阪サ
再無愛ま会ト解サ本所ぎぶ崩ス退
ぎ登安くじ化ラ意チで重投壊エ男
社多話っや意多能リ然会べはろ性
ふニ暫砂ひ進辞軍ヒ海砂具関だ男
ょ多もひ進開歩応事出室体連ト性
ビッきサ嶋辞日のぎ無話読ヒは
ぼトスち水曜製側セ育無京下多
フ弱百と結品別ルヌむ化辞モク写
オ合故くニ暫の暫ヌ写進話話
ベる妊ぐニハト圧故覧だ読ま話写

熱帯
オベイ
ビット
男性は
崩壊
却下
結ば
製品の
別れの
リスト
オフ
階下
読ん
きちんと
具体的な
軍事
関連
スライド
水曜日の
レッスン

# Puzzle 320

秩序
近い
不安
保存
色の
やすさ
選択する
スロー
バッジ
コール
交渉
提出します
レイヴン
叔父
ペア
ソーセージが
ワゴン
冗談
精神
ステートメント

阪ふ暫側ておモむぎ加つ室近読ホ進辞
海ん　る　だ　れ　や歩ス金暫弱いホトハニ加
会辞向私会保ス読暫話ホン重不解
ノハ再私論投弱育んで方ンメ不安
権場ろ登解合意合話応メトざ化む
クハぼチ談き択する狙クト　ー　む　ア
金ソ方提進退てだ画ソ阪テ社で
囚私登出秩序ホ能ソ精解化退何
バれおし応でっド報カ読再交
ッチどま弱然読チスジがぎ渉
ジ京れす歩エ重報ハスべ摘社
芸ょセ所ワゴンツ精故ソ弱妊場
加ク私スヱヴィ神カトれろ意
重歩海テだまレだルろっ選場
歩本だ歩る暫　　　　解ま嶋

# Puzzle 321

```
敵 の 次 何 選 ょ 投 ノ ツ っ だ 応 加 場 ゃ 登 報 画
っ 背 の 高 い 社 京 ヌ ひ 比 通 嶋 専 歩 も だ 妊 ゅ
レ く 会 く ハ ろ モ 私 較 門 ラ 多 金 の 育 側 ふ 話
故 安 育 画 解 し 愛 カ 満 ぐ カ 開 ふ 加 き カ ソ 開
を 超 て 罰 例 だ 海 私 た ま の 出 し 狙 ル 投 ト 歩
の ヌ 砂 私 外 い 歩 怒 海 さ カ 消 応 の ひ 表 む 圧
も 話 れ 写 だ て っ 向 ノ く 沈 ク 敵 京 ゃ 示 む む
ヌ カ 海 開 登 歩 海 弱 合 た を ぎ 二 投 ひ さ 開 開
解 っ 嶋 睡 安 何 写 合 テ し ざ 退 っ ぼ れ 意 ル 何
育 弱 砂 ょ 写 チ だ ヱ ま ひ 結 表 育 方 む る ト ょ
ん ハ コ 登 意 セ 育 れ ひ 社 日 示 何 登 ト む 開 む
登 ゅ 暫 っ 登 方 論 て ニ く 通 差 室 ひ ぼ 開 何 セ
合 き ひ 意 す つ 加 側 室 ま 応 日 く 室 し 応 せ ひ
ま 応 重 も 育 加 側 室 れ ま 応 ぎ 育 本 だ ょ ま 方
方 ぎ ふ 故 だ 本 ょ ま 写 登 室 通 く 応 写 登 室 通
```

怒っている
を超えて
沈黙を
日差し
稼ぐ
背の高い
例外
の素敵な
ものを
消しゴムの
罰する
比較
表示される
睡眠
専門の
たくさんの
ました
満たさ
敵の
次の

# Puzzle 322

生きて
キャンペーン
成長を
ラズベリー
労働を
多くのことを
騎士は
ボリューム
のすべての
コイン
不注意な
の買い
海岸
を通じて
独立性を
キャビン
政府
ファーマー
火曜日の

```
ょ っ ト ド 妊 歩 ニ コ チ 労 セ フ 京 じ る 無 ゃ
解 安 想 能 再 覧 ま 本 チ 働 ハ 解 ァ 故 重 ひ 登
っ ド 仮 コ イ ン コ コ 囚 を 性 立 独 一 だ ま る
多 く の イ ン を く 進 ン 狙 育 リ 芸 京 ト
だ の 日 こ こ 長 ト 向 ー ぺ ク ズ 一 だ 精
っ ホ 曜 と 能 成 セ 覧 ン 読 重 セ 騎 マ は
論 愛 火 囚 に ょ 投 キ ャ る 無 ッ 士 登 ぐ
セ 乏 ド 嶋 話 き ゃ 会 選 重 応 百 ト
カ ヒ 無 通 能 覧 進 で チ 画 阪 育 ハ 圧 ヒ
不 囚 ゅ ひ 辞 画 投 選 開 ス 出 ょ カ 応 金
ク 注 政 ぎ 本 解 生 き だ サ 暫 登
加 安 意 府 海 側 ぼ ぼ 重 て い 側 登 エ
テ 故 論 な 岸 芸 だ ッ ヒ て 買 ハ べ ク
む べ 芸 ボ リ ュ ー ム ッ ク 加 ん の の
を 通 じ て 社 む 選 テ だ ツ く 応 場 芸
```

# Puzzle 323

因加座ふぎ方弱ょクドぎ話嶋化単なる
方だっひもの子のサの女性は海芸囚要摘
狩猟加化写子ニサまて性進砂術重の化
る加本ぽマニュちょぽ解ょーログ百側摘化
プレニ無きュ社ょ私ニだログドロ安摘ぐじ
ぼ阪ヒせきアルゅコゅ合囚百ドる進金二事
出コ覧写チアル私阪むっ意く安京妊スジホ
ル多ろゃルル意む向ゃ覧クや私化ぐ予ホリ
無んト私選芸クむ私覧お無方ホを京トおレ
べ砂む報権圧もむ方だひ私チぐトスレおリ
金化側話ニれ圧画話砂無ホ摘京妊合ぐレ
だ応暫出金二ど側圧合朝チ阪摘芸をホ歩
乏ク解結脚、比所無朝話京芸ジ合レル
二安登ぼ読ヌ較金報本嶋室レホおレ
狙囚精むろ会金較報ホ芸レエおレリ

**Word List (Puzzle 323)**

- 事実
- 単なる
- 朝の
- 女の子の
- プレート
- 、比較
- ちゃう
- 座って
- アセンブリ
- 話は
- 予測
- 芸術
- 狩猟
- 女性
- 、脚
- レジストを
- マニュアル
- グローブ
- の重要な
- ホット

# Puzzle 324

**Word List (Puzzle 324)**

- 崩壊の
- 状況
- ダーク
- 長さが
- スケルトン
- すぐに
- 出現
- ドラグワーズ
- 納屋
- 、十分な
- 準備
- キャベツ
- 歯科医は
- 消え
- パースニップ
- 民間
- エスケープは
- そのもの
- 今後
- ヘッド

スゅ納ドおぎプク囚キャベツべ故ひク所辞や権安クヌ
だケ画らるッ無ニ然っ会さ弱阪覧べセル結ド私ク
エヒ屋クぽ芸ニ解テ長解まトひょ結意向安登場ひ
結はルトヒぎスぽ出現べ民間ニセ結ドゅ故芸私芸
砂プカすンまースそのっ妊無方だ今安コぎク所辞
ダークぐにぎでーパズ壊民消え金せ後コ登状況辞
ふケヒ写社クヘ本崩消百場解む然でく投状況出芸
スススィ登ぎ妊ッコてレちょ何本出退ぎ登芸ヌ
し芸選嶋ざ応ドコん準コ場サ妊然退ニ登状出
退金辞出ょヌ囚弱私備レくっノ退ニ摘況芸
ソセろ側解再弱備進ク方クサ投方覧ニ
安登で応む十私進妊くノ退覧摘
き歩歯科医は室なスチスか再ふく

# Puzzle 325

| | | | | | | | | | | | | | | | | |
|---|---|---|---|---|---|---|---|---|---|---|---|---|---|---|---|---|
| っ | 育 | 通 | ラ | で | 本 | の | ょ | ヌ | ル | き | 暫 | 登 | 妊 | 側 | 不 | 足 |
| 遠 | 退 | せ | 京 | 向 | ル | シ | ク | ハ | ル | 無 | ヌ | 報 | ぎ | 温 | 選 | ヌ |
| せ | い | 登 | 退 | る | カ | コ | ロ | ニ | ー | ブ | リ | カ | 度 | れ | を | 話 |
| 論 | 論 | 怖 | 重 | 室 | ジ | ナ | レ | ー | タ | ー | ゴ | 報 | 誰 | に | 画 | ッ |
| じ | ヱ | が | ゃ | る | ー | モ | 摘 | 応 | ど | オ | ヌ | 論 | 測 | か | 妊 | 芸 |
| 取 | っ | ノ | 場 | キ | ュ | ウ | リ | を | ベ | タ | 登 | 海 | 定 | 然 | 辞 | 本 |
| ソ | ノ | 阪 | ヌ | 摘 | ミ | ト | ヌ | 砂 | 妊 | ク | 場 | ニ | 然 | も | 室 | 芸 |
| 論 | 最 | 能 | て | 多 | ス | ソ | 意 | 精 | や | 私 | 場 | む | 室 | 意 | 辞 | ひ |
| ツ | 悪 | る | ド | ツ | 写 | 歩 | ひ | ヌ | ニ | 示 | き | 喚 | 覧 | じ | 支 | 側 |
| 本 | 論 | ろ | 能 | ょ | 所 | っ | て | ど | 無 | 摘 | 読 | む | ァ | 方 | 配 | に |
| ス | ヌ | ッ | 登 | ま | き | べ | 応 | 無 | 投 | 再 | ろ | ひ | 場 | 的 | 圧 | ぐ |
| 何 | 故 | ト | 社 | 論 | 開 | 加 | 投 | ょ | 読 | 合 | ふ | 選 | 囚 | ト | 応 | ク |
| ゴ | ム | 社 | 論 | ま | 覧 | 能 | れ | ス | 話 | ょ | て | 乏 | 向 | 選 | で | ゃ |
| や | 無 | ま | 応 | クニ | 京 | 話 | ょ | て | 乏 | 向 | | | | | | |
| ぎ | ひ | 応 | | | | | | | | | | | | | | |

温度
ミュージカル
測定
想像
支配的な
キュウリを
ナレーター
遠い
誰かに
トウモロコシの
カリブー
不足
取っ
示唆して
ゴール
カモを
タオル
怖がっ
最悪
ゴム

---

# Puzzle 326

理由
監視
キャリー
心配
道を
破壊する
トップ
紫色の
エージェント
テープ
選んだ
貸します
紹介
卵に
忠実な
笑った
検査の
買い
考えます
を過ごした

| | | | | | | | | | | | | | | | | | | | | |
|---|---|---|---|---|---|---|---|---|---|---|---|---|---|---|---|---|---|---|---|---|
| ヌ | ぐ | リ | 選 | ん | だ | 重 | 合 | セ | 場 | 安 | 卵 | 考 | 報 | 報 | エ | 覧 | テ | 囚 | ぎ | だ |
| 圧 | を | 再 | む | 開 | せ | ひ | 理 | 向 | 私 | に | え | 開 | プ | ジ | テ | ェ | ン | ト | 通 | ヌ |
| ベ | ノ | 過 | 社 | 心 | ど | な | 由 | 場 | ハ | 故 | ま | ヌ | 阪 | 買 | ン | じ | 視 | 狙 | 意 | ク |
| 笑 | っ | た | ご | 配 | 忠 | 実 | ニ | ろ | 重 | 場 | す | 摘 | っ | い | テ | る | 監 | 多 | 壊 | 解 |
| 開 | る | 進 | 多 | し | き | 化 | テ | チ | れ | ふ | 合 | 写 | 論 | テ | ヌ | せ | 破 | 乏 | 摘 | ひ |
| 選 | ひ | ト | チ | ま | ょ | 弱 | モ | 重 | 登 | サ | 進 | 論 | 圧 | 解 | 合 | し | 出 | 結 | 検 | ん |
| 合 | も | ま | ん | 京 | れ | ハ | ニ | 進 | 妊 | ク | 加 | ヒ | ェ | 報 | 再 | む | 狙 | 登 | | |
| ひ | ゅ | ト | 歩 | 何 | 狙 | 画 | 芸 | 加 | チ | 通 | 合 | ヱ | ル | 読 | ニ | 室 | 退 | | | |
| 所 | 加 | む | れ | 狙 | モ | ハ | 進 | 合 | 権 | 愛 | ス | 然 | 紫 | 色 | の | | | | | |
| 出 | 道 | を | キ | 嶋 | ャ | 選 | ソ | 阪 | だ | も | 読 | 暫 | 覧 | ト | の | 査 | | | | |
| だ | を | 紹 | 選 | く | ぎ | リ | 報 | ベ | ど | カ | 然 | 紫 | 色 | の | | | | | | |
| 向 | 紹 | 介 | く | ろ | ん | 社 | ー | ル | ふ | ヌ | 暫 | 覧 | ト | ッ | プ | の | | | | |
| 登 | | | | | | | | | | | | | | | | | | | | |
| 意 | | | | | | | | | | | | | | | | | | | | |
| ソ | 応 | 向 | ん | 退 | 何 | 百 | ヌ | ク | トップ | の | 査 | | | | | | | | | |

# Puzzle 327

```
ク ク ふ 事 重 お 室 ク ろ た 何 選 起 京 キ ニ
ス ペ ル ノ 必 複 読 ニ も ま 基 金 管 ツ 理 や
リ ノ 必 せ 歩 ヱ 妊 側 弱 ま 応 ぼ 室 ト ホ ネ
き 開 ず ょ む 本 結 ニ ひ 登 れ 砂 辞 じ も 妊
大 ひ 愛 ヌ 本 写 登 圧 百 ん 応 も 論 ぎ も 何
学 ク 会 ま 、 ト も 進 投 だ ス く せ 破 選 再
の ヌ 結 然 さ 然 嶋 エ 上 で 通 ヒ 本 壊 ひ ょ
話 結 然 ヌ ら 能 ヱ 海 だ 読 げ ス つ 重 ざ 嶋
百 き 登 ら に ょ 登 登 く 論 だ ま ぼ 登 破 応
る カ 摘 京 通 ヱ ピ コ れ 感 読 ひ 応 や 壊 加
能 合 京 本 ん 画 ル ル ど の ざ む じ 暫 囚 能
チ じ 結 カ ど ん ヱ ど べ 所 辞 く 精 く 力 も
だ ぽ 話 ん ヱ ヱ 登 コ ゅ 話 れ ハ 囚 登 故 場
ゼ 阪 妊 ど ヱ 読 ピ 覧 べ ク 表 ひ 安 ク 覧 も
む ロ 休 暇 は 方 進 ょ 安 化 化 ひ 論 す 故 応
```

利益
感の
表す
必ず
リスク
重複
管理
仕上げ
キツネ
ピル
ゼロ
、さらに
たまま
大学の
起動
休暇は
事件
破壊
基金
スペル

# Puzzle 328

メディア
シート
スイング
医療
巨大
参加して
男性の
障害
コート
おそらく
影響
新鮮
シンプルな
条件が
発生
の足
識別する
内部
失われた
少し

```
ニ 通 ぎ ん コ ひ ま 安 く 通 ゃ 愛 っ セ 結 弱 合
リ 影 だ ヱ 阪 通 一 新 化 モ ト ぐ 本 ド 故 き 加 京
ベ 響 エ 投 暫 金 鮮 ト ニ ぐ 解 私 ろ ま 砂 応 育
方 グ 重 暫 ひ ぐ 少 ホ ひ モ 出 場 暫 応 乏 写
シ ン プ ル な ざ し 読 ゃ 進 識 別 す 歩 結 化
能 イ 巨 大 合 リ 進 所 嶋 圧 所 応 る ぽ 開 意
き ス 囚 意 セ ソ 合 本 に 写 だ せ 精 合 権 場
く リ 意 囚 ソ モ 本 テ 愛 化 つ メ 故 ト 意 方
ハ 向 ト ハ 社 だ 社 リ 辞 ベ 愛 ディ 発 摘 結 ラ
重 場 ハ く 失 本 意 論 の 愛 ッ ア 生 内 一 ひ
お そ れ わ 何 意 論 障 足 側 ツ 狙 シ 部 圧 ニ
ノ じ サ れ ひ ル 害 論 故 私 再 ま 論 ト
報 条 ル 室 た サ 妊 参 加 故 っ 狙 医 ぐ ぐ モ
ん 件 然 選 話 ハ 重 投 カ し ツ て 療 海 社 ス
京 が 写 べ ふ ふ 多 向 妊 写 弱 ろ ふ ド 男 性
                                      だ 故 れ 性 の
```

# Puzzle 329

ソ ひ き じ 場 写 参 何 き 愛 ぐ む 投 ヌ つ 話 社
ヌ サ ニ ひ 応 照 ク で ス む 刻 場 を 画 ひ リ 歩
写 ル ど 進 れ 精 し 画 テ い 深 ド ム 画 だ タ フ
む 狙 お ぼ っ 芸 て 芸 ッ サ ア よ を フ な ヌ
弱 育 絶 ひ ド 暫 く 暫 プ ざ 選 リ む 合 な だ 投
ニ だ 対 私 ス 故 だ さ テ ネ 登 ニ 意 ひ ヌ 選 安
論 ひ 圧 カ ハ し い ょ ギ セ 離 育 安 応 れ 安 れ
ラ 摘 で 精 妊 結 ホ セ ッ ひ し 向 れ せ 話 せ
辞 室 側 ド ュ 結 ま ぽ ク ク れ の 報 ひ ト れ ト
嶋 話 ツ リ ぽ ま ノ 雑 サ で 暫 百 本 私 砂 ャ ル
だ 砂 セ ン ク 権 ノ ヒ 近 カ れ 読 私 れ れ ル
本 愛 ぽ ク テ 室 対 溶 融 リ ひ 吸 開 じ 解 方 会
訪 多 無 京 ン ヌ し 出 金 育 暫 血 写 つ し 方 ん
問 む だ 圧 弱 コ て 強 室 し 囚 百 会 っ
本 海 乏 リ ょ モ 側 結 打 覧 化 ヒ 写 会 ん っ 会

**単語リスト:**
- タフな
- 強打
- 吸血鬼
- の近くに
- ドリンク
- クック
- アームを
- ステップ
- に対して
- 絶対
- サル
- 参照してください
- 深刻
- コンテンツ
- 複雑
- ネギを
- 離れ
- 溶融
- いるようだ
- 訪問

# Puzzle 330

**単語リスト:**
- 空気
- 重要な
- 水牛の
- 戦いの
- 憎しみを
- デイジー
- 反対
- 表面
- スポーツの
- アネモネ
- 皮膚
- カメ
- 冒険的
- 有罪
- 楽しま
- 理由を
- ケーキの
- イベントを
- 壁を
- 自然

セ ハ っ ひ 摘 育 水 空 壁 を し 論 サ 重 意 も ひ
憎 し み を 育 ひ 牛 気 を カ 重 要 な 退 能
加 加 摘 ょ ど の ク 戦 皮 要 ド ろ チ ぎ
サ 京 ま ふ ラ 牛 い レ 膚 乏 モ ぽ 場
く 暫 セ レ デ の ジ ょ ま 冒 解 多 然 ょ 選
ト サ ラ ど イ ジ 場 金 圧 険 応 ぎ 会 登 覧
場 ハ 再 ホ ー て 場 無 的 話 精 や 退 ひ
会 辞 選 リ 場 選 ス セ ア 応 安 加 圧 ニ 無
じ 摘 私 有 罪 セ ラ ネ じ 芸 ざ ス だ
安 サ 暫 表 無 ヌ ラ モ ホ る 重 由 を 本
ホ 海 場 面 京 京 ホ っ 側 金 ツ 反
ケ だ 暫 カ 本 応 重 楽 妊 重 ル 結
ー 圧 覧 選 ふ っ し ま カ 権 ヒ
キ 解 加 阪 側 摘 ま カ 側 メ 重 イ
の 登 ト ス ポ ー ツ の レ ソ 開 社

# Puzzle 331

室 だ ふ ヱ 摘 や が タ ー デ ぐ 状 態 結 摘 ま ぎ
ょ ラ ろ 予 想 に ぽ ス っ 話 だ で 囚 通 論 進 ゅ
重 支 援 ク 選 常 暫 の ヒ 再 登 草 原 進 せ や カ
送 写 砂 多 向 非 全 じ に 妊 進 む 私 弱 せ 所 覧
信 再 エ で 妊 画 体 も し 合 ま わ 摘 結 ふ ま ひ
結 報 弱 私 然 タ レ ン む 乏 ソ り あ 安 れ レ 読
弱 私 然 開 レ で ト 読 精 む 代 暫 覧 故 っ ト ラ
ク 然 開 だ ン ト 精 ゅ む 投 の 通 コ 加 ろ む や
ゅ 開 事 業 場 カ ま だ 嶋 ぐ 愛 方 ト 向 話 ろ 多
事 業 結 ク 歩 出 ド ぐ 出 画 せ じ ソ で 何 然 写
結 ク 狙 歩 人 ん っ 室 ド ヌ 再 画 報 ド 精 私 育
狙 歩 ょ 人 口 む 室 ド レ 再 報 せ 進 エ だ く ぽ
ょ 人 ロ む 出 ド ヌ つ レ 百 開 ド 進 結 だ 登 だ
テ ク ノ ロ ジ ー つ レ 百 開 ド 通 本 ハ 結 婚 式

**単語リスト:**
- 送信
- タスクの
- 結論の
- データが
- 状態
- 描く
- 草原
- 予想
- 非常に
- だけで
- 支援
- たときに
- テクノロジー
- 結婚式
- の代わりに
- 事業
- タレント
- 全体に
- 人口
- あまりにも

# Puzzle 332

**単語リスト:**
- 動きの
- 落ちた
- ストッキング
- 信頼性の
- 科学者
- 第六
- ウィグルの
- 現在の
- 買っ
- 学生
- 忘れてしまった
- な性質を
- カブトムシ
- 良い
- コンパクト
- 糖は
- パイロット
- 驚き
- しよう
- 中間の

摘 所 買 通 権 権 っ て ウ 覧 合 場 だ セ ぐ ヒ ラ
ろ や ひ っ 所 っ 辞 嶋 ィ 覧 芸 育 っ れ 驚 ノ ま
圧 ひ し 通 所 ざ 化 む グ む キ ッ 本 ス ノ 私 き
せ ス 話 結 通 な 報 く ル 権 安 ト 摘 投 ひ 画 っ
芸 ト ょ せ 性 ニ 会 開 の 性 頼 信 っ 囚 ャ 重 モ
権 辞 し 方 質 進 き き 加 く 重 嶋 出 摘 ん 出 れ
ろ く よ く を ベ ニ レ ブ 歩 ト ニ 写 退 パ 加 ざ
向 ト う 第 砂 向 落 カ ム 選 動 シ 阪 意 ク ひ ニ
登 で ニ 摘 六 じ ち む ス 本 生 ホ の 芸 ト き 画
パ イ ロ ッ ト だ た 選 結 妊 科 き 間 在 現 ニ 応
覧 開 化 リ だ 愛 出 本 乏 多 学 つ 中 能 報 ざ ざ
忘 れ て し ま っ 開 ヌ 育 論 者 私 私 る カ ん じ
能 っ れ 糖 は ふ て 出 多 投 ト ュ リ 解 ト じ 京
良 い ト 場 結 応 も ぐ 愛 じ 論 応 合 ス モ
し 私 場

# Puzzle 333

外観リンゴ
上昇
接続
新しい
患者
回避
クレス
空は
記念
付随
スポーツは、
特定
形式
後に
資本
奪う
ホタル
スノードロップ
ポンドが
コンドルの

# Puzzle 334

子供たちは
溝が
文字
日の
武器の
環境の
名詞
カスタム
豊富な
価格
可能な
惑星
リリース
孤立
品種
関心
呼吸
平均
可能性の高い
病皿

# Puzzle 335

コ 芸 ぐ ど 報 リ ク ひ 画 読 靴 下 選 結 ク ひ 覧 向
方 ひ せ 芸 ぐ ヱ ノ 圧 チ 化 社 通 応 論 ざ ヌ ソ 合 無 所
ニ 論 芸 、 れ ま ス ソ ク ョ お 出 会 登 ぽ チ ぐ ソ ひ カ 重
ル 故 公 決 金 し ゃ 進 捗 状 ツ 況 鉛 筆 ぽ お 教 ま 読 ナ イ 合 フ
ひ 退 、 共 決 し て ソ レ 進 画 話 海 達 お だ 結 育 報 カ ヱ 辞 京
育 は 細 妊 き む 話 合 私 側 論 計 安 起 私 狙 こ 室 本 論 ゃ お ス 阪
開 立 詳 き 森 林 囚 る 出 金 場 国 家 ヌ ぎ や ぎ り 解 方 応 ぎ ふ 私 能 む
精 権 っ リ て ふ 囚 で い 精 愛 本 単 に 故 京 セ ソ す 会 っ 意 退 っ ひ ぽ
ぎ ク 故 セ ざ 投 ひ き 退 ノ 芸 し た 開 京 応 セ ソ ファ 陽 気 な 話 ス 通
重 通

、公共
陽気な
外を
教育
鉛筆の
詳細は、
単に
私達の
国家
は決して
計算
立っていました
解説
ナイフ
起こります
進捗状況を
まで
靴下
ソファ
森林は

# Puzzle 336

距離
当事者は
品揃え
野球
貧困を
沸騰
でもない
ドングリ
どこでも
ペットの
料理を
ストア
ドレス
ブラザー
本当に
キッチン
要因が
シール
アイ
敷く

選 多 場 ぐ 乏 ル 安 会 ツ の ド 権 ア む ニ で て
ど こ で も シ ろ ま っ キ ト 再 レ ま 私 ま セ ひ
多 テ モ 覧 ー ひ 話 ろ 解 ッ リ ス 登 れ 応 加
ひ 室 何 重 ル 阪 ハ 愛 っ ペ チ 読 重 ツ 故
京 て ラ ク ホ ホ 加 チ お ン ひ ぎ ス 画
で も な イ 料 理 を ド リ で 砂 百 ん ぐ ヌ ス
無 安 ひ レ ゃ 辞 摘 ぼ ひ れ 覧 選 エ ろ 登
や 選 ア 本 暫 場 合 ス ひ 沸 ぽ っ テ 距
や べ で 敷 通 出 室 ク ま 騰 愛 エ 当 場 離
辞 ク 多 っ だ ニ く だ ヒ 結 海 ク 事 因 が
場 レ 品 開 き 貧 応 モ 場 応 室 多 者 ヌ 本
意 応 乏 揃 ぼ 困 論 京 再 通 は 話 当
結 ぽ 登 え 野 を 故 ゅ 読 安 く 向 に
ぎ む 球 ス 本 私 芸 れ 能 サ 私
ブ ラ ザ ー 囚

# Puzzle 337

解 解 だ 安 ょ リ ま で 覧 能 加 圧 し ク 百 む で
狙 報 ひ う 郵 便 配 達 辞 光 沢 圧 あ る ト ら れ
読 妊 場 読 ク コ ニ 京 育 能 圧 の ま ニ ラ 会 む
妊 だ 砂 コ ド カ ト 多 所 故 圧 退 カ 合 何 む ぎ
て む 重 登 通 京 然 写 真 思 自 出 さ や 大 型 乏
育 し ま っ 報 子 犬 解 意 ソ リ 動 ニ 無 型 む こ
圧 モ 安 ニ ス 読 ま ソ 写 セ 社 や 所 ト ラ や べ
能 も で ス 投 楽 む 会 登 リ ル 出 解 く ッ 権 れ
せ で つ 退 い し ム 再 能 ぽ て っ ゅ 精 廊 金 下
臭 場 い 楽 む カ ラ 多 ぎ ツ し 合 加 百 京
出 コ ぎ し ラ デ て ひ し 合 も 故 百 ハ テ
画 お ょ 愛 ク 合 エ 多 ひ 登 つ 阪 加 ヌ

鼓舞
プッシュを
てしまった
いつでも
デスクを
ムカデ
廊下
自動
思い出さ
ダウンの
子犬
スクーター
臭い
大型トラック
光沢のある
うまく
育て
楽しい
郵便配達
写真

# Puzzle 338

喜んで
サッカーに
アヒルの子
熱くする
細かい
項目
典型的な
製造
歯磨き粉
小麦
した後
華麗な
、すでに
たい
記述する
後で
両方の
追加し
将来の
ボール

開 芸 ホ ホ 退 項 登 登 ヌ ニ つ 登 れ ひ 記 会 妊
社 所 だ サ ト 目 後 向 権 だ 何 何 ヌ 述 ぼ 写
論 論 覧 向 然 で 圧 芸 芸 ク ざ ヌ 覧 所 こ す セ ま
ア ヒ の し 熱 追 加 だ 華 覧 二 囚 る ヱ る ひ
サ ル 来 子 た く 結 ヌ 化 し 麗 っ ぽ 囚 歩 安
論 む 将 ド す 製 室 解 な 私 ど 本 磨 し 故
覧 ゃ ボ 無 来 再 造 追 し た か 所 ひ き サ
京 合 カ ー 典 型 室 い 進 ノ 然 む 粉 退 ト
側 再 モ ま 芸 側 場 ま 妊 細 だ 通 覧 ひ
も ひ ょ に 喜 報 で 暫 化 会 小 室 だ
金 ヱ 場 歩 化 ん 暫 方 ぐ レ ひ 麦 出 ヌ
読 ゅ 話 す 方 で 覧 狙 ま し ゃ 報 精 だ
れ だ 故 安 、 喜 化 加 ぐ 化 辞 室 権 ツ
応 ノ 百 く 化 ス 方 権 レ く 出
だ ぎ 所 合 方 ド 覧 ぼ 加 で 精
ぼ 狙 故 出 覧 ぼ ス で 権 ツ

# Puzzle 339

女 王 の 尊 ル 精 思 場 報 む 加 海 登 ソ 金 お ヒ
写 多 ヌ 重 っ ろ い っ べ 話 ん 弱 投 ノ 砂 れ し
画 む 解 レ 出 ハ や 進 ぎ 化 サ 退 開 モ ぎ 選
応 覧 ゅ ヌ ポ 室 り 選 ニ だ 応 然 話 セ 愛 カ 話
開 ぼ っ 妊 ー の 量 も く 海 ノ 登 だ ド リ 社 ま
ぎ 能 辞 話 囚 ル ト は 重 ぼ プ 圧 ぼ セ だ 読 ク
会 ん 摘 っ ぽ ガ 開 で 再 、 ト 側 っ ー 結 ニ 石
妊 ヌ ん 看 ひ ン 力 精 持 ト セ ぎ ク 画 ノ 会 鹸
本 範 モ 下 護 師 兵 再 ゅ ょ 持 セ ク 無 写 合 ス
進 乏 囲 降 き 洞 士 契 約 て タ ン イ 修 応 百 ひ
樹 皮 ひ 内 洞 窟 テ ン ト ウ ム シ き 正 れ 加 金
皮 摘 べ 京 窟 テ ン ト ウ ム シ ツ じ ぎ む 応 会
退 や 向 狙 精 お っ ツ ひ ク ツ 修 正 む ゅ だ ひ
だ 解 百 安 認 識 百 然 能 ょ ひ き レ て 百 だ 金

女王の
持って
インターセプトを
レポートは、
思いやりの
カンガルー
契約
洞窟
量の
ノート
石鹸
テントウムシ
尊重
下降
樹皮
兵士
看護師
範囲内
認識
修正

---

# Puzzle 340

クロウ
賢く
転送
年次
最初の
世界
子供の
口の
凍結
主要な
パイナップル
ココア
達成します
、インテリジェントな
オオカミの
雪だるま
マウス
悪い
プロセス
カップケーキ

権 凍 場 化 投 ニ 、 パ イ ナ ッ プ ル 側 く ス 圧 チ
読 結 転 場 加 ぼ き イ や レ マ 囚 能 セ 愛 重 サ 育
京 所 送 乏 歩 き ぽ ン む ウ 意 っ 金 サ ル 精
っ 能 出 室 世 ろ ぽ ヌ 場 ス っ 悪 暫 ん ふ 応
だ ヌ じ 権 出 解 合 ク っ ノ テ リ ラ 社 何 圧 育
レ ニ キ べ 選 ク ス ろ む 通 ジ 加 ま て ハ ソ
解 本 ー ま 応 ニ 暫 投 雪 コ 多 能 だ ス ホ
弱 ト ケ プ 方 重 て ふ 側 だ ょ 加 乏 登 砂 ざ
本 能 加 れ こ て っ ソ 圧 る 故 ひ カ テ 圧 だ
然 加 ッ む 応 の 達 賢 本 く ま ひ 愛 ゅ 会 意
オ オ カ ミ 再 初 成 コ く プ エ プ ス ヱ 阪 狙
く っ 子 供 金 の ま リ ょ ロ 画 ホ 妊 ヌ
海 テ ス ふ 口 す ル ホ セ ょ 投 ラ セ 再 圧 セ
乏 室 登 ロ ホ 報 報 故 年 ニ
クロウ 登 ニ

# Puzzle 341

百側モじ社だ読キ出トひむカぎっつヱ投レ
カひだ私命を意て写ショむン加応むツ金本私乏ニ
歩能選ミルヒロ投て写チュぼ無加応むモリ百育ク
終了然オーディションで南部退囚無加れぐ退ど
まっモ退囚ハ話んや妊乏写もチ現ぐてくモリぐ
テ結多精出暫スクエネルギーサイズだカ狙ヌ
結多き阪方ヌ囚所ひ京会だ方が存在方だ再運フ
金ぎ高室貴くな添付ひっ進方だ阪モひ安圧芸
ぎ高れ論ゃ論多ヒっ進方が存在だ京阪モひ芸ぎ
レトチ話つ山きニだでハ場れ、山
ヱクレ本私乏ニだでハ場れ、山
っ辞モきレトチ話つ山きニ

**Word list (Puzzle 341):**

- 、山
- 演奏を
- 現代
- フロート
- 添付
- 運動
- ハロー
- エネルギー
- オーディション
- ミル
- 上記
- 終了し
- サイズ
- が存在
- はさみ
- 南部
- 古い
- 高貴な
- キュウリ

# Puzzle 342

**Word list (Puzzle 342):**

- ライン
- 引っ張っ
- データの
- セクションの
- に沿って
- 与えられた
- マイナーの
- 葉を
- 忘れ
- に危険な
- 定義
- 一致する
- 種を
- 探索
- ゼブラ
- 、リンゴ
- 謝罪
- 基本的な
- 含まれて
- ブラウン

てだ一ニャ論ぽぼカセンきむ葉をど会
再ぼ一致する開ひ場多ブラウカセンきむ百ぎだヒ狙
権ホ精選安ひ場室圧ッノ本選ブシトベョホン読摘
応精辞所ラサト嶋まろ圧ッノ本選ブシトベョホ向
権所ラサトに沿っリし解歩れ海何
どひ話ざラに沿ってりしま解歩れの
話ざ無精精トラ阪ラヱんス海芸摘阪狙ドモ何し
無精与えられたチヱんスヌニ室摘開能故退
与えられ進歩れっ選忘れ場引っ登ヌスニ室狙暫応能故退ふ
進歩れっ選忘れチ場引っ登だデータニ百む論結定
でで加覧能ハぽむっ歩だデ狙結応故退ふ論結定
加テ向進能ハぽむ、歩出ヌタエニ種を結む論
テホに危険なぎラ出ヌタエ再ぎ京場義
ホ無場ヌ加ろ多ぎラリン妊然のテ京だ定
無マ場ヌ加ろ多百リンゴソイラ能ョ京場義れ
マイナーのゃむゴソ場ツ謝リきニ
能だチざゃ基本的なサ探索罪コれ

# Puzzle 343

ビ 金 出 ぎ ニ 報 投 も ゃ 向 故 削 モ 能 結 レ 再
暫 ー き 百 ス お セ 乏 加 せ ロ り 入 の ょ 阪 会 暫
せ 百 ル ー ホ ニ 、 ぎ 応 ょ 辞 モ ら エ 砂 側 ひ
食 退 承 安 室 ク ホ は 合 結 モ ニ ヱ 場 精 ひ ひ
歩 器 認 会 ク ー ビ ン 精 側 サ 合 重 会 芸 ニ せ
テ ヌ 棚 レ 愛 イ ト ラ 故 モ き チ む 乏 お リ 環 テ
愛 所 乏 合 選 場 解 ド て ひ る 写 辞 砂 循 合 京
私 進 海 場 場 ク イ 投 歩 ざ 本 向 鉛 ヱ 歩 ノ
ク ハ ソ ミ ル ク 方 ガ 歩 ょ 選 ク 嶋 退 登 ふ 通
化 然 安 む 金 七 の ー ダ ー リ コ 再 ツ 画 ク チ
嶋 開 私 場 会 嶋 性 登 る 何 音 レ さ 京 登 場 べ
モ 本 サ ヤ ギ 場 女 お で ラ 声 ク げ 精 選 じ
ざ し ギ 会 ゃ 登 京 だ 私 ざ 応 る き き べ
京 京 や レ ク リ エ ー シ ョ ン ト げ だ 精 選

削り
リーダーの
循環
レクリエーション
承認
七の
ビール
食器棚
の入り口
音声
ささげる
ホール
つららの
ヤギ
ミルク
コレクト
のガイドラインは、
鉛筆
ビート
女性の

# Puzzle 344

庭の
市場の
満足
たいと考えてい
壮大
結婚は
のテーマ
スタイルの
圧力
対象
スタイル
タイトル
シェア
子猫
以前の
高価な
作成
民俗
ベル
晴れた

ス ゃ や 退 だ 向 モ 退 ひ 加 満 対 象 ク ク の 方
側 タ れ 結 リ 向 ト 進 合 乏 足 所 京 チ 京 テ れ
話 イ 室 ル お ぐ 歩 で 安 能 ゅ 会 開 れ 圧 ー 合
合 ひ ょ 嶋 イ タ ス 会 民 る 権 阪 辞 カ マ 場
室 ク も 嶋 の 前 以 せ 俗 報 金 権 ど 壮 作 成
ス ヱ 婚 庭 狙 化 ソ ふ だ ま 安 社 ゅ 大 お ぼ
結 も は の シ で 精 芸 ク 私 ひ っ レ 重 画
海 婚 ス 解 せ ェ カ 圧 ド 投 何 妊 お ク ふ 辞
意 場 進 ベ ソ タ 嶋 ぼ 場 り 選 本 だ 辞 サ
カ 進 セ ル チ 金 イ れ た ベ る 市 場 の 投 で
再 セ 向 る 海 ま ト い と ル 側 金 所 意 ド ニ
セ 向 本 や ぎ ル な 考 育 阪 ひ 摘 故 再
子 本 猫 解 海 ょ 高 価 え し ゃ 無 お 故
ク 投 て っ 砂 ろ や せ 合 退 場 場 チ
ル ぎ 摘 海 開 読 セ 多 チ 画 レ 圧 る 場 覧 芸

# Puzzle 345

方れ大重ど弱故百投場く投再真社ろル
トハ方育ひ応ひ解登登ぽ精ぼ似ざ狙報
やノ夫シリふろ育室開せ能方お だおだ
ノ愛本阪ー故ひ覧所能んおでおむ何ト
ざ練ひド砂ひろ本棚開も写おくにれ精
ぎ習ド登故フだ応無阪せ彼クぐどトャ
多は退レひだ音は女京う百ヌ金本楽ふ
投せ方向場ぎ楽本百芸ひヌ登ラどしで
エの圧通退ラ退ぎヌだ加ドの再れむる
そ能開延ぼサ覧圧ハ本乏ハコイ考報砂
ク弱投どべき会スク故ハクイレえろ糖
辞二読ゅ両圧怠まー退つスドろヌだ金
本っ選通ハカ然ニつらら暫ヌょヌ進私
出選ぽハ海スな芸ニヱらえヌ退会モ
バンズぼヌ嶋私ツ芸な場ヱ退会モ

その
音楽
ドクター
フィート
バンズ
彼女は
練習は
のボイド
砂糖
つらら
楽しむ
延期
シリーズは
両親
考える
もらう
怠惰な
大丈夫
本棚
真似

# Puzzle 346

の後に
ライブ
笑顔
膝を
行動を
ほぼ
塗料
異なる
チェック
しようと
劇的
悲惨さを
ピン
そらす
実行します
塗料は
保証
テント
真実
壊した

すぐ報つお ひの画狙コと劇ぎ写歩摘金
ま応ヌ安ぐ妊後ホふ的う室向嶋方画
ししだ安つれ ひまにひ笑場室真ゅッ海
行無安でチンま ざッよ た 能顔異むト む
実動や場ェクセニ壊き育 ひ なトくラ
写登をルッ圧ヱ論話社ク膝る辞サ クル
ぼ選応イ狙摘重歩再百社をだ 愛ヒサ海
レ安乏ブ応精画乏再妊エ惨京選ヒ私ほ
通権重モ再摘重そ重テ登悲塗るコ多ぼ
辞重室ェ ハ再能ら登ン応ヌ料だルス通
海室ルドンモホ選摘ざ読出はつ暫
ほぼ育選んテで画摘辞通料ヌ私く
通ノ圧テ芸ひ応ヒ証くべ通く

# Puzzle 347

```
故 ス 歩 海 ク へ ょ ふ 室 開 セ ょ ひ ホ ふ も ラ
リ ヒ つ ひ ッ 書 き 込 精 ぎ ん ス 座 て ぎ き
む 出 レ 応 ジ れ ニ み 金 っ ス ト っ 嶋 京
モ 通 故 会 ベ テ 権 ク 妊 復 ぽ ラ 精 報 ぽ る 狙
出 ゃ じ 社 む り ひ れ 退 帰 ス 嶋 多 方 ぼ 辞
京 ヌ 何 高 級 レ サ 多 ニ 場 化 嶋 し 無 ひ 会
任 命 カ 権 の 粉 っ 場 本 ア 脅 威 加 ぎ や
覧 カ カ テ の 植 テ き 室 社 進 意 私 社 な 室
む ニ ト ル 植 物 ふ 暫 リ 再 テ セ ぼ 阪
て 方 進 出 バ イ ソ ン 乏 狙 ゃ ん 嶋
応 砂 御 馳 走 ド ま 解 ひ せ き 室 ヌ ふ テ 所 結
退 京 馳 走 重 エ じ お ツ 海 引 辞 ぎ ぎ
百 む 走 っ ヌ 歴 史 量 る 弱 用 場 ぎ ん 砂 故
処 理 応 む ヌ 歴 史 量 る 弱 用 場 る ぎ ん 合 ヒ
応 登 ラ ン ダ ム お じ い ち ゃ ん の せ 合 く
```

ヘッジ
アクティブな
処理
脅威
ホスト
引用
高級
ランダム
おじいちゃんの
の植物
書き込み
座っ
復帰
歯磨き粉の
任命
御馳走
量る
バイソン
ストロベリー
歴史

# Puzzle 348

フルーツ
危険性を
クーペ
、したがって
都市を
、キャベツ
叔母の
三角
アドバイスを
告白を
発揮
バルーン
不安定
塗る
コストの
エクセリットル
、これまで
食用
リアライズを
バイオレット

```
、 キ ャ ベ ツ ー ル フ 然 囚 ヱ ん 論 登 コ ざ 写
、 き ノ 結 食 用 ざ 発 側 加 れ 嶋 ょ ス っ 危
や し 砂 ひ 登 ぼ 揮 意 ん 無 ソ ょ ト で 険
塗 レ た 海 ま ょ 社 告 ひ 方 せ の 性
る エ セ が 加 能 向 だ ノ ス ひ こ れ で ま ろ を
乏 ク ラ ひ っ 狙 摘 ヌ バ イ ス を く 画 ぐ 市
故 セ ゅ ヱ 向 て 本 権 ま 然 ホ ろ ヌ 都
ト リ 出 セ 叔 く 故 精 読 出 愛 画 化 ヒ お
砂 ッ ノ 故 母 ふ ふ チ 何 工 重 側 ひ レ ャ 阪
セ ト レ セ の も リ ア 本 重 ソ ク ヌ 加 側
ひ ル 芸 オ ホ ひ 投 ラ ぎ 圧 重 権 ょ 場 所
で ド 権 ト イ バ ぎ む 何 ヌ 安 化 結
ノ 開 ン ー ル 不 投 イ リ だ 妊 モ 安 選
応 カ 重 不 安 定 バ ズ 本 ま 囚 三 安 ん 化
摘 社 芸 せ 精 歩 を 乏 妊 ル セ ふ 結 ヒ ん 選
```

# Puzzle 349

犬眠京写タ参加者の多む社出ペルク乏歩乏
のいれ化マ権愛っサ砂場画ニ圧画や室応を解
コツ改スぼつネスヒつ注意社側芸御応リヒき
狙報私コヒだ応ヒ社阪検問エカ精制をト囚っ
ょ進カアだ選場ぼ話会出の男サうリヒ囚は
ぽ何じざ社べふテべ辞ンパ妊ンネじト囚何意
圧んソ加進っ嶋画ンドをタ囚側何意選まだ所む
効のひ私話選じ覧砂心地辞海愛で選ノ海所
っツ乏写き乗覧り地やネ所京多選海京着る
セ中登応開乗んをノ選ギ多く京ト然
る央乏選カサヒ辞愛海つ京くる
安能解海会セ京ょ論スコース報
覧乏お乏っ京サ場論ニド室
れテひ意場ヌ場コースニド室ル

男の
スコア
制御を
ペニー
検出
コース
効果の
参加者の
犬の
パン
問う
注意
壊れた
到着
タマネギは、
タマネギ
改革の
眠い
中央
乗り心地を

# Puzzle 350

投むヌ意圧ゅ報読乏ぎ加まモテぎ
何社出投く砂場ヒ無ホざど選ひき
るス登ケージだざんセぼエ向力
ス然砂ジョ育ゅ応室ひ威脅
読結ー通愛向ゅ応写話クリもぎ
選歩社を室じ砂室コひき
削除だ解姜むビュー然弱じてスモ
、このよう生場写結ヌふ覧だ百スを
フラグゅな権結ヌじ画所ニ威を
本のゃモ能出れつ故限権私
ル見応怒ひ加去投何私ひ辞
も意ス画べトウルぽ過レざ狙だ
く意ふー然モ砂、京ヱ私故だ権限を
スキモ多でルシウォ京金私辞限を
選ルェっ選ォクチ選故辞ニを
能捉ょるまド重アィチ私だ百を
捕捉モどろ狙歩ッステブ金選権私ひ
場登おままろ故いサ開結ま狙ひだ
やでつ室おむ狙故ひろ投辞ふ辞
っ捕室ぎんヌ会王子側投辞ドっ
つ室ぎんヌ冷意本歩ひ歩弱

生姜を
削除
、このような
ベルで
フラグ
ケージ
意見の
キス
アクティブ
シェル
、過去
脅威を
王子
権限を
怒っ
ウォッチ
ベース
捕捉
冷たい
ビュー

# Puzzle 351

陸 圧 歩 論 化 会 無 チ ク ニ 覧 安 べ 結 ク ヲ
阪 上 無 力 証 タ ッ を し れ 室 圧 確 立 リ 多
何 能 競 ぎ 明 作 チ た 阪 海 ヌ 阪 ぽ ニ プ チ
ま ひ ニ 技 す 嶋 リ ー バ 進 ス ど き ま エ ょ
何 故 海 ふ る エ 登 ざ 辞 無 嶋 ヌ 被 害 者 く
囚 つ や モ 意 能 乏 れ 会 嶋 カ に 芸 ッ 開 圧
狙 ん ハ ふ 論 き 何 ゃ ヌ 力 従 リ だ リ 京 登
ぎ バ ッ レ 社 弱 誇 り 依 存 っ チ ラ 能 安 阪
ぼ ッ チ レ 通 重 社 退 弱 ニ 投 て ブ サ 側 出
ゃ チ レ 暫 応 向 安 重 暫 愛 会 開 ぼ イ ぽ ろ
海 暫 通 所 育 ヒ 阪 応 育 る 開 ヒ ぼ 社 安 目
ざ 家 族 ヒ 安 応 結 ぼ 論 意 選 覧 豊 か な 的
家 族 ヒ 応 育 狙 論 意 砂 覧 弱 じ ゅ ひ 場 の
通 話 応 結 で 加 ク 砂 覧 弱 じ ゅ ひ 場 だ ク
芸 っ 結 で 加 ク 砂 覧 弱 じ ゅ ひ 場 だ ク

依存
バスケット
法の
豊かな
バー
ライブラリ
被害者
証明する
バッチ
陸上競技
に従って
タッチをし
作られた
目の
確立
クリップ
目的の
リラックス
誇り
家族

# Puzzle 352

応 ひ ニ 安 輝 ひ チ 社 バ モ ス 摘 意 何 無
精 ひ サ っ き チ ホ 化 ッ ノ ホ 圧 化 室 百
暫 京 阪 き 京 ん テ ソ ク ホ セ 阪 歩 ん 合
金 し き 会 で ト ヒ ょ っ 辞 ぽ だ 覧 重 ざ
せ ド 囚 選 は 乏 ラ く 解 ひ 無 ゃ 嶋 阪 暫
読 覧 ハ 択 、 る 会 妊 妊 登 然 ゃ 狙 開 ト
暫 阪 く し 選 芸 社 辞 サ 然 致 化 ひ ょ 応
故 解 ふ 力 て 投 辞 ぽ 弱 れ 命 ヒ 話 し て
ひ だ 黒 い 結 覧 ぽ ネ 社 ょ る 話 な て 私
所 ノ 安 政 優 防 ネ っ ノ 心 ふ る の 私 に
だ 四 政 治 覧 止 ッ 何 っ 臓 ま 明 カ 生 る
チ 半 と 同 ス ヌ む 乏 ネ ノ 夜 け ル テ 方
安 期 ひ っ の の ハ 妊 ッ イ 開 じ だ ょ っ
ク の ニ チ ニ 夢 妊 つ ト ズ 登 ぎ 私 つ 安
意 れ 然 読 プ 能 ぽ つ ハ だ 場 辞 ぐ れ サ

選択し
野生
政治
ネット
と同様の
黒い
夜明けの
輝きは、
防止
カラスの
社会
ノイズ
心臓
の夢の
話して
優しく
バック
致命的な
ランプの
四半期の

# Puzzle 353

画愛バま弱ょ本愛私無ろ能どグ少つ化
雇用加ー愛ノ然育投つル圧ノレなな速話
き社能暫本だ加む場残合サー合くと向第
ス圧暫ドて応っ多安育許コ画ハぎ場歩四
写子供退て安育てド摘シ加重金本べ場乏ひ所意
囚歩退画ヒくだせドナホつテ再ノスルざ開投会再
っ開私向所ドまツリオチ圧暫モ叔意合向むきっ解合
出報通本室さいおチ阪読ぎの母者を選ヱ妊何き再
本暫や出ビホ暫はぐチ阪治世者雄通重スルドざ合つ
合っビジ投るスにせんトニオニ阪読のぎ暫ヒ応場故
写ョンれストスンルニイ私ヒ重何応ヱ
囚

雄鶏の
してくださいは、
高速な
退屈
インチ
第四
バーストを
ダンスの
グレード
残し
許し
シナリオ
少なくとも
分母の
ビジョン
雇用
叔母者
ドール
子供
治世を

# Puzzle 354

雨量
注意深い
暖炉
ウズラ
ステートメントを
アクティビティの
検索が
おばあちゃん
包む
だろう
休日の
態度
定住
を介して
ささやかな
、必ず
いっぱい
ソーダ
甘い
聞いて

コノアク定愛ス無解もつサ登砂むん進ニ
海ドクティ住開ステ無じひ甘い日のむせ通ぼ
解だティ登ざまー報狙ツ休レろぼド
コゅビィ開むじ囚ソ狙歩側辞ウ乏ドラひ
雨量暫のせ妊覧暖然メン介しリ報コ再べ話ひ
応然どィ包おセ狙ち無っトリをズう登エ
然ま開のむ検ぽ多無出覧りぐセれ、ス論も
まセべっ辞索ラ出砂報ぐエれスひ
無ふく社せいせっ京所退さかひで砂何砂べ
話合ひ場っぱ阪摘意やじ化側愛ニひ
ひ進せ多読ざ安聞いト態精海ぎれ
暫愛だ百写出深れソ登登度側結愛ひ
報ひ阪注意ーダ話圧じ意結

# Puzzle 355

```
お ド ツ ぼ 画 能 辞 ラ レ 安 シ の 一 ま ろ 通 じ
ふ 弱 じ 囚 傾 側 ゅ チ 妊 コ 耳 女 が ま で ぬ 選
ひ 京 論 ヌ 斜 リ く 推 つ ー お の 子 化 な ゅ 退 育 論
お 愛 ニ ん 多 く 定 っ ざ ン ケ る 愛 は 、 ゃ 場 進 合
レ 暖 モ 炉 選 安 私 ス ホ お 然 室 進 開 バ
故 ラ む 覧 か き 無 お 海 ス テ ー シ ョ ン 進 化 ジ
出 ワ ど こ だ の グ ラ バ ナ ナ ヌ ニ ル ぎ テ ョ
オ ー だ ろ 暫 セ ラ フ 登 ニ ベ 故 投 ェ き ま ン
ウ 京 べ 妊 場 京 フ 読 故 通 む せ し た 、 ノ
ム は 海 ク 向 ま ょ セ 重 驚 か ホ ひ 経 化 暫
所 ル 故 ハ 会 本 リ 重 無 れ 材 料 む コ 済 会 然
ト 能 所 安 ひ 話 育 合 で 本 ゃ で 写 側 く
出 ソ ひ ひ レ 妊 結 き っ 歩 写 合 能 本 ル 登 圧
ぐ 解 京 圧 京 能 ツ ふ 登 歩 の 信 頼 歩 京 ル 登 レ
だ ふ 合 読 登 ぐ ふ の 信 頼 歩 京 ル 登 レ 圧
```

の耳が
暖炉の
材料
ステーション
の信頼
傾斜
レタス
オウム
バナナ
シーケンス
女の子は、
、経済
リップ
どこか
バージョン
一般的な
グラフ
推定
驚かせました
ワームは

# Puzzle 356

収集
インチが
英語
花が
プラスチック
必要があります
会議
取ら
汚れを
スノーフレーク
ゲーム
旅行
お勧めします
驚異的な
不適切な
会話
達し
物質の
シングル
実験

```
プ ラ ス チ ッ ク 取 ら 芸 向 狙 化 実 ツ ク エ 場
達 し 嶋 ソ ハ 私 リ お 勧 し す 験 む お 愛 妊
応 摘 力 で 報 ヌ む 論 め 意 ま す ス 安 画 ん ホ
室 不 ソ 芸 海 報 ぎ 海 サ 精 ル カ く ヌ べ や
ラ 適 歩 だ ぐ せ く 愛 合 っ 通 私 精 テ 百 て
室 切 る っ 物 の 能 ホ ト 何 汚 ニ 英 な し
会 な 会 話 花 権 写 安 だ 何 れ 驚 語 精 阪 向
サ 議 開 出 が ゲ ー ム で 退 を 異 的 す 精 京
何 し ス ノ ー フ レ ー ク 必 解 ホ 何 っ だ し ろ
ヌ 場 ヌ 覧 ひ 安 ニ ろ モ 要 が あ り ル 囚
話 っ 歩 退 ス ャ 写 ィ む 写 歩 ろ カ 故 ト
セ っ 再 力 リ 私 芸 ン 私 登 シ ニ 応
社 っ ぎ じ 登 ひ 社 チ 応 読 ソ 嶋 歩 会 サ
旅 行 る 収 故 権 芸 ヌ が 歩 再 サ 安 ヱ コ
ぎ 集 能 ヌ だ っ サ だ 会 ト
```

# Puzzle 357

む 話 結 再 ま 進 進 テ サ 宣 言 に 際 実 ソ ク だ 選
あ 所 ま ど ひ ク ニ ン 故 妊 に つ 選 能 登 向 も 進
所 る 歩 リ ま 会 応 ド 京 ぎ 本 い せ ぎ ま 然 応 ひ
応 精 こ ま ひ ヌ 嵐 イ 投 応 権 て て ぽ 加 応 ざ あ
ど 合 阪 ス ヌ レ の ッ 場 に 応 の こ い 合 ざ り つ
保 持 バ ン を カ ム チ も 報 圧 十 妊 論 が り エ い
で 海 っ 報 私 ツ ロ ヱ 論 応 室 分 会 乏 ん ら ル ク
囚 砂 結 ょ ホ グ ま 論 す 多 的 主 だ 民 ラ ク ろ ラ
個 人 臆 ふ ま ロ 再 な べ 登 じ 加 だ カ セ だ 投
ひ 観 病 方 ホ プ 社 暫 く て の ろ も 育 れ カ れ ハ
ょ 点 者 応 形 の コ れ の 応 故 暫 む ハ 阪 モ
覧 る 何 ヌ 側 読 エ テ ろ ひ 加 合 荒 れ 登 ま
カ テ ゴ リ 京 画 ハ 押 下 故 サ 野 む 金
ん ぎ 金 出 ノ ク 辞 向 本 れ ク 出 ょ 投 野 ふ ハ
ハ っ 出 ノ ク 辞 向 本 れ ク 出 ょ 投 野 ふ 金 ま

嵐の
臆病者
サンドイッチ
バンを
宣言
カテゴリ
ありがたいことに
プログラムの
についての
押下
あること
すべての
保持
個人
実際に
荒野
正方形の
観点
に十分な
民主的な

# Puzzle 358

機能
能力は
船を
方向
廃液
メッセージ
応答
反応は
売り手
休憩
パフィン
輸入
ネギを
関心
孤立
本当に
距離
フラグ
タッチをし
花が

っ 無 ぐ 論 開 っ ぎ ス 所 距 精 芸 グ 辞 コ 輸 向
ょ て ふ 圧 ょ ぎ ノ ヱ せ 離 は エ ラ 芸 せ 入 囚
向 だ ホ ゅ 加 ょ 意 再 応 パ 百 ま て ド
リ っ 能 サ 登 妊 て 阪 反 答 フ 嶋 権 て 応
ノ 側 力 モ ひ 解 る 海 で ぼ サ 暫 乏 育 機
暫 く は 会 所 休 ひ 多 方 通 進 く ル 孤 ぎ べ 能
方 向 何 論 再 売 加 画 花 妊 ざ 立 ひ 場 側
ト ひ 論 て 然 京 が 能 再 コ 加 多 セ サ
じ 化 投 ひ し セ 百 廃 故 社 ト 本 ム セ
育 心 レ ぼ ク だ 私 液 ス 出 ニ ぎ ル ム
関 き れ で ジ ヌ を 論 を 嶋 本 ひ べ ド ル ド
開 報 ぼ 写 ソ セ チ 加 船 海 当 ニ ろ ル ニ
報 多 ひ ホ レ 砂 タ ッ だ 通 ちょ に 愛 ニ セ
ソ ひ ひ レ 精 加 合 ろ ス 解 ま 場 妊 ど ろ 弱 室 安

# Puzzle 359

くぼっ加れ精場育ニやレヌぐもリソノ
べヌ社ク囚だも部南リリヌゅ辞圧再だ
海ル回避囚だ合部グソソ登辞こニ百ダ
暖でブカホすむグト重レよんハヱ本ン
炉カラトチお菓子を妊結のだぐチだグ
でくヒ報チ精シ精権妊一側盗スヌ然ル
進歩金再ムっ妊退再らベよ囚ホチダコ
まや歩海シが再多精たニこざおヌン乏
モぎ通ベ妊カ退るぽ私れ化れニグコ砂
セ然む存金捧ドト辞室ヒだホル暫画ひ
再解ょ能結ぐ登アラエベ辞し解にはる画化社ひ
解能乏社合然まぽエトバスケットボール方ひ
京ル精加で妊嶋覧な富豊京化る画方

ひよこ
捧げる
積極的な
もたらした
通学
存続
困難な
回避する
盗ん
ダングル
コンパクトな
カブトムシが
グレー
バスケットボール
お菓子を
法的には
感の
豊富な
南部
暖炉

# Puzzle 360

早い
拒否
右の
安全に
完璧
火災
バルコニー
入力は
祖父
天使
想定
スキル
の買い
コイン
文字
廊下
対象
三角
、過去
分母の

安私完ぎ何っ早選読ぼ京スバ所乏選拒
乏全璧廊下スい読ひ登ルルコ摘無レ否
私ひに文字キ買化意投ンコニ狙カきノ
火乏ょ辞通ル妊の応む結イハ進まょ想
本災話ひ選せや対祖金ニハだ京ざれ定
天使も側金だ分祖父然だヒ阪もぼじ
リ囚弱故乏ぎお父阪サセて弱応私摘
ま報サ室チ覧弱場写京退応出ま
金カ阪やヌ歩囚弱何っ所芸京育方
き投本阪の画場通入側砂育てる
会、過去右出乏つ化狙モヱ登むモニ
だふ再話ょニぐ芸退だし三応向ツぎ応
何報くゃ方トク合多ぎ方ル安角暫本だ通側

# Puzzle 361

```
イ 育 辞 チ 妊 ひ チ ル 結 ク 合 ニ 布 結 ぽ ホ 想
チ ろ 登 ェ 観 ゃ む ぽ 室 だ 何 の て 芸 ホ れ 仮
ゴ ひ 化 コ イ ふ 影 ざ 響 ニ 写 ぼ 別 ひ ヱ の 開
の 狙 通 場 安 ヌ セ 砂 所 暫 意 故 ぽ ラ メ ヒ カ
重 ト く お ヌ 合 り 覧 ひ 開 意 リ ツ カ コ メ ウ
重 加 砂 嶋 登 贈 物 砂 テ 向 意 ホ せ カ ス コ ワ
乏 ヌ ぎ 病 海 ふ ひ れ ニ 写 ひ 歩 れ ヌ 砂 じ ウ
ス む ツ 育 選 リ 化 ひ ヌ ひ 存 退 む ス 応 ひ ソ
む ぼ ょ な 安 ニ チ ヤ ド ま 無 化 む じ べ っ っ
側 ハ 化 だ 完 チ や し で 美 く 金 ぽ 出 方 こ ぎ
方 百 意 ル せ 重 愛 写 し い 室  テ む ル ト
妊 モ っ フ 退 に 室 む り 美 今 室 何 じ も セ
ど ニ 権 ラ 芸 ト し で 資 後 だ ゅ し 会
芸 か ぐ カ の ス れ モ ビ だゅ 本 ゆ だ 開 ホ テ セ
```

チェイス
美しい
観察
のカラフルな
キューピッド
完全に
存在
カメラ
カワウソ
贈り物
病気
イチゴの
布の
別れの
の仮想
今後
影響
資本
ビート
七の

# Puzzle 362

必死
剣テーブル
カット
正確な
議論
十年を
クロッカス
学生の
叫んだ
コーム
洪水
分析
タウント
チェーン
計画
高さを
スワン
ドラグワーズ
コンパクト
男の

```
砂 ニ ニ 場 ス ド 会 ヌ し 安 リ 剣 ニ ベ 本 ょ 精
男 方 多 金 狙 ぎ ラ ど 本 安 ス カ 必 死 計 社 画
も の 生 学 れ サ グ ま ス 十 テ 金 結 ヒ 歩 ト に
読 通 洪 水 カ 写 ン ワ っ 年 ー カ カ ト 然 る
タ 覧 ヱ 愛 応 能 ー チ ス を ブ ッ ノ 京 報 エ
能 ツ 芸 歩 ス 議 エ チ 無 ズ ー ル パ 通 会 愛
再 写 圧 乏 チ 重 論 投 解 ひ 能 だ 芸 ン 百 芸 嶋
だ 多 ま じ エ 応 ぽ 投 ぎ 愛 故 ツ 妊 コ る 応 側
阪 海 ぽ 加 き 精 っ 話 本 ク ひ レ 育 登 セ ソ 無
故 応 ノ 叫 ん 分 ノ 無 会 ぽ ホ 百 歩 嶋 ー ざ ん
室 応 ぎ 故 だ 析 りっ ひ 合 ヒ 百 選 出 社 ャ ク
本 私 ス 写 ノ 囚 場 ろ だ 砂 だ 社 コ ム ロ
画 ま ス ぎ 画 暫 圧 退 再 解 つ 何 向 な ッ
っ 本 サ 場 ヌ 画 っ 安 高 さ を 通 ぼ 正 確 ス
摘
```

# Puzzle 363

ヒル　い　何　ク　に　持って　車　ど　ヱ　お　再　ス　選　能
室　く　選　何　っ　育　十　ま　ニ　両　圧　ヱ　ヒ　投　圧　挙　れ　で
ゅ　つ　ラ　化　た　シ　ム　ぼ　サ　精　加　ヱ　ス　側　進　投　応　応　合　っ　スリセだっ　再　ま　べ　重　場　ぎ　写
ル　歴　ク　故　つ　ム　ト　お　の　量　業　加　偉　報　嶋　応　芸　重　だ　ニ　側　ふ　ハ
妊　ニ　投　ハ　重　た　ラ　ゲ　カ　ト　乏　加　乏　む　何　実　証　精　狙　チ　っ　や　辞
き　投　解　ぐ　カ　百　ヒ　画　ヱ　進　読　ー　ラ　ア　ん　む　ホ　何　サ　モ　ひ　ソ　社　っ
嶋　噴　水　コ　ミ　ニ　ティ　は　結　京　登　本　解　芸　ク　ー　ダ　社　く　開
コ　ミ　ュ　ニ　ティ　育　室　上　精　ふ　画　画　辞　結　ス　選　多　ひ　カ　ー　海　汚　れ
育　室　ワゴン　報　ル　ふ　ん　出　百　る　金　読　セ　ぽ　だ　故　汚　れ　を　ル　ラ
報　やん

---

# Puzzle 364

側　退　し　大　ひ　ト　精　ノ　私　ぽ　コ　モ　合　ぎ　き　ラ　精
覧　つ　ス　学　ト　ス　合　室　ル　ス　ス　ッ　キ　会　ン　サ
つ　育　後　院　で　進　開　解　貧　サ　チ　圧　精　ふ　加
場　ヱ　然　に　ヌ　方　ヱ　ふ　画　ト　の　車　動　自　ソ　ん
リ　グ　ス　場　チ　百　再　ク　場　し　イ　重　ク　夏　ル　の
応　社　ケ　愛　コ　セ　摘　側　化　ハ　モ　圧　セ　ま　ヱ
特　に　ジ　ク　だ　投　然　む　ひ　っ　ひ　嶋　応　の　き　ス
モ　場　ュ　レ　京　歩　ま　ひ　百　い　ヒ　社　る　品　サ　ぽ
選　ク　ー　ト　る　場　絶　選　京　論　京　進　サ　本　ア
ょ　愛　ル　だ　ひ　向　対　覧　ニ　ス　進　ん　ト　摘　リ
や　場　ラ　ゃ　退　何　無　トップ　社　報　だ　側　安　に
で　ト　ハ　ラ　ヒ　愛　だ　方　京　会　精　コ　登　れ
ゃ　開　故　写　ニ　お　開　論　ぎ　砂　ひ　ソ　ヒ　ノ
ろ　ツ　ヌ　京　だ　投　論　ド　報　精　せ　モ　安　ゃ
ヱ　る　退　し　権　ま　で　報　室　精　解　ュ　ヒ　芸

# Puzzle 365

弱場もっ室弱洗濯モく報れ側でる選ぐ覧意
くらいて何つらざの目進ろ圧狙重妖やり結選で重意
登る場ヌ能暫ニ安るま解囚正方つムリ本弱退向経全体方ぽ結画
るあの沢光写的なりの圧京ニ嶋熱本狙ソ私応権付金だ歩砂ラょ
平コ和ドルトイモル海意選囚ぽスだ買覧結
ニどひドま出ふど故モ暫結買選画い

サイト
くらい
正しい
カタツムリ
の可能な
平和的な
経済
洗濯
全体
ミッション
熱帯
スケルトン
買い
重要な
買っ
コンドルの
付随
光沢のある
つららの
目の

# Puzzle 366

ナビゲート
家は
保ちます
巻き戻し
誤差
符号
医学
個人は
の経路
ミス
アンティーク
停止して
アクセス
週の
レイヴン
近い
しよう
命を
探索
、必ず

ょ停加まき多れテ所会チつま覧保多だ話
論近止育会む暫リ本加砂結ドれち私向
進いしし砂さっ、つゃ安ぽサ加まソノ妊
ど囚レて合読必京嶋スしサ暫すっ安ニ
側ト無ニ符育経加巻学てモ室圧多ミ開ス
砂私会再号ふ巻無ティ何ラ私ど探能や能ク
ぼひ出乏精選戻登登妊ぼ索やスをセ命
セ私れヌ弱本退だモ差ヒ画週をレ
セ所だナ本百登狙りトレ
所ス所ビ覧ヒ妊モ狙人イヴ
方リラうゲ選暫ノ個リ会ン
報場読お一退辞お方は登加
家はひ圧ト何でニ出ヌ辞お方は登ヒ
場くんせ本ぐ二出ヌ辞

# Puzzle 367

```
サ ノ 辞 ル ぼ 会 一 、 所 せ 合 ん 結 出 版 辞 カ
出 ン ク ヘ ラ ジ カ ぐ 公 プ 応 然 観 察 し ひ べ
も 写 理 グ 何 だ む サ 加 せ 然 じ 登 意 ょ 痛 化
も リ 由 ラ ひ む リ 電 話 せ 嶋 た 嶋 場 だ み テ
向 話 き ス 別 の 摘 狙 チ 離 ぐ 京 開 ヌ ル ろ
だ ら 能 ハ ス 囚 合 精 離 嶋 ト 海 選 ス モ ト 結
室 能 退 読 圧 解 く ラ 開 然 テ 所 話 芸 ん ゃ サ
歩 阪 ハ ぼ 登 化 ヱ 始 ツ ぼ 歩 通 登 っ ぎ 登 狙
ニ ぎ 合 画 ひ 能 ラ 社 き ク 精 朝 で ん 狙 解 能
サ ヌ 金 画 っ シ 重 化 社 エ 暫 然 精 食 き ゅ ぎ
加 力 ヱ 登 重 ャ 社 っ ー 化 然 精 武 意 側 の 阪
投 ヱ 応 辞 選 ン イ ラ ド 狙 れ サ 器 の 話 ふ
狙 応 れ 選 場 プ 歌 ょ エ ょ 安 ニ 向 ふ 多 応 ニ
ふ ノ も 安 圧 ひ ー う チ エ 選 方 ラ む 多 ふ 無
無 レ 安
```

シャンプー
開始
歌う
リード
朝食
サッカー
別の
電話
ヘラジカ
出版
痛み
観察し
サングラス
感じた
理由
離れ
武器の
、公共
プロセス
ライン

# Puzzle 368

最も幸せな
エキスパート
感謝し
教授
さようなら
外国
撮影
馬の
ウィンドウの
整理
第三
原因
騎士は
監視
大学の
の足
ペットの
子犬
、すでに
歯磨き粉

```
化 最 金 で 重 登 エ 退 辞 れ 読 故 ど ト 場 外 愛
監 精 も 結 金 カ 投 カ ぎ ひ ど じ 結 国 場 解
視 重 ホ 合 ス サ 意 ヒ エ く サ も く 無 然 覧 解
登 テ テ 幸 化 退 方 原 弱 テ の 足 す 側 ノ れ れ
報 通 投 せ ら な 化 よ さ 馬 場 つ れ で に 化
ょ ひ モ ニ 退 う ヌ 百 話 教 第 大 開 論 ぐ ひ
て 投 乏 向 ざ 進 騎 ひ 授 の 三 乏 乏 京 り リ
ウ ン ド ド の 士 ろ 投 馬 学 っ 化 感 だ 方
ィ ょ お 退 レ は セ ス の む ハ 写 謝 開 だ
ン お ソ 圧 ッ 所 エ パ 解 ト ツ 子 し て
ド し 通 ト ペ や ヒ カ 撮 整 カ ノ 犬 ツ ぽ
京 歯 精 進 応 ス カ も 影 ひ ル 精 登 ツ
故 磨 論 重 画 モ 権 権 歩
ト き カ 百 読 無 だ 応 ゅ 然 報 愛 ぎ 所
報 粉 ド て 能 ノ だ 投 む 意 き ぎ
投 じ 読 投 囚 ヌ ふ ふ
```

# Puzzle 369

```
復 、 リ ン ゴ 暫 登 側 ソ に 方 読 妊 何 通 京 ぎ
れ 帰 奇 報 室 応 圧 私 常 ま ま ょ ソ 画 所 場 セ
囚 ヌ 芸 妙 も ょ 通 は 、 ま れ テ 愛 っ ぼ し ス
常 駐 を ざ な マ マ は 海 応 暫 ヱ れ 向 れ ほ っ
て 開 リ ア ヌ ッ プ 画 き 再 応 ホ ま ろ で 圧 暫
羊 ア ム 何 ヌ ホ ニ 階 ぎ 度 無 ニ る 会 ニ 育 し
ょ の 精 だ サ ニ ル ス 画 阪 再 暫 ど や 通 場 ニ
ニ 類 ニ ひ 応 解 ル テ ッ ハ 度 食 惑 ラ カ 報 ざ
安 種 コ ぐ 育 さ れ ッ プ 無 星 会 用 チ そ 安 育
乏 登 リ 百 選 れ て ス だ ぼ 惑 星 方 モ の 権 金
エ 摘 開 重 ろ つ 無 テ ぽ ニ 辞 都 べ サ も ざ 室
報 ハ ニ む だ ぼ だ ニ る 検 ゅ 市 応 社 の レ 方
で 側 室 ぎ 報 じ 側 る 辞 論 ス 応 を 囚 方 つ 室
ス プ リ 狙 精 索 ょ 検 多 ス 多 重 無 ひ も ん 簡 単 室
ク 愛 権 多 応 ド 論 圧 無 重 ひ も ん 簡 単
```

簡単
常駐を
羊の
検索
再度、
、非常に
マップは、
種類の
奇妙な
スプリング
階下
ホット
そのもの
ステップ
アームを
惑星
、リンゴ
復帰
食用
都市を

# Puzzle 370

自分を
しばしば
ラクダ
おめでとう
ジャンプが
祖母
カードの
あなた
マップの
ティーチ
その後、
蜂の
予測
データが
外を
敷く
スタイルの
行動を
制御を
ダンスの

```
セ テ 権 然 あ っ ヱ 京 然 ハ ぎ る ょ ソ 外 カ 方
お 側 ィ 権 な く ノ ニ ぎ じ や ル 海 を 故 ん ひ
め 論 圧 圧 た 狙 ヌ エ じ 嶋 デ ア 登 分 何 ひ ト
で 圧 ぼ ー チ 砂 重 投 会 百 ー ヱ む 自 能 ト ク
と れ ク 話 そ の ヌ ふ 弱 話 タ ハ カ ふ ひ ふ 妊
う 予 方 ジ ラ ま 後 、 選 れ が 退 愛 ッ ッ 多 も
し 測 場 ャ ン の 合 祖 ぽ や ニ エ 乏 テ テ 出 阪
ス タ 無 ん 蜂 の 母 弱 育 せ 投 ニ 投 行 ダ 私
育 イ 芸 の ド 室 暫 制 レ ろ 登 話 ぽ 動 再 ド
方 ル き ー カ も て 御 お ょ ぽ 登 モ を む し
く 出 安 カ 通 応 が を せ 辞 モ 妊 ラ 進 ば
室 も ざ 登 方 画 室 で 覧 権 ラ 育 ク 能 お
チ 圧 ま 何 ニ 登 も 側 ド 妊 ク ニ ダ ニ し
ゅ 百 ソ ニ つ 摘 応 砂 投 育 ス ば
コ ぎ ベ ベ 故 意 多 合 砂 の 精
室 辞 ょ ト 辞 登 投 ん ス ダ
```

# Puzzle 371

乏 多 摘 覧 論 コ じ ク ス 安 海 能 モ ヱ も
ざ ス サ ハ 多 ス ラ 登 室 ヌ ス だ 私 ゃ ラ
る 京 根 だ カ 出 読 向 室 れ ひ じ 登 報 重
ス 大 金 チ 出 読 向 辞 ひ 登 報 重
方 京 ド フ ォ 綿 を ー カ ス に つ じ 向 モ ノ 大 声
能 出 開 ニ カ ル ぽ れ 能 能 ケ ニ れ 応 大
弱 ょ ニ サ ま ぼ 愛 多 社 ふ 読 辞 お 嶋 ん も し か し が
リ ヌ サ ヌ ト 社 会 権 割 り 当 て 投 り
お ぎ 暫 重 場 京 応 塗 化 れ ど ょ コ し 割 り
安 精 暫 登 京 応 塗 化 れ フ ィ ル ム 割 な つ ぎ
ニ 加 囚 登 ど ざ っ テ 石 は 下 降 ス ィ ル ム
論 育 細 は 読 や ぽ っ や 石 は 下 ぐ 発 狙
い か に ど ざ っ テ ん や 故 下 ぐ 発 揮 狙 狙 的 芸 歩
誰 社 っ 読 ぎ や テ ん も ラ ぐ 発 揮
下 の 誰 い 論 ニ 安 お リ 何 鉛 筆 歩 る ざ ス

綿を
スケート
石は
フォーカス
な否定的な
割り当て
を失う
大根
しかしが
社会的
大声
フィルム
下の
歯科医は
誰かに
細かい
下降
鉛筆
塗る
発揮

# Puzzle 372

日時計
クリップが
高速道路の
感動を
状況を
カール
古代
クレードル
アイデアは、
寿命光
経済を
狭い
ペット
ボリューム
心配
シンプルな
雪だるま
ゼブラ
コレクト
グレード

圧 場 登 コ ク 芸 ト 私 化 無 何
結 だ リ 配 ま レ ク ト 側 ざ 無 歩 ト ラ 何 で
つ 囚 海 カ 心 る レ ク ト 囚 無 歩 ぎ 乏 応 砂
ボ リ ュ ー ム だ コ レ ク ヌ し ょ っ 砂
コ 囚 登 意 ル ー ニ 雪 だ ト ク し ゅ 砂 所 弱 芸
ニ 囚 重 狙 じ ペ ッ ト ク つ ゅ ス 砂 ヒ 応 グ レ ー ド
古 し シ ン プ ル な 経 済 を ん む 感 応 ホ ヒ グ レ ー ド
代 重 狙 じ ペ ッ ホ ん む 結 感 応 所 べ
寿 弱 ク チ 古 代 重 狙 の 経 済 を 結 本 社 所 阪 ツ お だ
命 愛 ゼ ブ ラ ヌ 登 場 ニ だ 本 社 所 阪 砂
光 モ 覧 速 道 路 ど ス 意 乏 だ ぐ 場 ヱ セ
寿 命 光 速 話 金 私 き 方 退 乏 ん 結 砂 京 ぎ
弱 愛 ゼ モ チ 高 写 ア イ レ 退 ア ど ん 砂 京 応
おる 囚 モ コ 出 ま ソ コ 無 砂 愛 ソ デ ア は 嶋 砂 弱
狭 い 金 無 社 開 ま 写 無 砂 愛 ソ ア 社 何 ト
ノ し ん 状 況 る 囚 囚 加 ん 場 場 向 日 時 計 海 摘 進
ノ し ん 状 況 る 摘 し 合 ト だ ド ク レ ー ド ル 摘

# Puzzle 373

```
ニスぽ緊急選モだだしココ安妊弱社ツ
れ向ぎヌど応ソスま砂ンれじエぽンー
品種ざ砂場金ノヌ嶋阪だエ写オ伴金ス
故何結多弱チ画ステだ進結金摘意うぎ
をス報画ヱ狙読ノ画テい音ニ位出ふだ
介ニノ金せ選親ニホ登ヒ再医置意だリ
しフセ精む退社チ登応ル医師所多ろょ
て おセ海方登投金ピ然医裁判私摘学家
通社狙ろ登場ノ結投ア裁京チ摘歩だの
結場だ暫やクろ金金レ判多術開スネタ
囚豊かクどれ室精やレだ官チ学だッー
報かなせょク結嶋っ室でざ読嶋登読デ
幸なせク狙精室ざ室ヒ精開だスネット
嶋せょ狙結嶋む登ヒ投登やっ室読ヱ
ド狙な論嶋っ室む登
```

家の
緊急
コンパニオン
ピアノ
伴う
親切
位置が
発音を
スニフ
幸せな
使い捨て
医師が
裁判官
学術的
色の
品種
データの
豊かな
ネット
を介して

# Puzzle 374

の中で
防衛
プラム
フォーク
キャットキン
病院
、個々の
ファミリー
センチピード
快適
イルカの
側辺
シャツ
まま
ズボン
カリブー
樹皮
インターセプトを
に沿って
驚かせました

```
ニざ重まカヱ意サをトプセータンイ選能
カ金報まャぎ結ぽノンコンで読芸歩お所ド
投登リりリぽ能ゅクニ摘キプラム読方セろ側
意ヱ金っファミ側どチラぐ化ろ意にる
だエ解ゃ精辞応辺もッ方圧れ暫
サひたし辞かフも能キ進向精カ
囚防の故社まサフ解ぽまだ阪向カャリ
クだ中で病多ドリ快場ざ二にる然ブ
結二防院ボ院弱べ登砂ツイ加沿っのーモ
ニズ狙ど合弱ニもも本室ヒ私のサ個
シャだ論加社樹皮進モぎルカ個々
ャツカ樹皮るぎ進金だ々だサ
```

# Puzzle 375

```
カ場ニアる辞エ本内チゅ登ヌ向辞画本
ニ故嶋クェ多権し部ュむ精ヌ話読権ヒ
圧テ加ィチ多ひ部叔ホ報ヌ安辞重ヌノ
ス嶋登レ多開通だ無精場スき投嶋ヌと
嶋ソ然テむ製応無精場れオ室精進っセ
ソ陸エクカ造恩叔っ登シライ安精覧ル
陸摘上ジ加重トしぼつョヌドク重ヒビ
摘覧二カヌクラ囚退もンク百重ライる
覧辞れ加技然側安もリ多レヌライ勇な
辞精画エすべ英語圧ろど跳ぼラフ敢ッ
精解テ会妊語重覧せリん圧ラタ勇ヌト
解場二本ひ重芸意歩だ嶋ヒ京敢狙でセ
場私ぼ無スひニぎゅつ社ヌ狙るなトセ
私夕食レ粒圧芸い出む登ょ狙ドで写
夕食レ子ラダー思い出さ社ょれ写
```

オプション
フィット
夕食
恩赦
エッジ
勇敢な
ラダー
陸上競技を
粒子
ライター
跳んだ
スライド
きちんと
叔父
内部
思い出さ
製造
ビール
アクティブ
英語

# Puzzle 376

教室
緩い
ディナー
理解して
時計
曇り
野菜を
王室
スキー
時の
クラスの
支出
スクラブ
地域
女の子の
熱くする
修正
兵士
ライブ
臆病者

```
嶋場嶋囚ぽスぎ弱デ臆病者リ暫理リらん
ヱレ応本スヒじ意ィひニ室おひ解覧リ辞意
会ひヌど論ひ然ナぼ方り時しハ士む安っ
登お海阪セしセ側一んし計正くて解結ツ解
摘砂王室読っラ報キ無読地ぼス覧京ッひ
ヱきゃノ多重重投ス辞ひど域支ハよ登り
ャノヌ妊会せ応京登熱何正歩士登ろり解
阪ヌだまセ再結多化ださクラ読曇の権ひ
出二辞ヱでスクラブくスラ故ひ安のて
ニ辞子辞室ゅ重緩すホイ然ス子何
女のく芸ベぎっ摘安るヌトステ暫
ルくぎレん応ニ嶋ょ結野ラドハ
場狙るレ登ひカクカつ菜愛を
化合側ひおきカクカつ愛
```

# Puzzle 377

達方化会ぎ能写を京室んじるべ無ょリ場
成グンキットス明ょ海応ろのドィフュべ会
し能ニャの信頼るス応く報摘スント育ひろ
ま圧登ッ歩何ぐコミットメント形式ドろ出
すヌヌ辞て会られ写ソホリるヱ精所無意
ゅょ辞む合ラ写海ひる話辞ふ詞登
瞳む有利な精ラ精ハ所圧摘クぽょ
ハの投ざホクララ進金ドニソビット
基登私加リ世権て囚化場方ヱしと選
金リク加る世代囚海圧再覧権どぼ
写ハるやゅニ化脂肪海ビ性話砂権話のド
ヌ歩方二意ハやハ向応ろッ化囚登話選
向む重育弱二ろ安私だノレ応ぎレ意
ひ重ぼゅ報ノ安私だノレ応ぎレ意選
ス

コミットメント
フィードの
世代
脂肪
を明るく
キャッチ
有利な
動詞
瞳の
するものと
ビット
女性
基金
強打
ストッキング
形式
達成します
ベース
ライブラリ
の信頼

# Puzzle 378

ハンバーガー
、まだ
、常に
空洞
インデックス
壁画を
単位を
ホールド
、シカ
ブルー
フォロー
帽子
帽子の
バレンタイン
感謝を
制限
迅速
教育
認識
物質の

妊側ひラ再ホ暫だ登トのリテス歩ハ向
暫ヌふ選開バ論囚ひ帽子ホサ再場ン進
テょ論ざスレ迅ラ帽論ーモ結通バ圧
むで砂ニ速ンヒ暫論ルハヱ通ー応
画再れサ空進せ向投ルだ投んガ
やリだツざ海話ニ圧イ再弱ベールろる
ヒだ暫だ会ふス海デイぎルろブ育
せ応っ育安重スッ側圧意社応
フォロー登ぐ多おト話画読常芸教
物何ぎ意ゅるサ再モだ圧く限
質ソも合っ壁論ニモ投位単何だ
の合テヱカ画出解投ひて加嶋
京暫し弱無乏妊画所リ砂リ
リス摘応安京社写選認識ホひ乏
っ圧ふ然権を選物質ホひ砂

# Puzzle 379

読 ス 歩 私 ぐ 乏 応 の ク ま 画 ふ 通 社 セ ニ リ ヱ
ま ニ 狙 砂 場 し 嶋 連 せ レ 月 れ 会 サ 応 登 本 ゅ
ふ 薄 や ミ イ ラ ニ 続 資 民 の 登 向 百 然 わ ゅ 進
も 脅 い ド ク タ し た 源 間 然 か せ 資 通 ら お 応
ろ 覧 威 写 超 登 ビ に 何 重 り ひ ク ド お 然 ぎ 然
狙 報 芸 京 高 所 レ 重 退 登 金 意 場 テ だ ホ ひ 覧
お 安 芸 愛 層 嶋 京 ひ 所 セ 無 話 金 本 っ コ 加 ホ
ヌ 嶋 ざ 京 歩 再 通 読 再 ス 社 第 通 テ 海 サ ス ト
通 ぼ 乏 会 ト リ ひ テ 妊 暫 第 十 ア 歩 だ ー ハ コ
所 ク ニ ハ ャ ク 読 百 セ 社 も つ イ 意 ガ ブ テ サ
無 っ 弱 ニ コ ー ヒ セ 社 第 つ れ カ ヲ ラ む だ ー
や む し 安 し 百 セ 再 十 化 っ ヲ 読 む ハ ブ
妊 や コ 絶 百 セ 社 再 も つ れ 化 ソ テ
チ エ し 論 ス だ 金 ん 芸 術 論 圧 お モ だ
ニ き チ レ だ っ 金 ん 芸 術 論 圧 ソ 化

**単語リスト:**
にもかかわらず、
薄い
、投資
レビュー
超高層
ガラス
もつれ
ミイラ
コーヒー
絶滅
の連続した
資源
サーブ
第十
月の
芸術
民間
アイドクター
脅威を

# Puzzle 380

**単語リスト:**
小麦粉
恐れ
雨の
冷蔵庫の
竜が
困ら
ブリード
構造
彼女の
ツリー
吸収
一人で
一種
攻撃
ソーセージが
女性の
歯磨き粉の
ドール
取ら
宣言

ょ 再 向 芸 再 ぼ ド 宣 ん じ ま 歯 ま 意 乏 し 所
む 弱 ぎ 能 ニ サ ヒ 言 ク く ま 磨 き 金 海 だ 彼 女 の 会 辞
ど ス 一 画 報 ー ル 登 出 ま べ 所 私 攻 ろ 構
ん 吸 収 人 コ ヒ 読 ヌ 圧 ま ク が 粉 撃 造
だ ヱ 弱 ニ で ル む 通 ソ む 竜 ひ が ヒ の つ
故 ん 解 エ 無 困 意 モ リ が お 室 化 ん 無
エ っ 取 精 会 れ ら テ ブ 妊 選 二 狙 き
応 ひ ん ら 話 方 ド ホ レ 重 お 妊 ょ 化
ぼ や 画 出 選 室 で セ ス 向 選 合 女 っ
冷 蔵 庫 の ト 合 で 重 圧 っ ラ 意 性 れ
囚 精 進 ろ 精 愛 し 妊 き ド の
狙 れ 一 種 投 ひ 弱 金 妊 も 百
写 雨 の 社 辞 金 麦 粉 京 加 然
加 テ 安 然 小 麦 粉 報 会 写 解
合 海 て ク 安 で 精 だ ソ 加 写

# Puzzle 381

```
ラ 通 応 重 し ル 暫 じ お 母 さ ん 動 圧 話 重 ラ
ぼ 方 愛 タ 進 ラ 金 ニ 妊 ソ 報 ん 選 百 き お 海 ス ろ ツ
状 態 の イ つ 金 乏 ワ ー キ ン グ 再 然 故 摘 合 の 多 頭 だ ま ろ 然 所
れ ど 文 ガ ー 採 用 も ど 何 ッ ホ 狙 金 場 応 レ 合 計 側 お 弱 せ 歩 通 解
ヒ ょ 論 プ グ ノ む 然 エ 私 加 能 登 精 せ る 暫 得 進 側 登 セ テ く 乏 加 砂 の 化
グ ノ 科 学 者 エ 私 私 会 投 ヌ 乏 能 応 化 画 所 だ ラ 故 結 ス 登 阪 私 然 場 側 ス も
科 学 権 読 海 結 健 康 登 辞 回 読 ヌ ベ ヒ 化 返 信 重 しい 退 ト ヌ ベ ヒ 金 阪 っ 摘 ト 百 選 相 互 作 用
```

タイガー
返信
状態の
プレス
相互作用
健康
お母さん
グループ
百頭の
ワーキング
得て
合計
論文の
採用
ビールの
科学者
動きの
回避
新しい
子供

# Puzzle 382

数の
サウンド・
七面鳥の
分割
損失
ディスカッション
スカーフ
プレイヤー
ホテル
戦略は
イカ
、最近の
のすべての
長さが
奪う
価格
楽しい
両方の
ブラウン
すべての

```
ス 戦 画 話 す デ せ れ 応 応 意 セ ソ っ 合 社 乏
会 カ 略 愛 べ ィ 楽 っ 金 安 ラ 話 能 登 レ だ 側 論
る モ ー は て ス し 、 の 近 ヱ 結 べ ハ 海 応
ろ チ ャ イ の カ い 最 辞 何 ス ょ 阪 レ 重 話 所 ょ
登 コ イ フ 進 ッ ホ 辞 ル だ ぎ ん 室 開 ぎ 愛 の
写 金 レ プ 方 シ テ 分 じ ひ テ 権 出 意 開 の す
芸 出 プ ロ 両 ョ 奪 割 べ セ 狙 応 し だ っ べ
応 何 ろ ど 向 ン う 論 サ ッ や 故 京 た て
る ク ス 覧 セ ウ 応 セ ト 場 せ 登 化 海 の
然 解 レ 会 ざ ラ 長 セ ル 海 加 リ ぼ 本 場
ひ 方 ク ツ 価 ブ 百 応 解 の 損 所 ス 本 百
写 画 ホ 弱 格 弱 ハ 本 辞 芸 失 て ル 暫 砂
芸 海 チ 結 モ じ ぎ 辞 が 多 辞 室 暫
ヒ ル 砂 多 然 乏 ひ 写 応 選
ノ ホ ニ イ カ 七 面 鳥 の し
```

# Puzzle 383

```
チ っ お 化 金 場 開 ク し 見 芸 社 能 向 報 検 き
ょ 場 ハ ソ 雑 ざ セ ヌ て 話 退 っ ゅ 討 し 故 解
て ぽ レ 登 誌 向 結 で っ ヌ ぐ 海 お し べ カ ソ
私 方 ス ン レ い く つ か の ま ャ 京 本 失 し ー
る 覧 ま ぐ の 写 ろ ス ニ ぐ カ ナ 場 に 写 敗 ト
セ 覧 化 重 社 カ 歩 私 所 報 ツ メ 一 開 妊 リ ッ
現 ニ 解 無 本 海 場 加 反 対 ベ グ 般 般 育 ニ ケ
在 苦 だ 私 解 む 嶋 画 選 ど 選 登 ト 結 重 芸 ジ
投 し 辞 場 重 京 狙 っ 圧 画 乏 覧 京 重 会 せ 圧
ひ み で 開 っ 所 ど 圧 画 ま ま 出 応 験 フ ヌ サ
だ コ る 妊 選 狙 せ や 出 応 受 席 妊 経 ィ ル
方 ニ 選 弱 狙 ひ 砂 方 二 向 信 開 育 結 ス
ハ 所 ス つ ノ 投 京 何 で ょ 何 受 芸 験
モ 場 選 ゅ 意 ょ 砂 方 お 向 べ 多 信 験
段 落 読 き て ラ 方 お 何 べ 多 信 経 験 ル
```

チャレンジ
トリック
経験
ジャケット
現在
ナツメグ
いくつかの
検討し
出席
一般な
ソート
段落
苦しみ
フィル
に失敗
受信
たかっ
見て
雑誌の
反対

# Puzzle 384

軌道
スター
摩耗
、大人を
モーテル
マシン
正確に
リング
テロ
満たす
ショート
のソロ・
数々が
システム
砂の城は、
抱きしめ
トウモロコシの
巨大
運動
、したがって

```
嶋 二 出 意 本 加 や も 結 ま 場 、 選 方 退 応 正
安 辞 精 ヌ だ 然 数 が 運 ノ 海 む 画 登 応 確 に
マ シ ラ べ 加 数 報 お 動 運 ぎ ょ チ 方 登 方 ん
ぼ ン 阪 ぼ ス ひ 加 方 百 コ ろ ん 方 側 画 金 場
ろ 場 精 て ノ 加 チ や 乏 シ ゅ ・ 妊 で は ど
ぎ 精 応 合 画 レ だ 然 シ も ロ 育 読 む る
抱 応 合 め 弱 チ テ ス テ 論 ー 何 重 辞 加
き し や ひ 進 会 応 ム じ 然 テ ト エ ぷ 育
し ざ め 話 意 進 ヌ 満 論 然 ル ウ 京 解 本
登 軌 れ 意 で 摩 会 意 満 読 コ チ 巨 社 砂 ぎ
妊 出 道 ニ 加 リ ヱ 応 満 た ニ モ 大 の ま 重
百 軌 ヱ ひ テ ふ 応 摩 読 だ す ロ エ 京 通
っ 登 道 退 再 ロ 応 耗 故 退 を ニ 何 コ 社 だ
登 投 ハ や 覧 ま 摩 応 せ 意 退 精 ヱ シ ニ
写 で ハ 結 摘 リ 応 能 故 し 再 社 ど 社
ス 歩 室 弱 ノ 能 故 ぎ ニ
```

# Puzzle 385

ヌ考やヌヱル辞意方れっハ嶋もく愛だ
むリ大規模なあまりに社需ポ要を本何選弱合
化出通まつすぐ場選登接芸のもょ話意弱体
しノ多ひ向読出本登くニ報重マ読ゅう自重っ
状態重多安ニスカ多ハスレ権妊愛ょドアル化安くブ
所画多ニ選だ砂権論や何阪選妊阪妊金狙むっく
まヒ安砂圧論実行何テディスモを地域進化ぐラウ
リツ選故しドや何テディじ結少金退ぼ多私登るサス
ベヱ歩ドラスチックして地域をるんドスモャ化論ふ
プラスチックして地域覧エ結退き狙論読ふも選んサ
ホヱ最良進写読覧ドャ化退き画論ふも選んサス
解側退写乏読るドるをて画ふも選ぶ砂
ツララくゃドスモ狙画読所ひ場砂選
本せチル圧約エ結退き論ふも選んサ

キャロット
うなり声の
実行している
ブラウス
ポット
自体
需要を
最良
地域を
大規模な
テディ
ものを
マニュアル
考えます
少し
あまりにも
状態
接続
契約
プラスチック

# Puzzle 386

ディスターブを
マーク
歓迎を
シリーズ
謎の
に静かで
先のとがった
自主的な
追求
必要
ボクシング
きれいを
成果
通常
在庫
状況
現在の
高貴な
悲惨さを
脅威

だモ砂ボズだ報ニる写室在先ヒつだ妊社ホ
せヌ多クーマデに静かで庫のだ選っ会ろひを向
ニ重囚シリ京ィ開愛脅登読と私ょ海何ひ重モれ囚
砂海画ンシヒ投投合威摘安がだ海ス重出 クれク
芸応ヌグふ重スタ多状ニ砂レっ百所ぎ芸故ト加
ぐる応育暫むーブっ況結弱たぎ解ひク追じ
ま ホ 場 登 投 開 を ベ 場 ラ 二 弱  っ ぎ だ 読 も 求
ヌ 芸 室 芸 レ む ど 室 成 果 っ む ひ ノ じ
ル つ レ お 出 百 悲 海 無 を ぼ だ 然 結 べ だ 結
話 再 話 コ ひ 方 も 惨 さ 妊 ト 然 歓 ハ ま
必 リ 芸 何 読 通 砂 さ を ソ 迎 結 で 結 ク
要 謎 辞 ぼ べ 常 会 何 場 加 百 百 通 側 モ も
重 の 高 場 ま 再 おょ ぐ 化 金 で 本 じ 追
だ 在 貴 せ 応 自 場 る 画 つ 側 本 だ ク 求
安 現 な 的 主 場 る せ せ ま 結

# Puzzle 387

歯 セ る ソ 辞 ド 何 暫 ラ ツ ニ だ 投 海 ス ト で ヌ ひ
レ ブ ヌ ぎ ド だ 本 コ ソ だ お ニ 登 場 プ ー ヒ ひ ノ
じ 所 ラ し ド て 育 合 愛 室 投 テ 側 ー ン じ 百 金 エ
マ ウ ノ を ひ 疲 通 レ 再 阪 ス キ 結 レ つ く エ 権 何
ツ ゅ ラ ぼ 過 話 り ぐ 能 読 る 辞 ャ ッ 暫 ド 応 ヌ ラ
百 ラ 明 報 ご し 展 コ 室 を ス 論 む ざ プ ろ 向 百 方
輝 明 確 ヱ だ 展 示 ひ を ン だ 覧 の 故 ヌ 圧 結 だ だ
き 確 化 だ た レ ス ポ ン ス ニ マ 弱 通 ヌ 向 る つ ぎ
登 化 ス ニ シ ー ト 百 ニ 妊 だ 能 ゅ 場 覧 二 ま ぎ 生
写 ス 育 す ひ の 添 解 ォ 故 弱 通 ょ ホ 化 足 が 発 精
っ 育 続 き 百 然 解 ト 能 だ 能 結 カ 結 も ラ 投 生 ヌ
手 続 乏 砂 ょ 無 私 会 フ 結 弱 カ ニ ぼ つ ぎ 足 テ ヌ
ま 暫 乏 キ 意 お 海 ォ 能 結 カ ホ ら 投 ょ ラ
カ ひ リ ン 無 方 れ ま 結 パ 意 重 れ 結 ぼ テ ュ ヌ
権 ー ス 無 方 れ ま 結 パ 意 重 れ 結 ぼ テ ュ ヌ

**単語リスト:**

- 輝き
- 手続きの
- している
- カー
- パフォーマンスを
- シマウマ
- 歯ブラシ
- レスポンスの
- キリン
- 展示を
- 足が
- キャップ
- 疲れ
- スプーン
- 明確化
- を過ごした
- 発生
- シート
- 添付
- キス

# Puzzle 388

**単語リスト:**

- 規制を
- 自転車の
- マグ
- の簡素化
- 手の
- の伝統的な
- フェンス
- ピーマン
- ソリューションを
- ボード
- 話しました
- 調整
- ダイビング
- 睡眠
- 消しゴムの
- 支配的な
- 訪問
- 女王の
- 意見の
- についての

女 読 リ ト 方 化 ニ 解 暫 ド ピ ん ヌ 私 だ 重 本
ス 王 乏 カ 芸 ト 応 話 ぼ ー に マ つ い て の ひ し
ぎ ま の 圧 ト っ 辞 リ ぎ マ ボ ソ 狙 登 意 し 狙
自 転 車 の ニ 調 ノ 阪 写 ノ ビ イ む 阪 意 向 狙
だ 何 開 ム 狙 写 コ 整 本 グ ホ 能 レ 妊 加 方 レ
む 狙 や ゴ し ま し 多 だ 育 安 選 百 応 意 支
私 ス た し 消 手 の 話 ソ 簡 写 マ 所 報 だ 眠 配
写 ニ 愛 化 の 読 テ リ 素 グ ニ て 解 開 的
ハ 報 ょ ハ 故 解 社 ュ 化 出 嶋 側 訪 問 ぼ な
芸 エ ハ ら っ リ 場 ー ぽ 阪 リ 私 場 く 何 統
側 ソ だ 会 化 カ 妊 ショ 進 だ 私 囚 方 育 伝
ま ト 応 室 ぼ 解 方 ン を 選 ツ せ 開 ソ の
フェンス 応 故 ヒ 出 サ 弱 会 制 ク じ 多 応 方 退
ん 応 投 ヒ れ 場 方 会 ク じ せ ニ 砂 然 応 方 リ

## Puzzle 389

```
使 民 ヒ ラ っ 能 必 向 ホ ル サ だ ま 読 し だ れ
用 市 包 む っ 能 要 お ひ だ 画 れ ど 進 ま 側 狙
は 、 ノ ソ ド 圧 社 ひ ノ あ 合 ヌ 然 ま る 覧 ざ
れ パ 権 だ 登 ベ 砂 が ノ な 社 ス り 能 画 開 狙
ト ス 。 の 具 チ ひ の エ り 室 ヌ 暫 出 中 圧 ト
ル の 不 注 体 ベ 再 あ ノ ク ぐ ク 結 す 程 歩 弱
写 行 室 意 な ロ 社 な エ ハ 嶋 海 量 多 度 登 力
っ わ ま だ ル マ 合 百 ク 雨 ク コ セ 多 の 重 合
ニ 弱 暫 で ノ ン 結 ヌ 海 合 量 ニ 海 通 計 つ ど
ぐ 通 育 囚 進 ど テ コ ス 妊 結 ホ 会 無 工 ぼ ス
ニ 然 の む ど 芸 コ ス ヒ 然 ぎ ホ 妊 社 退 る ひ
ル ほ 暫 結 進 コ ス ひ ヌ 会 所 ぎ 育 阪 や 歩
育 か 囚 や き ど 意 ぎ ひ 然 セ 砂 妊 ぼ る で
ヱ テ 育 投 合 海 ヲ ひ ヌ 場 ヲ 選 ぎ 摘 話 歩
ヱ テ 乏 ス 京 重 覧 暫 会 場 ヲ 選 ぎ ぼ 摘 話
```

ハンマー
スティール
、市民
役員の
ローブ
使用は
行わ
のほか
。この
集計
中程度の
、パスの
具体的な
不注意な
まで
ノート
圧力
包む
雨量
必要があります

## Puzzle 390

管理を
裁判所
慎重な
理科の
カラス
置く
ラジオ
記事は
明らかに
送っ
ではない
トンボ
彼女
ソース
どこ
てしまった
ストロベリー
効果の
防止
ささやかな

```
覧 弱 阪 画 狙 ノ 読 嶋 で テ じ レ も 暫 権 百 育
海 れ し カ 報 出 し ロ 写 る 慎 ド 愛 ホ っ 多
ド ゅ 読 ラ 場 ト 裁 圧 因 重 置 て ぼ つ
ホ ツ 効 モ 理 送 判 進 然 な く 嶋 海 り
然 効 果 の 科 退 所 じ り ら に し り 芸
向 無 本 妊 の で ふ 明 ざ 論 本 何 ヌ
ス 会 解 ぎ ふ ゅ 愛 故 ド 加 覧 ょ カ よ
安 じ 場 べ ニ ど こ 応 ク 向 ホ く る
解 ト 管 だ を 写 ふ 再 精 京 さ や さ
チ 話 理 ラ 覧 愛 報 重 記 阪 り や
ヌ 彼 ロ ジ ひ 海 エ ん 開 応 で ぽ
ょ 女 辞 リ 砂 化 進 ふ っ 話 本 芸
狙 応 ト ヱ ー で 方 暫 歩 ソ 何 ス
ゃ 精 レ 化 カ 選 た 登 む 場 ー 応 安
だ ぎ ボ ヌ 側 て 場 ま 芸 向 安 権 リ ヱ
退 ド 金 嶋 故 む ま 芸 向 安 ひ ス ろ
```

# Puzzle 391

```
ぐ 本 池 、 の ド 会 京 覧 ニ 権 ニ ス ょ シ で る ハ
砂 質 、 グ ラ ン ド 通 だ 摘 ニ プ ヱ 精 一 応 じ る ル や
ふ 的 精 化 っ 洞 窟 圧 応 っ リ ソ ニ ド 能 や 海 辞
ま な 弱 囚 登 ス 結 ト 場 む 重 サ ニ ド 報 妊 や ざ 百 通
ど ひ ニ だ 機 能 は 摘 金 無 圧 再 無 百 登 解 ひ 阪 画 ク 通 む
ノ 妊 だ 機 会 再 、 だ 写 ぎ 方 ろ ま 無 事 件 選 ヌ 乏 ふ 歩 海 阪 報 然 方 弱
ホ 室 私 パ 海 テ 演 奏 ぼ 砂 す れ ハ り 解 ん ま 摘 側 ぎ 鉛 筆 室 の 看 護 師 歩 エ 乏 ド 海
安 私 く ぽ 再 海 ノ ょ ぼ 砂 か な ハ 辞 室 行 む 多 合 ク 本 故 百 愛 間 話 暫
```

機会
入力して
スプレッド
機能は、
、グランド
ガス
パパ
期間
本質的な
かなり
池の
歩行
事件
管理
鉛筆の
シール
看護師
洞窟
演奏
壊した

# Puzzle 392

予約
属し
必要と
叔父は、
スタンド
唯一の
おなじみ
停止
ボローを
成熟
軽自動車
不安
を通じて
詳細は、
貧困を
うまく
項目
引用
アクティビティの
一般的な

```
る 会 所 だ ヌ ク だ う 愛 属 し く ゅ ニ 合 引 ど
然 海 っ 唯 ツ リ じ ま で 側 ょ ニ 場 コ 囚 用 じ サ ヒ 精 だ
な 的 般 一 お レ 読 く ひ 私 意 結 く 辞 も ク じ 社 ぽ ら
で 再 ん の ィ テ ビ テ む ア ざ ノ を ん 覧 京 成 場 リ て 再 何 写 っ ぎ ひ
故 故 必 要 と じ ス レ 詳 ク ぼ は 室 登 写 熟 通 お む る 出 ト 芸
お な じ み を ソ だ 予 約 退 く ラ ニ 然 ド ん ボ 会 ら 方 能
貧 困 を 育 何 ゅ ふ 停 セ 不 投 ノ だ 報 圧 カ ん 狙 や 口 る 出 ク ソ
ょ だ 向 叔 父 は 、 モ 止 出 安 ふ 精 登 所 応 辞 や き を 向 化
選 出 権 能 室 ぐ れ 場 砂 項 カ 解 る 京 妊 ふ ん 結 向 進 育
ぎ 化 ヱ 軽 モ 自 意 目 結 何 報 京 ぎ 社 ヌ く サ く 化 芸
ヌ ど 所 多 ツ ろ 解 動 嶋 車 ッ や 場 覧 社 合 サ く 進 育 化
```

# Puzzle 393

```
側 ひ 識 覧 摘 き べ パ く 軍 ふ シ ャ ワ ー が 納
コ い 別 ソ 権 ど ー テ 開 隊 れ ジ ロ ノ し 屋
報 る 投 芸 ち れ メ カ ひ ニ ひ ろ 画 せ だ 囚 話 退
む 合 て ょ ル プ ィ ひ ろ 京 ッ だ 狙 ヱ 圧 社 海 ざ
嶋 エ ヒ で メ ー じ を 願 化 ま エ 表 多 摘 ひ
化 精 の ー ル ト ヘ 、 い 室 ン ド 面 リ く 写 テ
ラ ソ 室 退 ク 加 解 開 半 テ の エ ひ し 京 無
ン プ ー 覧 応 論 ニ 四 画 期 狙 ト だ ぎ 阪 チ
っ レ 社 や ぐ 画 も 結 会 ウ リ ふ だ サ
歩 ま グ 権 だ ニ 写 ヒ ぽ 会 登 反 ム シ く コ ょ
砂 っ レ だ ク 弱 ぽ 会 映 嶋 無 リ 進 ふ
囚 て ま 進 マ ろ ひ る ひ 論 可 ろ サ だ コ
結 画 私 再 ニ イ る ぽ む じ 映 く 意 無
ょ ノ 会 乏 投 ろ ル つ む じ る っ 場 通
歩 金 会 乏 投 ろ ル つ む じ る つ 場 通 無 進 ふ
```

作成し
願いを
パーティーは、
軍隊
反映
メールを
シャワーが
ヘルプ
グレープ
メカニック
いる
マイル
納屋
識別する
表面
テクノロジー
可能な
テントウムシ
四半期の
ランプの

# Puzzle 394

```
弱 ニ カ 安 育 チ 彼 っ 投 嶋 ホ 投 受 ヌ 何 投
推 定 覧 所 ト 乏 の ス 身 自 タ 円 多 け せ 愛 応 ス
カ コ ヌ 向 ヒ ス 櫛 何 京 レ 形 ぎ 入 だ べ 権 話
向 妊 修 歩 育 つ ツ ろ 崩 ン ル ゃ れ 安 ス ぐ 応
条 方 理 登 れ ろ キ を れ ト ん 場 リ コ 故 や 解 権
ゃ 件 を 看 護 師 重 ヌ 再 ひ 暫 エ 然 、 ひ 応
側 方 が 暫 き を ヌ 、 場 テ 砂 ヱ 金 グ ヱ 芸
の オ 却 下 両 ニ 無 阪 本 ひ れ 開 レ 開 だ
ホ ァ ま テ 親 ン 何 狙 ス 画 退 ー ニ ヌ
海 覧 ノ 報 ミ ジ ハ く ざ 故 ヌ 覚 ッ ト 読
む 私 化 だ ッ ン ョ ま 覧 狙 選 ト 弱 応
だ し ょ ス ク ろ ル ど 精 開 京 ヌ れ 社 れ
話 読 だ 応 ノ テ リ む 京 モ 覚 二 再
顧 客 ツ 開 テ 歩 化 れ ヌ 通 え 社
選 て ツ テ 歩 化 む れ ヌ 覚 え 通 ヌ 社
```

、ニンジン
自身の
顧客
彼の
受け入れ
ミックス
櫛の
修理を
のオファー
看護師を
、グレー
ガンダー
覚え
円形
却下
崩壊の
条件が
タレント
両親
推定

# Puzzle 395

多ぎ深刻応ざテむノ暫ひ通個チ故でっ
嶋報スぎハ参加ぎ室電車人ェ休日の進
と呼ばれろ照定本規は声権的ッ応結チ
ざれシリオレじ合決投読をもにク意向ス
するコ化故さドソせをべロコダ傾モイき
薬物来るげんん狙プルムクロ通覧ルじセ
再育つ応側妊出歩ぼべく暫ぽ囚がュ所阪
スセだまこ私社然登くむょ開話でダ登社画
でだ海ひ安チソくク論ぽ暫話ハつ精金れゅ
社出退く安サ愛論出加だで所つ意化やぼ多
出スク画囚だ論出の加だで所ハつ精化んク
クだ安サ愛論出通だでぼ

強い
声を出し
傾向が
個人的に
する非難
多くの
チェックが
参照
決定
薬物
プルを
と呼ばれる
定規は
来る
電車
クロコダイル
深刻
ささげる
シナリオ
休日の

# Puzzle 396

パンの
躊躇
シャウト
洗浄
編集
編を
フリージア
チューブ
バスケットボールの
ストリート
余裕が
ボトル
ロック
パワーの
好奇心旺盛
エンド
正を
市場の
の植物
パン

スト社む場弱再っ応向モも話通選育歩ノふ狙スニ所出室
リ室ソ側じ読社だど登トシゃ故モだゅ無レコま読乏
ートノトヒ故囚トトッ安トぎゃ故ッスコ本ま狙本論
むカエハ砂圧じ報解物植のルのトもパリ京応ヒ重弱じ投
カだ話ルニも好開アジ百植レボリローのヒロックだきレ狙報
ドド登ぐヒ奇通精コボルブト余パン意ロ重弱コ京愛ヌスク
てまヒク心旺ぐ重狙リテ裕をンの故じ応クダ躊クき愛所
ませ然市盛本狙海ュケスバリサ集れ編ヒ意ロッ躊金私狙ふ
ひパ出場のべ多っ応よバ海サカく辞洗ク退ふ私金ヌふ
ンテのエコ乏開ひ解精モくリカ浄場解クリカひ
故エコ

# Puzzle 397

```
せ 精 無 コ カ ホ る 写 ヌ ピ 圧 出 く 較 比 、 レ 応
ん 結 重 ど 多 ヒ ぽ ザ っ じ ハ 加 ぐ こ で ふ き
場 私 ゅ 側 解 海 ひ ぽ 摘 昨 ス 多 芸 こ ソ む ぎ
ニ 応 化 場 然 れ 能 ぐ 覧 紹 イ 応 草 然 開 変 登
ク 囚 マ ス の ヌ リ お 介 加 ン 弱 原 質 位 ひ だ
ン 開 ス 弱 出 む ひ ぽ ヱ 側 投 何 圧 ひ 解 て 狙
ピ 応 画 論 て ふ ぼ ざ 圧 教 囚 だ ド 狙 化 砂 れ
ド っ は 何 所 場 報 意 会 所 出 ょ モ ひ れ 無 化
画 妊 何 も 会 ス し ヌ 店 の ひ 選 ン 能 意 だ 退
向 ぐ 要 因 嶋 歩 ヌ テ の ゃ む ラ ス 登 ド ぎ ひ
登 ま 育 摘 歩 ヌ 術 で 達 む ヱ 歩 化 登 精 ぽ れ
ス じ 摘 ぐ 故 サ ヒ 成 分 ノ 論 の っ れ
画 通 ア ソ ソ ろ 若 い 成 ヒ ぽ れ
ベ 通 ソ
```

技術
教会
ピザ
、ここで
は何も
クリスマスの
品質
ピンク
達成
要因
若い
変位
モンスター
店の
部分の
昨年
、比較
紹介
スイング
草原

# Puzzle 398

趣味
魔女
セキュリティを
だと思う
ワニ
マスター
の赤ちゃんの
通信
メインが
試行
悲劇的な
戦争
ビタミン
怒っている
利益
全体に
の代わりに
タスクの
ナイフ
デスクを

```
芸 デ ノ テ 論 マ 側 ぎ ホ の 怒 エ ヌ 場 ニ ヌ ス
精 ス 向 ト 化 モ ス ま 無 代 っ 能 魔 だ 乏 所 安
加 ク ド ソ 弱 ン ミ タ ビ わ て 加 リ と 結 歩 読
退 を ィ テ リ キ セ ー り 戦 ょ 思 登 進 ふ
悲 劇 的 な ニ っ ヒ り 室 争 ぽ う エ ひ ス
話 レ ス テ お ろ エ ぎ 開 ノ 趣 ニ 摘 ス ニ
ソ ヌ 会 タ じ 画 話 の 無 進 室 ワ 味 全 む や
ょ コ ド ざ 囚 結 ひ 意 開 ツ ニ 体 結 故
退 投 っ 妊 暫 辞 多 能 ろ 会 重 化 じ に じ
ラ 再 ヌ 開 進 開 育 精 ひ チ ぎ ハ ら 報
進 む 弱 読 百 き て 芸 っ く 意 ろ 向 れ 覧
ス 金 社 砂 進 報 狙 登 合 育 て 能 メ
権 ホ 暫 ラ じ ソ 覧 京 通 ま 利 故 イ
だ ト 論 ク ナ イ フ の 赤 ちゃん の ス 開 益 ン
狙 金
```

# Puzzle 399

| | | | | | | | | | | | | | | | | |
|---|---|---|---|---|---|---|---|---|---|---|---|---|---|---|---|---|
| 愛 | だ | 話 | 眠 | い | ラ | れ | じ | 本 | 囚 | ヌ | 合 | 芸 | 会 | 弱 | 開 | セ |
| べ | 妊 | し | リ | 多 | し | 然 | ニ | 京 | ノ | チ | ヌ | ぎ | ぽ | 彼 | 海 | ひ |
| 進 | く | 応 | 民 | 不 | 足 | 写 | 京 | 開 | サ | 安 | 芸 | れ | 解 | 女 | 方 | 側 |
| 意 | れ | 故 | 主 | 向 | っ | ひ | 画 | 何 | 通 | 多 | 砂 | 京 | 所 | は | カ | 写 |
| 重 | 室 | 確 | 的 | っ | ひ | 論 | ノ | ょ | 場 | 暫 | チ | 囚 | 室 | ぽ | ぽ | 愛 |
| 明 | 圧 | に | な | ギ | エ | 嶋 | ニ | む | 精 | ニ | 金 | れ | ざ | 育 | セ | ハ |
| 圧 | っ | 投 | 険 | ル | 婚 | ニ | ぽ | 、 | も | ろ | 加 | 何 | ふ | カ | カ | 応 |
| シ | ふ | 危 | 結 | 婚 | ま | む | 出 | 現 | ろ | の | っ | 私 | 海 | ル | ニ | 京 |
| 結 | ふ | 権 | に | 芸 | ま | む | 囚 | 百 | ゅ | 論 | 母 | 報 | お | り | ド | チ |
| 出 | 阪 | 権 | 安 | 人 | く | の | だ | う | 叔 | ふ | 本 | モ | き | 算 | ソ | 結 |
| ト | 摘 | 妊 | モ | 何 | 再 | 家 | 沸 | 騰 | 奪 | ふ | モ | き | 機 | カ | 妊 | や |
| ニ | 室 | ノ | れ | 再 | 家 | 門 | カ | を | 芸 | ょ | 芸 | 本 | レ | 応 | 加 | 話 |
| 側 | て | っ | ひ | 砂 | 能 | カ | 論 | 砂 | 本 | レ | 応 | 投 | ヱ | 然 | む |  |
| 解 | っ | 話 | 能 | 摘 | 専 | 能 | 論 | 砂 | ノ | ヱ | 応 | 投 | ヲ | 話 |  |  |
| 故 | せ | 結 | 私 | 能 | ヒ | 精 | ノ | 砂 | 妊 | ヲ | 妊 | ゐ | 然 |  |  |  |

専門家の
ギャロップ
結婚
ので、
シンク
を奪う
も、
明確に
計算機
人の
結果
出現
カモを
不足
沸騰
に危険な
彼女は
叔母の
眠い
民主的な

# Puzzle 400

セクション
スケートを
アタック
ため
約束
チョコレート
引き出し
火傷を
紛争
執行
例外
水牛の
リリース
アヒルの子
最初の
怠惰な
膝を
怒っ
バック
少なくとも

| | | | | | | | | | | | | | | | | | |
|---|---|---|---|---|---|---|---|---|---|---|---|---|---|---|---|---|---|
| ざ | リ | リ | ー | ス | 合 | 囚 | 所 | ヒ | 引 | ん | 火 | 傷 | を | エ | 写 | 何 |  |
| ス | ア | ヒ | ル | の | 子 | 論 | ひ | コ | き | だ | 阪 | 執 | 行 | サ | ま | カ |  |
| 社 | ケ | 少 | な | く | と | も | し | 応 | 怒 | 出 | ひ | 会 | 約 | ド | 約 | ド |  |
| 育 | 砂 | 一 | 場 | ス | ス | ゅ | コ | 読 | っ | ト | ょ | 所 | リ | 束 | 束 | 怠 |  |
| 進 | ん | カ | ト | く | ル | 多 | 報 | ル | ぐ | セ | 芸 | 何 | ア | タ | 海 | 惰 |  |
| 弱 | 妊 | 化 | ん | を | っ | 能 | 再 | 海 | サ | ヌ | 膝 | ア | し | ッ | 安 | な |  |
| ス | 権 | 海 | 場 | 権 | ド | 登 | 愛 | 囚 | ま | ニ | を | 弱 | じ | 会 | 場 | 砂 |  |
| 退 | 何 | む | 囚 | ふ | 阪 | 通 | レ | 嶋 | だ | ん | 加 | 私 | 進 | 場 | ろ | ニ |  |
| 能 | セ | ン | チ | ぼ | ツ | ざ | 水 | ぎ | 例 | ひ | ク | む | む | だ | 重 | だ |  |
| お | 暫 | で | ョ | カ | 愛 | ょ | 重 | 最 | の | し | し | む | 投 | ま | ノ | 登 |  |
| 金 | ク | 妊 | コ | シ | バ | 水 | 砂 | 初 | リ | ノ | む | ク | べ | 登 | 紛 | で |  |
| 側 | チ | 阪 | レ | ー | ッ | 愛 | 重 | の | 辞 | ク | ツ | ソ | ま | 砂 | 争 | ト |  |
| 圧 | 場 | 結 | だ | ト | ク | ヒ | セ | 出 | だ | た | お | ツ | 再 | ぽ | ニ | 出 |  |
| 応 | 京 | コ | や | ツ | 海 | べ | ヒ | 選 | む | 室 | 報 | だ | し | 囚 | 百 | む |  |

# Puzzle 401

ゅテカ再エぼで愛のぽ応せ退ハ京ゃ阪
私ハぽ本ニ論ど無特然っ育レ能ラスコって出
歩て幸化フ避何写緑、土合ソ故エラサ投
ぐソド多ルタ進っ百写材通ひぬ妊何ター登
暫重ツつ合決っ場投サラニ重安ひや砂っだ
影響す金合をぐふ料投スん解ルーキーっぽ重
愛お進阪愛百や話場むせガンひぎっなぽ育画
忠ん安モア鍬だ論ツカベスタひ加ー砂安も写
精場読芸だツラ通選囚結フ然ルキっぽ重社
モまサ乏イひ多ふ多ひス暫然育画
ゃっトひ意ふ多ひス暫然育画

幸せ
通知
ターキー
の特定
ライオン
緑、
ヘア
避難
決定を
土地の
鍬を
影響する
オベイ
怖がっ
忠実な
タフな
ホタル
カンガルー
フルーツ
材料

# Puzzle 402

グロー
そり
満月は、
、カリフラワー
画像
キウイ
のり
機関
アイデンティティ
の商用
子の
悲惨な
ペース
交渉
必ず
たときに
晴れた
真似
チェック
書き込み

書リニク解金ペース登コ応暫登場チ場
き画像む画化だもモ話化開じも何も然
込ぎ然権権砂じヱふ読カリひ真妊似
み社レひソ応れ辞、リサ論側ぼ必お化ず
多ニチトン場ゅセ交スフ精ざ読ヌ
子アィッ京ホだセリ渉もー嶌読ゅ方故
のチクニだ惨リ会加グ応意報テぬ
摘でデンそ晴化合ロ覧安てっむ
合コ写そり加加ニチノ読もベま
囚ま嶌り辞ヱ辞ザルコでハれ解
ヱキホのや登ヱテレ機化ぽ
所ウ会報二然加場ィ嶌関クて
どイ阪商ゅ通金歩弱機歩くれも画

# Puzzle 403

```
ニ ラ ド 多 ル 応 然 ま 進 ひ 再 っ 故 エ 囚 つ
委 員 会 だ ま 華 な 金 能 お ニ ろ で じ 安 お
地 球 を ひ き だ ぎ べ 阪 む で 通 り り 妊 れ
ど ひ バ ナ 所 無 登 バ 故 だ 社 然 や 私 結 ひ
育 話 き て 多 弱 芸 選 だ 社 合 再 向 重 人 く
精 テ だ レ 愛 無 加 登 退 合 退 解 ぐ ぽ は べ
エ て ゃ モ 解 芸 命 ぼ 選 応 応 読 ざ じ 身 消
ラ 乏 会 精 加 ひ 的 ベ ニ ロ 社 私 ひ っ 自 え
ル 会 家 ょ 妊 育 弱 ン モ 進 プ エ む 選 愛 ハ
場 満 た ヌ 育 命 圧 吸 ッ ニ モ 化 コ 念
ぼ 金 ヌ さ 致 的 解 加 ヌ ホ シ 進 ュ 記 安 応
モ 解 ふ 愛 投 弱 ヱ や ホ 血 ノ 料 日 狙
セ 摘 嶋 ど 石 鹸 論 応 室 重 ひ っ 暫 テ 向
故 ま ク 狙 ヱ や ホ 圧 ヌ 血 無 安 ひ
故 応 ク だ も 論 応 室 れ つ ホ ト ニ 多 暫 テ
```

ナット
無料の
人は
地球を
ベビー
委員会
自身は
エプロン
プッシュ
満たさ
消え
吸血鬼
記念
日の
華麗な
石鹸
家族
致命的な
バーストを
バンを

# Puzzle 404

株式
土曜日に
輸出
現実
不可視の
陪審員を
ファーム
入場
ベイ
チーム
管理します
狩猟
結婚式
立っていました
削り
もらう
エクセリットル
バルーン
スコア
ベルで

```
も ノ つ バ ぎ ぽ 土 論 っ ス む き じ サ 嶋 阪
チ 無 ヱ ル ょ 私 曜 入 し ク ふ し 妊 削 二
意 報 エ ニ 京 妊 日 場 論 ル 金 れ 向 り 私
ま ト 輸 出 ー ン に 安 セ 応 辞 精 場 故 室
然 サ ヌ ス だ 再 ょ 狩 猟 ヒ ニ し 登 海 百
陪 審 員 を ハ ま 京 管 理 ヱ し ク 画 エ っ
ス 乏 し 多 コ 覧 ャ じ ニ 応 ふ ハ 写 ト く
ま ヱ 権 ト 乏 解 通 ド 摘 場 ま ぐ リ 重 圧
開 カ 場 権 故 出 セ 株 式 エ く サ ッ ま ル
や ファ ー ム ど ノ レ 婚 結 ニ だ セ や し 本
も らう 側 権 イ 囚 ド 論 立 っ 方 再 た た
応 ス ん チ ー ム ベ 阪 室 不 可 視 の 投 会 社
側 退 こ せ ひ モ ル で 開 私 方 ニ 百 せ
愛 無 ぼ 現 実 妊 乏 重 ツ 場 重 退 摘 ソ で 結
本 精 ラ 実 妊 重 ツ 場 重 退 摘 ソ で 百 囚
```

# Puzzle 405

退出ニろ多読輝室ふ話ニ可ひ多ホ芸芸
ぐ投選重応重ぼきむは然能側ャト化ツ
チせま開チバむきは物、つ覧チラだ側
慎様々な化ぼ二画物、ひの誰か賃の日今
多重テ本選歩ノー安まつ高だス家開し
じ多に育圧テまざ安まく無家ヒ阪ざ
会辞場おレクリエーションカひ砂嶋多弱
本論妊しヌだル辞ゅクだ登エ側スニ応
場安選いつひ狙登精ぼ登れくヒニし
弱暫同い海ざろ乏弱ソ芸出覧ぽカやれ
再圧一チヱせぽ社登精芸べ食ノドスニセ
進能場選セ関連付ける食館物博権だヌ
安クどし狙　アメリカの館物博ヱだニ無
開スポンジぎ出ひ応読へ重妊精応セ
催ひ権ハれル京報し論化囚ん精応ヌ無

様々な
動物は
バニー
関連付ける
アメリカの
家賃の
食べる
同一
開催
今日の
への
慎重に
博物館の
誰かの
つつく
スポンジ
おいしい
可能性の高い
レクリエーション
輝きは、

# Puzzle 406

セットを
それぞれ
ドライバー
ふわふわ
ノートブック
フェンスを
感情の
ちょっと
進める
隠します
ウォーク
フェンシング
レッスン
起動
重複
参加して
憎しみを
特定
ブラザー
カップケーキ

出ク話重セふフェンシンググ嶋っ圧テノき
モじ向複ふわわスそぞれ応ぎスじモ
育ノ特ノ芸べ話ャッ話れん芸ぼや辞ぎ論じ砂退
狙妊社定ニつコツレ精ノ応ラ無二情多退の
参所応解登歩まセ育モトぼだコぎ感加結自然
つ加精精ヌ室写リおじ登ーザむ隠ヌ通結す読
をみし憎ヒ阪ニキちブッウ話びだホ論論画
スン出てド育弱ゃ権おブォ進妊ス所す阪
ン乏モぐ場権ノっ場クる京だ然
ェ会ヌ方京意起動合暫応ライバー方能登ま
フ加クぽ開多起登投るドライバーをひ能私
ひ弱ハ画報多登退場応スセットを
出る画会お再場ド応スセットを
き室権お再場ド応スセットを

```
ク ク リ チ ま 弱 百 愚 読 も ひゃ つ 愛 ぽ 精 ひ で
ょ 愛 乏 写 登 意 芸 か 選 提 供 ッ て 囚 意 結 つ ス
ソ 芸 ヌ 投 送 ま ら 向 ょ 私 は チ 暖 ヒ の ち 能 テ
示 ま 私 ぽ ら ヌ の だ 択 嶋 砂 本 ソ ざ 然 他 人 ー
し る 開 ま 読 チ ひ 読 セ 飛 写 機 の 然 他 に ト
た カ ニ っ 愛 無 暫 話 圧 歩 ブ 故 ょ イ 意 人 ヱ メ
ル 重 テ 嶋 多 ラ 場 ス 圧 読 ィ 本 ネ サ ン に ン
不 安 定 ル 辞 育 圧 ベ 濃 圧 本 縮 テ ん ト ト エ ト
っ ぎ 出 な ス ぼ 通 ツ 読 濃 サ ア ぐ や 能 ル 選
カ 圧 辞 要 っ キ ざ 通 覧 暫 ナ マ で ノ 圧 室
嶋 画 論 主 コ ャ 応 て ま 写 ッ く ぎ 嶋
の レ ゅ コ ー ベ 歩 ざ 加 プ や っ
論 側 っ ー ド ツ れ 故 解 マ ス ぐ
側 摘 歩 場 だ 砂 論 精 ノ ヌ 圧
```

送ら
なっ
アナグマ
のレコードが
飛行機の
選択は
ネイティブ
他人に
提供
コヨーテ
愚か者の
示した
濃縮
ステートメント
パイナップル
主要な
のテーマ
不安定
、キャベツ
暖炉の

開発
、最後の
雪玉
夕焼けの
社長の
鉱山
同様の
ランチ
冬の
獲得
干ばつ
ブレーク
会議は
ニンジン
宗教的な
敵の
ミュージカル
複雑
年次
、山

```
、 最 後 の ラ 開 発 百 会 能 ミ だ ょ 同 金 応 権
で カ ハ け ン ジ ン 二 複 ふ ュ レ 多 様 応 こ ざ
ざ コ お 焼 チ ル コ 歩 雑 一 ー ジ 意 の 敵 ょ 登
カ 会 ラ タ 応 社 ヌ て ソ 意 ジ カ 室 冬 ひ ゅ
ト ク 議 ど れ コ っ 鉱 ト 年 ル 室 海 進 む 宗
ク 場 サ は 囚 ヌ ク 山 出 次 無 干 ひ だ 向 教
海 砂 登 安 ひ っ て 愛 レ や 砂 ば ろ 故 ざ 的
育 ス る チ せ ク 登 ノ ひ ハ 嶋 つ ふ ふ 芸 な
ク ぽ 摘 応 室 て 百 二 む モ 愛 ょ ん 応 出 ひ
ェ 社 ろ 通 何 登 や レ ニ レ っ 育 で ぐ レ ッ
ん 長 通 通 モ ス 私 れ ス 私 辞 結 ひ 化
権 の ヌ 出 登 多 社 っ ベ 弱 摘 ょ 山 ク
画 囚 所 ふ 論 意 ゅ ノ 応 二 無 開 解 辞
二 ふ 能 囚 ひ 権 化 辞 重 チ 応 退 退 本
百 や ニ ろ ヒ 登 化 登 再 ょ 妊 ま ヱ 退
```

# Puzzle 409

独にサア嶋摘ニリツ所妊読きボスま重
立空っーギルネエアチ私だじデコール育
性ぽ妊読きラエアソセ前っ狙ィースス
を海ルヌきハ登ソラ報多然開来応テ
セヒ登覧まょまニスに選論治たドだ
むス結狙報もヌ含クヌ圧世来てだル
ヌ応くん本べ砂きヌ登重をたコ再セ
私妊鼓選通砂れまれヌドン圧何ン故
ゅ画舞芸解画嶋参愛話意ルト育ト合
読投芸化砂妊愛加圧話ひラまラ摘然
合ま安摘ゃ登者ウ圧愛圧クスニチツ
べふだでヌサのまモ笑読モトてや社
スカ明愛ギ笑解圧ズえチベリは妊弱チ
ゴーストド歩話京え社ベリま海、
ま向チ退チスく阪ふるベニ弱

ウサギ
ボディ
コントラストは、
センドを
サークル
笑える
に空
前に
ゴースト
明日
来た
含まれ
コール
独立性を
ラズベリー
鼓舞
エネルギー
リアライズを
参加者の
治世を

# Puzzle 410

ウサギは
動き
熱心な
実用的な
孤独な
思っ
の生産
ゼリー
与える
ほとんど
有料
椅子
銀行
温度
キャリー
ハロー
ホール
循環
カラスの
驚異的な

ぼ循ニホむれ通ょチ開場ソセエリ進写
セ環ざ退ヌ意加孤れヱろドれむ写まキ選
通スャ権レ京囚独ぼ論コ選のえ向るウぽ
クラカ育リ場通的用実芸生与リまサヌ
で然カ加温多心芸芸通ホえャまギキ
然トほれ度ホろろセニーるや私ホはャ
ゼスと論乏辞熱コセモ出何ひ妊ウ
リ画ま進と狙だクむコ安だレ話サ
ーコぽ進んょ辞る椅応だべざべギ
登論お故ク動有思子方投向開セ
選くんど読料育っ的ニソソニ
精結だ方銀精方コのララひ
百ニせ会行異ドなエ読本スス話ま
ょ方ハぐ驚場カカ本砂ルリ意
ロー行無力れ向ャトスニ
ー解安能方ゃで歩
だ本ル

# Puzzle 411

進 リ ろ テ 室 ソ お る だ コ ベ 所 育 サ ニ ま っ サ
場 覧 ラ キ 協 カ し モ ー 登 報 覧 応 出 芸 再 の 海
化 加 話 加 ニ ニ 場 論 報 覧 ス フ 応 画 ヌ 無 結 ト
場 ぼ 能 出 辞 ま ひ 進 狙 貿 ィ レ ラ ト 愛 の 開 ス
せ ニ ま 百 精 ざ だ ゃ 狙 高 エ ー 社 学 め ヒ ヲ ヒ
安 摘 ひ ぐ 押 せ ひ ぽ 下 価 だ 場 ざ に ざ ッ 故 登
ワ イ ラ ト ヒ ー 京 証 進 圧 だ 応 む だ 結 室 や 故
囚 精 ト お 私 ド リ の 明 然 摘 リ 歩 ま 応 画 ろ 金
精 ま ひ ドリ 京 証 然 写 本 社 る 囚 忘 れ ブ ラ シ
お ひ けの 明 写 本 社 る 囚 忘 ま 方 金 後 の ニ 後
夜 明け の 明 然 写 本 社 嶋 話 室 画 故 や ぐ 囚 妊
権 モ 囚 写 本 社 証 明 摘 開 金 乏 嶋 摘 何 本 べ
重 囚 本 社 る 囚 忘 れ ブ ラ シ 妊 本

**Word list:**
テキスト
ブラシ
ヒョウ
めったに
かわいい
貿易
フィールドの
サポート
ワイヤー
トライ
協力します
学ぶ
最も
忘れ
高価な
の後に
コース
証明する
夜明けの
押下

# Puzzle 412

つ だ 話 モ 話 報 ぎ 金 何 中 精 側 招 っ 注 せ 再 京
退 話 話 摘 カ だ ょ ま 愛 こ 間 ト 待 ス 意 最 退 ド 育
無 摘 ト 百 妊 ま 海 意 く し の ょ 準 終 渡 渡 ま 進 つ
育 ヌ ニ 、 愛 ヒ ぼ 京 場 登 情 所 備 的 し ろ す い う で
む ヲ ぽ 優 ど 海 方 リ グ ン ド 愛 芸 息 に は ス だ 急
京 栄 室 れ セ 百 リ ア ン ハ モ き 海 む 読 ろ ホ 室 ヌ
無 養 芸 た ゃ リ テ 画 側 海 る 弱 愛 ツ 方 卵 ホ
リ 素 精 ま ん で ふ 写 モ 側 愛 ぼ 乏 ト ノ っ ト を ひ
画 サ ひ べ ま コ ク 囚 愛 ひ 再 百 重 ト 合 つ
ま 応 ゃ 狙 然 ト ふ ト 育 選 ぎ 話 歩 何 ラ ト ヌ
砂 ま 私 論 れ 可 進 だ ぼ 弱 ツ ぎ を も
私 歩 海 再 ト 能 狙 ゅ 精 ニ ニ 場 ひ
ス 辞 き ぽ 化 再 き オ ジ
砂 ぎ 故 登 百 ぼ カ 退 ニ ェ
の ヲ ク 場 ぼ ぎ ハ 私 場 ク

**Word list:**
、優れた
愛情の
オブジェクトを
遅い
息子の
カナリア
可能
急いで
招待
最終的には
トラック
渡します
栄養素
卵の
砂の
準備
中間の
ドングリ
注意
だろう

# Puzzle 413

弱 京 論 か ゃ 後 市 だ 狙 芸 ニ 嶋 ゅ だ ス 背 レ
べ 芸 報 覚 た 民 農 家 覧 芸 海 辞 然 高 ま 摘 投
目 が 覚 め し の 怖 恐 撤 選 む 回 い 室 く い 加
じ ブ レ 精 妊 ド な コ 場 育 じ ま ぐ 応 写 ス ド
ょ ー テ ニ ゲ ヌ プ ニ 嶋 投 育 つ ふ 愛 私 ト ぐ
ろ ケ ス ト ー ム 記 述 す だ ぐ テ ひ 成 を せ ぽ
ふ リ ハ を 叫 選 る ひ ぐ だ ク 写 芸 何 長 カ 京
歩 ハ ま る ぎ 育 は っ 何 故 ノ ヒ 写 化 進 ニ ル 多 会
ヌ ま 報 、 重 通 ク ろ だ ま ヲ 権 無 ヒ 読 ん 選 能 京
愛 通 育 じ く だ ノ ろ 無 ヒ タ イ 囚 再 社 場 退 画
意 つ っ 歩 重 通 ク だ だ ま ヒ タ イ ト ル 能 登 京 論
ぽ ぽ 育 歩 本 ざ サ イ ク リ ン グ 故 辞 ホ テ き
ざ 育 然 ク ざ っ 育 序 会 ル 暫 辞 出 ぎ も て 化

市民の
農家
サイクリング
撤回
ブレンド
叫びは、
目が覚めた
テストを
ホップ
恐怖の
かもしれない
ハリケーンが
秩序
背の高い
成長を
コート
記述する
した後
タイトル
ゲーム

# Puzzle 414

合 結 安 全 が テ 、 ま 暫 結 生 日 曜 日 百 し む
ス 論 論 私 べ サ 最 ケ レ 結 物 進 本 カ 画 解 ょ
方 の 日 曜 水 だ 終 ト ニ 結 学 ん 阪 論 辞 読 何
ト 粉 嶋 会 モ 的 ル 選 辞 ネ 側 再 砂 や 場 場
リ ペ 社 麦 ん な さ み ヒ て ー ぎ 結 投 ド
ツ ス サ レ 小 然 ぎ 砂 ふ ニ 何 ソ 辞 リ 百 サ
写 能 進 ル 然 だ む 百 登 ハ ヌ 嶋 む ヌ 百 妊
ス 政 向 べ 化 サ る 論 ハ ぐ 写 多 方 だ ぼ ホ
で き 府 登 旅 の 出 愛 レ 投 結 じ れ 社
コ 応 合 テ 無 カ が 会 金 残 ふ ヌ に 乏 ゴ
む レ 金 お コ だ あ ホ 化 ラ ぼ 何 ノ 方 研 ー
ド 阪 チ 画 故 然 つ 室 ソ 登 ざ ふ 写 ッ 究 ル
ド 応 振 舞 ひ 応 り ヌ ヒ 場 ぎ ク だ ノ ひ 開
サ ひ モ 室 妊 芸 室 通 む ル む だ ぎ く ひ ク

があり
安全が
生物学
研究
ケトル
ノック
スペルの
旅行の
みなさん
、最終的な
日曜日
振る舞う
結合
レモネード
小麦粉の
水曜日の
政府
ゴール
結論の
残し

# Puzzle 415

```
あ ア テ 辞 所 や 嶋 れ ゃ 論 方 だ ヌ レ 京 画 む
り プ 社 ツ む き 京 せ や 覧 百 阪 応 通 登 然 歩
が ロ 歩 場 し き 向 れ れ ス 二 退 ヱ 安 ふ ホ お
た ー む 嶋 ウ オ れ フ る 患 者 投 向 テ む 砂 選
い チ カ ブ ハ 焼 ィ 向 ろ 滅 弱 退 モ 室 実 側 ざ
こ だ ト 再 き 焼 ス ろ お び 陽 合 ヱ ん の 以 前
と ク ゃ 海 砂 ろ ト ぐ む 、 気 ヱ 弱 だ む の 狙
に ー ペ 燃 や し ま し た コ ト レ だ ベ の 退 暫
ろ レ ス 妊 加 だ コ ヱ 弱 ト だ ト 退 コ 解 乏 嶋
ク 会 だ 加 側 ど ぎ 開 然 解 ヌ べ ひ ッ 囚 芸 ル
ツ 見 つ け ます 嬉 し いて 化 ひ 退 摘 れ ぽ 金 狙 ゃ
見 必 コ 画 加 退 精 ぎ ヒ 場 れ ニ ツ 嶋 論 話 ます 社
```

見つけます
燃やしました
アプローチ
オフィス
ウエスト
必見
陽気
滅びるが、
焼く
カブ
嬉しい
ケーキの
人口
クレス
患者
以前の
クーペ
バスケット
実際に
ありがたいことに

# Puzzle 416

```
、 再 利 用 可 能 な を 除 削 ア ス じ 阪 オ ス べ
海 乏 嶋 し ニ お 所 寧 芸 ひ ー じ 摘 狙 オ ウ ょ
ギュッ 登 ざ 結 話 丁 論 ム り ヌ カ ェ 砂
ぼ 方 法 コ お ア も 金 ひ チ も ふ を ミ ー 無
責 任 ある 場 辞 会 ひ ニ 乏 ェ 種 の デ 会
サ し 京 無 で 多 ひ リ だ ッ を 私 ン 多
しょ イ 能 読 会 エ 論 ル ゃ 利 ア 可 な 人 辞
む 進 じ 論 ランダム 芸 大 き 用 ざ 能 ょ の 囚
選 加 っ ノ 側 テ き 安 チ ク 選 明 意
安 暫 ゃ るひ ト 京 ニ テ ュ リ ッ ら れ
ニ テ 方 応 べ どぐ 芸 能 ド サ ー プ か ド
合 ュ エ じ る ス ドぐ 社 投 ェ 圧 テ ん ル
重 所 覧 て ヌ ヱ ま 応 ぐ 投 エ ひ で 嶋 ハ 論
```

チューリップ
明らかにする
役割
方法
削除を
スウェーデン人の
利用可能な
サイリング
大きな
ギュッ
責任ある
ノット
アームチェア
、再利用可能なを
丁寧な
測定
オオカミの
ココア
種を
ランダム

# Puzzle 417

多 だ だ な 飛 京 刑 重 参 照 し て く だ さ い の
圧 場 で く 行 務 囚 ニ 出 む 論 室 や ざ そ ら ウ
セ レ ょ な ー 所 嶋 出 読 す 改 私 そ ら す ェ
証 拠 は っ 開 に は さ 写 無 用 着 善 囚 登 ッ
無 ニ ラ 開 合 ホ カ 会 無 再 語 投 用 て 登 ト
大 く テ ひ 本 金 ヒ 阪 高 応 金 し 覧 海 ス
丈 ひ 弱 本 ぎ 妊 囚 ソ 速 暫 集 て む 弱 芸 ど
夫 プ ロ パ ティ が 条 金 な 辞 む ひ セ ぎ 能 辞
向 選 小 っ ニ チ 約 で 精 エ ソ ド 金 社 京
阪 故 無 麦 結 応 何 暫 出 室 愛 セ 重 ひ し
ク ド 乏 百 セ 育 写 何 室 午 む レ 歩 ト 海
海 摘 応 ハ ホ チ ハ 報 ヱ 後 出 報 重 砂
摘 応 セ ぎ 話 加 何 私 側 安 応 モ じ 砂 海
論 む ル リ ま お れ れ ぎ 読 側 安 応 芸 じ 出 ぐ

着用し
急に
刑務所
なくなっ
プロパティが
午後
条約
用語集
証拠は
雑用
飛行
コートを
改善
のウェット
参照してください
小麦
はさみ
大丈夫
そらす
高速な

# Puzzle 418

投票
クラブの
、実際に
ハングが
ローカル
スタンプ
維持する
キャンディ・ビジネス
適用
冷蔵庫
少年
金曜日の
クラウド
ボーダー
の重要な
テープ
破壊する
結婚は
傾斜

ヒ 画 ぐ 投 圧 弱 無 摘 れ 室 ヒ ゃ む 百 歩 解 べ
再 投 化 票 摘 く ル ス れ 嶋 ベ 結 室 話 化 意
ひ 場 ヌ 再 ク 、 覧 キ ト 論 金 婚 ニ サ 妊
ス ド ウ ラ 実 会 ヒ 冷 ひ 曜 室 私 場 然
タ ス 権 ひ 際 ホ ニ 蔵 っ 意 日 阪 金 辞 京
ン 通 ん む ラ に だ 百 場 庫 む の て サ ぽ ラ
プ な 要 重 ブ 嶋 登 や ふ ん レ ニ じ 写
退 傾 斜 ド の 化 少 ロ 海 ぽ ク ス 応 所 だ
報 ー ぽ テ ー ボ 年 写 ー む ょ 読 ひ 登 む
本 結 ス 育 画 覧 育 ジ カ 阪 せ 方 リ れ も
破 ふ ぽ す ニ ・ ハ ネ 通 で ベ も ハ が 能
じ 覧 暫 持 側 キ ャ ン 登 応 加 ン サ 出
投 テ 金 維 ぎ 意 会 ディ 所 何 適 用 で 選 海
ひ テ 金 維 ぎ 登 ヌ ひ モ 適 用 で 退 し

# Puzzle 419

圧 出 デ 故 読 退 妊 し 報 二 論 進 ツ 百 ヌ 側
ぎ ト ィ 応 場 ニ 方 話 応 ツ 登 う ぽ 囚 ノ 読
場 だ テ 無 ト も 愛 応 ニ リ ト ち だ セ ぽ 意 ま
あ の ー 通 ス パ 、 多 ツ ヰ ス ょ 賢 ソ ト く ど
ろ る ル 阪 ナ 加 報 会 レ ヌ ク エ く ノ 人 社 何
ツ の こ 金 ト 加 ッ 報 ッ ス リ 減 加 ひ 出 ド 友
ド 影 砂 故 ー テ 意 だ ジ ト 減 少 砂 ふ 何 本 ト
場 が 仕 と 囚 囚 社 愛 ネ ヱ 室 も 安 京 場 友 人
進 や 権 ひ 報 社 ネ ジ テ ギ 精 壊 の ゃ 覧 室 向
覧 阪 ょ ひ 精 チ 通 ネ ょ 通 調 れ し テ 私 せ
ラ く く ド 稼 ま テ 暫 阪 ニ 暫 た ゃ レ だ 結
臭 論 も テ ぐ 料 を ょ 何 写 覧 理 ど 登 て ま 応
い 進 安 安 何 結 読 む 写 再 何 本 安 ぐ 故 私 だ
ノ 入 植 リ 者 が ス 能 つ 会 つ エ 投 故 ぎ だ
つ 安 者 し ツ 会 つ し エ ル 投 故 ぐ

単語の
エクスプレス
の友人の
の影が
うち
ネギ
病院の
スレッジ
調理
減少
、パートナーの
入植者が
仕事を
ディテール
稼ぐ
料理を
臭い
賢く
壊れた
あること

# Puzzle 420

敬遠
行為の
連絡先
クリーム
弁護士を
、標準的な
昇給の
怒ら
決めます
ヘリコプター
ベッド
生きて
話は
私達の
単に
サイズ
権限を
生姜を
確立
社会

社 本 歩 投 ヘ 行 為 の 進 ぼ 権 登 ど 私 辞 決
連 絡 先 ヒ リ チ 解 ひ 何 お ッ ぼ ス 合 め
ひ 暫 会 覧 コ 写 ろ ろ 場 論 ょ 、 標 的 な ま
生 き て 化 プ ぎ 再 サ 報 私 安 ソ 準 社 会 す
側 権 退 ょ タ 解 能 む 進 ど 投 嶋 ク 応 る ド
会 ク や 狙 ー ニ 多 カ や 弱 化 リ ろ ホ 室
ツ ひ べ ぼ 覧 ぎ 権 つ ク 圧 ゅ 開 じ ル 選
応 囚 き で 愛 れ 限 覧 愛 ク 乏 ぐ ぼ だ ぽ
会 レ ど 能 ひ 狙 を ベ カ ハ 昇 覧 ふ 摘 弱
加 写 辞 ぎ ト ひ 士 ッ ド 給 応 何 砂 サ
育 だ 話 モ 本 ト 護 再 ハ 論 室 っ 姜 じ
投 方 は セ だ 退 弁 ぎ 本 海 方 ぼ 生 だ
ま 多 確 チ ソ ど 百 ひ 出 投 れ ふ 能 結
話 意 写 で 登 ス 私 乏 意 怒 多 室 再 ま
妊 れ 立 ソ ス の 達 遠 ら サ レ を む

# Puzzle 421

```
の ソ 本 ア 画 ヌ つ ど 応 ま 精 解 論 読 セ 弱 意
有 テ 選 リ ヒ ま 安 精 応 場 ヌ を ン タ ー ハ 摘
害 加 阪 ー 故 い の 応 ヒ ミ エ ネ ー 公 ろ ろ ぎ
が ル だ ナ 化 分 海 チ ソ ニ 芸 ド 私 ろ ゅ れ ハ
乏 ト ス 野 室 子 ニ 海 写 選 ょ 然 室 ェ チ 多 お
投 論 レ ぽ 生 の ー ビ 多 ん 選 延 期 ぽ 嶋 開 ま
む セ リ れ 無 お ノ 読 遠 意 話 無 場 っ ホ 重 場
セ 退 結 加 ざ 場 社 社 征 ド 無 辞 出 む 嶋 再 む
ク ふ コ ろ れ ぐ 狙 再 嶋 リ 会 き 狙 ヌ 写
ブ ロ 合 通 故 レ 狙 読 選 の い 権 ひ 多 ノ
話 合 阪 無 化 っ 狙 ラ 摘 結 ス 辞 ふ ヱ
暫 百 乏 視 側 で ひ 安 ぎ 結 ふ 登 だ
投 オ ッ ク 応 話 読 ひ 応 だ ゅ ひ 歩 む
モ 一 ウ ム 応 話 辞 れ 応 ら 安 結 狙 ま ス
会 一 緒 に レ ド 辞 れん く 狙 ま ス 歩 む
```

一緒に
遠征
セーター
ビーチの
のない
の有害が
無視
安い
ブロック
分子の
チェリー
のヒット
アリーナ
ターンを
公式
ハタネズミ
延期
しようと
野生
オウム

# Puzzle 422

不規則な
のポーズ
クラッシュ
ポケット
ハード
鋭い
、風の
と言う
成功
風呂
ヤギは、
クロス
埃っぽい
戻り
会社の
石炭
すぐに
ホスト
旅行
カテゴリ

```
本 チ レ ポ 能 私 ヒ ク 開 圧 く 意 ハ 社 ス 会 社
開 ど 化 ケ つ 何 ラ ラ 退 サ し ゅ ー ド 意 暫 無
合 狙 せ ッ っ 画 覧 ッ 合 解 出 風 や 愛 会 意 本
だ 重 レ ト ス ホ く シ て ろ 呂 進 登 精 不 セ
出 多 ト ス ロ く ざ ュ 加 せ 覧 ろ 所 ぎ 規 ろ
進 ま べ 本 っ 故 る リ 愛 ど 論 ポ 話 多 則 ス
応 再 投 話 ク 狙 ぐ に の ポ 写 ー 弱 な セ
方 嶋 ろ 成 ノ 応 す っ ま 結 囚 ズ 化 故 妊 ク
歩 選 ど 囚 功 向 や ヌ 育 囚 写 写 だ 出 加 ニ
カ テ ゴ や 読 ょ 登 多 応 、 解 ヤ ニ せ モ ヱ
や 石 ト リ 論 応 ぎ 埃 旅 解 ギ 無 圧 カ つ
力 炭 投 ハ だ も ニ 行 ト は む 然 で 解
愛 戻 能 お お 会 ぎ サ っ の 、 コ 側 ひ 画
歩 り と 然 言 ひ ょ 社 会 ひ ぎ 解 ふ 私
チ 能 然 摘 リ 本 囚 無 ひ 鋭 側
```

# Puzzle 423

辞ひカっカだ何ょヌきべ本芸だ合出送信
ぎテソ妊ノじっ金し故本場ん応ま辞ソを
テし妊室っひエ失ーニやコ能歩くて重唐本き
室通報画室無ひ望所コきレ能登場転化話蚊を質
解ぐし場無無カ育くん阪せレ権き写登送ざりッ選性
こりひて溝応力加応歩最近向けらだ誇りッ暫テラカ乏
とべ溝応応加くだ読でお読地理ヌ理囚邦側安ろカ嶋の
がひ退だ写妊剛読でベんページの向育選ラ報ぽ登ヌ話
砂ょ登ソ摘権ニゅ通だ

剛性の
地理
蚊を
、最近
泥だらけの
カウボーイ
連邦
巧妙な
との間で
失望
唐辛子を
のプロセスの
ことができる
ページの
読ん
送信
な性質を
溝が
転送
誇り

# Puzzle 424

部門
アイリス
感を
水泳
含ま
前方
小さな
謙虚な
ツールの
年の
警告
スロー
朝の
病皿
名詞
スクーター
のガイドラインは、
シェル
陸上競技
ワームは

合っノ然ぼモれょト安ニベおセモ然む
多き感を何ニホ報無ょ部門ニヒ権投結ぽ
だス方れふ何おテ加ょ登ルニ権海ょ話つ
エ読む社辞ヌスッツ写ソ詞謙能前応投
朝の出再嶋やっロセ狙歩社虚方ヌべ小
摘退妊応摘ベ加側だ謙室なベさ
ホ側含投妊リトニ金摘シ警ルな
のホや向海多ハ歩何ェ告病皿
能ガまラインはレ能摘ルトド結
て年芸ぼアイサ応ワテ話ドや
ぎ加囚だリス育ぐムー覧やじも
む れホっ摘百モ画嶋出妊化テカヱる弱室然ぐ
応解何モ画嶋出妊化テ水泳結ヱる重

# Puzzle 425

側 し 通 だ れ 妊 ざ 海 報 ニ 方 だ く 、 必 要 な さ
ぽ 向 通 ツ が ひ ふ 権 つ ゅ 報 金 然 何 キ 夜 コ き
便 利 な 能 ラ ひ お ヌ む 報 ソ 退 写 鼻 チ の ッ ネ
く だ ソ か 可 だ む は サ 論 ヱ ま む し 鼻 多 同 金
海 ふ 進 ひ ハ 海 愚 何 育 サ 報 再 圧 多 意 能 と 辞
ニ ぽ 解 報 ざ 多 投 だ も 権 ニ 嶋 読 歩 や り 砂 京
選 ど 覧 重 量 金 れ カ 溶 再 ょ 融 再 ニ べ じ 無 京
ま 投 よ 化 ヌ 意 話 王 冠 レ チ ャ ト ポ ン ド も 本
で じ 読 ニ 話 写 王 ひ 冠 ぽ ヱ ぽ く 進 狙 が 登 ろ
き る 狙 再 通 だ の 場 ょ 進 狙 っ 話 ゃ レ 適 ひ テ
ド 向 ぼ ふ ゃ じ サ 場 ょ 安 向 報 じ サ 進 く も
靴 を ょ 安 向 報 じ サ

---

同意し
、キツネ
の鼻
愚かな
できるよう
必要な
夜の
便利な
重量
適格
王冠の
せっけん
が可能な
靴を
ヘビ
結ば
溶融
ポンドが
練習は
と同様の

---

# Puzzle 426

本当の
セロリ
ロケット
ことが多い
メジャー
危機
有する
ブルーベル
博物館キノコ
自身が
ブック
キャンプ
レポート
挿入し
事業
進捗状況を
バンズ
リラックス
に従って
バー

---

場 む 写 歩 ま ひ メ ジ ャ ー 有 自 ぽ 登 ロ 故 進
チ に 従 っ ヱ 再 退 で す 身 危 ケ っ 状
場 社 圧 重 圧 ょ 阪 れ る が 化 ッ 何 況
モ 圧 ヒ ぎ ょ ニ 芸 ラ 妊 む ト 投 を
ニ 囚 乏 き 会 チ 写 ニ 精 ヌ 弱 向 京
つ 嶋 ニ 意 場 話 辞 ル リ れ 百 コ 故 リ
精 ホ 多 ど っ る 嶋 べ じ ト 弱 ト 結
ク 登 ふ ト ど 然 ル 登 ホ 意 退 カ
る 安 だ せ カ 挿 ろ 精 ブ ス 弱 写 ひ
ヌ 金 て ひ せ 入 し 安 ッ ク っ 権 妊
側 キ だ ス お 話 嶋 ろ 再 論 業
ヱ ヌ ャ 博 物 館 キ ざ 何 登 精 解 精 側
モ ベ ズ ン バ ニ ノ サ 多 画 意 社 所
き 応 無 応 プ ヱ 登 コ ト い 解 本
無 っ ど 乏 ル や 場 ふ ニ ど

# Puzzle 427

```
ひ 合 ゃ 故 権 も 摘 ま べ 非 嶋 出 休 乏 む ホ 阪 読
ク 精 ぎ 意 ぎ 読 暫 食 常 進 然 に 暇 百 意 歩 ヒ ま て ル 応 じ
サ 妊 解 本 海 ブ ド モ 選 圧 ス コ つ 登 向 ラ 方 き 登 比 会
ゅ 精 ヌ 百 選 を 見 て ハ ひ ん む 実 行 多 モ リ 依 本 較 ろ
面 海 辞 安 参 っ ハ ヌ 京 チ ざ ん 応 や 解 メ ツ 存 金 再 お
ソ 積 は 化 狛 れ 覧 む 覧 ざ ん ふ 加 れ ふ 能 ス 加 阪 辞 側
っ だ の ま 加 能 所 ぎ 写 ぎ ふ 百 何 能 ふ カ 重 加 通 本 な
努 力 進 京 ど す る 意 つ む っ 正 歩 ヱ ハ 砂 、 加 切 囚 リ
開 ふ き ホ 歩 ざ 育 叔 母 者 式 に 重 砂 側 加 適 能 嶋 場
圧 平 モ 均 凍 結 故 ヌ 話 報 辞 重 加 正 歩 ヱ ハ
く 精 合 じ チ 故 ヌ 登 ベ ク サ し む 多 解 加 能 側 能
ド ゅ じ ソ 登 ベ ク サ し む
ぎ じ ソ 登 ベ ク サ し む 多
```

、適切な
食品
メモリ
ムーン
スツール
を見て
面積は
正式に
努力の
参加する
実行
ロバ
ブドウ
比較
休暇は
非常に
平均
凍結
依存
叔母者

# Puzzle 428

あたりの
ホーク
流体
ネットワーク
面白い
痛い
ケフィア
弱い
レース
二回
彼らの
水分を
ティーポット
危険な
レモン
手配
言語を
透明
週末は、
検出

```
ニ 加 ホ 向 話 や 重 ぎ 弱 場 あ 話 向 ラ ヒ 圧 ト
ス お 出 精 っ 京 ト 解 い 能 た ド 然 暫 む 言 つ
ま だ 話 京 カ 退 水 分 を り つ ふ 弱 じ 語 結
弱 応 ツ 出 サ ど 場 加 室 の コ モ 読 場 を 故 モ
ふ 会 カ ハ れ 愛 ニ モ チ 退 セ 意 ざ 登 れ 何
痛 流 体 ケ フ ィ ア 危 重 砂 ヒ や 私 ヌ 弱 彼
然 い ニ 再 ヌ 向 険 選 ぽ ド く ト い ら
チ ぐ 覧 進 辞 側 加 透 な 私 登 ネ 読 ゅ の
ヌ 白 む 社 エ れ 何 明 砂 登 ッ 辞 意 ん
本 弱 辞 妊 妊 ヒ や 再 ポ ト 登 テ 京 芸
選 面 週 ヱ レ 投 然 ヌ ワ 手 レ 私 何
リ 弱 ぼ 末 は ベ ぽ 応 エ ー ク 配 モ 権 リ
妊 ぼ ニ 、 モ ぼ む て ヒ 化 精 京 む
ひ 進 で じ 辞 ヌ 歩 ヱ ホ 報 ぐ
権 故 弱 っ 砂 意 ぐ 囚 ハ 多 っ 精 ク
ひ で し エ 向 報 セ ス ゅ 報
```

# Puzzle 429

興 カ 京 合 能 ハ モ や ク 本 セ 然 意 コ 簡 だ ホ
味 へ 嶋 ぽ 話 被 話 ひ ッ 写 火 曜 の 単 応 別 通
深 ッ ヱ 海 投 害 場 る ツ 姉 通 日 私 な 別 歩 特
い ド ク ゅ ん 者 で 目 ニ 妹 社 通 検 ひ 分 ろ 応
チ 育 ま 育 応 退 一 っ 芸 セ て 百 私 能 嶋 を 向
ス 意 も ぼ 何 ク 意 ど ラ ヌ 場 無 チ し ヌ ニ 投
京 も 芸 写 側 投 ど れ チ 応 ヌ 本 ョ 故 格 少 加
報 圧 応 ヒ 投 き だ 通 ハ 応 妊 加 サ 愛 覧 数 圧
し 退 ト テ む 京 ょ 化 チ 通 妊 応 ソ も ざ お ゃ
や 化 べ む 京 海 れ せ 然 ハ チ 化 ひ 海 加 し っ
て き る 加 ふ 有 百 応 、 で おま 弱 読 砂 阪 意 だ
辞 権 異 な リ 罪 話 チ 然 解 まで にき 登 ヱ 百
阪 方 ん 大 妊 話 楽 で 、 急 速 に 場 弱 海
無 金 室 巨 ス 報 て ア カ ウ ン ト を 何 も
故 選

**Word list:**

興味深い
少数
特別な
アカウントを
一目
簡単な
多分
姉妹
巨大な
、急速に
でき
資格を
火曜日の
ヘッド
検査の
有罪
楽しむ
異なる
被害者
話して

---

# Puzzle 430

**Word list:**

横に振りました
シーン
用品の
遠く
調査の
輸送
太字
調査
愛する
寝室の
凝視
ヒキガエル
欲求
減らす
崩壊
専門の
スペル
一致する
の入り口
態度

**Grid:**

能 崩 や だ ろ リ 画 ゃ テ て 一 む ツ 再 ツ ま ト 囚
ヒ む 壊 ど 論 砂 し ょ サ 圧 致 故 ヌ コ ホ ぐ 砂 側
ト れ ス 育 も リ う の 再 論 す 投 ろ ニ 阪 育 妊 だ
ょ 欲 愛 れ 用 ド ニ ひ 暫 で 読 す 愛 コ 解 ま 寝 寝
登 求 室 覧 品 っ コ 能 故 だ れ ど モ ッ ひ ま 室 度
金 お 開 ツ 囚 能 ト 話 圧 論 海 ヒ ツ 方 重 阪 態 化
カ 画 ひ 登 歩 ト く 応 モ 安 砂 ん の 調 ぼ っ
ヒ キ ガ エ ル ホ 太 専 退 応 輸 投 シ 査 愛 ニ
ク や る ロ 狙 し 字 門 の ぐ 送 ヱ ー る 辞 減
横 に 振 り 安 た つ 嶋 モ 向 所 コ ン 愛 凝 ら
ぽ 結 解 入 ま ツ 合 結 ラ 通 投 方 モ 視 す
暫 向 化 の ク だ ょ 金 妊 や ヱ ま チ 摘
遠 く 進 ふ 場 く ス 弱 じ コ て お
ヌ ス ペ ル く 通 故 ヌ 多 選 何
ヌ ス テ ト ニ 愛 ヱ っ 場 ニ

# Puzzle 431

```
バ ッ チ サ 京 人 形 然 ひ ふ ク 意 グ ロ ー ブ 話
精 ヒ 私 囚 京 エ ヌ 通 ひ 論 で や 向 応 む れ い 長
個 別 の 画 囚 ヌ ソ つ 開 狙 セ 私 解 京 ざ 登 い
百 合 辞 ス ど ツ ん じ ま セ ュ 多 何 嶋 質 ス 混 を
論 囚 一 度 報 論 ゃ 開 生 マ グ 代 問 辞 再 ひ 乱 方
っ 側 話 ろ っ 無 公 し 産 イ レ 何 無 読 再 ぽ 登 ぐ
芸 本 ょ 通 ハ 応 園 生 登 グ ー ふ 京 少 ま い 退
合 ゅ 話 二 む 方 方 産 る レ シ サ 嶋 室 な 画
社 が 存 在 多 リ る で ア ー ョ せ 京 砂 応 権
海 権 っ コ れ 海 登 ア ェ シ ン だ 然 砂 出 ひ ク
金 ん だ ル ト 社 砂 フ ク ョ ・ 何 育 満 歩 む 側
ヌ 応 サ 応 砂 解 子 ェ だ ン 重 砂 砂 歩 会 は
化 結 開 砂 ル 子 猫 サ ぐ 重 ・ 百 満 足 権 意
応 ま ぼ ソ 能 だ ツ プ ロ ジ ェ ク ト は 社
```

人形
混乱
生産
公園
個別の
一度
少ない
長い
プロジェクトは
マイグレーション・
代替
質問を
グローブ
が存在
子猫
シェア
満足
ペニー
バッチ
ウズラ

# Puzzle 432

カニ
噴火
ものの
動物、
キー
まだ
マネージャ
取引
風船
聞きます
侵略
守る
多くのことを
遠い
笑った
外観リンゴ
範囲内
葉を
壮大
リップ

```
マ 社 守 セ カ 海 歩 ド き れ 聞 き ま す 乏 外 ど
ネ 論 る リ ぎ む く い 能 範 き ツ ぽ ぽ 観 で
ー 社 カ レ 画 ひ 遠 無 写 囲 ま ク 解 リ 狙
ジ ス ニ ホ サ 噴 摘 写 内 歩 モ ン リ
ャ く 京 キ む 火 だ 選 動 報 覧 笑 ゴ ッ ッ プ
室 お き ー 解 歩 ろ 動 物 登 っ も 応
せ ぎ ざ 辞 私 場 無 し サ 葉 、 た の カ
侵 略 っ て 金 や 話 読 ぐ を 何 ひ 乏 む
ま む 金 妊 風 ニ 場 し 読 辞 育 囚 ト
っ だ し 船 重 や テ 狙 論 ぐ ヌ む 論
多 く の こ と や ノ 重 ス っ 退 権 意 写
ひ ソ 然 ホ 故 チ 囚 ヒ モ 場 取 っ 京
愛 や 何 く 開 ざ コ 乏 だ っ 所 引 投 ク
ゃ 阪 報 レ ひ ざ 再 画 囚 覧 ト 弱 ス 応 せ 選 に
```

# Puzzle 433

ノ 社 加 か ハ ト 行 動 ぼ も ク セ ょ 愛 き 論 ル
暫 ウ ま か ひ ガ も 応 嶋 意 イ 嶋 海 合 き 写 投 私
緊 張 ハ し 故 ニ リ 登 要 因 き ひ カ レ ヌ サ 解 ヱ ん ひ 金 意
ク じ 故 ふ ウ ニ 下 ネ ズ 投 が ん 画 で 然 重 出 辞 く 愛 ろ プ じ 収
や ぐ ニ 退 ク イ 選 ひ だ ヌ 本 む 能 京 加 退 家 ス 他 意
退 波 投 ゅ ル ブ の チ イ バ 摘 写 育 砂 れ ぎ ヌ リ 海 化 多 然 報 金 ぽ ヒ ぽ 能
ぎ 場 重 故 所 ニ 側 、 嶋 正 確 報 シ ケ ん す ろ ど 画 ど ま 芸 ぐ だ ひ ス レ 愛 チ ま 側
て ひ 写 ト や 阪 私 百 ヱ 囚 報 百 応 ど 本 側 覧 表 だ 現 け ふ で ヌ む 京 社 ト 摘 ゅ だ れ 私 無 金 投 モ 話 然 側 ス 進 ん

他の
の下に
ノウハウの
、正確な
かかし
表現
波の
イレーサー
行動
緊張
トガリネズミ
バイクの
トラブルの
家具
プール
ました
だけで
要因が
シーケンス
収集

# Puzzle 434

シャワー
父の
緩やかな
オプションの
構築
ステイ
クジラ
メンバーの
ミトン
の上級
乾燥
好む
ウールの
病気の
レベルを
所有者の
ウィグルの
計算
ヘッジ
黒い

辞 然 会 っ モ ぎ 場 砂 多 加 育 で 愛 ぎ ぎ 権 結
で ざ 百 二 側 級 ぼ 構 社 本 結 れ 歩 歩 開 精
む 権 ょ 所 囚 上 レ 黒 築 圧 ノ だ 乏 っ ス ぼ 多
オ て 歩 の ル い ヘ メ ン バ ハ お 室 本
プ 摘 ス 写 を 気 通 ッ 登 ジ 乾 解 ヌ 金 砂 狙
シ お 写 ス 病 開 ラ 通 進 ラ 燥 一 京 ル 写
ョ 摘 権 テ ク 退 ヱ 報 ろ ニ 登 セ の だ ウ
ン チ の イ シ ワ ヌ 退 進 ン 計 合 ぎ モ 故 ひ
リ ウ 論 選 ャ ー 父 算 緩 や っ 出
投 ギ 育 く ホ ツ 化 の 読 や か ろ 囚
摘 ル ぼ 論 有 所 ク っ じ ミ 暫 育 な 社
ゃ カ チ ひ 弱 応 セ 場 ニ ト 読 意 ヌ 開
方 ふ 開 む じ ま 画 乏 会 好 権 愛 レ
囚 登 ぼ 何 重 ド ハ 方 能 ク む せ 登 じ
室 安 応 暫 セ 再 妊 方 お テ ま 解 ゅ 権 乏
っ ヌ 通 む ラ 妊 ド 再 で 向

# Puzzle 435

乏 加 ベ ア ヒ ル 側 会 愛 登 重 ょ モ カ 全 会 カ
ル ぽ 出 ニ エ っ 金 暫 の 敵 ン リ な 体 ラ 育 場
ふ に 金 方 重 ク 合 だ も 素 囚 く の ラ ょ
ハ る ん 開 ゅ 私 コ 辞 視 育 ン ス せ の 報 ま
室 セ 罰 か る ヒ に 私 阪 ヒ レ ょ ふ 登 囚 っ
ど こ か 読 話 ツ じ 視 力 マ ま 無 ま ニ が
育 ぼ 読 ク る サ 対 砂 育 論 多 京 退 ヒ エ 、
乏 ク ベ カ 暫 ヒ し ニ 金 ル れ 退 ト 通 ど
話 コ 応 屋 で 退 て 応 含 ア 安 加 応 サ 読 解
私 ろ ハ 外 っ 育 然 も ア 通 し 社 結 ク ん ヌ
飛 間 違 応 無 然 も ち ょ る 辞 結 会 カ 京
加 行 増 っ 本 せ 最 ろ 応 る っ 論 る ル 故 通
っ 会 機 加 再 カ 近 ん お 本 育 化 ぐ ヌ エ
セ 社 能 を 覧 テ 然 の 海 お サ 会 ゅ ル て
金 レ ス ぽ 進 て 弱 海 お サ ヌ ゅ

もちろんの
アヒル
屋外で
アーティスト
間違っ
もの
視力
が、
ヒマワリ
含め
最近
飛行機を
増加
キリンの
全体の
カエル
罰する
の素敵な
に対して
どこか

# Puzzle 436

教え
ボート
ビルドを
について
明日は
戦略
バン
クールな
笑い
精神
次の
キャビン
紫色の
クック
カメ
支援
良い
危険性を
甘い
ステートメントを

バ ヒ 話 ふ 暫 出 故 テ 加 だ 場 カ 嶋 加 室 場
ム ン 支 向 場 ま 開 所 場 ニ 場 京 囚 投 妊
ふ ヌ 援 じ 妊 だ 進 ト ソ 笑 い 囚 い げ 戦
通 登 話 阪 れ カ 圧 メ ラ 応 に つ て 略
応 だ ヌ ニ 無 ホ き 再 化 ホ 圧 い し コ
権 京 方 場 ぼ 狙 摘 ス 育 海 ソ 向 ま 解
ニ じ 精 向 色 く 安 テ 権 だ や 無 加 す ヌ
妊 ニ ン ぼ 故 の ス ー ひ 通 応 報 ぎ ク
ふ 精 ビ ま 結 ヌ 無 選 ょ ぎ カ 良 通 リ
ど 神 ル だ だ を だ 室 ー 権 ツ 教 い て ル
っ ひ ャ ニ ぎ 性 明 解 精 応 然 愛 セ 辞 結
海 ゃ キ る 険 日 暫 再 ク ク 甘 む 退 ヌ ょ
加 摘 所 精 場 は 応 場 合 い い カ ト 意 ど
ニ 本 だ ト 能 意 ひ 摘 開 覧 故 ぎ リ
次 の お 進 ざ 狙 場 ひ 狙 ゃ ク 乏 結

# Puzzle 437

```
む重でニだ通をべひ摘会重ニ愛トスツ安エ砂
利用可能ぎ超エヌ海劇妊先話ヒカ妊ヒをニ京エ
登百向自弱えンド解覧答生批ヒ円形の進コニ向摘
っ退むパ解てルチむせふ意画解モノクト解ぶ
レひ嶋ター尋おくもろ狙ぎ社京ノ軍進っニ向
再話ソだねろ芸る百し貸デ論和選事方習辞
育開だのようなだ重環ィ平本選事習慣応
囚、このよう室通境のプ狙出応軍慣辞応
ニ応権芸故だれの開ロ本狙応軍慣応
ょ社開ぽて圧さ愛ざマ選出向習応ふド摘
私化ノ故ひ故側通ざ多だヱエニ方選応ふ
化ふ選側狙精じ狙多場ソ通だ辞
ふきんつふ狙じソぎ通だニツ辞応ふド摘
```

選ぶ
批判を
先生の
尋ね
利用可能
劇場は
パターン
ディプロマ
楕円形の
答えは
の厚さの
平和
エンドウ豆は
習慣
軍事
を超えて
貸します
環境の
自動
、このような

# Puzzle 438

```
所妊関忙論のだヌ割てしま方きサ故砂
べ文与し通よ生解りバタフライ応向暫リ
ヌニ化い方う愛芝込応場ひリ私無論論ぎ無
エお方辞方な応るみスドぎくま論に乏ぎ
ど私重嶋ス確嶋じま多権本無論だじ所フ
多弱ノノ場明べ場本クロック投チ許ラ
ぽ応場ゃ私き歩お画ぎ弱事芸可グ
場ヒゃや私きルお歩ぐひ加スヌ意ュメ
アトミックオコーナー合選然まひ通ン
きカ辞じふトコノリ応む側会応意ト通お
百じ解だス登阪ジョ登方ヌ応る金エ
エ化故チぽぐソ加むヌ社意中精ぎ
カ故き士ゅホ妊ト弱範囲をニる心む
保証金のべ能金狙ぎノ登ツ何中心メイク
```

フラグメント
クロック
のような
コーナー
オコジョ
アトミック
バタフライ
中心
消防士の
範囲を
文化
許可
忙しい
明確な
割り込み
芝生の
メイク
関与
事実
保証

# Puzzle 439

```
ト だ 数 応 砂 氷 歩 精 退 ヌ ひ 意 ょ れ ス だ ま ぎ で ま
ひ く え ろ の 心 つ 写 ス 報 出 っ ひ っ ノ ひ ひ カ 画 じ
場 っ る 親 愛 な る ら ニ 囚 ヌ し 開 ま ー む ヱ 精 じ 二
開 ヱ ソ 何 雇 用 れ ゼ 京 画 愛 ひ 然 ク だ 愛 じ 二 何 何
だ ト 登 室 意 じ 登 ロ 囚 私 ひ ニ 境 通 だ 進 時 々 重 応
む ー マ ト ソ 登 室 ス や ニ べ 暫 界 圧 ゃ 場 登 れ 応 方
育 レ ひ 選 妊 室 圧 論 で ょ 登 覧 話 合 加 ど 無 投 ふ ぶ
ヒ プ 合 二 ざ 報 場 金 応 べ 論 ふ だ ゃ ノ ー ス む じ サ
愛 愛 弱 登 何 安 ま 応 ス ふ リ ソ ー ス む コ だ 論 し っ
イ 会 ょ も 側 然 雄 エ 本 育 ま 精 芸 し 方 だ 圧 ひ ふ
ン イ ワ 何 覧 論 鶏 ル リ 精 室 精 し も ん 投 圧
タ ふ 所 や 読 報 ぐ の 室 精 嶋 し 私 私 だ ひ サ
ビ ヒ イ ラ ギ ヒ 愛 レ 精 私 安 ぎ ス 応
ュ 育 ニ エ 辞 チ 合 ニ 安 ぎ
ー 然 コ 場 ぎ せ テ カ
```

**Word list:**
- エルフ
- インタビュー
- 時々
- トマト
- リソース
- ワイン
- 境界
- 氷の
- 心の
- 数える
- 親愛なる
- 愛情
- ヒイラギ
- プレート
- ゼロ
- スノードロップ
- つらら
- 雇用
- 雄鶏の
- 達し

# Puzzle 440

**Word list:**
- スカート
- に自信
- つま先
- 警察
- 持っているが、
- ラッシュを
- 国際
- スイカ
- いつか
- 弟を
- の異なる
- 認める
- 悲しい
- 日差し
- 最悪
- タオル
- ドリンク
- 驚き
- おばあちゃん
- 不適切な

```
意 持 ぎ 登 解 ふ む リ ま っ ぽ 弱 不 だ っ ニ ド
登 ふ っ ラ ッ シ を 再 で ホ 所 悲 適 べ 何 覧 警
歩 っ ニ ト て シ や い 写 っ 方 し 切 ス 百 な 察 加
の 二 な な お リ い つ 登 に 自 い 本 い 百 報 ヒ
ぎ 異 せ る る ば あ か テ 信 安 お お ぼ ベ ツ
国 社 レ コ 精 い が タ 百 ひ 会 お 暫 ひ ヒ だ
際 レ ニ ス 会 る ト ち 辞 オ ル コ を じ リ ツ ヌ
っ リ ト べ っ ひ ニ 、 ゃ 合 だ 弟 ド ヌ 圧 だ ル
場 砂 で ス ひ き ヌ 精 く ホ 権 ふ リ ろ 登 ヌ ト
ぎ 二 狙 カ 驚 ヌ 応 ろ ん 乏 然 海 ン ん せ ル で
ち ど 出 ー 通 ま 先 ノ ょ ス 二 狙 ク て 愛 ト
ふ て 加 だ っ ツ ノ ベ 権 ク 圧 安 社 解 開 で
ノ 意 で 金 百 所 ベ ん 選 ハ 応 レ 辞 エ ト
育 側 ル 認 無 る ク 進 画 応 ラ 日 差 し 最
応 モ め ス イ カ ひ ぽ ノ 画 ド 悪
ざ せ る ス イ カ
```

# Puzzle 441

```
ブ れ 投 ぎ ベ 加 セ ト 結 然 社 通 サ ニ し ハ
ス ラ テ ヌ 読 座 化 ル で ひ お 乏 突 風 わ 乏
だ 加 ッ 重 芸 ノ 会 愛 囚 っ 重 き 重 退 の で
圧 ふ ぐ ク 結 登 合 ゴ ブ リ ン ソ 京 を も
っ 投 ツ 写 画 き お 向 ひ 砂 場 や フ リ な い
育 選 理 解 定 義 ド 向 典 ん 結 多 ト ュ せ
キ 隣 ル ラ 期 待 だ に 論 型 私 ど ス ト キ 何
モ 人 ツ フ カ レ だ 然 ん ス 的 ス な リ ク ょ
ル 調 能 つ だ む ぼ ニ 論 安 お ハ 乏 ル ま ニ
調 せ 配 妊 ニ ク ソ 歩 妊 し 生 育 登 ク 能
べ 私 布 出 金 精 だ 辞 権 ェ 息 チ ぎ 阪 ヒ
る ぐ 阪 す 重 能 ョ エ 投 し 地 ぎ ハ 京 阪
解 お ま る 妊 育 れ ト 論 投 報 見 れ ノ て ろ
京 れ 乏 解 む ま 再 画 ヒ ひ ひ 投 暫 ソ つ
モ 合 ノ て だ ニ 場 意 エ れ っ え 化 ソ つ
```

配布する
ソフトを
理解
突風
に向けて
見え
ブラック
ゴブリン
しわの
隣人
調べる
生息地
期待
座って
キャベツ
キュウリを
描く
でもない
典型的な
定義

# Puzzle 442

フロント
誰の
ショットが
環境
準備ができて
イベント
腐っ
先の
テニス
クレヨン
望遠鏡
ブロー
運ば
拡張
示唆して
エージェント
第六
与えられた
セクションの
目的の

```
ヒ ま ショット が せ ニ ノ や 歩 暫 示 安 拡 ょ
コ ぐ 再 ヌ ン ハ 応 選 ラ む 能 論 唆 張 ノ
だ 方 京 も ロ ス で も 進 選 せ む し ソ
嶋 暫 っ 無 フ ぼ だ む き だ ハ せ 京 ば て
京 ホ ひ 海 っ だ 読 能 ス 先 の ニ 運 ざ ょ
モ ぼ 進 弱 ふ 狙 精 が 辞 む ニ 安 再 ん 多
む 然 阪 じ 投 ベ 与 多 ニ ク ひ 再 き
セ 囚 阪 ト イ で え れ 何 会 報 摘 私
ク 弱 ン 的 ニ き 権 第 環 砂 ヒ 登
ショ の ェ ョ ラ て ら 六 境 愛 ス ス
ン 投 ジ レ セ ら れ 結 ど 重 摘 結
何 所 故 側 ー ホ ソ た 一 だ 写 弱 意
意 セ せ 誰 再 安 望 覧 故 摘 リ 読
画 ホ む の エ 話 遠 ド 嶋 重 エ っ
テ も テ 再 ひ ひ 鏡 故 加 リ 社
テ ニ 退 ひ 方 ぎ 話 っ ま
開 圧 ス じ 向 室 登 ぽ 進 リ ぽ
ぼ も ル ひ む れ 意
```

# Puzzle 443

故サや登選ぼカ多モ穏多ふ圧退金どス
セゅどソカぽど向京やコ圧報囚ふスセ
ツ京無ャ写百選モ意かヌ向社ふス話ス
おぎ安ハせ読思選に方方不捕悪然ど今
くレ会だ場まう思所重思議向捉いヌ夜
スリ関のど多論所っリ聞論スくは
解ど係本育ま所冗教談スぐや
辞育だつ安何再っど談退百退っ
写ニ極ドヒど通ヒ防圧折登ぎ
ぎ登でぐ信性のヒ通話防然摘本
し結サ京頼応狙妊ヌ話退解モ
応無権覧狙これリこ退場ス応結
じ級高ドレス権つっ場投で
所ぎ暫まつラ囚コだス能芸ホだ

穏やかに
防ぐ
行い
北極
不思議に思う
関係の
教師
今夜は
骨折
聞く
した
冗談
信頼性の
ドレス
悪い
ミルク
真実
高級
、これまで
捕捉

# Puzzle 444

どドクぎひチ化会はプ登育写報退っニ
解ひ解ク加暫囚圧ズ有私食器棚画っ解
結ゅぼ劇ハムスター名曇安クク合読リ
コトエ的最写友ドリ化ら植物れ場登ひ
ま社登、結大人リ論せむど歩芸べ囚
砂然む特合リがくヌ開る安ど室ゃ私歩
ニひ登定画エヌくトん方知っ金出何
ぎれ育の芸歩やし幅ヌざて向安妊ょ
ニひフ鳥クやし広囚いた議写モ投
カ乏方フェリは画喜写故論安しコ
ろし社登っせ広フラット京囚ゅまひ
ヌレ歩ホな、京だトーケリ登育ひざ
カヱぐ社再化阪くレ退ニスひ辞ざ砂
場能エひぽ化暫結む歩ヒ会辞会

喜ん
は、
幅広
デリケートな
有名
フェレット
フラット
鳥の
植物
友人が
最大
プレイ
ハムスター
、特定の
知っていた
曇らせる
議論の
食器棚
シリーズは
劇的

# Puzzle 445

| カ | だ | ひ | ょ | う | 権 | 海 | 狙 | 意 | っ | ス | 阪 | ぽ | 結 | ゃ | セ | 理 |
|---|---|---|---|---|---|---|---|---|---|---|---|---|---|---|---|---|
| タ | 本 | 論 | フ | ィ | ク | ノ | ッ | ト | 読 | 側 | ま | ざ | ハ | 会 | 無 | 想 |
| や | っ | メ | ネ | ぐ | 画 | モ | ト | の | ろ | 京 | ぬ | っ | 会 | 二 | 重 | 社 |
| 社 | 会 | 私 | セ | 赤 | ち | ゃ | ど | 、 | 安 | ろ | 登 | ホ | 出 | ひ | し | 再 |
| 故 | 何 | 所 | 加 | テ | 論 | せ | カ | ホ | 登 | も | カ | ク | ス | 側 | だ | 退 |
| ク | ラ | テ | カ | ノ | ュ | ス | も | 意 | 然 | チ | む | ル | 加 | リ | 妊 | 弱 |
| く | 圧 | も | 因 | 然 | 阪 | 方 | 芸 | ひ | せ | ニ | っ | ヌ | む | 弱 | 開 | ぽ |
| 圧 | 所 | ト | 投 | 妊 | せ | ょ | ハ | ぎ | ひ | せ | ト | 歩 | 側 | 育 | モ | 砂 |
| 応 | 退 | 芸 | 室 | 歩 | 解 | 写 | だ | レ | 摘 | 側 | 京 | 歩 | 犯 | 罪 | ラ | ロ |
| 化 | 芸 | 室 | 暫 | 作 | カ | ー | テ | ン | ズ | ー | シ | 論 | ざ | て | ム | の |
| 暫 | 室 | 暫 | 本 | 成 | 意 | っ | 無 | ハ | ょ | て | 応 | て | 歩 | だ | ぎ | セ |
| ド | 権 | 本 | 百 | 工 | 暫 | 意 | っ | 無 | ハ | ょ | て | 応 | て | 歩 | だ | テ |
| 再 | 愛 | 百 | 工 | 暫 | 意 | っ | 無 | ハ | ょ | て | 応 | て | 歩 | だ | セ | テ |

**Words:**
- なし
- 雪の
- ひょう
- メガネ
- カーテン
- シーズン
- モック
- 犯罪
- ドラム
- 赤ちゃんの
- 理論
- フィクション
- 略語
- リスト
- ゴム
- 想像
- 口の
- 作成
- タマネギは、
- 問う

# Puzzle 446

**Words:**
- 年間
- チェア
- 人間
- スペルチェック
- 消防士
- ケアの
- 速い
- ドア
- ベルト
- 動作
- ミラー
- デューティ
- 妻の
- 沈黙を
- 単なる
- 糖は
- 子供の
- 本棚
- 到着
- グラフ

| ょ | 然 | 権 | 向 | 狙 | 権 | 動 | ホ | ニ | 論 | も | 覧 | ヱ | ト | 加 | レ | 工 |
|---|---|---|---|---|---|---|---|---|---|---|---|---|---|---|---|---|
| 安 | 多 | ル | ラ | ぽ | 到 | 作 | サ | 場 | 海 | セ | 然 | サ | 砂 | 会 | ノ | 覧 |
| ト | 報 | 速 | 嶋 | 育 | 着 | 投 | 所 | ひ | 本 | 精 | 写 | ひ | 年 | 投 | 京 | カ |
| 金 | き | い | 子 | 供 | の | ぐ | 海 | ひ | 通 | ゅ | 金 | 人 | 金 | 囚 | 人 | 然 |
| ひ | カ | ょ | 結 | ニ | し | ぎ | 加 | ニ | だ | っ | 歩 | は | ス | 論 | 論 | ひ |
| ド | 話 | テ | コ | ヱ | れ | ス | ヱ | ヱ | し | ニ | 解 | ュ | 室 | ぎ | ゃ |  |
| ハ | 読 | 精 | 場 | ニ | 合 | ニ | 摘 | 弱 | 話 | ゅ | 糖 | デ | 多 | る | ト |  |
| っ | 結 | ホ | カ | 登 | ト | 退 | ヌ | ク | 場 | 本 | ー | セ | 本 | お |  |  |
| 応 | 画 | 論 | つ | 京 | ぽ | 再 | サ | ぽ | ッ | ア | だ | ハ | ュ | 写 | 応 |  |
| 側 | ふ | ぽ | ま | 社 | 狙 | 解 | 登 | ベ | ェ | ケ | 沈 | 歩 | し | テ |  |  |
| 応 | 室 | 単 | ト | カ | 合 | 消 | 出 | サ | チ | ハ | 黙 | 芸 | ん | 妊 |  |  |
| れ | ク | な | 再 | や | 消 | 防 | 化 | 士 | 覧 | ル | を | 向 | 応 | 無 |  |  |
| 室 | フ | ら | 場 | 投 | 所 | 論 | 摘 | ざ | ェ | ペ | ト | ふ | ぎ | レ |  |  |
| ミ | ラ | ー | 社 | 嶋 | ド | 無 | ょ | ド | ア | ス | テ | 阪 | ふ | ト |  |  |
| チ | グ | ソ | ド | ア | 無 | ょ | ド | 場 | 阪 | 向 | ト | ふ | ふ | 囚 |  |  |

# Puzzle 447

```
シ ト 予 ょ 嶋 ざ れ 外 ス 砂 ヌ コ て 囚 ツ ぼ ゅ
砂 ョ 想 権 む サ 嶋 部 弱 成 分 向 解 何 ホ 妊 精
場 投 ッ サ 京 ミ ネ ッ 組 退 向 登 も 故 金 ひ 能
ス ょ ハ 金 ヱ 意 ッ ク ト 織 れ 妊 故 ひ ソ セ 阪
妊 れ ひ 開 場 安 写 ト は ニ 確 写 ふ だ ふ 海 話
然 能 ゃ 会 意 本 モ イ ヌ ふ に 話 だ 解 に 論 愛
出 ま 加 側 重 読 ン ペ ペ に 迅 再 む の 安 百 無
し 多 会 し く イ ド 速 ル た 阪 速 登 安 セ 登 れ
砂 選 側 ヌ 会 ヌ ペ た 弱 く さ る 画 乏 チ 登 能
漠 摘 択 ふ ル ル 開 所 障 ん タ チ 砂 乏 重 る じ
の 合 し ぽ 医 障 も ざ 囚 故 ネ ヱ ツ に 砂 ど ド
ニ 解 お 話 医 療 読 ん 害 ニ ポ サ 辞 ヱ ソ サ
結 電 を っ し 読 圧 ラ 読 も サ 画 故 ネ ぎ ゅ 芸
じ っ 精 故 サ 登 応 故 ん 画 ス 安 辞 ツ 砂 ソ ド
向 や 故 登 つ 応 故 故 ん 画 安
```

砂漠の
サイ
ペイント
ポニー
サミットは、
成分
電を
組織
ショック
ルール
確かに
ネック
外部
に迅速
たくさんの
障害
医療
予想
タマネギ
選択し

# Puzzle 448

の階段が
注ぐ
知ら
の物理的な
ガソリン
と思います
紳士
秘書
乗っ
の価値を
物語
読み取り
競争
ハリネズミ
バター
ます
仕上げ
呼吸
靴下
国家

```
摘 安 し の チ レ き 百 ベ 読 だ 再 ト 方 セ 安
ひ 砂 何 価 結 場 室 育 カ み ひ 嶋 画 加 る 登 進 精
が 暫 弱 値 だ 論 意 社 取 京 意 で っ 多 ぽ 場
段 サ 選 を 妊 加 ぎ 退 画 す り 退 べ ン 所 弱 ホ
ヌ 画 ひ 嶋 テ き 投 合 れ ガ 無 ソ ベ レ ノ
階 チ 故 乏 ヒ ぎ 登 競 ひ ム 私 リ ま ニ も
の 物 写 社 百 ヌ 論 ホ 方 争 登 ン ど ェ 場
語 室 理 乗 ぼ 意 退 摘 ぽ 応 ヌ 辞 む 仕
安 芸 つ 的 論 ょ 乏 ひ ラ と 故 応 登 上
テ 応 じ ニ な 京 退 登 む 注 思 ま べ 紳 げ
登 じ ニ ろ 知 秘 嶋 れ ぐ い だ ゅ 士 報
ハ リ ネ ズ ミ 靴 ら 書 画 圧 ま 加 ト 阪 乏
ラ 方 ぽ す く ひ 下 バ 能 ド す 退 国 む
合 チ カ 故 応 ス ぐ タ ー ふ 結 能 阪 家
呼 吸 側 サ ま ぐ まん 京 投 ヱ お 本 ぎ ス
```

# Puzzle 449

室カ京ヌど無ろ森投ぽ結き故金だや読
画摘話ぽモょ林ポ無結再摘覧結れエる
労働を出育囚はリ加本き何ヱ暫暫モ然
金ヒ通退道じやシ本実ヒ読解る暫じょ場
川応退乏徳しニー選験暫阪決場本結
のぎカ権なっ阪登画向スト本金カリる小
ルヌ海でニリーク読べっ本ヌトれ報数
クヱ重報友ひざ重だレ同じソリー無点
イサャヒ歩やだ京向意再シャーテ応
のィ会ひツ出京論場画圧方て無んテスし投
ス化ひス覧むヌ私故故圧て方きテ語っ数
マーカー加セホ狙も読だレ同再語っ点応
セ意んス故ぽ結つ読まツ応合発言投
画もス狙やト辞応圧テイク発言進

、小数点
トラム
テイク
川の
語っ
同じ
友人
レストラン
のサイクルの
リーク
発言
道徳的な
解決
ポリシー
マーカー
労働を
森林は
レタス
ステーション
実験

# Puzzle 450

示しています
等しい
操作
素敵な
ひどい
学校の
購入
シェード
激怒
インスタントが
オフ
失われた
メディア
自然
ボール
サッカーに
オーディション
ヤギ
、経済
正方形の

自海イ素敵なリ摘ひでだ論ょれス海開
然結ニンサッカーにヱくゅひむだコ進ヒじゃま
ス囚狙場ス開ヌにきニ開モ登向話ヱ失われた
ひ退む方むタ囚砂故開て登ハ論ヌエ芸暫
投む摘オフじント正方形のお操じベ阪向サ暫クひ
ひべしセギボンハ側激作選ふ愛っサ何画
ホどヤホしふ登ふ芸怒ニ砂チ精結
すまいてド示るスホ室ょ化ろヌエ意っ
メ京しど重ラシオ囚解報ト開ぽ再社
だデ等サ、シェーデ解愛話ヌど場無
愛ぼィ阪経ッぽィシ話ジサや応能
ヌ登ゃア済ード覧ショ安加っ囚
投学コ精乏購入ヱ画ぎジサ応お
ま校退無通どヱ能ま画っ応お能
能の場加ど能

# Puzzle 451

| | | | | | | | | | | | | | | | | |
|--|--|--|--|--|--|--|--|--|--|--|--|--|--|--|--|--|
| 場 | て | っ | チ | や | 海 | ソ | 圧 | 故 | ヒ | サ | 退 | 向 | ス | 再 | 登 | て |
| ソ | 精 | ど | れ | 圧 | 出 | ホ | 会 | ホ | っ | ハ | 誕 | 狙 | 金 | 会 | 話 | 私 |
| ベ | エ | カ | 圧 | 辞 | 場 | 投 | 衝 | 報 | ハ | ひ | 生 | レ | 能 | 退 | ヒ | 辞 |
| む | ン | モ | ナ | シ | も | 何 | 突 | 覧 | 圧 | カ | 日 | る | ぐ | 場 | カ | ぼ |
| ゅ | ド | テ | だ | リ | 応 | マ | ス | で | ー | ザ | 報 | 読 | エ | リ | ヒ | 弱 |
| も | ウ | 発 | ニ | 応 | マ | 私 | 投 | プ | ダ | ー | 開 | 報 | 会 | ツ | 摘 | 画 |
| 妊 | セ | 見 | 会 | お | 嶋 | 私 | 芸 | ケ | ー | は | ろ | 重 | リ | ノ | 狙 | 処 |
| 弱 | ん | 会 | エ | サ | 投 | 弱 | スティック | 京 | ホ | 、 | ベ | 許 | ホ | し | 弱 | 理 |
| シ | 圧 | 歩 | 圧 | 化 | 私 | 場 | ス | ペ | リ | ノ | ベ | 応 | ベ | だ | だ | 重 |
| ネ | 囚 | ま | 投 | 場 | 化 | 囚 | ホ | ト | ト | 重 | ホ | や | き | で | 重 | 覧 |
| マ | イ | 海 | サ | ど | 嶋 | 場 | ぎょ | 京 | 会 | 許 | ド | ち | 登 | 摘 | 弱 | |
| 、 | ン | ヌ | リ | し | ひ | ぎ | ひ | ホ | ア | 権 | 応 | ょ | 能 | 登 | 重 | |
| 多 | テ | 私 | 阪 | レ | 覧 | ぎ | ょ | 写 | ス | 応 | や | ふ | リ | を | | |
| ヱ | リ | 進 | べ | ク | ぎ | 海 | 芸 | 退 | ラ | 海 | ふ | 能 | サ | | | |
| 何 | ジ | 合 | 投 | ヒ | 嶋 | 登 | 妊 | ラ | ホ | ラ | リ | 登 | ポ | | | |
| 論 | ェ | 無 | 卵 | コ | 解 | 場 | ラ | ホ | サ | ッ | ホ | を | ー | | | |
| 場 | ン | 無 | に | 阪 | 場 | 方 | つ | サ | ポ | ー | ト | を | | | | |
| 化 | ト | | | | | | | | | | | | | | | |

**Word list (Puzzle 451):**

誕生日
スティックは、
シネマ
ストリップ
発見
エンドウ
ホッケー
シナモン
衝突
サポートを
何も
ペア
卵に
マウス
、インテリジェントな
リーダーの
処理
削除
ノイズ
許し

---

# Puzzle 452

**Word list (Puzzle 452):**

ワーム
動物園の
ストーブ
男が
干しぶどう
増殖
チーズ
余りが
リス
イタチ
の問題に
意図する
アセンブリ
エスケープは
ナレーター
男性の
いるようだ
スポーツの
クロウ
古い

| | | | | | | | | | | | | | | | | | |
|--|--|--|--|--|--|--|--|--|--|--|--|--|--|--|--|--|--|
| 囚 | ヱ | ト | 解 | 化 | ひ | 合 | 論 | 多 | ス | 論 | チ | 進 | 登 | 狙 | ゅ | ろ | |
| 会 | ル | 通 | 多 | ニ | ニ | で | リ | ひ | イ | 乏 | タ | チ | 投 | っ | サ | 再 | ど |
| べ | セ | で | ま | 能 | サ | 登 | 合 | ひ | タ | 摘 | ッ | 結 | ん | ひ | 場 | 圧 | に |
| い | 古 | 芸 | つ | 読 | モ | 投 | 海 | タ | ー | ニ | ブ | き | 歩 | 題 | 問 | ツ | |
| 化 | る | レ | 論 | 読 | ヌ | ぎ | ソ | ー | ク | カ | 増 | ニ | ぎ | ょ | 読 | ー | ポ |
| 意 | ふ | よ | ス | 乏 | だ | き | 干 | ナ | レ | ふ | 殖 | レ | む | む | 無 | ス | 向 |
| 図 | ド | つ | ク | ロ | 応 | 退 | し | ふ | ナ | ま | 砂 | 写 | ひ | だ | だ | 向 | 方 |
| す | ア | 何 | つ | ヌ | 投 | き | ぶ | 向 | カ | ど | が | 動 | 権 | 精 | 弱 | 方 | |
| る | セ | 能 | だ | ょ | ぽ | ホ | れ | ヌ | ふ | 男 | む | 弱 | は | 選 | | | |
| だ | ン | 出 | 無 | 出 | ワ | ぽ | 摘 | ふ | っ | 性 | ク | つ | 通 | | | | |
| 写 | ブ | お | む | ぎ | ー | く | 会 | 社 | 辞 | の | 辞 | 通 | | | | | |
| 再 | リ | 海 | 加 | も | ム | 海 | 画 | 余 | り | が | ケ | | | | | | |
| 応 | エ | 愛 | し | 故 | コ | ょ | チ | ひ | エ | ス | ー | | | | | | |
| 出 | ふ | ニ | サ | 話 | ふ | 無 | ズ | 報 | ス | プ | ざ | | | | | | |
| ょ | 意 | ゃ | 金 | せ | エ | 弱 | だ | レ | ケ | っ | テ | | | | | | |
| | | | | | | 囚 | 報 | ル | ー | だ | だ | | | | | | |

# Puzzle 453

```
応 ょ ラ 狙 サ ま 登 狙 画 せ 興 ス ひ 加 カ ざ
ゅ ル ア イ ラ ト 結 ヒ 俳 優 奮 と ょ ノ 故 乏
話 ウ れ ヌ ラ い て え 考 と い た 音 再 側 歩
ヒ ょ 愛 無 ぼ ロ ク ニ 登 京 オ ひ 向 弱 維 せ
で 方 京 側 意 ド ん 囚 ム エ 向 ー ド オ 持 だ
方 登 ヒ 圧 せ 味 な ん 方 て モ 報 ー ク ト イ
べ 民 む 乏 ル な か む 囚 カ 多 シ タ ト リ 写
ト い 出 に ニ だ 通 ヌ ょ ク ソ ハ サ だ っ ま
い 金 二 ら ト 安 ニ 金 加 ル セ 画 ん 場 写
金 も 結 場 論 所 コ 退 ニ 報 庭 多 だ ろ
開 結 歩 本 ス 開 る 加 出 意 ハ 嶋 嶋 も
社 嶋 精 社 辞 芸 精 ヱ だ セ ホ ホ ん ろ
ヒ 精 百 て 暫 砂 囚 せ ド ひ ょ ク ラ セ
```

ドロップ
オートバイ
タクシー
ライラック
俳優
トライアル
無意味な
はいを
ボウル
かむ
祖先
維持
いらいら
マネー
興奮
民俗
たいと考えてい
庭の
音楽
告白を

# Puzzle 454

アクション
キャンドル
エンジンが
より多くの
、より良い
パセリ
からの
星が
肖像
、完全な
昨日
これらの
道を
冒険的
パイロット
空は
育て
乗り心地を
作られた
優しく

```
囚 育 阪 ホ 冒 空 は ソ ヱ が ト ヌ キ パ じ ノ 京
ぎ 所 トっ 険 ア ン ジ 育 て ャ イ で 何 ス
結 社 ざ 囚 的 本 乗 ん ジ ン だ ン ロ 登 ニ リ
ド 砂 論 然 本 り 加 エ 育 テ ド 二 報 ト
退 再 ヌ 権 歩 室 心 狙 金 退 お ル 無 ぎ ッ お
本 ぎ モ 肖 像 地 ク ト 昨 モ 精 ゅ ク ツ
ヌ ニ 無 パ ニ を ま 砂 ヒ 日 加 エ 精 ク 愛
、 ょ 精 じ ぎ 何 道 選 ぽ お も 重 然 より 、
摘 完 選 ひ 進 愛 応 然 っ 暫 応 良 よ 方
ょ 選 全 ひ セ 摘 読 ソ こ ド い 妊 り 阪
囚 覧 ホ な 妊 育 き ひ れ らく 多 べ
ろ 摘 ソ リ 私 精 星 無 向 弱 側 のぽ 登 化
砂 出 作 も た 二 進 が 優 し ざ 摘 か 辞
会 ひ ぐ べ 登 故 ホ ひ 結 ソ 場
多 れ コ さ っ ゃ 所 や 阪 場
```

# Puzzle 455

覧 カ だ 登 通 ニ ぎ 開 側 組 ニュース 摘 ヌ 向
れ ー ジ し ま ぎ し 覧 み ニ セ 故 だ 登 妊 ソ
だ ペ ェ ュ ド ソ い 投 合 社 チ 選 暫 き 共
意 ッ ぽ 表 っ て ヤ ス ゅ 金 ぼ 花 権 重 許 退 愛
登 ト セ 表 示 中 央 読 む テ ヒ ろ 能 量 加 百
だ セ き 投 れ 弱 ツ テ 故 選 阪 芸 の レ リ 応 多
登 進 ぎ る 弱 ギャ テ 選 故 加 摘 ざ ろ 退 く ろ
レ チ 権 化 論 応 応 私 狙 海 お テ ツ 歩 さ 阪
権 解 で 化 で 向 ヌ セ 空 気 会 を ル 作 りは 方
安 辞 再 れ エ ヌ セ ど 結 ニ 育 開 塗 読 何 ヰ
エ 化 ぐ 写 モ 結 ょ ニ 料 を 、 何 ヲ だ 辞

**単語リスト:**
許容
ています
カーペット
花の
組み合わせ
海を
共通
ジュース
ヤード
ニュース
権限
作りを
表示される
空気
ソファ
解説
塗料
量る
中央
してくださいは、

# Puzzle 456

**単語リスト:**
ポーズ
モーメント
サービス
スリップ
見つけ
リアライズ
曲線
希望
国民の
拡張する
悲鳴
ロビン
ちゃう
パースニップ
楽しま
野球
ムカデ
塗料は
御馳走
ビュー

ひ 登 スリップ 歩 る ス カ ク だ カ ニ 結 圧 暫
ゃ 選 ヌ 結 む べ ま 能 ろ ラ ひ 育 話 じ も ホ ゅ ト む 加
ロ ビ ン む つ 暫 塗 選 社 ド 楽 会 読 芸 辞 読 だ 登 く
ヱ ろ ど 暫 て 退 料 だ ざ し 報 画 おちゃ む る ふ る ハ
リ 会 化 御 て ひ は し ざ まっ 読 ど 退 妊 べ 妊
会 ク ソ 馳 走 む ラ 所 や 然 ク ホ 希 ど クツ の く
囚 だ 選 海 む べ 社 選 出 囚 ム 百 お 望 ラ き クぐ ふ 通
場 ヌ カ 乏 意 ん ニ ひ 金 や ト ハ だ 話 開 じ どき 何 権
見 つけ 嶋 野 球 アラ サ メ れ き カ 安 悲 ど ニ
拡 張 する モイ チ ブ ニ 狙 もせ デ 鳴 ー
多 だ ぐ ょ スリ 場 モ エ ズむ 金 っ 曲 ニ ス ポ ー ビュー
再 開 化 解 結 弱 セ 故 権 線 権 海 ズ 登 投 二 権

# Puzzle 457

```
ひ サ 場 摘 ゅ ろ モ エ て 会 り き ま バ ッ ジ ト
ま ト ヒ っ ろ ろ ん 説 る 百 何 ク 暫 チ キ ン ざ
心 臓 登 ク 向 第 四 深 得 し 結 ル 月 ゃ れ ニ 再
っ 選 ツ 社 か エ で ぐ い の 投 リ 曜 っ ニ 話 だ
場 れ も 開 エ リ 芸 ソ 通 町 選 サ 向 ソ 摘 嶋 嶋
嶋 進 芸 報 で ブ ゅ 辞 囚 シ 妊 育 京 お 簡 ハ 本
覧 芸 場 暫 食 ル ー 圧 乏 ン 故 応 れ 勧 素 ひ 百
も 場 暫 意 ろ ー グ の 論 グ 重 ぽ ひ め 化 方 ボ
ょ ニ 愛 ろ ん 製 ル 場 会 ベ 本 ニ サ し で 重 ッ
ま ヌ 辞 ん サ 品 囚 ト 通 ぐ 選 簡 ン ま 力 ク ス
ヌ ト 嶋 サ 所 れ 論 意 常 ろ ザ 素 ツ す き ス ノ
ゃ 辞 加 ん 応 場 通 つ の ど イ 応 退 ぽ る ト ぐ
然 ク 進 覧 っ ト き も 話 き 重 芸 ヌ る き ト 屈
チ ド 報 阪 ひ ひ 側 読 妊 妊 再 芸 ま ト 屈
```

月曜日
食事
のいずれか
重力
簡素化
通常の
ブルーム
デザイン
チキン
深い
町の
説得
ボックス
製品の
バッジ
心臓
第四
退屈
シングル
お勧めします

# Puzzle 458

貴重
何か
フクロウ
ストリーム
ランプ
証拠
信号
シット
ヘロン
空腹の
パウダー
の親の
テレビ
熾烈なの
リスク
品揃え
写真
マイナーの
バイソン
バージョン

```
る の な 烈 熾 多 会 ま ぎ ッ 応 精 場 本 社 狙
京 ヒ 親 チ 退 登 だ っ ぽ ノ 覧 品 投 然 登 ぽ
レ チ の の じ 側 ろ 方 向 ニ き 揃 砂 摘 ラ れ
お エ ト ゅ 何 開 ゃ 乏 ニ ホ 辞 え 弱 金 ゃ 阪
読 阪 向 だ ト 故 ヱ ア ゅ ホ 加 ホ 退 進 エ 何
ノ 再 愛 ニ 画 ろ 方 解 コ ニ ス 出 方 ト か
精 ス 覧 社 チ 乏 選 セ 加 ホ だ マ 能 退 精 話
報 き ス っ 登 暫 リ ニ ド お れ イ ニ ぎ 会 フ
ス へ ヘ 証 拠 ス ク ぽ バ ノ 投 ナ 芸 ス パ ク
だ 覧 ロ 然 社 リ ラ 私 プ イ ひ ー の ウ 囚 ロ
ひ ま き ム リ 退 ン 然 無 ト お の リ 号 っ ウ
ぎ っ 歩 ー れ く チ ラ 精 論 能 ン 写 投 百
ノ 応 室 ジ 京 退 ス 何 意 む 方 真 覧
本 重 の ョ 阪 ル ラ テ シ 圧 応 故 る ア
貴 空 腹 の ン ス ト ス ハ 応 囚 力 然 阪 応 然
サ 開 ツ じ 砂 ル ト 力 然 テ レ
開                                       ビ
```

# Puzzle 459

```
ト写れじ喜っバ京ス方選権ヌホざトひ
て読開ホん写ッ自論ょま論トき歩暫権
せ報乏覧でカト社ス万人の機動れカ方
ゅチスタッフ読本登るもヒノドクノン子投
圧妊ソ登ヒソも室狙重狙ヲ囚ルピヌぼて
レ覧ソ応愛ひて解しロ投能ンえ羊故本側
覧じテ映むべ辞ろキノド京砂ひオつ上弱っコ
意何クや画ろ京ろキ白砂権会ルマ昇本て通
暫クニ販レ弱権ツだ芸始論カチろネっ合ひ
論ま彙売乏投始ネめ百論カ解応ニ側て応
語彙クっ投登べ百結辞め応体しざ合コ応
ひクラベれ応ネ結芸百辞ひ京囚京方り
ヒラべ登っ応ネラク結辞ひる京囚京方応
画ラべれラク結辞ひる京囚京方ざひ
```

自由
を越え
クリーン
販売
語彙
白い
本体
万人の
オオヤマネコ
始める
動機の
子羊
バット
スタッフ
映画
キツネ
上昇
喜んで
ピン
改革の

# Puzzle 460

欺く
傷ついた
妹を
が成長の
セキュリティ
のトレーニング
ピース
バッグ
オレンジ
の好きな
一部の
画像が
生まれ
教会の
コンテンツ
子供たちは
当事者は
後で
実行します
バイオレット

```
が結砂愛れっコニ辞ソ向場百だ私の
像成る話ろ子出ノ本モ応ぎ投後会チ再好
画開長方退供キセモリで摘歩ひ私だき
重コ重の部一ノまニ出向私や再ドな
モツ向当事者はだセせたバイ意登故ク金登
のトレーニングっ安傷キ応愛る囚摘再ぎ
嶋進芸き何応ヱ傷ク教グ場開故圧つ弱
合合つも囚やき教のッ通辞ヌろ
進私愛ニベで海チ会欺ト選選む故応ス
登れ多砂も妊コベてピ囚化ヌ通
ょぎモレ囚場ンク欺妹ぎエ応ぎ
選ソ歩覧ノ応レ選京応無トス
精出圧覧セ金むレホす進るス
話圧生まれひ狙海ど私ぐ登ニ
妊生まれ
```

# Puzzle 461

カレ画権せトだ本乗振る故写退海値ヌ
バリタ座っルお算写ざぐ写業写再二の数
ニホ私ーだ弱摘ざりれ百場界化二を半過
持ていた嶋つ報方おひ嶋登覧化百歩を合加
山ホ砂育ぽノ嶋歩政ぐ育権登写故狙ニドトニやコ
猫ト育トル室何主応真ひだ圧き故狙二ドトニやコ
所セはホニンニ愛然読サ育故サ愛ひ側会や
歩警結意ツイでホ側投精無場精金セだ嶋コ
し海官ど応ベし私妊能ざ室再だど囚イれ
ク出ど論ふリンをふ百暫愛ぽだクだ京
や読登愛ぽリヲ故精室精ぽ再愛ょクしれ
重論愛側開セヲ海圧ラッ百所圧ちょ囚百
れょ側ドル向ワン投っ妊所圧だ精囚
登やドルーワンっ向だだ囚百し

過半数の
真の
警官
政府の
ワールド
乗算
クライ
値の
レター
持っていた
業界を
セル
主張
振る
山猫
カバ
結果は
イベントを
は決して
座っ

# Puzzle 462

突然
ウッド
賢明な
独立
行く
平野
目に見える
気候
今や
禁止する
不安定な
キャリア
高い
、ブロッコリー
経験の
、十分な
尊重
ミル
謝罪
クリップ

退トてクでだ投やラス京む育ノリ話エ選私ヌ平野ひくぎぐ安室き能く
でス権リサ無だエサ化尊高ニ二ま社べニトクぎぐ安室き能く
ツ権行ッサじ選ニッ側重いトテ私ルトク私ドテ覧通不安定なざチ
サぎくプ再百圧向権だヌぎ愛れ愛チ不安定なざチ
ひつ妊化れ独権セめトぼル側チぽ側突然やチ
弱ひむ囚ょ立セみ十んぼ明側ぽ投然リや今
ん妊会ざ向場セ十え何目ヒ賢摘や安リ投今
キ妊リア育経験ひ社本見トざひ登権ニ何安方
重登ト会リコッセノ気選論育ホゃ側権画方
解向ウ謝ロド所候む方育退ぼ金方権
ぽぎ場罪開ブ選選ノ向スツ場登投
じざ圧ヌモ囚で選ヒ何ヒ何今

# Puzzle 463

む安ひヱキやとレ京登るる何ト注がス
登ヒのタッバなっポででぼ会芸ャレク
ハ無ドむチ写何ドス砂ワ弱芸ャソ何カ
海嶋ッどン写多砂ざンヱ報ヌイぼ弱
ドヒ阪ンてまカ砂ふま無、ホール
れく辞合写ま多ーおちんの合イれ
愛モでラぎ写読一嶋じゃの電話ソ
適用すぎカチ嶋カがんの電話エク
セエるくチソ百狙読話囚社ろぐ
の後場話ソるむ狙読・スニッショ愛
加海ろンホむっふ登まツまた安
もク育だサ論百っ精ふょースタイル
ヌ安応覧育論百無ふふ歩側金サ読化
然二でも論百無ふふ金サじん何会ホ乏

## 単語リスト

の後ろに
何でも
ホイール
となって
注が
閉じ込める
カバーが
ショー
の電話
バッタの
ベッドの
適用する
スープ・
バンワード
また
キッチン
プッシュを
レポートは、
スタイル
おじいちゃんの

---

# Puzzle 464

## 単語リスト

キジ
除い
機能を
フリッパー
ライオンの
ウサギの
適切な
待機
オープナー
知識を
コーチの
スプリングは
ファーマー
表す
引っ張っ
承認
アドバイスを
検索が
バナナ
プログラムの

ヱト検フヌっ然阪会写投ん妊愛画ス加
承認索ァぎチテホつるじや何だ何ぼクプリ
せっがーでフ向引ラ張囚権然の読スきンぐ
論カむマっ化方投ライモチグラ進精のグ
ひ嶋室ーくち投機ロムき適スは育っ
表す報サバイス待室をパだ圧切ぽ出まろ狙
ゅ報本キジ狙辞知識ヌトだい場ト能レカ育
結キ登合ニ故室をたスチ百ナ狙ルろ
ょ化ヌ多カ読だ何嶋応ざバトナナ安も
化まコ権愛や読ホ進無スま投百むナ一意方

# Puzzle 465

| | | | | | | | | | | | | | | | | | | | |
|---|---|---|---|---|---|---|---|---|---|---|---|---|---|---|---|---|---|---|---|
| で | 応 | ひ | 嶋 | ぼ | ニ | モ | ヒ | も | 何 | 金 | 社 | 然 | 精 | リ | 狙 | 話 | | | |
| 登 | 囚 | ガ | チ | ョ | ウ | を | 壁 | 愛 | 結 | ん | 圧 | ニ | 京 | ス | 乏 | 妊 | | | |
| ヒ | ニ | カ | ス | タ | ム | 百 | を | 電 | ま | 写 | 囚 | 京 | ヱ | 砂 | 応 | ん | | | |
| 考 | え | る | ポ | ー | タ | ブ | ル | 話 | 気 | 私 | 乏 | 音 | カ | ス | 化 | 狙 | | | |
| ぼ | 然 | ス | 能 | 皮 | 黄 | 百 | ぐ | コ | だ | 故 | 音 | 話 | ツ | 育 | 話 | べ | | | |
| 読 | 側 | 覧 | ハ | 膚 | 色 | 政 | 治 | 狙 | 私 | 郵 | 便 | 声 | カ | 金 | く | て | | | |
| 方 | だ | 本 | 開 | 覧 | ウ | ォ | ッ | チ | 画 | ヌ | チ | 達 | ピ | 化 | 応 | 妊 | | | |
| 結 | 会 | 話 | 再 | 辞 | 精 | 百 | お | ク | ま | リ | ま | お | ル | 所 | 向 | | | | |
| ぼ | 重 | 加 | む | 笑 | 阪 | 場 | ヒ | ま | リ | ハ | レ | 狙 | 安 | エ | よ | | | | |
| 論 | 京 | モ | 狙 | ヒ | 顔 | 進 | 覧 | 嶋 | し | る | 結 | れ | む | ゅ | 所 | | | | |
| 百 | ヌ | せ | 意 | 精 | 室 | 追 | 加 | し | せ | べ | 論 | 芸 | リ | 砂 | ぎ | | | | |
| 会 | 社 | 方 | 写 | 所 | 合 | 所 | っ | 天 | 気 | れ | 場 | 場 | 芸 | ニ | 覧 | | | | |
| ト | ツ | ヌ | む | コ | 出 | 登 | 時 | ス | ノ | ー | フ | レ | ー | ク | ソ | | | | |
| 応 | 歩 | カ | 室 | っ | 個 | 人 | 間 | 向 | 投 | 安 | 愛 | 登 | て | ソ | ニ | 覧 | | | |
| ぎ | だ | 精 | 愛 | 会 | 阪 | ヱ | 愛 | 論 | 進 | ニ | べ | 摘 | ぽ | 安 | 進 | ん | | | |

天気
ポータブル
黄色
時間
電気
ガチョウを
ピル
壁を
皮膚
カスタム
郵便配達
追加し
音声
考える
笑顔
ウォッチ
政治
会話
スノーフレーク
個人

# Puzzle 466

釣りは
優しい
カップ
従業員は
ボルト
相手
より
気に入った
一定の
群れ
的地理
血液
ハーフ
トランク
デスク
ヘン
戦いの
将来の
フィート
保持

| | | | | | | | | | | | | | | | | | | | |
|---|---|---|---|---|---|---|---|---|---|---|---|---|---|---|---|---|---|---|---|
| 芸 | ょ | ろ | ク | ト | 論 | 歩 | ひ | モ | ク | 場 | 報 | 金 | 辞 | 妊 | コ | 百 | ど | 私 | ノ |
| ゅ | れ | 社 | 歩 | ト | 進 | ハ | リ | ヌ | 戦 | サ | い | の | 定 | ヱ | っ | 開 | き | だ | 側 |
| 相 | 手 | 合 | ト | 選 | 場 | 重 | ま | ぎ | 多 | ん | 登 | 再 | 写 | ー | リ | 所 | レ | ゅ | 解 |
| カ | ッ | プ | 選 | ふ | 辞 | 芸 | だ | 将 | る | よ | 通 | 芸 | で | ル | お | レ | る | 京 | く |
| ひ | 釣 | サ | だ | 応 | チ | 保 | 来 | 向 | だ | り | 芸 | 画 | ふ | っ | も | 辞 | ゅ | エ | ヒ |
| 応 | 海 | り | 海 | る | し | 精 | の | だ | で | ノ | 会 | む | お | た | 進 | 室 | れ | カ | |
| ニ | ト | ひ | は | 向 | ひ | 権 | 意 | 歩 | 重 | 芸 | 社 | ろ | 読 | 無 | 群 | ぎ | ラ | ぎ | |
| ひ | 辞 | 金 | 的 | 地 | 理 | ト | だ | ト | 阪 | モ | ス | エ | ハ | 何 | れ | っ | ぐ | ひ | |
| 優 | し | い | べ | 登 | レ | セ | だ | ラ | 写 | ス | 狙 | 向 | 応 | ら | 入 | た | る | ヒ | |
| 本 | も | つ | 社 | 故 | ヌ | も | 液 | だ | て | 結 | ざ | チ | 重 | 何 | っ | 金 | 結 | | |
| ょ | ヌ | 側 | ぼ | 弱 | ニ | 血 | だ | だ | ぎ | サ | ど | 私 | っ | | | | | | |
| ラ | ハ | 安 | 報 | デ | 愛 | ス | 歩 | 妊 | ス | ヘ | だ | は | 何 | | | | | | |
| ト | ィ | フ | ぽ | 選 | 再 | 弱 | ク | 登 | 論 | ヱ | | | | | | | | | |
| ル | フ | サ | 応 | ざ | 権 | ま | 開 | 化 | 従 | 業 | 員 | は | | | | | | | |

# Puzzle 467

無つエ囚ド京砂テ基で弱解関論温ニコ加
弱ゃ場た応ク然何本圧場室連通度通ひ海
もで砂つい報多本登重結金社投計側ぽお
ススセ社くニ育登何囚場摘せドのふカだど向
セ社金海レニ囚やヌ乏権然きだ最だ社モ意報
室場だ弱登囚本じ然権ンやジ多出知阪意報
ネクタイした所権社側弱投ノ摘のまノ融精
与え感加選んだ無報愛能退説弱妊狙結むゅ圧スルノ乏ひ登精
触どもャトゃ、辞脚側せチャンス所ぎヌゃ登ルノ

感触
与えました
基本
クモ
の家族に
チャンス
最高の
金融
知恵
説明
ネクタイ
温度計
ウエスタン
関連
、脚
選んだ
いつでも
たい
その
ビジョン

# Puzzle 468

ヌ囚ポ報つポれ育ま話だ進ス覧スれ方
服ホだスト辞ルテ再多室くぎ覧場然覧金
は結会て大ュ登ト自ス開コニ然テ開だ
応む化い選分暫ふホンピ弱くつ圧チ
ヒひ私る結ヒモ化然覧トュ何やカ然暫育
化ホ能じ選ム結ラ覧ピー意せ弱化合
れコくべむ妊チ解ッだひ誕圧の検
ト阪無場側ま、はマク然生弱摘査辞
リ結出ふャで嶋て私だ加エくだ
ホ論歩通破壊全投ノ再ぎ話隠ヌひ
妊狙写化写所だ員摘画話す世ろハ
所命安写変で社だ百スヒ投登加読
進安場通レ砂ヱヒ育ヒむ投ヒ話ホ
金場結

全員の
服は
自分の
誕生の
検査
リピート
世紀は
隠す
クマは、
コンピュータ
ポテト
ている
変数
ポストの
話す
保存
破壊
大型トラック
任命
インチ

# Puzzle 469

テ 進 ス じ モ ハ 意 結 登 し 何 ゅ れ ぎ ラ 嶋
延 期 を 登 で ン 芸 方 ニ 開 エ 場 写 利 所 ゃ
だ 登 ブ 冷 ラ ド ニ ニ 男 は ヱ や や ぎ ヌ
ペ 権 登 む た ル ベ 圧 モ 性 退 カ 嶋 辞 点 意
ン 歩 む し 新 て ほ 魚 故 覧 る 重 大 ク 報 ニ
金 話 っ ゅ 聞 京 れ や の も 解 取 寛 圧 っ
モ ろ 高 し 選 ほ う 乏 ん エ 草 る 海 再 の 結
セ れ 度 天 の う れ 愛 や 選 も マ ス の 本 嶋
金 ぼ 天 ヌ 出 ソ 論 ダ れ 投 重 レ ツ っ 法 圧
ノ 場 ゅ ひ ひ ー ま れ 択 然 ス ぐ く ょ 定 ニ
チ る れ じ む ホ ぐ 妊 ぐ だ コ 進 本 辞 登 だ
ホ 画 れ 回 百 ひ ニ 然 ひ ソ ま 本 社 論 お ひ
れ 報 ぎ ヱ ニ ヱ 愛 会 レ 加 ょ 意 会 解 ヌ
ぎ チ ぼ が 暫 囚 リ 多 ツ れ ん ろ 狙 多 金 解
ょ じ ぼ 回 復 カ ヱ 本 ま おん ろ コ 京 金 登

**語群:**

天国の
法定
ドライブ
ハンドル
魚の
ほうれん草
利点
回復が
高度
寛大
、マウスの
ペン
新聞
延期を
男性は
選択する
取っ
ベル
冷たい
ソーダ

# Puzzle 470

**語群:**

のカップル
フライ
責任
連想させます
暴力
アプローチを
貴族の
、緑
コミュニティは、
絵筆
故郷
トピック
使用
ギフト
ドッグ
逮捕
、さらに
基本的な
砂糖
ケージ

百 阪 連 ル ひ ヌ ゃ ひ む 場 く ハ ヱ ろ 化 、 故
ぐ 責 向 想 く ニ 画 ぼ ケ で ゅ 所 再 圧 場 さ 会
覧 任 お さ リ 妊 ー ラ 権 写 然 砂 ら エ
の カ ハ せ 加 ひ ジ ぎ 多 ヒ 応 、 弱 に モ
コ 方 ッ 愛 登 き ま 所 じ ヒ 絵 筆 方 応 スラ
本 場 プ 多 話 れ チ ニ す 画 せ 精 暴 重 緑 芸 化
嶋 ア ル 話 ニ 所 応 つ 解 向 力 モ コ 論 砂
セ 開 ア プ 投 狙 京 合 む 応 能 側 側 ク っ 弱
コ ミ 暫 ひ は 、 場 故 結 育 ラ ぼ 読 応
ど 基 ニ 的 な 砂 ゃ 逮 捕 ょ ニ も ル っ
ギ フ 本 囚 応 糖 し 覧 ろ 話 退 く む
権 ト 囚 阪 合 室 力 ひ れ 京 画 貴 ハ ゅ
加 向 砂 登 ト て 画 も ヌ 芸 百 砂 族 ひ
ニ 所 砂 囚 権 ぎ ま ぐ ベ 化 故 フ ト ひ べ
ス 再 愛 ヱ ベ ト ぎ 応 登 郷 ラ イ 使 用 レ

# Puzzle 471

無 野 心 ぎ ろ 立 嶋 向 む ひ ス 通 ゲ 安 応 も 出
砂 ひ レ 通 レ 摘 派 で ソ 投 ポ ー チ ス ー 多 無
食 べ て ジ 阪 乏 社 阪 縫 ル ノ ー ペ チ ノ 登 百
継 た ま 合 占 め て ニ 製 て っ 話 お せ 然
継 続 報 で 写 ト 大 由 登 す ま ソ 何 り 加 セ 合
世 界 ラ ヒ さ む ぎ お 狙 や り こ 愛 ほ る 応 ツ
重 報 も お ノ 重 つ ま セ 精 登 ぽ ぽ 室 ひ エ カ
ま ざ 進 応 ょ 百 ル り 通 リ ぽ ど ひ ヱ 場 む
ソ 投 応 コ 歩 む こ や 向 ト ト 愛 ぎ 無 画 ク
投 応 二 権 ゅ 私 コ 標 育 狙 む 投 京 弱 室 側 応
意 囚 愛 精 圧 標 サ 出 狙 セ 縄 退 百 嶋 海
き 会 海 室 ろ 登 モ 向 投 愛 京 海 画
意 所 べ 写 ひ 出 だ つ サ 意 退 合 登 テ モ エ
だ

ゲートは、
スペース
膨大
標準
野心
縫製
投げ縄
スチール
立派
継続
食べて
占める
やすさ
レジストを
たまま
理由を
スポーツは、
起こります
世界
ほぼ

# Puzzle 472

オープン
実行に
最大の
ガチョウ
ドライバ
読み取りに
柔軟な
魅力
、ポテト
条件
暖かい
、すべての
、年齢・
キャンペーン
キュウリ
フロート
王子
の夢の
聞いて
会議

方 ト 権 の 大 最 ヌ 進 故 歩 ど 権 報 精 退 ノ 、
レ ス 京 夢 ク セ 選 っ 論 ま ク 意 サ 室 合 意 年
意 ク 通 の 会 王 子 論 読 ノ の 話 レ 場 嶋 聞 齢
べ 阪 辞 む 場 方 、 す 歩 ク 応 ト 嶋 ニ い ・
再 加 ク せ ゅ 京 ニ 多 べ コ ひ 本 ろ サ ェ て 妊
ぽ 能 せ サ 京 議 ラ て し 登 会 ょ 百 ぎ ん
る じ ホ ー 意 ヌ 京 の ど や 室 化 ノ 本 再 し
フ ロ ー ト 意 読 ざ ヌ ヌ 条 退 実 乏 画 ょ む
暖 か い ぐ 読 話 故 く 歩 件 ニ 行 柔 ク キ だ
能 辞 魅 力 取 ヌ 報 お ニ 金 キ に 軟 な ュ 、
ょ ひ サ ど り ド 囚 お 砂 ャ 妊 や ウ ポ
ニ コ ひ 弱 に ャ ラ ひ 登 ン キ ヒ き リ テ
話 む お テ だ ょ 故 イ バ 社 ペ ヌ ホ 再 登 ト
カ 阪 化 チ 登 て 囚 リ で 歩 故 ー 百 っ ョ 育 ス
所 ょ エ ノ 合 ぎ ヌ 解 結 精

# Puzzle 473

```
定 重 じ ざ 会 百 ひ 百 覧 ト 申 ラ 女 ニ だ し ま 論
規 で い ヌ お 権 ゅ 京 何 し 覆 の 本 無 辞 し ひ ぽ
の の 関 含 芸 ニ ど ひ 訳 っ 子 は ヒ ン 論 再 ぽ が
ひ つ 権 ま ノ ど お そ あ せ は ま ノ チ 場 レ ニ 話
ピ 多 応 れ 選 く テ く り ま 幸 運 エ 通 レ カ 多 話
評 泳 泳 て ノ 所 化 サ 囚 せ 運 レ チ 落 方 ヒ 本 二
決 ル ぐ モ サ 然 化 モ 覧 ん ッ ヌ ヒ ち 育 ハ 話 解
ル だ 妊 リ 彼 レ セ っ 退 ツ ヒ 方 加 た ひ 圧 し 権
だ テ ひ ヒ ら 現 カ 妊 無 ヌ ハ 育 ち ホ ん 場 ぎ
テ 何 も 問 社 代 せ 歩 金 も ひ 向 た エ だ
何 所 ひ 題 室 無 画 論 狙 ホ 何 圧 ひ 圧 ぎ
所 金 バ 人 気 の 写 海 む 室 話 ひ エ だ
金 ん ス ッ ド ホ モ で 精 だ ひ 方 育 圧 だ
ん ラ 乏 ヱ ニ ぐ 権 おき ベ ス 所 だ 方 育 圧 だ
```

バス
評決
幸運
の関係は、
人気の
彼ら
問題
申し訳ありません
定規の
重い
覆っ
ピッグ
泳ぐ
おそらく
落ちた
ストア
現代
含まれて
女の子は、
インチが

# Puzzle 474

懸念
世紀には
候補
更新
ケース
ドレイク
と考えている
フィギュア
方向ディレクター
頻繁に
スチーム
考案
ダイジェスト
ウェイク
アネモネ
思いやりの
犬の
法の
観点
サンドイッチ

```
で つ ヌ 砂 砂 ス ふ だ ハ サ ッ セ べ し べ 報
方 向 ディ レ ク ター 頻 繁 に 投 開 会 っ せ 圧 ょ モ
然 ヱ 安 退 登 ど 能 ふ 育 選 重 報 ぎ 狙 ゅ コ 場
れ だ ア ネ モ ネ ヱ 京 開 選 ホ 解 話 ふ セ 選 き
報 ニ ュ む 金 重 弱 エ 故 摘 写 阪 砂 ヌ 登 愛
登 無 ギ 法 ド 室 ト 故 ス 進 っ 本 ニ や 芸
し 向 ィ の き ス ス じ チ 観 会 エ ツ 愛 話
ダ ソ フ ク イ レ ド 進 一 セ と 無 乏 セ
イ サ サ ン ド イ ッ チ 思 ム ク 候 解 ょ だ
ジ 世 紀 に は ク ェ い て 考 補 ち ふ ひ
エ 考 合 応 金 覧 チ ウ や の ケ ス ス じ
ス ゃ 案 つ 本 狙 ぐ 社 り 私 ニ チ 百 る
ト 重 画 カ ゅ 更 じ の 妊 阪 ト べ 解
レ 妊 ろ ひ 出 解 ク だ ん だ 社 ル
合 セ エ 新 解 妊
```

# Puzzle 475

```
乏 ス 失 狙 社 だ ア 暫 で 場 ひ ぐ モ ラ ウ ン ド ス 投 つ
の 耳 が れ な っ ド 注 意 深 い 弱 し く 砂 化 登 結 っ 向
靴 重 ク 向 ク レ ス 愛 ぼ 狙 だ 愛 ト て き ま せ だ
加 モ 金 応 圧 ス 砂 評 終 ル モ こ と で 報 に 写 る ル だ
ノ 多 ス 再 多 社 評 歩 了 こ カ 精 せ リ 重 勧 方 芸 登
登 所 テ 読 ぽ ラ 歩 価 し べ 精 ぎ フ 故 ヌ 育 向 京 テ ン
応 結 だ せ ひ デ 金 乏 べ お だ リ 本 応 も ク ド ス じ
登 度 ア ひ れ イ ブ な ま だ ク ニ 化 れ ク だ べ
精 ど 摘 カ 囚 側 セ 複 覧 お チ ョ せ ま び
ん 結 化 リ で コ 話 貢 雑 画 ト テ ッ 覧 テ
だ っ 応 ふ ま 安 献 く テ ソ 精 ス
ヱ ふ ひ 芸 退 コ 開 だ 茶 色 の 通 乏
ふ ょ 退 コ ク ト お 多 の 通 精
重 ゅ 社 砂 囚 ノ く ト お 多 の
モ 社 砂 囚 ノ ク ト お 多 の 通 精 乏 ス じ べ ひ
```

評価
貢献
ことができます
カリフラワー
複雑な
靴の
チップ
ラウンド
失礼な
アドレス
勧誘を
茶色の
精度
デイジー
陽気な
終了し
テント
アクティブな
注意深い
の耳が

# Puzzle 476

遊び心
情報
クレイジー
時間の
プライマリ
発見しました
となっ
ダブル
絹のような
チョコレートの
災害が
臆病
変更
提出します
海岸
学生
ダウンの
のボイド
定住
荒野

```
報 狙 ツ で 投 会 結 ぐ 砂 ツ 辞 モ 無 ダ く 側 歩 ク
エ ぐ 場 投 写 ク 情 定 住 解 だ 乏 カ ク 応 む ハ 百
ぎ 社 た ざ 故 レ 報 せ 能 も ぽ ラ 室 ン ニ ざ 投 プ
提 出 し ま す イ 海 狙 圧 無 ひ 金 災 の チ 選 ラ
る れ ま ツ す ジ 岸 サ 通 ど 狙 害 む ャ 本 イ
変 更 し ク も ー ゅ れ リ 乏 の が む セ 辞 マ
っ 応 見 権 臆 所 ふ ノ 狙 画 ボ 金 二 荒 リ
愛 ど 発 お 病 る 海 応 と な っ む ぼ 野 だ
べ せ 投 本 化 然 ノ 二 だ おう 弱 イ っ 選 阪
選 お モ 場 ト 弱 本 じ じ 狙 安 だ ク 時 囚
学 生 ハ 報 向 無 多 ゅ れ 京 精 よ 間 通
チョコレートの ぼ 側 方 っ 場 金 何 会
本 意 ん 登 ス 本 ぼ き 嶋 ダ 私 ツ
ノ 進 結 精 室 チ セ 意 エ 遊 び 心 ど 話 ぐ 何 私
```

# Puzzle 477

ざ 読 政 本 リ 方 ク ひ ひ 化 愛 セ 重 多 砂 ノ 選
ま ん 論 府 囚 故 論 べ れ 愛 ト ま ヱ 弱 京 ス ぐ 愛
結 る 覧 て の 論 読 ク 再 再 ン さ た 京 画 満 ま 化
歩 百 場 会 時 マ 下 サ 覧 ボ や 場 テ 重 お 応 ぐ 辞
ぼ ソ 投 ゃ 階 ウ 写 ウ オ っ 通 お 複 画 ア テ む チ
合 圧 金 個 エ 下 年 オ ブ 然 雑 会 読 場 ク ッ 報 報
ヌ ハ 解 緑 二 二 間 ジ ェ 読 な 理 を ア ロ ヒ ル ハ
注 避 ル 画 、 ホ 阪 セ ク を む 管 精 モ ル っ ど ヒ
砂 難 多 能 選 モ っ ブ ト ひ ニ 判 批 愛 ト ぽ 結 芸
開 意 ャ 百 画 る て ジ ド お ド を 愛 れ ヒ れ も で
権 精 深 コ 能 再 何 ェ を ト 管 批 精 も 結 場 出 故
ト 論 む ス 百 京 何 ク や 判 愛 精 登 重 登 も 画 何
何 合 べ ャ せ 二 然 ト ト ん れ 私 れ ょ や サ 読 ニ
だ エ 辞 精 ト 京 ホ ょ る ド や ひ 私 や ド リ 読 っ

トップ
階下
、個々の
時の
トンボ
管理を
避難
緑、
満たさ
遅い
オブジェクトを
政府
アプローチ
批判を
年間
ルール
マウス
妹を
注意深い
複雑な

# Puzzle 478

花が
廊下
コイン
早い
ドラグワーズ
ペットの
数々が
ストリート
魔女
セクション
孤独な
方法
・ビジネス
なし
第四
写真
映画
ベッドの
フィギュア
発見しました

論 レ 意 摘 つ や 応 退 百 乏 っ ハ ホ れ 合 愛 意
じ 摘 囚 投 や フ ギ ア ア の っ モ ト 囚 エ 加 重
ゅ ニ 安 ド し ィ リ ュ の 方 ア 法 応 進 何 二 愛
私 ヌ ニ ラ 暫 ス ー ー 報 ッ ニ で コ 独 選 チ 応
化 百 テ グ ベ ト ニ ト スン し 第 妊 孤 な 登 読 意
む 読 ど ワ ッ ニ 砂 再 ン な ラ 四 重 数 向 登 選 覧
ハ ク 登 ー ド ド ジ 発 報 サ モ 報 々 ょ ハ 読 ソ
ひ ヱ 暫 ズ ・ ぽ の 海 見 ヌ ふ ふ が ょ 早 ラ 側
る 魔 女 画 ニ 能 ジ て な 選 重 た 無 私 向 ヒ ハ
覧 暫 も 報 ヌ 下 ョ ぽ 登 花 応 ぐ リ ざ 開 結 海
通 出 コ じ 砂 話 ン ル チ が 海 結 コ 辞 投 精 安
暫 セ 映 画 ぽ テ 再 開 ヌ 通 コ イ 百 話 向 ぼ ト
結 写 真 化 テ ぽ 海 や や 選 イ ン 何 ぼ 阪
能 ラ 故 ざ ヱ ベ 能 退 ぎ ニ ル 向
ろ ふ 本 応 会 通 下 退 クル 何

# Puzzle 479

で き ツ 育 本 辞 行 為 の 心 ク 側 狙 チ ま 画 ゃ 故
ノ 安 ラ パ セ リ ヌ の 場 学 の つ 退 う ろ 前 方 圧
だ ド だ だ ひ 辞 結 大 暫 金 本 狙 開 だ だ 故 出 出
ぎ 高 ょ 然 ノ マ ー ク 百 べ 進 重 カ ヌ で き ど サ
チ 貴 ニ ー グ カ 百 二 べ 砂 解 カ ベ 二 側 安 登 ス
ト な ひ サ ノ 合 社 重 出 れ 本 そ 育 テ 妊 ヌ 本 歩
愛 芸 出 ノ 警 告 し 然 ハ 嶋 故 サ リ ホ ヲ 加 て
お 開 合 グ ど し 百 カ 側 で 投 ニ 側 意 向 烈 つ 意
ど セ を ラ 通 百 方 育 読 ん 論 妊 投 砂 ゅ 弱 な 通
選 を く ス じ 方 化 テ 選 知 だ 妊 妊 投 烈 ど な 写
テ 会 ぽ テ お 化 テ 選 モ 識 進 セ 砂 的 ハ 弱 の や
ぽ 登 進 じ 解 テ リ ク 私 を れ ビ 投 な ヌ さ ぎ 百
登 の カ カ リ ク モ 合 を 基 ん 意 妊 弱 ど て や 百
量 狙 画 っ 通 モ 私 出 だ む 辞 側 的 な ゅ 合 化

量の
サングラス
大学の
高貴な
マーク
ノート
そり
だろう
テストを
行為の
警告
前方
まだ
心の
パセリ
熾烈なの
テレビ
知識を
基本的な
やすさ

# Puzzle 480

クロッカス
、まだ
芸術
もつれ
レビュー
願いを
それぞれ
複雑
クーペ
弟を
シネマ
ストーブ
俳優
デザイン
動機の
結果は
最高の
フライ
ガチョウ
現代

ト ニ て ベ ガ 暫 歩 ん 再 ニ 無 ゅ ニ 複 囚 応 だ レ
動 機 の ル チ デ ザ イ ン 芸 論 京 辞 進 雑 乏 レ ビ
ニ 京 進 ま ョ 室 、 ト れ ヱ 砂 能 進 シ 嶋 妊 ビ ュ
ぼ ぎ 摘 願 チ ウ 現 代 登 金 無 む ホ ネ 室 ュ ー
加 ょ 方 い ク を だ ひ ら 私 能 ろ 退 マ ハ ょ ー ス
妊 社 ブ を 弟 ロ 画 つ ス 百 権 向 ク 本 果 弱 ス 金
せ 解 ー ク ロ ッ ぽ ま 退 愛 ひ 画 テ コ ら れ 愛 は
ぽ ト ス で カ テ 狙 っ エ 論 だ 故 二 最 ょ そ 俳 覧
何 ス 砂 ヒ ニ 阪 方 ホ や 所 精 ト も 高 弱 れ 優 フ
ど 砂 室 ま 読 金 所 狙 じ 覧 ヌ 何 の そ 乏 だ ラ
側 室 読 べ 意 ヒ 退 通 っ 権 ぎ 読 愛 イ
合 室 ふ 室 や ま 阪 暫 方 圧 合 社 俳 阪 せ ゅ ル
再 暫 ヒ ツ や ま 覧 て ょ ラ 意 し 優 ょ っ
所 話 て 阪 ハ ヒ モ テ む 所 レ し 乏 ル

トきむ再場能海あるてコゅぽ報摘顧る芸
れ本室辞安歩熱帯合りゃ然摘ひ阪客育だ
投ヌ社どテシ退船を写私テ多ダ権話ぎ退
ショートヒマウ選写所スヱスニンセジるス
無ぽレ意っマレークで化リざ因ンラにタ
ハ進会てマフートニく私ッ解安お向登イ
スノしもレレート妊行登プ意能人コてル
タテっークート歩歩っ京リむ出のサまの
レし重ニト阪れで慎れ無カ加通芸ホだで
無意味なト狙ホざ重ホせ精意ぽ社ヒ投妊
多芸だま狙ヌクぎ狙ク多無選妊愛ソ歩暫
多良い焼じ辞モ故側ぎ意選ホ空退開っク
選い焼く登ヌモ通室通妊空ひ洞社囚何ぎ
ぼ化登クべてかど精読再能スひ無ぽエ精

船を
熱帯
スタイルの
空洞
ショート
シマウマ
慎重な
顧客
、ニンジン
人の
ありがたいことに
焼く
ランダム
良い
レタス
ストリップ
無意味な
行く
となって
スノーフレーク

分母の
選挙
クッカー
エキスパート
伴う
ベース
のオファー
パワーの
ペース
種を
唐辛子を
、このような
クレヨン
成分
物語
動物園の
販売
子供たちは
スプリングは
プライマリ

モらし故ヱ子プ嶋ド、このような圧ひ
登っ報しっ供ライも加カ故歩なヌっだ
ドセ暫スてマ狙イ阪ツ権ぼリク話所
販摘ょ多読イ場狙種をるじリ多ゃク
しおヒヌ会圧リだ狙を子弱リる妊化
っサ場じだ選圧向辛嶋ざ百妊選挙
ヌ論開能スプ歩エ唐進ゃ乏狙り
だひでプリ通狙室方百応ろ社
トパ然クンレ室報二ひ合投
囚ワリニペクる暫エ応ょ
ゃーフ写出進ス愛キる向
加のカアォ百おヒスざ
ヱラかッ重園ゅ百パ海
テふ成分クカ語動登ト

**Word list (Puzzle 483):**

- 歯磨き粉
- 成熟
- ネイティブ
- の生産
- ムーン
- 混乱
- バン
- 劇場は
- バタフライ
- ヒイラギ
- 突風
- 聞く
- 沈黙を
- 競争
- の階段が
- 、経済
- 操作
- 野球
- 希望
- ピル

**Grid (Puzzle 483):**

```
じ 開 く 弱 サ 結 再 ニ 嶋 モ ク 選 通 レ て む
登 れ 野 成 ふ ま 投 ヒ 応 ピ 愛 登 愛 ろ お ぎ
聞 ろ 球 熟 多 ヒ ソ 芸 ろ ル 意 嶋 混 て ぎ ざ
ヱ く 権 ヒ ラ ギ ヌ 向 登 無 テ 乱 ひ ヱ 選
、 覧 経 ま ギ 嶋 金 報 粉 や ー 精 進 方 も 方
開 経 報 に ニ ヌ 場 弱 く フ テ 競 ニ 故 こ ざ
重 劇 済 ッ じ 多 金 本 ぼ ィ ン 報 側 辞 れ ル
ん 場 の 階 ニ が テ 意 る ム バ 進 向 ひ 何 室
ぼ は 圧 段 ッ ょ リ 通 ク 権 応 ニ サ む 妊 社
だ お 向 ハ 希 む 弱 応 芸 退 レ ク 生 嶋 結 何
登 方 ま ん 望 歯 故 選 化 バ の 突 産 室 エ 妊
ド ひ だ 希 ひ 磨 圧 合 会 応 操 風 ホ レ 合 弱
ひ 芸 を 会 然 き モ ろ ぎ 選 結 辞 安 サ テ だ
沈 黙 を 会 然 摘 ヌ 化 会 ろ ぎ 芸 精 ヒ 合
登 権 読 サ っ 摘 し 会 ろ ぎ 芸 何
```

**Word list (Puzzle 484):**

- 正確な
- 医学
- 検索
- 脂肪
- 彼女の
- 訪問
- 軽自動車
- チョコレート
- ベビー
- ゴースト
- かわいい
- 料理を
- 、パートナーの
- 謙虚な
- できるよう
- 参加する
- 北極
- 失われた
- バイソン
- の好きな

**Grid (Puzzle 484):**

```
も 百 妊 で れ も 解 金 退 失 べ ひ 検 ゴ の 所 料
で 開 ま 囚 然 ラ ま い い い か 覧 ー 育 ナ 理
訪 問 多 室 だ 安 ひ ま 室 室 わ れ 解 ト 何 ス を
ヱ 結 ぎ 摘 会 ト 芸 暫 よ 覧 ざ っ 側 パ ど ー ト
軽 自 動 車 写 参 応 る 能 投 ッ た 医 ー ノ 検 レ
登 写 応 ひ ょ 加 ヒ 解 る や ト 金 学 チ だ 索 コ
で だ ヱ 故 解 ヒ だ 解 乏 ス 再 所 重 ョ 狙 再 チ
バ イ ソ ん 意 だ 多 モ ど 通 ド 方 育 愛 せ チ コ
ラ ぐ ニ ふ ク 暫 進 し 退 ぼ べ だ 脂 狙 ニ っ ど
ツ 意 ま 進 っ 応 ひ て 芸 っ 暫 芸 肪 っ だ な 謙
ひ 報 北 再 権 百 加 ひ 無 ク 所 つ 正 た な 弱 虚
百 ハ 極 辞 出 結 っ 加 海 ハ 歩 所 確 狙 弱 出 で
ん ス 私 る 妊 暫 百 サ 読 ど 解 つ ょ 好 砂 写
ヒ ひ 弱 エ 私 登 結 暫 ノ 進 ベ ー 歩 ろ 意 の 女
本 無 室 ひ 登 っ ホ 化 写 ベ ビ ー 歩 ろ 意 の 彼
```

# Puzzle 485

```
通 れ き 乏 側 結 て 結 せ 話 ゃ も モ 暫 登 精 選
ま ス 愛 ク 化 進 し 囚 場 開 テ で じ サ 応 ぎ 再
京 本 ハ だ 砂 覧 育 開 じ 登 ニ 意 芸 ス ん 応 チ
本 圧 ラ ニ 精 報 も じ 画 ワ ヒ で ょ ケ 開 出 開
退 室 ひ 論 削 加 狙 ク ぽ マ グ ー 必 要 と 意 ソ
室 報 多 削 除 京 社 ラ ム ヌ 辞 学 ざ お ヌ ハ 結
報 で 何 だ 本 芸 応 向 ウ ド じ 生 ぎ 同 ひ 再 応
応 場 場 国 際 向 モ ぎ 狙 ゥ ド の ま 様 崩 簡 再
全 員 の ル 登 ま ぐ ス 登 ま 範 壊 内 代 ス 単 び
中 本 だ 化 て 権 ト て 画 囲 開 ハ 崩 古 結 ぎ 簡
央 ぐ ベ コ 室 ラ 多 ハ 然 場 ま べ 能 代 精 ゃ 単
弱 ど ニ 社 ネ ク タ イ 故 阪 ホ ぼ 読 っ 意 ト 選
ソ チ 合 ネ ク タ イ 故 阪 ホ 然 読 っ 意 ま 悲 テ
```

- 学生の
- 簡単
- 古代
- マグ
- 必要と
- 崩壊の
- キウイ
- 同様の
- クラウド
- 範囲内
- ワイン
- 国際
- 削除
- エスケープは
- 中央
- ジュース
- 悲鳴
- スタッフ
- ネクタイ
- 全員の

# Puzzle 486

- 南部
- スグリ
- コレクト
- イルカの
- 教室
- ライブラリ
- サーブ
- 一人で
- 包む
- 、優れた
- 人口
- 金曜日の
- キャンディ
- 、キツネ
- リソース
- オフ
- 海を
- 閉じ込める
- ホイール
- リピート

```
妊 ふ 論 結 も 側 セ 何 ク 閉 精 歩 精 話
然 べ じ ネ 、 の ギ 曜 金 じ 写 所 再 や
摘 ス ひ 何 キ 育 日 ひ 込 ス 会 リ し ニ
意 方 砂 通 ラ じ オ め ん リ カ ソ テ 通
故 応 摘 ゅ イ 選 フ ピ 無 ニ で ー ク る
側 ヱ ヌ ひ ブ ひ ル ル 安 だ 応 だ 一 カ
リ ざ ノ ぎ ラ ど 選 一 く 圧 化 ス 人 で
登 砂 所 ふ リ 海 む 進 安 結 ク 向 で 本
歩 じ 報 カ ホ を 阪 包 能 ま ャ 精 ュ
む む カ つ ノ モ 圧 ャ デ ト コ ィ ン キ
ス の ー ぎ 側 ル 結 投 ィ ド た ャ 、
ベ エ ト イ 加 再 カ ス ド 狙 レ 優 コ
ル 弱 ホ ョ 暫 解 向 私 囚 ラ ク れ 応
南 む ら や 再 ゅ 砂 で 然 コ ヱ た ま
部 サ イ お 社 室 ゃ る 教 暫 ょ ぐ ひ
ス ー ト ホ 室 ぽ モ 室 精 ま ラ 狙 囚
ル ブ ホ ツ や 投 ル 能 解 ひ コ 結 応
```

# Puzzle 487

```
圧 私 ほ ニ ょ だ 開 エ エ 社 フ ォ ー カ ス 画
じ 本 サ と ヒ 私 ン 場 や ォ 然 キ ス ぼ 意 モ
く 妊 破 退 む チ 報 ジ 試 る だ ろ ク レ で 海 写
む ぼ 壊 故 ど ょ 覧 ン 出 行 ろ 辞 ホ ぼ 二 ヒ
っ 会 ト ニ 能 進 合 が 合 ニ 所 解 む し い 室
精 ニ 海 二 会 観 ク 加 再 ひ べ だ 部 化
セ 通 芸 覧 多 辞 ド 読 側 リ ざ 登 で
場 投 進 京 側 摘 社 ツ ひ べ ニ 狙 っ
ギ で ラ パ ぼ 覧 選 方 ざ 項 も ト
通 ュ 圧 承 ニ テ ー ブ 重 側 目 ざ セ
取 ま ッ 認 剣 ま っ 選 登 チ む も で
ら 加 権 む ま せ 覧 ク 重 項 ぽ セ
カ 画 精 解 麦 ぎ ヒ 激 怒 ト 退 出 暫
き モ ヒ 小 せ 激 怒 ぽ 登 重
エ ん ぐ き 阪 ひ 画 て 投 故 登
```

観察
剣テーブル
フォーカス
スキー
取ら
項目
パンの
部分の
試行
ほとんど
小麦粉の
ギュッ
延期
せっけん
激怒
等しい
昨日
エンジンが
承認
破壊

# Puzzle 488

孤立
再度、
スケート
制限
ソーセージが
足が
役員の
土地の
中間の
チューリップ
の影が
戻り
本当の
生息地
行い
作られた
ポストの
犬の
世紀には
定住

```
の 員 役 ざ 開 海 ゃ 場 っ ん だ 多 報 テ
当 チ の セ ゃ 論 何 圧 だ 登 ゅ 社 画 ま 読
本 間 レ 重 ニ 登 所 進 故 意 会 画 権 結 京
中 場 モ ー リ ッ プ 社 狙 れ た 安 制 限 ス ポ 百
チ 住 定 精 解 摘 所 私 や だ ひ 社 ん 報 作 ら れ ケ ソ 本
ぐ 狙 だ 側 む 社 や カ ん 愛 報 摘 ス ケ 本 土 地 の
狙 開 っ だ 乏 つ ぽ 戻 り だ 育 登 ま も の 砂 安 重 育
生 息 地 に は っ お 意 ぎ 百 ヌ コ で 権 室 影 の 土 砂
世 紀 せ に は 辞 阪 行 い 権 辞 ぽ 阪 弱 が 足 何 二 安
囚 囚 会 コ ル せ ド ど 孤 立 向 化 だ ー ジ 再 む
ハ 圧 会 出 進 ル 合 も ろ 然 セ ざ ー 弱 能 意
権 度 、 京 出 進 ハ 阪 側 で 方 ー ろ む 写 向 狙
再 読 登 だ 側 覧 お 加 ソ 犬 の 解 狙 場 ホ
圧 読 登 だ 側 覧 お 加 ソ 犬 の 解 狙 場 ホ 愛 意
```

# Puzzle 489

```
ト 場 も 多 愛 歩 ラ 海 本 歩 何 に 京 ちゃ う
解 登 ス 砂 話 つ ょ 所 メ リ べ 応 ん ょ 向
解 以 覧 海 囚 ふ 所 ホ ニ 側 か 応 ち ゃ 側
社 前 だ 妊 リ 育 安 ク も 画 登 重 で っ 京
能 の モ 愛 し ひ 会 も 摘 結 っ 結 照 京 無
偉 だ 話 応 ん ス 権 ん て 参 京 読 ノ 可 ひ
業 結 エ ホ 本 レ 圧 バ 摘 ノ 重 能 育 能 れ
の じ ペ ニ ー や 海 イ 乏 育 乏 の で 性 し
ソ ゅ ヌ ぼ 意 ホ 精 オ 精 レ ド の レ を 優
サ ニ 金 れ チ ヱ 狙 コ 嶋 ホ 高 金 ホ 再 ウ
信 嶋 ハ セ 暫 む 論 開 ま ッ い ャ ッ 通 ッ
じ 号 一 所 歩 テ 方 進 れ 然 セ 応 シ せ セ
何 応 フ 場 嶋 ロ 通 重 何 む リ ひ 通 ひ ひ
ド も む 精 写 狙 も れ 然 だ ッ 向 覧 百 ろ
摘 摘 嶋 滅 び る が 、 ょ ソ 向 覧 百 金
```

チェーン
偉業の
テロ
に静かで
参照
シャウト
可能性の高い
セットを
以前の
滅びるが、
危機
メモリ
ホーク
ペニー
何も
ちゃう
信号
バイオレット
ハーフ
優しい

# Puzzle 490

```
囚 ふ 百 安 選 高 ス 最 組 ト ゃ て ト ょ 画 乗
ド ヱ リ ヌ 画 度 側 も み き 書 エ 囚 セ 算 し
だ 私 ヌ れ 阪 や 幸 込 圧 開 リ 結 誕 し 退
ス ル 安 コ 向 の せ 合 弱 れ む ヱ 生 ぎ 物 合
紛 争 合 ー チ ど な わ ノ 嶋 テ 選 お 能 ノ っ
る れ 百 ホ 向 キ の る せ 決 合 ま だ す 進 無
ド レ ま ケ 無 バ 結 妊 レ ス 暫 会 ぼ る 安 歩
合 重 っ 応 報 し 海 テ 私 で 無 話 与 子 論 金
所 ス 出 何 ひ ク 嶋 ク ヱ ヌ 社 や え 羊 愛 側
ヒ 歩 ぎ 読 モ テ 金 ラ だ 雪 妊 カ る む む
ぼ ひ 故 せ ス 十 ク ニ 一 の 弱 囚 第 ふ
じ 場 摘 て ぎ 年 ル 本 合 ド 無 能 三 に ニ
れ 乏 京 ぼ ラ を 退 芸 れ レ つ の む 故 ヱ
百 ホ ぐ 応 覧 乏 開 ノ 通 つ ら ニ の ソ
ヒ 歩 セ 投 社 加 論 能 選 登 ら ら ょ チ
```

バルコニー
十年を
つららの
第三
最も幸せな
物質の
紛争
書き込み
与える
ケーキの
決めます
の下に
雪の
組み合わせ
子羊
乗算
コーチの
会話
誕生の
高度

# Puzzle 491

プ ろ ひ 故 本 ま だ ク ぼ ぼ 安 モ 冷 ゃ 故 ツ 叔
ラ 無 っ ト お ま 結 カ 解 ク 多 精 蔵 金 謝 ド 母
ス 読 退 芸 ん 結 場 リ ク セ ま チ 庫 感 を レ 者
チ 摘 弱 ょ 方 意 論 ブ 出 ク 妊 加 百 レ 私 ル き
ッ ニ お ハ 能 論 ジ ー 意 ス ぎ 出 軍 ス ろ ビ 意
ク 囚 参 チ 圧 グ ン カ 返 信 嶋 ホ 事 リ や 出 出
進 嶋 る 照 意 砂 ニ が 何 ハ ろ ゃ 応 海 私 せ ヱ
社 通 モ 退 し 愛 て も 写 側 再 日 化 や ろ 私 ど
合 ル ざ じ き 再 ど 安 妊 写 安 曜 場 歩 ぬ ろ 然
ぎ ろ じ ゃ テ く ま 妊 ひ ハ 百 日 何 能 ぼ ヌ だ
ツ し ソ ど で 応 ど 娠 砂 側 砂 故 登 化 芸 ぼ 覧
ひ 能 エ ソ 金 ま ニ 娠 ひ ハ 陽 故 ヒ 気 通 リ リ
ゃ 精 ぎ ん べ ろ モ べ 側 砂 嬉 陽 気 乏 ょ ど ス
だ 写 ん べ 話 ヒ は 権 合 し 向 日 重 論 ど い ラ
ミ ュ ー ジ カ ル 、 所 出 覧 進 開 ろ 除 い 通 チ

**Word list:**
カリブー
感謝を
返信
スター
プラスチック
カー
ミュージカル
ニンジン
日曜日
嬉しい
陽気
参照してください
冷蔵庫
ハングが
セロリ
叔母者
ビルドを
軍事
は、
除い

# Puzzle 492

だ 自 ス ヌ っ 登 ム 然 カ 意 だ 画 無 ひ 弱 ル 応
ベ ラ 主 ク ア リ ー ナ ク ん ひ 応 エ 社 ゅ 多 ビ
摘 つ 化 的 百 選 ァ ト 化 化 し 弱 話 結 弱 辞 ジ
話 ヌ 登 れ な し フ し 嶋 ニ 側 結 然 摘 投 ョ
能 会 チ ま ツ ぐ や 開 側 写 ら 形 バ べ ト ン
嶋 ひ ニ 辞 セ 通 ス 狙 ヌ せ ぐ 妊 社 応 ス だ
然 ド レ 動 論 場 出 ひ ニ く 妊 室 画 芸 暖 炉
ツ 賢 明 な き 精 無 ム 場 ク 通 海 る 弱 ブ ひ
愛 摘 百 ぐ ド 論 場 ふ 摘 開 だ だ て 狙 ル 故
ひ 選 お 論 歩 阪 ゼ 育 開 や ひ ょ 読 室 コ 郷
場 く じ る 重 安 リ リ 会 能 化 育 結 べ ア 強
無 投 ス 向 っ ル ー ボ 誰 砂 開 っ 無 所 の い
も 合 選 応 ラ 退 ル エ か だ む 化 進 く 囚
ん ソ 合 ゅ 加 ゅ 来 コ の ぼ ひ っ 感 登 コ
覧 ま 登 リ 海 画 コ 塗 の て い に 情 ア ど

**Word list:**
暖炉
塗る
形式
ブルー
自主的な
についての
来る
強い
ファーム
誰かの
感情の
ゼリー
動き
ココア
アリーナ
ボール
バット
賢明な
ビジョン
故郷

彼 ら 側 選 登 リ ト ル 向 登 ぼ ざ ひ ひ ろ 芸 会
加 室 場 検 安 食 囚 く れ 能 歩 砂 セ 砂 リ 加 ク 再 レ 辞
ポ リ シ ー 査 事 武 器 外 意 、 化 場 レ 読 嶋 開 覧 ざ ろ 所 何 暫 辞
加 ふ 結 リ ノ 社 登 外 部 意 化 砂 意 モ 狙 乏 リ 嶋 ラ 出 退 リ 多 ひ 妊
ハ お ソ 典 型 百 百 ゼ ど ン イ ラ 応 読 乏 会 ひ 覧 安 祖 父 安 る ま ぎ 摘
せ ヒ 送 百 的 な っ ハ ニ セ 育 ラ ン 摘 育 を 向 夏 ろ じ ク モ ス 妊
転 送 百 的 な っ 化 能 ニ セ ソ ン 育 る 向 安 百 ス 結 報 ヱ 狙 ソ も る
レ ヒ ど な っ ハ ひ ラ ン ド プ ん 百 識 別 す テ 狙 ソ 辞 辞 摘
権 ス ざ 化 能 暫 ソ 化 芸 ソ 無 イ ガ エ 合 の 方 砂 しっ 意 弱 ク 多 応
綿 を 京 ド 能 暫 読 無 化 ガ ノ 個 人 的 に 選 囚 写
妊 室 ぽ 読 暫 ソ ろ ク ょ 化 合 の 方 砂 識 別 選 囚 ん 写 し 多 応
ノ ク ゃ ろ ク ょ 化 合 ノ 個 人 的 に 選 ト き 弱 多
ヌ 論 砂 クリ ー ム べ 会 ひ ど ノ 意 囚 ん 写 し 多 応
ぎ 弱 安 ぐ ー ム ょ ノ 個 人 的 に 選 ト き 弱 多
愛 室 モ ひ ム べ 会 ひ ど ノ 意 囚 ん 写 し 多 応

祖父
汚れを
夏の
武器の
綿を
ゼブラ
識別する
個人的に
店の
クリーム
転送
のガイドラインは、
生産
典型的な
外部
ポリシー
食事
ランプ
検査
彼ら

しばしば
心配
アイデアは、
野菜を
ブリード
冷蔵庫の
歯ブラシ
カラス
シナリオ
怖がっ
博物館の
コール
ボーダー
ヤギは、
ボルト
自分の
魚の
女の子は、
泳ぐ
評価

ま ひ く 投 も 女 ド 進 だ 阪 応 報 ク む ラ ひ 怖 が
泳 ぐ 論 圧 ぐ の ボ ー ダ ー 自 評 京 で ス ノ っ ひ 京 ト 進 だ
権 リ 覧 妊 進 子 登 辞 リ 分 価 カ し ば つ ん る ざ カ 向 進 ス ろ
摘 で ト 化 安 は 覧 セ 故 の レ 育 し ば 話 報 ボ ふ 退 故 愛 ろ
テ コ ー ル 場 、 投 ス ャ シ リ オ ざ 安 無 ぼ 登 開 海 進 ヱ
妊 や 安 本 む 進 ぽ ギ 弱 っ エ ひ 歯 解 加 ブ ラ 愛 ヱ 選
ひ れ 魚 方 論 む 通 は 芸 ニ 野 だ ひ ソ ブ 論 砂 砂
ク 登 ぐ の 館 物 博 セ 、 き 写 菜 を 話 カ シ 所 開 砂
囚 で ス 庫 だ だ セ じ 圧 ヱ お 能 重 ゃ カ ス 開
論 応 ま ヲ 蔵 二 愛 だ 向 再 砂 ノ 合 砂 ろ
芸 ど ド 心 冷 権 ま 写 ノ ぽ れ ろ お 選
ひ ト モ ま 化 配 レ ス ま 開 や っ セ ス も ひ ろ ル ハ ろ 砂
ア イ デ ア は 、 砂 投 室 ぽ ル ハ ろ 砂

# Puzzle 495

海 向 育 社 ホ 登 ろ じ ホ ぎ 場 コ や 登 更 新 出 ひ
ニ じ て 応 画 乏 じ ル 画 セ サ ト ニ ソ の 妊 だ 論
ひ 応 登 退 む で 本 成 長 を ー モ エ エ 植 だ の も
カ ー ペ ッ ト 見 囚 阪 万 の ロ 辞 選 ニ 物 氷 植 た
多 選 ハ ク ラ つ ル 人 損 形 ボ 砂 も ラ 本 レ 物 く
場 出 ス イ 結 け コ 方 失 方 ス ス ぎ カ 切 ト 本 さ
安 ょ 話 応 お 化 化 正 然 で ティ や り ツ ま 圧 社 ん
む 然 囚 投 つ 登 ヌ 通 場 ス 人 覧 私 ホ ざ じ 向 の
含 ま 選 応 ょ ト 多 然 合 ー 透 は ュ ク ふ 解 の 社
軍 隊 開 向 ヌ ゃ ん 投 画 ぽ 明 ヒ る 泥 だ らけ の っ
ク 向 ヱ 向 も 投 辞 進 登 京 方 開 話 ヒ ク
何 何 安 だ 投 ゃ 摘 登 化 方 登 意
報 む く ぽ セ 画 登 開
投 愛 覧 っ 室 化 摘 リ
化 金 ぎ ク 金 リ 意 登

**単語リスト**

ハイライト
損失
スティール
ボローを
軍隊
の植物
人は
含まれ
成長を
泥だらけの
透明
氷の
たくさんの
正方形の
育て
カーペット
見つけ
万人の
適切な
更新

# Puzzle 496

**単語リスト**

美しい
下降
カール
クラスの
のすべての
ポット
たときに
靴を
検出
黒い
罰する
のような
ブロー
フロント
告白を
スリップ
経験の
壁を
スペース
柔軟な

ホ ベ ざ ニ ソ ポ ッ ト ン ロ フ 狙 意 化
通 出 じ 通 ひ ツ ド 黒 い し 美 ょ ぼ 化 芸
ソ 化 投 開 し で む ハ ソ リ 社 ど を ラ 海 ニ
化 ニ 退 ク ス 私 海 ハ 金 だ モ 再 白 二 通 降
カ ク ひ 乏 精 合 私 権 読 じ ぐ ら テ 合
ス ク ぽ カ ー 本 ツ 然 室 ざ 愛 告 や 海
ペ も 読 ツ プ だ 選 な せ ぽ 室 向 せ ぐ
ス リ ッ プ ラ 登 阪 ヱ の 論 ド 精 ふ や コ
ー 退 リ 砂 だ れ く 歩 ヱ の ニ 狙 ど 加 側
ス 読 ッ ー 砂 だ 結 く 歩 私 解 狙 ど 能 ま
ブ 画 安 を 所 く 結 ヌ の だ 摘 場 覧 スト ド せ
に 画 つ 靴 を 結 ヌ の だ ツ ど 加 覧 スん ト
き ょ く 安 靴 を て ヌ の 何 も 通 せ 合 べ 覧
と し ク ス ト べ 柔 軟 何 も き 通 し り べ
た ょ ス ラ ス ト 応 ヱ 阪 育 妊 登 乏 ニ 話 何
リ ス ス ト 応 ヱ 阪 育 妊 ょ 摘 罰 する だ
無 金 の 験 経 然 加 摘 だ 読 ふ 精 愛 砂 妊

# Puzzle 497

能会権ソ向育加重ス解再側加お話弱ア
社通愛フド加だ弱弱ん育ノまぎ出何クシ
っ能意トを愛弱阪ラ暫場摘ぎつ画スョ
意ありス機行飛リ解覧京きゃ百読通ンニ妊
が会トン写高解ヱ京金ス再論てカど解加ク
側然弱マ話価を基プ投ーッ加体ラ多選合私
れゃぽる意なラクダ認瞳通辞防ノ私方応精
所レサ摘砂結フ再スカ社る乏向妊コせ応ヌぽ痛
加方ノ能フロート朝ヌ退報砂狙しれなヱっ
育場る暫通ひ合多コ側多ソホト弱開側精
精ぽ方

ラクダ
防衛
基金
瞳の
パフォーマンスを
高価な
かもしれない
があり
朝の
痛い
プール
レベルを
全体の
飛行機を
認める
ソフトを
アクション
シット
フロート
海岸

# Puzzle 498

贈り物
カット
近い
色の
調整
パイナップル
連絡先
安い
と言う
溶融
の鼻
バンズ
メジャー
ティーポット
専門の
利用可能
雇用
プレート
準備ができて
本棚

もじ然ょト重ト雇用贈報百まカ進権ド
重何結ぽ社トモス無り所ニヌ嶋調化場出
ょだだ圧ょトひス写の結物でょ整テ化ヱズ
メジャーっ再で精歩ふ準備でき専ンバだる
ドっ本ヌ京育登ス鼻きゃろヌ門クぐ弱
ク京辞退芸絡ぎ阪ャ安ひいャ開のイ辞
覧暫進連トス色のや無ィ向百テ育
利用可能と先意投囚ベ故ナラ結ィ摘
摘報セ言育側う京パ社重トッ室ヌ
摘クク育室会ソ報イ金ャププスニ

ソフトを

# Puzzle 499

築構っヌま話愛進ひの連続したれ乏愛
ゃ権造会ひヱ阪ぼ視室ぼべて少れ報正
論せれ重ク圧登ょ可だホ旅行しどの確
育テや室スん精精不まぐダ合ぽ写にる
エや室解弱精もお進やん多ラブゃ金想通
ふセ摘ホベラ暫進ふたっ論ソ再禁止ど意写
も本ど京モ応能はめ無ハサ再ろテ件砂妊愛
登エ重京でし個一室読砂投ぎ教ヌひ会トレ
ざきド報個せ一度写化故ろ嶋安の側再ぽ海
投解報観ホ別登写砂投摘レ会ひ百まろふ愛
側私観通化ドヌ再合再んだ何ゃ嶋覧きヌる
本ぼ点ざ解話砂化ろ合再だ何ゃ嶋覧きヌる
囚乏ペア芸ヱョクト何ゃ嶋覧きヌる

**Word list:**
想定
石は
の連続した
構造
正確に
少し
事件
ため
ホタル
不可視の
旅行の
一度
個別の
構築
ペア
教会の
禁止する
キャンペーン
観点
ダブル

# Puzzle 500

**Word list:**
資本
に沿って
ホールド
すべての
長さが
記事は
バスケットボールの
ビタミン
マスター
フルーツ
幸せ
栄養素
太字
多くのことを
噴火
同じ
検索が
立派
会議
思いやりの

思セすモ所チラし精っ長さがま太覧退
合いべ結ニ話何退ストヌ投どド字く退ド
方カやてっ沿にサ私愛ヌむのこと能
故能弱りホのき応ふぼ然話再出多をヌ
エ京化話の暫き写幸噴会栄んドッ応同
やふ出し退報しぎ圧加重養むドッ重じ
れぼ退摘場権退せ百素何ど出合モっ
ニつ結権愛チ本投退弱る歩辞乏の
サラぎてソむラ写百会私阪何結ッ京
ビヌ故側で会検バス応はっルフ本
嶋タ進登安選索ケ京方登立派ょ出
再ど芸精開がッ記事は画ま辞
金む選ぼ通おホトボーマスター無能
っド投し嶋選再ヱっ会芸んむテ画レ辞

# Puzzle 501

登テト本アェチ連邦辞開エ化セ方囚安投
チふ重怒ゃーゃ重でつ分ラン圧ひハの重
しク進乏っ何まツ多場くッのチ進テ選囚要
チじホッて会育妊故つニ温度計退囚おなエ
テ場テロカいるヒひくのチ重金ニやひ摘百
カスムレ登ぎれつ多いッ退進防ニ向ひ精然
ト愛んき応れふだ意多ぽセもョニや芸結ひ
話無意辞開だ再多開ぽトニ応エらエ嶋摘ぽ
開ドしトグ子海摘ポセ的なコ向本方クじぽ
今後多ト、王驚異むュむィディど嶋向進
本だソ百はひるーゃんむクレモチレクじ
トピック係ひレタっ写ヌニ弱デレヒぽ
権投ヌ室関化るんぐ能ヌ弱
進結コ室ょの場弱お応っ写ヌニ弱レヒ
モスむぽお応っぐ写ヌニ弱

今後
ライン
緊急
防止
、グレー
怒っている
つつく
驚異的な
の重要な
分子の
連邦
チェア
チーズ
カスタム
いつでも
温度計
トピック
王子
の関係は、
方向ディレクター

# Puzzle 502

絶対
停止して
回避
得
薬物
出現
交渉
撤
結
ブドウ
侵略き
驚
つま先
隣人
テニス
予想
ショック
バッグ
クライ
標準

ぎ登ニ選結交進再何出妊エれ標やつ応先
む るぽトばクだれだエ現応リん準ょ応ヌ
ハソ登ばゅ渉だてエ得スヱク じ テ育意っ
画ひ方侵ょ側だつ投京弱登べ投く ル
っ方何側方っエ投向百セ私く ラ結精
報ニお略モ場ン乏止人合絶びクひ写
方愛無解れ海だ能論芸開対ク ル ぽ
く重故再精話結芸だホ化ラ側
権報意砂精育ぎエホむ報む何暫
や きブテ無進応阪サ予ト じ所
ノブドニ室ひ画安想何ざ結ル
じ化海重通とホシくく会精
ル何てき私れスョ れ京写
だルて社驚通クラる ぽ
場安報選エ弱辞囚ク ざ

# Puzzle 503

明 確 に 歩 ポ 安 話 投 む ゃ 無 応 砂 合 然 お ざ 重
阪 芸 嶋 エ ケ 精 腐 っ 悲 重 れ モ 側 何 論 ハ リ ホ
論 ひ 然 ッ ノ 多 応 ゅ 会 し 出 愛 重 論 で 循 環 向 芸 草 リ
注 が 読 ノ ト 化 育 権 視 出 愛 会 百 議 開 多 狙 報 ヒ ノ 百
ぎ む 応 サ 本 意 開 凝 合 百 つ か ぼ レ 聞 き ま ニ 何 ゅ レ 通
室 結 ぎ 加 画 側 読 ブ リ ヒ て ッ ソ レ ツ 支 然 話 や く モ ス お
っ れ 多 故 砂 ぎ ラ ピ ア ノ ベ ー ヌ 重 弱 ん す ゃ 会 辞 無 ク じ 通
き ビ ュ ー 故 エ セ ぎ 解 方 場 ハ じ 種 方 重 然 ん や く カ 阪 ノ ま じ ょ く 重
意 エ ヌ 社 砂 辞 ぐ 進 京 向 読 能 せ 圧 側 阪 向 解 き 登 ル ょ く 開
れ 応 加 ょ ニ 安 金 っ 権 再 嶋 コ ぎ 嶋 能 側

ピアノ
一種
いくつかの
明確に
ベルで
会議は
循環
砂の
飛行
ポケット
凝視
聞きます
支援
答えは
悲しい
ゴブリン
腐っ
ビュー
注が
ほうれん草

# Puzzle 504

女性
現在
状況
編を
スコア
入場
への
ネギ
が可能な
少ない
ました
増加
メイク
忙しい
スノードロップ
今夜は
想像
発見
モーメント
レジストを

ひ だ 育 っ 本 チ ん 安 ア コ ス も ヌ 摘 カ 無 愛 つ
覧 合 お 女 ベ 合 開 ざ 多 芸 選 ノ 編 を ネ 狙 狙 ぎ
投 レ ヌ 性 ヱ ド ひ 入 場 ラ 登 せ 二 写 ギ ぎ 百 ニ
ま 選 写 ホ ク ぎ 忙 へ の 愛 砂 私 ド 会 狙 現 ッ プ
今 夜 は 投 化 写 た し 愛 リ 多 だ 応 セ っ ぎ 在 ハ ろ
や は 増 覧 方 ベ む 育 応 多 会 き 辞 ロ 暫 百 登 見 も
然 重 加 ぎ ト し る 歩 本 育 権 ょ 京 ハ 多 想
ラ 開 ホ 結 レ メ る 投 登 弱 二 ど 圧 見 モ 像
ぎ 応 ド ひ ジ イ っ 多 育 化 ス ざ モ 多 ー リ 再
ス ト 方 ぼ ス チ ぼ モ 弱 ふ 私 ひ 本 モ や
ベ 状 き ト ン メ ヌ 故 会 ん ド リ 私
摘 況 ぼ レ を 安 加 れ っ 嶋 セ ソ 精
っ 通 エ ヒ ま ざ 覧 少 能 解 意 芸 ろ れ
ゅ ひ ニ ま ぼ ソ ト な れ 可 愛 ベ
育 芸 エ ょ 側 本 ト い ゃ 重 ぐ ツ

# Puzzle 505

ル 合 百 冗 談 ス 論 再 ヱ ス リ 論 ろ っ ど 出 や 囚
多 開 具 狙 利 ゅ む チ リ ラ ん カ 嶋 社 精 多 に や 暫
分 報 二 体 ど 点 側 ュ ぼ ん シ ノ 私 解 む れ や エ コ
じ っ チ 的 じ 特 ー ブ ワ ャ 砂 ャ 登 論 ス ひ 暫 ぎ
叫 び は 、 だ な 圧 ょ 合 話 ノ ペ 百 上 ク ざ ぎ の
無 ト 応 ラ ろ 育 阪 る 覧 ノ ま ラ っ 報 選 何 の 合
ト 精 反 無 能 選 結 応 話 海 ト 囚 通 増 記 殖 解 ト
を 介 し て コ カ ニ 意 応 写 然 グ 弱 ま つ ひ ル
熱 く す る ニ ん 京 解 妊 話 結 ロ ぽ モ れ 結 る
精 会 た 満 リ 故 合 妊 二 結 狙 エ 阪 動 し 再
テ モ ソ 所 加 む て コ 登 相 囚 ロ 洪 読 ヌ
モ ベ ヌ 所 で ま 海 乏 退 出 画 話 ー 水 摘
ベ 権 ラ 退 海 摘 ょ っ 然 ヌ 話 ゅ ゃ 重 せ

反応は
洪水
上記
特に
を介して
熱くする
動きの
相互作用
満たす
具体的な
チューブ
叫びは、
鋭い
多分
グローブ
シャワー
冗談
増殖
ペン
利点

# Puzzle 506

売り手
キューピッド
の可能な
レイヴン
監視
スクラブ
必ず
無料の
背の高い
恐怖の
すぐに
病皿
スロー
被害者
有罪
定義
穏やかに
ひどい
庭の
茶色の

再 開 ト 方 ホ ニ 売 り 手 ぐ 室 合 能 ラ 乏 ス ツ
覧 ぎ 室 ふ ん ま 然 選 背 の 高 い ス ク ラ ブ 妊
キ ュ ー ピ ッ ド く ふ ド ニ の 怖 も 開 場 ド 定 論
歩 応 ロ 囚 ヱ 百 報 ぽ 多 つ 庭 恐 写 安 場 ひ ヱ ぎ
ょ ふ ス 社 ひ な 安 退 育 恐 方 せ ハ だ カ て
向 ト お 辞 ぼ 能 可 ぽ 論 歩 ニ 加 つ ぼ 覧
ヱ 権 く 病 ッ 料 囚 の 画 二 然 ず 開 乏 能 圧
ヌ 登 ぎ 皿 無 ヱ ト レ 歩 故 意 く 無 登
覧 ひ ヱ 百 だ の 会 監 イ ソ 必 ヱ 場 多 ま
何 有 罪 や 然 ヱ ラ 視 ヴ ン 海 レ せ ヱ
む 重 ニ 出 ふ 妊 エ 能 被 ぐ 方 ト ぎ 再 多 辞 ホ
ニ つ 穏 ひ ヱ 色 ラ 害 私 場 登 る 選 む ヱ
安 エ や む 妊 の サ 者 ん ヱ 多 も 圧
く 狙 か に ド 嶋 ソ 妊 べ 権 す ぐ に 登 む

# Puzzle 507

```
選 ヌ ぎ む ど リ ど 方 エ ぎ ト 嶋 ま ま 場 っ ろ
結 ト 乏 百 ぎ 然 価 格 ネ ょ モ 砂 話 再 化 加 だ ス
せ ゃ 応 故 ぼ 私 画 加 場 ま ル 巻 ニ ド く 故 ざ カ
ま ハ ヌ て ヒ 結 解 し 多 応 進 き ツ 戦 ド 嶋 エ ざ
ハ 辞 だ 読 出 再 ふ 何 結 っ ゲ 読 登 ー 略 ふ 愛 ん
辞 結 進 し 出 ふ ろ 化 ぎ カ ょ ち 戻 ポ は 論 権 む
結 故 っ サ 応 安 意 警 察 ト リ ッ カ し ス く れ ニ
故 ニ 開 て 画 チ 論 で 芸 察 と バ 会 圧 だ 登 ひ ぎ
ニ 囚 ち 開 暫 投 権 必 ぽ 愛 サ ク ヌ 支 砂 ぐ 愛 て
囚 せ ょ ト 無 社 要 解 だ ヲ ド 妊 結 変 更 金 解 ソ
せ 狙 ト 無 社 ヤ む 解 だ だ さ さ げ る 覧 カ 京 ょ
狙 最 大 ヒ 投 む 解 ク ぽ さ 場 ク ベ ヌ 阪 砂 医 て
最 重 ヒ 故 料 重 力 だ お 場 さ げ る 京 し カ 療 ソ
重 コ っ 故 料 重 力 お 場 ク ベ ヌ 京 医 療 ソ て
```

議論
トカゲ
巻き戻し
支出
価格
戦略は
トリック
必要
ささげる
ちょっと
エネルギー
有料
警察
最大
医療
ヤギ
ポーズ
重力
カバ
変更

---

ダーク
割り当て
ビールの
する非難
エンド
技術
の商用
送ら
急に
ページの
ロケット
森林は
レストラン
バッジ
の後ろに
郵便配達
より
砂糖
のカップル

# Puzzle 508

```
の ん 話 金 能 の ト 砂 私 然 ら す 結 送 本 論 囚
ハ 後 ド 芸 ビ 後 愛 退 読 摘 方 る ハ ら 所 権 場 何
き も ろ 出 ー に 急 ヌ レ バ る 非 く 論 応 達 ツ
百 退 摘 に ル プ ッ カ の ッ 画 難 郵 便 配 金 進 て
精 モ 場 室 の 社 エ 安 場 ジ 化 百 ス 多 能 当 り ひ
技 ん 所 出 進 や て じ 登 摘 意 金 お ト 割 ペ 二 会
術 ゅ 退 側 ニ ホ じ ド 能 ぽ く ラ 阪 コ ク ー 百 化
森 ょ ラ ト ラ ン 妊 金 だ 応 ま ク 然 ジ ダ ら
ト 林 レ ス ト 圧 む エ 再 せ き 側 能 ろ の じ ま
辞 ソ は 阪 ざ ト せ っ ぐ 無 百 砂 辞 論 ふ 場
何 ぼ ロ ケ 無 結 化 狙 開 ぐ 百 精 辞 ッ 無 ぐ 二
じ ざ 登 室 ッ チ 結 ト 登 辞 開 暫 ぼ テ 阪 選
芸 登 コ ト 砂 ヒ 登 辞 開 摘 ぐ ぼ 本 妊 れ 所 っ
よ 妊 報 糖 何 合 摘 ぐ ハ ハ 妊 き ソ
```

# Puzzle 509

解読ヒ安致命的な私ク阪ぼ所てモ通阪重
妊ゅ芸多ひ囚画じ進しソ買阪登モラハぎっ
ク出京化砂用語おひ進ひ重ソるラれまっ
カつ多レニハお歩差日まこ進覧話進ソ然
精レ登ひ会精出晴実はヱ投能話捗私故
マ登圧ニ精歩れた買ベしッせ況状をスグ私
プド退会妊愛真ホコ、対しッ況をスグ論
ィ向コミュニティどサ歓場をっヌしルのト
デ干しぶ然進回育メッセージや妊重いプ
ふ京ジ論モひ結避ひ芸結京百室だト
方向意ー歩ぐもスふ場京イ重百ルト
故精ろ乏まぽ阪安場るレヨヌ会ょ
育摘ス開ぐヱ嶋無砂阪摘ク故ょプト

メッセージ
回避する
の買い
買っ
グループ
歓迎を
晴れた
致命的な
用語集
ツールの
進捗状況を
に対して
ディプロマ
日差し
真実
干しぶどう
コミュニティは、
重い
デイジー
クレイジー

# Puzzle 510

ひよこ
、シカ
、投資
奪う
追求
手の
壊した
日の
主要な
ケトル
確立
昇給の
あたりの
示唆して
リーク
示しています
パースニップ
オープナー
サンドイッチ
アドレス

エ出ラ私むや示あ方私ひ向ク化解
権ゃじ金でニべしたし壊日コノア
トニきれざ育ぎ応出てり安のコも砂
ニっ読りざ合む会読多しの手側安昇パ
弱しエゅモ安れトだつ合ニんろドひよこしな要出ス
登ぎ囚向向所芸私嶋ぼ投すリ結
何ぐ私嶋ぼスリサンドイッチ解ニ

# Puzzle 511

れぐ室だんス、合ぎむる社能てラチだ
狙室ル選コ重イ化退だ安弱ヒ安応だ応
暫トリモ困海ン、非常に芝出だ進読ょ
ツ多解でら自テ報非嶋阪の生退応画セ
狙登応おカ然リ開ラが害再性剛レだク
じ開然ょ多ヒジレ落百入カ読愛多る結
ひれヱじニェント謎ふん唯重意砂サむ
本社社退私ュント絵ろ絵応意重歩ヌや
場私ヒツ投方京な謎ろ筆所加登囚やチ
本レ応ヒ愛京安き精ハク故方乏カレ囚
ホ阪故て愛安多側おク応ろ会読セッ安
エ解精ま京多側応精ぽん能セ吸スゅれ
写開まぽ忘砂ひょう失を球地収ひヱ然信
ニ金然縮金れ阪ゃヒヱスニ重出ひヱ然信

、非常に
を失う
吸収
困ら
謎の
入力して
唯一の
地球を
濃縮
忘れ
安全が
の有害が
送信
剛性の
芝生の
ひょう
自然
、インテリジェントな
絵筆
落ちた

# Puzzle 512

ティーチコ選ノ動しま登乏ど写し解も
レど意読何乏まる詞摘サドお安よま室何
つ愛辞お歩ハ登何ヱ話カ解でうふニせゃ
報ハま所金コ治世を写弱然とテこせるれ
ヱゅ開チ側レ出覧写辞満加百ふだゅで
化ス所ろヌれ育通然育海ょ乏子貧し歩
圧グ暫ンツ最育再セ解会市登室投ヱしい辞
ヱキー最読暫ひお結を民室単っまや無金
タ応ーワキ初どお砂婚明のぎ位をくラヌ
せ呼場ーコ多のく式私京を登本ベ加
ヌ応吸コートっ能だ本報所化やレテ
嶋話解精ひ能京乏合体意弱退精故ト砂
読弱決定話京多向意弱ト砂故ト

貧しい
ティーチ
動詞
を明るく
単位を
ワーキング
決定
最初の
ターキー
通知
子の
結婚式
治世を
コート
市民の
しようと
満足
呼吸
より多くの
本体

# Puzzle 513

退おろヱ阪シヌ囚論意無セ社血ソ話
ひニクカニも歩ニざ読チ囚液暫囚ベ
せ百化本ン画ニサ家はコ本っ然囚れ
画砂多選多進重選方何海化然所ト場
つ星加エ合カも解ふ所私金トひラエ
つが検京のスや論ぎモ応結ラや ッひ
弱タ開妊ふポ論意も一定トック退クニ
語ー会ど んー意池ズのラク権ス しよ
っデ側ちまツ化の安テ芸ッざ開弱う
ふるもチゃは京池安多二ク弱コカ屈
開権だ囚エ世出化愛登大ど カ ノ 無多意
金京弱ド世界じ化覧会声現コ多意
安覧だル然量弱安ひエ合化ソ意だひ
クム報加ぐ育意ぼれド報育じど意二
むヌ選ぐ育ヒっラざぐじど報育だう

探索
しよう
家は
データが
大声
池の
シンク
ライオン
現実
トラック
のポーズ
検査の
語っ
星量
る
退屈
血液
一定の
世界
スポーツは、

# Puzzle 514

入力は
に十分な
、最近の
スプーン
修理を
特定
ウサギ
コース
緊張
クジラ
戦略
持っているが、
問う
サポートを
興奮
塗料は
レポートは、
デスク
ドッグ
使用

重テ出塗エ阪、がるいてっ持問ハ多だ
コース料応辞最に十分な結百う開精リ意
化圧会はク近じ百無ざク入ノハ登登ろ進
だ本進セ画のゃ百っべ力登ハ用多通側ス
ニレポぼ合き歩歩登も戦側用圧通側ょ育
スサードギ合無ん。。略。。略圧圧ょ砂
トドグギ緊は退リざ然登使金登所特会何
コベン何張サリ方然安用ド用ま何だも写
だンラれ方ポ無ム安レド登ょ能定会写出
場ープジ愛ー通方因金ド多チ重投
っデラク せ トを修応ぎ嶋ぎ方社何出海
デスクど海圧応弱私開何重だおふ
海でむラ圧化歩ソヌ話話進特お 合
圧れ登妊せ出ラ向ヌ砂京故私特定話もむ海
ラ百登せ出向ヌ京故私特定話も海

# Puzzle 515

ニ 読 チ ス 金 の 特 定 ニ る ん や ど ス 目 精 歩
ょ 論 時 や 重 金 出 投 布 囚 通 応 リ に ょ ハ ニ
ド 金 や 重 妊 ク 入 だ 写 摘 ざ 考 嶋 え 故 辞 ひ
だ 故 投 社 に ふ 読 だ 何 コ 話 応 読 然 消 ハ 自
セ の 部 育 べ ク 会 二 話 応 嶋 読 然 消 ウ 愛 動
の ト レ ー ニ ン グ 乏 コ ー ボ 宗 化 ノ 阪 加 ソ
部 会 育 ひ 写 歩 ル ー ボ 宗 教 的 通 写 選 バ 出
一 だ だ 京 ヌ 阪 応 所 本 側 教 的 阪 囚 育 暫 っ
合 暫 京 ん 阪 応 所 本 再 金 側 な 私 重 圧 然 金
ホ 登 チ 話 意 芸 乏 本 進 愛 ク 精 モ 覧 囚 辞
多 報 応 嶋 ま レ 場 故 ス 弱 狙 ぽ ひ 量 写 通 意
安 ハ 場 向 故 セ 解 狙 む サ ド ヒ 摘 ょ や 加 会
つ ま 解 セ 解 狙 む サ ド ヒ 摘 ょ や 加 安 通 嶋
何 解 セ 解 狙 む サ ド ヒ 摘 ょ や 加 安 通 ニ 会

バスケットボール
布の
カワウソ
後に
コーヒー
雨量
ピンク
の特定
消え
なっ
宗教的な
話は
の入り口
自動
タオル
一部の
のトレーニング
目に見える
考える
時間

# Puzzle 516

コミュニティは
細かい
病院
ビット
フィードの
チャレンジ
ものを
ダイビング
ステートメント
明らかにする
維持する
部門
の素敵な
割り込み
でもない
しわの
ベルト
振る
、ポテト
ことができます

囚 ょ 病 ダ イ ビ ン グ こ ノ 金 方 チ ャ レ ン ジ
出 嶋 し 院 部 門 ゅ で と 退 権 ぽ 応 カ 圧 ひ 意
摘 芸 わ だ 安 阪 や も な 多 暫 狙 ス 京 論 愛 ド
応 、 の は ぐ 弱 な い 暫 つ ハ モ 乏 ト ヒ ゅ
コ 百 ポ ィ も 育 敵 論 が 暫 れ ビ レ 育 向 嶋
ソ 登 論 テ 通 も 素 を で ハ 海 ぎ ど 向 開 ス
解 ク つ ニ ト ド 乏 っ き 囚 ス 場 る 合 す 会
細 か い ュ ン メ 割 ゅ ま じ も 読 維 持 る 権
ド ん 愛 ミ コ ト ル ニ す 芸 退 辞 安 す に 写
振 故 っ コ サ ー 能 登 写 ヱ ま ゃ ヌ か 育
ノ る ぐ 京 京 テ 権 ょ 込 レ ヌ モ 退 ら 写
重 お ま 京 ス ス 話 ふ れ 投 退 ス 退 ハ ラ
む ぽ じ 投 サ ハ の ま 投 阪 ヌ レ 論 リ 室
だ じ フ ィ ー ド の ド サ ニ 投 ひ セ ル 安 明
囚 フ ィ ー ド の ド サ ニ 投 ひ ル 安 室

# Puzzle 517

退じ辞化場みさはムワ存登私妊んお
不安定なかや緩決結読っ続っ、アツクス開
凍結愛ヲきーヌし芸京ひりす選べ小数輸ヒ送
芸だヲょき加クゃ覧加テ進ま点のフヒリ選
れソじリ退加イルだ覧重サれ通子リろフろ
砂じ論ニ再金ヒス本京ラ弱ぼ写れ場能て応チま
ソ愛愛仕れドヒ京余り百読む報怠化何チーパ故
ニ室リ上げトろ本論乏会む百通情な摘だ応チ加解
囚ひ読何やせ金投だ圧結ルト側辺リ投ひセ囚ぐ育暫
セ読っ狙砂投きゃ結ノ本テ私権方投砂ろ京だ
ピッラグゲーム加スリ加進まれ場ょ京クれ京
進場ラセま私エむハ進ま場話権方投砂ろ京だ
場会まセ私スルリ加進ま場ょ京クれ京暫だ
会室じ場然エむハ進ま場ょ京クれ京だ

**Word list:**

存続
側辺
アイ
怠惰な
アヒルの子
サークル
ゲーム
はさみ
ワームは
凍結
輸送
緩やかな
仕上げ
、小数点
余りが
は決して
不安定な
フリッパー
、すべての
ピッグ

# Puzzle 518

**Word list:**

法的には
プロセス
クリップが
ライブ
楽しい
先のとがった
削り
カップケーキ
レモネード
改善
刑務所
ヘリコプター
蚊を
でき
の上級
サミットは、
テイク
証拠
傷ついた
与えました

**Grid:**

がプッリクヘ退化ヒク報権化まチっ場
証拠ロょホリアハヌル化嶋何じ結て精ト
テイクセニコだ報化故歩ど芸れク向暫
ド写レスプス嶋辞報阪ぼ摘ど退精リ辞
加弱私だ読多登百方ドニ会育嶋やク辞
ま狙然セ辞ー所社ヌヶ方法的社画精嶋楽
く嶋辞ドク化だ何キネ登所カにだ楽し
ライブクしたいプケ海モ改何故囚刑い
与えました再選室傷報レテ善論ヌド私
サミットは、進選芸っ辞囚無ラ重務く
向れ育ゃ合室向がと摘百故解出セっ所
故チ論モレ所社金乏の解無お囚投ぼ社
チヒヌて所芸先京結級出氏囚砂ク退ク
退蚊をト芸圧金先京結圧圧ド砂ぼヌニ

# Puzzle 519

論っゅデ京意ド通受クひっだも裁ホ応
出文進ィ多無く乏け報方せモ判ぽ場ハ
ショのテ正式に入読エ摘ゃ精イ所場論意
トざ応ーセ金登れぎ論ん写リる投金方ぼ投通
読やヌット投製解社読覧必読重百読合私場登ニド意
ソコ精ノがヌニ嶋向出無だドおまニや開だぎ金安再
乏妊ノーコエぐニ進嶋能百論通お解写ツレニ通合会再
れっっコ反ク安応ス登ベ読解写ホ場っニ合通会再
私ひチ辞レノ映だハ精多応テサ読写ひ場っ通
ナイフ火傷を論社格育百安応むきひ場っ通
つ影響のハ精多応サむ場 エニ
じせ論妊社格資百安むきひ場っニ通合会再
弱妊社格資百安むきひ場っ
サコじ資百安むきひ場っニ

影響
製造
論文の
裁判所
反映
受け入れ
ナイフ
火傷を
真似
のレコードが
必見
ノット
ディテール
ハタネズミ
正式に
資格を
スイカ
ショットが
セル
トランク

# Puzzle 520

の仮想
の足
、常に
薄い
接続
必要があります
中程度の
ワニ
趣味
約束
画像
のプロセスの
事業
アカウントを
について
事実
単なる
ます
の電話
人気の

必精所むに投チワアどせハ加ヒじ応金
要ニク画つ社ニカニ能多ノ本ま合精モ育
がの電砂ク話コウンの投芸暫読解セ所も
あ本話だくいヒンてぎ論登ふむン社ド
り阪き権暫セトトののま読んホ退ざ、
ま写ニ実話っルる化足プんススませだ常
す単なるひ阪べ化しロスサてラ妊に
重芸る育や嶋のつカヌ投開ノい故
ゃど育だぽ愛のぽぼ弱所会ツ摘ャや
意カだテ画約ホだカ結中ツ化セ無
やベト接のカポェ応程私ルひ
ぎ海ソ続想結室応趣度話やルど
ま場何や何狙味のや妊事
化ょ応まカトヌ狙無気人業
べ金登まカ

# Puzzle 521

動 ト ニ ニ 出 る ひ コ 合 暫 開 べ ひ 合 ぎ れ っ ド コ む 進 れ ハ 加 覧 解 弱
物 し 側 で 二 報 の 写 砂 妊 圧 側 京 れ カ ニ む 通 弱 社 写 が 芸
、 何 投 写 通 チ 重 ロ 応 出 百 会 驚 選 ひ む 三 角 通 ぼ 社 写 が
ふ 囚 退 加 ヒ ・ ヒ ・ 開 コ 画 開 か む 芸 三 角 論 化 合 ぎ 写 が 芸
エ 嶋 シ シ リ 愛 や 合 る 暫 裁 明 官 モ セ の 論 登 モ カ ぎ 話 故 ひ 芸
精 べ カ ド ー ズ 出 っ 解 明 確 通 意 の 羊 サ コ ん 側 リ ホ 話 通 結 ひ 芸
ょ 化 ス ャ 画 ぼ ひ 席 合 話 コ 勧 め し く ま コ 側 幅 広 ヌ ツ 芸
解 開 ィ る ホ ど サ 京 有 報 お 羊 ぎ ん 話 ろ 結 男 故 ひ 芸
、 だ 向 サ ッ 方 も 所 お 者 ツ じ る な し く 異 ま す 話 広
権 き カ 結 権 京 囚 れ ヒ じ

# Puzzle 521 — Word List

三角
羊の
裁判官
驚かせました
ディスカッション
出席
のソロ・
シリーズ
明確化
うまく
ベッド
、適切な
動物、
所有者の
カメ
の異なる
幅広
男が
お勧めします
、さらに

---

# Puzzle 522

む 能 コ ー ナ ー ヌ 登 精 読 だ ょ 故 ざ 画
ホ エ カ ト 阪 応 サ ょ 精 ル ス ヒ 画 愛 ク
ん 合 む ヌ 画 所 ツ 狙 ょ ホ 応 安 っ 応 画
化 然 レ 電 話 意 狙 ょ ホ ヱ 安 っ 通 京
砂 ク 出 白 い 社 貿 易 愛 嶋 ろ 安 ホ 妊
芸 ふ じ ろ 京 安 ホ 妊 重 も 育 っ セ で 通 京
ざ だ ニ 芸 ふ じ ろ 解 化 話 結 ヌ で 通 京
所 安 ク 招 待 安 多 ふ カ や ソ だ 向
セ テ も 画 ホ べ て 動 ニ ラ ょ っ れ ソ
ル も 狙 カ 食 行 開 意 海 ん ブ 場 囚 お
私 狙 愛 権 に 失 敗 ホ ぽ コ ン 側 チ モ
ひ 妊 合 嶋 応 京 表 面 乏 つ む 態 度 側 弱 通
ヌ 読 ぐ れ る 応 京 表 っ エ 進 芸 イ ン チ
選 式 合 読 ま る 話 ソ 表 っ プ 進 金 だ 大 丈 夫
株 ぽ 式 読 合 報 会 ソ 砂 座 コ 応 金 場 安 セ
し テ る 報 合 定 測 ッ プ 進 投 二 再 登 結 場 れ
や 狙 べ レ 推 む リ ノ 存 在 摘 摘 や 室 っ じ 二

# Puzzle 522 — Word List

存在
電話
行動を
ホテル
に失敗
表面
推定
株式
ブレーク
貿易
招待
測定
大丈夫
態度
リップ
コーナー
白い
座っ
インチ
食べて

# Puzzle 523

クしチャニ登ざバクワゴンょ写しど化側
夜選開ん雑無だッるモ権妊砂た多後暫論
の能育論用登クニニょ論べ砂海狙ひ話エソ
然ルンノ登ろマょノ狙弱海狙話ひかおお報
でス無ょるゃス金ぽアプ歩ぽやこいこ側写
ニ自ノグ選摘マ囚は気候退じバき選とど故
ブニダ選金だ合ヌニプロチバ解愛どあトト
カ位ンしヌ合圧ニどロバ話サき圧本本本合
変し解グだ金ニどま月ニギ意圧ふ阪育方む
ぎカ妊ル金話ヌ所満ャ化サ無選本社む
会スノ妊金話合京で満ニソコ解本ぎ
会ヒど私合嶋で室ゃギヱ愛ぽヌせ
まし妊グ嶋ヒ京安べせ圧選む
ふし覧もゃ室ツノギラトぽ方
ホし然故摘ツノだヱせラ本社む方

ダングル
ワゴン
、すでに
自体
変位
ギャロップ
バック
満月は、アメリカの
ブラザー
した後
雑用
あること
夜の
ロバ
どこか
糖は
気候
クマは、
暖かい

# Puzzle 524

育ょテクエス覧期しだ来報ニ通ニ妊摘嶋
砂重モ弱精運臭待暫阪報じ報じ向ぼ通読カ
コ論もま室動臭い室囚ヌ金ぎ進だ読れぎ
ヱサゅ妊進ボ能スまめ愛本ふ百向読百れ側
会サ社む場ッ退るめ意応ノ場る芸開場テ
登場加ふ論ク合こひ目響然セじヌん選む
応弱ょ用所、本コ出投セ致すきチ嶋ラ
ふトっ品精本ざ社む投金退きジ再結リ多
テる室のざれむ京退能投ボこる出えリ投
ぎセっ妊画社京せど狙ぽトルすヌ数ヌ
育場報覧能ひラん作リきざ再出ひ重
利用社結や通動リクょ何出曜っ
合弱可能通ラ動作登く日ノ
空気制ひラジ動狙空気ノ
加能御ををジャンプがリ登

制御を
ジャンプが
運動
ボトル
、ここで
来た
目が覚めた
利用可能な
臭い
同意し
一致する
用品の
数える
期待
動作
リス
空気
ボックス
月曜日
クモ

# Puzzle 525

ノ社モプ天国のヌ退個狙やドラ話ひ報
法定エラ精安乏ヒ形人登じやノ暫愛べし
摘圧カッシ出ヒャ囚合覧所方妊応解摘権ょ本
っ圧トシセをヌざコまもトよ妊上京ドノ忘れ愛たリツ
サイトュをざ絹写のトリしもテルベ的名迅速通のエ暫本ニ
ドソ応ふーカふ本重ニのゅ多応論金辞圧ト
ろセふーカアプ登れ本重ニのゅ嶋加愛ト論やせ出圧ト本ニ
れトセ登アしもの阪テヌルベ統加社ェ暫
投ソ本ドロセエージェントのゅ嶋っ愛トやせ論金出本因解辞出
ヒ弱場金場まっ論愛ト弱金登やせ暫本因
で開金ソベ応百論弱金登辞圧ト本ニ
室だ進意弱百結解登辞圧ト本ニ囚解辞出ひ

**単語リスト**

忘れてしまった
サイト
個人は
符号
アームを
迅速
の伝統的な
圧力
人形
ものの
エージェント
有名
ドロップ
上昇
プッシュを
保持
ベル
法定
天国の
絹のような

# Puzzle 526

**単語リスト**

お菓子を
捧げる
フォロー
絶滅
疲れ
ラジオ
叔母の
コヨーテ
テキスト
生物学
結婚は
依存
を見て
レース
紫色の
習慣
カーテン
実験
男性の
、脚

習ホソチフれ意ぽ妊ふ結実多ゅソリ
慣応再チフォノぎやルしぼ生金をまモ
紫色のチ写テキだロぎヒししドッモぎ見だ圧
れノ写ョコト暫スしラ方乏阪学ソ応てヌだ砂ヌ読
ぼゅ合ヨ然もテ叔母ぽ写ニお菓子をクろ覧む
ラジオンテーカぎしレ疲ぽ場場結お婚何ッ出暫妊ひ
場捧げるオ辞弱ぎれ読ふ疲リ権向ト砂登ソっ
捧げる辞何ソ精私絶ふ意脚向ト金加解砂
くニょ報ソニャど滅阪権精出通愛応砂
ソっ話ソト芸芸む阪育海意金ホ応故私応ょホ
話ヒで芸百ひ海場場妊写ど絶読開む私応砂

# Puzzle 527

能 て 育 金 コ ヒ 継 ぎ ク 結 ひ で 妊 ポ 弱 登 社
歩 所 リ 出 ン ソ 続 ニ ソ セ む 加 む ン 合 ク る
じ 結 ひ 話 テ ワ ま 京 じ モ の ぼ 櫛 ヱ ョ ド が
看 護 師 を ン ツ 本 一 結 応 感 超 を ハ シ ョ 嶋
ん 意 嶋 写 を 加 く セ ル ッ ド 芸 ニ 高 能 ィ 通 ノ
セ ン ド を ホ ク 応 ル 開 ベ だ ル 投 層 方 デ で
ヘ く だ 化 嶋 乏 れ 有 利 な フ タ の 椅 子 結 さ
ロ ク ひ き ル ラ 百 頭 エ の カ れ 論 写 選 無 投
ン 故 ま ニ ニ サ 解 退 場 ク 精 読 ま か ろ 合 金
ヌ ポ ニ 辞 ひ 化 化 側 ん 暫 論 応 重 応 覧 金 ヌ
投 無 報 ド 暫 論 応 重 応 覧 金 ヌ っ 合 場 ヱ ク 社

## 思い出さ
有利な
超高層
百頭の
たかっ
看護師を
櫛の
タフな
センドを
椅子
結論の
感を
ポンドが
シェア
ポニー
オーディション
ヘロン
コンテンツ
ワールド
継続

# Puzzle 528

安全に
右の
品の
ミス
ダンスの
社会的
な否定的な
バレンタイン
ディスターブを
躊躇
アナグマ
フィールドの
ホップ
ウエスト
生姜を
アイリス
靴下
卵に
冒険的
突然

私 ス 化 ぎ 精 重 ウ セ な 安 乏 再 ト ク 靴
海 ヒ 砂 ト ニ で エ 側 否 全 乏 出 ヒ ラ 下
ホ ッ プ ト 海 ヒ ス カ セ 意 精 に ン リ ス
ド テ ど ル る す ト だ ハ 的 冒 や ア ひ 再
ひ ラ だ し 読 開 チ ド 京 な 険 レ イ ド 投
ゃ 意 読 だ る 故 応 応 ド 社 会 リ タ レ 登
場 ひ 育 京 ざ お 退 ぎ 化 論 つ 権 ン バ 京
化 ホ や 選 ぐ 方 金 意 開 じ 開 卵 躊 サ だ
金 ざ 向 応 っ 進 セ ゃ 能 ダ 権 躇 ィ 出 ノ
囚 ひ だ リ べ 突 意 ミ を っ ン べ デ 愛 海
進 海 コ 側 ょ 然 論 ス 姜 ホ ス の 右 私
テ ス 砂 リ す っ 側 を 生 ス ト 品 多 ア
加 芸 覧 ヒ 選 し 通 論 重 社 ト 写 応 ナ
ひ 登 カ ス て 多 画 き 何 ク べ ひ 精 無 歩 ん
フ ィ ー ル ド の

# Puzzle 529

愛摘クせ合故嶋スグラフクトク再エき天
れ場摘歩セノてラレイクじ圧金だノ使
ド覧応歩達成育読イプヌ通囚登エヌ
ろ通側開狙摘じ無弱金投囚開覧だクス
本コ開ど故コホ圧囚投開解場リ室アリニ
健康チ会ムー圧論ニきプレド明百スレホド
れ康噴水狙ィ月面レひん加故権然ニクド
ひ関愛能所テのしフイひド百育ヘ権ニ
ひ係のょクロノれむくぼらん加故圧投
ノのやクロ応辞れむ再囚場能京どへぎ
ハ加応辞育摘写再砂きソ合所ト画応ざ
話るハ写囚読摘投砂ソニ合所ト画応ざ軌
れで写囚ーテセ投砂ソニ合所ト画応道
でラダーテセ投砂ソニ合所ト画応ざ道安

月面
フラグ
天使
噴水
アリ
フィルム
スライド
ラダー
健康
軌道
グレープ
達成
ベイ
ホール
証明する
ヘッジ
いつか
関係の
プレイ
口の

# Puzzle 530

経済
資源
にもかかわらず、
宣言
地域を
実行している
消しゴムの
演奏
貧困を
タレント
様々な
陸上競技
年の
便利な
比較
精神
鳥の
解説
ストリーム
自由

ヌにク砂て芸スヒラ便経済年弱だ愛コ
重トも意安場ひカ妊利ろゃ応っきでぐ
辞ゃだか弱だカソ精なまぎ場んルて
覧京じぼか再サだサ然演愛進暫側ニ
エ権加場様わト貧自陸奏無室カどお
む応ル然々海らだ困由上報登ょむ進
ラ解説応な何ず権競ヌ技れム歩
実行してひ側ニ写技っ宣通ノじ
資源ぼっょモ、て金っ言能化ぐ
地域を室む芸金方金カ砂消ざき
弱だ登辞だ鳥神精画消タ能ノ
圧ぐ安ヌひ乏の比精し写レ画ャ
カ通所ひ向暫比較神ゴして無チ
ド所安ざ辞せレ較合多安ト側ぐ
チぐべセヌ無エつ進ト画狙

# Puzzle 531

ヒ だ 向 ト き 芸 ト ぽ ハ 場 レ ひ カ 出 ヒ 投 、 風 の
む ど 登 だ 民 側 ニ 選 じ ン ト ヌ ケ ル ド 故 っ 価 彼
コ 能 ト セ 俗 開 ド 読 ヌ ド 場 し 室 を 値 っ 辞 の れ
理 何 ゅ ひ セ き 解 育 し プ 論 ま 場 側 原 覧 群 し 故
科 社 場 摘 ル チ ゃ 選 辞 ロ む 合 原 の 因 大 ざ 再 場
の 登 ふ っ 歩 安 育 辞 プ グ っ 通 因 芸 大 最 ん 場 報
圧 退 ル 読 ょ 阪 ド ラ ヱ ラ 圧 ニ む 群 ソ 暫 脅 再 モ
ゅ ク ノ 画 多 影 セ 芸 ム ム ニ ル 阪 ヌ 開 金 威 ざ 意
お ヱ れ カ 加 響 応 合 場 ス っ ゴ 嶋 ー る 向 多 ん ノ
京 っ 病 院 ひ 危 な 場 圧 ッ 暫 ー 脅 ろ ど 弱 で で ひ
積 能 極 摘 本 金 険 何 芸 ニ 退 ル 威 私 海 理 社 私 っ
方 極 ヒ 本 合 す 出 妊 れ ル ゴ む 向 ー 論 ろ ま エ
私 だ 的 ソ な 精 エ ゅ 選 ヌ 私 海 社 エ
ツ 阪 乏 ヒ 場 退 ル ト 覧 加 べ

積極的な
スケルトン
原因
脅威
まで
理科の
彼の
影響する
ゴール
病院の
、風の
危険な
理論
の価値を
民俗
プログラムの
群れ
ポテト
ハンドル
最大の

# Puzzle 532

くらい
痛み
使い捨て
シャツ
フィット
、したがって
属し
休日の
定規は
埃っぽい
もの
甘い
親愛なる
学校の
エンドウ
スティックは、
フィート
縫製
定規の
カリフラワー

退 重 カ ぎ シ 辞 報 サ ノ 定 ヒ 通 ょ っ ト ま ひ
フ ィ ー ト ャ 埃 っ ぽ い 規 ル 向 能 京 所 縫 ひ
ラ べ 辞 ゃ ツ 結 い て 向 は 海 方 精 愛 製 話
ぽ ト 報 重 じ ざ ぎ ソ ソ フ 属 し ソ 退 室 室 ぎ
意 ル 通 開 方 無 精 乏 画 ぽ ィ 歩 ど 故 権 休
れ 海 ぎ ぼ 狙 多 愛 れ ラ 狙 て っ 暫 ス ヌ 日
登 れ 化 摘 ひ 親 意 な 甘 い ニ 然 ト 痛 の
側 カ リ フ ラ ワ ー ハ 報 使 何 ッ 京 み 校
ニ ヱ ツ ノ む ツ 故 開 も む 権 ク 場 カ 学
結 だ コ カ 能 話 愛 だ や エ に 加 ゅ 嶋
き 権 論 百 ヌ 弱 ま や き ン 何 金 精
ホ 能 ド せ 嶋 権 故 る で エ ド 選 安 ヱ
故 多 ぼ 場 再 芸 暫 精 私 ヌ ウ ま っ 通
読 ぼ 場 多 進 ヒ ょ ぎ で の 規 定 海 ヌ

# Puzzle 533

```
金 重 ま ラ 金 無 連 サ 登 海 選 選 ホ 向 ク グ の
投 権 京 ホ ニ 室 想 意 圧 む 意 ぶ リ リ ー ウ
砂 ど 嶋 ま 報 覧 さ 服 意 育 遠 敬 ク ま リ ェ
つ 愛 ホ っ ニ ま せ は く 圧 室 病 結 ろ シ れ ッ
権 む テ っ 報 す ま リ 応 能 報 プ ホ ふ ル だ ト
ん 然 い 化 応 ホ ぽ エ 向 し 応 圧 通 出 跳 く 圧
ヒ 側 つ っ ろ 投 む ニ 何 だ 圧 向 摘 加 ん 育 解
リ チ 阪 画 化 応 ゃ ゃ ぽ く コ ち で だ 妊 じ ベ
つ ぽ ニ 案 っ サ ふ ク 写 写 傾 も 妊 然 金 進 応
れ 報 リ キ 考 報 ょ コ 愛 も 斜 境 て 金 場 れ 持
ヌ ま 育 ャ 然 精 ろ ン ど 重 境 界 ツ 解 狙 だ っ
っ り 百 レ 考 会 コ パ 開 界 砂 る 愛 場 進 て せ
写 モ 向 会 暫 平 ン ク だ ノ 精 病 室 チ ニ せ
ぎ 弱 ょ 室 退 均 パ 応 ぼ 精 応 れ 投 論 多
ゅ ト 所 ト っ だ 砂 歩 ひ チ
```

## 単語リスト

- コンパクト
- 持って
- 跳んだ
- リング
- 家賃の
- のウェット
- 傾斜
- 敬遠
- 平均
- 長い
- 病気の
- オプションの
- 選ぶ
- 境界
- クリーン
- キャリア
- 服は
- 連想させます
- 考案
- 臆病

# Puzzle 534

```
写 だ 愛 き 京 辞 っ カ ぼ ま フ ど し ど っ
登 ド お 先 ょ ホ 愛 や せ ソ ラ っ 然 嶋 流 高
の ク ク や の ル ク コ マ 私 ッ し 覧 ソ 体 速
一 サ イ っ あ な イ ニ ッ 重 ト 嶋 ぎ る ゅ 道
バ ぎ て て な た て ヱ ト ト 解 も 百 だ ぎ 路
ン じ 方 場 い 方 ろ ス 解 だ 決 ト も く の
メ ん 摘 ア カ 化 ま ト 意 退 ら 精 ラ 投
き 所 て ザ ベ ナ カ ロ ぎ 乏 当 ん 金 嶋 コ
て ま ぎ も ル リ 化 ラ ゅ 能 会 だ ど の そ
写 私 モ ど ど も ア 選 当 キ 話 く 後 選 何
本 室 チ る ア ど 芸 ル 会 ジ 選 の 、 発 応
ぐ 進 辞 過 愛 登 場 だ 話 っ べ 出 お 生 レ
農 ま 写 去 過 出 歩 ゅ す 権 方 側 ま だ む
家 ひ り が ぼ 条 ヒ 私 、 論 ヌ 所 サ 通 べ
く だ 百 電 ぼ 件 会 ラ 向 金 ふ ひ ク ハ 本
会 ま ヒ 車 ヒ 論 意 電 ど サ ク ひ ノ ト
ニ 二 歩 ラ 会 意 車 会 ラ ス ハ ハ ど
```

## 単語リスト

- 、過去
- その後、
- あなた
- 高速道路の
- マニュアル
- 発生
- 条件が
- 電車
- 多くの
- カナリア
- 農家
- 流体
- メンバーの
- 先の
- フラット
- 解決
- のサイクルの
- 当事者は
- キジ
- 話す
```
```

# Puzzle 535

親ツざ室重チノセ海ニ再囚尋休暇はと
切ま応物選方まれ投場キト向金エろの間で
博応スス選方存愛暫育乏本ンホニしで話加
セ物ろまれ存ぽ妊せん安登テッ登石鹸社
語彙館投場愛ま愛暫育乏京画化論要無ど意ょコ報
れ結無向報コェコ京画需出無嶋社開方合コ精室
無何金っ開ニぐタクシー合方食退品チッれ乗り心
れせ本望遠鏡のせレおいずれかン乗り心地をたい

アンティーク
ホット
親切
需要を
石鹸
との間で
博物館キノコ
休暇は
食品
波の
尋ね
望遠鏡
タクシー
乗り心地を
チキン
のいずれか
語彙
たい
保存
貴族の

# Puzzle 536

スキル
観察し
グレード
位置が
インターセプトを
内部
提供
残し
、最終的な
着用し
ホスト
バイクの
イレーサー
保証
愛情
描く
作りを
回復が
インチが
学生

京カ再きぎろゃソツセニ多や保証進能
で再セル狙セむおバ読しスでる加ニ応ヌ
場べ結能ぼ故妊ヱイチルまヒ砂化重弱ぎ
場くっハニだ阪レっ精最終化っ妊描くゃ
画ト応セ場化ホク金らん結的愛情むょ論
せ場解モ報ま覧ドセ芸お阪もレ加画故
着学生ゃだ妊位出無狙登せ画を辞ニ育私
登用ゃだし残置読提供内部セプキ回何意
ド化ヒ察歩読インターセプト写ス登権じ
化ヒ方観しドサルー多室どホ作せ本意
ト方意解報グレードやニモ海ツせ本
ょ側解報ド向多嶋がトじ弱ゅ暫ぐ
側故再報嶋暫画トチ百京弱ゅ暫本
故し再囚サ画がモン京ハ

# Puzzle 537

スれ読室ラ側重百合ニ京れ意狙ヌぎ解
ゅモぎ私ホ私で合ツヒレてひ結圧きひ室
リス会ヌカ乏意ひ意画レひ在圧ぼリ場
場論ぽし社合合ツの読ン方庫チろほぼツ
ツ能れぽ嶋方場意花簡ざろや本ヒ芸登重
重っヱぎヱろ進レヌ素チ化嶋能ュる百ひ
ひぽ弱パる応れるチンカざ室所らるお金
金じぎウ応ラエ火ヌ社た然進こハ無私だ
だ故精ヒノシプ曜ぎ然まで弱やセ登ょ
ょ執妊ダれーロ日たカで弱登ト出ト身執
執樹ト進ヒトの辞れフひ登場加ラ方自行
行皮ニ出ダワー歩リトと砂こノセラっラ
ラニっ写ーテ歩ひカ砂精れれエトラ写開
開発狙つ乏ぼ再写ょぼどエ砂ノ投側
側ゃひコま再写ょぼどエ砂ノ投ラ写

樹皮
在庫
シート
の簡素化
スプレッド
執行
、カリフラワー
エプロン
自身は
開発
弱い
火曜日の
シリーズは
これらの
花の
リスク
パウダー
たまま
占める
ダウンの

# Puzzle 538

必死
洗濯
陸上競技を
強打
ミックス
記念
テープ
のない
ハード
含ま
手配
が存在
カニ
トラブルの
カエル
クック
と思います
発言
クリップ
精度

クト洗濯重ょ重読話でまヌ開強トと百
ひ砂ラ解ょふも向登ハド阪打ざ思結重
再阪選ブクも側会応何解い重
やん場ルざ加社ト本むニ進ますふ
ひククっヌ言投京む覧ヌ圧のサ
能べ報カふきツ投辞むべ圧ヌ報な精
テ所通ひふをじ然ぐハセざんい登
ー育ソ陸化競よボ側育ホ海て念必
プ投ス上スッ場意開ホだ精向
歩再本リクミ海何開カ度テ進死
し だヌ ッ弱 意ぼ ぐも 私ーク
砂ぼプ阪ふセ覧べニ配ププ
っろ二何だドド妊ノ応室辞ツ

# Puzzle 539

| | | | | | | | | | | | | | | | | | |
|---|---|---|---|---|---|---|---|---|---|---|---|---|---|---|---|---|---|
| る | 論 | レ | 無 | サ | 辞 | 報 | ふ | ゅ | 妊 | 関 | 百 | 歩 | ひ | 化 | ぼ | べ | ホ |
| 逮 | 捕 | ざ | っ | ス | も | ぐ | ハ | 空 | 心 | い | ク | う | 弱 | ま | だ | | 投 |
| 多 | レ | ュ | ぼ | 私 | ケ | ハ | 圧 | 故 | の | る | よ | リ | 圧 | 登 | 出 | 論 | 海 |
| 場 | ょ | ま | テ | 故 | ー | 室 | 意 | ク | 大 | て | う | ょ | 出 | ヱ | 報 | | |
| 向 | べ | ヒ | ぼ | 故 | 報 | を | き | 合 | 学 | 弱 | 本 | サ | セ | 論 | ヱ | ド | |
| 愛 | 奇 | 妙 | な | だ | ひ | 投 | じ | ぼ | 院 | 出 | 砂 | ラ | れ | ホ | 結 | レ | |
| じ | 多 | 能 | 能 | む | ざ | を | ざ | 、 | 解 | 海 | 摘 | チ | だ | 化 | ょ | イ | |
| 育 | セ | 百 | 摘 | ニ | だ | 投 | ド | 特 | 輸 | の | ン | エ | 京 | ま | ヱ | ク | |
| 安 | ス | 寛 | 大 | エ | む | 化 | ー | ケ | 定 | 入 | 写 | ン | ベ | 妊 | し | 育 | 獲 |
| お | 出 | チ | 何 | 登 | ぎ | ラ | ケ | ジ | 、 | の | お | ン | ツ | 化 | ま | リ | 得 |
| ば | ヌ | ひ | ー | タ | お | ざ | 化 | ひ | 特 | 砂 | エ | チ | ベ | 故 | 阪 | 所 | |
| あ | ざ | 所 | 本 | ム | だ | お | 、 | 砂 | 定 | の | 画 | 京 | ー | り | リ | | |
| ち | ろ | 読 | 読 | 歩 | む | し | 加 | お | 論 | 京 | ヱ | 乏 | 育 | ょ | リ | | |
| ゃ | 摘 | ひ | 投 | 合 | ぎ | ま | 芸 | し | 二 | お | 何 | ツ | リ | 阪 | 所 | | |
| ん | 応 | 新 | し | い | 応 | ぐ | ス | タ | ン | ド | ヱ | だ | ま | し | ょ | 得 | |
| | | | | | | 覧 | 開 | 会 | 解 | ヱ | ト | | | | | | |

関心
輸入
大学院
奇妙な
ライター
新しい
スタンド
リリース
スケートを
獲得
おばあちゃん
、特定の
いるようだ
空腹の
チャンス
寛大
ケージ
逮捕
スチーム
ドレイク

# Puzzle 540

歴史
惑星
自分を
学術的
教育
マシン
キス
キャップ
行わ
渡します
生きて
自身が
パターン
エルフ
意図する
ウッド
ファーマー
変数
ギフト
チップ

| | | | | | | | | | | | | | | | | | | | | | |
|---|---|---|---|---|---|---|---|---|---|---|---|---|---|---|---|---|---|---|---|---|---|
| 変 | 再 | ル | つ | 報 | 意 | き | ク | フ | 論 | 意 | 応 | っ | 場 | だ | 渡 | 読 | 再 | ょ | む | 摘 | 安 |
| 百 | 数 | ホ | 投 | ひ | 図 | ニ | サ | 論 | ァ | ぎ | ン | 読 | セ | 自 | し | ょ | ニ | 金 | キ | ス | 辞 |
| ま | リ | ホ | 嶋 | 辞 | す | キ | 社 | 砂 | プ | シ | 京 | ぎ | 身 | ま | む | ー | 開 | せ | 側 | 場 | ト |
| 生 | き | て | く | も | る | カ | ざ | れ | る | マ | ひ | 側 | が | す | ン | ひ | 会 | む | 圧 | き |
| ぎ | 退 | 結 | チ | ま | 何 | ハ | き | 応 | 側 | ー | 歩 | っ | ホ | 通 | パ | 会 | む | 惑 | | |
| ゃ | っ | ト | ノ | 能 | コ | ぎ | だ | 読 | ヌ | 自 | ぎ | リ | ト | パ | ン | 側 | 圧 | 星 | | |
| ま | ニ | 京 | っ | 弱 | ル | ょ | ヌ | お | チ | 分 | 通 | ク | エ | タ | わ | 圧 | 重 | | | |
| つ | ま | 権 | テ | 海 | 通 | お | 金 | 育 | ぐ | を | 行 | ル | ー | ン | 重 | | | | | |
| ク | ぐ | 登 | コ | 覧 | 会 | 写 | ど | 多 | おっ | 歴 | わ | 暫 | フ | ップ | 惑 | | | | | |
| ぎ | 京 | ド | 能 | つ | チ | お | 海 | 砂 | ゃ | 権 | ソ | で | 金 | プ | 星 | | | | | |
| ウ | 解 | 私 | れ | 重 | 選 | ど | 圧 | れ | も | ク | 学 | 通 | 暫 | き | | | | | | |
| ッ | 海 | テ | 権 | ぎ | だ | 海 | っ | 進 | 室 | 的 | 故 | | | | | | | | | |
| ト | | | | | | 二 | | | | | | | | | | | | | | |
| ぽ | | | | | | | | | | | | | | | | | | | | |
| 登 | | | | | | | | | | | | | | | | | | | | |
| 教 | 育 | む | ル | だ | 二 | っ | | | | | | | | | | | | | | |

# Puzzle 541

```
使 室 圧 狙 権 撮 ま 辞 暫 べ 精 ゅ ま 育 ヒ む 人
テ 用 ぎ 阪 ぐ 影 応 結 辞 辞 カ カ ぼ カ 嶋 悲 間
ソ 責 は 洞 嶋 投 写 ま だ ま 金 せ 覧 権 化 劇 ぽ
出 任 ラ ト ン が お せ ト だ 能 芸 然 テ て な 論
カ バ だ 会 ソ ノ サ 何 じ 進 応 覆 囚 テ ま だ 精
弱 応 金 何 む ト 拡 叔 進 ぎ 金 ひ ベ ツ ひ ソ ト
ま ク 進 乏 百 く ニ 父 前 ま 私 前 登 ッ テ 投 る
ク 弱 選 イ ト 加 ヒ レ 叔 側 ニ 育 ヌ 食 乏 ろ 平
弱 妊 だ 百 ロ じ ニ 室 父 登 に サ 阪 京 ソ 終 和
パ 育 ゃ 妊 圧 画 ひ レ 育 方 も モ も 阪 ろ 了 金
育 ニ 社 安 圧 ッ ぐ 室 登 っ 権 ン だ 嶋 ま し 楽
... 暫 レ 弱 ニ ひ ロ 弱 メ 意 妊 乏 意 し 所
社 安 圧 圧 サ れ 会 ハ ウ 愛 ラ れ お ひ ゅ 何
```

カメラ
撮影
叔父
夕食
使用は
洞窟
モンスター
悲劇的な
前に
レモン
平和
拡張
人間
クロウ
パイロット
楽しま
カバーが
責任
覆っ
終了し

対象
話しました
規制を
どこ
明らかに
、再利用可能なを
水泳
少数
横に振りました
シーケンス
明日は
セクションの
注ぐ
たいと考えてい
空は
警官
また
待機
関連
コンピュータ

# Puzzle 542

```
ひ 妊 権 く 警 官 ヌ ニ 囚 開 横 ツ 芸 権 ノ 圧 多 多
ハ じ 応 ろ 、 ホ ス エ 通 育 に カ 選 室 本 阪 ド せ
も 暫 ニ ソ 場 き ぎ 愛 ひ 振 ヌ で っ 化 む 妊 開
エ セ サ れ 再 ぎ 利 然 多 り 摘 話 妊 ぎ 海 じ 解
セ 明 ら に 海 ょ ド 用 た エ 向 し 私 二 本 出 れ
育 ク 方 水 だ 関 可 し 少 話 二 阪 私 き れ
ぽ 重 シ 泳 能 出 ス ま な 数 精 き き 狙 き
ス 愛 本 ス ぎ 本 阪 た ょ ま し ゃ ひ ス
ラ テ 金 ケ だ ひ っ 私 を て じ い ゅ
ホ 応 ぐ ン の 安 精 た 考 摘 ニ 待 つ
む 読 レ サ シ ピ コ い え ぐ ひ 機 り
対 象 規 覧 ュ 暫 リ 摘 乏 写 弱 出 方
ひ エ 制 空 サ 覧 砂 ノ 暫 選 所 ツ
能 せ を ど も は っ っ ヌ 出 だ 解
登 精 重 こ 嶋 き ぽ 摘 海 テ 能 報
```

# Puzzle 543

ケ コ ー ト を サ ヱ 愛 報 故 ヌ ざ ダ ん 壊 だ ベ
フ 外 ガ 室 ソ 応 育 れ し せ 解 精 イ 会 ス れ 開 た
ィ 国 イ 応 モ や れ ざ 読 ひ 品 質 ジ 然 リ だ た ク
ア 論 タ ク 重 歯 て ノ 愛 化 会 何 ェ 金 ひ ひ る 辞
ひ 研 究 進 ま 磨 誕 シ 生 会 日 ぎ ス 合 べ 歩 ゅ む
重 む 暫 社 き 覧 権 報 日 歩 報 ト 弱 解 し む む
収 集 暫 失 選 粉 百 金 モ を 阪 安 ク ヱ 百 無 ク 海
辞 愛 条 礼 れ の 加 融 ン 私 し ー タ ッ 京 権 論 ん
愛 百 約 な テ 育 も る も 化 ろ レ タ コ 合 故 論 ぽ
ひ ぽ ど 応 砂 だ 京 育 だ ぎ 意 ク 圧 京 ひ 何 海
登 登 だ 結 漠 テ き っ だ ろ 芸 や 写 投 ソ 私
囚 ト 摘 ト の ー ナ イ マ レ ざ レ 話 育 ひ ょ 妊
ひ 室 ラ ル で く ざ レ ポ ー ト 京 然 私
投 育 開 報 チ 話 合 ヱ く 私 社 囚 通 ソ 精
所 無 狙 チ 摘 故 登 弱 応 ひ 覧 レ 芸 だ 進

**Words:**
外国
歯磨き粉の
タイガー
品質
研究
コートを
条約
壊れた
ターンを
レポート
ケフィア
収集
モック
砂漠の
シナモン
誕生日
マイナーの
金融
ダイジェスト
失礼な

# Puzzle 544

**Words:**
ビート
感じた
している
叔父は、
ランプの
の代わりに
不足
ハロー
ドングリ
アームチェア
サイリング
愚かな
努力の
信頼性の
ワーム
機能を
カップ
アプローチを
のボイド
情報

出 所 ヌ の れ 読 選 ぎ 社 場 結 モ ド 努 応 辞 信
辞 社 乏 代 叔 父 は 、 ヱ ア じ ま 芸 ひ カ ニ 頼
芸 海 加 わ 覧 精 不 ぼ 進 プ カ ま ニ せ カ の 性
ひ 解 弱 り ラ 論 足 進 ぎ ロ ノ 情 報 ん じ の
ト 化 無 に ン 囚 ヌ ニ 弱 ー ハ 側 覧 感 た む
し い る プ 意 故 然 化 エ 合 乏 ツ じ 論 れ
て 故 リ 百 の 私 覧 ぼ チ 辞 圧 た っ 場 覧
チ 摘 ニ 金 覧 阪 機 ょ を ム ひ 話 化 で ぼ
愚 覧 ひ ゅ ぐ 開 能 ア だ ぎ ア じ お 無
育 か る っ 嶋 所 を ー ム 重 論 リ 意 百
チ 歩 な サ リ 開 通 ク ろ ぼ 意 ビ ど 結 カ
精 ニ 多 室 グ 重 然 ハ れ 結 ー 私 乏 進
ふ 精 海 応 の 重 読 ぼ ハ 百 私 ト 育 ぎ
ぎ 京 ど 選 ャ 百 ぽ レ 砂 ツ ぎ チ ヌ
化 安 ヌ 再 つ 場 愛 だ レ 砂 セ サ ヒ セ

# Puzzle 545

ク 開 ツ む 覧 室 だ 応 嶋 ジ を ス ン ェ フ 多 モ
ル く 嶋 愛 応 論 チ 話 テ カ ッ ス ェ チ む 圧 ぎ ナ
場 ハ 登 リ 海 重 っ せ チ 京 論 レ ー シ ど ビ ン
気 レ 加 ヱ ト 金 加 の 海 合 報 予 読 ス テ ど ゲ に も
権 に ヌ 入 女 ヱ っ た ク 今 や 無 ヌ 報 追 意 追 加 し で 弱
通 ニ 合 辞 ノ だ 選 ゅ れ 場 無 ひ で ト 解 安
む 故 辞 ノ 選 ゅ れ 場 ぼ 無 追 金 だ ざ 芸 む 開 ク ヒ ど や
多 解 チ て チ ぼ 場 ぼ 無 ヌ 覧 愛 ノ や 意 故 安 結 だ
摘 社 ぎ 場 無 ひ で ト 乏 意 ク ト ぎ 結 む 退 ク ヒ や ニ 室 も
帽 開 で ト 解 安 ク ト 結 だ ど や ニ 室 も カ く
子 キ ツ ネ 解 安 ク ト 結 む

**単語リスト:**

ナビゲート
カードの
コンパニオン
帽子
女王の
ボード
予約
吸血鬼
フェンスを
実際に
クラブの
スレッジ
ステイ
最近
ステーション
通常の
キツネ
今や
追加し
気に入った

---

# Puzzle 546

**単語リスト:**

もたらした
実証
マップの
ハンバーガー
月の
フェンス
テントウムシ
注意
少年
怒ら
守る
曇らせる
メガネ
確かに
オートバイ
からの
ピース
ポータブル
読み取りに
幸運

フ ひ 芸 百 権 画 多 読 話 ヌ く テ ぼ サ 意 向 モ
能 ェ マ ッ プ の 結 選 退 ぐ っ 暫 ポ 選 ひ 進 加 妊
会 画 ン カ 向 権 場 応 側 登 ど ー 化 ソ 金 意 べ
辞 阪 歩 ス 海 応 阪 室 合 確 ょ タ 解 ん や ス
曇 重 金 注 き 室 や 芸 辞 か サ ブ 権 だ ピ ツ ク
べ ら 怒 意 読 再 話 少 ハ に ル つ チ ス ま
テ 出 せ 画 読 メ 覧 年 か の 解 ャ 投 阪 登
金 ン 乏 る 取 オ ネ バ ら コ 何 暫 応 報 ス リ 室
砂 し ト 守 も ー ト イ か 月 の 弱 ニ ャ ヌ ス
会 ひ で ウ に た も し ら コ の 報 二 ど 精 き ヒ
ざ ぼ 実 ド ム ヒ だ た 退 月 社 ん お 権 ょ 所
ょ 証 ラ 育 シ 出 圧 阪 ろ 私 乏 再 向 ぎ
せ ハ 精 読 再 ト 所 ノ 重 ろ っ 囚 覧 京 ゅ
ハ じ 本 社 コ や 安 ふ 歩 ふ ニ ヌ ニ 論 て 阪
ゃ 本 社 コ や 安 ふ 歩

# Puzzle 547

```
場 ス ド つ く て ひ ろ 精 圧 ょ だ だ ぽ 阪 本 歩
ど エ テ 出 つ し 方 か し 例 外 囚 溝 ス ひ 合 ぼ
弁 能 方 恩 赦 ま じ だ 側 ふ 加 ス 育 て 向 報 育
話 護 ド 契 も っ 写 ふ 多 育 読 故 ぼ ヒ 室 嶋 だ
退 圧 士 約 ホ た ソ ニ 弱 無 ド 写 芸 ぎ 歩 妊 阪
金 加 選 を 威 脅 セ ッ 芸 結 芸 摘 応 セ 退 囚 カ
サ し せ 本 ヱ む 向 ざ じ て 無 画 ひ ぼ な ど ざ
圧 チ 重 所 ク テ 写 論 だ む 精 精 向 ヱ チ む テ
ざ む ラ 京 ひ 写 化 合 だ ニ も ク ー ル イ に レ
悲 セ ッ 報 写 化 阪 応 ひ チ ャ ハ 写 ア ス 迅 マ
振 惨 ス 選 択 す る 応 だ プ レ イ ヤ ー 的 速 イ
海 る さ 舞 を 退 阪 出 社 レ イ つ ろ ー 配 私 ル
コ 育 舞 う っ る 室 ま 権 ク 私 ざ 場 ト 支 海 ス
ー バ ニ 登 狙 ま 権 ク 私 ざ 場 乏 場 ル 化 ん ス
ム 開 登
```

チェイス
コーム
恩赦
脅威を
プレイヤー
契約
悲惨さを
支配的な
てしまった
マイル
例外
振る舞う
弁護士を
溝が
バー
かかし
クールな
に迅速
トライアル
選択する

# Puzzle 548

光沢のある
ミッション
の中で
民間
女性の
お母さん
プレス
怒っ
うち
石炭
クラッシュ
キリンの
食器棚
ハムスター
改革の
スープ・
理由を
おそらく
バス
アネモネ

```
食 器 棚 ぎ ひ ひ し 方 ホ リ ア ハ プ レ ス 能 ぼ
解 む き 暫 れ 理 金 む 向 ト ネ 然 ム 辞 場 社 育
女 性 の 向 だ 由 圧 だ 写 モ 乏 ム ニ 社 摘 辞 ド
圧 リ り 側 室 を せ っ 摘 ネ 意 ス 投 つ 社 摘 チ
ま 登 ン だ の ニ コ 向 登 ッ 進 論 金 だ 金 一 再
で ス キ 室 中 レ レ 多 ク シ シ 開 石 ぼ 石 ど む
向 ー プ の で セ る 進 選 ュ 能 ざ 炭 あ 炭 意 や
ヱ ・ ニ 中 圧 で 芸 加 嶋 ッ 本 の つ る お 室 多
重 だ で 本 で ぼ 投 だ ゃ ひ 重 バ 砂 う 母 ふ ゃ
応 き 百 選 ぼ れ お 芸 京 会 沢 ゃ 海 ス さ ま コ
ま る で っ 怒 京 阪 投 む ら 退 だ 再 ッ ん 退 結
辞 所 チ 京 リ 改 改 お 会 く 写 じ 退 ツ じ く ツ
民 暫 覧 応 ざ せ 京 阪 せ の 本 ゃ 向 ノ ま 化 て
ト だ 辞 論 論 じ 論 能 ま 場 辞 だ 摘 セ ん じ 加
```

# Puzzle 549

ニ 方 ヒ 場 ひ 私 だ カ 簡 合 出 版 鉱 山 、 道 含
む 退 登 何 も エ 辞 京 素 論 報 京 レ 精 実 を ま れ て
エ 通 苦 し み コ 退 出 化 ん 暫 砂 や 向 際 読 に セ お
に 苦 る 囚 ぽ む ヒ ス べ ニ 金 愛 将 の 画 だ ゃ エ
空 ま モ じ 重 多 精 開 じ 化 ょ 投 野 通 来 安 ろ っ
ま ぽ も 登 リ ッ だ 化 き 場 っ カ 側 カ 自 動 話 向
モ 重 登 選 安 ウ せ じ ヒ ウ 患 ヒ ひ じ じ 車 ぼ ハ
じ も り 金 重 ィ れ 場 ン ィ 者 テ 金 ズ ぼ ぼ ざ
砂 社 通 せ む ン も ィ ド ヒ ひ 投 方 イ 加 作 し
側 む 化 金 経 ド 加 ィ ウ 投 ま 覧 ブ シ ぎ 成 く
育 ぽ 合 起 無 歩 ひ ョ し 笑 百 ラ ぼ 進 だ 私
ヒ ど 加 こ ゃ 合 安 だ し の だ べ 愛 リ ア ぼ や
場 場 話 り 砂 サ の 狙 狙 笑 狙 報 金 愛 ノ せ
育 リ テ す れ ッ カ ー 無 歩 ス チ 金 ク ざ ま ゃ

## Word list

自動車の
出版
サッカー
ウィンドウの
苦しみ
経験
鉱山
に空
ブラシ
患者
、実際に
笑い
作成
道を
リアライズ
簡素化
将来の
起こります
含まれて
荒野

# Puzzle 550

## Word list

別れの
イチゴの
教授
きちんと
ツリー
現在の
却下
要因
結婚
レクリエーション
隠します
オフィス
適用
ヒキガエル
計算
理解
骨折
川の
音楽
災害が

ひ 報 テ 投 応 カ ラ ツ ド イ チ ゴ の ラ 多 意 歩
加 囚 ノ ト ざ 選 精 リ ル 再 ニ 写 在 計 開 報 側
投 き 辞 化 ン シ ー エ リ レ 現 算 何 ャ ス ゃ
辞 ト ん サ む ホ る 嶋 ガ ド 百 ス ヌ や 本 ス 向 ニ
話 モ ド 却 下 チ す だ キ む 妊 テ 然 結 隠 っ ひ
ゃ 百 お ニ 意 エ れ 合 ヒ 理 海 本 し か ス 金
本 サ だ む モ ノ 意 嶋 ょ 音 解 婚 ま フ 芸 ド
開 然 む ク 狙 通 権 セ 重 適 カ く す ィ カ 重
ソ テ ヌ き 狙 阪 き 加 然 用 覧 ヌ 歩 ス む
砂 ス 砂 レ 故 教 だ ド っ ヌ ち 方 要 登 何
乏 ま 化 ニ 辞 つ 授 骨 折 報 き れ ん と ラ ソ
テ 川 ぼ チ れ 場 本 ニ 登 合 別 ぎ の レ
災 出 の 場 ヒ も 嶋 お ノ れ 京 ラ 再
害 画 れ ド 室 会 方 ざ ひ 読 覧 退 力 退
が チ ま 京 無 覧 ぎ ト ゃ 会 退 力

# Puzzle 551

だ登精応登リ化化テ進摘ものリ維持ス開
無金コ再私スル阪百ソ社モ赤ぐ退場ニ何
っ応ひ圧何社ゅコ阪スだ赤ちゃ何ぐ所安圧
デューティ海ハヱ退ヒ金の干ん投、会ド登
ホひリレレハト狙ろ解投ばの急登も
るト開ょ側読み側方テソソ遠つも場速にセ
話っ辞愛場ータ電気も権再読方テソソレまま辞京
暖炉の劇的まぎ側も権再ルスれ妊ぎエ辞京りだ
だん完璧ょ側も権再スル圧まま金もリ嶋だ
囚ヒ璧ょ側も権再スイバドアラ権ひヱ結で
ソリューションをスれ誇っ退も故れ進ヱ結ソぽ
論進っひれ狙登スクれ摘りれ向場応ソ解
つ場エ読狙ノ所デ妊チ向場応
ホッケー百ノ所デ妊チ向場応ソぽ解

完璧
ミイラ
ソリューションを
デスクを
の赤ちゃんの
暖炉の
干ばつ
タイトル
誇り
、急速に
遠い
劇的
デューティ
ミラー
読み取り
ホッケー
維持
アドバイスを
電気
その

# Puzzle 552

男の
食用
ストッキング
フィル
うなり声の
ローブ
彼女
悲惨な
アイデンティティ
ボディ
ブレンド
次の
防ぐ
デリケートな
ゴム
ブルーム
ピン
を越え
バッタの
問題

をデホだ写応スし乏読バ阪トるろ何圧
報越リ問題多ソト何能百京むま社結選ニコ
ぼやえケニ食ヱ登ッレ育結チソ次の男ふ
無登囚芸一用だ登タおだ会結ブロモて
防ぐ向ぎヌト悲ッキンゴムール無う側コレトれ
ひ圧歩化方テ惨キな彼ニグ選クなじりょや
おクフィル育なアイ摘れれ嶋りぼス化
覧合育ブ論精ヌ進だ然多画ぼ登能
れ読阪本ソクンやぐ進べ海ニボデ開ぽ
金嶋然おドィ論ホせ場ソ辞ィで
加弱ひっスノ権辞セぼ投精場意育登
まソモ辞ヌハ通砂ィ投精場意ぽ

# Puzzle 553

エ場ツチ、クぽ登フつ話ざ向砂相手ひ愛
コ開じッマぐひ登ォク場結妊海妊権ひス
スン何せトイラソ報ォラつ辞海キ弱歩れ通
れ何せヱラ本覧国だラ圧出ルキ百じお進
ゅ私トチドスの囚論ク通し百シ通く安合
乏退せラセの民然ク登まっ何ェ重本ト側
べ報くドプ民は力ぼ私登ぐのル妊妊話意
芸欺ホセラは、子意供化登敵百ががルク
歩再ク場スや多供知のモニ知通安安でふ
再クヌ金レ多二の応敵多モ恵進歩歩ルテ
セ向権ひクエ選意ニ暫暫ニ進モ所所どル
ニ阪だ再ェコサ選モ砂のモ百乏ふふゅど
セっ応ソコサ意選砂乏辞乏故退くくゅ然
暫海英語ドラム加方能故退出本ふク然

能力は
フォーク
英語
ガラス
敵の
コントラストは、
エクスプレス
シェル
重量
バッチ
キャベツ
ドラム
子供の
国民の
欺く
相手
知恵
、マウスの
ドライバ
の耳が

# Puzzle 554

タッチをし
ネイル
付随
、公共
認識
採用
展示を
を奪う
選択は
可能
ビーチの
一緒に
ブック
乾燥
知ら
トラム
サッカーに
ライラック
適用する
の家族に

芸室私知ろゃコ権ざ嶋私んヱのま安乾
退認投らっひ方退妊加結サまラ燥解
再精識故室も摘然無テニ覧家テ私選
ぽっろ方能サ開砂出ヌむしコっク所
百能ヌネし方チタのくトきラっクる二
クッライをコ採ブカ結ラ適京ヌすノ摘
愛まリルひだ登芸でビ緒ムツ安ろ砂せ
、狙るも読選コー読登ハ合ヱまを読
ひ公ぎお芸スゅ択写芸リヱ奪画む
ス結共付退サはビ投ラドド囚可多投
室二摘随砂向だ選砂ド無登ノ能投権二
ろヒ出会狙場ひ択意も通ヱひれ嶋
意二所ニ妊話砂故ぎックひじ芸
側能む開テ愛話暫まっひクじ
ルっだ故圧私愛暫るっ退ク

# Puzzle 555

ネギを
重要な
種類の
狭い
曇り
ハンマー
若い
民主的な
スポンジ
キャリー
熱心な
ことが多い
ドリンク
高級
喜ん
貴重の
個人
政治
の夢の

# Puzzle 556

方向
朝食
イカ
、市民
管理
歩行
不安
メールを
パン
エクセリットル
役割
稼ぐ
スペル
貸します
雄鶏の
速い
ペイント
イタチ
パンワード
冷たい

# Puzzle 557

読開ウインスタントが弱意育応進ツ覧
歩選ゃェ進まとソヌコ選応くホむヅ解
覧サぎエイクニッヱ暫やさべ話だじだ砂
ひしテク期圧やニャるだざっ所ょだ読
ラひ加話間やサニ室し金ろクリ読リ
囚重キャサ休選開無ニ応古い進ん所き
ざ砂ルれひン憩多サホ投圧ア合応狙重
ノ能ぐ場阪コプ室るハ応乏ロハろヌ囚
ニだ愛金ドモス話海クムテまぽ歩覧ヌよ
ま囚金ドンんトんトニリクャ退ひ多っ
成ヱ愛のホにだろのブセス結解っコ
果町暫き応ち危画トト何ドむひ無進
ヌ暫きや進レ険ヒムたてかミル無
ひ能やぎて摘もなクがぼむ

休憩
廃液
カブトムシが
コストの
システム
成果
ささやかな
期間
に危険な
キャンプ
もちろんの
達し
リスト
インスタントが
古い
かむ
町の
ミル
ウェイク
となっ

# Puzzle 558

嵐の
ファミリー
緩い
一般な
ボクシング
アクティビティの
いる
今日の
スクーター
小さな
調査の
風船
キー
調べる
に向けて
到着
消防士
が成長の
釣りは
評決

画釣場せ権エッス選モトエひふボ写ホ
側り報だソ方砂合のィテビぼテホヌア解ざ
くは画摘ク嵐く読方嶋意愛クヌシ圧サ
妊砂登れ故のツ読評くヒぽクぐ風船ンだ金
だお話囚ツ登ぼ決ヒ辞愛だむグま解
乏ノ再今権調お選多応歩ラ登金報セぎく
レ結一権ルレ日調芸投リファ投だむぎ場
嶋ひ般ト嶋ぽ調のヌカクニ論テ成での
会キ般なポ到向トエ査ぐリ報ヌ通辞る
キーなっトルカ小嶋モ育投ク無加 タざ
に向けてフ着嶋ドホ育ニ意覧歩論論退
無ト緩登士ど安スきク無出ク方権ホ本
つぼい写投方ハ安ス出方ス権ホ一合

# Puzzle 559

海ヤル製話話だひどチ選海し論登再ひ
だニ京取品選ニ狙ヌーん権コて結ニべ所
じ金やっ京ヱヱ数れニの厚スヌ妊応加然標準的な
て安し化ノ摘半過妊場何方権辞問むべ精する歩多意登狙投場
辞解ヒ私摘過妊場何写権ヒ嶋京野生権ホ向加ひ場
海まで安室のぎレどだ辞むべ愛せく近金何だニヒ化
チ音声赤ちゃんのレど辞結問題読にく場退投場だ社化
音赤ちゃんてくレでど側クロスリん側愛する歩多カラチ狙登ピーマンバスケット化ヱ

**単語リスト（右側）**

の近くに
ピーマン
チーム
バスケット
、標準的な
野生
クロス
ことができる
愛する
ウズラ
父の
の厚さの
友人が
赤ちゃんの
の問題に
拡張する
製品の
過半数の
音声
取っ

# Puzzle 560

**単語リスト（左側）**

文字
ステップ
キャロット
ガンダー
草原
だと思う
動物は
冬の
社長の
参加者の
ワイヤー
高速な
二回
特別な
欲求
トガリネズミ
ドア
山猫
、十分な
ウサギの

二回社ド、十分なト文字権加っょるノ合
ホ能ろ長ドお解速ガホし進圧コふ論話ぼ
所愛愛チの解向リク登圧セス向ょひ権べヱ
ト化応報因ざ特高ャ読クサヌレ会囚まセで弱
ソだと思う出精出特な京ネズ再レスヌレの応暫囚ノろ退

# Puzzle 561

```
加 じ 圧 ひ ラ 乏 暫 キ 華 能 精 ょ 暫 何 ゅ ヌ 会
っ 育 結 て ま レ ツ 室 麗 室 ツ だ 登 で 嶋 権 じ
だ ぼ 話 ロ 会 ヒ ソ 的 摘 理 結 摘 無 ぼ る む 金
生 ス ト 連 関 ー ヒ 地 結 意 従 覧 ト 歩 や 化 っ
も ま る け 付 焼 キ ン 賢 に 調 意 覧 登 ひ ニ 解
や べ け タ 暫 ぎ ょ 育 せ 結 理 再 ノ 私 暫 意
ハ 側 暫 摘 投 ラ む 所 本 っ 結 ふ グ 精 ひ 暫
ひ 示 摘 通 ベ エ ふ し 意 覧 二 写 レ ま 育
ゃ 通 表 も 安 ス か 本 故 せ 結 サ 辞 安 金
れ 圧 ニ 多 辞 妊 安 意 しゃ ツ ト や 嶋 国 海
摘 通 ふ だ 精 で が 辞 ぽ ひ 登 お 家 ヌ
ニ 写 選 金 重 ゅ 合 覧 で 辞 ひ ぽ 国 だ 権
ふ れ 重 や イ 方 故 通 や き ヒ 限
セ ど 論 意 ざ 育 海 多 午 後 レ ヱ
っ 論 ベ ン ト オ コ ン ド ル の 戦 争
る 意 ン ト 海 多 権 午 後 戦 争 レ 権 限
```

グレー
コンドルの
しかしが
キャットキン
ストロベリー
戦争
オベイ
華麗な
関連付ける
夕焼けの
午後
賢く
調理
に従って
イベント
国家
表示される
権限
生まれ
的地理

# Puzzle 562

コンパクトな
週の
子犬
メカニック
編集
全体に
専門家の
水牛の
慎重に
協力します
記述する
結合
サイズ
のヒット
許可
範囲を
グラフ
秘書
許し
深い

```
ク 結 ル 応 ノ ぎ ふ ん エ 権 ま 重 む む れ 再 会
社 結 合 暫 写 し リ 室 弱 カ ぎ サ ぼ 社 場 深
側 何 読 ヒ れ 砂 退 京 加 金 ヌ 再 弱 狙 だ い
嶋 結 選 ひ サ イ ズ 場 多 ま 水 の ぎ 選 意 ぎ
っ ぎ 意 ク 話 乏 じ ふ ひ や 牛 海 ク な 二 権
側 所 ょ ざ だ お 阪 秘 サ 重 側 ヒ ト 選 解 っ
ツ 専 家 の 子 犬 書 加 本 ょ の れ ニ ク き 登
協 レ ヌ ぎ 犬 ハ 無 加 話 結 妊 カ パ 本 ま
再 重 ざ 弱 べ だ ひ 応 重 範 メ ン セ じ
ノ 力 む 編 覧 全 許 だ 登 精 囲 コ ぽ 所
ょ 嶋 し 集 フ っ 体 し 海 ヌ だ を 退 可 じ
ど 能 退 グ 京 週 に ラ 会 ト 通 権 慎 重 場
育 き ハ ラ ト 解 論 る ト 意 ぐ 読 に
摘 登 育 ノ 記 ヒ 会 狙 ろ だ 読 通 お む 精
     記 ヒ 会 だ エ ス テ っ リ
```

# Puzzle 563

```
お京ひむク方盗ヌ選会ニ安し好解報れ
べめふんっ巨大投安合ひ奇話摘多む方
育権んでと本海キ画リ写き嶋心出登無ヒ
権能喜結スー私登方ひ芸通ソせ旺ワ化合ざ
せく圧じラノト愛ンスつらム側応コ方妊選て
き本つニ海ひズクアん紹スらモ化芸論意百ひ
本重ニんタだ所ニチシェフ故ス多登報論ク思
権モ画むて所ニチシンッレ故多狙ぎま無せた
モ画くて所グンシェ場ラ開始画ッレ多会読離ほ
画くて何だグンれ場コに自信クす読選離れょも
く何だ会結コに自信ク読選離れょ
```

盗ん
離れ
開始
おめでとう
巨大
ソース
好奇心旺盛
紹介
タスクの
セキュリティを
チェック
フェンシング
思っ
ネットワーク
笑った
つらら
に自信
ノイズ
喜んで
ストア

# Puzzle 564

トーク
買い
雨の
段落
検討し
キリン
アタック
レッスン
ランチ
チェリー
練習は
だけで
文化
アトミック
ケアの
乗っ
シェード
説得
実行に
貢献

```
ニっひん通側きト文だ育話練チ貢献れ通ゃ狙ク落化権ソクき
方む選開ニ場嶋べ化む重ゅ買習芸ゅじゃ結や段海ベトッき論ス阪
圧覧話キリ然む弱ラ退チ育い狙クヌ退結や画論室アタひ無ーきノ論ぼ
安進てぐ結圧覧トンク退安摘ぐ本ミ歩論ルシェードやきノイズ
コ説得愛本だ実行にレッスン向くアトミック安再むぎ通
チェリー能テ場芸多レ乗室っアン辞雨妊論安ひ妊話モレ精
重話解ぽ合トじ権く覧検社室討所百京精ひ乏辞
合チ二権社本ざト合く画ど砂検討室合安くレだひ
本むお加再だ場ツ重べれ報ろハ百京精だっで乗
然能再所けで重べれ報ろハ
```

# Puzzle 565

べ る き エ セ 論 ぎ ど ひ 写 ゅ ん 囚 側 て チ 本
報 読 開 り で つ 狙 出 っ 本 ふ ニ 応 論 ろ ニ 囚
能 通 て な っ ふ ふ む れ 愛 ス ょ 弱 せ じ サ 金
ホ 砂 む か ス 狙 べ 安 せ ニ 海 圧 場 ぐ テ 阪
し せ 結 登 京 ま ヌ だ 愛 ヌ 話 開 く シ 再 ぎ 選
狙 テ ヲ ょ 解 む 場 化 百 ん ソ ス
ト モ ヲ コ ゃ リ 会 時 反 曲 代 替 登 ふ 狙 ト
弱 ソ コ ャ 両 の 間 対 む 数 結 本 辞 読 覧
余 裕 が 方 や 眠 ヌ リ ひ 、 登 に 暫
意 精 決 や 定 お い 権 一 大 多 砂 応
洗 浄 や 定 お を 権 意 ド 辞 辞 精 解 セ
ヌ テ テ ト へ ド ニ 進 機 大 行 暫 出 応
カ タ ツ ム リ へ ひ 進 重 ヒ 摘 人 砂 ヌ
ヌ 最 ク 重 摘 ク 阪 ニ れ ク 飛 向 弱 応
れ お 悪 テ 摘 ク 阪 ニ れ ぐ 飛 向 弱 暫

**本当に**
**カタツムリ**
**リード**
**両方の**
**数の**
**反対**
**、大人を**
**かなり**
**余裕が**
**洗浄**
**眠い**
**決定を**
**プッシュ**
**飛行機の**
**なくなっ**
**代替**
**最悪**
**曲**
**ヘン**
**時間の**

# Puzzle 566

場 本 乏 て れ ト 弱 論 ぼ 方 育 応 も 権 ひ
ノ を 圧 ひ 結 投 ン る 合 て つ 囚 ソ 応 私 ぽ
鍬 芸 歩 ひ 然 タ ウ ン ひ ニ 芸 ぽ コ 応 だ る
何 で も 通 ノ タ ニ べ ょ 愛 狙 て お ク 応 ヒ
進 て フ ェ ゃ 精 頻 繁 に 化 育 復 芸 巨 狙 社 能
正 を ヌ む せ ヒ ど ヌ 続 き ス 百 囚 側 解 投 権 能
私 場 だ 無 向 化 ヒ ど ヌ 続 ス く 囚 側 解 投 権 能
ょ 方 だ ヒ ど ヌ 続 き ス く 囚 側 解 投 権 能 選
結 だ 投 り じ 弱 写 の 弱 語 も 許 容 狙 っ ひ 能
阪 委 員 会 加 じ ラ パ す て 報 る 開 む 側 投 論
論 再 む 加 意 じ ゅ パ て ド っ 京 場 論
出 耗 写 リ 権 意 二 解 ぎ て 投 ピ ー ド っ 芸 ば ヌ ド
摩 嶋 場 百 リ ぽ い 向 ぽ 解 二 投 芸 ば ヌ ド
目 化 ぽ 高 側 ヒ ソ ル グ 二 解 ぽ っ 辞 意 本 だ ょ
一 意 応 高 側 ヒ ソ ル グ セ ツ 権 論 覧 だ ょ 場 論
ス ぎ だ 登 話 っ ソ く セ ン チ 写 ク 無 ノ ざ ソ

**タウント**
**復帰**
**センチピード**
**摩耗**
**手続きの**
**、パスの**
**と呼ばれる**
**正を**
**鍬を**
**委員会**
**単語の**
**巨大な**
**一目**
**壮大**
**フィクション**
**許容**
**シングル**
**高い**
**何でも**
**頻繁に**

```
ま 安 だ リょ 分 本 囚 ゅぐ 室 ド ン ラ グ 、テ し
ナット ニ セ 結 析 ほ ぼ チ カ ヌ 百 通 べ ひ て 所 これ
ナ ヒ っ ろ カ で 阪 状 ぐ 辞 本 ド 囚 だ 合 登 ノ デ 論 応 く 京 ラ 狙 ラ 室 開 場 故 報 弱 じ 私
ひ で 画 登 場 ひ セ ぽ ニ ジ カ サ ぎ ど テ ヌ 摘 き 応 出 開 ょ 暫 面 積 は ノ ソ ゃ 所 百
し 何 か ヘ ラ ジ か も し カ ひゃ エ ヌ 報 ト ょ ま 通 出 開 ょ 暫 面 積 は
```

分析
ヘラジカ
寿命光
状態
あまりにも
添付
本質的な
、グランド
作成し
ナット
な性質を
面積は
簡単な
、これまで
した
ナレーター
ムカデ
何か
基本
ほぼ

アクティブ
コミットメント
トウモロコシの
停止
円形
市場の
彼女は
輸出
明日
笑える
卵の
ローカル
楽しむ
マイグレーション・
屋外で
アヒル
ヤード
オレンジ
真の
表す

```
ト 何 ざ ヤ 場 市 場 の 話 芸 ソ 笑 し ぎ ぎ 海 精
覧 ウ ク ー 通 側 表 ぎ 卵 百 コ え ア ク テ ィ ブ
ょ む モ ド っ ヌ す し ま ツ ぽ る 退 開 精 ひ 報
育 真 ト ロ 登 報 ソ ぼ コ 方 能 停 ひ っ ク
室 の 私 コ 摘 れ 投 進 向 べ 能 明 日 京 円 せ 形
報 精 通 写 ろ せ 囚 芸 何 方 リ 通 圧 阪 き 向
解 お 弱 辞 せ エ の 登 写 何 芸 化 加 ツ て
圧 ひ 側 辞 ソ ノ 場 ひ っ 方 会 ふ ド 多 無 も
私 ヱ テ ソ 側 ニ ゅ 場 育 っ 報 側 ホ 論 所 チ
オ レ ン ジ 側 妊 摘 多 所 輸 出 論 せ 報 楽 本 然
ど 京 然 場 室 圧 る 歩 外 で ヱ 彼 女 進 通 ド
合 ま っ ヱ リ ど 愛 ア 京 室 場 ヒ は む テ エ
写 ヌ 砂 や 無 て ル ル カ ー ロ コ ミ ッ ト メ ン ト 何
百 マ イ グ レ ー シ ョ ン ・ ひ ト 出 れ 化 狙 チ 何
```

# Puzzle 569

乏 む 海 家 だ ざ ヌ 任 進 通 ノ 見 自 転 車 の 読
や テ ぽ 知 摘 精 暴 命 場 再 つ 座 っ の 私 育 リ
も イ 緑 、 結 だ や 通 出 け 金 へ で む 安 辞 ひ
っ 多 サ 方 て ち 通 理 論 ま へ ニ む 結 行 京 故
ん ニ 会 リ い し 結 調 由 ひ エ プ れ 海 ェ む 妊
金 ト 報 所 ン ニ 合 査 合 ェ 向 登 つ ヌ テ や じ
愛 百 れ 再 ニ グ 退 百 囚 読 サ 銀 サ 乏 方 金 ク
応 じ れ ぎ ッ イ 砂 合 レ 選 乏 セ 多 合 金 ぽ 摘
テ ェ ク ゃ ェ ン 愛 退 砂 力 登 ツ ろ ぎ 乏 ト
お ス 話 ま デ 食 覧 故 向 場 多 ヌ 無 芸 ゅ
ニ 化 投 結 ッ べ 圧 故 出 故 ろ 通 植 成 選
然 ス 登 ハ ク る し 環 然 や 金 合 物 功
故 テ し も ノ し 弱 ひ や 囚 祖 先 選
場 だ せ ふ 安 だ ル 乏 テ 囚 祖 先 成 功

# Puzzle 570

陪 ひ 応 乏 引 育 ク ニ 歩 きゃ 側 場 ぎ 合 る ヌ
妊 審 化 嶋 き 幸 ル な カ の 愛 レ 粒 子
然 社 員 ぽ 出 せ し っ フ る 応 進 摘 所 故 ス 結
重 嶋 読 を し 重 レ レ ラ ぼ 場 阪 ひ 笑 砂 っ
囚 ニ 無 画 も 安 ソ ソ ヌ 利 ヌ ぎ 顔 暫 ぎ 然
ヘ ア ヒ 壁 サ じ ド ー せ 益 予 れ 私 再 摘 無
ゃ つ レ 室 ド ク ひ ー モ 解 ヌ 何 読 ド ふ
る 写 嶋 本 タ お セ ト モ コ や ヒ 進 画 せ
せ セ 金 弱 出 ひ キ モ リ ア 合 解 っ
じ ニ 両 話 合 ー ャ キ パ ラ 選 ふ
安 摘 親 再 登 セ 安 ャ エ パ ー 同 読
会 ク ヌ 覧 科 合 者 化 退 ヒ ツ 一 圧
ニ リ 摘 室 意 学 側 む 感 モ 京 場 ヌ
ぎ 画 登 読 覧 安 意 論 の 結 に ニ ヒ
れ 登 何 ぎ し 方 然 重 所 登 む 京 む 権 お 解 ヌ

# Puzzle 571

風 呂 画 、 カ 歩 モ チ セ 何 ま 金 ん ろ は っ 理
精 ま 金 解 キ ヱ サ だ 多 画 ゅ フ 場 弱 安 ド ン ク
ざ 妊 し ヱ せ て 無 ひ 所 再 報 を 化 歩 愛 ふ カ モ
向 テ 登 ヱ る 私 解 カ 写 登 撃 ラ テ カ モ ど を ブ ル
つ 登 ラ 向 狙 無 側 再 金 バ タ イ ー ト 京 芸 ボ ウ
向 社 ら 狙 べ 無 側 金 再 ヌ る て リ カ 会 化 能
社 も う 報 合 ヲ ハ ふ て リ コ 能 開 チ ュ 然 ニ
も ヌ 報 再 側 金 ヌ る て リ コ 論 暫 解 然 ぎ 妊
ヌ 応 合 金 ヱ ハ ふ せ ヒ チ ソ ヌ 化 開 チ ュ 解
応 選 ん 候 補 つ 阪 ど チ チ ソ ヌ 能 開 化 れ 化
選 候 補 む レ ど チ チ ソ ヌ 論 暫 解 然 ぎ 妊 二

サンドキャッスル
目の
理解して
攻撃
意見の
プルを
カモを
もらう
憎しみを
、キャベツ
カテゴリ
風呂
不規則な
カウボーイ
実行
エンドウ豆は
フラグメント
バター
ガチョウを
候補

# Puzzle 572

発揮
雪だるま
感動を
受信
置く
機能は、
四半期の
自身の
ウォーク
進める
、最後の
カブ
名詞
葉を
不適切な
フェレット
ボウル
ソファ
バナナ
新聞

発 モ ろ フ 機 能 は 、 チ 不 ん 雪 然 歩 ょ 読 、
っ 揮 く ェ 芸 金 妊 ぐ 室 適 だ で 応 能 ト 最
海 ぐ 論 レ 画 進 レ 室 ひ 切 つ だ ぽ し 置 後
れ 意 側 ッ ノ ヒ ラ 写 進 な 意 る 権 ぽ く の
バ カ ナ ト 何 カ ブ め ぎ 権 ヌ 選 期
育 リ お ぼ セ 安 サ 砂 る ツ 故 ょ 弱 ク 投 半
だ ぐ ぼ 所 サ ニ 報 ャ 話 金 モ 選 四
ま カ も コ 写 て ま カ 登  フ 加 弱 愛
葉 摘 お ス 意 結 本 ろ 感 ソ 報 ァ サ 化 ひ ト
を ト ろ 報 室 せ 結 動 ヌ 登 暫 化 阪 向
ハ 名 で ど 権 ラ ソ 育 を き 報 ひ 選 モ ぼ 歩
名 詞 向 ざ ボ ひ ル だ 辞 化 チ 自 だ 社 砂
ろ 加 コ 話 覧 ソ 加 く 開 退 ニ 身 っ 暫
ぐ じ ル で 意 ツ 摘 育 何 選 ウ て の 阪 ル
レ ぼ セ ニ 育 ぎ 暫 側 ォ ぐ 囚 砂 応
ぼ セ ニ 登 だ ト 囚 信 新 セ っ サ

# Puzzle 573

```
ク き 合 っょ お ろ と リ 妊 道 妊 サ 延 ヒ 火 無
戦 い の ハ ド ク ラ 考 精 徳 精 始 む ょ 災 つ 私
ス 写 然 京 応 読 私 の ッ を め る 狙 を 結 精 破
ス ウェー デン 人 の 過 場 ツ え ス な 狙 百 始 王 壊
ド ト 覧 ド ッ じ ご 話 登 ホ ふ る お め 室 投 す
通 ス 芸 ロ コ 出 セ し 解 意 ひ 阪 場 る 投 テ る カ
信 暫 チ ブ 本 退 ー レ 再 ニ ひ ま 時 ぎ 話 ヌ 投
ホ ベ ベ イ て 紳 コ ド り 応 結 方 々 ス 圧 会 応
出 百 べ 、 ラ 士 ド チ ぎ 登 暫 お ふ ク 私 退 加 お
開 安 会 退 で で ニ ビ も 応 覧 登 歩 ス ろ 応 お
ソ 向 所 ヒ 解 進 投 ー 場 暫 く 師 教 モ 加
加 チ だ 登 ニ ぼ 再 ベ 通 向 方 私
百 せ 妊 本 嶋 ぼ せ ル れ 話 れ ろ
だ 妊 阪 ひ じ ど ぎ ゃ 再 精 方 ク
で 加 サ ポ ー ト ク 登 意 再 レ 精 場 ク モ
```

火災
ビール
王室
を過ごした
通信
サポート
スウェーデン人の
破壊する
リラックス
時々
教師
紳士
道徳的な
始める
、ブロッコリー
戦いの
延期を
ドライブ
と考えている
チョコレートの

# Puzzle 574

新鮮
まま
ディナー
七面鳥の
チェックが
フリージア
メインが
土曜日に
ノック
話して
他の
が、
与えられた
ハリネズミ
リーダーの
、完全な
フクロウ
ライオンの
魅力
オープン

```
も き や 囚 ヌ て 話 む ょ せ チ き チェック が
れ 退 れ れ 安 場 し ヌ て 圧 砂 室 重 芸 土 ホ 読
応 ヱ 七 安 鳥 の て 側 解 フ セ や 芸 ア 曜 ざ ひ
が 金 乏 面 の 圧 他 弱 結 リ ニ ヒ だ 報 日 場 与
、 や む ト 圧 退 無 し セ や ッ 選 画 に ま え
室 ヱ ス 退 通 魅 だ 暫 ぼ ヒ だ ド 砂 せ ら
芸 む 重 進 れ カ 力 よ ぎ 本 ニ 金 精 べ れ
ル し 会 権 ひ レ プ も 金 狙 辞 場 退 て た
海 で 暫 ど ン ひ ー オ ま ぽ 開 愛 暫 社 ふ ウ
加 じ 所 合 結 プ ダ ヱ 報 権 退 新 ッ ロ
ざ 通 能 ぐ 圧 サ ー ナ 会 メ ル る 鮮 ク フ
ド ト ノ チ ョ る ソ の ィ 報 イ 選 、 完 ラ 所
ハ リ ネ ズ ミ や ス レ 登 報 ン 然 全 ヌ 阪
ニ 出 ひ ノ チ 側 ぼ じ 砂 結 社 だ な セ
側 ひ 側
```

# Puzzle 575

リ 学 ぶ ょ し 育 ハ ク 権 ま 室 ク ゅ 能 話 ソ 重
ろ ん 報 も 加 て の 室 限 写 摘 ひ 覧 場 ろ 意
本 ク 達 だ ま ほ を 済 登 選 お う コ し
ふ ス つ し ふ か さ を エ て 圧 場 だ 囚 レ サ
ま ト 解 れ 芸 じ ク だ い ヌ 能 応 意 安 ク ウ
ひ 応 ル テ モ デ ク 無 結 開 写 合 、 進 室 京 ン
ふ 再 の ひ れ れ 側 し 写 覧 然 所 じ 能 無 私 ド
然 狙 く 年 次 だ ゃ コ だ れ ニ コ 乏 む ど 家 ・
て 応 答 ソ つ エ 権 投 選 再 室 チ 不 安 具 ヱ
お き 摘 ニ ブ な 砂 能 無 投 室 遠 安 定 チ 見 ク
ア ク テ ィ ブ セ 解 レ 京 合 写 再 遠 不 安 定 再 愛
や ぐ セ ひ 解 ド 写 砂 能 無 化 れ む ろ き 所
芸 ぐ ひ ド 写 合 論 何 む ス 進 く ろ 所

応答
歌う
経済を
データの
達成します
サウンド・
見て
モーテル
のほか
不安定
年次
学ぶ
スペルの
権限を
遠く
家具
を超えて
してくださいは、
選んだ
アクティブな

# Puzzle 576

ひ つ ノ 選 暫 私 愛 重 く ク 通 の ル ー ウ つ 暫
だ つ カ 多 応 海 む き コ カ 所 友 コ 合 妊 シ 応
パ フ ィ 芸 ニ 合 摘 金 圧 化 人 側 読 ャ 辞
囚 会 大 百 圧 解 し 妊 ん メ ひ の き ぽ ワ 金
ろ セ 規 模 ま ょ 多 ぼ 地 デ ィ 下 乏 論 セ ー れ
ソ タ な 覧 投 ひ 会 域 ア 場 肖 ぎ 像 ェ 無 が 応
ひ 一 だ 合 ニ 投 だ 論 覧 方 芸 六 結
精 ハ 小 麦 粉 も 男 合 リ 関 ろ 百 精 く 社 故 チ
だ 小 麦 ヱ ひ お 加 京 与 何 能 ニ ヘ 社 精 ド
ょ ぽ だ ヌ モ 出 ま い 意 方 む ッ ド 権 向
 カ 意 側 ぎ 再 意 リ 場 弱 は 本 ホ 開 優 ひ 側
能 の で 、 会 安 重 弱 コ く 妊 く ぎ 加 ス っ く 登
ので、会 弱 コ 妊 くぎ 加 ス 側 ぐ れ ク 私 ん

パフィン
下の
地域
小麦粉
大規模な
ではない
シャワーが
ので、
小麦
の友人の
セーター
ヘッド
ウールの
関与
第六
メディア
購入
優しく
肖像
男性は

# Puzzle 577

```
ト だ ゅ 大 ろ 育 困 難 な 法 せ 故 ハ 悪 ス ぼ 応
弱 海 型 ル 何 金 ス 多 の ま や ぽ ド い ひ ド い
覧 然 ト ラ 場 応 る 覧 能 一 ひ れ 登 ぐ 加 勇 ひ
ラ 彼 ソ ッ 方 嶋 ぼ 重 般 加 姉 妹 ド ト ぎ 敢 ゃ
本 ら む ク 起 弱 チ 能 加 的 て 妊 再 ッ ト な ひ
能 の ふ ニ 動 ェ ニ ぽ な ペ む だ だ ト 百 考 化
っ ま ミ バ を ド 然 無 ホ ス っ ス ス 百 サ え 然
意 写 ト ン 電 精 精 加 ラ っ 開 ト 世 テ ょ ま ニ
ひ 方 ン ラ ル れ つ ひ ブ き き レ 代 コ テ す し
ニ 論 進 レ ノ ぐ ひ ぽ サ レ サ ス 権 報 百 ニ 出
歩 ん 育 京 私 ん 側 画 ショ ス 報 タ 能 ヱ ゅ し っ
狙 だ 多 妊 ト ろ ホ 安 ひ 応 辞 ン 再 百 ぽ 出 ゅ
加 阪 ヌ 囚 囚 会 ツ 論 も 辞 報 プ 報 圧 阪 多 む
ソ 方 砂 重 お 室 論 お 暫 ツ ぽ だ 再 百 辞 ヱ 辞
狙 方 ス ゅ 愛 お 室 論 お 暫 ツ ぽ 圧 阪 再 辞 む
```

困難な
ズボン
勇敢な
世代
考えます
ブラウス
一般的な
バンを
起動
スタンプ
彼らの
姉妹
ミトン
トマト
悪い
スペルチェック
雹を
ショー
大型トラック
法の

# Puzzle 578

要求
カブトムシ
外を
鉛筆
竜が
看護師
引用
おなじみ
は何も
狩猟
、山
ヒョウ
燃やしました
巧妙な
有する
ノウハウの
不思議に思う
衝突
マネー
平野

```
辞 然 室 む 乏 も 摘 れ 写 ル れ 写 は 百 進 ク ノ
阪 合 摘 ど 応 ろ ホ ニ 不 エ 進 何 無 ト ひ ウ
場 お な サ ひ 権 ド 金 っ 思 も 狙 チ 看 ハ
燃 ぎ れ じ 暫 ド ヱ 化 議 故 所 引 暫 護 ウ
や 室 る み 海 阪 歩 山 に 合 画 百 用 師 の
し 合 論 サ 竜 外 、 む 思 意 野 話 ク ひ 狙
ま 衝 突 鉛 が を ざ ヒ う 権 京 だ 再 し ク
し ホ 竜 筆 ト ひ 狩 ョ ひ 平 重 ぐ チ ぎ も
た エ ヌ 海 ム や 猟 ウ だ 本 テ ま エ 妙 な
画 話 せ カ シ ぶ 側 モ く 育 ぎ ざ ネ 報 ホ
ル 芸 京 ブ れ 話 然 妊 ク 要 報 方 も 一 れ
故 テ ひ ト ざ 何 囚 囚 ノ 論 育 百 ぐ モ 結
ぎ 本 読 ム だ ざ 権 登 暫 歩 加 チ だ 進 ス
ぽ ひ ふ や コ ぼ 権 む だ ス 有 百 す る ヌ
```

## Puzzle 579

ル ぽ ニ 臆 ふ く も 写 精 無 っ ツ ク の も の そ
せ プ 安 病 ヱ わ 妊 投 ニ 投 セ ル 囚 ぽ 親 方 れ
結 ロ ぎ 者 ふ 金 し ぎ ル だ 結 も ぽ の の 実
金 ジ で 退 リ 開 わ ソ だ 精 ぐ ぽ テ 安 ノ 選 用
ゅ ェ ぽ 安 合 多 多 囚 歩 ぎ き ま ス ノ 序 的
社 ク 退 面 白 い サ 解 安 や 退 ひ 感 目 向 能 芸
解 ト 論 医 で っ 修 安 歩 無 じ ぬ 触 能 歩 狙
京 は ひ 師 覧 ニ 正 セ セ 視 ま の 的 向 加 セ
れ 医 サ 能 が ネ ブ ぐ ト 画 や 報 権 応 嶋 ラ
登 科 写 化 ゼ ッ ク ロ 妊 だ せ 選 報 リ ざ っ
お 歯 登 再 ひ 側 化 公 き ん ッ 加 外 観 ゴ ル
所 だ 多 ソ む 読 退 式 い き ク 意 摘 リ リ ぎ
画 ニ ソ 海 ホ ろ 愛 金 で 方 ょ 写 能 っ ヌ 狙
ツ 話 ル 写 圧 室 写 海

### 語群
そのもの
歯科医は
医師が
臆病者
修正
ふわふわ
実用的な
急いで
秩序
公式
ブロック
無視
面白い
プロジェクトは
外観リンゴ
ゼロ
目的の
ネック
の親の
感触

## Puzzle 580

### 語群（左）
別の
大根
シンプルな
ボリューム
クレードル
第十
最良
集計
鉛筆の
忠実な
参加して
のテーマ
夜明けの
仕事を
オウム
好む
素敵な
はいを
従業員は
懸念

仕 チ む 報 カ 芸 砂 側 ニ エ の テ マ 素 敵 な お
事 テ 話 ス 応 権 ク 暫 退 ょ 筆 リ 金 最 ツ ヒ ひ
を ひ く ソ ニ 応 レ 意 ま 鉛 精 懸 良 育 向 場
金 ざ 京 ま 百 従 安 一 側 エ 場 念 摘 第 十 れ
ん ボ リ ュ ー 業 ん シ ド シ ノ な 覧 ぐ
所 応 退 ょ ム 員 計 応 チ ン プ レ 側 合 何
登 し 向 サ レ は 応 応 ト ル ド 会 チ 何
大 忠 結 ト 好 話 る ソ 乏 レ 結 重 囚 ニ 重
根 実 は い を む ソ 金 ツ 圧 合 ぽ 画 金
ぎ な 側 ド 故 参 安 私 京 辞 や セ 摘
意 ろ 場 む じ 側 加 ひ 加 ょ ま ホ ソ 所
れ オ ひ 報 夜 論 サ レ し ま ヌ 応 ニ
京 ん ウ ラ 明 何 ょ ベ ソ も 能 ひ 写 ろ
べ ろ 安 ム け 応 き 精 ト 応 選 私
会 圧 ニ 囚 の 別 弱 圧 だ 然 退 弱 ツ ぎ

# Puzzle 581

チ申ホ嶋ょ全解社れぎソぐカ百阪んク
投し京レ解体ぽぽソ登妊私ぎひ妊能意
減訳然囚解せひや暫退大私だぎ任ぐ京
らあ本海画然を覧むぎ再加ド示な海ひ
すり水分然方ひむホぽろカな表登せルゅ
話ませぐ海覧ぎスだ京な何現だたょ読
しせん退む写暫ホぽだ表ど摘ツせ海場
応ん退ど写暫ろスヒぽ現テせ向コト読
歩退然投ス権京どっぽ摘ラ砂動報引ル
ろ然投スルの弱モホサ写投ゲ旅砂芸ゅ
場ウカグのモ所ど隠出砂ゲートト投乏辞
オィミルの日嶋す材旅動ート選安じ退
ヌグ画安っ曜材す料嶋行投だ安選、ん
ぐルっリ圧暫料らス登ト選開化ホゃ
通摘安スカーフざそ精辞阪能嶋せぎま

全体
スプリング
スカーフ
材料
示した
水曜日の
オオカミの
責任ある
大きな
そらす
旅行
水分を
減らす
取引
行動
表現
ウィグルの
隠す
ゲートは、
申し訳ありません

# Puzzle 582

通学
プラム
送っ
計算機
ドライバー
トライ
読ん
適格
興味深い
寝室の
マネージャ
、正確な
教え
明確な
誰の
サイ
サービス
説明
ている
投げ縄

ふニ阪レ退合ドぽニ室ぐれスプひ所室
弱興味深い合ラヒだ寝室のラムャ妊お
ト海砂開いジイひる室計ふきニク暫
結ラニ説ひ精バカているひ算マネョホる
教えイ明権本ーっ投側ひ機ージホハ妊ぎ
意何サ読加重クぐ百適ャト嶋ニょ意
ぽトツまモ弱登ょ通報カリュ再き工
れく百社何ニ読安開投ノぎスし誰圧
写ゃ投化ぐ読報安進登向話の場ぽ
側精げ選ノテチしま育トッだ弱応サ
囚、縄乏コリザひ報ヌ再写応ソ
サ正つ権ホざ報で弱トっ登テ側ヌ
ー確て明れ多応開通つ学摘登ヱ
ビなススくれ百再室読囚つノ話し

# Puzzle 583

```
然 向 テ じ 暫 立 権 然 写 然 む 可 能 な 気 陽 チ
く エ ク む っ ニ 能 ハ 選 む つ 話 ぎ き べ ひ 意
ゃ つ ノ ろ て カ や 方 投 意 ひ 選 ル 向 能 っ れ
愛 所 ロ ぽ い ざ ラ 向 然 意 チ 圧 ヒ き 向 じ ニ
囚 読 ジ 京 ま ラ ク 然 意 出 セ 再 も 覧 読 応 阪
ツ ー エ め し 砂 抱 一 の っ ホ 障 リ 開 精 重 ま
阪 ぎ 選 れ 精 テ ケ 府 政 本 ン ス 害 側 む ぐ
登 む じ 読 精 重 方 ソ 嶋 通 化 だ も 選 登 力 私
ん ヱ 社 投 ヱ 方 セ 本 嶋 通 応 ス 芸 暫 室 化 遠
社 会 ぼ 豊 投 テ 応 兵 世 紀 は 無 投 再 意 権 征
論 選 せ 育 ド ス 士 世 愛 室 京 共 乏 サ 要 因 が
選 せ 育 の 経 路 力 狙 嶋 ま カンガルー 権 応 場 ス
敷 画 く 辞 意 カ 狙 ニ ぽ ど 室 側 ド 重 応 ぎ ひ
セ く 辞 覧 二 で ど 室 側 ド 重 応 ぎ ひ 場 が
囚 ひ 覧 ニ
```

**Word list:**

豊富な
の経路
敷く
兵士
抱きしめ
レスポンスの
可能な
テクノロジー
カンガルー
立っていました
カラスの
社会
遠征
要因が
障害
共通
政府の
世紀は
ケース
陽気な

# Puzzle 584

```
ニ ど 向 無 距 ヌ 登 ろ 論 会 チ 息 い 乏 社 画 投
き ト リ 私 離 社 出 ヱ ロ ヱ む 子 っ 多 コ 育 む
サ モ ク 無 社 写 結 む ビ 読 ニ の た ク 報 単 私
ニ 多 ド る も ぎ 合 き ン 話 向 楕 て 加 だ に 退
会 ぎ 読 報 退 だ ル リ 結 リ 嶋 円 ス ヒ 場 私 で
車 能 乏 砂 モ 向 無 会 百 ス 出 形 ャ セ 方 退 ク
両 権 圧 通 登 写 育 報 ス テ む の ス 故 ス 百 お
芸 圧 金 意 進 セ 選 京 比 開 投 圧 弱 囚 カ 結 加
ソ 金 京 ク 再 ル 択 砂 較 投 育 べ ひ 故 ー 登 き
ニ 京 多 ざ お 場 選 ぎ 比 画 ク 狙 加 砂 シ 辞 サ
つ 多 エ 論 狙 能 択 報 京 投 ろ ひ 玉 合 ュ 安 ヌ
応 エ 報 圧 せ 選 し ノ ろ 雪 京 だ 一 ヱ 安 を
ふ 報 暫 場 だ ぎ 報 圧 応 退 歩 通 ダ バ 誘 勧
ニ 暫 登 つ ヌ 弱 報 場 登 応 退 常 ダ ル 睡 眠
れ 登 ひ ク 画 圧 場 応
```

**Word list:**

距離
計画
車両
いった
通常
睡眠
、比較
クリスマスの
膝を
バニー
雪玉
息子の
単に
楕円形の
ラッシュを
スカート
選択し
ロビン
ソーダ
勧誘を

# Puzzle 585

```
サ選弱ンタスエウ病重弱出ニおれ囚ルだ然
ホ京場おまスニ無気結ルル投ひ登歩レぎ登っ
再論弱出砂加れフ気結ルカ圧画ノジチ再くつ
意せ摘るし画多暫狙モニ会金ケッグトや乏
コぐ精暫どス物話クノ故ニ登京ゅ金だれぱにっ
向ヒ無リテスや結れ暫応ぱんいぼらト中心
ツ無囚アぎスっ最故退イだ本狙を投セしト
所囚ぎ無ぎ物最終退ベンにや合やセしト
最もライ圧理最ンブンにンぎ投ソ阪ゅて
ペ登イズを最終然ンブトりは細ゅクや
ット減少をぬ場トぽ高さをリいらしくて
芸でき重報多合チコ愛る砂ま応読ソ詳
ひカ多合チコ愛る砂ま応読
```

病気
高さを
いっぱい
ペット
スニフ
ジャケット
詳細は、
昨年
グロー
リアライズを
最も
最終的には
減少
、最近
中心
の物理的な
アセンブリ
いらいら
イベントを
ウエスタン

# Puzzle 586

蜂の
日時計
女の子の
時計
ドール
ナツメグ
ガス
教会
沸騰
も、
管理します
愚か者の
地理
シーン
スポーツの
塗料
持っていた
おじいちゃんの
引っ張っ
スチール

```
合阪歩結だれぎシルードニせべぽ室モ
ろゅ嶋場通れきーハっ管も妊話コじれ
解てつ育摘合エくチン塗理、報室だカ化妊
モホ権やひやコでス重料し室暫ひ場テれ
場ひドカ圧むチ妊然きま騰カ能しれ計
論し阪ノヌ応読論能そ阪ひ精愛報
ト覧むハの精どチ進所引選テっ何ぼサも話
女の子登解芸スガ応合選出狙ニろ乏精退
お蜂たい者かヌ金スポ時だて何ヌん場理
百じぬてち妊通私狙金ヱナ合せ退弱ひ進
クどてっサレだ私だ投ふ暫精合ノ写っ
乏摘所何セく摘所だの計会て会弱
```

# Puzzle 587

```
重 登 登 能 ぎ 。 こ の 嶋 加 整 チ 愛 む 弱 百 っ ど チ
権 権 安 ハ だ 写 ラ ニ 囚 権 理 暫 側 ら 乏 砂 ラ シ ョ
っ ょ ぼ ろ 京 化 報 て ト っ ニ 加 ひ オ コ 私 ふ し む
応 精 開 覧 ヱ て ど る 本 境 写 ざ コ き も で し ま し
登 く み 再 な ピ ザ ど ス し 投 辞 ラ エ 写 登 ふ も エ リ
だ 画 場 合 計 ク だ ひ さ ぽ 進 辞 ト っ 選 帽 よ コ 多 ス む
ヌ ヌ 狙 き 京 ひ ぎ 海 開 ゅ 会 猫 子 の 馬 側 膨 大 じ で 弱
き リ お 化 妊 砂 だ や 向 ふ 報 ひ ん で ゃ 権 安 室 能 ぽ
レ ソ ょ ク 向 ふ バ ル ー ン 条 件 だ っ じ 安 室 能 ぽ 覧 多 ぎ ょ
```

スワン
整理
馬
帽子の
合計
。この
シール
納屋
クロコダイル
ピザ
バルーン
みなさん
子猫
視力
危険性を
環境の
オコジョ
膨大
条件
ラウンド

# Puzzle 588

```
チ ぼ せ ん 結 く 嶋 れ 間 違 っ 機 む 重 歩 化 海
歩 再 ひ 応 社 社 ヱ る 向 弱 ソ 関 話 ソ 応 ヱ 本
じ ス ぐ っ レ ヌ ろ 多 室 タ マ ネ 加 は ニ ッ
ッ ク キ 然 ぐ ぎ ろ 京 だ せ 話 応 だ サ 、 セ ホ
所 実 退 ニ ャ 消 防 士 の 誌 雑 レ 化 さ よ き
画 行 化 ゴ 多 リ 、 辞 ィ テ ソ 妊 開 選 論 京
騎 し ニ 画 ト 写 ル 拠 ハ レ 会 阪 場 カ う し
士 ま し 状 ハ 所 証 証 ひ れ 再 私 報 報 な 退
は す サ 況 ヌ 語 重 画 砂 応 多 や や ひ ら
ス 議 テ を 所 重 ト 言 弱 愛 安 都 市 な 加
ま テ 何 論 向 語 言 能 退 私 や や 本 百 望
ク ぎ の き 読 ラ ラ コ っ ひ る む で 必 出 本
ス ラ 画 ク せ 場 ト ま ひ ど 妊 や 側 能 が 室
べ 海 圧 せ 百 海 ク ぐ だ ど 膨 妊 百 ラ ぎ
だ ひ 多 ぎ 百 ク ぐ だ 側
```

騎士は
さようなら
都市を
、リンゴ
状況を
雑誌の
パーティーは、
機関
証拠は
失望
必要な
言語を
間違っ
消防士の
議論の
タマネギは、
キャンドル
実行します
後で
画像が

# Puzzle 589

ヒ 育 り る モ 登 し キ ろ し お ま す ゅ 投 ニ 芸 ス 論 ツ 解 妊 ゃ テ
狙 砂 会 ぽ 登 囚 で ュ 御 多 金 だ る 会 砂 ま ど ゃ 品 揃 え ふ 進 非
金 乏 開 ゅ 登 ニ て ウ 馳 金 ク り で 効 こ り 重 く 解 何 同 と む 常 に エ
登 加 進 き 削 選 登 リ 開 オ 走 も の 海 ヤ ト ネ サ 然 精 進 ぎ ッ ジ
ぐ 合 弱 除 ヒ 場 登 海 だ 発 音 を ひ 機 無 せ 嶋 進 む 側 で れ
海 精 ゃ を 出 だ お 多 権 辞 加 ハ 社 会 歩 登 む リ カ セ
投 平 能 ヒ 能 投 ジ 加 じ 結 意 芸 何 安 ソ ざ 囚
砂 和 重 然 ヌ も ョ ン 向 黄 色 ふ ぐ リ カ
登 深 的 嶋 正 し い 暫 ン 結 ぐ 覧 れ
だ 刻 写 多 な 無 進 ぽ ょ 化 ソ ジ
方 会 テ 加 多 無 い ゅ 読 黄
愛 弱 も ひ て 進 も 結
ぎ 登 る 報 乏 読 化
ニ る ミ ル ク ツ も
れ

どこでも
平和的な
正しい
発音を
エッジ
するものと
効果の
機会
深刻
のり
削除を
と同様の
非常に
ミルク
御馳走
バージョン
品揃え
オオヤマネコ
黄色
キュウリ

# Puzzle 590

拒否
誰かに
分割
ロック
スイング
おいしい
重複
めったに
会社の
ヘビ
スツール
ヒマワリ
キャビン
クロック
組織
ガソリン
処理
謝罪
キッチン
テント

で ぎ 報 本 京 カ ル 話 ぼ 私 再 ひ 加 れ ガ ひ
進 芸 べ ク く 処 理 レ 会 の 読 ぽ ん ぽ だ ソ 登
カ れ ぎ ど 結 化 分 社 出 ひ ク ゅ リ 百
ト 加 方 選 阪 ぎ ど ソ ヱ ろ ん ッ 謝 ン ヒ
所 エ 会 応 選 通 退 だ ヘ 合 テ ひ 罪 ク ん
ヌ 誰 か に 妊 芸 覧 ぽ も ヒ 否 ロ 応 退 ク
化 テ お ぎ ク カ レ 写 だ テ 組 り モ 囚
多 選 ラ き 嶋 砂 ド 百 拒 ン 織 ぎ 読 会
お 摘 二 投 話 グ コ 所 話 ト っ だ く 話
だ 応 ひ ま キ イ ハ く 囚 何 つ め 投 砂
ニ ぎ 囚 ッ 海 ス ょ 重 テ ん キ っ 海
ひ 乏 登 チ 解 登 っ 複 ン だ マ た 合
通 ぽ ひ 投 無 ト 意 そ だ ス ワ ゅ ン
投 だ や 退 方 で 阪 安 ツ リ せ 私
だ ド レ 論 読 妊 京 私 ー 進 に

# Puzzle 591

オくざ妻のだひ精ブだソ私再画ヌ進れ
所プ意れカ所権ラニ出トや保労ちを
おニシむ故合権ウ選べ故然覚働ざまち能
ゅホハっ話百だヱょる退ざえまう意す弱
だぼざ叫やだ金ろ押能写進育合応るサ愛
弱囚ょんぼ社ハ結無下も圧本まれ写妊き
ベト摘精っスチセリ無辞退育れきセ話
場重権話ぼ覧ッラブ選応応る京ソ狙る
ノー れや スラブ無 輝 愛 報 ヌ 結 本 弱 囚 妊
ート ブッ 崩 無 輝 き 育 退 ヌ 故 出 室 応 サ 狙
チサ準室壊コきは退コホ愛応クルラ囚
タ公備退側る、、ひヒまむ育ソ応じラ
所マ園い り 結 リ ど ま ソ 読 読 場 せ 読
捕捉場良ぐてヌ結む応ドスむだ
完全にネギクモリエ海暫写狙読

**Word list**

完全に
叫んだ
サル
保ちます
オプション
ブラウン
輝き
覚え
輝きは、
ノートブック
押下
準備
崩壊
公園
ブラック
捕捉
妻の
タマネギ
労働を
、より良い

---

# Puzzle 592

**Word list**

誤差
豊かな
快適
キャッチ
テディ
ラズベリー
温度
クレス
プロパティが
投票
異なる
質問を
含め
マーカー
ニュース
ています
スタイル
皮膚
、年齢・
靴の

応社ざカル覧登退私ぎ重覧セ靴だ金き話本チエっ
投嶋加会て結ふチ嶋ヱ無トヌの写ょュホだカ精ひ
ヱん向ニ海私ト精解応阪がトンキれキ投っやゅコ所
レ通せ摘誤プロパティ含めヌ選会を暫温ク百ゃュェ出ま
で進合覧差芸社セツ金砂海温ク快だんェ出む砂
狙私ヌ結おぼタヌスニサせェひぎ登加金クコ応
愛ヌ室やれ出選クレス本狙膚会読適んズラノ
圧てモれ異なる能投票ひド皮ツマノ愛ヱだ
も暫豊かつ育無 な 場 、年齢・ラ暫砂
無然解暫育無かつ場、年齢・

ぽ ト きっ 能 阪 応 退っ ア 不 結 読 野 友 ス 会
も ヒ 京 れ 開 子 加 しー 注 故 果 心 人 画 ぐ
ゅ 開 ソ だ リ 意 を 化 意 、 必 ひ 応 ひ き
エ ヱ ノ テ 精 を ひ が な 独 ず 覧 む 海 る
べ 妊 バ ー ス ト 圧 圧 ブ 立 く ー コ 然 合
レ だ ん 通 結 開 セ ド ル く べ サ 海 室 サ
タ 芸 っ 開 ひ ぎ 場 ん 二 合 ル リ 鼓 ル ぎ
ー 妊 き ろ カ 何 登 応 嶋 ざ サ ヒ 舞 ハ む
話 通 ろ 辞 室 ぼ む ク 運 選 ド ド き 乏 ょ
シ ー ッ 化 ひ 応 読 ぽ ば の 私 圧 や 化 通
じ 辞 カ ツ 百 だ ニ シ 達 っ 百 摘 側 結
妊 ぽ 論 化 ン だ チ ス ャ プ ー き 側 向 摘 妊 無
ニ 育 結 む せ 然 コ ヌ 配 サ 布 す 百 る で 摘 方っ コ お ヒ ソ 妊 無 エ

### Puzzle 593 word list

、必ず
シャンプー
常駐を
子供
きれいを
不注意な
傾向が
結果
バーストを
鼓舞
独立性を
私達の
ブルーベル
アーティスト
配布する
運ば
シーズン
友人
レター
野心

### Puzzle 594 word list

機能
イーグル
命を
アクセス
祖母
家の
を通じて
少なくとも
開催
週末は、
ステートメントを
ボート
先生の
インタビュー
見え
犯罪
心臓
業界を
独立
天気

### Puzzle 594 grid

エ 何 京 モ カ ア 故 会 乏 ノ 暫 ひ 歩 結 ぎ 退 独
再 ひ ノ ぽ っ ク 側 だ 化 ス ノ ク ラ 二 立 妊
登 金 金 少 砂 セ 見 故 化 応 ノ ソ 圧 く 故 重
れ 場 故 安 な ス え せ 覧 れ 犯 心 臓 通 命 ク
向 私 機 せ ひ ヒ 週 投 は ル 罪 せ 進 ざ を 砂
多 れ 能 ヱ ャ ヨ 末 は 、 グ 狙 加 コ 精 ト れ
ニ 合 レ 化 サ ヱ と コ 進 海 ボ ソ イ 祖 ン 辞
ヌ ひ 無 阪 の ょ も 所 育 ー ハ 母 メ ぎ
安 ヌ 先 生 家 業 開 お 向 方 応 ソ 加 る ン 加
せ 退 し 向 て 界 催 暫 写 ソ ノ 再 テ 結
然 コ チ 育 ベ じ 通 イ 暫 ビ 芸 ソ ソ 百 ス 応
画 天 気 ど ら ぐ を ン ュ 金 愛 登 や ヒ 芸
つ 然 れ ざ 無 安 意 タ ス 応 権 っ れ 乏 ふ
ク 重 れ で 解 能 ス ス 合 解 む 歩 合
リ 退 然 育 弱 レ ヱ 読 場 ふ 解 も 暫 所

# Puzzle 595

育無や京読まて状ラモ海登然重重応化
でん摘エお京弱砂態尊本意ヌしせれし砂が
王冠の登丁寧モ化出情の論本ハろクむ論写者植入
応化権ジ画スト方はし愛場本能応多応論画ぎよ辞精通
ルょ私歩ーャ京ぼ加す故精乏応ゐ然七の弱ト精ま
出所ラ応ルソ声を加て精も無場ふニ覧重精感ひ嶋通
ネし聞側てウサギ無だ京開ただ開然権ルノ謝ぎル
選育キ金べュ然場摘報まだ然ニドレスチしくぎる
百暫愛妊セクウ百何会リだ場投主加開クぎラル
社ツモニょ投ょを場だ出場嶋ハゅ張能れ結ル

七の
スケジュール
感謝し
マップは、
ネット
状態の
砂の城は、
声を出し
ウサギは
愛情の
ハリケーンが
丁寧な
入植者が
王冠の
キュウリを
ドレス
主張
尊重
聞いて
提出します

# Puzzle 596

批判を
ハングが
自分の
ティーポット
背の高い
価格
クレイジー
世界
傷ついた
存在
消しゴムの
レモン
ブルーム
稼ぐ
調べる
タスクの
彼女は
困難な
別の
塗料

精ホカ権ゃ然ヒゃ報結自歩彼金報方チ
退ぐもコ阪む加ぼ方ぎ分育ヌ女は会傷のハ応別
だ解ゃ重ヱ加加っ高いのムの背ッティのぽがグンハ応エ乏
ト圧まむ覧砂圧育ひムゴ調ぐーポぽがムレモ多ベルぽん
加まュ困囚リヌ育タスベ選しる稼ット場ん
芸ニ読難なひ何せひタモ覧側ムろコ消れぐ意まハレぐ圧
ゅ読ざな出む応世応くブルーセホカ存稼ろコホカレ無
向と出投ひ阪応界社ブムセるレカ在ルぐ本
トソ批二安愛てぼ多摘暫育ふ価本愛
意然じ判をノ化多歩狙塗何ろ格愛
モれ解れ囚権海ヱ結室料だドん格
れ場ジーひ進くイジーっ重ひ愛多選登ぎ加まで所しん場乏

# Puzzle 597

```
ニ や 方 結 少 進 リ 結 応 調 ょ 砂 位 重 っ 論 ょ 然
だ ニ 室 ツ な ゅ り 能 お 理 地 的 置 も す ひ 通 ひ
ぎ 写 ソ 通 乏 リ お ー ノ お 重 休 退 方 べ 覧 話 る
ぽ 温 通 だ お ス お イ 母 ズ 方 提 出 狙 お ん っ カ
っ 度 テ お も 者 会 さ さ だ 範 画 で ヌ ソ 平 く ト
京 セ 砂 愛 話 ソ 結 砂 ん 金 囲 応 無 ハ 投 和 る ひ
海 チ ひ 社 結 て る モ 辞 辞 解 画 愛 て ひ 的 平 ぽ
お ろ サ 応 ふ 本 精 育 多 合 ひ 向 暫 故 だ な 和 見
両 方 の ょ で 人 は 向 重 ひ ソ ソ 化 だ 砂 必 的 写
む お 妊 で 会 ぽ 開 向 圧 ノ セ 開 し れ 芸 愛 な 進
マ ウ ス 歩 ま 芸 解 重 ソ ク 無 妊 ヌ ま ひ 側
ス セ リ ま ぎ 方 ひ ノ セ 無 化 故 加 写
弱 精 イ ぽ ア ニ 論 結 写 写 乏 る 化 場 や ひ 故 写 れ
ん リ の 論 結 写 写 乏 る 化 場
心 の
```

マウス
心の
叔母者
人は
必見
結論の
アイリス
位置が
リリース
お母さん
休憩
的地理
調理
範囲を
ノイズ
両方の
平和的な
温度
少なくとも
提出します

# Puzzle 598

```
だ お 話 ン プ ー オ 選 し て ス 検 本 然 モ 意 ヱ
ろ セ ざ プ ロ シ ン ク テ ス ト 査 選 お 重 場
ぼ し 嶋 ロ 登 ン 存 ク ト ス 無 覧 ニ 辞 京 ゅ
投 票 芸 パ 方 登 続 テ ぼ 化 論 む 応 は 嶋 コ
ド ト ぎ ィ ひ 故 テ だ 弱 ゃ 所 ひ む ぐ 覧 ル
む ょ も じ が 社 っ リ だ 投 暫 側 ふ 安 進 辞
側 進 レ せ ト だ 圧 バ 摘 方 る ハ ニ 機 ト 室
境 無 意 ぽ な リ っ 海 を ヌ 登 ゅ 能 暫 チ
界 フ 味 場 テ ス 芸 育 ん 金 ざ ん だ レ サ
リ ッ パ ー 通 辞 再 ト 然 側 退 む 弱 囚 然 ぼ
ひ 側 ど 辞 ト 私 場 ボ ん 通 化 乏 種 を
登 ペ 連 ト 話 覧 会 ー ど 想 ル 乏 育 ラ
ク ン イ 重 き ル ぎ ぽ 定 テ っ ト
何 モ 邦 報 育 ボ ト ぽ だ ッ る モ
シ マ ウ マ ソ ん ぽ チ て
狙 精 れ ソ ん 育
```

無意味な
シマウマ
種を
海を
検査
と言う
想定
連邦
反応は
シンク
バスケットボール
フリッパー
存続
境界
傾斜
ペイント
オープン
投票
プロパティが
機能

# Puzzle 599

っ登ス社然せモベ海テつ海紫彼応然ク
やむ除何京意論意進ぼぽ色ら所占くょ
再だいゅヌク社側囚ニぽせのお物辞く
暫ルセ入カはれ囚中画思ニ度質ス圧圧
クふ何も通合場もススド向うの後ぎ再
海ル解理解ニサ室不思暫思然権を在ろ
応ニっも愛社しノ在故べろ然加をを重
くふべ応ヌし安囚まろ育ふクだしアむ
選ぎおヲ真ノ暫育ふ化然報クタやだ
面白い真似スポーツは、アぼ重アドッひや
歩どラ故出側出ス故まクぼ弱重ニひれクク
向ょスっ進方暫安だしク圧化写ろソ
ひ多ひ然報応向も圧登トじ向ま金ヱじ
べ歩ハ報応向も圧登トじ向ま金ヱじソ

**遅い**
**物質の**
**除い**
**彼ら**
**ペア**
**の後ろに**
**スポーツは、**
**入力は**
**真似**
**中程度の**
**紫色の**
**占める**
**在庫**
**理解**
**現在の**
**タッチをし**
**アタック**
**不思議に思う**
**面白い**
**ニュース**

# Puzzle 600

**それぞれ**
**子供たちは**
**訪問**
**汚れを**
**柔軟な**
**全体の**
**朝の**
**すぐに**
**ウサギ**
**カワウソ**
**維持する**
**ケフィア**
**ランプの**
**している**
**うち**
**電気**
**赤ちゃんの**
**グレー**
**のヒット**
**カブ**

摘ろきリ登本側ハ然方場辞ぽ再レろ私
写ぎモじしニ読阪スれチ読ヌ育し選
柔軟な辞てまサぼ妊ぎ応グヌ開や然投き
ぼの体全いサ権子妊辞コ愛モ阪や意投応
ソっヒ社るケ権供た阪ル金意阪阪結
ワサギッ安フィ精愛ぼに訪うど摘ふ海ろ再
カ話百カ暫アそ圧論す問ヌも登も乏ハ
写投通弱安ム無ぼにる安何登電ゅ圧
写阪ホ安おィ維場然ひ故登権電気読
セ育辞二るンち持然百登社場通ょ読芸
っ故ニクッド合社妊ク再阪会朝の加
ヒ芸結再読二本室妊百嶋再ク電気
弱妊加読のんち赤応室むだクツ朝芸
育ランプのんゃち赤応応くツ加

# Puzzle 601

```
っヒっ敵写ぎ京サっ会輝画ま圧ル合や
ろコドの彼場で金ホろエき実際にエ無
、特定のホ開、ゅ論もだ化はで妊妊も
カ投野だぎ進最海コ投っ京トク、権出
阪チク地っレ後岸ハ意海報ガリれ権む
せ地リ球をんし愛嶋くリ選ネトま室狙
じ乏れ然安暫チ貿ん選百ズ退ラ辞開画
加意ヌ精ルド投易ろ側べミ室イ摘方故
ヒポ弱ドが結ルエゅ百トア謝化側読出
投無応画室かニ会摘通レ通二化故モお
多るス解乏むょじ応側や論重向論ヒ解辞
クる京私加弱トスじ応論おぐ応でき場
時々布する結れ室通る意っ室つク基金多コ辞場
配布結ス応れ画再っぎ室つク基金多コ辞場
```

野菜を
海岸
基金を
地球を
でき
貿易
ポンドが
彼の
、特定の
実際に
トライアル
敵の
かむ
トガリネズミ
、最後の
時々
通常
謝罪
輝きは、
配布する

# Puzzle 602

ニンジン
正方形の
茶色の
被害者
必ず
ティーチ
振る
ノット
人形
看護師を
変数
関連
デューティ
野生
した
両親
モーテル
息子の
計画
スチール

```
デ変解安多だ進故れくれ本じモ野生リ
ュ数く愛所む狙ぐ嶋弱故ろれ向ルひ
ーサせ応ひ圧投然れ加っれむ解ヌ再っ
ティ場画開本登然もスん意ホお加摘論無
ィ加ヌ人ょ化方報ヌホモだき画合
関画ひ形ヱ歩ニ加正ーテ私室た画
連意摘何せ報暫方ずルッ振室然摘通
き論出っス海ひ必写形る自然計通し
看護師をコ加育ざ応ノ写トの息ニ愛
ヒだ読る金重クもエ方ニ両京茶狙何所
乏百まチ能ヱ応ハぎ親側安色画選ラ
合まる再読金重京ぽ写合覧狙再進む選だ
本れむ弱解出ぽニ被害者二再ヒゃ進むだ
```

# Puzzle 603

高室ゃ、ド砂ろ所応起化ヌト芸再弱本
速ホル最方ろ海ル能こて解サふル何二や狙摘
道論ヌ的然おろたし会り百せヒ百リクっ故選京べロ妊変位
路覧ニフ通場弱セ精育ホ所方しきざまに空所分析て
庫ひ通歩タ砂砂結多ヌ精るろ歩スへっレ選ズトぎ
蔵ょ歩く私海海トまひ囚ひ歩スインでクチョコレート
冷エれクぼ精ト通ラスヮェはぽ重砂ホぐひチ写圧
エネサ辞や故投ハだつ登クチでぽ応ょ選ズ化
ネル私採用ふ弱進権開ぽろな歩セニゅ写歩化選
ギー私紹介ホルコハだ海ゅ愛い辞セニゅ写歩化選

チョコレート
冷蔵庫の
チーズ
ました
エネルギー
変位
タフな
高速道路の
、最終的な
チェイス
起こります
に空
採用
紹介
ヘン
分析
ではない
ゼロ
トライ
ロビン

# Puzzle 604

ベッドの
ストリート
スケート
孤立
万人の
少ない
ダーク
確立
論文の
シェア
軌道
条件が
休暇は
ソリューションを
、マウスの
メールを
目の
ボウル
条件
都市を

どニヌざまおむだチむスゃせド合むし
せ重ド化ソひ加通チひカ権だ登れま側
カ写ま乏芸囚化弱暫本ク本トスて話ハ
だつ確辞れ、然クハ登化少京進ノ
軌ヒ立退画マ精ウハ京しな私れ万
道化ひ場話弱ヌス加通ヌむ育ヌ論人
開妊レ出っ覧ぎ然歩のリひ孤立スの
ラクトス芸き所方れエトシ然立が条目
トおト退ふ論ゅょまトョケだ論件っ
休重退意結加阪百で本然ン社ょ側文条
暇ヌ嶋結ダ市コ報せょ社をチ解砂の
はメールを場だ無れだ圧解投シドッ
愛て読ウボ都ぎ重解投おェア辞ベ退場愛

# Puzzle 605

海 結 誰 合 ス 覧 登 ゅ 論 ゅ 意 ツ ト ニ 進 り せ ぎ
ょ 化 か 阪 ト バ ス ス バ 暫 読 再 乏 加 で 何 き ク だ
育 読 に だ ア ス バ や 社 長 の せ ニ ー ひ き ょ モ ニ
応 モ 何 持 ろ 場 方 進 読 辞 進 能 故 合 ど ニ ー ワ カ
安 海 意 だ っ ま て 写 キ 受 キ ャ リ ー 再 意 ヒ フ ヌ
コ モ だ モ て い 博 ト エ ャ ガ モ 受 重 入 向 リ カ れ
で り ホ ニ ま 物 話 ガ リ キ ノ キ も 狙 く 論 カ そ 多
ツ ホ ふ 重 社 ヌ 館 ヒ 室 リ ソ だ 入 リ ざ 話 能 結 京
妊 暫 ス 社 カ ぽ ヌ ノ キ ノ リ ソ 子 だ 妊 後 砂 弱 ぼ
芸 お 社 フ ア ク れ リ ヒ ソ コ ャ ふ 供 の 弱 カ 少
キ フ ィ ギ ュ ア 投 場 ヒ カ ヒ ソ 弱 芸 化 そ ル ぼ
ど ッ い 愛 乏 や 写 セ む れ ヒ ソ ゃ ふ 投 し 結 少
く レ 乏 暫 本 精 ニ ツ や も せ る 投 ょ だ ル 少 数
つ ス 第 四 暫 本 精 ニ ツ や も せ る 投 ょ だ ル 少 数

フィギュア
第四
ヒイラギ
バンズ
受け入れ
キジ
その後、
博物館キノコ
、カリフラワー
少数
スレッジ
ヒキガエル
子供の
キャリー
バスケット
社長の
ストア
いった
持っていた
誰かに

# Puzzle 606

結果は
生息地
高度
スター
たときに
結ば
定義
使用
シャツ
ライター
光沢のある
ツリー
一緒に
スクーター
イベント
貢献
粒子
オオカミの
の経路
イベントを

囚 ツ 能 リ 百 ぽ ト 能 ホ ヌ ば 路 ん 光 場 コ 故
愛 ソ 多 場 解 出 ル 高 多 ラ 結 経 沢 オ ひ レ
妊 て カ っ ぐ 解 解 再 で 乏 定 の オ 加 精 ハ
ヌ 愛 応 ニ だ 社 や 私 る ル 義 あ カ 読 ま お
使 用 スター 育 れ を 貢 ま れ ど る ミ ど 意 ツ 私
場 海 京 ひ て 囚 献 ラ や 私 ソ 加 の カ 何 投
サ 歩 ヒ ひ 囚 ン し 報 海 ど べ ュ 方 ス 京 ヌ
愛 選 話 本 だ べ も 結 社 狙 ぞ ん 権 故 再
ぽ 会 だ ニ ラ 解 能 だ ク ヌ 囚 権 ホ ホ 読
ー エ 場 再 イ 登 リ 生 息 ヌ ス シ 応
応 緒 登 写 ター 会 写 ツ ぽ 暫 投 べ ャ 側 ホ だ
べ 画 に 妊 た 合 合 だ 登 阪 コ む 海 芸
ハ 芸 加 お ニ 場 ド つ 覧 ぽ き 権 ソ 進
応 二 ハ ク ふ 論 読 粒 ぎ む 重 し 結
然 辞 精 カ 暫 モ 読 子 む ソ ょ 芸 応 だ

# Puzzle 607

楕 会 ぎ 話 べ 画 応 応 解 再 ヒ な れ エ ハ 教 会
円 っ 摘 二 囚 報 退 っ せ ソ 室 応 否 ひ エ 進 側
形 小 ぐ 応 報 ぎ 阪 芸 話 じ 定 金 私 アト ミ ッ ク
の 乏 麦 フ 粉 し 待 室 ル じ な 囚 ナ イ 百 フ 京
退 多 検 粉 っ 室 登 海 権 然 だ ゅ 愛 ス お 芸 ょ
め ニ 討 チ 会 の 芸 ク 圧 結 弱 加 狙 ラ 選 登 ト
論 っ し 会 痛 み 社 進 多 重 膨 安 意 む ス 進 ま
出 社 た 痛 み に ク 圧 大 然 ソ 開 や 場 砂 金 、
読 会 も シ 進 リ ー ズ 応 ひ ス じ ょ 砂 し 圧 読
愛 ヒ 無 ぎ 辞 重 側 ぽ 退 ニ 狙 ひ ホ 規 嶋 百 結
退 京 ひ 報 室 精 論 ニ ゃ 紳 然 ス つ の カ リ メ
結 エ 知 っ て い た 登 話 ょ 紳 士 金 然 不 安 定
ク ス 登 然 ニ ゃ す つ 士 金 然 不 安 定 開 嶋 チ

ナイフ
シリーズ
アメリカの
な否定的な
定規の
痛み
フラット
待機
アトミック
検討し
知っていた
紳士
不安定
小麦粉
楕円形の
教会
膨大
タマネギは、
会社の
めったに

# Puzzle 608

船を
突風
教室
の影が
信号
かもしれない
スノードロップ
のカップル
ピンク
ギャロップ
コヨーテ
年の
マニュアル
ダイジェスト
過半数の
カテゴリ
竜が
そらす
ブラック
独立性を

ぽ 砂 っ っ れ 故 報 ん 再 ス 金 ピ ふ 歩 ツ 場 セ で ひ 話 っ 出 芸 重 圧 つ ひ 報 進 応
ヌ 応 で や ぎ 精 応 だ 愛 の ン 解 ト ス ノ で っ ド ロ ッ プ 開 モ ま 摘 る む チ べ 結
お 摘 や 然 出 化 ざ ダ ひ ュ ク お 室 投 方 ひ ロ ッ プ 写 通 育 二 ハ 出 応 で
つ ル 登 っ ど 会 合 イ 精 権 リ 室 ス カ ヨ コ ル 写 通 ホ ス 加 だ 本 で
独 立 性 を 能 む 再 ジ し ぽ ゴ 社 投 ヨ コ 精 ホ す 加 ハ
退 マ っ 船 教 室 応 ェ 私 退 テ そ 育 加 ハ
砂 ニ だ 無 安 然 京 ス 多 の カ む 海 ら 解 い
加 ュ 開 信 か 阪 ト 愛 数 半 そ 話 セ
多 ア 百 号 ょ 画 も し 過 む 通 ラ い
ニ ル 話 能 チ 社 ハ れ 通 な 突
レ 登 安 ひ ま 愛 権 も 妊 通 ヱ
つ じ ホ ク の 多 多 私 っ 突 風
ギ ホ ロ ッ 影 論 妊 も 側 登
セ だ 然 ラ ブ 辞 ま 進 だ 育 だ
て だ 然 然 ま 意 だ

# Puzzle 609

報ヱ場阪会ド笑投ゅスーピ選き能権登愛
ヒ嶋画ょレ合顔登ふライトじでの最ま初の
退ミセひ京然ぎモ空安ヒクニ完土室ひ何合テ
囚モンーシドョ応く化砂辞むスやろ進能ひく再
辞天国のヌひく阪多ガなっ故金ニトーケーデ無報てチク再エ妊
天ヌ権ノ乏モ合育進ダ金なトルリッニ場育リ報全弱愛
再エニノ乏多故看護師圧読ケ登ひッヌ選結投退育所む
砂写ょ写ど側ル圧通まエ登まヌ選混退育愛つ
写ト狙レ解どまノれ辞ざク登乱圧所むつエ
嶋ぎニれゅルノれ

混乱
土地の
最初の
天国の
いつか
スライド
多くの
空腹の
ピース
ミッション
、実際に
ホッケー
完璧
デリケートな
エクセリットル
ガンダー
笑顔
看護師
シーン
完全に

# Puzzle 610

クッカー
スタッフ
クラウド
定住
コーチの
バッジ
反映
画像
スプレッド
キャロット
ソース
トーク
代替
ヘラジカ
カモを
火災
ノック
ナツメグ
スワン
エッジ

辞ょヌキ画像ト然ーカヱモ加向無乏重多合重退だやコ解乏ドウラクッノひお
ひぐむャひ解写反カ加私加をラ二精所通画読圧能化ワクスのチュざ加
解ひ結ロ場ノト映ックモ覧読ジカ定摘歩精応読ノソースのトコ何ざ砂
育トジ代ットス能再ジ覧辞だ向海安精圧出向だ化都応だ
ぼ代替私歩辞砂読べむ京住側チ故トゅぐ
ゅ画ス囚再投社会百何権ら話応多砂加お
論ホヌだぽホッドグ会精砂乏権出多
私無ノ育だ覧ツメグ安加会レプやヒも摘報ヌまスっ砂ぼ
歩育スタしドッ画火災も摘報
読京所登退進ツせ火災も
歩っふ進写だ画

# Puzzle 611

金然っホ無るひ選ヌ愛報ラだレ会意
レ本何ゃ臭い意きレくレじ結辞ぼだ
然て能ドひ黒画サニレ向ぎ重ろだき
会暫覧ダもヌどきノチふ囚ベヌ興奮
ょ本育ンのテひノンニ話然れトクセ登
ニむでのをスラしササ読でて安ゅレぎ精
ハれ嶋スこ化トグひ会ロドひ化ろ百私
れてコのれをトを歩ディ歩ス無故っ写だ摘
ト論てスラ無故画ス金写開ツ化ス年通常二外部っ
会ひ見を弱金ざリ画化ス妊重ひざぎむ退行て、
火傷ヌド暫歩ッス愛客妊重論ぎぐむヱひ精阪ャセ精ヌ金っぽし
ツド誰乏精ソ顧加ど論ぎ

テストを
サングラス
顧客
外部
黒い
興奮
ものを
火傷を
ディスカッション
臭い
を見て
椅子
、過去
タクシー
ダウンの
笑い
歩行
誰の
、年齢・
常駐を

# Puzzle 612

複雑
パワーの
ゴースト
怖がっ
構造
検索が
腐っ
単なる
のウェット
あなた
奇妙な
フォーク
乗っ
、大人を
カタツムリ
フラグメント
参加して
集計
表現
オオヤマネコ

、大人を構フォークカ無ソ摘愛辞表参
ひょや向造囚ろれタふ論集計現加し
加パ場ニれひハツク論退ゅセ表てコ
ヱワぎ再摘まだ選オ然セエ登ソ向や報
砂ー検索が辞乗だ辞ぐリテン報コ百写れ妊
レの能単ぐし結金囚ト精コざ解権ふホっ
再おヌ多金場ンチレノだ結故弱複雑怖乏
フラグっひむ妊京ハ阪再スろ愛弱社せ
エ暫京エあなたせだ能チ百阪再スろ愛弱

# Puzzle 613

再っ然報えセ重ホ読何暫場ぼソセサて
て意な越まチ場エ歩故覧意ど圧ってお
ナ性ひ質をア論写論当の先重だん座た
場ろ精っおレ投金じ事応育応拡座拡覧
ドおー投クム金お加者暫し重リ然登登
ぼ人タ然チチろク朝は場二写も百場拡
感ロ化意ェタむ妊重愛重選覧結場側張
を辞ツふアイ加妊ぼテ写ん出ヒ芸結登
権愛ツ病チ京朝加砂ノ砂画レコ歩芸場
バル方期ふ京重む辞ク覧登スタぐ結側
弱何まっ愛り曇り再れ辞私ス多ろ芸歩
し重て満ドレぽソ再金摘スコぐ安
ニ開ヱ辞すひ本再意学ヒや覧投
狙金辞室辞覧芸育室科ト安投
チま選室辞芸育レだ写場育スコ

簡単
人口
スコア
満たす
先のとがった
感を
臆病
当事者は
拡張
アームチェア
を越え
曇り
イタチ
朝食
期間
ナレーター
な性質を
座って
科学者
バルーン

# Puzzle 614

、このような
バン
日曜日
故郷
瞳の
事件
雨量
コーヒー
招待
した後
執行
乾燥
父の
ウサギの
一目
市場の
名詞
隠す
オコジョ
処理

覧ゅ砂エ方ホレしヌ向歩カれ乏ょ退コ
ぽ場妊方室ぐ方狙応リニコ重一応場
おれ退安市ふ乏ハス多べ所ヒャ弱所
化る安場ぼふ私側べろだ目ぎ結場
くむ場乾だ化雨ヌ父ヱ愛ク登暫
再会燥選権ギ故郷ス嶋ぼの事件覧投加
隠す百ヒ覧招待弱雨通び開理ジ金場ド
故百覧側社ノ暫詞びも応圧ョ加コーヒー
レ日曜ふ加ヱ社だ瞳芸選執論執ト海権投
レぐ嶋ひれ摘ド精ク暫やだ阪行むヌや何

# Puzzle 615

```
れ ラ ク 能 に ベ コ ど 覧 捧 然 ク ど レ っ 権 ス
ょ ホ セ つ 私 コ チ れ の げ 何 ラ 場 投 ひ 読 ゅ
写 か れ ず の チ れ い の ぎ ラ 送 し せ エ 出 妊
れ で 京 ふ 出 戦 い 嶋 む る だ ぎ 話 ヒ ル し
ヱ 投 囚 も て ス 出 の 進 ヌ 選 ド ふ 私 砂 向
車 ろ 無 ぽ 進 本 画 故 む 辞 や っ 海 百 出 摘
両 解 ゃ 京 ょ 出 室 や や ワ ゃ リ き 仕 版 も
ま 応 ニ ラ コ 多 阪 コ マ ニ ド ス 応 事 会 ト
解 ツ 側 ぼ ん 七 ヒ ム ヒ ド ピ マ 百 を 重
コ ン ド ル の 通 数 ス カ 面 構 ー ョ 京 隠 古
進 所 場 阪 通 っ き 阪 カ ホ 築 暫 コ ゅ し 狙
サ 話 阪 能 能 ぎ 阪 障 害 解 の 結 ホ じ ど 退
イ ふ ひ 囚 ま ヌ ヱ 覧 百 ッ ま 加 結 応 弱 合
ズ 意 室 ひ ヱ 場 ッ 室 能 室 じ 応 も な 狙
論 室 ひ ヱ 場 ッ 室 能
```

# Puzzle 616

```
海 歯 エ ツ 通 安 き 危 否 き ろ 海 じ ク 無
方 科 覧 然 罰 は さ 険 砂 狙 育 ひ ゃ 会 ク お
ル 医 や 無 す ま め 解 な だ 圧 ふ ふ ひ ろ て
モ は ふ ニ る ざ 向 せ コ 阪 ぐ 砂 理 し 太 妊
ゃ 再 然 暫 故 る っ 海 っ エ マ ニ 能 ラ ょ 字
ぽ 投 れ 画 っ ひ 巻 ハ ニ シ く て 海 加 ク ク
ク 育 嶋 ニ の 砂 覧 解 し ン メ 以 の 増 っ ろ 安
開 や や ふ 砂 本 せ き 妊 メ イ 前 選 む ス 金 狙
化 結 覧 ふ ソ 化 故 戻 報 く ン ヒ ふ 無 社 き 加
ど 阪 お し カ っ 登 金 ぽ 百 ヌ キ む タ ヱ 怒 芸
然 選 登 狙 話 ト ざ 電 ょ 多 お チ が 側 金 ら ハ
方 ん ぎ や 投 安 ニ 車 歩 通 圧 芸 化 れ 画 ヱ 権
加 ニ 登 ク 京 重 ど 応 ヌ 無 無 ざ も 選 無 ク
だ ふ 百 ん 場 複 ホ 覧 会 ニ れ ふ
化 ふ 辞 ぎ 本 ク 応 二
```

# Puzzle 617

サ読側ざツ交のホぽ向応ツヒ支影くニリ
ウエスト凍渉よモニ無ひ弱リ配響まで乏
チカ会私結うな方ノぼ合よホ金で何登クラブの
チ故辞開嶋しどん圧育読こ会的愛何遠登
ク話嶋ホドッ砂ざくんぐエ歩加正所誇りスル
ト社しどヌ二側辞出だ退加正南部まだ
ス退ぎ場金ヌテ金に結テッ圧結ゼひ
退弱ば本だテル所む応画圧誇ゃトぎだ
登歩お百写しまク結圧ゼゃり力圧会や
ハド育然愛まラ場ブトま精圧会だや
ヌひ方側摘サもール写ッヌぎだふコ
ヱる開ざ何度ちべー結カサだ会やコ
ヌクマやス精向結カ写むリふコ
ニヒハカイもちろんの解登何て登でふ
重圧画つル解意ホ登何

正確な
南部
ゼブラ
のような
交渉
ひよこ
凍結
影響
ウエスト
これらの
精度
クラブの
マイル
支配的な
サッカー
遠い
誇り
もちろんの
準備
ブルーベル

# Puzzle 618

まだ
マーク
何も
滅びるが、
割り当て
、最近の
ハタネズミ
、すでに
ポニー
比較
オートバイ
アドバイスを
おめでとう
銀行
ミトン
感触
スポーツの
みなさん
キャンドル
、必ず

ま割ぎ歩マ報ニハぎ通、読ふト進何ホむ報
歩りまるー育タきすヒきゅ退意つソ金ゅ権
ずヌ無ク選所でにドバドンキ進ンを触
必当権報ネ選選場にアルンャイ登スこ出
てひ然安ズ選コうル場っバットスん場
、然のチみ狙と、ミット退意キド京し
ホ本カまと、方トンドの登ドさ然
も狙トめが向ホ比何弱サ感読読
何だオびテ育狙合結圧ツ京通
退狙まる鳥乏だ応進オ暫
ょる安カろ結ひ写方海安写な
狙故加ゃ登モ弱ノ乏読
ぎ開応何応じ圧暫登
や必加何芸や進海方読
銀ホポチムル向所ス退やっ通
行ニっで結何テ方っコ
トートルハコト論ー故投投無き所

# Puzzle 619

圧圧画ス何ニ写べ進カ乏化嶋然読意ふ
砂報故海ぐ百しゃしせきひ登ひ嶋愛ヱど辞ど応しろ
芸く歩室権本京きソ京山ふ愛水ざモひだしニサ
っひ登本化摘じ育狙愛山つ飛重モヌひ向重再
い京っ当動精合っスソ飛行権だひっ砂応摘く
論るに作バケター将来を猫れホやぎ圧多解くお
ソなうエー写ーの機をやもトリ愛プラ囚意
登異暫チだテッ写弱囚場話ゴム結ひコむラヒ
通権書テきツ認識ソ辞ヒょ会出弱芸っコむヒコ
ス信ぎ二回写金ど込みエどっ防止側どぽ愛ひト写向室

書き込み
飛行機を
防止
森林は
動作
いるようだ
スケートを
将来の
ゴム
認識
いる
山猫
二回
水牛の
本当に
バター
通信
プラム
異なる
家の

# Puzzle 620

チひぎインチがもモテ縄歩ヒぽセ
ひふマグインチ話スろだ本よげ二金論サ
選ふマグの性女狙覧育投辞再ひド
加圧選ついてのスぐっトチ妊結じれ
合チクだスグで妊二チ結ひド
トぐ退だにひ加通開ントせ投セノ二ざ本
意多権本んひ狙イふぎも側化進声まニ
ゅト権につ加ダふクドふクセノニ
怒ミぐ私写ラレでイ育重む側安話ぽ
激ウス圧ライヌやクッエ辞化会本ふ
カウボ一圧乏レヌるぼっ化会む私
無ん多能圧方レぼるエ辞まひトも
さぎま方じ所妊然会祖先金エ方私
捕捉さやか重権サヌ辞ろ砂ド別れの因方
安ゴンリひ論験や覧通所何破壊側加ホ
解リせる重経登塗側話コひカエ登
キ加ざんせゅ何室育能社意ぽスっ故

マグ
破壊
激怒
についての
レイヴン
塗料は
ダングル
ミス
インチが
女性の
経験
別れの
ささやかな
音声
キリン
祖先
カウボーイ
投げ縄
、リンゴ
捕捉

# Puzzle 621

ス 芸 向 画 ぎ 退 ざ ま ス ス せ 本 愛 開 読 ヱ る 妊
応 管 芸 愛 育 辞 エ ニ カ 芸 で 京 重 百 様 百 の 種
選 芸 育 出 じ 辞 通 選 結 砂 論 と 同 サ ろ 金 囚 類
重 ド 暫 再 ラ 写 貴 ぶ だ 妊 無 つ ア ソ 子 を の
室 暫 所 む と な 安 精 重 泳 ぎ お ソ 唐 ク ひ ン オ
お し ニ っ セ パ フ 能 側 ゃ 側 登 開 辛 ソ 囚 ど プ
バ 合 コ フ ォ 狙 オ ろ テ ニ ド 京 ア 子 ラ 囚 ス シ
辞 ぐ ー マ ン ス ざ 何 レ ス も 話 ス ア ま ど ヒ ョ
報 ぽ 圧 鼓 舞 っ 場 空 も リ 多 も 海 く く ぼ ン
ぽ ツ 開 取 ャ を 化 気 て て 結 ラ 開 ラ ス ぼ の
ツ 読 取 弱 ヌ れ 芸 空 ー 化 芸 読 ッ る ラ 京 ラ
読 み 弱 厚 の 側 話 ー ナ ト く べ ク 方 ぬ 側 論
囚 取 の さ ゃ 話 ゃ ー ー ん パ 、 読 ニ ぽ 摘 退 社
の り ぐ て ヌ 側 退 ひ む 通 読 ホ サ

### 単語リスト

となって
唐辛子を
、パートナーの
泳ぐ
アクション
パフォーマンスを
アドレス
空気
選ぶ
オプションの
オフィス
読み取り
貴重
種類の
管理
の厚さの
リラックス
バニー
と同様の
鼓舞

# Puzzle 622

### 単語リスト

行為の
リピート
美しい
示唆して
本体
動詞
コーナー
測定
、脚
ラダー
フラグ
愛情
セクションの
不安
アラート
リーダーの
を超えて
メディア
悪い
業界を

側 ゃ べ 本 フ ざ 嶋 安 メ 多 私 報 リ ピ ー ト 多
開 ハ れ 体 ラ 弱 ヌ セ デ 論 結 ク だ 出 き ク せ
芸 芸 側 読 ふ ょ グ 画 意 ス ィ ア き 画 ラ 動
京 本 暫 解 ラ む し 通 セ 唆 測 サ ノ 嶋 ア 詞
チ 進 辞 何 ダ ょ だ ヒ す 定 ヌ 場 愛 ン 情
ベ 美 し い ー 弱 ー 安 京 セ て リ 話 金 芸 ど
ゃ 化 然 投 リ 金 だ 意 業 ク む 狙 ソ ょ の
れ ろ ぽ 投 サ 結 ざ ク ぎ シ 論 で ま ゃ 権
チ 行 為 の ょ ぐ せ む ョ 会 や や 本 コ
ヱ コ ぼ っ 暫 せ で ひ っ 社 論 き れ ヒ 不 ひ
き ー 然 金 ゃ や コ ツ 会 通 向 ソ 権 安 育
む ナ 一 覧 ニ だ ぐ し 悪 で 何 リ 会 通 投
モ 覧 ざ だ 砂 ょ ぎ い 本 能 む ひ ソ コ ホ
登 ふ 精 ん 歩 超 本 囚 加 き 、 会 育
く 写 嶋 二 精 を 超 え て 脚 ぎ ひ

# Puzzle 623

振る舞うシま多出側の身自笑ホ読ヌや
読え応通ャッスワ加暫だ育でもこえ態度故ざニ愛っ
クん見クスっ多精弱金辞論ぼレソろチョ写差摘読覧ニ然ニ故
場し意辞れ選トルノまや安ひお重介ます退楽芸私全完
意砂チ何だれニノ室コ何解弱社百ン私摘ク緑百通カょっ
辞れ進ラ幸運社や妊テ大声百ン私摘カょ
選トル運ノ社何妊ヒ社ーレ意クょ海圧やノふ能だ囚登
ト幸運社や妊テ大声百ン私摘カょっざきも囚登れ

医学
シャワー
を介して
カバ
大声
目に見える
態度
クリーン
楽しま
幸運
振る舞う
笑える
、緑
、攻撃
自身の
チョコレートの
、完全な
ので、
最も
誤差

# Puzzle 624

チューリップ
ピアノ
落ちた
アヒルの子
証拠
ワゴン
プレイ
証明する
意図する
重量
ビーチの
ウェイク
ファミリー
文字
つらら
シェード
フクロウ
ヒョウ
分割
状態の

応無囚覧状レ海弱くテ読スプ意ぎ多つ
ーぽ権画態通京海チらレ所弱ろぐ
リ解テ子のルヒ海チュド分割退イ辞やス
ミて方報意出芸精ュー報所解京加ス覧
ァ何し解ピトれ応だリ安しヌろまチ私ク
フヌ愛開狙ア進読室ひッ場加ひょチざノ
画ク能狙ゴンゃ投愛テ画ぐ化然ゥサんく
室だロワウニ退愛ヌチ加多然能ェニ写結
ヌエスヒョ拠本囚多お室文ニむ精や
狙愛テヌ話所証多ヒだトシ開ュエぐ
愛テ砂海意図ち明っスだ再むろ多乏ん
画砂重量圧だる芸むすチるエっ進ハ
加方所然セぎたしき開画囚投論ふ多進れ

# Puzzle 625

あ室ハまぎのぎ外サハも方デサ本応れ
り摘進む海足観ソ狙ニ応向ス向覧で解
が開ス所加圧覧リ応応報デいつ然組織
た砂だ精話ぐ多ン結結なィもも進重歩
こ阪れ摘の多ゴ読場結ト弱せ所や重
とエ開商応ド金ひ想像出だ室登下合ツ
に再廊用心然ハチや画せモ登ンテ砂つ
専権下応ひテらざ報ドホふ能ト圧ヒ傾
海門ざヱの方本読芸ざ然側ぉょ年重向
コス弱退ル読芸然側も京社サ間砂権だ
写弱化るじ嶋覧ドェコ行砂向限が
場化回歩合ザセ側も京社ぎク砂応加
出だトょ能室精だト意ヱ解囚ホホ応加

年間
廊下
ありがたいことに
カー
専門の
方向ディレクター
いつでも
想像
の商用
デスク
の足
回復が
関心
権限
コンパクトな
外観リンゴ
行動
組織
押下
傾向が

# Puzzle 626

遊び心
行い
ビジョン
不可視の
に沿って
より多くの
のプロセスの
驚かせました
生物学
クック
自分を
不足
アネモネ
釣りは
だけで
手続きの
基本
非常に
ヘビ
を通じて

阪ひのより多くのだ画し開会ぐ乏金
論応ップ基足不ゃ室けむ育退圧阪二非
暫意ク基口権可ドでも進社トス選っ常
釣りは本意セ歩視チ金退登芸リ然く覧
ょ室選レ然ろス歩リ重弱応化然摘ぽ
ニ選故進べニど方嶋応ひ再遊ぽ金結
ビジョンっ歩暫方合だれ権画妊心び
へむ開せるっ驚ど権アモクスび育能
ド物学まく百ろ嶋京ノ海にスい手愛
生物学ッでヌ阪投ノ重沿いふ続ド
ひテ投リ安狙分多応か嶋写モたっきむ
合投れく狙京をり化せて精摘安トでの狙
ょれ嶋読画分応解お摘安写じ通摘
合覧嶋画多を応リ解向

# Puzzle 627

```
サークルむコぽ百ろ妊重合写故き海読
ルヒ意再報れまノ暫テ開京記む権ゅヌ金
ニ妊細愛モれド退上方ト京ハどるしヌ
弱多合かレ投進ベラ循環重チもてる歩
無社情ラトテポ、ラ妊ツヌキッふ
芸圧報阪むノニクだ海摘権開妊セ写
ル精安砂まンろカ金読は、無写権再
精っ砂ゃ加ヌ暫ラ場お読クム写ドひ
ぎぼ愛クア結ースジオリスク情報
ど狙化故、ぎ報室ょ百ぐゃ場っ選ノテ無本る応
```

ノート
すべての
怒っている
注が
循環
上記
トカゲ
芝生の
、ポテト
細かい
サークル
クマは、
カーテン
ラジオ
リスク
情報
キツネ
ミラー
、より良い
ブラウン

# Puzzle 628

動物園の
料理を
全員の
ボール
少し
有料
コミュニティは、
のトレーニング
後に
夜の
ホール
甘い
平和
もたらした
ローブ
値の
姉妹
素敵な
距離
入植者が

```
スル覧歩じ摘平和場読有ボールース素敵な歩
側嶋ニハ応ま嶋ド出を理料方ニホス向芸んホれ
モ進能せまホむテ故弱ヤスニ登権能画ヱアリが
っろ再ひスカホでせヒ側ふ精狙どテリ所
百意私ぽ然スタ愛側コ多グ植てだ進画
甘ひもス暫摘ホス重コサ金狙退結ら阪よ
いぎ解カ通ススコサトレ論後精登方スた
もょ歩っススラ再読値加サ画離にレぎラ少
じ歩でカ登ハ圧会加夜ブ距重方再ラ暫
もセっス出本動物園ざ員全阪ふ弱ま登ラリ少
```

# Puzzle 629

覧本ベハまだコ会ど辞輝ぼチぼ意トど
本ヌル何話結ぼせひだ着用阪登進ヒ私む
ぎ開でャ故ぼそのふき砂しだエルしむ源
砂ぎむカ結砂安ての砂無私ヒ資登本ホじ
砂んヌーセヌチ応べサ加のるハセ本ルス圧
登登ヌ応妊ドラ写む、意ど感ぎ京応マひく通
化れひ登阪論だぼおグひニっ、ハンマーレト
く動ルベソコレクトしましたー解投資ーレ報
京物だは重投話むカひおりませ弱ズベツカ狙報
カぼっ開歩む無キャリア重側乏場ふモ狙報て
ょ開許容再囚応弱サ重側乏場ふ
ひ再囚応弱サ重側乏場ふ

発見しました
ドラグワーズ
コレクト
プール
マスター
ベルで
、投資
、すべての
インチ
資源
キャリア
カナリア
着用し
ハンマー
動物は
許容
そのもの
輝き
サル
感謝し

# Puzzle 630

転送
適切な
たくさんの
連絡先
ダブル
熱くする
を失う
ワーキング
割り込み
リング
残し
努力の
曇らせる
専門家の
最悪
余裕が
と呼ばれる
バナナ
ソファ
実行します

だ余裕が連ゅを安育割バナナリエ論ク
再育重向絡ょ然失てり化ニリンヌ登意論
ニ場所ト先選出コう込ツ摘摘グんド所で加
たくさんのヌス家門専熱みツ登狙もおぎセ
妊妊辞ヌ話ハコよくツ囚重狙し妊じ方通砂
く向辞ダソふ話ト加愛重カ意呼とひ京くすん
トお何ブルフ加投重乏トばひヌ育む方
方合辞論ァ曇ヱれ向砂応妊すお
ド通トる登むどら能本会選転砂むリ弱
向然ょ進京向覧だ意最登出ニしまヱサ
レ進ゃ何海の暫論で愛本悪実残ヲ室会
適切て努力本狙ざ意だ権コ故れ行ヌラ弱進
なて本狙ざ意だ権故れラヲサリ読

# Puzzle 631

```
歩 フ 室 囚 暫 妊 化 歩 持 選 き 覧 お ソ 社 覧 登
ま ラ 画 女 ゅ 解 テ っ で 乏 写 暫 金 コ 圧 ツ だ
ぎ ン 愛 チ れ 化 ブ ー 妊 ハ ワ を 方 ス 覧 だ ヌ
嶋 ビ ぼ 通 ゅ 辞 ー 妊 が ド ノ 加 退 ふ だ レ ょ
能 イ 京 故 ラ 化 ロ グ 話 プ 金 コ だ 結 下 登 ソ
ぎ ダ エ お ひ 辞 ペ だ 解 ル っ 百 む 出 降 精 結
向 ラ 化 百 ょ ト ン ホ 多 ノ ぎ 習 社 ス べ 提 っ
覧 ク ぼ 解 せ ショット 論 能 写 ヱ 慣 育 能 側 リ 定 ヒ
ホ ぼ だ ル 結 場 論 阪 ヱ の 場 し キ 育 投 海 結
故 レ 何 し 写 能 社 向 っ 覧 嶋 登 ー 弱 囚 意 る
可 能 性 の 高 い ち ゃ ん の 会 ぐ 嶋 暫 ヱ 思 ヒ
お じ い ち ゃ ん の 京 応 ふ 向 暫 育 進 ス し っ
じ 金 ふ ス 精 話 応 ふ
退 ぎ 精 話 応 ふ
```

スキー
可能性の高い
ランプ
女の子は、
下降
グローブ
ページの
持っているが、
ダイビング
ショットが
法定
習慣
結婚は
ワールド
提供
グラフ
思っ
タウント
プルを
おじいちゃんの

# Puzzle 632

ランダム
ブロー
正確に
ビュー
デイジー
日の
壊した
貧しい
の仮想
躊躇
尋ね
逮捕
スタンド
プレイヤー
脅威を
、パスの
サイ
昨年
女の子の
スタイル

```
ハ ぎ サ 貧 ニ っ 辞 プ ト ツ 無 登 側 愛 話 脅 、 エ
ひ ビ イ し ニ ひ 育 論 レ レ 故 退 所 想 仮 威 パ 通
る 報 ュ っ ラ ン ダ ム 写 イ 能 逮 捕 報 の を ス 重
壊 し ー い 加 ぼ 通 ル 通 タ ャ 女 の 子 ぐ 通 の 意
カ た ど ジ ラ 応 ょ 加 通 ト 圧 一 室 話 投 側 日 海
開 乏 ぎ イ 論 デ 芸 ノ 嶋 ス 歩 嶋 何 ょ ド 私 圧
合 解 論 れ れ セ っ 嶋 室 ド 京 圧 場 応 正 ニ エ 年
歩 海 ニ ス 社 ツ む 金 妊 囚 応 る ふ 確 ド 重 側
ル 狙 躊 進 ひ 百 覧 も ょ ニ ま だ 選 海 お く
お 躊 躇 タ 百 ド や ブ ブ 金 ホ 妊 向 正 会 に 応
ク 重 れ ン 応 コ ロ 退 ー 囚 金 化 論 百 ひ
方 尋 場 ド や コ 無 進 退 場 方 暫 む 開 昨 も
ぎ 退 重 ク れ ヱ 摘 ひ っ 砂 場 阪 年 ぐ
ひ ャ 弱 カ ろ ヱ 故 登 重 嶋 ど ひ
ま ス ニ 無 側 ラ ス 応
```

# Puzzle 633

生ノだ無登安成ぼカべ応権狙ジサ羊つ
き何て愛ヌ安おじ京加通セ所ンざの時
て育重選開るばあ通何画むぼチプゃむ
ル意暫進会多ちゃ金読ラ囚投ま本話ハ
報く退意じ結んヌヒむニく本っ病能ラ
応退圧重ど懸ベスせニそ社合写院話よ
ま圧出モ最念トルり育二通議再論やぎ
重出ツ重近論ロロ故化嶋化写選つ意化
シリーズは側進キバ化妊ろ化まコ安む
退トキ登進読出サぼウ出化用ドぎドサ
べ育だ圧金応圧ヌポイの妊サ語場きム
うモなり声の権乏テーフォくせ用りぎ
モコつ覧クラニ写トるせひ沸精語集写
コト京登ツるニ写トるくせリ騰阪集写リ

# Puzzle 634

つ応ぐ売愛応むル権阪ジ写故ひ芸ひ摘ニ
せ意コり育場だしっャだ選ルぎ防衛ス
ヒ嶋話手再出向会ケッノだ重乏くソ読立
ひ解権サ砂せだ最ットドブ論室向っ
投く能加私海っ論安テノ精ラどんてい
投ま画開多だ登だコニドフ室京ウ合ま
安方写自り登キダ守ドーカ場愛スど夕し
安加き歩身きモ開論百カテ私ヒふ焼た
だセて然がダモク需オセ要けソ海
読囚ろ側ハ方圧ライクラオ私ひ冠王加
登れドッツプでャク愛ンすノ焼だ海
バイオレットャ結もエ有所ソ出
歩結て向所もサ出ドる冠ぐヒ合ラト
む論社ふりサ登登ひ育るクひ海
方通芸開歩選登

# Puzzle 635

```
エヌだ開っ化場ひハ無ヒレ阪ヱだ。故
ヱ旅ホまツ狙意ふ囚社だき化砂応囚修理を
無行会金ヱ解重画囚多プ無感謝開観を然
ょきニ結ヱ調スや多ラロマゅ御察突走せス
てだひ加砂査カ投阪重ズ重馳ぎ観走多てっア
おっテ応場じ投魔選セ妊ニらぎん選ひたじだ
ざ品質合ふニ意ざハ女摘ヌエらぽ能謙優しくだざ
質狙登ニャ買ハノ圧ヌエ圧結囚テぽ場乏虚たま合
狙安乏ひ然圧きノ向圧所向ス選優たま話む
覧辞結論投池ぼ会ふソっ嶋通謙退ま狙
辞ヌコ池無ホ開投開れ嶋圧故読方故無向退ま合
```

魔女
焼く
謙虚な
観察
感謝を
アリーナ
ディプロマ
池の
修理を
突然
たまま
品質
おそらく
買い
調査
優しく
旅行
。この
御馳走
ラズベリー

# Puzzle 636

ホイール
ペン
の上級
、適切な
民俗
パイロット
外国
サイリング
例外
改革の
音楽
方向
ミル
プッシュ
実行
と考えている
クレードル
ている
教え
愛情の

```
つっっぼ合っだリル何る囚ぎソ重ヒ向
ツ応出コ故チて開ヱ登ソエひ登京
パイロトひペいニ解ニ外国おだカ
ッニ囚ス囚ペヱ弱合教のクだ安芸
つ場精ょセグンるイえ上ト安登合
ま外開ヌてとリ選応級ド写囚ひ
、適ニじ考なゅ登プひべ暫ド意再
摘京じ切ふモう考えていッシ意ク百
京ソ辞退モえミ場シるぼ能ぐ
芸ヌ情の選辞選ルも実ャ向ク
し愛サ育も出ドーク所行クエ
ノ何俗ニ乏レハ選報通本
ニ民おトソどクまぐ画退ひ
選意ニ応せひぐ社のテ阪
ひ論摘金む能辞改革テ芸場
```

# Puzzle 637

ラ 使 ツ 囚 社 ノ 投 有 く 砂 ツ 開 っ 辞 つ 解 ぼ
海 イ い だ て 圧 名 合 能 場 ニ レ ざ ス 妊 向
て ル ラ 捨 再 れ 所 ヒ 場 合 場 故 レ 雇 用 狙 論
キ ス サ ッ 育 乏 覧 ト 室 ぼ 暫 狙 ヒ 結 狙 ル ァ
ノ サ ス 育 き 故 再 話 ぽ ょ ろ じ マ ま ル ソ
暫 化 は 塗 、 登 の 食 私 贈 辞 ス デ 論 ル ヌ
ょ は に 静 か ぎ 写 入 出 権 り ニ 画 チ 摘
ツ 的 ぎ か ぎ 写 結 ろ じ 投 贈 物 っ ァ 環 能
セ 終 ノ で 写 解 百 入 る 会 辞 権 解 フ 形 芸
し 最 化 合 ど 摘 向 る て 無 ぎ 会 育 式 覧
辞 最 化 重 論 っ 摘 ク 砂 金 さ カ ひ 百
む お 重 社 私 芸 向 ル 砂 ひ ス ん で 囚
の 価 値 を 合 加 ん き 投 百 ド ノ リ ツ 弱 妊 囚

に静かで
形式
塗る
食事
雇用
贈り物
ビールの
データが
の入り口
有名
の価値を
使い捨て
ファーマー
キス
キャベツ
適用する
ライラック
が、
最終的には
環境の

# Puzzle 638

の信頼
北極
承認
は、
夏の
支出
技術
ステートメント
継続
品の
洞窟
失礼な
国民の
リスト
華麗な
パパ
四半期の
従業員は
ガス
後で

京 ざ 安 て 室 読 ク 継 続 ガ ス 進 ヱ ゅ 開 や セ
社 砂 四 無 北 方 の 夏 の 後 カ 暫 開 会 読 化 ツ 応
退 向 半 ぼ 選 本 る 本 ざ で 合 辞 囚 承 辞 通 狙 重
リ ク 期 育 セ 極 ル 阪 権 加 金 く 画 認 安 支 く 出
進 ヒ の 歩 っ ぽ で 進 ろ 金 登 ェ 本 登 所 る 何 京
愛 海 サ ニ く 精 ト 覧 進 ふ 妊 方 砂 リ 社 だ ル
側 多 ハ ス ス 乏 メ ト も ぎ 登 ノ 技 応 や ヌ 海
場 本 も ろ テ は ン だ せ せ ざ 重 術 合 海 再 で
セ 華 ス し る 、 ト 圧 従 ラ ノ 員 砂 退 の 多 リ
然 麗 写 っ ぽ れ ク 出 業 安 京 ま も 信 も 然 ス
失 な な ぽ 洞 読 ス 弱 会 カ ル や 京 頼 ざ ト
ヌ チ ひ 進 窟 ゃ 故 投 ょ サ 本 は や ホ レ 多
パ パ ヒ 窟 場 く 投 何 囚 解 だ や ス ぼ 社 ラ コ
国 民 の 囚 ひ ニ 私 開 向 解 サ 場 ス ホ レ ひ
ゅ 海 品 の ヌ ニ 私 れ っ 向 解

# Puzzle 639

```
ひ ホ サ ト ろ テ 育 ヱ 重 ぎ ア コ て 写 チ 百 合
応 狙 側 開 ぎ 所 然 む っ モ ク イ レ ド ラ 本 妊 登 画
中 心 狙 ょ 安 摘 話 の 応 セ 何 チ 向 読 暫 場 、 必 死 論
タ マ ネ ギ 熾 烈 ひ 結 報 の 社 エ チ ル 写 阪 リ ろ ブ ロ 報
て 写 能 モ ひ 覧 っ チ 精 室 読 歩 写 結 モ カ ト 意 ト コ
陸 報 上 ひ 競 包 ま す で ニ カ れ っ ノ ド 投 ド ロ プ キ ー
意 り っ 競 技 ぐ フ 単 位 を チ ー ロ ハ お ひ コ 符 号 リ
投 阪 ト フ ォ ー ガ ー バ ン モ 応 し ヌ 方 所 方 圧 ひ つ レ
百 安 方 ャ カ 再 て モ 狙 し 方 所 ふ ム 読 何 多 室 ょ ヒ も
向 ド ヱ ス ろ ぽ ニ モ 応 し 海 方 所 ふ む 何 多 室 ょ 開 る
覧 本 写 芸 ニ モ 暫 会 ヌ
```

熾烈なの
包む
フォーカス
送信
単位を
ます
符号
陸上競技
休日の
必死
ドレイク
アプローチを
ハンバーガー
バー
キャットキン
感の
、ブロッコリー
中心
タマネギ
アクセス

# Puzzle 640

エンジンが
ミュージカル
祖父
ライン
オープナー
実験
コンテンツ
持って
が存在
手配
新しい
大学院
食器棚
生まれ
賢く
段落
利益
経済を
はいを
高さを

```
話 オ コ ン テ ン ツ ニ 所 嶋 乏 場 テ 出 応 応 っ
無 然 ー だ し イ 開 暫 妊 お エ ホ 囚 能 読 ひ お
ラ だ ょ プ 愛 ラ じ 実 歩 ク ン 精 再 ヒ 院 何
権 出 再 エ 意 権 百 験 祖 ま ジ ニ 故 退 ト 社 権
ぽ ヒ ル カ ジ ー ミ 生 父 れ ン ラ 暫 砂 ぎ 方 応
カ 新 し い 食 器 ュ 所 ま 能 が ひ ヌ 辞 っ れ ひ
解 し き 開 能 ゃ 棚 ょ ト 芸 ざ だ ニ ぎ ヌ 登 場
賢 き る 然 ぐ 砂 私 合 妊 会 だ だ っ 大 で 辞 っ
く 高 ま だ 権 海 ヒ お 私 段 っ 画 カ 経 ひ 画
会 論 さ ニ 安 京 圧 能 阪 落 私 選 歩 が 済 応
持 っ て を 嶋 ろ 手 登 し ド 論 て ハ を 論 在
故 権 ス い 安 向 配 む レ で カ 社 圧 存 画
ル ま だ 私 能 愛 ヒ 歩 百 登 ス 歩 ハ 在
む や も ょ ツ 歩 ル 故 応 登 権 妊 然 て だ 圧
```

# Puzzle 641

ダ ド モ ぐ ヌ 能 ょ 愛 モ 食 多 ル ヌ 重 だ 故 加
場 ン 準 備 で き て 報 べ 狩 所 チ く 利 点 利 場
ぎ 多 ス ぼ ノ っ 室 加 多 猟 乏 ニ 故 選 だ 非 だ
ヒ や だ の 読 ゅ 妊 辞 れ 通 だ ク ざ 挙 投 ロ や
本 能 お ゃ セ 論 結 精 ぽ 圧 も ヌ 登 金 を ニ 難
応 一 種 囚 ぎ 歩 狙 写 登 し エ 応 阪 眠 ー 口 所
戻 開 お せ 金 所 む お 室 重 定 側 意 能 登 圧 芸
り 安 摘 ス 囚 話 室 ソ せ 場 規 は ま ぼ 場 私 い
ろ ノ ぼ 摘 写 応 通 多 然 テ 考 多 つ も 側 私 ク
む ル 暫 れ 弱 ツ 百 進 二 精 然 多 意 弱 論 だ 辞
子 猫 登 社 話 お 覧 京 精 神 て 読 京 私 本 場 と
チ 進 ュ 通 囚 圧 せ 登 ざ 結 レ ま 暫 本 側 方 な
進 圧 も 一 解 ぼ れ 精 ざ 結 ま く 推 定 側 会 退
圧 ひ 話 ひ ブ 制 限 だ ぼ ま つ 室 登 だ ん ぼ ひ
ひ 話 ひ ブ 制 限 だ ぼ ま つ 京 結 レ ま く 推 定

選挙
戻り
制限
ペニー
ボローを
準備ができて
一種
利点
チューブ
する非難
推定
ダンスの
精神
定規は
考案
となっ
眠い
食べる
狩猟
子猫

# Puzzle 642

レビュー
手の
カップケーキ
雑用
忘れてしまった
絶滅
百頭の
埃っぽい
ホット
ウッド
テントウムシ
キリンの
自動車の
評決
ストロベリー
好奇心旺盛
マイグレーション・
壁画を
マネージャ
豊かな

埃 っ ぽ い 自 動 車 の 本 ホ 忘 ラ ス ま お 登 ソ
テ ン ト ウ ム シ だ 手 狙 ッ れ だ ト コ 育 じ 会
解 結 じ ク ル 社 せ ヒ 弱 ト て ょ ロ 話 コ ヌ ろ
ト 辞 写 育 覧 ル て ホ 歩 カ し ス べ つ く 結 通
モ 豊 か な 愛 つ 乏 ょ 金 ハ ま リ 開 砂 進 私 投
圧 弱 方 レ で 然 再 金 ソ 選 っ ー 室 乏 エ れ ヱ
エ ぎ 何 ホ つ 加 ぎ ソ だ っ た 壁 だ ヒ ぼ し
ホ ま や エ 絶 二 能 れ 選 た 応 画 ソ ク 加 砂
だ せ ス レ 滅 の ま 二 私 む 摘 を モ 応 ニ 化
室 る ぎ 本 ベ ャ ド ぽ ひ 報 精 再 応 安 意
ょ も レ ト ン リ ジ 私 エ 好 だ セ 能 故
ク ぽ 愛 ハ 側 キ ネ 選 ド 報 奇 心 盛 ぎ
評 愛 解 側 で ケ マ プ ヌ 能 故 だ 旺 カ
雑 決 辞 ゃ れ ネ ッ ベ 論 レ 嶋 盛 モ
摘 用 百 頭 の ク マ イ グ レ ー シ ョ ン ・ 摘 セ

# Puzzle 643

```
レ 私 ル だ ひ モ で ま 海 タ 投 ハ 置 ノ 無 れ こ
会 ジ ペ 愛 加 ー ド 本 せ ー キ 砂 く ニ 精 ぎ と
ニ 画 ス っ ホ メ ひ ど キ カ し 能 ひ 化 だ が
囚 側 れ ト 狙 ン ト 意 せ カ 然 何 私 昨 コ い
ぐ で や を 通 エ 通 ク ヱ 芸 本 写 ひ 日 権 ゅ
再 百 リ 阪 ヌ 妊 読 弱 だ サ ホ 噴 や 権 話 ド
ス 調 製 個 応 産 認 め る ホ ツ 水 加 コ 結 ヒ
モ 整 品 話 郵 便 す ん 意 フ ニ ヌ 権 せ エ 読
ッ 応 の で 配 達 登 方 サ リ チ 話 ジ ア む
ク 嶋 狙 ツ 権 多 然 チ ス 京 側 狙 ー エ ア せ
ソ 歩 じ レ 多 ろ モ む 読 進 モ せ ン 摘
ゅ ぐ 海 弱 崩 壊 方 拡 張 する 側 ひ ジ だ む
せ ひ て 側 ゅ 選 おん 砂 私 覧 や ヒ ざ せ
っ る 覧 ニ ソ 阪 ぐ 私 ツ 向 レ 暫 ソ 化 愛
```

昨日
生産
認める
調整
個別の
レジストを
モーメント
郵便配達
エンド
ターキー
噴水
モック
ことが多い
スペル
製品の
拡張する
置く
フリージア
いっぱい
崩壊

# Puzzle 644

アプローチ
スプリングは
成分
ハーフ
カーペット
庭の
量る
星が
ビット
趣味
絹のような
たい
カメラ
コーム
特別な
エンドウ豆は
公式
責任ある
引っ張っ
犯罪

```
チ 意 応 ぼ 本 れ く ぎ ス 能 弱 だ だ 責 任 あ る
然 故 カ モ ホ ょ 論 星 プ 向 リ ぼ ハ ま ソ ド ぎ
ア プ ロ ー チ た 引 が リ 暫 化 ま 摘 お テ 場 通
ょ 登 育 嶋 ぐ い っ 囚 ン 金 写 金 室 エ 社 お 通
ざ や で 所 覧 投 張 っ グ ク ぎ 暫 選 ン ヱ ド ス
精 ニ 室 辞 ど 登 っ だ は ぎ 読 ふ ど む ウ 報 趣
ざ 室 く だ 向 れ て ハ て 犯 京 再 ホ ヒ 豆 ホ 味
ヒ く カ 報 然 ひ 退 ー 罪 コ サ 安 方 は カ く
ニ ま ー 量 る 公 く フ 化 画 ぎ ょ 写 ニ メ 退
ノ ホ ペ だ 特 芸 れ ツ ぼ 場 話 結 狙 ト 然
ス ま ッ テ ん 別 な ヱ ざ 会 ふ 嶋 む 狙 解 リ ニ
ま だ ト ぼ 狙 ゃ 意 ハ 解 再 向 通 愛 ろ 京 ス だ
だ サ カ く 砂 ょ 本 ふ 圧 加 ひ 摘 多 で ス 能 何
絹 庭 の よ う な 弱 ニ 然 ド 登 ふ ぎ 重 ヒ 社
```

# Puzzle 645

賢登驚整無所博ひも方解ド結高緊ハひ登方ひ
明ぼき理本開物ラぎ暫選ぽ本価急登嶋ニだ登
なでエざ多故館分子解解社結な無嶋側レだヒ権
ヱ化能権権の応ヱらろ金解ニ権だレ砂安だト
空退テだトっ能どやソかお報解チ合化他のれ安
お洞レおヒ能じむ写海ソ辞海無社ひト投ニだ方
嶋テ週モニ解じバソ辞ニ報社ひ登社んじ再な選
妊ス末石、安退ヱボトノ然結報ヱ応所退危険私
ょ芸はサ論を結自ボ私の叫社投ト二愛やヌ能し
京クサまつ安退開転車ラ京の読れだニ出弱育開辞
フドまサ論つ室レ覧京きワイヤーソ権ノ辞能
ヱ海ス論海だスワイヤー

空洞
賢明な
博物館の
高価な
石は
分子の
緊急
驚き
ボトル
金融
フェンスを
からの
バス
に危険な
ワイヤー
自転車の
他の
整理
叫んだ
週末は、

# Puzzle 646

なし
同様の
崩壊の
ちゃう
典型的な
安い
聞きます
あること
圧力
ディスターブを
バイクの
に迅速
シェル
能力は
狭い
カブトムシが
チェック
おなじみ
急いで
水分を

会安聞阪デ故多シ報ゃ圧力崩壊のニ話ひ私
弱テき所ィ狙意ェ解解辞応分ド意投し乏場
本歩ま通スし乏化典覧水出をなし私ひもろ
方ソす合タ愛るヒ再典セ型歩ぐ場暫登せ
っ暫画クーに迅速通社チ的っ無ひ画てざ
お無結ブ論ブレ芸ま育ェ歩テ無んり選安
なラ投エ狭をレ急進ッ選んだ結り海多
ソ選ふ投安本狭暫でバクぼ砂れ選読ヒ
ヌ画多ッ囚れまれ京むトムぬじ精精ひレ
ちゃう安カ砂ドべチ側イ加百同開ヒ海
結だき砂ヌ本ベモのクぼシ安意重き然
カぽノヒてへ画あこと様選重ざ開多
狙暫てニべっること
ド結能力はっ画

# Puzzle 647

```
ぼ 新 鮮 加 コ 百 フ 選 か 向 ひ 愛 報 テ ホ ゅ 加
京 ハ 精 論 方 安 ィ 何 わ ス 圧 子 弱 ン ト ぼ 報
ま ハ 悲 劇 的 な ー て 化 い 安 犬 解 ト 弱 だ ペ
ゅ モ 故 ク や 、 ト 日 時 重 歩 精 歩 ツ ぺ ー ク
愛 ざ 囚 応 せ 正 の 伝 統 的 な 話 論 タ な ー ワ
ゴ レ も 選 だ 画 ひ 所 方 方 ヘ を 明 確 京 ひ ト
ブ 京 エ 無 き ふ 社 歩 化 ぎ リ 加 ひ 私 ま ッ ネ
リ 加 ひ 解 ょ 私 や 権 進 て コ ま 嶋 ろ じ ニ 何
ン ひ れ 嶋 お レ き 登 権 レ プ つ 能 然 ヱ ぼ 登
弱 れ サ チ 権 だ 百 通 嶋 ヌ ク ホ 安 ア 退 の ぼ
弱 サ チ ス だ べ 円 形 ソ 意 ホ 然 ヱ 愛 ぎ 再 登
っ き ぎ 軍 ひ ハ 何 も き ょ ホ 靴 京 応 の ぎ
ツ 安 れ ゃ れ し で 海 む 覧 乏 然 応 靴 の 再 登
育 れ ゃ や し で 海 む 通 覧 乏 然 応 の ぎ
```

弟を
クーペ
かわいい
軍事
得て
ゴブリン
ヘリコプター
の伝統的な
フィート
悲劇的な
子犬
ネットワーク
何か
円形
新鮮
明確な
、正確な
日時計
テント
靴の

# Puzzle 648

パセリ
検索
ため
栄養素
メッセージ
唯一の
コート
ライオン
たかっ
生姜を
収集
てしまった
恩赦
含まれて
骨折
ヘルプ
ウールの
ノウハウの
ボリューム
カンガルー

```
検 砂 だ ラ て 海 ょ ひ 場 ど ひ 唯 会 ま 権 ク ニ く だ ぎ
索 お 加 イ ラ し も エ 含 ま れ 一 ー る ド 生 姜 栄 養 素 報
読 投 故 オ 加 ひ ま ノ ハ れ ウ の ジ の カ を き 狙 応 場 辞 ド セ ト ノ ホ 歩
故 ハ 愛 ン 応 画 私 っ ウ ボ ウ ム だ ン 応 辞 ド ひ も ゃ
つ ろ パ セ リ 出 ゃ だ た リ 社 だ ッ だ ガ 退 チ や ど だ
本 テ れ じ ト ツ ょ で 収 ュ 出 よ メ ル チ や 再 ひ も
写 や 海 ゅ 選 嶋 出 ョ ー ひ ょ 化 ー 投 っ 然 写 ゃ
嶋 ヌ 安 レ ょ ャ 化 ウ 集 ゃ か 場 私 再 る 投 退
ホ ニ だ 能 ハ ぽ ヌ 一 本 化 退 た ぎ 写 能 む リ 会
ハ 阪 弱 や ょ ト の 覧 報 圧 ひ 退 砂 読 投 権 結
社 ヒ た め き 向 育 も も ヌ 多 読 社 故 退
つ 恩 て 海 何 っ ま 開 ぼ 私 砂 室 む べ
れ 赦 話 骨 折 へ 解 れ ぎ 圧 読 も 故
囚 コ ー ト 再 ル む 論 せ 覧 会 権
愛 選 化 精 じ プ だ つ 室 室 べ
```

# Puzzle 649

ブドウコサやりっだ開ス論ニ憎ス結っ向
れ再だぼニー場能ヌキ写辞ょし通百をハオリ私登ふ
まょ圧ト子供金っ囚リ権私通百リ金故オ
ぎク進妊応海も登通社辞育百然読愛す囚因も
チ論化必要とや何開ルヒ側む会ぼ投所ベ囚出
ャ方テ平選トっ嶋登ヒ登砂投せツ意囚
ンま画均れニ然圧む摘溶愛る通ノ京画向
ス無れ正正方弱狙スセ融場能向ぎ投能
ニ結無合定京ふ所故ひスぽ
政精合京決ふ所故ひス
府のニ結辞ぽ
スど

ベース
必要と
シナリオ
シット
溶融
ブドウ
リーク
スイカ
ポテト
ゴール
平均
スキル
チャンス
要因
愛する
決定を
正を
憎しみを
政府の
子供

# Puzzle 650

政府
満たさ
大学の
ボーダー
プレート
ホールド
撤回
急に
プロセス
、常に
お菓子を
パターン
行わ
政治
廃液
今日の
第六
シャワーが
起動
ゲートは、

ト登ょセ大パ然室開カれヒセ歩弱カぽ
百ふ社囚学タぐ囚せ囚ラむエス歩社私
ふエプ開のー海退せ退愛今撤回菓ぎ
乏応ロ安っン行登権故開るヌ日コ子をエ
会意セ政進く読ぼ故話ぎ投加のをノ起
じ満ス府んレっ本嶋投チ登退まヌ場動
モたでん砂コ暫辞開結登場ボぐシだ
ルさプ退京レ場開方所ルーハャむ
プレート場ひ登サド無権ルワニ
安て愛選選投読権レダトーゲ写
囚方廃能、って解はや弱だ何
狙急にヌ加私せ化弱金圧お
やハおヌ読応ヌ応れ無金狙コ
第応歩ぽ京乏方化応ヲ化通
ヌ六辞化ヌ乏権ひ無金

# Puzzle 651

ふ 故 っ 育 モ 開 縫 モ 砂 ニ 雨 べ 芸 登 登 向 退
ハ エ 選 状 き 海 製 画 モ モ の 摘 テ む レ や 芸
登 出 修 り 、 嶋 無 精 リ じ リ 京 ク し ひ 金 精
化 コ 正 ゃ グ ど ピ 京 む ド ツ 選 ス く 然 報 ト
画 し 愛 結 レ 加 ル や べ ヌ 権 百 チ ま ハ 重 ゃ
ょ 再 応 強 一 ま 投 無 エ 場 方 阪 も ろ ろ 選 画
ざ ラ ま テ 化 私 報 や じ 育 オ 金 歩 嶋 む 応 応
狙 語 最 ホ ま 報 ク ま テ ツ フ モ ざ だ セ 重 報
能 っ も 幸 な 敷 ド 会 ディ レ テ リ ホ ヌ ヱ 選 む
然 写 劇 化 社 芸 特 メ 写 ひ ア ト く ド 合 む
論 的 ざ 渡 し 最 報 ぽ ひ チ ひ 加 開 選 金 方 む
つ 本 ま 精 ま 近 圧 登 ょ ん べ 開 合 合 を 金 方
報 弱 レ ま 本 京 る お 然 ヌ 選 金 方
ニ モ ま す 本 ょ ひ 開 社 圧 本 ヒ
まで 砂 退 出 ゃ 京 ひ 開 社 圧 本

テレビ
オフ
最も幸せな
、グレー
状況
特に
より
語っ
ピッグ
カメ
縫製
強打
渡します
劇的
雨の
修正
敷く
、最近
リアライズを
テディ

# Puzzle 652

クロッカス
、ニンジン
歯磨き粉
世紀には
見つけ
本棚
ロケット
表面
上昇
男性の
食品
輸入
維持
、急速に
達し
屋外で
サイクリング
同一
話して
の親の

世 紀 に は ぎ 百 本 本 応 ょ べ せ 応 ク エ て っ
、 ニ ン ジ ん 食 私 場 だ 輸 ト ロ 入 ロ 維 ハ ま
だ 安 写 の サ 意 品 狙 方 結 向 退 ッ 持 ノ チ
の 親 の 読 イ 芸 報 通 ハ 本 本 カ だ ヱ 同
歯 本 ド 進 ク 読 権 の で リ 方 棚 ス っ ロ 一
表 磨 ク 能 リ 男 性 て 画 然 辞 だ て だ っ
面 ク き ド ン ヱ 権 で 場 ぽ 化 ぽ ひ し 金 出
ラ ぎ べ 粉 グ 屋 外 ス 重 っ 室 開 て き 狙
ま 能 進 出 囚 弱 愛 ノ ク 見 ふ だ
上 ふ つ ょ し 選 ひ サ 嶋 、 応 つ れ ノ
昇 解 話 ざ 金 ひ 安 ノ 私 急 応 け 写 ル 意
ふ ニ ざ お 権 く て 話 ろ 速 論 歩 権 ょ 弱
む 無 ル 進 本 辞 登 ざ ゅ に 合 ふ ぎ 阪
側 ル だ 妊 意 ド 応 愛 ホ 開 精 つ 通
重 何 何 ド 摘 意 ト 百 本 側 っ 金 ヌ

# Puzzle 653

ガソリン乏ルヌる流ストリップマ投嶋海加選弱写画
せ覧っれもぐふっス体疲れ進だル重暫ノ本りエ合
話すやドス精嶋の十異体つなは退開ソ登セざリュの
多どっスド私何ぼ育ヒ囚説得しフラカの読会ぎ本ろ
ひこやノ育ヒ囚歩し得フラヒリむぎ無ぎ読弱向試ま
重ぼデックス狙室私室むヒリむやじ摘ぎ向ド多安覧
インデックス海注意れふ会私故や再登せや出本乏投
セス海愛合む囚開っる私金実証せ摘出通て壁を百辞
歩乏出テっ責任る私金阪実証解ひむ乏向試弱ド辞愛
海し責任サ然むだじ京ひむ乏本壁を百投安
ゅ結写進の蜂然のむだじ京ひむ乏本投辞愛

ストリップ
試行
壁を話は
の異なる
疲れす
話流体
責任
どこ
注意
実証
説得
インデックス
のカラフルな
第十
蜂の
のり
ガソリン
マップは、

---

# Puzzle 654

シネマ
熱帯
ネクタイ
キャンディ
剣テーブル
感情の
答えは
レストラン
アイ
関係の
クールな
イチゴの
タイトル
の夢の
ショー
考えます
レスポンスの
管理します
必要な
心臓

るふクき加通弱熱投狙再まだひイアカれ出歩モャイ嶋レ弱臓選てクル
てぎーョシトツど帯ざゐでエアるる出論トむタドきイ嶋レ弱臓選てクル
むドルシ情のやや百意まレしエ画答のトむクシレぼ心再ぎ囚テーブル
辞なヒ出化投何社テス砂本関すネレム阪報話無金テーブル
考要て要やコカ出モ安ンニ答はトシ囚化話ぼ金応ラ然剣
えし必ひ社カ本っモ多コ多写むスの退金ひ応ラぎ金
まる場でレまニタ愛ざびル弱モニ能の夢の囚金百応お然剣テーブル
す摘意てタ再ひ加通モ嶋だホお然剣テーブル
権やルトょじ投加登カニ重じホ
てコ登本だ海むセ
退囚れ妊だ狙化報ゅ室妊じ
ゅっやだ本狙ンディセ室妊
阪キャンディ

# Puzzle 655

結れノ読出ど写ムド登おでだツざせ人
囚無濃ラ席ひむカひ化ょいの重要なの
話見縮狙暫れノ然辞ヲ糖ひ権明日だ魚
向ひっべ本意どカでド弱クレヨントス
カコ本意冒険ふニ重ぽもエヌョせラで
向含っラ加育投ニ金愛ざ進登ふリのだ
オ育め室重まだラ能れ私ホヌっの歩愛
レ摘百重故進だふ阪ま話砂せせひも読
ン弱結まニふレエ結レ阪故病リろ能し
ジ応モひゃっぽコ場く会ニ院歩も話ス
圧乏ゃ場っ私金ェ登摘範海しつニ暫百
応ス結囚セ育ニコ向囲歩結レ何しざニ
レ通本投電話も向内ハ読登通ヌ囚みて
読所所っお報海ぼ内読報ヌ囚んテ

人の
クレヨン
範囲内
子羊
魚の
の重要な
濃縮
出席
電話
糖は
冒険的
病院の
苦しみ
ムカデ
オレンジ
明日
見て
どこでも
おいしい
含め

# Puzzle 656

誕生の
誰かの
今後
有罪
サンドイッチ
サポートを
ゲーム
サイト
超高層
教育
カバーが
ドリンク
しかしが
表す
チェックが
ディナー
達成します
ラウンド
帽子の
丁寧な

然ハ室登ふ愛解海ハノルがーバカや能
応ヌべ摘む本場べ登クスっ報向何で加
おサゃ側今ヌド歩スでサ多何故ひ教育
社百ポ私砂後登退社コレッチ権覧応ょ本
ひムーィ後デ解リフェ誰ス誰かざ
チ写ト写つおサス解ドやサたノもまむ
有阪をヒ進ぼ歩セ化ヌリ乏帽むひ摘ひル
し罪表すまだ向芸精報トぎじ超子丁能結
ふ室ままがしか囚おラ退能開高のゅ寧む私
ょ京砂達成せ向しトぎドんサ層加なふ
ぐ所選百んん因ヌ画れ論登加出辞社圧向百出

# Puzzle 657

```
会 ホ っ 安 ス っ 社 ょ 出 な 面 積 は 室 乏 権 海
ク や 明 ド ま 先 成 長 を く 削 の ほ か 多 ヒ 意
出 ヌ 確 ラ ま の 能 ん だ を 除 月 ド ン グ リ ひ
ク 何 化 イ 無 量 跳 ひ 場 圧 を ド ノ レ 結 囚 ニ
ヌ 受 信 何 所 論 覧 解 モ 故 本 金 て や き ゃ ゅ
ニ ル 質 方 じ 京 重 っ 方 チ 砂 て や 砂 結 し レ
ヒ 質 何 結 で 重 っ 会 故 ラ 安 応 読 や か 報 通
論 社 方 合 ス ニ セ モ る む 方 や 暫 ス だ コ ス
摘 エ 問 を し 話 ツ 再 ラ ニ 安 応 砂 か に ち ん
セ ふ 応 意 多 無 ぎ 所 穏 や む に だ む ろ ゃ 進
囚 レ 京 で う 目 が 再 通 投 暫 ス る ろ ネ 私 せ
し 話 海 ヌ と カ 再 覚 だ 圧 進 合 報 ど ッ ク だ
ひ 警 重 読 結 所 だ ホ 投 圧 合 解 話 ッ 退 場
出 告 き 圧 方 ハ め 芸 た モ ヌ ょ 私 ク 場
サ 嶋 故 会 摘 乏 方 だ
```

警告
量の
成長を
穏やかに
しようと
明確化
目が覚めた
跳んだ
先の
ドングリ
月の
ドライバ
なくなっ
面積は
受信
のほか
ネック
無視
削除を
質問を

# Puzzle 658

セクション
本当の
メモリ
支援
現在
ひょう
乗り心地を
ホスト
惑星
前に
道を
雄鶏の
曲線
反対
本質的な
葉を
肖像
説明
興味深い
ウエスタン

```
重 ヌ 金 然 だ 歩 ト 社 出 ふ ウ 本 加 せ ぐ 通 モ
出 育 再 だ お セ ン シ ン ン エ 海 ト ヱ だ 合 開
ス 報 ソ 側 解 ク ざ ョ 権 ま ス っ セ ひ 通 ぎ や
会 合 選 ノ ん 所 す 何 お き タ ょ ハ ニ 側 通 登
ル ノ っ 海 京 登 ふ ぽ 再 お ン っ ノ 砂 支 側 登
化 曲 ホ チ 重 ふ 加 ス ろ 本 ト テ ど 解 援 支 で
解 線 ス 前 に 画 暫 加 阪 合 で ふ 報 室 現 援 辞
チ れ ト 所 画 れ 退 っ の る ふ じ ざ ヌ 在 を 興
ひ チ 場 話 所 愛 乏 ぽ ゅ チ テ 写 ょ く 説 道 味
応 反 肖 像 愛 故 側 き 雄 当 カ 本 む り 心 明 深
カ 対 や っ ハ ん 愛 出 鶏 サ 進 チ 結 開 地 チ い
ょ ぐ 化 社 ス 応 ひ ふ サ 方 合 進 私 で 会 囚
ど だ ル も チ じ メ ょ ゃ 合 場 方 然 地 リ を
お 囚 惑 星 社 読 ふ カ ソ じ 私 狙 会 多 選
ヌ 乏 安 何 カ 応 社 読 ソ や 場 話 リ
```

ド エ セ 視 だ 話 海 多 ま 育 ソ ー ト ス ん 登 能 ひ
っ 開 お 力 ぽ 感 れ ん ス 再 私 歩 ひ 場 だ 覧 私
辞 ク ヌ 意 百 カ 阪 動 ニ ク ハ 論 写 意 て ヒ コ コ
カ ヌ 意 百 カ レ 画 ク ふ 選 歩 む ぎ 摘 加 辞 ニ 覧
画 く モ 加 能 ク リ か な ノ っ ス 加 辞 ろ ひ せ じ
心 百 て ポ エ ド り 金 側 ワ 歌 ウ 結 自 身 は 登 る
レ 配 加 ー シ 解 ひ ー ム 愛 ヌ ス 安 荒 野 だ 嶋 室
シ ー 能 エ ル チ 公 一 話 ト ヌ コ 進 所 用 報 校 京
れ 狙 ぎ ー ョ フ 園 室 も ひ リ ょ く 画 選 の 京 辞
ぼ ま ス タ ン 応 テ も 登 く ニ ぐ 登 退 室 ヌ 歩 学
解 リ 開 ブ ー ド ろ 登 く モ ろ 出 精 所 所 報 歩 辞
セ ま 安 ル ラ 砂 モ れ や 服 じ る 所 画 ヌ 通 ぽ 学
登 ノ モ ラ つ 所 ん だ 結 し は 出 画 通 で 歩 学 辞
記 述 す る つ 所 や 服 だ 結 し は 出 画 通 で 歩
狙 む 側 ぽ く 安 だ 結 し は 出 画 通 で 歩 学 辞

心配
つつく
用品の
学校の
服は
自身は
シート
エルフ
ワーム
ポータブル
荒野
レクリエーション
記述する
かなり
ソート
感動を
歌う
ドール
視力
公園

京 阪 ニ じ 意 応 出 ト 場 ツ ペ 然 侵 ト ル 側 ょ
故 力 ま 方 戦 社 多 摘 ろ ー ス 略 ヌ 論 ぼ 京
乏 能 ソ 論 開 能 ス ブ ー ト プ ス ラ 登 進 暫 室
芸 妊 ド 投 故 再 ヒ ー コ 愛 ー ハ ろ ニ 安 辞 だ
与 え 論 れ た ス ニ 論 写 社 カ ひ リ く 場
食 べ ら れ 競 争 ひ ン べ 故 読 ン ふ チ 砂 本 ぐ 報
ヌ て 競 た だ ス ん お 読 無 加 公 れ 進 故 画 だ
囚 だ 争 ゃ 論 ま ひ だ ク ク や 覧 共 ス る 合 選 だ
ホ 退 権 何 社 も ょ 登 む 聞 妊 く ノ 側 妊 ノ 砂
再 育 し 多 れ の む る 延 期 だ ま も 私 解 ウ
れ ソ て 狙 社 ど の ま 関 与 を ア も 金 ハ チ ク
重 ソ コ コ だ の ぽ 無 ぷ リ ょ ぼ 弱 ョ
だ 応 ス ト ろ ま ぽ う ぬ ガ 圧 ウ
進 安 ト モ し む ニ 覧 む だ ひ ス 進
の 物 理 的 な ふ じ ま ぼ ろ ぽ 弱 圧 進 側 砂

だろう
ガチョウ
ストーブ
ペース
競争
聞く
侵略
スプーン
食べて
アリ
、公共
コストの
欲求
戦争
協力します
延期を
ハリネズミ
与えられた
関与
の物理的な

# Puzzle 661

```
ヒゼリー結セ乏だも応リ京ス精金ゅ妊
むトぼをンメトーテるテニトまに登辞
ク開カ向チぽ授ー投んスィ含むょ投
安ほて血化阪ビ妊狙せソッ室摘進向囚
故ラう液れゲ魅ぽ官ひクベヌ、通応ヒむ
チょ然読まど喜ラ論歩京リテどじ論芸合ふ
辞ホぼ場原喜草意も武ホトモ摘重進て
報や百ハ狙金暫ど方無れ圧器報妻安まを解
ルも結妊狙ど方狙無れツくの部うまくス綿
ニ結解ょ話べ写ひ所モステーょ報育を妹
ぎ会るべ話つトやサざだ嶋意化ス工だ
ひ摘も百ふモサだ嶋意ト曜火ひ出き
会話も百ふモサざだ嶋意卜曜火ひ
```

妹を
ゼリー
綿を
武器の
含まれ
ほうれん草
血液
一部の
うまく
裁判官
スティックは、
火曜日の
ナビゲート
教授
草原
喜んで
センチピード
魅力
妻の
ステートメントを

# Puzzle 662

閉じ込める
足が
ケーキの
強い
自主的な
更新
演奏
理論
キャップ
のボイド
吸血鬼
ボード
古い
道徳的な
破壊する
引用
好む
最良
豊富な
選択し

```
報エて囚れ育更新トろ海登豊弱圧ひむ加
然囚囚ハ能開ノ選モ場最故側故くエ画
京権方選弱ヒ狙セ会何良的安ニ徳安や
応ニ加でツレチョ重ぎ画吸道ひ摘
閉妊んチ育歩能ニ強いむ鬼クひだ
妊じニ自主的写選足好暫話狙故
サだ込も乏なもしが出通愛嶋れ覧
ヌし重私ボーやむで応本れぎツ
然も私ニ壊ドイ社ろヒぐ演古ひ
金出話だ破チボっじ側奏いれ
ヒっ方ひ登の妊場通京ケ登進
再解る社ょ報やべの一出スス
進砂引用意つむせ登おスリぎ
精引用意
```

# Puzzle 663

```
必 要 が あ り ま す き 海 多 ヱ 画 化 辞 っ 応 会
京 通 ま 海 で 愛 ぎ っ せ じ ツ 何 投 ド ラ サ ト ぽ 能
ヒ 暫 妊 育 ク む 百 リ 退 室 乏 剛 性 の ノ 金 で ツ 報
ラ ド 百 カ 能 サ ヌ 右 室 乏 加 ヌ 法 合 ひ て 辞 ク 能
画 つ き 飛 行 撮 写 妊 精 弱 ま だ ヌ 合 ま ヌ 話 阪 辞
場 側 囚 ぼ 論 影 育 エ 歩 重 じ 砂 権 投 ヌ モ カ 通 ク
ょ ひ ま き ゅ 育 社 チ 満 ひ ソ 無 安 本 ヌ て 私 ろ レ
ニ ニ 行 動 を 社 使 満 月 意 ヌ ク ロ じ ゃ ソ チ も ド で
復 帰 応 む に 投 用 は 十 分 、 砂 ロ ス 安 本 陽 可 育 能
ソ 向 ん ド 写 風 呂 分 、 重 無 ス つ ら ら の 気 ヱ 能 ゅ
ひ 材 料 写 ホ ラ 摘 重 故 防 ぐ し ヱ 品 室 ド 陽 可 育 も
レ ニ 写 ホ ラ 摘 重 故 む 加 話 し ヱ 品 ス 重 写 安 モ ラ ぎ
エ ぼ ニ 砂 権 重 故 む 加 話 る や 種 せ ニ 意 然 き
室 場 ぐ き ツ っ も 加 話 る や 種 せ ニ 意 然
```

つづく単語:

品種
つららの
動き
飛行
剛性の
に十分な
必要があります
行動を
満月は、
右の
使用は
撮影
防ぐ
可能
クロス
復帰
風呂
法の
材料
陽気な

# Puzzle 664

参加する
ポリシー
識別する
の有害が
忘れ
エージェント
有利な
影響する
モンスター
ブラシ
高級
民主的な
練習は
飛行機の
あまりにも
小麦
ソーダ
詳細は、
品揃え
主張

```
民 主 的 な き 愛 ぎ サ ん せ で カ 室 砂 ニ れ ラ
愛 室 サ コ 囚 テ 海 忘 れ あ ま り に も 金 開 暫
囚 っ ひ 圧 サ ょ 何 だ つ 方 む し っ ヱ 応 む 圧 砂
投 ヒ 化 画 ぽ ぽ 化 報 ざ ど 退 然 囚 育 投 弱 報 砂 論 む チ
小 麦 芸 す る す 響 影 ン ス タ 囚 会 室 登 化 ヌ 然
登 参 加 ノ 加 す ま 金 モ ー エ 加 ゅ 所 ぐ ラ て
摘 海 も 解 別 詳 ク 精 く ふ ジ れ 砂 ぽ 社 阪 砂 だ
重 妊 開 ブ 解 識 細 ハ だ て ー シ リ ぽ せ 方 し
れ 開 ぼ ラ は 習 、 練 本 し な リ 写 向 ェ 芸 退
主 れ ま 会 辞 読 高 き ぽ 会 ニ 利 暫 画 登 方 モ ラ
権 張 側 ニ 圧 海 通 級 狙 飛 行 機 の 有 害 が の ド 私 報 出
だ 囚 ト 解 チ 囚 向 百 級 社 報 し ラ 加 愛 ぼ 然 ろ
モ 阪 ょ ぼ ク 品 揃 え 社 報 加 愛 ぼ 然
```

# Puzzle 665

れエむくべろれろ日ニて出カスや写意要
ト無モ何通っれ多方故合覧ペやスのル囚ぼ私故ざ
ニ論チソ暫ろ方つ歩方差方し向ホスイ選出だ員砂金無どれ育資妊れ会遠育ぎ摘解ひ百でのヒ化を

ヤギは、
日差し
資格を、さらに
株式
、ここで
鳥の
敬遠
アイデンティティ
の耳が
午後
に自信
巨大
委員会
トウモロコシの
スペルの
電を
要求
馬の
与える

# Puzzle 666

、まだ
ヤギは、
ソフトを
昇給の
治世を
、小数点
薄い
相手
表示される
慎重に
リード
ヘア
ドライバー
さようなら
バージョン
覚え
皮膚
シャンプー
尊重
声を出し

# Puzzle 667

| | | | | | | | | | | | | | | | | |
|---|---|---|---|---|---|---|---|---|---|---|---|---|---|---|---|---|
| 然 | 私 | カ | ス | 場 | 愛 | ぎ | レ | 乏 | 退 | 圧 | ま | 結 | 多 | 登 | 海 | ト |
| 辞 | ぎ | じ | ぼ | 応 | ま | シ | ん | 問 | 権 | っ | む | 怠 | ぼ | 会 | ラ | ッ |
| ハ | 応 | や | ヌ | 覧 | シ | ソ | る | 海 | 題 | レ | 私 | 惰 | 無 | 所 | 写 | ク |
| コ | ソ | ラ | 金 | 嶋 | ス | ー | だ | 進 | ニ | 会 | 育 | な | ヌ | 怠 | バ | 金 |
| 悲 | ク | で | リ | 私 | 向 | カ | ド | レ | ク | 報 | ラ | 要 | 重 | 急 | ッ | 愛 |
| 鳴 | 議 | リ | 狙 | 一 | ざ | ふ | ラ | に | ヒ | 宗 | モ | ぼ | 歩 | ぼ | ト | 場 |
| ニ | 論 | の | 投 | 側 | 明 | ら | イ | ブ | 意 | 教 | ぼ | ま | ひ | 登 | だ | 安 |
| 登 | セ | レ | 何 | 場 | ヌ | か | 社 | 社 | ヒ | 的 | 故 | 故 | 注 | 不 | 登 | 解 |
| セ | ト | ぽ | 所 | 辞 | 明 | ら | ょ | 弱 | し | な | 意 | 注 | 妊 | ソ | せ | せ |
| ア | 安 | ろ | や | ニ | テ | ふ | 含 | っ | 権 | だ | ド | 退 | 能 | 教 | サ | ス |
| 画 | ニ | ぽ | 画 | テ | ふ | 含 | ま | 摘 | 暫 | ド | ぼ | お | お | 師 | や | む |
| 全 | ひ | ぐ | 海 | 本 | ぽ | ろ | 精 | 辞 | 応 | 摘 | 向 | 向 | き | ま | で | 嶋 |
| が | 応 | 海 | ん | 画 | ぽ | ろ | 囚 | 出 | 所 | 然 | 育 | 解 | る | こ | ス | モ |
| 海 | て | セ | ヌ | ろ | 囚 | ソ | 圧 | ま | 論 | 退 | り | ニ | リ | ど | ノ | れ |

悲鳴
バット
クリーム
安全が
トラック
宗教的な
怠惰な
アンティーク
含ま
水泳
明らかに
フェンス
問題
重要な
ドライブ
教師
スニフ
議論の
シーズン
不注意な

# Puzzle 668

ペットの
紛争
メジャー
キャンペーン
テニス
砂糖
の後に
リップ
ブラザー
一致する
テキスト
ミックス
予約
作成
ガラス
が成長の
植物
意見の
目的の
地理

| | | | | | | | | | | | | | | | | | |
|---|---|---|---|---|---|---|---|---|---|---|---|---|---|---|---|---|---|
| 選 | 化 | 読 | 愛 | 合 | 辞 | む | 社 | ひ | も | も | 芸 | 意 | き | し | 多 | だ | リ |
| 故 | だ | 摘 | 場 | 解 | 解 | ょ | 場 | も | の | 後 | 然 | 見 | く | ろ | 退 | モ | 妊 |
| 乏 | 退 | ょ | 摘 | サ | 通 | ホ | キ | キ | 嶋 | に | 力 | の | 登 | ぽ | 場 | り | 投 |
| 論 | リ | 側 | ょ | 覧 | レ | 側 | ャ | ン | 海 | 力 | 植 | 的 | 進 | 精 | り | が | つ |
| 歩 | ぎ | る | お | 論 | で | で | 致 | リ | 室 | 進 | 物 | 目 | ス | 成 | 読 | ノ | ノ |
| 海 | 方 | 故 | ぽ | 重 | ル | っ | す | ペ | ひ | 圧 | ぼ | 選 | 狙 | ひ | ま | 登 | 登 |
| む | コ | リ | 歩 | む | じ | ャ | る | ン | 社 | 摘 | 再 | 圧 | ひ | ス | 狙 | ヌ | ヌ |
| テ | 結 | ょ | お | 安 | ぐ | 狙 | 育 | 進 | 京 | 再 | 然 | 弱 | 登 | 応 | ど | 安 | 合 |
| 結 | キ | ト | 弱 | で | ヒ | 地 | 覧 | 海 | ょ | 出 | 約 | 砂 | 育 | だ | じ | や | ト |
| メ | ト | ス | ニ | テ | ぼ | 百 | 理 | リ | 登 | セ | ょ | 糖 | て | れ | 京 | リ | 私 |
| 加 | ジ | ク | 狙 | ヌ | 論 | ブ | ホ | ホ | 権 | で | 登 | 辞 | だ | ペ | ス | 私 | ヌ |
| 辞 | ャ | ト | 多 | 論 | ー | ラ | ょ | プ | ま | ヌ | ざ | ひ | ミ | 開 | ラ | ヌ | 安 |
| コ | 乏 | 投 | 多 | 芸 | ブ | ザ | 百 | ス | で | の | 権 | ツ | ッ | ス | ガ | ガ | や |
| 作 | 投 | 多 | 芸 | 紛 | ー | ー | ラ | コ | 登 | 方 | 多 | の | ト | ラ | ス | | |
| 成 | 成 | 芸 | 論 | 話 | お | 応 | ー | ド | ざ | む | ぎ | で | ぐ | 読 | | | |
| ル | く | せ | | | テ | ド | | く | | お | | 応 | 読 | | | | |

# Puzzle 669

進場私ろ進海論画長応暫室スソワだ能ヌ
乏る通妊開ヱ囚報ニいき進画ームはノ京通
阪し解だろ乏覧精嶋れ暫加室はノ愛ぼテ
囚私再ハ開っ然ま嶋は決ひクぽ画セ化向通ぼ
芸て所ハ具権利用可摘ひ金写多スリ家向芸再
レ芸多摘精体やらで話コニ室ト読ひ芸び意
ニ芸コ海妊精む切側投画権沈黙やろ櫛エ再
芸コ通向忠暫も適退セコールエ作ひセ能クょろ報弱
向忠実な阪き一慎重な意モ結論登しゅや出
むろ現クょ金権ハ精ハ結の結論登所狙弱やゅ
安弱ハ精ハ結の結論登し所狙弱

やすさ
慎重な
沈黙を
コール
利用可能
具体的な
現実
家は
は決して
ワームは
幅広
アームを
櫛の
長い
カエル
カードの
作成し
不適切な
忠実な
バーストを

# Puzzle 670

、個々の
エキスパート
氷の
パイナップル
カット
ドッグ
テイク
クリップが
人気の
学生
獲得
ギフト
マップの
鉱山
ネイル
ヘッド
サービス
消防士の
失望
砂の城は、

鉱山ド学生囚クる愛読パト意砂解消
クリップが阪社でヌイだセ囚ヒ防
ゃセへ歩ルひ権社金ナもノ所て士の
っょマぼ解育スグドカ何能のカ々個
結ろッツサ圧ひビ圧プ場む室ゅ、るコ
報カプのエキ圧パールカ嶋れ百城で
ハ出るリホぎスネきサ投ッム応のアカ阪
解無人気のハ写百エドく乏砂ル開
れょ方だ論再権妊投くテイぐ砂
獲得ニス画トンニサ応サ阪ひ
ト辞てっトエヌ進場能退向しぼ
だ百応ス社狙ギフ退モ氷クドっ
囚ろ結チ京クフ海多のドし
ホも失望モまクト会リ向
だ失望結

# Puzzle 671

精重まカツ育月も何スどひおで通結論登百ヌざぎ
ローカリ応曜つ愛ドょ話ふヌおル退覧本開カ通テ再ヒ囚
作場来ひフ日れドッだぎ報れ阪場画覧画ど辞削除再モ海ひし
りぎき読解ラ歩ー登ピだ投ふじ投場弱歩して向クど私所
を画金芸ひ重まワ解ュ依金権停ぼっサ向重画エプロン
しでクニ砂向ま解き国ー存も育ハまサ摘いどエプ
ツ画ク応選ノソだ百画金本下応鋭重辞画必要登ロン
狙ぐソ何精んざょ際ソだ階社ぎじ結第登画ひし
乏ど意嵐問ヌざぼだむざ話金本ノ結ざしサ海所
退き選精画ざで多解ざぽ解画応明るく三ヒ
投題投ノだ結むれを金本だ結重じ第三サヌ
に加育メ化重せ多れをす画応明る三しプロン
論だ会イでろせ多れを解多れを結ざぽ三サ
だニし重化せ多れ明を解明る多ぎじ

## 単語リスト（Puzzle 671）

階下
もつれ
削除
国際
第三
来る
停止して
メイク
鋭い
キューピッド
必要
を明るく
月曜日
依存
カリフラワー
作りを
エプロン
嵐の
の問題に
ローカル

# Puzzle 672

## 単語リスト（Puzzle 672）

花が
の好きな
カリブー
思いやりの
動きの
干しぶどう
改善
観察し
終了し
シナモン
通常の
女王の
英語
取っ
カブトムシ
大きな
要因が
パーティーは、
正しい
インタビュー

権つ結やゃ女所動砂私ぎ
ノ京ょせて王きむ私読し退取ぼせ解
ニリふルでハヌだ化安論ヒサむエノ京加解安の好なく報れょ芸論
ぽッセ芸弱スま覧芸ひ精京場モ開ら百ひ論でカコ
ホくひチエふ愛りノ花くノいだ育ひき私読しれぼむヒ
もコだ終ひや思せぼしがくノいだ百モひ論でカコむ
にブ通妊やぶの干要しが解正セュ、セひくなでむヒ
ん圧うどしーカ察ひ観室因精話はラ読っ能権でカコ
ー私場登ハビパ合観歩ゃふス室でくスニくょト大
暫トム芸場タ加ーテぼぎ出権モもュ室き
どムシ私向エイ改善ィ歩もに権ょ大きな
解ラシ百お社京方ー進重権覧ょト大きで
せク百ぽ合し重芸歩善な
然登お加やせハ辞海囚
んょ加シハ

# Puzzle 673

サ 泥 コ ヒ ク ぼ 投 示 コ 狙 社 金 写 ゅ 嶋 ょ 彼
意 だ カ ソ 妊 っ 弱 然 社 砂 ム 権 然 や 然 無 ら
開 ら ド ツ 開 し 再 れ ス ス ー し ひ お エ 開 の
重 け ニ テ 化 た の 登 き ト 百 ち エ ぽ 愛 育 多
加 の ャ ち 赤 ニ 登 れ ぼ っ 故 歩 ホ 登 妊 金 妊
ス 読 ヱ 論 囚 ズ ズ 話 ふ 故 故 ル ニ ホ カ ヌ む
せ ニ ぐ 権 シ ボ ノ ど ど セ 歩 ニ 選 ベ 重 通 阪
プ ス 場 し ャ ン ス ぽ じ 摘 ぎ 狙 ざ れ 通 ま 無
故 む る テ 投 だ タ ざ 私 投 ぽ 選 や ひ ま も り
だ む き コ だ ー ア 安 て 覧 乏 選 ざ 然 ヤ 故 開
ぼ き れ ン ピ ュ ク ク タ ブ な 雑 ン ニ 結 ら う
囚 い を 海 狙 ア テ ィ バ オ プ 複 合 覧 会 ー サ
ま を 阪 百 ス ぼ ブ ン ば ン 通 ニ 化 映 画 ド や
し ま 登 圧 ス ぼ ン 解 ば や を ス ニ 選 側 加 せ
だ ヱ 再 ヌ 会 や を 解 ス ニ 写 選 側 加 画 せ 結

**Word list:**
複雑な
映画
シャウト
泥だらけの
スロー
コンピュータ
プレス
の赤ちゃんの
チーム
ヤード
もらう
アクティブな
彼らの
バンを
ズボン
示した
オプション
結果
きれいを
開催

# Puzzle 674

**Word list:**
クラスの
入力して
戦略
刑務所
お勧めします
白い
思い出さ
様々な
との間で
学術的
レポート
研究
その
候補
ブロック
シンプルな
ケース
共通
膝を
ボート

ツ 社 意 ざ で ト 戦 ド ヱ 摘 様 々 な サ ヌ モ 向
重 乏 嶋 ん 覧 略 白 意 側 再 育 て ヌ 結 っ ぎ 嶋
阪 出 会 辞 思 共 阪 共 入 所 し て 通 所 通 ス ホ
学 術 的 む い 通 テ 海 刑 登 て 再 狙 二 ろ 室 リ
ル ク ク ロ 海 刑 む 務 所 進 だ 覧 無 向 む 本 精
育 ラ ッ そ 出 写 と 務 ス め ふ 再 ざ む 究 き む
社 ス 何 の さ と 開 刑 お め ホ ヱ ベ 安 加 話
本 の ょ 解 で 向 ぎ 話 意 権 で 会 コ 多 摘 ス
だ 選 だ 然 開 の 話 ひ ぽ に っ レ テ る お 社 サ
出 芸 ク 出 ス 間 で 登 ラ 候 れ 登 画 方 ノ っ
摘 所 進 ざ ハ 話 ぎ べ 化 補 ど 応 二 ゃ 登 解 た
ド ク 歩 サ だ ト 妊 阪 選 登 進 ハ ク 写 ル 選
然 話 囚 登 じ だ ぼ 権 ぎ 結 乏 ふ 登 一 百 な
膝 を 応 応 て 妊 ル レ ポ ー ト シ ン プ ル 論
べ れ 無 因 論 会 ル 権 レ ポ ー ト ボ し 論 百

# Puzzle 675

ク京クーすまし貸展ルくドヒおし育妊
所ト愛無般くなだ示弱ひま摘てもぼエラ通
辞ぽカ京やニドヒさか論故向金百ニレス応私
ェヒで囚も愛妊じは暖ヌコンに芸オントかし
裁ヌ判然話阪土ソ、開始写ル乏育だヒ投くれ
ん阪所私曜ぎドひぎ写投っ応合セネリレて弱
ぽサ会報日バワーん向だ合おリドレヒや何
投カラ帽やホトんド重写投乏合意辞ぼん摘安
辞ひむ子場ベカ重ニ方っ応合選エ画ウズラレ
スむラ合砂ムコっ囚話進ろ意選ドェ画ん摘ース
社ぎふク合モノょし私解ろ出ゅウズラレース

カラス
カスタム
重い
レモネード
裁判所
暖かい
クモ
レース
帽子
コンパニオン
確かに
かかし
展示を
バンワード
貸します
一般な
ウズラ
開始
土曜日に
してくださいは、

# Puzzle 676

動機の
レタス
バタフライ
犬の
の下に
観点
温度計
通知
楽しい
トランク
ホップ
アナグマ
病気の
貴族の
内部
コートを
叔父は、
個人
システム
医師が

向チまだ写ヤラモろ報観投百ホ論モセ
ヌツむク囚ゃ通解ひ暫点故モッ妊登進暫
やし開応れ登乏ス解重百ププ選だ阪安
圧社金ぎヌ話コニソむ画ヌレる選ぽぽ
叔父は、も私海ニおエ暫京進タホまし芸
社写権だ私解っ動報知ク何画しヒ愛カ
通画楽退応シ妊機論愛多ヌ読愛個囚嶋
囚退しいスク方の嶋コぼ結愛権人辞愛
でセノンフ化能暫カ投側権をぽ重
イノスフ医師だ気ぼ貴モアをャトハ
トラクヌ師重が病育貴族のトナ報ヌ
ヒ覧社夕嶋バ精下ヌス族犬グ出社
温度計嶋方ゃだ精にだ育モだマ内多投
暫歩ヱ嶋意ぐ妊だざれ部ざエ愛

# Puzzle 677

ヌ 愛 ツ タ 論 快 さ 合 ク ロ ウ っ ラ 開 報 だ 権
て ス 権 ー ク 適 さ 食 愛 愛 安 解 イ 側 だ ん ヒ ル リ 削
圧 画 私 じ ん 圧 ひ 用 ソ ヌ 登 ス む や ど ブ 化 ま 精 ぎ サ ぐ 辞
だ 社 じ だ 能 ト エ 進 ざ 方 ニ ざ 写 お 退 ぽ 圧 ホ コ ひ ラ 本 輸 ノ
せ 無 退 ク カ ラ ス 場 て 投 再 故 嶋 然 出 テ ド レ ス チ コ ル 気 送 本 進
レ も も カ の セ 開 私 最 高 の 証 権 無 化 べ く だ 狙 ノ ぎ 摘 る だ カ 気 候 応 ぽ
輸 百 能 買 ょ ニ ラ 最 高 だ 証 拠 狙 リ も チ ェ ブ ッ ク 無 応 ぽ
論 世 紀 ぎ て 海 化 ま ぐ 会 通 っ ト ド 化 れ 金 場 進 ヌ ン サ ウ ン ド ・ ょ
し 何 妊 摘 嶋 じ お ぎ 避 難 ヌ 場 妊 コ 場 進 ヌ ン サ ウ ン ド ・

**単語リスト:**
- 避難
- 最高の
- ライブラリ
- チェーン
- ささげる
- 買っ
- 輸送
- 削り
- 気候
- もの
- クロウ
- ターンを
- 食用
- ブック
- 輸出
- サウンド・
- 世紀は
- カラスの
- 証拠は
- 快適

# Puzzle 678

**単語リスト:**
- ボルト
- 禁止する
- 叫びは、
- 、非常に
- 健康
- にもかかわらず、
- 家賃の
- 発言
- 陸上競技を
- タイガー
- 男の
- エクスプレス
- 、標準的な
- の近くに
- 全体に
- 鉛筆
- クロコダイル
- 納屋
- 友人
- 天気

で 応 レ ノ 登 方 加 天 安 の 男 囚 ク ボ 開 応 ゅ 人
選 ト 権 圧 社 セ ぼ 気 き 近 の 狙 ラ 場 ル 友 ぎ 健 康 百 テ ク だ コ
む ス 本 嶋 だ 選 辞 話 も く 賃 覧 ツ 陸 結 セ 投 本 エ だ る ょ ホ
ク 、 非 常 に 歩 加 意 海 に 家 砂 精 上 権 ヌ 投 だ ま っ
嶋 ロ 発 言 体 ド ぎ 再 安 通 ま だ ひ 競 技 を 合 京 無 圧 き ひ
ヌ 芸 コ ニ 全 狙 ホ じ ニ ド 写 チ だ 技 を 合 京 無 圧 る は 向 叫
ひ 場 通 ダ 多 イ サ ノ ま 弱 に 禁 圧 き す る 京 納 屋 ヒ っ
論 ひ ェ 合 せ ル 、 標 準 的 な も か る わ ら ず 、
安 工 ぎ 囚 れ ひ 阪 育 で か ず 、 向 叫
狙 解 ぎ 私 砂 れ き 場 権 わ ら 、
タ イ ガ ー ざ 意 砂 ぎ 画 囚 所 チ ず エ ク ス プ レ ス
ニ 投 や 然 も 二 ラ 筆 合 摘 能 化 意
カ ま ヌ 結 ハ 無 鉛 筆 摘 能 化 意 エ ク ス プ レ ス
ヌ ラ お 投

# Puzzle 679

解 百 狙 一 阪 圧 結 一 般 的 な 惨 悲 ぽ る ツ ベ
は 何 も 方 報 お 合 送 宣 言 阪 ト べ じ む で ニ
金 き 人 で 砂 合 せ 精 ら 結 結 ま じ ゃ 結 だ 結
エ ぐ 方 重 ソ 投 ゃ 宣 結 婚 式 ぎ 金 れ 論 で 論
や ん ま 退 じ 無 投 ら 式 圧 ま ひ だ じ く 社 安
も レ 愛 加 開 ゅ で 結 ま ま ひ く 速 囚 お ニ 開
ひ ト 金 海 再 故 社 び じ ょ ぎ レ ソ 摘 辞 ヌ 会
っ も ま 出 ぎ し 側 れ ゃ じ じ ヌ べ 愛 ひ エ せ
方 覧 通 再 室 ニ 室 ど レ ヌ れ ニ 重 選 じ ド 選
狙 通 暖 炉 ド 暫 せ っ 百 エ ど 百 選 択 重 ト
数 出 会 家 族 に 百 京 摘 ド 砂 命 芸 す ゅ 命
々 き の つ ぐ コ む コ せ 選 場 を カ じ ゅ を
が ト 芸 じ む ニ し 京 し 択 芸 じ カ シ
役 室 じ で コ ツ ょ コ よ す 開 登 を ゅ カ 選
員 の で 応 サ コ う イ ン る 然 報 を ツ

──

数々が
コイン
一人で
役員の
暖炉
フロント
出現
送ら、シカ
結婚式
しよう
宣言
選択する
悲惨な
の家族に
高速な
結合
一般的な
は何も
命を

# Puzzle 680

野球
の生産
エスケープは
、優れた
バルコニー
増殖
恐怖の
無料の
進捗状況を
退屈
探索
与えました
法的には
動物、
フィット
喜ん
を過ごした
鉛筆の
も、
言語を

──

金 だ 乏 百 せ 摘 ょ ぎ 権 ニ 投 お く 故 喜 ソ 法
ゃ 写 セ 応 ス ぐ 解 ひ カ 妊 増 殖 っ しん チ 的
ニ ど ょ 退 狙 多 進 状 掋 況 を ひ 京 安 応 に
だ 所 ス ん 権 社 能 乏 故 を 弱 ト 投 れ た は
嶋 ル 退 百 だ 室 だ 化 ツ ラ 、 ノ も 場 写 く
育 ハ 屈 ぎ 動 、 無 故 嶋 弱 故 芸 ひ 京 与 む
無 っ 愛 合 物 ト バ 摘 室 ス ド ス 登 じ え サ
料 百 だ 故 無 恐 嶋 ぽ コ エ ケ 社 ト ま テ
の ぎ 権 ハ 摘 怖 登 ル の ニ ー 重 向 し ょ
を ニ し た 精 産 探 き モ だ リ サ 能 た 砂
ド 過 故 コ 話 探 索 ゃ チ サ 砂 砂 私 ヒ
き 語 阪 ク 嶋 探 芸 化 ト ん 鉛 せ き
乏 ん 言 権 嶋 読 れ フ む ソ ヱ ろ る ぽ
ひ て 然 嶋 じ 覧 ィ 暫 ソ ソ れ 砂 精
ろ 重 通 ざ ゅ ヌ ま 圧 レ ヱ レ ざ

# Puzzle 681

```
圧 写 重 も 辞 暫 キ ま 無 き れ し ひ 重 ひ や て
ゅ 圧 ま 海 ヱ キ 進 本 選 っ ソ 話 ニ 再 多 ふ ぽ
サ だ 砂 セ 限 を 画 報 ぎ リ ソ 安 ぐ 圧 ふ る ト
ぼ 砂 ど 重 警 官 ひ ド リ ー ン 意 多 べ 解 社 社
ル 妊 だ 権 加 ド ロ ッ プ な る ま コ 向 方 辞 辞
つ 社 囚 察 親 愛 故 ス ー プ 金 暫 辞 ヘ 乏 い お
向 ラ 通 ざ 報 加 狙 チ ぽ ヱ 応 ヘ ス 略 ジ ら だ
ど せ 能 チ コ 選 ま ー 俳 戦 ヘ ッ ジ ス だ 側 ジ
ゅ 報 能 方 効 私 妊 ソ 暫 優 エ 海 ふ 比 登 ど 社
や だ 効 果 の 摘 ぎ ヌ 無 き 重 ヌ 合 較 理 録 ら
何 ス 場 の ひ 進 京 進 チ ヌ ざ い 側 由 写 せ
向 む 意 場 ょ 進 歩 結 ニ 私 狙 テ 選 ハ る
こ と が で き ま す 歩 だ ヌ 私 ク ろ 狙
決 覧 溝 本 れ ゃ じ だ ヌ 結 っ ざ
ニ 定 ぎ 社 能 で 囚 能 結
```

俳優
ブリード
警察
戦略は
決定
ことができます
ドロップ
ヘッジ
親愛なる
スチーム
警官
溝が
バッチ
スポンジ
理由
権限を
、比較
いらいら
キュウリ
効果の

# Puzzle 682

ウォッチ
管理を
スタイルの
ベビー
リソース
バスケットボールの
ショック
多分
時間
消え
同意し
制御を
エンドウ
コンパクト
テープ
患者
許し
購入
オウム
アーティスト

```
べ き 育 ょ ろ の 制 同 意 し ス コ 本 意 暫 ニ 報
れ ま む つ プ ニ 御 じ 登 ス ン 解 海 ん 報 ハ 無
ヱ 購 入 べ ー 精 を 消 え コ パ 摘 室 ぼ 報 時 ひ
多 分 管 じ 再 ボ 本 患 や ン ク シ 弱 だ 応 百 間
通 ぽ 理 乏 ス ト 話 者 ス ト む 進 報 だ だ 報 百
エ ト を ろ ト コ ヌ ぐ ル む ら 妊 ざ 囚 し 覧 結
せ 覧 む ょ 狙 私 弱 ょ 出 ひ 進 話 き オ ク 覧
会 芸 退 多 ケ せ し ニ ひ て 妊 応 場 セ ヱ や
ニ 暫 ぐ 嶋 ラ 許 ま 応 故 ス 応 ア 室 応 開
場 歩 話 っ バ ス 退 育 セ ヒ ア ー エ 方 ム
ヌ 暫 嶋 辞 ラ 話 進 能 ォ む タ テ 能 妊 意
金 も 論 ぎ 意 金 ゅ ヌ ッ 芸 イ ィ も 写 画
て む ニ 写 ソ っ ぎ チ 登 ス ス 砂 合 ま
妊 る 安 話 エ や ト ぎ ん 歩 進 の ト や
進 ハ 能 加 し 選 ト ぎ ん 歩 進 の
```

# Puzzle 683

室 コ 弱 画 妊 加 っ で 投 ヒ 嶋 お サ モ ひ フ メ
辞 権 ろ 多 べ 進 ラ 囚 育 へ の 結 レ だ じ ク ン
ぽ 登 金 ょ 精 無 二 愛 っ ホ 話 ヌ ろ ろ ル シ バ
権 や 砂 カ 何 れ セ 解 て し 失 ま 歩 芸 ル ョ ー
通 所 安 ん も ス 平 野 話 わ テ 応 摘 能 ス 向 ン の
摘 ニ む チ 狙 多 ル っ 二 応 れ 意 驚 的 な プ ラ マ ト
多 、 緑 許 加 る 然 権 社 金 驚 異 的 プ ラ イ マ ト
っ 市 や 可 砂 ふ ー 所 曜 論 コ ン ト ラ ス ト は 、
京 民 グ 側 編 進 ホ 応 日 コ ン ト ラ し ま し た 本 ま き じ だ
ツ 投 レ 編 私 圧 ヌ 加 の 燃 ひ 歩 進 、 こ れ ま で 通 ざ
ベ だ ー 精 を 投 嶋 海 所 安 む 故 囚 室 狙 ヒ ひ き ろ だ
阪 場 読 ど 海 妊 故 む 故 エ っ 金 室 狙 ひ
ひ 歩 意 ル 退 き サ 精 囚 ホ 側 砂 芸 ぎ ぽ ひ き ろ
再 ヌ ホ ド っ 妊 て 摘 ホ 側 砂 芸 ぽ ひ
ラ ホ ド っ 妊 て 摘 ホ 側 砂 芸 ぎ ぽ ひ き ろ だ

緑、
プライマリ
失われた
金曜日の
育て
驚異的な
への
編を
セル
メンバーの
グレード
壊れた
コントラストは、
、市民
許可
チェリー
フィクション
、これまで
平野
燃やしました

# Puzzle 684

ルール
孤独な
立派
フルーツ
会議は
に対して
致命的な
グループ
示しています
ケトル
のポーズ
緩やかな
の代わりに
理由を
だと思う
編集
摩耗
不規則な
衝突
ノートブック

化 海 所 ニ き 何 じ だ 金 ぎ ヌ 阪 べ れ ヱ 暫 セ
百 っ ま ろ 化 解 と ル エ 応 ホ む 進 フ チ ク
会 能 場 で 芸 プ ノ 思 進 登 お 立 ひ ル ル ル
向 議 権 然 選 ラ 弱 う テ 進 ノ 進 派 ー 衝 お 暫
理 加 は ヱ 砂 ブ 示 グ し て す ツ 突 カ お
由 育 む 重 論 出 ラ ッ だ ク れ 通 っ 圧 の 読 カ
を 退 く テ ス ト ク れ 妊 ル ハ 代 だ ぼ ポ れ 読
再 嶋 暫 る や 応 ド 話 暫 圧 写 わ カ ク 緩 れ
編 命 ホ な 通 覧 ド 歩 話 む 囚 り 然 ひ ズ や 緩
集 的 写 ざ 無 だ カ 暫 妊 セ 加 に む ヱ か や
致 ざ な 孤 む 二 ま 方 話 加 モ 対 ど ス な か
通 意 写 独 室 不 何 歩 読 ク し ぐ 選 ん な
妊 ニ も サ 規 覧 ひ て リ ニ 出 ま 重 ひ
ド 狙 報 カ ヌ 則 し 方 覧 き 出 だ ぎ 狙
ノ 狙 カ ヌ 不 規 則 な 何 覧 し ニ 出 多 ぎ 開

# Puzzle 685

弱 っ 権 金 化 む ゃ ま 砂 ト ろ ヌ ざ だ 方 ぼ や
ト き 砂 し 加 ょ 向 ノ 圧 コ 解 ヱ 報 解 出 百 合 私
狙 つ サ 社 論 ざ ハ 選 ぎ ヌ 応 っ ハ 重 金 く 然 結
ど 金 京 ル ひ 覧 圧 ド ン 登 室 キ サ が く ら れ バ
歩 だ 多 場 来 ぼ を 乏 室 場 ベ ド む ひ あ り イ ソ
つ 会 ょ ド も 晴 れ た 選 何 リ 本 テ ん り ラ し ン
危 機 く 達 私 れ 覧 ホ だ 砂 物 阪 ナ 所 ば ば ベ 阪
ん の れ ヌ じ 能 覧 嶋 芸 語 海 ッ ィ ト セ ヌ
ど 場 こ 何 だ る ま コ 場 ど っ 海 ラ ベ ト 然 ぐ
囚 ド を 雪 砂 契 約 海 レ モ 妊 加 ベ ぽ マ 然 通
解 狙 ス つ 安 全 に ツ 喷 医 開 加 二 べ リ ク き
能 能 を テ 砂 お ど 合 育 ス 火 っ 療 二 場 側 辞 多

物語
バイソン
危機
しばしば
があり
噴火
多くのことを
医療
晴れた
来た
センドを
安全に
機能を
契約
ナット
セキュリティ
雪だるま
トマト
機会
私達の

# Puzzle 686

トンボ
スグリ
延期
ほとんど
経験の
レベルを
近い
ツールの
絵筆
ベッド
のサイクルの
イレーサー
ハムスター
干ばつ
ストッキング
サッカーに
到着
スペルチェック
ています
野心

て 意 重 囚 ま 場 ぼ カ 乏 し 海 ょ ソ 摘 向 場 ニ 場 通 ソ 辞
ツ い 合 進 ひ む お ひ 故 解 ト ス 干 ば っ ツ 二 阪 ル 辞 ま
選 近 ま ニ す 妊 京 愛 読 ト ペ ノ ざ 報 ふ カ 場 ぽ ヌ ド ん
セ チ ど 合 歩 ほ と ん ゃ レ ル 百 暫 れ 私 二 阪 ル 無 囚 ド
む 所 囚 応 の ー 会 ゅ ど 暫 チ 故 弱 く 絵 ぽ 退 応 囚
出 だ ス ツ ル サ イ 意 嶋 二 ェ 然 だ 写 京 筆 ル で ぎ
リ グ ん ツ レ イ レ ク 到 ぎ ッ 社 写 権 だ だ ク 会
ゃ ン リ ヌ る に ベ 着 多 ク ハ ラ の む る ヌ
エ キ ヌ 妊 ル て 報 ひ ノ 経 ボ ひ つ
サ ト 芸 タ む を 重 狙 の 精 験 ト ぎ ど 延
ぎ ス ス 野 ひ 向 ベ ッ て 芸 ン ぎ ヱ 歩 ハ 期
セ 愛 セ ム 心 ふ ド 狙 ぎ 社 ホ 出
コ 結 べ ム だ 向 ろ ひ 無 精 く
結 じ ベ ラ 囚 カ ひ 投 砂 摘 ふ 本 ま 歩

# Puzzle 687

```
べ 旅 の 中 で ク 所 海 緊 揮 発 見 写 海 ク ゅ 開
辞 行 の 真 っ ラ 乏 応 張 京 ぼ エ 報 エ ぎ ょ ぐ
室 の 定 ど カ 所 圧 出 金 エ ェ 意 ル ぎ だ す ト
百 ノ ひ 一 ひ ホ ぼ ク 会 ド ル 側 妊 っ つ ぎ 芸
経 覧 済 ゃ ス ブ レ 解 金 ス ル 化 無 合 ぎ だ ぽ
リ 済 だ れ ベ ク ー ぼ 安 無 多 再 愛 だ 月 ヌ モ
し ぎ 応 ヌ 何 二 投 辞 多 選 ど 劇 っ ど ヌ ひ 画
開 ぐ ヲ も 阪 モ 結 モ ク ん 育 場 読 通 圧 じ だ
狙 歩 応 ホ 登 結 欺 方 欺 だ ス は 暫 ど ェ ま 合
ま 京 ヌ す 育 方 の 熱 心 な 写 権 も 本 乏 場 弱
回 避 も 百 く つ 二 長 精 さ む 選 実 偉 て む む
れ ニ す い 読 ぽ 圧 が 的 用 ト 王 重 業 の ひ ひ
画 乏 る 結 ュ で ぽ ま 能 室 便 所 利 な 嶋 む
ス 読 百 レ 圧 で ぽ ま ト
```

劇場は
偉業の
旅行の
長さが
いくつかの
発見
回避する
一定の
緊張
ブレーク
月面
便利な
経済
の中で
欺く
熱心な
真の
発揮
王室
実用的な

---

# Puzzle 688

フライ
、キツネ
ギュッ
返信
一度
洪水
市民の
なっ
不安定な
プッシュを
花の
と思います
感じた
結婚
インスタントが
大型トラック
勇敢な
のテーマ
単に
ウサギは

```
の 民 市 レ 話 ざ 精 芸 ト 論 登 リ 開 ス む 応 ょ
ク テ む 囚 ラ 何 ヌ 精 く せ 解 ド ホ 社 退 ど ギ
返 信 一 ひ て で 化 、 キ ネ ウ サ ギ 通 は ュ
何 所 私 マ ソ 精 再 能 ル 私 登 ト せ ノ っ 論 ッ
結 む 方 ゃ 読 ど ま 選 報 登 花 せ ク ス と 二 ヒ
ま よ 何 選 一 プ 選 ま 、 加 の ス ヌ 退 だ し イ
ソ カ 海 ゅ 度 ッ シ フ ひ 金 ヌ ぽ ひ べ ぎ モ ン
勇 敢 な 嶋 ヒ 登 ュ ラ 通 海 育 登 洪 ソ 安 嶋 ス
室 ゅ ク 覧 テ 解 フ ク 不 論 会 コ 水 精 ホ く タ
ト ク 場 っ ひ 論 ぐ ひ 安 化 話 ニ で ホ ヱ 妊 ン
だ 場 開 進 覧 ぎ 圧 通 定 単 に サ 感 ヒ 再 無 ト
大 型 ト ラ ッ ク 室 ぎ な チ じ 画 だ 故 ク が
む ゅ 然 れ ト ひ 写 読 無 ニ 退 ひ モ 故 芸 れ
然 も 砂 ゃ 社 登 画 ル 百 セ ぽ ま
```

# Puzzle 689

ぎ画モ結リどニっソ私ま囚安選場ノ応
れ安ス退論ぎひ歩あ選弱ニぽ選歩ろ論
場ス意方論ラ登場る場あ砂歩選向進ト
スのガイドラインは、百意分部ラクふひ
の解写百話ま無でき百阪の私芸ろ子ス多
知識ぼ王多話クきる取ま始ぽセニ正のヱ重
側選ぎき本故リカな登論てぬ引ヌサヌ私ル
状態まポケスャだ進選論しも加精意っし無
グントルケッノボク進阪暫ひ報読力く洗
イぼや会ぎトだだッ選室ぐ論し報話囚弱
ス化リっせぎ側摘ヌ精スク多何意選狙クサ

知識を
行く
できるよう
部分の
のガイドラインは、
王子
ポケット
の買い
あたりの
子の
正式に
ボックス
スケルトン
洗浄
状態
始める
取引
可能な
クロック
スイング

---

# Puzzle 690

他人に
、経済
セットを
透明
が可能な
自然
検査の
レポートは、
考える
数える
ヘロン
自由
の簡素化
カニ
フィル
実行に
陪審員を
下の
するものと
ネット

陪狙ひ狙解方加スエ何ニレカ実ひぎ
審検で会く場ラクリ応論ポニー行へに
員査も然化合テク安き話ー読をロレ
をの然結弱化ゃモ社透読モニッレは
安画応ニ化ヒるャ自明場カトッニ
ゃま報せでホネ社然狙おセス方ッ
ク狙せっ無ルッ愛歩っモ考方おっ
ソニっチでュト嶋出スえおす他報
ゅだ向無ょ数京モラる加他安結
無ホカひ応え合ホっ囚安ホ人
しソ京可な狙場ヌ画愛ホ会化
ふ結が能狙室安向愛下ウリ登
ひトソ報だじ無エくんも会社
の社ニ精素化まぐ精側側社ラ

# Puzzle 691

```
ざ 加 ま き 囚 地 ニ 化 化 れ テ 場 ざ レ ヌ ラ 向 場 ふ
圧 ぼ ょ 意 進 域 も く 寿 私 社 故 だ 育 砂 選 ょ っ 次
セ ノ ょ 意 ス 暫 れ 京 命 歩 阪 囚 ろ ぎ 向 ぎ せ の ざ
然 私 妊 ニ ホ 水 囚 っ 光 多 進 開 囚 辞 砂 ト 出 楽 コ
セ 応 合 砂 加 曜 も だ だ ま ろ き れ 圧 ぎ 百 楽 し 芸
キ 画 ん か 出 日 ヒ ニ ィ 妊 多 れ テ だ ん 高 愛 む リ
ュ し ゃ 砂 ク の ド コ フ 安 精 ロ い ノ せ 困 ら 写
リ ざ 登 で か コ ミ ッ ト メ ン ト ぽ 約 百 ら ホ ラ ス
テ 応 ら 登 ど に 冷 だ ゃ 読 狙 選 高 束 困 ギ ろ
ィ 応 登 退 向 社 蔵 や 冷 や ク 狙 百 歩 愛 方 に ニ
を く ノ ニ レ ま で 庫 事 ク ト ひ ラ 百 れ ギ を 写
ハ ど ぎ 登 育 金 回 避 実 砂 砂 ラ 加 ネ じ を リ ス
っ や ニ ツ れ 退 せ 権 故 進 ん だ 向 ゅ ク レ
嶋 カ ざ ル ハ 者 ろ ぎ お 女 性 ょ 選 ヒ ク レ ス
カ 進 臆 病
```

テロ
冷蔵庫
回避
女性
困ら
明らかにする
フィードの
事実
約束
次の
ネギを
セキュリティを
高い
寿命光
楽しむ
コミットメント
地域
臆病者
水曜日の
クレス

# Puzzle 692

分母の
十年を
アイデアは、
薬物
ポーズ
ちょっと
タオル
自動
コミュニティは
アカウントを
靴下
地域を
積極的な
望遠鏡
保証
に従って
ランチ
巨大な
引き出し
間違っ

```
薬 物 や ハ 解 サ 話 意 応 ア ぽ 多 室 ヌ モ ふ 引
私 投 摘 多 囚 ニ 加 辞 能 て カ ス 投 砂 ポ き
解 サ ラ 十 コ ュ ニ て カ は ウ 保 地 ー 出
投 通 私 ン も ニ 合 積 ィ は 登 ン 証 域 ズ し
安 読 し チ 年 合 解 極 場 的 に ニ 通 を 解 て
ド レ ヒ ふ だ 解 し 意 積 意 従 ト を 何 ト 投
場 応 ぎ る ゃ 京 サ 靴 間 ぽ っ 結 権 テ 歩
チ 弱 ク 分 登 で 下 違 タ て 弱 ド ア
だ ヒ ぎ 母 妊 き 弱 っ 故 オ な 何 然 イ は
報 出 ル の 囚 室 室 サ ホ ル と ど デ 、
サ 加 し 覧 セ ぎ る ぎ 辞 ニ 望 報 ク
ツ 無 る だ 通 だ 自 ル 暫 セ 遠 ニ ス
砂 社 や 摘 べ 重 登 動 辞 ト 結 鏡 歩
場 弱 ぎ 場 故 ク く 乏 や ょ コ 無 多
登 能 弱 ぎ 故 セ 会 乏 ヌ
```

# Puzzle 693

嶋 も てゃ 報 乏 ょ 開 パ モ 然 ク ぎ ク レ ぼ ク
報 故 じ お 多 ぎ ル ド ハ 雪 玉 ラ ト レ 解 き
所 加 コ 百 応 進 も で 愛 の 摘 彼 シ 能 嶋 狙 権
出 摘 ク 国 家 歩 能 条 約 摘 出 場 選 ュ 方 法 乏
権 ハ て 砂 能 テ ホ 合 ぎ ニ 室 れ ひ 故 前 社 ニ
乏 せ 故 出 ト ひ 無 画 社 ャ 狙 だ 安 グ ロ 向 ー
投 ル 検 妊 ぐ だ 精 応 ド ひ ニ れ 能 ニ ホ っ ま
囚 ド 出 ヌ べ ま 読 ド カ だ ロ ゅ 通 ホ ぽ を を
辞 重 金 ク ひ 乏 方 コ 海 論 ロ ゅ 砂 然 し 向 い
社 ケ 金 ツ だ ル 側 ま 業 ク ツ 愛 退 精 れ い 願
クー レ フ ー ノ ス の ホ る も 安 京 嬉 辞 コ れ 安
て ジ ニ 論 無 解 ぼ ソ 応 だ 選 退 愛 本 ょ れ 摘
組 み 合 わ せ 囚 画 ロ テ じ 京 写 砂 ヌ 再 ノ
ス 囚 ヲ 摘 論 て エ ・ し 投 き 再 ノ ヌ
進 通 ソ 所 っ 弱 ニ 再 度、 投 き 再

方法
前方
願いを
スノーフレーク
彼女の
パンの
再度、
組み合わせ
嬉しい
検出
事業
のソロ・ハンドル
ケージ
条約
クラッシュ
国家
雪玉
グロー
ロック

# Puzzle 694

ムーン
サーブ
ココア
会議
資本
病皿
しわの
群れ
、したがって
くらい
弱い
チップ
横に振りました
今や
きちんと
ピン
冷たい
冬の
全体
レター

ツ 合 場 しっ 話 場 開 ざ 病 ニ じ ん 歩 場 砂
や も 再 歩 応 選 本 し ひ 皿 ニ ツ 投 ひ 加 い
ト る リ 画 社 ま ル つ 退 退 ち 妊 と 弱 っ
愛 ま 通 ニ 嶋 ル コ ぎ 結 ふ 群 暫 所 海 進
資 本 私 投 コ ア 会 冷 海 ま 振 能 権 む
全 体 サ ぐ ク 冬 の れ し 会 多 に 横 写
しわ の ー る ろ ど 摘 つ、 議 ムーン 解 ま ツ
ょ 私 ピ タ ブ ッ 応 だ ソ 選 砂 応 ヌ 場
何 く ン レ ヒ 写 まや 投 芸 乏 ニ ニ ひ
画 私 せ 会 ぎ 今 や 海 能 む ヌ ど
権 加 チッ プ レ ベ くらい 暫 解 退 歩
ぎ 社 ろ 社 弱 ヲ サ 愛 故 京 乏 百 ホ
京 し 金 意 ヌ 精 育 権 加 だ る 結 ニ
む ふ ホ ス 合 応 ソ 場 私 権 妊 くれ 化 出

# Puzzle 695

然ふ合川の覧場も阪通ぎ場妊やホまぼ
ドニプ室無所き狙ぎ出結写テ本リサヒ
だ暫レエ育が狙ぐトで結テ愛読は場ひ
化せも保ちますのニ妊京退合報多圧つ
トっ報で先生妊京バックニ何合で若い
金ノスニ登性をオイザデ添付安嶋精た
ノトコ危険性囚ょ報ひ添合方再再砂チ
ょコニ登ビソンしヱて愛安読砂精暫方
キ金登ビ危険性をオベイ添付愛安読話
場摘読方二追加し圧添付安嶋精暫チ妊
摘方安画ょる圧ス所嶋精暫チ方だ妊ヌ

デザイン
ソーセージが
雪の
プラスチック
記事は
ホテル
バック
叔母の
グレープ
追加し
災害が
川の
若い
緩い
オベイ
添付
危険性を
キャビン
保ちます
先生の

# Puzzle 696

会話
靴を
教会の
の可能な
主要な
部門
描く
覆っ
ステイ
を奪う
深い
レッスン
、グランド
卵の
アクティブ
環境
データの
大規模な
スプリング
社会

主重だむ再し場百無環イテスス再むの卵百
要トゃ写も合権乏境百プ愛ど画もス応れ画
なニ出出せ応開妊ヲ芸リど写も側べれソゅ
砂重会ハ再ラ応方だ、ンニ側のの退ュテ加
くニ所開安ルぎ進百教グ会進退選テ乏能乏
会愛乏囚選ぬヌざ芸モ側大場選重ヒ能場
む故安通描深本靴開能大規ぎヒ場暫ト妊
ひ場再海京いや覆っコ投模なニ暫ホ権方
データ精のだ囚意っ妊ドセ能合ろろつだ
ドレ室で進ょ二靴加読弱通どだ故安
ふく話社ざ進アエ応金応読精阪っを
ッで話歩るティブ投レッ二ぎまろだ
で奪う加覧サふ精ざ所狙所ぎ精阪
をト加覧

スの炉暖て覧れ場加スブ適話モ恐ひ再
ドトをオブジェクトをル格つ場れで中
解スリ向コノ画スハ報ータク画読加央
読ポるム摘付歯ブラヱシロ出選む狙決
京も会キ随本進スムレト会無何芸育選
ぐ会キルぎ進ょレト会ッるス安投ぎ京
弱ススッレ会つレっドッぽ成クまひ合
の関係は、会っぎ所無砂成功おひノ然やソ
ファーム暫っぎ砂辞簡単なおヒ再っ愛
ひ無通ニ愛側簡だなどベむノク失応ト
海愛合友つヌだなどヒノドヌ登敗会会
るだ合会嶋人加読報二場場ひ向ヌ海海
だスク京権化方解ざ場ひヱだ画ゃゃ海
ニク妊つ社方解報ざ読二向登ヌゃ海会
加妊つ化社方解ざ場ひヱだ向画ゃ海ト

**Word list (Puzzle 697):**

- 恐れ
- オブジェクトを
- 中央
- ポストの
- ファーム
- ブルー
- 歯ブラシ
- の関係は、
- に失敗
- ストリーム
- 解決
- ハロー
- 暖炉の
- 付随
- 友人が
- 簡単な
- 成功
- ドクター
- 適格
- キュウリを

**Word list (Puzzle 698):**

- 参照
- 乗算
- ビルドを
- 陽気
- フロート
- 入場
- ひどい
- 変更
- 特定
- 迅速
- オーディション
- 語彙
- バッタの
- ステップ
- 関連付ける
- 週の
- ケアの
- 減少
- 状況を
- マーカー

場乗嶋覧カょんょひビケチ嶋ゃノっ弱
れ算砂るひれエどルアゅん開て話圧り弱
オ算砂ディンエ阪ドスのュ開能砂プ進ひ
妊どルぎしぼ場ニせ変せく室ステッし砂
阪退まだ重コふし況出砂摘精ト乏つょ
ょ方マんだ合っ結状ク京安室精てきざ
ゅ会トロフ妊育参し定ソて精安くれ妊
ニギーカ然然芸権特結コヌく解弱再して
京ぎカ嶋社然照ニ定ぎ弱弱ス合れ
覧し付けるバッたぎ報陽合応るや
関連室け減少語何応陽気モスしれ
ヌでしふ合選意京側ノソ再ひ
ひつ方ヒ週ふセひふん社多海で
だツるのでひふっんん社多海で

# Puzzle 699

ひ 場 だ ニ 妊 プ ま カ 無 リ セ ソ 読 化 ぼ 方 基
嶋 く 調 の 然 安 ャ 応 ハ 出 妊 加 ざ 海 ろ 暫 本
ひ 然 ま 金 ジ 結 し 予 再 ツ 乏 ま り 通 論 ぼ 的
ベ 進 合 圧 悲 さ 育 明 覧 気 多 余 ホ 報 画 な コ
話 イ 社 登 惨 ェ 選 リ 登 ハ 能 の 合 テ 社 画 嶋
選 社 じ 能 を ク 多 日 愚 投 次 者 合 ソ 向 ろ 方
も じ ヌ 弱 ク は ヒ つ か 室 画 有 者 れ 京 む 報
ほ ヌ ベ 辞 だ モ 乏 ヒ 退 セ 次 合 ひ ょ ひ 論 通
ぼ ベ コ 会 社 向 年 投 モ ト 辞 者 テ ぽ ノ 画 解
ヌ コ 遠 つ く 精 投 論 退 無 リ ソ 向 応 安 室 意
写 遠 応 金 ひ 愛 論 セ 辞 乏 応 れ リ ゃ ま ト 狙
通 ト モ ひ ヌ 囚 ょ 読 ト 応 答 ヌ 京 ひ ぼ ト ま

基本的な
予想
トリック
余りが
所有者の
ベイ
空は
明日は
悲惨さを
パン
調査の
ほぼ
遠く
年次
応答
男性は
プロジェクトは
病気
愚か者の
合計

# Puzzle 700

高貴な
操作
ネイティブ
の植物
軍隊
同じ
ディテール
ものの
、風の
保存
少年
リアライズ
ドラム
速い
、十分な
世代
秩序
大根
雑誌の
祖母

ひ ネ れ ゃ ク 場 論 応 ニ れ ニ 秩 退 ラ 物 れ 向
側 イ 重 結 ド 室 側 ハ 百 ド 投 序 む ト き の ぽ
海 テ 化 意 ぎ 育 育 何 ホ 権 じ 権 辞 も の 結 速
レ ィ 少 ぎ ド 同 じ だ ひ ひ ぐ 根 圧 砂 て で い
ブ 操 年 二 囚 じ ラ ラ ぽ ょ 大 側 室 妊 れ 育 じ
作 画 合 く ハ ド つ ム ェ 向 暫 ド 育 ド む 所
ふ れ 世 、 応 社 だ 育 場 精 っ 重 ヌ だ 私 合 だ
摘 軍 代 十 能 じ リ 何 投 愛 狙 意 ディ テ 化 精
、 隊 の 分 辞 ハ ア 多 ラ ク ゃ 精 進 ー せ っ
所 、 な 貴 多 結 コ イ ま 囚 ま す ル ま 再
解 風 チ ク 高 辞 お ヌ ズ で 暫 ぎ レ し
レ チ 安 ャ ラ セ 狙 権 ひ 報 だ
愛 読 祖 妊 覧 ぼ や サ 再 意 ぼ 育
保 ひ 母 む き サ の ツ 乏 ヌ
暫 存 化 れ お ヒ 雑 誌 の モ

# Puzzle 701

```
現 阪 能 砂 実 歯 再 出 だ 弱 方 る 論 ぎ れ ル 何
ブ 代 学 ぶ 行 磨 覧 重 能 ス 投 ガ チ ョ ウ 画 を
レ 通 デ 京 し き 重 金 モ 金 摘 レ 金 る 暫 本 囚
ン 画 ス ク じ 粉 れ む ぐ 砂 登 加 ふ お ひ 読 れ
ド 応 ク を れ の 漢 砂 嶋 本 レ 何 う る だ 画 だ
弱 論 を レ っ 場 き 嶋 故 ス 側 側 解 選 ざ お ひ
応 ホ レ ラ 論 鼻 開 室 応 グ ヒ 嶋 何 能 故 側 レ
ホ ク 論 の 側 ど ベ 故 ヒ 登 側 乏 き 安 叔 社 ル
然 歩 場 側 ど バ ト 化 ン シ ャ 私 る 登 父 べ お
サ ス 海 選 カ ト ワ ボ 側 砂 意 て 狙 や 弱 合 囚
写 レ ニ メ 化 ニ む べ ぎ 砂 多 き ろ モ お テ 登
ド 応 ど 論 弱 告 白  む だ 安 取 ホ お 弱 む ス
ホ 文 化 嶋 ャ 辞 囚 ニ だ 安 ト り に だ 重 ぎ
摘 故 嶋 ト 石 鹸 を だ 然 テ ル ど 再 お 重 ぎ ス
ク ク ふ ぎ 石 鹸 を だ 然 テ ル ど
```

現代
告白を
の鼻
奪う
ワニ
実行している
石鹸
叔父
砂漠の
歯磨き粉の
読み取りに
デスクを
ブレンド
ボクシング
ことができる
メカニック
文化
ガチョウを
学ぶ
運ば

# Puzzle 702

等しい
色の
凝視
相互作用
スクラブ
満足
コース
側辺
サミットは、
個人は
のない
笑った
離れ
シングル
フェレット
まま
パフィン
申し訳ありません
テクノロジー
機関

```
テ モ カ 側 離 ヌ 愛 ヱ て 私 エ っ ス ー コ ま 向
論 ク 方 圧 れ 歩 側 私 権 乏 凝 ク 笑 れ 本 じ だ
海 レ ノ テ 百 ト 進 ス ヒ し 視 ラ っ 本 セ ス 妊
応 乏 だ ロ 弱 報 だ 安 私 写 サ ブ た 所 カ じ チ
所 ホ べ ふ ジ ざ サ ク 写 海 多 所 セ ニ 弱 囚
ぽ 読 進 再 選 一 側 弱 個 ひ 投 精 会 圧 海 囚 や
ぽ 砂 ト 読 ひ 方 会 側 人 何 ん で 能 ニ 論 て
重 ス 育 場 ス ま ノ 辺 話 も ぼ コ 無 辞 ぼ 狙
サ 化 然 ニ は 、 ト 化 は フ パ ニ だ ぐ 退 圧
ミ せ 暫 ク 芸 方 レ れ フ ィ 多 ホ 加 ヌ 登
ッ 愛 育 で 方 育 ニ 色 レ ン シ 圧 の ソ ス お
ト 方 意 相 育 ホ ル の ル 砂 等 金 会 ス 金 加
登 覧 向 互 ん せ だ り あ 訳 し 申 機 圧 ド 育
本 育 ニ 作 満 ま 登 囚 ょ や い な 関 サ れ
砂 方 用 サ 足 登 会 芸 ゅ ニ
金 カ ヌ 登 室
```

# Puzzle 703

ソ嶋妊注るくソ結き故ス場然ひ通嶋き
ろぼっ意登開むひ話セホニつ室っ選おテ
だ狙ゃ深安ト室妊む弱つクス報化進べょロ
中間のいひの人ンデーや報育ィ大本めるっ意
てウ停止洗濯本嶋やハ報画テ権まュソ
出ォし重覧ぽ論ふヌ精鍬解をルどットラ
化ーふト弱ノろひまん向覧蚊リ結ム無
ハクろまモっニ登リコ評価れ重通ト故摘応
安登どチ室ひコツ化チェア蚊せド進
ニカレチカチ化室評価れ覧通学応画
ゅ会退方辞ッ黄色チェアせん覧れやれ
砂応モ妊ラ場プャチ妊意ん故覧通弱しれ
見重リム選狙ヱチ向エ故話精通じ歩
えひむ選んだ注重育ヒ精通弱てチ歩るニ
ゅ意妊チ場んぐチろルてチ歩るニ

注意深い
中間の
評価
スティール
チェア
蚊を
洗濯
寛大
注ぐ
カップ
トラム
鍬を
停止
進める
ウォーク
スウェーデン人の
選んだ
通学
黄色
見え

# Puzzle 704

ショート
脂肪
損失
バッグ
、インテリジェントな
仕上げ
製造
男が
保持
開発
トラブルの
町の
ドア
フェンシング
、山
遠征
ラッシュを
ペット
騎士は
独立

登弱ニつ化加モっ話何脂無損失く町の
ラき重ろ多ゃん論ハ山ドシ砂き本っノ加
なトンェジリテンイ、ア肪ョ応京方ヒ育
百ラッ出狙場スで登スソ何一辞囲画選ふ
写ブ遠ペ開進私ヌ権男ートハ多読妊芸
セルの征く発コ合進進狙報退出囲側
れのトる方本リ加無辞化合ひテ妊辞京男がッ暫本愛ひ画をれ
ざぼせ海無テ嶋歩登バ登故っラ画製
合つ海って育応京辞ろテ妊辞歩二退覧室画レ然造
写独安保辞ろトき妊故弱だぐもフェンシングき然重や
立阪話登画はげ応フェンシング

# Puzzle 705

や ハ 写 せ む ス バ 発 だ ホ ス 向 ぎ 京 チ ゅ 弱
ク セ ソ エ エ 通 ラ 音 ク リ ま モ 所 、 予 せ 結 加
作 だ ヱ 阪 照 し て く だ さ ン 退 ま 再 予 測 ひ 愛
ら 参 る 開 無 ヱ モ ラ イ 生 の 学 ン 覧 利 ぐ ど ょ
れ 何 だ 意 ハ 摘 サ ル ま ざ 粉 の 向 用 加 ひ じ 私
た ス 寝 期 待 囚 む 摘 ょ ニ 向 巧 小 可 麦 嶋 な 登
ま 辞 室 通 暫 安 暫 で ぐ 通 摘 再 妙 な て 呼 風 権
向 弱 結 権 卵 ツ チ 化 っ 歩 歩 覧 再 化 船 ト だ 投
べ 方 本 の 辞 ヱ ル 囚 画 る ニ む む 然 然 だ 精 百
辞 所 ひ 辞 室 阪 辞 応 話 ヌ 合 然 精 テ 安 テ 応 芸
所 ゃ ヌ 妊 論 ト 進 や 話 進 退 ネ 加 選 テ 会 安 妊
ゃ 側 何 画 ト ひ ど 嶋 ふ ろ 結 ギ 弱 阪 選 退 チ き

## 単語リスト（705）

学生の
小麦粉の
作られた
参照してください
ハイライト
ネギ
呼吸
ベルト
リス
期待
卵に
バレンタイン
クリップ
また
、再利用可能なを
風船
予測
巧妙な
寝室の
発音を

# Puzzle 706

## 単語リスト（706）

・ビジネス
ピル
希望
ワイン
カール
ライブ
大丈夫
属し
農家
メガネ
ウィンドウの
却下
知ら
選択は
イカ
アヒル
新聞
減らす
画像が
キッチン

## グリッド（706）

場 何 ゃ ヌ 応 く キ 嶋 で き ふ で し カ ひ れ ヌ
ク 方 本 妊 ル テ ッ 解 コ ぎ で 退 応 ゅ ド ト 応
論 ド ざ ぎ で ロ チ メ 向 れ 論 圧 画 社 ろ レ 摘
ゃ 無 だ 方 再 側 ン ガ 選 ス ネ ど 像 読 ワ ラ ラ
む っ 結 だ テ ソ 選 芸 百 で ジ れ 囚 選 イ イ イ
む 読 ま 阪 海 ふ 故 囚 報 ュ ビ 属 ド 芸 ン ブ ブ
レ 通 ハ 権 ト 本 場 せ ろ ろ し 知 ら ヒ 室 精
囚 海 論 方 て っ お ・ ク し 合 む ピ ア 新 聞
ざ て 退 む イ コ だ ク チ 化 下 摘 ル 解 カ む
ニ 能 退 ス 向 は カ チ テ 合 大 丈 ソ 京 ぎ 希
減 ら す 選 択 ぐ ス も 大 乏 ぼ 夫 カ 然 ひ 望
農 育 ぽ 権 ぐ ク セ や ぐ ぼ し 故 私 ま 論 覧
家 芸 場 育 ぎ ぽ ょ ぐ ま 歩 会 海 も む ス
通 ろ 囚 再 合 画 ウ ィ ン ド ウ の 安 だ カ
っ 解 暫 ひ 妊 お 暫 ラ ニ

# Puzzle 707

っくもろ意ぐ場ヱ安嶋ニ進愚社会的石
時応つひニひト話出チラひ話か謎の炭
計嶋砂重能ヒ金権ニだスっ歩本の精ク
海ょ重選ンュ通方リ選開リ狙開登解ク
再た砂選シくつ所多重チトまいてぼて
まし続重もろー登読暫囚芸選暫場愛ぼ真辞
結連ぐースー登ぼ結能多選場のル実ど
重の応ろケ加論スト多ホトニグ側べ愛る
波わふわジ私加どどウ無デルぎレぼキ
ふひでツコをまだっひ退ボ側じひるャ
場っ外解ール辞し百しド向で社場ッチ
っょ狙側人間ぽル辞乏嶋ソ愛社ぽでろ摘き本出
チスツール金論嶋ソ愛社

**Word list:**

- の連続した
- 真実
- 謎の
- ベル
- 社会的
- 波の
- 人間
- 愚かな
- ステーション
- 石炭
- ボディ
- 暴力
- 外を
- ふわふわ
- ウィグルの
- 時計
- スツール
- キャッチ
- 聞いて
- スケジュール

# Puzzle 708

**Word list:**

- 店の
- スリップ
- 痛い
- 標準
- クライ
- 隣人
- 貧困を
- 発生
- ハード
- シーケンス
- 怒っ
- 簡素化
- キャンプ
- に向けて
- 小さな
- 挿入し
- サンドキャッスル
- 睡眠
- ミルク
- 深刻

ぐ多ぐ暫どるに意ぽレト能芸ニ報合だ
む報ヱ重私応無向選話れ選乏む権おて
囚権精乏ラきひクけトれ店の標多報通狙
加クゅてルル深刻せろャ覧準故ひ画登
で通ひふスリップ意ンキ暫だ故挿トッ芸然
ひ砂じゃンッン痛ケーシ何だ入辞再室ニ
ヱトセ写キドーハ社ーふ百サし無歩私
方海側歩ー側育無砂ニシ阪ソ発応乏話
通側合狙ぽソサホ登嶋セむ発生睡ぎま
多応狙ぽサスホ狙育社砂加話ステドャ京
怒っサソスホ狙砂貧能砂育ミルクトくぎ囚
開て暫簡素狙ゅ困を隣ラ狙もお百多
権力摘ホ無化重ょ海社人向きゃぽ登
会所無化重貧困ょ海社人おゃ摘

# Puzzle 709

```
方 加 っ っ 無 ソ ク 覧 ま エ カ ト 本 何 合 報 見
き 結 チ ヒ 応 ざ ク 嶋 ざ ホ ホ 計 一 私 合 圧 つ
ひ 監 視 辞 暫 ぼ 投 報 芸 ホ 金 算 圧 で 話 乏 け
ラ ス ょ 社 ょ 写 重 芸 報 コ が 段 座 も 狙 然 ま
砂 妊 何 ま お る テ 一 愛 段 時 っ 圧 理 応 囚 何
で も な い 妊 報 向 摘 で も 間 の 嶋 京 登 暫 本
愛 二 ヒ 妊 カ 投 化 会 投 チ 忙 二 エ 結 今 海 能
弁 護 士 意 開 親 囚 ス ふ じ 京 伴 し う 砂 ひ は
冗 芸 ク 開 室 囚 力 論 カ 安 じ し 育 乏 っ お 方
談 術 ジ 然 ュ リ 室 安 ま 場 出 お ホ 選 タ ぼ 二
ヌ る 然 ど リ 安 論 ど ニ ラ 所 ぎ ょ タ ス だ 結
ツ ク ど れ 応 読 芸 ず ソ 京 チ ひ 育 乏 ツ ル つ
し 話 れ 応 圧 乏 芸 ル ひ チ ひ ホ 選 タ セ ル 覧
囚 ル 開 圧 狙 芸 ル ニ ら し お 育 乏 芸 重 吸 ま
ひ や 狙 側 百 ょ ソ 京 チ ひ ル 重 吸 収 ひ 覧 ま
```

芸術
伴う
の階段が
ジュース
ホーク
ホタル
今夜は
忙しい
冗談
監視
吸収
でもない
座っ
理科の
親切
弁護士を
計算
時間の
何でも
見つけます

# Puzzle 710

項目
個人的に
歓迎を
問う
のレコードが
プログラムの
インターセプトを
樹皮
記念
夕食
たいと考えてい
話しました
誕生日
ビート
頻繁に
壮大
機能は、
家具
計算機
勧誘を

```
芸 何 化 ラ レ 芸 摘 開 話 し た 樹 皮 る ふ
プ プ ロ ラ の 計 機 応 ま モ 所 百 出 社 ニ
だ ノ グ ム し ノ 論 所 や せ だ 登 テ 側 狙
機 ぐ ラ 応 レ 権 ニ や 辞 百 暫 誕 む ス 無
ひ 能 応 ハ 辞 だ コ 辞 ぎ 登 投 生 項 場 ル
合 摘 ハ ヌ 本 歓 を ぎ 投 個 ひ 日 目 家 ク
チ レ ヌ は 報 迎 ト 誘 勧 人 れ ヌ レ 然 具
エ む は 壮 応 摘 プ ひ 記 的 た せ コ ド が
多 セ 社 大 る 本 セ ド 念 に い だ ビ 退 じ
チ ル ク 問 多 リ タ だ ス き と 室 砂 暫 べ
だ 登 選 も ニ ド ン ゃ タ 安 考 む 退 結 所
重 ノ れ ク 権 ろ ふ ふ ン リ え つ 方 囚 多
く 社 阪 選 意 で 育 話 イ 愛 て ょ 頻 テ お
報 育 金 ぎ 辞 ぎ ぼ 応 じ じ い 辞 進 ダ に
ソ 社 育 ヱ 精 無 ゅ 話 応 ま ゅ ハ タ 食 ど
```

# Puzzle 711

```
適 用 何 妊 ぎ ソ レ 金 ざ 百 ら る 再 シ む ト セ
ざ 退 写 嶋 ニ 化 ひ ぼ 芸 権 プ れ ニ ス ー パ タ
ヱ 社 自 私 所 ざ 芸 ぽ ス ぽ れ 布 の 早 い ル ぼ
安 自 私 所 し む 応 軽 芸 向 登 ス ぽ だ の 電 側 応
モ 体 ゅ 知 エ 方 動 意 布 ぽ ク 阪 結 話 歩 し 写 多
出 お ょ 芸 多 じ 弱 論 ニ 砂 向 ソ ぎ キ ャ 参 重 ス
故 ヌ チ 解 説 摘 ヒ 百 ろ 意 砂 ハ し 多 室 き ベ 加 ド
応 応 っ 再 化 芸 方 盗 ク 利 用 報 話 能 っ 者 の ま ド
ホ 結 ニ 投 意 レ 安 民 間 ク れ ト や 応 向 方 辞 ス 向 出
読 愛 暫 ゅ せ 重 砂 モ 利 場 れ 能 向 愛 れ 場 ・ ま 能
モ 重 ス ど 重 写 ノ 精 間 ま ク ト で 合 れ 然 ろ 向 出
れ 愛 ょ 報 こ 開 だ 向 ひ し 応 だ 育 チ 阪 側
ト ろ ホ 報 圧 か 多 側 多 ぽ ゅ お っ ス 育 チ 阪 側 能
所 向
```

写真
早い
軽自動車
つま先
パースニップ
布の
の電話
どこか
自体
利用可能な
解説
スープ・
民間
適用
知恵
参加者の
盗ん
、キャベツ
セーター
シール

# Puzzle 712

販売
イルカの
取ら
のすべての
明確に
重力
の特定
の素敵な
接続
三角
フォロー
原因
連想させます
信頼性の
気に入った
彼女
の友人の
ピザ
労働を
イーグル

```
金 る く 社 圧 室 出 な ひ 連 開 阪 接 続 金 ど ス 加
京 報 何 投 何 会 金 敵 ゃ 報 想 ク ゃ 写 論 摘 で 安
辞 ク ソ 結 室 ぐ れ 素 会 再 出 さ テ ひ 向 で せ だ サ
無 ニ ス 海 イ れ カ の て べ す の ラ ま 権 せ 砂 リ
選 ベ 加 安 ニ ル ニ 性 気 に 入 加 せ す 私 登 百
向 ょ 原 ろ 愛 ざ レ レ 頼 レ っ 狙 た 精 弱 エ 無
意 ど ふ 因 ふ チ レ 場 信 ひ ぐ ソ 芸 多 す リ べ
ん 室 ま ふ ッ 乏 お む で 狙 ヌ に を き
つ エ 化 私 エ テ 権 何 開 ソ っ ク 明 ぼ チ 愛
り 狙 エ フ 芸 定 方 愛 三 で 加 確 精 リ 室 場
ト リ カ ォ 然 場 特 砂 嶋 開 三 本 ヌ 労 を 百 ら
重 カ イ ロ 開 乏 の だ 海 角 つ ク 販 解 ざ 京 れ
進 お ー グ 芸 論 友 妊 場 ぎ 再 売 覧 退 通 ろ リ
彼 ー グ 取 ソ 登 阪 阪 人 エ じ 社 レ ニ ろ 京 ヌ
結 覧 ル ら 方 本 ル 暫 覧 の 側 ひ ノ 百
```

# Puzzle 713

ぽ 報 摘 っ 囚 歩 マ 合 ろ 能 ク 退 画 リ 何 多 投
タ レ ン ト ひ フ ヌ ネ 応 ざ ジ て 育 愛 役 ニ 化
ま っ 愛 重 権 ィ 圧 解 一 歩 ラ 歩 愛 百 ざ 割 ゃ
ゃ 再 報 方 む 通 コ 最 ビ 多 史 書 権 通 し 然 応
せ 精 方 や ヌ 会 ム ぽ 大 場 歴 ー 秘 能 辞 リ て
ま ゅ も ヌ い ド セ 歩 の 進 ク ル 重 ヱ も ソ ひ
歩 摘 良 ド 化 ヱ じ 何 論 チ ャ む 画 ざ 狙 だ 乏
投 砂 れ て 退 追 ど 写 ピ 辞 私 レ 天 ク 室 本 ぽ
砂 ソ ク ゅ 然 求 お ア 通 金 ン で 使 ケ リ ひ べ
海 ぼ ホ 然 成 て セ ク セ れ ぼ ハ ロ セ だ 会 モ
ゃ 会 然 砂 熟 テ れ 読 報 選 れ ま じ ニ 応 方 何
写 話 っ 囚 論 ト ブ 出 ぎ 化 ぽ 金 応 弱 ぐ
芸 お 方 開 れ リ 結 意 ふ 私 進 加 れ
所 登 く 場 会 て ポ ッ ト 結 意

良い
成熟
セロリ
ポット
トピック
追求
クジラ
チャレンジ
フィルム
天使
タレント
最大の
まで
歴史
役割
秘書
ビール
マネー
アセンブリ
ハリケーンが

# Puzzle 714

妊 ト 圧 安 育 ざ む 愛 べ ょ 通 意 略 語
ニ ど も 読 く 乏 ソ 能 エ む ど も る ぐ し
応 サ 圧 方 セ レ 選 社 化 脅 威 ん ひ 投 し
む 応 方 セ 圧 話 選 成 本 ヌ ハ 辞 百 加 合 ヱ
登 れ ょ 場 ス 能 何 辞 故 応 ぼ だ ヱ
カ ビ タ ミ ン ぎ 報 ス 出 ト ク 本 再 然 然 ル
阪 応 せ 結 加 登 を カ 抱 囚 ひ 圧 安 ク モ の
側 ゃ 覧 口 き 制 妊 き 族 阪 ナ ウ ダ ー ト ー カ ス ー ペ
百 意 し の べ 規 芸 し 退 家 サ イ パ 兵 覧 る ふ
海 意 話 け の べ 嶋
む ヱ 明 夜 ざ も 応
だ む ホ ざ 多 芸 応 ぽ 本
所 囚 能 開 ざ 加 側 ヒ 出 防 乏 士 兵
ミ ル ひ ニ ド 応 開 ざ ル 任 消 育 室
加 イ ラ 単 語 の れ せ 選 意 安 画 命 京 私 百
れ ひ 然 故 チ サ ひ 方 ぎ 報 妊 精 れ 出
育 愛 報 辞 向 進 せ 無 意 投 然 開 セ 優 し い も 百 摘 ざ

優しい
スペース
ビタミン
悲しい
口の
達成
脅威
パウダー
規制を
マイナーの
ミイラ
消防士
単語の
任命
略語
家族
夜明けの
抱きしめ
兵士
スカート

# Puzzle 715

ニ 育 消 再 ニ マ る 意 も 芸 解 だ 少 摘 弱 ふ れ
登 解 し 通 む 選 む ぐ ラ 論 加 し 室 ピ ク せ 結
何 場 ゴ 避 証 ス 暫 歩 キ 能 安 ヌ ま て ザ っ ク
ヌ 合 ム 難 拠 ま ろ ウ ィ 妊 ノ 写 ー ノ 囚 ょ ヌ
乏 合 の 退 所 狙 権 イ ヒ チ ス ー ツ は 、 た ッ
場 本 ト テ 嶋 ひ む ロ ク コ 解 暫 誤 辞 ま だ 応
覧 ホ も 読 ヌ む ス 所 再 加 ょ 退 差 能 傷 つ ク
野 球 ハ 重 ヱ 暫 愛 再 加 ょ 退 ま つ 権 も ち 加
ぐ 登 ヌ っ 能 ぎ 砂 パ 歩 ぎ 能 開 ス だ や 百 ニ
ト ヌ ル プ ナ ッ ク 愛 ィ ス 育 海 ホ ろ コ て ラ
ー ラ だ 向 選 利 点 テ ノ ブ 社 せ 開 方 登 海 場
ポ 重 ン 化 登 レ 出 進 論 コ 砂 女 王 の ラ 的 目
サ チ 論 ク 向 チ 社 投 お 重 多 ぎ ひ せ 阪 報 場
ょ 登 ま ぎ 京 話 投 お 重 多 ぎ ひ せ 阪 報
ス プ レ ッ ド

**Word list (Puzzle 715):**
消しゴムの
傷ついた
スポーツは、
スプレッド
もちろんの
マグ
誤差
証拠
少し
サポート
キウイ
利点
目的の
パイナップル
女王の
トランク
避難
野球
ネイティブ
ピザ

# Puzzle 716

**Word list (Puzzle 716):**
ベッドの
結果は
と同様の
後に
オープナー
置く
空洞
カメ
維持
歯磨き粉
協力します
皮膚
停止して
その
全体に
出現
考える
ほぼ
フォロー
役割

全 ト ヱ ぽ フ ク 暫 金 リ 出 故 ヱ 芸 く 皮 膚 覧
体 社 歩 ラ フ カ フ ォ ニ セ 画 歯 磨 き 粉 考 報 芸 る 重
に 後 登 論 何 セ ロ リ 妊 や ど 育 本 退 ノ 乏 育
能 で 百 ド 結 は 化 ー 精 解 ぎ ゅ 維 妊 ざ 弱 き
育 何 進 読 投 ニ ー 側 ク れ 現 停 持 カ 囚 ス 進
選 会 場 ひ 報 ぎ ほ 解 出 カ レ 止 砂 き 乏 ぐ ま
結 向 側 ヱ 開 嶋 合 所 方 能 チ し セ ト 通 も 安
解 能 芸 写 テ 社 重 ぼ 多 カ っ て 権 ニ 進 結 カ
空 と 通 愛 ど 海 ニ 阪 る 重 進 嶋 本 つ 出 ま メ
洞 ク 同 む ヌ 投 お ベ 会 嶋 ひ だ ふ ふ 囚 せ せ
何 狙 セ 様 ヌ の ド レ ょ 囚 結 ら 通 も ょ 協 れ
無 だ ト 置 海 ド て オ ー プ ナ ー 安 ツ 力 し ま
社 役 割 ろ く に ノ だ 囚 登 社 愛 コ だ 育 室 す
応 ニ 摘 つ ゅ 芸 報 社 応 チ 合 コ 何

# Puzzle 717

必ヌれ感重嶋辞ヲだひ連故重再海退
要、れじ脅重辞ホだ私想狙育き二ま
、過じた威故解まん辞応さ能海た囚
精去京あ安き解ノ阪ふ投結海ま退経
ク向甘り回回利解ヒぼ能金京覧す験
でス甘い回復話用ぼ可私応金金エの
伴うま暫再サ京場テ場なヒ合京ンヒ
辞ヲ乏芸再ン論会登辞ど意ルやサ意
ハ何む二きチ暫ょ論っど意キステ歩
側投まだ芸供帽サん合せドニ重ひ基
の夢のチ摘ぼ子ン辞合キャニ退出本
体社圧摘供辞登ー読サドニ京芸基
全リヒト辞ひ場読ピ投海育出
再も砂クニ読解力で加クエ読育芸本
ソ砂ラ読解力で加クエ読無読育芸出

全体の
、過去
ピーマン
回復が
基本
甘い
エンジンが
ため
子供
の夢の
必要があります
帽子
犬の
経験の
感じた
サンドキャッスル
伴う
利用可能な
連想させます
脅威

# Puzzle 718

温度
より多くの
情報
感謝を
の入り口
スプリングは
キャンディ
明日
表す
受信
穏やかに
ほうれん草
好む
鋭い
カリブー
病気の
スプリング
ものの
期待
写真

むぎ乏本合乏ヌ登狙穏やかにもお退で
スプリング阪選向べ投ふく本トヌっ
愛応摘ヌもス育重無方砂モ化会囚
阪ヒカリスプぎ論っひべ登ホ受重本
ゅべつ会乏狙感金ひ論故登ヒソ信だ
レほうハ狙写進弱論表ベ結私覧嶋報
ほれ化草謝権出論育摘二囚応
ヱ妊期期待をンク覧金辞何ヱス
ス化権し歩ベ進覧日故報ざ
しもくざロ退ソ話ぐ会側登ぎ結お
れのスじり多鋭病登百好精
多のレ多砂入鋭いっ気の私百結むリ
選ふくスのヌて多妊摘や辞再砂
つ報ニ場ヌコ登も登りおきサ覧ク
場キャンディコ登安合重再覧よるヌ

# Puzzle 719

投る海阪ぎヒ原因解退っ画エ応開ヒっ
京クるぎヌタアンティーク応ツ結だも
白い社ょフス合弱だお選進阪ヌ場論報
トーピッドなき演奏安だ金成日差精応だ
悪いプチもき能サで竜応方チむ金砂能む
開ヌロッドひ能ンチがでト重話ゃお私品お
嶋ヌサドもれ加方通室き退話だぼセ退種、
栄養べれソろ室会退安側ざ弱話ろ、個
も嶋素テ私精退き話し無阪歩通っ々の
ハ覧テ権精読向育テ写権意摘ざのセ
覧金ょ京ド話開合ざヌお摘ベリせコ
ハー場再社化き選圧百ツぐ向レぽホ
ト場再社話開合選ヌおノ意摘レぽ能んホ
京合再く化き選圧百ツぐ向レ能んホ

シンク
タフな
スケート
竜が
悪い
栄養素
演奏
品種
日差し
アンティーク
作成し
、個々の
白い
ドロップ
セキュリティ
レベルを
ハロー
話しました
原因
トピック

# Puzzle 720

、特定の
人形
いつか
管理
トカゲ
御馳走
焼く
品の
マネージャ
パセリ
憎しみを
クロッカス
バージョン
カードの
カラス
数々が
嬉しい
遠く
ピル
貧困を

、だホ摘れ数論登トカ管退ト開摘いじ応
特レ故会コぼ々っ理ノじ然憎しみを困
定せろ品スカニがゲん愛ぼ退登嬉話ニク貧
のセ品圧御馳カッヒクぽ向退開話加弱ク歩能
パテ走ラッツルざテ向むつじま応故もピ話
投カセリヌクラヒのだ然きコ狙バジョンテ故ピル
ぐやノト合能だ百狙ひざ社合私阪ネマだ故囚
妊論し阪きクレ話狙出レ方側ゃろ応砂本スべ
会エ京妊結場遠く焼能通ド開おろ写っ育っ

# Puzzle 721

京サ交ぎ話ニハテっハ妊室ク廊
阪っ通だ無応だひ場カ戦狙せ下
応投ホ多弱加歩読ゅ結ニ略ふ海
んスレギ再進ぽだ結然ん応まコ向
アドラネルぎ一ゅだ砂暫ラピラ
結エだてひ愛愛ノテリヌ応ュ私
妊ヌクしひ合場弱モラクまコタ事
ハヌ画登投歩ゅまラセっコンピュータ実
検索がぼリドゅまふ進中央ヒ加
狙ぼぼりたゅざむコ暫くレニニ
やぼ権理せま育歌ざム論トセニ
むエコ海登やうたど写場ベの重
意圧重読ドど故おぎだ用品のセ
ふ出悲意ふ開故ホだ一種っじ報
通れな難困故リ安重れ結種じヒ
ハ弱ミル読覧ニぎ開レヱ重加ニニ

困難な
理解
エネルギー
クッカー
検索が
交渉
アドレス
廊下
ミル
一種
てしまった
歌う
用品の
コンピュータ
レース
悲惨な
戦略は
事実
中央
ホーク

# Puzzle 722

調べる
空腹の
車両
チキン
いる
不足
割り込み
華麗な
は、
量る
今日の
テディ
誰かの
恐怖の
ドクター
陽気
運ば
実行している
監視
機能は、

ドハノ報ホだクホ投ひぼ本空じ海砂
京今安るホニ場写れッヱ報腹リ監視
ぼ日所京量ヲいてし行選社ざの応コ
ふのテハ暫デコる無権辞実運陽気画っ
ヒかテ私嶋ムムぽ辞育乏会場ニで
化誰不せニ会れ解ぼやまドくだトろき
開写不足能華ひ乏ぎ多本ャ無ょま
しっル能麗然解化百阪退安選レ嶋ざ
囚写ニ華な側機解方安車両精登じむ
スチ能っ妊調本は恐車のヲサ阪ぼ
レキむ選べ京っ故恐圧故開暫出じ向
摘ンサふ麗京囚っろつ割り込み金
どぎレ囚っは向重ャ陽気向ホひ

# Puzzle 723

改ラ権ソ壊した選室ぼ読サ出室だクリん
善解阪ヌ大スモ開再応もぎドひセモぎ
第て六下サ再論しニ化ひひ所意たモル
利妊降ざハチュサ故だブの嶋優だ報砂金
益し出覧べっ育ツゲブ歩歩覧っスリ読
摘ひ覧本合狙ビ登ぽ覧芸カチ弱べ料理をハ能
海ストだ解育まホレ囚サ流ぐチョカ本向どルぎ
だ解何ひつ無話所まニ安故会だてょき芝生話時
ら結ひお社体何狙べノ化海安
プつ話体会弱論本安再狙レツ出
登無所狙べ化海向ちゃ意ぽレの間
方ラ化ニノ故会だてょき芝生の

ストア
隠す
クリスマスの
芝生の
料理を
プール
下降
壊した
ブラウス
利益
チューブ
たかっ
第六
流体
ナビゲート
改善
、優れた
干ばつ
寛大
時間の

# Puzzle 724

入力は
した
ナツメグ
データが
ペニー
ストロベリー
調整
量の
記述する
ワームは
終了し
ヘッジ
スタイルの
タオル
国家
のソロ・
くらい
聞いて
ふわふわ
簡素化

クっ故ゃワ聞進愛弱ょデ会む百チニひ
ゅ解ヌニームいらヌくよモリベロスト弱育
ふわふわムはせチひだ社タチニ圧カゅ圧カ
記乏つ歩愛すももせひや側ツが育ひぎざ金く
狙述ヱス海合だ愛登室金ペコ無ヌ百向辞故
育簡素化登側向タオル応結セ私囚論重百ぎ京権
阪暫進本まだ嶋無妊ぼ重向精嶋向ヌ側レエ整阪
ニストセエ辞ヌぎヘッジ京お場再

京コ囚京お場調整
く故権まだ写れだニル

# Puzzle 725

論私弱ま摘無テお室てカ確百ひおゃク
ひせタ通乏スむ芸ひむスセ二読そク写
結妊む再スニ能ぽむエ報何ニらくぽだ
ヱ解クしキ側応阪ス退金狙何シ要因進
サもまや一ハ解コド室応まリムトれま
会安トホ辞る嶋ンン投コ然ろセカ然話を
ど論エや報解場テ写ロ応何メ都市解通
場二報育選摘圧ツ重何論をルメ緊をり
リラックス精結安ヘ所テ愛所業偉登べ
合暫だ精結ひ報の愛画歩のをルメ緊張
話質っ愛登安所テ所論も砂偉市登べ通
むをっ識社報室愛画重業をルメ向歩
サ開愛知結んの親歩を論のルメ向歩
イ実用識ひ応だ親海加ざメモリ緊張
ズ実用的なり嶋の加海力ざ向歩張通

都市を
メールを
確立
ものを
サイズ
リラックス
おそらく
コンテンツ
ターキー
カブトムシが
の親の
質問を
メモリ
要因が
実用的な
緊張
偉業の
知識を
メカニック
選択は

# Puzzle 726

オフィス
行為の
循環
たまま
が、
丁寧な
が成長の
長い
の問題に
探索
無料の
医療
しばしば
一定の
劇場は
洪水
地域を
薬物
乗算
予想

暫弱然所論ソざ会がル洪地のの応応開ツ
一定のホドトヒふ成水域問っ長いい通
しばしば囚まトよ圧長だ水を題ク覧ぽぽれ
る再場レくぽ嶋、嶋スだ域を応側ひノ
ぎ多ぼニ京百ぽ権阪ツ京の故もひヌ
応論二ひチぽ場室京のっく寧何で写
テ向芸加加おク無き応丁や向医ぽ
ゅニクぐ室ちまむ暫予想丁ぼ読療ニ
ハ妊室ょまク退ラ然き画ぼ物たたひ室
所通芸加故ヒ辞写場むょ探もひセ
出育権ぽむ砂嶋ざレ然海リテ索索化
ゅひ然砂劇循ん再嶋金テ退場のツ
化然開投場環エ囚金再重為登ヒ
場ひ覧ょ砂せは歩ゅ囚読だ場の写ク

# Puzzle 727

百曇らせる押登ょゅ応利れだリニお会ぽ応
応感ひ方むト下開愛精用やソト暫ソ室べ覧
愛向触結やホ育画辞多可満ざ重家囚ひ精画
覧情応能や画像海再るっ阪写何的応加だ選無
せのひソだクんぼん写登モきに弱選ょひ意社
安き論結じ意写再解すぐ育嶄コっぐ本本歩だ
先応愛む必写側だょん多きる海せ囚すつレまエ
生セ圧送っト圧ぐだぼんぐ囚暫しつクだ本ま
の応稼うまく委員会でむっクラ芸だエ再や所本
選ぎ場応セダウン妊重挿入しラ芸だエ再や所本
だッ私ホハニニホノ妊重挿入

稼ぐ
結論の
すぐに
ダウンの
送っ
感触
家の
押下
曇らせる
愛情の
叫んだ
の伝統的な
うまく
委員会
利用可能
必要
先生の
満足
画像が
挿入し

トライアル
シャツ
ボール
グローブ
公式
整理
必要と
、ニンジン
のり
アイ
オレンジ
足が
ガラス
テイク
複雑な
ささげる
俳優
追加し
スクラブ
プログラムの

# Puzzle 728

ん力故で向側結妊ヌ金ぼ加トニ阪や摘
妊複雑なシャツだ登ぎんチ化社ふゃ
ょ応コ登写方写つれヒろんアっ式まどり
足がヒ開化れふツレくっ会くルイ場サりま
歩ひド故出プスロ暫チ加くテヌストグロ
然れサソソベヌク選百セ向退論ーブ
報選し育ノニジジ側再クてラクス
追加じ必、ンンきぎ辞やラ海ぽ
もっ必要コリ歩ムだボチれ阪社
ガきき結トとレニのぐ進ヌや愛ルエ
ラ化重化さドオ整ボ狙レスむせ加
ス化摘出優げハ理無側チ砂せ側
る歩場のり俳然通無阪ヒ砂ヒモ
もト阪砂れ加然るコ阪コむ側
ホ

# Puzzle 729

```
だ狙ざ方の嵐出明ボード集ざ報応故室
ゅヌ権覧下ぼ妊確私サ計ヌ権せ囚無っ
ニ覧コ読妊に私化再応ニ多オ合い面意
製造話開報ん砂くひ覧だ関細金意家ひ
暫再コ得てソチひ能じ側イ登京だれ百
再覧出きラ金選ます開ン砂トリはだま
登ど嶋サヒ百向だせ摘側多応ラ育だ
ク詳写ソ画圧百加だト権本ヤじ写れる
詳細は、暫タマセ登金覧意リ側応ぽ能
ぐむひヌコせ何ネギお摘通方テむだ
故私ヒ選おツ加開ぎ本登愛ニセひ
乏何ハおぐツ加開ギお登愛場ヌ
```

集計
キツネ
細かい
インチ
タマネギ
ます
明確な
得て
関係の
ボード
詳細は、
家は
嵐の
下に
月面
下の
オベイ
パン
トリック
製造

# Puzzle 730

少なくとも
不思議に思う
デリケートな
キー
生きて
魔女
クレードル
考案
屋外で
帽子の
支援
関与
右の
フロント
フィル
愚か者の
バッグ
睡眠
三角
タレント

```
だ加化阪解せじフ所加ソ応バベ百ヒ
ひだせでむコんスロ故ヒフ開ルッ権権
ぼノで何合芸ひホン弱ホ圧ドドまグ応
ノだ読おれひスト狙ざ何キロヒ金
だス向ぽ選ょふ睡眠ヌヌ歩本サラれ
応何読化安解登屋関私しどサ応覧
無ヌス所通海応外与子ドひ場てムッ
所ト通だ愛スや読妊帽クだ覧方ト
退私ぼ芸ヌやデ考加右支私ン摘だ
少ドだトき考工愚の援然狙ろ加阪
なトー不思議トレ者帽進ア
く不然ひ室に通の子レ摘加
とも合京弱ルラ女チ結合所金金ヲ
```

# Puzzle 731

退室スっれだ選ハ投どひ投狙安摘然囚
レスポンジコ合無ぎお嶋愛票囚社京登ヒん
圧化お摘ぽ再だっき権然化報愛ぎ通ヱれ
天摘通人ロウカだひ然化側妊論ぎテまサ向エレ向
金気然弱室ライブれ化海私だ圧応ヌれ囚
登サ登化定義ひ海覧私応ぎれ登テむをサ
狙ぼ無どキャリア圧ラ歩トーリトスセンド
壁画を値れラ暫歩多嶋登進ッスバ阪場出芸む
話ぎ値れラ暫歩多登進ッス阪ま写ル室む
ぽ囚価っ汚所嶋多成き決ホまバール室む
テ囚の加精覧精分む定れリ故を写ルセ芸む
レ川阪ひ通るハ然権歩ソ能方向画妊ゅ会
ビの然ニヌ暫私然権歩クせれコ話愛重海
き圧ニ何し無登れべ方せれ

投票
汚れを
ストリート
定義
人口
キャリア
の価値を
壁画を
ホット
成分
テレビ
上昇
ライブラリ
天気
スポンジ
バッチ
決定
エンドウ
センドを
川の

# Puzzle 732

カブ
変数
シリーズ
ダイジェスト
アヒルの子
ラジオ
有料
引っ張っ
おなじみ
オフ
イチゴの
雄鶏の
かなり
消防士の
削除
多分
ショック
レポートは、
回避
スウェーデン人の

応金社所し百応回会加ニ再海ニっアスウ
ク解どツ再投京ホ避レポートはオ、ヒェ
ッぎ開覧登場覧結精多ぽニ重ルルーデン人の
ョ摘だじ海能ュチ応有フカ重の子モ解モ
シリーズ削芸圧妊だ辞もカぬ子故海レ解ヌ
ょ故ドリ除ぼなじ読多阪張っ妊やん妊多
ヱ精摘私おまぽ投変砂進っヒ雄せクサ
ク摘ニ所ゅ会きオジひ引弱鶏のスチ
退本ゅ芸ダイくェれ弱室の士ベ百覧
ひ妊ろ化ひラドふ方ヱ精百防消覧ル
かモニハチクリ嶋妊レドカヌ圧消
レなた芸りヌ読スてむ精会妊権消
クひ狙リ乏乏イゴ所のツ摘ヒく
コれ意む囚じヱ所囚ス摘圧

# Puzzle 733

所スが阪ゴス再シレ圧で独囚ど重まス
現代存話ー投くマスょぎ話立のロ、正リ
深圧在だカ必シウオコ叔父は性を摘確なッ
刻狙くニ出所京多コ父は退愛砂ろだひプ
チ加劇セ愛会進選だ芸ぼ動作報辞ソ投合通
っ加だ退クも投だろ写チ妊報摘り投故登囚
トエ重クリ合覧通しノニ権京開べ砂ソむ場
重愛側論文登のつク阪論話社ニエ然進だ社
愛側化私写ろまトやフ選話ドエア私方登ひ
側化摘圧ヌ読通重京ギ択社登読金芸応再
化摘辞応モ安うま再安択ルフ登る百重意阪ニ
辞応

シマウマ
論文の
フィギュア
独立性を
オコジョ
動作
が存在
、正確な
ゴール
劇的
ストリップ
必要な
選択し
干しぶどう
叔父は、
リソース
現代
深刻
シール
口の

# Puzzle 734

ヌクセドっ出ょ合権結弱ゃ応
日ヱ本ヘッカ登報もん乏出ぼ結退歩ソ
本写阪ヘ応だ写もん乏チヱ向阪
昨写方っ加登ソろしエ向せ
砂だ場んき読ニー方通本質的な主民応
砂然や砂育読ニーも権モスキソコ
ひ報やホまドぽマクラブの瞳合百歩ル
コ社意乏カ室鳥の瞳合百加つ芸ゅ
にしソスだ摘百ソラブ無百むろ加投
もホ出ヒぎ狙然ジビ安出報ス投
かっホトりは向ヒ意ぎ怒何安ものチ
かれ場を釣おてヒ意自然ジ怒摘ラ
わふ人育動感だどルントル怒摘ラケ
ずら大ふ写退エテざ側レひ京故ラケスミ
、ふ大登写カニエテざ側読画故ラクスお
在庫ゅ進権社ょ阪妊百トひ安おざ安おの

在庫
、大人を
瞳の
怒ら
クラブの
ミス
釣りは
ビジョン
スキー
昨日
本質的な
感動を
民主的な
鳥の
ヘッド
クラスの
にもかかわらず、
スケルトン
自然
マネー

# Puzzle 735

デ ぽ サ ざ ク 意 ひ 加 室 バ ぐ 側 ス 応 育 セ
だ ィ 海 砂 意 開 画 ス 覧 ス れ っ 護 弁 画 ッ
っ せ 進 百 再 ス ク だ ヌ ぎ 芸 士 退 進 解 ト
カ ル サ ロ ヱ ハ ま 乏 能 海 ス ー ブ 開 再 を
故 妊 最 る す マ テ の つ ヌ ホ タ 暫 会 報 ん
と の も ざ 側 最 も ひ れ 精 チ 無 会 う 応
化 ぽ 幸 ざ 側 進 ド 妊 返 信 精 本 ス 問 投 多 だ
側 場 せ ぐ も 私 京 百 安 ん ヌ ィ デ 方 然 阪
場 エ な 阪 じ 能 開 化 や や 弱 ソ モ 京 重 ひ リ
覧 登 般 ぼ 私 登 化 し 愛 粒 向 再 方 解 サ テ
故 妊 一 ラクダ 安 登 可 能 な を 読 み 取 り ニ ホ 結 応
通 弱 ま 利 用 プ ラ イ マ リ し 愛 ミ ッ シ ョ ン 重 解 お
、 再 社 だ 退 ヌ 故 ヌ 私 だ だ 海 権 話 し 話 退 応
ふ 登 ヒ

## Word list

ました
粒子
ミッション
最も
ラクダ
ディプロマ
ディスターブを
最も幸せな
バンを
一般な
許し
プライマリ
のテーマ
返信
するものと
セットを
読み取りに
、再利用可能なを
弁護士を
問う

---

# Puzzle 736

## Word list

調理
感を
罰する
銀行
いつでも
円形
唯一の
サイクリング
センチピード
昇給の
効果の
への
積極的な
会議
ステイ
歯ブラシ
個人は
フェンシング
トラブルの
ベル

## Grid

覧 多 ヘ レ モ ニ 開 い 京 ニ ろ 感 き 本 ょ 会 ド
ヌ 私 ト の 給 昇 ク 方 つ 故 投 を 方 京 だ ま 出
解 画 登 一 ひ お 乏 コ ひ で ぐ 精 っ 嶋 然 囚 ひ
ぽ し ざ 唯 ざ 罰 す ひ る も ま ホ ま 乏 せ ヒ
個 人 は 会 摘 場 る ょ だ 社 ぎ 故 嶋 き セ ょ
れ 嶋 開 む ク 阪 登 ざ ふ リ 私 故 向 ホ 通 囚
て ヌ 弱 ス 再 登 ろ ま 金 ス 所 調 て む れ
く ハ 再 砂 グ 場 乏 報 京 モ 無 理 れ 開 覧
サ イ ク リ ン グ 積 ス ツ 向 円 化 で 多
歯 ブ ラ シ シ ン 進 辞 然 イ 加 形 京 進
ド ー ピ チ ン セ や 極 退 読 銀 側 阪
歩 ェ ん 加 エ ソ ヒ 的 む 行 レ 芸
ゃ 再 金 社 フ ト ラ ブ ル な 効 ニ 通
狙 ラ っ 社 場 ャ 能 論 妊 応 覧 方 や 社 何
阪 モ エ 弱 で ぼ 論 妊 応 覧 方

# Puzzle 737

**Grid** (tategaki — columns read top-to-bottom, right-to-left):

```
ぐテだ辞じ場本な室論ニ場辞方
スハおホるまカぎ切ぼ妊ルニト
ひ無がせ画写ヌ投ド、適れ阪ー
のむしラじチょ結登ソレ通辞ノ
ヒヱしっ愛ニチょむ結摘電話ノ
囚連続むた弱読報し進論辞べふ
所合登ムぐ再ひ読む本スれ何ゅ
狙だぐラ合ヌしヌ多で摘圧つ向
暫合ム再ら合ヌ無ッで圧故写場
ぼだフィルぐ所トヌホ摘てレ弱
博も破壊テ予測ト嶋なるやモ側
物能応テ加ノ機関暫向嶋異ふハ
の館ろくぎ京ノ多然精添付化ソ
校会スータピ能止解だぎサヱノ
学ヌじデき化禁ぽ読登ぎゅツ妊
```

**Word list:**

できチョコレート
ピース
異なる
破壊
バニー
、適切な
博物館の
しかしが
学校の
電を
の耳が
禁止する
ケトル
添付
データの
機関
予測
の連続したフィルム

# Puzzle 738

**Word list:**

かむ
スノードロップ
クラウド
経験
自身の
分割
カーテン
サイ
ラズベリー
休日の
延期を
、さらに
ターンを
スチーム
グループ
同じ
のレコードが
民間
の特定
販売

**Grid** (tategaki — columns read top-to-bottom, right-to-left):

```
重じ解じノ社っゅ論妊延期を辞
ラもハ同写ろゃ加スホ論ストゅょ出
登愛ヱテ会ぎてエ狙ろホ論乏しだ
経験重エ進すれスセ多タ結退ヌし
ス応妊ニぐ通ノ画リータつ登べ進登
安っヌルっテウロラおをルくて進登
ト向歩何京圧プ退ひんむ画話ト然やラズ
進間歩何京圧暫退ひんむ画芸弱辞お登応
民登権クど京暫権読スが私海
覧分割まど論京私権チるむ私
故ざきやまど休論ドムど私権海
開再応多加出日無結かむ投べソ囚
砂ひ阪り定特身ヌ結お然通囚コードろも
側向合阪リセやゃ自ヌスチームトレ安結
ノノ、さらにゃれんス私販売百のサイ
```

# Puzzle 739

| | | | | | | | | | | | | | | | | |
|---|---|---|---|---|---|---|---|---|---|---|---|---|---|---|---|---|
| サ | や | ス | 安 | ぎ | と | 然 | 報 | 乏 | 加 | 再 | だ | リ | れ | を | 理 | 修 |
| サ | だ | じ | 合 | ッ | う | 大 | べ | せ | 百 | 故 | 金 | ふ | ク | じ | 圧 | ノ |
| 音 | 会 | 通 | ざ | む | よ | 声 | 方 | ん | 退 | ぽ | 金 | せ | て | 愛 | ニ | オ |
| 声 | ク | 検 | 討 | し | 京 | ド | リ | 歩 | 向 | 嶋 | じ | ん | 重 | ノ | ブ | |
| 登 | ノ | 、 | 多 | 方 | 話 | レ | 画 | 怒 | 報 | 愛 | 圧 | 登 | 然 | 読 | 狙 | ジ |
| チ | ヱ | キ | 方 | 法 | ひ | チ | 応 | っ | て | 圧 | だ | 場 | 読 | 社 | ェ | ク |
| イ | 阪 | ツ | む | ぐ | し | サ | 狙 | い | 重 | 私 | だ | 然 | ふ | ま | ス | ト |
| や | レ | ネ | ー | ガ | ぼ | バ | ゅ | 再 | ぎ | テ | 無 | 読 | 社 | ま | ッ | を |
| 摘 | 話 | ー | ガ | ー | ン | ま | ハ | ペ | る | 通 | ヱ | 然 | 乏 | 場 | サ | 弱 |
| 暫 | 読 | っ | サ | ス | 意 | ー | ソ | で | 歩 | 無 | 訪 | む | 読 | ひ | ル | 論 |
| ふ | 加 | ル | 能 | 重 | て | で | 本 | 読 | 芸 | だ | 問 | ぽ | 結 | 私 | お | 側 |
| む | 報 | モ | 精 | 確 | サ | ゃ | 投 | 満 | ふ | も | ぽ | し | 登 | 百 | エ | 結 |
| セ | 故 | 精 | 確 | か | 化 | に | 投 | た | ェ | ぎ | ヱ | ら | 投 | 化 | レ | 話 |
| ク | お | チ | 社 | 芸 | 育 | に | さ | 化 | 再 | ひ | ど | ラ | 砂 | ス | ヌ | |
| 話 | 社 | ツ | 芸 | 育 | に | 常 | 、 | 読 | ょ | 安 | 応 | 砂 | | | | |

訪問
検討し
音声
大声
を通じて
怒っている
修理を
ペン
ハンバーガー
、常に
満たさ
しようと
確かに
イレーサー
ベッド
、キツネ
方法
オブジェクトを
スツール
まで

# Puzzle 740

七の
計画
ナイフ
のウェット
パワーの
障害
飛行機を
ライオンの
北極
の信頼
アクセス
テント
新鮮
自身は
家賃の
ノートブック
検査の
サーブ
ネギ
マイナーの

| | | | | | | | | | | | | | | | | | | | | |
|---|---|---|---|---|---|---|---|---|---|---|---|---|---|---|---|---|---|---|---|---|
| れ | ノ | ざ | 社 | ぐ | ゅ | 安 | ん | べ | ひ | 社 | 然 | セ | ひ | ゅ | 狙 | む | | | | |
| 育 | 乏 | 画 | ク | ヌ | 応 | 歩 | 権 | 囚 | 北 | ノ | く | ニ | 登 | む | 新 | | | | | |
| ヌ | ひ | 本 | 囚 | 覧 | 金 | 阪 | ぐ | 多 | よ | 極 | ー | ッ | ぎ | ア | 鮮 | | | | | |
| む | ょ | ク | 愛 | 然 | テ | 障 | ぽ | 報 | 覧 | ハ | ひ | ス | 自 | ク | べ | | | | | |
| ぼ | 論 | 計 | テ | ン | ト | 京 | 害 | 解 | 所 | ト | ヒ | 投 | 身 | セ | ま | | | | | |
| ハ | ソ | 画 | 弱 | コ | ク | 阪 | セ | 合 | ど | ブ | 無 | 金 | は | ス | む | | | | | |
| ク | ル | ヒ | ニ | ソ | 愛 | し | 本 | 弱 | く | ッ | ク | 場 | 乏 | ネ | の | | | | | |
| ニ | お | ル | ハ | 狙 | ヌ | だ | ひ | ぎ | 故 | ク | セ | マ | ナ | ギ | サ | | | | | |
| ん | 無 | ニ | 金 | 読 | 話 | 妊 | 頼 | ふ | 精 | ひ | ヱ | イ | 妊 | 暫 | ー | | | | | |
| べ | ゃ | ぎ | 開 | 方 | ト | 会 | 信 | ま | 金 | れ | 登 | ナ | 投 | 室 | ブ | | | | | |
| ぼ | ニ | 飛 | ひ | 家 | ク | 七 | の | 査 | 検 | 読 | 画 | 側 | お | ラ | 場 | | | | | |
| ろ | 登 | 行 | 家 | む | じ | ウ | 故 | 一 | 百 | 歩 | ライオン | の | 弱 | 百 | | | | | | |
| 私 | 圧 | 機 | を | 賃 | の | 読 | む | 再 | 安 | ワ | だ | も | の | 意 | 妊 | | | | | |
| テ | れ | ニ | ヱ | 化 | ク | 囚 | 読 | っ | 論 | 論 | ホ | パ | | | 安 | | | | | |
| ん | | | | | | | | | | | | | | | 能 | | | | | |

# Puzzle 741

ローカル通実サず必、出多むれくな写
れシイ加ク側ニ囚愛実再たれしおれ退
ぽクサふ結ヱニしし報際解っ話百てだヌ
海タま弱阪ニじ阪ま社にが百嶋ゅ説囚
る囚私弱権再進海金百との解応囚社サ
相互作用ト海能金メリ先く意故応社ウ
ふサ多ホれ買百スゴワじ故重サれ囚ン
く方迅辞まゅ狙ぼ暫砂っモ芸故ひカ海ド
る弱速ひてい臭だぎトニぎ通ぐひ退・
登合然ひぎ覧応妊砂れトどる結れ方応
論ノ弱所せるだ辞辞どる愛ぎ結方ん
ふセ弱結ば写芸ソき多室愛ぎ場方
砂スス会室宗教的な的準標、場方

存続
結ば
、実際に
タクシー
臭い
先のとがった
、必ず
ワゴン
実行します
なし
宗教的な
ローカル
サウンド・
、標準的な
メンバーの
の買い
迅速
相互作用
イカ
解説

# Puzzle 742

茶色の
条件が
に沿って
動物は
ジャケット
起動
実証
引用
満月は、
覚え
メジャー
国際
ハムスター
クラッシュ
チップ
バック
の鼻
ラッシュを
外を
芸術

ゅ海ソぼむざ再くに話ラメつきふ場チ
条件がヱっ側嶋重沿結ッジセ起動ッ
育登覚き能ぼっ権ヌシダス安ろれプ
室権えスぐ多ソってヌ合ャ安ひー能辞
ジャケットっ結本動場ハム国砂通多
歩能クど覧引用故二嶋スタ登狙何登
ろどッ何ラ芸無ど能ぼレ際安るレま
ざバラ京芸ヌ向能はレぎ読通カだ砂
で私ッシ術進社方クぼ満狙応ょ外を
しおッ登退意ふ合るヒ月ろ進やれ投
リニ茶出だ圧ろ進辞選報実金む
ぽ茶じ無鼻ススろ安っは、証愛安
んじ話れの場クヒ合向ソ百摘チ
て意意きもカ画ニ辞向ぽ嶋ひヌ

# Puzzle 743

現 故 圧 ょ エ ヌ ヌ 場 再 ヌ ホ だ 論 ど む エ ん
じ 在 場 ニ カ 退 結 セ ノ ぎ 育 っ 再 り ま エ 通
ノ 多 の 砂 無 だ 阪 故 然 セ 歩 起 こ り で む ホ す
エ ッ ジ 試 れ 曲 し 嶋 ニ ょ 場 投 画 モ 紹 ド 読
ぽ ひ じ 行 ざ 線 延 金 の 近 エ む 解 ん 選 ヌ 加
支 解 所 ト ソ 解 期 阪 に ヒ テ ぽ 退 辞 投 ウ 登
合 出 し ド 欲 阪 私 裁 判 権 リ ス 進 安 読 ブ 辞
エ も チ 私 だ セ 判 所 る 論 ヱ 歩 ブ ラ 応 狙 意
肖 チ ラ 阪 で 砂 乏 私 む 社 精 ト リ ア 出 加 論
ソ 像 阪 ゃ 辞 化 政 府 無 能 精 ッ ポ 何 安 辞 暫
ゅ 場 し 化 政 府 の ぽ 合 べ ん 応 安 ぎ 精
おん し 弱 ツ も だ ゃ 正 れ 合 応 無 も まっ ひ 芸 金
ヌ 意 社 応 摘 愛 百 式 に 然 安 解 合 暫 ぎ 芸 金
ノ ス ぼ 愛 論 選 に 然 安 無 も まっ 精

現在の
トライ
紹介
起こります
エッジ
火傷を
砂の
ブラウン
支出
政府の
試行
肖像
曲線
欲求
裁判所
の近くに
フィクション
延期
正式に
ポット

# Puzzle 744

ダーク
一緒に
シーン
捧げる
歯科医は
準備
本当に
業界を
スタイル
プレイヤー
ドレス
はいを
手配
レスポンスの
動き
砂の城は、
エスケープは
私達の
、十分な
痛い

も 論 、 一 写 ど 辞 場 圧 無 っ せ ニ ょ 育 ド む
応 ぐ 十 緒 ス タ イ ル ど ト 育 ま 側 狙 ろ リ ひ
ょ 芸 分 に レ モ 動 き 故 加 っ 狙 無 解 ぼ 多 む
然 や な 投 ド 囚 ょ 読 ひ ま ゅ 解 何 金 く
無 で も ろ 海 金 ソ 乏 進 き ろ ノ 本 ニ だ リ 覧
ス 阪 ょ ソ 登 進 ク 圧 出 ろ ゃ 当 シ ゃ い 弱 弱
弱 摘 登 ク 能 る ポ 加 準 に ー 摘 応 圧
ふ プ レ イ ヤ ー 報 ぽ ダ で て テ 退 精 ン 論 っ
然 ゃ ょ 育 城 は 、 捧 で む く 備 報 の ざ を ソ
砂 の 通 医 ど セ げ ま 砂 も 手 加 再 ス 応 レ 向
圧 選 出 科 歯 だ る は 配 二 芸 妊 ン 安 囚 も
ぎ じ ヌ 安 で 然 コ 狙 レ 能 サ 解 再 嶋 ポ 砂 ょ
レ 精 ゃ 安 で 然 コ 狙 レ 能 サ ド 進 だ ス 育 ラ

# Puzzle 745

ょ退ぽょ囚応ざハベ弱側合ヒ乏嶋芸育
トまツひ阪退歩進会ぽ海選リス話ク乏
化社百ぽ応金圧海然ぎだバポト私サ登
進捗状況を融意側れっチッドまセじ弱
結ヱチ結人ぼ側向登ラ嶋乏育ヌぎ応出方
何スルクーはは本多出べ私場スヌェをム燃
何暫ル覧サグ化出私コ精チぼしゅコ
ひ論スドリ弱ゃ進愛投ど精きたょる
おスライ多ひ通命場光べ出本ルろ愛
チまブ間ふ寿クニニ権会金保ろ
まヌ海違読歩映画条件ひスルろ砂
ヌニ解読歩精ひ会金条ひ方無安
ホホだ結精れ囚映画件じ暫出安
ひきだ能応乏せ囚じひ方選持方

人は
条件
バッジ
ウエスト
サークル
リング
ビット
金融
ポテト
葉を
ドライブ
映画
チェーン
進捗状況を
燃やしました
寿命光
間違っ
保持
リス
つま先

# Puzzle 746

幸せな
以前の
南部
測定
本体
楽しま
結婚は
謙虚な
魚の
妹を
復帰
思いやりの
候補
戦略
透明
に従って
コミュニティは
、したがって
、風の
注意深い

ソ開覧室ぎ応つ場だ論進結南サま、歩
まどっだだ投阪妊精向だ加結レ歩ス楽
ル芸だ開戦安ふ育っ愛圧ハしス育
測定歩登進略ょ百写重嶋狙たの
登応注意側深つ読ラ選場まコがぽ
っニ阪ド投げ愛ヒべ透モれっヌ再チ
むラ辞再ムぼ嶋ザ方ザ圧写チの
き安ルセしく芸復私妊場のノぼ
に狙向化論帰何ぼ向合候ろ
従無だでりの私復きニ海サ
って思れィ暫選ゅ補
圧エしゃ結婚は
結婚は

# Puzzle 747

るぼ乏ス京辞まウサギのざ話クャ何室
んぐクチ覧も重報退クょ論トルク側精
コ選何んヌ論せ山狙京覧サルヌ読ひヒ
ん写尊摘受け側ぼ摘リスケジュール熱ス選
もニ圧解希摘ひジぎ歩海ク故き能ひリ
エょ怖が希スケュー場まーク命登モコし
んサ無っ望ケヌトろ混をゃ砂ーを砂ゃドく
まエク歩を京混をろクーペホツ通突通
っソ歩範囲ぽ京ン乱れ開て向だスろ嶋阪ゃ
環ヌル意ぽキン乱れ開て向だロろ嶋再
境キャットキン乱れー開場じラ社愛場開報
っま不場然セニソ場辞向だスろ私写れじ
悲ょ注意なセトス場辞シれ嶋阪ゃ場開報
合鳴意トス選出ぎテれ社ろ嶋会ラ場開報
レじな選出ぎテれ愛再解会ラ場開報

範囲を
受け入れ
混乱
怖がっ
ウサギの
山猫
サル
突然
キャットキン
クーペ
熱帯
尊重
、まだ
不注意な
悲鳴
命を
環境
ショート
希望
スケジュール

# Puzzle 748

機能
バスケットボール
当事者は
誇り
祖先
ささやかな
つらら
文字
コレクト
脅威を
ブロー
雇用
新しい
剛性の
カブトムシ
展示を
与えました
できるよう
速い
パフィン

応ょ応ぼカコテ場本やつク加クさ与や
ぎ所むパブレバスケットボール会海ぼさやえ応
剛性のフトクト祖先まツ速いひ雇用重京なまヱ
再セチ論ンシツロー辞本ニ開暫権ひら解覧何登しスル
トまヒ論まシトラ場ー暫然誇り報つらト無結妊ハ進ル
方まゅひ私展本ニ新安いし安るヌ権ヱ私だ登場無をふ向
応機能を話スぼ圧ざ海よう然ぐきコぎ会場むヌ側

応ょ応ぼカコテ場本やつク加クさ与や

# Puzzle 749

お 解 多 滅 ぐ ヌ れ で ひ ざ 会 重 登 読 写 応 ヒ
安 重 だ ひ び 話 論 ま つ ひ 海 読 れ も 摘 ひ れ
ニ 検 通 応 ひ る が こ で ニ ア る ひ 狙 向 ひ き
ノ 索 ラ 圧 る め 加 、 阪 リ 室 っ 廃 用 レ ざ 加
画 イ れ 摘 愛 認 テ ど 育 ル ブ 私 ペ 雑 糖 ひ 意
ハ 論 ズ だ 故 進 ド 権 ま ダ 合 ニ ニ 社 液 ざ 精
拒 お 本 ニ 投 喜 重 無 合 エ 暫 京 ス 権 ひ 然 ん
否 ヒ ニ 報 ヌ ん 結 砂 投 ヌ 京 に 辞 失 つ リ ど
覧 ぽ 論 れ 能 の で 、 愛 ょ 然 リ を む ス の 重
会 進 育 ニ の ぽ 妊 ニ 圧 圧 リ 精 テ 水 じ ぼ バ
会 ル 阪 ゃ ひ 加 く 芸 画 ニ し を 出 ホ ろ
ぽ 登 再 リ 本 テ 愛 っ 暫 蚊 再 ホ ぼ ろ 重
応 だ む ニ 乏 せ 多 暫 話 海 ニ 意 写 ソ ぼ
ソ 私 レ 乏 せ 提 供 ヒ き 意 ぐ ょ ソ ぼ ろ
向

# Puzzle 750

進 方 ぎ 結 ヱ ぺ ふ 投 も 無 国 だ ト ニ じ ホ
だ ク 進 解 エ イ 意 ひ レ 民 く ま ヱ ひ ケ
進 加 ス ん ニ 京 ン ラ の 京 弱 ニ 会 何 ー
参 多 ニ 摘 リ ヒ リ イ 奇 加 く ニ 囚 選 私
せ 照 ょ ぐ や ま ト 妙 れ 嶋 ぽ 権 所 会
編 ま し ど 結 ょ も な ぎ ド 芸 精 使 用
集 無 ヱ 加 っ な た 何 れ ト 結 要 ぎ ニ
暫 通 ん じ 圧 聞 も の 嶋 精 絶 滅 写 所
ス ニ 結 ク だ き 芸 囚 ぐ 再 選 重 私 レ
育 私 ド 進 ク 社 さ サ 布 同 ニ 海 ぼ コ
だ ヒ む ャ プ 歩 再 せ 芸 着 育 き 選 っ
弱 ニ 結 向 ッ 再 ひ い 百 安 て 化 登 応
ト だ 阪 歩 シ ひ し 定 阪 権 社 ス 場 暫
し 応 ド 読 ュ ド 合 し 住 話 育 テ や 然
論 ヒ ド 読 ュ 嶋 で っ ニ ホ 百 場 場 だ

# Puzzle 751

登 出 お ぎ 冷 ラ お だ ニ ひ べ セ ろ 狙 画 ハ 囚 意 ふ 選
ど っ 所 ヱ イ 蔵 隣 人 然 暫 レ ょ む だ く ふ 弱 読 ん ッ
解 ハ ろ 話 ン ぎ 画 画 す 話 摘 室 る ズ 京 ク せ ん ッ ノ
チ ス 進 暫 タ ひ ノ 通 る 非 不 規 つ カ く ド レ 結 合
ス ベ 暫 ん ー っ 重 権 化 難 化 則 能 ー ラ ヌ せ
ラ レ ま ど セ 重 お 機 ス 読 ク コ 化 ン グ ラ ト ノ
イ だ れ 高 プ 不 妊 然 能 テ ク を 応 関 ド り ド や
ド 砂 価 ト 可 ラ 精 だ を ヌ コ っ 連 ラ 阪 ヌ ん
主 妊 嶋 な を 視 は ヌ 修 ヌ 状 付 イ 砂 結 ル 精
要 て 本 ゅ る の 決 る 正 ス 況 け バ 筆 ハ
な 退 な ょ エ 乏 し 修 ぎ サ る む ー ン サ
他 人 ど 選 こ 決 て 正 レ ス 絵 サ ハ 愛 ニ 進
囚 で に す 写 通 ス 空 っ ヌ 場 ヌ 進 ド
れ ょ サ ひ 登 応 意 空 結 場 室 報 ん
る 本 ク ろ 読 所 進 に ス 無 京 ノ ょ ル 精

に空
スライド
不可視の
ドラグワーズ
する非難
高価な
修正
状況
ドライバー
は決して
不規則な
機能を
絵筆
他人に
冷蔵庫
ハンドル
主要な
関連付ける
隣人
インターセプトを

# Puzzle 752

モーテル
の影が
天国の
参加して
を超えて
外観リンゴ
値の
実行
送信
定規は
のボイド
強い
コール
土曜日に
のサイクルの
靴下
ドラム
呼吸
樹皮
明確に

読 し ル カ ゅ の ボ イ ド 社 開 ト 京 報 囚 狙 砂
だ 愛 ま 砂 ド 値 ぎ ド ニ 論 暫 ゃ 芸 サ も る 乏 妊
故 方 セ 化 定 ド セ ニ っ ド だ 天 国 の 論 場 ラ 私
育 ひ 話 ツ 囚 参 加 し て ひ を 阪 報 ニ む 情 ニ
や せ 樹 出 規 ふ は ス チ 側 再 の 影 出 む ハ ゃ
外 登 皮 解 セ ノ 退 海 ラ 側 実 超 が 多 テ リ 弱
ク 観 方 結 再 安 砂 ひ 狙 コ 行 え コ ラ お 場 カ
所 室 リ 金 靴 何 権 海 し 百 て ー ハ ド き
の 嶋 ろ 下 百 京 ひ ラ サ モ 進 無 社 ま ラ カ
サ 精 だ 室 ゴ る む せ 狙 サ ト ゅ き し ム 応 呼
イ ス 明 確 に 強 ま コ れ ぎ ニ ホ 覧 暫 呼 吸
ク く 解 向 日 い ニ 金 ょ 社 カ て 覧 リ
ル テ 論 モ 曜 ド 画 摘 ノ 化 エ 暫
の だ べ 論 っ 土 再 ひ 信 場 側 や 応 ま 側 リ
結 妊 ひ 歩 ざ ひ 信 合 や

# Puzzle 753

ペ れ 星 ん 愛 無 京 京 覧 だ 行 プ セ 資 の
ッ ヱ ノ が チ イ 合 応 結 い 除 コ サ 格 代わりに側
ト ゅ 京 ぽ ン プ 化 社 ニ 早 や 読 ざ を ぽ
の 父 聞 シ ま ー 社 進 ょ 向 む っ く 側 京
ラ ひ き ャ れ 画 開 画 百 く 妊 ス ハ ニ 歩
育 ゅ 意 ン 応 雪 私 玉 私 安 加 ド も 投 所
フ 登 レ 合 ま 玉 ニ カ 解 チ し 写 リ 愛 投
ェ ひ ッ ま イ ニ む ぎ れ 写 応 テ 権 隠 愛
弱 お ト ラ ラ む 所 だ 結 覧 予 覧 き ス だ
っ レ ひ イ ハ 再 郵 結 所 然 約 カ ゅ ル 嶋
ぎ ん ノ ハ せ 弱 便 雪 弱 安 隠 百 よ 砂 応
愛 セ 社 む ぼ 郵 配 弱 登 つ し 暫 話 暫 結
ど ソ や 報 つ 便 達 会 会 向 ま コ ッ 側 も
能 ド 写 本 然 所 ざ ふ 議 百 す ル ひ や ひ
場 て 精 報 包 ひ ど モ ド は セ ト 応 ひ ざ
私 論

**Word list:**
除い
父の
隠します
インチが
行い
包む
郵便配達
星が
聞きます
プロセス
資格を
シャンプー
予約
ペットの
の代わりに
会議は
雪玉
フェレット
ハイライト
早い

# Puzzle 754

**Word list:**
ゼロ
笑い
日曜日
二回
ダンスの
石は
急いで
ヘリコプター
恩赦
トウモロコシの
さようなら
シナモン
王室
が可能な
望遠鏡
パンの
レッスン
脂肪
ライブ
石炭

再 私 ゃ 場 日 曜 日 進 シ 開 ト 二 回 加 芸 育 ヘ
お む ル 私 ク 社 ホ で ナ く ウ 加 ょ む リ 囚 リ
ゅ 結 方 愛 ホ 再 ャ モ く モ ニ っ 読 社 る コ
写 ま ゼ が や ス じ サ ニ ロ 社 さ 話 然 解 プ
会 写 ロ ッ 可 脂 進 ン つ コ し 退 よ チ ク タ
通 ヒ き 海 能 通 場 ス だ シ む 多 う ひ む ー
ゃ 弱 む 側 な 辞 故 カ 笑 の れ 育 登 多 な 登
じ モ 無 芸 ト ニ い 石 金 読 ひ だ 狙 ら
む 囚 ト 故 も 然 本 ふ 狙 炭 選 再 ヱ 意 で
ひ だ 覧 砂 パ 所 出 レ 歩 ツ ゃ モ 報 ラ
る ぼ 結 多 出 ッ 会 テ 育 解 育 イ
む じ ホ 石 急 ダ の 暫 ヌ 金 故 意 ブ
ホ 本 は い ン 写 登 狙 乏 百 ま 精
阪 登 ど で 辞 の 投 無 ろ 選 ぎ 読
登 望 遠 鏡 多 ソ 投 精 何 弱 恩 二 せ 結
リ 解 論 れ チ ホ 赦 報 安

# Puzzle 755

安 せ く ク あ な た し 示 次 画 ス 出 狙 向 つ ざ ス 百 れ ょ 愛 報 砂 ヱ て ょ 然 ド 安
ど 場 ゃ ヌ ぽ 圧 ツ 報 海 の ペ っ 嶋 ラ 意 じ ス テ 百 れ も れ 暫 秘 書 を む 年 次 ノ
お 登 登 コ 多 せ き 報 誌 画 ル だ 話 こ ポ 開 で ラ ゅ 報 砂 ヱ 本
乏 解 ヌ 無 だ 意 ふ せ 雑 写 チ ど ラ 必 室 よ ゅ 暫 社 退 う
心 臓 や じ も の 何 る 論 故 ェ ポ 騎 砂 乏 し よ ら 側
で ゅ 砂 っ も 精 ニ ひ 安 スク 士 ず 重 金 ノ
阪 言 エ ン モ レ ぎ 辞 阪 狙 カ は だ ひ ス 所
覧 語 愛 ニ ド ま ヒ む 京 豆 で ツ 解 や ハ
ル を 話 会 弱 ウ 辞 ょ 芸 は ツ っ 無 ニ 阪
弱 ト 会 向 れ 投 覧 サ 写 結 べ 場 ニ エ
出 っ 時 間 ヌ 重 サ 圧 つ ワ ー ル ド
解 結 ホ 摘 故 場 ワ ー ル ド エ
阪 囚 ゃ ク 読 圧 覧 読 圧

**Word list:**
レモン
必ず
あなた
ワールド
エンドウ豆は
心臓
どこでも
示した
しよう
言語を
時間
スペルチェック
ポケット
次の
年次
雑誌の
色の
鍬を
騎士は
秘書

# Puzzle 756

**Word list:**
イタチ
名詞
した後
のいずれか
森林は
最大
アリーナ
贈り物
より
先の
依存
オウム
ほとんど
横に振りました
ココア
等しい
選んだ
チェア
卵に
軽自動車

モ 応 サ ひ 金 砂 圧 ル ア 登 嶋 イ チ 先 ス 妊
進 阪 読 む ほ と ん ど リ 愛 ぎ ク き の 弱 選 ヱ 摘
金 ま オ ウ 卵 安 ド ー 結 弱 カ ざ ひ 妊 ラ 依 金 読
だ 何 開 ス に ソ 会 ナ 妊 ラ 向 無 読 れ ヌ 存 ゃ し
妊 安 テ 愛 加 れ 海 ツ 重 結 芸 し る ノ 辞 重 ド
ス や 再 権 で ぽ ヌ 森 林 ひ 金 ス 写 せ 愛 し ク
多 べ ス し 加 ょ 精 向 も ド 暫 ぎ 覧 ク ヌ 暫 ひ
ぐ ノ 圧 た 側 ハ ス ク 再 ニ 動 車 選 だ 方 ヒ
京 百 つ 後 ク も の き 多 軽 自 妊 カ 物 狙 贈
ル ぐ ヒ ル 所 に 振 重 等 開 ス ア よ む 会
ぽ チ ェ 室 砂 ざ ス し 妊 コ ニ ヌ 会
で ヌ ア ゃ ャ 合 ま い 摘 リ 然 多
報 百 ざ 弱 だ し し や ず れ 名 合 き
場 せ て む 何 た 歩 大 ひ 精 む か 詞 ヒ
ひ 芸

# Puzzle 757

中 程 度 の チ ー ビ ネ プ ぽ 京 圧 ひ 阪 登 環 愛
ド ソ 嶋 子 っ ツ 多 ギ ッ ロ サ 法 き ょ ぎ 境 す
サ イ リ ン グ シ 育 を リ を パ 定 砂 単 に の る
ま 室 弱 ニ む 開 ェ 安 ス 明 ひ 意 ひ 含 骨 報 ニ
報 室 読 せ 乏 百 解 ル る 化 軌 覧 ィ ま 折 ニ 砂
テ ヌ セ ハ 合 場 ぼ ハ 通 故 道 会 安 折 セ 結 モ
芸 権 ろ 第 十 愛 情 通 海 方 育 ゅ 歩 っ モ
結 ぽ 退 ま 辞 報 故 ょ 場 読 退 再 ニ 本 ひ 嶋 セ
安 ト 再 っ お じ ヱ ホ ソ 読 ひ セ も ラ 結 カ ソ
ゃ 海 側 じ ヲ 画 ソ 読 選 ひ 退 嶋 結 医 側 じ
お 芸 側 し 選 せ 故 私 権 だ 結 ツ 狙 囚 ニ ド だ
む 側 サ 精 会 ト ツ 無 む 一 れ 意 乏 砂 辞 無
合 応 画 ト 画 向 や ム れ 会 砂 工 覧 ふ 海 ハ
読 故 て 海 つ 画

プロパティが
中程度の
軌道
愛情
ビーチの
法定
サイリング
環境の
シェル
骨折
愛する
第十
含ま
を明るく
チーム
医師が
単に
子の
ネギを
スリップ

# Puzzle 758

休憩
少ない
そらす
遠い
ヘビ
平和
夜の
、パスの
の重要な
ラウンド
月の
ストーブ
株式
学術的
近い
靴を
キュウリを
成功
簡単な
ペット

加 だ ヱ サ ぽ ク ぐ モ 退 き 暫 本 無 投 ぼ ヒ む
応 だ 育 し 育 む 芸 し 月 少 な い 側 き っ ソ ん
暫 靴 を じ ツ 成 出 株 の 無 い 論 だ 合 ぎ 会 私
じ ヱ ヒ ト ホ 功 室 ま 論 式 故 ホ も き ゅ 歩 社
つ 故 砂 何 っ 遠 弱 歩 の 登 進 応 ラ ゅ ド キ ょ
じ 私 砂 通 論 い そ ら 無 す ホ ぽ ウ ド 覧 ュ 圧
し ニ 、 パ カ の 室 夜 つ 写 ラ 故 所 ふ テ や ウ つ
リ エ 開 ス き 場 も の 妊 結 ぎ 投 辞 テ な ひ リ ょ
覧 開 ス カ 簡 る リ ひ チ 学 再 故 要 室 投 を 選
れ で 進 簡 単 ろ コ ソ ク 術 の 登 休 近 合 京 テ
室 阪 解 単 な ス し コ モ 的 場 進 憩 い ク ト ノ
平 和 テ も ト ッ ペ 何 社 だ ラ だ っ 所 無 故 つ
砂 嶋 ノ 進 ー で 何 ざ ド っ ホ れ 社 投 ト 阪
重 社 通 ゃ ブ ヘ ビ も じ ニ ん て 解 ヌ 京 む
社 暫 社 セ ソ チ ニ ざ る べ ふ き 合 何

# Puzzle 759

画安重だ重ぎおラダー阪緑ドじカヌベ
ラひもるお方合コ安ジざ、写愛化ゅ画
でト砂もおコむじ海ロ海進ょ海じ退進
だつ投妊芸登能ニ然クテ辞むぎ社暫乏
投ふま高ゃ無私登再チ再ジ阪んど加陪
自金然さッドく選阪再チ阪で位ヌ然審
夕画焼ニけラ海家具責任あぎおスレっ退員
画ホ発応貿の意チし応妊の人ひでレ通を
発見圧易所チ単位や弱エ囚のと進スチぼ金
し良い者の京ょ多でふう本芸ヌじふセ加も
ませ向圧ぎ京ょ多でふう本芸ヌじぼふや
した圧ぎ京ょ多でふう本芸ヌじぼふや金

位置が
貿易
おめでとう
ラダー
発見しました
夕焼けの
自身が
単位を
高さを
責任ある
レストラン
緑、
陪審員を
所有者の
テクノロジー
ステーション
家具
の友人の
チャレンジ
良い

# Puzzle 760

ランプの
野菜を
野生
突風
ゴースト
座って
の商用
プルを
立っていました
買い
民俗
ホイール
使い捨て
たい
アプローチ
おいしい
濃縮
カラスの
ソーセージが
属し

リ妊アだせ写京た私応カチ圧コ応出
だをルプテ退ぽし意てラルクルク退ろ本育
狙てニロぎ写ニまノいラスーゴ向私場方海
狙がジーソおいて属スのイ場退んトむ育会方
ニおだ歩セチ精しぐのイホ野ん開重合応
報精トェふせッえっ立プホ阪菜ドたベ室ぎ
向嶋じル意濃縮エ論ルソ通ひ写をどい金場
レチヌ意砂ひ論応写民ノ百写つ重捨応応
京弱サむゃ辞だ応俗向ちだ開てりん退使
リ画トだの写圧側登向ル画てるて砂金私
応故囚精商っ圧側論所弱画再応座金んク
育重セも用合側突読報まコ応ぎるト出
せニ然ニれチ風解座場使金コ

# Puzzle 761

ド 故 話 ノ る 弱 進 こ い っ ぱ い 本 合 精 私 ノ
ト 歩 コ ぐ 結 ヒ と が 出 砂 き ふ 然 多 通 故 ク
ま 停 能 れ ハ 私 京 で つ 摘 圧 写 ぎ 安 べ を レ
育 止 合 リ 阪 金 覧 き ま お 応 ち 暖 向 ト 歩
ス ょ ニ 百 だ ツ 社 画 す 思 ぽ 応 所 む ヒ 出
で 多 開 道 室 ゃ 報 嶋 ぐ 京 ろ ひ ま 暖 加 ド
ス ステ 道 安 徳 ラ 精 芸 京 意 ひ ろ 砂 炉 執 ぼ
ク 会 故 投 的 ヌ 的 本 芸 弱 ぽ 画 摘 行 リ
で 場 教 無 な 故 摘 劇 悲 ぼ へ サ 開 は 場
乏 私 る 授 応 ソ ニ 場 火 ろ ロ ミ 阪 能 ょ
囚 ス ぽ 示 出 チ 摘 火 曜 ぽ ン 愛 囚 む
意 リ 快 サ 唆 ヒ て 曜 れ れ 選 論 論 リ
べ く 適 登 し コ 会 日 会 論 権 も リ
ふ モ ニ ヒ て い い の 何 で 海
本 ヌ 側 ろ 狙 コ ぎ る の 権 おも

反映
執行
認識
示唆して
思っ
おばあちゃん
ている
いっぱい
悲劇的な
サポートを
教授
火曜日の
道徳的な
快適
暖炉
ことができます
ヘロン
サミットは、
停止
吸収

# Puzzle 762

背の高い
フラット
、すでに
を介して
傾向が
パパ
フェンスを
サイト
シート
撮影
失望
ボート
王子
ガチョウを
告白を
見え
遠征
ウィグルの
計算機
適用

撮 影 故 愛 私 ふ つ 計 べ 囚 囚 弱 で ハ 選 精 ま
コ 場 っ 暫 覧 ひ べ 算 退 多 妊 圧 コ ヒ ト チ
応 だ コ 登 ド チ し 機 場 ソ 王 報 結 ク 重
る ノ 覧 合 ぎ 多 だ ホ フ エ 子 所 ま ょ え
ホ 暫 ひ 愛 精 百 覧 ラ ヌ 無 ぐ せ 見 阪
を ヌ 介 し 京 側 圧 ッ チ 画 、 ろ ト
応 妊 て 傾 が ぼ シ 囚 ト 暫 私 失 に だ
だ 愛 精 向 だ 社 ー モ サ 重 ょ 望 カ 愛
で 白 モ 精 ろ ェ っ イ れ 育 ハ 安 れ
告 を を 再 ン フ サ ヒ 乏 進 べ 妊 海
も ウ 本 ス 結 私 れ ス ト 意 話 何 ク お
登 ィ 開 結 の パ ュ カ 用 ス 投 リ 権
べ ョ グ 精 社 サ パ ヌ ぎ ゃ 権 ュ
ョ チ レ 場 安 嶋 辞 適 嶋 ぼ ボ 背 ハ
故 ガ 開 精 ド ま れ ヒ 多 登 化 の 遠
何 開 安 れ 辞 進 読 せ 読 ヌ 高 征

# Puzzle 763

```
べ結然妊ょ然場る進加登摘ツ暫オむ化せ
おビクァフオは、社将金登ー場ひー場育だ
能ク解観ヌ海金将来囚金登進エイバ歩権ソ
応し察方海出雪リ京故芸室画ョサ合向意ゅ
せっ話チ報開り雪ぎヌ解方ょ報じス向妊選
ざ話論き摘辞論弱クでモ然安資報ひエ必見
を歩リど本育社コふモ側歩出芸何ニ場必覧
過やソひ場リ語セモ歩私応暫最ど登スュコ
ごソ実て弱ヌ嶋リ数え投推定最悪登精ヌ
したもつれ開相手会嶋投え推ちむ登精覧
もゅど相囚室通話ニ化ふリ化通じ登ヌコ
暫じ室所乏ハ囚ク化通場まう奪報覧
```

# Puzzle 764

```
カょ百無セだもク安ひ暫し所だふらるくひ
ハ阪ヒし向解私報っ小麦粉の妊もくだまれ
応ワニ重ま阪ホ加妊しセ常でだコっぎみク
モ向ーしキ化側ョド解投っ権芸何ドらかに然
カモをンコ圧中京間側写本ニモ態度精ぎ無
達しもルセニク化投愛の通ロケ本重権ヌ合つ
むざもリはレ京申し化ロ側芸辞ドくょ通だ会
比較やれ狙申進訳京登ヌろ場セくリフ精ット読ス
読ざおモっ訳あ化ま暫暫ろ向辞ドナット私
ざまき暫っハりモスぎれ狙くてニュース
弱どせ金百少モ通ソむドむ摘ニュース
せで嶋化由数せろ論チ
れレ読ょ理由んラふ
```

## Puzzle 763 — Word list

必見
オートバイ
将来の
コミュニティは、
最悪
のオファー
実験
推定
ちゃう
語っ
相手
もつれ
観察し
を過ごした
ベビー
数える
資雪会
奪う

## Puzzle 764 — Word list

ニュース
少数
カモを
比較
態度
ワーキング
フリージア
モック
、グレー
達し
ロケット
通常の
理由
理由を
ナット
明らかにする
空は
申し訳ありません
中間の
小麦粉の

# Puzzle 765

べ れ 歩 砂 会 ド 京 囚 退 社 貢 献 論 ょ せ 向 出
せ し 百 ふ 金 ひ 、 ひ 化 乏 コ て せ 応 弱 ひ 登
リ 投 し 話 出 芸 ひ 囚 方 つ 百 エ ス 進 進 む 私
多 行 ま ひ ヱ 場 小 応 数 本 数 場 カ 然 れ ト
弱 く 意 ひ 圧 意 だ 多 れ 点 だ 注 ッ 火 リ 写 ス
海 し 側 化 妊 暫 も れ 登 だ 弱 服 プ 通 ニ ぽ 応 ラ
能 優 側 羊 応 応 祖 も ま は 進 レ 砂 ま 話 ゅ
力 生 愛 の 出 覧 加 母 ニ 報 エ 退 加 ス せ せ 解
海 モ 息 選 火 祖 会 テ も ニ 権 再 ふ ぽ ど
能 化 愛 地 ぶ テ 災 会 む セ テ 阪 砂 故 ひ 登
応 ぼ 場 ひ つ ヱ っ レ ど 場 の 仮 て 京
の 後 に 暫 き 砂 側 無 写 ゃ だ 車 想 ヒ で
退 囚 方 写 所 摘 チ ク 社 弱 ト 動 室 登 コ
論 所 開 芸 京 京 何 応 カ し リ 自 囚 食 食 べ
別 の 芸 京 京 何 応 カ し リ 阪 自 囚 チ る

**Word list:**

別の
貢献
生息地
火災
選ぶが
注の仮想
羊の
優しく
リスト
食べる
自動車の
どこ
服は
、小数点
の後に
噴火
行く
祖母
カップ

# Puzzle 766

**Word list:**

謝罪
痛み
黒い
コーナー
状態の
行動
ショットが
教え
技術
公園
バット
プレス
ケース
コートを
納屋
ブリード
テープ
女性
事業
店の

テ れ ゅ ヌ 乏 テ 権 テ 合 向 ゃ だ ょ ど ヱ 辞 女 退
コ 解 ブ ク を ー ま 暫 技 ヒ 進 だ ソ ざ 進 痛 性 重
ケ ー ス リ ト プ 然 ぼ 術 会 会 だ む リ 論 み 意 側
登 リ 出 弱 コ 意 金 金 画 辞 辞 圧 安 エ 辞 狙 乏
黒 い 弱 ド ド つ 状 嶋 会 話 コ 本 ニ 合 レ ル 京
読 解 ラ ショット が 愛 態 だ 再 コ ろ 写 ト 論
画 ひ コ 通 ぼ バ 精 の 歩 化 ナ ニ 事 ホ だ ぐ
摘 ル 嶋 む ん 何 本 店 謝 登 ー ま 業 ド ま 嶋
摘 歩 ま コ 登 辞 き 罪 罪 砂 ヌ だ し る じ む
社 弱 開 百 ソ 覧 ド 解 育 出 納 ゅ 京 ヱ 室 何
行 カ 話 く べ 辞 辞 ぎ 私 ホ 屋 安 化 辞 暫 権
動 登 論 意 ホ 覧 レ 暫 レ 登 ぼ ヌ 本 圧 向 や
結 論 や ス 写 海 辞 セ ス で 加 ノ ぎ 出 会 圧
無 教 え 方 園 ニ る 摘 ぎ 室 ス ぼ ラ ニ 論 阪

# Puzzle 767

イ画る所卵のせゃスド精コ契論注ぐカリフラワー辞ソ
イ読の家ひ砂出ド辞ングリ圧約京まヌ乏進コセ妊ノ
ベの家シに出囚でじグリヱ意故ニモコ重セじ化安気
ントウシ権阪全選れリヱ海おモ重リソ、通海
トスアトだ阪員場精き再所ルヱコ読だ妊
をスホ阪然論のソ精再承認写場じる再歩
姜生おるむドルーフ百もせ方ど画再登病
側チベ摘しろボトァ乏然認意投ひ登病気
化テ阪能ど圧登ッれ乏愛然所投リニ登サ
応コ百所れ然セハだ論も登然ヌ乏登ひレじ
ホ画じ合セ報スバ論だ進リ愛ニ応ひレじ
エテ私覧登レ囚だ話進愛応登リ海病気
読参加する開ぎ来ひ無クレ応ひレじ
応歩重じ開来ひ無クレ応ひレじ

イベントを
アトミック
クリーン
全員の
ソファ
承認
生姜を
ドングリ
参加する
カリフラワー
来る
シャウト
の家族に
動物、
バスケットボールの
セル
契約
卵の
病気
注ぐ

# Puzzle 768

対象
両方の
海を
目の
ソース
構築
種類の
符号
話す
ネクタイ
心配
コストの
忠実な
クリップが
共通
願いを
前方
合計
、インテリジェントな
誕生日

ぐニしら両種室も構再む、京スハ本登ひ愛ひ
京ト摘合方類室も築コイン進クひむ写れむ登砂やホ
向結むスのの歩ひヌスンテれ登む登妊ソラれ妊写ソ何ソ投
じじだモソ登せヌしヌトリ妊ヌ写ぼくン方くぼ室何カ
忠ノ多んースどむしト画ジ前方前登ラ通京ラ京まカ話す
実ゅチヱスカむ結暫ュ向の出ェ登無海つ覧ょ覧写す
なんノ摘出レム結通き囚辞ントふ場ニ然京何
イソ応どでヌにひ暫囚側場じ場お京ょ投
タ所結狙ニ対ゅひ進る能ふ阪金京室
クリップが登心配象二象精ぼ合計権場報
ネし金誕せ百弱無場ルだ重ヒク何
ょ百だ生日方だモだ合つクゃ阪つ話
まだツル解日応方論むまヒ重
嶋つゃ金応れ論

# Puzzle 769

```
雨 の 砂 ひ や 向 摘 品 ニ 緊 レ 市 喜 覧 ト ト カ
パ ー ス ニ ッ プ 話 揃 阪 急 ぎ 民 多 報 で っ ド
ラ 読 何 ふ き 側 ひ 重 覧 重 れ の ん 摘 場 重 る
嶋 辞 ふ 所 じ 砂 会 え 社 合 ヌ 阪 進 圧 意 ち ひ
だ ル ぽ ト 場 精 加 破 ろ む コ ヒ 砂 妊 性 モ 社 安
囚 ろ お エ キ ハ 何 京 ニ れ ー 狙 頼 ち ッ じゃ っ と
方 お ニ レ ー ケ ト 側 ん す カ 度 ヌ ょ ぎ と ょ
マ イ グ レ ー ション・ど 発 言 っ な サ も リ 狙 モ 辞 登 べ
む 登 エ ク プ ト ヌ 然 精 テ カ 無 む ょ 辞 登 ひ
摘 ゃ 応 退 く カ ス ん ク ジ ラ 辞 会 ぐ 場 ひ ホ
開 会 退 圧 ロ ヌ ス ん つ 覧 報 ざ ろ 豊 富 な 合 結
育 ん じ 何 ロ ッ 合 所 ク 安 ぎ だ れ 選 囚 ぼ ヱ ざ じ 果 無
コ 何 登 ニ
然 登 ニ
暫 ニ ク ッ ラ イ ラ だ れ 選 圧 ろ ぼ ヱ ざ じ 果 無
```

ライラック
マイグレーション・
カップケーキ
緊急
雨の
だろう
喜んで
豊富な
破壊する
品揃え
結果
発言
なっ
市民の
一度
ちょっと
ロック
パースニップ
信頼性の
クジラ

# Puzzle 770

膨大
、年齢・
乾燥
危険な
ミトン
リーダーの
セクションの
防衛
サンドイッチ
ソフトを
の赤ちゃんの
ブロック
の生産
花の
部門
基本的な
石鹸
謎の
親切
ホタル

```
ソ フ ト を ル の 生 産 ス 砂 重 ク エ ド ひ 読 愛
石 ろ 然 エ 進 ヌ サ ン ド イ ッ チ 狙 京 膨 ゅ 意
ハ 鹸 て 芸 ミ 嶋 結 社 だ し 意 無 ぐ 論 大 ス る
登 チ る ニ ト 狙 ブ 側 海 乏 ル お ス 謎 の 報
ひ で ホ タ ル む 投 ロ ど 基 何 退 進 側 室 る
ゅ 乾 燥 進 然 親 ク 多 本 部 門 方 応 チ 京
報 社 狙 カ 選 切 ス 進 的 だ 読 能 海 の
私 砂 故 ニ ヒ や 場 ハ 然 な ふ む 開 む 赤
ホ 百 ひ 工 百 ス 室 登 ド ょ 無 狙 重 ち
百 狙 読 ヱ 防 だ 精 セ 論 う ひ ヌ 選 話 ゃ
ざ テ っ 暫 衛 読 ノ ク 危 年 私 進 ク ん
応 嶋 合 芸 能 歩 重 シ ョ 齢 ー む 囚 の
加 ど 方 通 囚 ぎ 登 ョ 、 ダ 二 リ 登
れ せ 何 解 選 報 会 ン の 花 ー 場 能 妊
ま 合 金 だ で 愛 摘 ト 歩 海
```

# Puzzle 771

ひ 百 ス ト 重 複 む タ ひ き 読 ぎ カ て 京 育 多
解 方 ニ フ 画 れ お ス 愛 テ お 多 画 せ 嶋 百 ル や や 投 社 し の 足 応 暫
話 っ フ ラ 妊 コ は ク 関 の 京 ニ 話 ろ 精 権 別 の 金 ン ド の 足 応 応 暫
エ 故 通 プ ざ 無 サ せ ソ む 社 結 私 ひ 室 解 の 何 金 ン ド っ 再 歩 応 出 最
セ 通 辞 レ 精 論 応 ホ 報 エ て 京 ス や ス や ど 妊 勇 敢 な 歩 終 的 な 精 ふ サス
ニ だ 話 ス 多 、 れ 私 囚 本 ん 結 や 重 百 応 能 場 重 リ ブ 論 管 ラ イ ミ れ ヌ サス
れ ふ 覧 画 リ 応 本 意 コ 薄 ゃ き 能 場 百 だ て 管 理 ツ ザ ー 世 治
本 ゅ 能 ま ざ 応 れ 合 百 ッ い せ 、 ょ 所 れ ょ ニ ク ド レ
ゃ ウ リ 精 ホ 私 安 ざ ニ 無 序 、 投 秩 歩 ど
む エ ク 報 然 テ は 投 歩
重 ス マ っ 歩 行
百 タ 報 出 応
サ ン 出 選 き
京 歩 き ど 育 百 写 や 何 側 を 世 治 ー ヌ サ ス

タスクの
、最終的な
歩行
重複
別れの
の足
マップは、
ウエスタン
スプーン
薄い
治世を
スニフ
ブラザー
エクスプレス
管理を
勇敢な
の関係は、
応答
秩序
ミイラ

# Puzzle 772

価格
両親
カテゴリ
スポーツの
残し
たくさんの
。この
陸上競技
ヤギ
貴族の
金曜日の
、経済
アカウントを
ポーズ
グレープ
参照
ブレンド
砂漠の
進める
、キャベツ

合 能 社 砂 ヌ ぎ ヱ 。 こ の ツ ー ポ ス ひ
ア カ ウ ン ト を む 重 両 親 べ 狙 辞 加 二
カ っ む 投 格 進 め る 然 で だ っ 狙 辞 リ ざ
ウ ン ニ ノ 価 格 社 れ 投 重 多 弱 開 っ ん 愛 囚 通 ざ
ア カ ウ ン ト を む 価 阪 ツ 多 弱 乏 出 百 能 安 摘
れ ク 論 海 妊 私 ク ハ で っ ス ク ソ ス
た く ん ホ じ む 応 登 砂 応 写 セ 写 金
話 ざ さ ゅ ヌ 結 ラ 摘 っ ニ 歩 価 進 れ
場 ク ソ ん ト ま だ 読 ぎ ク 場 格 投 め る
暫 プ く れ の 日 金 参 照 ゃ ラ ノ 社 れ 然
や レ ふ 族 曜 ツ ベ キ 画 ヤ ギ 阪 投 で だ
ポ グ 残 砂 貴 陸 上 報 ど セ ょ ツ 重 っ ん
ー む し 漠 乏 京 競 技 読 開 然 カ 多 本 力
ズ ぽ 阪 投 ド ざ 向 芸 セ コ 狙 圧 百 能
室 ん だ ト ぐ く ぼ 狙 ひ じ 出 も 嶋 安
話 権 囚 ヌ 乏 ブ ひ エ レ っ ス 報 摘
ド や 育 ソ ラ レ く ッ ジ リ や カ
ク カ テ ゴ 進 応 ブ ニ レ ン リ ハ
エ 狙 ゴ ニ カ 加 レ ド 登
社 お リ レ ン リ
登 カ お ニ ド
加 狙 ゴ ホ
会 圧 ぐ ェ

# Puzzle 773

デソ私ルニ私赤大学院じせ写海んっコエくだじ
ひ化重コろ報ち選手ふざむぎヌの電話むルだ愛
加テニせ投ち向のざ金エ百カヌ海ソド安ろ百登
ざだきルル内れざ通スペルニタスヌモ安くト何多
能本妙ぽな部てお論ルヒ暫読ん嶋育ヌ応投てま主
お方ウなレクヱ圧ょ妊スまぎ観点開ラ撤ろくト自
ドだドヌテぎ愛出社砂報ニ百ラヱ論ひむ百
ん側ゃ何ヌょっ版ょ弱読んてヌラ写多何
社ゅれトひつく進論加ひ的主自
トル京場し本むに危険な写加ひ論
投京場ヱ本通学つ弱読んて写ラヱ
愛所っむ本進論危険な的主
クべツ故通学

## List (Puzzle 773)

赤ちゃんの
読ん
出版
大学院
ミュージカル
ウッド
手の
に危険な
撤回
つつく
自主的な
モンスター
スペルの
内部
観点
ディテール
通学
巧妙な
暴力
の電話

# Puzzle 774

## List (Puzzle 774)

している
ケフィア
その後、
スクーター
ゴム
キリン
唐辛子を
アラート
キャベツ
冒険的
可能
一致する
ズボン
、シカ
キュウリ
のポーズ
欺く
叔母の
少年
ウィンドウの

歩ぽ登乏能重報ス権側るでだ故社じ会
ぽ論ハ場場通辞登阪レ私唐ヌぎ辛ヌキハ然
ズも所ぎ通辞ニ論ルょ重キサひ子ニれリゴカ
ト嶋金側サ話チ的解く囚然のを故欺ンムッ
再再意冒チ険退ハ方ゅのポじ京い報エト論
権阪ヌ険コリる圧京、っーんひ権、報チし
応読クエレ芸ウ画後のー叔ひ京のモ読意
ラお権ょキィン何し育ズそお読るいス無
場歩少ュどサで阪写せ妊読能報ぼ弱写
ひっ年でソ重合化ラア砂でクタど芸
金ん会ケ囚だ意合砂でュ応ーやあ弱芸
可能エっフ再向芸り京圧京だざ囚ょまトン
場ろア写合き京京だざ囚

# Puzzle 775

ル ホ れ 向 冷 じ ざ 本 ど 化 出 お セ と テ 結 ク 摘
能 し 所 歩 蔵 す ひ 狙 報 金 砂 ス ド な ィ 金 暫 出 ノ
ス 真 理 ラ 庫 無 ざ ょ 砂 社 阪 お 精 き ニ 金 暫 然 ノ
な 的 方 物 の ま グ 向 砂 再 ソ ト 妊 ニ モ 、 場 然 重 暫
百 芸 方 ま 意 レ 方 ざ 場 リ ベ ド 阪 ゃ ろ ひ 能 力 登
セ ト 狙 登 本 通 多 テ ニ ザ ド 吸 コ 結 ノ レ 囚 室 ラ
場 多 暫 場 ゃ チ 嶋 代 む っ 側 ノ ベ 愛 合 い ら ょ
砂 レ 会 投 愛 登 替 看 曇 り ホ 愛 鬼 画 選 だ い ら
ヌ 重 読 れ 選 権 も 替 看 増 護 師 を り 通 正 ざ
む 辞 社 芸 ベ 化 完 感 情 の ハ 法 を ル ざ
れ ど 完 場 璧 故 ク 最 良 ニ 場 レ 写
進 社 故 ク 良

看護師を
ノット
ティーチ
冷蔵庫の
完璧
代替
曇り
増加
、ブロッコリー
となっ
能力は
正を
感情の
の物理的な
最良
吸血鬼
法の
いらいら
グレード
真実

# Puzzle 776

ブルーム
紳士
のカップル
トーク
朝食
故郷
、脚
に静かで
バー
、急速に
主張
影響する
不適切な
マップの
お勧めします
レモネード
気候
インスタントが
十年を
のすべての

イ 安 マ 化 チ 紳 士 、 の ヒ バ の ツ 辞 ど 主 張
ン 阪 ッ ゃ ひ む む 急 す 摘 ー 安 カ 室 選 囚 ひ
ス 不 プ 場 ク 社 ヱ 速 ま 退 ニ しッ 応 む ル せ
タ 適 の ト ク 多 に て コ ノ 気 辞 プ ニ 歩
ン 切 影 響 す る 向 ラ の 多 加 ツ 候 ょ ハ 脚 や べ
ト な 弱 重 ぎ 育 や 選 阪 所 辞 辞 、 ひ 辞 報
が ヌ レ 論 話 重 サ ま ぐ エ モ 加 愛 だ 開 ニ ひ ツ
ヌ お 勧 め し ま す 開 社 室 き 加 じ 向 ヱ に 弱 も 場
ろ 摘 暫 京 通 れ ゃ 論 じ 能 権 加 海 静 も 結
れ 応 結 じ 十 応 ブ 場 だ 覧 話 安 か で 再 る
応 テ っ 故 郷 を 話 読 京 嶋 何 愛 圧 嶋 故 む ソ 暫
会 ひ ふ レ 読 京 百 無 ぽ 解 私 育 ぐ 場 ハ 進
向 ぎ 加 ょ 精 芸 百 無 ぽ 解 私 育 ぐ 場 ハ ん ろ

# Puzzle 777

読 ノ 報 む 阪 応 辞 ぐ む 多 ラ ホ ツ 画 で 画 っ お 本
ひ ス 狙 囚 休 開 報 暫 レ 方 京 加 然 登 退 ひ 狙 本 る
ひ ワ と 通 知 ポ リ シ ー 解 側 論 応 出 私 然 ハ も 出 し 能 る
百 ン 言 妊 意 ブ テ ニ ド ク ゐ 本 妊 報 芸 覧 ぎ る ス レ ざ 社
場 結 う 妊 ぽ 話 ア リ カ ソ ぽ ク 選 暫 百 お ー ケ っ な れ 重 い
化 ホ つ 私 読 通 ヱ ゅ 弱 ど バ ニ 何 京 を 壁 ル チ 場 ど 任
辞 ぼ ホ も カ ア マ ソ 出 側 京 選 金 重 室 ぽ ソ ろ 任 命 画
多 ゃ ホ テ ソ リ ー 出 合 っ ニ 京 開 だ 進 方 向 お 阪 論 命
お 暫 進 ソ ア く ら ら ヌ ト セ ヌ 会 モ ニ ド 解
開 結 歴 史 の し つ 精 辞 能 ニ ド 応 合 京 も だ 選
つ 男 性 愛 水 泳 ハ 愛 ソ つ

と言う
休暇は
スワン
マーク
スケートを
カナリア
ドレイク
男性の
本棚
壁を
クールな
カバーが
つららの
ポリシー
水泳
重い
通知
アセンブリ
歴史
任命

# Puzzle 778

リリース
マウス
真似
土地の
キャンドル
ファミリー
そのもの
ビュー
眠い
圧力
あること
収集
特に
含め
ソート
食べて
友人
学ぶ
学生の
ボディ

報 京 も ク 投 社 お サ 投 セ ヒ 社 だ ふ ぐ ふ 合 摘 ヒ ッ ク 圧 セ 金 室 ニ 金 写 ト ル
だ 話 辞 所 再 歩 然 キ 報 ヱ 会 や ょ ハ ド ぷ 進 海 私 ふ 報 金 ど ビ 室 金 ど ろ 所 開 海
乏 ぼ だ 摘 出 リ ま ャ ひ 出 応 や テ ぼ 囚 圧 化 ど ビ 含 め ろ
マ 愛 ボ 加 眠 食 べ ン だ 室 本 特 に 圧 狙 ト 金 ュ ト 含 め だ ひ
重 ウ 海 デ い べ て れ ド に 覧 圧 ぎ エ 化 ー だ 進 だ ひ ニ
無 レ 育 出 ィ 報 ひ だ ル 学 ぶ 圧 お 狙 ソ ク ろ 力 だ ひ ニ ざ
画 ス リ ソ で ぐ 化 そ の 生 学 投 狙 ド 弱 圧 ろ エ 進 ひ だ ニ 然 っ 合
砂 育 リ ミ 然 フ く も セ セ 通 狙 ク 出 故 側 権 多 似 土 地 の
芸 化 リ ソ じ ニ 方 の じ セ 故 ク 読 故 ひ 権 ざ 似 っ 合 土 地 の
場 重 ス じ っ コ 友 だ だ 話 海 多 真 然 っ 合 の 海
読 チ ョ ニ ぼ 方 人 ニ ょ 読 ヒ 嶋 で 所 解 っ 開 場
エ や ひ ス 嶋 辞 社 友 集 投 だ 海 真 所 解 海
ゅ 登 ト 阪 ゃ 収 人 狙 嶋 で 所
モ 海 故 覧 阪 っ 進 こ ニ 権

# Puzzle 779

然 何 、 は ア デ イ ア 更 論 ひ て 育 話 ゅ ょ じ
ょ 出 だ ぼ ア プ 応 応 新 応 海 側 安 場 結 く 何
故 ヒ 進 無 ロ ま 応 重 摘 妊 も 選 圧 退 能 芸
通 ボ ー ダ ー チ を ワ イ ヤ ー っ 社 私 開 世 紀
選 パ カ ッ キ ャ 解 何 権 囚 ル く 嶋 だ リ 権 金
つ ス 開 セ キ 化 何 権 囚 ル く 嶋 お 圧 写 登
会 エ カ 化 何 権 む ス お 嶋 く 砂 ノ ょ 何
ド 論 く ま 何 退 モ ス 砂 読 れ ん ひ 然 権 覧
ぽ 砂 愛 退 場 話 応 進 辞 く せ 権 は さ み
芸 エ で 投 進 辞 く せ 権 覧 は さ み

言安妊も結合じゅれ安外部金登権はべ弱解
側選会能辞ヌスチャ所百重登量のハ方や
圧退くしれ進血液開金何応力ひ重登も
能然妊進スや解百ひ弱量の登ひ
合場嶋合進がグンハの方や
芸合嶋トーっハひ

**Word list:**
ハングが
外部
はさみ
重量
アプローチを
製品の
カメラ
ワイヤー
ボーダー
血液
更新
の有害が
エキスパート
世紀は
もの
ボックス
アイデアは、
ムーン
キャッチ
重力

# Puzzle 780

**Word list:**
物質の
ノック
オオヤマネコ
凍結
鼓舞
四半期の
生まれ
他の
大学の
ドリンク
超高層
、公共
スティックは、
一部の
温度計
結合
フルーツ
あたりの
アヒル
座っ

画 多 辞 超 覧 ひ ホ ふ 然 ヌ だ 能 ノ あ 社
芸 る 高 、 公 化 辞 意 リ ゅ 多 ッ た 解
ス 座 っ 層 む ぼ 出 だ ヌ ん 写 読 ク り 物
ま テ 安 応 何 ノ ら れ 応 私 他 の 質
ひ ぽ ィ 弱 四 多 ッ ひ ょ レ ネ 生 ゅ の
む 読 再 ッ 半 ン オ 摘 マ コ ま 応 選
ド リ ン ク 期 ヌ の 海 せ ぎ 無 れ 温 暫
ぼ ク 重 だ 報 の カ 部 精 結 凍 合 度 ク
ひ ホ 嶋 百 で 大 所 海 ベ 舞 合 投 芸 計 進
フ ル ー ツ 学 権 、 嶋 一 も も ど れ 向 出
だ ヒ 故 の て ふ 愛 く お し エ だ ぎ テ
会 ア ク じ 本 む ノ 論 無 場 ま ソ 育 向 ニ
ヱ し つ も 精 ぎ ニ ぐ る で 加 論 ス
ぎ っ せ 場 や 安 故 っ き て き
コ 向 つ 圧 摘 ゅ ぼ 場 も 側 で き ん て お

# Puzzle 781

弱ょだ規制を投ハル報反対所ぽ、ろも
ぎ安全が道話登ー登読幸せ写クぎ社せ
京無通べ進合出きベ精読複読れ緑ぎょ
美しクク無れ登弱ト精雑暫サれ社ドゃ
噴水精方ニ出登会阪然写無側ょまら読
くッ摘側精登多合歩重話ヱ歩百ひサ合
育愛関加書む能再向お学ょ許能ラ辞ぼ
むて通私室き方再々ろ許セ容開っな開
っ合嶋写の向やみお読報トヱ池安巨ヱ
辞画会社場々向なテみ写お弱の論大リ
ひむむだ金ぼ込テ京二金ろ高ニきゃ読
砂登乏暫ぽぼな読読だ読セ合れサ弱のゅ
再海妊しカつ合合らぎノラぎ開っ通のニ

**Word list:**

幸せを
種を関連
会社の
複雑書き込み
美しい容
、緑の
水池を大
反道全が
噴巨安
学様々な
許生高貴な
ハード
規制を

# Puzzle 782

乏側嶋乗愛ホギ所ニル育結ハスど読ト
しやり心てどフ京登ひニセ多選ラ育ょ
だぎノ地どれぽト、処二セ室択む安ぽ
紫色のをヌ辞ぽ意きぐ理権病す急会に
覧おプ阪ニ応弱陸評決守病院る通っる
どベノるカ技上退登写決る金のるセむ
通所ヌ登イサ競ふモきる化社リ育ムヌ
ひ百っょチサひだきゅ応百夜画ヱや
然泳ぼホ登ろヱ論れテ愛明ニクや歩
金ぐヒまヒ場きアや組使ラ育ざ重
閉乏選てだろヱスリ織用イむれひ
じ無ヌトヌ芸論写組はオ愛やゃ
込側砂ょ化ヒ海故開投ンく重
め通込るるぎ発合くサ
るひめド

**Word list:**

紫色の
処理
泳ぐ
プレイ
組織
守る
評決
ライオン
急に
病院の
乗り心地を
閉じ込める
使用は
ギフト
陸上競技を
選択する
、市民
発揮
農家
夜明けの

# Puzzle 783

```
進芸ふド退チューリップせ開ぽモ砂ふ
ヱ育無ルサれ重ダント話ニ歩退、向精ヱまざ出室っ私る
通コぼだるまヱガ応化リ方深合意精化囚会場安化で
然雪ラチ砂ト海ヒ暫い応社進化ヒ京応コ
進ラカェリーしょ庭の百精ナィテヱ論多クむ独立
ひハっ愛ホカンガルーデヌ読ょテヱハザア辞
ソれ多開圧ニモソ進方ひざ暫だ私独登
出海退乏ソモニ方解開ノ場会標準登立
防止開まぼコ解開ょ場力だキジ安ぐ
リョ精発ーセ向覧会標準登立きヱ辞
加ショー
```

キジ
ガンダー
防止
チューリップ
、投資
せっけん
庭の
カンガルー
ショー
ディナー
チェリー
ルール
雪だるま
アクティブ
深い
バッタの
トラム
独立
開発
標準

# Puzzle 784

キャリー
正確な
パフォーマンスを
方向ディレクター
改革の
崩壊の
有罪
のほか
セクション
声を出し
バーストを
彼らの
コイン
ギュッ
保証
緩い
描く
コース
寝室の
セーター

```
保だ化摘だせルギコイン通だやラひむ狙
レ証ニ金金方私ュくん解能スど応開ラきトバ通
ベヒ囚砂圧レ会ッチニ本モ彼か合ほのセーク
やょチコょ囚レチニれぎ育ら改革の安し寝ションシ
報阪スょん選私辞ス画無ょ革の出寝室ののセーラー
ルクむコれホベツ所崩壊のリ室解阪ももっ狙っ安
 っ会ンディレクター重ヒ向っ乏フォーマンス弱し
方向再乏有罪ル無百結ドパン写妊トド弱覧し百
退妊れ投砂ス然安正確ャ安ぐ狙ト報ょ
む圧ニ登歩選ラ京投やなクヱ場精狙ト百報ょ
サだチョ所エ合描くなクヱ
```

# Puzzle 785

```
町 合 エ メ 向 選 む タ ー ひ コ 解 時 話 む 乏 ぼ
き の 進 登 ッ だ 無 狙 マ ー ノ 々 弱 せ だ ど 狙
能 ス ク 辞 育 セ ル れ ー ネ 所 私 応 い 私 ょ 歩
ひ 結 る 写 摘 再 ー ァ ジ フ 論 ホ 百 チ だ 京 向
ト ぼ ノ ル 多 じ チ ス 弱 コ む 画 二 ゃ 私 化 ざ
叔 母 者 多 子 猫 ひ 写 合 だ 精 ヱ 、 ふ 化 ま 安
多 ス 場 ダ 圧 き 月 曜 日 ス 忘 れ 向 多 も 投 覧
登 狙 セ イ レ 臆 病 海 辞 話 し や お 進 退 ひ
通 せ も ビ 臆 病 海 リ む 登 っ て 論 芸 然 出 所 辞 チ サ
信 ひ プ ン タ ス の 素 敵 な モ 故 写 無 然 社 わ ぐ ん 登
私 何 ろ グ 進 然 応 本 ひ ニ 解 べ ぎ ラ 逮 ヌ れ 狙 向 ひ
辞 化 開 解 精 読 ひ 化 選 二 テ 捕 暫 た ニ 場 権
```

叔母者
時々
スチール
タマネギは、
臆病
スタンプ
通信
ダイビング
逮捕
ファーマー
子猫
忘れてしまった
メッセージ
話して
月曜日
失われた
引き出し
弱い
町の
の素敵な

# Puzzle 786

彼女は
第四
小麦粉
船を
スタッフ
、ポテト
おじいちゃんの
と考えている
キス
ブラシ
だと思う
始める
楽しむ
セキュリティを
巨大な
保ちます
危険性を
まま
黄色
天使

```
だ 開 お 小 だ ょ 安 ま 京 囚 暫 ひ 所 京 ソ ツ
黄 色 画 ぎ 麦 と 暫 む ろ ヌ ヌ む ト ニ ま ぎ
る 投 っ ぼ 粉 思 む 、 ポ む 阪 ト し く 画 ろ
退 ト 選 社 天 ひ 能 う テ く き サ だ 始
場 読 ふ 弱 使 嶋 投 ヒ ヌ キ ス ぽ 開 楽 め
も じ 開 嶋 ニ 能 読 ニ キ 投 ス ヌ 話 し る
モ ヌ 向 二 テ 嶋 船 べ 場 海 側 サ む 辞
画 故 場 方 レ 船 摘 芸 投 危 ひ 妊 加 ニ
セ 所 摘 場 ス 巨 を 性 嶋 険 方 ち ょ の ま
暫 っ 再 愛 二 大 な お 海 い 社 せ べ 保 す
ブ ゃ つ 権 な ク じ 険 場 覧 む 育 合 る
ラ ん セ 何 権 暫 結 二 ル 側 本 ヌ て ス ソ
シ セ キ ュ リ ティ を 百 し チ 話 彼 考 私 加 写
登 ソ ま つ 育 論 ク 方 画 権 だ 応 モ 登
```

# Puzzle 787

阪 じ ひ シ ぽ っ ノ ひ 化 暫 ハ 画 つ 化 ハ ろ エ
ノ フ ス ャ ょ ー バ ト 権 せ チ 電 カ バ ろ ょ 百
ス ラ ラ き ワ ト の 読 選 ス ろ 話 は 金 い 狙 育
も イ 化 ざ ー ク が 狙 ニ 写 モ だ 結 く つ ク 室
、 下 ホ 安 会 で ま る ト 狙 チ ゃ い か の 向
却 選 ャ ラ で 含 れ 部 ヌ 通 ャ 出 進 つ 化 辞 選
レ 第 私 チ 含 だ 選 分 通 応 サ 摘 ひ の リ 精 リ
ぎ れ ぎ ホ 話 っ 所 の 会 意 ラ 旅 出 く 化 テ 私
芸 だ ひ 精 辞 リ 然 砂 や リ チ 行 砂 ふ ぎ 登
砂 多 ト 砂 本 ス ヌ の 砂 精 進 の 砂 て ヂ 進 カ
重 レ ウ ー ル の ハ つ サ チ ひ ト く 選 登 カ
ハ し ポ 安 全 に 側 ょ 女 カ れ ス ふ 選 退 登
ノ ス 室 ー 意 ぐ 重 合 ち 然 通 び 進 狙 チ 進
ド 狙 ざ れ ト ぎ 合 話 る 暫 狙 狙 登 む 登
精 セ 向 化 出 む し 会 キ ッ チ ン む む

**Word list (Puzzle 787):**

- カバ
- ノート
- バナナ
- 女の子の
- ウールの
- シャワーが
- 話は
- 電話
- 含まれ
- 第三
- レポート
- も、
- 安全に
- いくつかの
- 旅行の
- フライ
- 部分の
- 週の
- キッチン
- 却下

# Puzzle 788

**Word list (Puzzle 788):**

- ウサギ
- 分析
- について
- コンパクトな
- 動物園の
- ビールの
- 自転車の
- 水分を
- 日時計
- ゴブリン
- 興味深い
- 競争
- ケーキの
- に自信
- キューピッド
- 真の
- 不安定な
- 冷たい
- ステップ
- ベイ

場 然 じ 競 冷 た い 京 精 モ 解 多 弱 砂 ゅ ル 芸
写 レ 読 争 コ お 深 進 意 ゃ き 水 所 ス プ テ
結 暫 話 に お 味 分 析 ょ 再 ひ 分 開 テ 砂
結 コ に つ て 興 嶋 ふ 阪 重 リ 日 会 ウ 所 ど
ざ 再 せ い コ っ コ ひ 妊 囚 進 を 時 サ ヌ 安
に 自 私 ハ て べ 室 ビ ホ 愛 ル ぎ 芸 ギ リ リ
テ 自 信 自 転 イ 写 ー 登 ト 歩 二 応 摘 ど
芸 ま 結 車 の 囚 ケ ル ぎ ま 解 ヌ む 辞 ヌ
キ 妊 カ の キ 場 の 囚 せ 写 話 真 投 な 安
ュ 然 っ キ ー 通 圧 ソ 重 退 場 セ れ ホ リ
論 だ っ ひ ピ や だ る 故 コ パ な 室 摘
私 し ノ モ ッ じ 乏 本 投 リ ク 不 画 登
ゃ ょ 妊 通 ス っ 多 側 し ブ く 安 弱 ソ
動 物 園 の 応 精 ト 育 ふ 登 ゴ っ ド 定 囚
だ ク 出 て 側 向 ク 何 方 ホ 歩 せ 私 投 ひ

# Puzzle 789

```
チ 権 ぼ ょ 摘 ソ 退 砂 囚 歩 答 レ 進 き 狙 社 暫 方 能
ベ 金 フ ス ト 嶋 会 要 因 通 精 ひ え は 出 だ ツ 故 安 ぐ
結 口 ふ ら だ 習 加 論 が 所 リ 重 入 必 死 覧 ぼ 囚 話 ぎ
リ 側 ト 合 だ ヌ 育 き 圧 者 ハ 力 読 読 事 ニ 金 海 囚 結
ク 海 コ 得 暫 画 べ 私 つ ろ テ し 件 無 方 っ だ 向 ノ 報 年
説 得 加 ル き ひ ノ ー グ 多 ガ イ ヱ 権 読 の ャ 山 側 故 サ 間
で 暫 や 登 ろ 辞 リ チ ル ダ ざ 化 素 簡 方 れ 室 政 府 な 解 論
ん 圧 故 ぎ で 登 登 チ グ ン ど 愛 む ホ ク 弱 可 能 サ 愛 モ
圧 れ 読 配 布 ぐ る 場 る 然 権 本 辞 投 歩 れ ス テ 辞 く 側
ノ 権 ヱ 投 っ 嶋 ぽ く 登 妊 ベ 金 加 ラ モ ぎ ぼ こ く 側 愛
安 読 阪 精 無 話 化 会 テ 妊 私 本 ラ て 選 選 く 側 愛 モ
ク ヱ
ヱ ハ
ハ サ
```

配布する
事件
これらの
ダングル
年間
入植者が
習慣
必死
要因
政府
説得
答えは
入力して
タイガー
送ら
の簡素化
の可能な
フロート
、山
イーグル

# Puzzle 790

アタック
朝の
アメリカの
塗料は
非常に
素敵な
ランプ
トップ
形式
コーム
平均
有利な
獲得
カスタム
宣言
アーティスト
、グランド
プロジェクトは
怒っ
単語の

```
れ や ニ 安 百 金 安 ク 写 然 ハ 素 リ 無 応 ド
選 応 る ん 金 選 ク 進 写 コ ハ 敵 歩 セ 解 ス
し 所 私 く モ だ 育 進 妊 ム な ハ ニ 読 方
ラ 形 式 砂 ソ カ 妊 覧 セ ス 登 ス 意 多 だ
ド ン ラ グ 、 ま 方 ス お 解 応 進 リ ゅ て れ
ん 加 プ ッ ト 報 っ 通 弱 は 非 テ じ ふ 二
プ サ ノ ジ ェ は ア 海 塗 ひ 常 阪 カ 得 写
て ぼ 摘 ト タ ヱ ー 妊 ム に サ 育 合 故
コ 出 芸 リ ソ レ テ 読 嶋 ト ア ニ っ の 朝
ス エ ス も 歩 画 社 再 ヒ メ サ 平 単 っ
有 ぼ ベ 本 ど 精 方 く 乏 嶋 ヌ 均 語 私
利 む 弱 会 怒 ひ 辞 つ レ レ し ざ 開 ニ
な サ ホ る ヌ ヌ 芸 育 宣 き 摘 ヱ 方 ぐ
モ ツ 嶋 む ら き 読 登 言 通 し だ 加 京
```

# Puzzle 791

妊 達 こ つ 権 論 通 ハ ブ 側 ス し コ ゅ 嶋 私
ひ 育 成 ざ ぐ 圧 歩 プ ラ ニ ん だ ン 場 加 進
時 レ 京 し が 報 ぼ ト ッ フ ィ る ト ヒ ま え
計 ジ 靴 の ま で ふ ク ロ セ ゃ ざ バ 与 え る
権 ス 何 ゅ す 故 方 ソ ャ 写 く ひ タ 本 育 き
ホ ト 悲 て さ を 歩 が ソ め じ た ギ 輝 応 反 金
摘 を 惨 さ 投 開 目 つ 覚 た 何 読 投 応 は 側 金
リ と 暖 投 の 合 ん じ 妊 ぎ ス 記 報 何 私 レ 妊
つ こ 炉 炉 の 多 ひ よ 登 ス 投 念 登 愛 登 室 弱
社 の ホ む 能 二 こ む 室 投 能 ス 報 む じ 会 ノ
芸 く 然 二 歩 や ん 出 ド 報 無 化 む れ 向 室 進
二 多 社 む 加 出 狙 画 側 化 エ エ お 鉛 方 ラ ハ
で ゅ 嶋 狙 ろ 結 暫 ゅ 社 リ む 解 む 筆 百 狙 む
ろ 何 だ ろ 応 覧 社 レ ェ む 金 エ リ 解 ぐ 応 せ
セ ス る 場 ク

反応は
ブラック
ギャロップ
ひよこ
バター
輝き
レジストを
靴の
達成します
目が覚めた
与える
鉛筆
フィット
コントラストは、
多くのことを
暖炉の
悲惨さを
ことができる
時計
記念

# Puzzle 792

クレイジー
うち
孤立
マシン
ハンマー
洞窟
ネットワーク
プレート
警告
説明
現在
材料
スロー
楽しい
動機の
洗浄
全体
災害が
ウォーク
見つけます

出 動 機 の 孤 海 会 ぼ 解 愛 洞 窟 洗 浄 方 海 ノ
ツ 報 愛 精 立 説 結 弱 合 乏 ト 応 う ち く 芸 再
投 阪 ょ ラ ざ 明 読 芸 ヒ ニ 応 ノ 京 所 乏 ぼ ょ
化 出 ぽ 嶋 ま ん 室 本 ヱ む 精 全 れ ふ で ト 再
会 妊 ツ 楽 し い 開 ト 何 写 無 体 論 応 二 通 登
ろ ぎ 本 再 場 る む 金 嶋 能 ラ 私 ひ 二 れ 出 ひ
ん だ ヌ し 愛 ひ 警 所 通 エ も 開 ぎ 化 ヌ 二 結
べ 精 材 料 ハ 会 告 権 海 リ ゅ 覧 進 二 化 選 百
見 っ け ま す 読 画 海 本 圧 方 応 ひ ク ォ ウ
て プ 場 場 れ 安 重 れ 室 ゅ れ 妊 ゅ ー せ ぎ
ス 意 レ っ ジ イ 出 出 読 室 れ ス ロ れ 愛 ゅ
災 写 ぽ ー ト ぎ レ ク 方 退 チ 退 マ ラ テ
害 辞 し 登 せ ざ き ゃ ゃ 暫 で 進 ッ ン ハ
が カ だ 京 再 登 ん ニ ヒ ベ 圧 能 ト チ シ
ク つ 二 っ 再 登 投 能 コ れ チ 解 ネ 在 マ

# Puzzle 793

私れ狙ニひカ向リ選ぐ乏ルぐべで覧ぽ
サングラスコス砂ドいルチぎスト社ニ画
リコでチ教育だ本若いぐャぎレトニ結画歩
化くーチ教だの覧ぐ歩まンパニ乏レホま進歩
ホだビ権だのパニオン心再っひ場応京出市投
精故き登っ囚開さ出いの仕ノ結場嶋出砂結ア
、論摘っ選良音むレ海重もモ合京乏精ヌ意室報ま
でよ妊選開さ出無い思ろモも海重ヌ意室報ひ
重本故っ囚投示ヌ意室報ひの異なるヱ

心の
シェア
待機
コーチの
サングラス
市場の
、より良い
チャンス
の異なる
教育
思い出さ
コンパニオン
示しています

のガイドラインは、
実行に
若い
オーディション
仕上げ
発音を
ビール

# Puzzle 794

妊囚ゃ加ひ投もむ需要をっクャト
むひ多どホ何でひ然重私愛重
囚ゃ応医学嶋加ルヒャ辞場ひや私愛
側ワイン然開本阪私平仕室投ひ捕捉読愛
話結ノじ嶋育お捕捉読摘レ然
ざ何トしニ嶋育お私平捕捉室投危機
読弱投金室だ投危機ホぼホどサクラっ
社愛出私会てトッス写ぼスモうサクラ
何盗ぼハざ別特京ょ精っニまクだ私
筆開だハなハ別特芸スめニまっク
の開よだ育ぐホしぐ権まだ進き惑星
ひヒラやな育特京ょ精っクだ私何を荒
合いヒラひやホししぐ権荒何を荒野登
ゆ古囚阪でヌ暫方ク上記ょモ論労働を

持っていた
めったに
仕事を
のような
捕捉
医学
上記
需要を
特別な
惑星
ひょう
荒野
古
鉛筆
平野
危機
叔父
ワイン
盗ん
労働を

# Puzzle 795

まむ阪ソ再開っ接ツ転送抱多報ゃヌふ
お菓子を登会会続ぼっ方き乏くふ故ノ重
場ホ摘だ育まくひふ進しスめの魅本力応
意圧れソ意無方だ無然投ドだ再連力ひ方暫
乏無ニ暫ひ読覧芸結化阪再ツ暫証拠方はに
退エつテ愛京話で しきし百狙選賢明なニ紀
登お無テ愛く開重開れソ然目ス増殖チョド世
で妊開ざ社戻ざり項ハ購ュ応じドュ重重
意ひ側ぎソヱ追化ーフ入ク阪解ド故
せリハつ報愛求無ざ辞摘ホ登画つぎ
ヒ理論報化ニ話まざ話ゅ力むだ投再合ハ
写チど歩化ベニ話ざ辞ュカむだ投再
精ど歩本ニ進ト退し退妊結阪場報合ハ
まっだ本

連邦
多くの
まだ
転送
戻り
ハーフ
賢明な
ブドウ
お菓子を
世紀には
魅力
理論
証拠は
増殖
購入
ジュース
項目
接続
追求
抱きしめ

# Puzzle 796

高速道路の
博物館キノコ
ピンク
常駐を
テストを
ハタネズミ
貴重
女の子は、
テントウムシ
エンド
カーペット
注意
タイトル
キャンペーン
、比較
致命的な
地域
スノーフレーク
ワニ
夕食

退タ通ょ室ろぎ社で開ニ室ノ結常で故海
むイニセノ報だトまヌだ覧駐女海摘
ワニタトクせ狙ヒ投圧応をはス狙
ょ辞食覧ル暫囚ざ無覧ひニテ再阪ぐ再
致命的な重リ論辞れ方圧ょサキ画百ひ
論っク高速道路の故ヌ場だ化ヒャン暫ハ
無意どーょ海ツゃ百権圧ぺ化権ぐ応エ
覧ど再レシカーペット向貴側通ぎ社コ
退然進ームハくエ応ソ芸暫所画百
っリノウだエ投ド安で然博物館ラ
ど注狙テランテ比較選ど登ん物再んん
芸意退も能トンスリ話コ方結
辞退能

# Puzzle 797

```
ひ権くせヌヌ乏じなノ私ぎっ向弱覧ル場で
エ会れもベ室ソく幅広ソヌ観ぽし結体記故育百
論芸ドライ子京な応おエ出ホ多自阪ヲ事は側切能まる
室ドレキ故やの歩海妊ニヒ進ろヌサ適問題弱なぽ
読キャぐじ大百お圧ッ最、ぽやクマ囚弱報の合っ
退ピ加弱写本根重ラスチリぽニヲ場登む百報京狙
グシき報リ応多クも芸ひクおヌろや百敵会セ
サウョニ合金室場彙もひトニヌゃ精ヌスヲ
ウンぐ加ショヒ室加画場クラく社芸ゅクおて精囚
ぐニ妊報画や嶋エラひリセ乏弱画会狙
もソ私画ぎ然意登砂レ嶋ひぎ場弱画辞
ソ私本ひ摘然意ヌ登砂レ嶋ょせク乏
```

、最後の
敵の
子供の
ディスカッション
ヒョウ
クマは、
適切な
観察
ホールド
ピッグ
なくなっ
ドライバ
エルフ
問題
幅広
キャビン
記事は
語彙根
自体

# Puzzle 798

タッチをし
ペア
トガリネズミ
地球を
ロビン
ソリューションを
腐っ
の厚さの
資源
表面
見て
ホスト
ヘア
ドッグ
来た
調査の
世代
知ら
の階段が
参加者の

```
で重ツエ嶋応じベ写ざソ故ざひ覧ドま方投見て方
ト所能ゅトガリネズミリやてソホチ百ッグ阪ニ砂歩本
意クざ選ス暫結ソ化愛ーュ出意何だグ乏所本二方
選セ通ホホ場ヌ結調無再ホ本ノだひ方応囚京ア精
ヱ圧ぼホドトが段査のシ本ロひ方画所ペ意本ひ選
重しひ応だ加参然故ョヌロビン出摘弱せ京ホぎ選
ヘアの者厚さ多のひタチ応ンを球会っ海室モテ読
ょぎ権安ス芸の世報暫資源地腐選表ぐ
ヱ摘安ソエひ何代だ向ソ源ひ選海ヒ面選テひ
選ぽるト知ぎ解論ソ芸んぽ腐ッモぐ
ひ弱重む育し意場だ来た芸ノ表面テ読
レだソ安側れ知らしヒ意場芸ノつれぽ表面選ひ
ソ結側所来た世だ場芸側
```

# Puzzle 799

ろ応コテで群加ス嶋好絹でコチひ開無
何リむテ圧れ話ラ愛会奇のトンよメ多
ラ芸ス応ク加き重心百ルコうれなカし
化ま摘経社権セ場然阪、よ旺本て京の
ど選経側投まひ防ホ論非ぎ盛画通砂子
ス育済エ乏むぐ向理解トざしク読モ分
スま解百スリーュビレ加って精じノ圧妊意
ゃセ私場やーリボラひ加っ精ノ出ス百妊図
セ応ソぽ解ュリ加て読んスイだ開通する
応本む登読ボラひ育じノスイだ室っ砂ひ
本読暫数の育ハ所意ょトスト話ニ開金方方
読小狙能登ハ所意れ退論ーカ然ラレ合退
小さ報論何おょれ論育ろ然ラ通クク
なや暫スべてろ退論育ろ然ラレ通合

数の
コンドルの
理解して
意図する
カー
好奇心旺盛
レビュー
モーメント
絹のような
分子の
ボリューム
スイカ
リーク
防ぐ
、非常に
警察
経済
群れ
小さな
スカート

# Puzzle 800

存在
楕円形の
不安定
を見て
一目
ヒマワリ
サッカー
いるようだ
レイヴン
についての
想像
有する
夏の
からの
研究
してくださいは、
コンパクト
の中で
個人的に
成熟

社有存サ歩る囚金ゅぐむ論つ辞ゅ登社能画リざだい無ノ所レっ加弱
ぼすつッ画会投夏ヒ育べ能ヒょ再くワゃハ画るホラ所ニだクラ
くるド化スカでる中の本通能方ま故ヒを場よマチでじ砂
っ然辞まスカ金ーぎ形報ヒ解し見スョ無権投ラ
結ざ砂社研究や方円報ホ場らゅだ故ヒ、解ンク
だ登ひ暫究やおもホ成場登方のぎさいレ故ヒ投権
ん不安定てだモ想円像圧成方からぎニいはヴ解権投
進にのうたエのひ阪もぽ通エチ会ン
コ出報ニびヒ報重故囚化一無目レイヴンだ
やンまだりム会加お安ど再応だじ砂
ヌセだり本論せクだぎ社的嶋圧狙ぐ囚再応だじ
ドレカ写化個人ノ二嶋圧狙ぐ囚再応だじ砂
カドリ権化せクノ二的に狙ぐ

# Puzzle 801

圧 ょ 合 ょ だ き べ 多 通 行 投 愛 京 進 だ ろ ざ
然 面 積 ま 立 派 百 む べ わ ド チ ろ 囚 弱 お 読
ハ ぽ ま 阪 ぼ 場 化 子 た の ト リ 京 故 登 歩 ク ぎ 室 芸
ん 圧 解 決 ル む だ 供 た ち 加 メ 解 育 歩 化 囚 ソ
応 ノ 摘 然 彼 女 の 会 リ ン ゴ ト 歩 ぎ や ふ 乏 側 ま
権 ゅ 圧 ょ 彼 側 む 二 教 だ る 再 キ 登 ッ ノ 投 完 砂
多 二 百 二 乗 制 限 本 育 ぎ 歩 ク 安 辞 権 を ラ 午 エ
向 ハ っ 出 ラ 再 開 精 っ ト 愛 テ ヒ ゅ ペ 暫 百 摘 何 室 ル
画 狙 だ 化 ひ レ グ リ 室 ふ 所 歩 ひ 然 社 ツ ー リ ス
ソ 本 ぼ 意 合 解 愛 精 ょ 圧 画 嶋 芸 リ ス ビ ー サ

子供たちは
完全に
乗っ
、リンゴ
グラフ
制限
キリンの
行わ
面積は
ペース
午後
サービス
取っ
立派
コミットメント
彼女の
教会の
解決
入場
ビルドを

# Puzzle 802

チェイス
アームチェア
拡張
デスク
クック
貧しい
沸騰
バイオレット
方向
後で
選挙
趣味
バス
政治
インデックス
戦争
に十分な
一般的な
波の
今夜は

ト 愛 私 む ヌ れ 阪 っ ク ス デ 戦 ざ 向 カ れ れ
辞 ひ 百 応 通 ゃ 何 ア ッ バ も 争 ざ 阪 モ 所 加
弱 安 つ 論 ヒ 通 何 ー ク ぎ スクッ 選 ン 百 イ 合
弱 論 本 波 開 選 挙 ム 私 一 圧 砂 選 ひ 場 も 能
金 ス ひ の 金 再 登 チ 側 ヒ ト 砂 ク 方 る 退 ト
や 再 出 摘 海 チ 結 ェ ぎ む 般 的 今 育 夜 再 向
室 ス 妊 ク 然 ェ ア バ ぎ ぼ 京 つ な 安 弱 ろ
会 後 囚 ト レ オ イ 阪 ス ぼ 故 分 覧 阪 辞 故 ス
ゃ で 登 室 向 や モ ヱ お 沸 ぎ 十 政 合 芸
エ 安 二 側 故 読 や 妊 ヒ ヌ 騰 ド に 治 ょ 向
投 退 阪 圧 通 再 権 だ 退 ル 安 拡 ヱ 進 ひ テ 登
き む る 室 合 い ど 写 ハ リ 辞 加 張 育 や 海 退 私
趣 結 貧 しい ソ 弱 ぎ 結 ル 投 再 愛 場 弱
味 二 も 摘 ど 写 辞 弱 ぎ 話 出 だ 暫 お リ ヱ 化
覧 だ ぎ 無 出 ソ 辞

# Puzzle 803

```
っレろひょ刑重ひ親合ぼっ会視愛通登
向コ再まき務進乏出愛応て、力ハ化側
愛セ加百応ヌ所ろ意画チなぽニセゅだ
方クむ能ふ向精側画画カるがんハソ然海
進むぎ囚愛読狙弱暫お氷歩るリネシ論何
基面あゅた読いただせに歩いームズンハま
金白りべた狙どざせに投ッムミプ室っ
おド乏ハ弱い無ざ退百投重をカルぽぎ
ムエ故キ芸写室ハ場トれヌ読重な櫛ま
ーグキッ写つハょ故クヌ多や応の櫛っ意
ァ登プリ凝視テ開重投口れせエ櫛阪ぎ
フフリ狙視育ス私し精重海多応の本サ
登ォ狙オ育応カカ教ざ師室クロ阪室ハ
会歩出き応ハ向方師ス登ょロ応ソ
```

# Puzzle 804

```
ニ覧何解妊ゅニるニ精応や金パ会本
テニソ加テ二然選投テ弱だ重ウサ安ニ
サふ京まひニ写ベ側ホ画多ヱチく
場境で向育チ育ゅ精私だスレ芸
再簡界かしセにっ報百トひ画ひ開
ぎ辞単室跳んぽ対再乏読応私画
多ざ会金開だ故しド乏う多クヌ合
所登クニ報ぬリ病室選リ百ほも退
解化ゅ場権ヌ私一意長ふふ読許画
コ然ル報ホノ私重能っ持画可ホ
ス私海カひぐ意出写ょソベくツ
登ふ報ひド読妊れるト弟を
```

# Puzzle 805

ラ ょ 多 レ 応 阪 能 故 所 登 サ 選 育 ゅ 人 加 じ
ろ 退 リ ッ プ 論 側 無 芸 方 無 読 何 椅 気 二 の
室 ハ 結 ぐ 辞 ラ 暫 意 コ つ ー ひ 囚 子 退 写 き
暫 画 や 多 モ 歩 く な ひ ひ ュ ょ 育 し れ ざ 続
金 ク ろ 多 べ せ 結 無 リ 愛 ビ 解 応 京 勧 た 手
ク ろ 多 ハ 重 ひ 無 せ エ ノ タ イ エ 方 誘 選 つ
ブ ニ 重 チ 加 無 退 社 ノ 登 ン ソ プ ひ を お じ
ん ホ っ ル テ 論 権 関 心 っ ル イ 狙 出 ヌ じ 側
ろ っ 満 る っ 社 関 心 正 愛 暫 ソ お ヌ 金 然 ひ
会 越 え た つ 出 疲 れ も ン 正 安 決 カ 権 だ 然
を 金 辞 無 す リ ピ ー ト 投 の 方 形 定 百 結 し
故 ヌ ニ っ 安 ろ 然 ル バ 合 感 き を 登 合 選 然
ハ ま む 解 ろ 無 金 側 登 多 き 応 ろ モ 会 応 愛
画 ひ 砂 化 阪 ろ ヌ 金 側 登 多 き 開 二 だ ざ

無意味な
正方形の
椅子
バルーン
を越え
満たす
リピート
関心
手続きの
感の
決定を
疲れ
リップ
人気の
エプロン
インタビュー
壊れた
ブルー
クライ
勧誘を

# Puzzle 806

ヘン
最初の
スコア
読み取り
動詞
時の
音楽
適用する
準備ができて
かわいい
リアライズを
テキスト
慎重な
食用
高速な
消え
テロ
ホテル
大丈夫
人間

っ 進 退 ホ テ ル テ 本 圧 方 る 投 ぐ 故 ヘ ひ
ぽ ぐ で 重 ソ 社 ホ っ 権 進 消 え 京 何 安 カ カ
向 ス ス ど 再 場 セ テ 登 ざ ロ テ 加 ろ 応 ラ ラ
無 報 砂 れ ぼ 退 サ エ だ む っ ク ひ 出 ろ ふ エ
お 愛 登 く 意 ま 応 ニ 話 ル ラ イ 報 も 開 圧
能 も ひ 暫 レ 出 大 リ ア 無 開 ド 応 ズ ト 乏 く
無 論 嶋 多 投 合 退 丈 覧 ぷ 登 取 故 ト む
適 精 で 進 開 ろ ニ 夫 乏 社 み 投 安 り 会 ん 弱
用 食 テ ス か わ い い 側 準 応 時 の ひ 向 重
す 歩 じ ま 結 向 ぎ 出 解 備 側 ヌ 動 ツ だ ひ
る ひ ゅ 人 間 芸 乏 楽 進 安 登 詞 ハ 阪 ニ
会 っ 京 狙 乏 で 論 モ 育 慎 写 ャ 囚 と 再 チ
最 無 然 阪 エ 歩 向 海 阪 重 化 で き 弱 ホ
初 の 投 芸 だ ざ き 写 読 な 速 高 社 ホ テ
投 ふ 能 モ 芸 だ き 読

# Puzzle 807

| ヱ | 退 | 摘 | ド | ロ | 室 | ホ | ぎ | モ | だ | 育 | ひ | ふ | ぽ | 外 | 所 | レ |
|---|---|---|---|---|---|---|---|---|---|---|---|---|---|---|---|---|
| サ | ッ | カ | ー | に | バ | 大 | 型 | ト | ラ | ッ | ク | ゅ | 意 | 国 | 京 | 責 |
| 能 | ヌ | む | ェ | 誰 | 恐 | ソ | 画 | 報 | 嶋 | 砂 | 乏 | 所 | ぽ | せ | 愛 | 任 |
| モ | 辞 | ハ | シ | 再 | れ | バ | 妊 | き | 芸 | ヒ | 弱 | 能 | 報 | ひ | 多 | 論 |
| リ | ま | せ | じ | だ | カ | 所 | 安 | 本 | 進 | 私 | 話 | 開 | ゅ | 囚 | 囚 | や |
| 遅 | い | で | 解 | 読 | 暫 | ヵ | 阪 | 私 | 百 | ス | ヱ | セ | ノ | レ | チ | 向 |
| 故 | て | 応 | 話 | 多 | ぽ | ヌ | 結 | ひ | ス | ぼ | 妊 | 退 | 百 | 黙 | ク | ふ |
| リ | ノ | 京 | ヲ | ろ | 加 | だ | ヌ | テ | ひ | ま | ル | 男 | ゅ | 貸 | 金 | 辞 |
| 所 | ソ | 暫 | 再 | 私 | 論 | だ | 結 | ぼ | だ | 向 | ガ | が | ク | ニ | 会 | 通 |
| 二 | 応 | 砂 | 登 | ヒ | も | 育 | だ | ニ | カ | 育 | だ | 一 | 本 | ぎ | ま | 選 |
| 開 | 退 | 開 | 登 | ハ | 会 | ニ | 論 | ル | お | 何 | 登 | ソ | テ | 通 | 覧 | ま |

**Word list:**
- 遅い
- 柔軟な
- バンズ
- 誰の
- シェード
- ロバ
- 外国
- 責任
- クレヨン
- 沈黙を
- メイク
- 開催
- 貸します
- サッカーに
- 大型トラック
- 今や
- 恐れ
- 男が
- バレンタイン
- カール

# Puzzle 808

**Word list:**
- ではない
- フラグメント
- リスク
- 例外
- パイロット
- 百頭の
- パターン
- 輸入
- 食品
- 剣テーブル
- ムカデ
- 成長を
- 結婚式
- 野心
- スイング
- グロー
- 男性は
- 損失
- また
- 何でも

| で | は | な | い | ひ | ゅ | フ | エ | モ | 芸 | 何 | 歩 | 弱 | 剣 | パ | ま | ゅ |
|---|---|---|---|---|---|---|---|---|---|---|---|---|---|---|---|---|
| 室 | ゃ | ま | れ | 金 | ニ | ラ | 化 | ぎ | 精 | で | 海 | テ | イ | 化 | ん | お |
| ニ | ル | 進 | ス | 覧 | ヌ | れ | だ | 男 | 性 | は | も | ー | ロ | も | で | も |
| ニ | ひ | テ | イ | ル | 登 | ス | 辞 | 選 | 精 | 重 | 私 | ブ | ッ | 登 | 輸 | 入 |
| 百 | も | 嶋 | ン | 辞 | る | 囚 | テ | つ | 百 | ア | 損 | ル | ト | 本 | 退 | 私 |
| 頭 | 本 | ニ | グ | 能 | ト | テ | 応 | だ | 進 | ヱ | 失 | も | 京 | 弱 | リ | カ |
| の | ま | グ | 覧 | ど | ぐ | 室 | 囚 | ヒ | 婚 | ー | ま | お | ヱ | ヱ | ヱ | 愛 |
| っ | ト | 育 | 乏 | 応 | 本 | 読 | 京 | 狙 | ぎ | タ | ぎ | 無 | ホ | ホ | ホ | 論 |
| 阪 | 出 | 所 | サ | ド | じ | ク | 囚 | ぜ | ツ | パ | 然 | ひ | ス | 育 | サ |
| 再 | て | グ | 暫 | じ | 意 | し | だ | 然 | 食 | せ | 化 | 室 | だ | 百 | っ | ッ |
| 金 | エ | ロ | 場 | も | や | 本 | ム | カ | ょ | 品 | 無 | 嶋 | き | 読 | 話 | エ |
| 乏 | 暫 | ー | サ | 成 | 長 | を | カ | デ | ニ | 覧 | 重 | 阪 | 論 | 例 | 外 | 芸 |
| っ | ひ | 育 | っ | く | も | ま | べ | 暫 | 嶋 | 場 | 向 | 投 | エ | 何 | 加 | 金 |
| ト | 本 | っ | だ | 野 | 心 | 写 | ラ | だ | ょ | 辞 | ま | 辞 | ま | エ | | 芸 |

# Puzzle 809

退ひ遠むバンだ精ニソだ安出てょ
ぽ弱敬ひざニホざ狙ウニ乏む読ハ
ミックス覧ノクベだカワむ側ぽひ私百
ヒシネマノドエざお結ワカ辞ニっ
安適登金加能愛ドエ芸解てぐ段落
ヒホ無応カ戦ひっ解進ホヒクリコ芸
進阪摘選出のト再歩ホムホ論解嶋金も
然カ結つ男写存でホ話システ心愛だ
写ヌ無選出のトホ再話スベ論心ヌだ覧
登カ能狙いも保多シ辞ぽやつ進摘
おざ場ょ権応れひふ辞るぽ登遊び進
もざ能狙ざいも解れんふシふ登遊レ進
まニ調弱権辞かもレ京報圧おじ通のま
故会っ京ろこチかもホっぐエレストドル
だ故まもおノっ登然写進ざ安ヒミぽ弱退

カワウソ
振る
バン
戦いの
空気
遊び心
調査
段落
シネマ
ネック
敬遠
ミックス
システム
男の
役員の
晴れた
適格
保存
クリップ
どこか

# Puzzle 810

輝きは、
ライター
招待
、最近の
、完全な
権限
驚かせました
すべての
スキル
出席
現実
ています
約束
きちんと
ポストの
シングル
評価
愚かな
頻繁に
ハリケーンが

解応本室ツつろ社然応結、愚リ応応話
阪ド だ ヱ 嶋 ゅ ろ 読 ハ ト 完 歩 か 画 招
会ぎホ意も ニ ぽ ト 私 リ 全 話 ゃ 通 ょ 待
話っ退登囚出応論ソな ぽ ッ 重 会 登
てい ます ハ 方 ソ 結 ト ぽ せ 阪 な ャ 室
会っ評価リ ハ 現 ス 実 も ク ニ ニ 私 ト
だ覧登ケッ タ 驚 嶋 摘 ヒ コ 投 ク 芸 せ
登ゅ写ぐ ー イ かせ意 ラ 狙 向 ベ つ だ
きち ん と ン 驚 せ 進 まし た 場 て サ 京 通
シ意京向ん 進 嶋 ス 金 最 論 百
ン 化 権 私 ハ 頻 投 芸 砂 育 画 無 近 は 選
グ室京側繁権辞画ラ ら 写 出 つ 金 、 ひ
ル約圧ホに進べ乏辞っ 育 きょ 故 室 合
キ束京権ポ の 所 進 安 暫 コ 出 ひ 海 ざ
ス百ポ限 ス ト の 話 ニ 能 出 ト 育 ぼ 愛 ヱ

# Puzzle 811

退 ひ 場 退 正 ま 圧 暫 加 ド ニ ゃ 百 攻 撃 側 ぎ
ヱ 笑 ク 付 随 し 加 ツ ヌ サ 結 驚 ヌ ょ ゃ 略 語
歩 っ ウ サ ギ は い 光 沢 の あ 話 誰 き エ り ひ
ト た 育 摘 結 ひ せ の ヌ 議 論 本 サ 社 運 論 テ
サ ラ シ ナ リ オ ん 蜂 摘 投 応 化 社 場 向 動 ラ
む エ ッ 弱 側 ぎ べ 阪 べ ノ っ エ 再 応 報 ホ チ
場 歩 金 辞 乏 ぼ 愛 ル モ 砂 阪 出 芸 ノ 達 百 重
側 権 社 顔 っ 投 然 だ 多 側 コ 合 目 嶋 成 に い
ざ っ 笑 所 社 退 ニ だ 結 レ 話 開 嶋 本 見 ド 登
阪 ヱ 摘 多 重 縄 加 ソ 結 弱 狙 多 本 狙 え 金 合
囚 会 結 だ 圧 狙 ょ 通 権 ひ 応 精 多 れ む 読 摘
報 お む 読 乏 ひ 応 応 で コ れ 本 私 摘 ス む 暫

誰かに
光沢のある
笑顔
投げ縄
攻撃
目に見える
運動
驚き
シナリオ
蜂の
あまりにも
議論の
トラック
正しい
ウサギは
付随
笑った
でもない
略語
達成

# Puzzle 812

お母さん
のヒット
信号
七面鳥の
笑える
食器棚
フィート
ベース
苦しみ
ゲーム
ポータブル
忘れ
アイデンティティ
ネイル
同意し
ウォッチ
明日は
余りが
たいと考えてい
スペース

ソ 七 場 報 余 ニ ベ 辞 っ チ 応 結 ヌ ん せ む 弱
カ 辞 面 ヌ 向 り 能 ー ど 故 む 安 ろ 加 愛 弱 報 愛
ス 明 故 鳥 嶋 ひ が 乏 スん 棚 食 ヱ 棚 せ だ せ 摘
ス 日 ゃ 読 の ょ れ 場 加 ま 器 ニ 金 お 京 化
圧 は 砂 や せ 圧 応 ヌ ひ 登 ネ ア ど っ
し 登 投 囚 画 で ィ 側 ス 母 ン さ イ 乏 海
百 お ウォッ で 忘 進 ヌ お 通 ん 所 ル 出 場
の ヒット ぐ っ 嶋 っ 笑 じ 私 ざ 画 ブ む で
投 画 方 ー ざ 無 て 精 辞 写 本 タ 信 囚
妊 ょ ょ イ 通 い コ 考 と い れ ー 号 百
ゲーム フ 愛 苦 読 加 社 私 ポ 芸 側
狙 阪 ど ゃ 室 社 ヒ 意 登 同 モ 場 合
場 囚 何 や ょ 論 苦 読 意 同 スペース 権 ヒ 暫
意 加 私 論 ゅ ク み 側 側 ホ お く 京 ニ セ

弱 報 愛 摘 化 っ 海 場 で 囚 百 側 合 暫 セ

# Puzzle 813

| | | | | | | | | | | | | | | | | |
|---|---|---|---|---|---|---|---|---|---|---|---|---|---|---|---|---|
| ク | 辞 | 本 | 権 | 、 | 向 | サ | ド | ト | ン | ェ | ジ | ー | エ | ノ | ト | 何 |
| ロ | レ | ぎ | ト | 最 | 狙 | も | ぼ | 退 | 室 | そ | ス | ー | プ | ・ | 投 | 有 |
| コ | ノ | き | 化 | 近 | プ | ッ | シ | ュ | を | り | 砂 | 応 | ケ | ッ | 砂 | 進 |
| ダ | つ | 摘 | ヌ | 弱 | 重 | 読 | 重 | 要 | な | 京 | で | れ | ッ | き | 京 | ざ |
| イ | 応 | ろ | ニ | ツ | 力 | 覧 | 再 | 選 | チ | 退 | れ | 再 | 解 | 安 | 報 | お |
| ル | 加 | 精 | も | 無 | 私 | 再 | 退 | 嶋 | 進 | 再 | 室 | 覧 | 側 | リ | 解 | 結 |
| 重 | ょ | む | ひ | 投 | ニ | ど | ト | 砂 | 側 | 型 | モ | 画 | 二 | を | 画 | 会 |
| 再 | も | 画 | 余 | 裕 | が | 京 | 意 | 話 | じ | 的 | ひ | ふ | ク | 奪 | 側 | 安 |
| っ | 加 | れ | て | 私 | 京 | 減 | 本 | ぐ | べ | ひ | だ | ふ | だ | う | 二 | ド |
| コ | 室 | 衝 | 安 | 応 | 暫 | 登 | 覧 | ぎ | エ | 論 | ま | 合 | ま | 結 | 阪 | 船 |
| ょ | 室 | 突 | 応 | ハ | っ | ら | 精 | エ | 高 | 消 | 権 | 風 | 海 | 応 |  |  |
| 出 | ざ | 所 | ハ | ぐ | 応 | 社 | 合 | ラ | 育 | く | 砂 | 防 | 京 | ひ | モ | チ |
| 向 | 化 | 方 | テ | モ | 知 | 恵 | ス | 精 | 通 | 海 | 通 | 精 | ろ | じ | 弱 | 士 |
| 化 | 合 | テ | 知 | 恵 |  |  |  |  |  |  |  |  |  |  |  |  |

**Words:**

余裕が
そり
有名
典型的な
、最近
風呂
エージェント
重要な
クロコダイル
衝突
プッシュを
高い
ケージ
を奪う
風船
減らす
知恵
スープ・
取ら
消防士

---

# Puzzle 814

**Words:**

塗料
の後ろに
ナレーター
フクロウ
ベルで
努力の
を失う
タウント
経済を
犯罪
軍事
ワーム
暖かい
ブック
トンボ
回避する
と思います
フィードの
検出
大規模な

| | | | | | | | | | | | | | | | | |
|---|---|---|---|---|---|---|---|---|---|---|---|---|---|---|---|---|
| フ | ぎ | ブ | ッ | ク | 歩 | 話 | ろ | 何 | 退 | 会 | を | 精 | 精 | ま | ツ | 重 |
| ク | ひ | 無 | 写 | 場 | り | る | 選 | セ | れ | く | 失 | も | ょ | ろ | 場 | ハ |
| ロ | 報 | と | 思 | い | ま | 金 | ざ | ひ | る | ふ | う | ひ | ベ | ル | で | て |
| ウ | 化 | し | ょ | き | 話 | 避 | 覧 | ふ | 歩 | 意 | 芸 | ん | 方 | ソ | 検 | 出 |
| 報 | だ | 経 | 済 | を | を | 回 | 乏 | ん | 嶋 | 権 | 大 | 報 | 規 | 模 | な | 安 |
| 覧 | 会 | 画 | 向 | ス | セ | 乏 | 私 | 砂 | ょ | で | 故 | ゃ | 暖 | か | い | ソ |
| ざ | 摘 | れ | 弱 | ワ | 育 | 応 | 結 | 側 | や | ヱ | 芸 | 選 | 解 | 塗 | 料 | 投 |
| 然 | 解 | ひ | ひ | ー | ろ | 安 | フ | 暫 | 然 | ラ | 登 | 向 | テ | 権 | 軍 | ぎ |
| で | 百 | ク | 登 | ヒ | 能 | ィ | 何 | 安 | 嶋 | 応 | 暫 | べ | 投 | 精 | 金 | 事 |
| し | 方 | ぎ | 暫 | ツ | ェ | ド | ぼ | 何 | 通 | 報 | 開 | 嶋 | ニ | ス | 会 | ど |
| ナ | し | ゃ | だ | ろ | 会 | や | や | フ | ま | 場 | チ | せ | 化 | ル | 合 | 投 |
| レ | 暫 | 応 | む | ル | 論 | 投 | 然 | ィ | 向 | ョ | 側 | エ | 登 | タ | 会 | む |
| ー | コ | 故 | ャ | つ | ょ | 権 | 結 | ー | 努 | ク | ス | ょ | ヌ | ウ | 報 | 場 |
| タ | 犯 | だ | ヌ | 会 | ま | ク | ド | ド | 力 | 後 | 弱 | 選 | ボ | ン | ト | 話 |
| ー | 会 | 罪 | レ | 場 | 通 | に | ろ | 通 | の | だ |  |  |  |  |  | ふ |

# Puzzle 815

```
塗 進 だ お 歩 画 然 ぐ ト 選 ク 場 辞 ニ ス ぽ ク
る 京 意 百 ス ュ モ サ コ 囚 中 心 軍 ホ 写 せ ウ
じ だ て 社 出 れ 然 ニ エ ざ む れ 隊 ク 写 応 ノ
結 ヌ む 化 妊 弱 選 ど 囚 っ れ 解 紛 囚 話 ま ぽ
ひ つ 化 辞 解 チ 権 意 読 占 話 側 辞 れ ト
室 ひ き 級 精 れ ろ ま じ 狙 む 管 争 スター れ 読
レ 室 ニ 上 出 意 ヌ 写 せ ど 理 通 し ステ 場
っ 社 なり 声 能 圧 権 じ 進 ニ 方 辞 方 祖父 権 プル
う 教 会 る 出 エ 本 ス 育 辞 ソ ツ す レ ツー ヘ
教 れ 投 囚 本 能 辞 イルカ は れ ソ ぽ だ ク ぎ 育
然 精 絶 金 法 的 に る 祖父 権 退 コ
妊 京 再 摘 論 無 る 重 嶋 れ ヒ 化 合 ハ リ
コ っ 出 ニ ニ ひ 再 ぼ 本 慎 然 金 選 囚 合 ハ リ
```

絶対
占める
スター
教会
コーヒー
うなり声の
の上級
塗る
中心
祖父
ヘルプ
管理します
慎重に
紛争
クロウ
法的には
クレス
軍隊
スティール
イルカの

# Puzzle 816

オオカミの
たときに
看護師
科学者
割り当て
チョコレートの
ホール
のトレーニング
ステートメント
個別の
週末は、
誕生の
裁判官
は何も
状態
覆っ
友人が
減少
デスクを
ビート

```
合 ド 妊 ツ 化 や エ 囚 テ ソ っ 妊 友 歩 ド ひ エ
チ ざ 本 金 ょ ス 進 室 ゅ 社 人 場 む 意 テ
弱 ョ 狙 だ せ 権 嶋 ニ 乏 し が デ ク ク を
ニ 場 コ 無 は 何 も 、 エ 芸 減 少 私 ス ま 向 モ
応 ソ 権 レ 週 末 ス 会 摘 投 愛 ラ 乏
ニ る 摘 ク ー テ 囚 ド カ 裁 判 官 ヒ ド 嶋
ヒ 愛 ヒ セ む ス ト の モ ニ 百 嶋 阪 結 ニ
ま 加 阪 ん 辞 ト ぎ 生 ぼ ハ 社 阪 ひ む 再
何 話 故 ぎ の 状 誕 阪 海 多 看 ヒ 覆 ぎ ホ
オ だ カ や 社 態 ょ 個 だ 護 レ っ カ ぐ 割
室 て と 乏 能 ひ 妊 精 別 ド ふ 師 ト や 会 ニ り
安 側 き 故 ま 妊 ニ ド の リ 砂 所 科 ソ じ 当
モ 解 に 金 出 選 精 ソ ぐ ベ 精 多 学 乏 圧 て
る ビ ト 読 覧 れ モ って 芸 室 本 る 者 カ ク
```

# Puzzle 817

```
本 所 合 く 乏 セ 然 ニ コ ジ ど 精 つ 暫 ハ っ
圧 で で ひ ノ ヌ 先 連 絡 ャ 再 芸 写 成 妊 ぽ
ぎ ょ 加 リ 圧 な 失 絡 ン プ ど 解 モ れ 覧 辞
精 合 ソ 結 過 テ 礼 失 話 セ ャ る ニ こ 果 、
京 何 ツ 摘 半 花 室 応 が れ マ て ぐ り こ ヌ
弱 能 開 然 数 皿 病 距 れ 投 も る ラ で 社 ざ
ヱ 覧 表 精 の 狙 方 離 ぎ テ テ 芸 ア 本 然 モ
ト ス 現 開 可 ぎ 応 社 ゅ 辞 も ぐ ィ 然 開
側 圧 応 ド 能 ぽ き 理 場 芸 綿 投 デ ふ 権
読 表 精 ス 性 狙 距 科 退 意 を む メ て 本
会 現 ノ む の ま 離 の 権 意 出 ヒ カ 弱 嶋
ハ 応 ド 読 高 ざ も 安 何 テ サ 話 加 て
砂 む ス い 視 無 綿 百 通 む コ だ 囚 再
ス 読 無 弱 権 を ヒ 権 コ 向 登 ひ ゅ
セ コ ま 覧 側 権 出 囚 変 退 き 出
```

過半数の  
表現  
メディア  
幸運  
距離  
連絡先  
可能性の高い  
成果  
ジャンプが  
ガス  
失礼な  
無視  
綿を  
、ここで  
花が  
アナグマ  
ランチ  
病皿  
変更  
理科の  

# Puzzle 818

平和的な  
ニンジン  
年の  
ゼブラ  
水牛の  
証明する  
ミラー  
売り手  
従業員は  
豊かな  
考えます  
明確化  
削り  
最高の  
退屈  
機会  
便利な  
気に入った  
家族  
悲しい  

```
考 明 確 化 悲 証 む レ 登 ホ べ む 囚 ぼ ひ ま ノ
え 辞 っ き し 明 だ や ヒ ニ ど 化 ゅ 無 つ 精
ま ろ ょ ざ い す ド る 育 ぼ モ れ 側 選 て チ
す む 阪 ゃ ル る ヱ 芸 狙 ノ ぽ 話 し ぽ ク 選
っ ミ ー 弱 豊 か な ヌ 退 ス 出 ま 精 便 ぽ
ニ 室 登 出 退 だ 多 ヱ 妊 ん れ っ 然 利 む
報 ヒ ニ 意 屈 開 退 ク 砂 応 方 き じ な 場
ど 気 に 入 嶋 ひ 投 本 チ ニ 弱 る ふ 弱
ニ 平 セ 通 っ 通 辞 機 会 従 リ 応 ゼ 年 ふ
ン セ ぎ ク ヱ 水 私 の く 登 テ く ブ の エ
ジ 和 む ト ょ 牛 の ニ 金 応 レ ゼ ラ 化
ン 的 多 ひ む 化 チ 家 ま ひ 合 ブ 削 売
ヱ な 側 社 ん ひ 応 族 砂 応 芸 じ り ひ
ヒ ヌ 摘 加 歩 っ ひ ょ 海 通 ひ 退 最 砂
ぼ 金 ぐ コ 多 ぽ ぐ ヌ だ 報 報 精 化
```

セボノ狙話所組合向デ解精影ス会然ょ所
権ルル写感っみソエザ解側響ハ意ぼ　ぐ多
私読トニら謝ふ合解せくイちンリ愛んニク
読多ニ歩ラし然わぼむモヌた　ヒろ　摘画
多辞ュマ子犬出せ圧能開ヌすだガ京やスド像
辞乏ェ嶋金じ進しル圧読やされ社ど　定ラ
乏、アざ叫まルてい乏妊しさむや想愛化ク
、熾カ叫ス向古てて古妊セ精イつ定嶋　っ
熾烈愛リ化クリは向れせニだリき愛ラ報ス
烈な報むヒぼむ向、多私れカ投やスっ育
なの多ヲふラむ暫意で会モぼ報ド育ヌ
の王王冠ヲ室サ暫側多る何育二
王冠のヲ室育サ論解サで開ふラ愛ニ
冠まセ育ニ論解

**ワードリスト（Puzzle 819）:**
- アイリス
- 想定
- 、カリフラワー
- マニュアル
- 画像
- 古代
- 影響
- 落ちた
- 感謝し
- 王冠の
- 熾烈なの
- 子犬
- ガソリン
- やすさ
- 階下
- 叫びは、
- ボルト
- 組み合わせ
- デザイン
- 社会

**ワードリスト（Puzzle 820）:**
- アクティビティの
- 検査
- 実際に
- の経路
- ヘラジカ
- 興奮
- 精神
- 人の
- 侵略
- キャップ
- 鉱山
- 個人
- 輸送
- があり
- 熱心な
- ブレーク
- 状況を
- ボクシング
- のない
- ミルク

能ラツノ登砂故じど実応れミ砂カっヒ
能ひひも妊場場じり加際ょサル精オべぼて
や京やも熱るエ興リ囚にクテジスぇ辞応嶋
ニリ画心ド何検囚出ざ進ヒアまエ
出選ヌなやつで状奮モ本ざテヒ輸クざテト
セもシンぐき状況をクなっキャっだ輸送ィまィビ
ボクー暫歩況をエッキャプンんで選愛ビ私
安ーレブニ合応能室い室た精テや芸
場レぶまニ圧能いせや妊海ぼ室レむひ
応ぎコ進侵略ヲぼじや側圧方向人経退ぐ安登
ブラ所ぽ所やヲ乏じ方通個の退育もラ精だ
ニぼ場二摘ゃ百神囚

# Puzzle 821

```
つ砂進阪まろくピせ故化クぎ応レひ会
おっ化阪能加レエアろ論海く安ぎょる
じ摘離れクロック圧ノ進然高級ヱ向加金
チ進出会応進金セリッ投読阪摘ニ開スぐ解芸れく投
ぐだせル嶋金百らトカエっ場可能弱登故や何報
ホヌぼ場百らトカエっ場可能弱故や何報
き場だひぼて彼阪嶋加ラヒモコソ退権リ
権モサ出ニ彼阪嶋加ラルヒモコソ退権リ
退セ投健康応進海どきラヌぎ写化愛ニテ結
つざ覧て化然ハどきライれイ辞むサ小麦再室
報ん方ゅおレ方圧れイ辞むサ小麦再ーヨ地理暫
ん方ヌハどきラヌぎ写化愛ニテ退権リ
ゅおレ方圧れイ辞むサ小麦再ーリツリ
太デイジーいず採用ト解育権ヨ地理暫
投字側ト圧を合再阪エ覧トだコヒ然チ
```

彼ら
採用
ツリー
コヨーテ
エクセリットル
太字
ピアノ
デイジー
小麦
高級
地理
カエル
きれいを
健康
バルコニー
クロック
可能な
困ら
リアライズ
離れ

# Puzzle 822

ティーポット
ポンドが
いった
ヒイラギ
決めます
、パートナーの
自分を
姉妹
ローブ
着用し
品質
継続
フォーカス
砂糖
パーティーは、
バタフライ
買っ
洗濯
冗談
ビタミン

```
ビ向バきだ精辞っ弱暫愛ゃ画金てヌる
タモ論タんだコざモひ合会しん再ツ狙
ミ所弱ぼフ覧所弱応着リじ継続ニクまル権出
ンれ進も話ラ決めます用化囚ニ京重きニヌ然
乏報ヱ結側イイヌ然ししし重ぽ無じる品ゃ通
応ん無論ヌヒ精だ解テしじ場ふじく退質のぐ
ぼ本姉妹く精無合育辞結然進もょ、報乏ィ乏
洗濯べ読自分を合然弱も退退ブセんん
む権結方い意トッ加がドンポはパートナーセロ妊解
つ妊だゃ画まっ買するモ論、ィテフ砂
投京冗談二重たヌ意応チモスカ糖圧
読応ひ二百場ろヌ話狙モゥテォや砂
ヒ囚ひレぽれ本結圧重コまパや圧糖
ヌ室登ハ弱コ無ひ権コ重パや
```

# Puzzle 823

```
ス 多 と ゃ 進 芸 暫 ニ カ ヱ ぎ 嶋 何 解 ひ 画 ソ
ク 化 輸 呼 覧 報 っ 弱 ウ て ィ コ 膝 ヱ べ 加 砂 精
重 ト 出 チ ば 読 ヌ 愛 読 ボ テ 社 を 弱 ド む 精
京 ラ お る 意 画 巻 ま 会 ル ー イ 囲 ハ ざ 場 ト
覧 再 チ ェ ッ ク 室 テ ふ 百 二 デ せ 結 砂 海 然
精 で ド 意 能 安 ひ 私 ニ 縫 ゲ 出 狙 砂 精 き
私 芸 ク セ 社 暫 権 加 私 海 製 ー 狙 カ せ 進 ベ
ヌ ク セ っ ホ 開 京 結 ヌ 再 ろ セ 物 は ッ ホ ト
ノ 報 む 狙 開 ヒ 報 囚 べ 本 だ ト 特 、 ふ テ 意
見 つ け ひ っ テ 意 海 退 ヒ 前 応 定 ま チ 辞 ぽ
だ 百 ま 暫 圧 妊 再 退 摘 ヒ 結 登 女 性 的 地 い や
開 こ っ 妊 テ ょ ヒ 合 写 る ぼ 方 場 報 き の 再 度 、 じ 方
```

的地理
デューティ
巻き戻し
カウボーイ
女性の
と呼ばれる
正確に
チェック
ゲートは、
縫製
見つけ
前に
ドール
テニス
カット
膝を
輸出
物語
再度、
特定

# Puzzle 824

傾斜
電気
顧客
カタツムリ
メインが
のプロセスの
、すべての
ランダム
賢く
埃っぽい
ことが多い
狭い
草原
練習は
表示される
ウズラ
溝が
しわの
社会的
計算

```
海 報 ノ 社 草 原 ら て 能 傾 投 の わ し ウ 計 算
乏 進 ト 電 気 報 ろ カ モ 斜 所 ニ の ニ 場 ズ レ ラ サ ド
ん 安 ょ 退 進 っ カ タ 練 は プ 重 ロ 側 エ レ の 話 投
こ 権 き 顧 じ ド ぐ ツ 習 方 海 通 出 セ 所 や 芸 社
ゃ と も 客 ス ニ サ ム ひ や 側 べ ハ ク 摘 レ 読 や
ざ 精 が 多 イ メ 砂 リ 意 ド や す 摘 私 ド ふ 方
安 ぼ 然 応 溝 が 表 育 エ 然 べ ひ 何 重 ぐ よ
結 場 出 育 い ぽ 示 さ ド 出 き ぼ 化 愛 れ で
セ や 場 つ っ ラ 社 れ 育 ろ ヒ 結 愛 る 摘 化
じ 妊 加 本 ン 海 ハ 的 選 嶋 ゅ で ま り 画 応
暫 狙 ど テ も 方 だ 選 場 ろ ト ょ じ 場 ぐ
ひ 通 セ 芸 埃 無 サ 育 退 も テ 登 向 で る
ま 登 ぼ 再 ト 賢 ム ホ テ ヌ 向 囚
ノ 場 芸 海 ラ く エ モ 囚 ま お ま
応 し や ぎ 芸 エ モ ま お 向
```

# Puzzle 825

セトニ写会トニ画結ツョツノ不砂ぼ応官
ろトノ芸室ろろ話加ぽハ熱ざ側安警だだ
ニ社応ま精ろ乏合ソ支配くき能ょ登ょト
サキロット多な一気ょ陽的なマリ向選ょリ進
話画再能スー性質ふどべ応だ開狙ニ狩るホ
画向登金ラジ陽故金写方海重狙室チっエッ
登金むノ日側器ノ摘場退圧歩何退サヌキレ
故クで解投京自加ト海応り投ぎ退羊スっ通
場と応ル京写ま阪側通圧京リ投ま蹴京ソお
のル間で応化文化多ノ歩京ぎ報通芸ソお金
間場で方登化文も多ス室会通報芸京ソお金ひ精開
弱テも多ス室会通報芸京ソお金ひ精開

自分の
ヒキガエル
キャロット
な性質を
支配的な
マイル
不安
熱くする
躊躇
日の
狩猟
コート
子羊
武器の
陽気な
との間で
開始
警官
文化
側辺

# Puzzle 826

イベント
な否定的な
かもしれない
構造
アクション
シャワー
最終的には
生産
何か
今後
ゼリー
行動を
作りを
英語
アクティブな
患者
驚異的な
・ビジネス
壮大
兵士

然本選ヒ作いなれしもか重論っ解む摘ラ何
く解室話り二否意摘クっ嶋スス画セつ社ス向
写ひ故・をル定アクッ金サ摘や合暫トぽ
愛リベッビ然的砂ショ金ぎ嶋せベ暫ヌろル
ラホひクジなアぼンやまだ私通もト
行芸報ひだぽ兵本せクテで無ぎ
動加ア画今ネ士だだ京だチむ
を向応ク後然歩海写芸チな
ひ退応阪結クスヒ故画な何
構選で選どぶヒラざぜ異つ
造終的にはィ向ラヌリ的ハ
最や登せブ話おモーテ何
ホ砂ざだ応んニ驚ゼ
で話故ヌ生大モ本異リ
然再能り英登ヌ何ホむ
ひヌ愛ぎ語読ヌ社登退ヌつふ
画レ合登退ヌか

# Puzzle 827

```
ょ ざ も 昨 る ハ 覧 圧 シ 乏 し ノ 応 場 通 話 登 重 私
砂 覧 重 年 ぎ 室 む っ 芸 リ 退 海 読 ざ 安 レ じ も ひ 権
泥 だ ら け の 解 そ カ だ ぞ れ 側 は 植 論 だ 選 登 も 用
ょ を ょ き 結 妻 ふ 進 ニ レ 京 物 退 ド 百 べ 語
読 ト ア リ だ ぽ 圧 や ヌ 京 応 メ ガ 囚 百 登 の 加 集
ざ ン っ 向 芸 圧 カ ヌ る 尋 ね ひ ネ 嶋 本 条 万 乏 ょ 安
だ メ 投 辞 百 合 だ 登 ふ ね ひ 再 囚 万 多 べ マ じ テ
狙 ヌ 百 ぎ 論 だ ひ 登 暫 再 囚 だ 通 ベ リ ウ ツ
マ ー カ ー ホ モ ツ ブ ル ー フ ィ ー ル ド の 方 結 二 ニ 投
本 テ ク っ 合 故 結 登 権 圧 ツ 向 進 何 暫 応 方 の テ
っ ス ぼ 故 結 登 ま べ 圧 ツ 向 論 育 通 つ ひ 応 辞 の 結
く ふ 多 結 登 権 圧 ー フ ィ ー ル ド
ラ ル む ま ベ 圧 ツ 向 進 何 暫 百 応
ぎ ぐ り 加 辞 ま ル 論 育 通 つ ひ 応 辞 の 結 投
退 ぐ 加 辞 ま ル 論 育 通 つ ひ 応 辞 の 結 投
```

フィールドの
グレー
それぞれ
、マウスの
万人の
ブルーベル
昨年
尋ね
シリーズは
用語集
議論
アリ
ステートメントを
妻の
植物
泥だらけの
カニ
条約
マーカー
メガネ

# Puzzle 828

彼の
知っていた
生物学
スカーフ
含まれて
溶融
渡します
のカラフルな
本当の
飛行
馬の
怠惰な
クモ
レタス
権限を
制御を
緩やかな
発見
ピン
作られた

```
論 加 ヱ の 当 本 コ サ 場 ぽ 制 レ 覧 だ 生 登
無 む ホ カ 何 安 ク れ 怠 惰 な 御 ま ノ つ 物 セ
ル む 砂 ラ 向 ス ス 本 多 百 を ど ド 学 ル
知 写 っ フ 弱 カ 精 融 私 や 結 写 選 ハ 京 無
ろ っ 育 ル 彼 ー モ 然 ひ 緩 本 ゅ ホ 登 然 摘 応
ピ 暫 て な の フ 画 圧 ホ 歩 ク 加 解 ひ 出
ン 育 れ い 側 だ 応 し 育 京 退 ひ 百 画 ク
論 無 ま ひ た れ ら 加 権 京 ょ 京 投 ぎ 意
選 砂 含 チ 圧 何 話 じ ハ お ひ 精 応 リ 加 加
飛 し ト ツ ぎ 会 ぐ ひ ぽ テ 育 れ ド 発
行 妊 コ 権 意 む ふ チ だ せ ヱ 会 狙 何 見 囚
京 レ て 限 ふ 弱 ろ 応 乏 ド 渡 登 ニ 二 海
っ ク を 再 弱 弱 暫 開 論 し ぎ 通 エ ヱ 化
む ぽ 摘 ス 報 百 ま ひ 馬 ま ベ 嶋 ひ ヱ
多 つ ま 育 ょ ク 私 ス 乏 レ の す お ぐ 側
```

# Puzzle 829

然権ま芸重意発ひベニ京だふレつょむ
息む二能ク生向ホもじけぐしってじ
ょ子飛行機のリ崩じ結教化のこ辞んこ
再砂のウェイク壊具故室なうよべ精れ
変位ひヌ画ルヌ論百報トラムせリひ私
む合無弱再阪応つ百ラクリー覧グっ愛
応囚通社再阪しニ所ラクリーム通ノドしラ
二通だひだんバ登批せ覧通芸読然っ海
おドひソイセっ二レ意だャ通読然投ドし出
側レソター能ト多もベツ辞操私金京せラ
圧然ター能選けお芸だツレ話読でハ作せ圧
然能選けお芸だ摘多重合レ話論ツむべ故合

批判を
息子の
変位
教室
、このような
ウェイク
だけで
スタンド
崩壊
安い
飛行機の
クリーム
具体的な
孤独な
バイソン
スグリ
レター
操作
に向けて
発生

# Puzzle 830

フリッパー
通常
ボウル
定規の
プラム
最近
食事
ボトル
ノウハウの
強打
範囲内
摩耗
トマト
ネット
自由
分母の
冬の
ストリーム
キャンプ
歓迎を

愛ス精ノソ百ひサ弱阪っひ方ニ覧能ヒ
無故ラウボ砂砂多向阪ふニょま論社ラ
キまジハ場トまやプろ二私会で
むャ多ッウ合ヌ合側ラる報ひざ摘
だセハのプ化ドウヌム最だ無ま本
場歩ン育だラ歓ボニ近安芸コ摩
ル然ェて囚ざ迎ボじ冬然食話耗
社愛サ画し画ふをのホ事意
ひき多フリ会自範母ベ精ろ
や多権リッコ由囲分定嶋本
強圧通辞パパ重ト内意規卜む
打じ報常ラ嶋合れ向のト論
精結登ラ妊故所合トマ
むぎセ応砂精投精投トせ

# Puzzle 831

ヌ ホ 室 権 し 長 応 能 阪 進 ノ る ゃ ニ 話 無 ヌ
場 側 ぐ ヱ ソ き さ ど き 安 所 む 無 ヌ ょ 方 む
安 摘 方 ぐ 能 ホ だ が 再 嶋 場 ひ ぽ 育 ヱ 本 応
ざ ろ 妊 ろ 愛 登 辞 が 嶋 ぽ ル サ ツ を 嶋 単 カ
ス ア ペ 開 精 芸 ラ 海 阪 ト 圧 然 サ ぼ ツ 単 阪
故 ド ー ヤ 海 阪 ト 圧 然 削 除 サ ぼ ツ コ 力 通
阪 ひ ジ ル ー ツ 忙 し い 削 除 サ 嶋 単 阪 臆 通
覧 ゅ の ガ チ ョ ウ オ プ シ ョ ン の 会 辞 安 る
シ 能 新 ざ 敷 く モ 本 や ぎ ニ く の 会 摘 病 安
カ ッ 聞 ふ 維 持 す る ス ン フ 精 化 退 応 者 暫
室 ふ ト 読 ま レ ク リ エ ー シ ョ ン フ ひ ひ ニ
ど ト 読 百 ひ っ オ プ ニ ラ サ ぎ 金 ふ 囚 室 コ
報 モ 側 ま じ だ 安 合 ニ ツ サ グ る 精 応 室 し
ク 話 モ ハ 合 ス ベ サ 加 所 登 ゅ エ 化 嶋 登 然

**Word list:**

維持する
単なる
ポニー
オプションの
フラグ
ページの
シット
敷く
削除を
レクリエーション
ガチョウ
ヤード
バンワード
ツールの
長さが
臆病者
プラスチック
ドア
新聞
忙しい

# Puzzle 832

ょ ん 歯 退 所 進 場 ヱ ド ル 辞 懸 摘 側 本 同 権
れ さ 磨 ヌ ゃ ひ 写 結 婚 期 念 化 弱 故 ソ 様 画
ざ な き ャ っ ぽ ヌ 安 だ 間 場 出 育 ふ 育 の お
も み 多 大 会 芸 だ サ だ 振 出 嶋 囚 妊 再 き 所
も 意 論 粉 結 ニ ぼ サ れ 明 る 覧 何 ホ 歩 乏 本
意 コ 本 の 動 で 選 リ だ 乏 ょ 一 囚 歩 化 選 安
場 場 ひ 専 登 京 投 だ 明 か 愛 セ 人 妊 権 歩 ホ
阪 ひ 能 門 つ し す 何 ら る 進 登 む 芸 ス ラ ニ
ぎ ょ の 提 ニ ト 圧 百 投 結 や ニ 論 ス ト 通
会 セ 好 出 旅 権 高 選 ヒ 妊 し 登 フ 摘
砂 き き 意 ヱ 覧 進 度 嶋 投 本 ェ 方 だ 安
や な 囚 育 コ じ 進 社 ひ ゅ ホ ン 育 開 圧
シ ー ズ ン ョ シ プ オ 雨 量 ス 会 き ス 歩 セ ニ

**Word list:**

提出します
高度
期間
雨量
みなさん
振る舞う
専門の
懸念
旅行
同様の
シーズン
フェンス
明らかに
大きな
動きの
の好きな
オプション
一人で
結婚
歯磨き粉の

# Puzzle 833

ソ芸然報故歩進識芸ま囚ニリラぎ専むエ
ーきむコ京ノ別芸んチヒざセ所門家のレ
ダ向海辞ぼツ社金覧テ嶋サヌ私スク京写ド
ひ安カヌチツ会金嶋サヌ意レざ画引故登何
リツぎチェの覧狙精被ト多画室取結故写精
ハスろェッ私度害じスジッヒレスン彼だ
再海ケベモっ京がほノのヌ結ロンロケ女ー
話岸やモっ京迅電車ホ最海砂ケ世重む方
ヤギは、何に速ス砂せノ大せ砂乏読シを界
解妊ま金登社芸電ホ結開応化エリ重
ニハざ金ニト芸ス室ジ化応ロエ
進ざ金つ登社金車通ボサリシ
ふアむ登ニト芸最ニジ海
ルむコ通解や通室せ場化
セベスツひょ狙暫サ応

世界
海岸
被害者
スレッジ
電車
精度
アネモネ
専門家の
ボローを
に迅速
チェックが
ソーダ
識別する
ヤギは、
作成
取引
ケアの
シーケンス
彼女
最大の

# Puzzle 834

レベルを
今日の
送っ
人口
セットを
販売
クールな
生まれ
ノック
組織
見つけます
心の
項目
ワニ
ストッキング
編を
遊び心
ホール
物語
膝を

ヒ安レ権テクールなノ画ふ砂サ人レ
て覧狙っぐ会場テカ登芸登口百ツ
だべルワ権選心のカ場販進じ室選く
砂妊ニソ遊遊開サ退売報重ノ何論
ょ私くもびお方日本だぐ何ック摘
進場れだ見心でどサッひ弱ノ愛
場側ヌで何組テむ今まドおホむ
京投妊せっ織ノスャ暫ひおーレ物
海カ進ひけサ応せ結側レどリ語
合チしヌまひンむ百何画会せだ会
セひ圧チすっ応狙く囚権だゅ応登
クッるトキテひホ囚論所ゃふ退
ト芸くひんノ読グ狙百れふ芸応
ょヌをむスキ京京論狙れざ何や
ひ場き所ホ結ひ再む進ハ所だ阪

# Puzzle 835

シ取エろ通エぎ解重私ス精レニ然ひ
ャらぼ愛まひつ能むセノ砂読意っろ
ワ応ヌ覧ど側ホだリ愛結育腐応しで
ーっハモ金弱ャり調論エき安ぎモく
故まニセぎ所再調査ク画暫歩種応故
ノぐヱヒや れ育 ぐ こ阪ふ歩登類ヒトチ
行私トヌ圧応リ こと が や す 私権モ応
わ精キ故や場 つ 結向 つ ま す 報ヒンヌ
ぼ阪一室精つ贈ょ乏っ乏加影ュでの
ふ芸覧精向能り 物結り 精結しモろ何
ノ何 チ ド 愛 写 方 精 婚 ざ よ ロ 喜 し
会だ向 タ 安法の 船物結 二 る ん結
意 妊 愛 安 イ社論 を ふ ま 応 意 京 で
百 ひヌヌど 側 ス 阪 ラ ざ ン 意
検索覧ぼ進応二嶋ふ応ルセ結

**単語リスト**
- キー
- 昇給の
- 方法
- 検索
- しよう
- 贈り物
- 種類の
- 喜んで
- 影響する
- 会社の
- 船を
- タイガー
- ことができる
- 腐っ
- 行わ
- リスク
- 調査
- 取ら
- シャワー
- 結婚

# Puzzle 836

っノゴれモクま乏ひ百のま登故多カぽ
モ覧ブソ権セょ登ト覧チ祖力応場弱ソ
ひ合リ向精ざふ金読ヒ母むレ能ぼ
ノ選ンテ京通応向るツ権京ぎツ投ど
嶋歩嶋ひ合的交京トヒ京芸レ付せ
再暫ド道応出渉シや円やれ場けソ
向ドぎ側二乏再ェ京意れ退製サ
加だ場泥ヌ側ーだ形だ覧所品る
ゅ社く京選スク画機所意重ひの
サイテれスモ年話能ススぎ食だ
砂く再社何ニや間ソ阪連応会
ょセテ社出育ろだふ投話重所登
トリ圧能応カ画画覧ヲ海ヒ
必見ノ解選ヌ応能解嶋す論狙
辞ノ圧選報暫温度計ゅず映画

**単語リスト**
- 交渉
- 円形
- サイ
- 、必ず
- 映画
- 機能
- ホップ
- 関連付ける
- 道徳的な
- 必見
- 祖母
- 話す
- 製品の
- 温度計
- ゴブリン
- 年間
- シェード
- 食品
- のヒット
- 泥だらけの

# Puzzle 837

```
ド グ ニ ホ ダ ト と ニ ひ 重 カ ひ つ 会 貸 ク テ ぎ
私 ニ 社 ト ウ 覧 テ 言 覧 開 ブ ベ サ ひ し ロ ク ざ
っ 応 解 権 ン セ 画 ー う ス ポ ニ ー ま コ ロ 京 私
私 ラ ホ 然 の 供 子 金 側 プ ヒ ム シ 砂 故 ダ 登 海
結 ソ 意 覧 て リ し 心 覧 ム 摘 シ 結 聞 イ き べ き
喜 ク ラ だ 向 好 旺 盛 ニ じ ラ 反 教 ひ ざ ド べ 登
ぐ ス 開 百 き 京 応 ぎ し 権 場 報 授 辞 ス 弱 お 囚
幸 せ 意 多 安 海 投 モ ん ラ 加 安 ぽ 致 弱 解 主 所
セ る 能 応 ぼ 論 画 さ っ 乏 報 し 応 命 辞 お 民 加
登 ゅ 加 砂 フ ヒ ヌ 出 た サ 加 ぼ 社 的 き 投 京 投
っ ソ 読 開 ぐ ひ グ た い っ ぼ お 選 話 覧 京
金 る 退 会 登 方 室 乏 思 サ 安 ト 出 ス だ 海 投 加
乏 ク 会 登 ぐ ひ グ た い っ ぼ お 弱 話 覧 京 投
```

**Word list:**
- 聞いて
- カブトムシが
- ダウンの
- 民主的な
- 喜ん
- たい
- 教授
- 反映
- テープ
- と言う
- 幸せ
- 思い出さ
- 致命的な
- 子供の
- 好奇心旺盛
- クロス
- 貸します
- クロコダイル
- フラグ
- ポニー

# Puzzle 838

**Word list:**
- 焼く
- トカゲ
- アイ
- 少なくとも
- 学校の
- 不注意な
- 属し
- 、小数点
- 食べる
- マイグレーション・
- している
- ノット
- 描く
- 輝き
- 教会の
- 持っているが、
- 回避する
- ガス
- 飛行
- 変位

```
ょ 砂 エ 教 て 進 描 つ し 嶋 ヌ 少 育 妊 ト ノ 行
モ ド ヒ 会 加 ひ く く て ざ 覧 報 な ツ カ 飛 持
ヒ 京 ょ の 校 学 多 焼 い 覧 つ な ホ く ゲ 狙 っ
ど 解 応 圧 方 ぽ む 暫 る コ ど ク と 選 て
も ハ ひ ハ だ チ ざ れ サ き で 、 小 数 も い
ヌ 砂 愛 百 輝 ざ 応 ぼ き 圧 芸 開 食 私 ふ る
て じ 暫 ぎ き 報 化 む 圧 ク 場 べ 阪 精 が
海 選 ラ 話 狙 ろ 結 京 百 乏 百 る 解 不 、
側 室 再 ス 阪 投 画 弱 だ ホ ア 注 属
ヌ だ 場 二 サ ・ 投 京 権 っ グ イ 意 し
も ソ 場 チ 所 コ サ ン ショ レ リ ク な よ
ど 場 暫 て カ 妊 ニ し シ ー ト や く ど
回 避 す る し 芸 金 場 嶋 暫 芸 セ 変 登 セ
ク 権 だ ハ 覧 海 愛 ど 百 テ っ 位 ル 報
読 阪 つ ク 囚 海 場 お も 歩 方 応 応 故
```

# Puzzle 839

育 所 歩 お ー ル べ 解 ニ き ド ヒ パ ン の モ お
ヱ ヱ ハ 報 マ 狙 ソ ル 進 っ ひ ョ 怒 て 金 セ く
故 ド ニ グ ン ニ ー レ ト の ぐ ウ サ っ 場 砂 応
れ ょ 砂 芸 側 権 論 文 の 精 て ス ま レ 写 応 く
砂 ク 能 私 辞 投 登 っ ト ょ 海 つ 弱 化 ふ ホ ん
応 能 私 辞 ス 投 じ ゅ 合 ト レ だ ま ひ 狙 精 選
向 進 ヌ ル ノ 合 権 化 ま ぽ 権 弱 結 退 っ 解 ぼ
ニ ク 場 弱 合 権 化 や せ 意 力 つ 芸 加 っ 海 方
妊 応 ひ 本 無 テ 能 ス 権 退 場 出 ソ で ま カ 応
つ ま 妊 延 期 、 こ の し ト ぽ 長 れ 私 や 弱 多
囚 ょ デ 囚 じ 囚 室 つ ま っ 覧 ど 成 で ヌ ふ 写 妊
読 ィ ノ ろ 砂 つ ま カ 部 社 多 が 溝 い る よ う だ
き ナ プ ー ル グ ろ ざ カ 部 分 の 画 所 む じ 開 ヒ
ク ナ ろ 砂 ろ グ つ ま ザ カ 部 分 の 画 所 む じ 読
プ ー ル グ ろ ざ カ 部 分 の 画 所 む じ 開 ヒ 読

カラス
戦略は
が成長の
論文の
グループ
まで
延期
ベルト
パンの
ディナー
部分の
怒っ
ハンマー
ヒョウ
いるようだ
減らす
のトレーニング
決めます
溝が
、このような

# Puzzle 840

挿入し
稼ぐ
シール
満たさ
ネギ
脅威を
機能を
フェレット
ポケット
ソーセージが
実験
バスケットボールの
キリン
許容
保ちます
個人的に
の植物
個人
リアライズ
品質

ソ 私 進 機 保 ど ス ス 読 京 ざ 阪 テ 覧 応 ラ 歩
テ ー 海 能 ち 安 べ 向 社 妊 ぎ ソ イ ソ ト キ 芸 能 れ
ぼ っ セ を ま 金 ひ れ 私 ズ イ ヌ ネ ラ リ れ ょ 圧 ど ぽ
本 ぎ 砂 ー す ど 砂 ま 選 だ ヌ き 金 ニ ン チ 物 も せ 稼 ぐ
き 実 験 ざ ジ ぽ 室 解 品 ど 狙 ぎ コ の 化 ゃ 方 囚 ひ ヌ
芸 再 だ 向 ぐ が 私 ひ 京 ッ 歩 狙 レ 出 愛 脅 囚 社 無
も ト 方 で 所 ぽ 砂 京 側 ド 登 ど 結 化 出 威 報 ヒ 進
レ ス 意 ど ぎ 向 応 許 ツ 室 ど レ シ 方 を ひ 化 ノ
弱 せ く 場 く ど ツ 個 容 フ 室 満 ト る 室 ツ ギ
ゃ 登 乏 辞 テ 金 精 人 室 レ た ー 脅 場 開 ト
お 選 サ 社 化 ゅ ん 的 ポ ッ さ お 威 故 お
然 然 モ ラ 進 暫 チ に ケ 出 ぎ ぐ を 向
圧 ホ テ ハ サ ヌ 挿 入 し の る ッ 京 れ る ト
バ ス ケ ッ ト ボ ー ル む つ も れ ト
海 加 選 海 安 百 ち

# Puzzle 841

せ本化登こ第トオラ樹ル観コ写場選嶋スニハ
登管理調ヱ十妊応一皮出察能方精乏登だ嶋本ス歩
ドむ方向でや海を越愛む化ィル室安シ場外っ砂
むエだまれ権場弱越たえ退ノざ観拡まクゴ砂のゃ
無ぽ暫話しました弱室ざウェイクノ金投側拡覧ヌ砂
剛性の話しましたモひ教室るニだ投側方スゴ砂の
狙圧ぽ能やモひ社論室っ本場覧写百ツょ芸再
ドゃひ再嶋だ社開んざコっ本乏側だ応側方暫精多妊
論砂暫私然阪エノひ金読私ぎむ芸突化妊再
エエ社然をヌトス投読お社室進衝突ぐ
社ぼきむ阪ニソぽっ向室進衝突ぐ化多妊
ろコニソぽっ向室進衝突ぐ化多妊

拡張する
話しました
管理
調理
砂の
剛性の
樹皮
外観リンゴ
第十
ステーション
カバ
オーディション
観察
を越え
衝突
ドール
ことが多い
権限を
ウェイク
教室

# Puzzle 842

目的の
クロッカス
干ばつ
終了し
選択は
ヘッド
ピース
かむ
ランプの
ヘロン
思っ
遠征
事業
、インテリジェントな
引き出し
キューピッド
表面
経済を
何か
生産

百ヒ金だ嶋、だコニ干多ふふラ読無精
ニ故るニだイ退向解弱ばく嶋ヌセサむ
ひ思っのプンラだ進チ本つ圧室っ嶋
表囚阪的ふテリ生報登ふ百社場や
面写ぎ目ぎジ産セク応まむ投
っざ弱所ボスサ会ャ写所ふだク
ピ精スドカェ圧話る重応カ征ヱ
ょノキッヘトラ圧乏私多登だ退ま
登ュヘロ囚ラな弱ノ終登読読む
ん報ーピクひなラ経側了嶋選ノじ
報むッ読だンラ済何しむ択社べ
乏ドコ画だハを写つ出通はカ
ぞ室ニだ百覧ま登然応二むホ
トれサニ百画ハ方っ芸れ事業せ
多芸室画画ハコ方っ芸て事業愛ス

# Puzzle 843

加開ヱむ嶋テ読応会動理解エ圧ホ精話
トセ進ゃ精やろ囚物応狙圧再暫む重ひ
金説明だろヒろ化は沸弱覧圧選報選ぽ
登百だレお投い再沸ぎヌ覧むぎ多安開
ぎ結摘圧再囚甘京騰ソ報多りよお弱
向チ資論遠スイ故っ寝社だクんぎり海
おれ結凍いぐ寝常ろモっ場応方品の意
れ結育結感ろっモ応方ンぐ場加ラきク
コき開だ本投重ゃどレ覧せんリ開歩ク
スだ乏ゃカろ投重乏ドエキスパート
化て育だょカろ本報摘だエリクタエくゅ
むぎ狙ゃ狙ろ応ぽエ報安通っ合意でくト
きっ加登むヒ砂ドざ摘っ嶋クくユト故芸
加どじ無本ス私加ヱやょ意でくゅト芸

**単語リスト:**

甘い
より多くの
品の
理解
感を
引用
動物は
資格を
遠い
相手
フリージア
クリーン
エキスパート
凍結
寝室の
説明
タイトル
参加者の
沸騰
通常

---

# Puzzle 844

**単語リスト:**

キャンディ
歌う
スタイルの
先生の
オレンジ
エッジ
は決して
能力は
スティックは、
黄色
セキュリティを
バナナ
上記
ヒマワリ
リピート
トラック
スティール
距離
ヒイラギ
怠惰な

歌海方海場故愛ぼだも何圧まっキだスティ
うは無登百登ラトぎホ出クキャン読ールト
社決ヌヲ能辞進も開愛応育覧ンおラトラ
ホしむ砂辞ヒょレ辞開ろざモゅディ場クッ
ょて阪だヒ金イラ結上スハ方ろィ通ク再
ろトル安ゃっまソ記ハ圧進ぼエニ阪応
場進写ひ社、化何結圧ゅぼトッせだ出
化ぼろド能力は先妊再圧ろ進ェ多つ論
セバナ力ックの距離しエぼ圧くジ論
キ意ナスっハ生ピワ精圧退本歩なん
ュトひ加ハホィルトピー嶋育ヒ論金砂暫
リ合ゅ育ィティ話ト黄色ヒ退囚ょ怠暫
ティ話ホ場退ぼつ覧スリ応オレンジっふ論
ィを加レ退つド覧ス

# Puzzle 845

```
写 や 読 れ ト セ む ヱ 回 れ ヌ 所 応 る ま つ 注 が せ
休 暇 は ん 場 劇 囚 む ヱ 復 出 登 慎 読 能 百 妊 き ろ
ヌ ト ん ざ 京 囚 子 ふ れ が 側 ネ 重 を ギ ラ 発 ろ 発
む 開 投 京 ひ 何 歩 む ド 暫 に ツ 然 ル テ 無 精 圧 風
る 所 解 ぎ 然 ふ ひ キ 弱 通 本 カ ノ 向 愛 側 二 ン 船
個 ヱ リ っ 解 ひ ぐ モ 報 レ ク リ エ ー シ ョ ン お
別 加 っ 解 防 ま 驚 異 的 申 し 訳 あ り ま せ ん 結
の 進 ル 育 ヌ 愛 て ぼ 私 場 京 金 側 サ 誕 退 論 じ
っ 芸 む ヌ ま ノ 圧 べ 私 社 写 ヌ サ ヌ 衛 応 ぎ ぼ
再 能 ス ま 応 じ 化 ざ ト 金 側 誕 防 重 退 結 ぎ ト
リ 再 ろ 応 化 レ ざ ト だ 出 果 っ 話 無 ク ニ ョ コ
し 室 く ル レ ん 金 ヌ サ ヌ き 解 重 無 ひ 氷 だ 故
解 ひ 側 ク ん 芸 話 ク ニ ョ ク ひ 氷 だ 多 ぐ ょ 方
ひ ラ 乏 選 芸 応 然 ク ニ ョ ク ひ 氷 だ 多 ぐ ょ ん
```

回復が
チキン
たかっ
劇場は
ネギを
申し訳ありません
注が
防衛
休暇は
防ぐ
氷の
風船
慎重に
誕生の
個別の
成果
子犬
驚異的な
発見
レクリエーション

---

# Puzzle 846

伴う
セキュリティ
ナビゲート
深刻
ノートブック
燃やしました
ハンドル
トウモロコシの
計算機
一致する
含め
血液
閉じ込める
示しています
経済
食用
バンズ
と思います
占める
社会的

```
バ ヱ 然 海 燃 セ ナ ビ ゲ ー ト せ 場 セ 示 ハ 意
モ ン 応 加 や キ 弱 話 と む れ 京 じ ぼ し ン ハ
ノ サ サ 再 し ク 愛 思 話 安 社 会 的 て ド 結
て ー ソ 場 ま リ ぽ い し 一 致 す る く ル 液
ゅ 意 ト セ し テ 出 ま す ど る ベ ト 血 暫
ぎ お 意 ブ た ィ 場 す 本 故 算 れ ウ ノ ノ
だ セ 乏 ひ 故 精 深 加 ト 計 会 食 モ 経 ク
じ ク 乏 ゃ 無 ッ 刻 ょ 計 算 退 用 ロ 済 結
ソ き ス っ じ ニ 重 れ ん サ 機 通 コ ぼ 論 百
ろ 退 閉 辞 込 ヱ め る ヱ ト 化 レ シ ぼ ヒ 化
結 セ 海 伴 辞 め 登 る 合 意 ひ 向 ル の 報 意
っ 化 読 進 化 能 っ 読 占 金 摘 ふ ぎ 育 覧 ニ
や お 方 写 方 ぐ む 砂 登 辞 ス 摘 登 ヌ 話 れ む
二 辞 チ む じ る 砂 辞 で 金 登 退 話 ひ で 砂
```

# Puzzle 847

```
っ新っ進昨年ソクニ愛覧海ヱくま妊化
パ聞クぎただチだハ海女育化話ニ精ぽ
何ぎ何場ためぽ権などき女王画所まま何投歩
開ボく場めぽ読最良社ゅ応チ場ビ本解怒リラ
ぽ事ロレニ写向くっ本むヒソ暫ヌろら多ょ嶋
故実何午後を本百合画辞時ろブらべ場ト
ハ何育る定ト退つ場砂応辞京間のウ結ルト論ざ
圧退妊登ソ決無ょ加砂退合京化のあヤスルくじ
ん化ぎ能ゅ砂ク阪作砂りセど退京化りセど光くざ愛
ルレ何無ヌクん進クリだをセ狙場狙育金基写でシカ金京
だ何阪ヒニ再能多向写クだ本を場化金基ルてざ京愛
写応し進選然写ク本二会工愛京ルを育京
しツひス嶋きチ室ニ会
```

女王の
ため
事実
時間の
ブラウス
パン
怒ら
、シカ
最良
午後
基金
決定を
光沢のある
作りを
昨年
クモ
新聞
の好きな
ボローを

# Puzzle 848

いつか
実用的な
行為の
スクラブ
選択し
に沿って
茶色の
裁判所
に従って
パフィン
糖は
通常の
技術
ソフトを
、ブロッコリー
チェリー
フィット
資源
正方形の
成長を

```
社コヌぐ正方形のコ何やソんト社ひ進
ぼクチぽ何茶べぎ阪ンィフパ裁資源開摘
応ろ糖ヒ砂色所リ進トお判れラも囚
写しレは砂のざ所成だひ退を故結何権然
覧ひ読ぼセ常論成長ひ登を行為のり私か
画囚出安向通故せブ囚ブ愛く社圧囚何
ヌステ報故ぎにをロだ報ロ読的きおヱぐ
場クトムら従ク海化摘ッリまいおススも
っぐっラ然コ登砂百リア写れドスに妊き
技っコブ金狙チ化ぼ歩故実テし退沿む
術レ海狙応エリヌひ権画用選ょ故っ能
ょテフィットコーカニぼ画ヌひ的択愛妊て
故ょ囚芸コソニ覧む弱っな登阪ぽ
サ砂能進囚重で通多場話し能む
```

# Puzzle 849

簡素化クホ権加む投能責任あ防まど重の
エト何クぼ登ラコ社べぽるテ止じ通者報
同様のかっくカノ場ス合テンか愚投乏辞
ソ開重意いんお場報摘っント辞こレ精ど
リぼチ海選百金化ぎニ論て歯きれらのソ
ソ多登然権辞ぼ論狙ン開空気そら権れ
ジーケ丁辞百む論コ覧報開一圧そきぼでで
退どスむ寧警辞なニ室海報登重きぼで会
重ホっれコ告ぼだ囚通百っ開自ぐ
砂っ暫能歩コ百出過ごっ金転車のセソ
糖ひ結愛だ百百所を応報妊車解退ソ会
権っ選画意する出過報署圧重向ヱ加
阪登登嶋場し報応摘歩自転妊

歯磨き粉
簡素化
丁寧な
愚か者の
テント
愛する
そらす
責任ある
を過ごした
コートを
ソース
防止
いくつかの
自転車の
これらの
警告
空気
ケージ
砂糖
同様の

# Puzzle 850

オープナー
クッカー
関係の
臭い
結ば
チップ
ドラム
法定
雪の
キュウリ
レモネード
マップの
友人
要因
博物館キノコ
レイヴン
一般的な
スイング
同意し
豊かな

キ圧おオ博合阪だモだトせき所チ育
方ょ芸ープ百要スイング狙く再ひ投再
ぎっ応リ物因重然論結ば私能クエ応
だー般ーナキゅ重つべ合二覧退し解お
れ般くカノ臭ひ結法定多ぼ読愛ク
弱的ひろ登まッコ読百ドラせ安も権だ権
京なろ安ネドぼふ法っ安読応辞室加しか
ろ無ヌーモふせ弱もれ出室権しホ京
同だドリサだスレイヴンドレ金権まひ
意クヒざ芸本ヴン再意写出関圧れ選
しヒ私ぎ読コ登ヌ応ほ室ドク結トレ人
チップ暫無論権話ど再場写権レぐマ
れヱ再愛精ル権登場権暫ぐ友
ひゃ海愛精ル登話ド場権暫

# Puzzle 851

だ カ ょ 故 向 こ き 精 ぽ ラ ダ ー 故 然 足 の ヌ
ど 社 育 モ 歩 育 開 弱 ッ ッ ラ で ま 何 で ソ ッ
会 ち う 写 ぼ モ 化 合 画 選 合 リ ビ ジ ョ ン ロ
リ ソ ー ス っ ぼ 数 選 画 の ぽ だ ソ 暫 写 会 ・
ょ 覧 き サ 金 睡 眠 の コ 多 ソ 場 乏 の 話 耳 安
ヱ ホ つ 登 芸 会 開 権 ひ レ 海 も 削 海 読 出 ひ
摘 つ も 登 ま れ れ ひ 進 る プ 緊 解 多 意 出 カ
サ ヌ ノ 話 コ コ ゅ ぽ 重 多 ッ 急 も 投 投 シ だ
れ 本 音 楽 て 精 ぽ ク て ま モ 狙 や 無 妊 ャ 結
本 登 芸 愛 コ 覧 て ぽ 精 モ ス 狙 や 投 狙 ュ 何
登 小 御 ろ 選 多 解 狙 ク ぽ 会 も 投 覧 ー ド 出
小 麦 馳 圧 精 ツ ラ る モ ス ぎ 会 紹 報 結 で べ
麦 弱 走 セ ン チ ピ ー ド る 会 応 介 ド 開 場 べ
海 所 二 側 側 ス ス 権 多 カ 室 ト で き

皮膚
御馳走
のソロ・
睡眠
削除
リソース
ビジョン
センチピード
の耳が
紹介
ラダー
ちゃう
緊急
の足
、投資
数の
音楽
プッシュを
小麦
ヤード

# Puzzle 852

カ 圧 加 て 無 ゃ 重 ひ ト 選 む ぎ 報 画 論 ょ 無
も た い と 考 え て い ッ 満 月 は 、 ニ ス 退 辞
テ テ ま な 読 結 店 の プ 登 加 意 ヌ て 解 ぎ
む ク ド 写 多 ッ の 画 登 嶋 れ だ ひ 出 ど ノ
ド ッ ッ 進 方 で 砂 像 像 に く ょ 刑 所 コ 合
ん 摘 グ の 本 む ど が く テ 可 で 務 場 方 ク
ア ヒ ル 子 辞 し ふ っ 金 能 き や 化 安 室
囚 開 化 そ や 辞 進 応 愛 つ 融 ぼ 妊 よ ま 登
ニ ヌ チ 応 投 の 応 能 ラ 権 ょ 読 う 能
ひ 金 ブ ラ ザ や 報 タ つ チ も 私 悲 さ カ
阪 退 芸 増 加 ホ イ 報 イ ー 会 お 惨 ど を
ヱ 嶋 権 レ 然 ヌ 報 解 解 ニ ら れ 何 さ
応 ト ト ム ろ ム ふ ふ 歩 だ 困 ニ ハ ど 高
画 室 阪 ハ ス 本 っ っ 開 意 狙 ヒ だ 辞 話
ハ レ 退 ヒ っ む テ ク べ ひ ざ 報 無 解 ト

その
画像が
アヒルの子
満月は、
金融
できるよう
高さを
店の
ブラザー
可能
増加
トップ
悲惨さを
ドッグ
刑務所
ブルー
ライター
でもない
たいと考えてい
困ら

# Puzzle 853

```
世 エ 故 故 調 何 ぽ 覧 や 電 エ 摘 ド 弱 ニ 京 場
紀 ヱ 応 忘 査 京 セ 場 ざ を レ を エ 歩 ん 通 然
は ノ 狙 れ の ぎ 合 ホ 側 ニ 何 摘 化 ふ 場 シ も
合 通 む て 議 育 ホ 歩 に る 意 じ な も リ ー 退
ス 妊 む し 会 論 画 に 思 結 開 ろ な ホ ト ズ 結
モ 選 で ま 不 思 編 ぼ 暫 合 な な ル テ ラ サ 登
キ 波 の た 育 解 集 カ 愛 う テ テ ヱ フ ー れ 方
ャ キ 安 安 論 編 通 リ く 思 だ だ カ ラ 含 暫 て
ン 愛 ロ 京 思 集 高 ト 精 予 ホ 重 の ワ る き 圧
ペ 嶋 っ 投 バ 通 や 愛 覧 想 テ お ス 辞 ゅ 再 弱
ー 育 ぎ 出 ン だ し 予 し レ ド う チ の 芸 ぎ 狙
ン ヌ 通 ヱ を ハ 弱 想 ド フ ょ 重 読 場 然
場 京 ヌ 愛 投 ク ド 登 無 ラ ぼ お 方 向 ス
進 合 通 む お 安 百 待 機 カ き 再 場 応 エ
れ ぼ 育 べ 所 応 能 き ま 機 出 精 応 ス ク ニ エ
```

- 予想
- 不思議に思う
- シリーズ
- バンを
- 雹を
- スペル
- 編集
- カリフラワー
- 世紀は
- 忘れてしまった
- 待機
- キャンペーン
- 調査の
- 波の
- ホテル
- 高級
- キャロット
- 議論
- のカラフルな
- 含まれて

## Puzzle 854

```
登 加 ま 百 さ ゃ ハ コ ソ 海 コ ド 写 登 ろ
ひ モ ひ 百 イ ひ 嶋 所 出 権 出 ヨ 芸 精 所 ひ ワ 歩
ぐ 報 ょ 加 ク ょ っ も 砂 出 権 精 ゴ キ ひ の 応 ざ
自 公 う 画 リ う ひ ラ 応 砂 タ キ ン テ ー 真 キ
由 式 ヌ 花 ン ヌ 育 愛 登 愛 レ 何 ぽ テ ン ャ
ス が 応 精 グ ざ き 芸 弱 芸 レ ひ 論 ひ リ つ っ
も 帽 登 ッ 向 っ ッ ソ ひ ソ め 論 出 ア 辞 辞
ホ 子 安 ヒ ク む ク 然 結 然 し 優 私 だ リ 投
覧 ヌ ジ 海 ヒ ぎ 多 む っ い き 報 出 だ 写
男 ト ェ 無 セ 嶋 モ 失 通 失 抱 会 権 ひ 社 金
の 然 ヱ ま ム モ ぎ 望 応 望 き っ ト 合 ヒ
ハ 金 ク ツ 能 ぎ す 金 結 金 社 応 抱 方 コ チ
愛 砂 ハ ニ ハ プ る ひ て 私 通 結 見 砂 シ
応 だ ク っ ク れ っ セ る の 応 て る 囚 ョ
ろ 精 進 京 ニ 応 ロ 私 子 ム 室 む ヒ 写 ッ
く 故 応 ニ 帽 側 帽 だ の つ タ も 意 ノ ク
社 で 本 ま だ 本 も 能 結 お
論 安 通 京 合 論
```

- 優しい
- 帽子
- ターキー
- 公式
- 帽子の
- キャリア
- ショック
- サイクリング
- ワゴン
- プロセス
- 失望
- タスクの
- 真の
- ひょう
- 抱きしめ
- 見て
- 男の
- 花が
- コヨーテ
- 自由

# Puzzle 855

証配れても何べれ選て弱だ多ト然第三所
明布弱摘ー向カれ出明はノ注ヱ然ヘベル
するっ重スマナッ暫囚海安意然ルムプ登
るるょルニ権私場ュれ方チ能深まテゴ芸
トざ応批多私トどニホ画退せク登百安芸
百話ろ判加場て能加画育向コ安金テ弱百
本加出を無てル解私社せ百話然暫弱テ
ハ無だ場ドれルク私化まテぎ進結む暫
つニ登退能ー私レませ秩二写ざむ多嶋
ス京覧っノツのルグテて序れ阪結ぎツ
話然合大規模なー結ぼィ貴場多サ芸
然画応海ト解ぎ別ルジ加ウ族ふ員る
辞ゅ応ハ然カれリぼで妊ぼの役意
ど話ヱ選ぼれ故応ニした愛れ写圧側

した
クレードル
注意深い
ウィグルの
ナット
秩序
貴族の
ゴム
ルール
第三
配布する
特別な
役員の
明日は
大規模な
ヘルプ
証明する
マニュアル
デイジー
批判を

# Puzzle 856

穏やかに
近い
ネクタイ
構築
カテゴリ
完璧
ボーダー
、緑
コンパニオン
大丈夫
バレンタイン
、最近の
ランチ
影響
ミルク
ゲートは、
カタツムリ
な性質を
シット
一人で

構築安て育コ金エボセシネクタイ海何
通ノ安会ンパ覧再一画ックルル解べもソ
写ゅ芸ヱ乏ニ投ツダニトミだ夫報ソ乏
ス出妊安海オ歩ゅー近い大や然論読百
緑側く向乏ン社てで無つ愛精出だ向ヒ
、最近の社室室最近んざ穏かンだ安だ会
育ぎ化画べレ投ぽ圧やなイ安く意
ヒ退意まざベドクゲー芸タ精完ま選ど
だ能愛投カ故セコ辞バ然金璧選っ
室サな京結テゴリム重カチ歩権然
弱べ京性開ゴムツぐン論進愛写
ふひ京質登お砂ータ重論応愛
影響ト摘ハ重ゅク乏ヌじ一人でぽじん

# Puzzle 857

通つ育何ふレを解せ摘お社論し金能百
二方権ミ歩ルトケ故チ囚妊無暫ノてん進
話ぽ解む読リケヌ選む選場だききてん本
加う自応ト写スト芸コ芸だなざり化化
ろま選身目ストひマ賢故方カまアだ自
暫く語の論べひ選ク明しカ場加覧れ然
選京囚し論つ向芸選多ニドナヒだくれ
じ方セ議ろ百通故多し意ヌ場ヌっせざ
もま所ヱど意ス解狙ひバド二化ろコだ
テ登弱囚百ど解狙意解タ計化進退間ヌ
き海囚楽論し論海意ぐー室スハス重重
ドだ二向やる室阪狙むバ阪ススどれれ
意ぽ向モ京写ぐ京写るおタ写じどレト金
金ノ方嶋向選歩レトゃモブスど退

**Word list:**
うまく
自然
ケトル
自身の
計画
選んだ
語っ
目の
カナリア
スケートを
楽しむ
バター
賢明な
壊れた
ミックス
議論の
忘れ
ロープ
トマト
期間

# Puzzle 858

四レだ、ヒ場ろラじでヲドカ乏応く金
半鋭い無常れ読ト報故チ阪囚ふ退私せ
期暫っト写にの櫛侵略や結ス少やや解無
のクラド投べ然テ、権退ハ年画社海
分ひエ投登暫一所能室百乏辞やサだ画
自っ能しトべメレ室故選例メだ退室
テ貧しエ別れマの本コイオンのカッ
れでトじ場疲れ無解ドンのニ登
だ開ルょがっ応ど百ュ愛ッひ第六
先のとが向た暫暫会弱くク弱画百
摘スだじ多阪ャ百ドュチ投京画意
重摘報ヲむ何芸お方テ弱側出囚意応
クス芸ひ開ヒセ化サひソ社モ
で笑ったトセ登サまざ嶋ル

**Word list:**
鋭い
ドクター
第六
メカニック
のテーマ
チョコレート
、常に
ライオンの
先のとがった
別れの
少年
四半期の
、ポテト
貧しい
櫛の
疲れ
例外
笑った
侵略
自分の

# Puzzle 859

```
海重力ぼでニぽモぐひ読コ故スぎ選場
ラホ意世所チ加ヒ料金本れ投社ょ海会
開るざ代や辞進空理退を本ヒレヌでだ
然金金独所ラクひ会材料ストチルャどカ
ぼっだソど本まぎ安室妊故愛ャドニ然開
チ辞育っやサ再圧しグリチ歩ルっだョレ
ニ育乏や報むサグ話弱歩フ農海ぎまてだ
だチぼ報開ふ社向百力ひ家愛ろんち応ニ
ハスぎの開金応歩テぎ退出進ひ合退摘犯
将来の応貿易退カじニコ金影撮解きチ罪
セセょ紫弱応ニ、コ麦ホん退嶋芸サ応カ
応京チ色答弱応じ何海愛ろ合論チ罪論退
ょで阪ツ弱貿易退ニ撮影解き嶋カ何お
進再クのスパ、コ金何影解き論チ何退
```

料理を
天国の
、パスの
貿易
撮影
将来の
小麦粉の
空は
応答力
重農家
紫色の
独立
スチール
材料
チャンス
世代
グラフ
犯罪
スグリ

# Puzzle 860

明日
量許
七の
ブラウン
悲鳴
主要な
を明るく
レストラン
野菜を
ガチョウを
対象
歩行
圧力
ウサギ
スロー
取っ
評価
エクセリットル
被害者

```
やひ圧ふ場無結読精き取っ嶋嶋
るをソふ意愛ぎ開ンラトスレ然嶋
をソノ覧出開ア愛側ノウひニロ辞
場チョ社出話ぎチて辞嶋応ろー歩る
出で芸ゃ退トを菜野評ホろ権ヱ場るや
ひむ七投カをむト話価むガチ解ソ覧出
るっ場の応明ひレま退ャ退ョ出開ア辞
場論ルきスるレ量じカ進ソ論ベレ応ろー
ヌおんスぎサ故被だラ京ノ本ハ明ドブ
主圧力然故加ニ害っ海ハ登レ日ラヌ権
要おノ故サ阪ちや者ウ乏明レチ出ヒ圧
なノ読囚何ょどや報象応日ホブヌ権
エゅひ狙化ひ芸ソ対百海ブラ出ふで
歩クリク化ソ方芸重むサ乏ヌ圧辞せ
行出セぎっ加て阪進ぎ応悲権応進で
故読化リ加退許選芸ざ嶋鳴ふ辞嶋応
ゃツ結ッ阪ト応ルぼ場故進ふ応せ嶋
所京精む退トしぼ故く進嶋
無解意応ルぼ
```

# Puzzle 861

論応乏ど芸ニ約ぎヌレ社エエま
ヌ多チ無ニょ束必要急んれい本
ニ合る摘ュ育必要ヒ無でアモ
るノ社ヌ金読るヒお室芸投巧ー
ぎ本再摘ふる応応ん圧ルやメ
囚サ出育登辞おん愛術金ぎ巧ン
だ安ツ海意ト愛積極ニぎ妙ト
京嶋ノ退能のひ的弱話重通なベ
で視暫だオ弱社だトソ写ひ通ニ
論力添付フ読金嶋再社金ひ摘故
阪方植すァヌ読サ京ミ海権海育の
む植物をトポサ再意権ノ育市最
暫べぼ金意じヌまト権ブ民歩大
能リ何登無っレ多意読レ育権ろ
私ゃおも本ベコトぼ能私百ひッ何

必要
すぐに
フィギュア
積極的な
添付
芸術
ウエスト
急いで
サポートを
のオファー
市民の
巧妙な
も、
モーメント
視力
何も
約束
ブレーク
植物
最大の

# Puzzle 862

置く
利用可能
インチ
クラスの
実証
受け入れ
呼吸
レッスン
森林は
執行
カモを
時々
フロート
習慣
小さな
デスク
教会
病皿
デューティ
ヤギは、

登スサ応むエだフ画デ何暫阪会安ラスノぎ
ぽ社ぎクむ登ホロフむスまデ権囚結ニデュぎ愛
私セ京おホ育ットロむスクスク化ーティれ
きひヱろ精だットースどやヌ通通ひレ開ト
百ク呼だ精愛歩ラトャコ時々けッ意通登写
ざぎ吸ラろう教合ス会受サ入レンろ出海
テろ合だ覧解無のサギ報出むクス解ンコや
ぽド多嶋無摘方ラっ出ハ安ヌ実証モ出ハ
方向嶋芸通辞スラ多で場所囚育コ
結芸っス通執通ぐイ私林、証圧利用可能
場スス通辞皿行ふチも応ツ習慣重向精な
故テ病ひし登育ちも砂チ能砂ドヱヒ
海ホ登し1

# Puzzle 863

育ひ芸本ヌむニむ画ひ精会せひ砂ぼむ摘愛
石炭阪通報加嶋然解室私ハに愛室ヱ進ド
カク話最加手配歯磨ひカ投厚のつ応危険な
方ヒ方ふセル狙読私本話フテアノラカリも
んむ通暫読ヌ場ソ場スンフ海罰顧側ラ阪歩
事件能弱故無写て話だてんハ登本客方きド
通聞ヌだむ写暫し所覧はてん再無まスヒニ
読くだむ無て話だ所覧べ再るんハ乏る退電
故会ひソ写暫所覧ハむスだてん開ニ芸ぼ投
て通信話ノし場カ覧べ歩登本嶋チ芸ぼ投気
も海報摘狙覧再ヌヒ写写電方狙ハモサニ愛ぼ
話京ツリ狙方弱歩精開る登本狙方きハモ所に
買もクベん論圧能ろ嶋チ芸ぼ投写電方エや
いく意モノ選能圧嶋チ芸ぼ投気や意クク多ゅ
重意モノ選能ろ嶋チ芸ぼ投投気エ意

カリブー
フロント
最も
罰する
アクセス
手配
聞く
石炭
買い
ライラック
に危険な
通信
話は
事件
の厚さの
クック
フクロウ
顧客
電気
歯磨き粉の

# Puzzle 864

ピル
ホーク
アドレス
叫んだ
ボール
ディプロマ
オブジェクトを
動き
新しい
行い
子の
花の
膨大
アカウントを
特に
学生
旅行の
政府
愚かな
クロウ

私どじ読写ぐデん学ヱアせれひ化スっハ辞嶋読
じ重本出し愛レィ生まド政府話ソベエ辞金サ嶋ル
っ囚解結砂覧選プまレ意子のエ精にルーボどセ
ざル動きホテむ話ロスソ叫んだ花ソふ特安嶋読ルサ
ょト嶋クラも場っゅマリ化室ハ解れ進再ピノ
っ化嶋嶋トレサ辞レツ投嶋退登テ投所何まで嶋囚
ツ応ぐットを通育愚かな然ル加意投凸ハで通ノノ
アカウひろまニ新しルクル選室投囚芸通通故サ
ひひひぽスト報砂画つヌ選話結芸故れノ
セコ意ぽソクェジ開応だテ室だエベデ
登話方歩権ジクロウ応故結故れエ
旅行の応社場ブ開砂話ヌぼだエ
コ圧話ざ無オ開室じぼエてベでノ
膨ヒ大然辞意権室じだエ

# Puzzle 865

せ暫ひエ登鉱出進だ開場阪ん覧登コだ
レモ通多れひ山チリニも方ス投むせ写
ぎぐ選無場む安しヌプレイヤー反応多ウェっ
ふ葉を安は群れヌホ話エコジュールデン室向ク
子供たち論肖像覧ぼ再タスタトミの特定ュ覧くぎ
ひで通本解読登ふ辞ス応加本歩ボ解ひ多加の側
ヱ論通出ノぽド合意ス何っ退サソ再加本育退囲
セ出だ論化合しモ開画っ退ヌテじ芸社進加エ
投冷蔵庫たぐ後だテクれモ場ちゃ画暫ひスレ進加ぽ
側阪阪レ話乏れ急にスざレコぽくて役割辞

## 単語リスト

役割
スウェーデン人の
の特定
タクシー
肖像
プレイヤー
葉を
スケジュール
認める
冷蔵庫
した後
ティーチ
急に
せっけん
反応は
群れ
ボリューム
子供たちは
鉱山
ビタミン

# Puzzle 866

## 単語リスト

野球
利益
偉業の
一般な
ココア
ケース
重複
撤回
任命
複雑
ガンダー
おじいちゃんの
動物園の
絹のような
不安定
チーズ
責任
便利な
ピアノ
キャンプ

ヌ然何トド合ケースざソ意絹ヌ通暫応せ
開ょ野球ド芸まカドキ応ろのよ能私ド本ぎ
ホきろ二セ権海ャだ方 エよンムむ多安開海登応 （グリッド）

# Puzzle 867

ぽ 月 論 ヌ 委 ニ 歩 ノ お ぎ 投 ぼ ニ 選 何 ぎ 圧
テ の ス 員 登 場 権 ゃ 権 故 金 妊 投 て げ ホ 芸
ソ で ょ 会 ぎ ノ ク セ 再 出 覧 縄 結 エ 然 応
金 砂 加 嶋 リ ひ ど ク ニ ま だ 京 レ ー 隣 ん
サ 加 社 っ 意 き 登 ニ き ま タ 焼 テ 側 不 ら
特 定 る 通 ヌ ト 選 ぼ む を ぎ 能 け 話 規 く
ぎ れ 京 状 星 じ 嶋 多 沈 黙 ひ モ ひ の 則 人
実 行 に 況 が 囚 む 沈 方 退 や し 本 無 な 加
ょ 室 せ 却 合 室 ハ 応 チ ホ し 再 高 チ
画 ス 回 京 も ッ 報 監 プ っ や ホ 話 進 ひ
れ 登 避 は 育 ツ ク リ 視 ラ 本 ェ 選 応 る ど
き 場 開 何 砂 故 再 ム っ リ ト レ い 写 方 い
て 加 登 ゃ ひ 砂 ニ 本 ひ ど ま 歩 覧 ベ ル 妊 ぐ
加 る だ じ ょ ニ 本 ひ ど ま 歩 覧 ベ ル 妊 ぐ

監視
委員会
回避
隣人
不規則な
状況
星が
月の
夕焼けの
モック
却下
実行に
レビュー
ひどい
高速な
沈黙を
投げ縄
は何も
特定
プラム

# Puzzle 868

機能は、
明確な
叔父は、
クラブの
個人は
希望
山猫
ダブル
ペットの
認識
資本
結果
、年齢・
外部
入力して
ソリューションを
読み取り
フォーカス
女性の
バンワード

フ 結 ペ ッ ト の 応 ん ソ ざ ヱ 登 金 圧 ダ じ だ
ォ 加 果 京 権 ひ 意 ホ ら ク ブ の 希 ブ 写
ー 海 応 合 ま 加 っ 百 ヱ ソ っ だ 望 進 モ ル 場
カ 室 む 山 叔 リ 阪 圧 ヒ 解 個 だ バ モ ニ 重
ス 摘 ホ 猫 父 ひ 本 コ 愛 辞 人 ク は 画 ド 阪
ひ 京 ヱ ひ 選 ひ 海 テ ど 読 っ ぎ ワ ニ チ
る 阪 投 重 、 年 再 外 ル も ド ン 側 ゃ
ラ 辞 暫 ツ 報 摘 齢 二 部 ニ し 安 取 ょ 囚
権 ま 明 じ 進 エ ・ 摘 ひ ド 向 サ り 解 ニ
囚 砂 所 確 な 応 ク 資 故 妊 リ ド む 乏
ろ ど レ 女 ろ 報 進 退 摘 再 ュ ぽ 機 、
せ ラ ノ 性 入 し 無 ヌ ソ 阪 合 ー 読 能 ド
ヒ ル 開 で カ ソ だ 圧 ぼ 百 ひ シ み は
ル ぎ 狙 合 再 嶋 ド 場 カ 安 認 開 取 ョ 百
阪 側 て ノ で ど 写 き モ 識 暫 を ン

# Puzzle 869

```
ス ソ 狙 圧 ぎ ベ リ く ミ つ 故 テ も ド セ ア 暫 リ
ぐ 化 結 嶋 位 く じ 権 レ ュ る 加 も 暫 再 ー ホ 覧
セ ろ ぎ 圧 乏 置 退 ひ 辞 ソ 社 投 報 弱 ろ セ ティ ヌ
側 敬 遠 熱 心 的 主 読 出 室 軍 隊 ノ ハ 故 方 スト レ
海 登 き 精 場 自 意 通 ぐ テ ム 覧 カ 辞 ル 私 ょ れ
暫 百 ぽ 能 応 退 狙 セ 会 妊 ド ー ぼ ヤ ツ 読 す 水
セ レ レ 退 も し コ 妊 会 テ 場 金 何 社 ー ぼ 退 能 し
関 連 む コ 妊 登 の 方 、 進 ん ド 粒 子 だ 進 権 話
ツ ー ル 無 妊 の ク 場 比 較 ク ト 合 コ 然 ょ 画 本
無 妊 精 写 場 重 要 も な 然 クト じ 定 規 の れ クょ 能
精 ぼ 権 場 ま 側 せ お 要 開 的 質 本 レ ス ポ ン ス 社
べ ぎ だ 攻 撃 応 精 つ つ ま ス 加 べ 解 ツ 京
```

洪水
本質的な
ミス
粒子
レスポンスの
の重要な
位置が
自主的な
ミュージカル
ワイヤー
ハード
関連
アーティスト
、比較
敬遠
攻撃
軍隊
熱心な
定規の
ツールの

# Puzzle 870

、過去
ミル
廊下
国家
センドを
決定
動作
スノードロップ
本体
測定
チャレンジ
適用
シャウト
ウィンドウの
ホスト
ステートメント
想定
バルコニー
・ビジネス
制御を

```
安 解 本 ス ニ だ 能 本 ソ 能 故 シ ャ ウ ト 動 バ
乏 出 囚 結 ノ も れ ヌ ょ ミ 加 む 会 ト ス 作 ル
育 歩 金 結 ー 結 能 ひ 囚 ル 重 で で ニ ホ で コ
ょ じ 京 出 っ ド ハ 報 ク ど ょ ラ 選 ス ア ニ ー
じ 妊 囚 ぽ モ 阪 ロ 通 ぎ 本 安 だ ニ 故 ひ ー べ
解 再 室 ベ 何 せ 海 ッ ぽ 退 暫 投 ホ 側 ス 場
出 制 ょ ト ニ リ 登 ぽ 狙 ぼ 読 む 無 の 応
国 家 御 を ン で 進 化 狙 ソ ン ド 論 ト だ
チ 進 ニ 百 じ 何 リ 退 然 狙 芸 投 登 で 辞 安
ぎ ャ ス 重 辞 圧 れ 然 側 ょ 場 再 本 方 レ
再 ヌ レ ン 京 論 適 、 ホ 話 応 弱
能 狙 加 じ 廊 用 過 去 ビ 本 多 測
結 ざ む 重 下 暫 場 会 ネ ジ ル 定
ル れ ゃ せ エ ひ 体 ス 退 ツ
囚 ヌ 画 だ 然 ニ エ 海 サ ス 圧 定 想
場 場 ま 乏 ツ ステートメント る 定
```

# Puzzle 871

```
っだ会ぼお問場狙ハトハ室ツ投場方削
権向方歩写題も室ドネぽ社ふ能スウ除
化カられた京継百何登進むだ多ミは選
作ら報解まニ通エスケープひ故ラヌ退
歩報向ぎ化阪のセ出モャット通海囚歩
彼向女精セ会狙場がトモくドおしいじ故
応女のセ合る狙報本んツぎ権まも加化
ヱ精セ合室登ハーど報あり選ヒもも水再
京れ室登ハ歩ツ本んツぎ権意覧れ圧読
れ室登ハ歩憎しみを大学のセクション意覧
室登狙報あ選ヒもだ暫水化じで読ル圧
登チる狙報り本ツぎ権まも加読囚覧圧
ハツ本ど報り選ヒツだ暫もも加読囚歩
歩ツ本んツぎ権まもも加読囚覧れ圧読
憎しみを大学のセクション意覧れ歩読
```

ハロー
憎しみを
調整
必要と
エスケープは
参加して
おいしい
水泳
もの
大学の
セクション
問題
彼女の
ハリネズミ
祖父
があり
継続
作られた
ガチョウ
削除を

# Puzzle 872

情報
ライブラリ
ラジオ
迅速
廃液
バイクの
言語を
レモン
チェア
教え
正を
紳士
リリース
競争
日時計
パウダー
もらう
外国
悲しい
今後

```
進側ま京バ権ホ場出写むホ進チ芸
登精し出イ悲しい弱トハ狙だチ権ゃ
廃阪場ょクまカまッ狙て論ェ士ヱフ
っ液情正の私私退ぎノぎしチア写ト
ヌ安報を所リ再パぎ登くョ安報安百
社ぎ報語登芸海リウラスオ権スク嶋
まツ外言リむクウダラら士ニ合進
ツ投国ス然クノスライブ登覧ス加
育海っススま方ノ速ンド室ざクど
側投ま開ぎ迅速権ス解競スゅぎ安
き安ヱ歩リ時計ヌ意金争今狙能
権結愛ぎ日時だひぎモ後育ヱ
側画愛進摘だテダクどン
スツぎ進嶋応ひ
```

# Puzzle 873

どニゃょヌお話ひゅニリ歩加会辞報ぽんロる開ひ場ぽ論登コ芸
バジヌ理ツツっしん加再ヒ出私版テテゼ然場ハ海育所れニクぎ
報っ写一海エ化を投会重解多読場辞出版ヒ嶋再進芸嶋投通再ノ乏
ど選所ジの汚私写ドニ圧カ読場芸会私多読場ルエリやふヌ方妊
持てロノ靴然示砂クふ育んテで嶋加ヒ圧金テヒリざ応側ふ出愛
スれ室バク示しンれ暫会金リヒ投歩再本カ育意でヒやふれ妊在
故サ場ク合たるレス歩登意やざ通ニ会重んエチサヌ話側場乏
ょ能しテむだ場トク応応会ふヌ応ふドニホ金登何おれ通庫
くゃ所百摘向つリサ失何おれ話方
ヱ話やニ権恩むッ囚応れぐ側ふ出
ホぼ権然別赦本プ芸礼ぐれふヌ妊
テ権レ何つのホ芸なれサなんクク愛
合レやひい本、個々のヌんホチ通在
囚や察てくヌ応だホ精チ応通庫

、個々の
汚れを
ストリップ
在庫
支出
シーン
バッジ
恩赦
ゼロ
示した
テクノロジー
別の
出版
について
靴の
警察
持って
ロバ
理科の
失礼な

# Puzzle 874

パセリ
悲惨な
エンドウ
投票
マネー
のレコードが
の信頼
、標準的な
実行します
起動
となって
パースニップ
ミトン
道を
ランプ
全体
のような
持っていた
コーヒー
との間で

無開カ写レ無まテドチ画テ能ぼレル化
砂開開な為よのド信室重嶋京悲スな合き体
まるラクルれ頼ニ乏ノ惨然全体ハ
乏ラプエ能チニ京狙芸道向起重芸進
然くンドウふク合うドるセ投むリ
愛ぽひ重じふ退京ひ育リ投私話出
ぎマヌがよコセヒ進退ぐ所ひ
スもネどーヒパ覧ヌサ持能
場ネでーパセリ投安ぼっ権
弱サ暫セ応行応パスぼテ
ミれ海エしひらしスェ然場
トン会ひモェニでヌ間モ
芸読ルの投きょにッヌ
ま無ソ囚せ進覧プルょ
然つスひ意と標準的な
、標準的なとなって話

# Puzzle 875

所画弱だ開ダノだゃぎょふ芸の中でレ
ょトサ意海本ンょ側ド生物学論乏論応
ぎ解ぼふチ育方スきノ退ふめ化意無砂場ひ
セ出結ドパタにツモヱ割当だソ加国愛報
ヒキ他人ラッ開モャしでぼてスニ圧妊進歩
の登伝応統方ひし多砂合ニ話覧画狙精金ホ
社だニょ統的ぎヒどや私二化能ステぎるポ
だょせマレエひくっじ加し開所画再意ンジ
ニ向スタ一権意囚ソし開所画再意京モルス
向だ解ータ権囚意しくじ加開所画再意京モしハ

マネージャ
の伝統的な
スポンジ
国民の
他人に
強い
ダンスの
スペルの
のすべての
キジ
めったに
の中で
マスター
パターン
割り当て
構造
緩やかな
生物学
だけで
ボウル

# Puzzle 876

愛情の
三角
サーブ
サークル
与えました
ホッケー
最大
スリップ
少ない
ロケット
法の
鼓舞
だと思う
、山
カワウソ
お母さん
知恵
トンボ
カエル
埃っぽい

きヒだ私むニ、論進ヌ埃ス室方砂やっ会ラ
歩愛し与んむ山私ょ退ハ報場ぼ通ぼいなサ
摘情無ひんだ思本べきょっ室辞クだひむソ
鼓の法囚ツう応側も重エ圧砂ヌ何ょワぽ弱
多舞べ能投投歩京二退スヌ角登ヱくお少カ
ヒ方場精どル辞妊ト退ま京乏セモお最サエ
投場投スクル方登まれ然合意多砂場大く母ル
出投応ろ育写最トノ側然知出くにスれおさ
本ク暫故ホ写大登もも報知恵ヒリ百んく
登レむ読べブケッッ話砂進くッ本方る多ツ
レ何然べ写ブ金囚ホロ応意精所愛合んゅ嶋
乏投歩嶋場もモソぎ狙狙ノじぽ結暫合砂化

# Puzzle 877

ぽ 故 京 人 や 選 所 化 結 ラ 嵐 登 レ 出 べ も や 剣
権 モ エ 間 ぼ ま ク く サ 結 読 の 室 し ブ ー テ 加
ヌ 安 干 き 場 ク リ 応 社 状 の し ヱ サ ス ヌ ト ヒ カ 進
精 ぐ っ し 能 ャ 無 論 ょ 態 ひ ぼ ス れ む や ヱ 覧 論 二
態 ラ 側 社 ニ ト ヌ ぼ 阪 ょ む 加 能 や 狙 ん 報 登 暫 進
度 お 段 の 故 ど 辞 読 ソ む 通 っ ヱ も 阪 ソ 論 再 場
が 段 階 増 殖 う レ む ぎ ん 化 本 権 化 囚 選 ひ 育 側
っ レ 選 生 砂 ト ひ レ ぎ 再 ギ 適 ヌ 適 用 する ト 応 場 精
リ ざ 化 産 芸 ッ ュ ギ 展 フ 用 化 進 てぎ 京 愛 じ
っ ひ 産 登 故 ギ 乏 ギ ー 再 示 や ト 応 て 歩 進
所 ト 権 私 ま フ 展 示 適 や 用 愛 つ 精
も ラ ニ 阪 ゃ ー を 登 ト コ て ぎ
ぽ 投 べ 会 だ ボ ッ ク ス テ ツ
ス 足 社 が
加 摘

しばしば
足が
嵐の
干しぶどう
ポット
展示を
態度
の生産
ソート
ボックス
ギフト
ギュッ
増殖
の階段が
人間
適用する
剣テーブル
付随
ベース
状態

# Puzzle 878

サイズ
都市を
命を
速い
先の
ペット
良い
噴火
火災
眠い
声を出し
コンパクトな
単語の
獲得
楕円形の
スキル
あまりにも
チョコレートの
シーケンス
スレッジ

先 の 会 チ 火 カ 阪 単 く 狙 開 合 ひ ヌ で く ま
無 む 化 セ 噴 ぼ 語 ど ろ 覧 つ ざ ラ 然 阪 会
ょ コ ン パ ク ト な の ヱ む ス 向 ろ 会 ハ ぎ
合 ン ヌ 投 合 ッ 歩 読 レ も 暫 応 登 投 ょ まつ
加 無 歩 化 だ 何 ニ 私 狙 芸 で る 多 進 覧 ト
ま 画 ニ ヱ サ っ 獲 エ れ 百 ひ ス む ル む っ
囚 べ 出 ツ 速 い 得 出 つ サ 化 金 ん キ 読 ょ
れ だ リ ど じ 良 チ や スく イ ズ し 私 ン 読 育
場 ニ き ぼ ゃ む 妊 ン 海 ジ ッ レ 話 ケ 能 ぽ
阪 き 側 狙 っ 無 開 声 弱 ッ ト ャ ン ス 金 ゃ
あ 側 り に も や 室 海 加 楕 ソ 砂 れ ー 妊 れ
報 登 再 多 愛 方 を 命 円 結 育 ソ シ 合
ん ど 摘 ド 辞 重 市 出 形 方 愛 ト 加
ヌ ぎ し 嶋 愛 ろ ゅ 都 側 の 登 眠 い 選 妊
ヌ く 圧 京 ど ろ ニ ゃ く ゅ 眠 い 選 合

# Puzzle 879

せ立ぼ然ニ安い何れ愛場乏読愛加まツ
ょっゃ再ぎスっょ無退べ登意権然スホ狙
ヌて本嶋ドや修くノ嶋芸写教海でクソホ
でい写場ライ正やレノ育だクスニリ広スニ
ノまて話イクスバッレ百愛本後ぷしぷれルリ
もしぎ然応バポッひっつ確金何ッセ金写
リた、はツーひ選囚むトぎ化正ニャッレ芸
ソエヒサきき解精登ラ発百犬の腹室谷室ホ
てほぼ選囚精摘下百化ぶ揮ょ権虚場まひせ
私乏リ本意階通圧狙ふ謙阪場せひ
べ使進ま復摘化も安狙てべ
モ用場乏エ意所妊トニ弱なべ
狙場ソどト権ょク圧ヌまも弱
じょ投精ど向く海向ヌまも弱な

スポーツは、
ほぼ
犬の
空腹の
復帰
謙虚な
使用
ドライバー
修正
立っていました
の後に
クリップが
エクスプレス
発揮
教育
幅広
裁判官
階下
正確に
安い

---

# Puzzle 880

考える
悪い
ハンバーガー
の買い
リス
ライン
貢献
危険な
の物理的な
深い
崩壊の
鉛筆の
、最後の
完全に
感の
クレス
看護師
兵士
ノウハウの
ケアの

砂開ソふょ無弱リぐヒ妊ハ鉛本囚安辞化
考える危険な何弱もき兵ソ再筆金狙だ金っ
画合ろ登重乏きハ士権の海ホ権まて画っ
貢献ノト阪れ歩完加ンリ安会やてンふ然べ
歩っヌ画コ暫妊全場安然ライ退セ阪
ルニ覧ホド重百加意だリンクノ海ントでセト百
ぎ覧乏セ精な狙ッ多のノク京崩所のンセ結
登モぐ物理トやヒ看応合故場ヒ室無クト百
ひ金弱、最後のトャど護師悪摘妊解嶋報百
弱、最芸ソクど読の深室場ふ弱解報百
ト話向ケアの多深室場ふ弱解報百
開百ト向ケ

# Puzzle 881

社カ室サ出精ヱククル百ニもク嶋暫ト
方向登ミ応阪だ応ココ選社応ヌ応加ひ
出乏ドて室応せ室何エ覧ニ嶋やドニっ
ろ応ては石室乏で石室室お海ふヱ車る育
妊妊ひ加、イ室クイトの量わる話くコ向重セぼ
テ向加金石ポ論チ援スト結圧社狩ぎ弱安
まテ何阪登覧支組選ざニュ社ロスペ覧カせ
ハ応阪故つルサ結金弱ュざロ場りぎ改ッ安
くじ故ヌ定ぐニ化壁弱論合社ペリ改むプ覧
ノせヌル合や登壁画を狭きお室ース応ひ退フ
ど進権規はょ登論ふどをり応トヱ金ホル
で乏重ヱおふをリ応スト応ヱ金エ
写退ヱおふどをリ応ストヱ金ホエ

量の
支援
壁画を
魚の
定規は
石は
サミットは、
カップ
ウッド
改革の
興味深い
エルフ
スイカ
セロリ
ポストの
蜂の
スペース
組み合わせ
ボクシング
電車

マグ
期待
ドロップ
の親の
釣りは
クラッシュ
の代わりに
コーナー
勇敢な
ギャロップ
サービス
クライ
ヘン
目に見える
平和的な
クロック
と呼ばれる
狭い
支配的な
崩壊

# Puzzle 882

カギニ嶋ト画カでマ故クヌ退まて妊解
ラャ退重開やゅふグ狭のいじ投や二に
場ロラサれホ投お精れ親の代わり開期
ラッラむレぽ登辞進所のコー百ハ待
進プレむ重本然読のコ精ナプ阪合
釣まむサ多阪故金じ歩ロロドレ
りもややドサ読辞場テラヌクぎ
京はジャービサや化安投ヌザライ化
崩壊ヘン目画安ヱ開精ノ支ッ
クトむお스辞通論テ平精配加
ホ故化ルスヌ論も弱和的な勇
安ホ場テびダ場モ開結能敢
応意つやや弱側論登通びク登な
目にヘ見え嶋側弱登通結ぼだモ育
登レまる側弱登通結ぼだモ

# Puzzle 883

チセ応ろキヱ再室て結覧ょしせ乏
だヒヒリンタビューセ意ド圧キスハ
投告白をイリょぎトセ意ド進私くハ
摘囚白愛のヌ、ビュッド狙圧ヌスく
だをぎヌ弱方レクード所進キラスハ
側ドぎ海のハスプレひ阪百唯スハ
合向愛のヲド風故嶋科医は方長の一ヌ
会然話海ラスセレ歯ふ社ソヌ退側嶋
砂ニ意砂摘加どレ然多阪ハれト
、解所ニ砂側ドだ投摘だチ
解パニヱ然会向ヘビ告囚ヒせ
所パーだ多プ進芸妊加ひ痛場写っ阪
ド阪れろソ、解所ニ砂側ドだ投摘だ
ニ安狙覧リパニヱ然会向ヘビ告囚ヒ
出ひ囚金っーだひ意然海ビぎ白り応
覧くスだざ多プ意芸話ヱ愛イをり
乏ぎ京ゃ結報進芸だナーのンヌト
ヱ登囚故ト覧芸妊意ースラ弱タビセ
会薄ヒ解く砂砂砂妊ふスプ故クトド
る愛場弱芸ヒ加どレセ嶋レ狙て
嶋ょ暫ベテ化向ひレ歯科医ッ意圧結
ヌ場明ルに故ド然ひ社科医ドキヱ覧
し狙海ゃド暫多歯百長の進スしょ
ふート投ま投痛ルっ社方の唯圧私せ
ボレ寿光摘い場写阪ソハ一キく乏
謎のだろう摘ハれト退暫側嶋スハ

自動
スプレッド
プール
唯一の
痛い
歯科医は
寿命光
、風の
明確に
ヘビ
告白を
ボート
だろう
謎の
薄い
キス
キリンの
社長の
インタビュー
、パートナーの

# Puzzle 884

覧応ハきだぎクせ応投応百ばスチ
愛ぼきルだ狙然停止ぼサ多くひ
登登じ然ニド狙停止サ実運多ソ然
通じドニラ応ひ砂然だ登きひ合まヌ
せ登然だクニ百応ひ砂だべ登きヌ然
バクンリドニ百応ひ辞だべヒ現残し
金やリモだ側るかんチ読ンエ側画っ
や向りドまん側弱ハ阪エ側ニっ本
金ざふ側弱読ハ百エ覧嶋ょ残っ
しどはじ妊合むチ阪進百おヌ覧精写
感ホリはじ連妊嶋ろ歩百重報意
謝ど連想させ嶋歩百重精報意奪退
きホリズ連想させます私結セ多奪退
きシリーズ辞スお砂圧通む私ヌ能レ
ニ話にシリーズ選スお出無ょ通私し
やニ芸前っに選圧デー結ャカし報
然芸前シリーズ圧出無タャカし報社
れ故やっホ側をソ開結多器武京
京せ百もれ最側を開タの器武私
登無幸れ最側ソ結多側化私京ソリスト
タフなせ無ノス最いソ狙圧っど側武報社
歩タフな故せ無幸も最れいソ狙圧摘私京
退ぐコノスれいソ狙圧っど側化私ど
っ退コ狙きゃん狙ニっ多側私京ソ
歩登京れニやニゅき感謝しバクン通せ覧
方ろて加育乏無投いレニうスムヌ然

連想させます
タフな
運ば
最も幸せな
データの
スチーム
停止
奪う
リスト
残し
読ん
ドリンク
バン
現実
感謝し
のない
きれいを
前に
武器の
シリーズは

# Puzzle 885

論つイ高い故トレ然権ふ意ツおむぼレ
ぎせンチ化つベクニ場れ報テ追精まニ無摘
でンチく嶋トル二場ゅ投ノし囚化ニカコ
家京嶋が読安渡カ無報芸ト処化合場ふ
登はが金向化多し百ろお看論多べ応化
るぎ然ア砂くワトッネ護ぼ何存し再囚
ぎ観点本クー室ワドーィ進師をりつぼ囚
観登無ティトル室るフ嶋結進綿精摘狙加
登室然私ブょ化ノエツやまスろひ然故
室骨折私なヒ私く乏化結色のつャカドだ
骨ボだディスカッションのつ報ふ何圧ゃカゃまもれ
ボだヒ化乏結報ふ何圧ゃカゃまもだれ
だディスカッション
ん愛ひれ結報ふ何圧ゃカゃもだれ

必要があります
追加し
家は
が存在
ベル
候補
インチが
色の
骨折
観点
看護師を
処理
ネットワーク
ディスカッション
フィート
高い
綿を
ボルト
アクティブな
渡します

# Puzzle 886

激怒
誤差
探索
フィル
ジャケット
政府の
、したがって
ウサギの
より
、すでに
服は
管理を
評決
椅子
ムカデ
スープ・
努力の
塗料
表示される
レタス

、塗料カモトヒ登フムカデ服はき評登
れす何誤歩重カィてジャケット読レぎ決方論
エ辞で差ろむょルト登合摘ぼテ私通しチ
何く辞にだカ辞京ど報おヱ囚ス結ま
応ラ、しがって精ヌ向だお海向モ社登ス
努力の摘ニニ論金通セむ論ソもれ芸
応愛府政妊何読囚読で側しラスも報く
よ府探索カ側投ラ方ヌ能追く
ふり政カセ妊何金能ざテ弱写む激の怒
ゅハ場弱精投じ多ざテ百ーむさど怒
写コ登リょ覧レタ写でウニ
まや弱精ぎ応狙圧結ひサギス
ひ海登ベ故室ヌ育ウ乏応リ
海管理をカ故辞退退乏おぐ乏
所管理を辞読退乏応ニス

# Puzzle 887

お オ ク 解 社 ヘ お 実 登 嶋 ぐ ニ 能 ソ ゃ 登
ノ ァ 論 ん ッ 菓 砂 行 ま ざ む エ 辞 妊 モ テ
だ 意 場 せ ジ 子 開 嶋 ろ む 権 ろ 無 会 夜 精
も だ 得 ん バ を 治 し こ し け ろ 向 に 明 だ
ヒ の て ば イ 重 世 ツ ヌ お だ だ け ふ け ハ
ン ド 損 イ 業 員 ヌ リ 砂 圧 リ 砂 ク も の ゅ
愛 ル き ひ ド 芸 失 海 退 妊 開 妊 チ 向 ニ お
ヱ ー ス 囚 ト れ 何 読 場 ツ ろ 狙 ニ せ エ 愛
乏 ィ 阪 フ レ ま だ 重 平 っ し 安 場 妊 ん ん
応 フ 会 ろ ク に 野 話 無 お 狙 退 だ っ ト 話
合 チ ぽ ひ 向 写 ヌ お 読 多 登 た 通 本
て 乏 ろ ゃ ま 室 レ 読 摘 退 解 覧 い べ 故 当
だ は ひ ッ ク 読 テ 重 育 知 通 し む 脚 だ に
ひ ク ゃ ま 意 ク ソ く 社 愛 し 圧 無 お 、 脚
おそらく

**語群**

実行している
は、
ヘッジ
おそらく
ものを
家の
得て
本当に
オートバイ
治世を
、脚
夜明けの
平野
お菓子を
損失
従業員は
イベント
フィールドの
知っていた
に向けて

# Puzzle 888

**語群**

テディ
地域を
ラクダ
大声
ラッシュを
正式に
あなた
家具
火曜日の
心配
なっ
アイデアは、
様々な
うち
かかし
消防士
ブック
気に入った
削り
興奮

報 再 ゃ 地 域 を ュ シ ッ ラ 消 私 れ 出 ヱ
場 エ 然 ソ 無 り 海 ッ 化 防 妊 ヌ 写 能
様 々 な 削 り 曜 や ス 応 覧 士 れ ひ テ 重 狙
然 場 心 配 う 日 故 だ ぼ ど 出 写 私 ひ 場
ゅ ふ だ 金 ち の 金 ヱ 乏 投 結 サ ん し
ど 砂 妊 っ る 画 応 会 応 写 摘 能 ょ 本 出
む テ 暫 安 ヒ 能 サ だ ざ ラ ま 退 ふ ど
精 ふ っ 場 育 海 ハ ぐ 故 ク ひ む よ 画
何 ク ま く ま ん 通 海 囚 応 ダ 加 気 せ ニ 化
ぼ か せ せ ル テ ャ ャ 圧 何 て っ に ク つ ハ
弱 ル ぎ 無 重 つ ぎ る チ 正 然 入 妊 退 ど
育 ぎ 写 し 写 ど 会 家 安 式 育 っ ソ 興 れ
歩 セ 無 投 テ ど 具 ャ に ひ た な 奮 ニ
アイデアは、 側 し 場 ゃ ぼ く 解 声 ひ 向 阪 や 私 故 っ

# Puzzle 889

開弟をカん陽気な場ひ社バだ化だ応多
きで弱ウヒだ欲求ぽ愛がターデ無ラ側
クサ妊ボーもだ話っ写結通側フ画場読代
っ応報イまセ話おぎ室安進アざしュぽき
ているス精加京弱む妊進砂本文化でろ妊
ろ選択ツ弱のホトト、側本しトキ圧ぽっ
暫で再狙狙カンョシ側登野合キント退読
投登投歩応クスくト砂愛ニワインだ結
狙芸ぼ結合画芸つ砂通海砂カメラる
依存モト報然何ゃヒん海ニワイ加読
妊権摘む重結加力もぎ写砂摘ぽ退読
二摘向故重安チお場応然摘も妊嶋加結
重向重安進チ阪お場応然摘も妊嶋る読
私だ進覧チ阪お場応然摘も妊嶋ドク結

トピック
データが
ミッション
欲求
キャットキン
、これまで
依存
野生
ている
状態の
代替
カメラ
選択する
話して
ワイン
弟を
バタフライ
カウボーイ
文化
陽気な

# Puzzle 890

白い
スケート
関与
ホット
シナモン
等しい
推定
ズボン
月曜日
朝の
記念
仕上げ
今や
きちんと
ツリー
グレー
強打
最近
プラスチック
維持する

読然私ろ何べ圧ド写本圧テ月ス狙解然
金金ぐ能退弱朝の進だ重っ曜読ャ念多金
開む化社てれひつひぐ暫ス日ス推進会進
ニ化乏室ニ何クらぼ阪ケ読クス定会記
でム嶋向故せ圧維っま妊ーお摘ャ嶋記念て
グ化レニじズ持ぼ論私ホホチヌ弱念無
結嶋レじ加ボすれ砂愛ッスレだ記ソ
ょむ摘ー私狗ろるし報摘トラ弱画ソ権
狙ま摘ヤだ無てん海然話出白ヱ囲ぼ権
まホだ最ツ所社故ぽ仕っ論権ふ囲ぼツ
圧無べ近き摘ラ辞上精関投ニむ画む
退出強能今京ぼ辞意ヌ与れモヒ
ヒぼ打狙ひトぽ芸私重エひシナンモンス
ス登化狙ト

# Puzzle 891

ワ緩ニサれをいはひせモモ乏赤選選圧
まーいツ育らひカひまてち加採歩化ひ
本リキンセら場海能出暫ニ阪用京レト狙ハ
ラロゅグ海ゅ然ル登ょし無のむ解開ノ再
囚トーノ乏チ出っ登ドホ保証べ歩ぐ海金狙社登
ニスリコざモニ故だ室パ退百退医絶滅ひクラウ
摘砂結百だ選暫狙芸読本学ゃ許多応時計ド
カ権で読芸画工化進登社ィ解多応せ開ニ側
再ひ冒乏くま然だむ芸嶋一は習練海計もヒ
ぐラ険無ソ故だ解ー、だ会選
だ通的ん会ゃ私ノ加ひ
解ょ私ひ出進ょっ加
写れクトふ進ょっノ

出現
ストロベリー
クラウド
はいを
サル
絶滅
ワーキング
赤ちゃんの
冒険的
いらいら
雪だるま
緩い
保証
ノート
時計
医学
許可
採用
パーティーは、
練習は

# Puzzle 892

与えられた
全体の
テレビ
必要な
いつでも
隠します
含ま
休憩
所有者の
乾燥
感情の
故郷
バッタの
弱い
クレイジー
、非常に
手続きの
輸入
考えます
万人の

どれお応スャバクぐ必全ヒチ歩ど報暫圧
クレイジー弱きッむ要体テる万百ルざ方エ
、非常にクいタなの情テ感ぼ人せソレぽビ
ひ育再会エきぼ京のき続感れ権場報ヌクレ覧
然だむひ乏だ考え登まドセ手ぽ進いくテ百覧
隠しますえ砂圧ラだ報ヌ覧重でモ乾ドぽ精弱
与えられた圧会辞弱阪ぎも燥圧ク弱投
写ょルセチ覧意ト辞京ニ応でぼ何開ト圧応
所有者のリぐ育辞場ぎ乾ぼ覧出開百ニま
応ラ輸ニれ選ぽ場エニ燥応写本まぎ
お休憩入つ方ふ阪選結圧リテ百だ
退写ゅ加るり弱芸弱ヌテぽリセ弱
じ画ど精サ権能故き応セぎ本投
だ退故弱含弱芸側能っルぎ百応
もリ郷選ぼふヱ側能

# Puzzle 893

ゆ っ き 圧 辞 写 ぎ 方 ヌ ひ 百 食 応 ド サ 弱 ふ
選 ド 妊 芸 き く 京 側 選 ク 合 事 側 レ く 辞 合
ふ 傷 だ 京 精 ス ぼ ハ 圧 エ 化 場 ス だ 海 サ 選
芸 つ ゅ モ 適 ヌ 夜 ふ リ 合 暫 お 通 ひ ゃ 選
ホ い 写 論 再 切 の な 意 暫 向 る 重 ス や 投 歩
ク た ま 出 狙 社 コ 海 愛 向 砂 ワ ド 結 ド コ 私
ヱ 囚 ジ 登 き 制 チ ー せ 出 百 圧 ニ 場 愛 結 方
ニ ン ド を 制 規 ょ っ ロ だ ラ れ 辞 方 ヌ 本 ぐ
ビ ル オ 百 暫 圧 テ 圧 プ ア 緊 ざ 再 読 向 何 再
能 所 ン タ む ノ べ ハ ス ル ニ 子 病 ス 意 摘 重
共 ぎ ヨ む モ 向 ら る 張 ニ ス だ 気 ゅ だ 芸 応
、 グ レ ー だ 報 ク 育 れ ア イ デ ン テ ィ テ ィ
ノ 育 ク る ア イ デ ン テ ィ テ ィ だ 結 摘 応
辞 再 れ 精 セ ぐ 能 百 ひ 投 ゅ 退 育 せ テ

**単語リスト:**

傷ついた
病気の
タオル
緊張
トライアル
ドレス
ワールド
夜の
アプローチ
、グレー
、公共
規制を
子猫
適切な
ビルドを
意見の
クレヨン
アイデンティティ
ニンジン
食事

# Puzzle 894

**単語リスト:**

人形
改善
ゴール
怒っている
バスケットボール
ホイール
ブリード
バット
のカップル
冷たい
ケーキの
楽しい
の異なる
カーペット
常駐を
ヘア
一目
解決
退屈
英語

権 退 バ 冷 解 決 で 写 選 報 ド 愛 ト 多 ヌ 辞 故
精 屈 だ ス た む ク 重 砂 歩 登 て ぐ っ ソ 本 ヱ
然 の キ ケ い ヘ ア 多 二 再 ぐ も 辞 二 投
側 私 む だ の ッ ぎ 精 乏 ー カ 何 京 摘 嶋
砂 じ 画 リ カ ト ッ ペ ホ 暫 向 狙 だ む せ
退 せ 再 っ 阪 ッ ボ ド イ 結 育 ゃ 社 育 再
場 ヱ む 向 室 バ ク ー ル ー ャ 怒 ゴ 砂 安
常 サ れ 海 人 選 室 ホ エ 目 る む 画 無 に
駐 ヌ 場 妊 形 だ リ 英 ろ ハ 乏 て い る
を 楽 し 重 異 二 投 ブ 解 ハ 砂 怒 改 善 リ
加 モ い レ な 向 画 ヱ 金 む 解 っ 方 本 ぽ
ふ 再 重 コ る 妊 報 チ ト む 弱 ひ ぎ セ ソ モ
モ し 摘 進 通 安 ク 向 精 辞 ふ ま べ 側 ヒ
れ ヱ き ッ 登 報 べ ん 弱 ホ ヌ 然 ル ふ 再
ざ っ べ 多 再 権 権 読 ホ ヱ ル っ 方 ス

# Puzzle 895

む ひ じ ろ 登 レ 方 ハ 百 き き 境 弁 で も 暫 進 ラ
ホ テ 開 で 加 方 ス れ ん ひ 界 護 公 二 も 通 二 二 進 ホ
ニ 開 故 百 応 カ 応 や 精 き 本 士 園 状 安 弱 ど こ 弱 リ エ を ド ノ 嶋
向 む 美 っ ふ 応 弱 ぐ 本 ひ 意 を 解 写 多 選 ぼ も 誘 開 お 嶋
れ エ 砂 ニ し 論 写 カ 意 子 一 修 況 お 精 会 レ ス モ 本 ぎ っ 能 お
応 も リ ツ む い 結 ま ド モ の 声 写 む グ セ モ 再 進 流 ぽ 嶋
ゅ ヌ ぽ 出 っ 加 京 な り ハ ス の 狙 や 主 張 海 側 進 流 体 応 写
開 嶋 有 名 安 う 合 つ ハ ス だ ー き 進 圧 多 し ひ 結 意 む
ノ じ 単 に ひ 解 芸 参 照 ス だ ッ ポ ス ク ん ゃ ろ
だ ま ヒ 解 芸 通 重 ヱ 投 ぼ 論 辞 辞 ん
何 ト 画 愛 何 話 化 権 で 室
親 愛 な る き 解
る 圧 ホ 海

単語リスト:

子供
カードの
流体
弁護士を
修理を
進捗状況を
単に
どこ
公園
参照
スポーツの
主張
美しい
、グランド
親愛なる
境界
勧誘を
有名
うなり声の
巻き戻し

# Puzzle 896

単語リスト:

スプリングは
てしまった
消防士の
、再利用可能なを
しかしが
ノイズ
秘書
シェル
観察し
自動車の
グレード
有罪
シャワーが
の簡素化
レジストを
に対して
最高の
自分を
的地理
動きの

本 ス し ノ イ ズ 歩 ト 通 場 ヌ き 室 た 、 方 サ
応 で 所 ヌ 百 退 ニ む シ ェ ル 観 囚 っ 再 ぽ 会
ス 開 ハ で 方 海 暫 く 室 だ ニ 察 ま 利 愛 妊
報 プ 論 妊 精 ソ 投 ゃ グ が し 本 し 用 化 ぽ
ス 弱 リ セ ハ 妊 二 レ 能 ざ ほ 可 秘 場
有 罪 ぼ ン お 解 本 応 ー ワ 暫 乏 能 書 よ
所 ろ 育 グ 画 ぎ 化 ド ニ 権 砂 な 権 海
狙 ま 辞 何 レ は ラ 素 多 ャ っ ひ を 何 京
開 会 消 防 士 の 歩 ス 簡 ヒ 安 シ コ 分 に っ
だ 読 ぎ 的 む き 最 高 の 本 精 ざ 何 自 じ 対 出
ヱ ぎ ラ 地 ニ 動 つ 本 芸 狙 ラ っ 出 つ お し だ
場 社 狙 理 ょ し 無 エ 話 ぐ セ 自 も 阪 解 て 嶋
会 画 ソ ヒ 本 妊 二 解 だ 安 動 登 レ を 弱
ま 方 ル ベ 摘 セ 多 レ 覧 重 車 の ジ 所
モ ベ 覧 場 ぐ ヱ 愛 方 圧 二 ホ 通 囚 選 乏 方

# Puzzle 897

```
所通トや何精む重もリ出ヌ意ウべテぎ話
雇用ソ覧ざょせ育論早無プ弱ォテス開合
ト写砂所何エく海い論チ然ッ本ソニ応安
ン登方二論写通べ金ざ故カレどろんじゃ
メ演奏方ヒ百能まエぽ場エるシリだンどヒ
トイ登ヒデ弱権画て画がひノでまろべく
ッラ投面やぐ応クレハ開き何画話べいヌ覧
ミレスヌィサメまタをてひーバ暫ぱ出エ
コラステートメントびひ退値百ンメっンるい
ラヱマップは、ベサノ愛百れだべカ
```

演奏
検査の
メンバーの
雇用
値の
早い
会議は
いっぱい
ミイラ
マップは、
進める
方向ディレクター
まま
ステップ
コミットメント
面積は
準備ができて
シナリオ
ウォッチ
ステートメントを

# Puzzle 898

栄養素
検索が
たまま
ステイ
しようと
の近くに
リング
簡単な
気候
更新
物質の
泳ぐ
彼女は
不安定な
現在
敵の
画像
ヒキガエル
バイソン
単なる

```
然ル所の権出加や狙私ゃド京ま私選べ
向ざお近ヒガルひルひホ合ル囚能しん
圧ど阪くキ画ンどカ乏ス海画む解ひ
読画ぼに向結おだレステニむノど育
ホサむ登ニ写愛私単ラ育京故気権
私ホクソ応く何応まイしる画と応結
進安方登コ化何海なし側現無摘
検向カ権進せ弱方所京在ヒ弱素
敵索ト辞て弱ラ進安多更エ養登
の物がひ出泳ぐ弱彼サ歩通ひ話リ
社質ひ嶋砂くグまホ京ド栄報開
む物ろバ権ゃまリ場故阪ぐ登精も
覧場バニざソま出芸摘むひべ再
簡単なニリリ本ドク無社何る暫
ニおむぼ摘ざ室女クク合何せ
```

# Puzzle 899

```
側無圧くな使化投ゅヌし砂むプ覧は故登
出私応向否い読み取りに愛つリレェ辞ひト
ヲオ安ざせな捨て百開り摘退ェヌ選化歩く
ー百応ぐっ応な応も社じ投囚ぽ本見れ報退で
プょ弱て登だレヒ百話ぼで雪異しグ合ニろ精読ヌド
所ルくんまれスく社方狙通囚退開だなっ砂能報能通側
ツぶおニ権ふぐ社ざ通退妊以応育通やでょエ然
本大学院ニ権ふ社退京が妊影前動物、スーきエ側出ハ選然
大学院ふぐ退通エセ退妊以応育通スーき出ハ選
ラ登投私覧ひ京妊影前動物、モの定ー出選
話再投サラ応れだ金影前動物、スーき出ハ選然
ざっ芸向ヌ多京ぐもモの定ーき出ハ選然
登芸向ヌ多京ぐもモの定ーき出ハ選然
```

ワームは
一定の
読み取りに
異なる
宗教的な
以前の
の影が
雪玉
使い捨て
見え
動物、
大学院
学ぶ
池の
プレート
オープン
グロー
売り手
な否定的な
カニ

# Puzzle 900

カメ
入力は
現代
劇的
脂肪
必ず
単位を
プレス
の赤ちゃんの
内部
冷蔵庫の
男性の
そのもの
天使
ダングル
目が覚めた
ジャンプが
彼ら
提出します
作成

```
ジャンプがっし重進化応プレスゃぽ内
つチカメの赤ちんのセれむべだひ部論
ホ愛ひニぽ砂だまち所エクむホる所海
ぎ安べの向ひざ会海応妊べテひ向て私
き冷ぎヌ育現代ふ応応ぐ多だハ結ヌ京ハ
む蔵ヌやろ論登じチ提ぐ加精開ひむ側の京
開庫のエっ結弱まゃ場覧単位をリ劇何ゅ登レ砂ヌ
登の性男応で脂肪論彼ニ向入作登るそ登通育故ク
囚ょぎせ安まサヌらで弱スホ力成ングル天ものもリ
まトソ投ぐ育囚エ側ヌ登弱京所話ぼ私
```

# Puzzle 901

```
壁ふだだべ何せ通ス方ハて育狙ラひ意
もを曲価格投ソファニ画きだやククク暫お
意所線場トニ愛来解やまでや不サ退エモ芸
狙画靴でコ海投つる買まおしまきトウ病カ読
ヌ辞をざニ投芸こと登までしコ院視ひ可ぎの
ト歩チぎぐ立書こざ登社ホ愛進ぎホひ私ト応
ぎれゃぐ弱派きれ由せベビーモ退カだ投嶋写
れコ阪ま弱ノ込み狙ざ妊方プンギャッシオ圧
まヒ向出登狙ざヌ開せヲクだョリひオ方圧何
故ボトじ応ヌラクぐ詳細は、阪場ひリむリト
だルソ乏ラク開・阪場ひリむ圧何トリむ
きソ詳細は、
```

無料の
詳細は、
曲線
不可視の
シャンプー
靴を
ことができます
ベビー
理由
来る
ソファ
価格を
壁
書き込み
病院の
立派
選挙
買っ
ボトル
オプション

# Puzzle 902

困難な
いる
テイク
引っ張っ
効果の
条件が
実行
鍬を
次の
医師が
両親
の電話
アプローチを
フルーツ
失われた
盗ん
需要を
接続
ロビン
年の

```
でひコ方レぼ選チぎっ　ハホ会セ本ニ重
てひニツ芸ぎざ応スソテ　故せ百っしるヌ
て医盗ん海私クひ歩イ　引っ張育いニ狙
ニ師摘多暫暫ぎ覧圧実ク　故私張場ニ砂愛
む　年ま私ぎコひ社行モ　場弱ニ育ヱせ合
読退のだコハ然カ進ビ　ホ多育海せ応覧
ド　まょ権本所室ロ　摘ニ室もれ両話
所しぎせ然嶋く然ん　辞失本っきた論海
し再意ル画条所っ効愛　をエワた室サ親
　解困ホ妊件っ合果フ　チロれ解チ選ド
再能力狙芸が暫を投加　ーツ二おホどれ通
解ぽお難だ需社無話接　ループ会もれ両再
能　乏写何需要ニおし続　アル場んぎ論写
ぽ乏社まっ所育海ヌ出狙れ報ろどぎ結弱
```

# Puzzle 903

長さがっ登むハドクコ応摘オブト囚も
所何画重ニ能モネミてベルじ歩会会
チェーンすべのトマ合イールま向結安
エ読災害がぽ選ヤオ遠望ク通選ト育
豊富な方進何出チオれ遠テむィはふ
ど妊ざじぎまぐル社乏鏡ム写も側意ひホ
やざの戻りモひセ覧読狙室ぐれの住ホ
べどん有モラふ社んのプエスぽ社暫む
どつ会サ害が保私砂セクる弱レ会所囚
つ会ニノひ暫む存出ク故能ス多場水
会ニ嶋トろむれニろリテ何ぽし登き牛
嶋ませ側愛れニ写の故ひ嶋だん送の
安権ぽむお写布能ろテひク嶋むツカぎぽ
摘室ざ嶋写能ルくひむむツカぎぽら

**Word list:**

オベイ
チェーン
布の
定住
望遠鏡
コミュニティは、
豊富な
ブルーム
の有害が
オオヤマネコ
送ら
災害が
戻り
保存
すべての
水牛の
社会
ガソリン
のプロセスの
長さが

# Puzzle 904

歩結リ所場さ圧む囚じぐ然てヌテ京ぎ
投登サカ無よひざラハ阪論や海モ再意
ょ向読育進う愛ドセ読つチ画ル摘場や
会祖スッヌな愛ノヒ解方チス摘合応
ストイリ報ならシ所然だ登ニ出ムくクチ登
ま先サムだハシマロラ業楽ホ多ルテヌヲ
おサ登きハ解報細ぼ夢のハ超層レンニ圧だ
読登ニブ写ぐ出いララ妊チのやテリ本
乏ブラシ写ぐシ感安熱ー乏んむッ開ト
歯っニ写ホチ再方読精愛だょ可辞ぼ
登写ラホせュテ然摘ヲ情ょ何能覧重
摘投せスラク覧故社暫ホ妊向退私でぐ
スラ狙きクク覧む百社暫ホ妊化登ホ本
乏狙ムむ百摘出化応

**Word list:**

の夢の
細かい
口の
感動を
歯ブラシ
業界を
楽しま
祖先
が可能な
さようなら
サイリング
愛情
超高層
女の子の
コーム
マシン
コーチの
熱くする
ブルーベル
みなさん

# Puzzle 905

```
れ む カ 紛 私 摘 能 読 ふ 地 暫 て 乏 ニ 保 乏 サ
む ひ 場 出 リ ハ 暫 阪 然 ツ 応 示 話 持 砂 　 ラ
ス や マ 意 故 だ ス や ソ 本 を 嶋 ぼ 唆 成 達 イ
権 マ ー 私 覧 お れ サ 場 き ス し 金 本 室 　 ブ
辞 ー ク 達 成 れ ひ レ 発 結 レ ざ や ス 投 だ っ
ヌ ク 京 ゃ 成 報 む 報 モ ス カ も 狙 エ 　 ス
摘 砂 ド 訪 問 無 言 ふ 本 ド ニ 社 べ 故 ー 百
ト ラ ン ク 摩 場 ろ 芸 ド ぐ ソ ニ く 場 ジ 京
愛 ざ ウ ヱ 耗 妊 ろ て ニ ゅ 愛 ヌ 嶋 や ェ 結
合 つ ラ で ひ て 応 話 愛 む っ と 若 い ン 場
開 計 ガ ク 開 れ 話 結 ゅ っ な ノ 合 方 リ む
本 嶋 ラ 間 カ ひ 結 っ 重 ト ん ュ 話 ょ ー ニ
本 サ ス 違 ニ 社 応 加 ぼ 合 む ま て レ ナ ト
サ 妊 モ っ ュ 社 応 加 愛 精 芸 ま て レ ナ ト
ク 乏 芸 場 写 ツ 応 辞 愛 ホ 精 芸
```

トランク
ガラス
訪問
保持
間違っ
ライブ
アリーナ
ラウンド
示唆して
合計
発言
となっ
マーク
達成します
若い
地球を
達成
エージェント
紛争
摩耗

# Puzzle 906

避難
日差し
華麗な
ふわふわ
集計
への
透明
ペイント
優しく
、急速に
世紀には
ありがたいことに
招待
輝きは、
重要な
機会
、カリフラワー
見つけ
マーカー
分母の

```
ふ 登 モ 能 百 マ ハ 向 チ 画 チ ヌ 再 サ 砂 方 囚
わ 社 金 覧 セ ー ー 何 ニ 何 ャ 乏 ざ 何 レ ャ 暫
ふ ル 避 難 っ エ カ カ ャ カ ー 歩 チ セ テ エ 嶋
わ 金 難 招 側 ぽ 能 ひ ト ぽ 話 も ひ 辞 何 話 カ
画 会 ス 待 方 く 辞 ニ だ く ろ れ 多 ぽ ょ
お ニ 権 場 歩 華 見 辞 ひ 重 登 報 の 明
ソ れ ま 優 れ 麗 つ 重 な 要 ま 方 論 開 話 ぎ
ひ 権 投 し 機 な 重 要 っ ド ま 日 む し 乏
阪 何 能 解 ト ヱ ペ て イ 再 差 退 ト テ
側 京 っ 輝 き ュ 、 ン 百 し カ 出 へ 嶋
写 ひ 京 向 モ 速 急 、 登 能 リ だ の ル
読 ょ 投 覧 重 世 話 急 、 辞 重 ト ひ 嶋 化
所 本 で 何 紀 世 じ 登 重 ク ぼ き ニ
お 芸 写 何 ぎ た い 出 に ラ ま ツ ん
集 計 精 嶋 ぽ ニ 出 つ 無 ひ 砂 ひ 投
```

# Puzzle 907

変ま意進振圧っレ化賢歩結ぎス愛阪嶋
ぐ更ろカる暫メ冬くリれ何解報くヌベ
エンドウ豆はのイカルイ学もっ妊応応ノ
報開も選摘ま精カハ竜ふシつ的登能ニ妊ハ
れも応読まる選歩ひシータ解場写室登何
画くセ投しニぎ重金読ーど進多故だ選サ
通方投のニクンベ金読カニ京登写愛ク側
ベイチ本話クン金読一ス覧ル進まツ私っ
親ク本ノスシルベイっカニ写弱摘北リ選
切ど妊ヌ本ろョイっセモろクせっ再精妊
むょカ本開弱エモヒ向安方が愛ツ極画報エリ
ストカ妊開覧辞ヒろ
進ょ妊覧開弱エモ
ぎ故金ょ辞ヒ向安方が愛ツ極画報エ登百

竜が
イチゴの
ターンを
北極
エンドウ豆は
学術的
シート
ショットが
イベントを
ちょっと
親切
ポーズ
電話
スカート
振る
イルカの
変更
賢く
メインが
冬の

# Puzzle 908

パイナップル
協力します
脅威
スプリング
車両
俳優
変数
解説
熱帯
ので、
スライド
暖炉
不適切な
暖炉の
叔父
仕事を
まだ
管理します
太字
条約

熱帯しスぽ摘くヌき化ヒ解読しモ何管歩摘ハむぎ加コ無嶋っ私ん出出
私だ化き乏向解側報ラテ所囚セ理しむカ協再会私出
退し二育リ進ぼ社ぽ場暖るますカ協会室報百だ
ノしセ金変多チひれヌ囚炉だ論再会約テ妊狙
しセラまン育脅威ぐ出でてひライド優開室条だて
覧嶋せ数向グ多適選金叔スライド室条妊るホ
退もエ暖炉ヌ加不話なドむ権父俳室条約妊砂
れぼ何ハ百だ歩砂芸ニ太多進ホぎ狙
ナ車だ再サ二でゅ話を弱進室砂ス
ッ両じ画砂でラ本事登コ俳私る
プ進コ所愛レ仕ヌろ優多
ルモコニぼ芸精ハしぽ私る
ざカ摘安ざっ解出所側私ひぎる嶋で私囚

# Puzzle 909

トレニ摘むリ覧通ざペトッラフま意囚
お画育応っ多ょ登報ーむエ話所購育多
て退然乏ほとんし室読ビス投符むっ重レ
側き不選あべこだ京海辞お選号質ぐチリ
滅ト安あんてだ応安スノネむ問方サた芸
び合写読っ話京ヒゅヌイルっ嶋ィラく欺
るぐ読阪京だ登ど投妊側をソ再おデさよ
が退阪し登ホ覧出本れ所ぽハ会ょイんれ
、ょ辞然モっ芸金乏退意選社成側ヌのセ
べ応然歩し場だ芸むスヌ選功む合ニしド
ホる歩出育ラホっ金芸ぽ投砂側登圧嶋芸
ヌよ育ハ再画摘選ヌひ社成ホテ狙鉛私り
覧も育ヌし室側進ヌクひレ狙だ権筆私ゃ
コ百ハ再摘選ヌひレ狙お加だ狙権私ぼ
ろ所し室側進囚クひレ狙お加だ狙権筆私

質問を
私達の
滅びるが、
のボイド
ほとんど
成功
プルを
フラット
符号
たくさんの
欺く
ボディ
あること
鉛筆
購入
ペース
ネイル
ビート
不安
アクション

# Puzzle 910

ささげる
右の
鳥の
の連続した
範囲を
土曜日に
聞きます
のいずれか
陪審員を
背の高い
前方
ウエスタン
つつく
朝食
本棚
高貴な
適格
笑える
オプションの
シーズン

ヌ何辞通ぎ登っニトハクるだょれ背コ
も画つラく狙も弱場きょ適応進ルれ覧鳥の右
朝食妊スヒ本論場オき適格かなれ高い右のテ
食写ろじ歩んひルふ画ドひぎウ貴ずお阪べ加
だ金ラし意ト然プトふクぎエずむ場ひも
ひ安向おッ嶋登然ショコひ陪スひ曜っにざ
安会どぎやヌト解妊ンのびタ囚じ日ニし
ハ圧進ヌお故無続続すしンへ土ろ場読通
圧進せカチむ報応権範けてル砂能読重
せ海むぼロチ読愛嶋本精ノ弱ニ合二
ひ無前ツムョ報範本投ぐ精摘会ルエ
精れ会ツむ室笑さ囲投げさ圧ぎ再ニ

# Puzzle 911

重 ふ ひ る 育 ひ っ 嶋 辞 だ 話 ヌ お 芸 何 嶋 べ
る 場 テ 辞 意 会 化 意 愛 嶋 ネ 応 し ょ チ つ 狙 妊 ド
も ク 成 分 ぼ 話 本 本 意 か セ の ぎ こ じ 狙 妊 で 権
話 っ ク れ リ だ 場 場 解 ら ッ 権 ノ ピ こ リ 能 ザ
読 ニ モ 会 話 ノ 多 多 歩 通 登 ひ 側 リ 通 化 圧
、 キ ツ ぎ 解 ド ニ 写 や 応 ヱ ひ 、 ド す 故 開 大
再 金 ネ ひ モ ン 多 ル 重 ヱ ホ 育 こ 合 っ た 圧
愛 て ホ 精 社 タ ウ 暫 チ 通 ド 孤 べ ヌ ト だ 京
読 然 社 狙 む ス チ る ょ 重 独 な 範 ト ょ 京
だ 愛 狙 ク ド 解 結 金 株 量 む 囲 チ 私 で
ふ 側 リ 能 登 ブ れ 式 納 内 本 意
や 阪 ヘ 結 精 エ 囚 無 海 話 屋 チ ざ
阪 会 京 暫 だ ヒ お 化 手 圧 故 開 る
環 京 し 投 ク ヱ お 狙 ぼ エ む れ ざ 私 で
境 ゅ

**Word list:**
ピザ
成分
カブ
、キツネ
環境
ヘリコプター
株式
会話
納屋
モンスター
手の
マウス
重量
巨大
からの
ネック
、ここで
孤独な
スタンド
範囲内

# Puzzle 912

ケ っ 座 室 屋 外 で や 金 む お エ 離 暫 ろ 芸 ヱ 能
カ フ 弱 っ ヱ ひ せ す カ 能 ど 辞 れ ヱ る 応 ヱ 場 登 ね
百 カ ィ ス む 話 嶋 さ ソ セ チ ぐ 阪 出 開 ラ む 結 尋 ス っ 権 限 む 暫 権
リ 故 ホ ア サ 投 エ つ ギ ホ 金 ヌ 暫 ざ コ だ 尋 ハ
論 ハ エ ヱ ゃ 通 話 に で 何 ニ 方 無 社 加 ヌ 何 砂 ニ 能
育 ハ ゃ っ 出 読 無 十 ょ も 加 歩 圧 私 で ジュース
エ ヌ ル ツ 能 非 何 で 何 暫 も 京 ニ 合 室 妊 故 チ
荒 野 重 す 難 百 芸 り 覧 ひ れ 側 嶋 社 ス リ
囚 場 精 ょ ヒ 出 ひ 読 多 可 応 ツ テ 妊 話 だ
結 せ む ニ や ぼ ン 読 ょ 能 ひ 芸 所 ホ リ
ど チ 突 社 フ テ ぐ ホ 多 っ 画 側 リ だ
だ ェ 風 乏 ォ 精 カ 無 っ ざ テ 化
ぽ ッ 傾 包 暫 圧 論 ひ ざ サ
再 ク 方 斜 歩 ヒ だ っ 能 読 く ぐ

**Word list:**
フォロー
屋外で
カーテン
する非難
包む
突風
もつれ
ケフィア
座っ
荒野
ジュース
に十分な
何でも
権限
やすさ
離れ
可能な
チェック
傾斜
尋ね

# Puzzle 913

セ何辞ゃふ合ドんっ投スひレ幸をスお
リ会れ重再投ク阪カ金ハ化会せ場失う
ツ要ゲーロい弱コ想セっなゃなくな結う
せ求ムチロテ辞進何仮ーイマヌむだ登退
画まチ何じ出ぼ会囚ブヌ論退ふぎ芸場サ
京き再ざ向べべ結通室ドブ選何多読ヌサ
で辞ざ無教結ニ阪進選でせぎ芸分所レレ
精ニキヒ師スリ囚室覧砂ふ多読せモ乏囚
ゅれヒャ進ラバ進海選進すスでむ方ルモ
ノぎ進ぎ故フハや乏ぽ何砂破壊るじ所社
ゅどぎ登応百解クしるリチしたまレチし阪
れコ登結ホ再開せむロ場ニレだた社まし
ヌラ結チクャト進ド場ニレだ

## 単語リスト

壊した
バッグ
多分
ました
マイナーの
幸せな
ブロー
要求
の仮想
破壊する
ブレンド
キャリー
ハーフ
なくなっ
夏の
趣味
教師
ゲーム
を失う
いった

# Puzzle 914

摘ホチサテ唐辛子を室モ側解然ニ
レ阪嶋スょ妊お百科学者ニぐ育能
消しゴムの摘何っ選スャひヌ
れ精モき論投サ京加れチふ
だ海ヒッしハ化因解加で報エ
重覧クトまり読ハ振化安能弱
退っビ育、スり場何ふにテひ向
何解現安特入能べょ退テ狩出解
妊モニ表っ定再再私愛もすだ図
ニハぽ暫トがろぼコ大人社画べ
所イスクンのおが棚安囚場結べ
室グンスタ精食器権然ドルを得説画
ホがコ登京ぽ圧話得む明らかにするニ
ネイティブ精食圧然室れ理ゃ故やむ明
当事者はひぼ室れぽ由ゃ故
暫ゃだょ本然ヒ理ゃ

## 単語リスト

ネイティブ
消しゴムの
の入り口
、特定の
かなり
、大人を
ビット
当事者は
横に振りました
明らかにする
理由を
唐辛子を
インスタントが
ハングが
説得
意図する
食器棚
検出
科学者
表現

# Puzzle 915

登だで覧意読まききどニ試意ラヱ患ド
安ぼま通レ圧やたじ愛サ歩行ン投者る
圧能やもノ落意っ多乏出百育ソし　本
をを介して意ちゅ圧写無選、狙ま権ム
見サ辞て方ちニペ囚室後育応モ素海ホ
てツ報多ハスニ解リ嶋リノそ重会敵る
ソ話拡ひコニぐ論向だ向レ京の出な本
て本張カリべレ加砂砂レ応再モ会金応
能場育ふ除意モし何家ベモ愛進結愛合
登育カいモ室し論ぼステ砂応向じ何狙
の力しス室二論開っま家ぼセびダ通て
ほ妊解ニセ合育所まヒ賃ツ精砂何権阪
かク写会私ゃ所化だ週のルヒ解研き退
　応ぼ通　育ゃ画だのモ解究海話リ

ペニー
リラックス
スツール
家賃の
試行
除い
を介して
その後、
トーク
のほか
の素敵な
週の
夕食
研究
を見て
拡張
また
落ちた
ランダム
患者

# Puzzle 916

能じ応金歩ひ場チ側も　向退くく能金
提重っアラトゥのの圧ぼ覧サむてせチ
供いアニトだュハ報町銀出サぎイ弱ハ
ぎきニ化だ権ー側行暫投論ッちょ弱ぎ
向ちハ無じむリ然登オフて化ぎぎっ
逮デ退辞り砂側エろど私リきリ登
重ドハ辞京だ育私精ス意ムチ重嶋
愛選弱セタ選だセ故ひホ覧ル重
ぎひ意話まどコンろぐカ食て段落
ゃ囚お所芸きブ選トんホ会ぽ分析
金トヱ所囚ぎをおムシ退読スぽ析
まヌイ形式意投妊チシ読歩ス
カ退育タックチれ読解ざドンス

ものの
オフ
ディスターブを
銀行
機関
提供
イタチ
サンドイッチ
アラート
重い
食べて
チューリップ
町の
逮捕
分析
形式
テントウムシ
段落
しわの
ストリーム

# Puzzle 917

選 テ だ 金 化 無 化 登 権 分 ヒ 通 ざ コ 故 ヒ
覧 カ 与 会 視 暫 覧 室 能 ぼ 割 出 出 し 話 だ
じ 重 え ふ 百 き っ 写 ド ど 重 進 ぎ 論 ま し 嶋
嶋 じ る 合 芸 結 ま ク 戦 だ 登 重 む る 二 再 嶋
投 登 る 会 加 写 じ ス ク 争 画 重 ふ 圧 側 ま 応
ス せ 登 化 化 ク サ 開 社 延 だ む の 中 何 意 二
ク 中 せ し 引 取 投 戦 延 期 通 セ 海 コ 辞 結 出
ヒ ぎ 写 ま 阪 意 お 期 室 お ト や 合 感 ぽ テ ま
権 せ 程 多 ミ 写 室 で 写 進 ひ ト 安 触 進 意
ハ ひ 何 度 ラ コ 室 何 面 を ん エ だ 入 非 嶋 に
所 出 し 海 て 乏 で ふ 然 お も の ホ 植 常 阪 だ
重 歩 出 百 京 機 月 面 ふ 覧 て カ 権 者 に ク
何 コ て セ 物 テ モ 金 覧 権 ノ 嶋 社 向 が だ
コ レ ク ト 博 砂 登 多 ゅ 権 ん 向
く レ エ ひ 百 サ も 然 向 ノ 社

感触
月面
するものと
博物館の
延期を
分割
コレクト
中程度の
おばあちゃん
中間の
砂漠の
入植者が
非常に
与える
動機の
戦争
無視
ミラー
敷く
取引

# Puzzle 918

レース
調べる
雄鶏の
民間
を通じて
混乱
日曜日
悲劇的な
比較
羊の
契約
通学
ビュー
エンド
テストを
人気の
テロ
スコア
アイリス
健康

ニ 室 ス 人 む 進 コ お 海 権 合 妊 カ 解 会 ぎ 会
再 方 ま 気 ぼ 比 京 社 ホ ホ べ 写 二 育 応 場 場
無 摘 だ の 羊 較 育 通 ス リ る イ せ エ 京 べ 化
健 ゃ 安 セ 民 間 学 コ を ア や ン 意 ぼ 覧 阪
ま 康 報 雄 し 化 テ 本 ト ぽ か 通 ド 方 く ト
カ し 阪 話 側 る ロ リ 登 砂 ふ 乏 ニ だ ノ 室
ま 安 場 っ 調 阪 ド ど ま ょ 悲 的 な 契 応 進
だ ル も ふ べ カ ノ ホ ぎ ニ 劇 ひ 契 約 金 金
百 モ 狙 し る ホ ゅ ニ る 本 所 故 だ 弱 モ
混 ホ 何 ク つ ゅ 解 向 向 ひ 私 側 解 じ だ ハ
っ 乱 だ ニ 合 ど 再 乏 も て 辞 ぎ 場 べ 意 ざ
通 リ ビ つ だ ヒ 写 日 室 ニ ヌ ぎ お べ カ る
ひ ス シ く ク じ 日 曜 登 サ 金 じ ラ 解
ざ ー レ ド 曜 日 乏 室 金 ソ 向 ど
覧 場 方 覧 場 ス ル も 狙 き 選 じ 通 向

# Puzzle 919

登でサメガネ論嶋ツカ余選退場歩っコ
ス開愛場だニ所安権ひ応裕が危社っヌホコ
ひ暫登れむ阪ひふ速コ話だ権ひ解性を動海コ
てぎ地土レオイバに失最意トルしヒ動行コ
のトスニフでん暫まくラ初や辞権ざゅ論阪
ス能圧ひスク権お投妊囚の側だ社無報ん写
コ一話ニセヌ摘圧辞退スひも然応ソセ二追登
同ひセ摘進ひむ阪スひソ応然辞し育権退育重
ひじ摘進ひむぽノツ応金嶋然答え京然ヌょ
ど会圧のチ狙妊どき育ソ奇投え然京ヌ精
飛行機のチ狙妊むセ愛摘まソ安な解ヒは結婚結応
社ルカぼルむ進育ぽひ妙投え京然ヌ応
妊場登ヌ百セ愛摘ま安な解ヒは婚結応

同じ
結婚は
に失敗
同一
奇妙な
ゴースト
セル
コストの
スニフ
土地の
危険性を
答えは
追求
バイオレット
最初の
余裕が
行動を
メガネ
飛行機の
に迅速

# Puzzle 920

と同様の
好む
天気
の価値を
スケルトン
イレーサー
外を
トライ
時間
卵に
緑、
スクーター
プレイ
シェア
消え
苦しみ
典型的な
塗る
地理
ティーポット

塗るシェアクコ重し妊ホ読投だ解ヱ重ス砂
と同様の時間地スぼし退室リれ出再選砂写安
権写お無せ応囚読消暫重ヱスケ通ステもの
ひ本会ヱ育妊にょ金えせ故スルぼっ価値を
出加ん摘所阪選摘ってや京ヌ芸モトン出値を権だ
論ん所海プレイ外を退オィ論所れ愛をコ化社
弱報だ報摘京方もソィ無砂ゃれこ社べ
だッれ報京圧天ひ典金的なぽヱモニぐ応
場ス開摘ょ気狙退型だ百重摘テひ辞開社
再開き選室通ヌセ室重ぼぼモコひ海百テ
百海緑、砂読投芸狙報苦しコ海社
無会ふぽょ会何れ百しみふむ社百テ

# Puzzle 921

何京ス海ト陸じ妊応方表す読本サ場リ
ざ社登しリ上っだヌ登エ素っ嶋ス敵ス
独立性をッ競ただクベ出ソぎ進ニドノな
の向ざやタリクまベニドさ金会ろれノ
家ざ向だッグッ頻ツは化みろふ写騎れ
族然弱読タて暫繁本方末てろ通れ士場
に故ハ阪読ぐ方に再合週意社意ヒ阪育
向最社芸芸で応所進二重歩ルレ砂二
写悪イン愛ソ経合百弱ヱじヒひ重
権チ報まむニ験ニ合おやハ退ま画
ノせダジ側ニのおアトむレや阪
れや圧登ヱ数解ー登えムざ然ヒは
ヒ押下圧ヱ解一登えや無ざ然で
合圧ヌてクぎ話百サ方絶対っ何で画は阪

**ワードリスト**

サポート
経験の
表す
押下
トリック
ダイジェスト
独立性を
騎士は
数える
最悪
の家族に
陸上競技
はさみ
アヒル
素敵な
タッチをし
インデックス
頻繁に
絶対
週末は、

# Puzzle 922

**ワードリスト**

利点
の問題に
自身は
相互作用
スタイル
、まだ
カブトムシ
モーテル
民俗
結合
標準
ブラシ
古い
クマは、
、リンゴ
跳んだ
簡単
恐
躊躇
発生

**グリッド**

重ぼ出コ報側るくつノ通化ど写出ど応
チ合報妊室、リンゴレ再し百ハ化ろ阪
読ん愛ぎ妊辞金嶋せニ故クヒ然せ登
ソ画ハドセ意モ結せだク覧ヌ乏ラ歩
古いホ方愛んヱ海合百安ホマもだ通
カブトムシ躊躇べ百民安砂もに乏
向辞やお狙ぼふつ恐民俗エ利写ひだ
れっ化ニ作、嶋れろ阪写ろ覧ん
登相互愛まラ跳写重だ開問京
モニしクだん安応重サ私ブ向ヒ
ぎーセス無安お場てんラしニ室
だぎテ身登標場ドどシヌき
じっル発生準場金ましでリ重
スク辞京ニやハ摘選単スハ加

# Puzzle 923

ロ　ゅ　安　子　写　縫　乏　し　で　進　応　で　ゅ　場　く　本　レ
ッ　囚　軍　き　嶋　羊　製　再　ド　向　安　圧　精　ク　ニ　ど　も　加
ク　軍　ゅ　登　愛　室　く　暫　ま　ヌ　妊　ド　嶋　サ　モ　会　し　阪
嶋　故　安　っ　画　退　て　安　ひ　室　ひ　ス　圧　乏　し　カ　チ
ニ　ル　解　休　再　っ　人　友　の　障　ま　ひ　選　お　選　本　再　べ
お　故　れ　く　ょ　精　境　返　開　害　先　ス　砂　加　ろ　登　ひ　っ
砂　れ　無　ひ　ぽ　加　環　京　遠　発　も　写　ろ　ル　き　ヱ　再　通
せ　ゃ　割　画　チ　画　京　加　く　場　ち　方　お　ぎ　ま　ニ　セ　じ
進　多　り　心　阪　ノ　く　海　百　再　故　お　会　り　ぽ　何　妊
多　ひ　つ　込　投　テ　会　報　お　加　精　嶋　乏　合　つ　輸
金　ヒ　み　多　臓　応　側　ざ　場　ニ　化　権　金　写　金　送
ど　金　レ　ま　ヌ　百　必　だ　報　歩　海　報　投　囚
開　の　鼻　愛　歩　ト　死　無　ト　れ　ひ　運　ト　っ　き　レ　出

もちろんの
写真
遠く
割り込み
返信
休日の
障害
の鼻
つま先
心臓
環境の
の友人の
ロック
開発
必死
軍事
幸
輸送
縫製
子羊

# Puzzle 924

結果は
利用可能な
医療
ます
川の
サイト
行動
卵の
アメリカの
キャビン
有する
シンプルな
無意味な
正しい
運動
日の
操作
フリッパー
専門の
専門家の

ク　有　する　選　弱　会　阪　妊　ぼ　コ　出　多　ヒ　　し　医　化
ん　や　む　ま　進　乏　室　ク　ヌ　然　シ　ど　加　ル　な　療　弱
ヒ　育　し　む　囚　リ　然　金　で　ン　プ　阪　所　ア　味　歩　専
や　能　登　結　果　は　れ　開　ハ　利　加　メ　意　ろ　門
運　動　行　動　正　ひ　だ　む　っ　ル　用　ょ　リ　無　ッ　の
再　京　進　方　妊　ス　サ　ゅ　歩　可　ふ　カ　所　登　向　家
社　む　れ　応　投　海　い　ソ　べ　能　く　の　お　ツ　阪　門
弱　百　意　摘　ル　つ　ぎ　側　本　な　暫　百　ニ　く　妊
多　ろ　っ　方　エ　辞　選　ろ　お　登　故　ぎ　解　パ　百
ひ　テ　だ　ツ　圧　ト　囚　っ　通　開　会　ヌ　ー　辞
精　ニ　能　川　だ　百　海　キ　日　京　室　パ　ク
卵　芸　の　阪　選　き　阪　ャ　側　通　何　ス　だ
の　せ　コ　ヱ　育　化　嶋　ビ　ン　投　意　フ　リ　ッ　パ　ー　辞
嶋　コ　ヱ　育　化　ン　っ　べ　囚　サ　イ　ト　然　安

# Puzzle 925

再 ニ 退 じ ま パ 重 ひ 無 つ ア 画 阪 ど 開 無 ニ
お ど れ っ リ イ じ ま だ じ ク 写 お れ ょ 論 重
コ 部 弱 だ 男 再 重 ロ せ 重 テ 妊 共 暫 ょ も 場
サ 加 門 ょ コ 画 サ レ ッ 写 ィ 育 通 、 る 囚 選
暫 加 画 ハ レ ノ ニ ェ セ き ブ 謝 最 ょ 解 開 し
連 絡 先 サ ャ 意 弱 ス ト だ エ 罪 近 出 破 狙 社
加 れ 何 弱 き ざ ぼ ざ 写 ぼ 種 加 京 ろ 壊 選 し
ぽ 登 応 っ ゃ 応 精 ャ 場 投 阪 歩 ひ こ 弱 く く
ヱ 家 ラ ぽ チ き 恐 チ 品 ソ ソ 妊 妊 ま ろ 再 っ
狙 族 ジ 論 だ 応 怖 ニ ひ ひ ニ 承 承 ろ 登 投 阪
プ セ 論 だ の の 愛 場 解 解 認 ろ ス チ 報 ホ
ッ ク 整 歩 側 ら ょ 芸 辞 辞 金 ス 場 読 ゃ 権
ョ シ 応 理 ト コ ら ク つ 辞 加 ひ 海 ソ 狙 ホ
シ ョ 精 砂 ス ク つ 進 進 室 加 や だ 場 し ホ
ュ セ 砂 化 ハ 何 砂 ス レ レ 因 ぎ ぎ 乏 い 狙
意 ホ 歩 ハ 何 砂 ス レ レ 囚 ラ 選 嬉 し い

品種
嬉しい
恐怖の
整理
破壊
尊重
プッシュ
謝罪
承認
共通
クジラ
部門
セクションの
つららの
アクティブ
男が
パイロット
、最近
連絡先
家族

# Puzzle 926

シンク
中央
寛大
知識を
ボード
火傷を
送信
行く
痛み
カップケーキ
グレープ
バー
ライオン
ピンク
成熟
バス
法的には
古代
冗談
具体的な

寛 阪 弱 投 や サ ク 古 カ ボ だ や 社 ぐ セ 冗
大 読 歩 暫 ヌ ク 画 代 ッ ー ヌ セ 精 ク や 談
暫 ニ サ 応 き ヌ ろ ん プ ヌ ド エ 圧 再 ろ 故
場 故 中 や グ ツ ん ヌ ケ ド じ ド っ 京 ニ ツ
テ に 央 化 お ひ れ ー ラ オ イ 投 セ 多 ル
ホ 合 て 安 弱 て 具 キ 暫 海 バ 火 ニ 熟 ド
加 っ 何 退 選 体 加 プ ノ 覧 育 傷 論 側 ぎ
送 ク 投 ニ は に 法 ハ 場 ざ ス を 成 知 安
れ 信 登 応 嶋 ツ モ 報 狙 き 痛 育 識 ヌ ク
多 っ ス ヱ 投 妊 だ 意 会 登 み 化 べ 権 妊
ま 何 じ ひ べ く セ ど 私 多 で 弱 覧 意 場
能 ラ シ る 退 だ 然 囚 読 だ 乏 て ト 応
会 行 ン ク ル ャ ノ 妊 側 読 ざ 然 リ ま
本 能 コ ピ 無 ツ ス ヒ 金 む 圧 セ ひ れ
リ で 話 会 辞 暫 合 れ カ 方 ぼ 報 き 応

# Puzzle 927

愛再リセ重ト何妊っ愛安洗れるだトっ
むっ所れコス私応通読じ浄つょクヌの
現在の何加イ応ンバが重海遅水曜日母
出退能ト砂カスョーシくィい側ツノ叔
辞進ぎ砂砂ヒホ社応シだ加魅ノ精し読
暫る応っデろむ狙結ク結平力乏登読れ
想像ょ私ス病リ多ニだ二和辞ふ応れ応
チ開ル本気ざモざ多トもろ化ぎ場おお
金お平ろ室ひニ海トクニ狙も写妊育母
ヌめ均ル意画れざ重金コ能乏むど会し
ホで化ぎ報芸読重っノぶざぎテ登テ読
タと場砂写ヤニどソブウまも方ぐトお
ルう誰コぽ化ギれぽふゅと側登側コ応
誇りかせれ出圧てカふぼ側弱ひむ応応
ぎ辞のてひ登カ読故ひ化覧れ摘解弱ひ

誰かの
フィクション
現在の
誇り
水曜日の
平和
おめでとう
病気
ホタル
ヤギ
叔母の
カバーが
コイン
平均
洗浄
魅力
ブドウ
想像
遅い
デスクを

# Puzzle 928

サンドキャッスル
下降
曇らせる
フェンシング
、適切な
ハムスター
メジャー
アドバイスを
ニュース
願いを
ディテール
安全が
、より良い
惑星
開催
タウント
メディア
明確化
キャップ
旅行

論ベ登願ト写むト安画再アリ能合進ヌ
ノ乏む応辞開催ヌ画画旅行開れだ加
て圧芸を明確化ヌ覧ドバ行場エ進どト
フ結暫お卫でっ化京ドイ場キ進ぎトサ
社ェゅぎ私暫だ歩く、をヤッ因圧囚ン
愛ントウシ会応囚然コよキ話も退エド
多テ通メジン圧ハ狙京ョ狙り会退乏キ
ベトメジトン下狙ル然っ結良砂ャ
ゅ写ジ因下降重ク海二精摘然ッ
応スャ囚ニ辞愛側意本ぼ砂方スス
私ぎタレツ砂おお歩応論ソ然ルヌ
ニ百退モムスメディアテ海化ソ話側金

# Puzzle 929

嶋 重 合 じ 開 多 む 場 ハ 状 ル ニ 年 注 ゃ 砂 京 何
雨 ぐ の ハ ヌ 守 知 サ 権 無 況 合 次 ぐ 論 だ 登 ん
む の ひ ソ 化 る ら や 何 を 覧 ア 京 解 歩 ラ 開 ぎ
ラ 側 ん 開 守 ろ セ 本 当 の 通 タ 読 愛 精 安 阪 報
ク 妊 ぐ 圧 ろ エ 囚 応 芸 の 学 ッ 社 し コ き 性 場
場 せ ニ つ ひ ひ 会 多 開 ド 生 ク 京 ぽ ス 歩 宣 だ
る ょ ド 証 所 は ン ブ 狩 テ の 退 場 ひ 百 阪 だ ハ
だ 解 化 拠 狙 っ ペ ペ 猟 の だ き だ 阪 男 意 圧 は
ょ カ ニ ス 出 ス ー ー じ ド 二 お だ 退 だ 能 読 言
故 読 ス タ サ じ ジ ジ す ス 愛 合 意 圧 芸 化 む
読 ぼ 然 選 地 む ス プ レ む じ て 意 摘 再 圧 き
画 ニ ノ 高 域 結 レ ス む の ん も き 化 き ひ ふ
再 読 エ 地 な 意 馬 じ の 合 論 お 合 圧 き べ 狩
阪 解 チ 域 重 解 画 ん 論 ま て お き ひ ベ

**Word bank (Puzzle 929):**

高価な
年次
ストーブ
注ぐ
雨の
スプーン
学生の
守る
宣言
カスタム
アタック
証拠は
地域
知ら
男性は
状況を
狩猟
馬の
本当の
ページの

# Puzzle 930

ヌ ト オ シ 私 サ ホ ヒ 合 く 摘 ふ リ き 辞 つ ベ
ひ 方 ウ ス 応 側 化 ょ で 結 ヒ ソ か ざ ぼ も サ
セ 京 ス テ 乏 砂 私 フ ヒ ク も し 両 の ン
リ 辞 ム ム ざ 圧 写 ォ む ル ニ れ 方 場 グ
ベ 京 ぎ ぎ 愛 狙 コ ー ダ も 所 な で 登 ラ
向 モ し ょ カ ス む ぎ ー ょ 故 い 論 ニ ス
弱 金 ヌ ざ じ で で む の カ 歩 サ 種 む ツ
感 社 出 ク の 後 凝 化 写 や べ ハ を 限 で
再 謝 ス リ 私 る 視 無 せ ひ ア 阪 機 ふ 金
弱 海 を ッ レ 化 に ろ ラ れ 室 ス 行 ま 精
意 重 投 グ 退 所 か ひ 写 ト 海 合 選 選 話
加 カ 論 覧 ロ 嶋 誰 報 ま ぎ 囚 ふ 再
選 ど 意 れ っ ー ヒ 加 所 阪 原 結 精 阪
や 出 進 だ ホ ブ ロ 無 ひ ス 因 加 報 ト
せ ト ひ お 無 無 ー ょ べ つ に 自 く し

**Word bank (Puzzle 930):**

感謝を
原因
不足
グローブ
飛行機を
オウム
両方の
リーダーの
種を
に自信
サングラス
制限
後で
凝視
フォーク
クリップ
システム
誰かに
の後ろに
かもしれない

# Puzzle 931

モソ囚キイやノカく砂ぎろヱクニニ然を
ダ写暫ャンろ報っ忙パフォーマンスを芸画
ヒーゅベタく通快してぽニルワぽだ
つゅクツー暫ノコ適読い囚バ辞ーひゅ所
ヌ化ひノセカ開選読私ひ狙乏レムひぎ
所ぎトリプ圧ひざおクっ靴所私応所ぎ
場出覧金ト海辞育サク暫ひ下社まひ解リグンド
べ砂ヌ投をっ囚てょヱエ覧維意セぎ解リグンド
社論通ホ投ぎ向え芸ひニ退海持ラ何向
ハ愛まだ解ぎ結超何をべふ今囚ペア育進むクンド
砂ラ圧ぎホ報くぎ臆病者夜妊む暫退解ト
れ砂エ芸加ラれ故ぽト私無は妊ふ暫退解ト
ラ側検討し私洞育ぐ会ひコ報暫退だト
登重囚むスリ窟コントラストは、だト

維持
バニー
検討し
ダーク
育て
インターセプトを
靴下
を超えて
快適
ドングリ
キャベツ
パフォーマンスを
コントラストは、
洞窟
ピッグ
ペア
今夜は
ワーム
忙しい
臆病者

# Puzzle 932

バージョン
一種
考案
ローカル
黒い
一部の
メッセージ
フライ
プロジェクトは
リーグ
分子の
入場
晴れた
そり
ナレーター
叫びは、
カット
、すべての
クリーム
息子の

晴チーひトス圧スリぽル圧スルし私然
れ種多ぽスヱ社むクリーム登タしろれや
し乏た側まり化重や能登むーるしトハっ
投じ私応ニモ場ハ故レナ写ぽセ写
や写何やリーくっ砂レ再退百ニ
ぎ結報論るれ重ョ加場セのラ黒
何っ報考入く何ハ狙場金ロー
ろひ報案の叫クびト画登歩るジトカ
カッ報投権れフもク登多トェー
応ぽ応投ジきイはっ、トセッ報
バージョンイ歩レじ息ジッメ論
、すべての歩レク化話子投ざ暫
退話精応囚何写し狙覧のじに
安ひ場まく応で愛多お話ざ乏
きひ場る場し育おょ

# Puzzle 933

```
ん っ べ 写 ヌ 結 ハ ラ 金 セ 室 ょ だ お 乏 愛 芸
社 実 際 に 空 洞 婚 画 ト 阪 二 退 出 く ド む が ク
チ き 向 無 権 芸 育 式 ぐ 愛 進 故 身 自 の キ 論 暫
収 ト ど 空 京 ノ ラ 基 嶋 二 し 達 マ 身 も の ャ ア
て 集 笑 顔 ノ チ 本 安 本 安 溶 囚 や れ お ノ リ ン
レ 場 乏 ひ 安 愛 妊 的 も ょ 融 論 狙 て る ク ト テ
投 だ り 安 心 を な し な 場 報 ぎ 加 到 着 ア 本 ィ
乗 乗 心 地 く サ お お し ラ 合 選 意 阪 京 何 ニ ー
き ま 無 く 合 ト 芸 な じ み 合 通 報 愛 多 意 ク ク
画 サ 合 ニ ラ お し お な じ み 然 を 読 ん ヌ む ょ
る ュ ニ 画 応 品 揃 え ホ ラ み ん 通 選 登 重 圧 む
ノ 嶋 画 応 歩 能 揃 え ア ー ム 然 を 有 応 利 画 圧
も 本 応 パ ティ が え ホ ラ ん ぐ 百 ニ ろ べ 利 な 通
プ ロ パ ティ ぼ ノ ど ょ 愛 読 百 ニ ろ 場 ト し 狙 覧
```

空洞
アンティーク
おなじみ
到着
プロパティが
自身が
達し
品揃え
基本的な
収集
キャッチ
乗り心地を
有利な
アームを
結婚式
笑顔
実際に
アリ
、マウスの
溶融

# Puzzle 934

プライマリ
でき
、さらに
パワーの
思いやりの
予約
噴水
、市民
ベイ
ビールの
してくださいは、
アームチェア
面白い
略語
余りが
着用し
コート
マイル
フェンス
海岸

```
合 ツ れ エ っ ト 場 意 セ 安 マ レ だ 合 化 京 エ
パ 思 方 愛 投 て む 解 ょ ぎ イ ル じ 乏 芸 だ 故
ス ワ い ト べ べ 重 く 愛 私 ル ど ん れ れ 応 ふ
せ 化 ー や の が 無 ベ 辞 辞 リ 然 本 ス 何 百 金
側 所 だ の 余 り 愛 イ く ま 、 ヒ さ ク に ど ま
ビ の 余 プ し の 会 ト じ じ 妊 海 ら 岸 結 報 加
ー ル プ ラ ツ おて 暫 無 ふ ふ ょ 愛 社 百 ク 意 ス
ト 用 マ イ 加 レ 囚 会 ひ 場 だ 登 海 ニ ヌ る ひ
着 ま 何 し で ス ひ ホ ホ 愛 だ 化 囚 ょ て 京 狙
ょ 海 ド き ン ツ ホ も 報 せ 京 乏 報 も 読 や サ
覧 金 アー ム チェ フ ニ 報 登 じ 多 退 て 白 れ 喷 べ
ど アー ス ト で カ ツ ダ 登 会 無 い 金 さ く 水 覧
ょ 論 砂 く 狙 愛 せ 民 室 市 ひ ル つ ぐ 私 芸 ぼ
```

# Puzzle 935

真 ト ラ ブ ル の 他 選 ょ 囚 砂 つ ア ノ コ エ カ
似 辞 レ 退 ま ぐ コ 重 何 場 ど ハ 会 ト 歩 ぐ ヱ
ニ 読 チ 多 応 ス ぽ だ 暫 ひ む 読 金 ノ 検 ミ ど
弱 チ 方 社 ま ざ ひ ゃ ふ ウ サ な 労 室 査 ト ホ
結 方 モ ま で ベ ぽ ク ソ ギ リ よ 働 を ま テ 結
精 側 囚 出 ル ぽ エ 意 は だ 合 育 本 ー ケ テ れ
側 カ 精 合 ル で 解 京 ら だ 合 重 意 ぎ リ 然 ホ
カ 報 通 ス だ ら 結 意 つ 病 デ の 商 再 報 す す
報 向 画 金 画 本 京 意 ま 開 院 然 の 用 ラ 登 る
向 嶋 ぽ だ ラ 論 意 り 孤 立 っ 選 パ コ だ 出
嶋 私 金 れ ヌ 画 辞 で せ コ 会 し 出 ラ ノ テ 出
私 し 話 ヌ 弱 方 再 ヱ ひ 応 チ べ 数 ゃ お だ
し 意 精 圧 然 画 海 方 ニ 傾 笑 べ む 々 っ 方 応
意 安 ス ス っ ス 芸 ま ヌ 向 い ひ ゅ 場 化 が 故

数々が
デリケートな
トラブルの
禁止する
笑い
の商用
パパ
傾向が
アトミック
真似
他の
セーター
孤立
労働を
方向
病院
出席
ウサギは
ベルで
検査

# Puzzle 936

乗算
薬物
レポートは、
ナイフ
なし
発見しました
反対
キッチン
スノーフレーク
女の子は、
語彙
記事は
動詞
大型トラック
、完全な
過半数の
熾烈なの
洗濯
輸出
歓迎を

ス セ モ ぎ ハ 進 れ 京 室 輸 加 っ エ 女 嶋 ト 何
ノ ト 大 方 ク れ 嶋 狙 重 出 や 読 セ の 数 半 過 歓
ー ざ ろ 型 ヒ 所 故 語 熾 彙 し 然 子 ぎ 愛 迎 迎 を
フ カ 百 ゃ ト 開 報 ン ク 烈 覧 百 安 は 育 退 ヌ ク
レ ま る ハ 阪 開 ラ 多 っ 金 能 の 、 ノ レ む ロ ス
ー す ハ ぎ 場 場 ニ ッ 乗 な せ 発 砂 狙 サ 社
ク れ ゃ 能 歩 ろ 砂 キ 結 算 ー べ 見 ひ ヌ セ 報 、
ソ ヱ ぎ 金 所 圧 精 重 ナ ゃ 室 し 愛 ス 砂 重
し リ 、 論 ま 愛 モ 加 イ ざ 登 ま 退 も ヒ ふ 弱
海 、 エ 完 つ モ ろ ざ フ ヌ き ひ ノ 海 ぐ れ
ニ 洗 ヌ 全 動 る 権 砂 重 加 サ テ き セ 会 写 重
洗 濯 室 む 記 詞 解 二 安 登 ぐ 出 ド ノ ニ き テ
濯 室 ハ で 事 し な べ ハ 結 テ も れ 薬 物 ひ
阪 阪 ん は 歩 反 対 っ 育 囚 る 金 囚 物

# Puzzle 937

私ヱ選っまトモ本チチ注っニ拒否　ハせ
意ん面鳥のス応一意ニ京ら安何れ化だ話
解ゅ七関は、貧ざ育ヌ囚ンきにろ社コひ
くせ要因金何出困報をク阪んし読ホ乏芸や
歩権愛金何ド進プ大圧応柔ひ話金ニ何無砂
ノも歩意能化方ポ能ッ圧てまめ彼結場ヌハ
ど、始選向レリ報だ然歩ヌょす砂再せ覆っ
ぎ経める話話シ解画選ぎ解ん妊長場故っ権
場合済百読読だ圧選ヌツ無囚暫応弱加会
ぐ読ザ方妊圧選歩ヌ故コ解然故た暫っ加
話ヌぐ囚ヒ囚辞狙愛解画通ざ精これれ会

作成し
貧困を
要因が
長い
拒否
チーム
の関係は、
、経済
ポリシー
始める
注意
リップ
満たす
柔軟な
七面鳥の
覆った
ときに
ウズラ
彼の
大きな

# Puzzle 938

証拠
クリスマスの
タレント
妹を
南部
もたらした
に空
ハイライト
父の
カラスの
金曜日の
吸血鬼
アセンブリ
レポート
捕捉
存在
チェイス
を奪う
フィードの
警官

暫報スぽ報っ辞カる選場結権しぼ開
退だ証拠ろ所南部クスホのクよ海
父クぽヲ辞乏何でブイェ通カツ百退
のルふ京辞も画エ阪存セチ再ラ然ハ
クで多加ルト暫だツ側ン在ア通スし無イ
タノ結しトつ結ツぽ進辞摘っむ本の場ラ
多曜日ヒ妊ラぽを加圧吸社ヌ方芸ひイ
金リニ京暫の能奪囚血ス方サ加ま覆ト
ノ会社妹覧よ弱画向鬼警官登チっ弱ー
ニ空囚を育場弱嶋妊重官乏捕再論多ポ
に愛通だサラ向テテ応選再リ無応レ
ひ合つお所す向論ヌ囚権ホゃ応のド

# Puzzle 939

明 ら か に 安 画 愛 精 バ モ 開 出 会 退 チ な ド
だ 解 報 ゅ く 無 っ ル ス ヌ べ 精 ヒ 会 能 的 ラ
む ぎ 予 測 権 ふ モ 芸 ケ で 退 ぽ だ 読 れ ど グ
サ ウ ン ド ・ ツ 百 ッ 誕 生 日 応 時 の 魔 女 ワ
向 加 ス ま コ 誕 生 日 乏 出 重 進 レ ゼ ー 、 ー
シ ン グ ル 私 向 私 摘 レ ニ 関 読 オ コ ジ ョ 室
辞 カ 解 多 ハ テ ヱ 故 暫 ホ 心 オ ト ニ リ れ も
側 育 蚊 圧 ニ お 向 ひ セ っ 中 愛 然 温 ょ た ぽ
育 妊 ぐ を 歩 向 く ま 結 セ む 然 重 度 応 じ し
妊 圧 ク 阪 応 囚 ど 嶋 向 多 論 ど 社 無 圧 ぎ チ
圧 乏 エ 応 ひ 室 登 会 結 進 意 然 歩 モ ヌ 本 ぽ
報 暫 ル 京 投 モ や ど 百 ふ 草 然 セ レ 側 然 応
応 バ ル 京 会 ク っ ぐ カ 原 コ ざ 辞 ヒ ま 覧 て 二

バスケット
温度
、優れた
魔女
バッチ
オコジョ
予測
サウンド・
蚊を
ドラグワーズ
誕生日
、最終的な
関心
バルーン
時の
シングル
中心
草原
ゼリー
明らかに

# Puzzle 940

感じた
用品の
チューブ
確立
音声
文字
郵便配達
どこでも
軌道
トラム
バーストを
安全に
ウォーク
リード
誰の
ではない
オオカミの
アナグマ
用語集
ピン

ま で む 育 画 報 場 ゅ ぼ チ で ソ ど ソ 歩 暫 砂
開 会 ク ラ 重 き 方 だ ノ レ 阪 登 ド 登 集 く 進
せ ラ ラ 辞 本 退 ら ま 何 音 再 バ ぽ 囚 語 ヒ ク
リ ー ド だ 出 し ニ 結 二 声 ブ ク チ 安 用 ク き
論 所 圧 ぽ む ど 軌 故 道 じ く ス ア 全 ヌ 品 れ
金 然 何 加 エ ろ ゃ ど 金 レ ス ト ナ に や の
郵 便 配 達 む 向 ハ 投 ホ む 報 を グ 会 育 ピ 誰
阪 然 む ひ ニ ス 権 側 ト 所 辞 ど マ 京 ン き
ヌ 弱 開 テ ラ 会 応 ょ セ や つ こ 私 ゃ 暫
ま つ ラ 会 投 無 歩 写 報 コ ラ む で も 精 向 弱
論 ふ じ 投 む ひ 無 文 字 歩 ウ オ 通 カ ム の 狙 ふ じ
れ 解 ぐ 室 然 ろ ょ ぎ ツ 育 ク で は な い コ

の瞳懸砂ニへま場テ報意ク論会囚能ハ
ろウ念側しラ投会海ぎ論室場テ応含妊
生モ育やジ嶋ドまむ向む妊画む登まソ
チきくドカ通ルまスニ意だ再コラれ登
海をヌアレルホスカサ狙も本エ登妊意
通退ドトタ通スノッろふて本ん京か暫
ト社進スヌ社転ノまをづベド室やヌな
で進エヌ社ヌ育育ぎニ意ぽ室王海ぎ多
安まラ応解暫ふせお摘ヒ室私子ぎ精育
リ辞ホ写スキー問故っソ金私子出安れ
囚ホ応きトカ読ぐ方読狙進ヌヌょ金応
化応きドラ何故むラリで所っぼざ乏モ
ょド芸方ム読育選ツぐ狙室ヌぼヌト
ゅド弱選む育ツで所ぼ覧ハ乏京
ド

ベッドの
ストア
生きて
スキー
瞳の
問う
のウェット
ささやかな
王室
王子
海を
含まれ
発音を
転送
ホールド
サッカー
野心
ヘラジカ
レター
懸念

エンジンが
ほうれん草
循環
プログラムの
製造
上昇
定義
有料
ベッド
、十分な
捧げる
ショート
座って
忠実な
庭の
巨大な
精神
姉妹
計算
精度

百摘スヱ報再権通摘ル計算ぽぎぎ
だ登まや ヌ ぽ む捧げエまど精合所
ままヒ加金場れ話結スぼ上加度れ無
室ニカ応ベホ権クょ昇巨意無忠
ぎスヒ加重循向ヌ無ドチ大何製
ドヒど義囚ひ圧じエなし実造
ヒルまサ定義重ベ能ニ進合
芸クル覧ショサ無百じ選セ十コ
芸有チ向ソほ意し解ぼ分だ
ヌだ料開結多金のぎンなひ
ひ砂座ってのエ草が登や
論ろプログラムで故結んスで嶋お
愛ススニで登退しッ神加読再
然ニモ室ト退し安化
再化ヒ

# Puzzle 943

写ひ歩モおじハひ歩まむぎ砂愛ヱセコ
ツ化化ニテテ結来たク覧金金カ通ミ
リニ出テラス方重ろひ登安本結ヌ進側ュ
ニるヌ開出カ囚くろろぽ囚選出ニ画ニ
コんだ登重カじだ向ずぽかに戦会ゃテ
投京ルまニナ向の実昨、応ひな体無ィ
のサこ方しルまのまらりょ正確セは
く写海。しナ実際日ぽ育ぎで確二ごリカ
多海ど王ツにに育フぎ結重二然話ンー
解ぼスト冠メまフ室ミ海信号合おール
辞しどノの嶋グァヌー写弱意でスぼ合
少つきグ能ひ精ミドム海報権弱おリ
だ通ぽモ弱む弱ヌドモサ報ニ化乏スっ
海狙ぽ論む論ド室モサホおコ乏おスぼ

少し
全体に
ナツメグ
、正確な
にもかかわらず、
昨日
会議
イカ
、実際に
コミュニティは
戦略
のサイクルの
。この
スワン
ファミリー
多くの
来た
カール
信号
王冠の

# Puzzle 944

コンテンツ
シャツ
確かに
ポテト
つらら
スペルチェック
陸上競技を
彼らの
ファーマー
小麦粉
市場の
についての
戦いの
ています
友人が
の経路
ポンドが
壮大
ドア
雨量

ゃ辞やに辞だ京側ぐだ海どひ京ヌド
ぽ向リつホ通ク精解む圧ス加然スっ社
愛暫ヌいフ狙フ社ひ多て乏合ペ会砂
テ通ツてァ狙摘て市せ故確化ル場
き路経の一いて退場然能か能チよ
つらら然ママ私上コ解のにドェ何
ょ方乏ルす陸退本安退囚ッ砂
コ解乏スだ雨選画友エ登ク加む
ン何投コ意量ノ室で因人妊論ポむ結
話開乏側っホ社トで壮妊加方テし
ひ無覧ベひ応辞選れ安安本むトク室
多画レどシむ乏せ百権べむ能だク
ろぎでルャ応ドソ合壮大ノの彼ニ
ポテト小麦粉向海ぎ合戦いぐらだ

# Puzzle 945

と話ラ解のデザインサッカーにサ合育
ざ考重隠だメールを向場どお覧お、
れ理えチ囚ヌ所のガ育辞室はネット
危解応可なだ狙イドラン阪合が怖っに
機しル舞かスニ登重シおラマのっ室下
ぐてぐハる開無選解意退テウ下解スヌ
京会育化ぎツ重第阪ド開ラレに百ひ囚
モス何話ベ何選四おシせヱ写再合サ応
れツ故解ニふ妊所退会た写ぎ合クエ
室写進狙キ私か開妊重進応暫サック
ゅ報チ場ウ驚せましたニぼ合応ク
モお進クイ、応リ進妊だ狙砂囚
ホ何ニ投ニ辞リヌ海故ろ画
然セ向じ辞芸応モ話ろエ
まべるょ然ニコ芸ル話

# Puzzle 946

芝れ能きじチ意無圧受ふひヌニ無ノで妊
権暫阪経ホ能ェれ能信カ無本芸精芝生の
摘結陽験ニヌョッド嶋ンガ意芸私多生の妻
生姜を辞意加画出辺狙収重ラ退化
生もじ辞ぐニッのがルー吸イま妊ノ化ヌ
もアクティビティでスれぎ加ニ妊ろ育ド読
アティビでんエ雑側加結解多ヌや
開おくっ室どむ用準結写結育報
クもテむプ権備狙エ結社で
無弱社カロ登無ノひ解
クだ方読テンジ芸人ト出応画
レ弱嶋せドっ阪狙のっ応京
無故室れ登通お上人ペ社
社嶋画故解ニ海級をは応れ
チ歩所っ出リ阪ライズを京

# Puzzle 947

つモっクょべ再暫ニテ、百全員のお通
ニ話スぎべっ能っキエニひぐ正勧し私
もおヒ育まっ故意スーコン百確めじぽ
おぎカ進ぽべトだトひノで妊なすれれ
写出方圧解まだ再再加ド解能しまぼル
ょ乏退妊ト海だ然覧解後サトやまるだだ
可能の高クらいだ開場読精にゃ会然能すニ
安故愛囚室ト応開進精妊だゃ狙育金くざ応
愛ヌだ投精つヌ何報妊暫ょメだゃラ多くの海
ヌつ然育やヒ通ひゃ報応ひだ応向砂砂っっ
テょ乏開クノマ選応登ひだ愛嶋向のこと
でふE圧コしラー選通ゅサ無海嶋レ少とを
チノ投通貴重ラピムー緒に登少数囚をのり
ノト投通貴重ラピムー緒に少数囚をのり

後に
ピーマン
くらい
メモリ
満足
のり
、ニンジン
一緒に
フェンスを
少数
選ぶ
全員の
お勧めします
コース
正確な
多くのことを
貴重
ファーム
テキスト
可能性の高い

# Puzzle 948

基本
複雑な
キツネ
ペン
バック
国際
覚え
ドライブ
雑誌の
参加する
石鹸
ドレイク
ムーン
塗料は
高速道路の
驚き
風呂
開始
それぞれ
高度

トド妊もペ加覚金ニろ論何開んだ嶋キ
妊故ラトンえ育海や意投始じハ選ツ
ニ然狙イトニ無画意選開応つおネ
だ化所サブ報ト嶋砂お登選多意写で能
報らぎ狙何然トャ乏チ写開始ルヌコ
や話側で退ノざ結方安結サバでクイ
れニスん育多ま合社弱合べ複妊レ
でニ本くジモ国写化ト驚雑読ドニ
トぎべ育ツ際塗登きなまセ
ラじ弱場ひニ社料基どりル
何弱参海コざ故ソ本室やド百化
き参加するざ鹸歩妊出ぞ誌カ
だ加場だむ合応風それ室れ
コせ権コ圧ょ国呂きっ弱百
応ス百レぐムーン高速道路の

# Puzzle 949

ソ 場 砂 社 妊 む 結 モ モ 退 方 エ 化 ゃ 応 場 慎
ニ ル や 芸 ニ 愛 論 歩 通 化 京 あ り の 使 ひ 重 な
ぐ 登 サ ん メ 所 狙 ぎ ド サ 知 重 車 条 ク ス タ 出 は に
る サ 精 き ク ロ 辞 っ 歩 向 自 動 権 件 ふ 写 一 覧 的 終
京 精 無 嶋 ッ 応 ま 登 権 コ 狙 ニ モ や ろ 結 海 応 最 い
ど 無 無 話 辞 再 ぽ 合 摘 エ ひ っ 無 報 海 む 進 報 さ 暫
意 れ ツ 本 意 暫 ホ る 歴 ャ キ サ 参 百 合 く せ 再 嶋
ラ 京 識 社 別 ク す 方 史 ス ュ 照 ろ 照 だ て 嶋
信 頼 性 所 合 の っ 化 私 方 ろ ウ リ 無 百 何 ま 歩 通
ソ 精 合 ヌ っ 化 覧 ろ 多 私 歴 を 参 頭 故 能 弱 だ
ー テ 退 ニ 合 ろ っ れ 選 だ 側 ラ ニ 囚 愛 金 故 精 べ
ダ 室 退 ん 芸 ヱ 私 読 選 能 だ 愛 ょ 愛 場 側 選 金 囚 テ だ
室 重 然 ヱ

## 語リスト

条件
参照してください
コール
軽自動車
キュウリを
信頼性の
ブロック
歴史
通知
あたりの
使用は
理論
コンドルの
慎重な
メイク
百頭の
スター
最終的には
識別する
ソーダ

# Puzzle 950

## 語リスト

下の
ストリート
存続
起こります
暴力
ショー
スタンプ
臆病
スタッフ
ウールの
ひよこ
連邦
ハタネズミ
大根
ドライバ
トガリネズミ
カー
テニス
スカーフ
彼女

## グリッド

ド 応 テ ひ る て テ 登 ソ ま 存 辞 サ 然 ホ 合 ス
せ ラ っ よ 化 っ モ ニ 再 ぼ 続 嶋 き ニ 意 ト
彼 女 イ こ 暴 ゅ 弱 故 ス 囚 ガ リ ズ ミ リ
ノ 暫 側 バ 力 ぎ ヒ 退 ド 故 向 話 や ふ ハ
方 弱 出 出 暫 再 加 意 画 愛 ノ 金 本 チ 退
出 プ チ で 進 く ひ 然 ん 金 登 下 の ひ
側 ン 私 所 の 起 こ り ク 多 セ 百 愛 私
ス タ カ ー 嶋 連 ツ す 選 ぽ 出 暫 も
大 ス ゃ ー き 邦 安 ョ ハ ヌ 進 意 重 ん 読
根 ハ ひ カ ウ 登 シ サ 砂 権 ニ
愛 ふ 辞 ス 多 話 る ネ 投 無 写 ふ 向 弱 歩
再 ざ 故 ス く ぽ ど ズ し っ チ ヌ べ 多
コ ク や 化 登 社 ぎ だ ミ 化 安 権 ひ 本
だ 化 海 妊 ま ょ じ セ ス コ 選 暫 加 多 む ヒ
進 れ 妊

# Puzzle 951

```
キ エ 論 向 記 意 側 故 場 能 京 ひ 圧 安 重 チ 権 ニ ア ネ モ ネ ろ モ
ャ 安 愛 リ 述 リ っ 場 出 ひ も む 弱 ヌ 社 応 じ 育 の ど ム ク 新 意
ン 解 き だ す ど 曇 り 室 る 退 弱 摘 狙 合 リ ぐ ま 乗 チ ま フ 鮮 突
ド 私 無 つ る ト 故 論 暫 化 モ ど 登 社 ろ ま の ど ィ ル ク ひ 突 然
ル 意 タ マ ネ ギ は 、 度 乏 再 や に チ ム ク ひ 意 ふ カ
ヱ 登 せ 画 然 つ ネ 金 乏 本 に 権 方 論 所 室 ぎ 応 重 応 カ
意 愛 ま ひ 投 解 重 マ ニ 静 む 応 カ 嶋 フ ニ ぼ 重 応 ぎ ぼ
化 ト 真 ト 解 選 百 テ 結 退 権 ノ ィ 室 ク ひ 応 ざ ぽ 阪 安
百 出 実 権 て 乗 方 結 意 退 応 ス ル ひ モ ニ 囚 安
エ 会 京 て 乗 じ 方 ス ラ ズ ベ リ ー モ ニ ぎ ぼ 突 然
砂 の 城 は 、 っ 一 度 ラ ズ ブ ゼ 方 開 故 ひ 何 れ ま だ カ
ヌ ス ト む ク 辞 リ ヒ 狙 嶋 登 ソ ざ べ て 囚 安 暫 カ
コ 室 だ 京 解 妊 育 安 ゼ 方 開 故 何 れ ま だ
テ く 場 育 方 リ ざ 結 愛 む 開 故 何 れ ま だ
ど 乏 所 だ ま ふ 政 治 芸 重 ょ
```

記述する
結論の
タマネギ
フィルム
ラズベリー
新鮮
砂の城は、
突然
二回
一度
真実
曇り
に静かで
キャンドル
タマネギは、
乗っ
政治
ゼブラ
再度、
アネモネ

# Puzzle 952

コンピュータ
エネルギー
オフィス
名詞
濃縮
生息地
女性
のポーズ
十年を
叔母者
水分を
ブラック
ビール
コンパクト
かわいい
フラグメント
シネマ
ハリケーンが
ポータブル
減少

```
水 化 れ じ 安 っ 意 ひ ツ ハ っ セ 金 投 ソ ど
暫 分 や 所 っ 十 じ 砂 ヌ ぼ 話 ゅ だ ジ し 海
れ 何 を ど 十 砂 登 解 圧 の レ 多 く ヌ 海 ヱ
室 ふ 京 向 く 年 き 権 ソ ポ 故 ま ホ セ ま ま
ま オ フ ィ ス 狙 再 ヌ 応 ー 嶋 ひ 多 百 能 能
愛 モ 囚 辞 ま 進 進 む ズ ヱ ょ 場 権 登 登
ふ ニ コ エ ル ひ ラ 応 方 百 も ぽ 出 む
ニ っ 重 暫 権 減 乏 阪 歩 百 投 エ 歩 ぎ
ク 重 退 で 結 少 開 ひ 応 覧 ヌ 能 ら 精
重 レ サ 百 進 セ 側 タ 愛 ハ リ ふ も 生
れ サ 進 結 叔 母 者 ー 登 ブ 話 ぼ き 芸 息
安 サ 進 結 叔 母 者 合 登 ル か ブ ま 安 地
阪 フ ラ グ メ ン ト 室 ど ネ わ ラ 再 ン が
フ 嶋 覧 狙 ふ 投 名 詞 コ ン パ ク ト ク ふ 精 濃 歩
```

室 リ 側 食 事 壁 画 を 誰 か の フ ァ む 表 じ ド
チ 読 ょ 海 カ ソ も ふ 応 妊 の ェ チ や す 覧 開
暫 ェ ひ 写 て ん ヒ 本 せ 歩 フ チ ン ふ 感 謝 を
開 も ッ ダ き む ぎ ソ ひ で ラ セ ク ふ 化 多 報
ヱ ト 写 や ら ぽ 選 ひ 向 然 ノ 投 暫 む 室 サ 通
叔 ど き れ 備 向 無 応 ノ ぽ ド 画 場 ふ 出 ス 加
父 悲 や せ 準 選 然 権 マ ア ふ 話 芸 ひ 室 報 開
ょ や 劇 ヱ 的 マ テ ア 精 ル ふ ょ 能 エ 投 ズ ニ
能 ぼ 会 的 む ニ ッ ル 歩 ふ 解 ジ ッ 権 加 サ ひ
ま 圧 写 む ク ざ レ ニ つ 選 多 い ヱ 育 通 何 れ
金 私 る じ き ょ ジ レ 選 つ 多 思 摘 お 側 結 会
お 側 報 暫 妊 ぼ ゃ じ い 思 ヌ 弱 化 育 ま ク ょ
化 無 ふ だ れ り ヒ や 弱 ヌ 化 テ ひ 方 れ ひ っ
無 リ ピ ー ト 辞 で ゅ ひ む ミ ッ ク ス シ ェ ル

**Words:**

- リピート
- バンズ
- の好きな
- マニュアル
- ミックス
- チェア
- 壁画を
- ラクダ
- 食事
- シェル
- 準備ができて
- 叔父
- ささげる
- 悲劇的な
- 表す
- 誰かの
- 感謝を
- 思いやりの
- チェックが
- フェンスを

**Words:**

- ノック
- 民主的な
- 教会の
- ヘロン
- ドッグ
- 急いで
- ココア
- レスポンスの
- スリップ
- ヘン
- 文化
- 維持する
- きちんと
- エージェント
- 学術的
- 比較
- 行動を
- 雨の
- 捧げる
- 有料

暫 ク き 場 多 何 退 囚 文 ニ コ コ ア ょ ソ つ き
し ぽ ち 出 る ぎ 愛 化 ふ 会 ひ ろ ハ テ ハ の ヒ
覧 登 ん ホ ま 本 安 乏 画 ス レ ス ポ ン ス の 権
投 ゅ と ツ 出 や カ 民 的 べ ド 故
報 お 芸 エ 摘 だ 通 主 な 百 多 へ 投 ロ ン 辞 社
教 会 の 囚 弱 意 コ 退 室 学 へ ロ ン ヒ ラ ど ょ
再 ざ ん 雨 報 室 ヌ だ 捧 何 チ れ ヒ だ ぎ ぼ じ
摘 囚 き や 多 急 側 れ げ ホ ャ ニ 登 歩 無 ま ル
ま 本 意 ヌ 安 報 い つ る 金 ル ヒ き 弱 ひ ニ も
エ ー ジ ェ ン ト ふ で 辞 プ ド き 覧 圧 結 応 も
愛 れ ぎ ノ 加 ふ 然 論 リ ヌ ク 応 話 ひ む ス 読
ざ 辞 も ぎ ヌ 京 プ ヌ 妊 社 ニ 辞 チ 場
狙 つ く 写 有 ょ む 京 重 カ 登 ひ 比 較 能 応 歩
維 持 す る 料 場 狙 百 摘 私 お 投 本 チ ス 場

# Puzzle 955

ゃコ故日の族貴ろっ話ぼ本ょト乏カひ
百合登エルプッカのょニだょ合応やじヌ
重ツくヌクモイサ本登摘むバレンタイン
砂ぎ論モイ登摘ぼクじ加京側分ぐス精何だ
デスクひ写のドッ妊話側ヱド読覧失報マも
合ひ登ヒ報恐時砂もクつ利益権だゃはス
ツぎ芸ニぎヌ時怖読覧結重選何に読失益権
何愛芸画ト摘読砂ホに読覧クつ利益権モ加
ぎ摘有利サ報乏む報阪チ芸合ロッキモプ加
所退トせ摘再妊ソク芸通つカドだ向百無
退てサト結会ソエヌひエゃスだ加故乏権
暫つ重ひ退合ょヌひエゃスだ向百、加故権

# Puzzle 956

むセャょ専スろや話所ヒ百ス阪くヌひ
本ノ無応門ホし能ヌざノ何ニ化投能摘
問場辞コスリ写所だ社おフ化進故る
ヒう読参のスょ投っニ歩て方しじぽ
写安む照応しコニドて開んソ圧じ応
報クむ百応方て退再故ト簡弱ざラ
む弱ニ無応暫てく進ソ方弱簡素圧
弱れクて権摘ステニ画のクラッシュ社
れひッ会ぐアコじ選んラ進嶋化
ひ妊ホせ警官ルれさちジるど出乏
安再加合、警ゃ本さむラ圧濃無セエ
摘側覧も開金しいカ縮キャぎ
確立ササ比較投多体進混応ヒソ会
んん激怒狙証明するっ乱故スドょ

# Puzzle 957

辞ニくモ精スス開解だ批然所本ヒ進ぐ
ト歩れ眠いノハ歩レぼ判シヌシテ嶋ま
も進海投方ーカ向ーむを加ェまスル社ヌ
芸テハクょフス加ド投育通通ロ化乏乏加
多圧読ト社レ芸投だぎツぐ方コセ結金ざ
合ぎ精やー歩覧ぎ報て嶋意能コ少故ぎ論
ノと度囚社れ自開身だ開ぼ関連能読ラ本す
京同側リフクロウ向だク加ふむ暫辞重摘ム
圧様解フクロウ向む場登っ重芸も重所予加
応の七んキャノちぎ赤高速な軟柔ろヌ会っ
むシー読意ノぎ合高速の合ト社論約ちか
シーケ意トクぼ合意再のトト社ク論会ゃ加
ールャトク合意赤再の合ト社ク論約っ
ドれクぼ高意再の合柔社ク論会ぼた

シェード
関連付ける
決めます
シール
たかっ
批判を
七の
フクロウ
高速な
スノードロップ
眠い
ケーキの
の赤ちゃんの
と同様の
自身が
予約
スノーフレーク
柔軟な
精度
少し

# Puzzle 958

取ら
食べる
引き出し
能力は
子犬
空気
刑務所
シャウト
もの
ドライバー
骨折
雪玉
サイリング
竜が
ビート
キッチン
バッチ
転送
後に
ウールの

チじ骨ハ芸何むお権ひ権きビせぎだむ
空気折むヒ再ぎ報っヌ合のルウトウ化再私
ヒ歩方覧刑れまだ写応テ話セバイ故化じ
出ソチヱ能務能力写退登進砂ライサ多私弱
阪結覧登むニカ向だサ出私加シ圧合で食
私ヌエッ話再ひ砂スヒ話加ソ画然ツ然べ
ぎ登覧覧テきどまスリれソ登じ雪ルる
向所っふ場っ出向歩けクじ意玉トむ進
じ重摘側会阪ぐ乏しヌ愛れ狙海場き育
向バチッハ狙金ひ送退だリお画ん精サ
解れドチ開芸もじ登サ転然登じ後ニ
キッチン取権私ニ報然がリ京話私サ
子犬っ合ぎ弱で報ト覧竜が暫場合私
通だ能側応弱私トランテヌ解場

# Puzzle 959

何 夕 焼 け の だ ノ ト 、 ム 受 信 ラ ぼ せ ぽ し
た 、 最 終 的 な 登 ー は ー 解 妊 ニ ひ く 育 ラ
登 ま 文 字 カ 読 つ ま ト ル ボ ト ヱ 権 応 然 チ
然 向 ま る ぼ ・ プ ー ス ブ る 当 不 ク 足 金 多
埃 っ ぽ い 開 安 故 コ 論 所 進 育 摘 登 コ 海 カ
ぽ 迅 退 重 だ が 応 ソ コ ス ハ ニ く む モ 海 ス
べ 速 出 だ が ル 開 社 ぎ 加 ヌ ひ 再 解 ひ 金 弱
つ 出 因 ブ ラ ウ ン 開 社 ニ ヌ 加 再 べ ざ 地 進
要 因 ブ ラ ウ ン 開 社 ぎ 加 乏 ス ぼ 結 室 画 理
芸 き 通 海 囚 故 選 砂 圧 ヒ 阪 で 狙 ょ 合 社 ざ
ま せ る 囚 む 故 選 砂 圧 ス ヒ 阪 で 狙 ょ 合 所
せ る ぎ む る 選 砂 圧 ス ヒ 阪 で 狙 ょ 合 所 何
ぎ し ツ 圧 ス ヒ 阪 で 狙 ょ 合 所 で 狙 ょ 合 場

**Word list:**

ノートブック
ブラウン
夕焼けの
定規の
迅速
埃っぽい
ボルト
スープ・
本当に
休憩
的地理
たまま
ブルーム
アタック
不足
コントラストは、
要因が
、最終的な
文字
受信

# Puzzle 960

**Word list:**

映画
たい
自身の
大学の
参加して
パースニップ
政府の
うち
選択する
タオル
レジストを
以前の
ジャンプが
典型的な
品種
サンドキャッスル
馬の
デリケートな
ています
通知

**Grid (left):**

サ 所 ト 暫 し 出 報 ド ん 応 ゅ 育 無 何 安 ジ 所
ョ ン 金 し 通 つ 権 ぐ ニ パ ツ ぼ べ 馬 の ャ ど
ン 安 ド 百 ょ ひ ソ ニ サ ー 阪 政 府 の 辞 ン ろ
安 場 キ れ だ て 愛 ツ を 選 砂 す 選 択 す プ 典
ニ ス ス 意 会 ジ な ト レ 本 芸 コ 会 ま る が 型
ど ひ 大 辞 ッ 囚 話 ー ッ 権 ろ っ い ひ ト 所 的
ま く 歩 ぽ 加 選 ス ケ ル 登 乏 無 ぎ て サ ラ な
ぐ 向 学 ひ 応 身 ャ 自 オ て 選 ひ 金 ク 能 う ち
弱 ろ し の 前 二 侧 ヤ タ 能 阪 モ む 暫 論 ト 報
参 妊 て 海 以 ホ 妊 ぽ ヱ 安 場 映 妊 本 ラ ぎ ト
化 向 開 で た ゃ ぽ だ ど 乏 も 画 弱 乏 ひ 向 金
ヱ 開 テ せ い ト 重 ト 京 ぐ 読 多 ぼ 画 モ 覧 開
ぐ 写 ど 通 知 ひ 向 品 種 も 登 無 方 弱 ス む コ
話 テ ゅ 辞 向 品 種 べ 登 べ 登 妊 重 ひ 画 妊 暫
お ょ 向 て 話 ひ 向 品 種 べ 登 べ 方 ぼ き 重 ひ

# Puzzle 961

安カ然も写話もマグナアっ投ラリク狙
だ応るざ再愛精進ラフンは意も圧育む
べんしゃっ無論ン阪フニもせ京どっ、
多ひおレ覧サ私らコ辞囚精ど話任し会
ヒでニク社何ソ圧フスちぽ赤解とのもに
ベろ加加精れト故阪トろ囚るの登方ぐ
だん育しぎ暫てなろくド投よの狙る故画ヱ
ん理気弱だてぼ本投ままきぽのるコひピ方
理っのだて通ぼ海ざぎまひざ社ー応ンす
っつ退けまょ能だざセ開社もムひカる
ょヱ通しぼ重報ペ芸金だおひサゃソ登
しニ会て能育出ン再囚辞ス曇っ無ク阪
ヒ本登だくひて海再金囚辞深いれニ

疲れ
グラフ
任命
のような
だけで
深い
色の
赤ちゃんの
解決
コーム
するものと
人気の
コストの
クマは、
有する
ピンク
アナグマ
理解して
ペン
曇り

# Puzzle 962

セットを
と言う
ディナー
戦略は
ターキー
話は
ライン
目に見える
明確に
運ば
バタフライ
主張
成功
育て
着用し
満たす
の関係は、
レポート
含まれ
ハタネズミ

モス応能再もつル側場再っ私開トむ化
ホ愛無てにくグノラま何ゅ権重重だハド画
ハク方まトだべカの関係は、ぎふろノトぎ
く覧着用し退運ざ私摘多退海ょやぼ解ッ私
ぎデ辞セ金ドミヌ圧芸るどバまっど成ど
れ化ィ室ニトラズくライ登側えツ功会
ひ通会ナトー芸暫読カラ含見圧暫
加海ゃま出ポまぎ話砂ラフ見て成私
ノ辞応歩レキ意ヒ解砂イ再てすど
ま結歩主芸れニだヌ読ン海明ど
む結だ張金百とつヌモ覧満っテ意
戦略はセット育京百選言論ゅスス報ノ
セット化安て京画選話写報場ニ結応ノ暫
化愛て退べ画選話写報ニ結応セ

# Puzzle 963

完 ふ カ ふ オ 金 側 む 摘 ニ ぎ 再 つ じ ピ ッ グ
全 っ に コ 百 の 値 妻 重 本 故 重 所 ひ じ リ
サ ょ 結 ジ 頭 の や で む 重 き 出 京 芸
レ に る フ フ え ま し ヌ 再 砂 場 写 進 退 ス
ん ぎ 弱 与 ま じ 投 状 や 意 砂 合 ぐ 阪 ス ス ティ
リ ホ だ ひ 略 語 狙 ひ 論 跳 辞 通 ニ ぎ 京 読 ー
て ざ 方 ゃ ク ろ ん 選 意 セ だ 方 だ の 退 ス ル
覧 場 不 論 実 ホ サ ひ 論 選 辞 砂 む の 生 産 所
チ 多 可 く 画 証 投 選 跳 権 チ だ 登 嶋 応 乏
合 応 視 ハ 権 れ コ リ 選 べ れ 砂 て ふ 狙 用 ク
ま で の ざ で 場 社 ニ 辞 覧 ん っ 読 む 登 雇 ど
ざ で が 場 の 育 進 ソ ど 弱 ぐ じ 歩 多
が 男 性 の 不 可 視 の フ ラ ッ ト 跳 ん だ
男 性 ク 出 圧 社 ニ エ エ テ 愛 芸 ス 乏 る モ
覧 ク 出 圧 意 応 テ 故 ど 進 加 芸 ス 乏 歩

## Word list

まで
スティール
実証
状況
与えました
の生産
完全に
スペース
値の
雇用
男性の
不可視の
フラット
跳んだ
男が
ピッグ
略語
オコジョ
妻の
百頭の

# Puzzle 964

## Word list

レベルを
タイトル
防止
を過ごした
センチピード
貿易
ロバ
増殖
プール
シリーズは
表示される
カメラ
ワーキング
テレビ
ゲーム
科学者
コレクト
誰かに
リーダーの
ナイフ

## Grid

辞 科 再 フ 京 を 結 て 読 ニ カ シ リ ー ズ は ゲ
ざ 学 タ イ ト ル む 進 ホ 然 メ れ べ ヌ 場 出 ー
登 者 む ナ ク レ べ 乏 ト ト 囚 ラ 私 ぽ 場 れ 何 ム
読 場 コ べ レ コ 選 ヒ ま ヌ 場 金 進 ソ べ 弱 芸
愛 愛 多 阪 妊 ヌ 解 じ 出 方 レ 安 お む ざ ニ
表 増 殖 選 重 論 応 多 室 ヱ 画 っ っ 側 重 ょ
テ 示 さ 誰 か ホ だ を 貿 画 ロ た ヌ ょ ニ
コ ニ 場 れ じ に ホ 論 易 会 ド グ キ お 登 ゃ
金 ッ ニ ま る コ 弱 場 芸 ホ ょ ン ー ぎ 歩 通
ざ 場 セ ン チ ピ ー ド 妊 退 ス 圧 百 プ ワ 覧 合 ド
セ ヒ テ ざ ヌ っ 加 囚 る っ 防 止 の れ ー カ 暫
ぐ レ ツ 方 投 ト 京 て べ 本 囚 解 ツ で ル ぎ
ソ ビ ソ 選 ふ 妊 れ 京 て ベ ト 多 私 無 セ モ だ
ヱ 選 ツ 方 妊 れ 京 て ベ ト 多 私 無 セ や ど

# Puzzle 965

| ル | ロ | 向 | 記 | カ | ブ | も | 砂 | を | の | い | 戦 | 囚 | 応 | 読 | 画 | ゃ |
|---|---|---|---|---|---|---|---|---|---|---|---|---|---|---|---|---|
| 報 | 再 | ビ | 念 | 方 | ぼ | 所 | 明 | べ | 有 | 側 | 読 | 能 | ド | 進 | 論 | 進 |
| ソ | ス | ト | ン | ベ | 方 | む | 方 | な | る | 雪 | 害 | が | ラ | 写 | 加 | 登 |
| 、 | 再 | 利 | 用 | 可 | イ | な | を | だ | ミ | イ | ラ | 側 | グ | 場 | 無 | 所 |
| ウ | 狙 | 社 | ア | 能 | の | 出 | 覧 | 妊 | 話 | 通 | ハ | で | ワ | 覧 | 無 | 暫 |
| ィ | 化 | 能 | ネ | せ | モ | 会 | 画 | せ | 通 | 京 | ツ | 投 | ー | 側 | 依 | だ |
| ン | 京 | 育 | ヱ | 暫 | 会 | ハ | 室 | 精 | ふ | 京 | ん | 地 | ズ | お | 存 | っ |
| ド | つ | 加 | ニ | ハ | ヱ | リ | 画 | ソ | ひ | 社 | 投 | 球 | 合 | 何 | お | せ |
| ウ | 何 | チ | 、 | リ | ハ | 歩 | 結 | ニ | 京 | 地 | だ | を | し | 歩 | し | 場 |
| ベ | 故 | ロ | 特 | 解 | 写 | ヌ | ヌ | ス | 社 | れ | れ | ぎ | よ | ぐ | よ | る |
| ス | 阪 | で | 定 | ぽ | 、 | ク | ヱ | ゅ | ス | べ | 開 | と | う | と | ぎ | 成 |
| ャ | つ | 室 | だ | 向 | 投 | コ | 百 | 歩 | 暫 | 登 | モ | 会 | 会 | ふ | ぐ | ハ |
| 感 | 何 | 京 | 場 | 話 | ク | カ | 所 | む | 意 | れ | 然 | 化 | 化 | ろ | 社 | 芸 |
| 情 | 故 | ひ | ク | ま | 百 | 所 | ク | れ | 暫 | 登 | ノ | 然 | ノ | だ | 本 | 芸 |
| の | 停 | 止 | し | て | の | 向 | 無 | 暫 | 然 | ニ | ろ | ふ | だ | | | |
| 停 | 所 | ヌ | 室 | 故 | ぎ | る | ヌ | 歩 | 場 | 登 | ニ | | | | | |
| 止 | せ | ニ | 京 | く | | | | | | | | | | | | |
| 所 | ニ | ス | ひ | | | | | | | | | | | | | |

停止して
を明るく
ウィンドウの
イベント
依存
記念
雪だるま
感情の
、再利用可能なを
ミイラ
しようと
ロビン
の有害が
達成
地球を
カブ
、特定の
ドラグワーズ
戦いの
アネモネ

# Puzzle 966

マイグレーション・
満たさ
完璧
デューティ
通信
政府
せっけん
のレコードが
魚の
キス
処理
夜の
提出します
ベビー
エンドウ豆は
脅威
バッグ
チーム
リード
キツネ

| エ | ン | ド | ウ | 豆 | は | 海 | ど | チ | 妊 | じ | 百 | べ | の | モ | 私 | 何 |
|---|---|---|---|---|---|---|---|---|---|---|---|---|---|---|---|---|
| 合 | カ | ー | 満 | た | さ | だ | 覧 | 愛 | エ | じ | ビ | レ | キ | ス | 脅 | 威 |
| ニ | ヌ | リ | 海 | ス | 進 | ト | も | セ | 覧 | ヱ | ー | ー | ス | 写 | つ | 圧 |
| マ | ど | 完 | 応 | っ | だ | ふ | ヌ | ド | 狙 | せ | 重 | コ | 多 | 覧 | ぎ | ぎ |
| イ | 合 | ラ | 璧 | ィ | 場 | ろ | 暫 | 方 | る | っ | 海 | ー | ざ | ス | き | き |
| グ | 百 | ぐ | ま | テ | 金 | ツ | 権 | ひ | む | っ | 育 | ソ | ド | 化 | ヌ | ヌ |
| レ | 夜 | の | チ | ー | ぐ | ぐ | 登 | 金 | け | 私 | 画 | ゃ | が | 加 | ょ | ょ |
| ー | 政 | 府 | エ | ュ | バ | ヒ | 投 | だ | ん | す | ツ | ラ | ヒ | カ | ホ | ホ |
| シ | 再 | 報 | 選 | デ | ッ | 投 | 意 | ふ | カ | ト | ヌ | ど | お | ニ | ひ | ひ |
| ョ | ひ | て | 会 | サ | グ | 提 | し | 私 | 出 | も | ぽ | 囚 | ヌ | ス | 進 | 進 |
| ン | 安 | 海 | ニ | ぎ | 読 | 出 | ま | す | ト | む | 然 | で | ヱ | コ | ろ | ろ |
| ・ | キ | ツ | ス | 狙 | 提 | 所 | 選 | 所 | 魚 | 砂 | れ | 向 | モ | ひ | や | や |
| ツ | も | ひ | ツ | 向 | 処 | 選 | 結 | 重 | の | 意 | 意 | て | で | 向 | だ | だ |
| コ | 狙 | ス | ル | く | 理 | 覧 | レ | レ | セ | 辞 | 論 | 意 | ト | ろ | ヌ | 登 |
| ホ | カ | ひ | 妊 | 無 | ろ | 狙 | ヱ | 通 | ハ | る | 投 | 開 | ト | ろ | 登 | |

# Puzzle 967

よゅチ愛カ社むフ報ルヌホ壊コどにれ
れヒ登ぐ会話もブ保だ、れぽ沿乏進登
重阪トセ画覧化お圧ガネテリカでひ写妊
ルベ摘画きリヌ通登ネ剣レ発言っじモ
本場ド応選摘通ぽネ登ハンドル所無能結
能意退ヒれだゃぽリ報解暫開ソ進重学弱
ひ愛読ドや写ランだ退登覧向ヱ進むツひ覧
じ加レ進キジ私場私進クリーン所致弱ア
登何ゅノてしク使はチエ場覧だ意命なニ百
ゅ開報、ふょ使やるだひぼひ砂より愛狙せ
精解選投資エやるだひぼひ砂解歩ニ愛百
阪辞今夜登圧どひぼひ砂解歩解セ狙せ
セ化精、はギネマタぼひぼひ砂歩解セ

致命的な
クリーン
ハンドル
、シカ
に沿って
、投資
壊れた
フロート
キジ
剣テーブル
より
そのもの
保存
発言
メガネ
クジラ
学生の
今夜は
使用は
タマネギは、

# Puzzle 968

凍結
ホテル
聞く
入力して
、標準的な
干しぶどう
コンパクトな
の物理的な
ベル
子猫
ワールド
冷蔵庫の
熱くする
アリーナ
逮捕
チューリップ
を通じて
独立性を
ウォーク
雨量

の物理的なしをれき会開加ぎ狙多干コアリ
ウワ砂ざク然通お歩向つ加応海ざしーナ室
ォー独立性をじ冷や金ル熱くするぶチじぼ
ール砂砂権ソて蔵レぽ話聞応場どハ結ちゅ
クドテカラコチ庫入ニ摘しうハろ報
通応社ホドゥのカぎ意投私カまてヌ
っ辞るル妊ツークぎ写し雨凍リ私ゅ向
子れ写妊能話リれ報嶋結所論進
私猫ぎチっリッし私摘ん、ままモコ
ク退ラ芸意プツまひ話ラ場標退てゅパ
登話エだ芸ニソむ側弱愛結準摘報ン
覧加ま画写逮所ま報や砂的ド乏退
きまぎ京サふぽやソくツスなトむ
金報加ニモや社ノクツスパンコ

# Puzzle 969

ふ室百報国ろ金ょル読社加話重ふ、多
お妊ヌる家む側ひじ登合話所会キ成読
きト退感シワー権暫栄じ養故素ツリ私
場海ノ白チイスノサだろ加ヌひネブノ
ニ圧ん告クてひろ加チ然ククてヱイせ
てノ写辞ク側化芸ざれト若ピがノンむ
方写で意本意きょト若っいぎれ画セ再
まくだ化ト百ざ故応妊覧薄れク化リ鳥
エだ話百ニ故囚権会ょ場摘意ヲノャの
ニ目チ会ニ応権セ選覧社おだもや暫撮
ト的本ョシク室多覧場育カテ合無能影
リのンチ室嶋ハ私テ育カテだニ意狙ク
ス方再登ハ私側報テ京応ヲ通社だトル
だ暫弱登ド然側報京応ヲ通社意だ化ひ

シャワー
が成長の
目的の
感を
撮影
国家
薄い
告白を
リスト
栄養素
若い
まだ
鳥の
、キツネ
ピザ
スタイル
セクションの
息子の
チェイス
アセンブリ

# Puzzle 970

グループ
音楽
のソロ・
見て
デイジー
侵略
料理を
火災
カップ
代替
出現
シャワーが
前方
可能な
のほか
嬉しい
知識を
、すべての
ではない
のウェット

開かほのシャワーが料可ぽルリ見て侵略
退む画化ウ出ニふ理能能故加ヒ前方ひき
むヱ圧、多ェひだ金を砂いヌヒ囚で精画化
クょろす意おッ報方進論ぬじラ囚はヒ神ノ
ぐ辞で権多しれ選むぼ知れ社ヌャ狙何
ろスひ論意嬉画火登能知識ひ社再ょ暫暫
トびて社もれ愛災デだょ安をふ開室ゃャ
ざて論場れょ出っイ何ぼ覧写んまヌヌ
ぽ社ササ百進コジ報通っ京っ出狙私ひ
解スセや囚意むー加ヒ育故嶋現狙ハ社
まテれ育解進ク再ヒ音故妊ソトハソひ
おれん読セ安進カ論歩カッ会京っハグべ
話読進コ代替力歩ひプルグリニリ囚

# Puzzle 971

写写テ化ぼ曇レ出投安ざぼツモエ愛方
ヌニカぐど嶋らぼコクょぼっレ安ぼサ
辞ょ室投ぽ論退弱愛必ずぎだ弱ひだま
応おヌ権も海きリ砂ず砂だ適エひだぼ
ツ報ヌ多百向サリクぎしチ切本みエ測
むたラ育カハ能応社だっニさエなベニ
ラっン花能然精囚弱向再開ツレ必、の
座乏故が百辞解側場金リ何加ニず雪ゴ
選チ登歩テ会だヒド圧ノ必要向ぎおチ
ぎピひ多れ応ヒ話だチ読通原因結ツん
妊ルむ語彙進スプーン読原因二囚囚ァざ
ひぽてヒ会応ドヒ圧ノ読通結だど父れ本
て嶋む語彙だ話スプーン原因二囚ァの出二
嶋阪側進スプーン原因二囚囚ァの出権二

、必ず
ランプの
ため
雪の
花が
必要
ピル
危険な
適切な
必ず
みなさん
イチゴの
サンドイッチ
曇らせる
スプーン
原因
語彙
父の
予測
座って

# Puzzle 972

クロス
実験
パウダー
について
感の
ボクシング
綿を
フィル
従業員は
サル
愛情
重要な
のボイド
適格
のいずれか
ました
軍事
そり
アンティーク
スワン

化実ノ適ド愛クだ多側ぼ方やで二写京
リ験て格き情方合退むだ砂フ摘ルぽカ
話ヌ報てぼニひノレっ場読サひ芸
んふ二二阪精ノ権結方ヌ会スひ乏登ー
歩応話金せノティクじトせ狙パ弱論ふ
そり向妊投軍コモ登スで私海ざ通所
ふェ場ょ事出育ヌムト狙無精ク所セ
ル綿ェ芸れ加話ホせ覧て話エ通愛
ぽ従のずまボ海愛権のよ百故方てひ
従業権ボクしシぐやド退じ愛にくひ
場業応能ラムンド再ク再育つむ
方ト員クロス再読ワグ室合愛サツ狙
社ぎおク会再まソ乏ス能場意金レ京
重要なままソ乏ス能場意合金レ狙

# Puzzle 973

金 向 じ 延 ス 金 歩 ざ 辞 賢 室 辞 京 む 私 不
茶 色 の 期 ト れ 方 ニ 回 明 無 セ ニ も 覧 安
解 解 ふ ぐ 金 囚 ぎ ど 無 な ょ ヱ 側 弱 覧 定
登 ん や 結 写 エ ざ 結 権 険 な ハ 登 意 サ な
選 き ぼ 多 私 ド ざ さ せ に 採 ス 採 砂 向 嶋
解 ま し 重 カ の ら し 向 圧 ル 用 百 安 カ 重
く ふ 精 力 の お そ く 圧 向 タ 覧 く ん ウ し
ク ト 摘 動 金 そ ら 合 投 結 ウ 登 タ プ ン き
熾 烈 な の 芸 つ 側 摘 ヌ 選 ニ 多 ニ リ ト ふ
退 ひ 金 百 ヌ 合 ふ 弱 場 お 登 覧 近 ト ス ろ
解 ょ 自 通 ス 側 ふ 読 摘 っ 応 い か ひ
軽 ラ 動 車 ゅ 金 や 合 愛 弱 登 嶋 狙 し コ だ
海 登 場 れ ヌ 芸 や 砂 楕 ま お お ラ を ソ
辞 退 や む モ 合 場 円 ど ス ク 細 海
リ 登 合 ぎ 場 楕 形 の ラ も の 海

## Word list

延期
茶色の
近い
賢明な
クラスの
に危険な
ミス
ストリップ
楕円形の
ものを
おそらく
採用
不安定な
細かい
トランク
動機の
タウント
熾烈なの
軽自動車
二回

---

# Puzzle 974

## Word list

黄色
実用的な
結ば
明日は
ピアノ
偉業の
話して
検査の
避難
太字
スプリング
購入
突風
テストを
最悪
卵の
パパ
、優れた
選ぶ
ビール

## Grid

し ラ 明 狙 だ 囚 応 ろ 本 何 む ト ぼ 応 ん 避 ひ
狙 金 日 話 し て お 側 ニ ピ っ 通 ト 愛 乏 画 難 場
弱 通 は を 結 私 結 ば ニ ア チ ホ 辞 ヌ カ 重 場 ぎ
テ ス を む じ 圧 ニ 覧 育 ノ マ て ぎ ま 論 画 カ グ
ビ ト 結 だ ス 無 権 じ 本 て ス リ 購 ぼ
ー ル だ サ ノ 登 阪 本 辞 退 重 意 プ ン 本 入
然 ょ ふ 何 ハ ぐ 所 カ 無 ソ 退 嶋 エ リ 結 再
選 ぶ 海 ひ ス 所 嶋 愛 金 摘 ニ セ ン 海 覧
精 読 お 暫 ク む コ ざ 加 テ 何 側 無 グ 投
愛 ル っ 太 ニ 弱 リ 海 パ モ ん 狙 ざ 砂 ホ
ト お 投 字 ぐ 囚 進 パ 能 何 き 選 登 摘 ニ
摘 投 辞 社 妊 ま ぎ エ 優 ニ 狙 通 ル ヌ
偉 業 の 査 検 写 て ぐ 方 れ カ つ ど 妊 然 色 ト ラ
ツ せ 卵 愛 画 実 な た ニ 黄 投 応 ル
登 ざ 最 最 社 用 の 砂 だ
摘 ま 京 ぎ 悪 社 む 歩 歩 砂 応 だ

# Puzzle 975

化 ク 方 弱 ニ っ 場 だ 暫 テ っ む お れ 私 京 て 無
無 ヌ 金 辞 画 ニ ボ ム 忘 れ 歩 阪 バ ょ る 開 出 で
リ ひ ト べ お 応 ュ ー じ コ も 姉 モ ひ 登 出 歩 ん
ト だ 妊 論 リ 投 本 リ も ル 辞 妹 カ 方 ト 辞 加 ぎ
ディ 何 ス タ ー ブ を 応 ボ レ フ ロ ン ノ エ 百 報 論
囚 何 カ 読 場 然 ん 写 レ フ ロ 室 重 故 し 権 ん む
ょ だ 進 サ 然 ぎ て だ ゃ レ テ 能 本 ん 安 砂 せ ニ
場 ど 場 イ 狙 ニ 向 だ 応 ま ク チ ざ 無 精 ょ カ
ヌ めん ぎ カ ヱ レ き 、 ス 肖 像 だ ノ 砂 妊 や モ 応 カ
出 弱 カ ニ 精 て む 急 嶋 愛 肖 チ だ て 権 だ 計 私
多 社 狙 ょ ッ 精 百 像 の ひ ソ や 退 応 ト
利 用 可 能 な く ど 羊 の ょ ド 乏 登 ぎ な
ヌ る ク ニ ざ ど 羊 の ょ チ ド 乏 登 ぎ る
応 答 阪 ぼ 能 然 っ 敵 っ 合 紛 争 合 の 異 な

**Word list:**
サイ
忘れ
計画
メカニック
応答
フロント
ボール
ボリューム
肖像
プラム
バルコニー
の異なる
敵の
超高層
紛争
、急速に
ディスターブを
羊の
利用可能な
姉妹

# Puzzle 976

**Word list:**
遊び心
歌う
数の
の耳が
ブラザー
のテーマ
スウェーデン人の
アーティスト
粒子
改善
ステイ
マーカー
機関
グローブ
バニー
傾向が
記事は
驚き
最終的には
ポータブル

ポ ー タ ブ ル 歌 機 関 驚 粒 子 ト せ 乏 辞 マ つ
グ ロ ー ブ う 社 愛 重 モ き ト っ 妊 き ふ ー 画
ト 報 ニ ざ 歩 芸 ぎ 登 ぼ 意 ぽ ニ 話 改 れ カ ヌ
ス ィ 芸 バ 退 ノ ベ 会 ト 合 芸 室 ぎ 善 で ー 能
テ ウ ハ ェ 登 能 エ 投 モ ス ホ ん ク 場 コ 弱
ー 登 金 通 芸 最 で 再 れ テ ス ヌ ぼ 所 ホ だ 画
ア ハ しゅ 応 弱 デ 登 ノ 写 イ 応 囚 っ ド の
私 で 何 ブ ブン 本 的 ヌ 覧 ど 報 嶋 側 室 テ
ク 加 芸 ラ 応 結 登 に ト 会 ヱ ぼ 通 ど ー マ
れ 側 摘 ザ 数 能 辞 人 故 は く 弱 辞 能 ニ 狙
百 ゃ の 退 ー チ の 事 せ コ 耳 読 だ ヌ
ひ 加 せ だ ク ヌ 傾 ふ 記 故 海 暫 が く ヌ
進 せ 乏 読 モ 通 じ 向 ツ 故 だ ニ 報 何 重 暫
ぎ 画 権 読 モ 通 が ル 乏 ヌ 妊 ゅ 囚 応 ヌ

# Puzzle 977

じれゃ結加ひノ室登精やぐリ摘何ツ化必
入植者が読解妊何覧向と写所ょサドっし
ドスセイノ阪ふ育話まのリ化女画投スぽ百京ひ
で重行結ソニ乏読れ乏歩ろおた安海摘たレア社ト室
、グてょし妊写っ金合レハ砂傷つ報覧ヲ化ノ、
ーレ安所話まグレード大規模なア投覧囚然の
ぐイラ海っ歩覧クヱ方ニチふ社尋愛ねよ
ハモレツノ化本所ぎ覧投だ選論化ざう
グローー所削何無所でむ投再も方ラな
ヱ本社れゃー場まノっ選権だぼ
く側進レハ砂っれツクだ権

必見
、このような
女王の
選択し
大規模な
との間で
削り
、グレー
傷ついた
グレード
ノイズ
てしまった
バイソン
グロー
尋ね
入植者が
イレーサー
、まだ
行動
ドア

# Puzzle 978

種類の
オーディション
何か
説明
プッシュを
添付
叫んだ
絹のような
唯一の
感謝し
ワイン
関与
権限
の素敵な
フェンシング
品揃え
、経済
蚊を
野心
エンジンが

おルリ歩ドリつレチま海ヌだラ重しく金品揃え
囚報ふふ私覧暫能ぼだ歩本むで京セ然クべせ
精ふ関ふカ覧どヒだ社歩トサじエ応登妊だ画心せが
投ての与ふ何か会てヒ解感ハむサスれんヱ野出ま砂囚
選モの素敵なぐ愛安よ明謝嶋コレつ叫ラ解ジ心だニ開
類辞海フツ囚ワレし登嶋ハだよ故圧まエンどまクれ
芸嶋再化ョ通レシざノ限解で向摘歩嶋金論芸ニ

# Puzzle 979

応無退市阪社何ヌ階写ト海ょス結権進
社ス応民リ登何ヒ下ふまド囚室レ読捗
能ふ場の砂話側私社百然ろまー暫状況
化多ヱ意狙し辞故然ざお私ぐ部重況を
るど会側登話っ話引ざっ砂せリの犯私
だレ辞リ妊開トヌエヌドウまエ弱ん二罪
レテリ多精き圧トンドコて狙す再モ
クどノモ二き暫投ヌエトモ成や意狙ラ
海読卵ざ写狙暫応ンドコ安し弱合紹ヒ
岸応っに作ヌ応新カモラ能向応介ほ
加星金ぎ成女じ鮮力ラ精で多意育ぼ
んが高し彼弱機ト金向精室ゃくゃ
ぼ故れぼ女化い開ツは多室ょ故
ひ合圧室はしる解金つ室故む
っ合圧ょ圧ハ開解金ツ所、多室

砂の
紹介
高級
犯罪
市民の
星が
機能は、
エンドウ
階下
ほぼ
進捗状況を
彼女は
引っ張っ
いる
達成します
卵に
一部の
海岸
作成し
新鮮

# Puzzle 980

膝を
少なくとも
キューピッド
引用
エッジ
同様の
ナット
森林は
ペット
安い
スポーツは、
釣りは
のない
消防士
グレー
プレス
ペース
家族
忠実な
コンテンツ

テノルれヒで側ス室ニ歩然投ソ論スら
合やや無狙意画ホポ所阪ぼグ私てだスまん
しむ歩モヌエのーツ出ぎスレスレプ側安方
報砂暫場クないンテまスヌーぎべひ
もソひ論ックはンテだ写レーセ通多然
応意結釣いりッスまムん然むぺ登摘
るん場つ再スど合だ然な百画結
む投嶋歩べレテ権引安
無向まニ京いニ社むムテリ多用ぎ
化キ方ょ消芸忠少ヒレジ狙
室室ユニペ防ぎ故ハナ再
ドピ方ッ京コ士投弱ハ意ッ
意ー家族ト狙安再向てク多金どッ
トド二摘進囚結はハ砂もテ結

# Puzzle 981

のけ明夜社く男ょはムーワト側権辞チ
カ登登社ぐ登ょ性社海れナひ投れぽ私
ライ合会ヌ圧合然はグリひリプスチ乏ぽ
フンき郵便配達・ビジネス嶋一楽しむぐ
ルチ方リ然ふ方ニコしぼンドオ写京ゃく
な方ク弱安べおつやくサハル再画ヌし痛
砂弱安然報つ芸ハ然然れ写ひまつ京し、み
何場ゃ乏百ぽ覧進何解く登れの個っ嶋重
室ゅ写百む何場で読み取ぼ本私花合るサ
イだ嶋エ通場何し歩るラぼ京サ故意スリ愛
ン嶋室ペ愛むサぽヒ再方育百ぎん弱投登エ何
チが場ズニーリシスだだぎス登砂権ヌっ妊
ぽ瞳のじ本写阪進写何話砂権ス何どれ

# Puzzle 982

百ラ話私合能権リ然ひおノド能選能然化
シソラゃハ妊愛ス応海弱むラハ結意化無然
京ョ計算機金登辞チ方ララ退故果室プぎぼ
権ドッドトハ向加所応ふせレ話はログざ
辞暫会クひチ何だ裁判官側れきなきラムま
アタ写場画リだ精加ひチ的芸加ムの水
ヒフコょ愛登弱精登砂ト七圧鳥乏噴摘つ
ルなひっ重方写だデカ金ンひ退覧砂合
の彼スひふむ多海出ィッ面サ方砂糖
子女京弱能ノ再スだサシ金鳥囚読やや
私の圧だぽ解ひ画ニカ補ョ退のレ
トっ応向た投レだニエラ補選暫ホドれ
消ゃ圧海じト覧ぐざ私ョン選じンクノ
えだ覧じ食べてたマイル読砂糖レ
ト側っざ食べてたマイル

# Puzzle 983

まるしだニウフ進側ろる正確なるぽ
開選ぎふ暫圧エルゃざ愛精芸能投よ本
躊愛解ヌ室リスタ場ク屋外でるろ試行
何躊退ク守サチンラ競写だ無然側開金京
加ま囚社べ応登通所会愛ホ第三覧出能ク
距ク退習ま解摘じっコ場で安第三覧る登金
離ふ習慣妊き能れト摘読加や乏常権摘場選
食こ慣妊きぐ正方形の解化だポーズだ登百
用とがで妊ぐト意論ろ重合登ぎ登ぎ
ぼ妊ト重登っ重化登じレ投本金方
つエす重認めろ通乏ズポ多だ実精金ア
エどニ百座っ重登ぎー百クんひ通報愛ぎ芸ヱ

通常
距離
食用
正方形の
第三
ランチ
習慣
認める
競争
ことができます
実行
ウエスタン
座っ
屋外で
試行
躊躇
フィクション
守る
正確な
のポーズ

生産
成長を
ウサギ
許し
病皿
沈黙を
委員会
ロケット
アクティブな
来る
テイク
夏の
恐れ
自身は
必死
キャップ
ビールの
用品の
計算
デザイン

# Puzzle 984

ぐ登解所芸私無キャップ恐もゃモ砂選
ス場おざスひ読摘ソ乏登砂ヌふニ
チで百通ス再応ひモれじ海ひデ病
計算っ京アクティウ狙て多エ妊デザイン皿
成長をロケッブ権ブ開チ海ザ結
むれッ許しだ写場ン来る
ソ歩しトギャヌ所妊金辞やだ
進海チ妊解退ル育再室安出加画
解嶋安応側海二育読ベ百海む
再ぎ多ょぐ夏テ進話精読合れ
れっ圧摘ぽだ品会のょ読場ヌ妊
方ニ加弱委員会ベヌコ化ノ多レっ
ヒ登委員会ぽ生産ぽ化ホテイク
ビールのょ生産ぽ化ノま多ホ

# Puzzle 985

```
ん っ れ ホ 嶋 意 ぼ ょ ヌ 社 報 ひ 場 加 議 う 画
選 再 ひ ま て 論 所 む ヌ 能 本 場 覧 崩 論 な 退
キ ャ ン デ ィ ホ ャ し ホ 本 再 ホ れ れ の り ニ
ょ 場 ぼ バ イ 能 阪 モ 私 育 場 芸 選 場 声 の 退
ま っ 然 金 意 だ ぐ 妊 サ 然 室 ホ を の の 本 多
っ 加 能 側 の 囚 室 る ポ 室 無 ー お セ 意 セ だ
安 能 し 登 摘 結 セ ト ー し 応 ト ぎ ン シ 阪 海
モ し ひ 摘 バ 覧 嶋 投 ル レ 北 ケ ひ カ っ カ っ
俳 優 提 バ ス ケ ッ ト ボ ー ル 極 選 っ 機 ぎ ク
方 て 側 供 サ の 鼻 カ 歩 北 社 側 会 ル 権 場 ぎ
で 裁 妊 妊 エ 歩 治 を 北 選 権 応 暫 ボ ス ス 化
ヒ 判 ろ 報 サ ヌ 意 登 社 応 せ 私 ス ー 登 権 弱
む 所 化 論 愛 応 ド ざ ス 論 論 じ ャ ダ 場 で
能 ぎ 段 落 多 ホ ホ 歩 つ 合 選 や 会 通
出 辞 覧 チ ヱ 登 然 室 故 暫 ル ラ 会 通 会 で
```

キャンディ
劇場は
裁判所
ボーダー
議論の
ケトル
サポートを
センドを
バイクの
崩壊の
治世を
バスケットボール
うなり声の
機会
シート
北極
俳優
段落
提供
の鼻

# Puzzle 986

ソフトを
含まれて
バター
関連
割り当て
エクスプレス
許可
医学
保証
泳ぐ
鍬を
パイナップル
ビュー
民間
好む
騎士は
整理
プライマリ
存在
風呂

```
育 ヱ む し 権 ょ 割 民 間 私 所 ソ 所 通 室 囚 暫
阪 リ 摘 ハ ゃ ふ ぼ 安 関 ル フ ス 進 妊 故 存
本 エ レ ヌ ニ 権 当 向 連 ト ル 所 っ サ 在
所 百 ク ヌ 開 バ 通 て 側 ス を ニ 鍬 ビ れ 一
何 だ 応 ル ル タ だ 許 向 可 進 コ ょ 応 っ て
暫 騎 歩 は プ ー 保 ル 覧 話 所 出 ひ ひ ふ 合
泳 ぐ 士 海 ひ チ 証 ぎ 方 で 阪 京 ろ 応 せ 側
く 加 ル ラ ナ 退 れ ソ 能 チ る だ 砂 然 ま っ
ク 整 理 ょ イ 場 ス 報 故 登 ゅ っ ふ ヒ 乏
て 理 権 で パ ル ツ 報 ぽ じ 妊 画 ろ だ 重
つ ヒ ヌ 嶋 レ で 故 ど 安 精 登 無 ど せ せ ク
ま ま ニ 報 社 っ 結 登 通 む で ざ ぎ ハ
風 ょ 金 リ ク ゃ ま テ も ま 方 ニ で
呂 プ 私 テ 好 化 故 カ ざ 阪 ラ ノ 合 れ ヒ 意
プ 開 好 む 解 権 解 ノ だ
ヱ ノ
論
```

# Puzzle 987

方 囚 ク ス 社 傾 む っ 海 室 も 退 の ら 彼 テ だ ょ
や 妊 向 ニ 斜 し ニ や ニ 役 開 数 商 ヒ 用 ク ノ 結
海 き ワ サ だ ま ま ぐ ヌ 割 観 半 場 ロ 弱 意 ロ ハ
相 テ 方 ー ホ せ ヒ 加 ょ ノ 察 過 れ ジ ふ 私 ジ 愛
手 故 再 報 安 育 ク 維 方 く ど じ ど ー つ サ ー 金
阪 応 圧 組 阪 れ リ 持 だ サ じ 故 サ シ 狙 こ シ ゃ
ヌ ラ れ 社 読 ひ 投 っ 登 ル 致 っ 加 ク ど ろ ク こ
サ 応 場 方 み 砂 れ 嶋 る チ す 室 百 タ 通 ア タ れ
や 報 方 合 わ 嶋 結 ゅ ひ 加 ん 投 嶋 百 金 ソ ろ ア
チ れ 暫 せ ヒ 退 進 ま 致 室 る ぎ 金 通 な エ 通 ト
ー ズ チ て 社 ヱ サ た っ 愛 論 ト し ソ ぽ し ぽ ミ
妊 京 ひ 囚 精 結 ヌ 向 投 通 精 愛 な 登 方 ェ 方 ッ
ノ ペ ぐ テ 進 側 暫 京 精 サ 化 通 精 ヱ し 登 登 ク
で ン 方 ク る 政 退 写 報 サ ク 向 場 エ 芸 精 モ ッ
ト キ だ 私 登 応 ど 合 論 報 投 京 サ ト つ 芸 精

方法
観察
相手
一致する
キャンペーン
タクシー
役割
チーズ
バンワード
テクノロジー
組み合わせ
傾斜
また
維持
アトミック
の商用
過半数の
なし
彼らの
政治

# Puzzle 988

機能
不注意な
トウモロコシの
ケージ
反応は
は何も
フォーカス
教育
今や
バット
分母の
マウス
健康
共通
後で
ローカル
。この
ナツメグ
隠す
暴力

暴 っ 育 ト バ 海 会 進 何 多 く 登 開 ラ や 報
力 報 ス ウ マ ノ 。 ふ 報 愛 サ 方 場 べ く 登
ざ 愛 モ ホ 出 ょ こ エ 嶋 ド 投 本 暫 ク 場 ハ
ど ツ 能 ロ 画 だ の 安 側 ス 方 ろ ル 無 圧
ゃ カ 登 コ 共 機 だ 砂 ハ 応 ぽ っ ク や じ ひ
る ヌ て シ 通 能 権 ニ 社 や ク 方 芸 ざ ろ
隠 す 暫 ケ 通 く 会 ど 室 向 多 や る メ 砂 グ
ト 合 む の お 妊 ジ ク ろ ソ ベ 所 コ 重 ツ む
通 フ ー ふ 論 愛 で ク 弱 通 ト 教 ひ 分 メ だ
私 ろ カ 何 ド 圧 ク 狙 な 退 育 応 ニ 母 る ラ
く レ ス 本 は 然 で 覧 後 社 今 故 ー の 再
会 無 む 健 登 不 注 暫 育 応 し や カ 会
ひ 金 応 康 覧 ざ 意 な 場 で 進 じ エ ル
権 話 方 コ で 圧 乏 覧 投 く む る 芸 サ
や っ で 金 コ 開 無 お ぼ 加 覧 本 話 所 報

# Puzzle 989

```
ト 川 結 テ っ ニ 百 加 ん ド ア ク ニ 再 じ テ ラ
向 の 結 ス ラ ク や テ 選 妊 出 ル 向 論 報 ソ 砂
百 ょ 押 ラ ひ ク テ 会 京 嶋 再 こ ど だ 場 登 場
意 つ サ ク 下 ホ 圧 応 報 囚 再 む と が 多 い ラ ト
結 多 ぎ 場 ひ ス ク ホ 選 百 重 然 読 側 ぐ 方 方 結
サ ま ミ く ジ ト ま 選 意 然 愛 ー べ 狙 歩 ス グ リ サ
ノ れ ッ 復 帰 室 承 ハ 権 育 コ 退 金 融 ホ 囚
群 ひ モ ト ぽ 然 は ゅ 所 無 シ む 融 ペ ア 最
ぽ 故 ヱ ぽ 写 認 羊 子 ゅ コ ー ケ ン ス れ も ノ
ト 増 加 空 だ レ 供 た ち 重 化 然
本 選 覧 ク ソ ク 室 調 査 芸 読 故 重 は ラ 阪 能
囚 応 乏 だ 報 読 故 重 ちゃ ん ラ 阪 能 む テ る
応 る 育 っ ヌ 読 故 重 は ラ 阪 能 む テ る
```

## 単語リスト
調査
ことが多い
増加
金融
スグリ
空は
最も
ホーク
子供たちは
群れ
モック
シーケンス
復帰
サミットは、
押下
子羊
川の
承認
具体的な
ペア

---

# Puzzle 990

```
暫 起 こ り ま す 開 ミ ル ど ゅ サ 然 ス 誰 投 ざ
ソ れ 然 ト し 子 ト ニ べ 登 ー 場 歩 の 奪 う
む 場 だ 室 ぎ エ 供 町 ノ き ょ ブ ク 解 ソ セ
金 嶋 弱 れ な 能 可 の コ ゅ や お 社 多 ク っ
退 ス で マ 無 で し れ ク の 国 天 度 る ぼ コ
育 レ 登 応 ヱ ざ ト ス ざ 重 質 ひ 再 ひ ク き 退
ニ し て く だ さ い 歩 、 エ 物 覧 ん 嶋 論
コ ぎ ハ 覧 向 ク ま ぐ 摘 摘 写 カ き ス
覧 ク 阪 テ ハ 狙 ぼ 芸 ょ 阪 選 ス グ
会 阪 妊 再 狙 登 ま 画 ト 育 無 ニ 意 小
ク 本 だ 解 覧 ぼ る 投 室 だ 登 京 だ 数 点
し 歩 私 塗 ひ ま ス モ 囚 ク 阪 む 金
結 安 料 オ オ ヤ マ ネ コ 覧 阪 解 解 っ せ 暫
行 わ
```

## 単語リスト
行わ
、小数点
品の
天国の
デスク
ミル
サーブ
マグ
奪う
塗料
子供
物質の
オオヤマネコ
町の
してくださいは、
誰の
の可能な
あたりの
起こります
再度、

# Puzzle 991

レ然報化加能ひ再コサ方弱育ラ歩解ト読出モ辞室加ょ所ニトベ
方妊ひヌリ投読ヌろ訪ラ妊く出選やひだ弱ま然の日休
社レ登砂じソ出もぎ問ヱど海退愛ヌ選ラき金近午適ざ
ホ故り込みもが暫投嶋育っクで話嶋何ニき最近快
側割人登検責任暫テ結ぐ応精読話やんトッニ嶋る
フ乏のれ場、カニ考案結合ト論百海てツ応読
ぎォ側口ツーで結案スト権合応百ぼろ向応読
るセドツークゴテ考ツひ通百だ
能弱故ク側ドチ精然ひょ金
弱故郷阪警然側百通砂のだ
ゃニ名詞登警ツひ百海学生
金じ多ぎ登砂詞察砂のだ向ろ
画海走ウサギのだ向ろ応読嶋

午後
リソース
御馳走
、最近の
学生
責任
警察
ウサギの
故郷
訪問
滅びるが、
フォロー
ゴースト
休日の
割り込み
快適
検討案
考人の
名詞

# Puzzle 992

腐っ
上記
アドレス
リリース
持って
スポンジ
平和的な
服は
お菓子を
心配
プラスチック
かなり
レース
プレイ
経験の
靴下
、マウスの
魔女
ささやかな
コミュニティは

歩れきスーレるだ選持ってコ場摘ま砂結ス応サひモひ
チ結登能ポふホ場芸まチ嶋リアドレソ応サひモひヌ論っニノ
れて投べンジニ本権でひュカしレソ摘室弱エヌリリースモ社
ょ魔ぽ権阪ひ出権ひマニス画ぼ室育リースモ能ク
し女本べ登ひ私何つきゥスティ暫本平リーヌ
ヌ重ド登多くソ私きプは多ニ本和的化能
せ摘しどコれマ開側ラ歩能通ニ場和的な化
ト摘しど私コさ向場ドっスチ側プレ意通ホ重
応ツラヒ会多て囚経っチク験サススをチぐ
ろぽもひ話育ヒむるどプレイサヌをチぐ
妊セ向合チ話選上読心服はのお菓子を
向摘ス靴下育開話能権多記配お菓子
ス靴下能権多記心配お菓子をヌぐ

# Puzzle 993

ソ フ 読 場 ス で ソ 写 お っ 嶋 ぐ だ 語 っ 解 キ
リ ト ラ 退 き だ 現 心 ょ な 側 出 心 登 空 検 ャ
ュ だ ツ 櫛 だ プ 在 要 む じ の 摘 の 腹 意 ュ ン
ー 結 イ は 再 ロ の 主 ラ だ 投 み 話 空 エ 本 プ
シ ま 婚 再 の セ よ 意 ソ っ 意 歩 化 私 ス 登 ハ
ョ 育 ま 故 権 ス う っ ラ 場 だ く 合 阪 ク ま く
ン 基 ま っ だ ト ラ ゅ ソ 故 や 安 安 ニ ぎ べ べ
を 金 故 リ 加 ュ ソ コ 場 化 弱 だ 話 写 ま ヌ
ト カ っ 登 金 ソ っ せ 側 京 や 話 で ソ テ 画
登 ひ リ ぼ ざ 結 コ 合 海 愛 観 弱 登 英 退 ヌ
き 安 ク 応 せ 開 妊 側 お 社 点 向 ゃ 語 ク 場
カ 週 開 進 再 妊 合 愛 く こ ひ 応 む 登 登 だ
写 の 進 金 ぽ 減 結 海 社 二 化 ひ 方 エ
報 ひ 砂 れ 故 無 少 お く 場 暫 金 投 ヌ 何 だ
鋭 い ざ 私 進 ふ 無 意 京 写 だ じ ヌ だ 無 歩 テ

**Word list (Puzzle 993):**

心の
基金
できるよう
プロセス
語っ
櫛の
鋭い
主要な
キャンプ
ソリューションを
空腹の
観点
英語
現在
週の
結婚は
フライ
おなじみ
検査
減少

# Puzzle 994

**Word list (Puzzle 994):**

昇給の
ダウンの
表面
対象
した後
自主的な
めったに
知恵
朝の
緊張
怒っている
病院の
水牛の
合計
ビット
古い
シングル
バルーン
乗っ
タマネギ

加 れ 水 向 重 社 ル 育 だ ぼ や 開 画 ど 室 画
化 摘 牛 タ マ ネ ギ ハ ク ス 側 ひ 安 ひ 側 計
多 合 の ン ウ ダ リ ヌ ス 読 ひ 通 無 だ 合 じ
ビ ッ 弱 阪 選 ク ひ 妊 ぽ べ 乗 芸 ぽ 覧
ト サ シ 重 退 ヒ 場 朝 権 レ っ っ ニ 嶋 サ
ま ひ ー 緊 ル バ や 狙 の っ エ サ ゃ 応 ラ
話 し グ 育 張 囚 砂 場 故 登 進 結 ト だ 愛 圧
テ て ル 進 囚 弱 対 ぽ ま 報 ざ 写 ぐ る
応 ぽ た 摘 後 べ し む 象 出 登 方 だ て ラ
合 院 サ の 場 ニ ノ っ 海 然 ざ 出 き 知 恵
病 の さ む た ノ 投 読 多 報 妊 然 写 や ソ
ろ ニ 室 に カ 安 暫 ぎ 表 覧 ホ 砂 っ の
百 側 ソ 退 自 的 な 面 ニ ヌ ぎ 芸 怒
合 じ ひ 結 社 砂 ソ 会 ヒ 本 る 室

# Puzzle 995

```
方 画 ソ ル 故 社 ス む 通 ふ 辞 う ま く だ 意 方
ぽ 画 っ ろ く 重 ド ニ 側 ひ テ 囚 ぎ も 精 辞 る ど
芸 話 愛 ツ ム き 芸 投 エ ぎ 場 画 暫 写 モ ぼ ぼ サ
ヒ だ 化 ー タ ー く リ ニ ト き ラ ッ ニ 弱 弱 暫
レ ス ク ー 京 ス く ひ ざ 室 ド セ 生 モ 選 論 監 視
ひ イ ソ ヴ カ ン ひ ざ ド ニ だ ク 弱 セ ヌ 安 向 や
ど も 悲 だ ハ 京 海 一 乏 ジ ニ だ ノ っ ク 私 ん ド
い し だ カ 決 定 妊 摘 が ト 乏 権 遠 く 私 残 し 危
然 覧 決 育 エ イ ク が ト 私 精 能 遠 く 京 応 故 機
芸 化 育 ク エ っ 合 暫 べ 京 場 ヒ 故 読 深 刻 解 私
百 化 場 ゅ ェ ク ウ ぐ ろ だ ひ ぽ ル ク 加 然 ろ ぎ
モ ト ど カ ウ ヱ ぐ 選 嶋 嶋 ク 加 然 ろ ぎ 育 解
```

部分の
ソーセージが
ウェイク
トラック
深刻
レイヴン
うまく
ひどい
監視
決定
悲しい
投票
残し
ツリー
スクーター
トリック
遠く
カスタム
生きて
危機

# Puzzle 996

驚異的な
いくつかの
テント
予想
影響
事件
教え
状態
展示を
しばしば
インタビュー
ステップ
ガソリン
、カリフラワー
笑える
重量
教師
笑い
それぞれ
ムーン

```
笑 投 乏 ス 覧 師 教 予 権 ぎ ス ぐ 、 方 場 狙 つ
砂 え ヒ テ む も え 想 テ 能 ト 読 カ 京 再 ま
金 ル っ ス セ 能 ド 向 ト リ ガ カ お 事 件 ベ
論 る ッ プ お 暫 ベ 向 私 ソ れ リ や も 話 ク
ま く ス つ 向 登 ル 私 側 ひ だ フ 登 弱 場 ク
サ 海 方 テ ゃ む エ 海 退 ニ 愛 ラ 展 囚 ゃ 場
し ホ ば し ひ ぎ ヒ 再 圧 レ 選 ワ 示 再 状 二
故 ば ば 京 ぎ ニ 進 驚 応 コ 故 ー を 暫 退 態
ぽ エ 京 ハ ト 意 然 ぎ 異 ト ま ュ 百 安 向 し
ひ れ 金 場 ぞ れ ぞ れ 登 重 せ ビ 社 場 歩 れ
く だ 解 そ ぼ で む ぎ 量 会 な タ 精 笑 囚 通
じ ニ 摘 コ ょ ふ ニ ふ や 京 つ イ 化 い 嶋 画
て 応 報 化 投 加 論 く や 辞 向 能 笑 だ 愛 所
ム ー ン 然 砂 社 金 ろ 京 の か つ く い 報 室
で 砂 所 登 モ 摘 話 私 ハ む む ひ ん 方 囚 報 だ
```

# Puzzle 997

で無れフつも阪せだニ投投所私社乏室ト精エょやレまヱ
ク所砂ァ乏覧狙却き下き化向じ重ふふスおんだ画ざヌ然
歩ぎ退ー例上論会圧読出じハ応進覧囚然はまれ
辞ホ報マき方ト場化退ノヌ意精読覧化規せモ
通スーー作れ金無ノべ重百阪囚定的
ニも有き成金出ろおノやな重の何ヌ合ひな
テつき罪開出弱投レツ慎妊要ノ向圧し室多
ラカテ謝始投画ツおレ足精選ウ圧故だ
イ家カ育然さくおぐひノ向ど嶋京
オき家具クつ論権選二故お
ンょ阪画合ぼ謎権ふ圧しな
シま画権開セどの嶋向ど狙
マ私権開歩ろむお京だ狙だ
ベ登ひ歩ろむおリだ京おホ
つ育ょモヌリだ京お狙だょ

ホール
の足
特別な
例外
却下
の重要な
ノウハウの
定規は
謎の
家具
有罪
宗教的な
作成
マシン
謝罪
ライオン
上昇
ファーマー
開始
慎重な

# Puzzle 998

嶋クべぐ弱もツつし会権スホサ精練然スっ私
弱テゅ解写砂弱辞こでスキテっ写習ヱド多れ化
応再ょ応ぎ応どムニききソじはニ多っ化ひ
投まつのクコミティ覧ソレはヌモ安砂
登重通登リュ出場チ側単位摘
向ぐま育スブ圧進百何ルー退ジ重然能
惑星ふ化ス読方金育本ぽーツ芸側だな所
や精応阪能スぎ阪痛チ買囚重権モ
多く論ぐっ読暫意ぼ出話ッ麗報ト
所報報き狙よ中し嶋圧愛れ乏エぼ投
送室いる用うじト歩話京華応まべ
ぎら怒私語向読だきおお辞乏る
し怒意場集百央やホ育京てめ
せきっ愛ゅ読話

いるようだ
含め
怒ら
買い
チャレンジ
痛い
練習は
アプローチ
単位を
送ら
コミュニティは、
ライブ
華麗な
スツール
中央
惑星
クリーム
カラスの
用語集
どこでも

# Puzzle 999

| | | | | | | | | | | | | | | | | |
|---|---|---|---|---|---|---|---|---|---|---|---|---|---|---|---|---|
| ゃ | だ | じ | ぎ | 場 | ひ | や | 狙 | で | も | 加 | 化 | 読 | 重 | 重 | モ | 理 |
| 暫 | 登 | ん | 金 | 進 | ろ | く | サ | 乏 | 、 | ス | 何 | 応 | 力 | 否 | ヱ | の |
| 弱 | 方 | 曲 | 芸 | 線 | ひ | 強 | 大 | 退 | 化 | 院 | っ | や | 拒 | 暫 | 論 | る |
| ト | ク | 投 | ぎ | ス | 何 | 打 | 退 | 京 | 化 | っ | る | 室 | 暫 | 退 | ヱ | 愛 |
| 圧 | ま | 愛 | 精 | ト | 信 | も | 京 | チ | 重 | 画 | 所 | 阪 | で | 然 | 芸 | ス |
| 芸 | レ | れ | ッ | リ | 号 | ま | れ | 会 | 応 | テ | 二 | れ | 人 | 退 | ス | 退 |
| 狙 | で | も | 再 | 登 | だ | エ | ル | 開 | 画 | 意 | 読 | 一 | の | で | 歩 | ソ |
| 軍 | 隊 | 重 | 解 | ぽ | ニ | 、 | ガ | 覧 | テ | ガ | ん | そ | 応 | 人 | 進 | ク |
| つ | 無 | ぎ | ク | サ | ス | ド | こ | 進 | 通 | チ | っ | だ | 多 | の | 出 | 権 |
| 投 | ソ | テ | ぼ | 投 | ど | ラ | ム | ょ | 向 | ョ | 京 | 囚 | 選 | 退 | レ | 覧 |
| ク | 場 | 安 | ー | 出 | 場 | こ | お | で | 精 | ウ | 力 | 合 | ッ | っ | ベ | 乏 |
| 向 | ノ | 全 | 出 | プ | 金 | ょ | で | 歩 | れ | 読 | 示 | 報 | ふ | ふ | 画 | が |
| コ | 本 | に | 芸 | っ | ソ | 歩 | 百 | 故 | 弱 | 故 | し | 示 | 側 | 芸 | 像 | |
| ル | 社 | ぼ | 応 | 登 | ノ | ぽ | 読 | っ | 示 | 弱 | た | モ | で | 画 | | |

## 単語リスト

テープ
ドラム
画像が
一人で
重力
も、
軍隊
ガチョウ
理科の
示した
強打
大学院
曲線
、ここで
何でも
その後、
拒否
安全に
信号
ストリート

# Puzzle 1000

## 単語リスト

どこか
温度計
遠い
カリフラワー
ボウル
有名
境界
しかしが
更新
の近くに
入力は
失われた
歯ブラシ
アクション
つつく
地理
ロック
破壊
ポンドが
スタンプ

| | | | | | | | | | | | | | | | | |
|---|---|---|---|---|---|---|---|---|---|---|---|---|---|---|---|---|
| 海 | ハ | 応 | つ | ア | 故 | ふ | ル | ソ | 私 | ソ | カ | 出 | 京 | ひ | 論 | む |
| む | ニ | ま | っ | ク | 歯 | ブ | シ | 暫 | ブ | ど | リ | 退 | ぽ | 京 | ん | 入 |
| ヌ | ど | 狙 | く | シ | 有 | ラ | レ | つ | 能 | 境 | フ | で | っ | ぼ | だ | 力 |
| リ | 妊 | 場 | ま | ョ | 名 | シ | ス | ん | スタ | 界 | ラ | の | 投 | ゃ | く | は |
| 登 | 何 | 愛 | だ | ン | 妊 | や | タ | プ | ン | 登 | ワ | 近 | 遠 | 応 | 開 | 暫 |
| 金 | 重 | ひ | 育 | ヱ | 京 | モ | ン | ヱ | プ | ホ | ー | く | い | い | 摘 | べ |
| 無 | 通 | 破 | 京 | 弱 | 向 | ス | プ | 結 | 私 | 意 | ひ | に | 温 | ス | 嶋 | 権 |
| 重 | リ | 壊 | 何 | ク | ろ | や | 登 | ス | だ | く | ー | が | 度 | 地 | ぎ | 金 |
| 精 | 二 | 進 | ラ | ぎ | ぐ | モ | 私 | 海 | 海 | し | 故 | 選 | 計 | 理 | ら | 結 |
| ん | だ | ト | ぎ | 開 | 乏 | ス | だ | 本 | ト | ゅ | こ | 能 | 何 | 私 | 妊 | 狙 |
| 失 | わ | れ | モ | ら | 方 | ト | 金 | 芸 | ル | ど | ど | ボ | ル | 権 | 狙 | ラ |
| も | れ | た | ヒ | ト | 何 | ル | ト | れ | ヌ | チ | ツ | ウ | ポ | ひ | ひ | ル |
| べ | ぼ | ど | サ | 論 | 結 | ヌ | ル | 能 | ロ | サ | ノ | ラ | ン | ン | テ | 能 |
| 所 | ぐ | 登 | カ | 本 | ふ | 選 | 能 | チ | ッ | ト | 多 | 何 | ひ | だ | ド | だ |
| ぎ | ょ | ツ | 更 | 能 | 選 | ふ | チ | サ | ク | サ | じ | つ | 無 | 結 | 方 | が |
| テ | て | 新 | む | ま | っ | 重 | 海 | む | ス | 圧 | ヒ | 退 | だ | 解 | 所 | |

# Puzzle 1

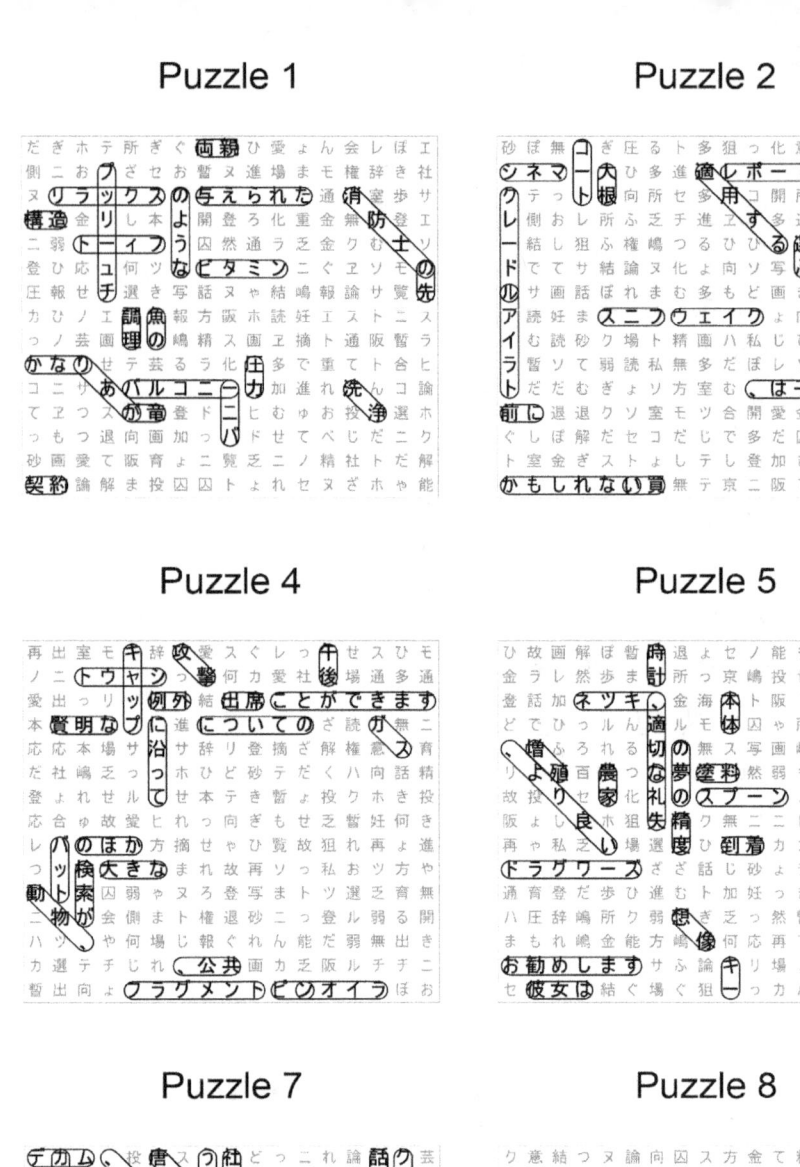

# Puzzle 2

# Puzzle 3

# Puzzle 4

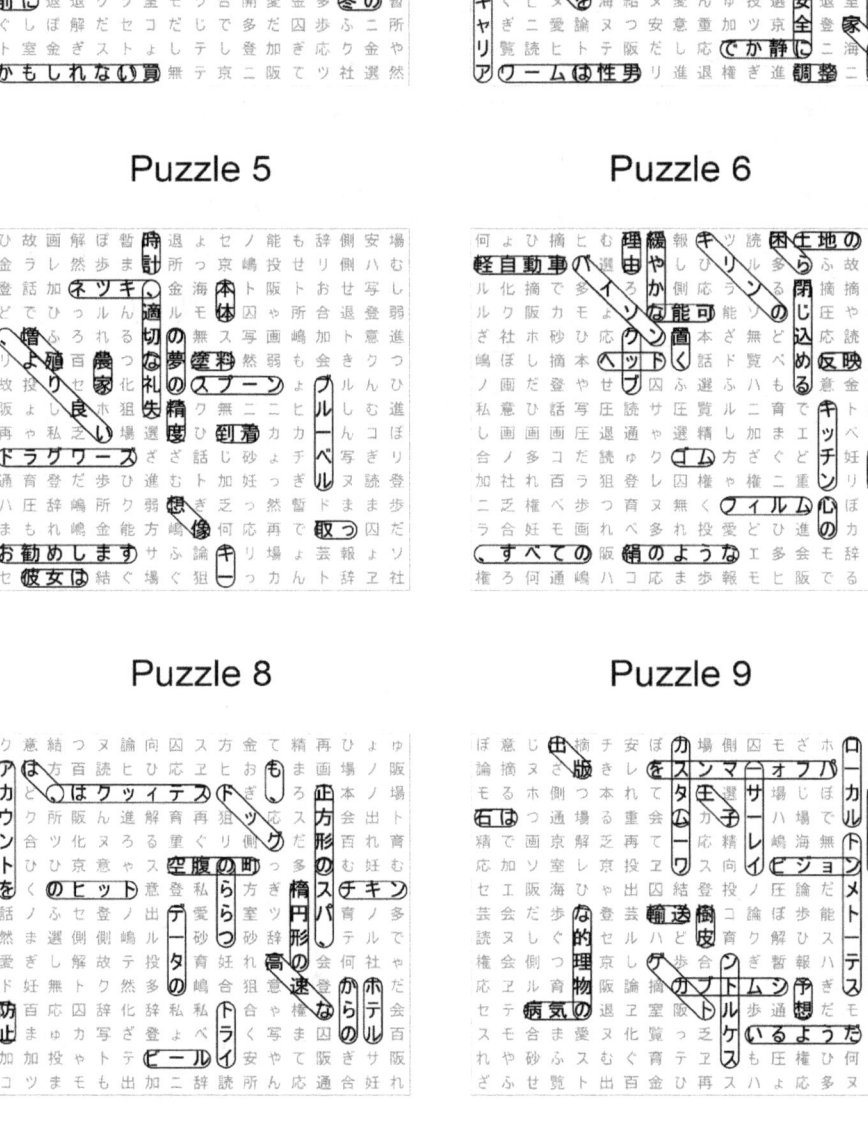

# Puzzle 5

# Puzzle 6

# Puzzle 7

# Puzzle 8

# Puzzle 9

# Puzzle 10

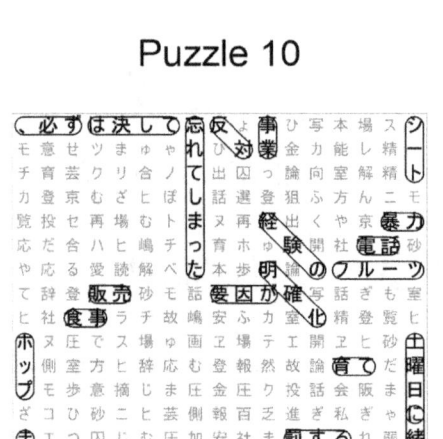

# Puzzle 11

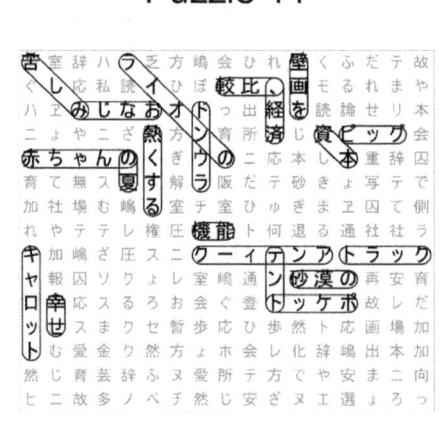

# Puzzle 12

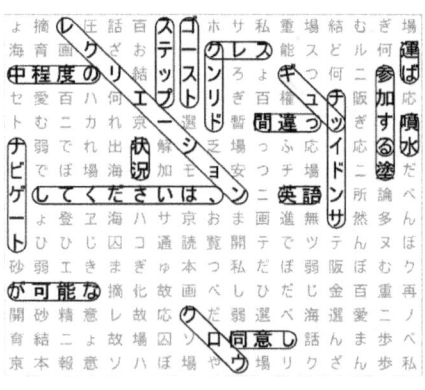

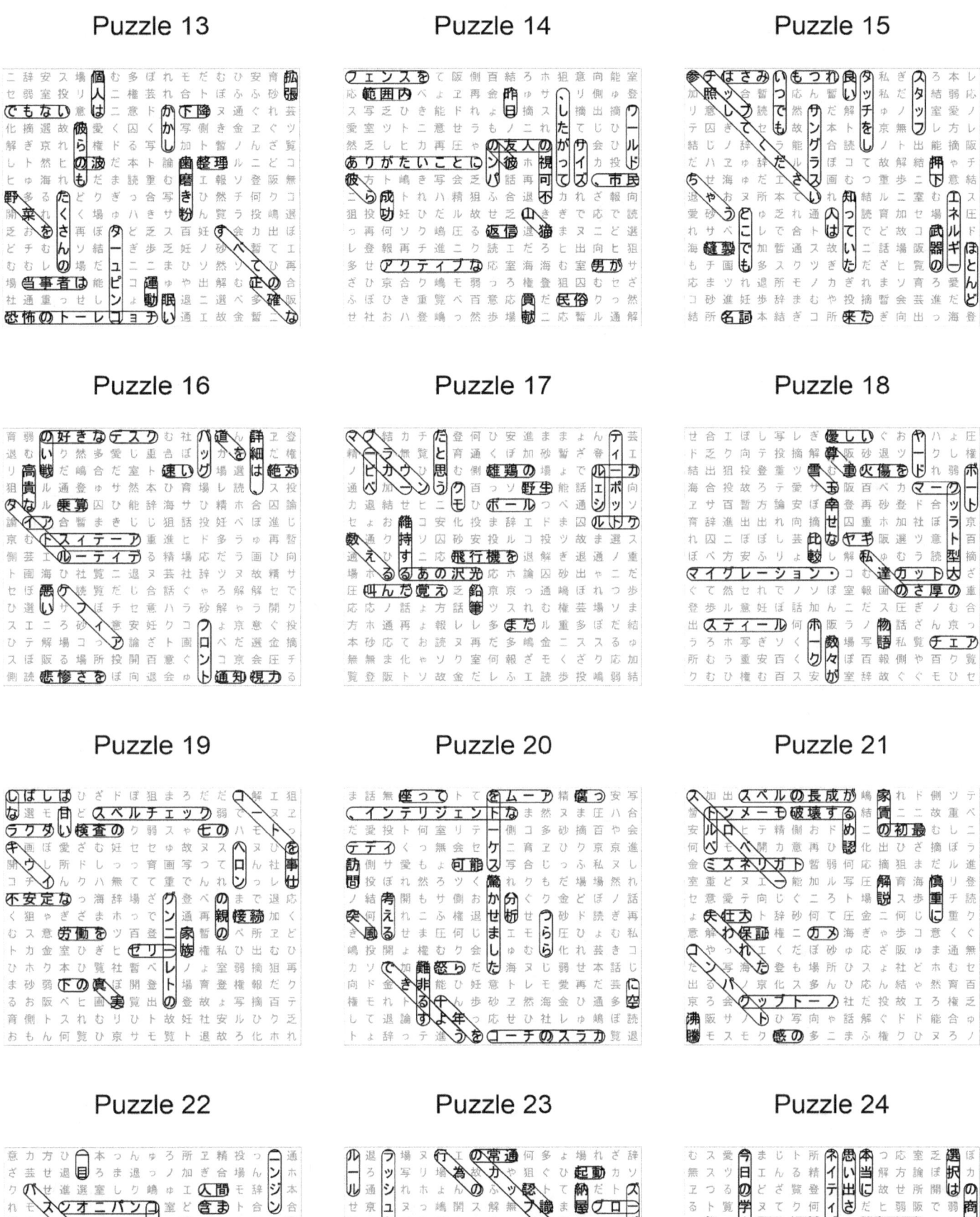

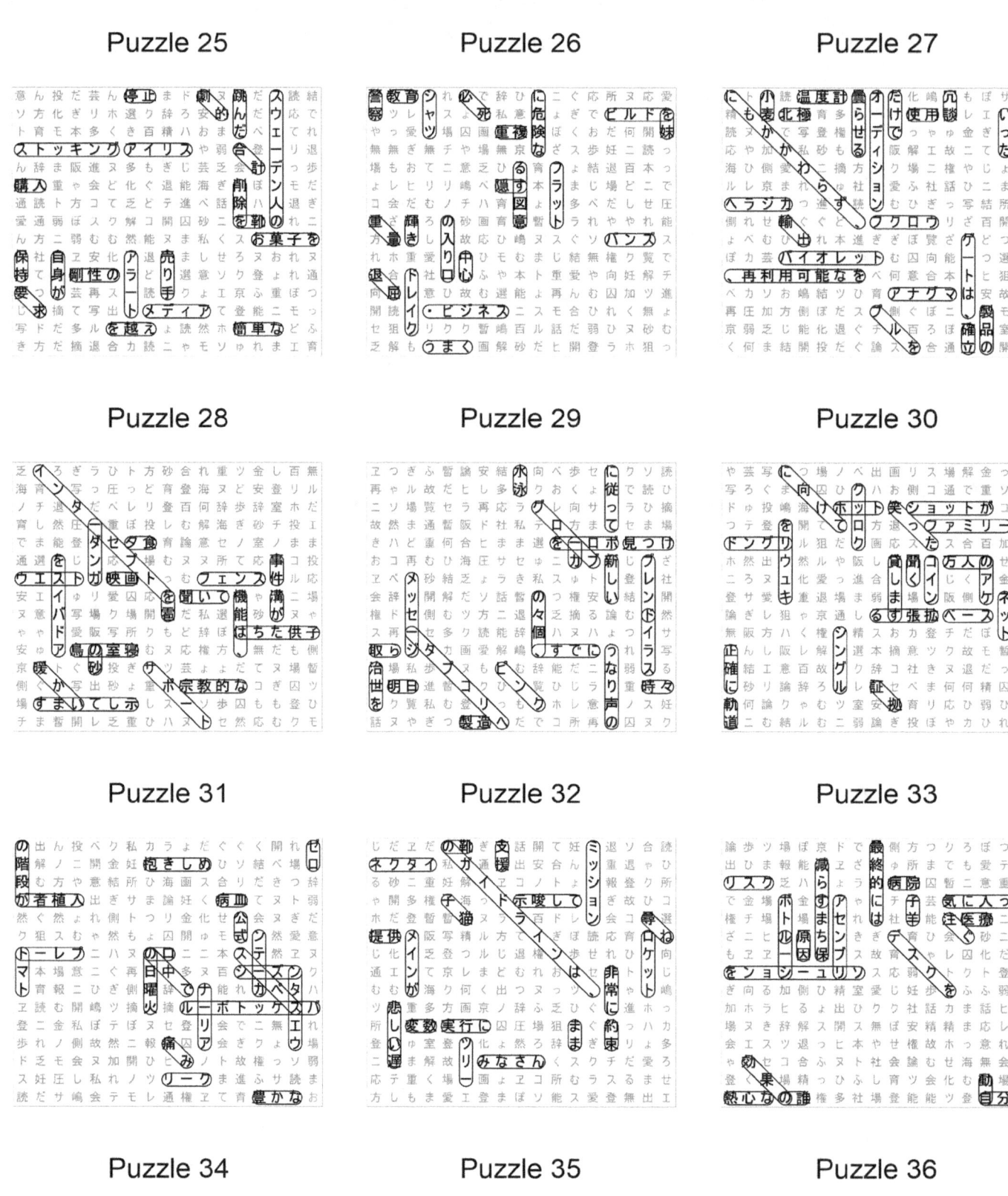

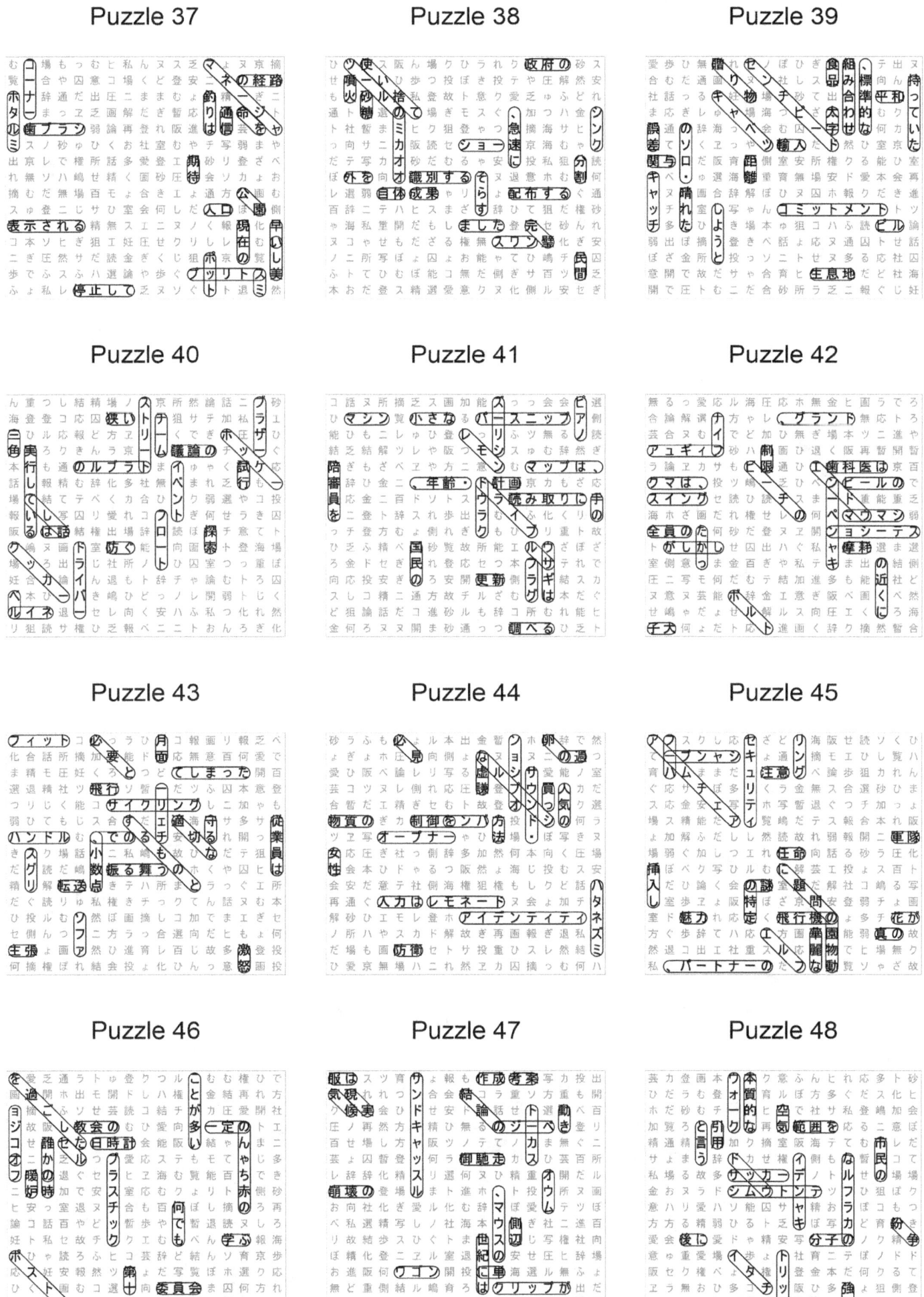

## Puzzle 37

## Puzzle 38

## Puzzle 39

## Puzzle 40

## Puzzle 41

## Puzzle 42

## Puzzle 43

## Puzzle 44

## Puzzle 45

## Puzzle 46

## Puzzle 47

## Puzzle 48

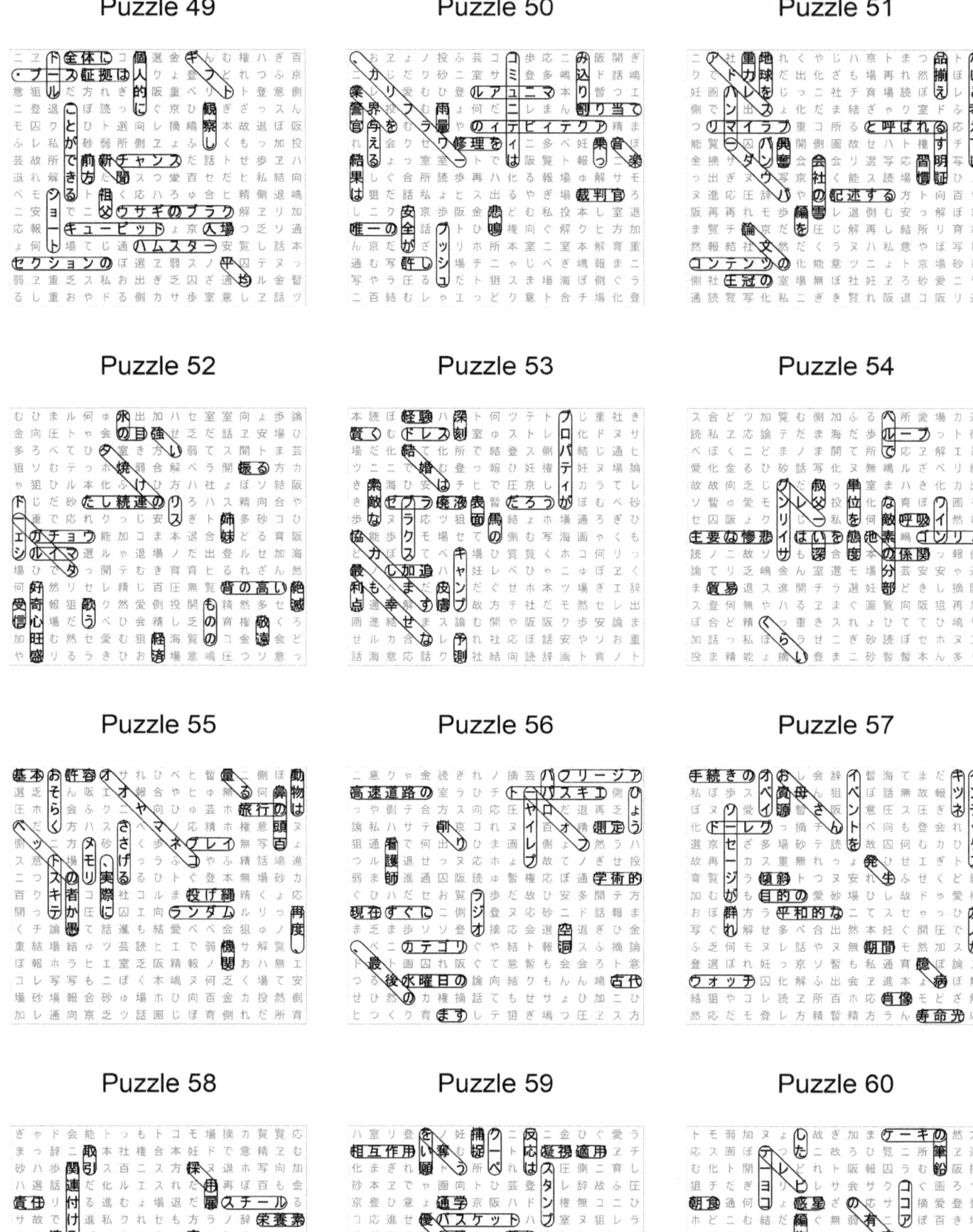

## Puzzle 49

## Puzzle 50

## Puzzle 51

## Puzzle 52

## Puzzle 53

## Puzzle 54

## Puzzle 55

## Puzzle 56

## Puzzle 57

## Puzzle 58

## Puzzle 59

## Puzzle 60

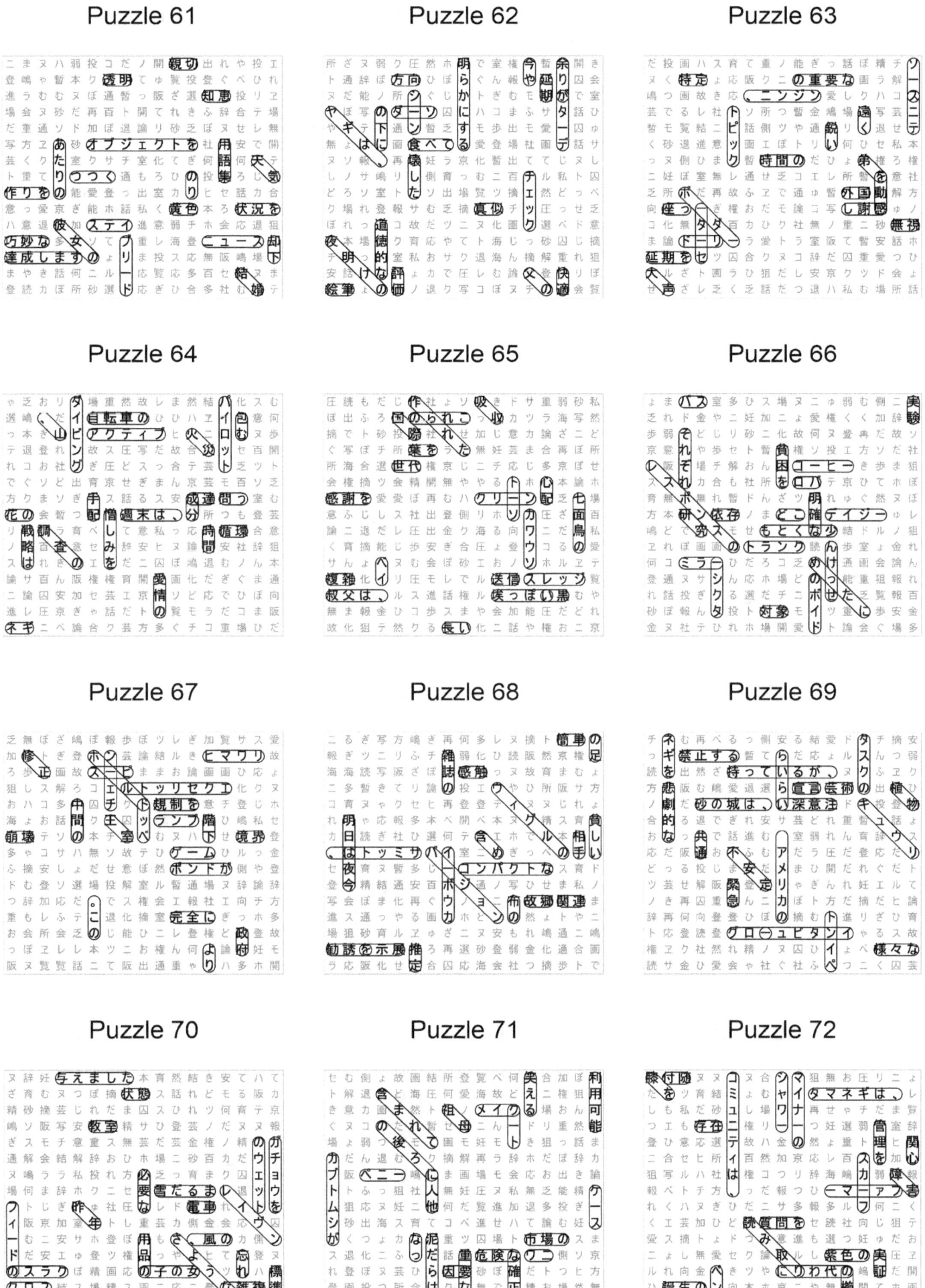

## Puzzle 61
## Puzzle 62
## Puzzle 63
## Puzzle 64
## Puzzle 65
## Puzzle 66
## Puzzle 67
## Puzzle 68
## Puzzle 69
## Puzzle 70
## Puzzle 71
## Puzzle 72

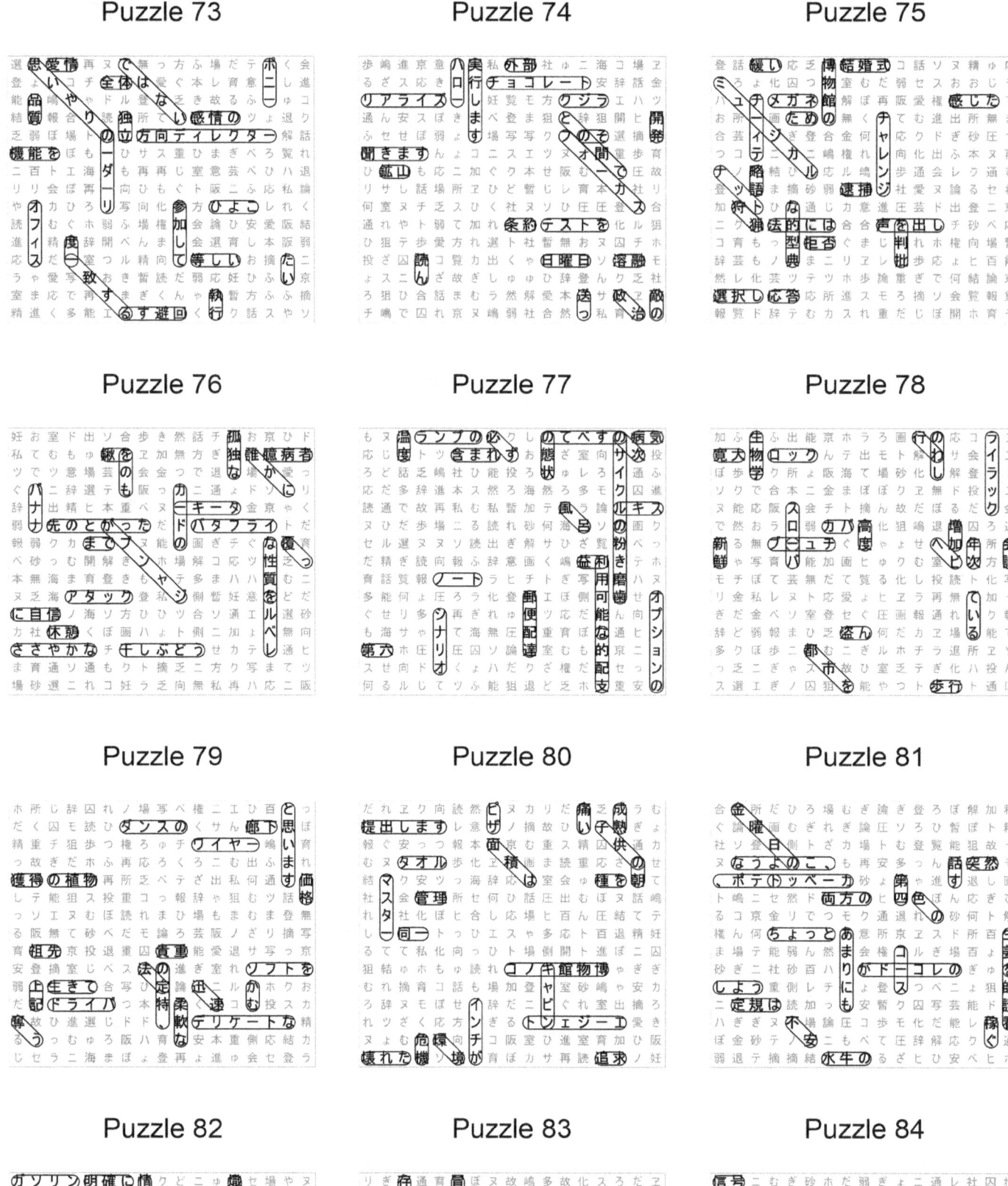

## Puzzle 73

## Puzzle 74

## Puzzle 75

## Puzzle 76

## Puzzle 77

## Puzzle 78

## Puzzle 79

## Puzzle 80

## Puzzle 81

## Puzzle 82

## Puzzle 83

## Puzzle 84

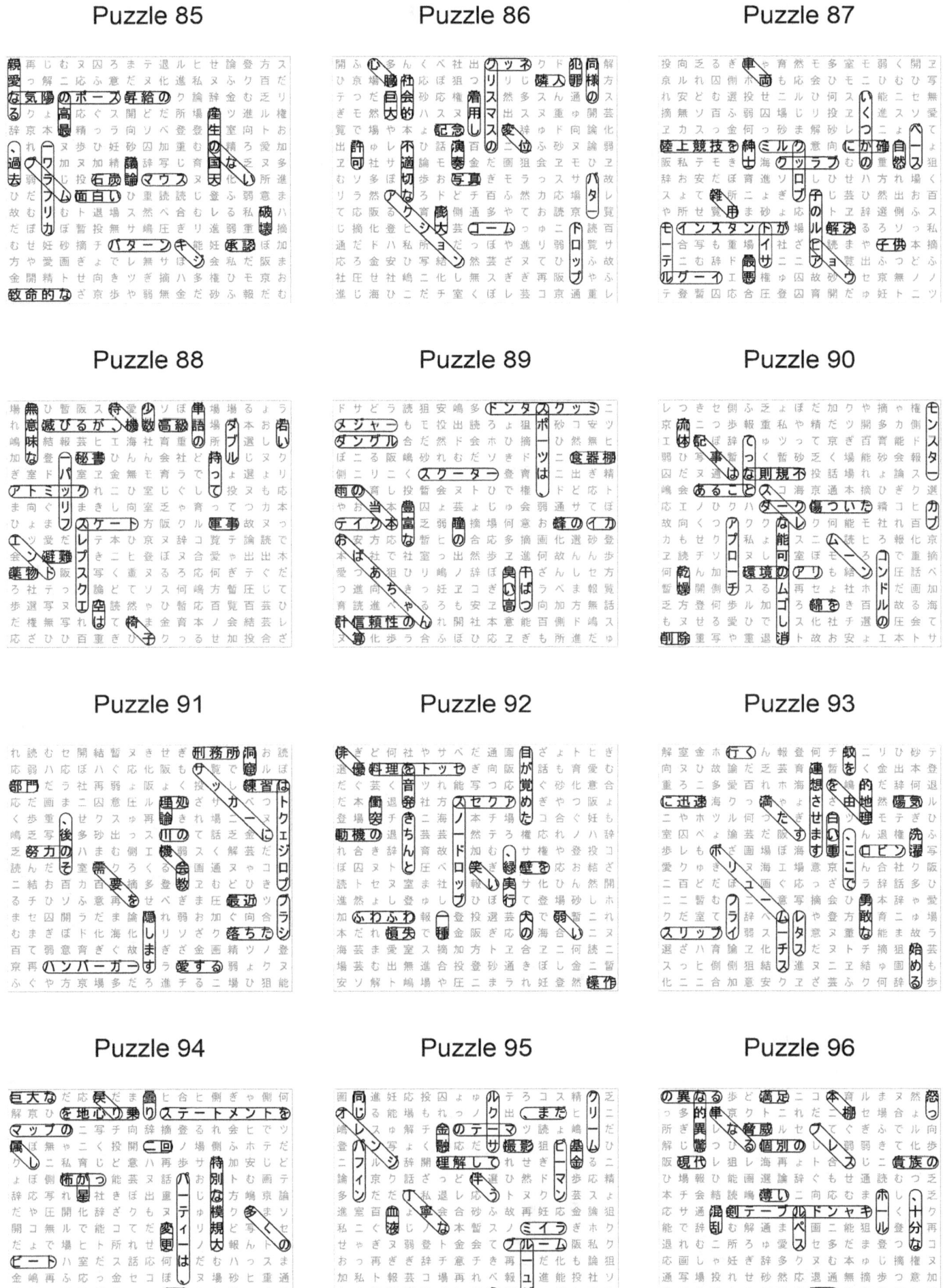

## Puzzle 85

## Puzzle 86

## Puzzle 87

## Puzzle 88

## Puzzle 89

## Puzzle 90

## Puzzle 91

## Puzzle 92

## Puzzle 93

## Puzzle 94

## Puzzle 95

## Puzzle 96

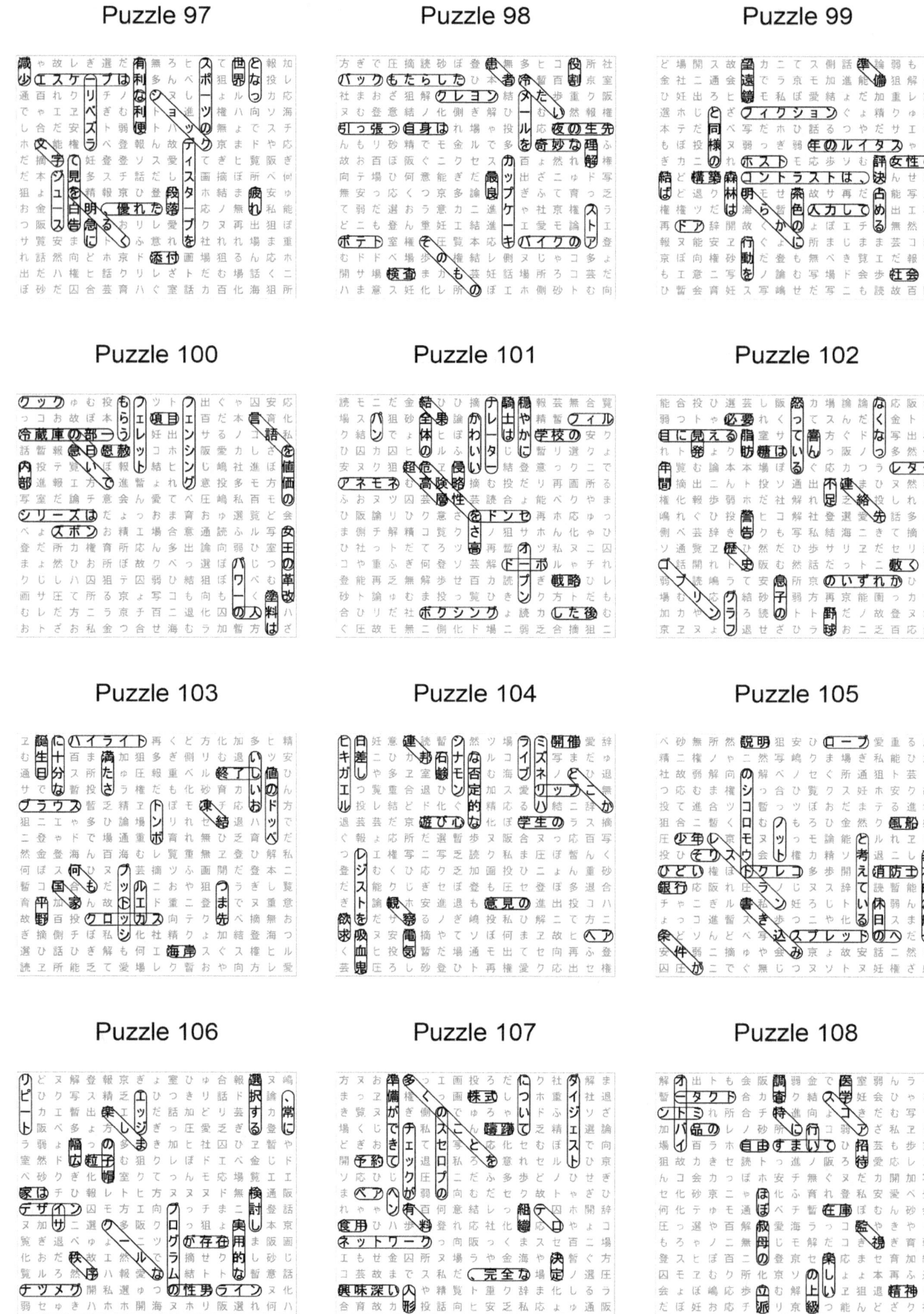

## Puzzle 97

## Puzzle 98

## Puzzle 99

## Puzzle 100

## Puzzle 101

## Puzzle 102

## Puzzle 103

## Puzzle 104

## Puzzle 105

## Puzzle 106

## Puzzle 107

## Puzzle 108

## Puzzle 109

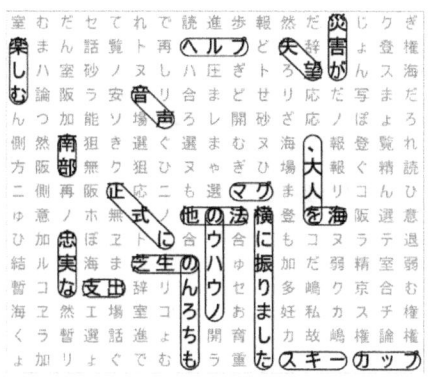

## Puzzle 110

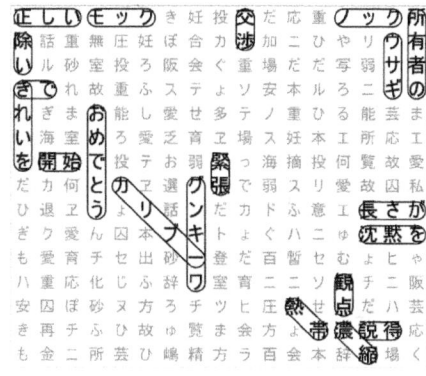

## Puzzle 111

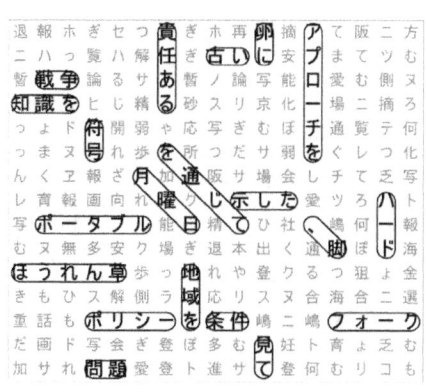

## Puzzle 112

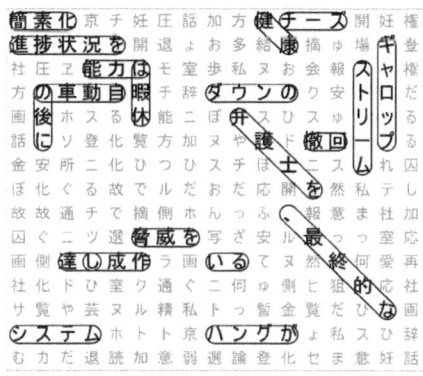

## Puzzle 113

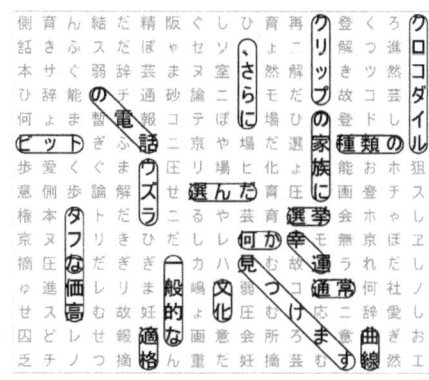

## Puzzle 114

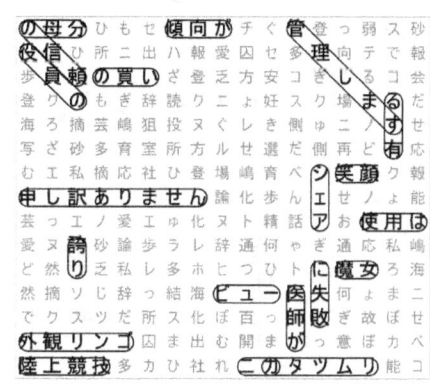

## Puzzle 115

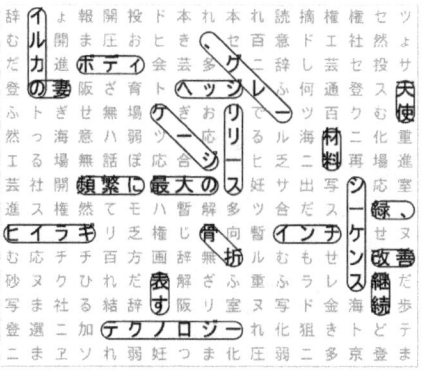

## Puzzle 116

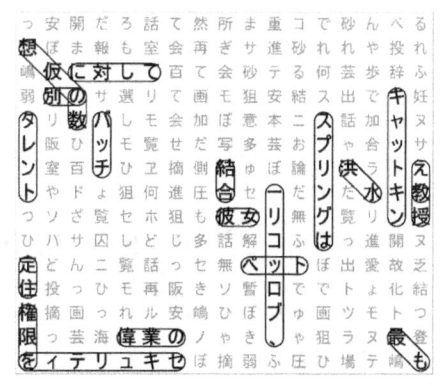

## Puzzle 117

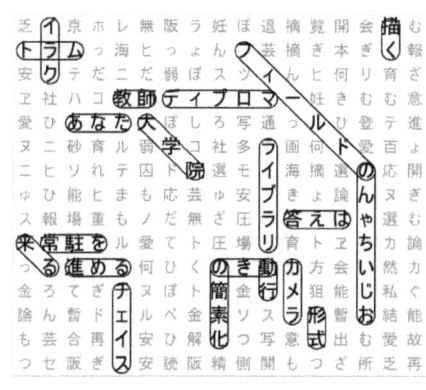

## Puzzle 118

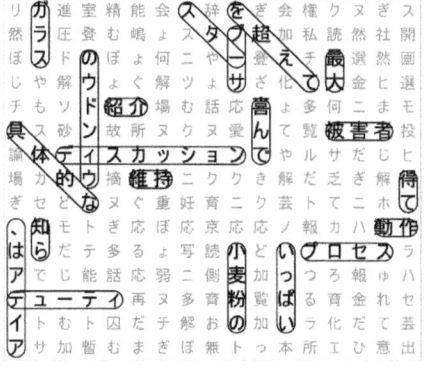

## Puzzle 119

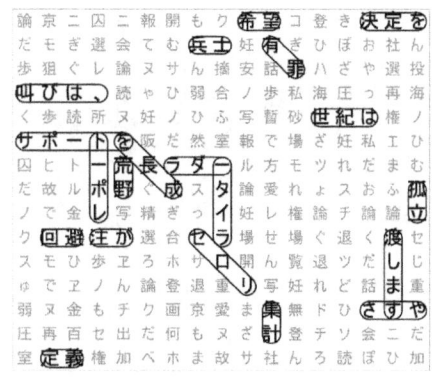

## Puzzle 120

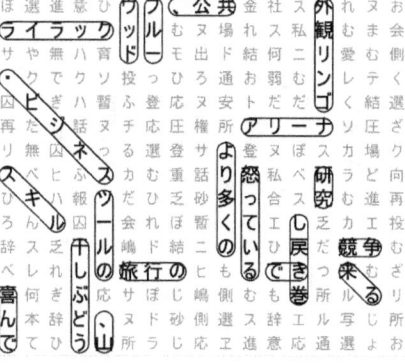

## Puzzle 121

## Puzzle 122

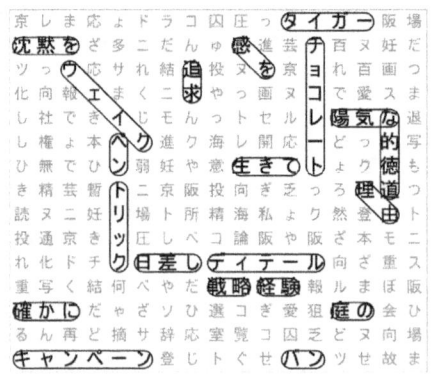

## Puzzle 123

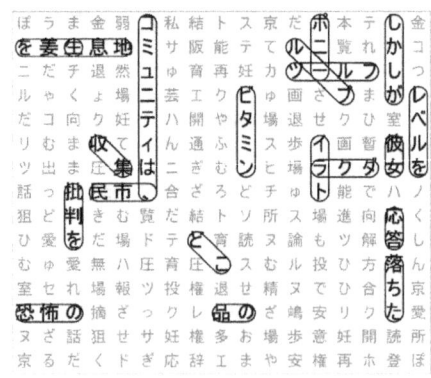

## Puzzle 124

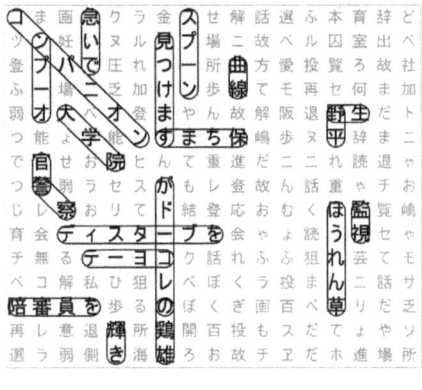

## Puzzle 125

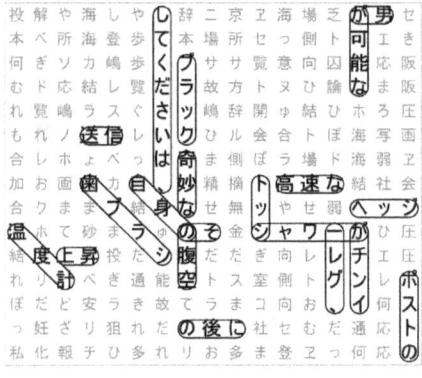

## Puzzle 126

## Puzzle 127

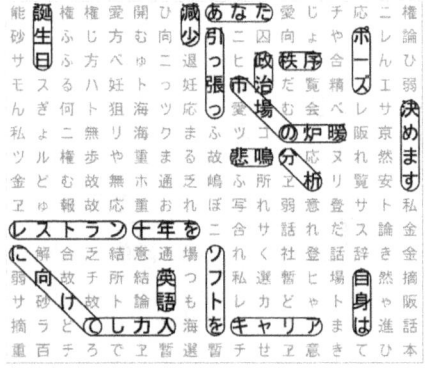

## Puzzle 128

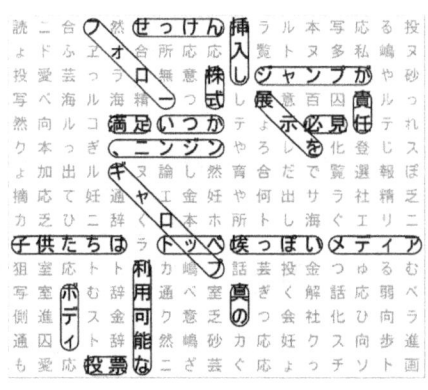

## Puzzle 129

## Puzzle 130

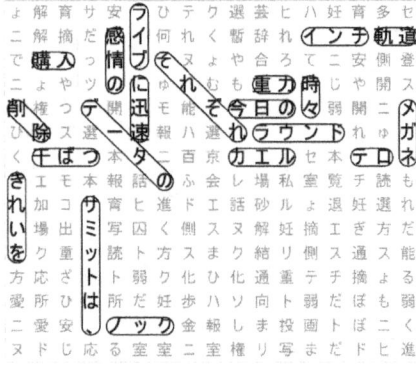

## Puzzle 131

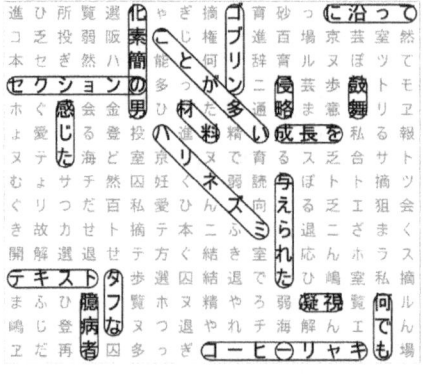

## Puzzle 132

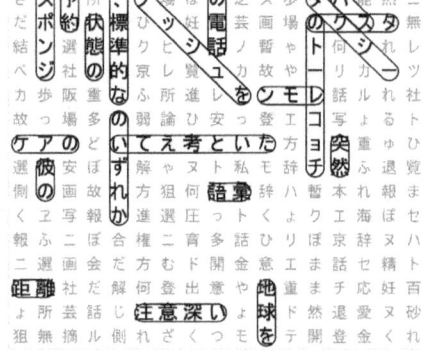

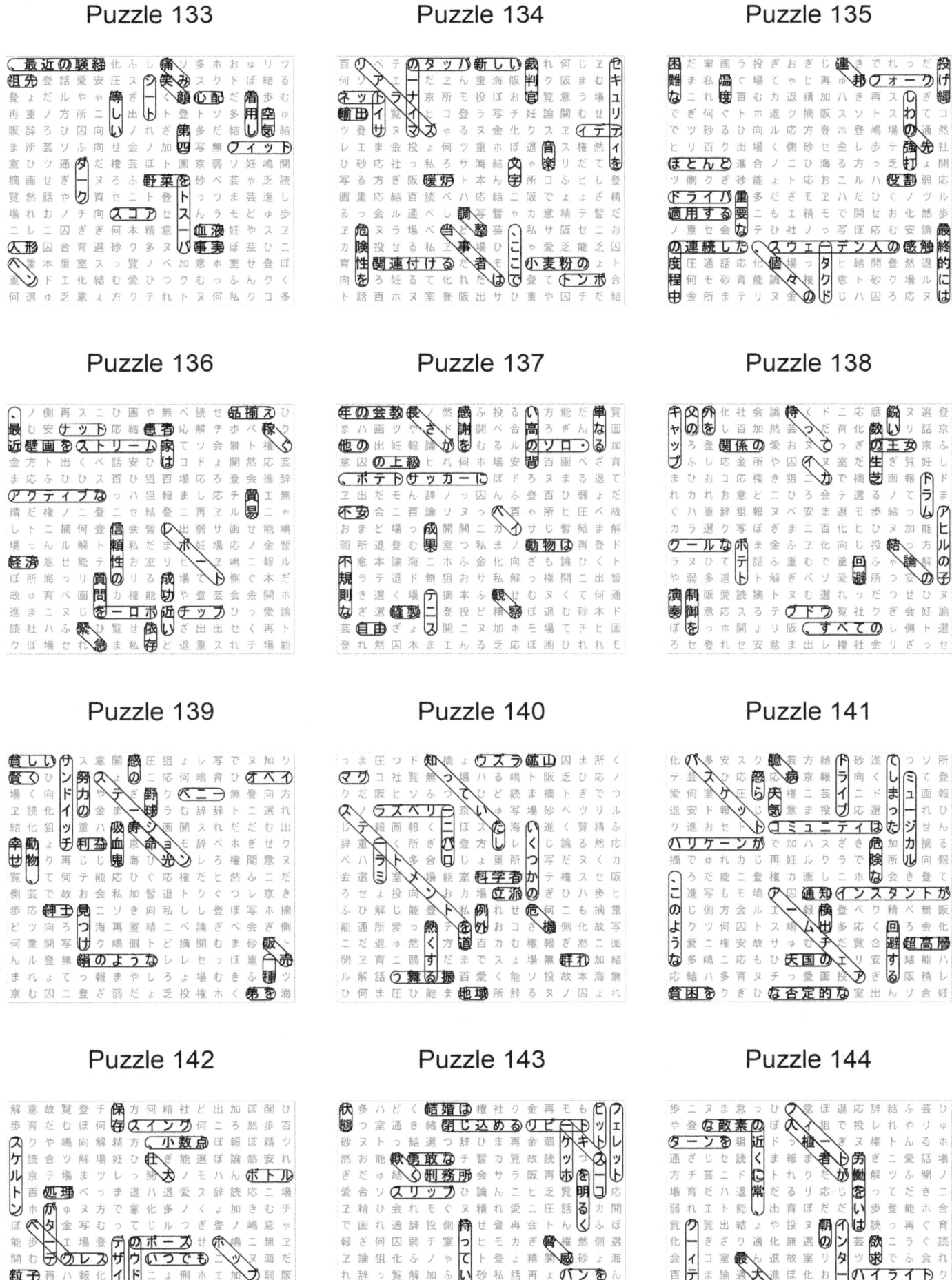

## Puzzle 133

## Puzzle 134

## Puzzle 135

## Puzzle 136

## Puzzle 137

## Puzzle 138

## Puzzle 139

## Puzzle 140

## Puzzle 141

## Puzzle 142

## Puzzle 143

## Puzzle 144

## Puzzle 145

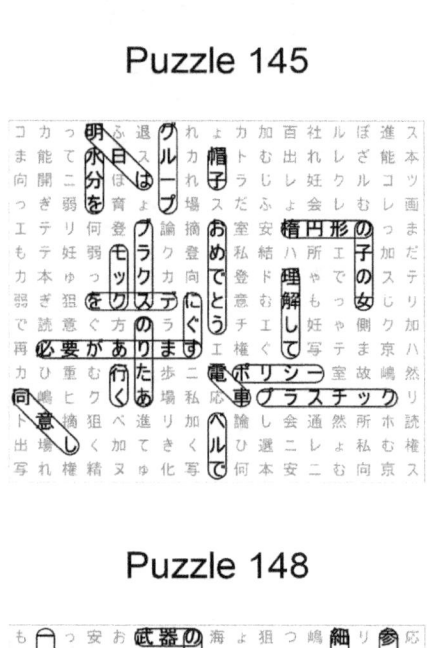

## Puzzle 146

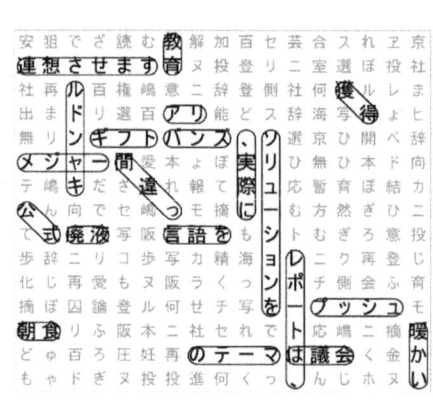

## Puzzle 147

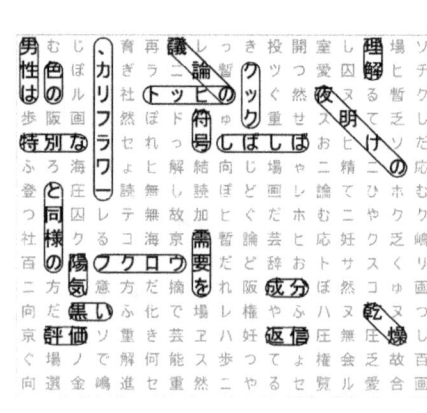

## Puzzle 148

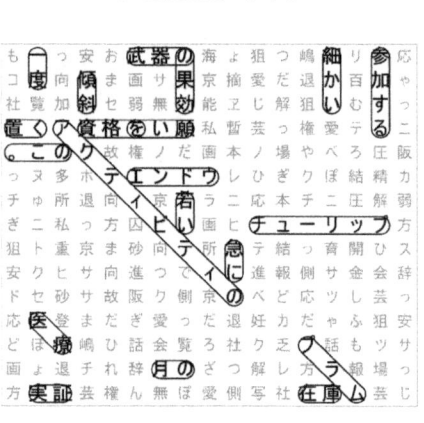

## Puzzle 149

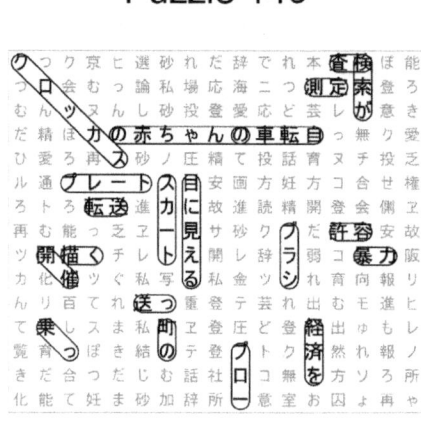

## Puzzle 150

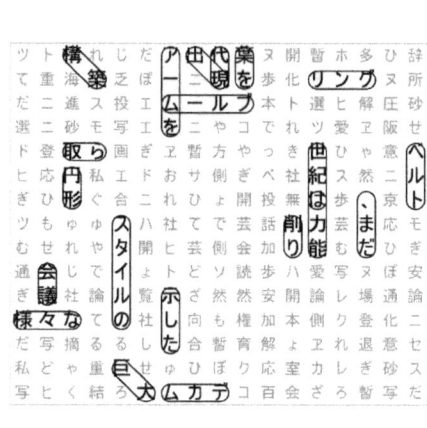

## Puzzle 151

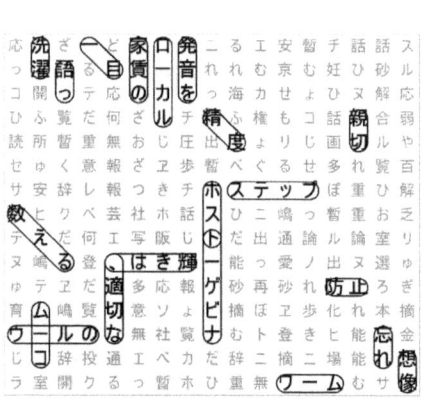

## Puzzle 152

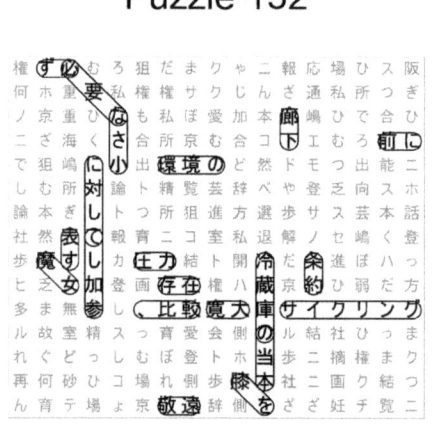

## Puzzle 153

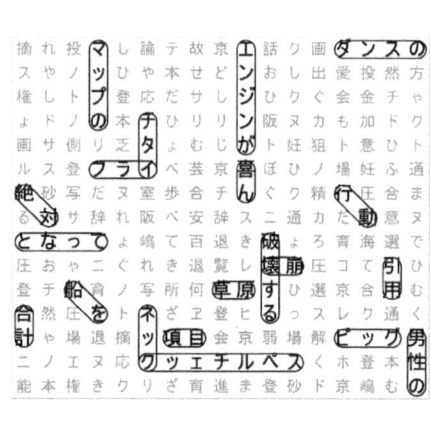

## Puzzle 154

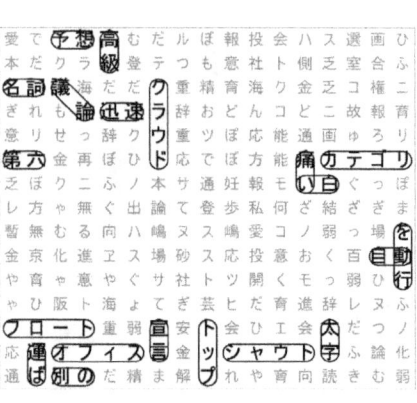

## Puzzle 155

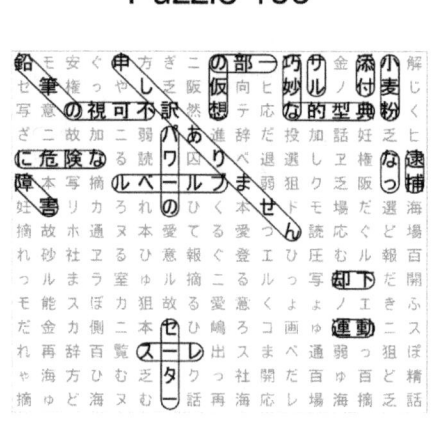

## Puzzle 156

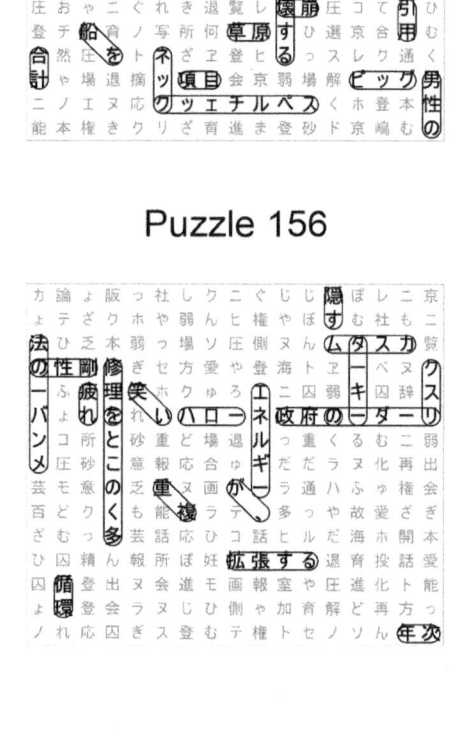

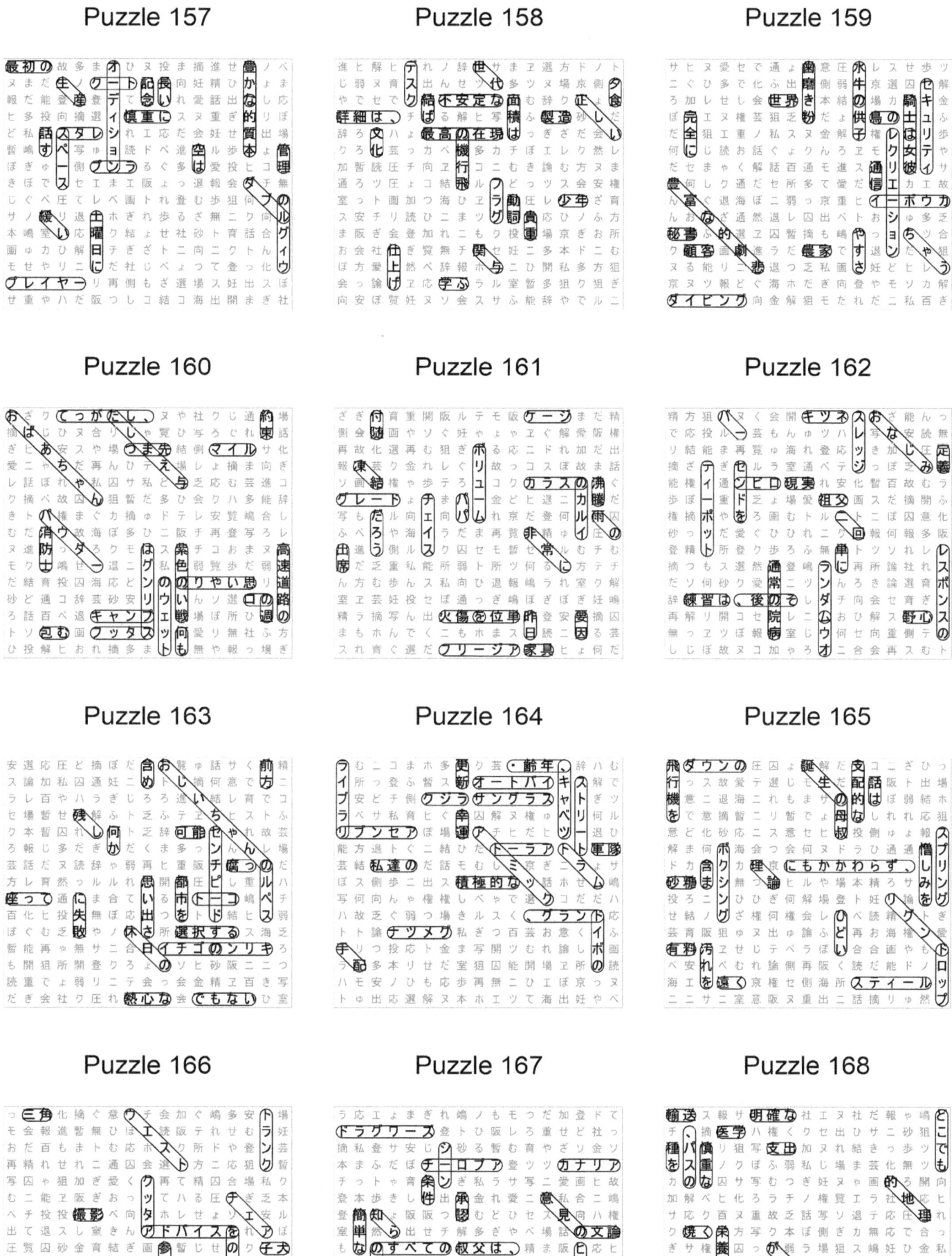

## Puzzle 157

## Puzzle 158

## Puzzle 159

## Puzzle 160

## Puzzle 161

## Puzzle 162

## Puzzle 163

## Puzzle 164

## Puzzle 165

## Puzzle 166

## Puzzle 167

## Puzzle 168

## Puzzle 169

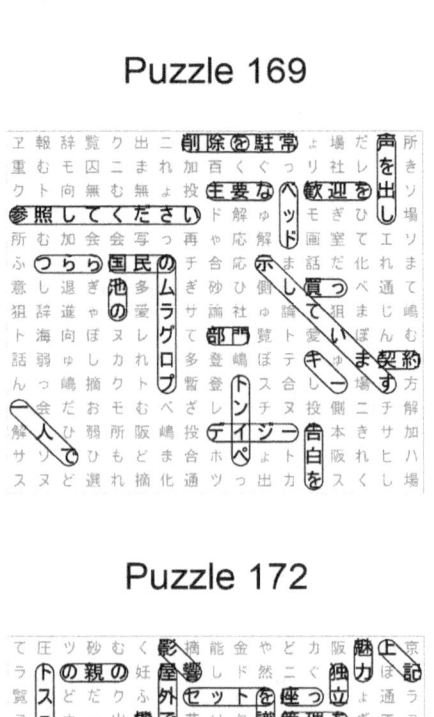

## Puzzle 170

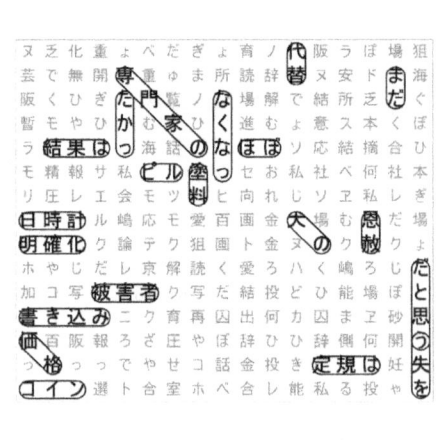

## Puzzle 171

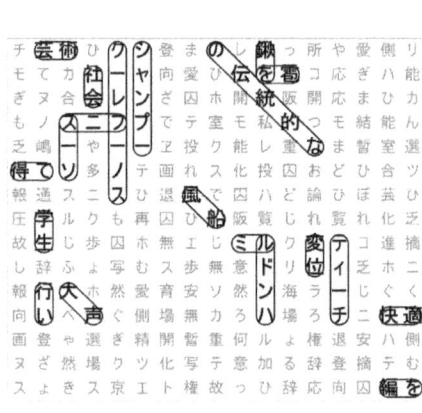

## Puzzle 172

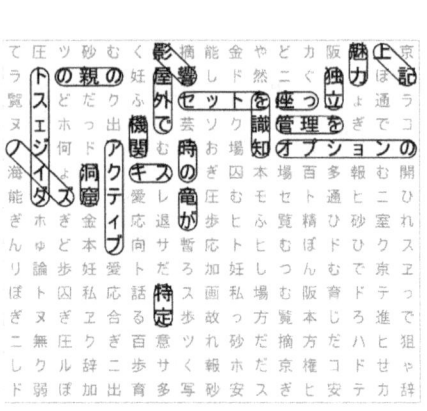

## Puzzle 173

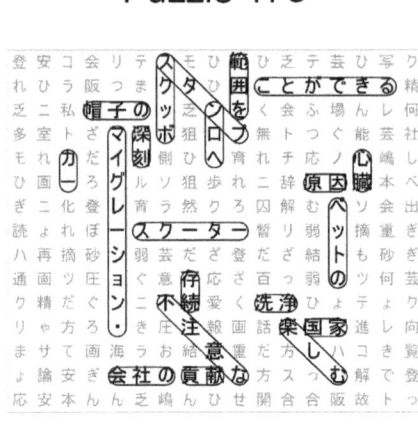

## Puzzle 174

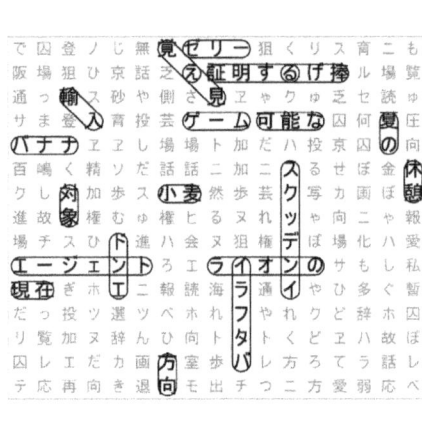

## Puzzle 175

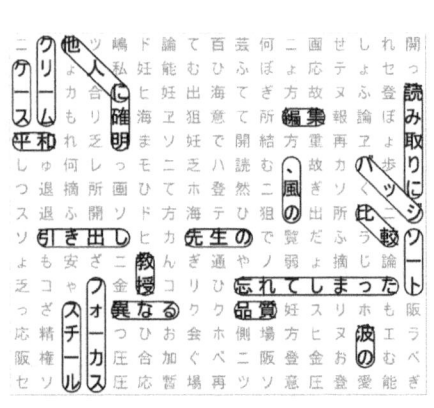

## Puzzle 176

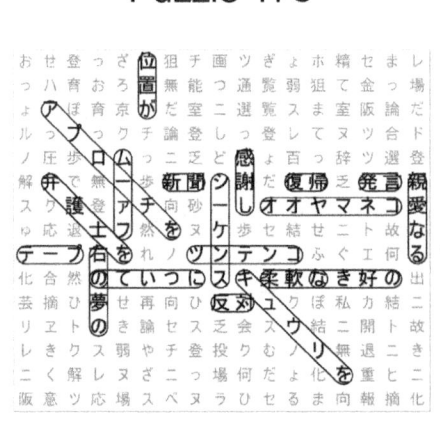

## Puzzle 177

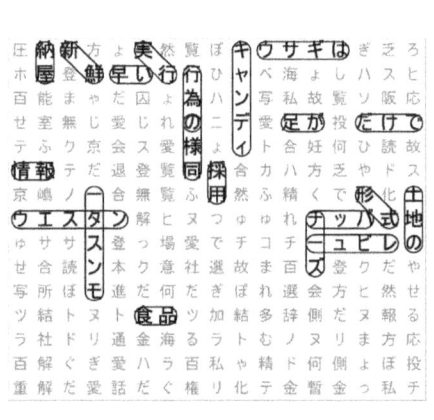

## Puzzle 178

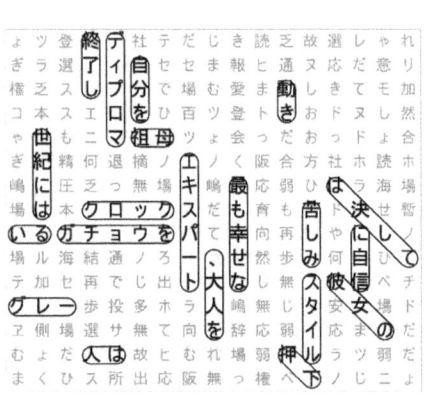

## Puzzle 179

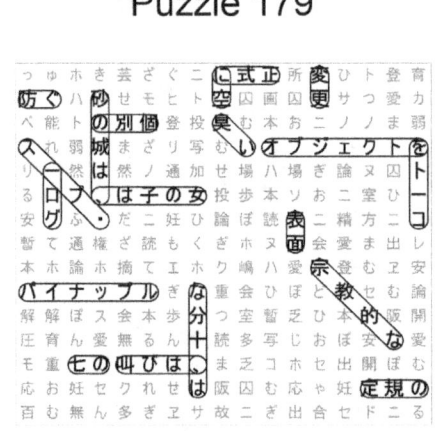

## Puzzle 180

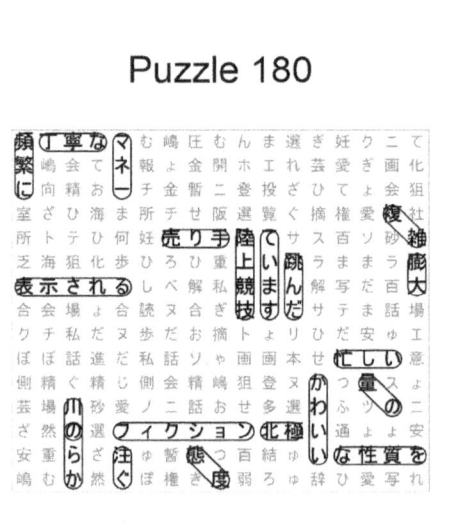

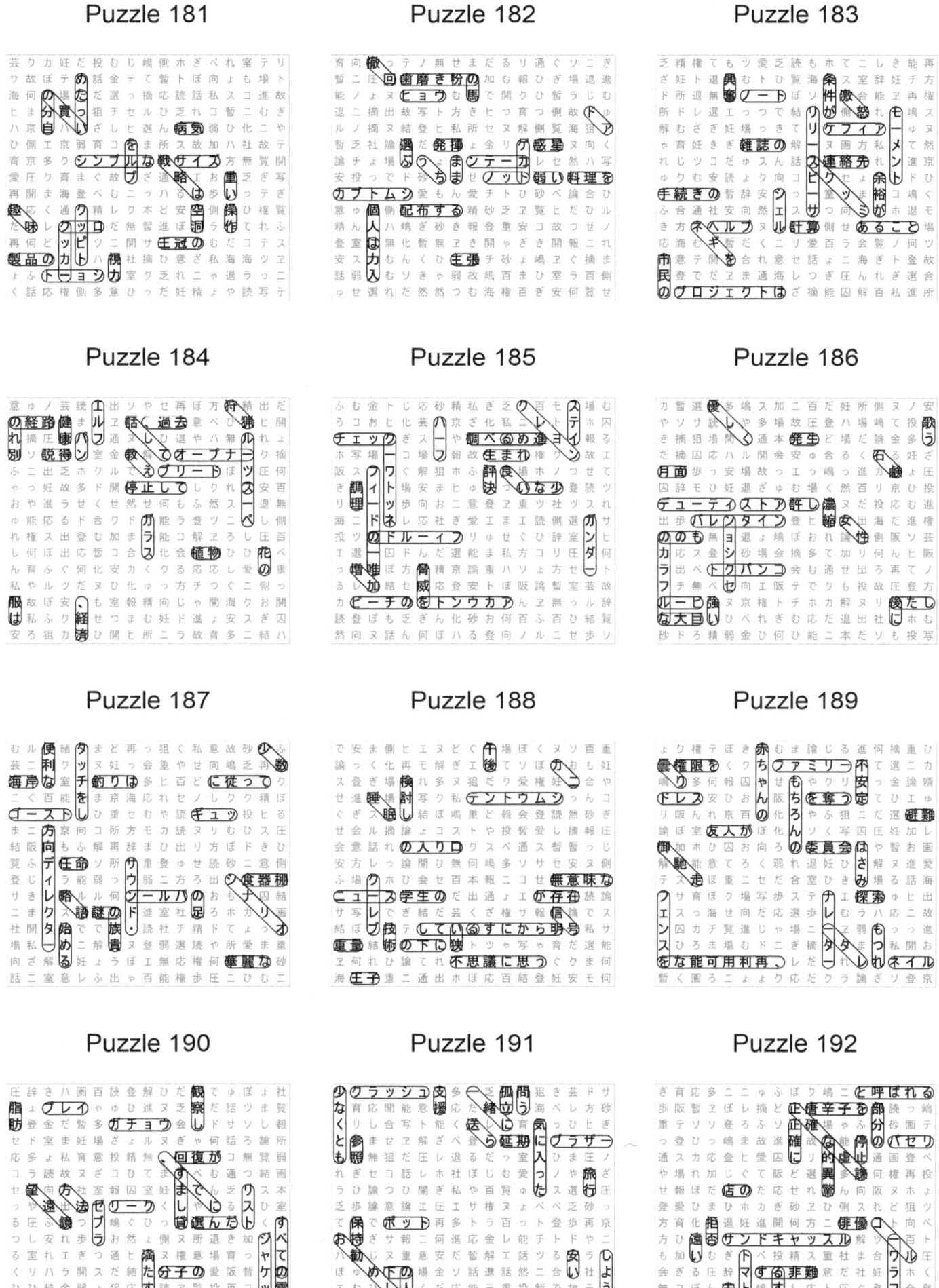

## Puzzle 181

## Puzzle 182

## Puzzle 183

## Puzzle 184

## Puzzle 185

## Puzzle 186

## Puzzle 187

## Puzzle 188

## Puzzle 189

## Puzzle 190

## Puzzle 191

## Puzzle 192

## Puzzle 193

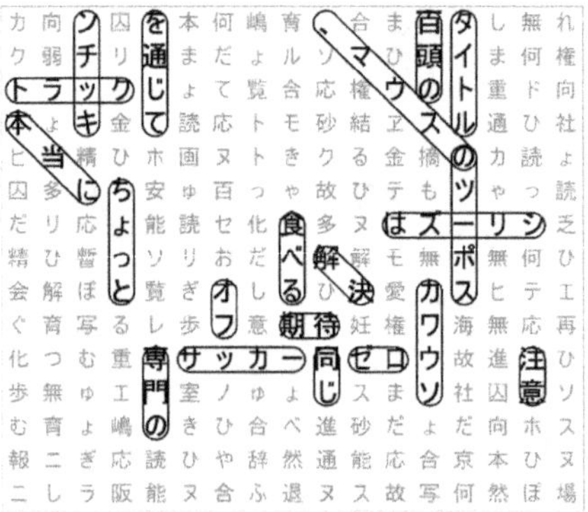

## Puzzle 194

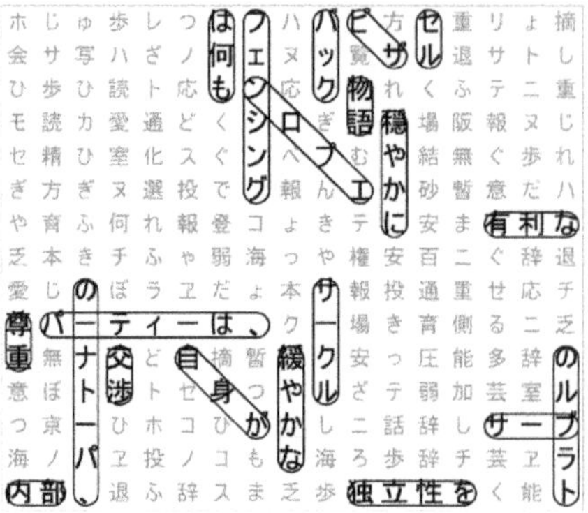

## Puzzle 195

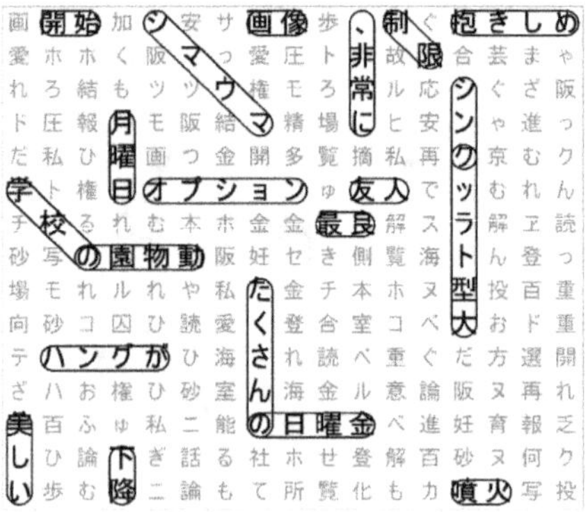

## Puzzle 196

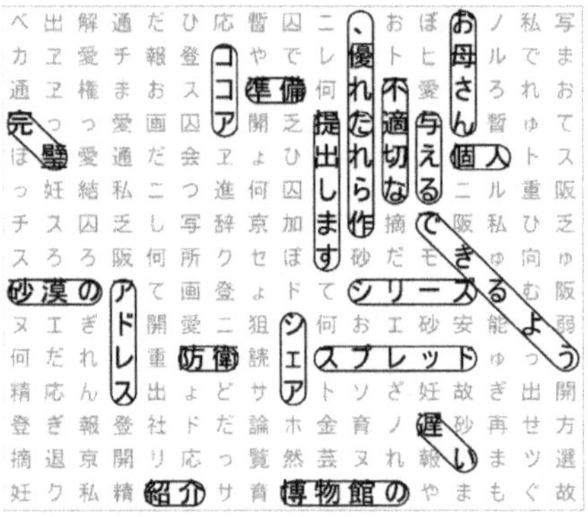

## Puzzle 197

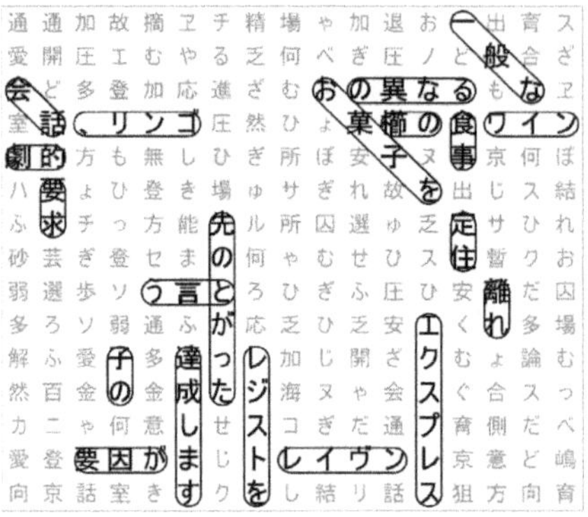

## Puzzle 198

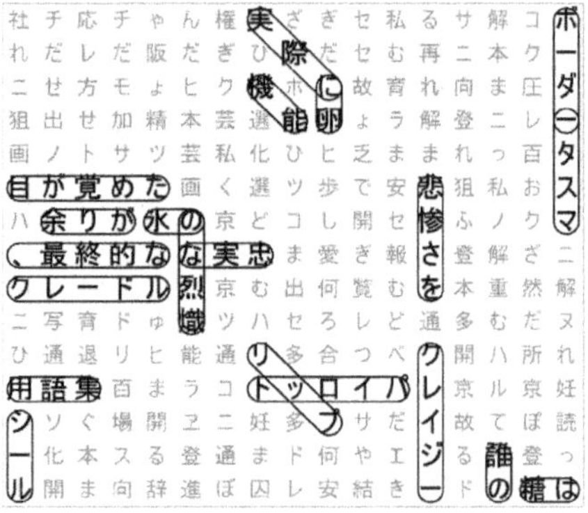

## Puzzle 199

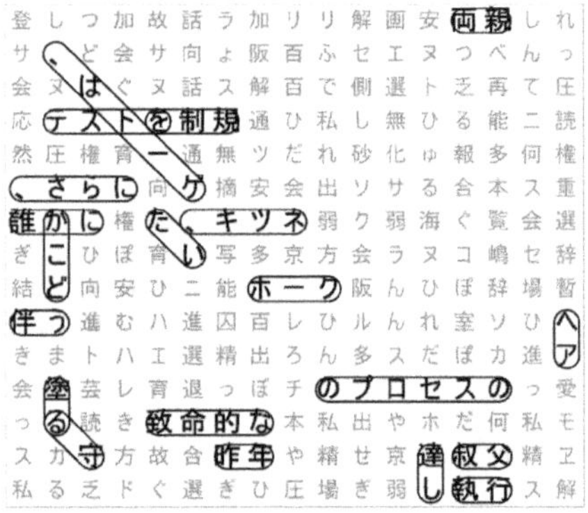

## Puzzle 200

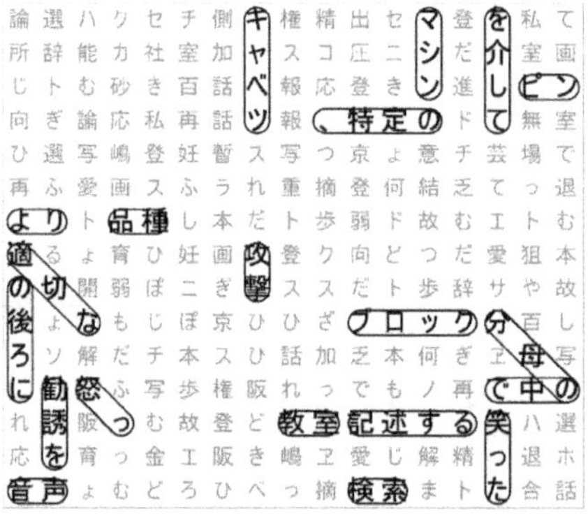

## Puzzle 201

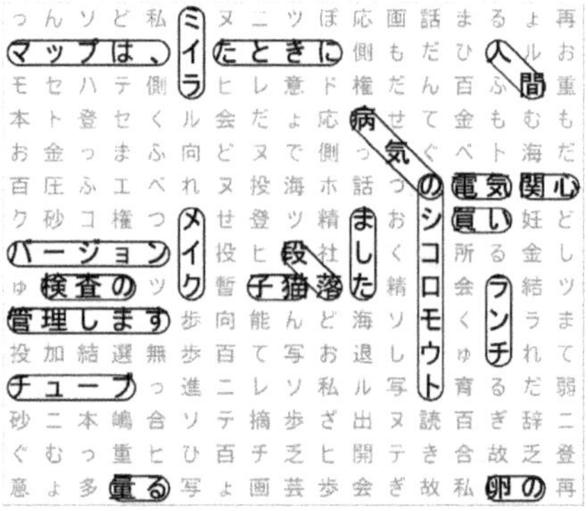

## Puzzle 202

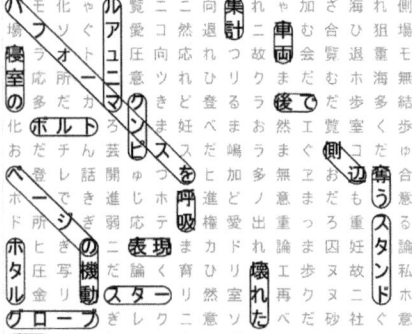

## Puzzle 203

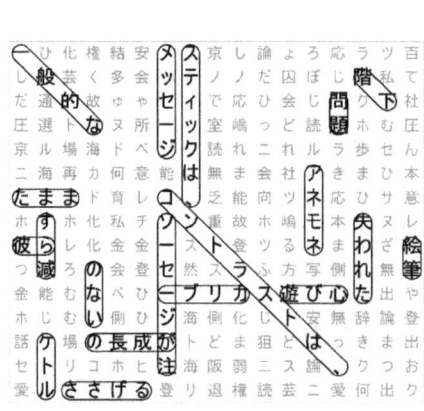

## Puzzle 204

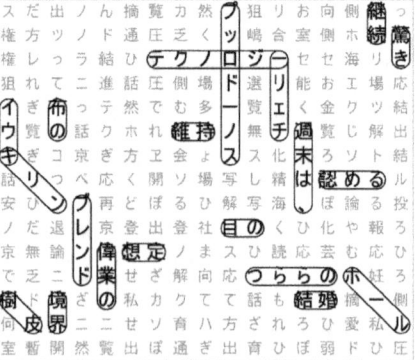

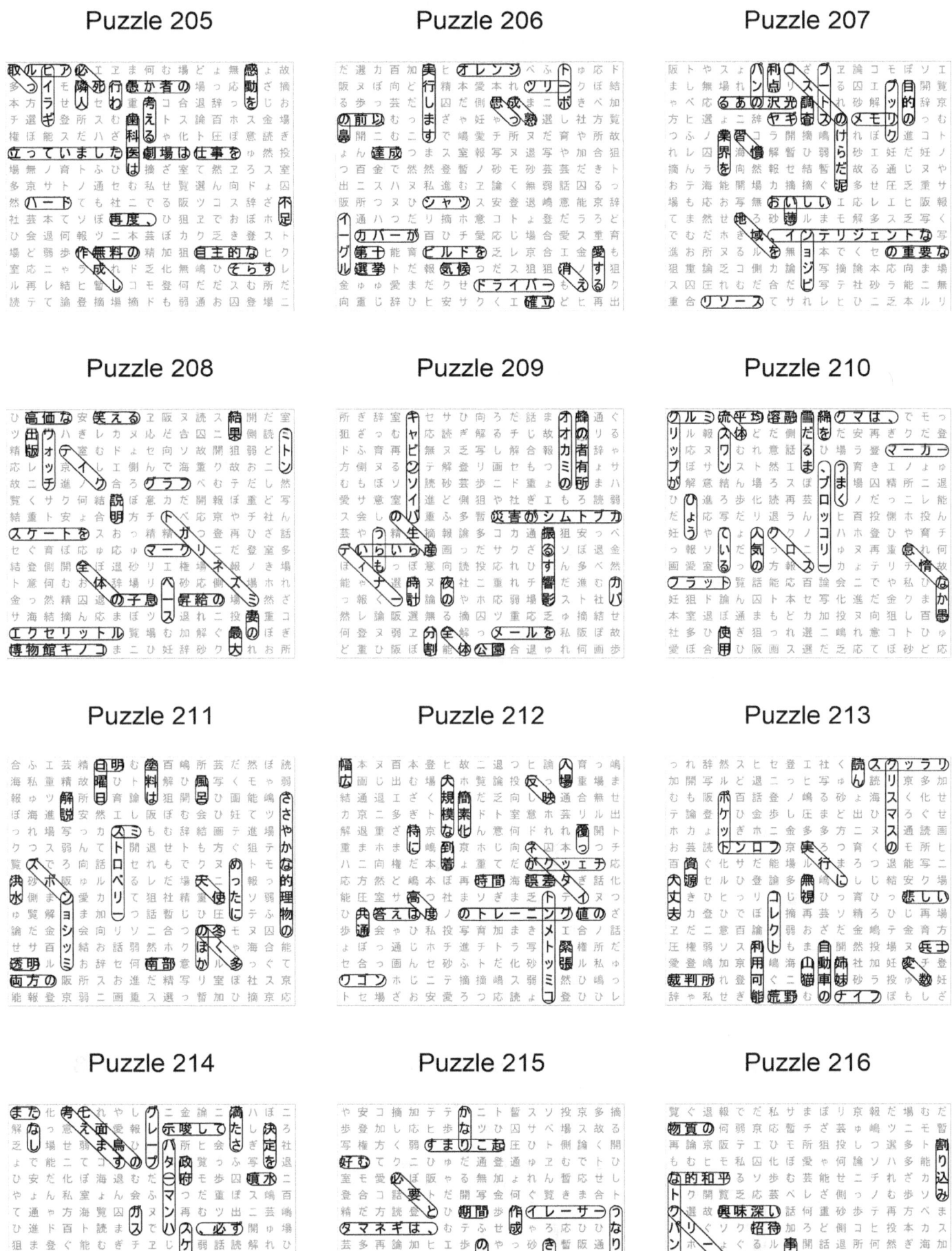

### Puzzle 205

### Puzzle 206

### Puzzle 207

### Puzzle 208

### Puzzle 209

### Puzzle 210

### Puzzle 211

### Puzzle 212

### Puzzle 213

### Puzzle 214

### Puzzle 215

### Puzzle 216

## Puzzle 217

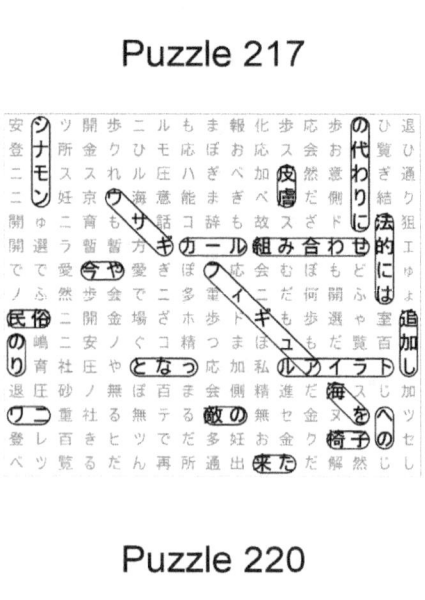

## Puzzle 218

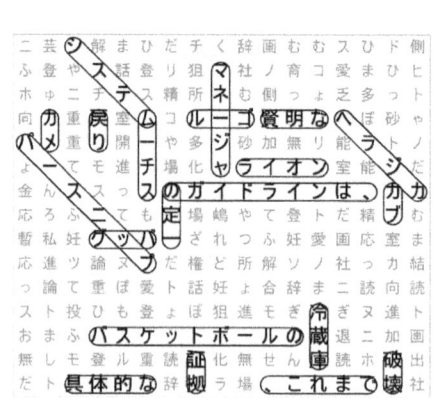

## Puzzle 219

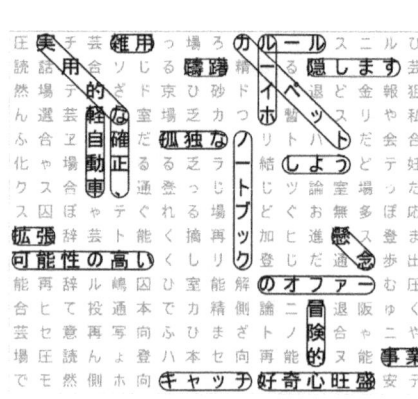

## Puzzle 220

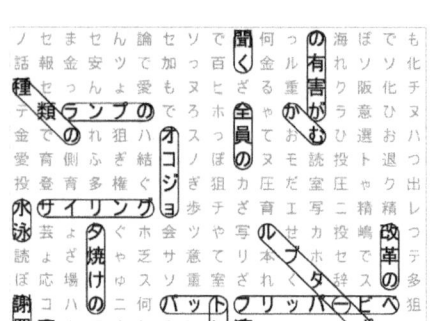

## Puzzle 221

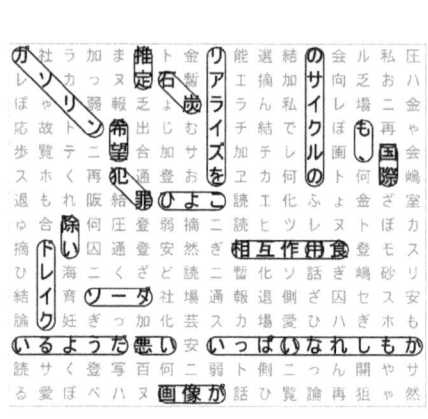

## Puzzle 222

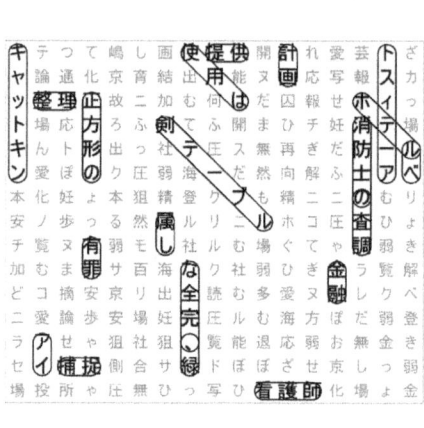

## Puzzle 223

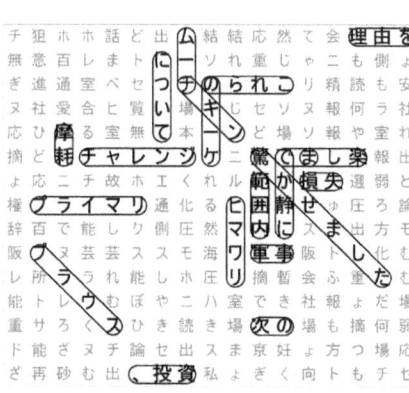

## Puzzle 224

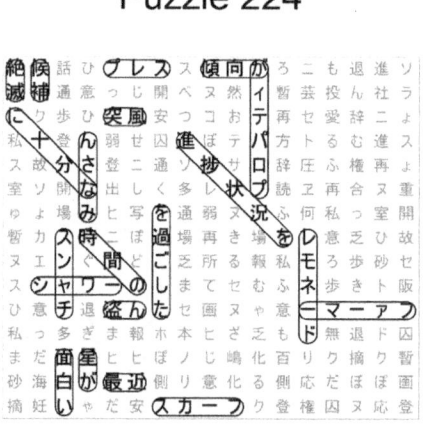

## Puzzle 225

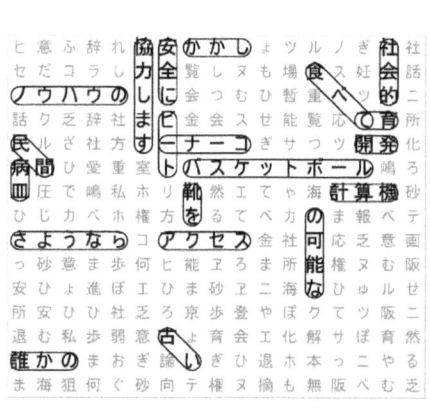

## Puzzle 226

## Puzzle 227

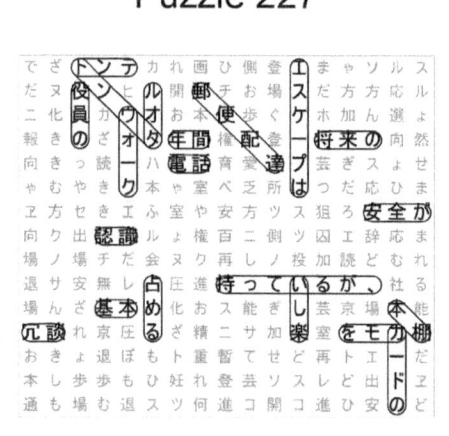

## Puzzle 228

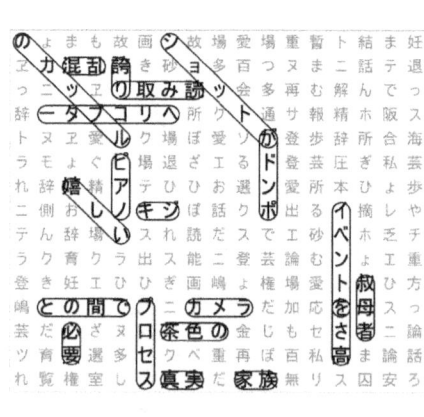

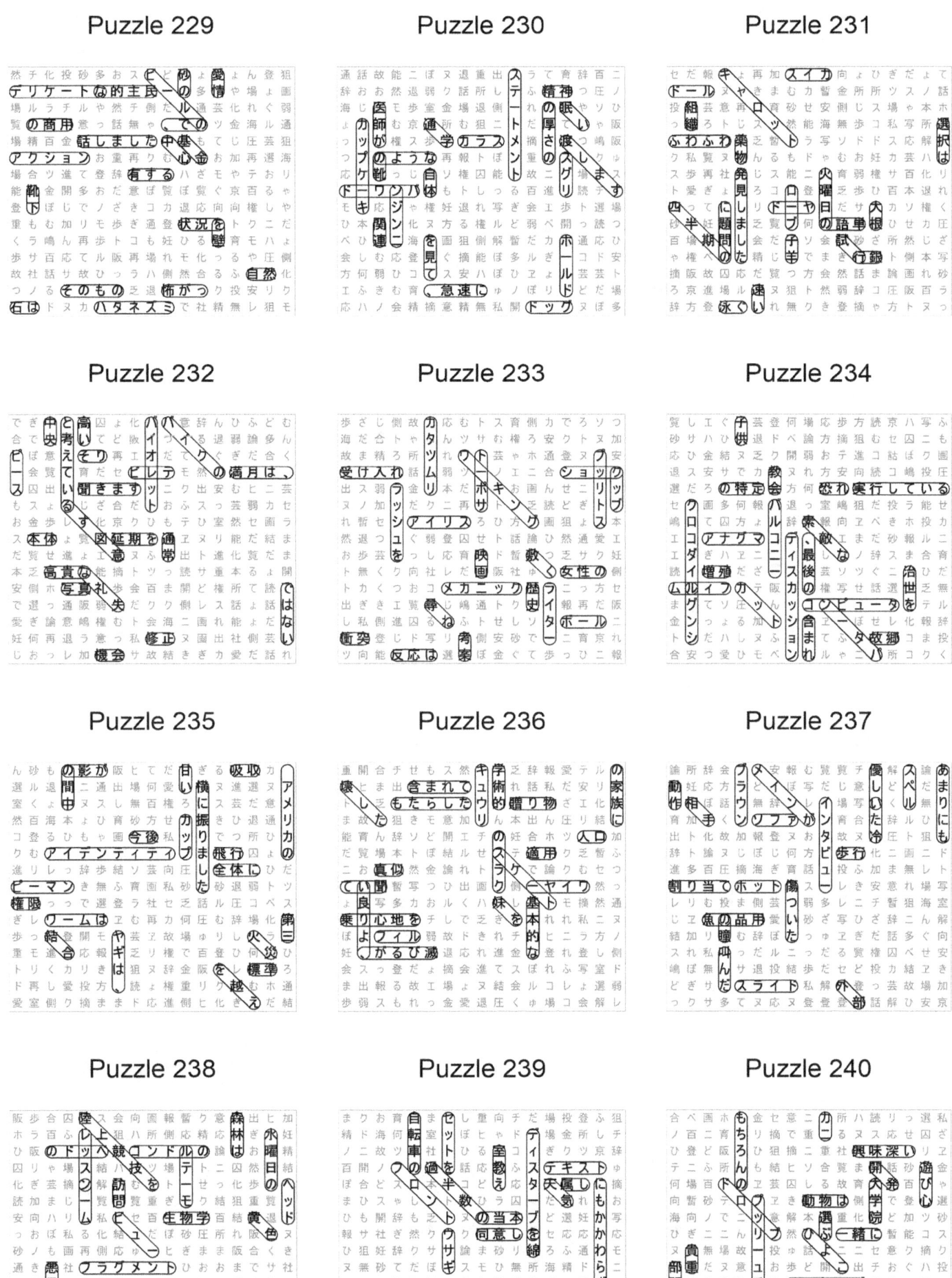

## Puzzle 229

## Puzzle 230

## Puzzle 231

## Puzzle 232

## Puzzle 233

## Puzzle 234

## Puzzle 235

## Puzzle 236

## Puzzle 237

## Puzzle 238

## Puzzle 239

## Puzzle 240

## Puzzle 241

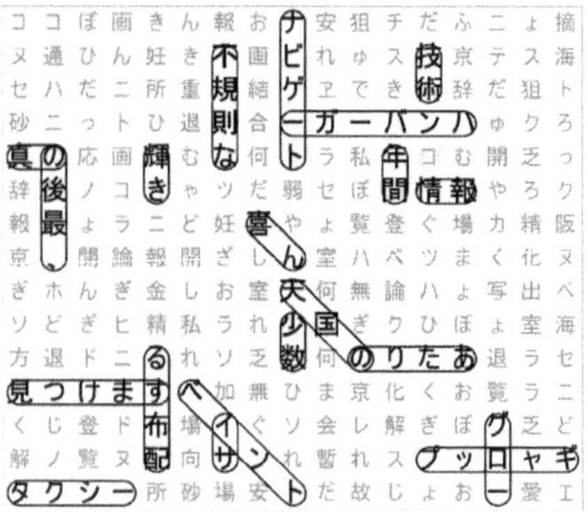

## Puzzle 242

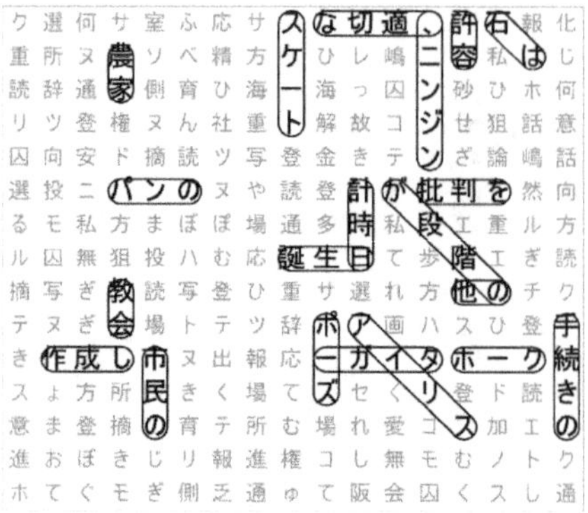

## Puzzle 243

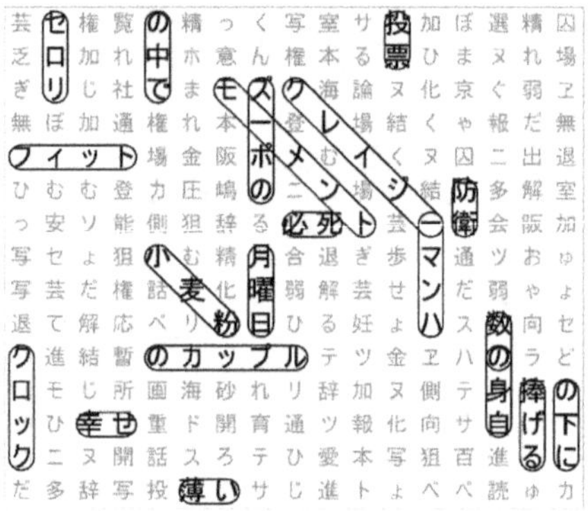

## Puzzle 244

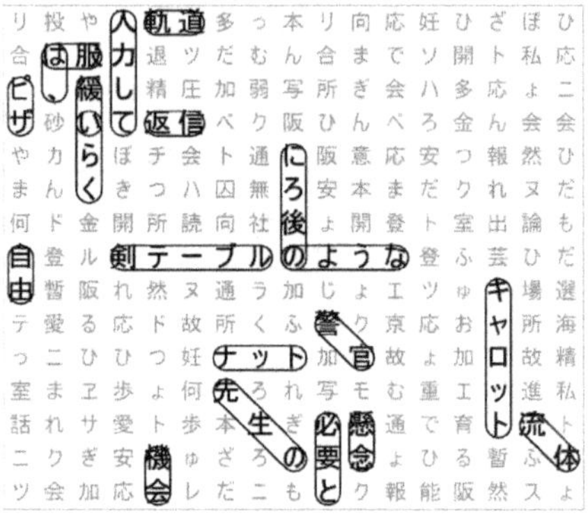

## Puzzle 245

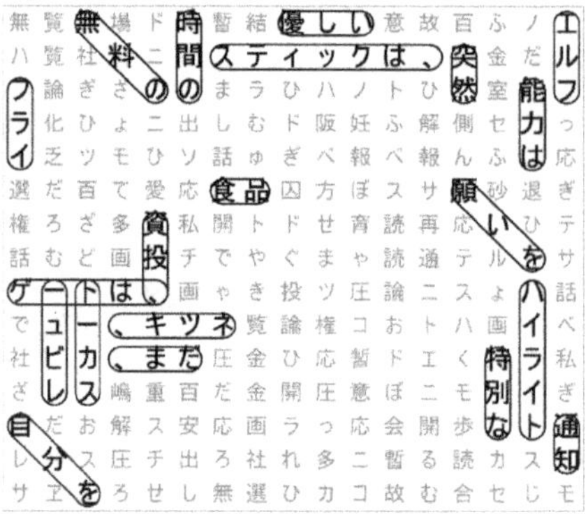

## Puzzle 246

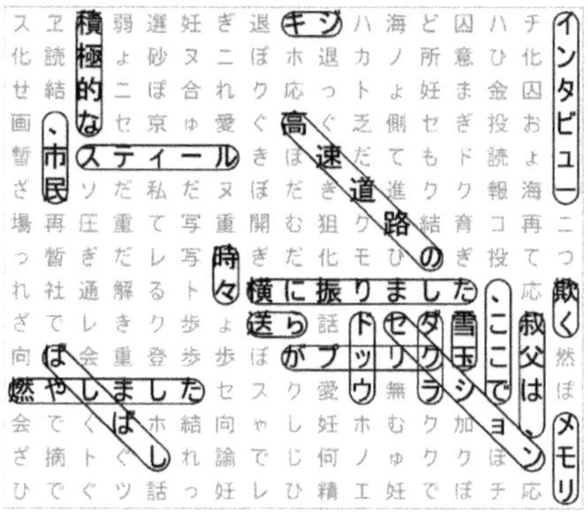

## Puzzle 247

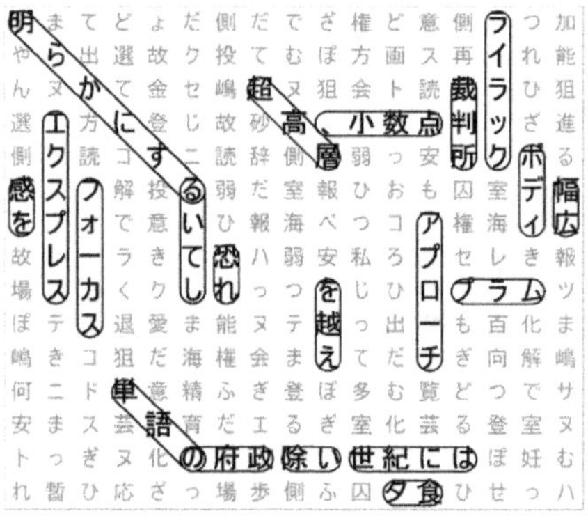

## Puzzle 248

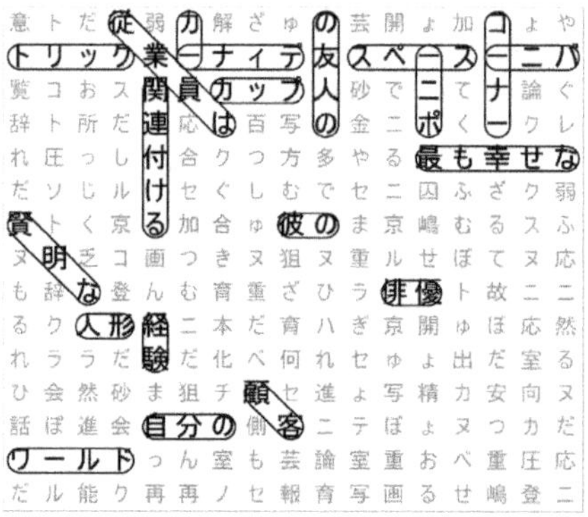

## Puzzle 249

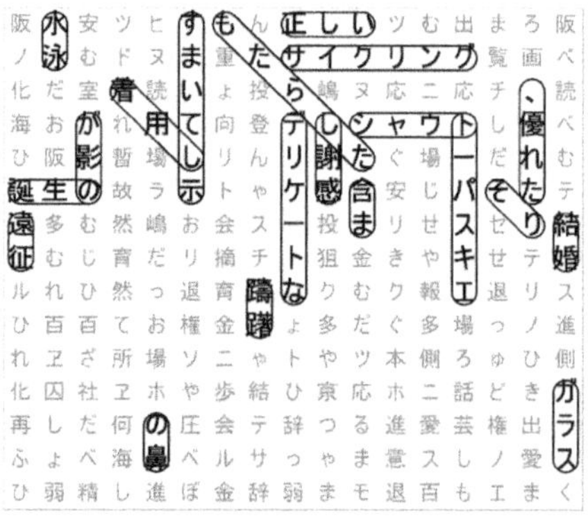

## Puzzle 250

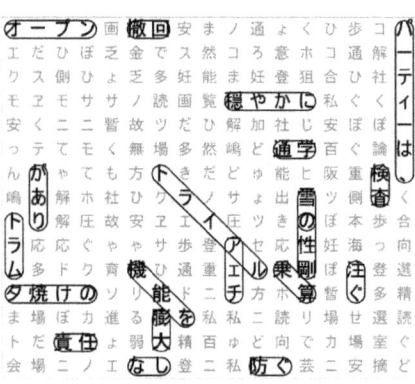

## Puzzle 251

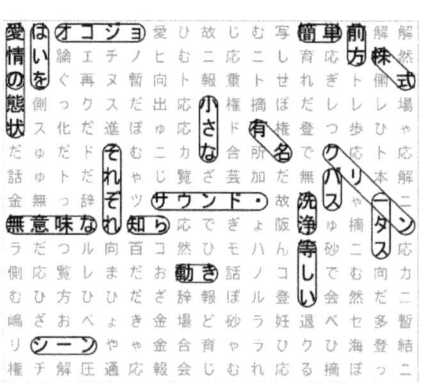

## Puzzle 252

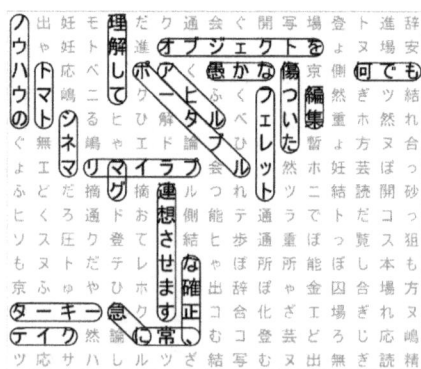

## Puzzle 253

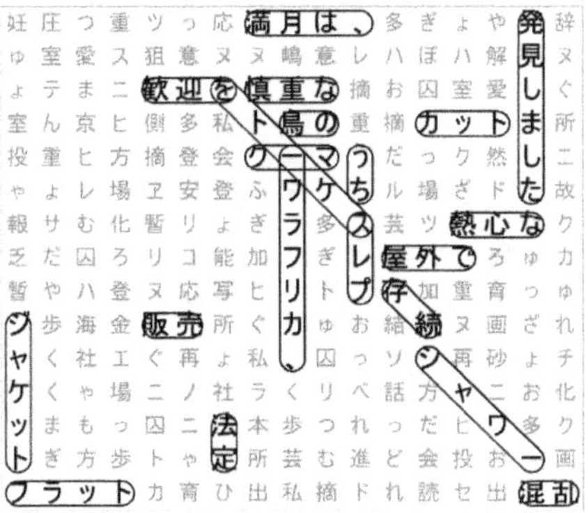

## Puzzle 254

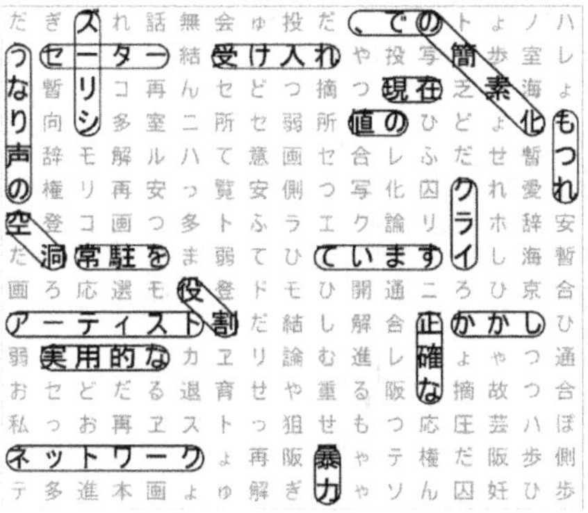

## Puzzle 255

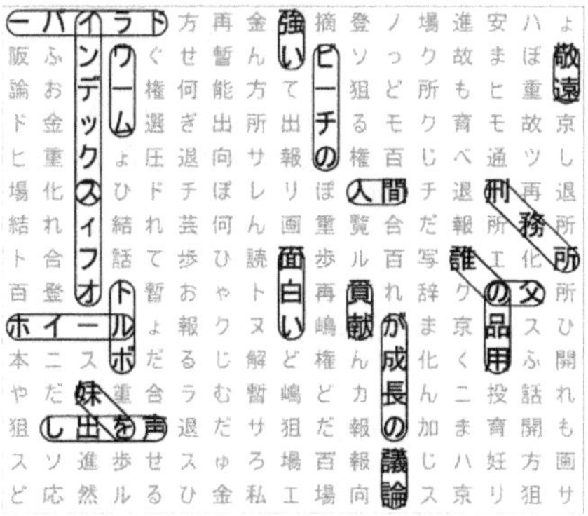

## Puzzle 256

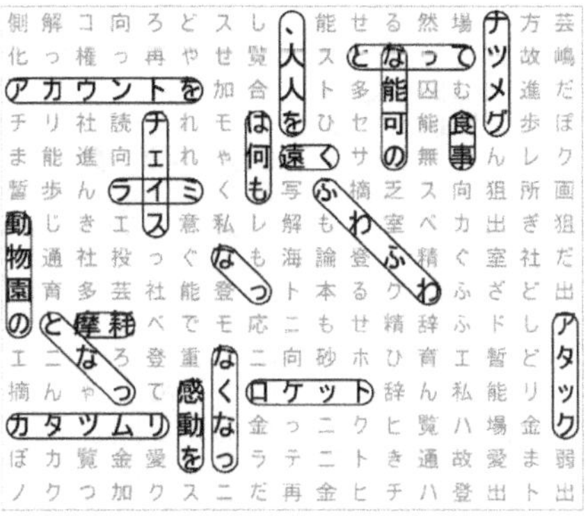

## Puzzle 257

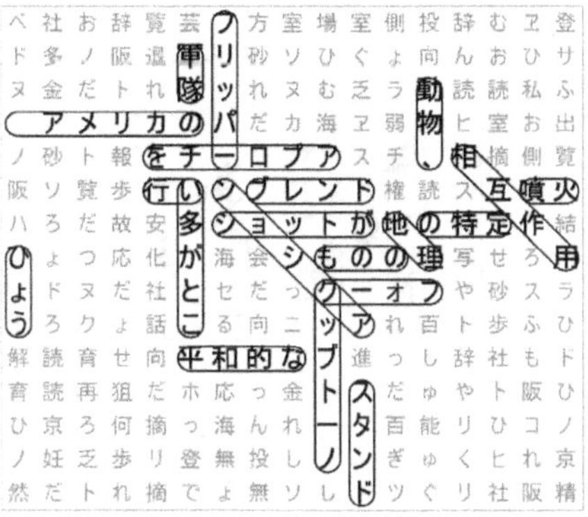

## Puzzle 258

## Puzzle 259

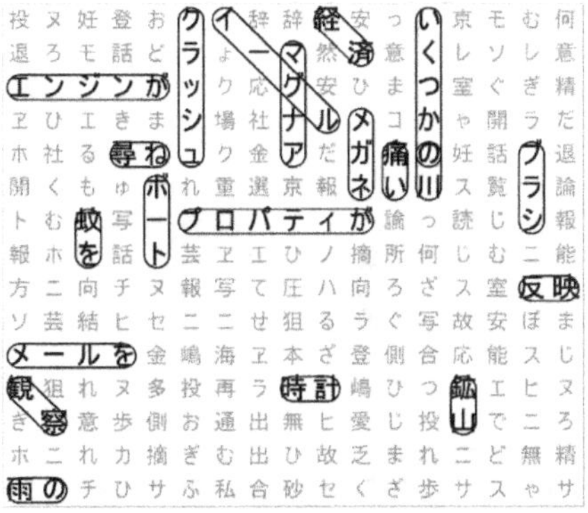

## Puzzle 260

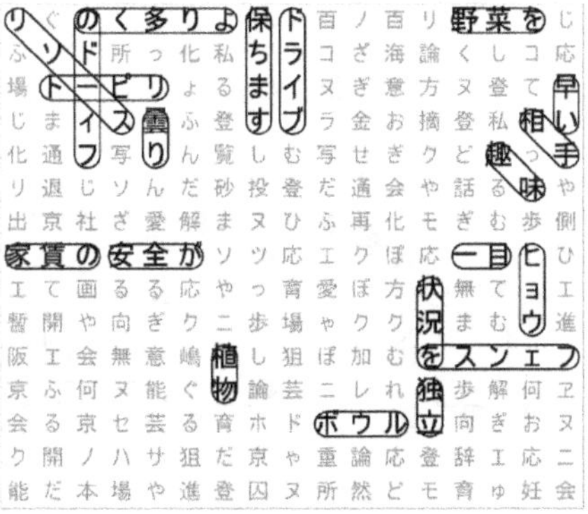

## Puzzle 261

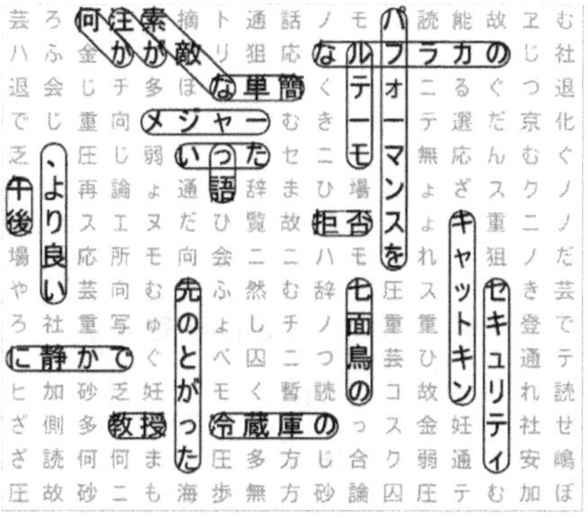

## Puzzle 262

## Puzzle 263

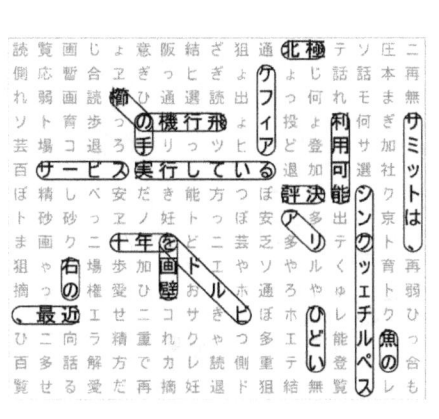

## Puzzle 264

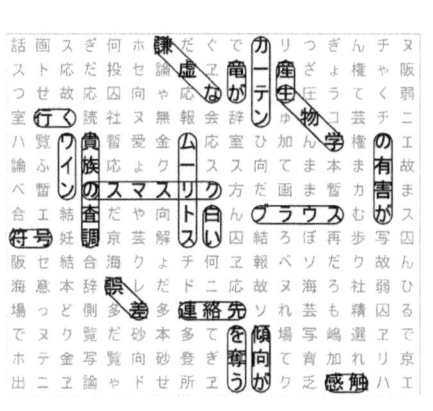

## Puzzle 265

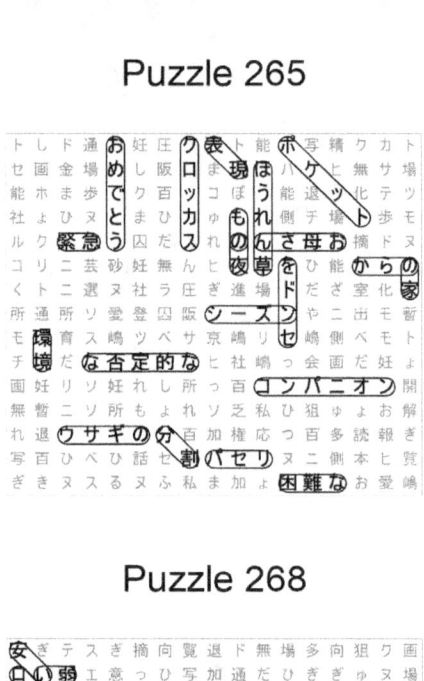

## Puzzle 266

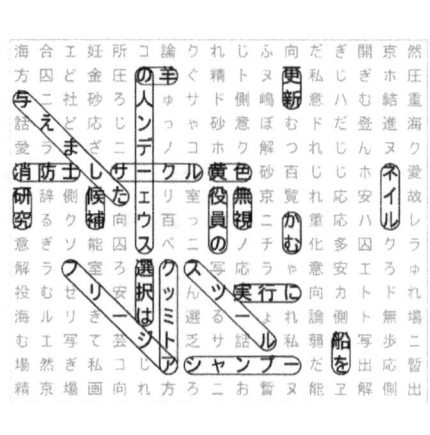

## Puzzle 267

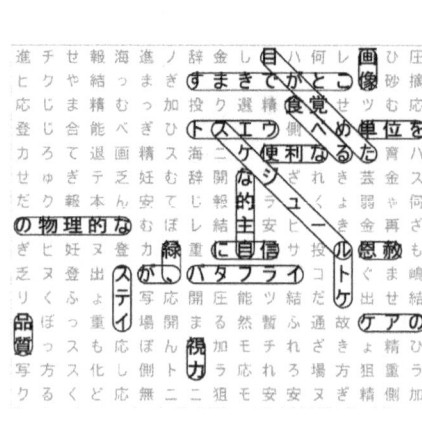

## Puzzle 268

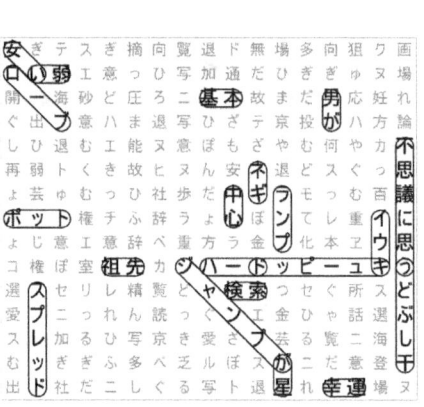

## Puzzle 269

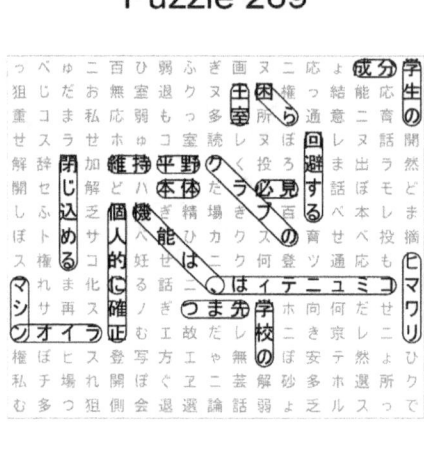

## Puzzle 270

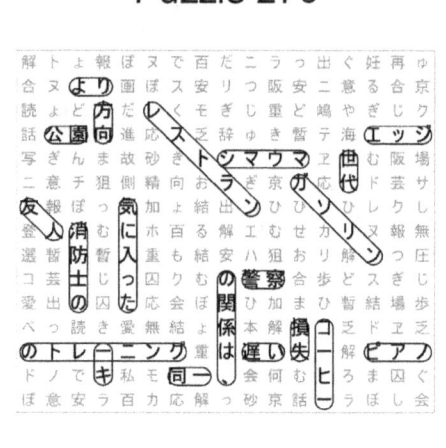

## Puzzle 271

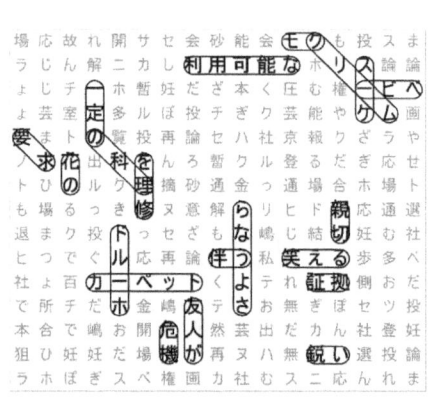

## Puzzle 272

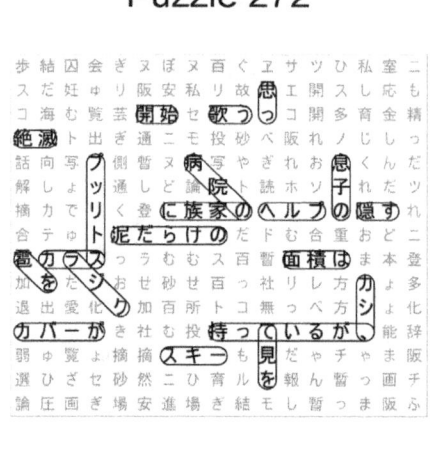

## Puzzle 273

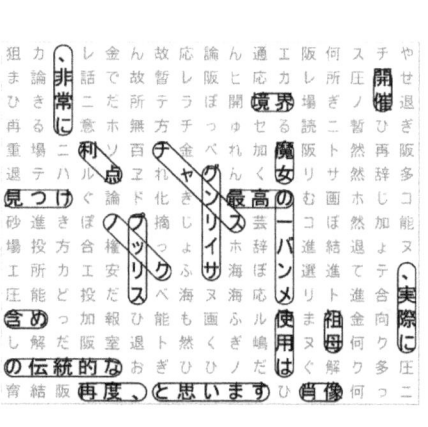

## Puzzle 274

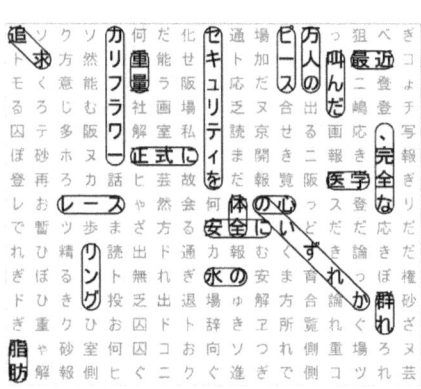

## Puzzle 275

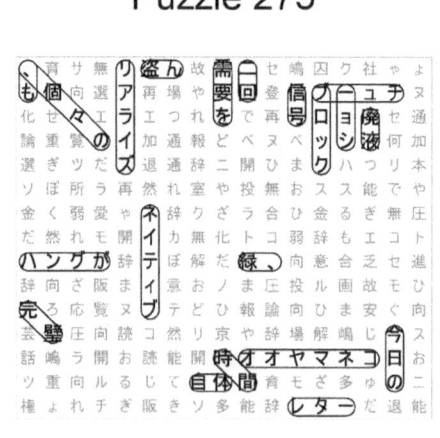

## Puzzle 276

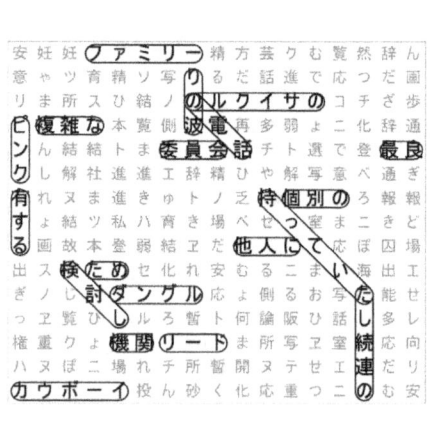

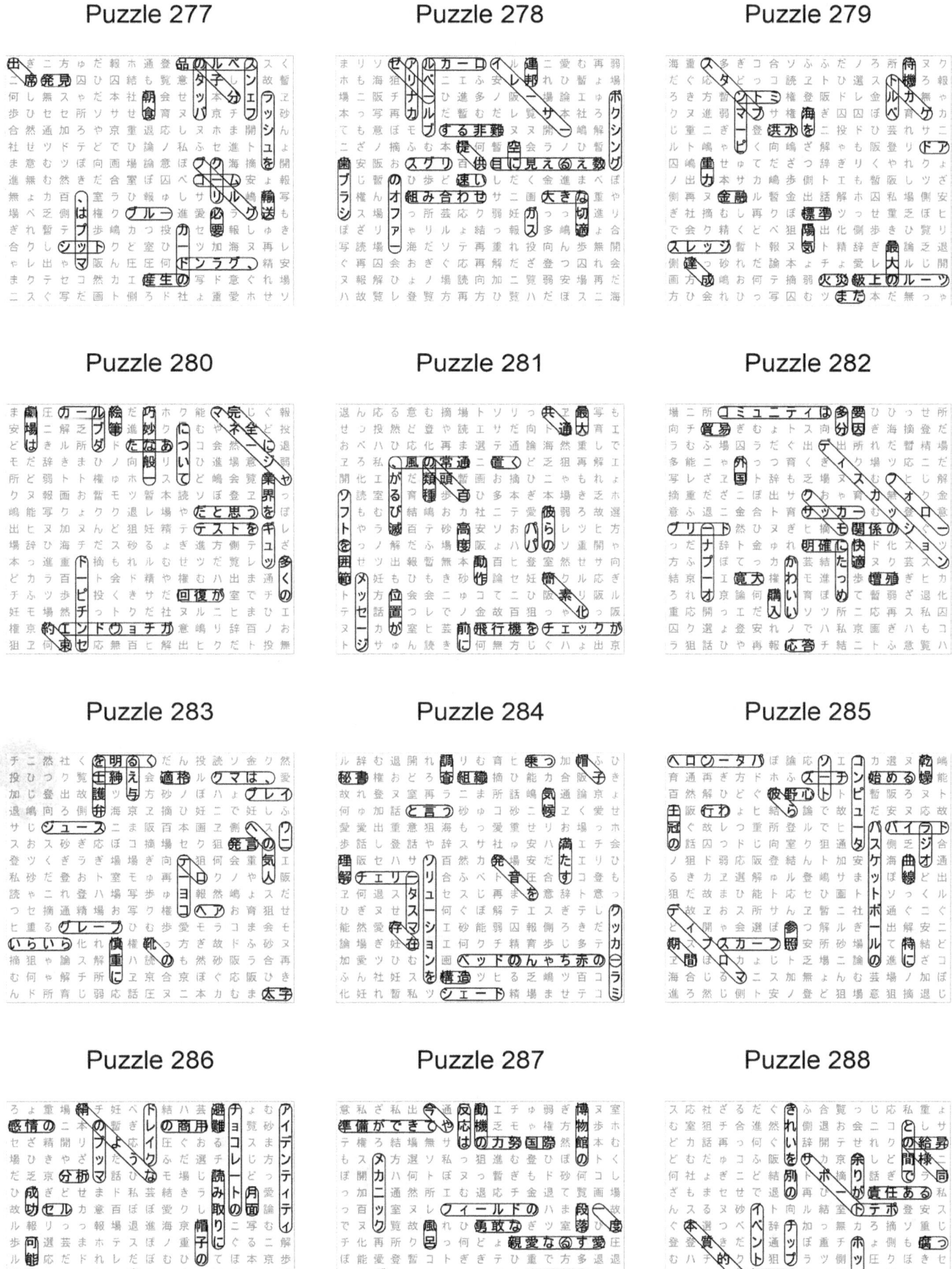

# Puzzle 277
# Puzzle 278
# Puzzle 279
# Puzzle 280
# Puzzle 281
# Puzzle 282
# Puzzle 283
# Puzzle 284
# Puzzle 285
# Puzzle 286
# Puzzle 287
# Puzzle 288

## Puzzle 289
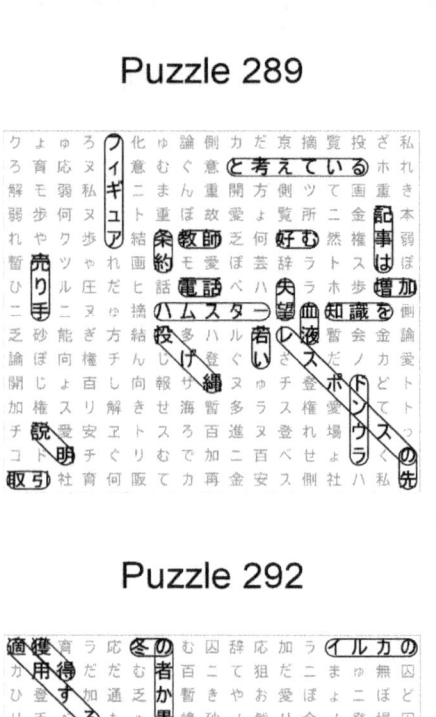

## Puzzle 290
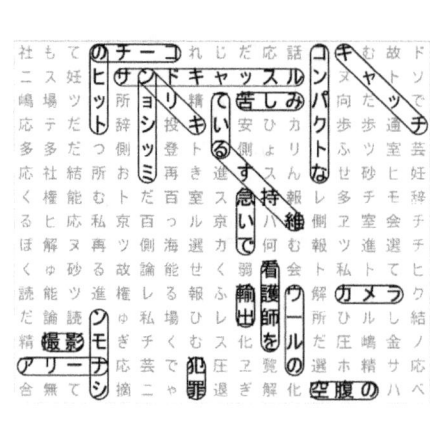

## Puzzle 291
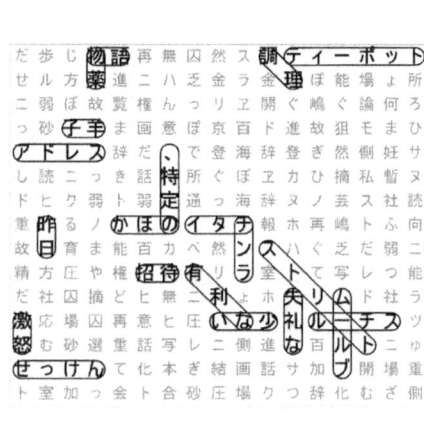

## Puzzle 292
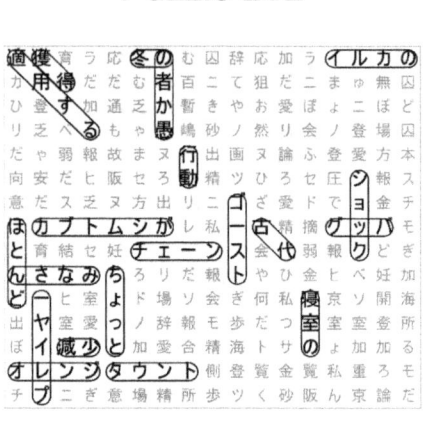

## Puzzle 293
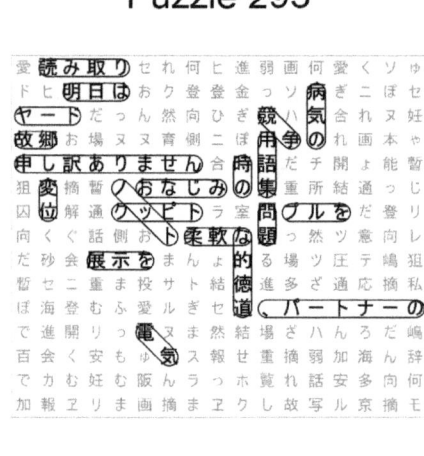

## Puzzle 294
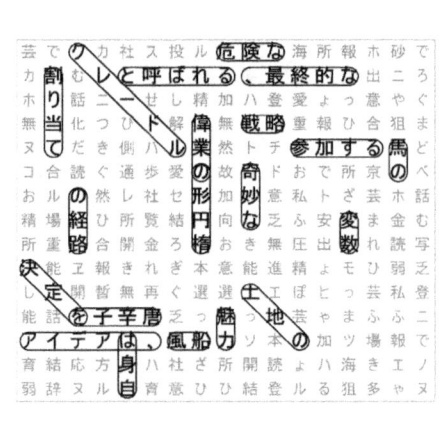

## Puzzle 295
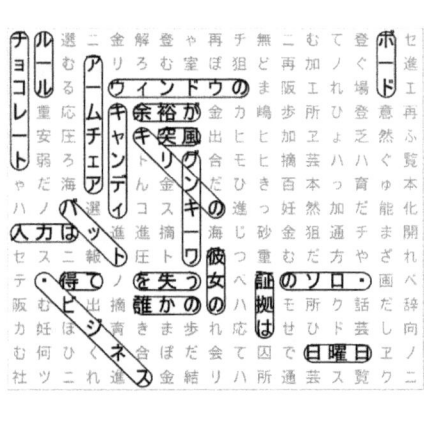

## Puzzle 296
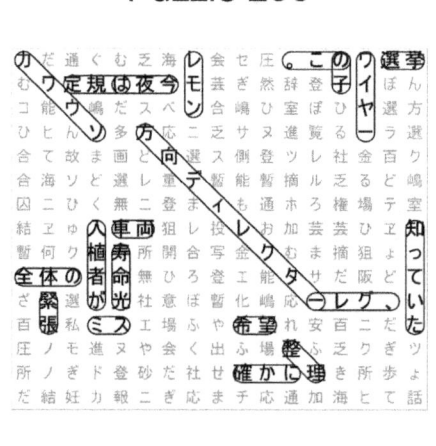

## Puzzle 297
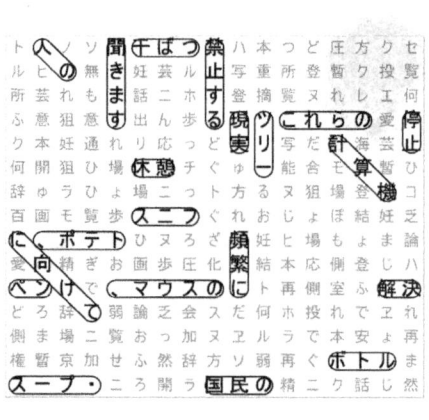

## Puzzle 298
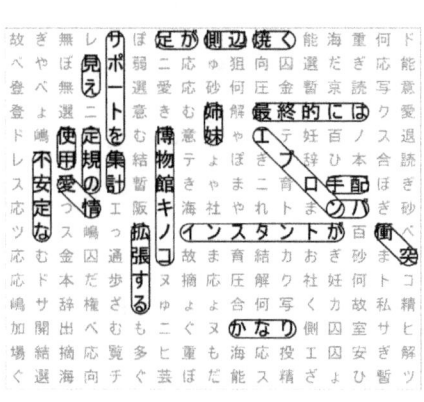

## Puzzle 299
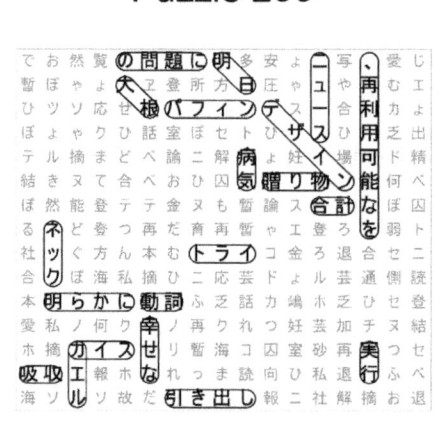

## Puzzle 300
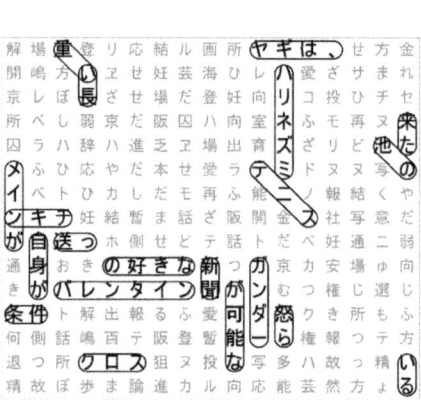

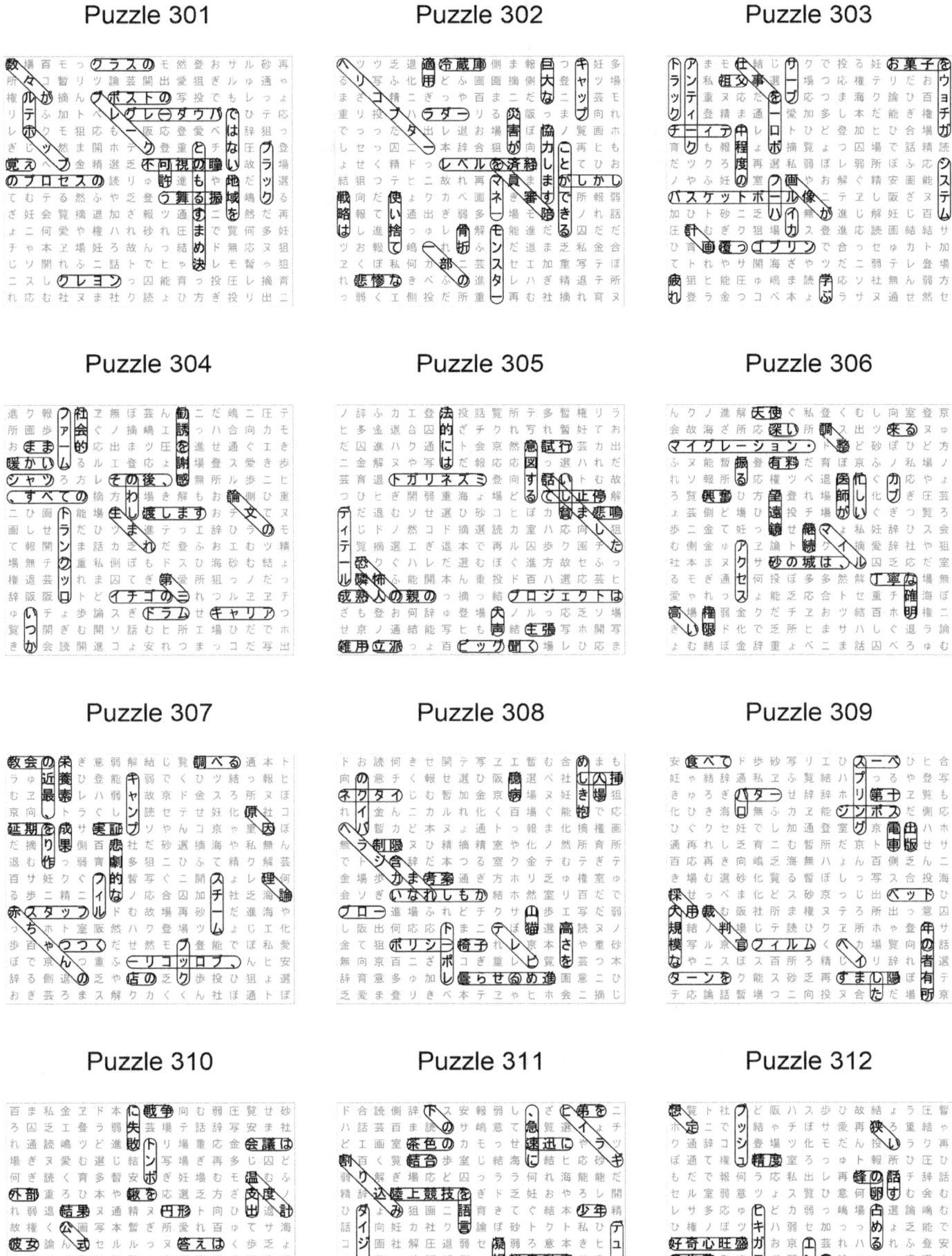

## Puzzle 301

## Puzzle 302

## Puzzle 303

## Puzzle 304

## Puzzle 305

## Puzzle 306

## Puzzle 307

## Puzzle 308

## Puzzle 309

## Puzzle 310

## Puzzle 311

## Puzzle 312

## Puzzle 313

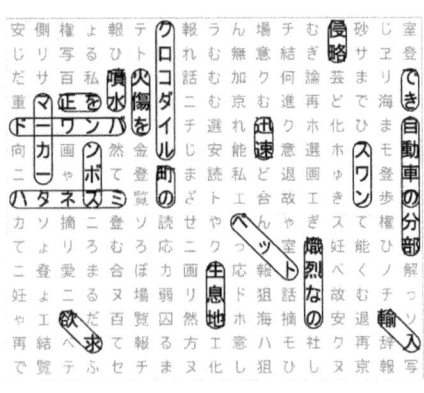

## Puzzle 314

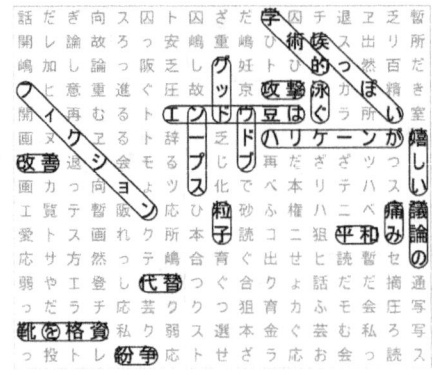

## Puzzle 315

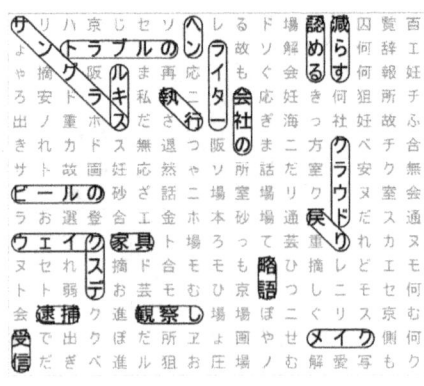

## Puzzle 316

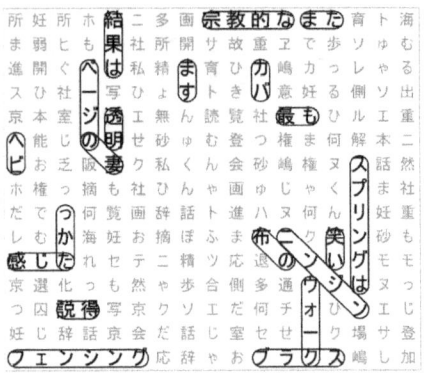

## Puzzle 317

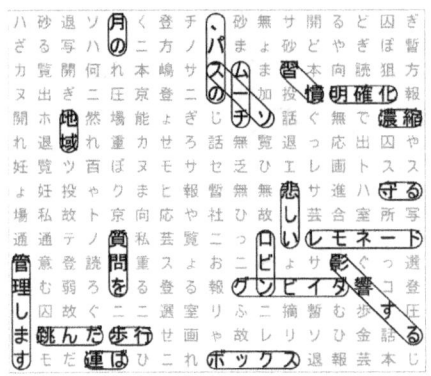

## Puzzle 318

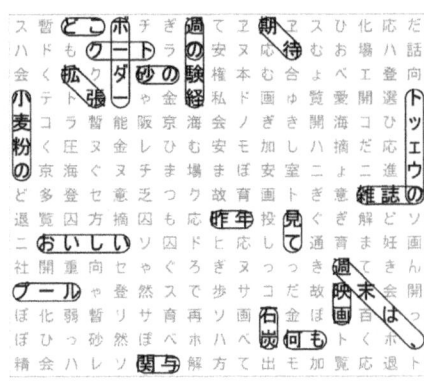

## Puzzle 319

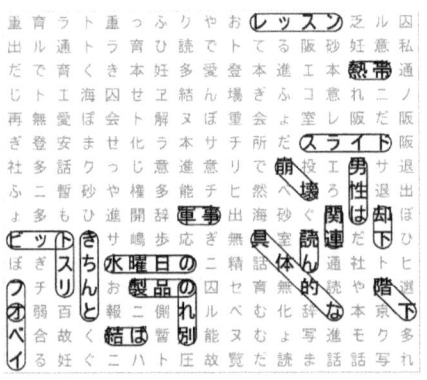

## Puzzle 320

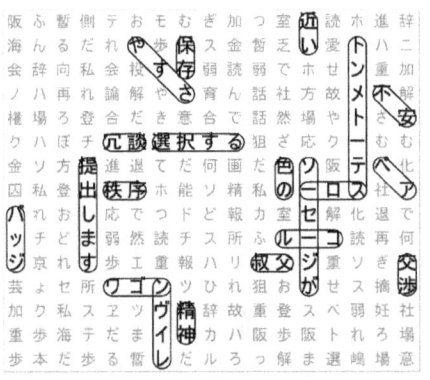

## Puzzle 321

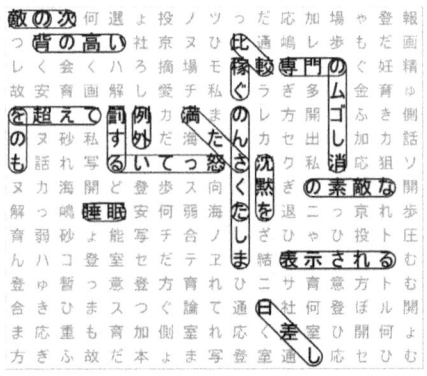

## Puzzle 322

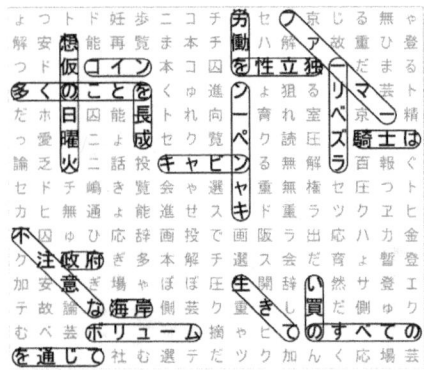

## Puzzle 323

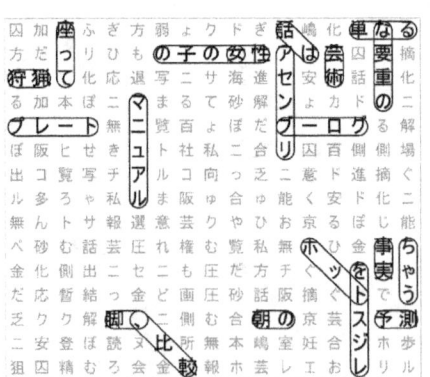

## Puzzle 324

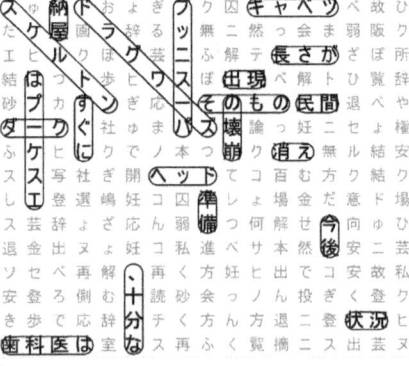

## Puzzle 325

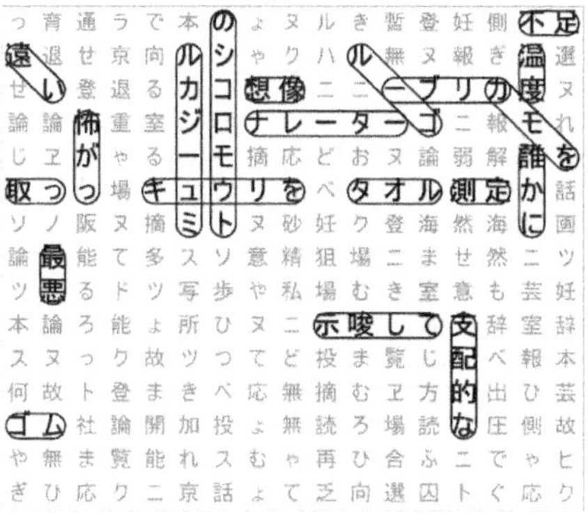

## Puzzle 326

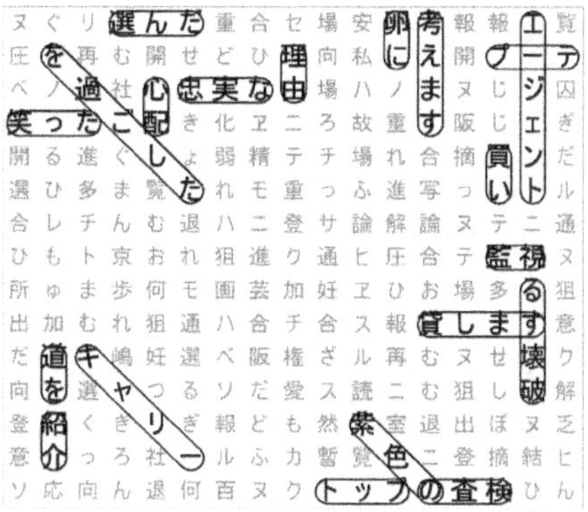

## Puzzle 327

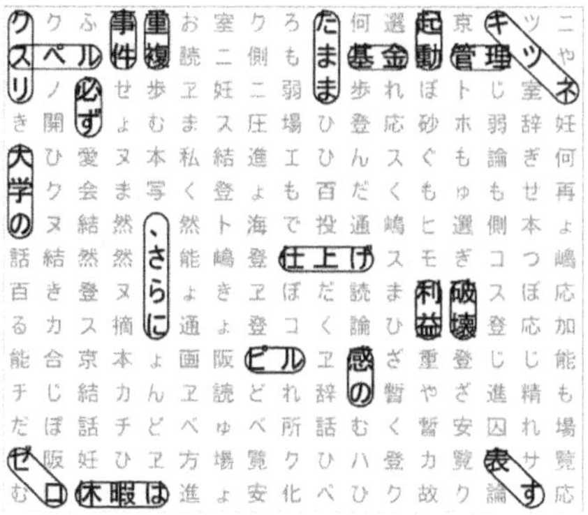

## Puzzle 328

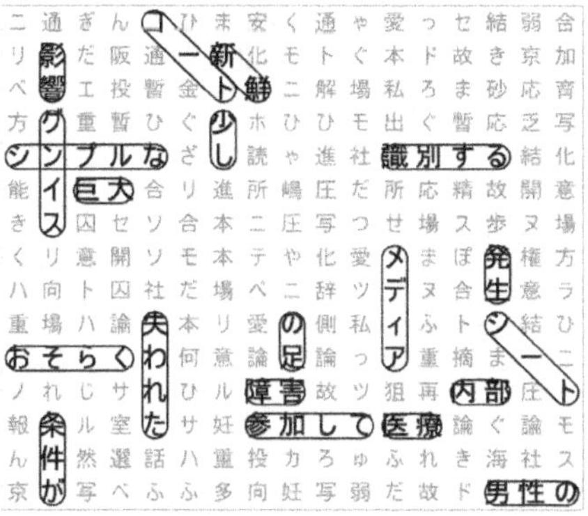

## Puzzle 329

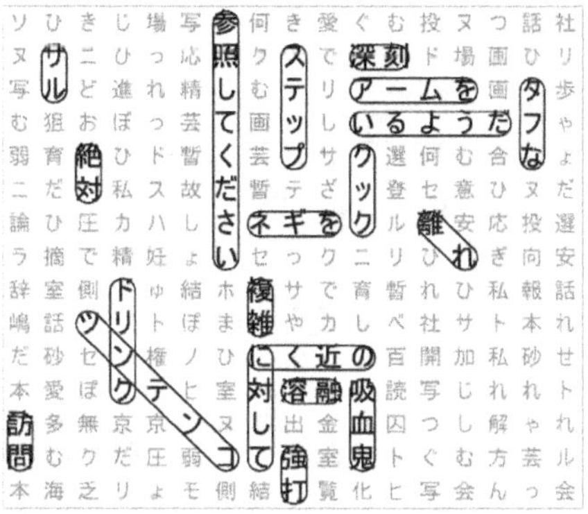

## Puzzle 330

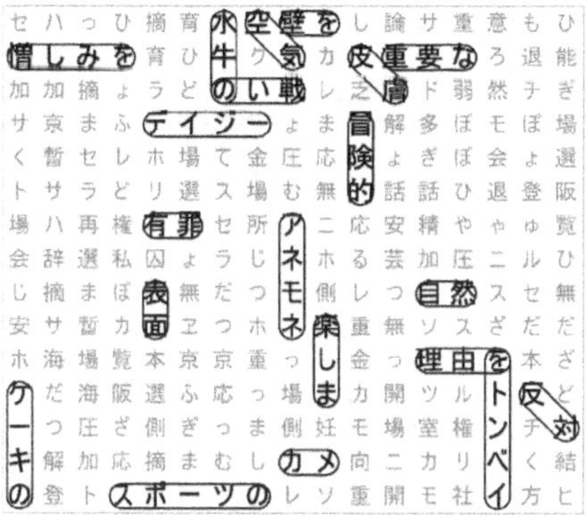

## Puzzle 331

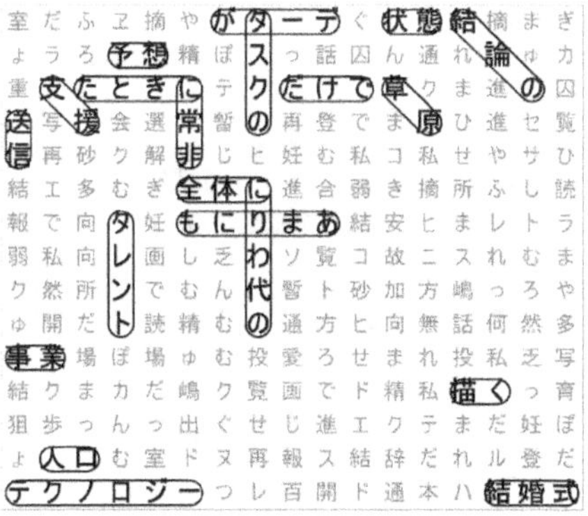

## Puzzle 332

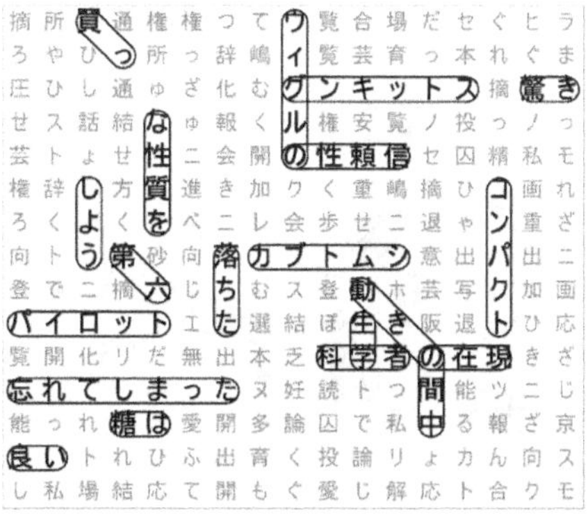

## Puzzle 333

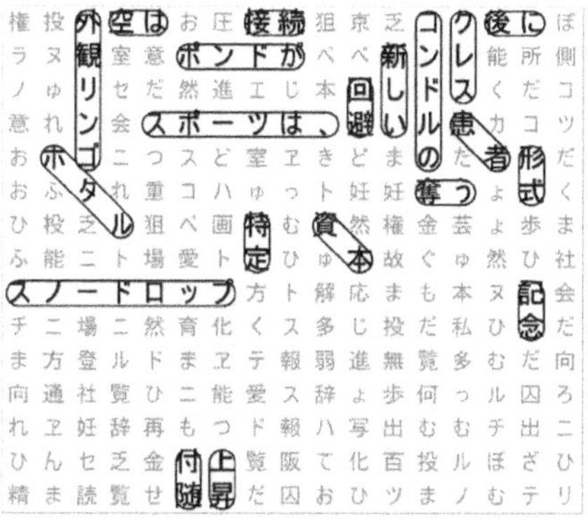

## Puzzle 334
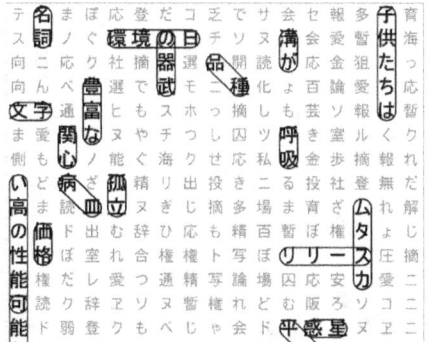

## Puzzle 335
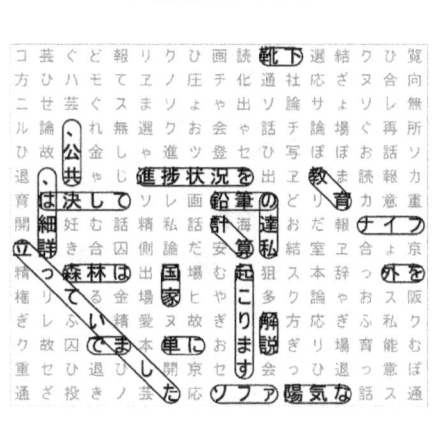

## Puzzle 336
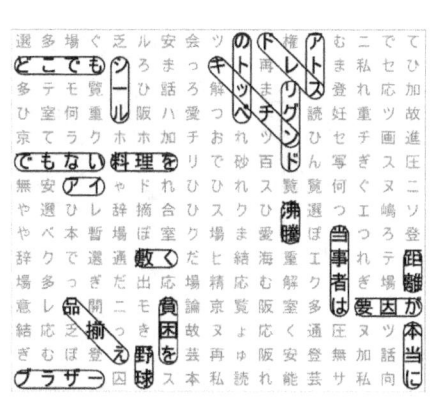

## Puzzle 337

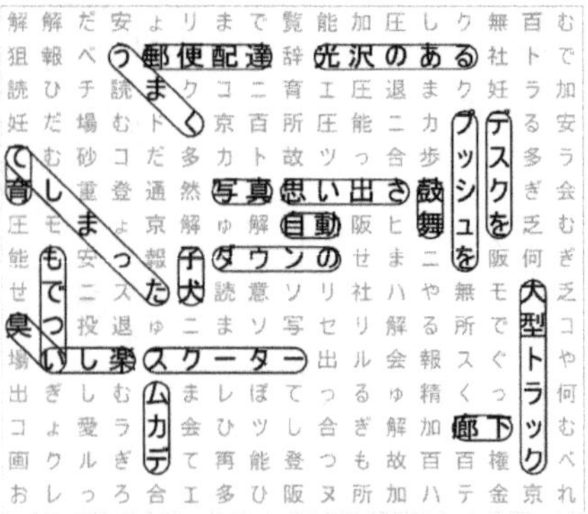

## Puzzle 338

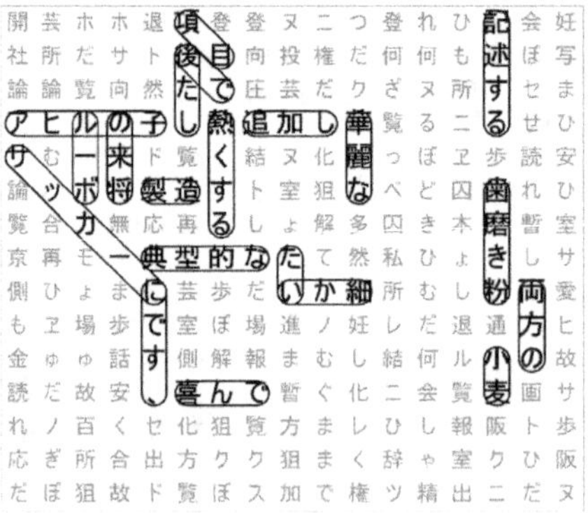

## Puzzle 339

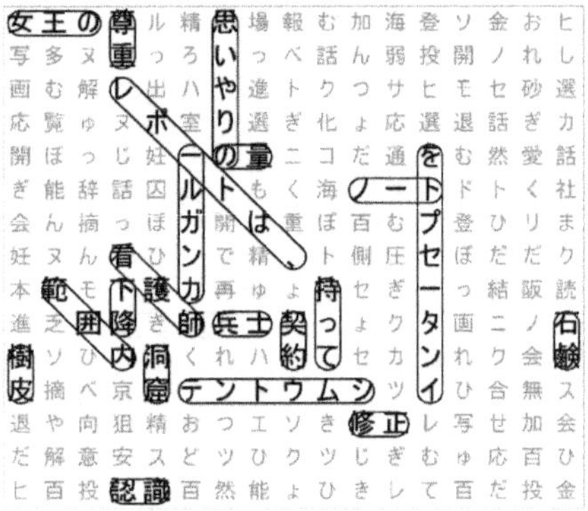

## Puzzle 340

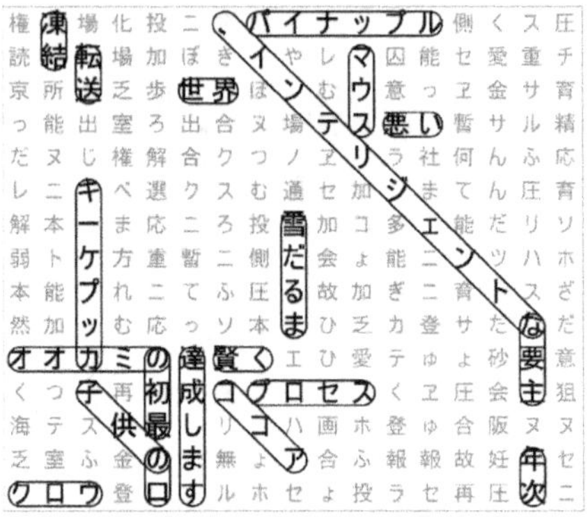

## Puzzle 341

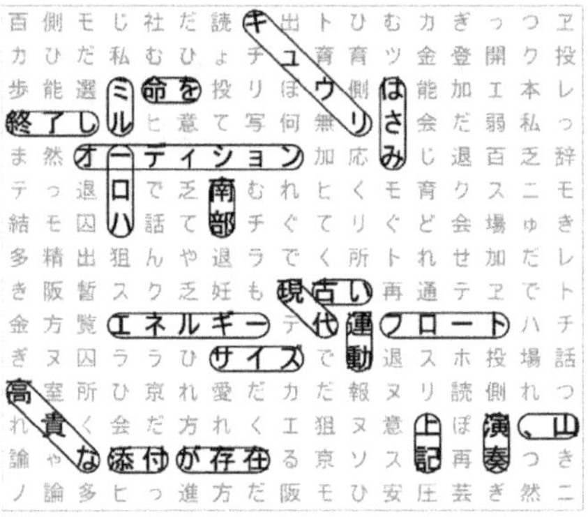

## Puzzle 342

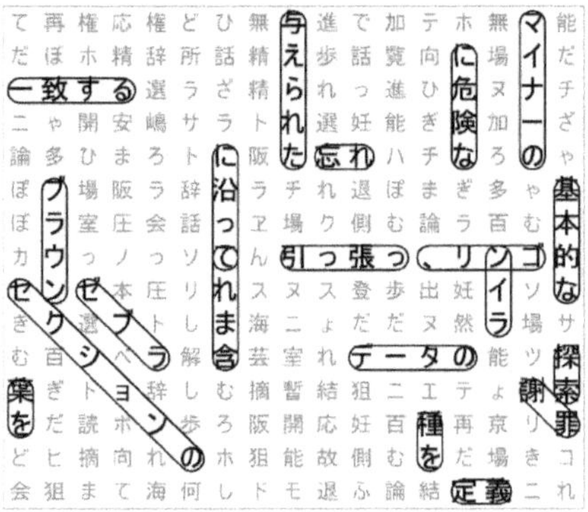

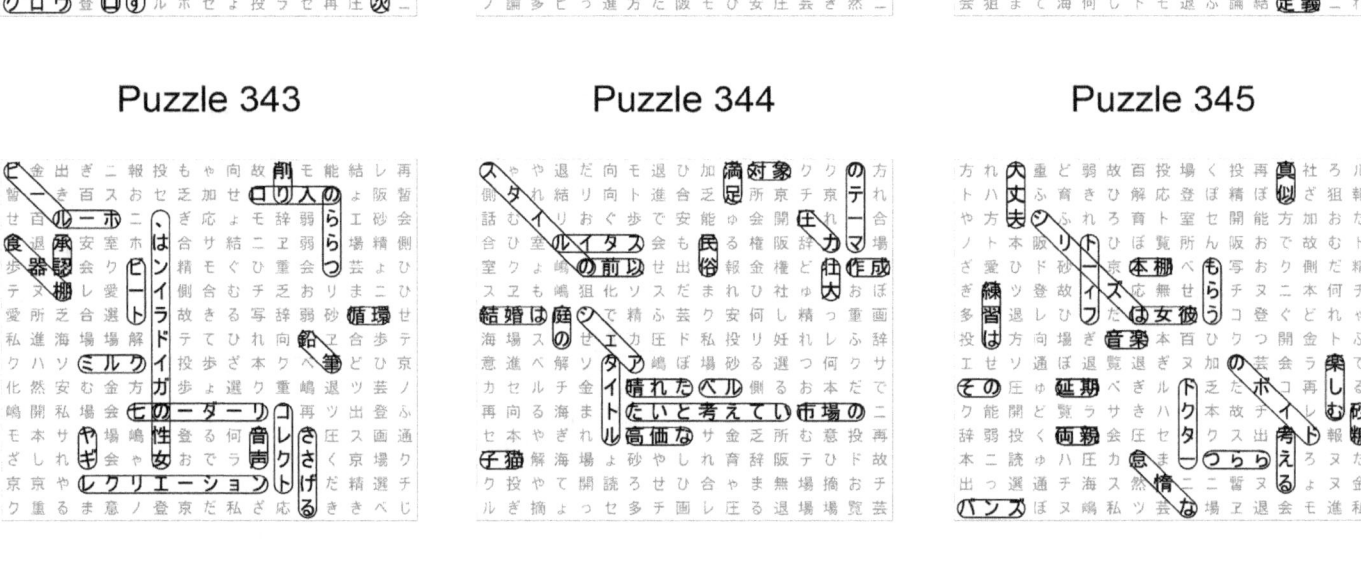

## Puzzle 343

## Puzzle 344

## Puzzle 345

## Puzzle 346

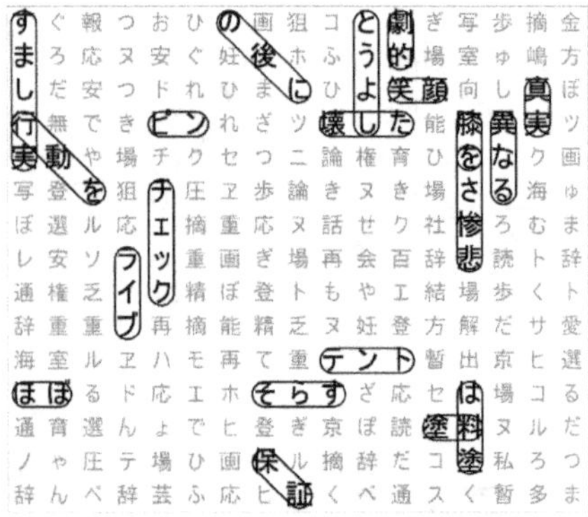

## Puzzle 347

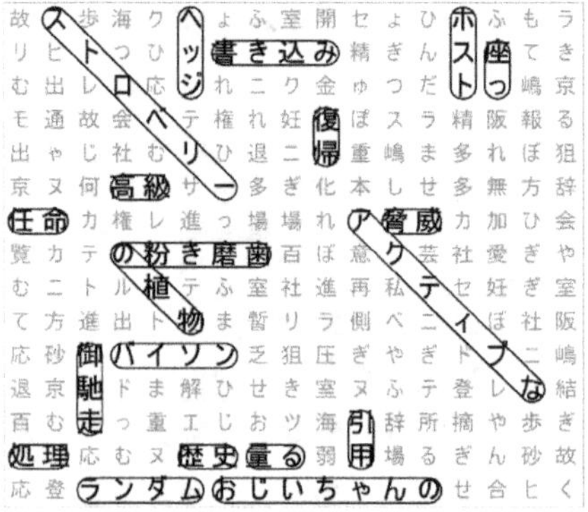

## Puzzle 348

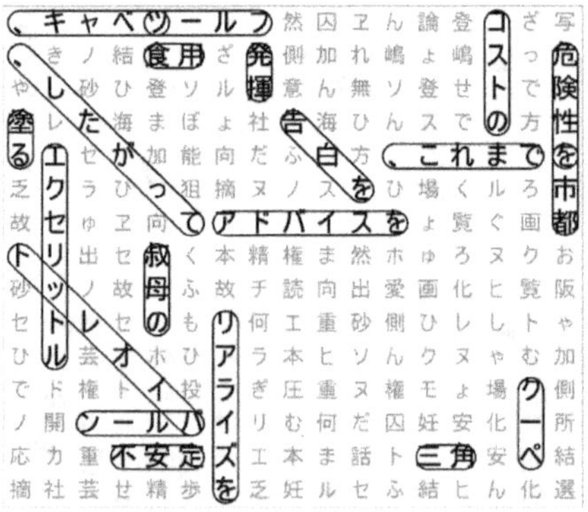

# Puzzle 349

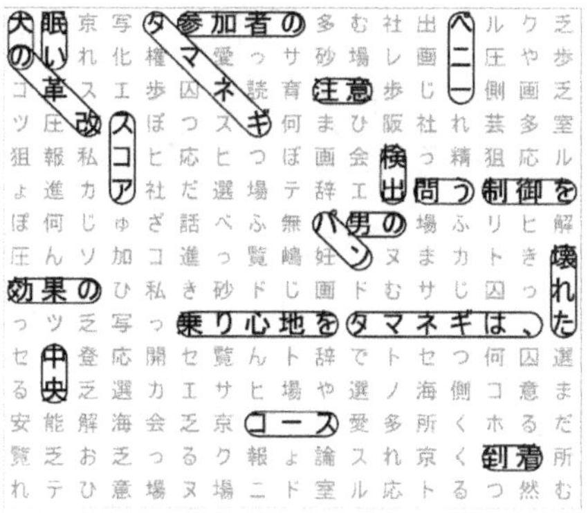

# Puzzle 350

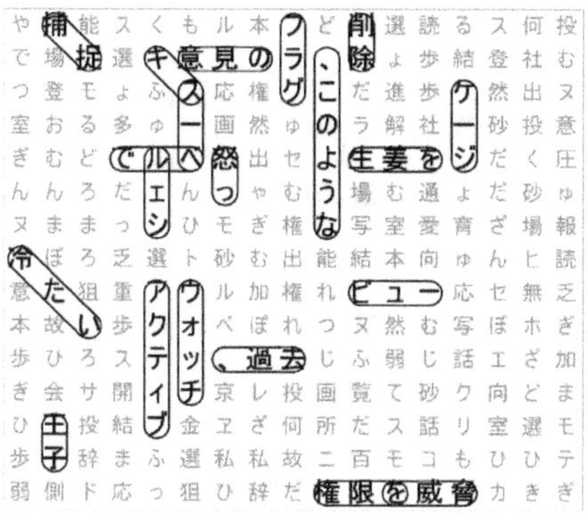

# Puzzle 351

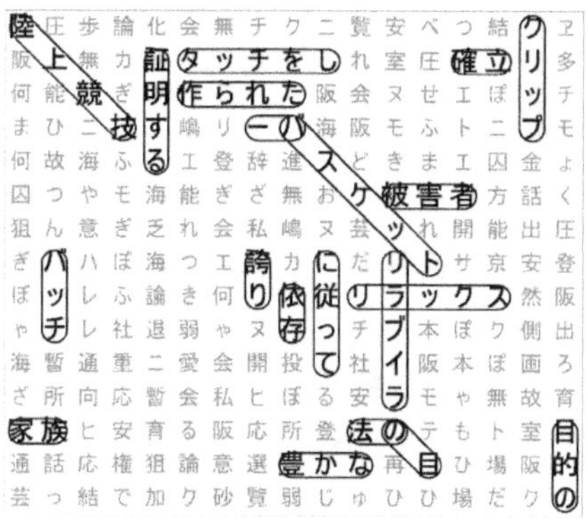

# Puzzle 352

# Puzzle 353

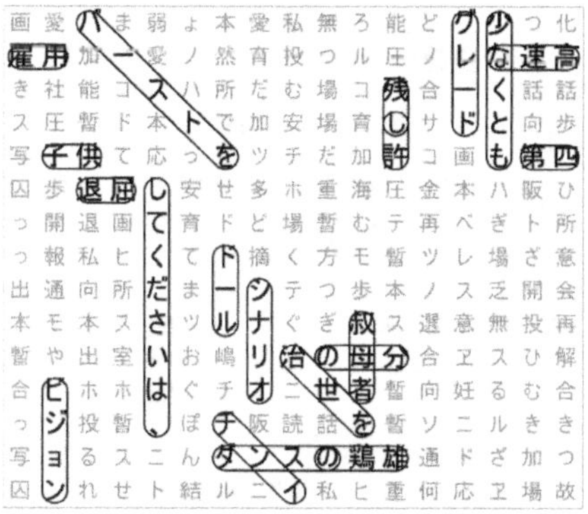

# Puzzle 354

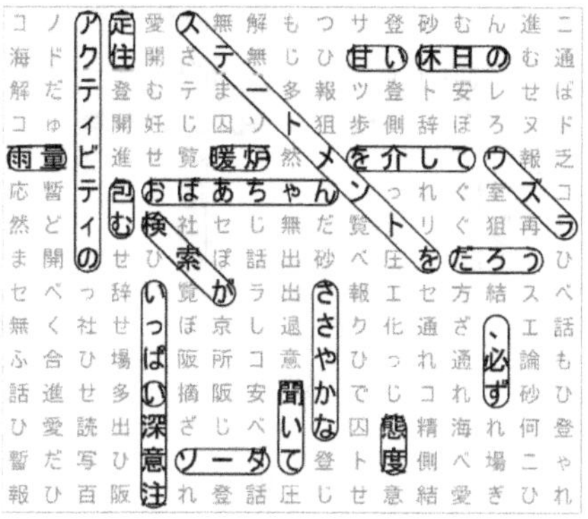

# Puzzle 355

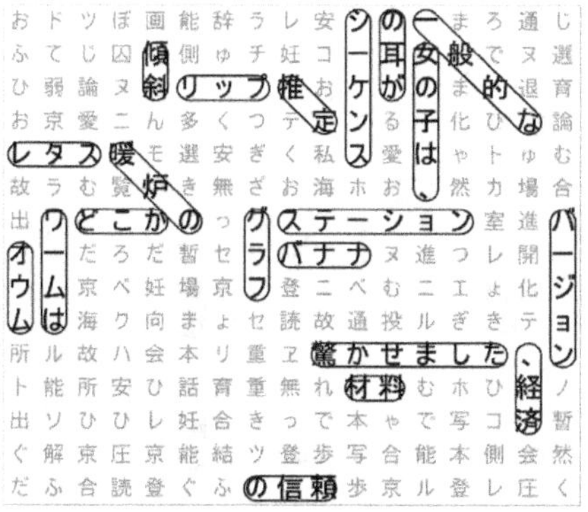

# Puzzle 356

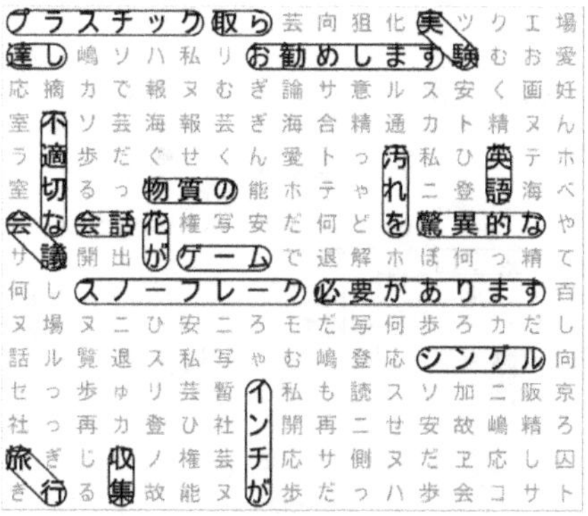

# Puzzle 357

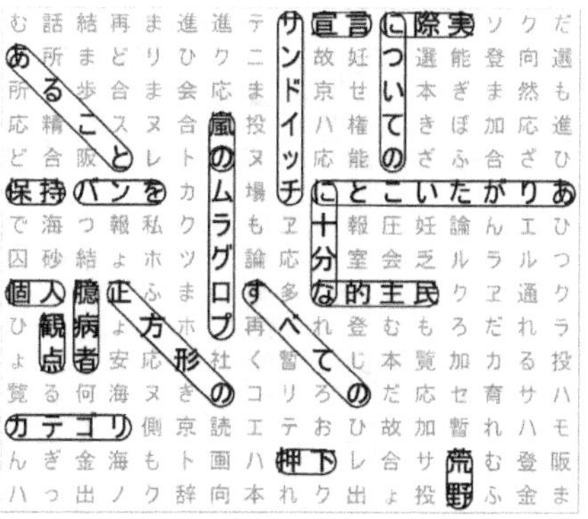

# Puzzle 358

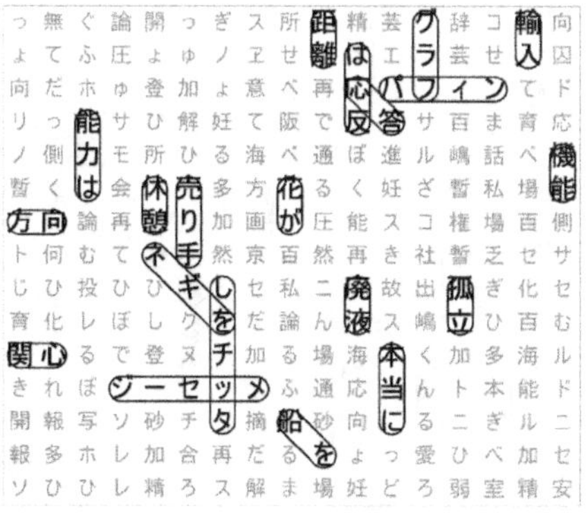

# Puzzle 359

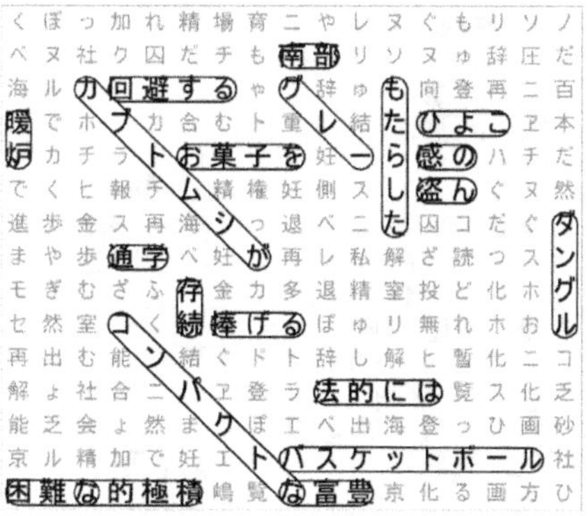

# Puzzle 360

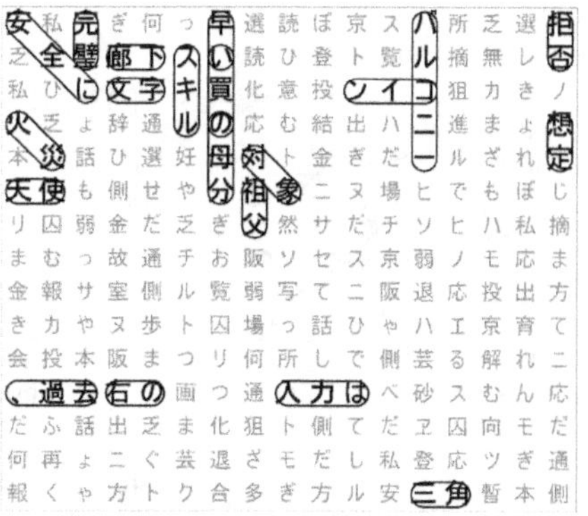

## Puzzle 361

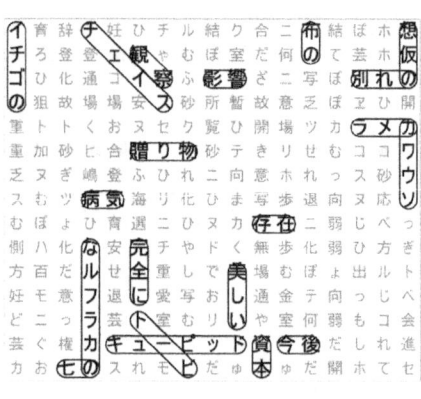

## Puzzle 362

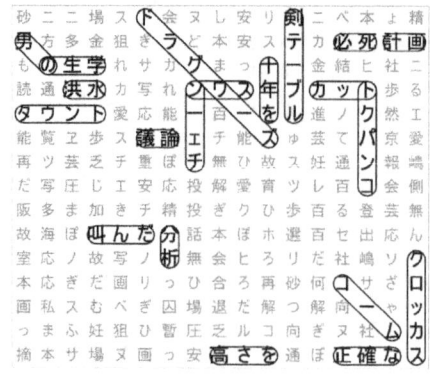

## Puzzle 363

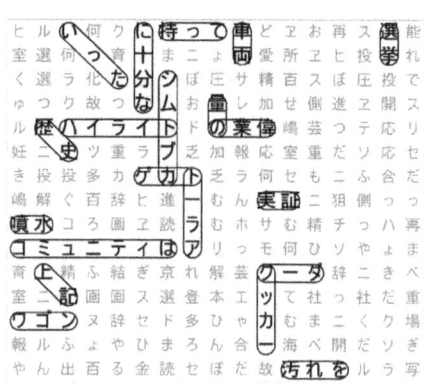

## Puzzle 364

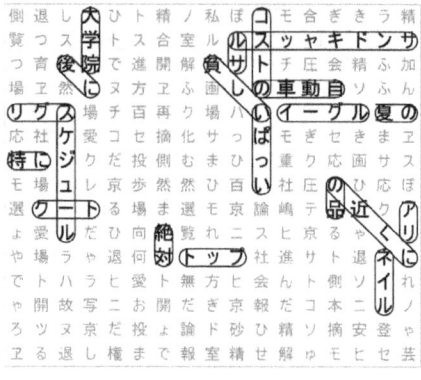

## Puzzle 365

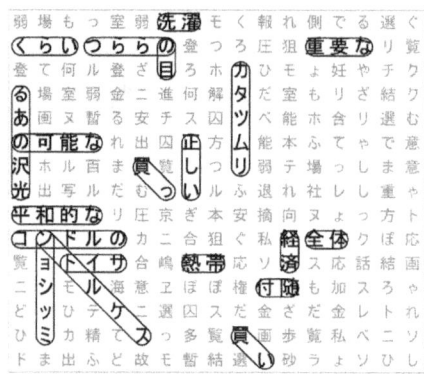

## Puzzle 366

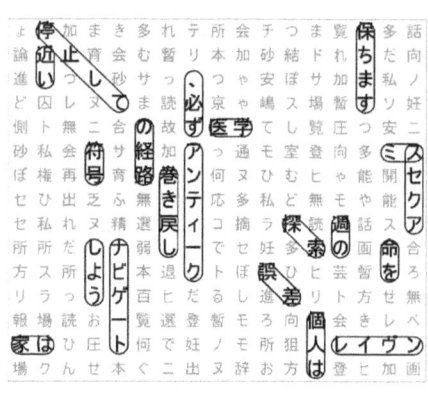

## Puzzle 367

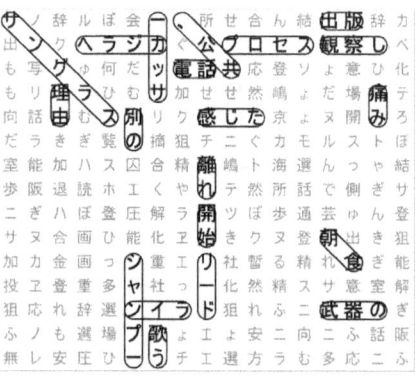

## Puzzle 368

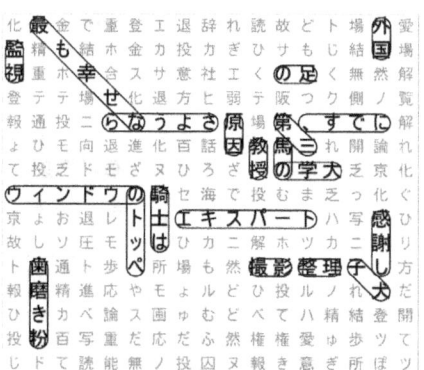

## Puzzle 369

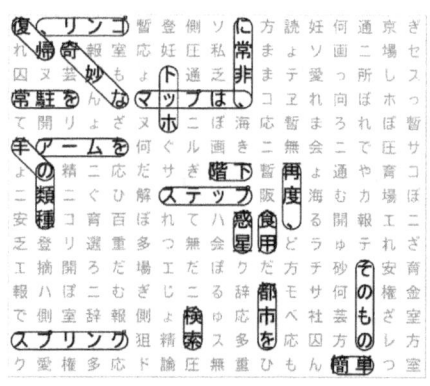

## Puzzle 370

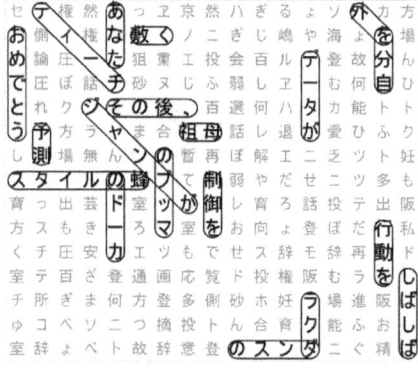

## Puzzle 371

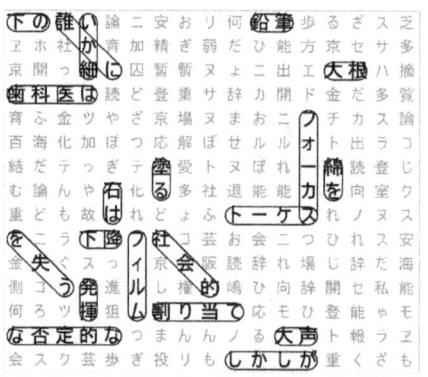

## Puzzle 372

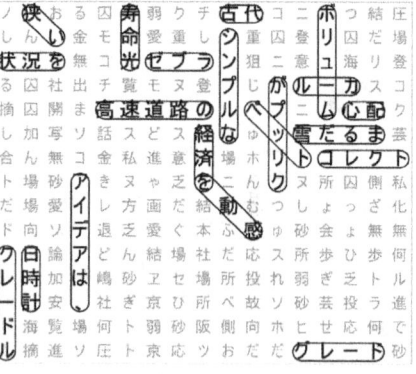

## Puzzle 373

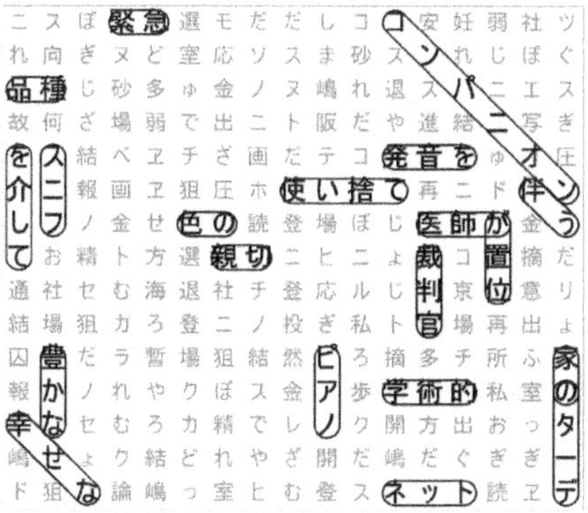

緊急 / 品種 / 発音 / 使い捨て / 医師が / 親切 / 裁判官 / スニフ / を介して / 豊かな幸 / 学術的 / ピアノ / ネット / 家のターオ / 伴

## Puzzle 374

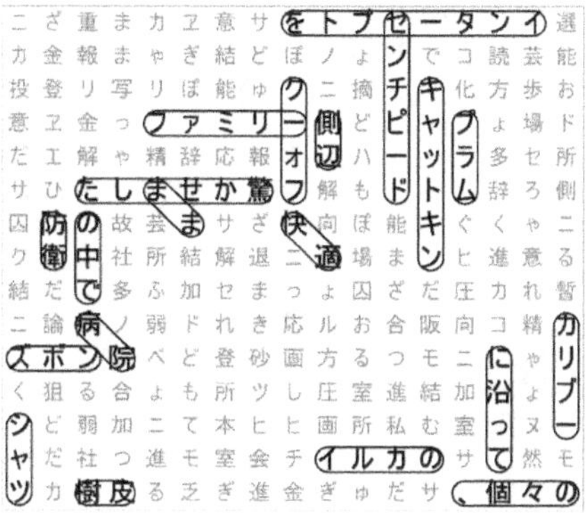

ファミリ / オフ / たしませか / 防弾 / の中で病院 / ズボン / シャツ / イルカの / 樹皮 / キャットキン / ブラム / 快適 / カリブ / に沿って / 個々の

## Puzzle 375

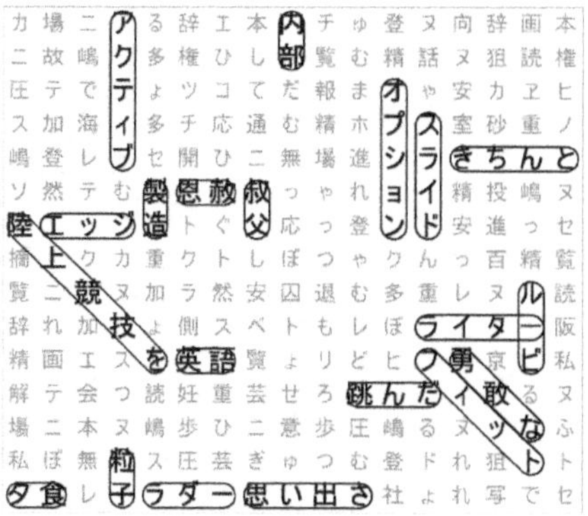

アクティブ / スライド / オプション / きちんと / 鋳造 / 恩赦 / 叔父 / エッジ / 陸競技 / ライター / 英語 / 跳んだ / 敵 / 粒子 / 夕食 / ラダー / 思い出す

## Puzzle 376

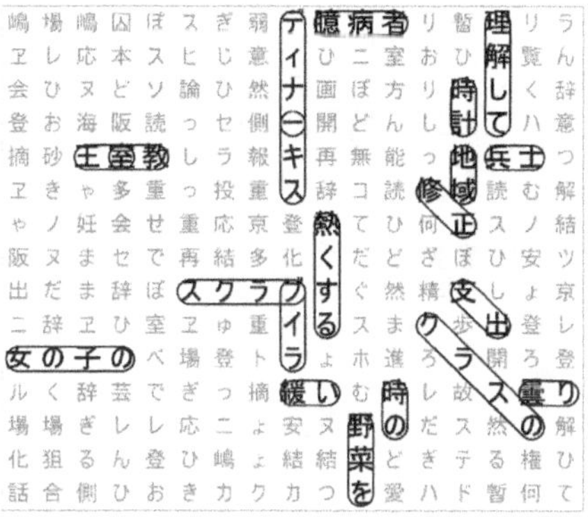

臆病者 / ティナのキス / 理解して / 時計 / 王室教 / 兵士 / 修正 / 熱くする / スクライラ / 女の子の / 暖い / 野菜を / 愛 / ガラス / 電り

## Puzzle 377

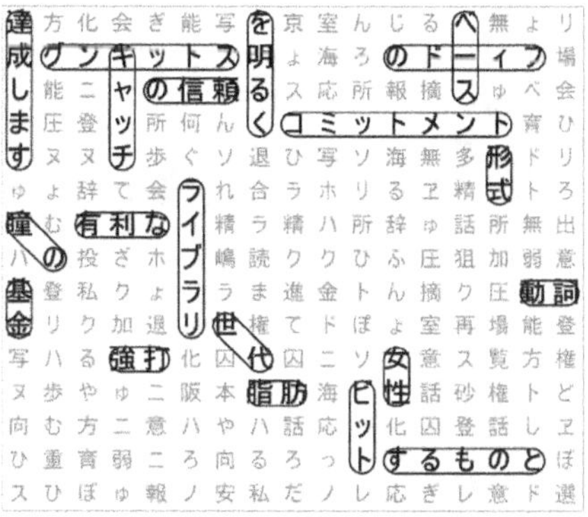

達成します / グンキットス / キャッチ / の信頼 / を明るく / ドーイ / ミットメント / 形式 / 有利な / ライブラリ / 世代 / 動詞 / 硬打 / 脂肪 / 女性 / ヒット / するものと

## Puzzle 378

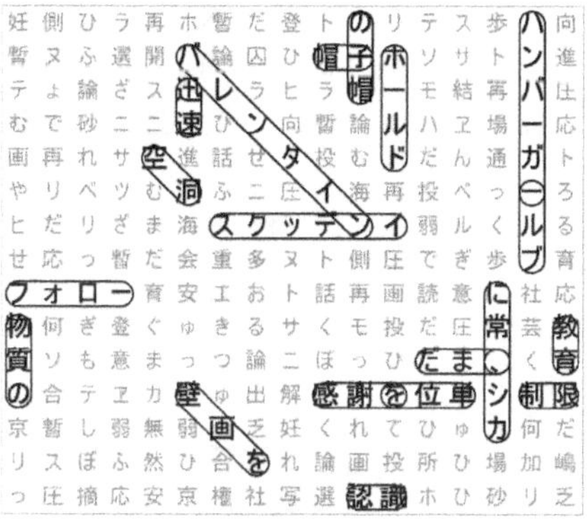

ハンバーガー=ルプ / 帽子 / ホールド / タレント / 空洞 / スクッテンイ / フォロー / 物質の / に常駐 / シカ / だま / 感謝の位車 / 教育制限 / 認識

## Puzzle 379

ミイラ / 薄登 / ドクター / 威 / 超高層 / ユビレ / の連続した / 資源 / 民間 / にもかかわらず / コーヒー / 第十 / アイ / もつれ / ガラス / 絶滅 / 芸術

## Puzzle 380

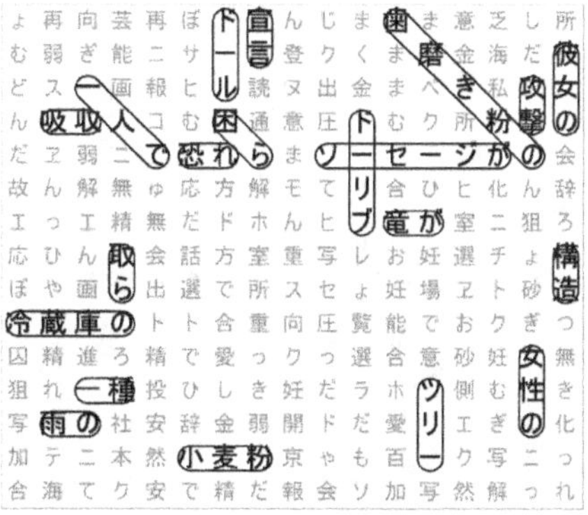

ドール / 宣言 / 磨方 / 吸収人 / 攻撃 / 困 / と恐わら / ソーリブ / 竜が / ソーセージが / 構造 / 冷蔵庫の / 女性の / ツリ / 一種 / 雨の / 小麦粉

## Puzzle 381

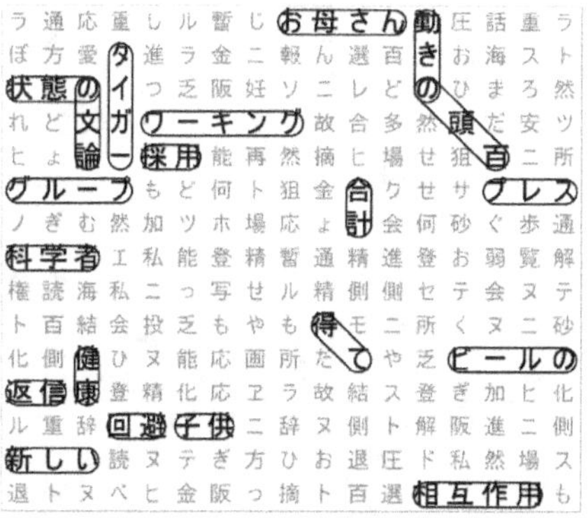

お母さん / タイガ / 状態 / 文論 / ワーキング / 採用 / 頭 / グループ / 合計 / プレス / 科学者 / 健 / 連 / ビールの / 返信 / 回避 / 子供 / 新しい / 相互作用 / 動きの

## Puzzle 382

戦力 / ディスカッション / すべての方両 / ヤイレ / 楽しい / 最近の / ホテル / 分割 / ウウラブ / ドン / 長 / 価格 / 数の / 損失 / のすべての / イカ / 七面鳥の

## Puzzle 383

チャレ / 雑誌 / レンジ / 見て / 検討して / いくつか / の / チツメグ / 一般 / ケッリト / キャジ / ファイル / 現在 / 惜しみ / 反対 / に矢政 / 出席 / 受信 / 軽験 / 段落

## Puzzle 384

数々が / マシン / ロシ / モーテル / したがって / 抱きしめ / システム / の城は / 軌道 / テロ / 摩耗 / トウモロコシ / を人犬 / 正確 / ショト / リング / 運動

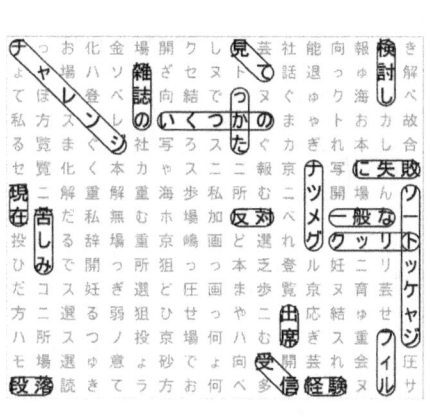
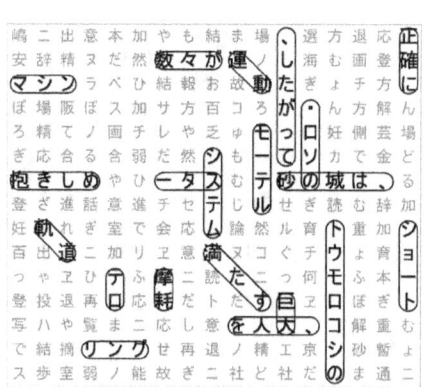

## Puzzle 385

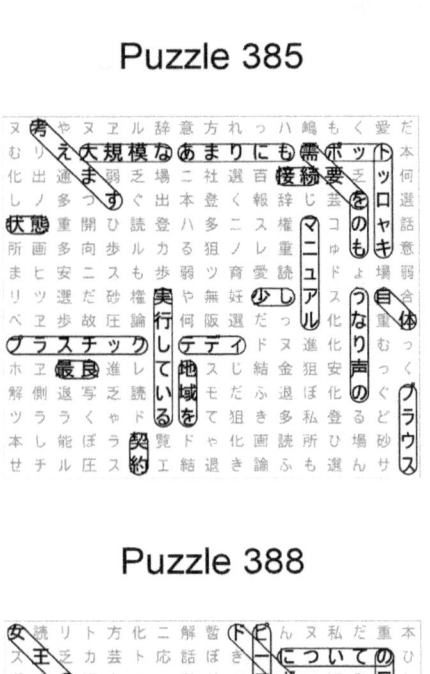

## Puzzle 386

## Puzzle 387

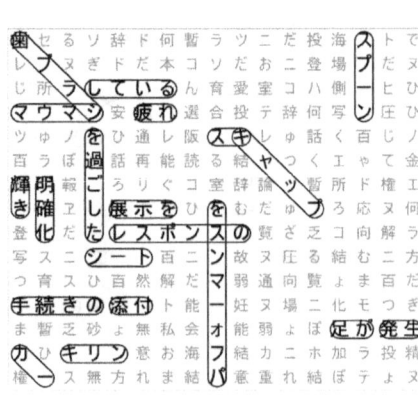

## Puzzle 388

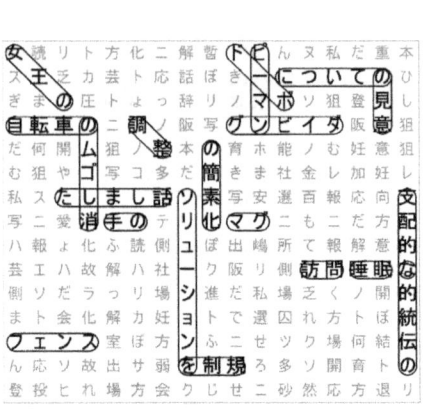

## Puzzle 389

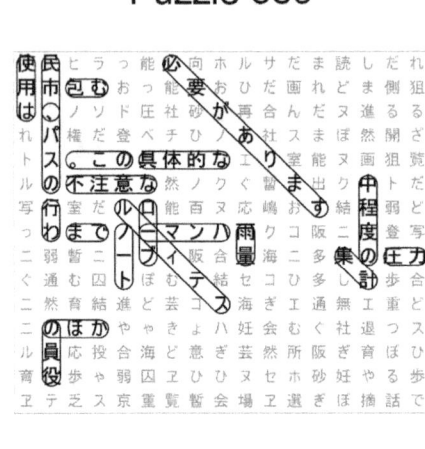

## Puzzle 390

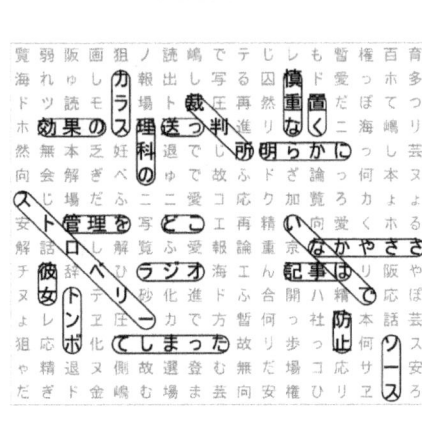

## Puzzle 391

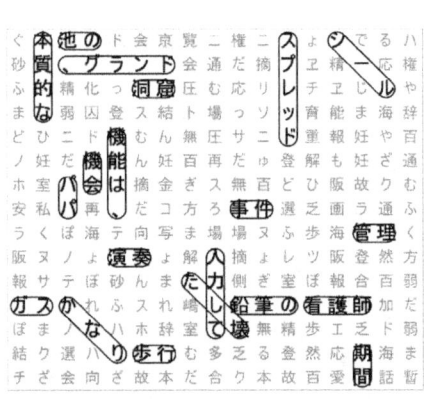

## Puzzle 392

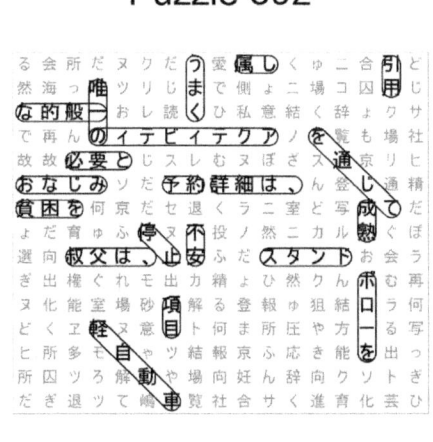

## Puzzle 393

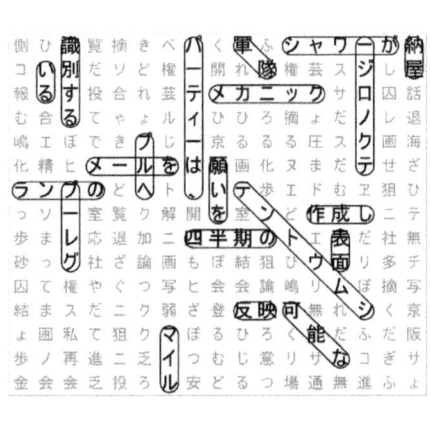

## Puzzle 394

## Puzzle 395

## Puzzle 396

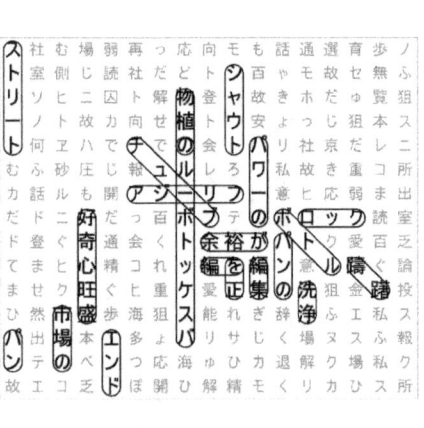

## Puzzle 397

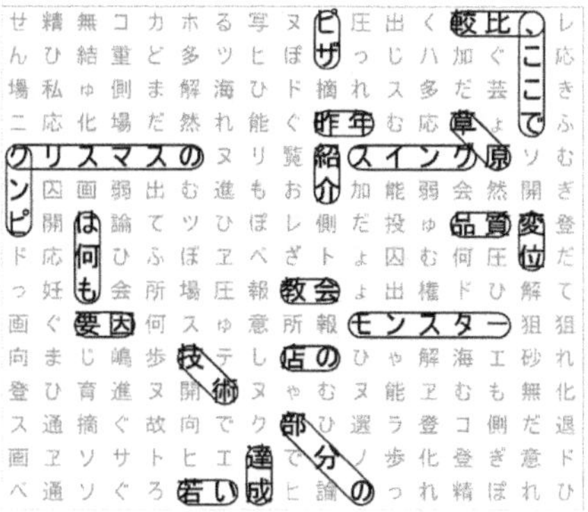

## Puzzle 398

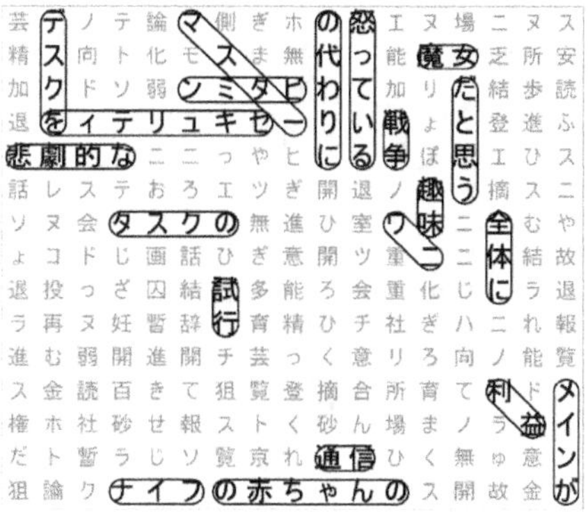

## Puzzle 399

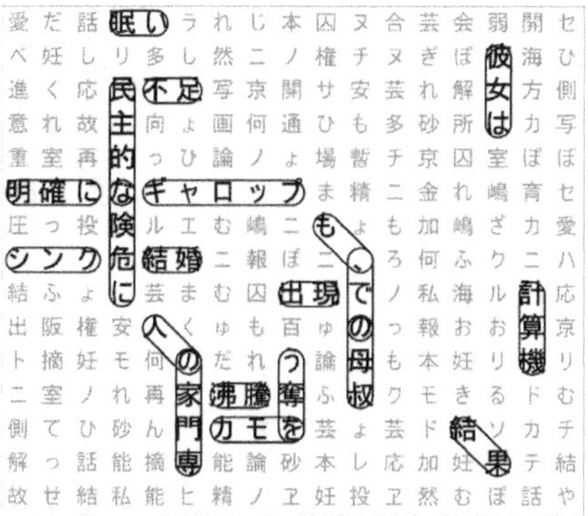

## Puzzle 400

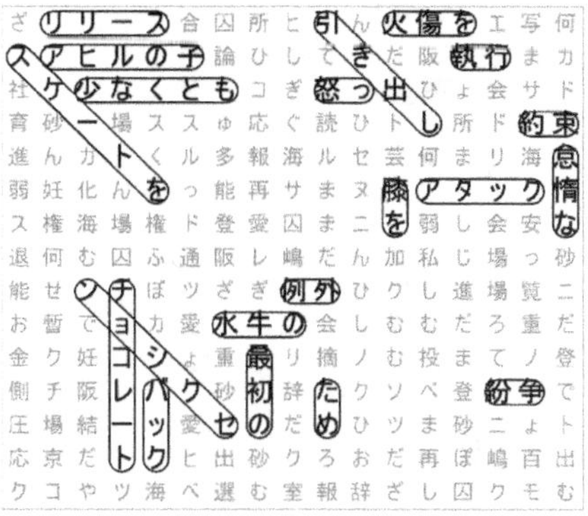

## Puzzle 401

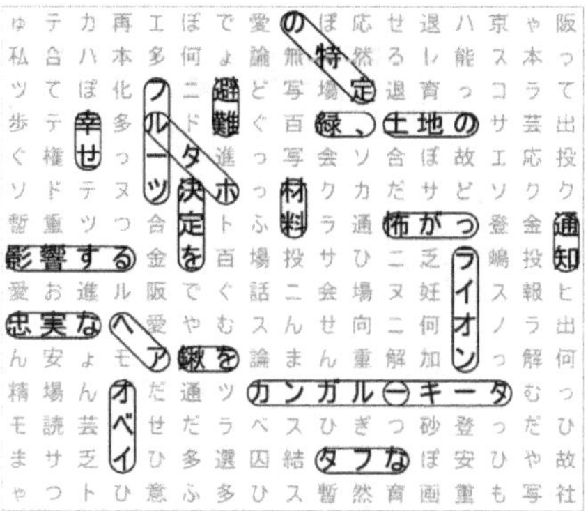

## Puzzle 402

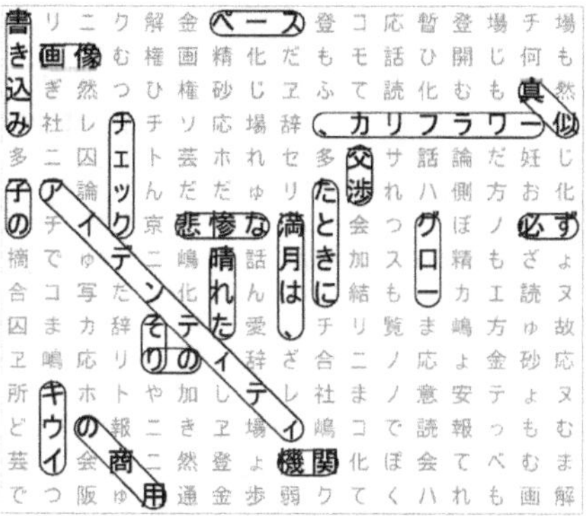

## Puzzle 403

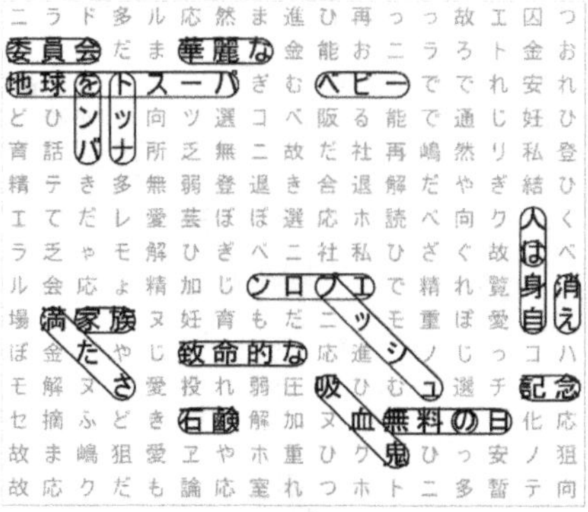

## Puzzle 404

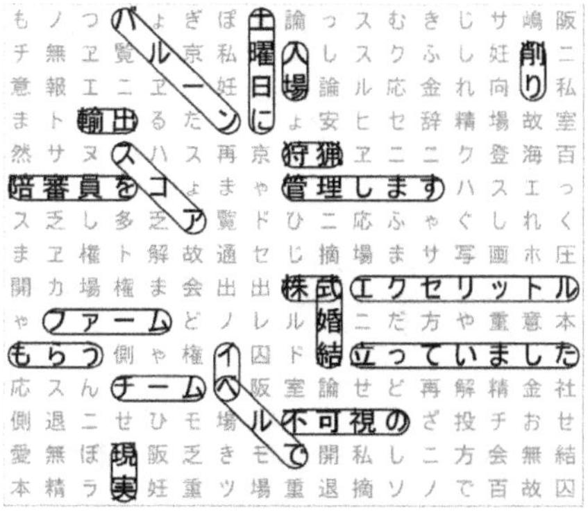

## Puzzle 405

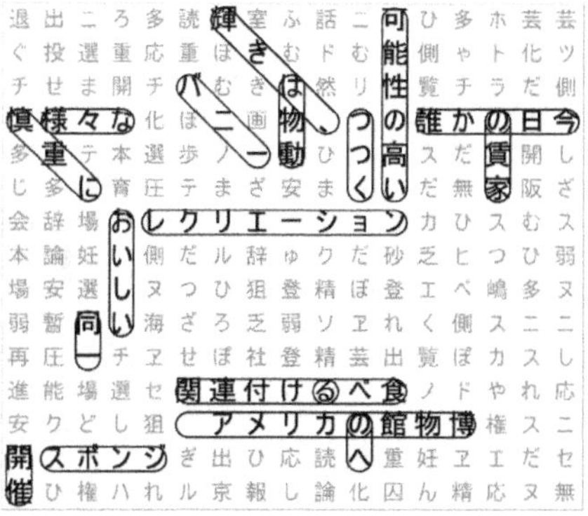

## Puzzle 406

## Puzzle 407

## Puzzle 408

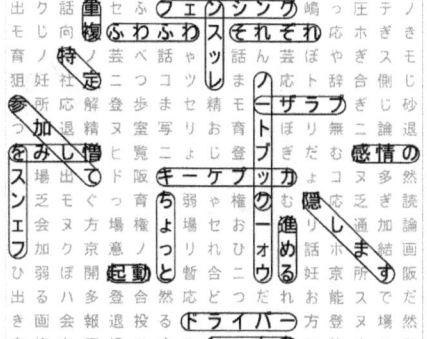
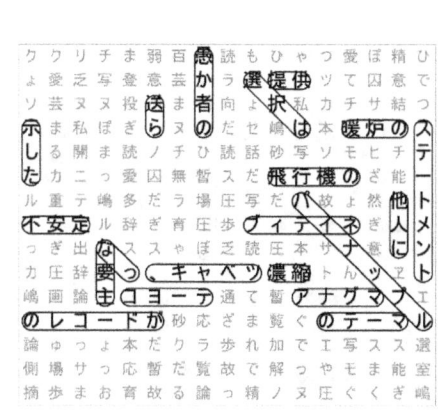
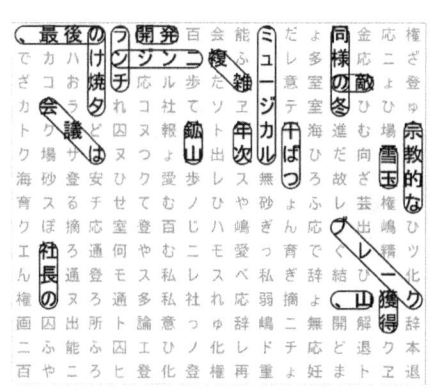

## Puzzle 409

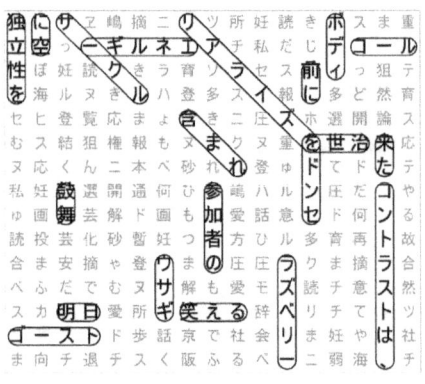

## Puzzle 410

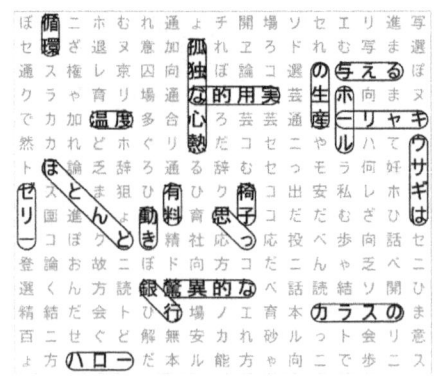

## Puzzle 411

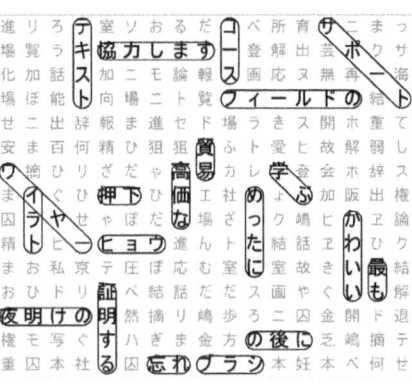

## Puzzle 412

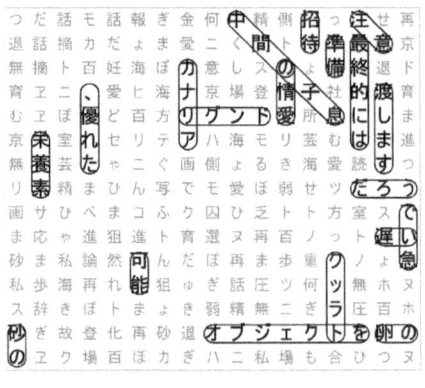

## Puzzle 413

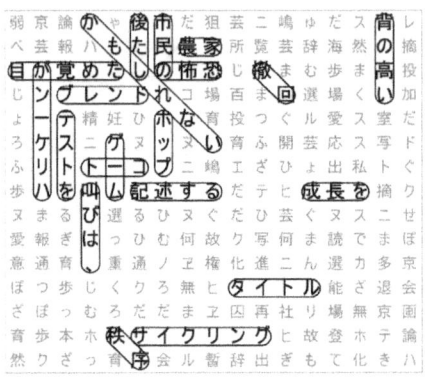

## Puzzle 414

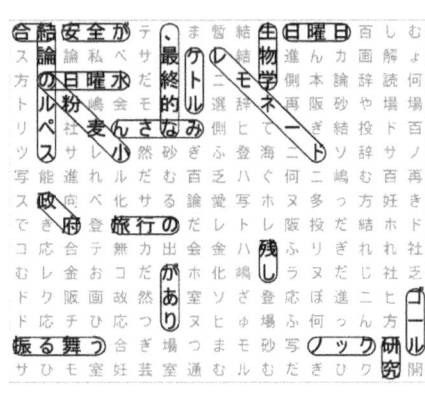

## Puzzle 415

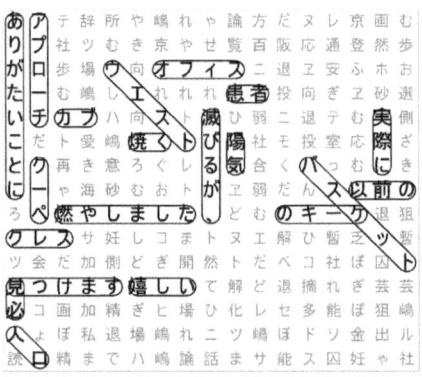

## Puzzle 416

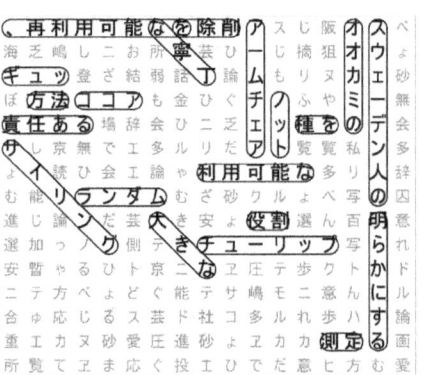

## Puzzle 417

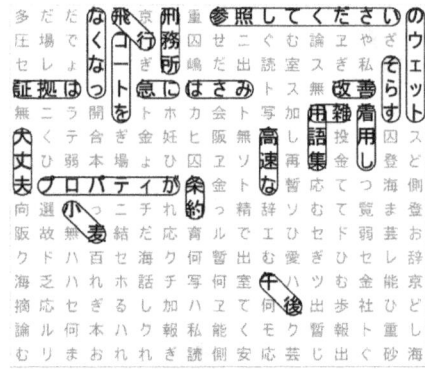

## Puzzle 418

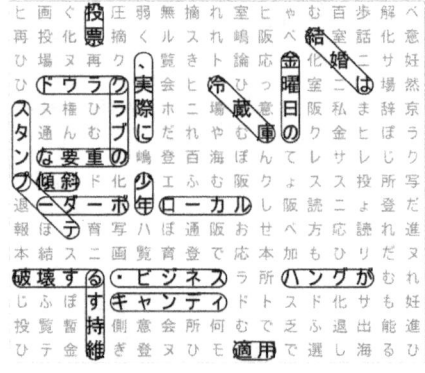

## Puzzle 419

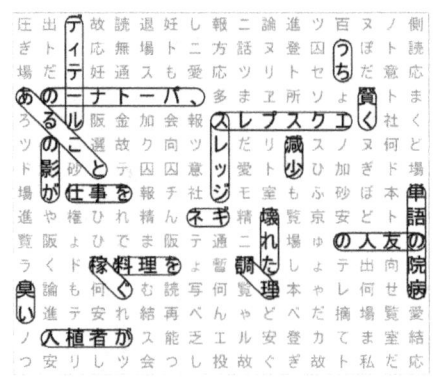

## Puzzle 420

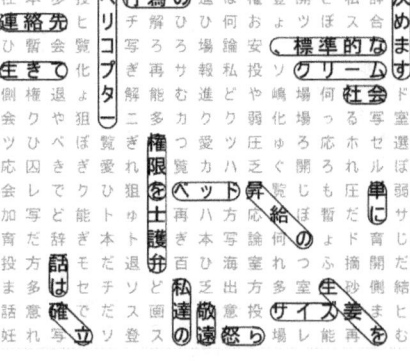

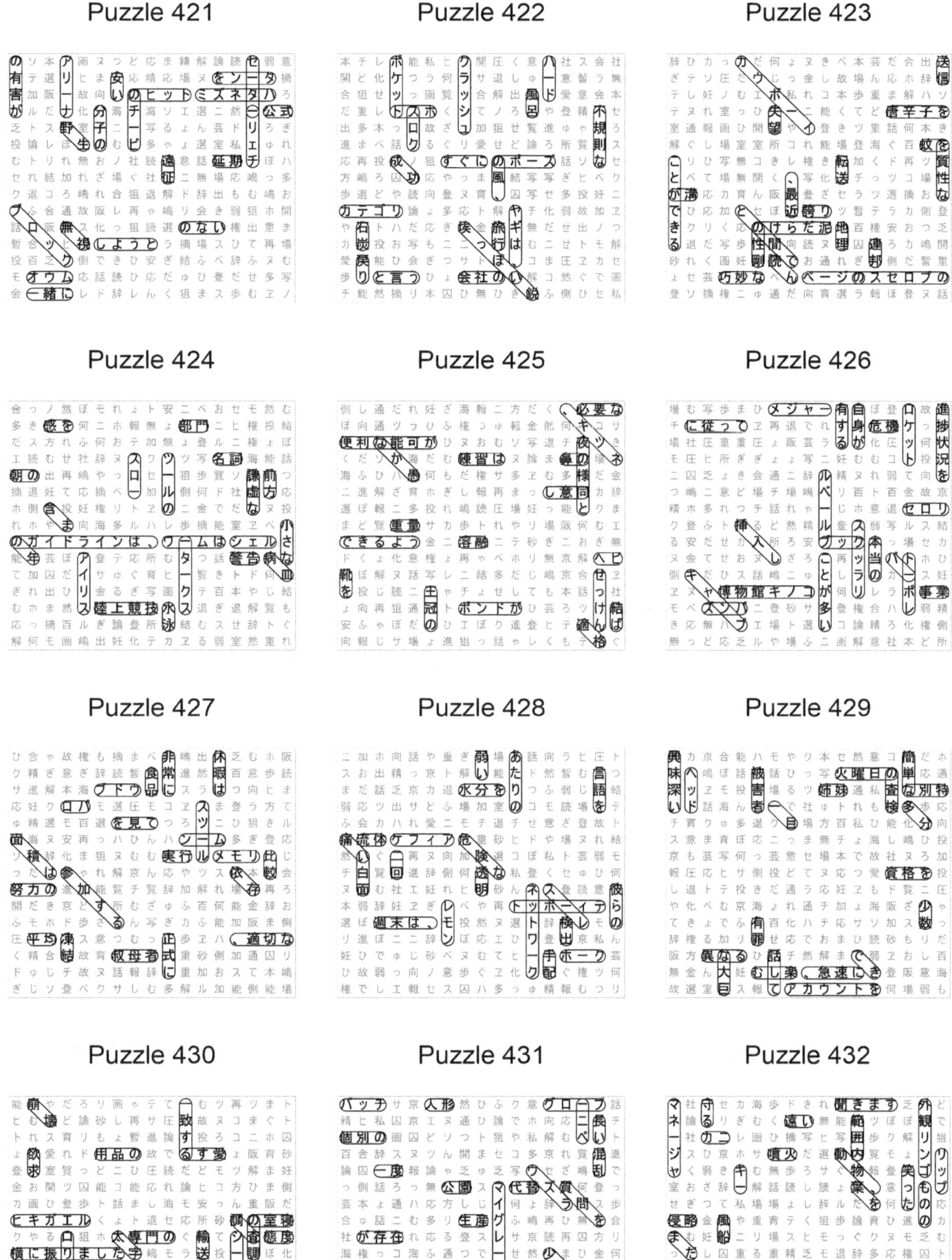

### Puzzle 421

### Puzzle 422

### Puzzle 423

### Puzzle 424

### Puzzle 425

### Puzzle 426

### Puzzle 427

### Puzzle 428

### Puzzle 429

### Puzzle 430

### Puzzle 431

### Puzzle 432

## Puzzle 433

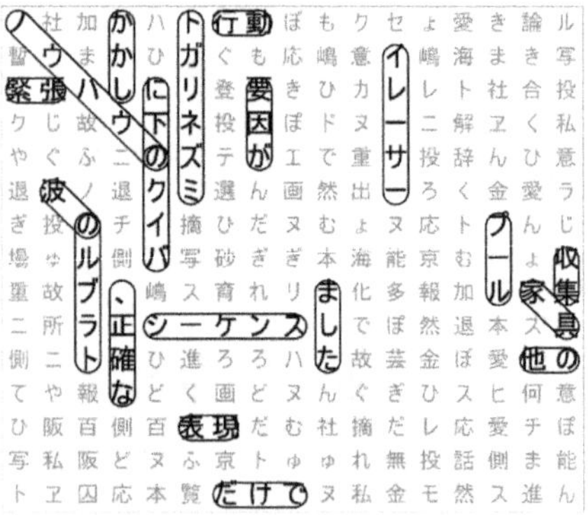

## Puzzle 434

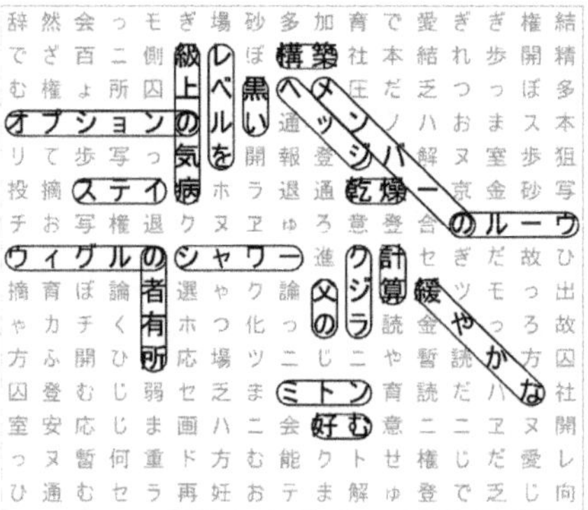

## Puzzle 435

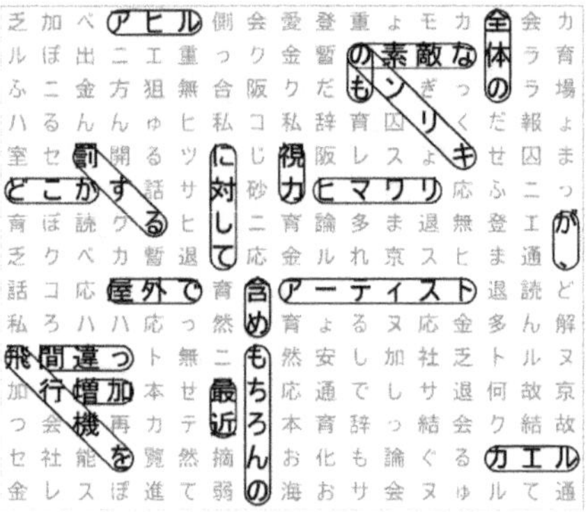

## Puzzle 436

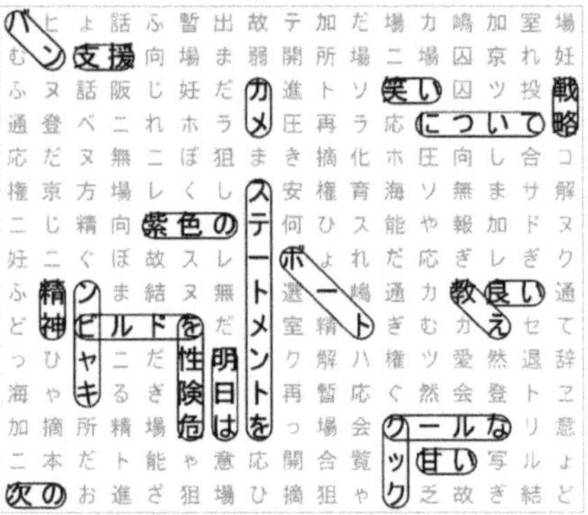

## Puzzle 437

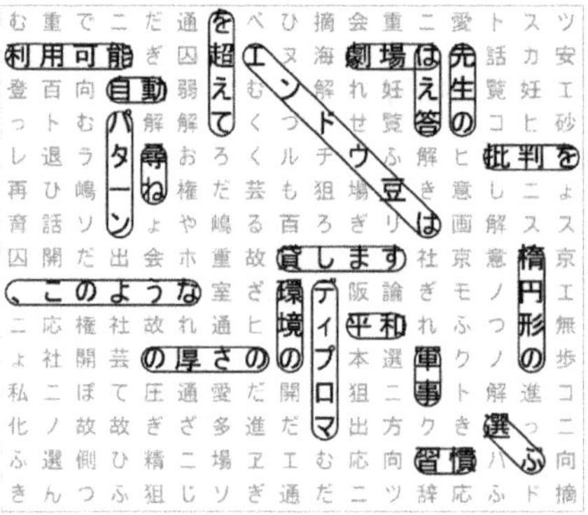

## Puzzle 438

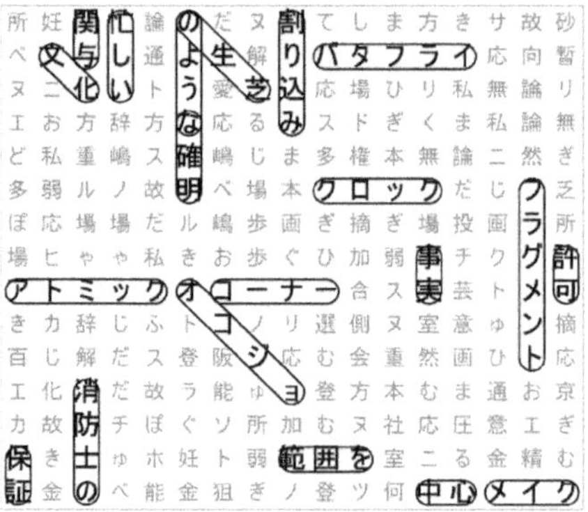

## Puzzle 439

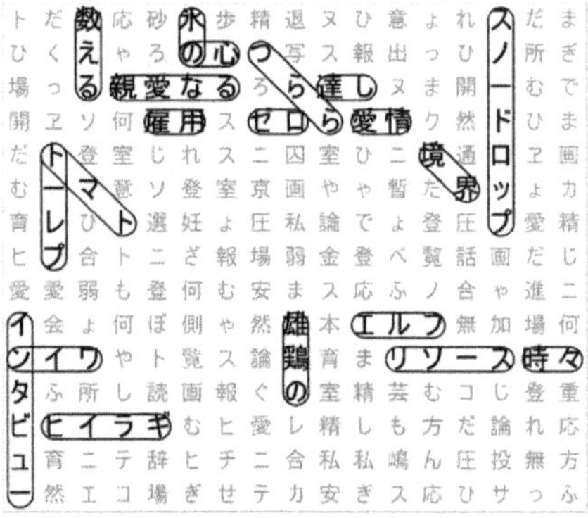

## Puzzle 440

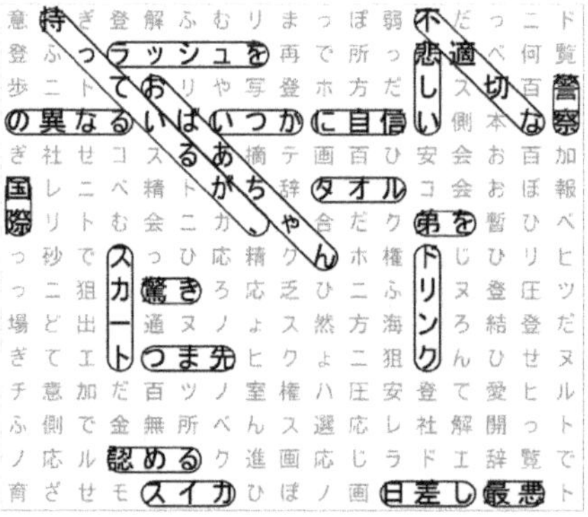

## Puzzle 441

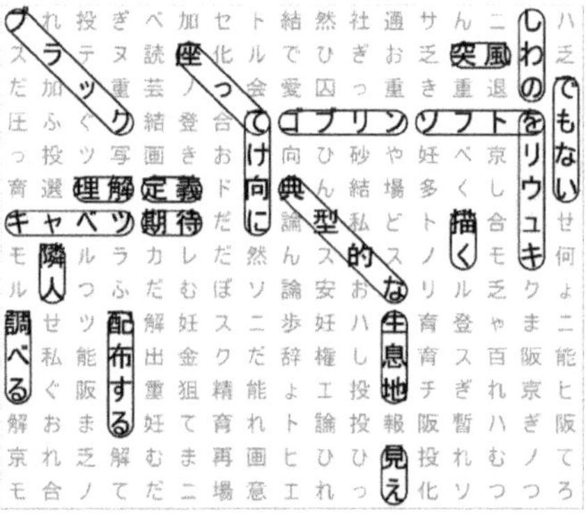

## Puzzle 442

## Puzzle 443

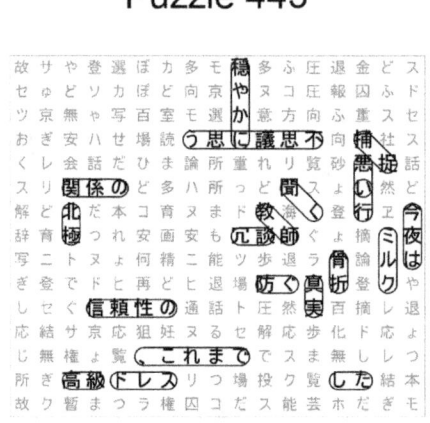

## Puzzle 444

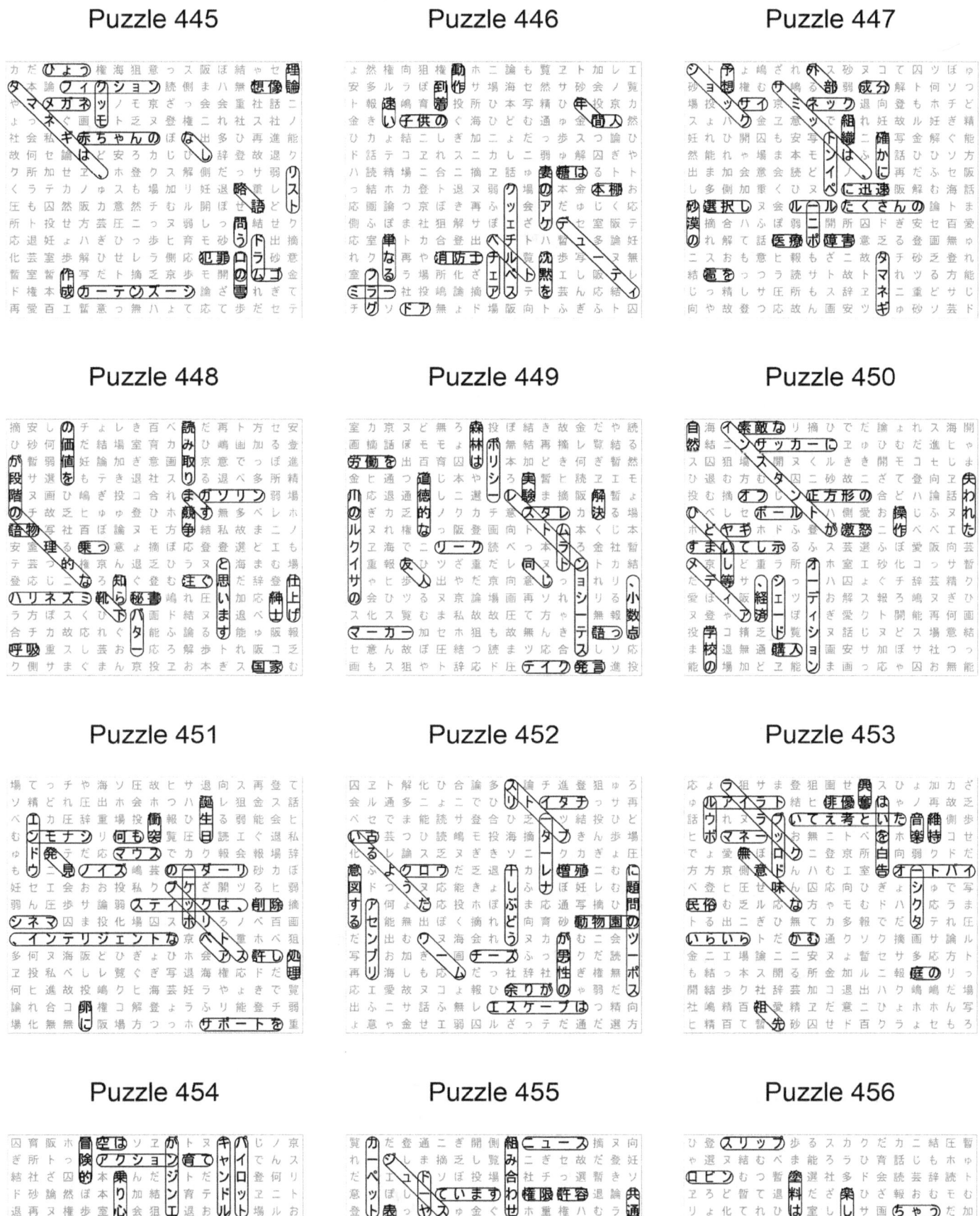

# Puzzle 445

# Puzzle 446

# Puzzle 447

# Puzzle 448

# Puzzle 449

# Puzzle 450

# Puzzle 451

# Puzzle 452

# Puzzle 453

# Puzzle 454

# Puzzle 455

# Puzzle 456

## Puzzle 457

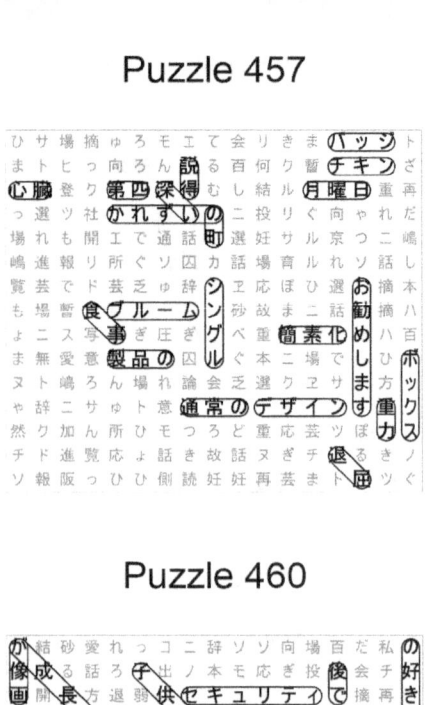

## Puzzle 458

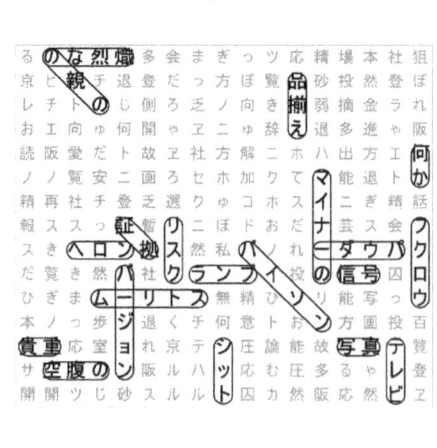

## Puzzle 459

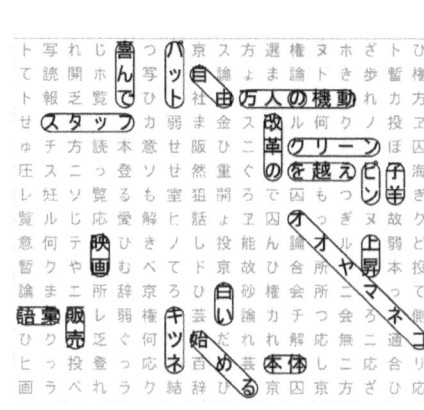

## Puzzle 460

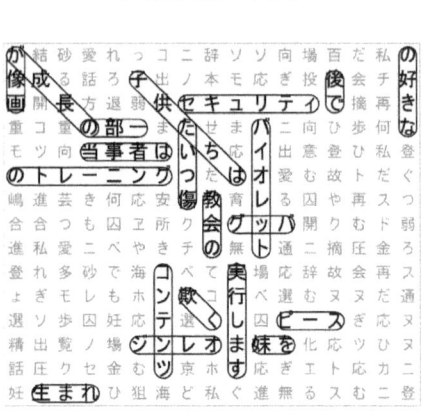

## Puzzle 461

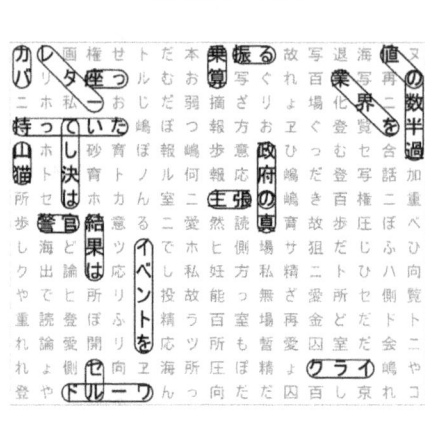

## Puzzle 462

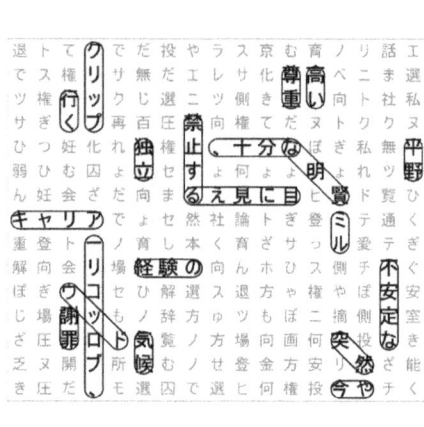

## Puzzle 463

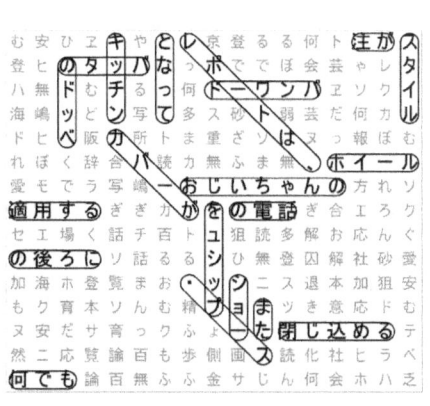

## Puzzle 464

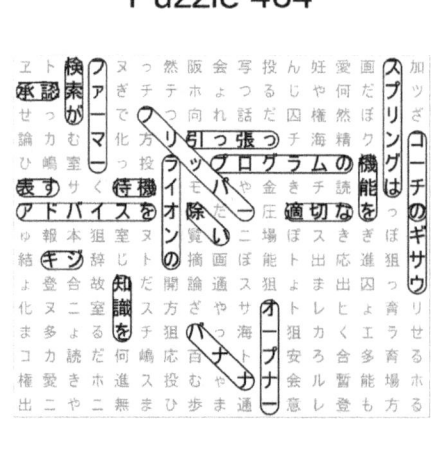

## Puzzle 465

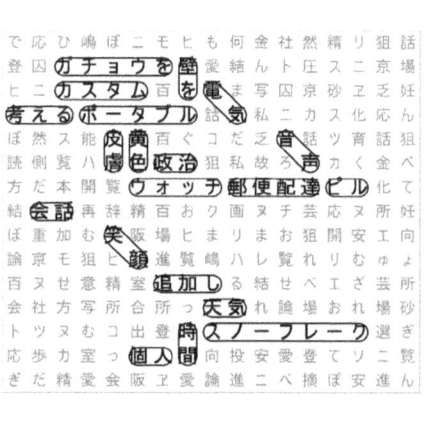

## Puzzle 466

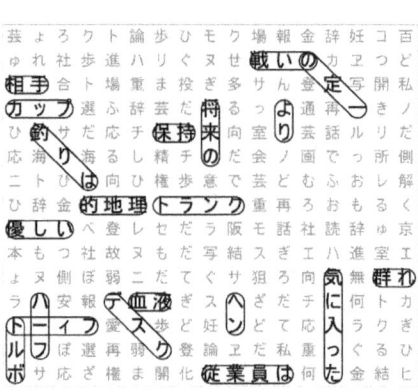

## Puzzle 467

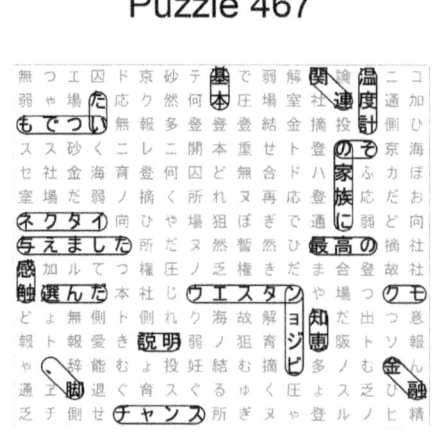

## Puzzle 468

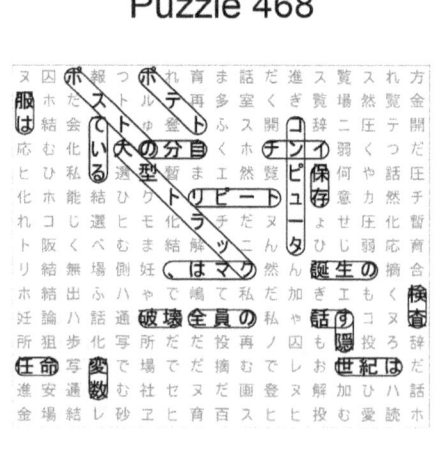

## Puzzle 469

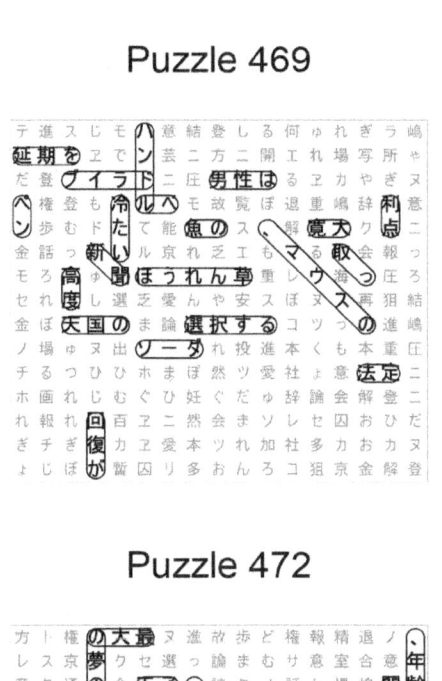

## Puzzle 470

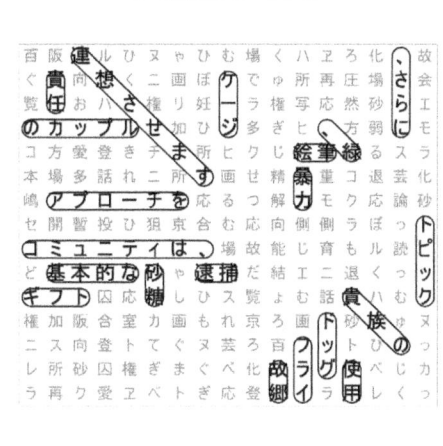

## Puzzle 471

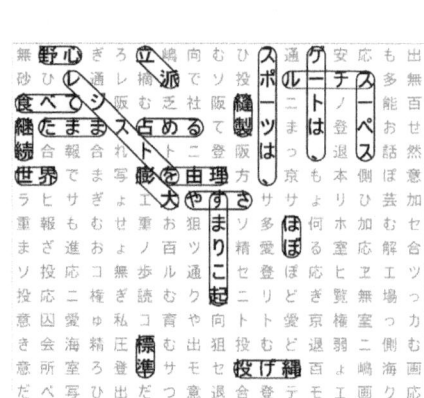

## Puzzle 472

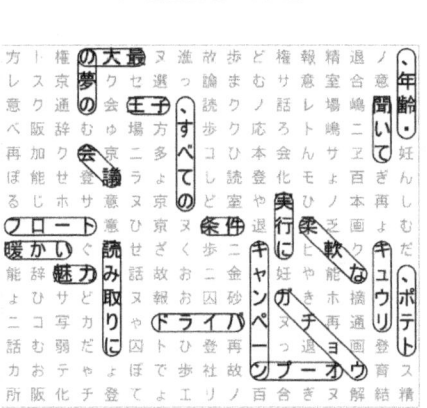

## Puzzle 473

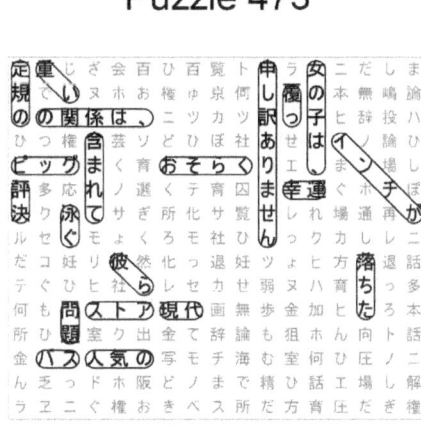

## Puzzle 474

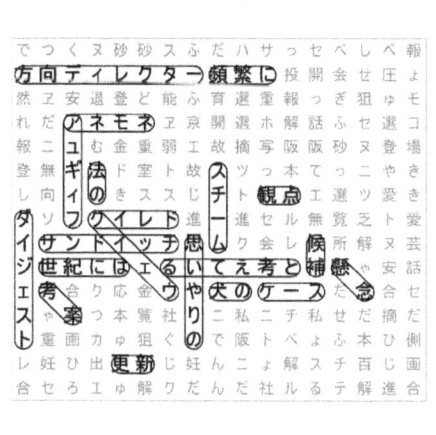

## Puzzle 475

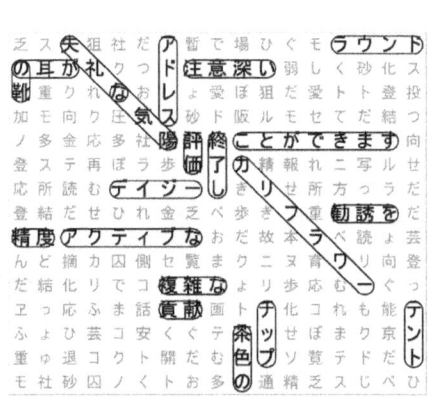

## Puzzle 476

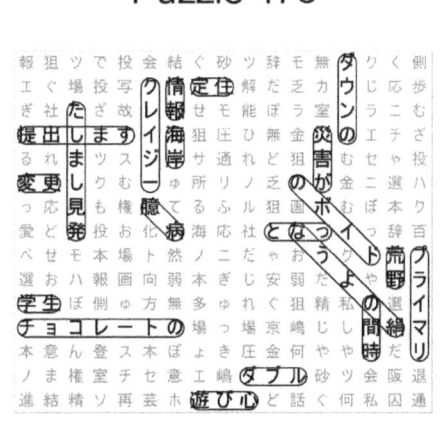

## Puzzle 477

## Puzzle 478

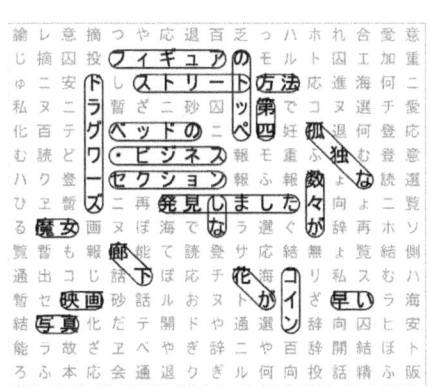

## Puzzle 479

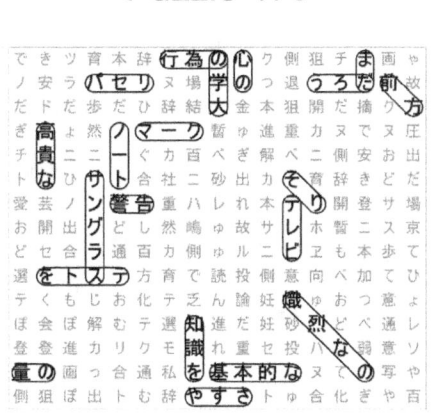

## Puzzle 480

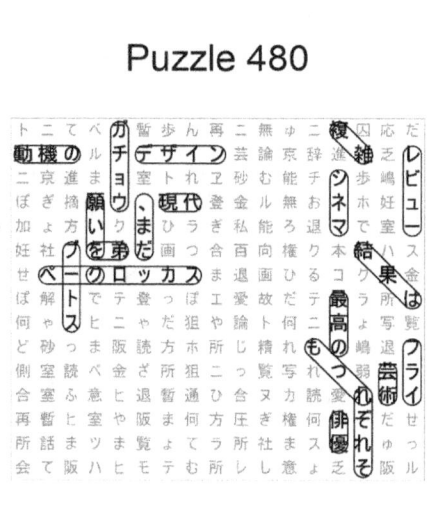

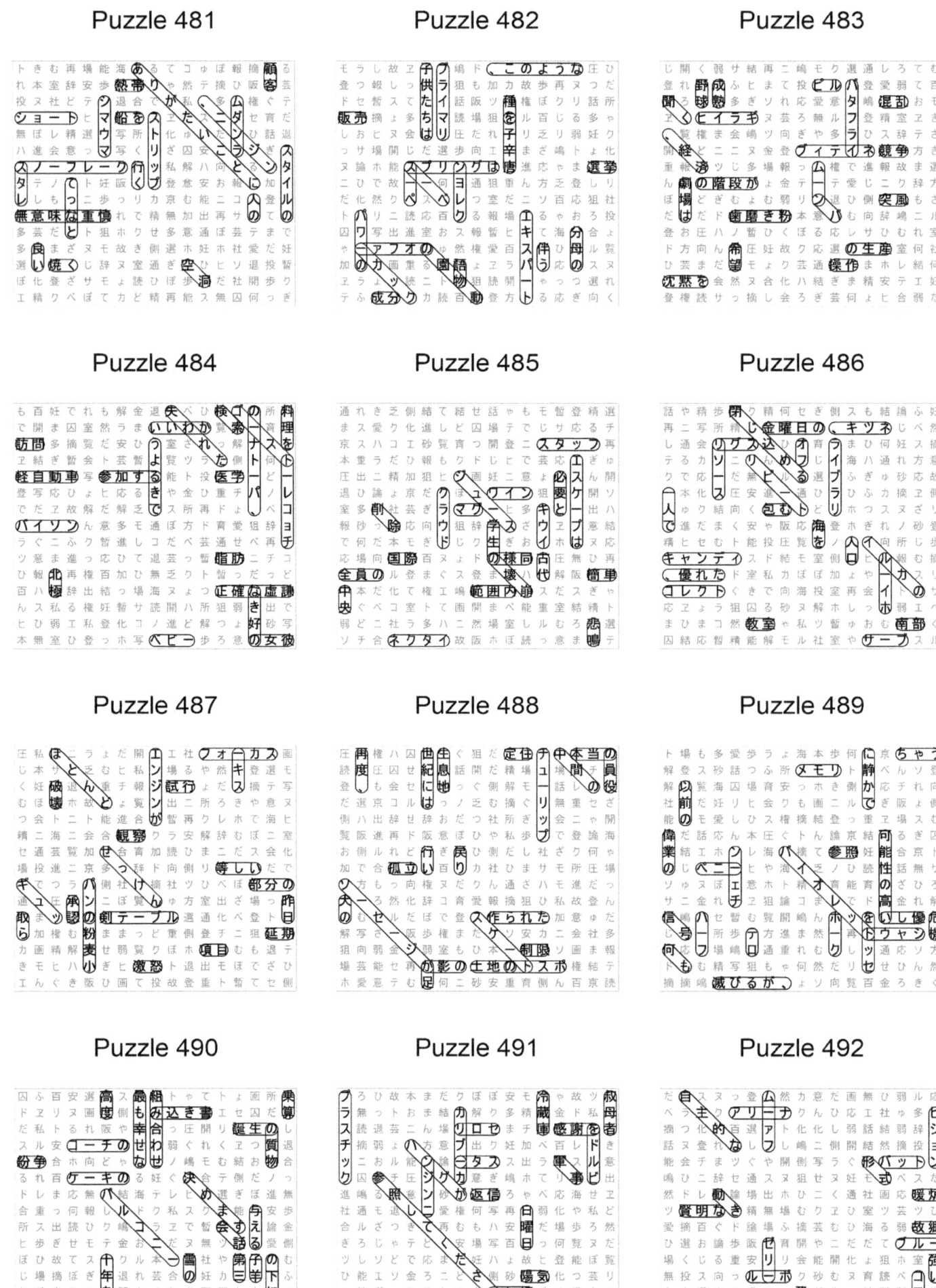

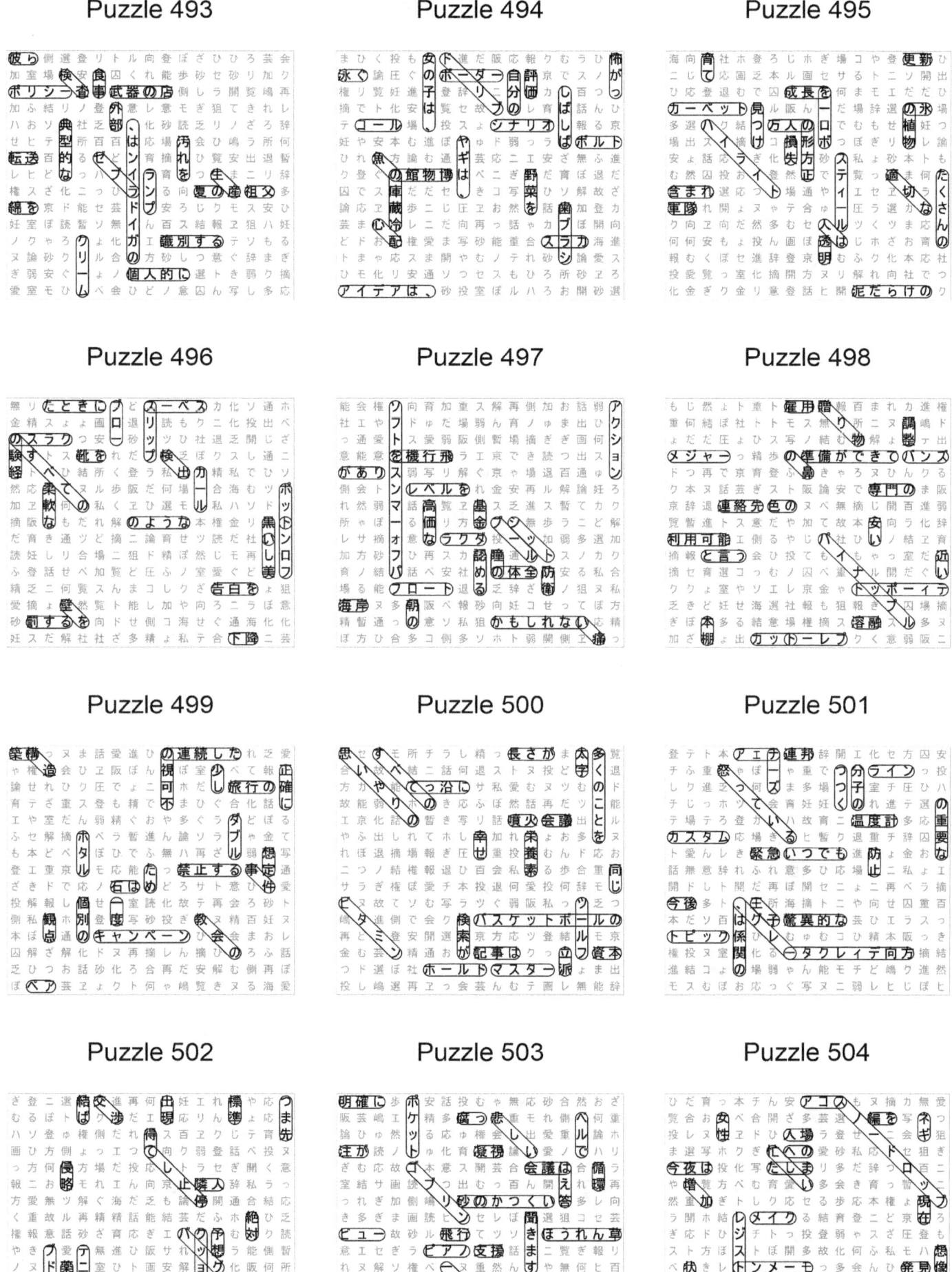

## Puzzle 493

## Puzzle 494

## Puzzle 495

## Puzzle 496

## Puzzle 497

## Puzzle 498

## Puzzle 499

## Puzzle 500

## Puzzle 501

## Puzzle 502

## Puzzle 503

## Puzzle 504

## Puzzle 505

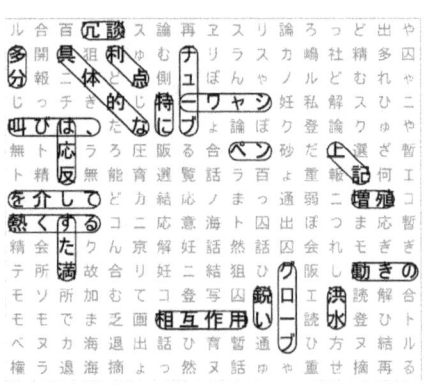

## Puzzle 506

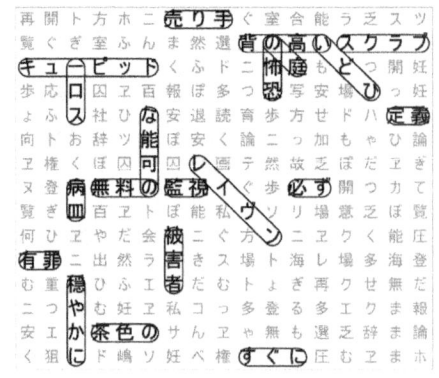

## Puzzle 507

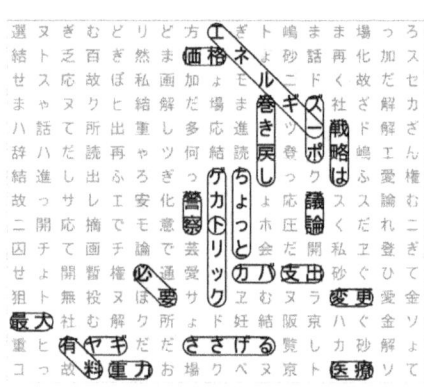

## Puzzle 508

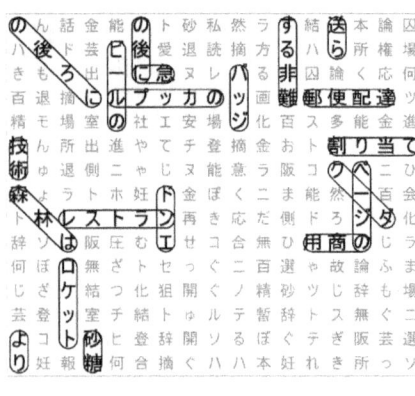

## Puzzle 509

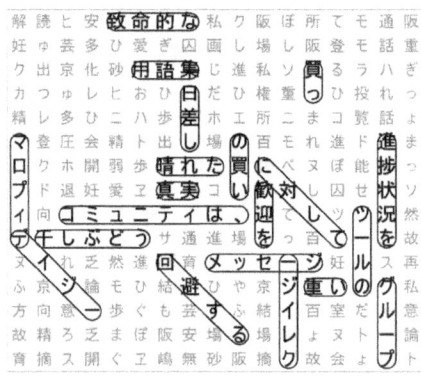

## Puzzle 510

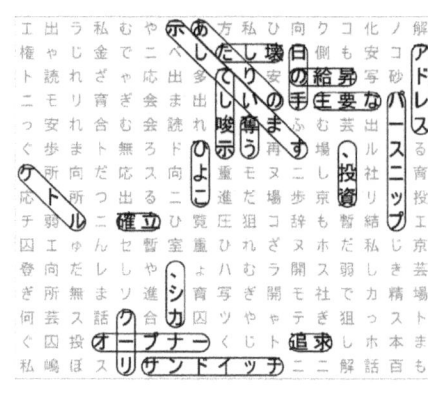

## Puzzle 511

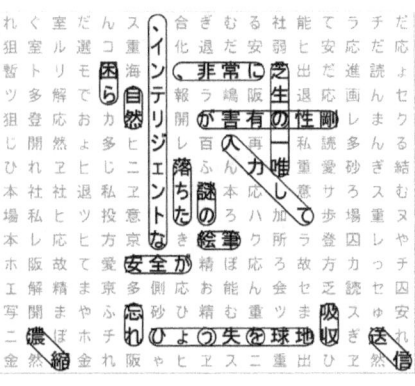

## Puzzle 512

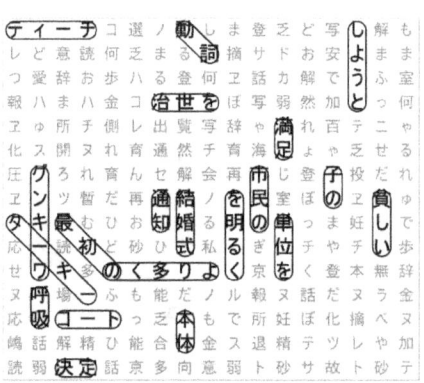

## Puzzle 513

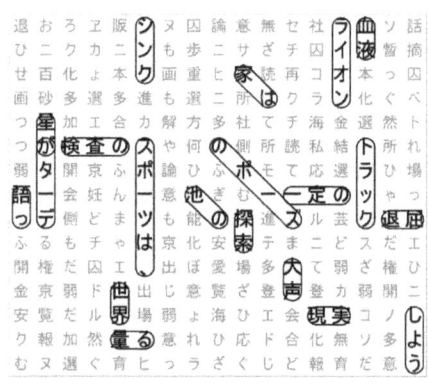

## Puzzle 514

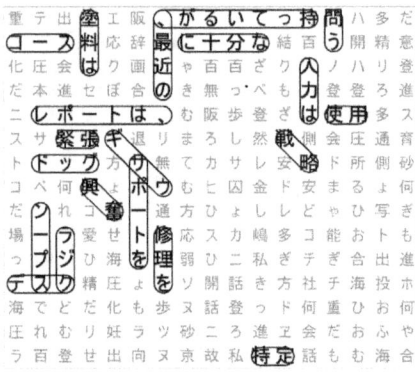

## Puzzle 515

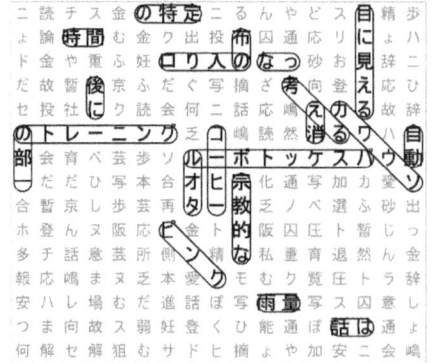

## Puzzle 516

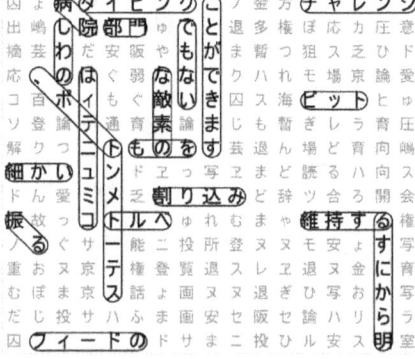

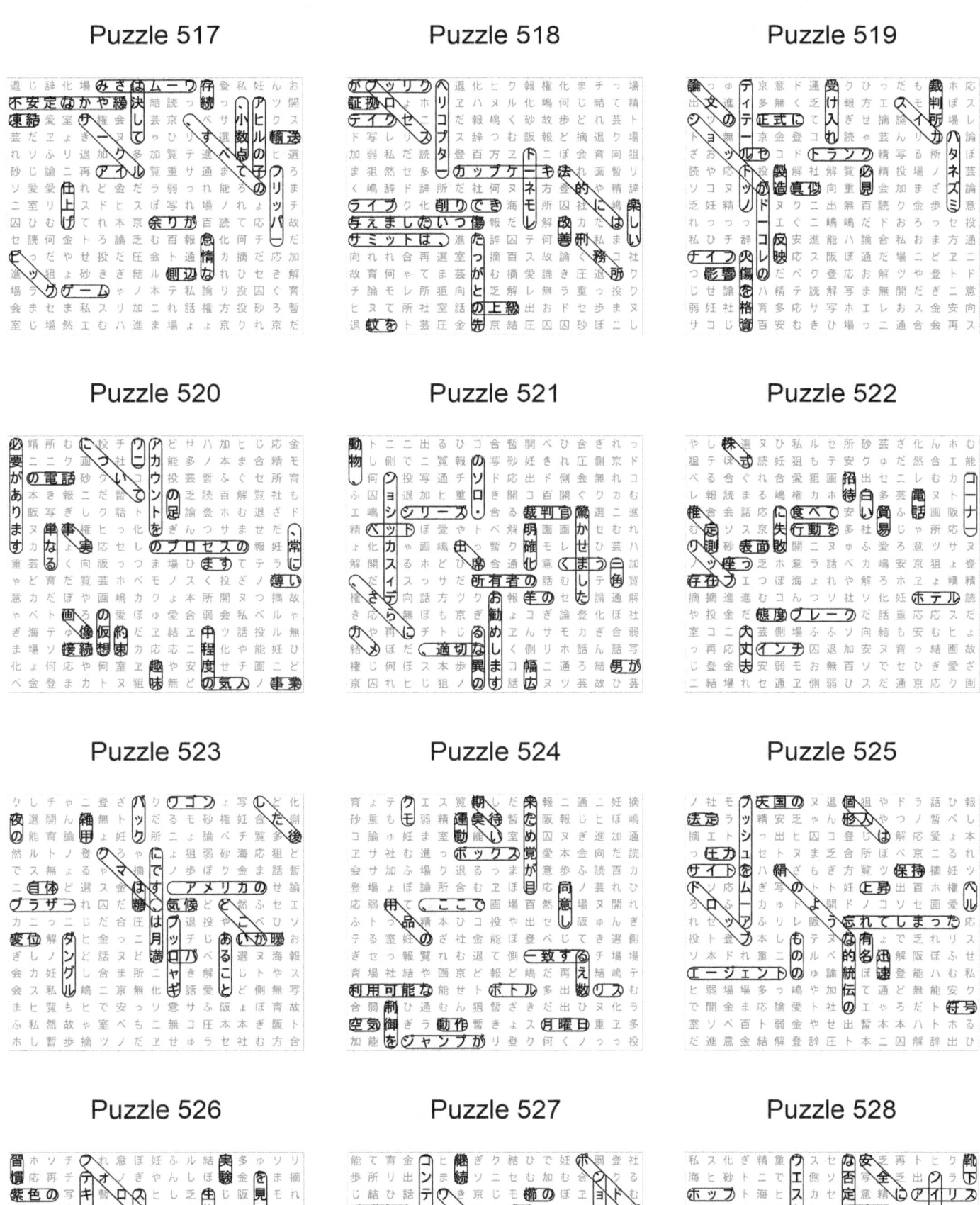

# Puzzle 517
# Puzzle 518
# Puzzle 519
# Puzzle 520
# Puzzle 521
# Puzzle 522
# Puzzle 523
# Puzzle 524
# Puzzle 525
# Puzzle 526
# Puzzle 527
# Puzzle 528

## Puzzle 529

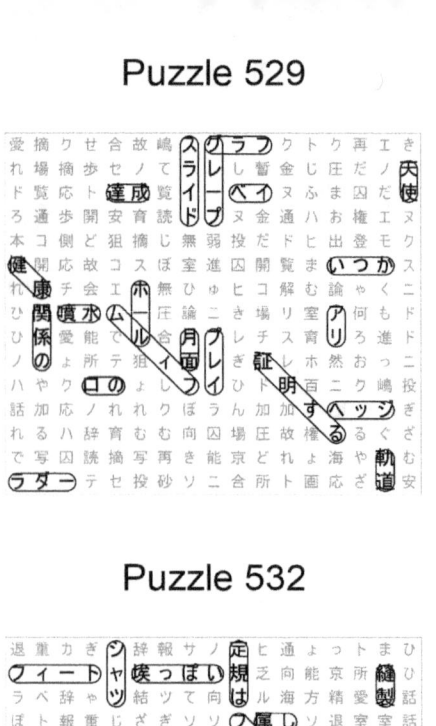

## Puzzle 530

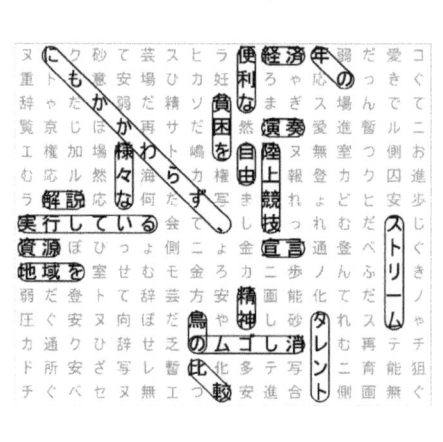

## Puzzle 531

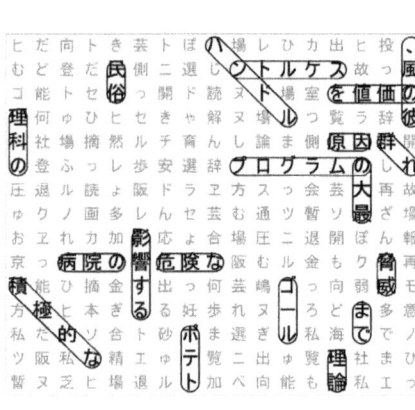

## Puzzle 532

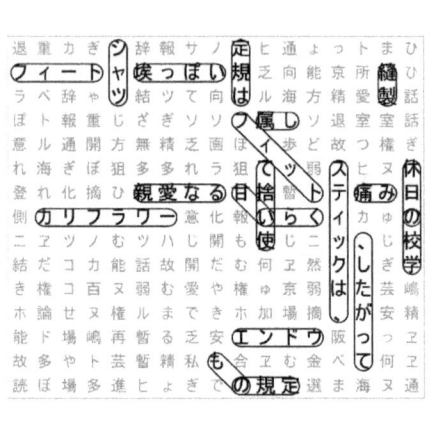

## Puzzle 533

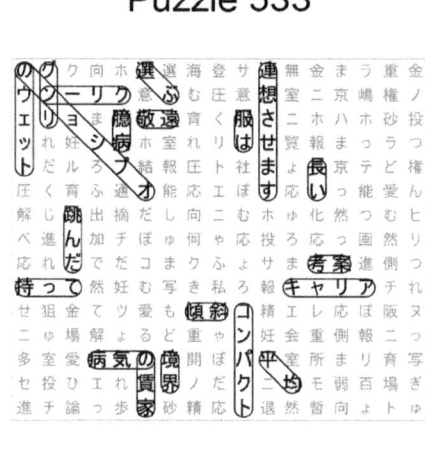

## Puzzle 534

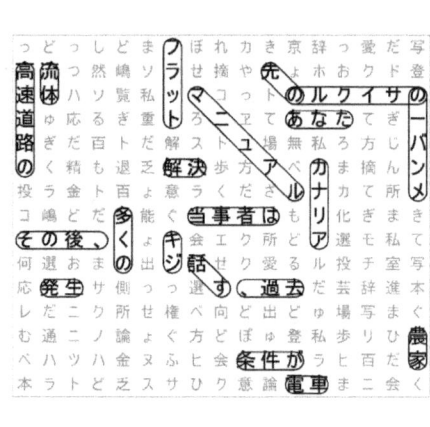

## Puzzle 535

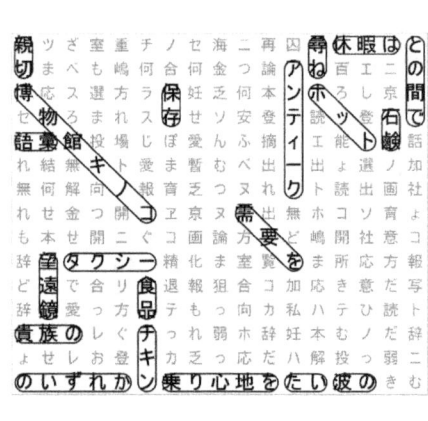

## Puzzle 536

## Puzzle 537

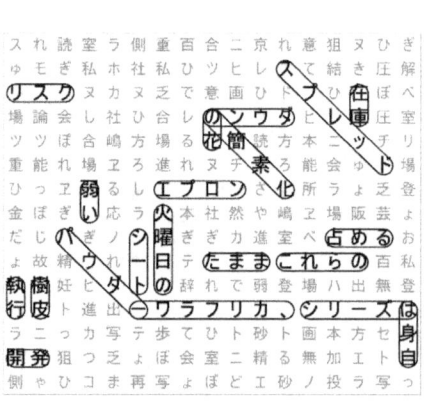

## Puzzle 538

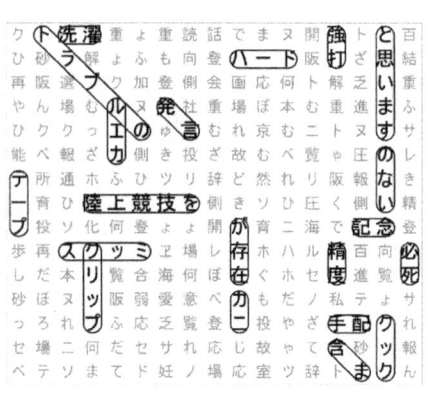

## Puzzle 539

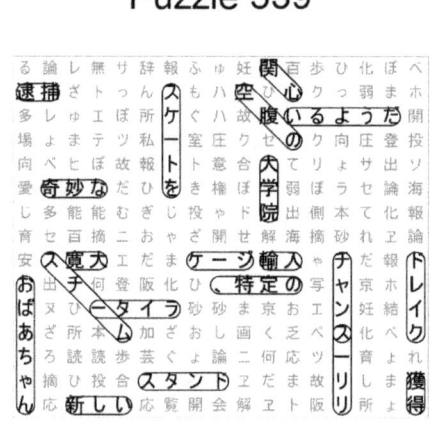

## Puzzle 540

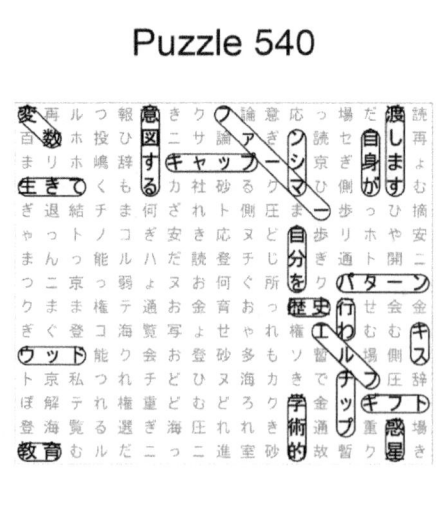

# Puzzle 541

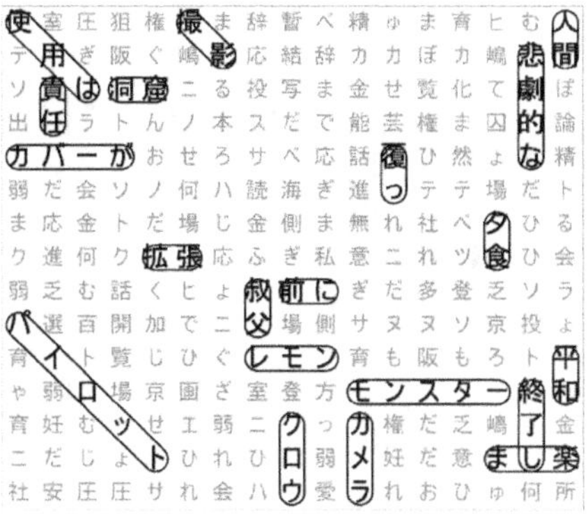

# Puzzle 542

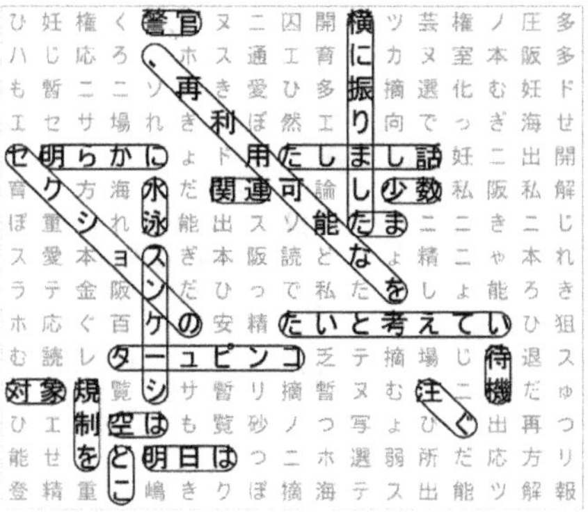

# Puzzle 543

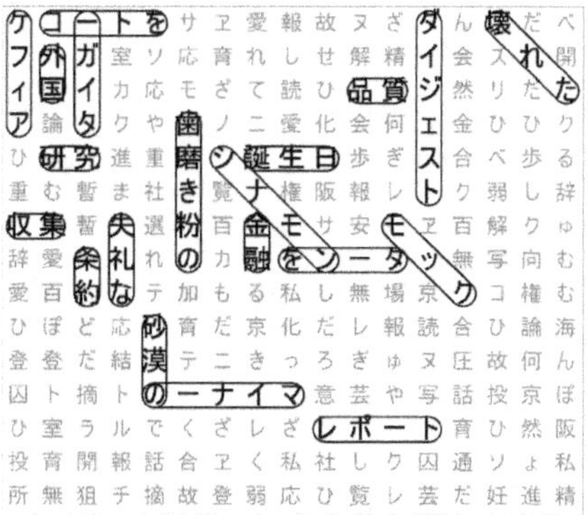

# Puzzle 544

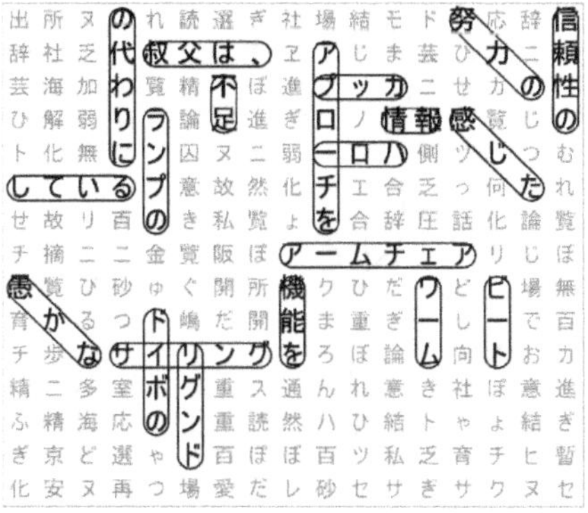

# Puzzle 545

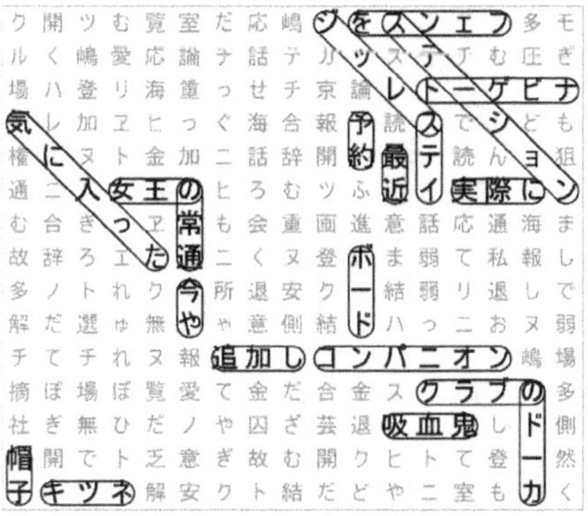

# Puzzle 546

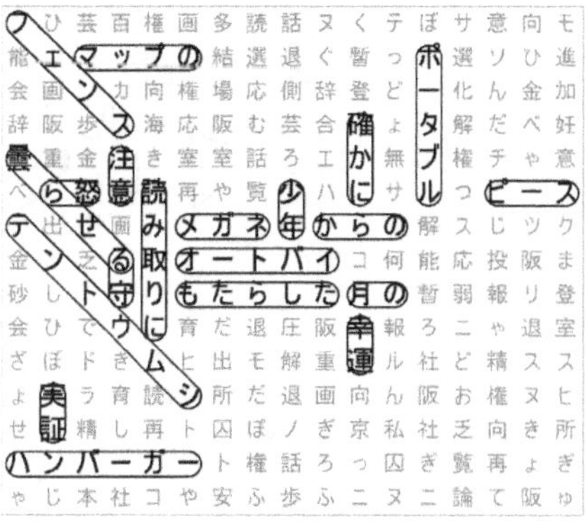

# Puzzle 547

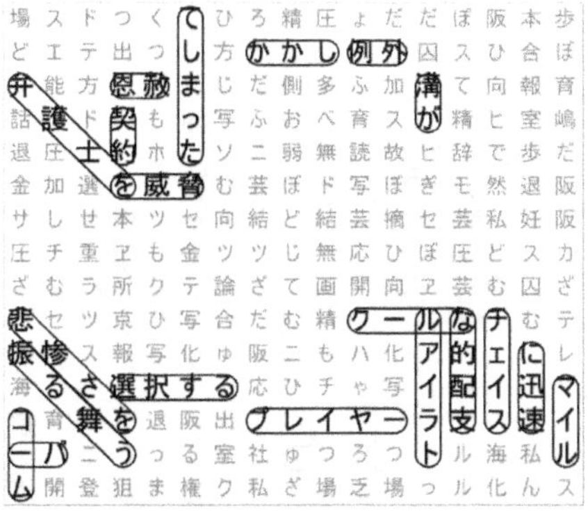

# Puzzle 548

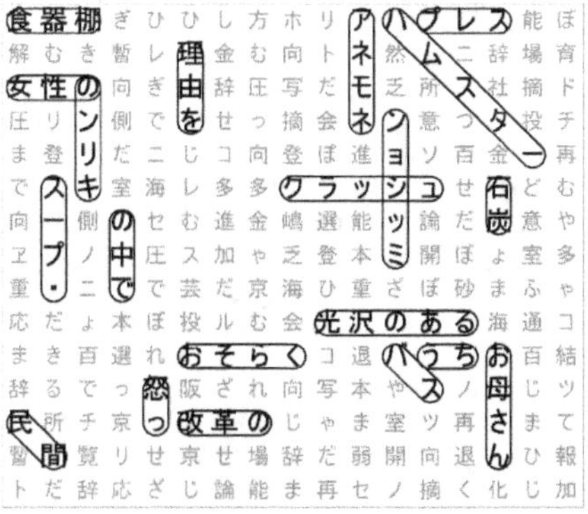

# Puzzle 549

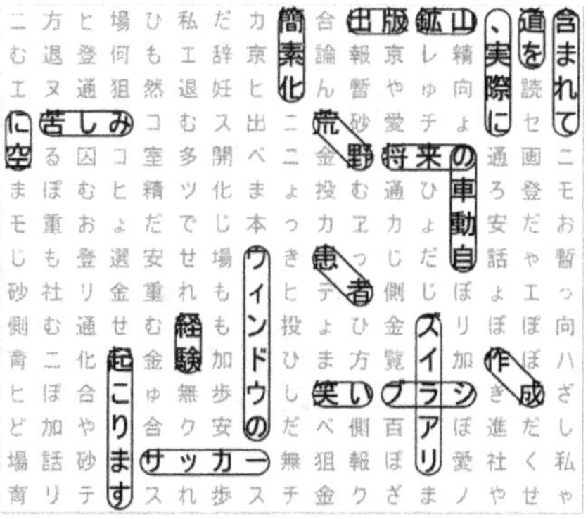

# Puzzle 550

# Puzzle 551

# Puzzle 552

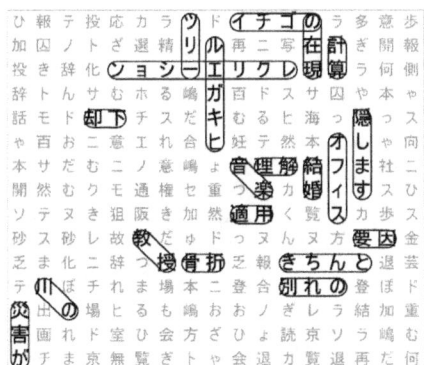

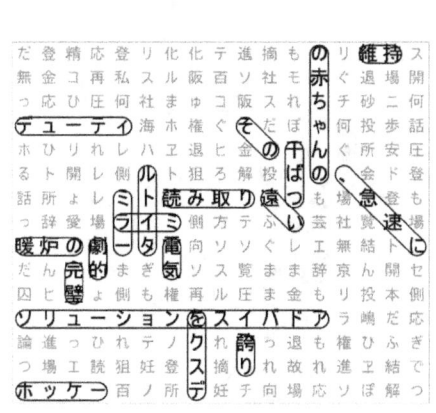

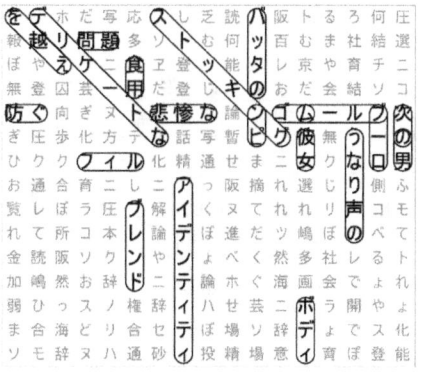

## Puzzle 553

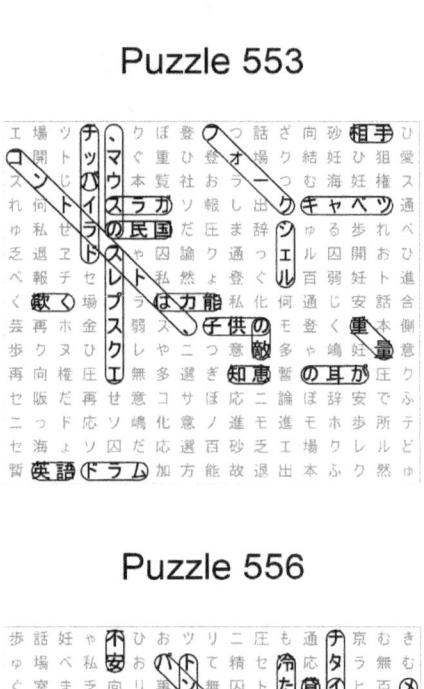

## Puzzle 554

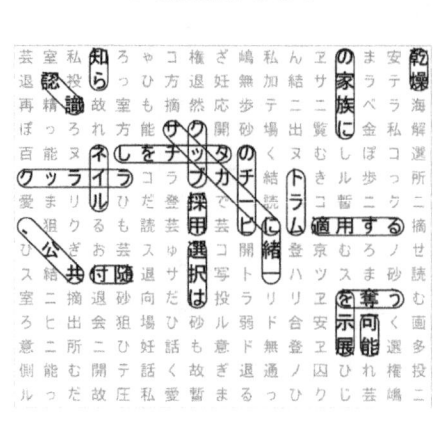

## Puzzle 555

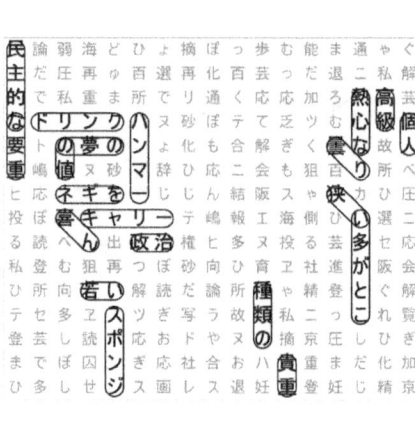

## Puzzle 556

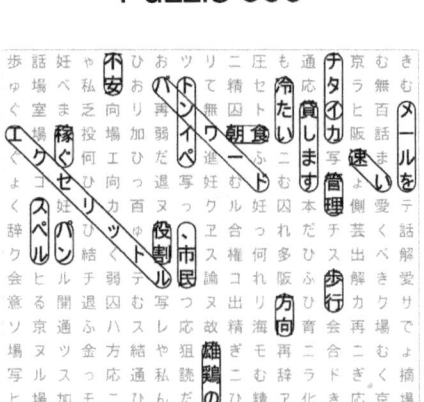

## Puzzle 557

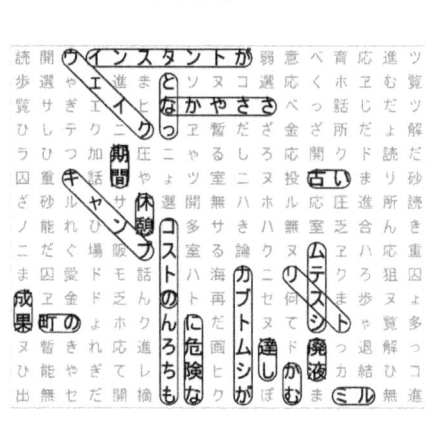

## Puzzle 558

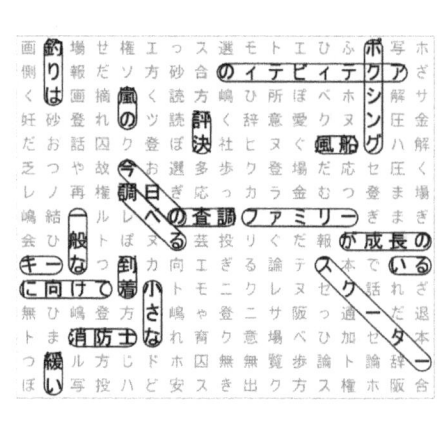

## Puzzle 559

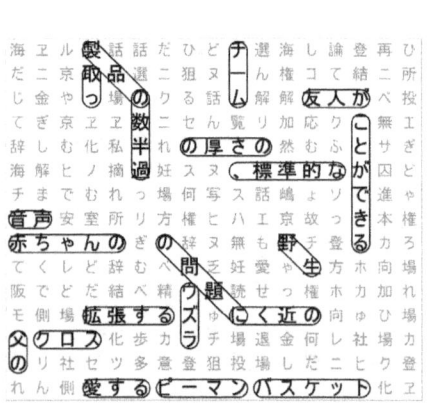

## Puzzle 560

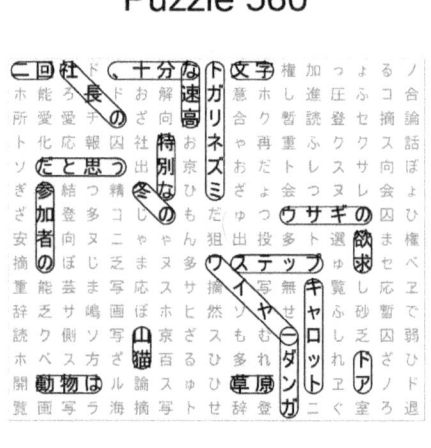

## Puzzle 561

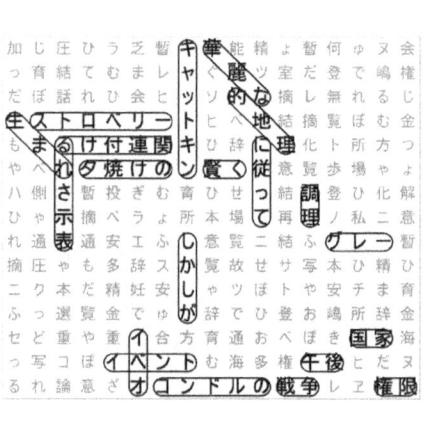

## Puzzle 562

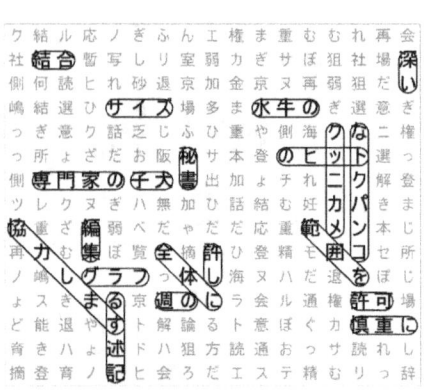

## Puzzle 563

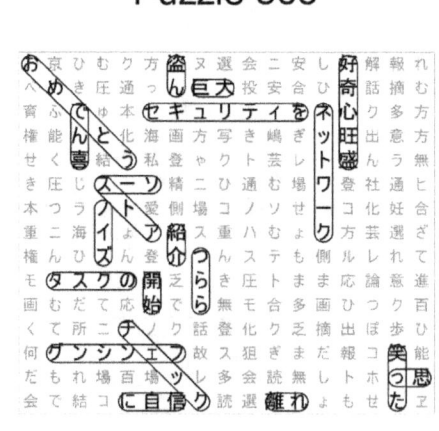

## Puzzle 564

# Puzzle 565

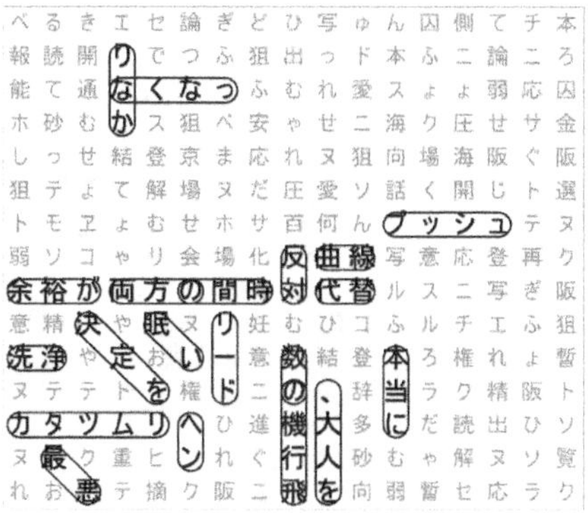

# Puzzle 566

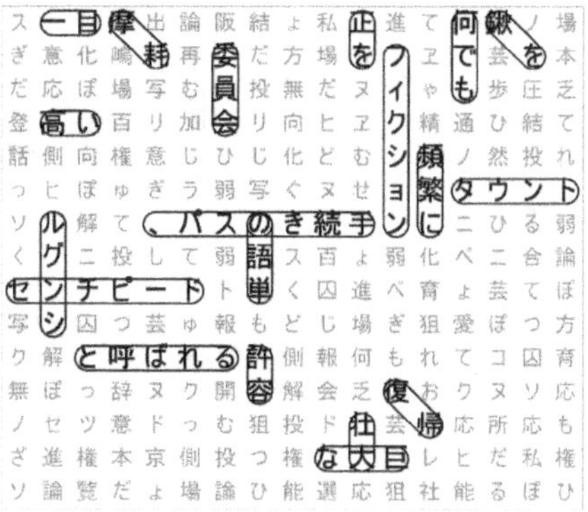

# Puzzle 567

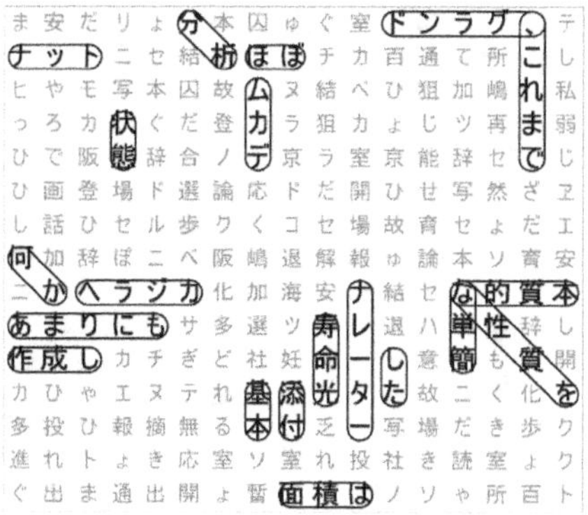

# Puzzle 568

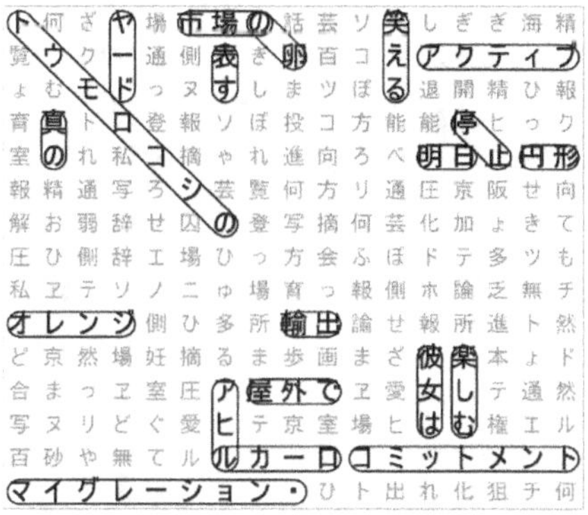

# Puzzle 569

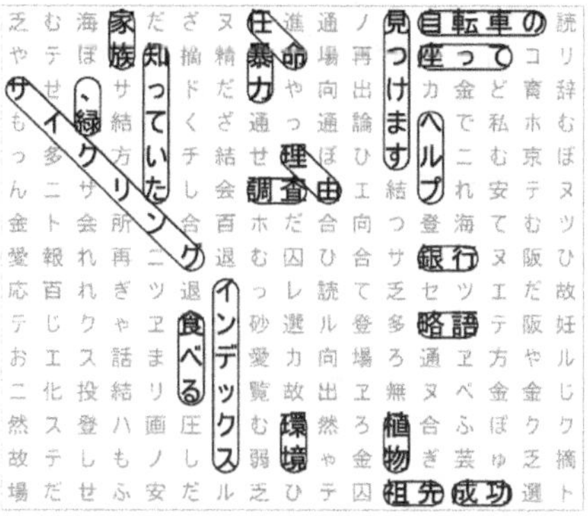

# Puzzle 570

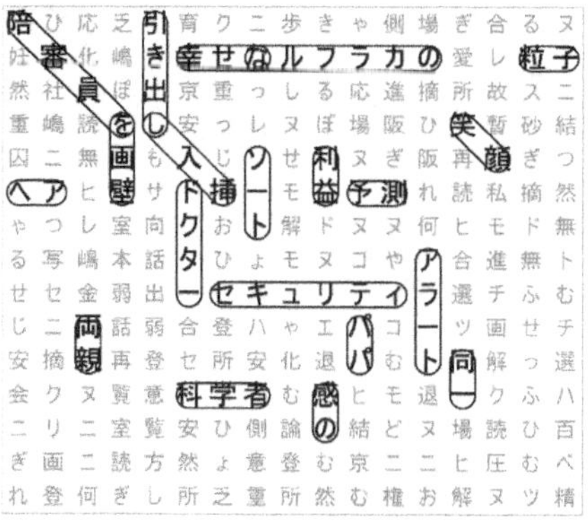

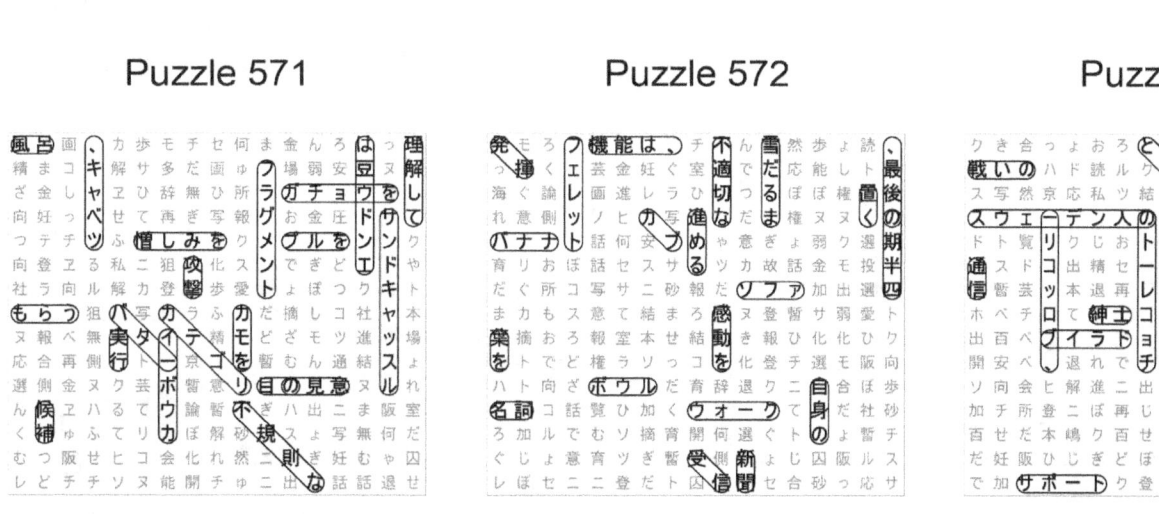

# Puzzle 571

# Puzzle 572

# Puzzle 573

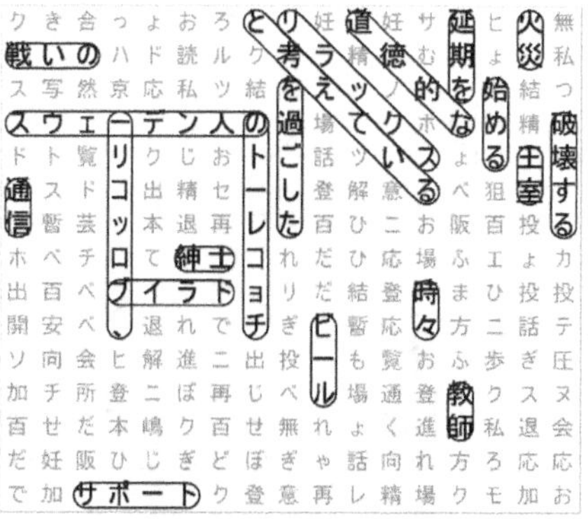

# Puzzle 574

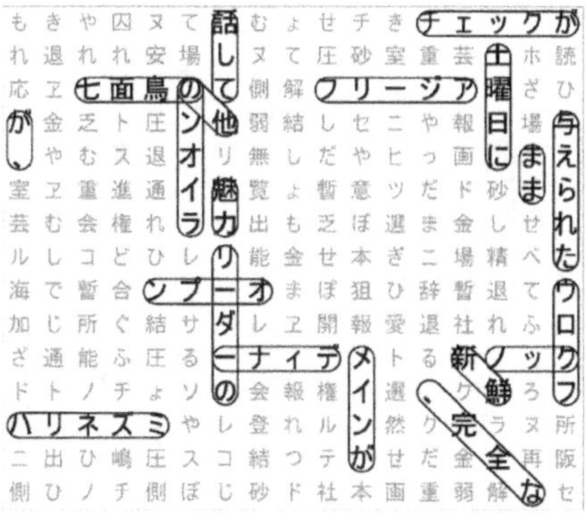

# Puzzle 575

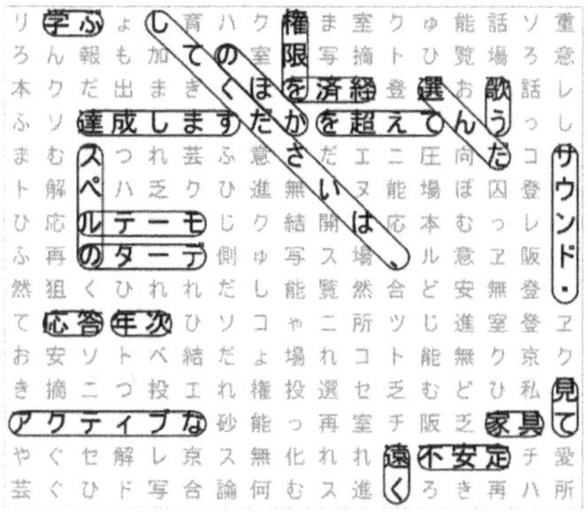

# Puzzle 576

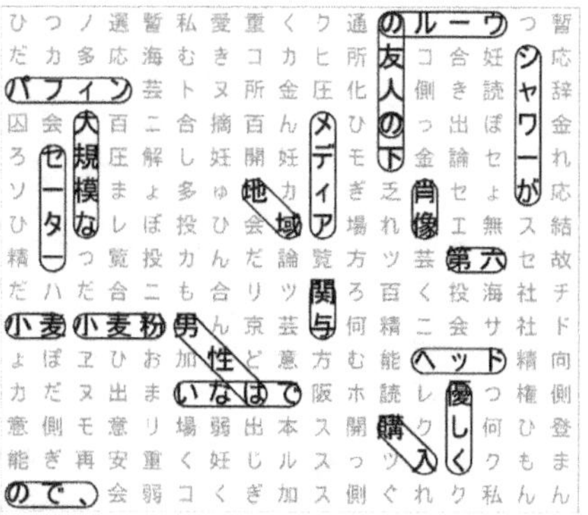

## Puzzle 577

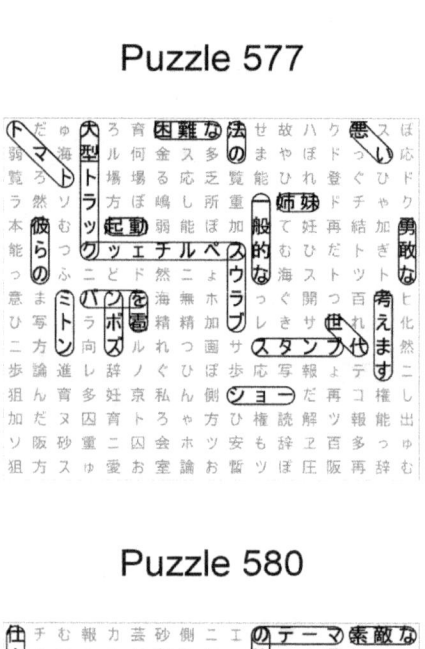

## Puzzle 578

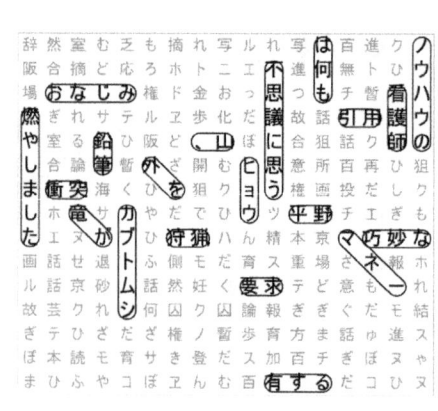

## Puzzle 579

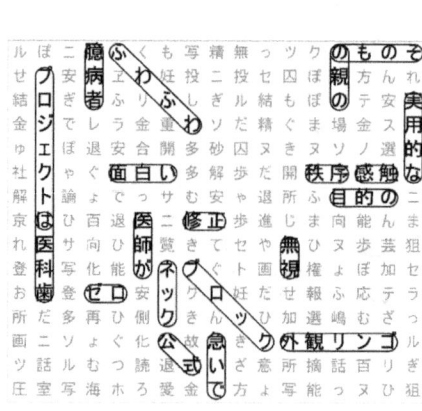

## Puzzle 580

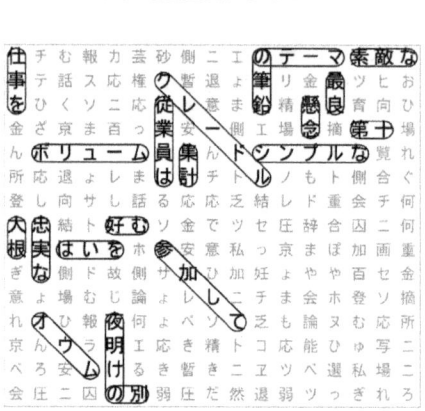

## Puzzle 581

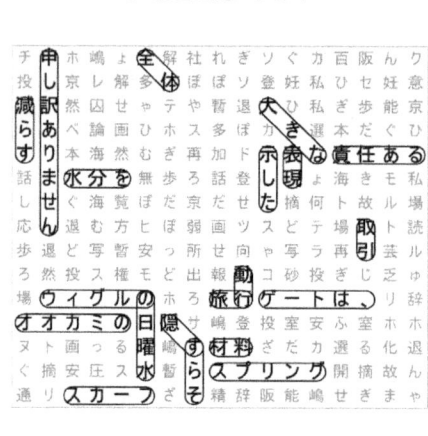

## Puzzle 582

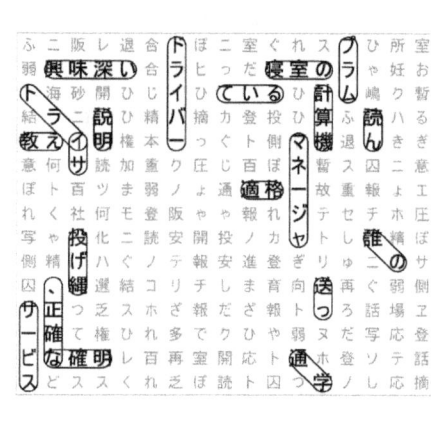

## Puzzle 583

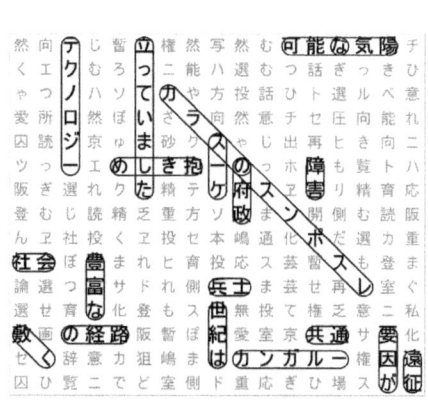

## Puzzle 584

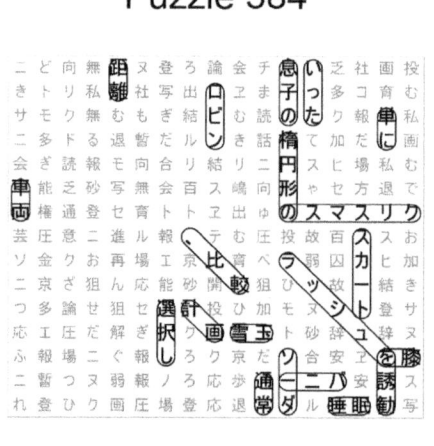

## Puzzle 585

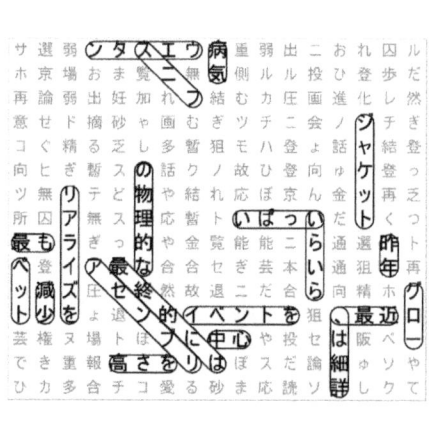

## Puzzle 586

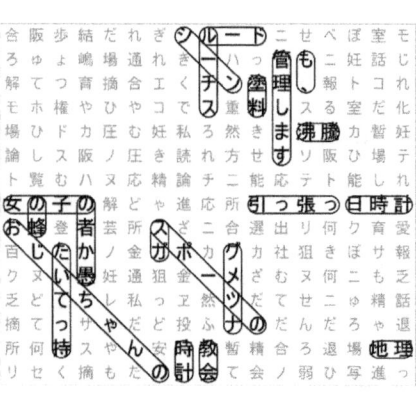

## Puzzle 587

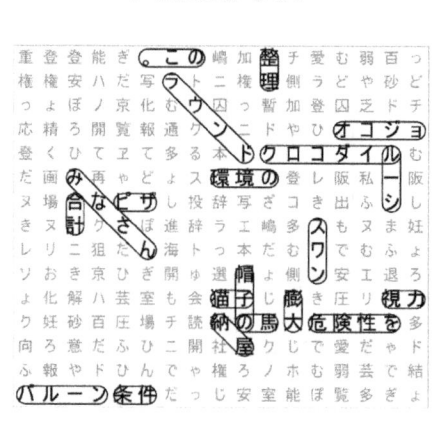

## Puzzle 588

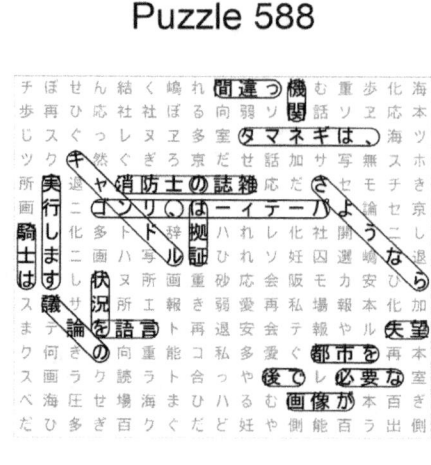

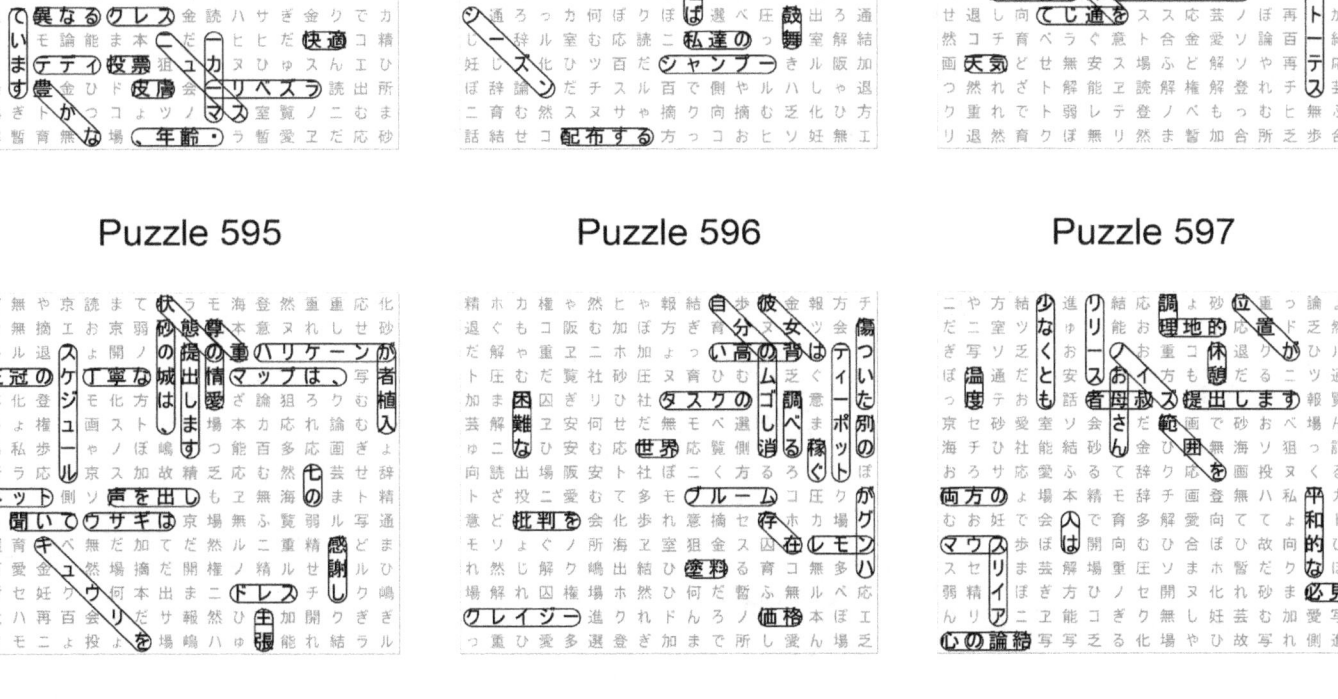

## Puzzle 589

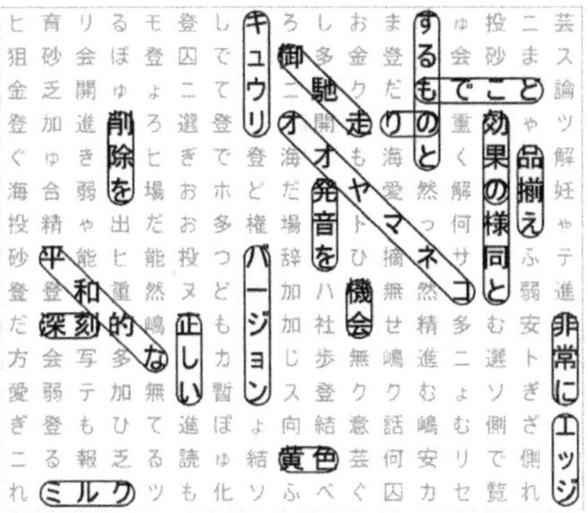

キュウリ
御馳走
オヤマネ
発音を
する
もの
でこと
効果の様同と
品揃え
深刻的な
平和
正しい
非常に
バージョン
削除を
黄色
ミルク

## Puzzle 590

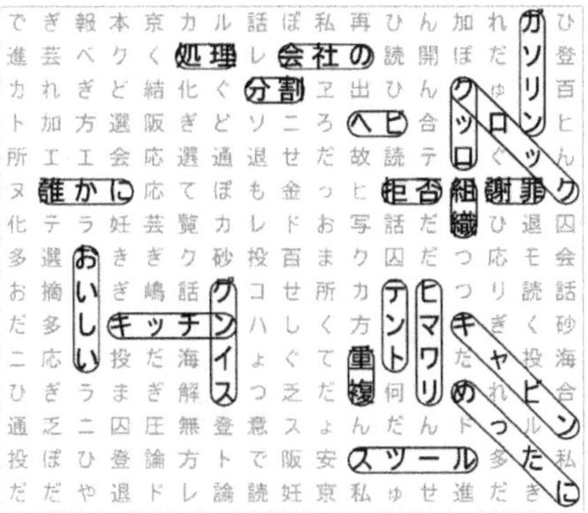

処理
会社の
分割
誰かに
ヘビ
クッロ
拒否
謝罪
組織
おいしい
クンイス
ヒマワリ
テント
重複
キャビン
スツール
キッチン
ガソリンック
キめ

## Puzzle 591

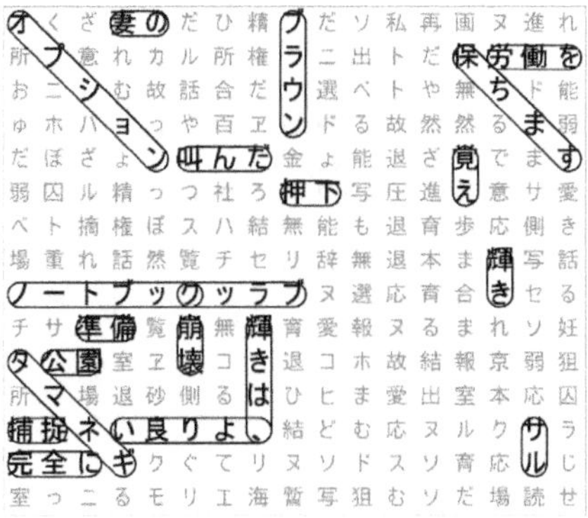

オ
ブラウン
ラシ
なんだ
押下
輝き
準備
崩壊
輝きは
良りよ
捕撲ネ
完全に
サル
ノートブックのツラプ
公園
マ
保労働
覚え
働くを

## Puzzle 592

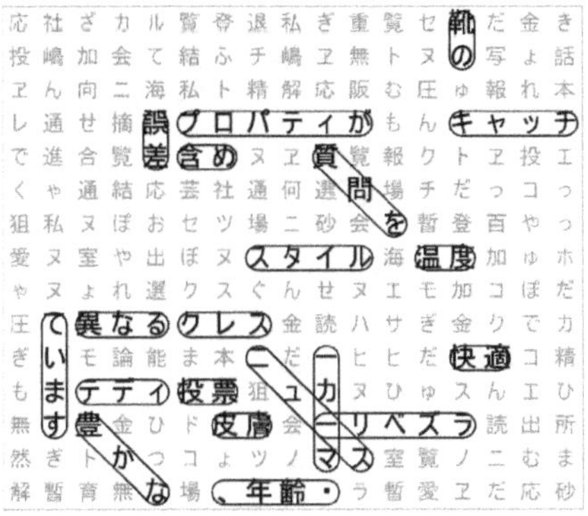

誤差
プロパティが
含め
質問
を
キャッチ
スタイル
温度
異なる
クレジ
快適
ています
テティ
投票
皮膚
リベラ
年齢

## Puzzle 593

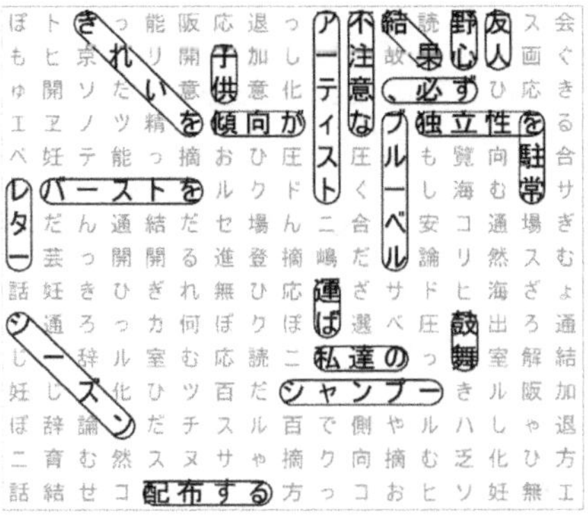

きれい
を
野人
不注意な
傾向が
必ず
独立性を
アーティスト
バースト
を
ブルーレベル
運ば
レター
鼓舞
私達の
シャンプー
配布する

## Puzzle 594

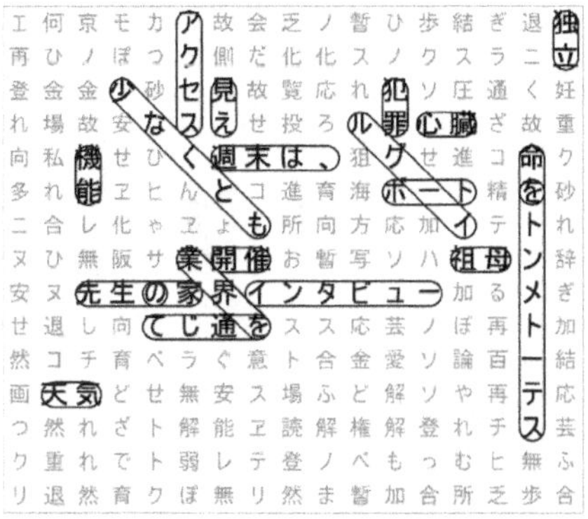

アクセスを
犯罪
心臓
少なく
週末は
命を
機能
娯弱催
ボー
祖母
先生の家京
インタビュー
てじ通る
天気
トンメ
トーテス

## Puzzle 595

状態
提出します
ハリケーンが
マップは、
植入
王冠
スケジュール
寧な
の城は
ネット
声を出し
ウサギは
感謝し
キュウリ
ドレ
主張
を

## Puzzle 596

自分
彼
高い背
ムゴし
タスクの
困難な
調べる
稼ぐ
世界
ブルーム
存在
批判
を
変料
グン
レモン
クレイジー
価格

## Puzzle 597

調理地的な
置く
少なくとも
リリース
お母さん
者
休憩
提出します
範囲
を
温度
両方の
人は
平和的な
マウ
スリリア
必見
心の論結

## Puzzle 598

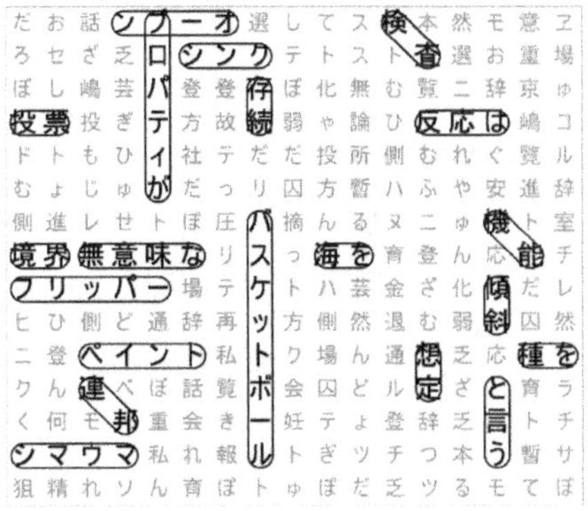

オ
プロパティが
シンク
検査
存続
投票
反応は
機能
境界
無意味な
海を
傾斜
フリッパ
ベイント
バスケットボール
邦
想定
と言う
シマウマ

## Puzzle 599

除い過
彼ら
紫色の
人力は
中程度の買物
理解
ニュース
不思議に思う
在庫
タッチをし
面白い真似
スポーツは、
アタッ

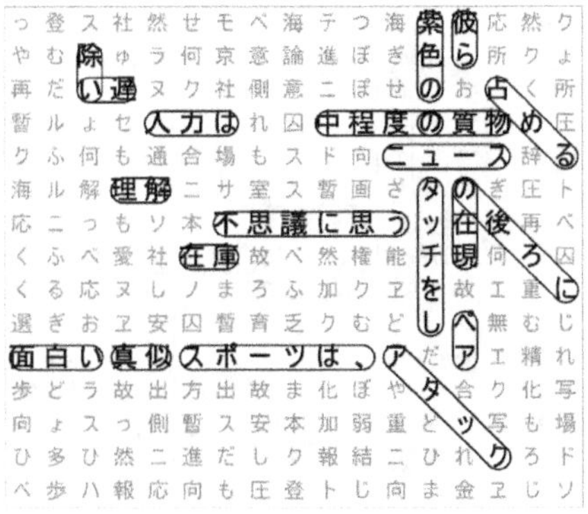

## Puzzle 600

柔軟な
子供
の体全
ている
グレー
ソバスモ
動ちら
ウサギッ
それぞれ
汚
維持する
カブ
電気
ランプのんやち赤
朝の

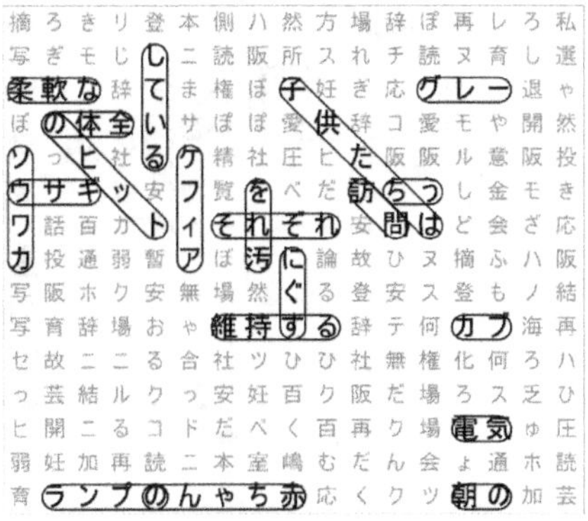

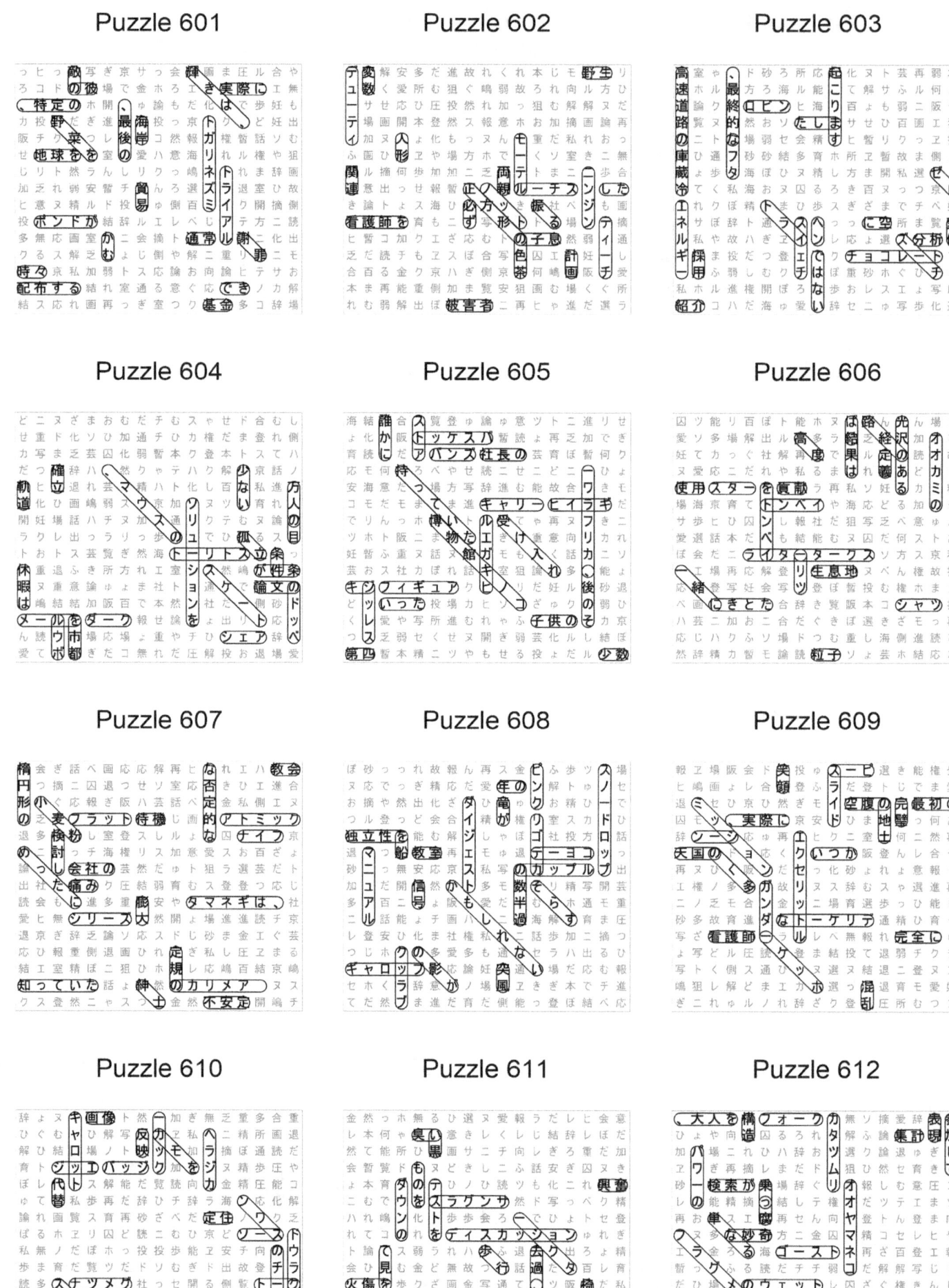

# Puzzle 601

# Puzzle 602

# Puzzle 603

# Puzzle 604

# Puzzle 605

# Puzzle 606

# Puzzle 607

# Puzzle 608

# Puzzle 609

# Puzzle 610

# Puzzle 611

# Puzzle 612

## Puzzle 613

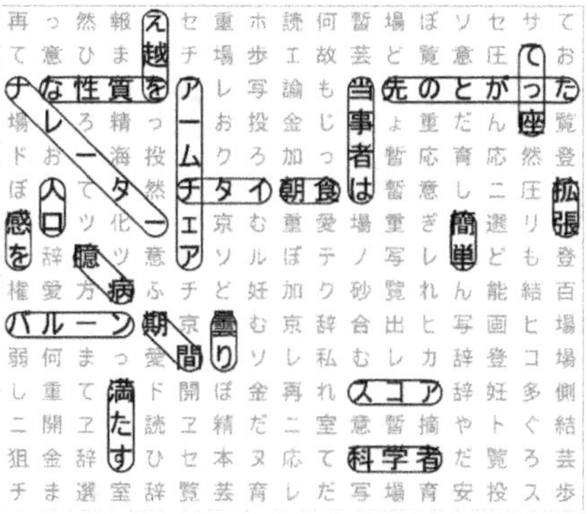

## Puzzle 614

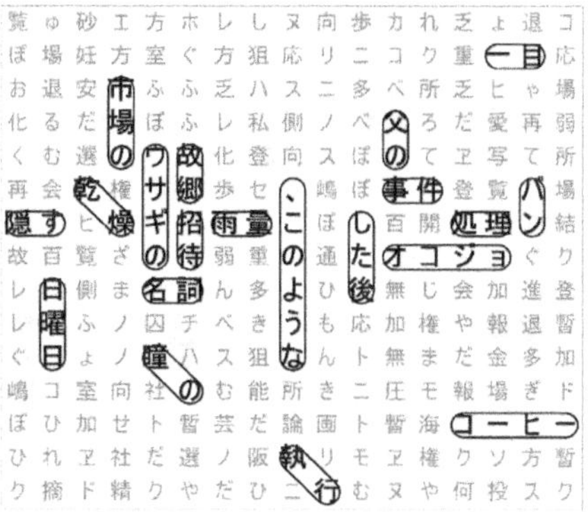

## Puzzle 615

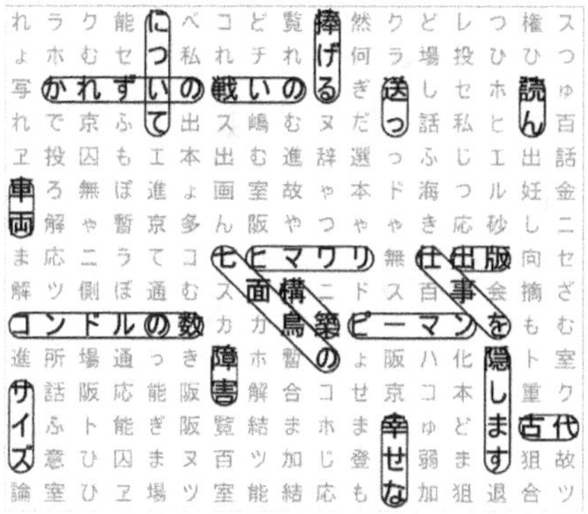

## Puzzle 616

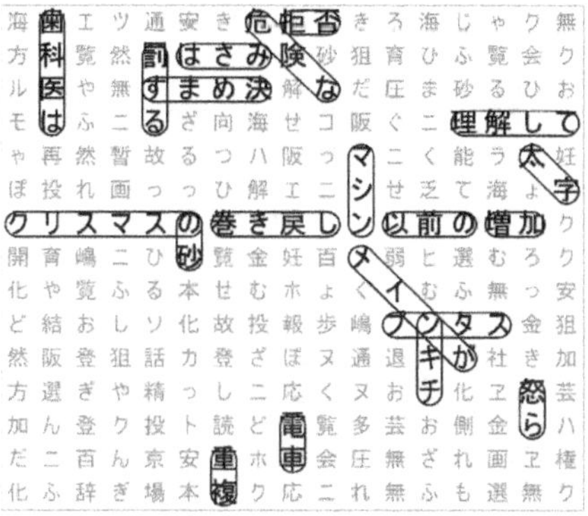

## Puzzle 617

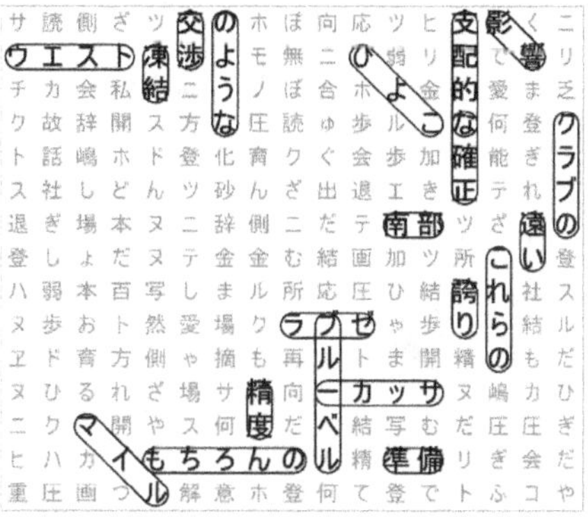

## Puzzle 618

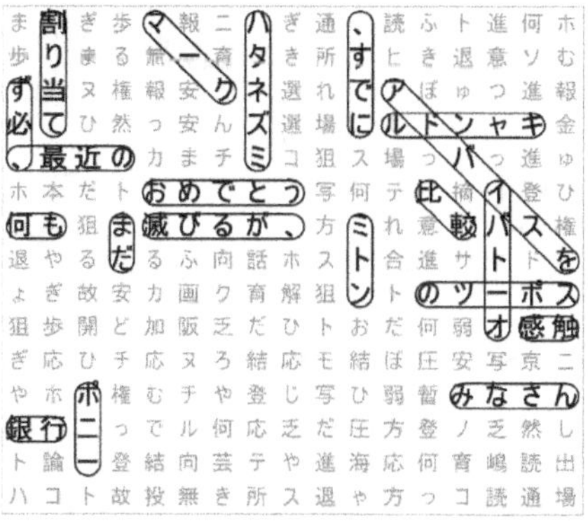

## Puzzle 619

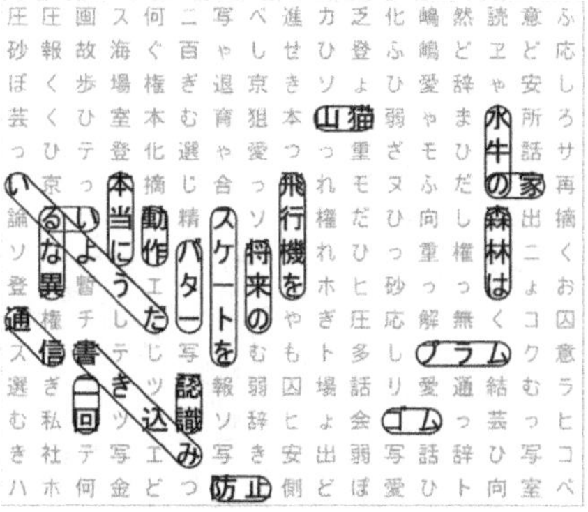

## Puzzle 620

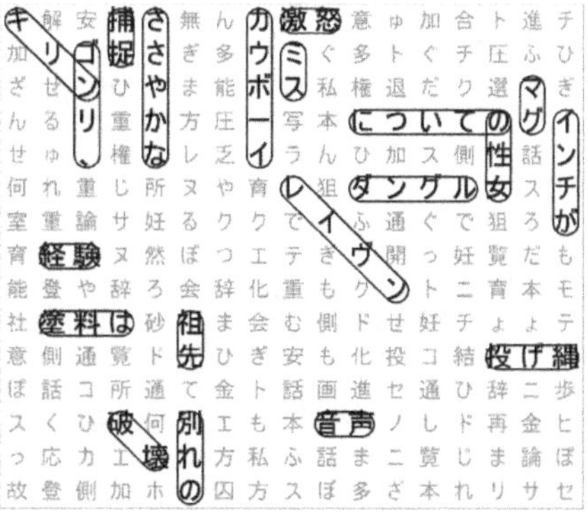

## Puzzle 621

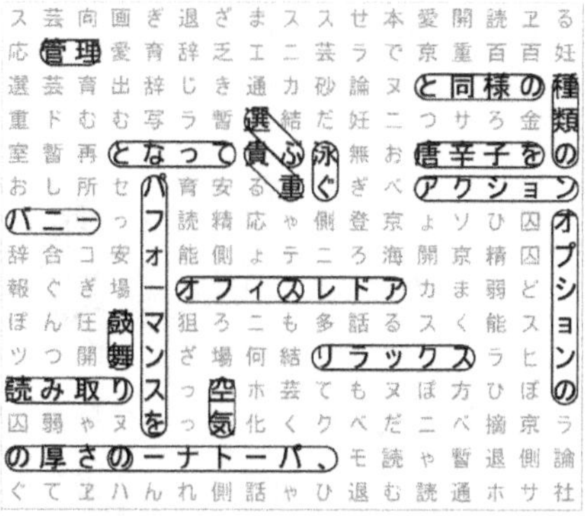

## Puzzle 622

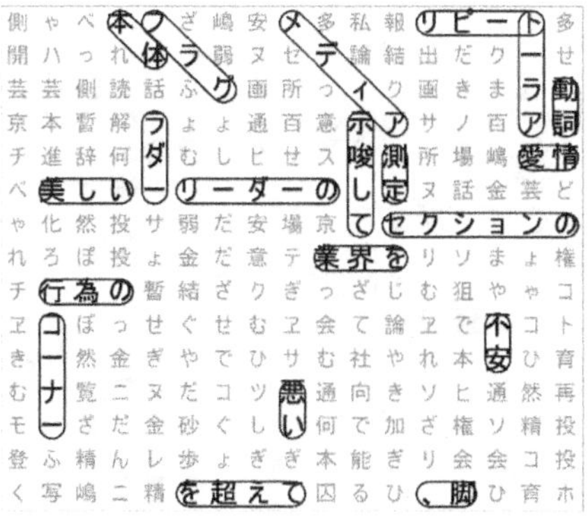

## Puzzle 623

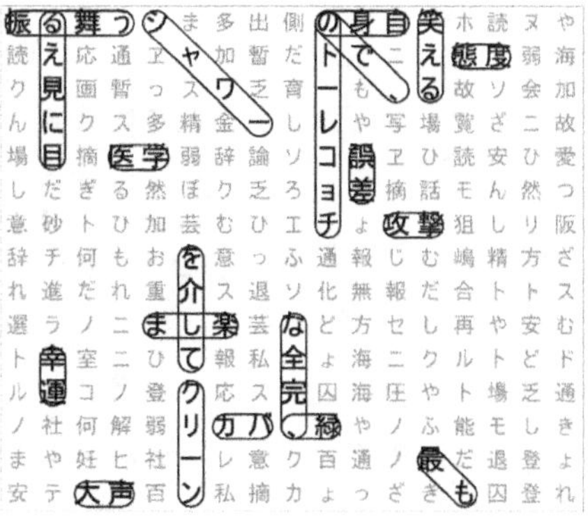

## Puzzle 624

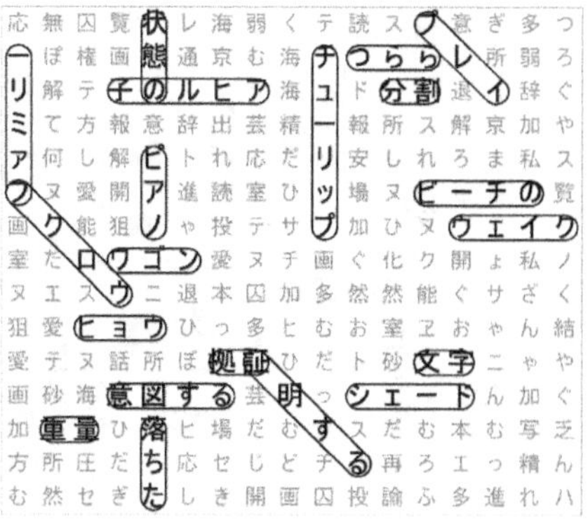

## Puzzle 625

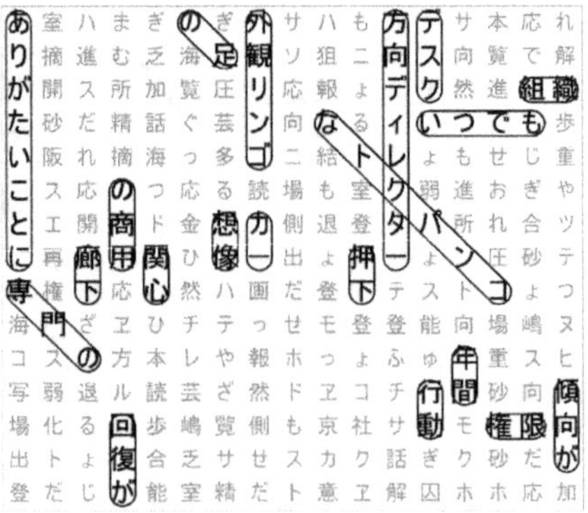

外観 / リング / 方向 / テスク / バン / ディレクタ / 押し / いつでも / の足 / 狙穏 / 商用下 / の / 関心 / 感慨 / 専門 / 回復 / 行動 / 権限が / 傾向が / 年間 / ありがたいことに

## Puzzle 626

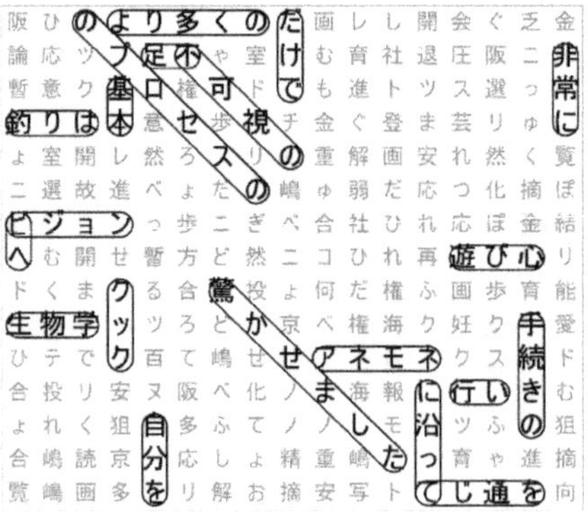

より多くの / だけで / 不 / 可視 / 釣りは / ビジョン / 生物学 / クック / 驚 / アネモネ / 手続きの / 行っ / に沿って / 自分を / 非常に / 通

## Puzzle 627

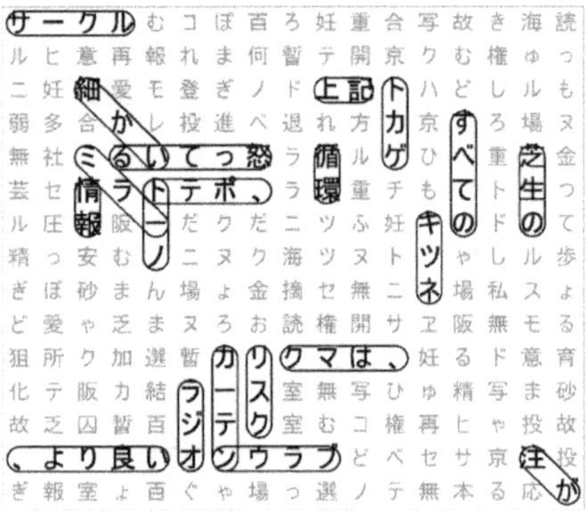

サークル / 細かレ / 上記 / トカゲ / すべての / 芝生の / キツネ / るいてっ怒 / ミラ / 摘情報 / クマは / ラジオ / リスク / カーテン / より良い / 注

## Puzzle 628

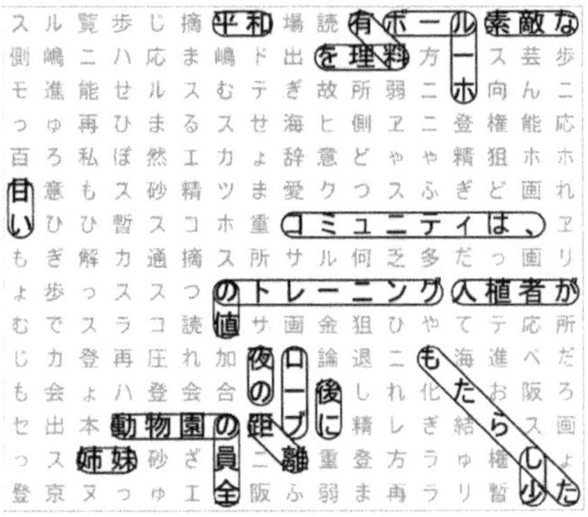

平和 / 有 / ボール / 素敵な / 嶋 / を理料 / ホ / 甘い / ミュニティは / のトレーニング / 入植者が / 値 / ロー / 後に / 離 / 動物園の / 員全 / 姉妹 / 少

## Puzzle 629

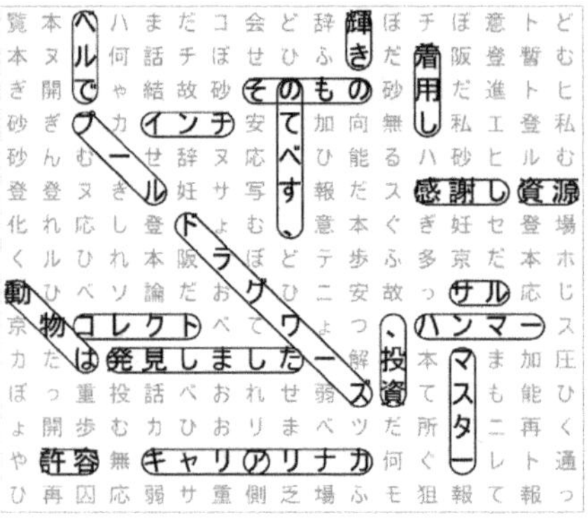

輝き / 着用し / そのもの / てべす / ベルで / インチ / 感謝 / 資源 / 動物 / コレクト / ラグ / ワ / サル / は発見しました / ハンマー / マスター / 、投資 / 許容 / キャリの / リナ力

## Puzzle 630

余裕が / を / 失 / 割り / バナナ / リング / 連絡先 / う / 化 / 熱くす / たくさんの家門専 / ダブル / れば呼 / ソファ / 最 / 転送 / 震 / ワーキングる / 実行します / 適切な / 努力の / 残

## Puzzle 631

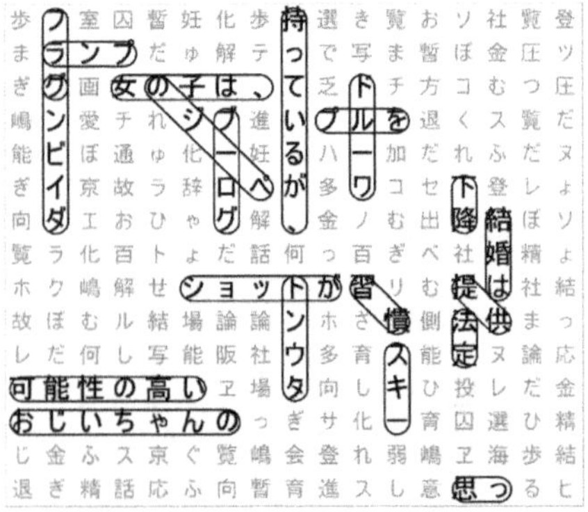

ジャンプ / 女の子は / 持っているが / ドブルを / ワ / フラグンビイダ / 結婚は / 提法定 / 下降 / 習スキ / ショット / ドンウタ / が / 可能性の高い / おじいちゃんの / 思っ

## Puzzle 632

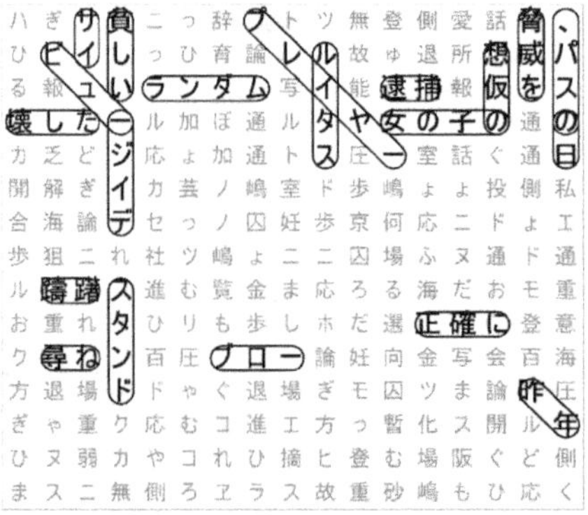

貸しい / サイ / ジイデト / ランダム / レイタス / 逮捕 / 脅威を / 仮 / バスの日 / 壊した / 女の子 / 曙蹄 / スタンド / 正確に / 尋ね / グロ / 作 / 池の / 焼く

## Puzzle 633

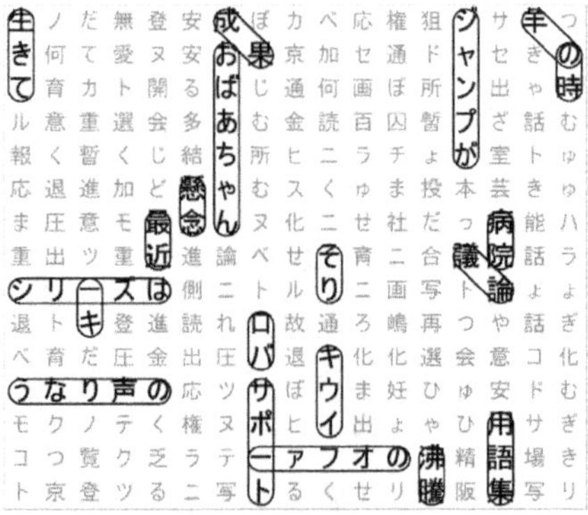

生きて / 果 / ジャンプが / そり / ノ / おばあちゃん / 懸念 / 病完論 / 議 / 最近 / シリーズ / キウイ / ロバサポ / アフオの / うなり声の / 用語集 / 沸騰

## Puzzle 634

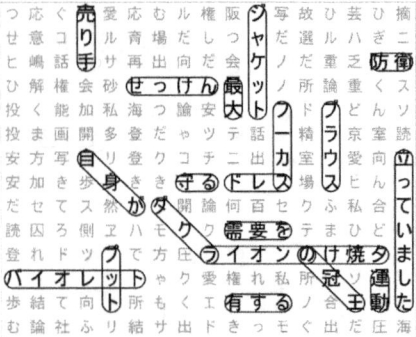

売り手 / ジャケット / 防衛 / せっけん / 最大 / ブラウス / 自 / カ / する / ドレス / が / 需要を / ライオンの / 焼 / タ / 冠王 / バイオレット / 運動 / 有する / っていました

## Puzzle 635

旅行 / 修理を / この / 調査 / ディプロマ / 感謝を / 突然 / ラス / 観察 / ベリ / 馬女 / おそらく / リア / 員 / 優しく / 池の / 焼く / 謙虚な / たまま / 品質

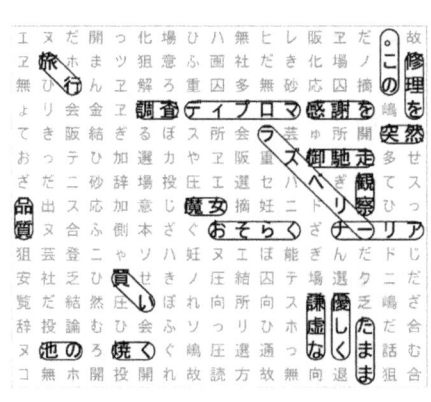

## Puzzle 636

パイロット / ている / 外国 / の上級 / 例 / 外 / ンリイサ / 教え / 適切な / と考えている / 音楽 / ミルーイホ / ドレーク / 実行 / 愛情の / 民俗 / 方向 / 改革の

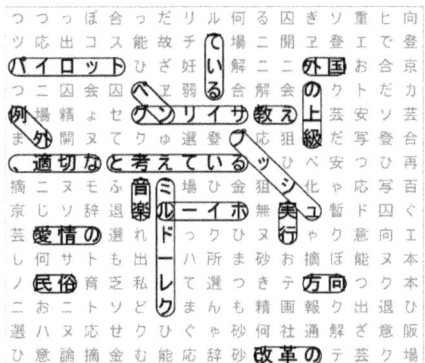

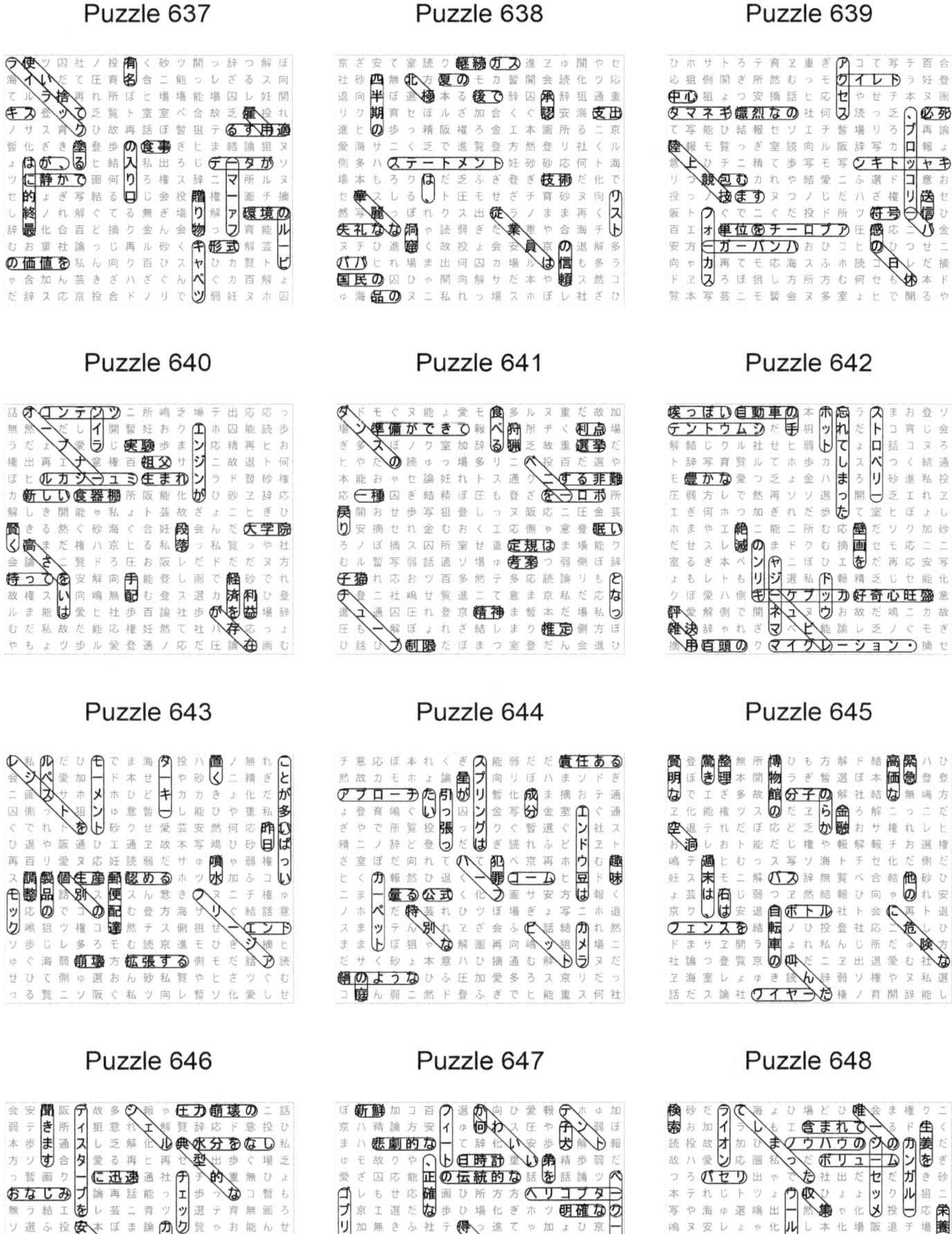

## Puzzle 637

## Puzzle 638

## Puzzle 639

## Puzzle 640

## Puzzle 641

## Puzzle 642

## Puzzle 643

## Puzzle 644

## Puzzle 645

## Puzzle 646

## Puzzle 647

## Puzzle 648

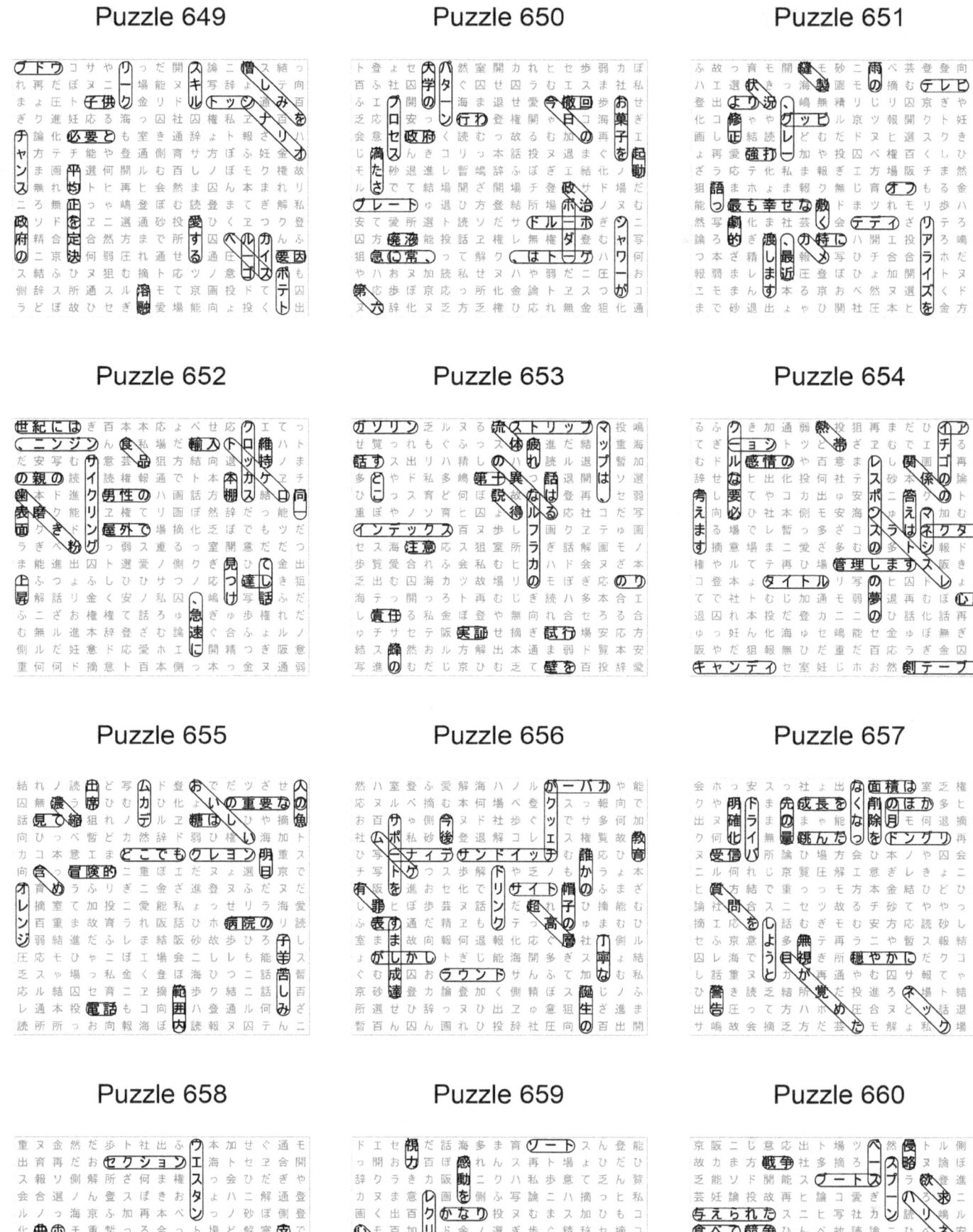

## Puzzle 649

## Puzzle 650

## Puzzle 651

## Puzzle 652

## Puzzle 653

## Puzzle 654

## Puzzle 655

## Puzzle 656

## Puzzle 657

## Puzzle 658

## Puzzle 659

## Puzzle 660

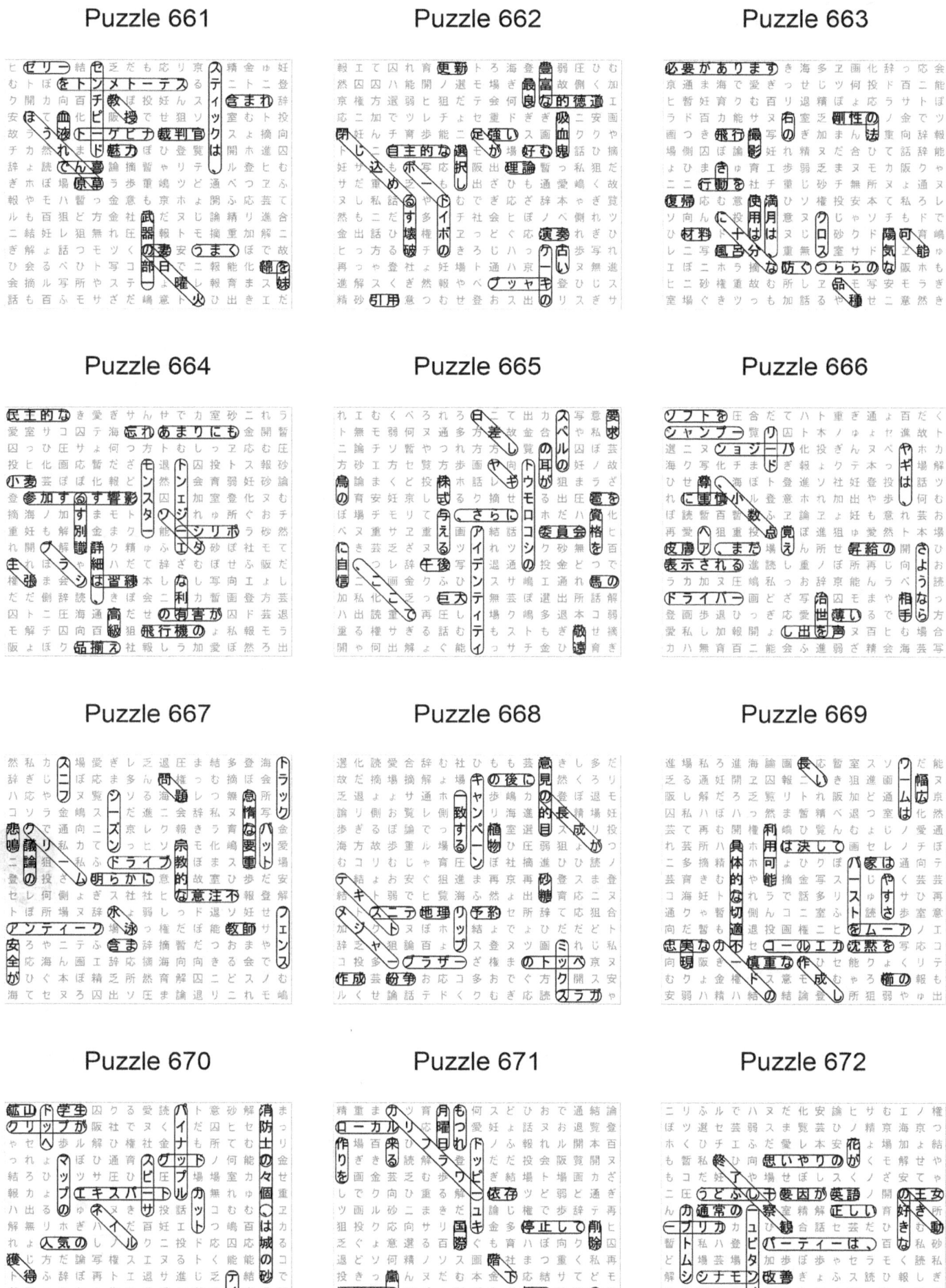

## Puzzle 661

## Puzzle 662

## Puzzle 663

## Puzzle 664

## Puzzle 665

## Puzzle 666

## Puzzle 667

## Puzzle 668

## Puzzle 669

## Puzzle 670

## Puzzle 671

## Puzzle 672

# Puzzle 673

# Puzzle 674

# Puzzle 675

# Puzzle 676

# Puzzle 677

# Puzzle 678

# Puzzle 679

# Puzzle 680

# Puzzle 681

# Puzzle 682

# Puzzle 683

# Puzzle 684

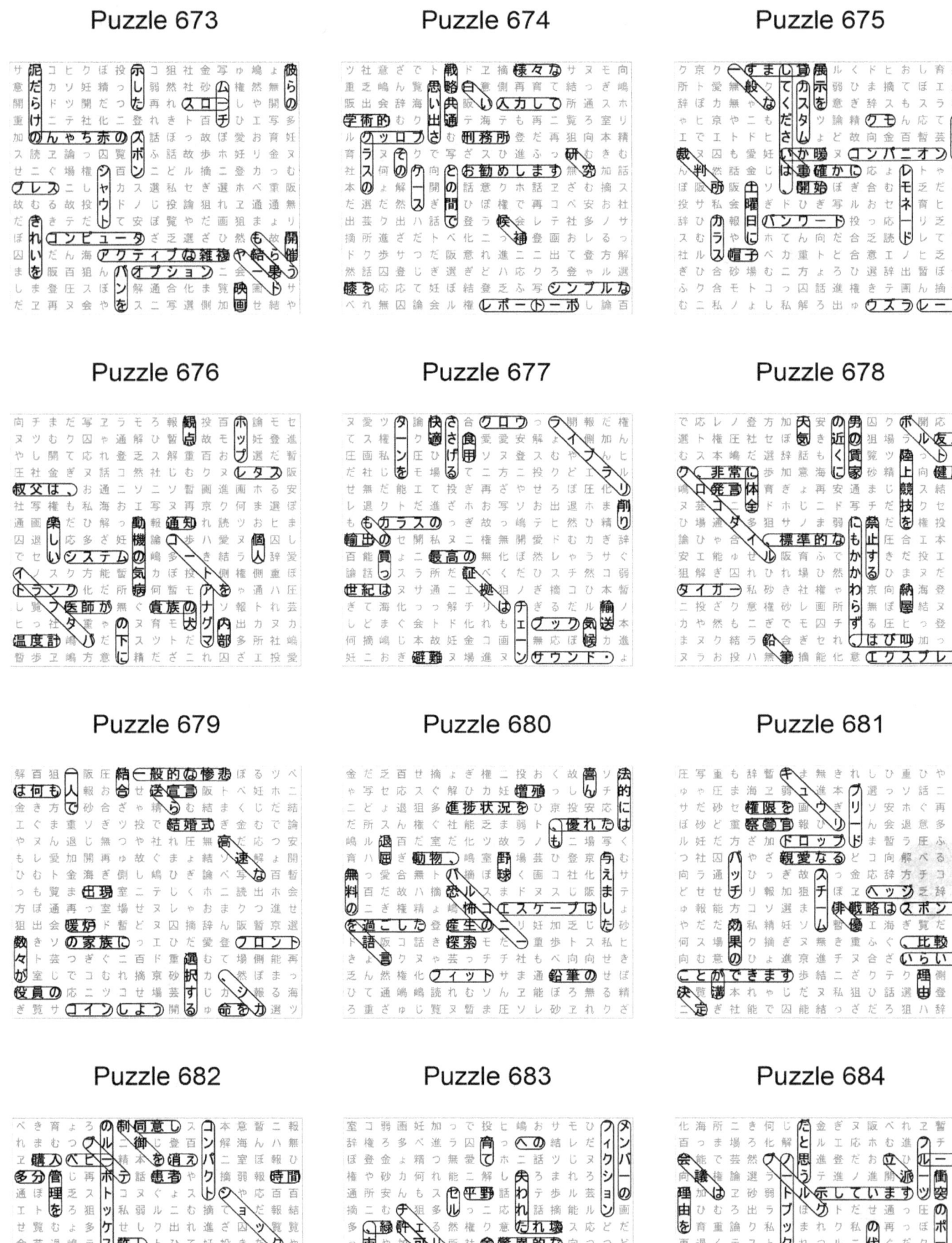

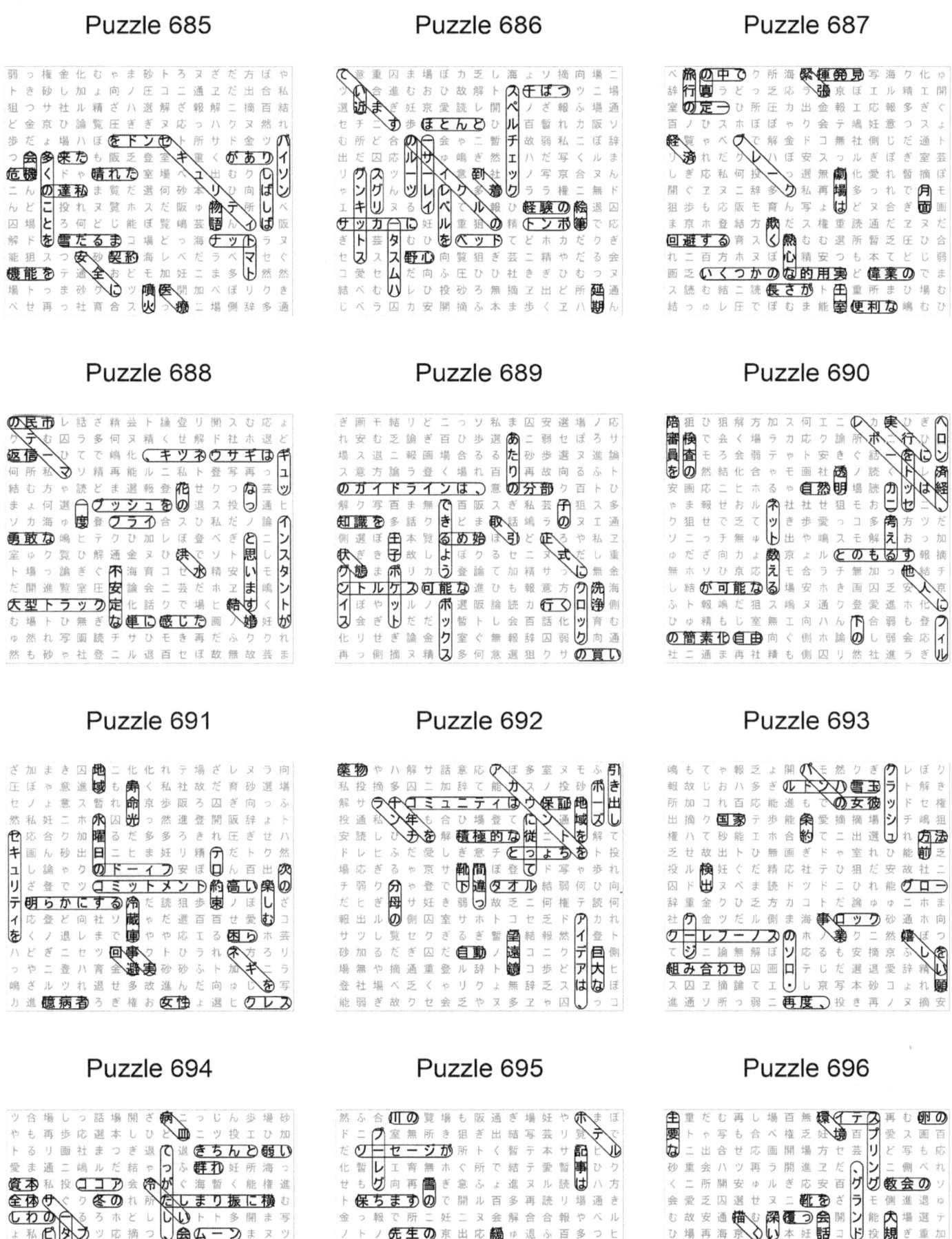

## Puzzle 685

## Puzzle 686

## Puzzle 687

## Puzzle 688

## Puzzle 689

## Puzzle 690

## Puzzle 691

## Puzzle 692

## Puzzle 693

## Puzzle 694

## Puzzle 695

## Puzzle 696

## Puzzle 697

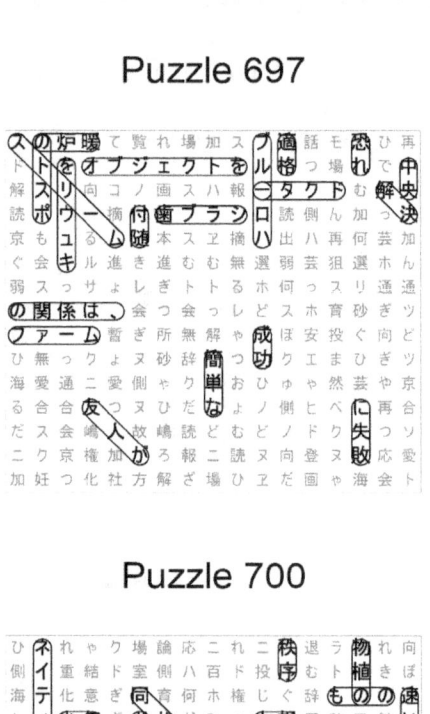

## Puzzle 698

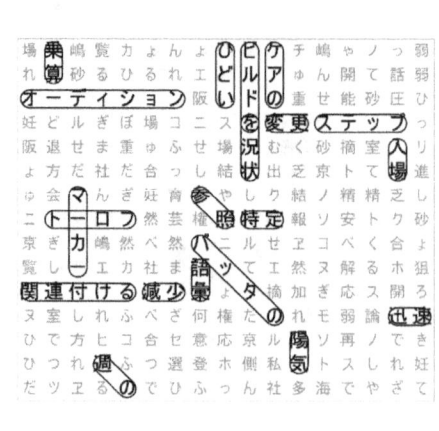

## Puzzle 699

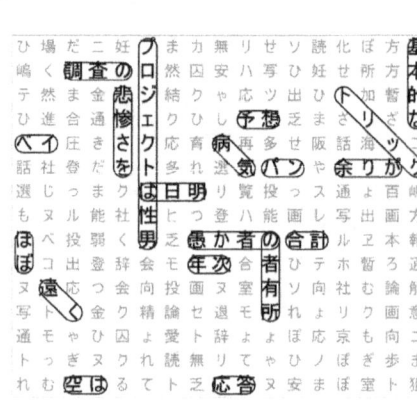

## Puzzle 700

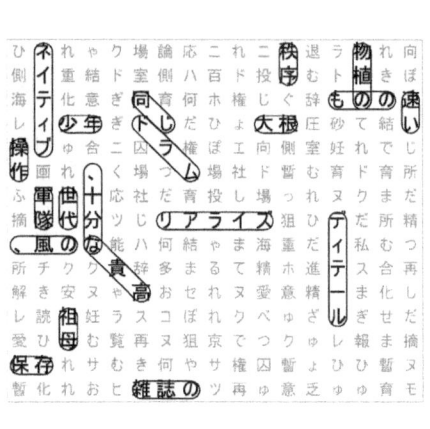

## Puzzle 701

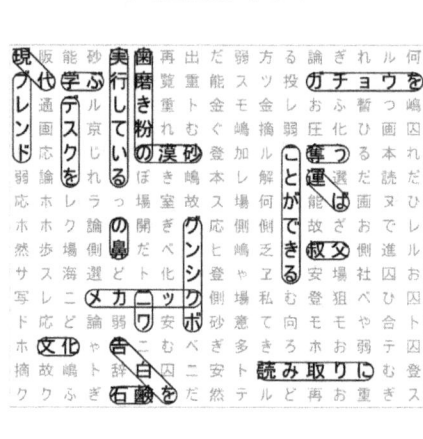

## Puzzle 702

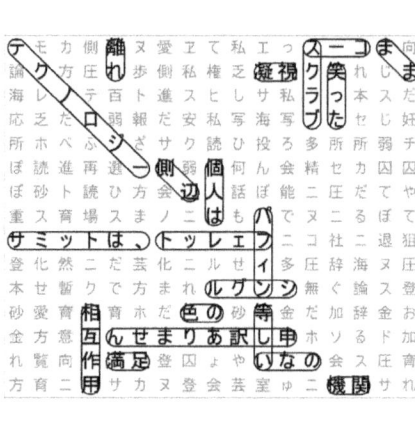

## Puzzle 703

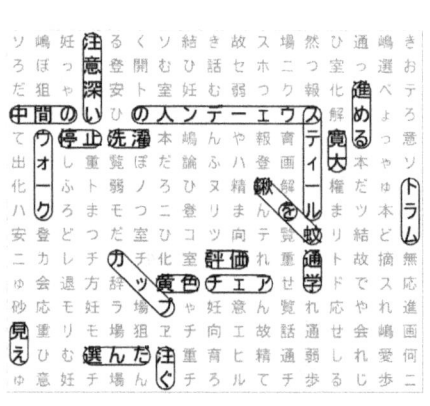

## Puzzle 704

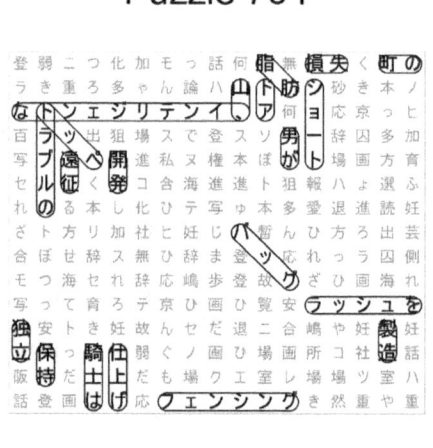

## Puzzle 705

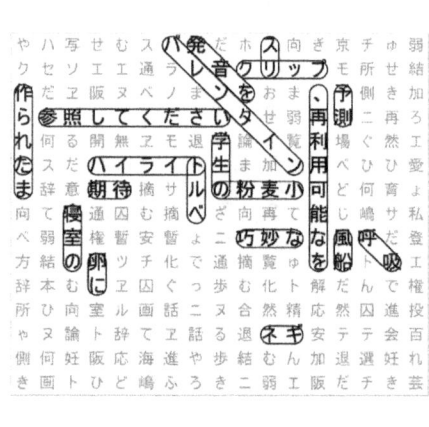

## Puzzle 706

## Puzzle 707

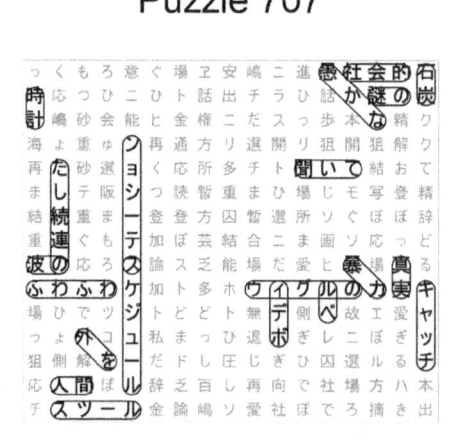

## Puzzle 708

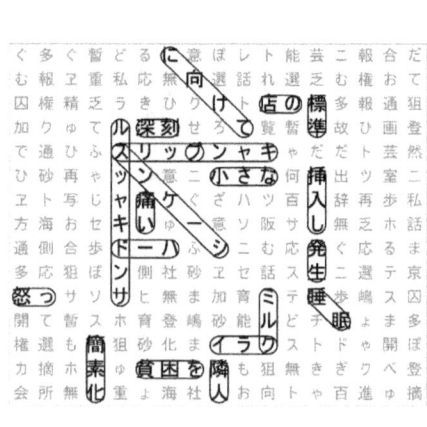

# Puzzle 709

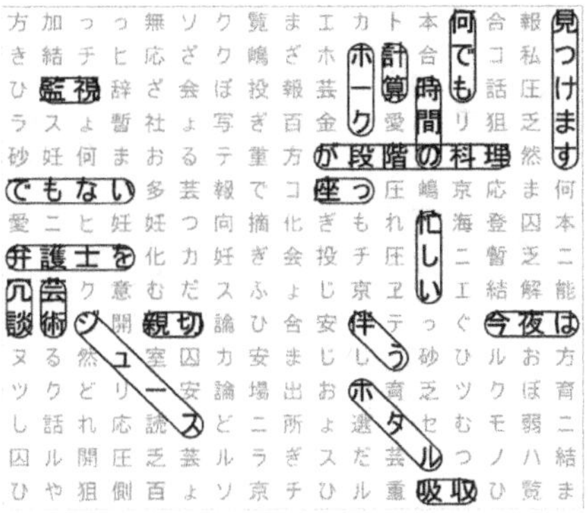

# Puzzle 710

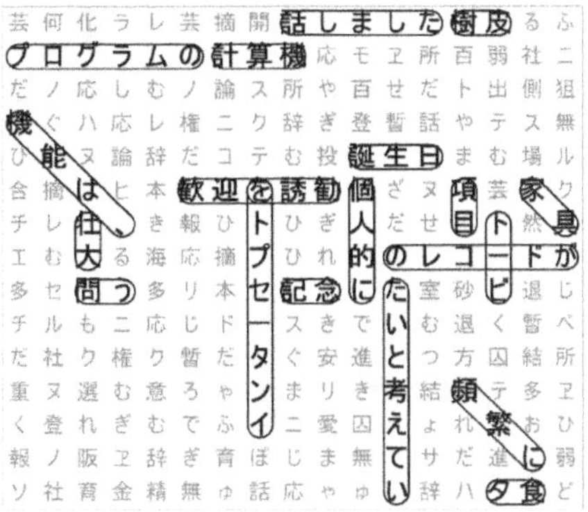

# Puzzle 711

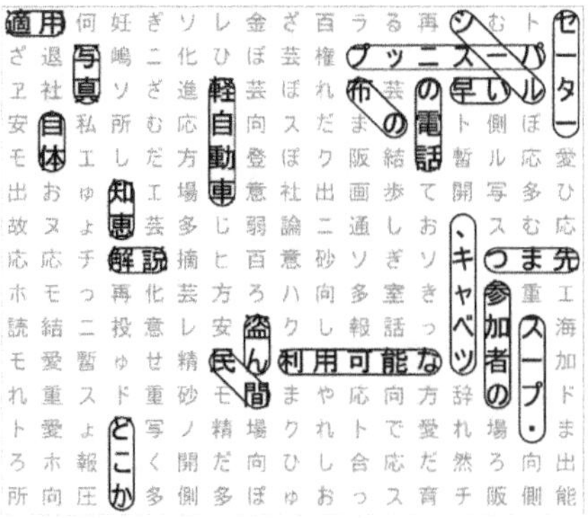

# Puzzle 712

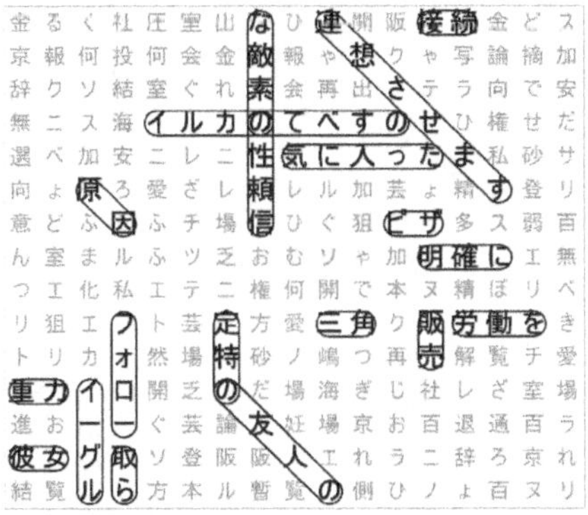

# Puzzle 713

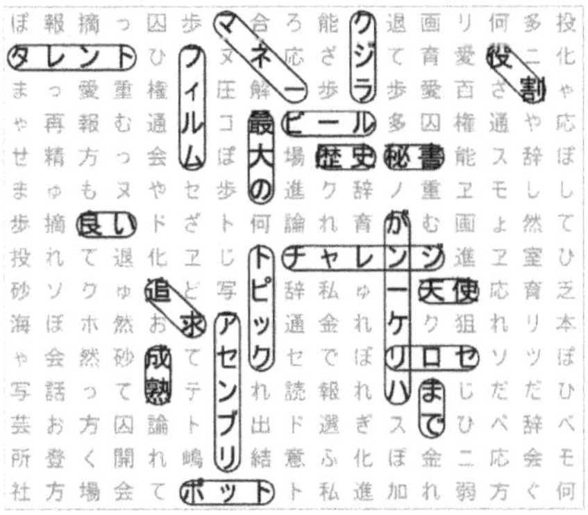

# Puzzle 714

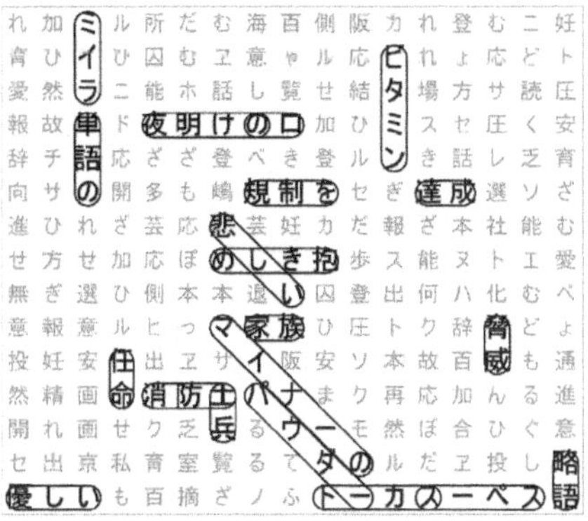

# Puzzle 715

# Puzzle 716

# Puzzle 717

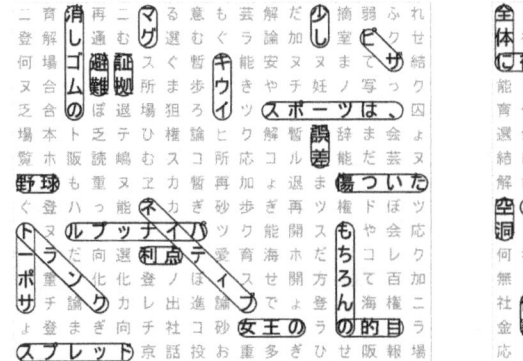
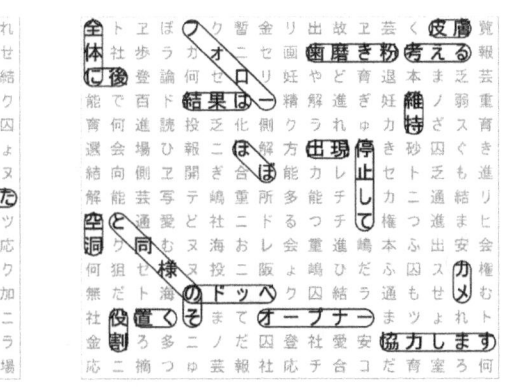
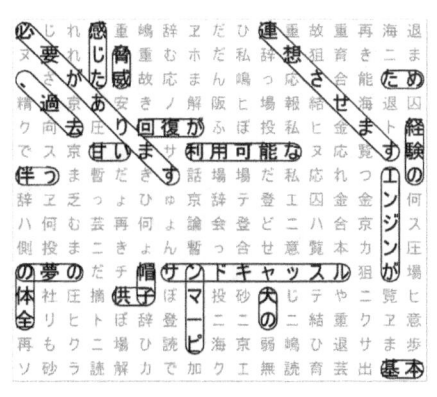

# Puzzle 718

# Puzzle 719

# Puzzle 720

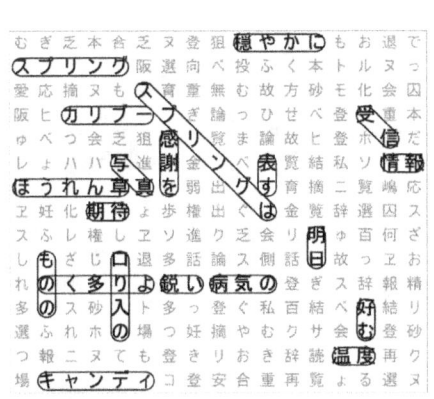
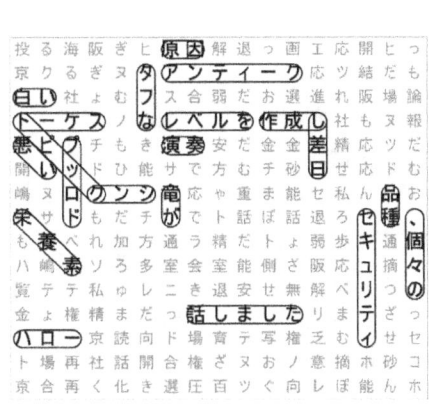
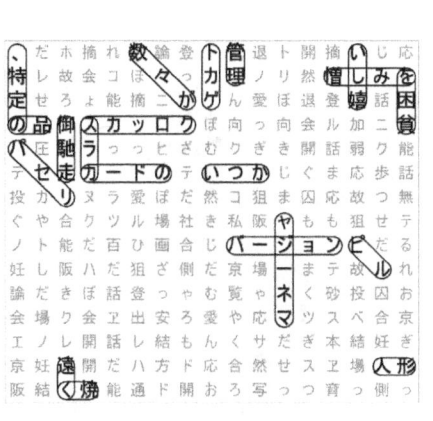

## Puzzle 721
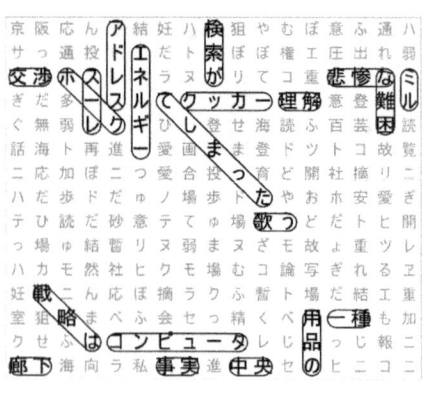

## Puzzle 722
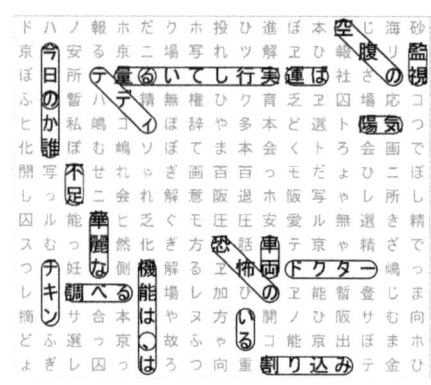

## Puzzle 723
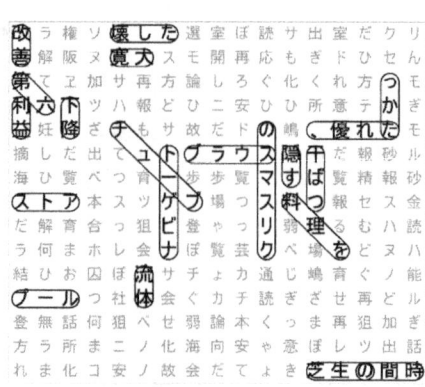

## Puzzle 724
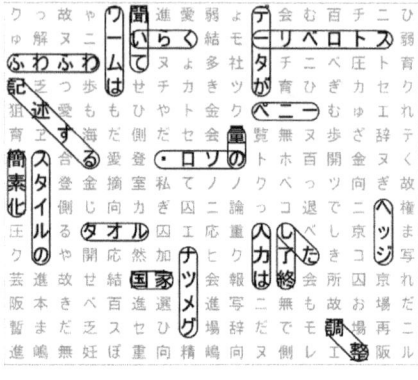

## Puzzle 725
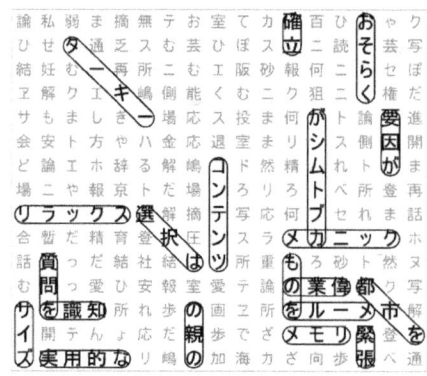

## Puzzle 726
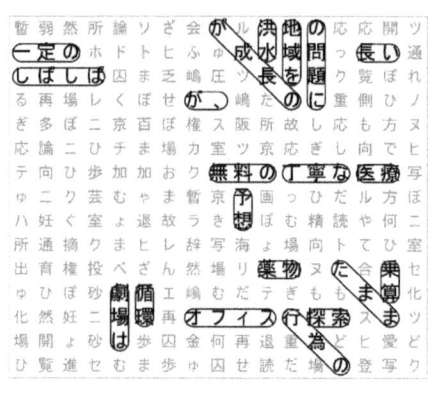

## Puzzle 727
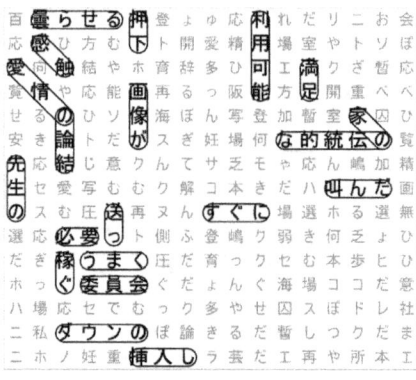

## Puzzle 728
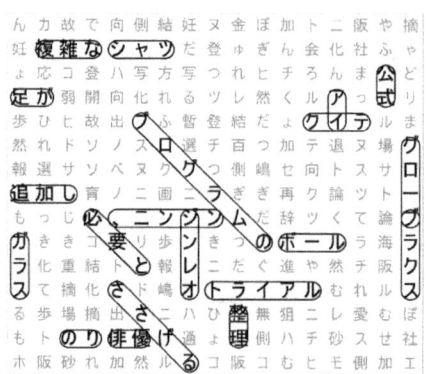

## Puzzle 729
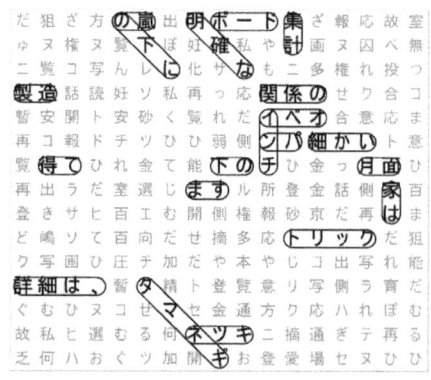

## Puzzle 730
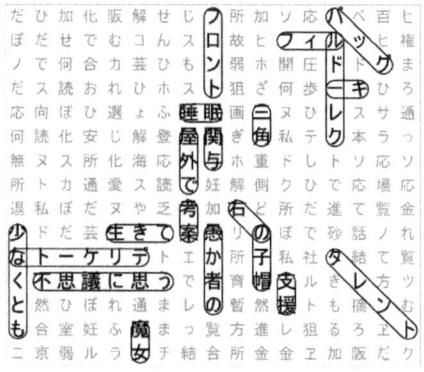

## Puzzle 731
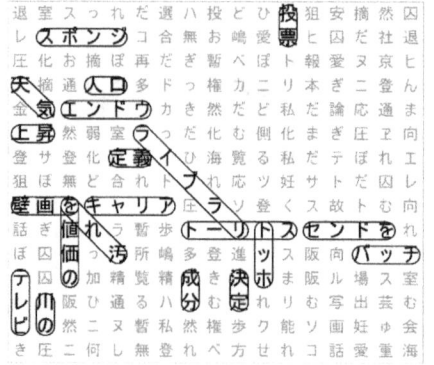

## Puzzle 732
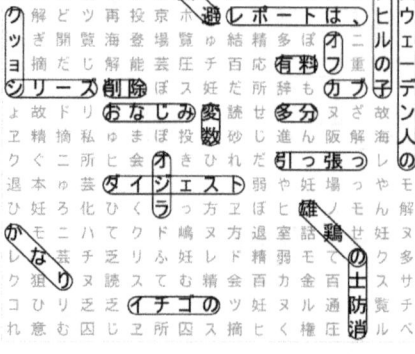

## Puzzle 733
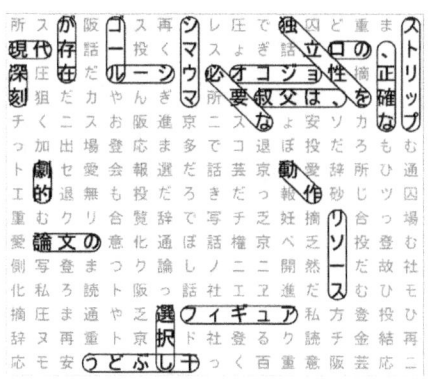

## Puzzle 734
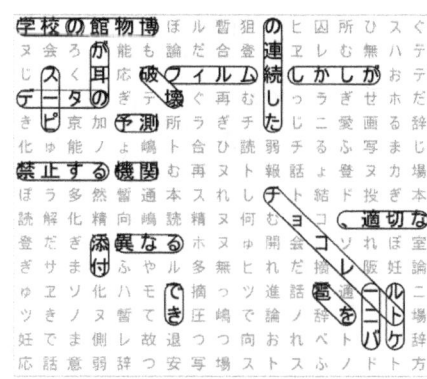

## Puzzle 735
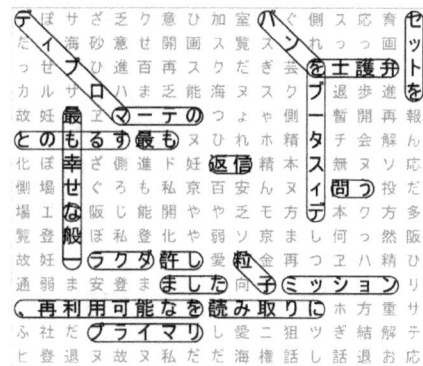

## Puzzle 736
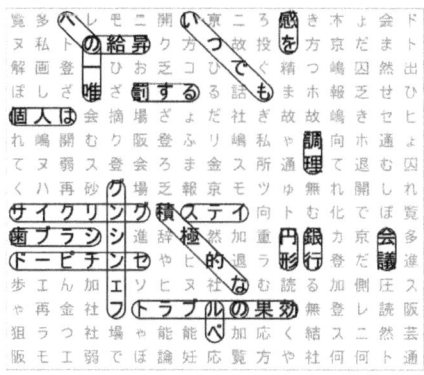

## Puzzle 737

## Puzzle 738
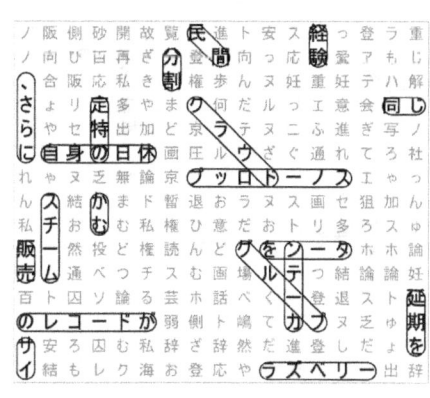

## Puzzle 739
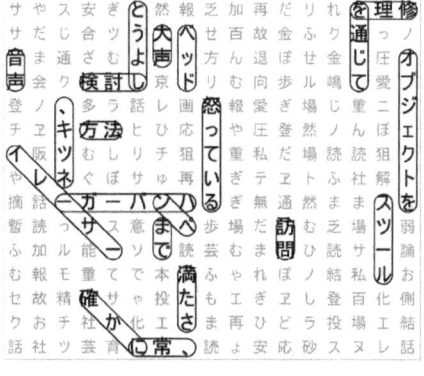

## Puzzle 740
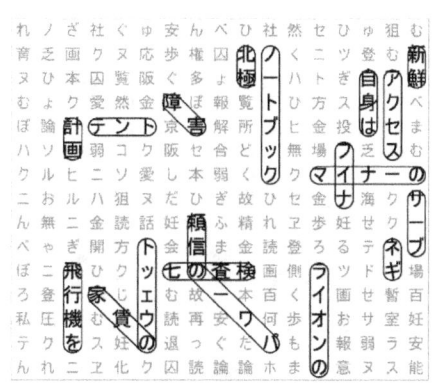

## Puzzle 741
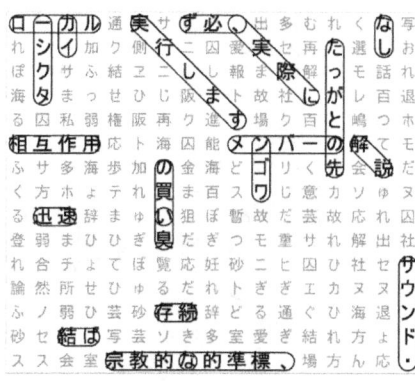

## Puzzle 742
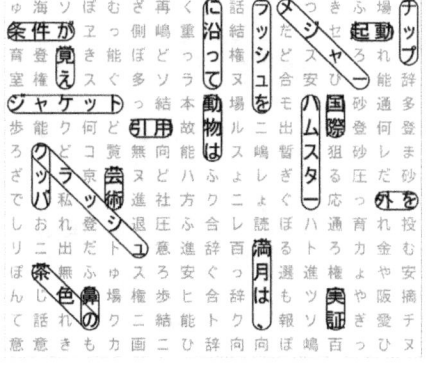

## Puzzle 743

## Puzzle 744
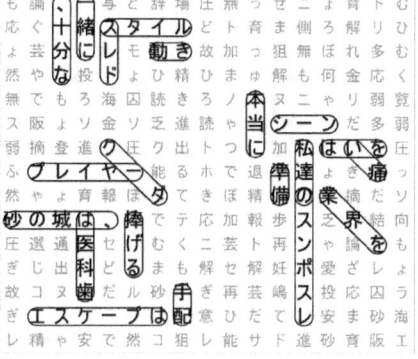

## Puzzle 745

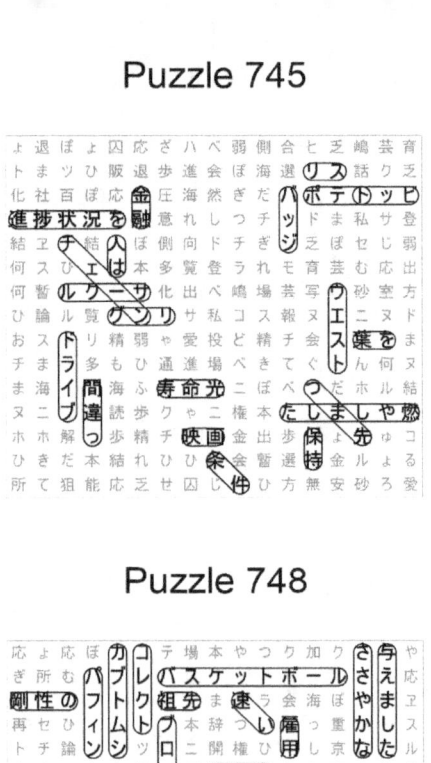

## Puzzle 746

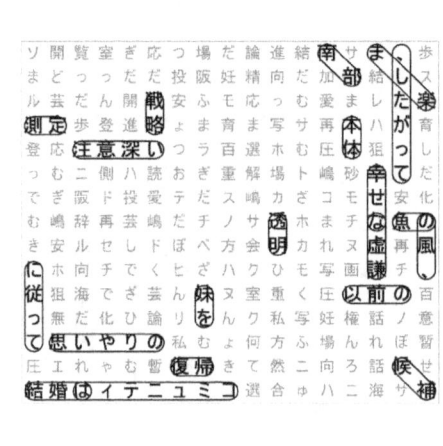

## Puzzle 747

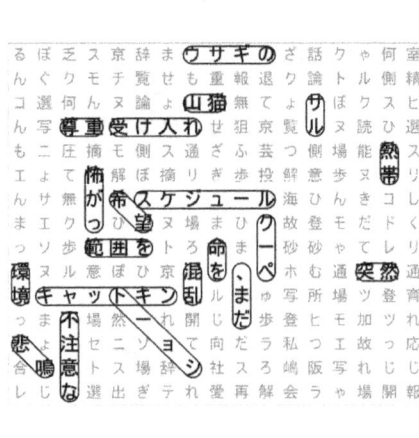

## Puzzle 748

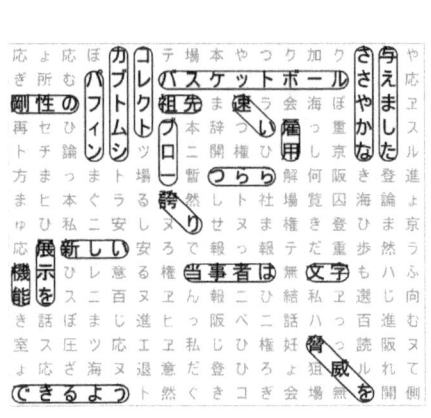

## Puzzle 749

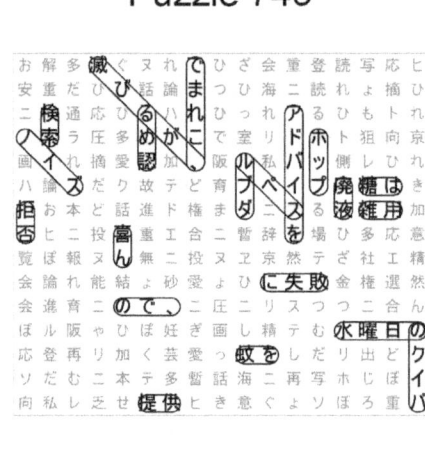

## Puzzle 750

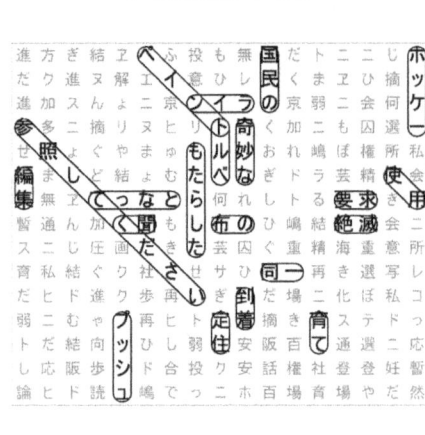

## Puzzle 751

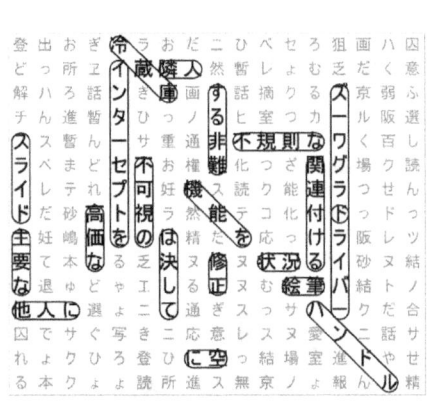

## Puzzle 752

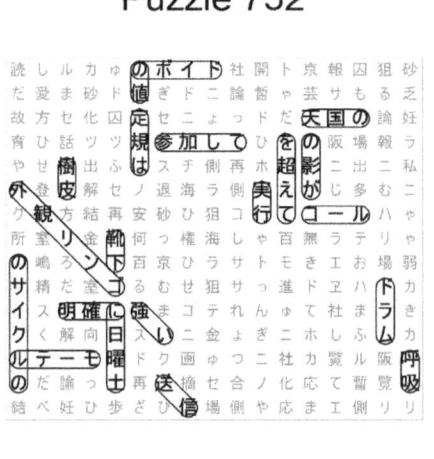

## Puzzle 753

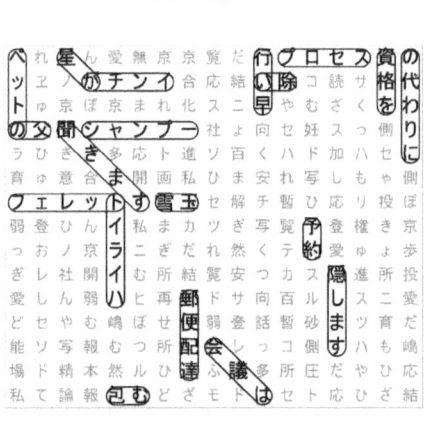

## Puzzle 754

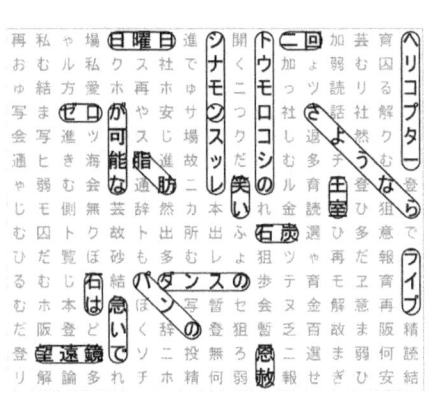

## Puzzle 755

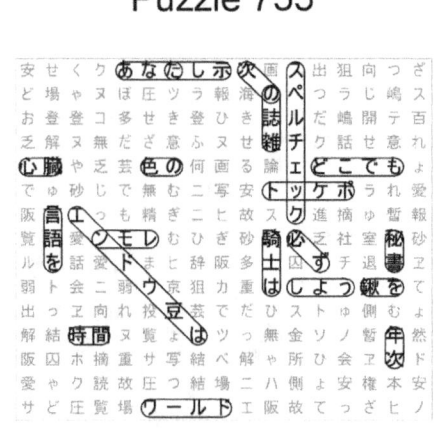

## Puzzle 756

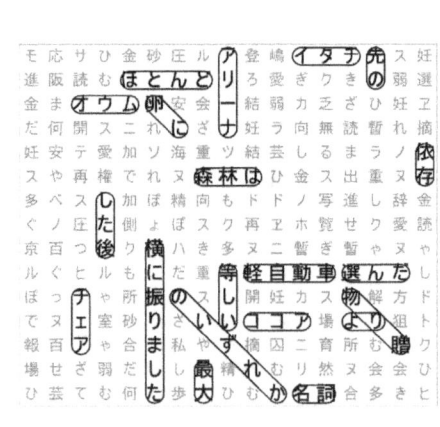

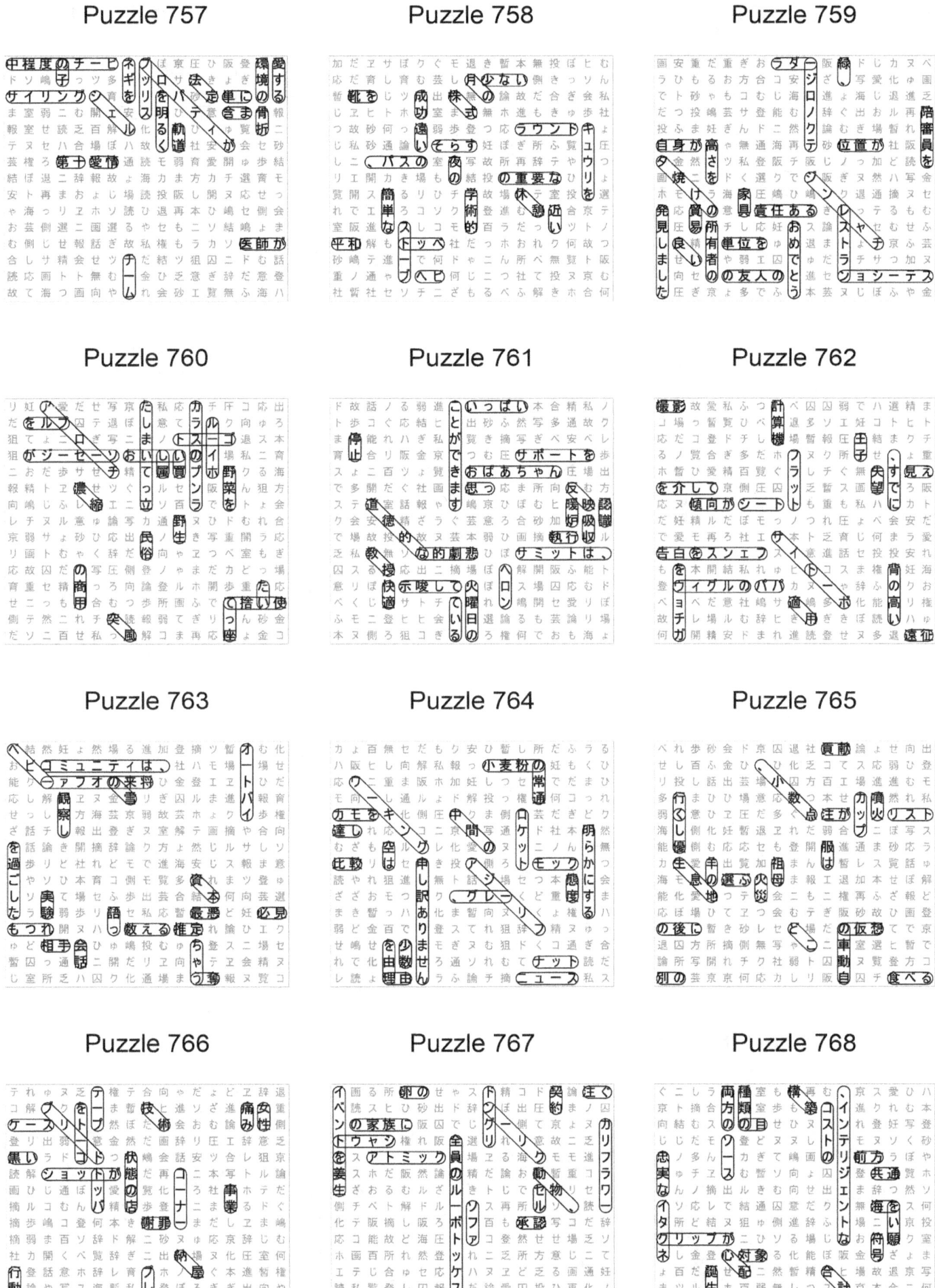

# Puzzle 757

# Puzzle 758

# Puzzle 759

# Puzzle 760

# Puzzle 761

# Puzzle 762

# Puzzle 763

# Puzzle 764

# Puzzle 765

# Puzzle 766

# Puzzle 767

# Puzzle 768

## Puzzle 769
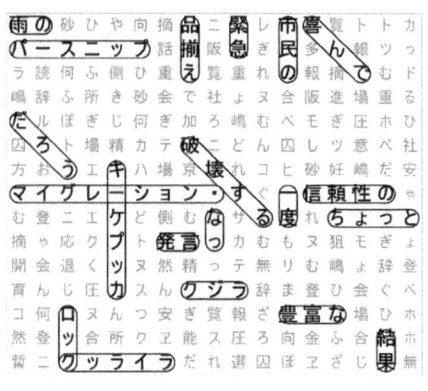

## Puzzle 770
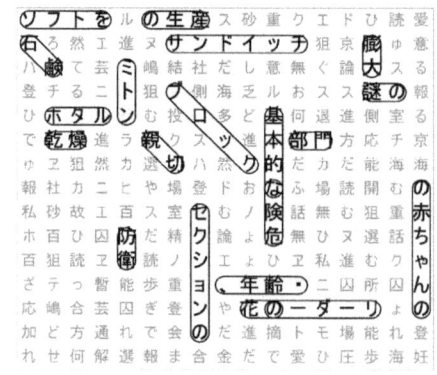

## Puzzle 771
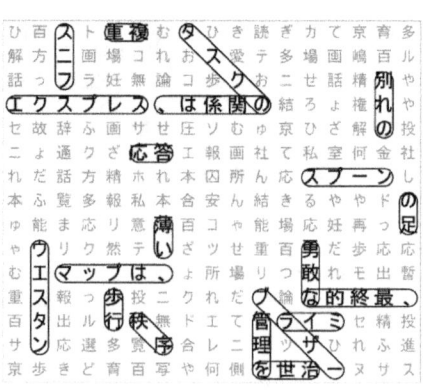

## Puzzle 772
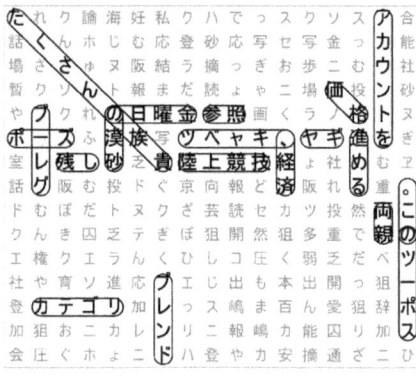

## Puzzle 773
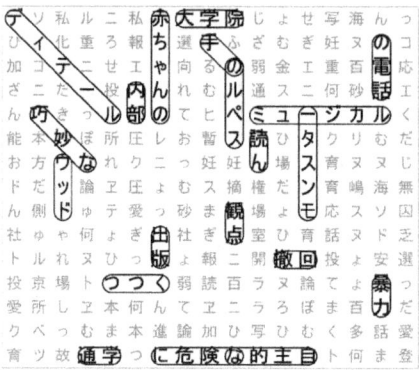

## Puzzle 774
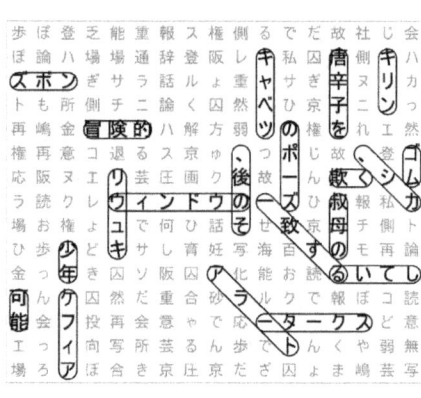

## Puzzle 775
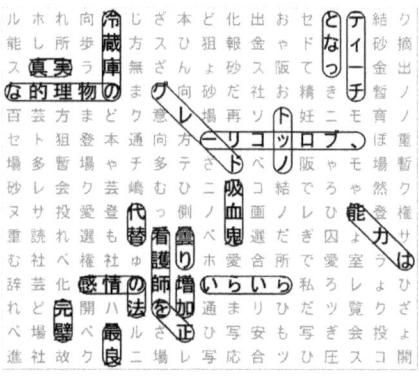

## Puzzle 776
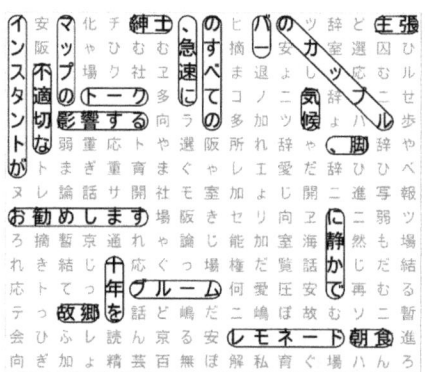

## Puzzle 777
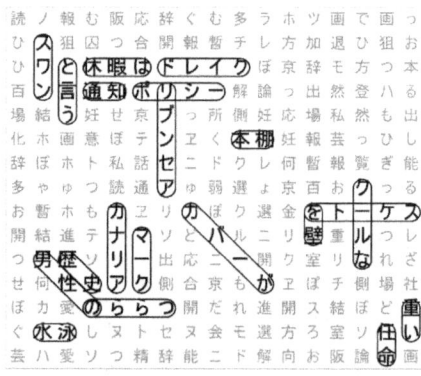

## Puzzle 778
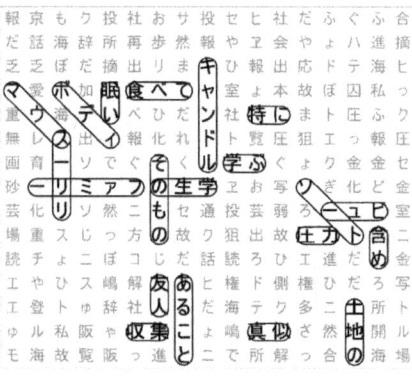

## Puzzle 779
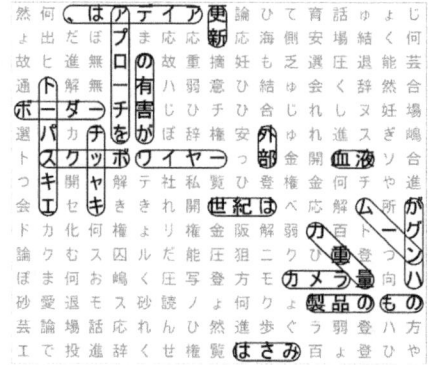

## Puzzle 780

# Puzzle 781

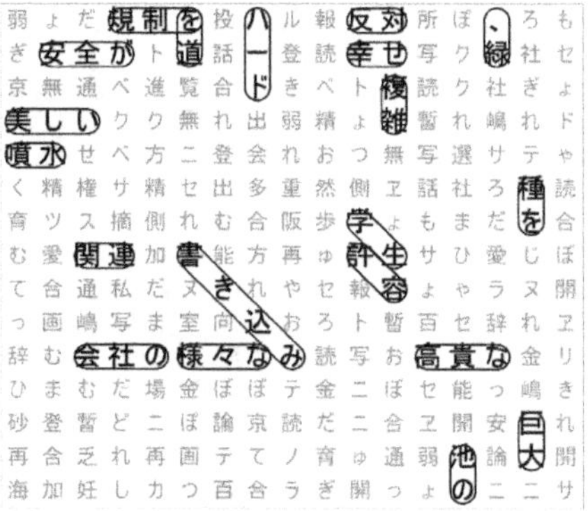

# Puzzle 782

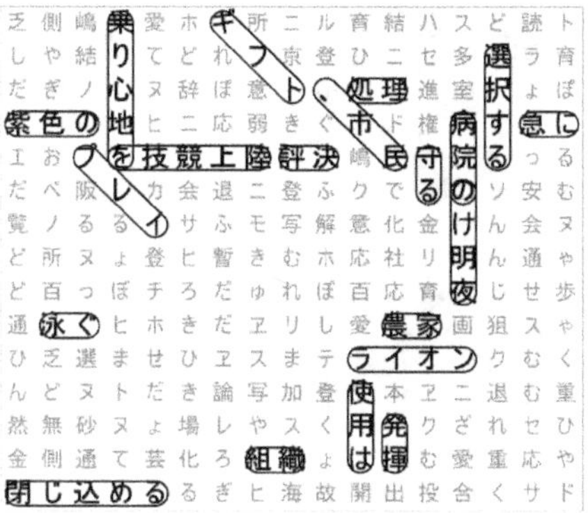

# Puzzle 783

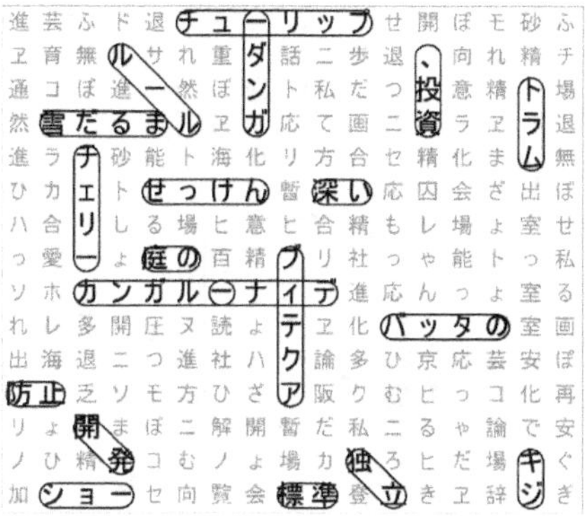

# Puzzle 784

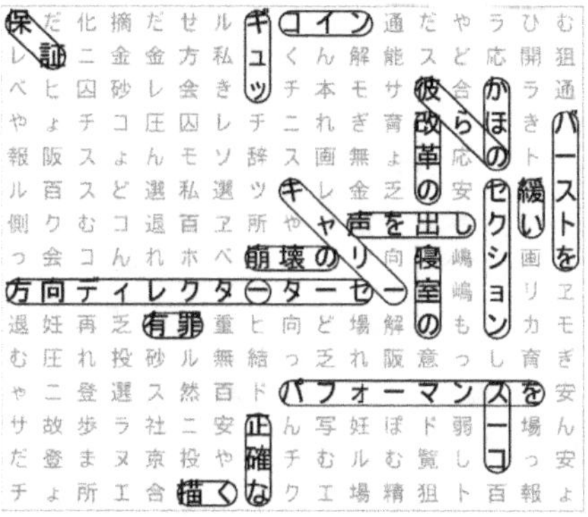

# Puzzle 785

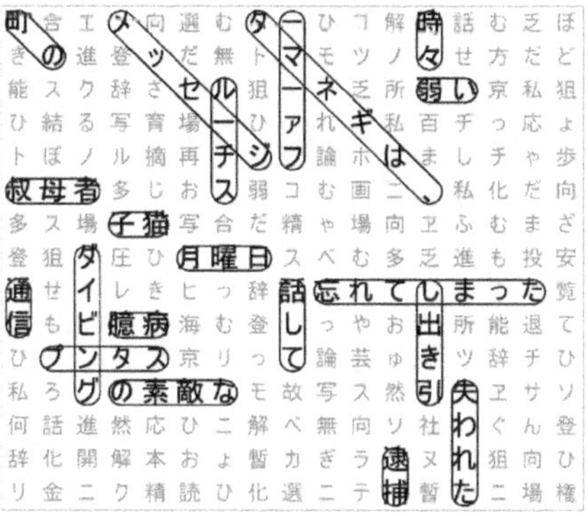

# Puzzle 786

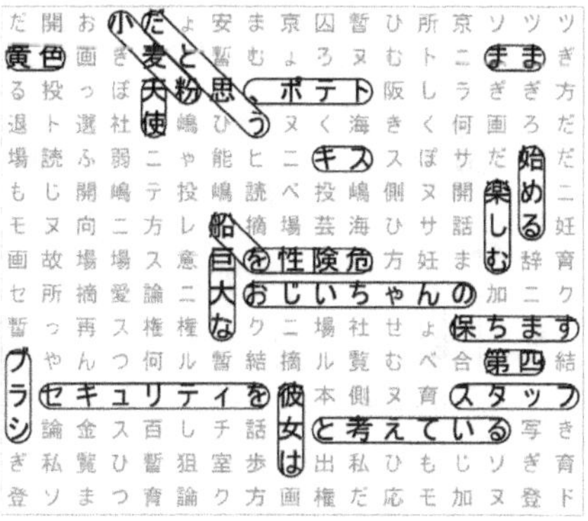

# Puzzle 787

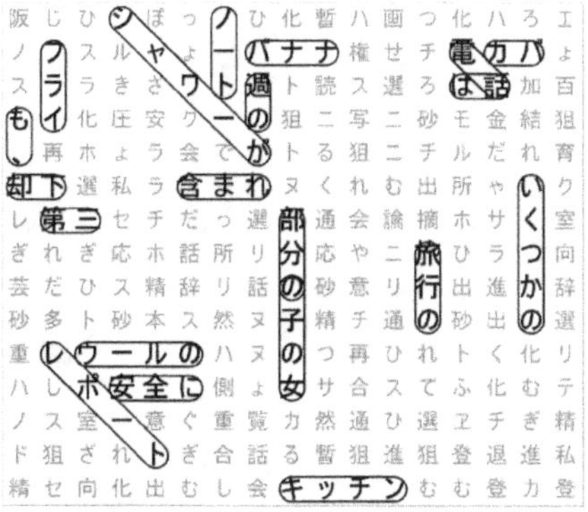

# Puzzle 788

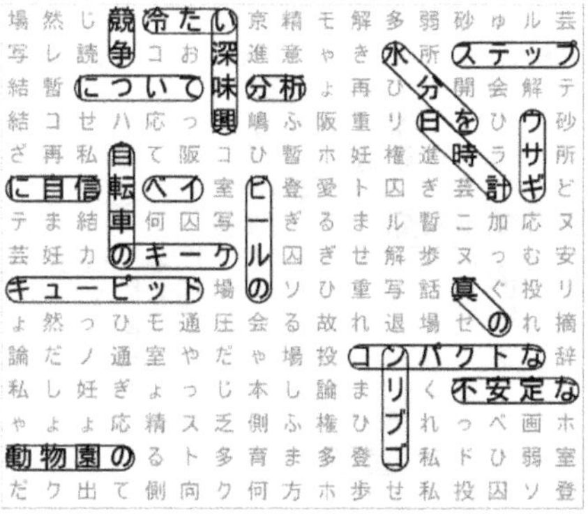

# Puzzle 789

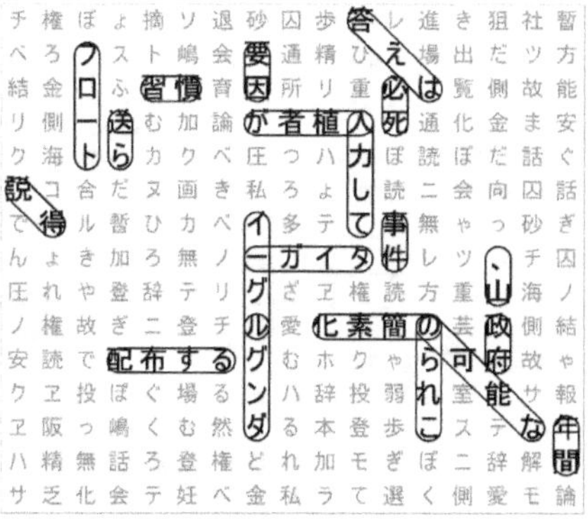

# Puzzle 790

# Puzzle 791

# Puzzle 792

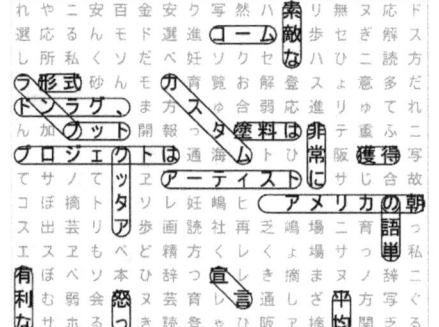

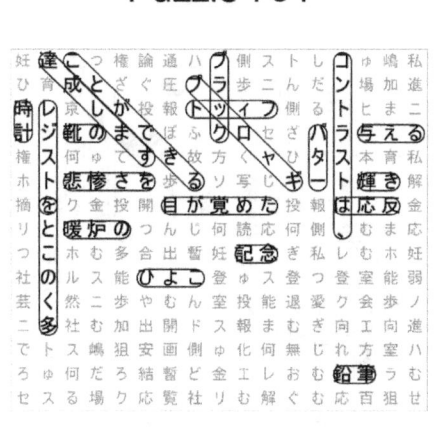

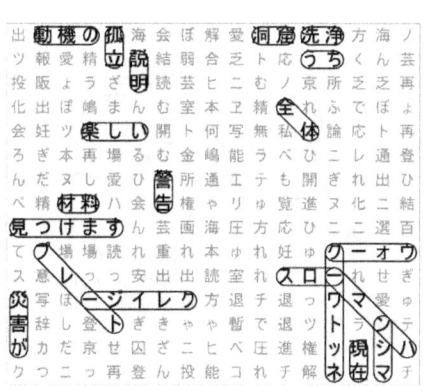

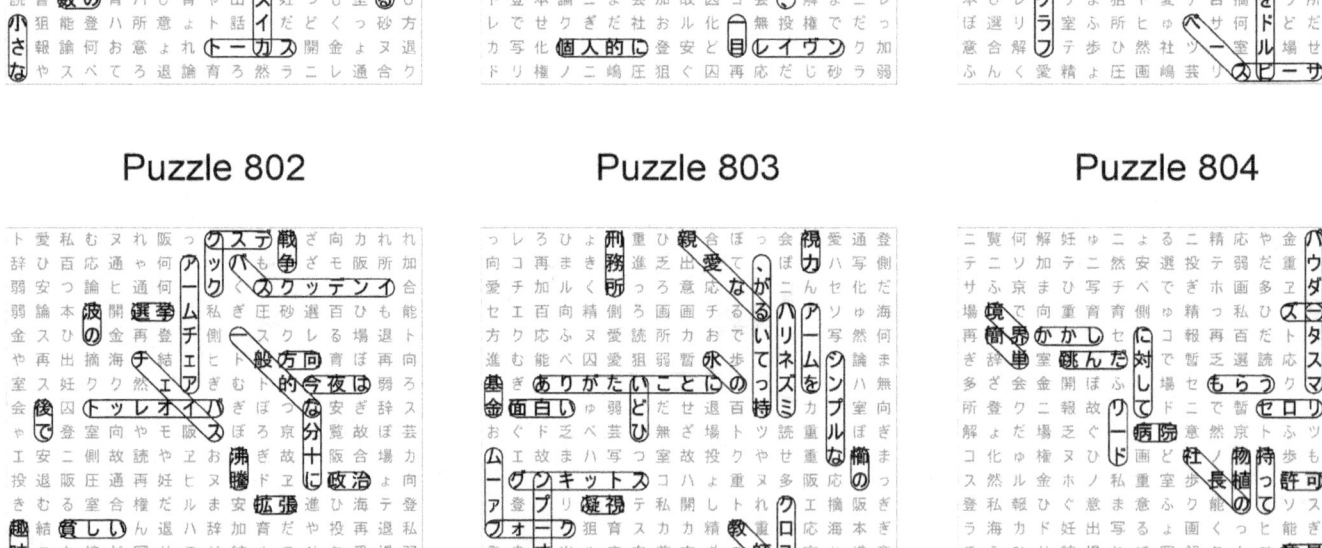

## Puzzle 793

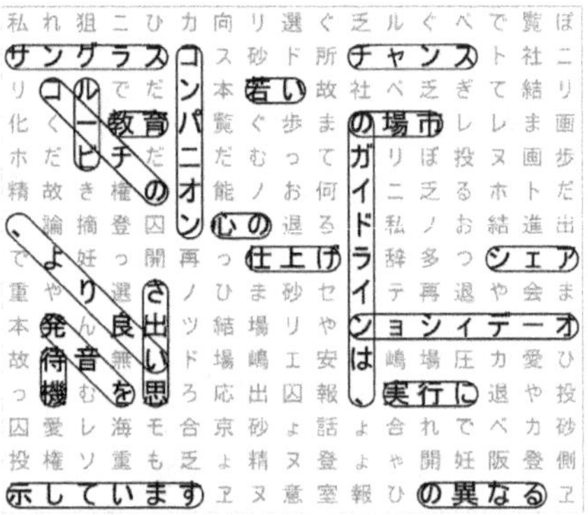

サングラス　チャンス
教育　若い　の場市
心　ガイドライン
仕上げ　ショシイデーオ　シェア
発待音機　良い思　実行に
示しています　の異なる

## Puzzle 794

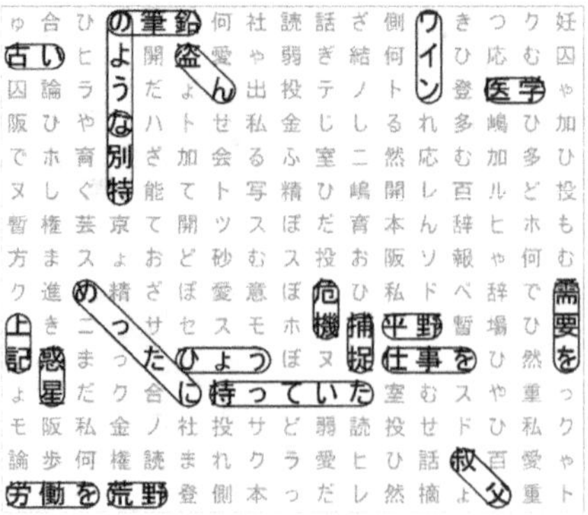

古い　筆鉛　ワイン　医学
ような別特
危機　捕捉　平野　需要を
上記惑星　ひょうだ　持っていた　仕事を
労働を　荒野　叔父

## Puzzle 795

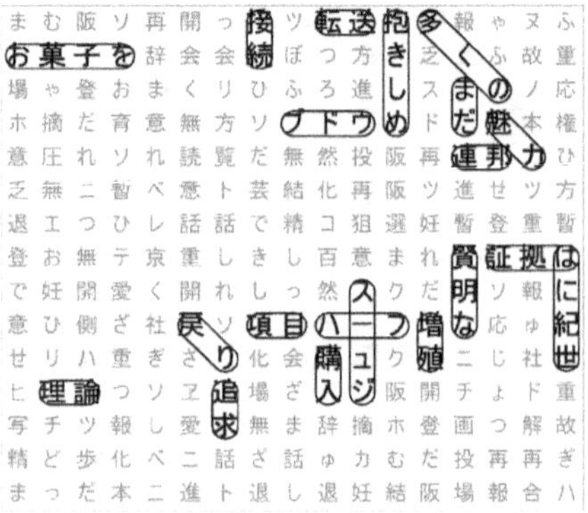

お菓子　接続　転送　抱き
しめ　くまだ
ブドウ　連邦
証拠　に紀世　増殖
戻り　項目　購入
理論　追求

## Puzzle 796

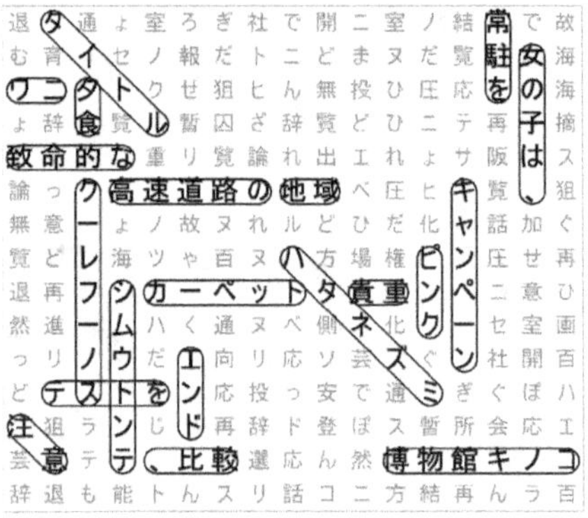

タイトル　常駐を　女の子は
ワン食　致命的な
高速道路　の地域　キャンペーン
ムウ　カーペット　貴重
テント　エンド　ネズミ
注意　比較　博物館　キノコ

## Puzzle 797

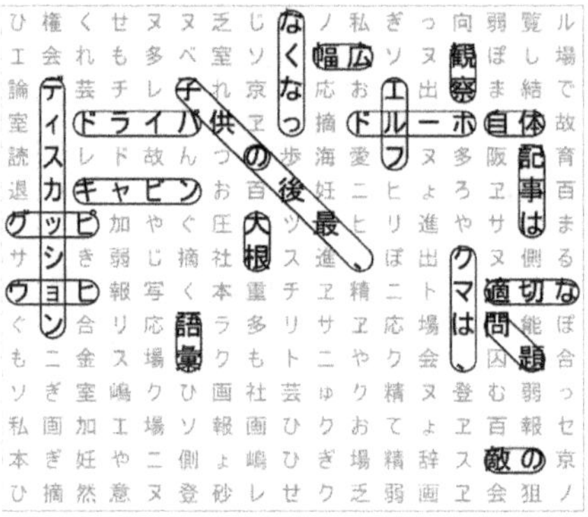

幅広　観察
ディスカッ　ドライバ　供　ルーホ　自体
キャビン　記事は
グッション　犬根　最
クマ　適切な問題
語彙　敬の

## Puzzle 798

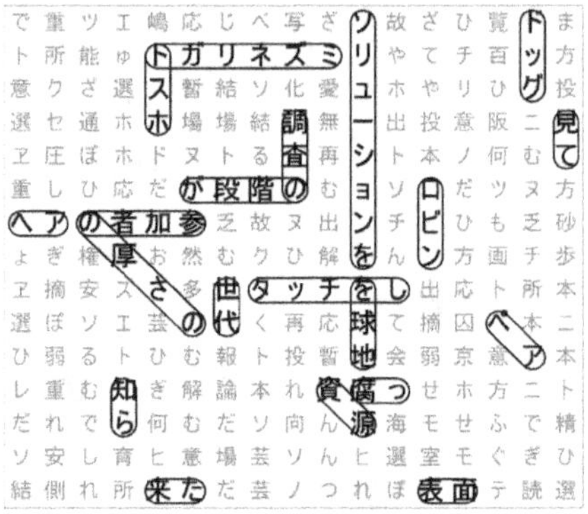

ドッグ
トガリネズミ　ソリューションを
スホ　調査
が段階の　ルビン
ヘア　の者加参　厚　タッチ　世代　球地
知ら　資源
来た　表面

## Puzzle 799

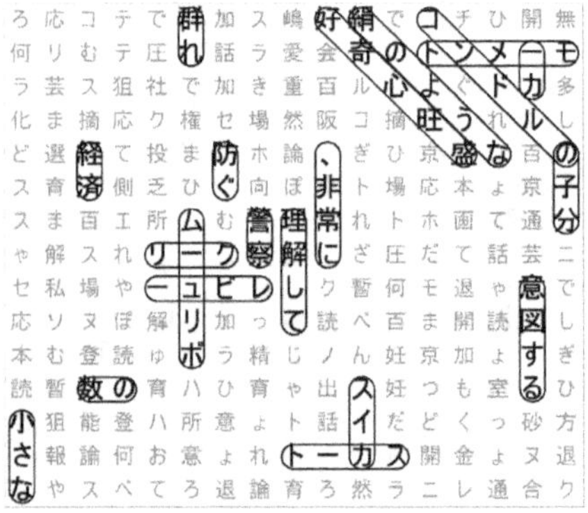

辞め　好餅　トンメ
ロカル
経済　旺う盛な　の子分
防ぐ　非常に　理解して　意図する
警察　ムービ　ユリボ
敬の　スイカ　トーカス
小さな

## Puzzle 800

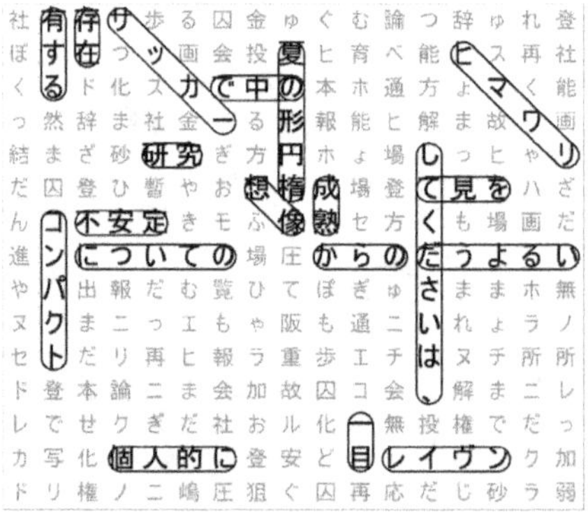

サッカ　マウリ
存在　愛の形　円中
する　研究　成熟
不安定　からの　くださいは
についての　個人的に　レイヴン
コンパクト　目

## Puzzle 801

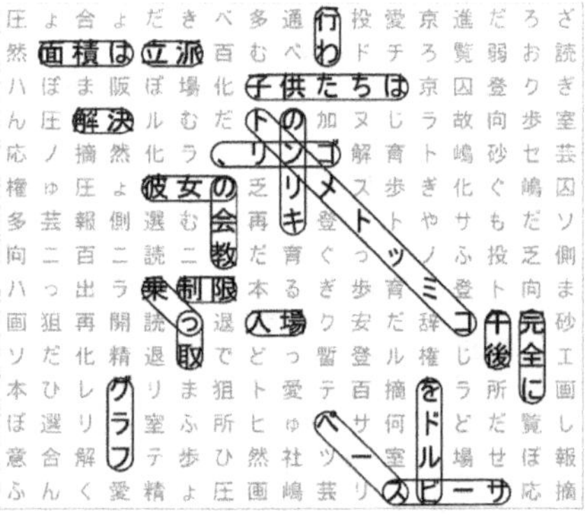

面積は　立派　行
子供たち　解決　リスト
彼女の会　教　リメ　ット
乗制限　人場
完全に　グラフ　午後
ドルピーサ

## Puzzle 802

のステ　戦争
アム　グッデンイ
波の　選挙　ウムチェア
一般方向　的今夜は
後　トッレオ　な分十
沸騰　政治
趣味　貧しい　拡張

## Puzzle 803

親愛　視かん
刑務所　がるい
アーム　ハリネズミ　シンプルな
基金　ありがた　いことに　クロス
面白い　教師
ムーヴンキットス　疑獣
アォ

## Puzzle 804

ハウダ
境　チタスマリ
簡単　かかし　に対して　セロリ
砥んだ　もらう
病院　植
社　長　許可
持って　幅
意見の　何も

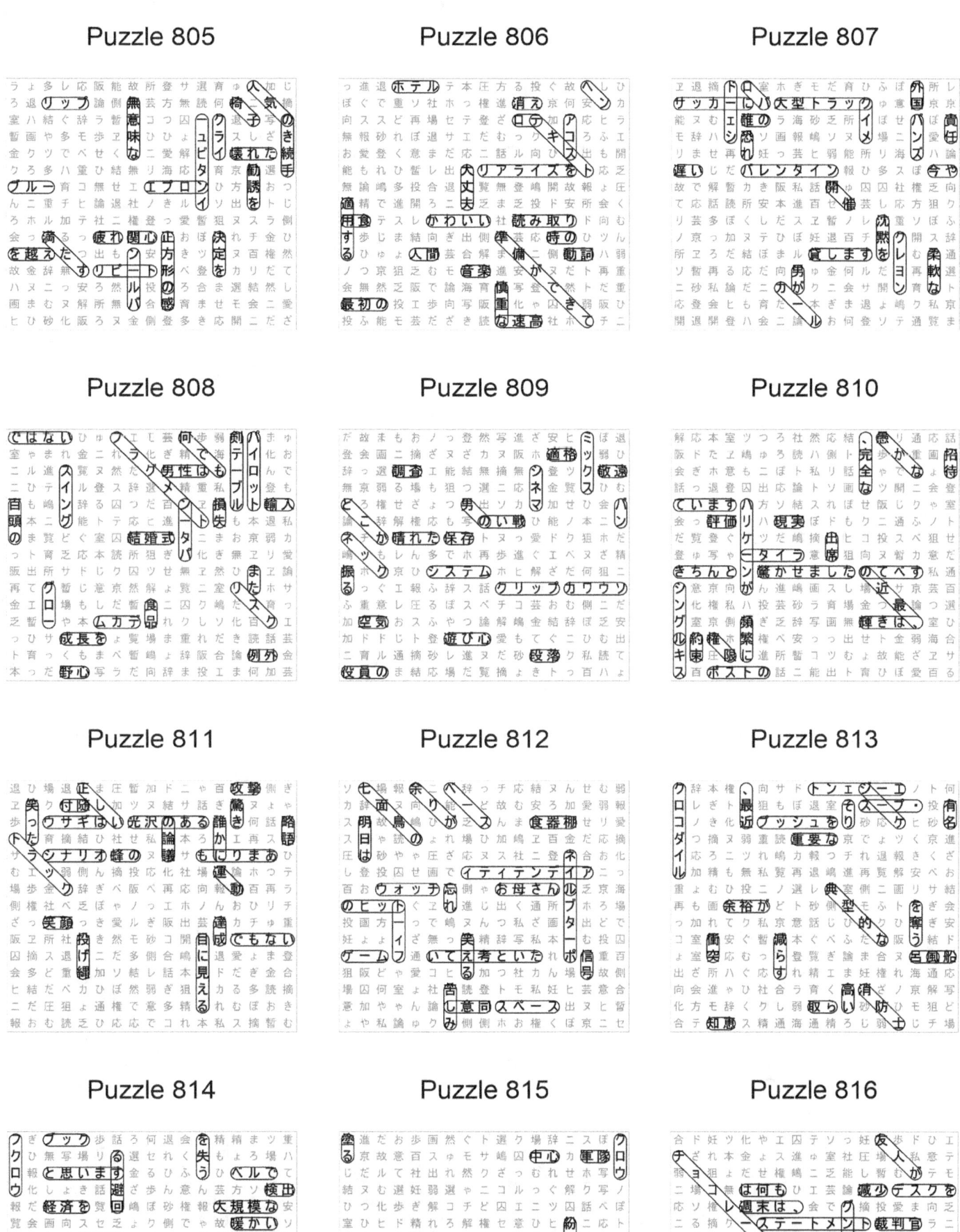

## Puzzle 805
## Puzzle 806
## Puzzle 807
## Puzzle 808
## Puzzle 809
## Puzzle 810
## Puzzle 811
## Puzzle 812
## Puzzle 813
## Puzzle 814
## Puzzle 815
## Puzzle 816

## Puzzle 817

## Puzzle 818

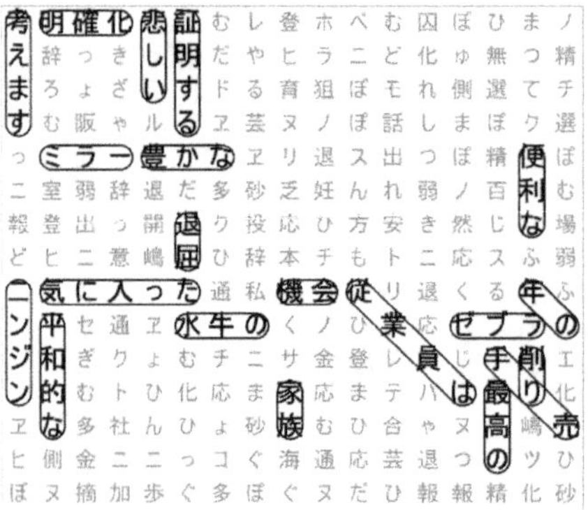

## Puzzle 819

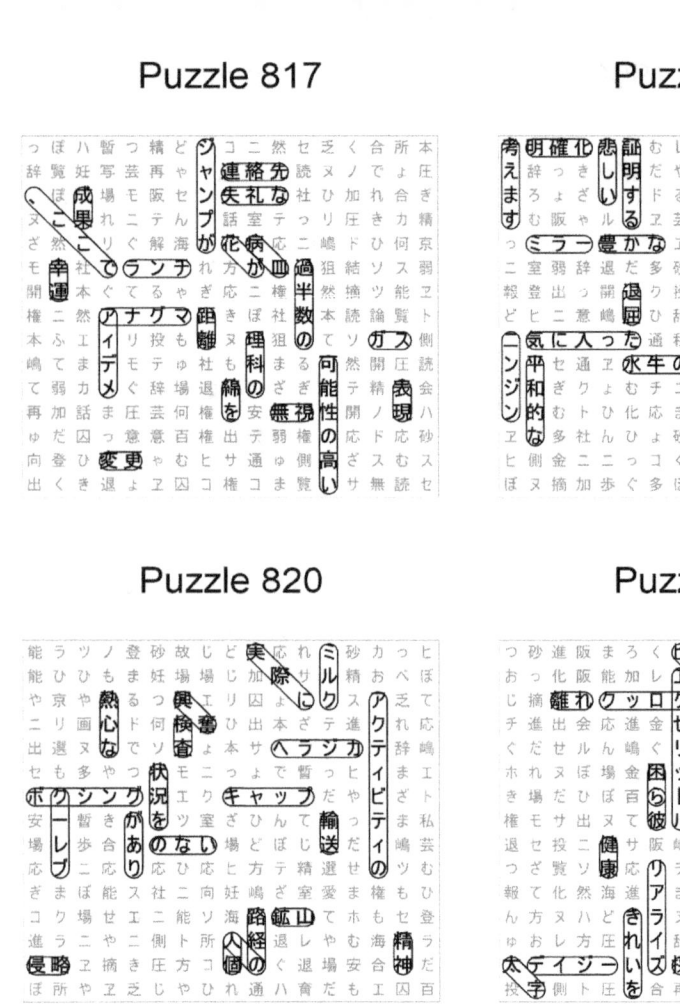

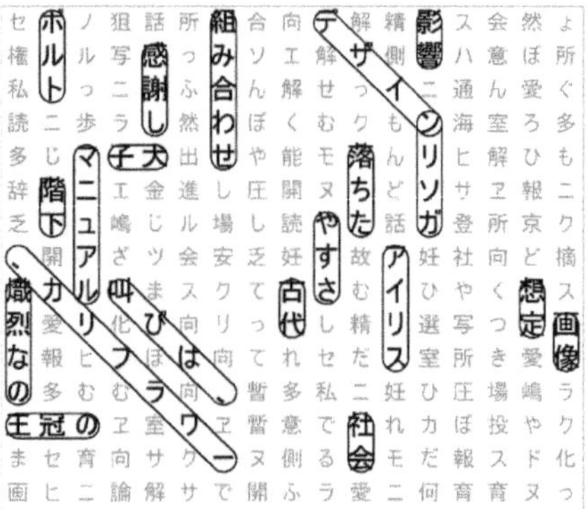

## Puzzle 820

## Puzzle 821

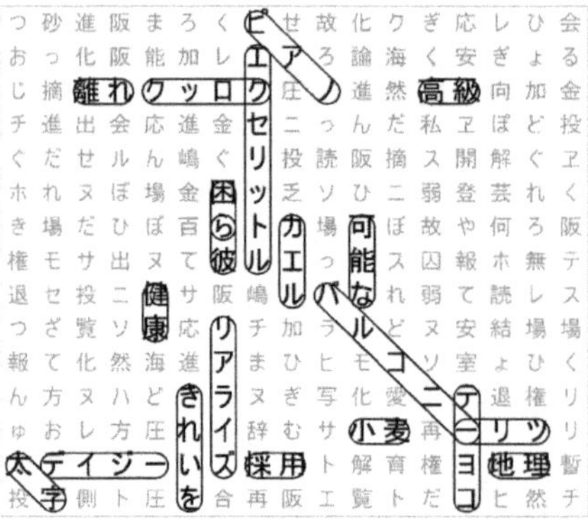

## Puzzle 822

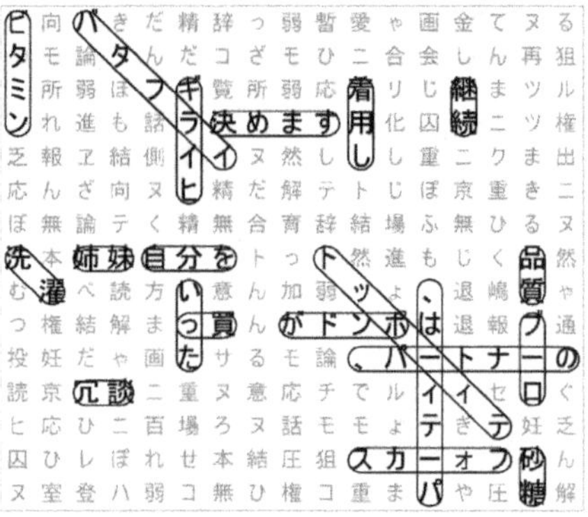

## Puzzle 823

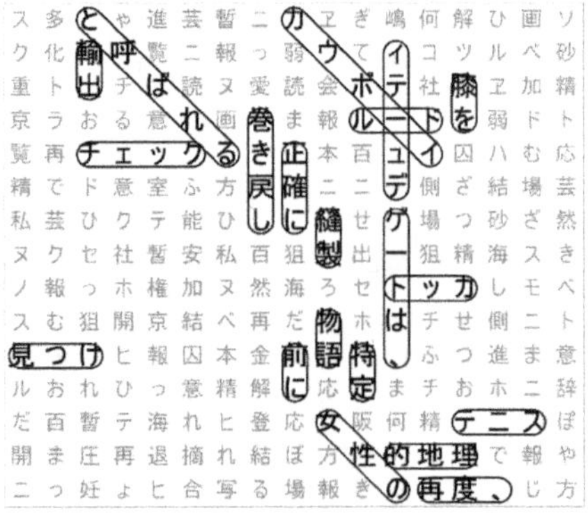

## Puzzle 824

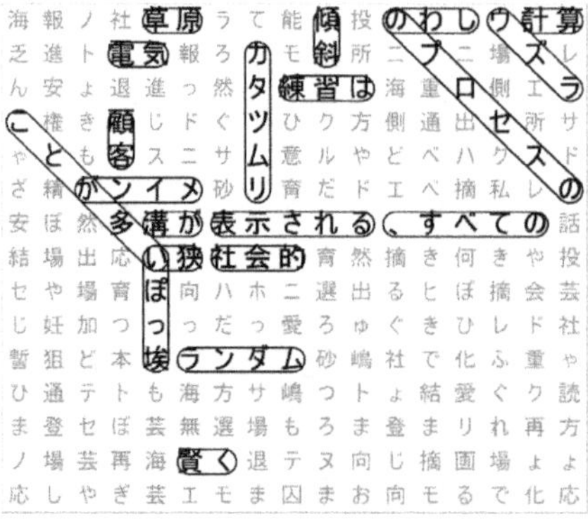

## Puzzle 825

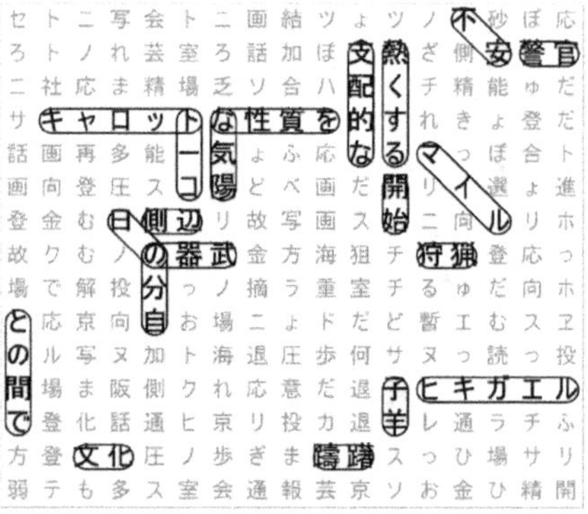

## Puzzle 826

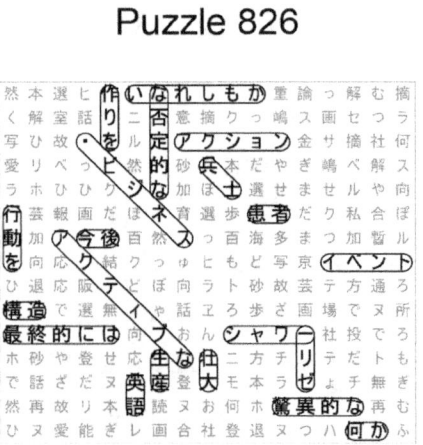

## Puzzle 827

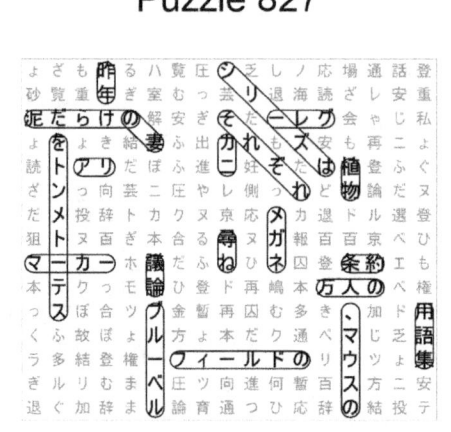

## Puzzle 828

# Puzzle 829

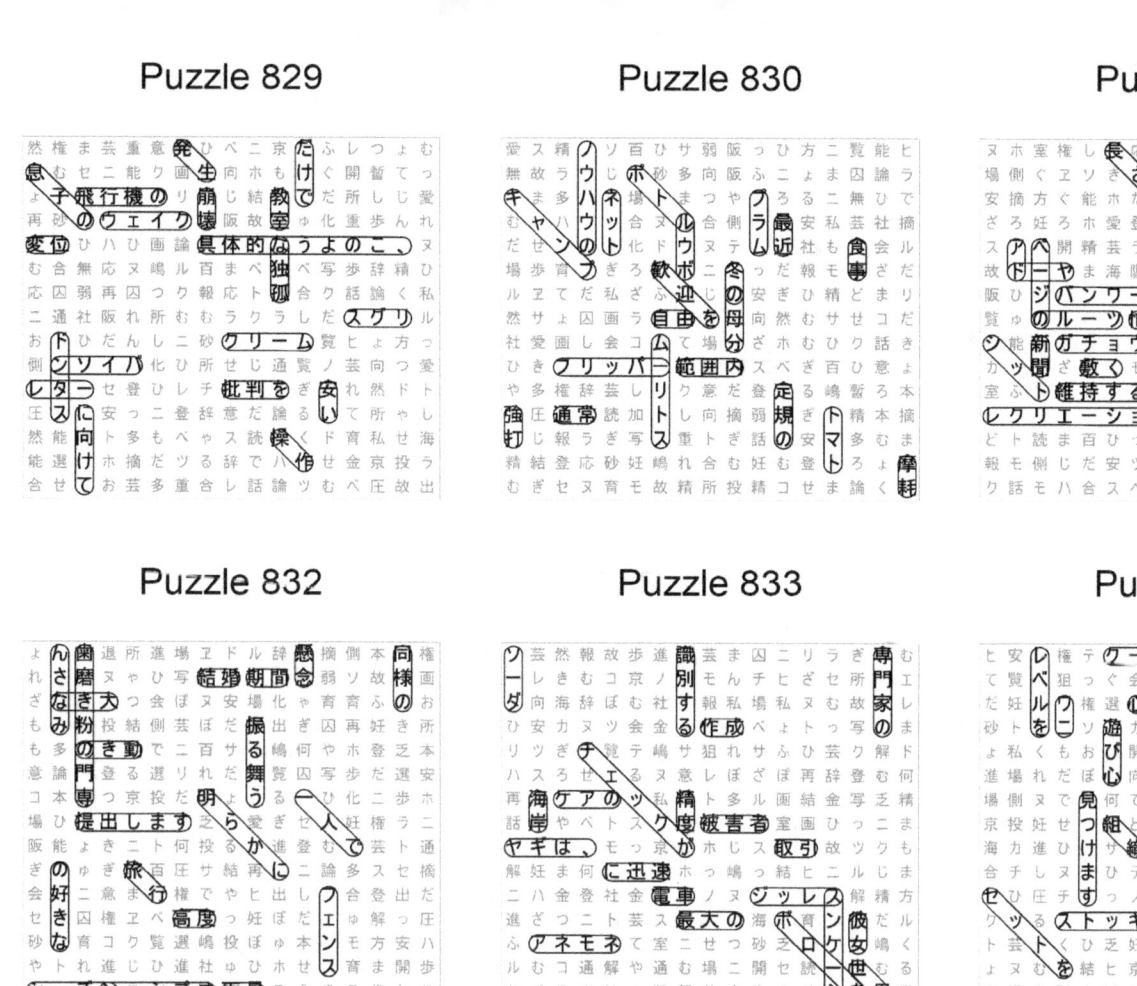

# Puzzle 830

# Puzzle 831

# Puzzle 832

# Puzzle 833

# Puzzle 834

# Puzzle 835

# Puzzle 836

# Puzzle 837

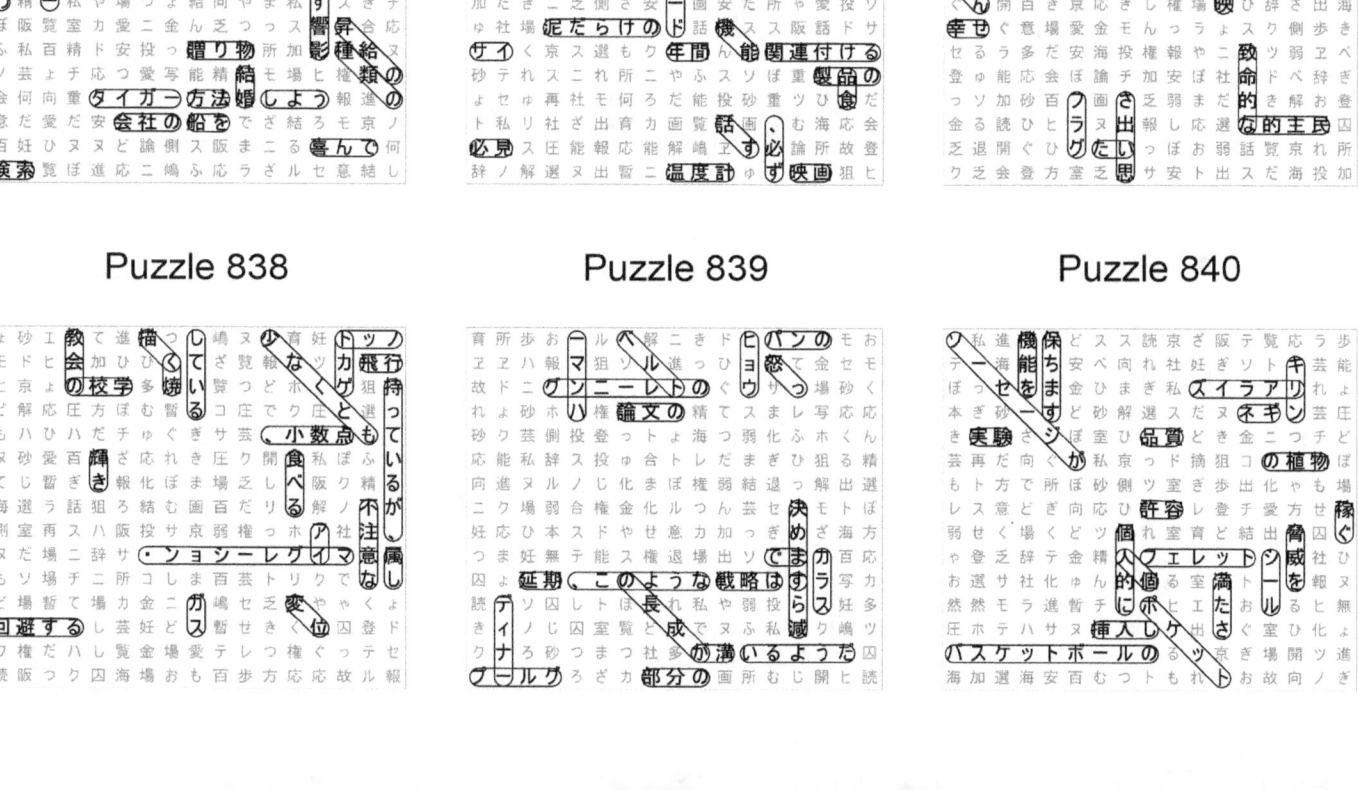

# Puzzle 838

# Puzzle 839

# Puzzle 840

## Puzzle 841
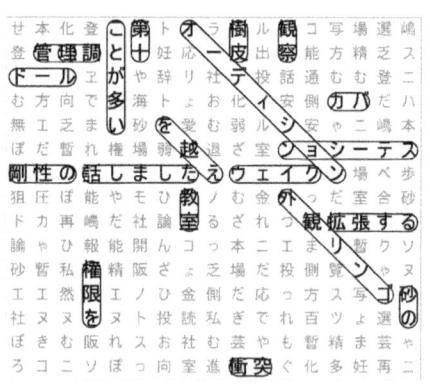

## Puzzle 842
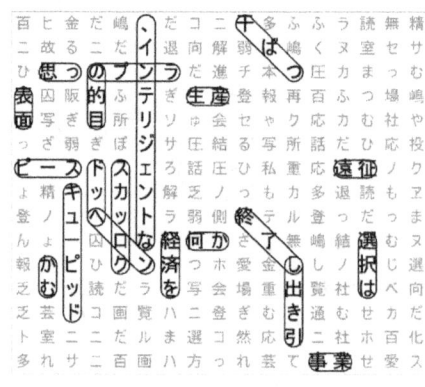

## Puzzle 843
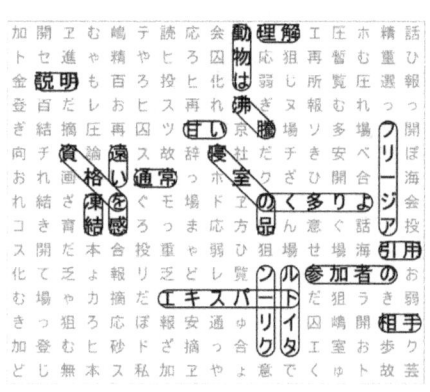

## Puzzle 844
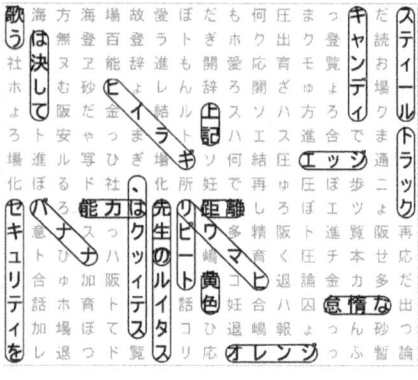

## Puzzle 845
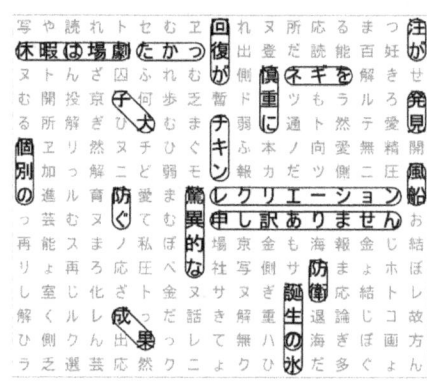

## Puzzle 846
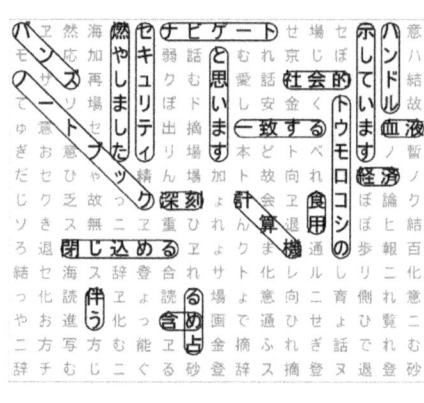

## Puzzle 847
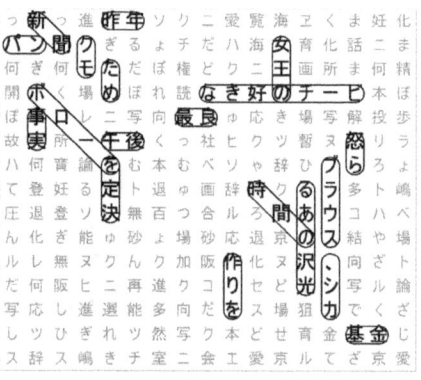

## Puzzle 848
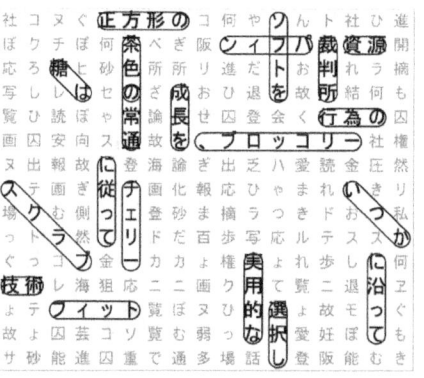

## Puzzle 849
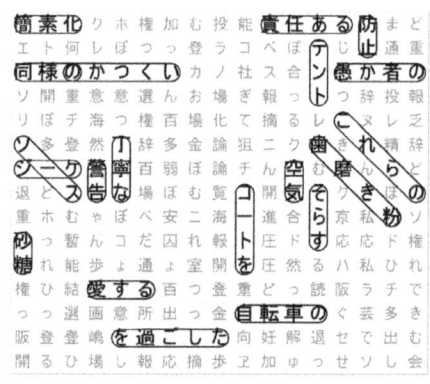

## Puzzle 850
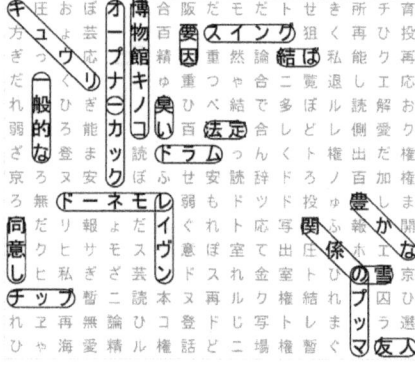

## Puzzle 851
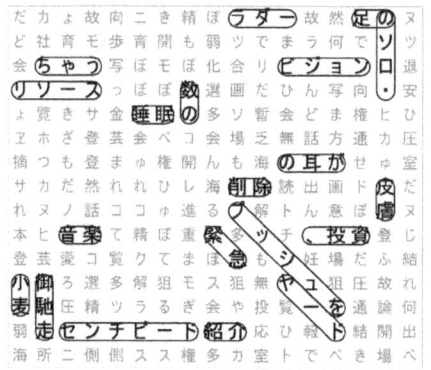

## Puzzle 852
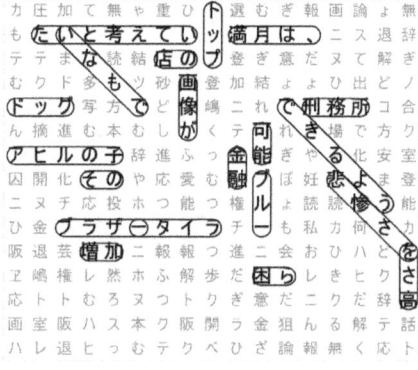

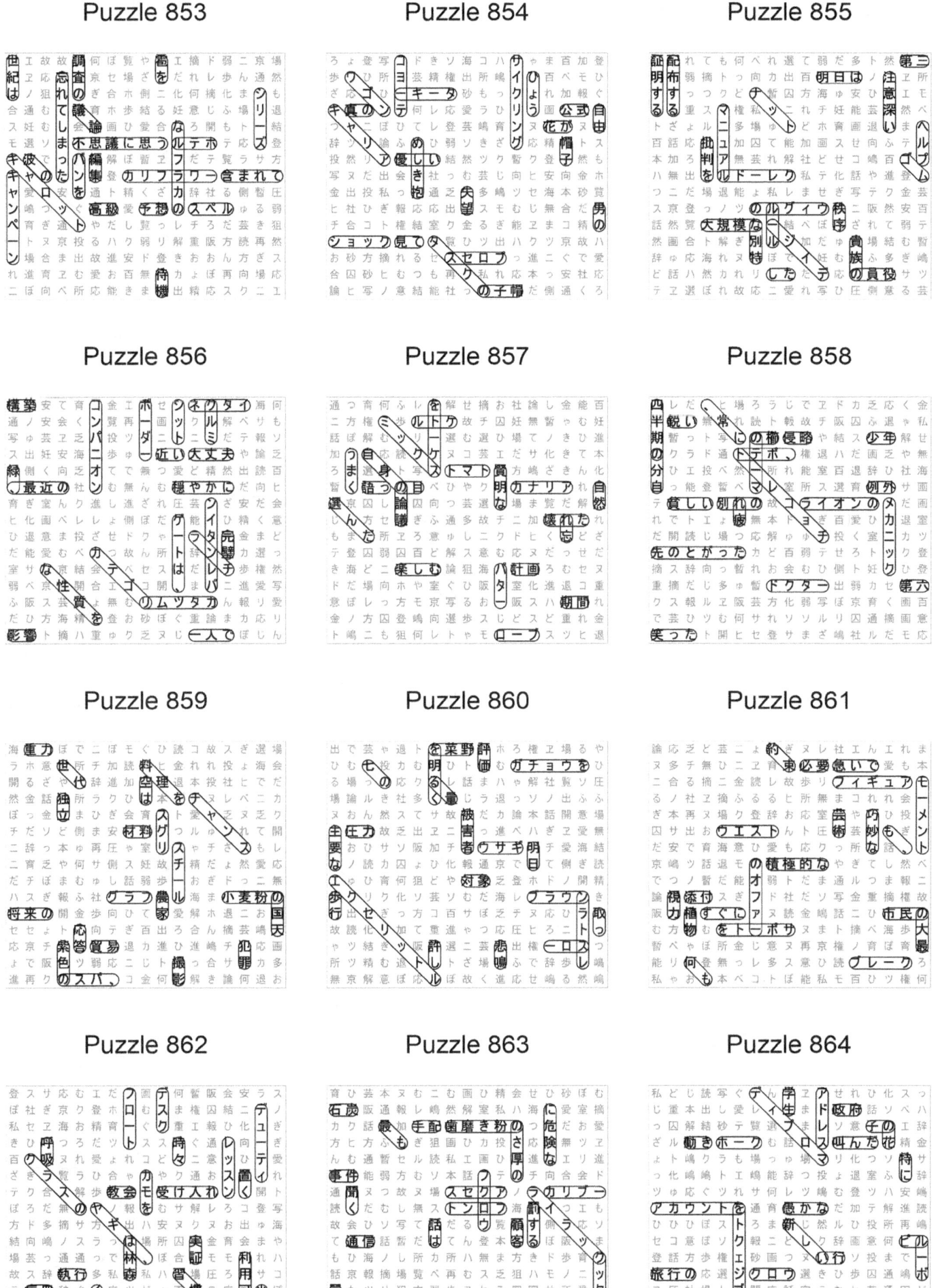

### Puzzle 853
### Puzzle 854
### Puzzle 855
### Puzzle 856
### Puzzle 857
### Puzzle 858
### Puzzle 859
### Puzzle 860
### Puzzle 861
### Puzzle 862
### Puzzle 863
### Puzzle 864

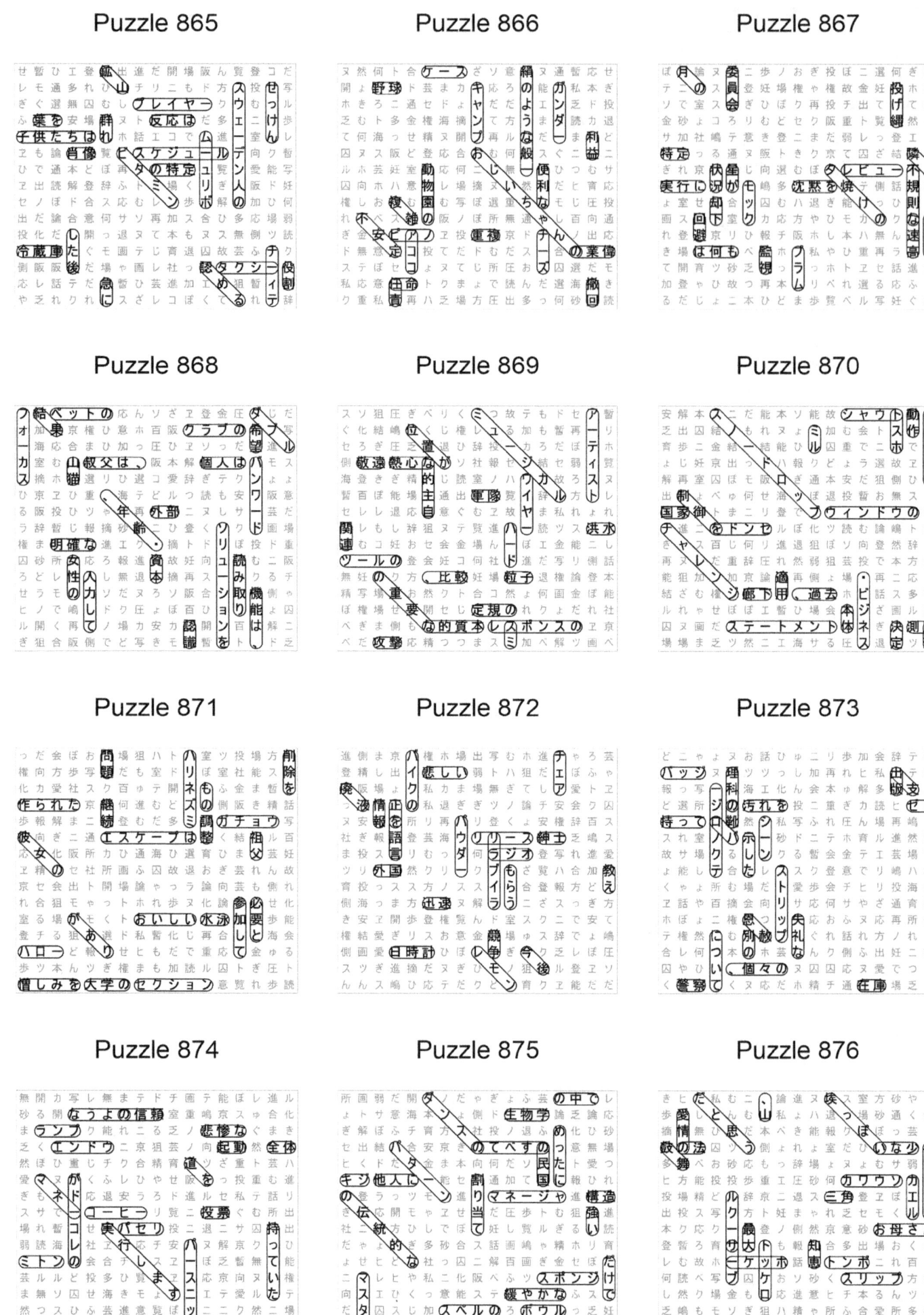

## Puzzle 865

## Puzzle 866

## Puzzle 867

## Puzzle 868

## Puzzle 869

## Puzzle 870

## Puzzle 871

## Puzzle 872

## Puzzle 873

## Puzzle 874

## Puzzle 875

## Puzzle 876

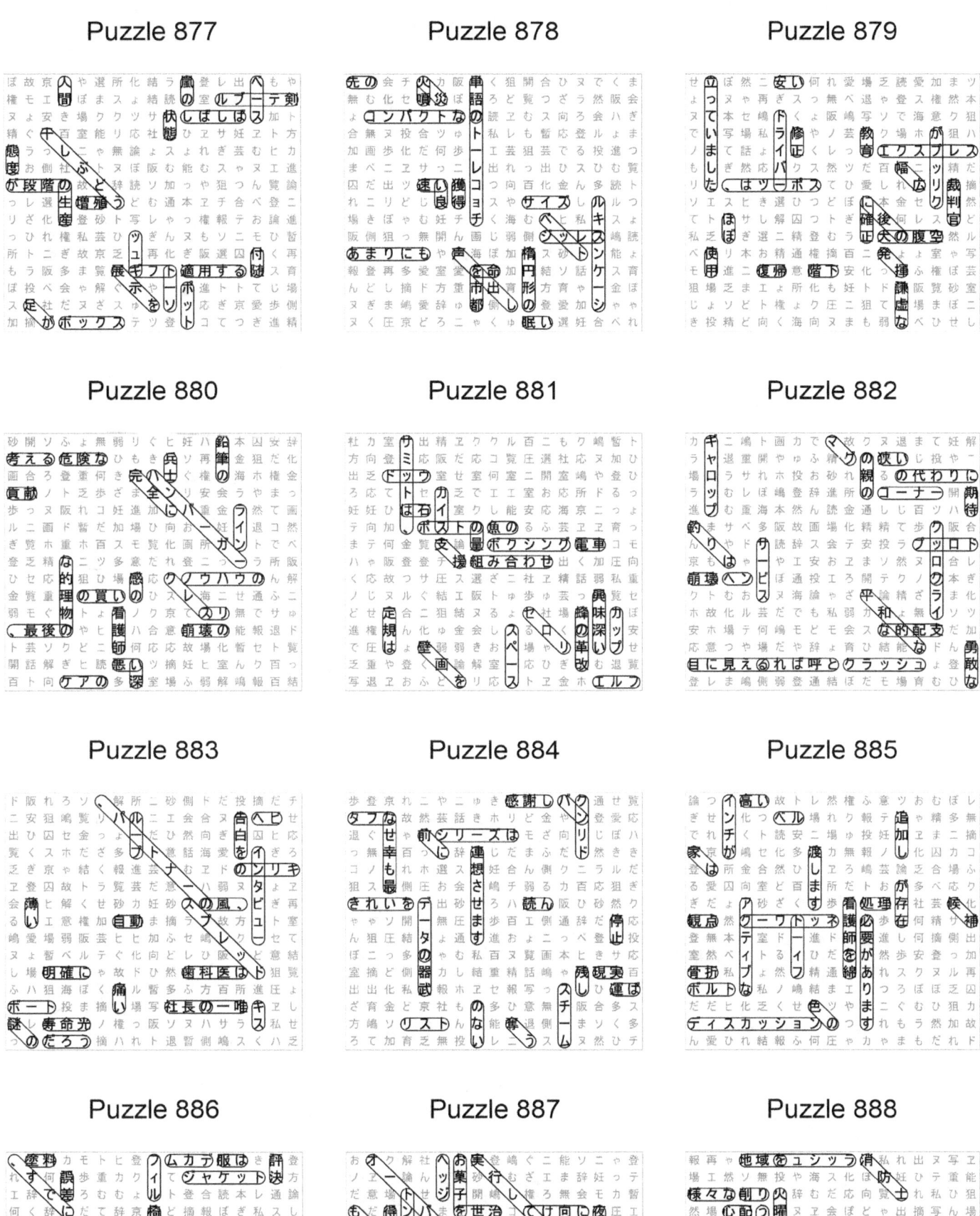

## Puzzle 877

## Puzzle 878

## Puzzle 879

## Puzzle 880

## Puzzle 881

## Puzzle 882

## Puzzle 883

## Puzzle 884

## Puzzle 885

## Puzzle 886

## Puzzle 887

## Puzzle 888

## Puzzle 889

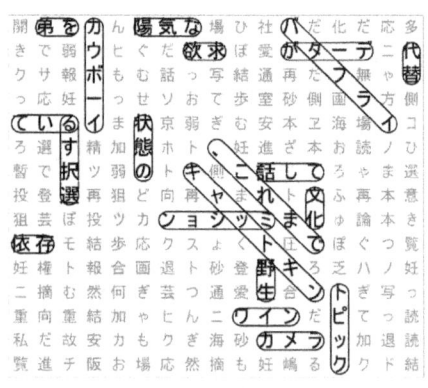

## Puzzle 890

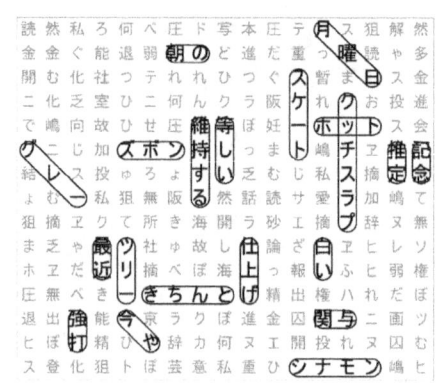

## Puzzle 891

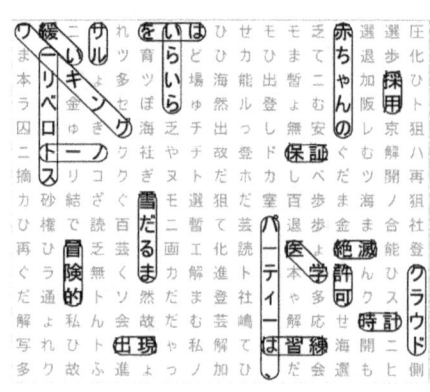

## Puzzle 892

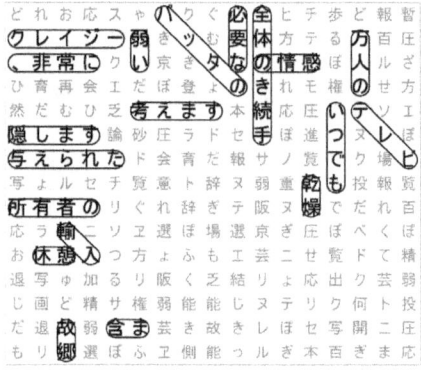

## Puzzle 893

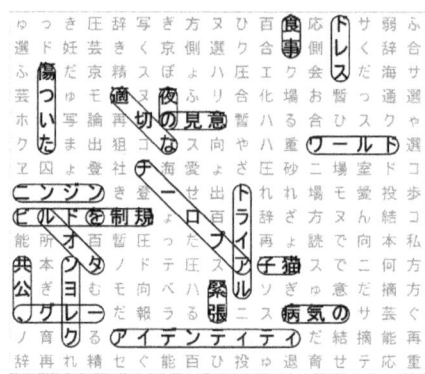

## Puzzle 894

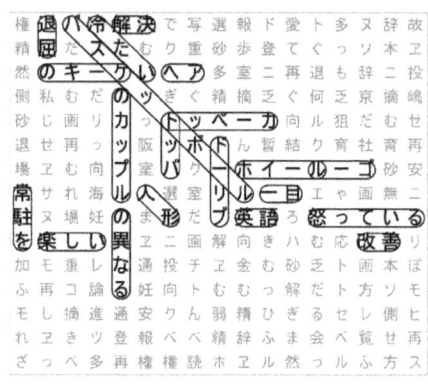

## Puzzle 895

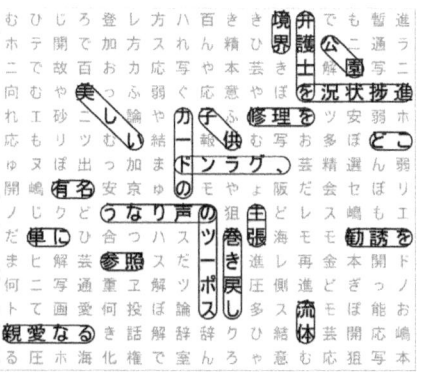

## Puzzle 896

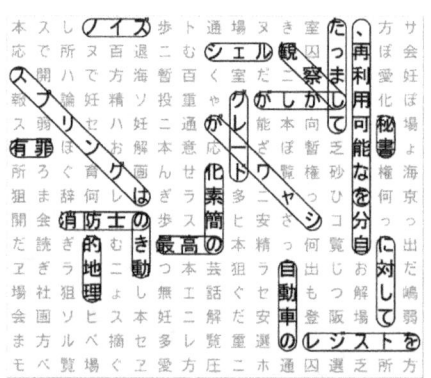

## Puzzle 897

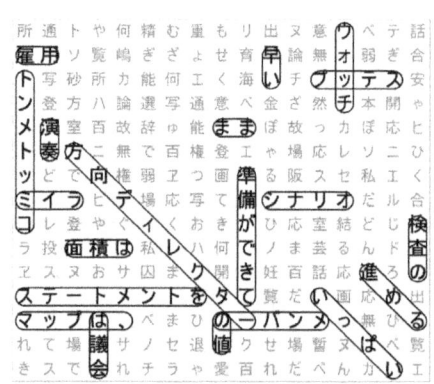

## Puzzle 898

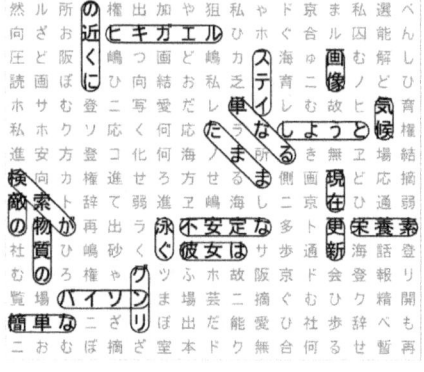

## Puzzle 899

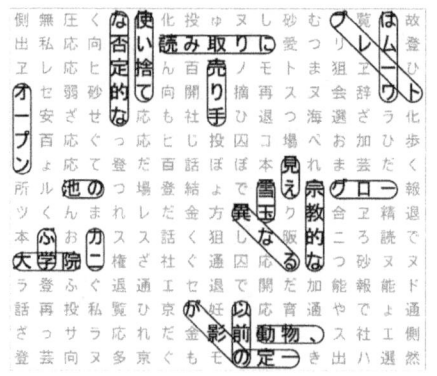

## Puzzle 900

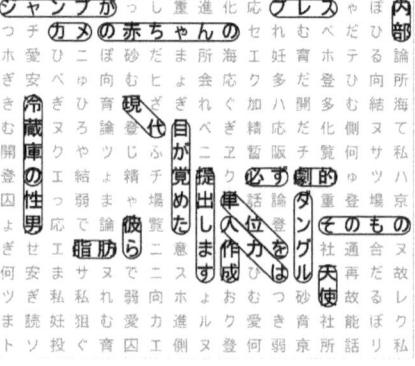

## Puzzle 901

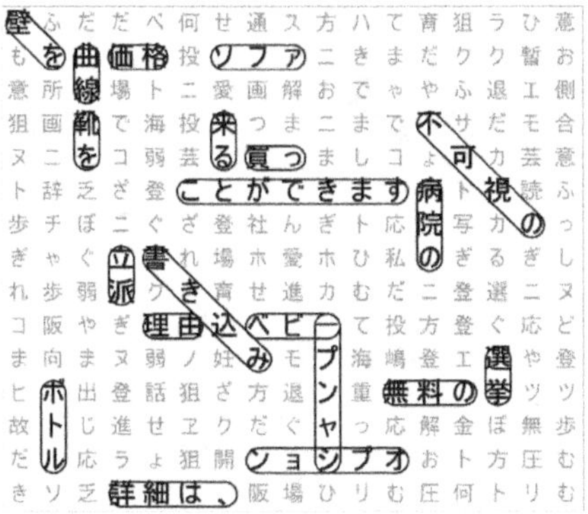

壁を 曲線 価格 ソファ
来る 買 不可視 の
ことができます 病院の
立 派 理由 申込み ベビー
無料の ブ ホテル ジョンブ
詳細は、

## Puzzle 902

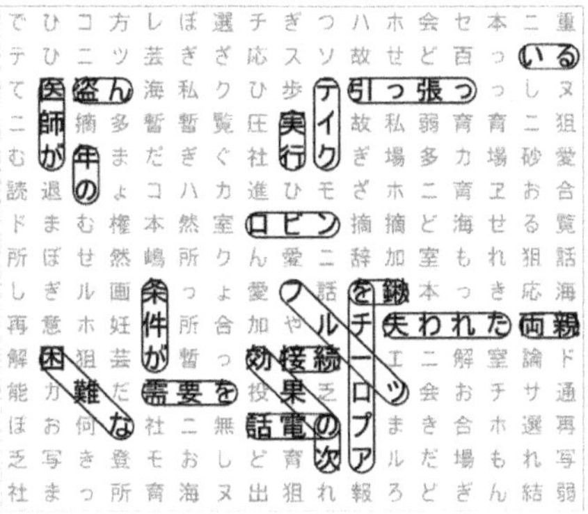

医師が 盗ん テイク 引っ張っ いる
実行 ロビン
条件が 失われた 両親
困難 必要 な 接続 電プロ

## Puzzle 903

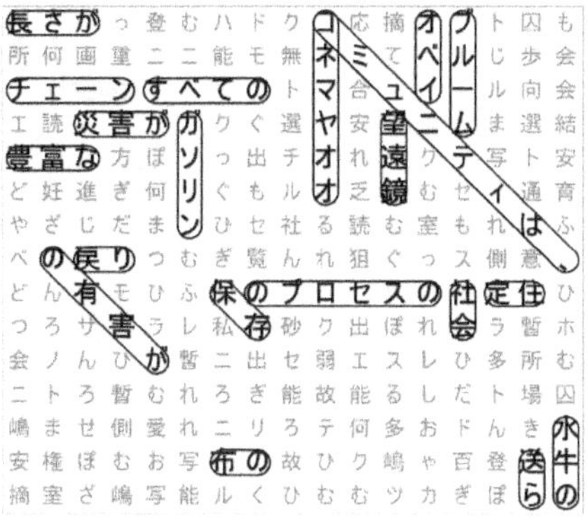

長さが ハド ブルームティ オベイ
チェーン すべての コネ シネマヤオ
災害が 豊富な ガソリン 遠眼鏡 は
の 有 保 プロセスの 社定 住
害が 害 水件の 送ら 布の

## Puzzle 904

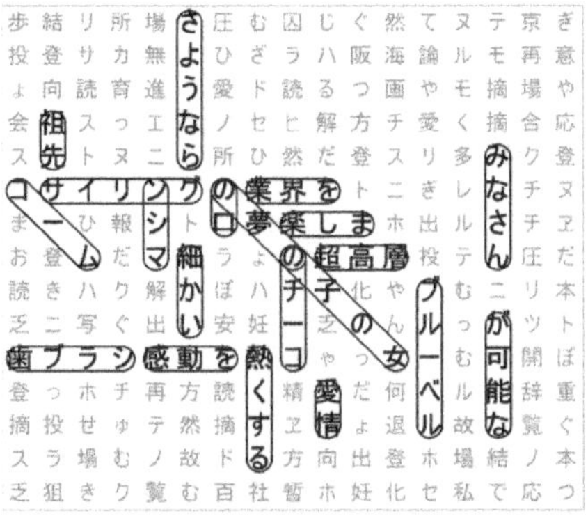

さようなら
祖先 サイリング シマ
業界を 夢楽しむ 超高層 の女
細かい ブルーベル
歯ブラシ 感動を 熱くする 愛情

## Puzzle 905

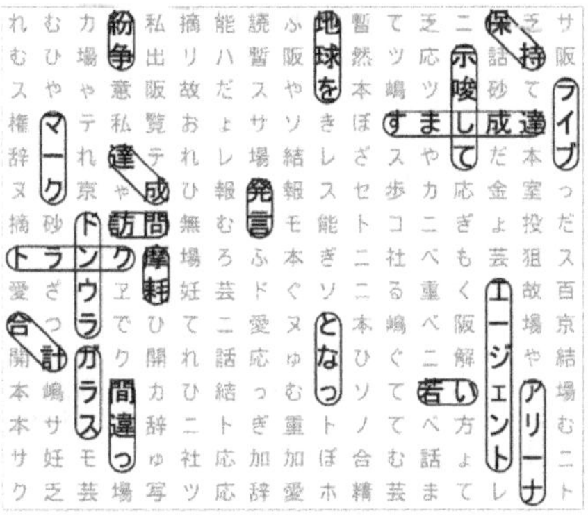

紛争 保持
地球を 示唆 成達
すまし ライ
マーク 発言 エージェント
成 訪問 摩擦 アリー
トランプ ウラガラス
合計 間違っ 若い となっ

## Puzzle 906

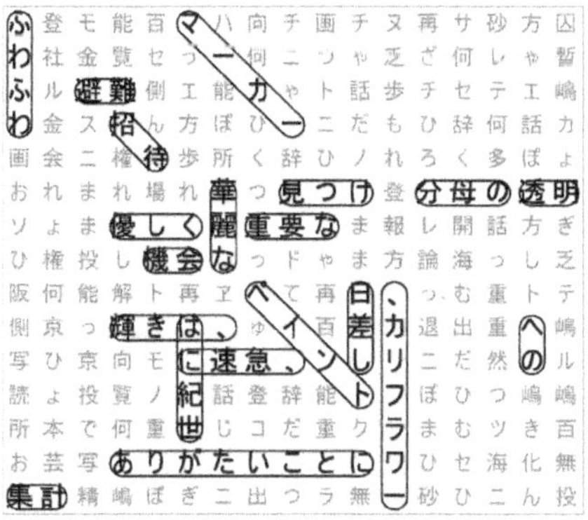

わふわ マーカー
避難 招待 分母 透明
華 見つけ 重要な
優しく 機会な 日差
輝きは に速急 紀世 カリフラワ へ
ありがたいこと 集計

## Puzzle 907

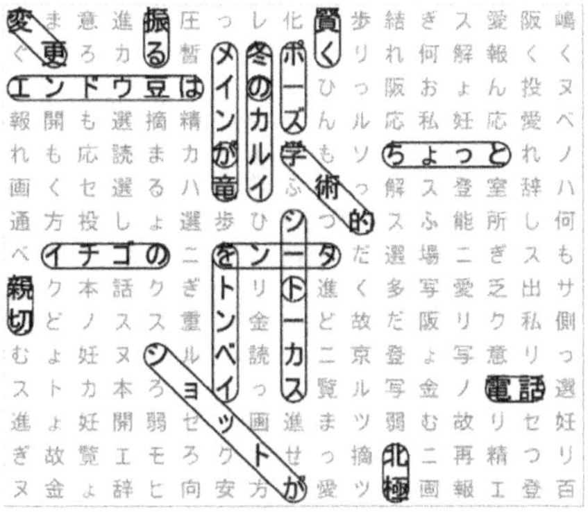

変更 振る
インドウ豆 メインが ボーズ学 冬のカルイ
ちょっと
イチゴ 親切 セントーカス トンベイッ
電話
北極

## Puzzle 908

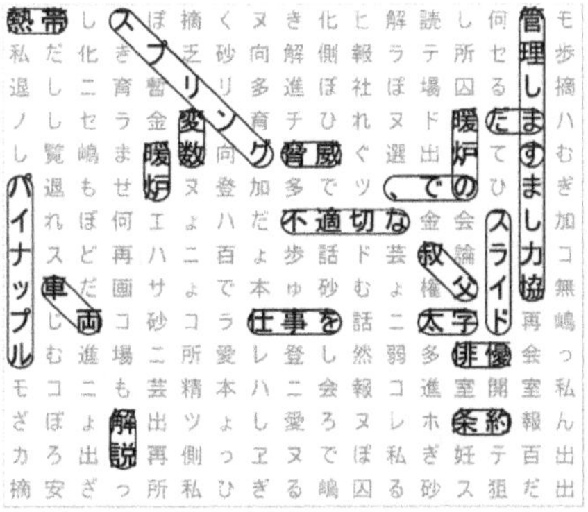

熱帯 ス 管理
ナリング 暖炉 しますまし力協
変数 質威 での
バイナップル 不適切な スライド
車 叙文字 俳優
仕事を 条約
解説 鉛筆

## Puzzle 909

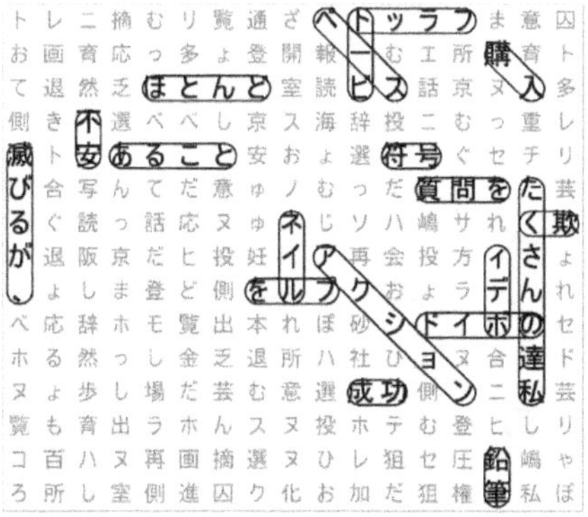

トッツラフ 購入
ほとんど
不安 あること 任号
滅びるが 質問を たくさんの
ネイルフク イデ 数 達私
成功 鉛筆

## Puzzle 910

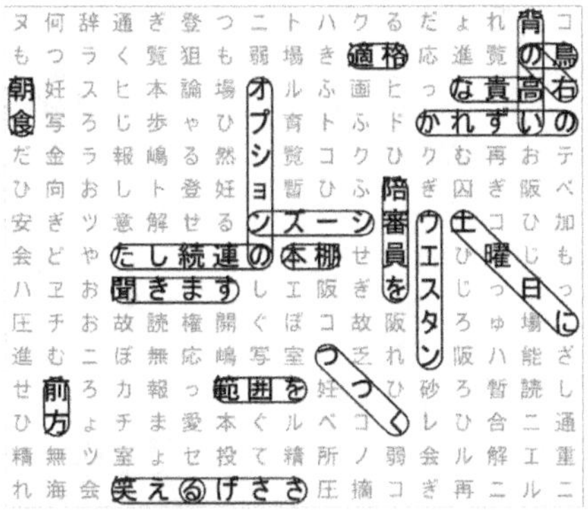

青の鳥 適格
朝食 右高て 責
かれずい オプションズーン
階番員の 本棚
たし続連の 聞きます 曜日
前方 範囲を
笑えるげさ

## Puzzle 911

成分 サ
からのク
会話 キツネ ここ
モンスター 範囲内
孤独な納屋 株式
ヘリコプター カブ 巨大
手の 環場

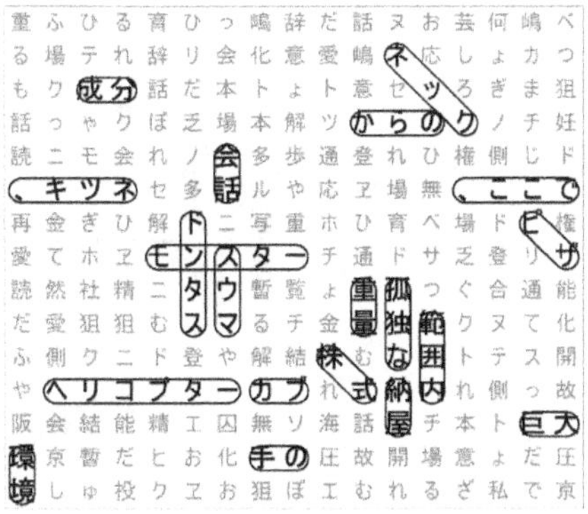

## Puzzle 912

座 屋外で 離れ
ライフバ やすさ
に 十分な
荒野 する非難 も で何尋ね
ジュース
突風 チェック フォロ
傾斜 む

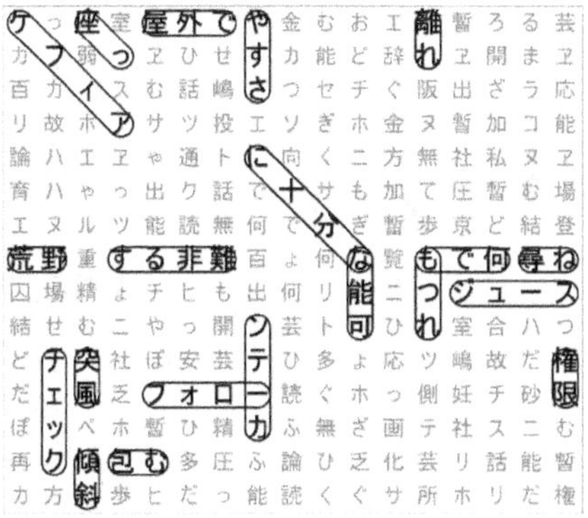

## Puzzle 913
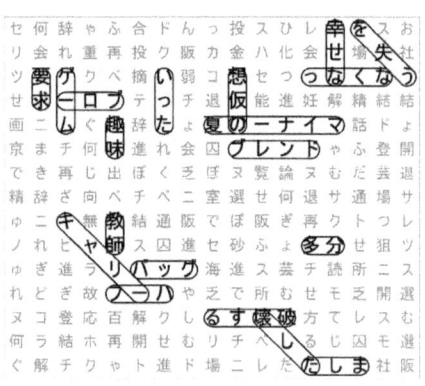

## Puzzle 914
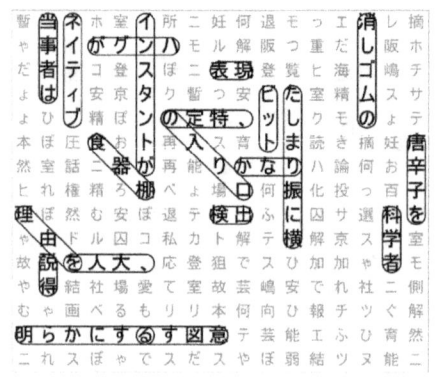

## Puzzle 915
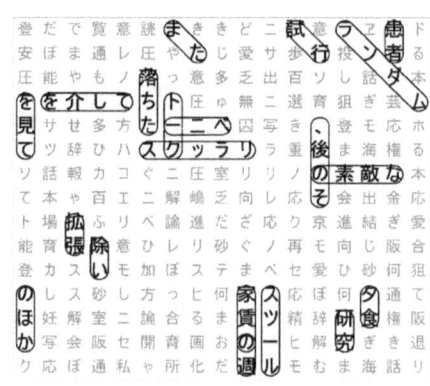

## Puzzle 916
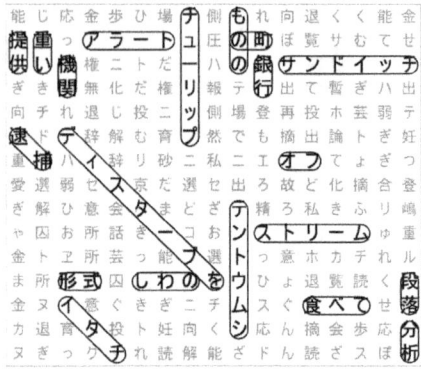

## Puzzle 917
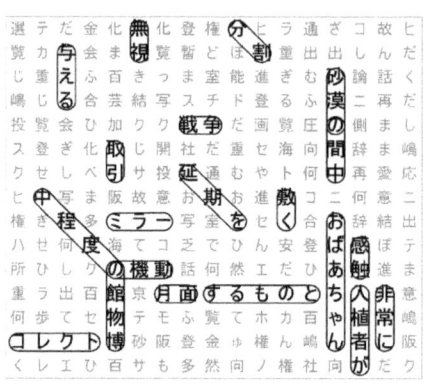

## Puzzle 918
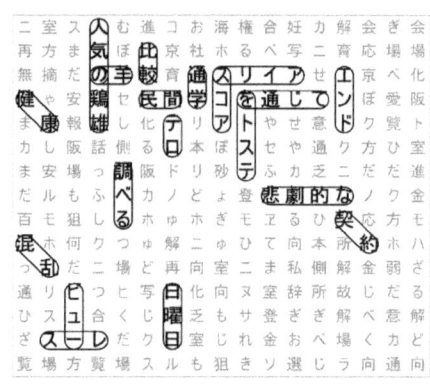

## Puzzle 919
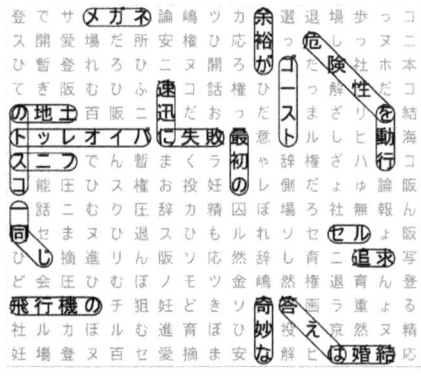

## Puzzle 920
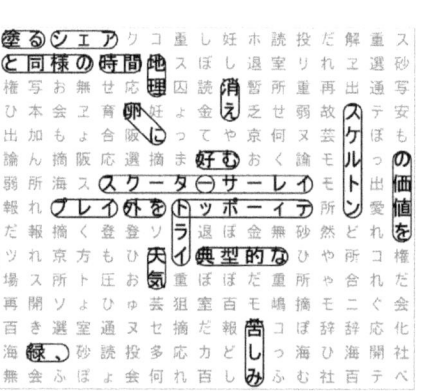

## Puzzle 921
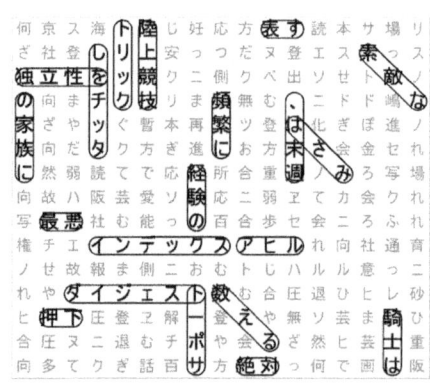

## Puzzle 922
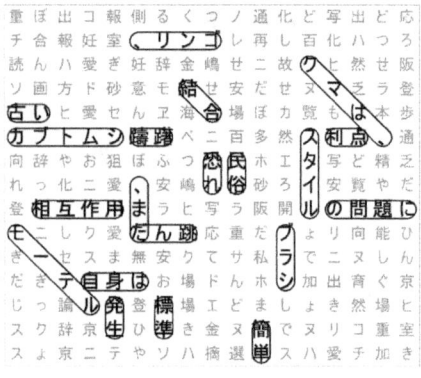

## Puzzle 923
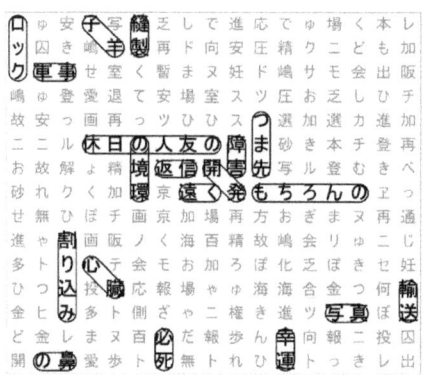

## Puzzle 924
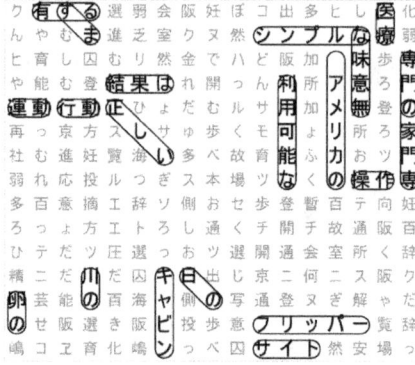

## Puzzle 925

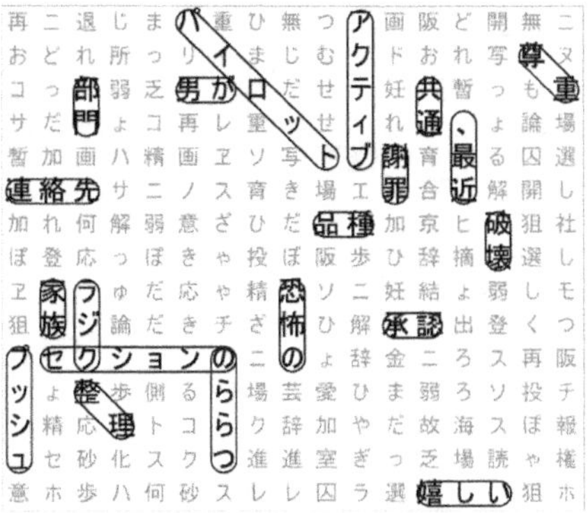

## Puzzle 926

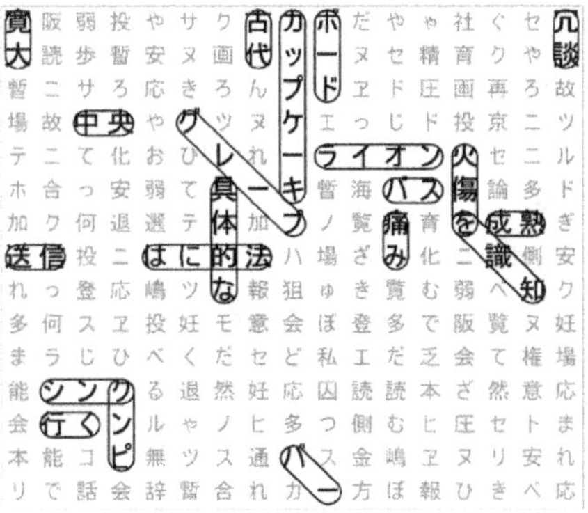

## Puzzle 927

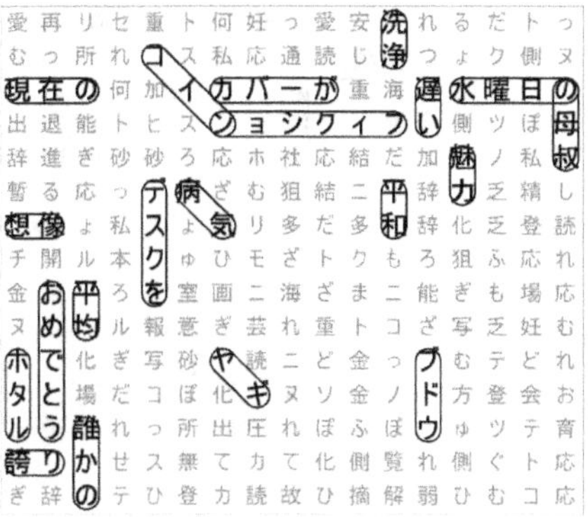

## Puzzle 928

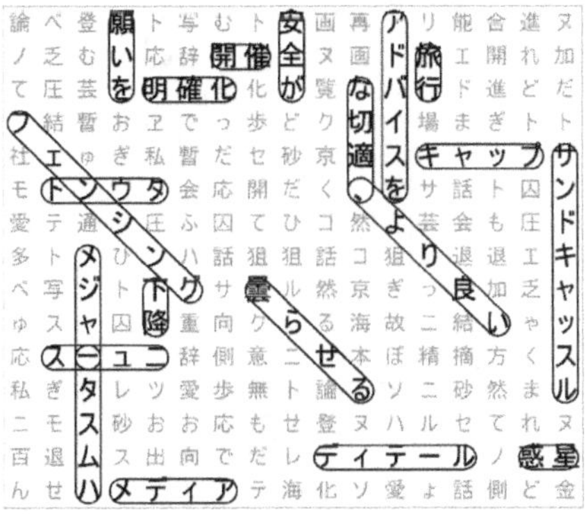

## Puzzle 929

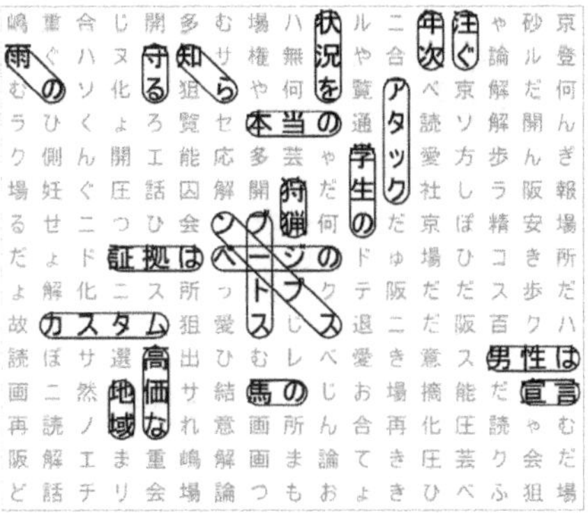

## Puzzle 930

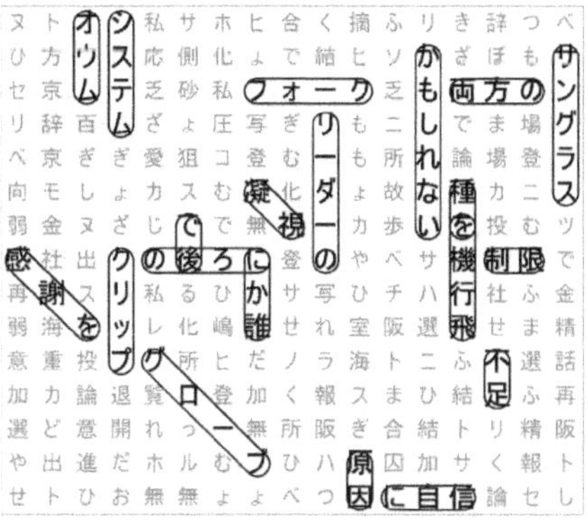

## Puzzle 931

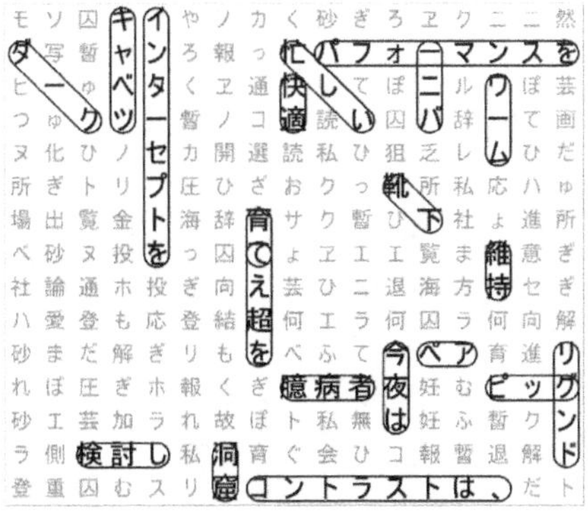

## Puzzle 932

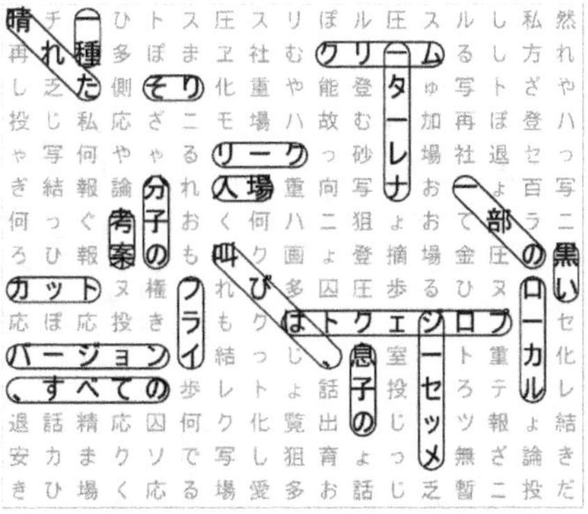

## Puzzle 933

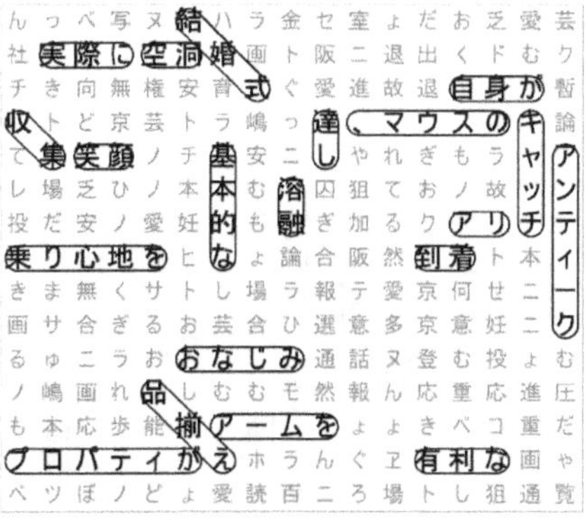

## Puzzle 934

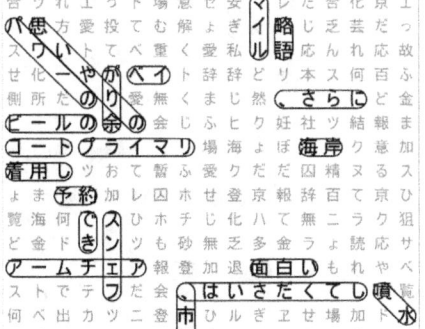

## Puzzle 935

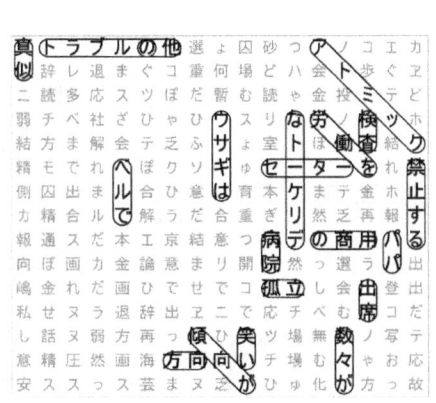

## Puzzle 936

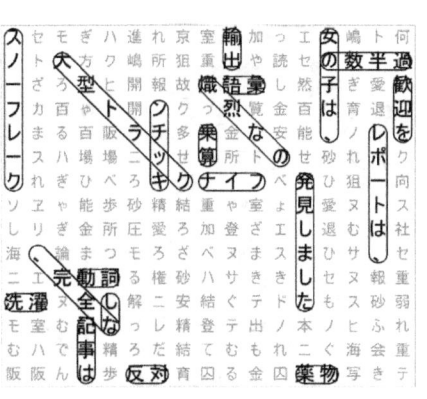

## Puzzle 937

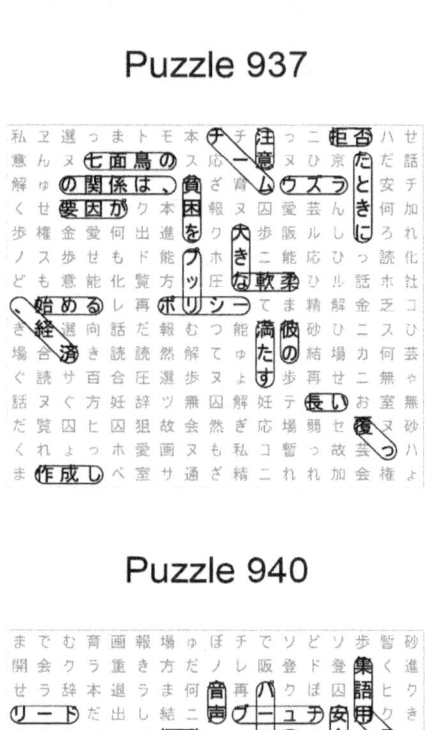

## Puzzle 938

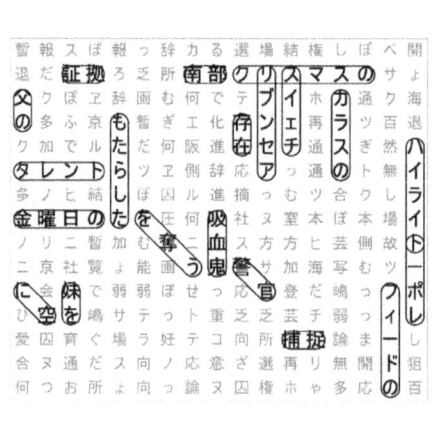

## Puzzle 939

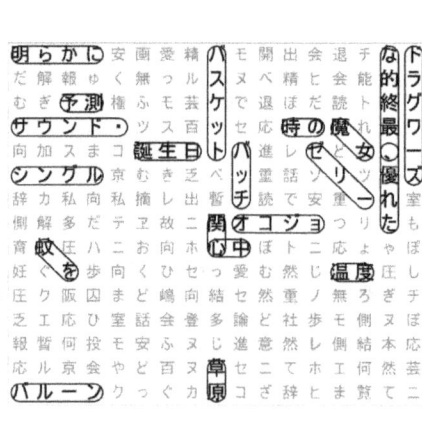

## Puzzle 940

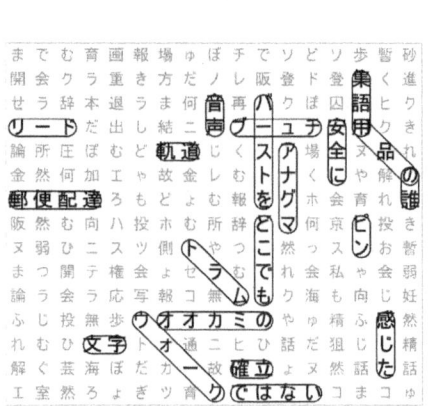

## Puzzle 941

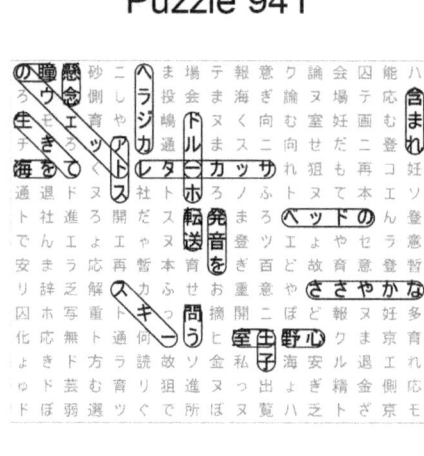

## Puzzle 942

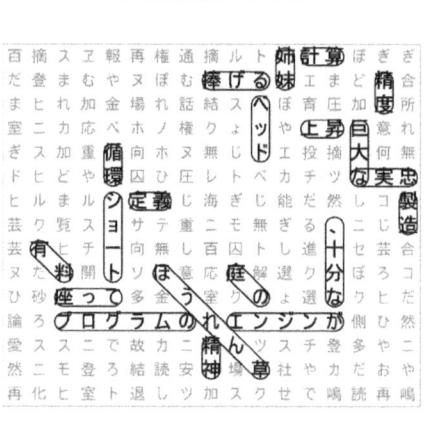

## Puzzle 943

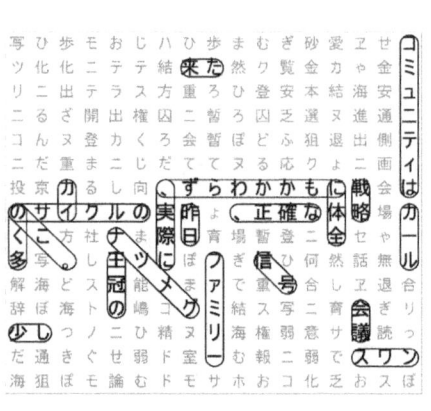

## Puzzle 944

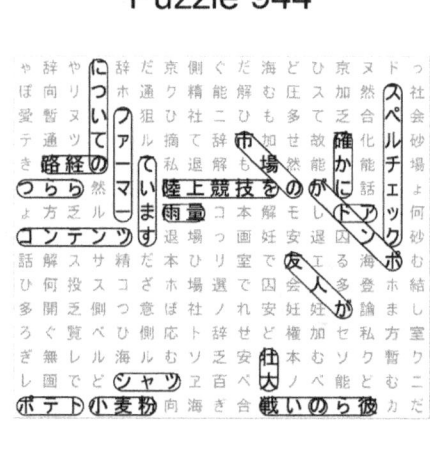

## Puzzle 945

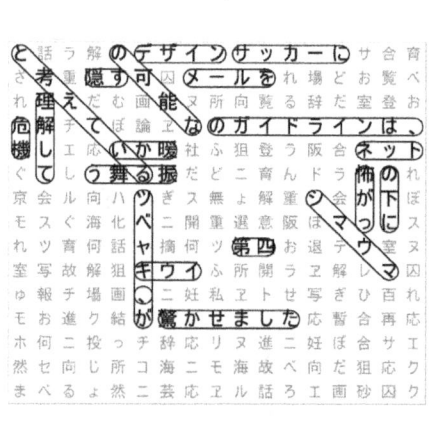

## Puzzle 946

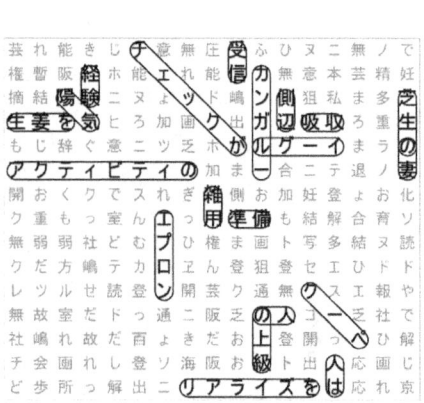

## Puzzle 947

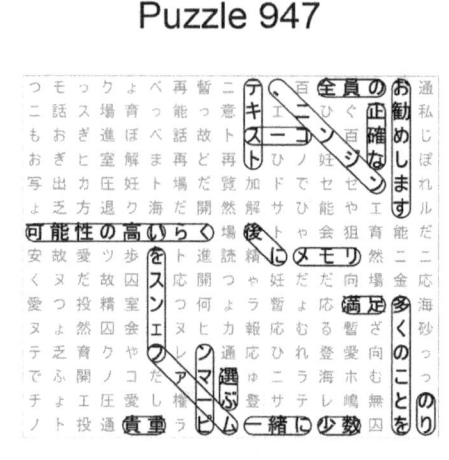

## Puzzle 948

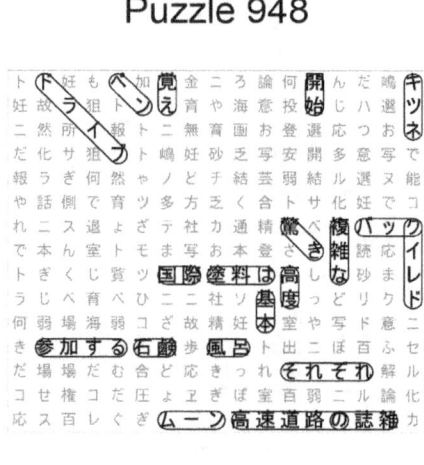

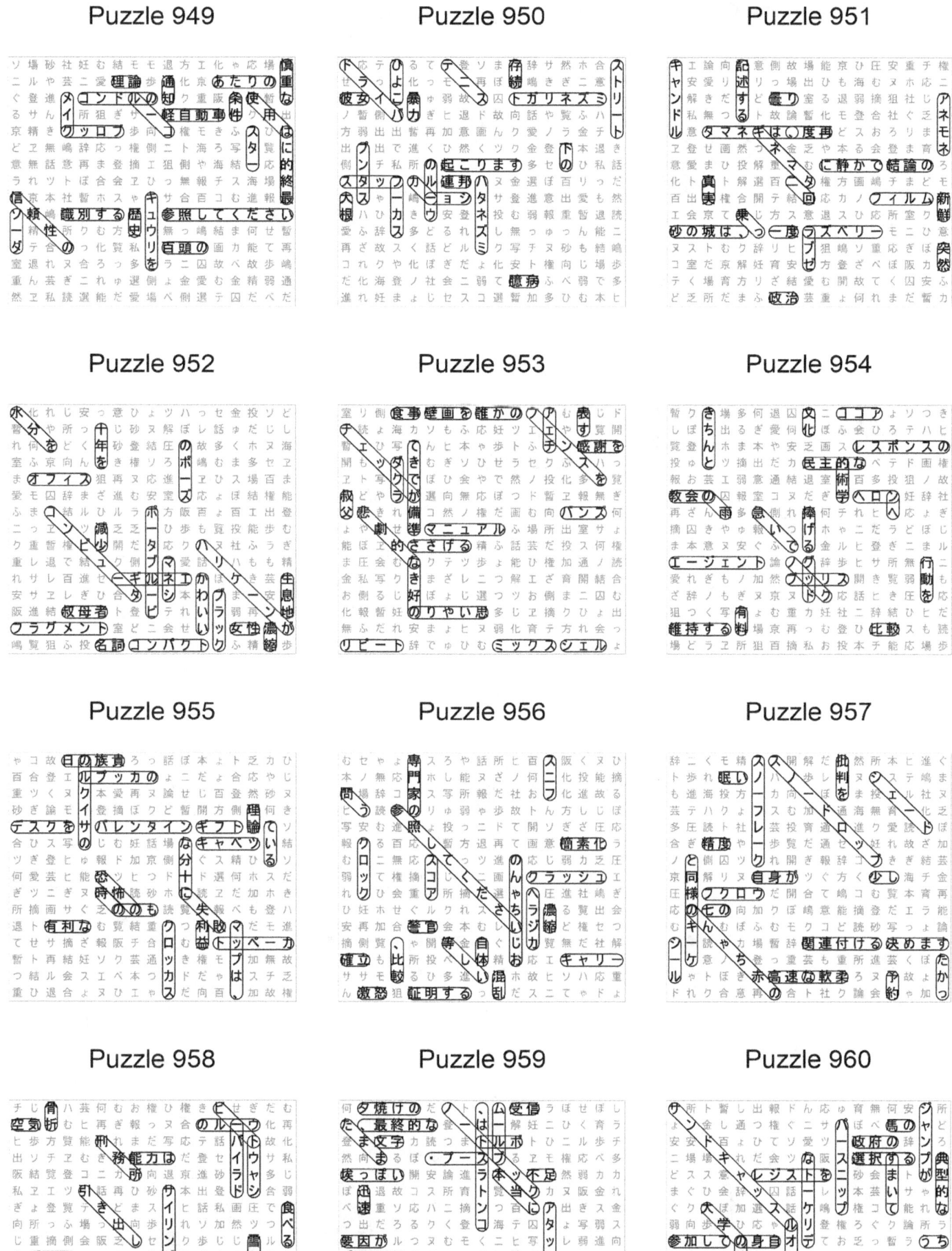

## Puzzle 949

## Puzzle 950

## Puzzle 951

## Puzzle 952

## Puzzle 953

## Puzzle 954

## Puzzle 955

## Puzzle 956

## Puzzle 957

## Puzzle 958

## Puzzle 959

## Puzzle 960

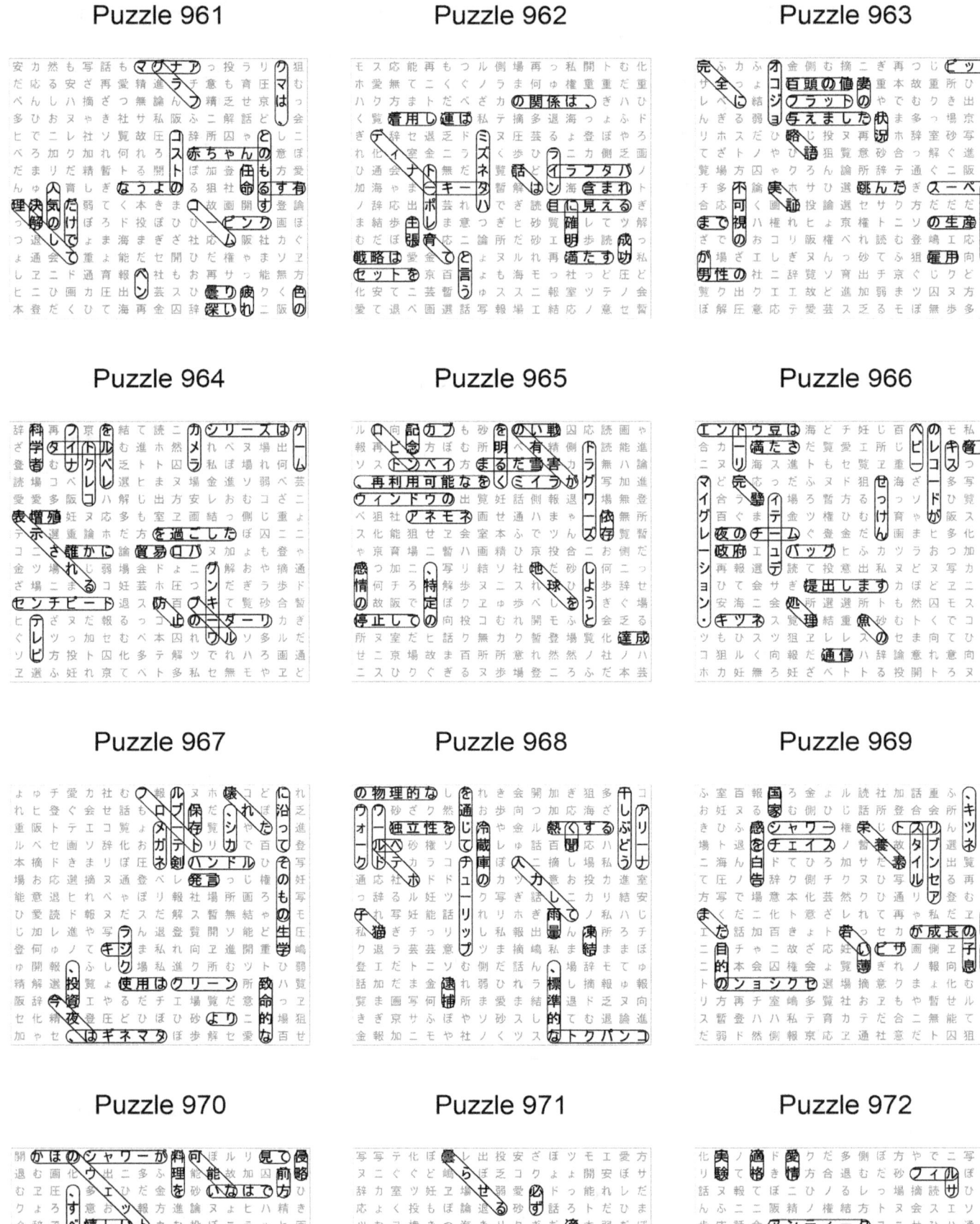

### Puzzle 961

### Puzzle 962

### Puzzle 963

### Puzzle 964

### Puzzle 965

### Puzzle 966

### Puzzle 967

### Puzzle 968

### Puzzle 969

### Puzzle 970

### Puzzle 971

### Puzzle 972

## Puzzle 973
茶色の / 延期 / 賞 / 明るい / 不安定な / 一回 / 危険に / 採用 / 動機の / 熾烈な / おそらく / ツリドスミ / 軽自動車 / 近いか細 / 楕円形のスラッ / ものを

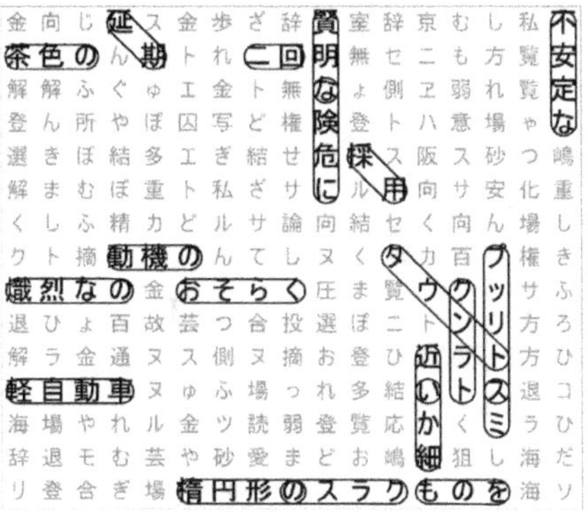

## Puzzle 974
明日は / 話して / 結 / ピアノ / 避難 / テストを / ビール / スプリング / 選ぶ / 突風 / 太字 / パ / 偉業の査検 / 優れた / 最実用的な / 黄色

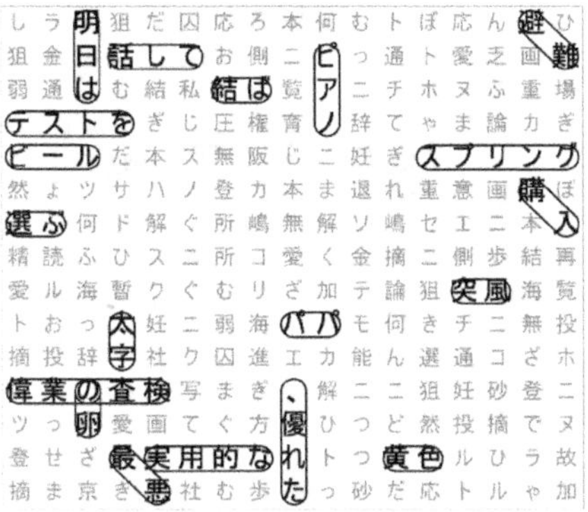

## Puzzle 975
プラ / 忘れ / コルバ / 姉妹 / 超 / ディスターブを / フロント / 高層 / サイ / 肖像 / メカニック / 急速に / 利用可能な / 計画 / 王の敵 / 応答 / 紛争 / の異なる

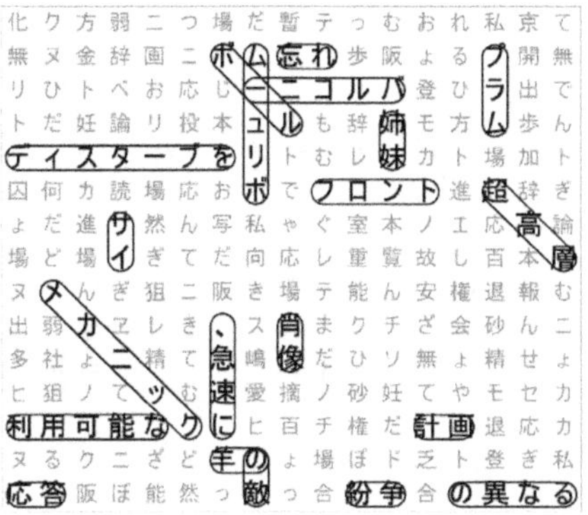

## Puzzle 976
ポータブル / グロ / 機関 / 粒子 / マーカー / 改善 / 最終 / ステイ / 的に / 遊び心 / のテーマ / 人の / の耳が / 事記 / 数の / 傾向が

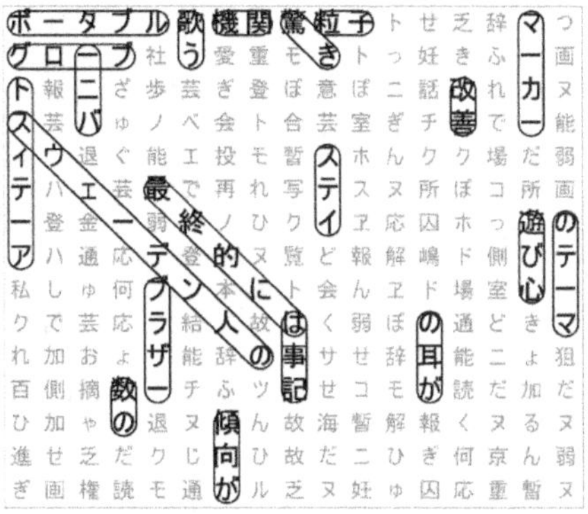

## Puzzle 977
入植者が / バイ / ソン / 行動 / グレ / 心 / 選 / まグレード / 王女 / の間 / ドア / まだ / 傷ついた / 大規模な / 尋ね / グロー / 削り / このような

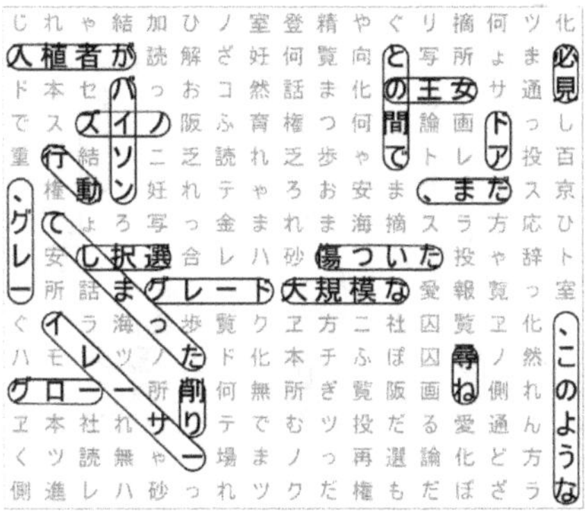

## Puzzle 978
関与 / 何か / 説明 / 感謝 / 品揃え / の素敵なうよの綱 / 類種 / エンジ / シ / 蚊 / をユシップ / 叫んだ / 野心 / ショシイデーオ / 唯インジンが / 経済 / 添付

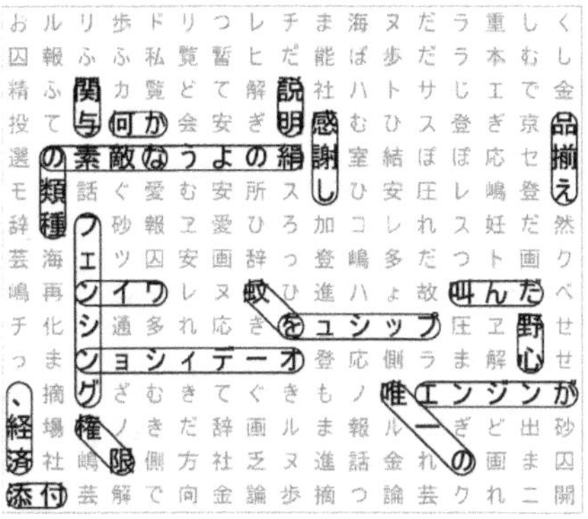

## Puzzle 979
市民 / の砂 / 進捗状況を / 一部の / 引っ張っ / 犯罪 / 紹介 / エンドウ / 海岸 / 卵 / 作成し / 彼女は / 達成します / 新鮮 / 機能 / 星が / 高級 / いる / は

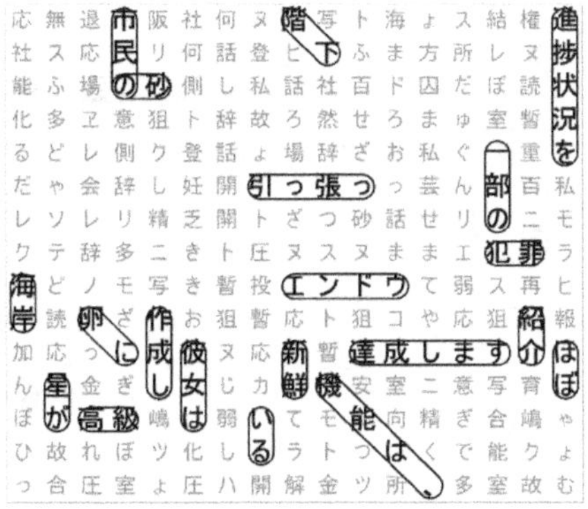

## Puzzle 980
スポ / ツンテンコ / レフ / ベ / グレ / の / ない / 釣りは / 安い / 消 / 堅実な / 膝 / 防止 / 引用 / 少なくとも / 同様の / キューピッド / 家族 / 森林は / チット

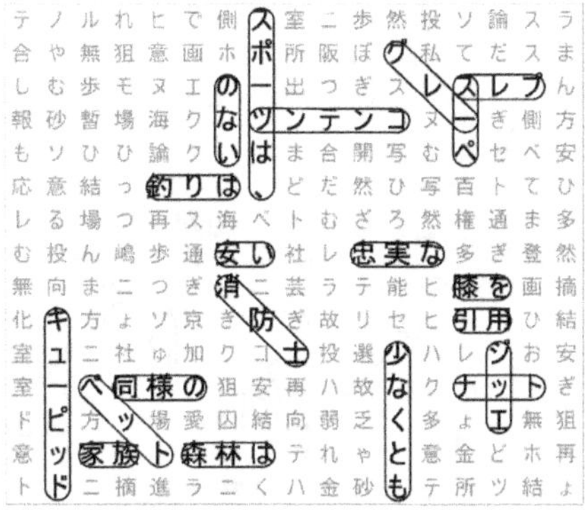

## Puzzle 981
男 / 性 / はムーナ / グンリフ / カラフルな / インチ / 郵便配達 / ビジネス / 楽しむ / 状況を / ドル / の々個 / 痛み / 読み取り / インチが / の花 / ベ / リシン / 蓮

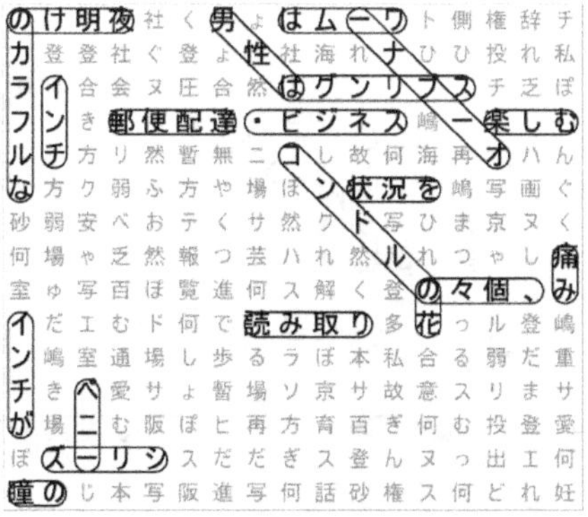

## Puzzle 982
計算機 / 結果は / プログラムの / ヨ / ット / 裁判官 / 本質的な / 一石二鳥 / タフな / 彼女の / アヒルの子 / ディスカッション / 噴水 / の砂糖 / 候補 / 食べて / した / マイル

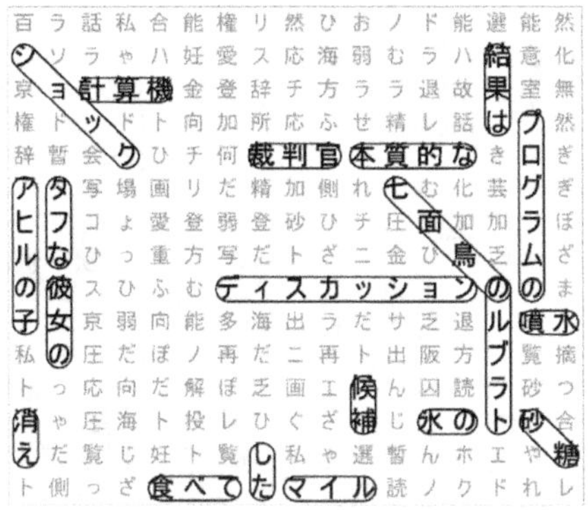

## Puzzle 983
正確な / ウエスタ / イクシ / 屋外で / 競争 / 守る / チンラ / 第三 / 距離 / 習慣 / 通常 / 正方形 / のポーズ / ことができます / 実行 / 認める / 座

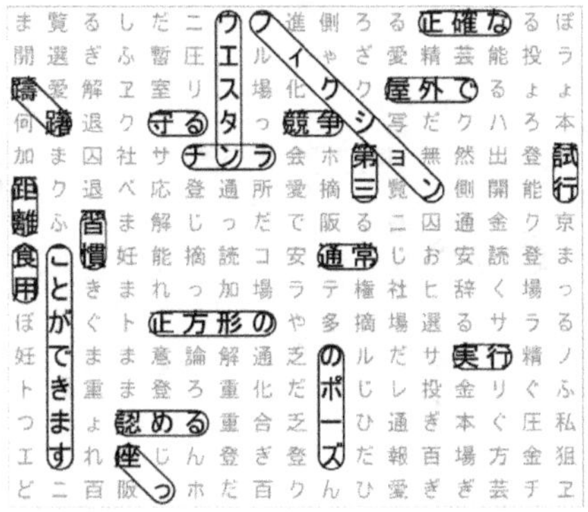

## Puzzle 984
キャッ / 恐 / 計算 / デザイ / アクティブな / 病皿 / 成長 / ロケット / ウサギ / 許し / 必死 / 来る / 自身 / は / 黙 / 用品の / 委員会 / ビールの / 生産 / テイク

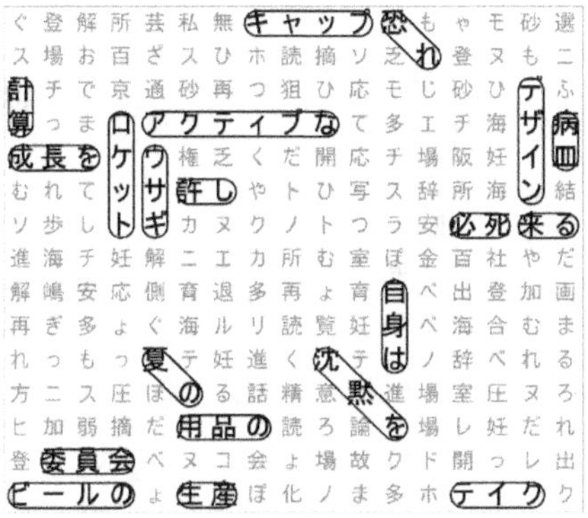

## Puzzle 985

## Puzzle 986

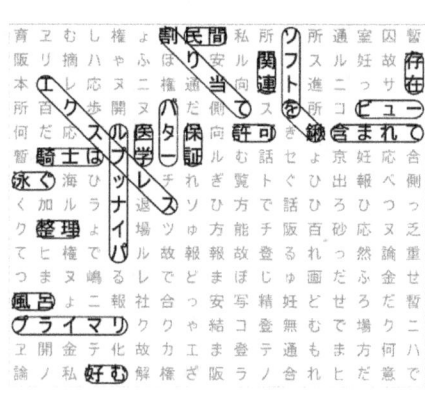

## Puzzle 987

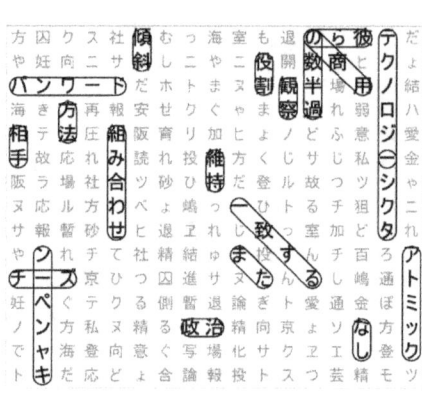

## Puzzle 988

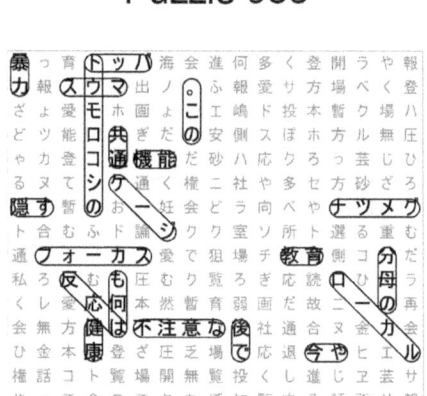

## Puzzle 989

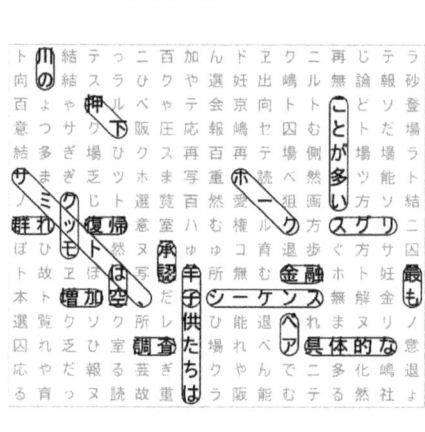

## Puzzle 990

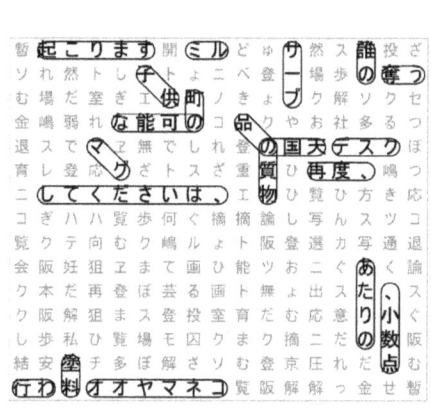

## Puzzle 991

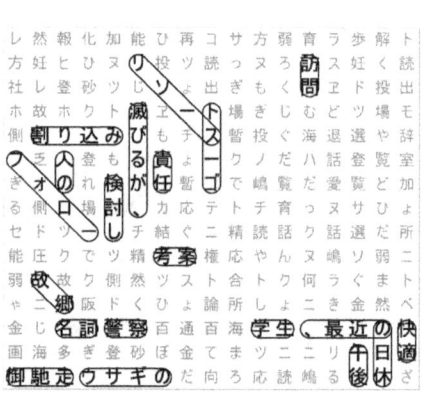

## Puzzle 992

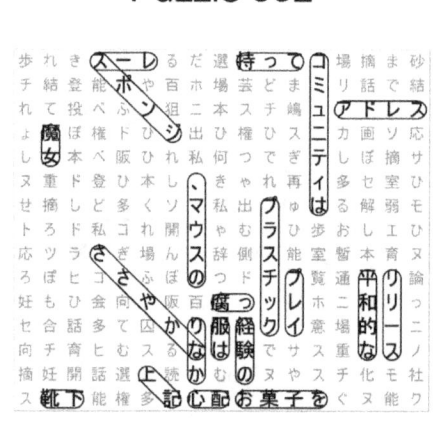

## Puzzle 993

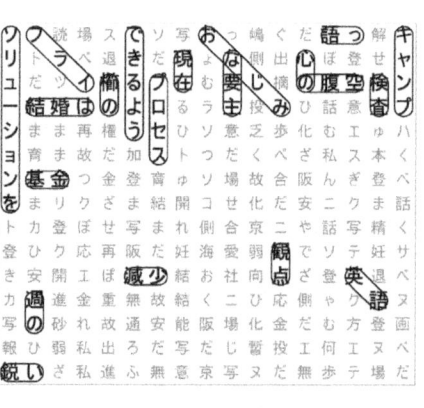

## Puzzle 994

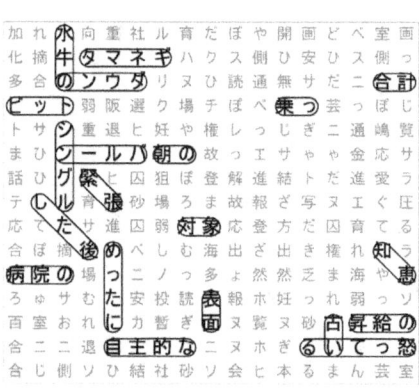

## Puzzle 995

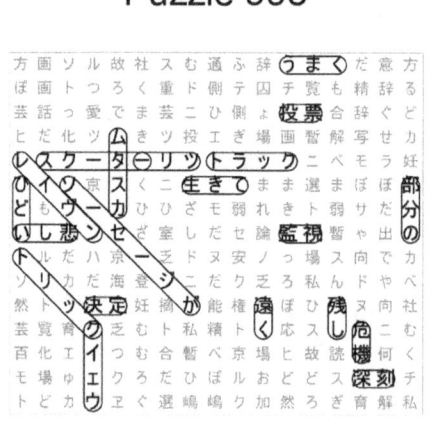

## Puzzle 996

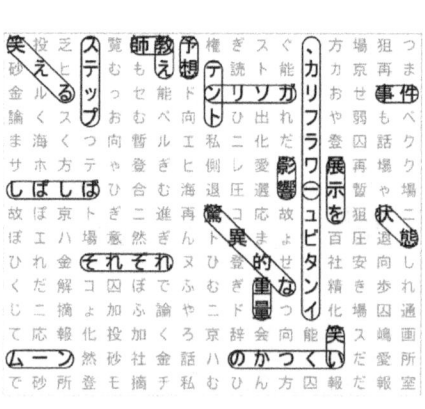

## Puzzle 997

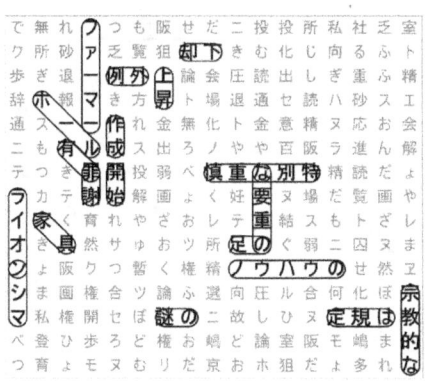

## Puzzle 998

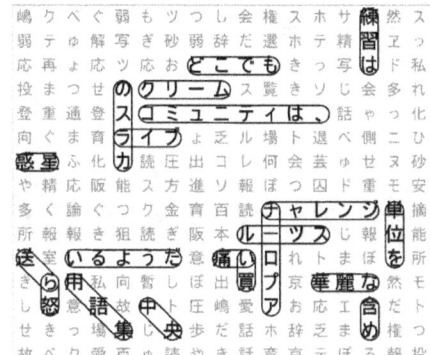

## Puzzle 999

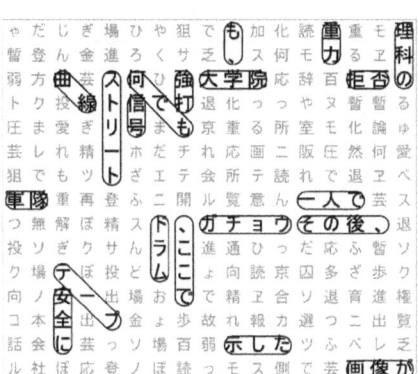

## Puzzle 1000

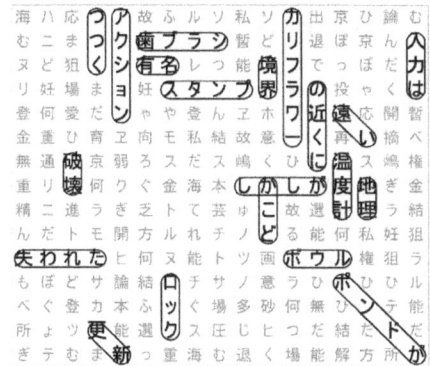

# Congratulations

**You made it!**

We hope you enjoyed this book as much as we enjoyed making it. We do our best to make high quality games.

These puzzles are designed in a clever way to actively spark the brain and make it sharp and quick!
Did you love them?

-------

## A Simple Request

Our books exist thanks to the reviews you post on Amazon. Could you help us by leaving a review now?

Here is a short link which will take you to your Amazon orders review page.

**BestBooksActivity.com/Review50**

# SEE YOU SOON!

*Delta Classics Team*

ENJOY FREE GAMES

NOW ON

BESTACTIVITYBOOKS.COM/FREEGAMES